南京都市圈年鉴 2010

孙克强　主编

方志出版社

南京都市圈政区示意图

山东省
河南省
安徽省
江苏省
湖南省
湖北省
江西省
浙江省
福建省
广东省
台湾省
上海市
黄海
东海
南京都市圈
连云港市
徐州市
宿迁市
淮北市
宿州市
亳州市
阜阳市
蚌埠市
淮南市
淮安市
盐城市
扬州市
泰州市
滁州市
南京市
镇江市
合肥市
六安市
马鞍山市
巢湖市
芜湖市
铜陵市
常州市
无锡市
苏州市
南通市
宣城市
湖州市
嘉兴市
安庆市
池州市
黄山市
杭州市
绍兴市
宁波市
舟山市
九江市
景德镇市
上饶市
衢州市
金华市
台州市
南昌市
鹰潭市
丽水市
宜春市
新余市
萍乡市
抚州市
温州市
吉安市
南平市
宁德市
三明市
福州市
赣州市
龙岩市
莆田市
泉州市
厦门市
漳州市
图例
省、直辖市政府驻地
地级市政府驻地
南京都市圈
泛长江三角洲
省、直辖市边界
地级市边界
海岸线

南京都市圈
行政区划图

涟水县
淮安市
洪泽县
宝应县
盱眙县
金湖县
凤阳县
明光市
高邮市
天长市
定远县
来安县
滁州市
扬州市
仪征市
江都市
扬中市
全椒县
镇江市
南京市
句容市
丹阳市
含山县
和县
马鞍山市
巢湖市
当涂县
溧水县
芜湖市
无为县
庐江县
高淳县
芜湖县
繁昌县
南陵县
图例
省级行政中心
地级市行政中心
县(县级市)行政中心
省界
地级市界
县（县级市）界

南京都市圈年鉴编辑委员会

（按姓氏拼音排序）

编 辑 部

安徽省天长市

天长市位于安徽省最东部，素有“安徽东大门”之称，全市国土面积1770平方公里，总人口63万人，市区人口约20万人，辖14个镇、1个街道办事处。

天长历史悠久，建县于公元742年，是唐玄宗李隆基为纪念自己生日千秋节而特设的一个县。天长人文荟萃，历史上出现过朱寿昌、宣鼎、王贞仪、戴兰芬等名人，一代名相包拯曾在此就任县令。天长区位独特，东距历史文化名城扬州50公里，南离“六朝古都”南京75公里，到国际大都市上海也仅3个小时左右路程，水路经高邮湖直达沿江、沿海各大港口。天长物产丰饶，有“鱼米之乡”的美誉，境内盛产粮、油、棉、水产品，是国家首批商品粮、商品油基地县连续多年被评为全国粮食生产先进县。天长产业基础较好，配套能力较强，全市有工业产品1200多种，涉及10多个行业、34个工业门类，有工业企业2000余家，形成了仪表光电缆、电子元器件、机械模具、玩具服装、医疗器械、食品加工、特种钢管、太阳能光伏、汽车零部件等九大产业集群，拥有3个省级产业集群专业镇和安徽省惟一一家光伏产业基地，是安徽省产业集群优势县。天长民营经济发达，全市在工商部门注册登记的个体工商户超过2万户，私营企业3500多家，13家企业进入安徽省民营企业200强。天长经济外向度较高，拥有进出口自营权的企业430家，出口产品遍布60多个国家和地区，外贸进出口总额已连续九年位居安徽省县级首位。天长投资环境优良，极具投资潜力，拥有2个省级经济开发区、3个特色工业园区、4个省级农民工创业园、10个镇（街）工业集中区等“两区多园”。天长社会和谐稳定，科技、教育、文化、卫生、体育、广播电视等多项社会事业均走在全国、全省的先进行列。

中国人民抗日军政大学第八分校

近年来，我市以科学发展观为统领，以构建东部沿海发达地区先进制造业产业转移承接基地、长三角优质农副产品供应基地为目标，大力实施东向发展战略，主动对接“长三角经济区”，加快融入“南京一小时都市圈”，坚持把推进园区建设、城镇建设、新农村建设“三大工程”作为实现天长跨越式发展的主抓手，突出把改善民生、促进和谐作为优化经济发展环境的切入点，经济社会保持了持续快速健康发展势头。

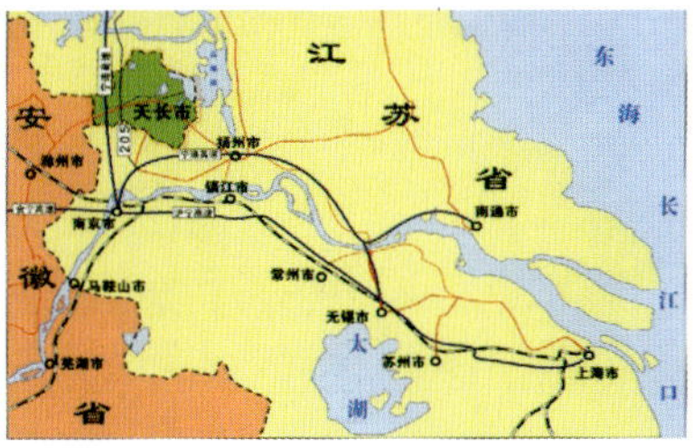

天长区域图

南市区商务中心夜景

安徽天大集团

天长市污水处理厂

省示范高中天长中学

随着《皖江城市带承接产业转移示范区规划》和《长江三角洲地区区域规划》的批准实施，必将给我市带来新一轮的发展机遇。我们将围绕打造国家级承接产业转移示范区，加快推进“三百工程”建设（百亿产业、百亿企业、百亿园区），奋力实现“千亿天长”（到2014年，工业总产值超千亿元）的跨越发展目标。

白塔河风景

南京市教育局

南京教育源远流长，自古就有“天下文枢”“东南第一学”等美誉。今天的南京教育，秉承了历史繁盛，栉风沐雨，步步争先，始终走在全国同类城市前列。2010年，来宁参加中国第四届中外大学校长论坛的英国牛津大学校长安德鲁 汉密尔顿盛赞南京“是一座当之无愧的教育名城”。

——“一个率先”：率先全省、全国基本实现教育现代化，全市十三个区县全部通过省级教育现代化验收，教育整体水平领先全国，教育发展主要指标已达到世界中等发达国家同期水平。

——“两项之最”：南京分别于2008年和2009年两度摘得“中国最具教育幸福感城市”桂冠，2009年在“中国大陆最具软实力城市”评选中，南京还荣膺“中国大陆最具教育发展力城市”殊荣。

——“三个领先”：一是素质教育全国领先，基本构建起双轨、多元、互通、开放的现代教育和人才成长“立交桥”，“创造了有益全国的标本意义”。二是教育创新全国领先，从“学校素质教育实践案例30条”到“助学券”制度，从新教师“凡进必考”到干部“联动公选”，从与中央教科所联办全国校长发展学校到与大学联合培养在职硕士，从小班化教育试点，到地方课程特色构建等，南京教

育一直洋溢着改革创新的蓬勃生机。三是教育惠民全国领先，率先全国实现免费义务教育，构建从幼儿园到高中 15 年全覆盖的政府扶困助学体系。

——“五大品牌”：一是新课程改革品牌，教育部 2009 年在宁召开全国基础教育课程改革经验交流会，面向全国推介“南京课改”。二是心理健康教育品牌，中央文明办 2009 年在宁召开专题会议向全国推广我市“陶老师”工作站经验，并于 2010 年将“陶老师”工作站升格为未成年人心理健康（全国）辅导中心。三是校务委员会品牌，南京积极探索中小学校务委员会建设、构建“一主两翼”的现代学校制度，被教育部盛赞为“全国基础教育领域制度创新的重大成果”。四是教育党建品牌，南京教育系统中小学党建工作受到中组部和教育部充分肯定，将向全国推广。五是教育质量的品牌，南京学生高考成绩五年来持续攀升，上大学人数实现翻番，提前录取和保送中外名校学生在全省名列前茅，一大批南京中小学生在国内外学科奥林匹克、科技、艺术、体育和职业技能大赛中斩金夺银。

站在新的历史起点上，南京教育将按照市委市政府提出的新要求，以高水平实现教育现代化、率先建成人力资源强市为目标，努力把南京建成在国内外享有盛誉的“历史积淀深厚、质量水平一流、名师名校众多、风格特色鲜明”的高水平教育名城。

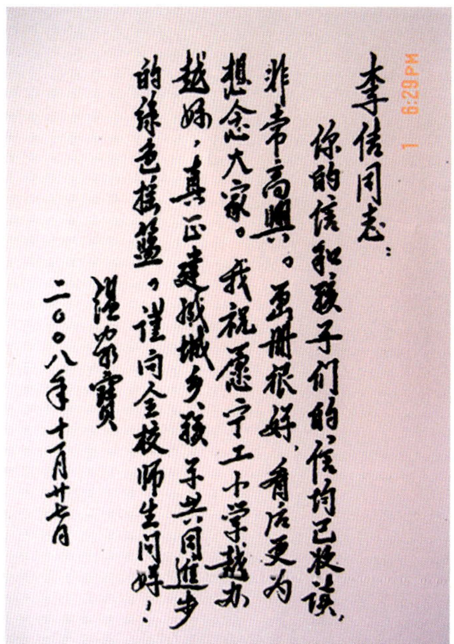

李佶同志：

你的信和孩子们的信均已收读，非常高兴。画册很好，看后更为想念大家。我祝愿宁工小学越办越好，真正建成城乡孩子共同进步的绿色摇篮，谨向全校师生问好！

温家宝

二〇〇八年十月廿七日

南京市招生委员会办公室

市招办大楼

南京市招生委员会是市政府负责指导全市初中招生、高级中等学校招生、普通高等学校招生工作的专门委员会。市招生办公室是该委员会的常设办公机构。近年来，南京市招生办在省、市招委会的领导下，在社会各界的大力支持下，在我市全体考务工作人员的共同努力下，精心管理，严密组织，使各项招生工作做到了任务完成圆满出色，招生办法不断完善，组织管理细致有序，招生结果体现了公平公正公开的原则，服务考生优质满意。连续几年荣获“南京市文明单位”、“南京市双拥共建先进集体”、“南京市教育系统先进基层党组织”，被省招委、省教育厅授予“江苏省高校招生先进集体”称号，被省招委、南京军区空军司令部授予“招飞先进单位”。

2009年南京市高考报名总人数为37468人，共录取31928人，全市总录取人数占报名人数的85.49%。全市初三年级报名参加中考的人数为57364人，各类高中阶段学校共录取新生64592人，全市升学率为98.0%，普职比为52 ： 48。全市小学毕业生人数为48823人，初中新生人数为51562人，升学比例为105.61%。2009年我市共有9名考生被空军航空飞行大学录取。全国硕士研究生招生考试共有10942人进行了网上报名、现场确认。全市共40009人参加了普通高中学业水平测试必修科目考试。2010年新教师招聘考试工作继续由我办组织，报考六城区教师的有6747人(其中研究生2183人)，报考其他区县教师的有1390人。

公益活动中招填报志愿咨询大会

高考方案宣讲会

教师应聘考试报名现场

召开安全保密考务工作培训会

召开高考电视电话会议

市领导在考点

南京市2008年被评为“全国最具教育幸福感城市”，2009年又被评为“中国最具教育发展力城市”。我市各项招生工作，将继续深入贯彻落实科学发展观，坚持有利于促进教育均衡化发展，坚持有利于维护“公平、公正、公开”的招生原则和广大考生的合法升学权益，不断完善和改进招生办法，为推进南京教育事业新一轮科学发展，为把南京建设成为教育名城做出应有的贡献。

我们不断加强制度建设和队伍建设，不断加强对工作人员的政治素质和业务素质的培养，使我市招生队伍始终保持政策性强、纪律性好、服务热情、具有团队合作精神的良好精神风貌。我们对每项招生任务都做到有计划、有布置、有落实、有考核，精心管理，严密组织。对招生考试的每个具体环节，实施前精心布置，过程中实时督查，确保每个环节不出差错，突发偶发事件能根据预案及时处理，圆满完成各项招生任务，赢得了社会的广泛认可。

高考期间领导巡视

召开南京市招生委员会委员会议

地址：南京市中山南路388号　　邮编：210001
电话：（025）52310675、52310655、52310635
网址：http://www.njzb.net

南京市自考办

高等教育自学考试和成人高校招生工作是我国高等教育事业的重要组成部分，是创建学习型社会和构建终身教育体系的重要支撑。南京市高等教育自学考试和成人高校招生工作紧紧围绕市委、市政府关于创建“教育名城”和构筑教育“基石工程”的战略目标，深入贯彻落实科学发展观，不断推进“平安招考”、“和谐招考”的内涵建设，稳定规模、完善管理、严明纪律、树立形象、优化服务、谋求创新，实现了自考、成招事业和谐、持续的发展，并赢得了较高的社会满意度。

1、坚持目标管理，稳定和发展事业规模。

我市以“稳定学历考试规模，大力发展非学历考试规模”为基本工作方针，坚持事业规模与考试质量管理并重的目标管理，充分调动和激发各区县招考机构的积极性和责任心，不断加强自考、成招社会化服务体系建设，采取有力措施广泛宣传，积极组织生源，力保事业规模持续稳定的发展。近年来，我市自考、成招年报考总数保持在百万人次以上，其中学历自考约 28 万人次、成人高校招生考试 4 万人以上、全国计算机、英语等各类非学历证书教育考试约 80 万人次。平均每 7 个南京市民就有 1 人参加自考、成招，在我市高等教育、继续教育和终身教育体系中，自考、成招已发挥出日益重要的作用。

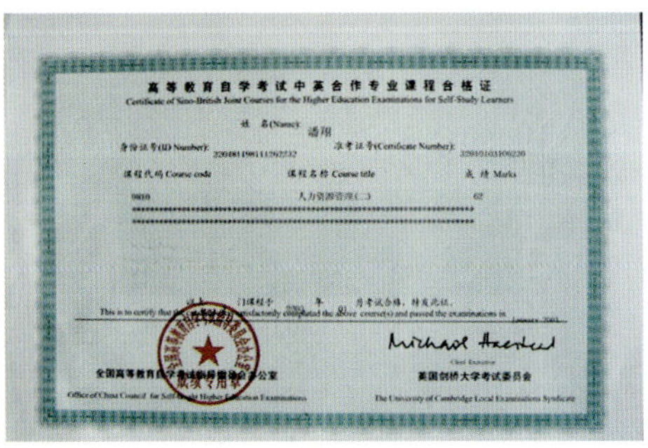

中英合作专业合格证

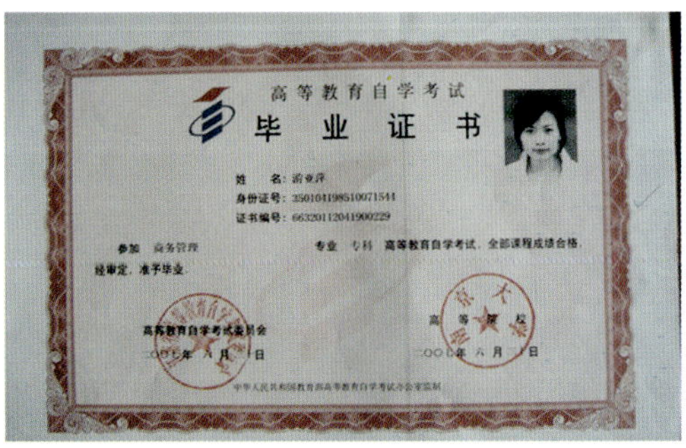

自考毕业证书

2、实施精细化管理，确保国家教育考试的权威性和严肃性。

近年来，我市以大力推进电子政务工程为契机，积极构建国家教育考试网上报名、打印考试通知书、毕业申请、考籍管理等信息化平台，以政策规定为依据，细化岗位责任制，健全操作规范，提升报名考试管理的效率和精确性。南京自考、成招网升级以来，约 50 万考生通过网络办理报考手续，全部达到信息真实有效、程序方便快捷、后台管理严密可靠的标准化、规范化要求。依法治考，确保安全，是我们推进精细化管理的另一个重要方面。我们组织的各类考试项目均属国家级教育考试。为此，我们将考点的建设、试卷的安全、考风考纪的治理作为重中之重，严格制度、严谨程序、严明职责、严肃纪律，层层落实责任，牢固树立“细节决定成败”的观念，确保万无一失。强有力的监管、高度负责的态度和有效的监督，确保了每一次考试的顺利实施，在社会上塑造了过硬的自考、成招品牌。

考务培训

考点

咨询会

考场

3、改进服务，办人民满意的招考事业。

全市自考成招系统人员切实树立“勤政为民”意识，密切联系社会、考生、院校的实际需求，顺应时代发展的需要，贴近基层、贴心服务，努力构建和谐招考工作环境。一站式招考服务大厅于2006年建成并投入使用，2007年在全省率先开发使用自考网上报名管理系统，2008年集中精力整合自考、成招业务网站，研发证书考试网上报名、自考毕业网上申报等项目，一系列举措方便了广大考生，提高了工作效率。为进一步加强与服务对象的沟通，我们拓展了信息公开渠道，按照依法办事、阳光操作的要求，公开招考政策、招考过程、招考结果、招考纪律、服务承诺、规章制度、信访渠道等一系列重大事项，特别是社会关注的招考热点，诸如报考条件、考试科目设置、考场规则、业务办理流程、收费标准、接待制度等信息，及时发布、及时更新，接受社会的监督和考评，同时妥善地处理来信、来电、来访，确保答复率100%。2009年，全市重点行业及窗口单位评议活动中，我办在教育系统中排名靠前，获得了较高的社会满意度。

南京市自考、成招办地址：白下区中山南路388号
咨询接待电话：52310661、52310662
网址：www.njzk.net

南京市计生委

南京市人口计生系统围绕“保增长、保民生、保稳定”的中心任务，以实现人口计生服务更加到位、管理更加科学、群众更加满意为目标，着力推进“和谐家园”工程、城乡“世代服务”体系和优质服务全覆盖、“青春健康”工程、信息化建设等项工作，实现了人口计生整体工作的全面跃升。

一、主动服务全市“保增长、促转型”工作大局

一是组织开展百场“四进五送”活动。以服务企业、服务基层、服务群众百场“四进五送”活动为载体，积极主动进企业（工地）、进社区、进村组、进校园（军营），真情实意送知识、送政策、送健康、送服务、送关怀。

二是积极开展困难镇、村（居）帮扶活动。做好与结对的镇、村（居）帮扶工作，筹集近100万元帮助建设“世代服务”站、帮助计生家庭实施户厕改造、向独女户赠送计生保险和建设人口文化园。

三是自觉服务党委政府的决策。与市规划局、南京大学、中科院南京地理与湖泊研究所等单位合作，对我市今后10－20年的人口规模、人口空间分布、人口城市化以及经济发展、资源环境承载力等方面进行了预测。

二、扎实开展创建人口协调发展先进区县活动

一是加强组织领导。进一步强化领导责任，明确区县主要负责人是创建工作的第一责任人。进一步整合资源，把履行部门人口计生工作职责与做好本职工作紧密结合起来，做到同研究、同部署、同落实、同检查，形成统筹协调抓人口、齐心协力推创建的良好氛围。

二是建立与完善目标管理责任制。积极探索改革考评的指标体系、层次、内容及方式，将目标考核与推进年度重点、难点工作结合起来，强化对计划生育家庭优先优惠制度的落实、统筹解决人口问题的机制创新、制定有利于人口计生工作的政策和措施等方面的考核。

三是初步构建统筹解决人口问题协调机制。把人口计生工作纳入全市经济、社会和文化建设发展总体格局中去谋划，构建了由市委宣传部门牵头的宣传倡导、市委政法部门牵头的流动人口服务管理、市农工办牵头的新农村办实事工程、市人口计生部门牵头的出生缺陷干预和出生人口性别比偏高问题综合治理等工作体系，形成了优势互补、资源共享、综合治理的良好局面。

三、着力打造名优品牌服务民生、服务群众

一是深入推进人口计生“和谐家园”工程。进一步强化部门协作，与市委宣传部等联合召开全市人口计生“和谐家园”工程推进会，与市委农工办、市文明办联合下发了《关于深入推进人口计生“和谐家园”工程的意见》，及时调整工程“五大行动”的内容。

二是实现城乡“世代服务”体系全覆盖。全市已经建成13个区县世代服务中心、83个街镇世代服务站、1080个居（村）世代服务室，其中，城区“世代服务”体系实现全覆盖，农村“世代服务”体系覆盖率达97.1%。

三是组织实施大学生“青春健康”工程。建立了一支1780多人的大学生“青春健康”工程志愿者队伍活跃在校园，开展科普知识宣传；建成了东南大学的“健康青春工作室”、南京工业大学的“青春风采苑”等一批生殖健康宣传服务阵地和组织，初步建立了“政府主导、部门指导、学校负责、学生参与、群团协作、社会支持”的长效工作机制。

四、创新人口计生科学管理体制机制

一是深入推进“阳光计生行动”。全市13个区县均将行政许可审批、社会抚养费征收等在网上运行，促使行政权力运行进一步规范、透明、高效，监督更加便捷。

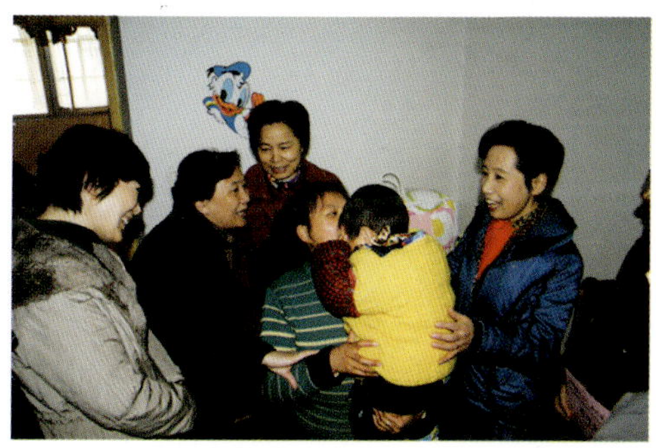

二是充分发挥宣传教育先导作用。将人口文化、婚育文化全面融入“文化南京”、“智慧南京”建设之中，深化“婚育新风进万家”活动和“关爱女孩行动”。

三是积极探索基层群众自治新途径。围绕“和谐社区”建设，完善基层计划生育民主管理、民主监督机制，探索出“全程参与、全员覆盖、志愿者服务”的城市人口计生群众自治工作新路子。

四是加快信息化建设步伐。将信息化建设作为人口计生事业优先发展的领域，实现了市、区县、镇街、村居四级联网，其中11个区县覆盖率达100%；完成了已婚育龄妇女数据库的集中。

五是创新流动人口计划生育服务管理模式。探索建立了“区域到块、网格到组、责任到人”的流动人口服务管理网格化模式，即将“街道－社区－单元”划分成三级责任网格，对应组建服务管理团队，分片包干，点对点、面对面地开展流动人口服务管理工作，使社区人口计生管理达到全方位、无缝隙、全覆盖。

南京市玄武区计生局

“四进五送”活动进企业为职工送知识送服务

2009 年区人口计生局坚持以科学发展观统领工作全局，围绕“保增长、促转型、保民生、促和谐”的总体要求，紧扣年度各项工作目标，开拓创新，奋发进取，推动各项目标圆满完成。“十一五”省人口协调发展先进区创建扎实推进，各类项目与指标位居全市前列；承办全省青春健康高校行启动仪式、全市人口早期教育、中学青春期教育现场会与全市社区人口计生服务管理网格化现场会；科学发展观学习实践活动深入开展，班子领导与保障作用发挥明显，人口计生工作整体水平得到新提升，为全区经济社会协调发展创造良好的人口环境。各项目标圆满完成：全区计划生育率达 99.85%，知识普及率达 97%，流动人口管理服务率达 93%，信息准确率达 98%，政策兑现率达 100%，完成各类职业培训 1200 人。2009 年我区被评为全国流动人口计划生育工作先进集体、全省人口和计划生育信息化建设先进单位、全省人口和计划生育优质服务先进单位，机关作风评议列社会事业组前列。

全市社区人口计生服务管理网格化工作现场会在玄武召开

法律维权广场服务活动

青春健康高校行文艺汇演

开展人口早起教育亲子活动

开展青春健康教育广场宣传活动

计生协会会员在活动

玄武区人口计生局聘请阳光计生行风监督员

关爱流动人口子女送温暖

南京金箔集团

南京金箔集团——世界最大的金箔生产基地，产品不仅被北京的故宫、天安门、人民大会堂、中南海采用，还广泛用于国内各大著名寺庙、古建筑，以及各大中城市的现代标志性建筑。香港的金色紫荆花、澳门的盛世莲花都用南京金箔打造，产品还远销四十多个国家和地区。

振兴弘扬南京金箔的领路人
——集团董事长江宝全

改革开发三十年来，南京金箔人在江宝全董事长的带领下，发扬“敢于开拓、勇于创新、自力更生、艰苦奋斗、居安思危、永无句号”的金箔精神，把一家濒临倒闭的工厂发展成为一个争创税上亿的跨地区、跨行业集团化企业，使得南京金箔这个有着近二千年历史的千古奇葩，绽放的更加绚丽夺目。此外，南京金箔集团生产的：金字招牌风靡全国，金箔画字列，成为千家万户争相收藏的珍品，金拉线，为全国36个最著名品牌，香烟中的35个长期配套，金墙纸，金瓷砖等装饰材料系列，不仅迅速占领了国内高端市场，还出口到美国、印度、法 国及中东地区。

南京金箔集团的迅速发展与崛起，受到了社会各方面的高度关注与重视。李鹏、荣毅仁、吴容正、曾庆红等光和国家领导人先后视察并题词。2006年。经国务院核权，中国黄金协会命名南京江宁区为“中国黄金城”称号，金箔公司被评为“全国工业旅游示范点”，国家技术监督局已将“金陵金箔标准”升格为国家标准，金陵金箔的锻制技艺已成功申报为首批国家非物质文化遗产，并正在申报世界非物质文化遗产。

金箔标准审定会在金箔集团召开

首届金箔行业研讨会

金陵金箔荣誉国家金奖庆祝大会

首批“故宫专用”金箔发运仪式

坐落在南京江宁区的中国金箔艺术馆

南京市卫生局

南京地区卫生资源丰富，共有各级各类卫生机构1764个（不含驻宁部队、武警系统和高等医药院校），床位29883张，卫生技术人员44577人。每千人口拥有床位4.75张，每千人口卫生技术人员7.08人，高于全国全省平均水平。三级医院17家。

2010年6月19日季建业市长视察全市卫生工作

市属医疗卫生机构16家，其中医院10家（三级甲等医院8家），公共卫生机构6家，职工总数1.31万人，卫生技术人员0.98万人。有3个国家重点学科、1个国家重点专科、1个国家重点专病。3个省临床医学中心，4个省医学重点学科，43个省重点专科。鼓楼医院脊柱外科、市中医院全国中医肛肠中心、市中西医结合医院肺外结核诊疗中心等处于国内领先水平，第一医院心血管病研究所、第二医院肝病科、脑科医院精神科、儿童医院小儿心胸外科、口腔医院颌面外科等处于全省领先水平。南京市卫生资源有效保障了全市居民健康水平的稳步提高，2009年全市居民平均期望寿命达76.60岁，其中，男性为74.20岁，女性为79.14岁，已经达到中等发达国家水平。

地址：南京市双龙巷22号　邮编：210008
电话：025-57714771
网址：http://www.njh.gov.cn

2010年全市卫生工作会

2010年6月12日南京市台北县两地卫生事业发展研讨会

南医大第二附属医院

南京医科大学第二临床医学院　　江苏省第二红十字医院　　南京医科大学附属儿童医院

南京医科大学第二附属医院是江苏省卫生厅直属三级甲等综合性医院和南京医科大学临床教学基地；是卫生部消化内镜诊疗培训基地和卫生部全科医师培训基地。医院位于挹江门明城墙边美丽的小桃园湖畔，环境优美，交通便利。07 年成功托管南京市第三医院，成立了南医大二附院东院，位于中山北路 262 号。现占地 45423 平方米，开放床位 1000 张，09 年门急诊病人 69.42 万人次，同比增长 18.8%；出院病人 2.68 万人次，同比增长 26.42%。

人才建设：医院总人数 1730 人，卫技人员 1433 人，有高级职称 237 人，中级职称 498 人，博士、硕士生导师 46 人，正、副教授 41 人，享受国务院政府特殊津贴专家 8 人；有教研室 10 个，省级突出贡献中青年专家 2 人，江苏省“333 工程”重点人才 4 人，江苏省卫生厅“兴卫工程”重点人才和重点培养人才各 1 名，江苏省六大高峰人才 6 人。

学科建设：现有 40 多个临床科室，十个教研室，医技科室 20 余个。消化医学中心、儿科、内分泌科、妇产科、肾脏内科为省级临床重点专科；内镜诊疗中心系全国消化内镜诊疗技术培训基地和南京医科大学内镜研究所所在地，为目前江苏省规模最大、开展项目最多、集检查与治疗为一体的内镜中心，中心主任范志宁教授在第十六届国际内镜医师年会上荣获“恩德思”国际内镜奖。小儿肾脏病的研究和治疗在国内处于领先地位；神经内科、妇产科、骨科、小儿外科等多个科室在省内享有较高声誉。儿童医学中心和妇女保健中心、肾病治疗中心、眼视光中心、皮肤激光治疗中心等均为高水准的特色专科。

医疗设施：拥有先进的医疗仪器设备如核磁共振、科研型螺旋 CT、直线加速器、癫痫刀、激光碎石机、DSA、ECT、PACS 系统、彩色经颅多普勒血流仪、自动十二导心电图机、全自动电化学免疫发光仪等。可开展肿瘤的常规放射治疗、介入治疗、立体定向适形放疗(X-刀)，能够满足全身各个器官的诊断，开展各种类型的化验诊断。

文化建设：作为南京城北地区唯一一家三级甲等医院，医院始终坚持该院院长鲁翔教授所说：“以人为本历来是领导者治国平天下的要旨，当然也是医院发展的内在动力”的宗旨；坚持规范服务、优质服务、合理服务的管理理念；坚持人才技术兴院战略、坚持特色专科发展战略，着力对内提高素质、对外树立形象；坚持“弘扬白求恩精神”，竭诚为广大人民群众健康提供优质服务，医院的医疗质量和服务水平都上了一个很大的台阶，南医大二附院的社会美誉度日新提高。

院　址：南京市下关区姜家园 121 号
邮　编：210009
电　话：025-58509900（总机）
网　址：http://www.jsnydefy.com

南京军区南京总医院

南京大学医学院临床学校　第二军医大学南京临床医学学院　南方医科大学南京临床医学院

南京军区总医院坐落于风景秀丽的钟山脚下，是一所历史悠久、医教研协调发展的大型现代化综合性医院。医院前身为1929年筹建、1930年建成的国民政府中央医院，是我国第一家由中国人自己创办的国立西医院。

医院总占地面积92.5万平方米，总建筑面积29.9万平方米，其中医疗用房12.1万平方米。医院现展开床位1800张，设有50个科室，其中临床科室29个、医技科室16个、职能科室5个。建有国家重点学科1个、国家药物临床试验机构1个，全军医学研究所3个、全军重点实验室2个、全军医学专科中心2个、全军重中之重学科2个，军区级医学研究所4个。医院年门急诊量175万人次，收容量5.5万人次，手术量1.7万台次。

近年来，院党委坚持以科学发展观为指导，坚持医院发展与人才建设相互促进，积极实施“用事业培养人才、用机制盘活人才、用文化凝聚人才”的战略，构建了一支具有技术创新力、品牌创造力、发展推动力的强大人才方阵。在这个人才方阵中，拥有2位中国工程院院士、429名博、硕士高学历人员，413名高级职称专家， 170名博、硕士导师。其中，45人获得政府特殊津贴，17人次获得“国际器官移植青年科学家奖”、“何梁何利奖”、“国家突出贡献中青年专家”等国际、国家级重大奖项。

医院设备水平国际一流，拥有手术机器人、射波刀、PET/CT、双源螺旋CT、射波刀、电子束CT、回旋加速器、磁共振成像仪、流式细胞分析仪等万元以上现代化医疗设备1440多台，总价值6.7亿元。近年来，建成了局域网、卫星远程网和国际互联网三网物理隔离、信息共享的立体网络，信息化建设水平达到全军一流。

易学明院长

陈忠良政委

刘志红院士

黎介寿院士

医院整体医疗技术水平较高，尤其是心肺脑复苏，肾小球疾病的诊断与治疗，慢性肾衰的中西医结合治疗，小肠移植、肠外瘘的治疗，全肠外营养的研究与应用，脑垂体移植、心脏移植、复杂心脏病的手术治疗等，临床药效学、药动学的研究与应用，自体干细胞骨髓移植，应用全血脂吸附方法进行血脂净化，子宫内膜异位症的研究和男性不育症的中西医结合治疗，肝炎病理和心脏病理的研究、临床免疫的研究等都取得了显著成效。先后成功完成了亚洲首例小肠移植、亚洲首例肝肠联合移植、全军首例心脏移植；肾脏科肾移植手术人、肾存活率均达100%，居国际领先水平，入选“中国医药科技十大新闻”；在国际上首次报道肠粘膜干细胞移植技术治疗放射性肠炎的动物实验获得成功；并建立国内第一个脑血管病注册网。

医院承担十多所高等医学院校的教学工作，在全国医院系统首家设立“博士后科研工作站”，拥有博士后联系导师25名，医院内科学、外科学2个二级学科，均成为博士学位授予权学科，这在全军同类医院中是唯一的。

外科住院部大楼

医院注重用科学创新牵引医院建设发展，鼓励医务人员结合临床开展科学研究。“十一五”以来，推出新项目、新技术近200项；获得国家“十一五”科技支撑项目等课题46项；获得军队、省部级奖项35项，2010年，获得了国家科技进步一等奖。SCI收录论文数、国内论文数和引用次数三项排名位列全国医院第6、7、8位，军队第2、3位，是各项排名进入前20名的唯一一家军区总医院单位。

干部病房楼

医院以“厚德，精业，创新，至善”为院训，以建设“国内一流、军内领先、国际知名”现代化医院为总目标，以“全面建设，重点突破，提高层次，扩大影响，真情回报部队和社会”为发展思路，坚持以人为本的管理理念，坚持科技兴院、人才强院、规模适度、内涵发展的战略，先后被评为“全国百佳医院”、“全国爱婴医院”、“全国拥政爱民模范单位”、“全国医院文化建设先进单位”、“全国城市医院文化建设先进集体”、全国“博士后管理工作先进单位”、“全军先进医院”、“全国民族团结进步模范集体”。

现代化的直升机停机坪

宣传图版

地址：南京市中山东路305号
邮编：210002
电话：025-80860114
网址：http://www.njzy666.com

江苏省人民医院

南京医科大学第一附属医院

座落于古都南京清凉山麓、乌龙潭畔的江苏省人民医院（南京医科大学第一附属医院）砥砺七十多个春秋，潜沉蓄势，厚积薄发，以敢为人先的勇气，深植江苏，秀出杏林，造福了万千患者，闻名于中国医疗界。

经过多年矢志不渝的求索与创新，医院形成了省内领先、特色显著的强大医疗技术服务体系。其中各类心脏疾病的诊断与介入治疗、胰腺肿瘤的手术与综合治疗、器官移植技术、淋巴增殖性疾病的诊治、外科微创手术、聋及听力障碍的诊治、不孕不育的诊断与辅助生育等重点品牌技术稳居国内先进水平，在省内外广大患者中享有广泛的知名度和崇高的美誉度。

医院拥有国家重点学科1个，为心血管病学科；卫生部重点实验室1个，为活体肝脏移植重点实验室。拥有省级重点学科4个，分别是内科学、外科学、皮肤病与性病学、儿科学；江苏省“科教兴卫”工程临床医学中心2个，分别为肝病外科临床医学中心和心血管病临床医学中心；“科教兴卫”工程医学重点学科（实验室）16个；拥有省级医疗诊治中心5个；省级临床重点专科24个。医院是全国首批获准开展人类精子库和辅助生育技术的单位，是国家药物临床试验机构、听力国际中国分中心。

一座具有悠久历史和崭新面貌的现代化医院即将呈现在江苏人民眼前

医院是一级学科临床医学博士点、临床医学博士后科研流动站和临床医学博士、硕士学位授予点。南京医科大学第一临床医学院就设在医院内，共有5个学系，45个教研室，担负着南京医科大学的临床教学和实习任务。

医院对外交流活跃，与美国、日本、加拿大、澳大利亚及意大利等国的医院、学科和实验室建立了友好合作关系。近年来，医院紧跟世界医学前沿，准确把握江苏省级医疗、教学、科研中心的定位，大力实施品牌化发展战略，深入推行精益化管理模式，整合资源，创新机制，持续提升疑难危重急症救治水平，技术品牌、服务品牌和文化品牌建设都实现了新的突破。2009年，医院开放床位2200张，门急诊总量达293万人次，出院6.22万人次，手术3.63万人次，其中甲级手术11801台次，甲级手术率达32.6%。

生殖医学科刘嘉茵教授（左三）
带领团队学习

肝移植中心主任王学浩教授（右二）
指导年轻医生

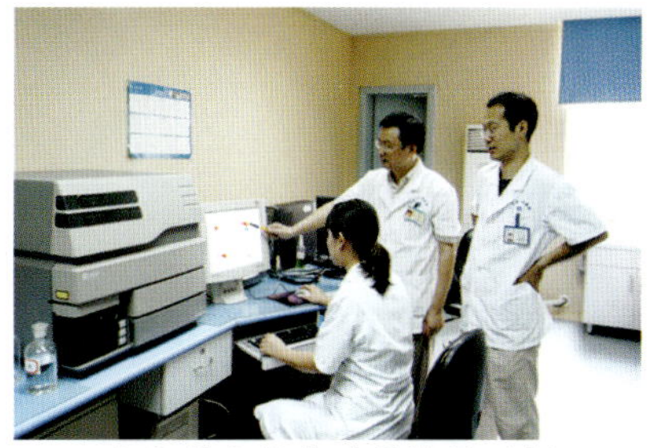

血液科主任李建勇教授（中）
指导医学研究

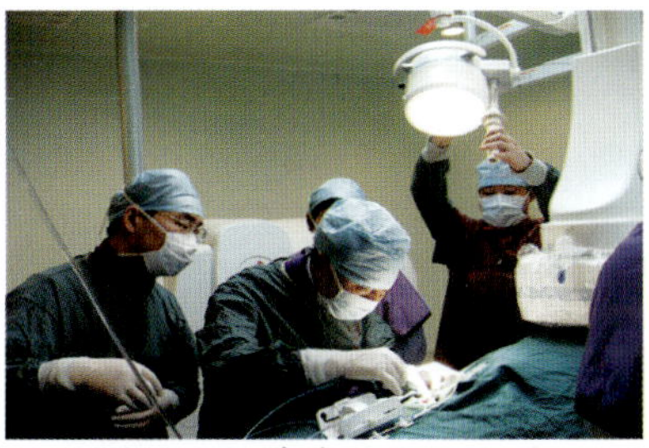

心脏科主任曹克将教授（中）
运用磁导航施行介入手术

文化长廊，一道亮丽的风景线

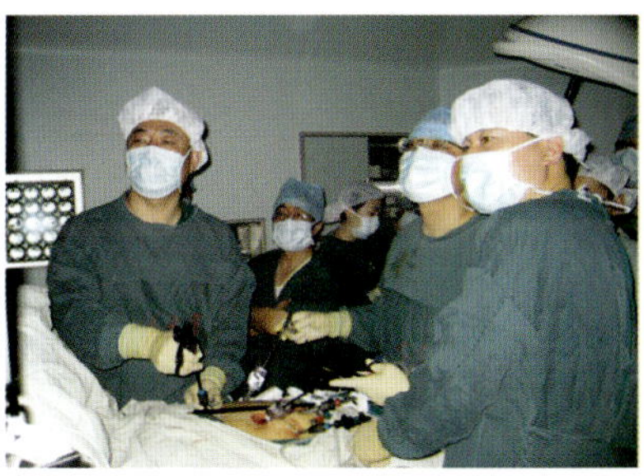

普外科主任苗毅教授（左一）
在开展腹腔镜下胰十二指肠切除术

2009年，医院获省批成立江苏省临床医学研究院。11月26日，寄托各界期望、聚焦医改主题，由江苏省人民医院全权经营管理的江苏盛泽医院（江苏省人民医院盛泽分院）盛大开业。

地址：南京市广州路300号
邮编：210029
总机：025—83718836、83714511
传真：025—83724440
网址：http://www.jsph.org.cn

同年12月1日，医院“西扩”工程正式开工，中共江苏省委书记梁保华亲自出席了奠基仪式。医院扩建后，总建筑面积将增加28万平方米，床位数将增加1500张。届时，一座具有优良传统和崭新面貌的大型现代化综合医院将呈现在江苏人民眼前，竭力为江苏经济社会发展、为全省人民的健康保驾护航。

南京市鼓楼医院

南京大学医学院附属鼓楼医院

南京市鼓楼医院，是一所集医疗、教学、科研为一体的综合性三级甲等医院。前身是 1892 年由美国基督会资助的加拿大籍传教士威廉爱德华麦克林医学博士（William E. Macklin，中文译音“马林”）创建的一所“基督医院”，马林任首任院长，民间又称“马林医院”。

鼓楼医院现有床位 1800 张，卫生专业技术人员 2300 余人，正、副主任医师 300 余人，正、副教授 180 余人，博士、硕士生导师 120 余人，享受国务院特殊津贴专家 38 位。临床科室 32 个，医技科室、研究所、实验室 32 个。2009 年门急诊病人 200 万余人次，出院病人 5 万余例。

创建优质护理服务示范病房

学科建设：外科学是国家重点学科共建单位，肝胆外科、骨科是江苏省临床医学中心，妇产学科为江苏省“科技兴卫工程”重点学科。脊柱畸形矫治、肝移植、生殖医学、亲体肾移植、干细胞移植、三维适形调强放疗等技术处于国内领先水平。妇产科、骨科、呼吸内科、急诊医学科、泌尿外科、肝胆外科、心胸外科、心血管内科、整形烧伤科等为江苏省临床重点专科，医学影像科、医学检验科、耳鼻咽喉—头颈外科、关节病科、神经内科、感染性疾病科等为南京市医学重点专科。06 年被国家人事部批准设立“博士后科研流动工作站”，目前医院有一级临床医学博士学位授予点 2 个，二级学科博士学位授予点 16 个，硕士学位授予点 25 个，被卫生部批准为专科医师、临床药师培训基地、心血管介入诊疗技术（心律失常介入）培训基地、江苏省首家外科基本技能培训基地。江苏省医院感染管理医疗质量控制中心、江苏省骨科专业医疗质量控制中心和江苏省妇产科专业医疗质量控制中心均落户在鼓楼医院。医院是国家卫生部开展临床路径、优质护理服务示范工程试点重点联系单位。

心里护理

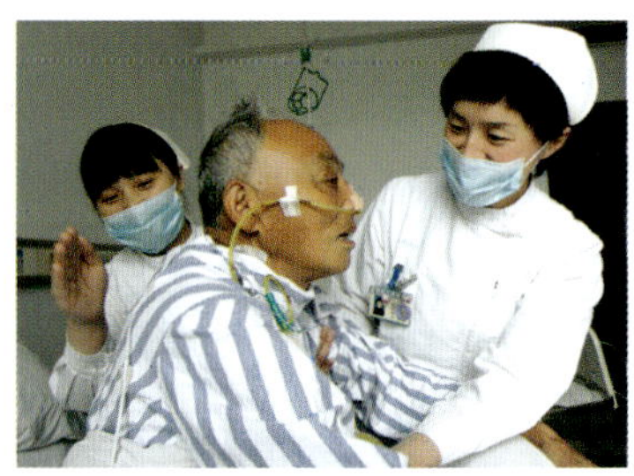
肝胆外科护士为术后病人叩背

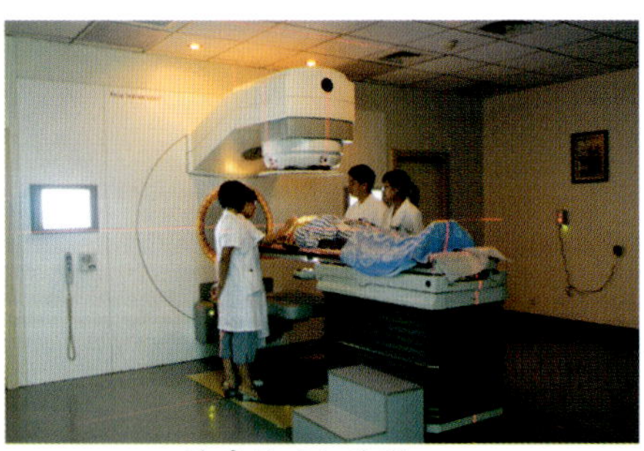
肿瘤放疗加速器

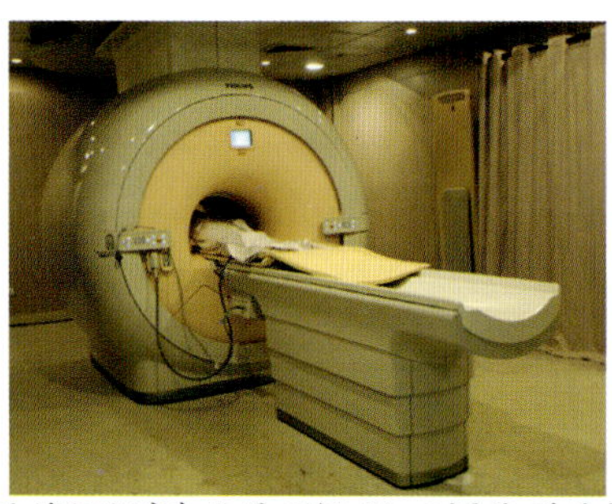
鼓楼医院引进世界顶级 3.0 双螺旋磁共振

门诊一站式服务台热情为每位患者服务

医院一景

鼓楼医院领导班子成员

脊柱国际会议

科技大会

医疗设备：一流的硬件如PET-CT、ECT、ELEKTA双光子直线加速器、64排CT和宝石能谱CT、1.5T核磁和3.0T核磁、超声内镜系统、重症监护系统、PACS影像存储系统和符合国际标准的百级净化手术室等，为临床及时诊断、疾病治疗提供了硬件保证。

文化建设：鼓楼医院在传承百年丰厚历史文化底蕴的同时，以科学发展观统领发展之路，实施科学管理、打造医院文化品牌，建成了国内最好的医院历史纪念馆，该馆被定为“南京市爱国主义教育基地”、“南京市对外文化交流基地”。医院不断改革创新，组建了国内第一个医院集团，放大优质医疗资源，参与收购宿迁市人民医院，兼并原南京市第三医院，上海宝钢南京梅山医院、六合区人民医院也加盟鼓楼医院集团。

荣誉称号：被中央文明委、江苏省及南京市表彰为“全国创建文明行业工作先进集体”、“文明单位”；被国家卫生部授予“全国卫生系统先进单位”、“全国医院文化工作先进单位”、“全国医院管理年活动先进单位”等称号。如今，鼓医人正以满腔的热情、聪明的才智和与时俱进的执着，打造“国内服务最好的人文医院”。

地址：南京市中山路321号 邮编：210008
电话：025-83304616
网址：http://www.njglyy.com

南京市口腔医院

南京大学口腔医学院　南京市口腔医院　南京大学医学院附属口腔医院

南京市口腔医院暨南京大学医学院附属口腔医院、南京大学口腔医学院，是一所以临床口腔医学为优势，医疗、教学、科研、预防并重的政府主办的三级甲等口腔医院。她的前身是成立于1947年的国民政府中央卫生实验院牙病防治所。新中国成立后，其成为政府重点建设的5所全国中心城市口腔医疗机构之一。经过60余年的发展，医院规模及各项技术指标位居全国口腔医疗机构前列，为江苏省口腔医学会会长单位，江苏省抗癌协会头颈肿瘤外科专委会挂靠单位，江苏省口腔科医疗质量控制中心主任委员单位，江苏省口腔临床医学继续教育与口腔住院医师规范化培训中心，江苏省口腔执业医师临床技能定点考核机构。

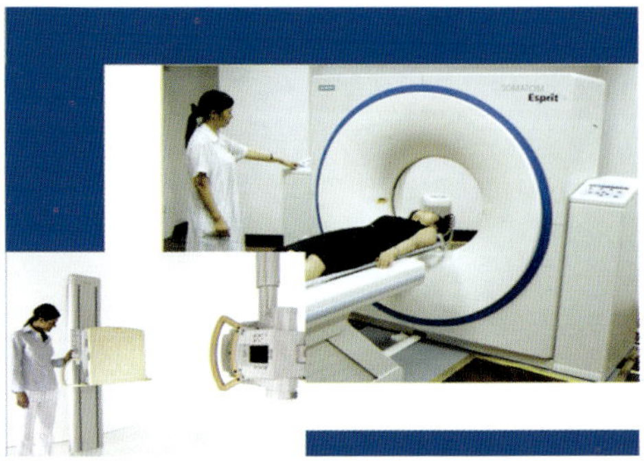

设备

医院建筑面积逾25000平方米，一座20000平方米的新的医疗教学综合楼开工在即。科室设置齐全，设有口腔颌面外科、牙体牙髓病科、牙周病科、口腔粘膜病科、儿童口腔科、口腔修复科、口腔正畸科、口腔种植科、预防口腔科、口腔麻醉科、口腔颌面医学影像科、口腔病理科等18个临床、医技科室。技术力量雄厚，多个专科为江苏省和南京市重点专科。其中，口腔颌面外科为江苏省临床重点专科，是我省该学科的发源地，技术辐射能力强，所收治的外省市口腔颌面外科病员占45%。口腔内科是江苏省临床重点专科，南京市医学重点学科。口腔修复科是江苏省医学重点学科建设单位，江苏省临床重点专科。口腔正畸科是南京市临床重点专科。

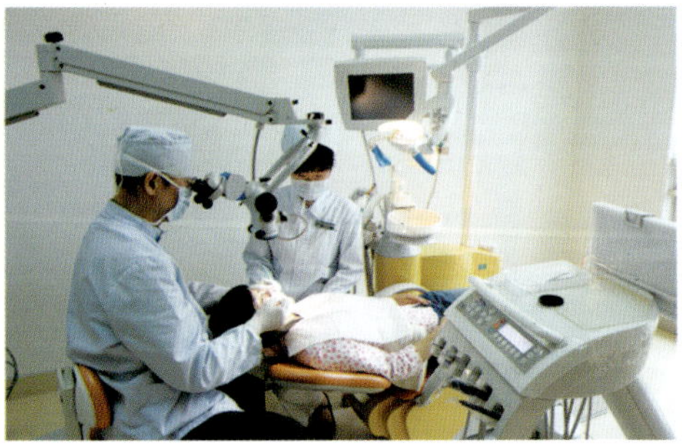

高薪技术

全院口腔综合治疗台255台，病床100张。年门诊量55万人次，住院患者年手术2300余人次。医疗设备先进，拥有西门子全身螺旋CT、数字化放射影像系统（DR）、计算机辅助设计与制造义齿设备（CAD/CAM系统）、口腔显微镜等高级医疗设备。

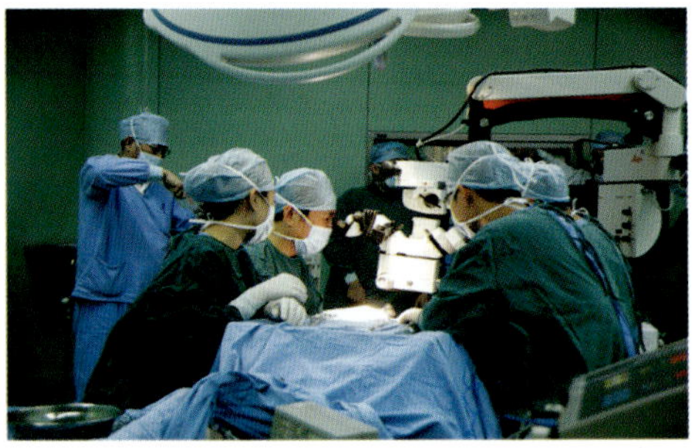

显微外科手术

医院在职职工近600人，其中高级职称专家百余人，20多人担任中华口腔医学会各专业委员会副主任委员、常委或委员。高级专家中有博士、硕士研究生导师15人，临床医师大多拥有硕士或博士学位。

医院重视国际交流与合作，坚持科教兴院。与英国利兹大学成立了“南京大学利兹大学口腔医学合作中心”，与美国密西根大学牙医学院签署长期合作协议。近3年获国家、省、市科技进步奖20余项，年平均发表论文100余篇。《口腔医学导论（双语）》被教育部评定为国家级双语课程建设项目。南京大学口腔医学专业被评定为江苏省特色品牌专业。

南京大学利兹大学口腔医学院合作交流协议签字仪式

与密西根大学签署合作交流协议

江苏省口腔医学学会会长胡勤刚教授在成立大会上发言

六朝古都，钟灵毓秀；千年文化，人才荟萃。医院干部职工正以饱满的工作热情，改革创新的精神，以学科建设为龙头、医疗服务为中心，为建设国际知名、国内一流的口腔专科医院而努力奋斗。

地址：南京市中央路 30 号　邮编：210008
电话：025-83620362　传真：025-83620202
网址：http://www.njkq.net

医院大楼

南京市白下医院

中国健康扶贫工程定点医院

我院是由经历70多年发展的二级医疗机构转型而来，是南京市第一医院集团单位。现承担着朝天宫街道及新街口周边地区居民社区卫生 “六位一体” 服务工作。由于受到各级政府和社会力量的大力扶持，因而能最大幅度地为社区居民、弱势群体、困难人群提供优惠医疗和医疗救助。

医院位于新街口商业圈西南侧，占地面积3463平方米，医疗业务用房面积7000平方米。现有在职医护人员180人，其中具有高、中级以上职称的专业技术人员70余人。医院配备有飞利浦MX4000型CT影像诊断系统、加拿大IDC-Xplorer-1800医用数字化X线摄影系统（DR）、荷兰威图Selectra—XL全自动生化分析仪、美国通用GE-logiq3彩色多普勒超声诊断仪（彩超）、日本光电MEK---7222五分类血球计数仪、尿沉渣检测分析仪、血液流变测试仪等现代化大型医疗设备。

通过自身努力，医院已逐渐形成以康复特色的专科化医疗服务模式。现下设医疗康复科及病区以江苏省人民医院和周边大型三级医院的医疗资源为依托，配备大型康复训练室、先进的医疗康复设备以及宾馆式标准化病房，引进并组建专业康复医师和康复师队伍，开展“中风”后遗症和外伤后遗症等致残病症及其后遗症的康复治疗；

特色医疗部的“海洛因吸食成瘾者药物维持门诊”作为南京大学、江苏省委党校等著名高校的社会学研究基地，2009年被国务院评为全国优秀“药物维持门诊”，它承担着南京市范围内海洛因吸食成瘾者的社区康复和药物维持治疗；

预防保健部为辖区居民定期进行健康宣教、计划生育、儿童保健、妇女保健、慢病管理、传染病防控、突发公共卫生事件应急等社区卫生服务工作；全科医疗部常年开展内、外、妇、儿、骨伤、眼、耳、鼻、喉、各科常见病、多发病的西医、中医及中西医结合治疗，并开设24小时急诊和提供出诊及家庭病房，为社区居民提供高效、优质、价廉、便捷的医疗服务；

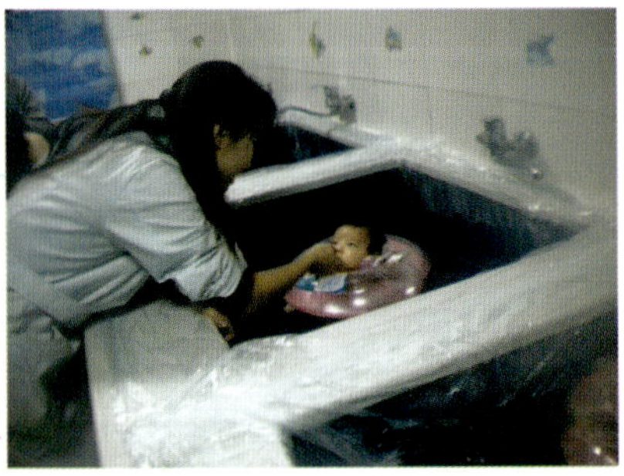

婴儿泳疗科

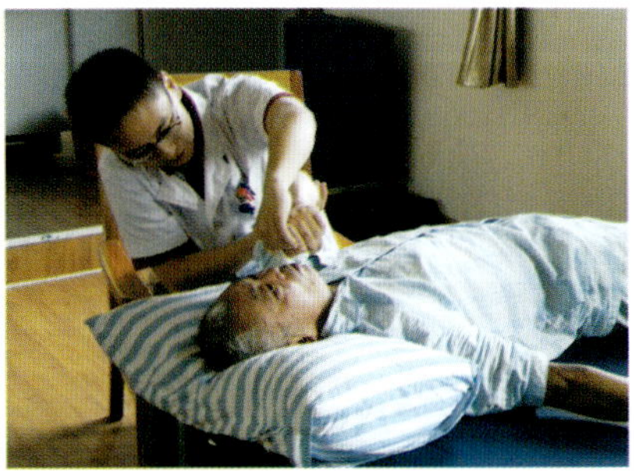

正规康复训练

健康扶贫定点医院揭牌

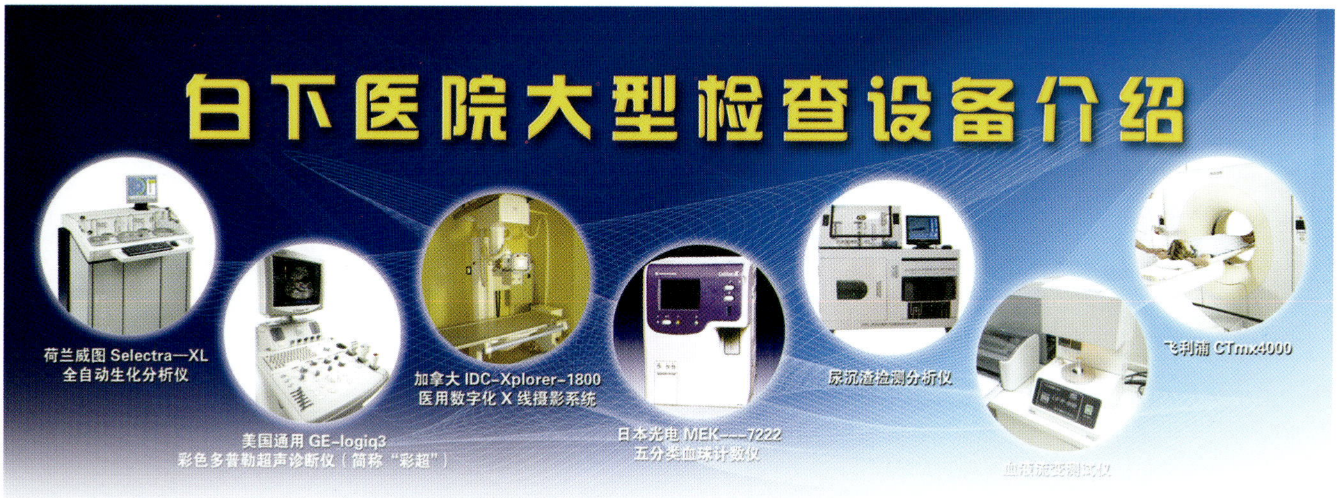

“朝天宫老年康复中心”能为老年患者提供养老、老年护理、临终关怀等方面的服务。医院组织有社区巡回医疗队，定期为社区居民送医、送药及提供免费医疗咨询、体格检查等方面的服务。

医院是江苏省、南京市医保社区定点医疗机构。开设有 24 小时预约咨询电话。多年来，一直承担着辖区企事业单位干部、职工，在校学生的健康体检和妇女病普查及防治工作。“让病员满意”是我院的服务宗旨，我院全体医务人员将热诚为您服务！

全国优秀门诊

地址：南京市丰富路27号（江苏省委党校旁）邮编：210004
24小时预约咨询电话：025-84206680-8080
医院网站：http://www.njsbxyy.com
交通路线：
4、13、83、中六线、804（朝天宫站）
16、33、35、38、100、816、820（三元巷站）
28、41、43、80、82、807（建邺路站）
128、312 （鼎新路站）306 （秣陵路站）
地铁一号线（张府园站）地铁二号线（新街口站）

专业化体检中心

南京金陵孕育专科

南京金陵孕育专科门诊遵循“全心全意为人民服务”的宗旨，以“实现优化孕育，提高人口质量；弘扬祖国医学，造福人类后代”为宗旨而创建。该部孙剑秋主任以历经20多年创研的“优化孕育调控工程”为医疗主体，立足中医并运用现代医学科学技术，以不孕、不育（尤其是习惯性流产）及育龄期夫妇为防治现象，在生殖相关的不同分期予以系列筛检，同步实施康精、健卵、育宫、康胎等系列调控，实现健康繁衍。其科研成果曾获得全军“三优成果”金奖和全国“三优成果”优秀奖及国家专利。该研究分支曾获军队科技进步二、三等奖各1项。

孙剑秋主任在为病人治疗

该门诊部坚持创办宗旨，在自律、自尊、自重，求实中健康生存与发展，以良好医德医风及特色医疗赢得社会及国内外患者的认可、信任和赞誉，1997年该门诊部获南京市社会办医“十佳单位”。孙剑秋主任将在现有疗效的基础上制订出面向更广泛的人群，为民族提供优质繁衍更为切实可行的，同时更为系统化、科学化、程序化、简便化及操作性较强的方案，为实现人类自觉优质繁衍病能够自我调控目标做出更大努力。

门诊部候诊大厅一角

孙剑秋主任将带领门诊部全体医务人员继续为不幸家庭排忧解难，为人民的幸福、社会的安定、人类优质繁衍做出应有的贡献。

地址：南京市玄武区如意里10号 邮编：210018
电话：025-84416999 传真：025-83221228
网址：WWW.JLYUNYU.COM

编写说明

一、近年来，南京都市圈各市的发展引起了人们的广泛关注，以南京都市圈的发展为对象的研究活动正在迅速兴起。为组织和协调区域内的重要学术研究力量，进一步加强对南京都市圈地区的跟踪报道与深入研究，从 2010 年 12 月起由多部门共同成立南京都市圈年鉴编辑委员会，决定编写和出版《南京都市圈年鉴》以系统记录与研究本区域发展的主要成就和经验。

二、《南京都市圈年鉴》重点分析南京都市圈地区年度经济社会发展的基本情况与基本成就。但在年鉴的部分内容中也使用了前几年的发展数据，主要用于说明事情发展变化的过程，便于使用者从历史变化的角度对南京都市圈地区的发展有一个整体认识。部分数据使用了相关地区的政府工作报告和年度统计公报中的材料。

三、《南京都市圈年鉴》主要开设以下栏目：南京都市圈规划（代序）；南京都市圈区域概况：重点介绍和分析本区域的自然条件与自然状况、人口情况、行政区划及文化和旅游资源等；南京都市圈区域发展报告：重点介绍和分析一年中江苏省和安徽省及各省辖市经济社会发展的主要进展与主要成就；南京都市圈专题发展报告：重点是从南京都市圈整体的角度对区域内年度经济社会发展的主要方面进行分析和总结；南京都市圈各政府相关文件：主要介绍一年中江苏省和安徽省各相关都市圈城市政府制定和实施的重要文件，以及理论界研究南京都市圈地区发展问题的代表性成果；南京都市圈经济社会发展指标。

四、《南京都市圈年鉴》采用篇章编辑法编写，篇下设章，篇和章的标题分别使用不同字体和字号以示区别，篇目标明于页眉，以便于检索。

南京都市圈年鉴目录 Content

第一篇

2010

南京都市圈规划（代序）

Nanjing MCR Plan (Preface)

《南京都市圈规划(2002～2020)》(代序)

第一章 总 则

第一条 编制目的

编制《南京都市圈规划》(以下简称为“本规划”),是为了实施《江苏省城镇体系规划(2001～2020)》,提高南京都市圈的综合竞争力,推进区域共同发展,巩固提升南京在长江流域的中心城市地位,促进都市圈规划范围内各城市的协调发展。

第二条 指导思想

南京都市圈的发展应淡化行政区划,从区域角度强化城市间的经济联系,形成经济、市场高度一体化的发展态势;协调城镇之间发展的关系,推进跨区域基础设施共建共享;保护并合理利用各类资源,改善人居环境和投资环境,促进区域经济、社会与环境的整体可持续发展。

第三条 规划范围

规划范围包括:南京市、镇江市、扬州市、马鞍山市、滁州市、芜湖市的全部行政区域,淮安市的盱眙县、金湖县和巢湖市的市区、和县、含山县。

本规划对省内部分提出要求,报江苏省人民政府批准实施;对省外部分从区域发展的整体协调考虑,提出发展预测和建议。

第四条 编制依据

(一)主要依据

1.《国务院关于加强城乡规划监督管理的通知》(国发〔2002〕13 号);

2.《关于江苏省城镇体系规划的批复》(建规〔2002〕39 号);

3.《中共江苏省委、江苏省人民政府关于进一步加强城市工作的意见》(苏发〔2000〕17 号);

4.《江苏省城镇体系规划(2001～2020)》;

5.《江苏省国民经济和社会发展第十个五年计划纲要》。

(二)相关依据

1. 相关城市的城镇体系规划和城市总体规划;

2.《安徽省城镇体系规划(1995～2010)》;

3. 相关城市的国民经济和社会发展第十个五年计划纲要;

4.《安徽省国民经济和社会发展第十个五年计划纲要》。

第五条 规划期限

本规划期限:2002～2020 年。近期:2002～2005 年;远期:2006～2020 年。

第二章 功能定位与发展目标

第六条 功能定位

长江流域与东部沿海交汇地带的枢纽型都市圈,江苏省核心型都市圈,兼容并蓄、开放多元的文化型都市圈，以上海为龙头的长江三角洲的重要组成部分。

南京都市圈“承东启西、承南接北”，地处中国重要的沿海和沿江发展轴线的交汇点，是东部与中西部经济发展的转换地带、南方与北方经济发展的交融区域，具有战略性的地位；都市圈核心城市南京是江苏省政治、经济、科教文化、信息中心，南京都市圈地跨江苏苏南、苏中、苏北，对促进苏中地区快速崛起并融入苏南板块、进一步加快苏北地区发展等全省区域共同发展战略具有重大意义；南京都市圈历史上是吴楚文化的交汇地带、南北文化的交融区域，同时也是近代文明兴起之地，集历史、近代、现代特色文化于一身，融吴楚文脉、南北文化、中西文明于一体，具有兼容并蓄、富有活力和创新精神的多元文化特征；南京都市圈地处长江三角洲的北翼，基础产业实力雄厚，科教优势明显，文化底蕴深厚，是长江三角洲地区重要的基础产业、制造业、科教文化基地之一。

第七条 总体目标

推动都市圈的经济、市场发展一体化，培育平等、互利的发展环境；针对市场、产业、基础设施、城市化等方面的共同发展制定相应策略，扩大区域合作，创造多种灵活的合作方式，形成区域一体化发展格局；大力发展循环经济，走新型工业化道路，促进都市圈区域可持续发展；以长江为纽带、沿江城市为依托，联合培育都市圈信息生产和信息

服务中心，构建国际性的沿江先进制造业集群和以历史文化、山水城林为特色的城市带。

近期，都市圈省内部分实现全面小康；远期，建成经济发达、社会文明、空间集约、生态优良，经济社会一体化的现代化都市圈。

第八条 经济目标

近期：地区生产总值4600亿元（省内3550亿元），人均地区生产总值18000元左右（省内24000元），三次产业比重为8:50:42（省内5:51:44），出口占GDP的比重达到24%（省内超过30%），财政总收入550亿元（省内480亿元），高新技术产业增加值占工业增加值的25%～30%，研究与开发投入占GDP比重大于2%，文化产业年均增长速度超过12%（省内15%），旅游总收入年均增长速度超过15%（省内18%），科技进步贡献率50%以上（省内55%），城镇居民人均可支配收入9500元（省内11000元），农民人均纯收入4500元（省内5200元）。

远期：地区生产总值在2005年的基础上增长接近5倍，人均地区生产总值78000元（省内112000元），成为经济充满活力、科技发达、环境优美、地位独特、高度一体化、辐射功能强劲的发展区域。

第九条 社会目标

近期：恩格尔系数38%（省内35%），高等教育毛入学率25%（省内30%），宽带网入户率35%（省内45%），每千人拥有卫生技术人员5人以上（省内6人以上），人口自然增长率小于5‰（省内小于3‰），人均期望寿命大于75岁，城镇登记失业率控制在4%左右（省内约3%），城市最低生活保障覆盖率达到100%。建成大型综合医院与各类专业性医院相结合的都市圈共享的医疗服务体系；建设都市圈大型综合性体育设施和体育专项场馆，具备举办全国运动会的能力。

远期：建成华东地区乃至全国的重要会展中心、长江下游的医疗服务中心；大型体育设施达到承办相当于亚运会规模的国际性大型运动会的能力；创建具有国际影响力的大学园区，建成国家教育科研基地；建设大型文化设施，成为长江中下游区域文化中心；传承都市圈独特文化与山水城林景观，建设成为独具特色的文化型都市圈。

第十条 城市化目标

“做强、做优、做美、做特”各级城市，重点“做大”核心城市，择优培育重点中心镇，全面提高城镇发展质量，完善都市圈的城镇空间结构。

强化核心城市的主导地位，加快都市圈沿江城市带规划和建设的整体协调，有序培育城镇发展

轴和通道地区的特色中小城市,进一步提高都市圈城市化水平,将都市圈建成国内城市化和经济社会最发达的区域之一。

近期总人口2600万人,城市化水平达到52%左右(省内58%),城市人均住房建筑面积18平方米(省内20平方米),人均公共绿地8平方米(省内12平方米);远期总人口3200万人,城市化水平达到66%左右(省内74%)。

第十一条 环境目标

城镇与产业发展要加强生态建设和环境保护;利用高新技术改造传统产业,发展循环经济;区域生态环境得到改善,资源利用效率显著提高,可持续发展能力不断增强。

以保护长江、京杭运河等区域供水水源,南水北调取水水源及输水廊道水质为重点,以建立都市圈整体执法监督和环境管理体制为保障,以改善城镇环境质量和保护人民群众健康为根本出发点,全面控制污染物排放总量,维护生态平衡,促进区域经济、社会、环境的协调发展。

第三章 空间组织

第一节 空间结构

第十二条 总体结构

形成一个核心、两个圈层的空间结构,重点发展一带一轴三通道。

一个核心:包括南京主城和以主城为核心、半径约30公里范围的城镇和潜在的城镇发展地区,即规划中的南京都市发展区。

该区域是南京城市功能重组和集聚新兴城市功能的重点区域。

两个圈层:包括核心圈层和紧密圈层。

核心圈层:与核心城市联系紧密、接受核心城市强烈辐射,城市间相互作用最强、最广泛的区域。规划范围包括核心城市和距核心城市中心约50公里范围内的城市(镇)和区域,包括南京市、仪征市、句容市、马鞍山市、滁州市区、来安县、全椒县。

紧密圈层:与核心城市联系密切,接受核心城市的辐射,圈层地带节点城市具有相当的发展规模,且相互之间具有较强的经济社会联系的功能地域。规划范围为核心圈层外围、距核心城市中心约100公里范围内的城市(镇)和区域,包括扬州市、镇江市、芜湖市、滁州市的北部、巢湖市的北部、淮安市的南部地区。

一带一轴三通道:沿江城市带:包括南京、扬州、镇江、马鞍山、芜湖等5个设区市以及仪征、江都、当涂、和县等县(市)。城镇发展轴:北从金湖、盱眙开始,经天长、南京、溧水至高淳。三条通道:南京至句容并延伸到苏锡常都市圈环太湖地区、宜(兴)溧(阳)金(坛)丘陵山区通道,南京至滁州、明光、凤阳通道,南京至全椒、合肥通道。

第十三条 发展策略

空间发展策略:“强化核心,提高沿江,带动纵深”。

强化核心:进一步强化核心城市的辐射带动能力,引导核心圈层各项功能的合理扩散与集聚,建设充满发展活力、空间秩序优良的核心城市功能一体化地域。

提高沿江:协调沿江地区各类用地的空间布局,建设符合沿江城市带整体发展要求、高效运行的基础设施网络,建成具有国际水平的整体协调发展的沿江城市带。

带动纵深:培育都市圈城镇发展轴线,完善都市圈辐射通道,加强沿轴、沿通道地区与都市圈核心城市、节点城市的联系,提高核心城市、沿江城市带对纵深地带的辐射强度,带动都市圈南北两翼纵深地区的发展。

第十四条 远景空间组织

形成网络化与极化共同发展的都市圈空间结构。核心圈层与沿江地区呈网络化发展态势，核心圈层发展成为以现代服务业为支撑，通勤发达、高度协作、联系密切的大都市地区，沿江地区发展成为国际一流的先进制造业产业带和发达的城市化地区；紧密圈层成为集中型城市与开敞型休闲度假胜地、优质无污染农产品生产基地和生态敏感空间相融合的区域，沿城镇发展轴、沿通道极化发展趋势进一步加强。都市圈内部交通、通讯网络高度发达，形成基础设施网络化格局；大区域性通道网络逐步完善，都市圈空间形态更加开放，与周边区域的联系更加紧密。

第二节　空间分区引导

第十五条 空间分区

南京都市圈按四个空间分区进行组织：沿江地区、沿轴线地区、沿通道地区和其他地区。沿江地区为城市化促进区，是都市圈城镇发展的主要空间；沿轴线地区为都市圈仅次于沿江地区的城镇发展空间，要加强城镇沿轴线集聚发展；沿通道地区引导城镇点状布局，控制沿交通线无序蔓延；其他地区要特别重视保护农业生产空间和生态环境，发挥对都市圈空间的生态支撑的作用。

第十六条 沿江地区

空间利用以城镇布局为主，重点发展先进制造业和现代服务业。保障自然风景区、森林公园、防护绿带的合理布局，积极引导非农产业向沿江地区集聚，省内结合沪宁城镇发展轴、宁通城镇发展轴的建设，形成制造业、服务业高度集聚，经济发达，城市空间与生态空间有机结合的高度发达的城市化地区。

综合考虑沿江地区城镇发展趋势和产业布局、环境协作、交通组织等的发展要求，加强镇江与扬州段、南京段、沿江上游区域等分段空间管治与协调。

第十七条 沿轴线地区

重点依托高速公路、铁路，引导非农产业、城镇沿轴线集聚发展，强化都市圈南北向经济联系；在加强核心城市南北向辐射通道建设的基础上，以多种交通方式来加强核心城市与轴线地区城镇以及沿线城镇之间快速、便捷的联系，增强核心城市对轴线地区的辐射带动作用。

第十八条 沿通道地区

保障沿线交通的高速、便捷、安全，重视通道地区的生态环境功能、旅游休闲功能和农业功能，选择适当区域作为城镇与非农产业的集聚发展点，严格限制规划城镇建设区域以外的建设活动。

第十九条 其他地区

第四章　产业发展

第二十条 总体要求

1. 区域一体化：面向市场，依托制度创新、技术创新以及发达的区域性基础设施网络，与上海、苏锡常等地区错位发展，加强圈内各城市之间主导产业发展的横向联系，实现优势互补、共同发展。

2. 市场导向：应以市场为导向大力发展现代农业，吸引国际制造业转移，"做大做强"本地优势企业，积极发展区域性产业集群，改造提升传统服务业，积极发展新兴服务业，构建面向整个都市圈的服务业体系。

3. 提升发展水平：以信息化带动工业化，以工业化促进信息化。大力发展科技含量高、经济效益好、资源消耗低、环境污染少、人力资源优势得到充分发挥的新型工业。推进产业结构优化升级，形成以高新技术产业为先导，基础产业和制造业为支撑，服务业全面发展的产业格局。

4. 保障就业和提高农民收入：都市圈产业发展取向应充分强调就业优先和提高农民收入，要与推进城市化、深化改革、扩大开放相结合，正确处理发展技术密集型产业和劳动密集型产业的关系，拓展发展领域，创造更多的就业岗位。加速农村剩余劳动力的转移，加快农业产业结构调整，切实提高农民的收入水平，形成产业发展、城市化、全面小康建设互动发展的良好局面。

第一节　服务业

第二十一条　发展目标

利用核心型都市圈的战略地位，依托枢纽型都市圈的交通、区位优势，发挥文化型都市圈的特色，以资源共享、互利互惠为原则，整合发展都市圈内各类大型跨区域服务设施，构建功能完善、竞争有序、全面协调发展的都市圈现代服务业体系。形成以南京为核心，都市圈一体化发展，科教文化特色鲜明，辐射长江中下游地区的区域性服务中心。

第二十二条　重点领域

1. 金融服务业：完善金融运营体系，扩大金融市场规模和经营范围，逐步实现金融保险业的商业化和国际化。加快资本市场建设，增强直接融资能力，建立都市圈统一的资金市场，实现都市圈内各城市的同城票据结算；加快整个都市圈金融电子化建设。

2. 会展业：培育按市场化运作的大规模专业会展公司，整合会展经济产业链，促进多行业协同发展。积极举办有特色、有全国影响的常年性专题展会，打造会展品牌。

3. 咨询业：充分利用城市规模和集聚优势，有效整合都市圈教育、人才资源，大力发展咨询业，包括信息、财务、金融、管理、法律等一系列整体的咨询服务，咨询业在服务对象上要向企业倾斜。

4. 商贸流通业：加快利用现代信息技术改造传统商贸业，大力发展连锁经营等新型业态，加速推行进销分离的新型营销体制。打破条块分割、部门分割，加强联合协作，以大型商贸企业为龙头，组建跨地区的集总经销、总代理和展示、批发、零售为一体的综合商贸集团。借鉴国外同行的先进经营理念，培育跨区域发展的机制和实力。

5. 物流业：依托国际空港、内河港口、陆路交通枢纽加快发展物流业，尽快形成区域性乃至全国性的现代化物流中心。整合都市圈规划范围现有物流资源，建立社会化、专业化、现代化的物流服务体系；建设南京城市物流共用信息平台，构筑电子商务支撑；以现代物流的发展为纽带，带动和组织区域制造业、商品流通业、现代农业的发展。

第二节　旅游业

第二十三条　发展目标

协调整合都市圈旅游生产力要素，通过资源、产品、管理、政策等方面的合作，提高整体水平，形成系统开放、功能完整的旅游区域。近期发展成为国内首选旅游地区之一，远期发展成为世界级旅游目的地。进一步强化南京的旅游功能和核心地位，发展成为商务会展旅游中心、旅游集散中心和服务中心。

大力实施旅游倍增计划，将南京都市圈培育成为我国旅游业中具有一流竞争力的高知名度、高品位和高效益区。实现南京都市圈旅游产品市场化、旅游品牌多样化、旅游服务设施社会化、旅游企业运作一体化。

第二十四条　旅游文化

合理利用都市圈文化特征，充分挖掘文化内涵，进一步提高都市圈旅游的文化含量和品位。大力发展文化旅游，尤其要突出南京的古都文化，扬州的隋唐文化、运河文化，镇江的吴文化、宗教文化等传统优势。城市建设和文化建设要注重保护特色环境、丰富城市景观、配套旅游设施、繁荣市井生活，提高各方面的旅游文化内涵。

第二十五条 空间组织

加强各行政区域、各景区景点的协调，结合资源特点进行旅游布局和开发，形成点、线、面结合，有利于组织都市圈旅游线路的大旅游空间布局。重点建设沿长江旅游带、沿城镇发展轴线旅游带、沿运河旅游带、环南京休闲度假旅游带，进一步密切与苏锡常都市圈环太湖地区旅游发展的联系。

沿江地区的旅游开发应突出密集的城市人文优势，发挥众多过江通道及周边地区潜在的旅游价值，保护风景旅游岸线，发挥沿江港口的旅游联动作用，大力发展观光旅游、都市旅游、文化旅游、商务旅游，将南京都市圈沿江旅游带建设成为我国重要的旅游目的地之一。

沿城镇发展轴线旅游带的开发应结合旅游对地方经济的带动作用，突出丰富的自然资源、地方特色农副产品等资源优势，大力发展休闲度假旅游、农业观光旅游、地方特色旅游等。促进沿城镇发展轴线生态旅游开发与沿江人文旅游开发的联动。

沿运河旅游带是江苏大运河旅游带的核心和精华，应突出沿运河地区丰富的历史文化和特有的民俗风情，挖掘扬州、镇江、高邮等历史文化名城在京杭运河历史上高品位的人文胜迹，从地域上、文化上、主题上整合沿线的旅游产品，形成独特的竞争优势，成为都市圈开拓国际旅游市场的重要品牌。

环南京休闲度假旅游带要结合当前短距离休闲度假旅游的兴起，加快整合南京都市圈核心圈层以及镇江、扬州的部分地区的相关旅游资源，集中发展休闲度假旅游品牌产品。

进一步密切南京旅游圈与苏锡常都市圈旅游核心区域环太湖地区旅游发展的联系，加快建设南京至环太湖地区的旅游专用道路，增加沪宁线区域性快速通道，快速便捷地联系南京、苏锡常两大都市圈重点旅游区域。

第二十六条 产品组织

重点开发文化旅游、休闲度假旅游和商务会展旅游，积极推进其他传统旅游产品，大力发展工业、农业旅游等新的旅游产品。加强都市圈内旅游资源、产品开发和旅游市场营销整合，大力发展区域旅游和城市旅游，形成鲜明的南京都市圈旅游整体形象。

切实加强都市圈旅游品牌建设与联合发展，首先应突出南京、扬州、镇江、马鞍山、芜湖、滁州等中心城市旅游的统筹发展，形成都市圈旅游发展一体化的基本框架，组织与其他具有特色的旅游资源区域的联合营销。充分挖掘和发挥各自优势，加强旅游要素特色和功能的互补，消除旅游项目的低水平重复建设，促进区域旅游经济效益的整体提高。根据都市圈旅游空间的特点有序组织商务之旅、休闲之旅、文化之旅、古运河之旅、长江之旅、修学之旅等特色旅游线路。

第二十七条 商品组织

充分利用地方传统优势，重视引入现代理念，大力发展旅游商品，注重旅游商品设计的品位，培育旅游商品名牌精品，形成地方特色鲜明的旅游商品系列。探索集设计、研制、生产、销售于一体的社会化、集团化、规模化之路，在旅游中心城市建立旅游购物步行街或定点购物商店，建立旅游商品批发市场、交易会，加强旅游商贸业管理，对海外旅游者的购物实行国际上通行的出关退税制等。

第二十八条 依托体系

依托都市圈城镇空间组织结构，结合旅游区域和线路，发展旅游城镇，加快构建中心旅游城市、旅游城市和特色旅游镇相互支撑的三级旅游城镇网络。依托区域性交通系统，合理进行旅游专用道路建设，形成便捷畅通的旅游交通网络。

第三节 信息产业

第二十九条 高起点发展信息服务业

积极推进政府、企业、社会公众信息资源的开发和利用，加快建设基础数据库，形成完备的网络化、数字化信息资源体系，建立社会信息资源充分利用和有效共享的机制，全面提高信息服务的质量和水平。加快八大骨干应用系统工程的建设，逐步形成与国家“金”字系列工程配套衔接的信息网络，为社会提供多层次、全方位的信息传输服务、信息技术服务和信息内容服务。

第三十条 运用信息技术改造传统产业

营造宽松的政策环境，加快都市圈信息产业的跨越式发展。重点推动都市圈一批传统支柱产业进行改造升级，提高产业技术开发水平，推进产品智能化、数字化、网络化水平，提升传统工业技术装备的自动化、信息化水平。充分发挥核心城市信息技术辐射带动和信息资源共享机制的作用，大力运用信息技术成果改造都市圈传统产业，加速传统产业的技术升级与信息化。

第三十一条 大力发展信息制造业

充分发挥南京、镇江、扬州、芜湖等地科研单位、高等院校集中，电子与信息设备制造业基础雄厚的优势，以南京为中心，建立科研与技术开发的协作网络、技术信息网络和交易网络，联合推进信息制造业的发展。加快发展具有国际竞争力的软件产业和IC设计制造业，提高信息产业的核心竞争力。与上海、苏州、无锡等已初具规模的IC研发中心相呼应，大力发展网络及计算机系列产品、通信设备、系统集成业、软件开发服务业以及数码产品等，抢占未来制造业发展的制高点，将南京都市圈构建为华东地区信息产业研发基地、技术创新基地和信息制造业基地。

第四节 产业集群

第三十二条 石化产业群

依托沿江地区优越的交通设施、水土资源等优势，从空间上整合都市圈沿江地区化工产业的发展，建成具有国际竞争力的石化产业群；以大企业、大项目为龙头，充分发挥各自的优势，合理分工协作，向装备现代化、品种多样化、产品系列化方向发展；发挥都市圈石化产业原料基地的优势，提高区域内化工延伸配套率和精细化率，培育医药化工、生物化工、新材料等产业，延伸石化产业链；共同建设大型石化物流基地。

加强对石化产业发展的环境影响评价，注重与区域大气环境、水环境的保护和城市规划建设的协调，注重与沿江交通走廊、沿江岸线、港口的协调。

第三十三条 钢铁、建材产业群

依托都市圈沿江城市钢铁、建材产业的发展基础，实施跨企业、跨地区的行业重组，进一步“做大做强”钢铁、建材产业，使其成为具有全国影响的钢铁、建材产业群。

1. 钢铁产业群

以马鞍山、南京两大钢铁集团为重点，组织区域横向经济、技术联合，对钢铁工业的副产品进行开发与综合利用，发展金属制品加工业，共同发展相关的专业性市场和物流企业。

2. 建材产业群

以组建专业化建材产业集团等形式，实现建材产业的跨区域联合。依托芜湖、南京、镇江水泥工业优势，建立区域水泥生产集团，提高水泥工业竞争力；依托区域技术、资源优势，开发新型建材，从整体上提高都市圈建材工业产品竞争力。

第三十四条 机电产业群

发展成为我国机电产业最重要的生产、流通基地之一。根据都市圈内各地区的交通条件、劳动力资源、集聚规模、专业门类等要素，集中建设若干专业性强、特点鲜明、竞争优势明显的机电产业基地。发挥南京作为全国最大的家电产品集散中心之一的优势，进一步提升南京都市圈机电产品的整合营销力度，促进都市圈机电产品生产与销售的良性循环。

1. 光机电一体化产业群

依托都市圈高校和科研机构的优势，充分利用南京、镇江、芜湖等城市在光电子、微电子等领域的产业优势，发展电子元器件制造、光电仪表制造、信息设备制造等，增强光机电产业的国际竞争力。

2. 家电制造产业群

整合南京、镇江、芜湖、滁州等城市的优势家电产品生产企业，促进家电企业集团化发展，强化现有优势，合理分工，扩大协作配套，形成多个在全国具有竞争力的家电产品及家电生产集团，进一步开拓国内外市场，提高都市圈家电制造的整体竞争能力。

3. 车辆制造产业群

依托南京、扬州、镇江、芜湖等城市的汽车工业优势，以大企业、名牌产品为龙头，加快行业重组和企业联合，实现都市圈汽车生产企业跨区域重组，形成以轻型车、微型车、轨道车辆、摩托车为重点的车辆制造产业群。

第五节　农业

第三十五条　发展目标

以增加农民收入为重点，以市场需求为导向，加速实现资源优势向产业优势、传统农业向现代农业的转变，逐步建成融经济、生态、文化功能为一体的现代农业。

第三十六条　发展重点

积极发展规模种养业，提升都市圈副食品供应的服务功能；围绕优势农产品及农业产业链，培育龙头企业，提升农业产业化经营水平；推动发展无公害、绿色和有机农产品，树立品牌，提升农业产品的外向化；促进农产品流通市场体系建设，提升农产品在国内外流通的集聚和扩散功能；提高农业利用外资水平，积极发展创汇农业，提升农业的开放度。

第三十七条　空间分布

根据市场需求和地域特点，调整农业产业结构，形成优质高效的现代农业生产体系；在都市圈核心城市和节点城市郊区、发展轴线、通道沿线等区域发展都市型农业，建立现代化农业经济示范区；在扬州里下河平原水网地区、都市圈丘陵山地等区域大力发展规模农业、特色农业，建立若干农副产品生产基地。

第六节　产业空间组织

第三十八条　产业空间引导

按照市场经济的发展要求，创造有利于都市圈各类产业发展的物质环境、政策环境、空间环境。结合生产要素跨市域优化配置，促进产业的集群化发展，提高产业空间的集约化程度和综合效益，统筹规划发展多层次的产业园区，使其成为南京都市圈发展产业、引进外资、研发创新的主要空间。建设具有区域特色和较强竞争力的产业发展带，发挥南京都市圈产业空间与城镇空间的整体效应。

第三十九条　产业园区

各级、各类开发区和产业园区的设立，要以城镇为依托，按照城镇总体布局和功能要求选址，统一规划，合理配套，集中建设，滚动开发。乡镇工业园选址布局必须符合新一轮县(市)域城镇体系规划确定的乡镇撤并规划和城镇、产业发展的空间格局，以规划择优培育的重点中心镇为依托合理集聚，镇、园统一规划，综合配套，提高土地利用和产业开发的效益，防止乡镇工业遍地开花、浪费资源。产业园区的发展强调开放型、跨地域、专业化特征，淡化地域概念，营造良好的投资环境。

第四十条　产业发展带

重点建设沿江产业带、沿轴线产业带、沿通道产业带。

沿江地区建成沿江基础产业带、高新技术产业带、物流产业带和旅游产业带。依托现有基础,进一步发展沿江基础产业,形成以石化、建材、造纸、家电、车辆制造为支柱的基础产业带,建成一批竞争优势明显的产业园区;发挥区域内雄厚的科研、教育实力,大力发展电子信息、生物与医药、新材料等产业,形成具有较强集聚能力和国内竞争力的高新技术产业带;依托沿江交通区位优势和产业集群优势,大力发展现代物流业,建成沿江物流产业带;依托沿江城市带,整合沿江各类旅游资源,大力发展观光旅游、都市旅游、文化旅游、商务旅游等,完善相关产业和旅游配套设施建设,建成都市圈沿江旅游产业带。

沿轴线地区建成传统制造业产业带、资源型农副产品加工业产业带、现代农业产业带。依托都市圈南北向城镇发展轴线,利用丰富的劳动力资源、水土资源、特色农副产品资源,大力发展劳动密集型产业。呼应沿江现代制造业的发展与传统制造业的转移与扩散,突出发展传统制造业、资源型农副产品加工业,同时利用交通、区位优势,加大招商引资力度,大力发展新型制造业;利用生态环境资源和农业资源优势,发展都市农业、观光农业、休闲度假旅游等,建设农副产品专门化生产基地、现代农业生产示范推广基地、外向型农业生产示范推广基地等。

沿通道地区建成休闲度假旅游产业带、生态农业产业带。依托大区域交通发达、生态环境优良、特色旅游资源丰富等要素,大力发展服务于都市圈以及长江三角洲其他区域的休闲度假旅游产业带;充分利用良好的农业资源条件,发挥生态环境优势,建成生态农业产业带。

第五章 社会事业

第四十一条 发展原则

以资源共享、互利互惠、合理分工、突出优势为原则,加强区域一体化,以南京为核心构建覆盖都市圈的社会服务设施网络。充分利用社会资源,遵循市场运行规律,统筹规划,探索公益性和市场化有机结合的发展道路,促进社会服务由传统福利型向产业型和福利型相结合转变。

推动区域性大型社会文化设施的一体化发展,改善大型设施的交通可达性,提高区域服务能力。提升南京都市圈范围内社会文化服务设施的发展水平与使用效率。

第四十二条 教育

以南京为核心整合都市圈教育资源,集中建设高水平的大学城,形成研究型、本科型、职业型等多层次、开放式的高等教育服务体系。将南京都市圈建设成为我国最重要的人才高地和高等教育基地之一。优化都市圈高等教育资源,建设以“211”高校为龙头的高校群体,支持部、省属高校和地方高校联合发展。核心城市大力发展研究型高等教育、本科型教育;节点城市以本科教育、职业教育为主,中小城市大力发展职业教育。引入市场机制,加快非义务教育产业化。加大产、学、研结合力度,鼓励和支持社会力量兴办非义务教育。

第四十三条 文化

进一步弘扬南京都市圈辉煌灿烂的地方文化,加快大型文化设施建设,推动文化企事业单位的制度改革,促进文化产业发展。

加强具有区域影响的大型文化设施建设,具备承办世界性文化艺术交流活动和单项、多项国际博览会的能力,成为高层次、开放型、多样化的长江中下游地区文化中心。加快文化产业的市场化、网络化,提高文化产业整体竞争力,使文化产业成为推动都市圈成长的新增长点。利用特色文化资源,积极发展相关产业,形成相互促进、优势互补的区域文化产业协调发展格局。进一步增强南京都市圈文化凝聚力,保护吴楚文化底蕴,发扬多元文化特色,大力发展现代文化,建设面向都市圈的现代文化中心和具有地方特色的各类专业博物馆、艺术馆等。

第四十四条　体育

改善现有体育场馆，加快大型综合性体育设施以及体育专项场馆的建设步伐，规划期内都市圈具备承办相当于亚运会规模的国际性大型运动会的能力，远景达到举办奥运会的能力。南京近期建设能承办全国运动会的大型体育场馆，同时为远期举办国际性综合运动会预留用地。根据与南京市联合举办大型运动会的需要统筹安排镇江和扬州等其他城市的大型体育设施。

第四十五条　医疗卫生

建设以大型综合性医院为主体、与各类大型专业性医院相结合的功能齐全、设施先进、资源共享的医疗服务体系，成为长江中下游地区的区域医疗服务中心。以医疗服务需求为导向，结合医疗资源的现状基础，合理规划区域内医疗机构的功能、层次和布局，逐步形成布局合理、方便群众的卫生服务网络。发挥市场导向作用，优化医疗资源配置，加快医疗领域的产业化进程，探索以国家为主体、其他社会力量为补充的办医模式，鼓励采取合资合作、股份合作等多种形式经营医疗机构，推动社会资源共享。根据南京现有医院的规模和医疗水平，选择培育一批重点的三级综合医院和特色专业医院作为区域性医疗卫生设施。镇江和扬州等城市在现有三级综合性医院基础上扩建完善，提高医疗水平、改善医疗设施标准，适时建设一定的专业医院。

第四十六条　社会保障

建立与经济社会发展水平相适应、范围覆盖合理、资金来源多渠道、保障方式多层次、管理和服务社会化、统一规范、持续可靠的社会保障体系。

实现基本养老保险的全覆盖，维护劳动力市场的统一性和劳动者的合理流动。建立和完善机关事业单位职工与企业职工统一的、社会统筹与个人账户相结合的城镇职工基本养老保险制度。

扩大医疗保险覆盖面，为企事业单位改制和劳动力流动创造宽松环境。不断完善社会统筹与个人账户相结合的城镇职工基本医疗保障制度，逐步形成满足不同需求的多层次医疗保险体系。

健全失业保险制度，推动劳动力资源重新配置，促进所有制结构调整。重点推动事业单位和外商投资企业、私营企业参加保险，逐步覆盖到城镇全体劳动者，逐步把国有企业下岗职工基本生活保障纳入失业保险。

完善城镇居民最低生活保障制度采用多元化的保障手段，保证社会主义市场经济体制改革顺利进行和社会稳定发展。对最贫困群体在解决其基本生活的前提下，要努力在教育、就业等方面给予更多的扶持和帮助。

逐步健全完善外来劳务人员养老、失业、医疗等保险制度，保障外来劳务人员的合法权益，促进形成城乡就业的平等竞争机制。

在加快推进城镇社会保障体系建设的同时，组织引导和农民自愿相结合，稳步推进农村社会保障体系建设，探索建立农村养老、医疗保险和最低生活保障制度，近期逐步建立和完善个人缴费为主、集体补助为辅、国家政策扶持的农村养老保险制度。

第六章　基础设施建设

第四十七条　总体原则

建设满足都市圈整体发展要求的基础设施网络，推进都市圈城市化与区域一体化发展进程；按照市场规则，促进区域基础设施共建共管和共用共享，避免重复建设和资源浪费；按照适度超前的原则，进一步完善基础设施；发挥基础设施对城乡建设、产业布局、要素流动的引导作用，集聚发展、集约经营；改善人居环境和投资环境，促进都市圈率先基本实现现代化。

第一节 运输通道和基础设施走廊

第四十八条 运输通道

建设宁扬(州)、宁镇(江)、宁淮(安)、宁蚌(埠)、宁合(肥)、宁芜(湖)、宁杭(州)和宁高(淳)等8条运输通道。宁扬、宁镇、宁芜、宁蚌、宁杭运输通道应根据多方式、快速的要求进行建设,创造集聚条件,实现与城镇、产业之间互动发展。宁淮、宁合和宁高运输通道应适当控制沿线开发建设,保持良好生态环境,保证交通高速通过。各中心城市应围绕运输通道集中布置相应站场设施,实现客货运输“无缝”换乘和换装。

第四十九条 基础设施走廊

按照节约用地、方便管理和加强不同设施之间协调的要求,近远期结合,沿主要运输通道建设天然气干管、电力输送通道等骨干工程,建成宁镇和宁扬两条基础设施走廊。结合基础设施走廊布置区域性水厂、电源、天然气门站等设施,并与城镇基础设施系统协调衔接,共同构成干支相连、结构合理、设施配套、管理先进的基础设施网络。加强基础设施走廊规划管理,合理控制线路和场站建设用地。

第二节 交通运输设施

第五十条 交通发展策略

总体策略:加强东西走廊,完善放射通道,建设与管理并重。

根据都市圈空间组织要求,以东西向为重点,建设都市圈沿江交通走廊,加强与上海、苏锡常地区的联系。完善核心城市对外辐射通道,加强核心城市与周边城市的联系。整合南京站场的区域性功能,建成区域性和国际性物流中心,增强辐射带动能力。

沿江地区实施“整体化”发展策略。整合沿江地区交通运输设施,优化长江岸线利用,协调南北过江通道建设,合作建设沿江物流区带,处理好桥、港、城关系,推动南北沿江地区整体、协调发展。

核心圈层实施“公交化”发展策略。着重加大路网密度,加快普通等级公路环线建设。重视高速公路互通口规划建设,加强郊区组团与城市快速交通系统沟通。处理好小汽车交通与城镇空间拓展的关系,避免破坏现有用地机理的建设行为和城市无序蔓延。在公交优先发展的前提下,促进小汽车交通的发展。

紧密圈层实施“高速化”发展策略。完善核心城市与节点城市,主要节点城市之间高速公路网络,满足都市圈紧密圈层交通联系“高速化”要求。

坚持建设与管理并重的发展策略。在保持交通设施适度超前建设的同时,加强交通和交通设施管理,提高运输能力、运输效益和保证运输安全。积极利用新技术,加快对传统交通管理技术的改造,发展智能交通系统。

第五十一条 公路

进一步完善都市圈高速公路网络和过江通道布局。建设南京至淮安高速公路、南京至蚌埠高速公路、南京长江第三大桥及南北接线、南京至句容快速通道、滁州至南京至海安快速通道、溧水至太仓高速公路(溧水至常州段)、扬州至溧阳高速公路、南京绕城高速公路东南段、宁杭高速公路二期工程南京段、扬州西北绕城高速公路;增加都市圈过江通道,完善南京绕城高速公路及都市圈跨江交通体系;预留芜湖至溧阳高速公路线路用地,延伸宁高高速公路至宣州、宁马高速公路至芜湖。

加快干线公路建设与改造。进一步提升二级以上公路比例,完善路网结构,提高路网整体质量和容量。建设镇江至禄口机场一级公路、南京至扬州沿江高等级公路、南京至镇江沿江高等级公路,改造宁杭公路,改造铜井—陶吴—禄口—湖熟—汤山—龙潭公路、溧水—句容公路、仪征—天长公路

（二级以上），沿南京、扬州绕城高速公路加快普通等级公路环线建设，新建宁巢（湖）高等级公路，根据核心圈层“公交化”发展策略加大路网密度。预留仪征三江口桥（隧）位，镇江五峰山桥位，泰州至镇江、常州桥（隧）位。

重视农村公路建设。按照镇村行政区划调整要求，积极发展农村公路，推进农村公路等级化工程，提高现有公路技术等级，改造农村公路的营运条件和服务水平。

第五十二条 铁路

促进区域客运铁路高速化。建设京沪高速铁路（含上元门高速铁路隧道），合理布局高速铁路车站，与汽车站、轨道车站共同形成综合交通 ，提高交通可达性，扩大服务范围。

适时建设区域快速客运轨道交通网络。规划宁镇、宁扬、宁马快速客运轨道交通线路，其中宁镇轨道交通线路走向有两个比选方案，应进一步研究论证。快速客运轨道交通线路应与城市轨道交通系统合理衔接，并与区域性公共设施布局相协调。

与区域物流和产业布局相协调，有序完善一般铁路网络。电气化改造京沪铁路，新建宁杭铁路、宁西铁路、沿江铁路、宁启铁路、宁淮铁路、淮扬铁路、宁杭铁路与杭宣铁路联络线，延伸和复线改造宁芜铁路、新建南京铁路绕行环线和大胜关铁路桥（隧）。

第五十三条 长江岸线利用

坚持生产、生活、生态并重原则，合理划分岸线功能，协调规划上下游、不同类型岸线，实现岸线资源的优化配置和使用。

1. 南岸（自上而下）

慈湖河口—下三山岸段：适宜农业开发利用。

下三山—秦淮新河岸段：划定夹江水源保护区，其他可作为以梅山钢铁基地为主的工业岸线和板桥港区岸线。

秦淮新河—长江大桥岸段：预留江心洲北侧深水岸线、下关地铁过江岸线，建设南京河西夹江滨江公园，扩展下关滨江生活岸线。

长江大桥—九乡河岸段：幕府山、燕子矶、长江二桥应作为城市生活岸线，其中包括燕子矶水源保护区岸线，其他作为新生圩港区岸线、栖霞石化工业区岸线。

九乡河—三江口岸段：划定龙潭水源保护区，其他可作为龙潭港区岸线。

三江口—大道河口岸段：应作为鲁宁输油管道和西气东输主干管过江通道，其他岸线预留控制。

大道河口—高资河口岸段：以建材、化工为主的工业岸线和高资港区岸线。

高资河口—镇扬汽渡岸段：为龙门深水综合港区岸线、大桥风景区岸线。

镇扬汽渡—五峰山岸段：为谏壁电厂岸线、大港港区岸线、过江通道岸线。

五峰山—得胜河口岸段：作为远期开发的工业岸线、扬中夹江口门公用港区岸线。

2. 北岸（自上而下）

驷马河口—滨江岸段：控制桥林水源保护区岸线，其余为工业岸线、七坝港区岸线。

滨江—陈圩岸段：适宜农业开发利用。

陈圩—长江大桥岸段：控制浦口集中式水源保护区岸线，结合城市布局设置城市生活岸线，其余可作为港口岸线。

长江大桥—大厂卸甲甸岸段：适宜农业开发利用。

大厂卸甲甸—西坝头岸段：可作为以化工为主的工业岸线、西坝港区岸线，控制八卦洲及上坝水源保护区岸线。

西坝头—赵庄沟岸段：适宜农业开发利用。

赵庄沟—泗源沟岸段：以化工和修造船为主的工业岸线和仪征港区岸线。

泗源沟—瓜洲夹江段:为预留的港口岸线和农业利用岸线。

瓜洲夹江—大运河口:保留城市生活岸线,其余作为工业岸线和扬州下港港区岸线。

大运河口—省共青团农场岸段:严格划定为南水北调东线工程水源保护区岸线、农业和林业岸线。

省共青团农场—江都、泰州界岸段:三江营港口岸线、工业岸线和塌江段保护岸线,其下游严格划定为南水北调东线工程水源保护区岸线。

3. 洲岛

八卦洲、江心洲等岸线宜作为旅游度假和生活岸线。

扬中岸线作为镇江地区储备的港口岸线,适时开发建设。

第五十四条 港口

根据全省沿江港口发展规划,大力推进南京港建设,进一步完善镇江港和扬州港。加强东西向公路建设,沟通江北南京七坝港区、西坝港区、仪征港区、扬州卞港港区和江都三江营港区,江南南京板桥港区、新生圩港区、龙潭港区、镇江高资港区、龙门港区、谏壁港区、大港港区和扬中港区,促进港口整体协调发展和分工协作,在共有腹地中相互依存,在互补中形成规模效益。

第五十五条 水路

提升部分省级干线航道等级,包括芜申运河、丹金溧漕河、通扬运河和秦淮河,重点整治京杭运河高邮至邵伯段、芜申运河、通扬运河、丹金溧漕河、滁河、秦淮河和仪扬线,开工建设沟通秦淮河和京杭运河的句丹运河工程。

第五十六条 航空

加强机场和机场通道建设,促进航空运输快速发展。适时扩建南京禄口国际机场,增加国际定班航线,建设镇江、马鞍山、芜湖以及常州等地区至机场的便捷、快速通道,推动机场共享共用。在南京、扬州和淮安之间预留都市圈第二机场的建设余地,发展国际运输和国内干线运输。在扬州与泰州之间建设扬州地方机场,发展国内支线运输。

第五十七条 管道

保留鲁宁输油管线,建设国家西气东输主干管和滁(青山)扬泰通输气支干管。

第五十八条 物流

坚持市场主导、政府推动,加强都市圈物流设施的分工协作,建成统一的物流体系。通过合理划分物流区域,形成以南京为中心,沿江物流区带为骨架,镇江、扬州以及周边城市物流设施配套的都市圈物流体系。

充分利用南京综合运输和产业优势,以中转和集散功能为主,建设南京物流中心,并依托口岸条件,积极发展国际物流。根据产业分布特征,以配送功能为主,建设镇江、扬州物流园区。

整合沿江物流资源,建成沿江物流区带,实现都市圈各物流园区之间横向联合、纵向协同、利益共享。通过东西向交通设施加强沿江各物流园区协作。沿江南北物流园区通过过江通道形成物流区带,发挥整体优势。

第三节 区域供水设施

第五十九条 区域水厂水源

1. 长江水源:长江是都市圈主要的区域供水水源,应充分发挥目前已建和在建工程的取水能力,切实加强水源保护措施,对沿江区域水厂取水口进行严格管理,严格控制污染源,加大污染治理力度,保持长江Ⅱ类水质标准。加强对河势变化的监控,保持岸线稳定。

2. 京杭运河水源:京杭运河不仅是高邮、宝应重要的供水水源,也是国家南水北调主要输水廊道。需严格控制污染源，确保京杭运河全线Ⅲ类水质标准。

3. 湖泊及水库水源：高淳区域供水水源为固城湖；溧水区域供水水源为中山水库、东屏水库；句容区域供水水源为北山水库、房家坝水库；盱眙区域供水水源为洪泽湖。

4. 其他水源：江都区域

水源保护区上下游、左右岸必须加强协调，按照规定要求切实保护水源地。

第六十条　区域水厂

积极有序地鼓励和推动区域供水。结合水源情况、服务人口、经济发展水平等因素，确定各地区具体的水量需求，打破行政界线进行区域水厂设置。以完善和充分利用现有供水设施能力为主，发展区域管网设施；相对集中和规模化地扩建、新建若干区域水厂，提高区域供水覆盖率。

第四节　防洪排涝设施

第六十一条　区域防洪排涝

1. 长江干流

按照长江流域防洪规划，长江干流能够全面防御 1954 年型洪水，干堤达到 100 年一遇洪水加十级风浪的标准，干流河势得到基本控制，重要节点岸线稳定，城区段通过增建自保工程达到相应城市防洪标准。

2. 秦淮河流域

流域防洪全面达到 50 年一遇，排涝达到 10 年～20 年一遇，城区段达到相应城市防洪标准。重点实施外秦淮河整治工程，扩大洪涝水北排长江出路。全面开展干、支流河道整治、堤防达标工程建设。

3. 淮河流域

淮河下游防洪标准近期达到 100 年一遇，远期不低于 200 年一遇。实施淮河入海工程，加固淮河入江水道、洪泽湖大堤工程，畅通流域洪水入江、入海通道。

4. 滁河流域

流域防洪全面达到 20 年一遇，城市段采取自保措施达到相应城市防洪标准。重点加固、建设滁河干流堤防达标工程，实施都市圈内流域性配套工程。

5. 石臼湖和固城湖区域

防洪全面达到 50 年一遇，区域排涝 10 年～20 年一遇。加固、建设水阳江干流堤防及防洪控制工程，实施区域排涝和水资源、水环境工程。

第六十二条　城市防洪

省内部分按照《江苏省人民政府关于加强城市防洪工程建设的通知》（苏政发［2002］86 号），南京全面达到 100 年一遇，中心区达到 200 年一遇；扬州、镇江达到 100 年一遇；县城达到 50 年～100 年一遇，重点中心镇达到 20 年～50 年一遇。各城市全面建成城市防洪保护圈，依托流域、区域治理，构筑防洪外围保障和自保体系。

第五节　能源设施

第六十三条　能源发展战略

结合“西气东输”战略，积极利用天然气能源，电源建设充分考虑国家西电东送和江苏省北电南送的战略特点，坚持总量控制、优化结构、协调发展。加快都市圈能源结构调整步伐，逐步降低煤炭消费比重，积极推广和使用优质、高效的洁净能源，依靠科技进步，不断提高能源利用效率，努力实现经济、能源、环境的协调发展。

第六十四条 天然气设施

1. 门站

沿西气东输主干管道建设青山(扬州仪征)、龙池(南京六合)、龙潭(南京)和镇江天然气分输站;沿南京—芜湖天然气支干管建设南京(江宁)天然气分输站;沿滁州—南通天然气支干管建设扬州天然气分输站。

2. 支干管

天然气长输管线由滁州经六合至仪征青山分输站,由仪征三江口过江,沿312国道和沪宁高速公路建设国家“西气东输”工程南京至上海天然气输气主干管;沿宁通高速公路建设滁州至南通的天然气输气支干管;沿宁芜高速公路建设南京至芜湖的天然气输气支干管。

第六十五条 电力设施

1. 电源

以市场为导向,考虑城镇布局、经济发展特点以及区域环境保护的要求,充分利用长江岸线资源、天然气资源,合理布置电源点。根据用电负荷增长情况,适当增加电源布点,扩建现有部分电厂。利用“西气东输”工程,规划在龙潭附近建设金陵电厂2～3台30万千瓦机组,在板桥附近建设南热扩建工程2×30万千瓦;扩建扬州二电厂2×60万千瓦,扩建镇江电厂2×60万千瓦,扩建谏壁电厂2×30万千瓦。

2. 电网

电网建设兼顾电源建设,与区域基础设施走廊布局相协调,加强电力输送通道的建设,使电力输送交换流畅。

随着负荷的发展,在南京周边建成5座500千伏变电站,通过东、西、北三个方向与华东及江苏电网联接,形成环绕都市圈核心圈层的500千伏“C”字型环网结构。在南京扩建500千伏东善桥变(增加1台750兆伏安),新建500千伏龙潭变(2台1000兆伏安)、500千伏江北1#变(1台1000兆伏安)、500千伏板桥变、500千伏溧水变;在镇江上党建设一座500千伏变电站,在丹阳和金坛交界处建设500千伏丹金变电站;在仪征建设500千伏扬州西变电站。

建设都市圈东西向及南北向电力输送通道,接受北电南送和西电东送的电力。南北向两条主通道:西通道为500千伏宿迁变—500千伏江北1#变—500千伏板桥变—500千伏东善桥变—安徽有关城市500千伏变;东通道为500千伏淮安变—500千伏江都变—500千伏武南变。东西向两条主通道:北通道为常州江边电厂—500千伏武北变—500千伏上党变—500千伏龙潭变;南通道为500千伏武南站—500千伏丹金变—500千伏溧水变。在都市圈江北地区预留东西向500千伏江北1#变—500千伏扬州西电力通道。

第六节 信息基础设施

第六十六条 建设信息基础网络

建设覆盖都市圈的光缆骨干传输网络,建设宽带城域主干网和光纤接入网,让信息高速公路通达千家万户。在核心城市建成规模容量、技术层次和服务水平居省会城市前列的信息通信网络,使南京成为全省和长江中下游“信息高速公路”的主要结点,提升都市圈作为区域性“信息高速公路”的地位。完善和改造现有电信、广电等通信基础设施网络,逐步实现“三网融合”。

第六十七条 建立综合信息网

强化信息资源组织,综合和提升都市圈内各种信息资源;建立基本完备的、面向政府和公众的公益型数据库体系和面向微观经济活动的商用型数据库体系,形成系统完善的信息收集和发布机制,为政府和公众提供高质量的服务,实现政府、企业、居民和各系统之间交互性的信息交流,增强跨区域协作。加快信息网络与全球信息高速公路的互联，培育发达的信息市场，实现信息资源全方位、大范围的开放、开发和共享。

推进各领域信息化，借助于统一的高速公用互联传输网，在都市圈建设一系列信息化骨干应用系统。在政务、经济、金融、财税、商贸、农业、教育、科技、工业、交通、城市建设、社会保障、公众服务等领域进行规范化的系统建设，建成覆盖都市圈并与国内外信息网相联的高速度、大容量、社会化应用信息系统，为都市圈提供高质量、全方位的信息技术服务，并以应用系统启动用户市场，带动信息产业的增长，推进都市圈的信息化建设。

以大型动态数据网络平台为依托，使各种行业的运行建立在以信息流为支撑的基础上。依托南京建立数字化都市圈区域，使南京在长江中下游地区和更广阔的区域内对人流、物流、信息流承担重要的服务和协调功能。

第七章　生态建设与环境保护

第一节　生态功能分区

第六十八条　生态分区

依据生态环境结构特征、生态功能要求、人类活动与生态环境的相互作用以及环境的区域分异规律，都市圈规划范围内划分为沿江生态区、低山丘陵生态区、沿湖（运河）生态区及里下河平原水网生态区四类生态功能区。

第六十九条　沿江生态区

重点保护长江沿岸区域供水水源、南水北调（东线工程）取水水源、长江水生态系统。合理进行城镇空间布局，在城镇不同组团以及不同产业群间建立生态防护隔离带，尤其是加强沿江重化工、钢铁、造纸等产业带与其他城镇功能区之间的生态防护隔离带建设；有效控制入江污水及污染物总量，根据水体污染物允许负荷，确定污染物排放量削减目标和允许排放量指标，保证长江Ⅱ类水标准；建设扬州夹江及芒稻河沿线南水北调（东线工程）取水源头水生态功能保护区；实施沿江水体富营养化防治工程、湿地保护工程、平原绿化工程、防护林体系建设工程；实施沿江排污综合整治，增加污水处理能力，逐步实施区域污水集中治理；筹建沿江危险固体废弃物区域性集中处置中心（包括安全填埋场、焚烧装置等）；合理利用长江岸线资源，防护冲刷岸段；高标准建设防洪排涝设施，加固、维修和提高防洪堤及圩堤，疏浚河道，提高防洪能力。

第七十条　低山丘陵生态区

重点保护陆生生态系统物种的多样性、山林资源。保护与建设并重，破坏预防与治理修复相结合。建设自然保护区、森林公园、风景名胜区等不同级别和类型的保护网络，逐步形成生物多样性自然保护体系；加强丘陵山区水利工程建设，增加山区蓄水，涵养水土，防止滑坡发生，减轻水旱灾害；封禁治理和造林种草相结合，提高林草覆盖率，保护土壤免受冲刷；限制开山采石，划定禁采区和限采区，限制采石规模；加强城市外围生态廊道建设，保证城市良好的环境质量；大力发展生态农业；开展成熟林改造工程、风景林建设工程和高效经济林建设工程。

第七十一条　沿湖（运河）生态区

重点保护南水北调输水走廊、集中式饮用水源、湖泊湿地及运河湿地。建设沿京杭运河水生态功能控制区；划定高邮、宝应、溧水、高淳等集中式饮用水源保护区；实施湖泊水环境治理工程，控制围网养殖面积，防止湖泊富营养化；建设沿高邮湖、洪泽湖、石臼湖、固城湖湿地保护区，实施湿地保护工程；加强低洼圩区的生态环境建设。

第七十二条　里下河平原水网生态区

重点保护平原水网湿地生态系统、水乡生态。充分挖掘未利用滩地、河堤、圩堤、沟渠等土地资源,选择速生、适生树种进行造林绿化;因地制宜实行林渔、林农相结合,实现农田林网化、河沟渠坡面植被化,建设生态防护林体系;大力发展生态农业、特色农业、节水农业,依靠高科技改造传统农业,促进生态良性循环;合理利用丰富的农业资源条件,形成以生态食品的生产、加工、仓储、集散为基本环节的生态产业带;复垦废弃地,增加耕地面积,保护土地资源,维护生态平衡。

第二节 自然保护区

第七十三条 建设目标

保护和建设各类自然保护区25个(省内13个),风景名胜区19个(省内13个),森林公园14个(省内7个),各类保护区覆盖率不低于10%。

第七十四条 自然保护区

跨行政界线的自然保护区如芝麻岭自然保护区(南京与滁州)、石臼湖水生生物及鸟类自然保护区(南京与马鞍山)、高邮湖自然保护区(扬州、淮安与滁州)、洪泽湖湿地自然保护区(淮安与滁州)等进行共同保护与建设。

省内部分各市应分别建设一定数量的自然保护区,完善都市圈整体自然保护体系,主要包括:南京紫金山森林生态系统自然保护区、南京汤山—青龙山地质景观自然保护区、南京金牛玄武岩—方山石林地质景观自然保护区、南京栖霞山地质景观自然保护区、南京幕府山地质景观自然保护区、南京固城湖自然保护区、镇江豚类保护区、江都绿洋林场野生动物自然保护区、宝应运西自然保护区。

第七十五条 风景名胜区

省内部分建设南京钟山风景名胜区、南京雨花台风景名胜区、扬州蜀岗—瘦西湖风景名胜区、扬州茱萸湾—凤凰岛风景名胜区、江都水利风景名胜区、镇江南山风景名胜区、镇江三山风景名胜区、镇江茅山风景名胜区、镇江北湖风景名胜区、镇江瓦屋山风景名胜区、镇江赤山湖风景名胜区、镇江?? 山风景名胜区、盱眙第一山风景名胜区。

第七十六条 森林公园

省内部分建设南京老山森林公园、南京牛首山—祖堂山森林公园、句容宝华山国家森林公园、镇江十里长山森林公园、仪征市铜山森林公园、仪征青山森林公园、扬州西郊森林公园。

第三节 生态防护林体系

第七十七条 山林建设

因地制宜进行丘陵山区植树造林,积极开展封山育林,大力发展混交林、观赏林、经济林。在25°以上的坡地、水土流失严重的地区,严禁开垦,整地造林。

第七十八条 交通与水系绿色廊道

沿主要水系和交通干道建设具有一定纵深的绿色廊道。长江两岸应大力开展植树造林,建设长江防护林带,提高长江两岸森林覆盖率,沿都市圈内铁路、高速公路及航道两侧建设不低于50米宽的防护林带。

第七十九条 沿湖防护林

结合湿地保护工程,沿高邮湖、洪泽湖、石臼湖、固城湖等主要湖泊周边建设生态防护隔离带。

第八十条 平原绿化

平原地区充分利用纵横交错的河、渠水网,营造农田林网,并以农田林网为主体,与堤岸林带、防浪护堤林带、季节性淹没地带的速生用材林、复合农林以及环村林等,构建平原防护林体系。

第八十一条 城市绿化

城市绿化覆盖率不低于40%，城市绿化应注重城市内部与外围区域环境质量协同保护与建设，结合自然地貌、道路、水系绿色廊道建设城市之间或重要城市的组团之间的生态隔离带，城市与外围生态开敞空间之间建设生态廊道。

第四节　环境综合整治

第八十二条　水环境综合整治

1. 整治目标

长江水质稳定控制在国家Ⅱ类标准；其他主要饮用水源及南水北调输水廊道水质达到或保持在国家标准Ⅱ～Ⅲ类；城市河流水质明显改善；市界断面水质按水环境功能区划达标。

2. 整治要求

重点保护长江、高邮湖、邵伯湖、京杭运河、石臼湖、固城湖、丘陵山区水库等集中式饮用水源。严格控制长江、京杭运河、滁河、水阳江、秦淮河等流域性河流的市界断面水质，全面防止和控制跨境污染。合理调整工业结构和工业布局，使各区域的产业与排污负担逐步与水环境容量和净化能力相适应。推行循环经济模式，建立生态工业园，做到资源共享，减少废物排放。综合整治沿江排污，对现有的排污口进行整治、归并，不得在长江沿岸随意新增排污口，实施长江两岸近岸污染严重的城市江段污水截流工程。发展生态农业，减少化肥、农药使用量，加强畜禽养殖污染治理，减轻农业面源污染。

建设区域性污水处理厂，集中处理城镇综合污水。引导城镇集聚发展，统一建设污水收集、处理设施，推动污水处理逐渐由重点处理、分散处理过渡到区域集中处理，提高污水处理厂运行效率，合理调度尾水排放。

第八十三条　大气环境综合整治

1. 整治目标

城市环境空气质量得到明显改善，达到或优于国家二级标准，其他地区全面达到各环境功能区标准，酸雨得到有效控制。

2. 整治要求

结合"西电东送"、"北电南送"、"西气东输"等国家能源调整重大工程，优化能源结构，提高能源利用效率。加强电力、化工、冶金和建材等重点行业的污染治理。逐步提高并严格执行机动车尾气污染排放标准，建筑、拆迁和市政等施工现场采用湿法作业等方法，控制交通尾气和扬尘污染。加强道路绿化，减少路面积尘量，控制道路和运输扬尘污染。制定酸雨和二氧化硫污染综合防治规划以及二氧化硫总量控制计划，加强"两控区"建设。

第八十四条　矿区环境综合整治

整顿山石资源开采秩序，加强矿区环境综合整治，以土地复垦及复绿为重点，建立各种类型的矿区生态建设示范基地，逐步形成与生产同步的生态恢复建设机制。

对尾矿进行综合利用，减少废弃物排放，在露采最终边坡、排土场、尾渣堆、矿山公路两旁、荒山以及一切被开采破坏的区域开展全方位复绿，进行生态恢复工程，并与正常生产同步进行。近期完成废弃矿区宕口的开采剖面、宕石平地、堆料场的绿化覆盖任务，远期所有宕口全面复绿。

第八十五条　环境监测网络

系统整合各地环境监测力量，增加监测布点，环境监测网络覆盖全区域，对都市圈的环境空气质量、酸雨、流域水质、生态环境等实施监测，为有效治理环境污染、进行环境决策、建立都市圈环境污染控制机制提供科学依据。

第五节 防灾减灾

第八十六条 地震灾害防治

实行预防为主,防御与救助相结合,动员社会各方面力量,依靠法制和科技,建立地震监测预报体系、震灾预防体系、地震紧急救援体系,做好防御和减轻地震灾害工作,保护国家财产和居民生命财产安全,保障都市圈规划范围内的经济建设和社会发展顺利进行。

加快地震活动断层探测,为经济社会发展和城乡规划建设提供科学依据。区域性基础设施、重大建设工程和设施以及重要的生命线工程要避开地震活动断层并按照国家规定设防。

结合城镇规划及时编制抗震减灾规划,建立、完善区域性抗震救灾应急制度。城乡建设中新建、扩建、改建工程,必须按照抗震设防要求和抗震设计规范进行抗震设计。一般建设工程直接采用国家标准《中国地震动参数区划图》(GB18306—2001)的结果进行抗震设防。位于地震动参数区划分界线两侧各4公里的地区进行新建、改建、扩建工程时,需进行地震动参数复核,确定抗震设防要求,进行抗震设防。重大建设工程和受地震破坏后可能引发水灾、火灾、爆炸、剧毒或者强腐蚀性物质大量泄露和其他严重次生灾害的建设工程,供水、供电、燃气、交通、通信、医疗、消防、粮食等重要生命线工程,必须按规定进行地震安全性评价,确定抗震设防要求,进行抗震设防。

广泛开展防震避震、自救互救知识的科普教育,增强全民防灾、减灾、救灾意识。按照避震就近疏散的原则,保证疏散通道畅通,利用公园、绿地、广场、学校操场等空旷场地设置避震疏散场所,避震疏散用地应达到每人不小于3平方米。

第八十七条 地质灾害防治

相关城市(镇)应重点防治长江塌岸、滑坡、地面塌陷及软土地面不均匀沉降等地质灾害,防止环境地质问题进一步恶化,减轻地质灾害损失。

1. 长江塌岸

加强长江易冲刷河段的护岸工程建设,长江塌岸多发地段应与防洪工程配套建设。

2. 滑坡

在低山丘陵地区,包括自然岩土体滑坡和人工堆积物滑坡等主要滑坡分布区域,应减少人为不良工程,采用封禁治理和造林种草相结合,提高林草覆盖率,保护岩土体免受侵蚀、冲刷。

3. 地面塌陷

主要分布于各类采空区,该类区域应加强地下水动态监测,合理利用采空区及岩溶塌陷区。

4. 软土地面不均匀沉降

处于漫滩相地层之上的建设用地,要加强地质灾害危险性评估工作,实行建设项目地质灾害危险性评估制度。

第八章 区域空间管治协调

第一节 管治协调准则

第八十八条 整体利益优先,市场规则,统一开放、公平竞争、互惠互利

以协调区域关系、解决区域性问题为基本出发点,统筹考虑南京都市圈规划范围的整体发展。通过空间管治协调,加强空间活动利益主体的互补关系,充分发挥整体竞争优势,实现区域空间的可持续发展。

本着"互惠互利、优势互补、共同繁荣"的原则,充分发挥各地自然资源、经济条件和社会条件的比较优势,促进城市间合作和区域内的要素流动,引导产业优势明显的地区将资源集中配置于比较

利益更高的产业，提高产业优势薄弱地区的发展机遇；通过创造公平竞争的社会环境，致力于建立南京都市圈规划范围内协调统一的产业体系、市场体系，促进生产力合理布局，保障相关利益主体的综合利益。

整体利益优先着重体现在：共同保护都市圈生态环境，合作建设自然保护区、生态防护林带以及跨区域环境整治等；共同推进大型区域性基础设施建设，实现共建共享；共同开发利用区域性矿产资源、风景旅游资源和水资源，协调各城镇之间边缘空间布局等。

市场规则着重体现在：政府创造公平竞争的社会环境、政策环境，消除区域合作中不合理的行政障碍，引导生产要素的有效配置，促进重点空间优先成长，做大做强重点产业；加强投资、消费、生产、流通市场的一体化；可以共用的基础设施，推进共建共享；政府公共投资结合市场需求，引导区域整体性发展和有序竞争。

统一开放、公平竞争、互惠互利着重体现在：协调统一的产业体系、市场体系和生产力布局。

管治手段应体现强制性、指导性并重。在影响区域生态环境的规划建设、重大区域基础设施的空间布局和时序协调上提出强制性要求；在各市可以遵循市场原则自主发展的内容上，加强规划引导。

第八十九条 协调管理原则

涉及到生态环境和文化环境，并有可能对相关地区产生重大影响的项目，应与该地区行政单位相互协商，取得一致意见。对生态环境和文化环境有重大影响的建设项目，应由有权机构做出影响评价。

在行政协调的基础上，生态环境和基础设施的协调应运用市场机制，推进共治共管、共建共享。

第二节 省内区域管治协调

第九十条 重点管治协调区域

省内重点管治协调区域包括沿江地区、沿轴线地区、沿通道地区。

第九十一条 沿江地区

一般原则：协调沿江地区建设用地的拓展与农用地保护、生态环境保护的关系，严格控制城镇建设用地的无序蔓延；加强沿江地区各城市之间的协调，整合现有基础设施资源，协调基础设施的位置、标准、时序，建设符合沿江城市带整体发展要求、高效运行的基础设施网络；沿江岸线应遵循深水深用、浅水浅用、生产与生活相结合的原则，加强长江岸线开发利用和港口布局的协调；加强水源保护，协调建设以长江为水源的区域水厂和长江排污口布局。

范围：以长江为主轴，北至南京至海安快速通道、宁淮高速公路，南至沪宁高速公路，沿线外侧5公里涉及的城市市(城)区、镇、乡行政范围一并纳入管治范围。

管治协调总体要求：积极创造条件引导主要城市空间集聚发展，中心城市之间合理进行空间隔离，其他城镇之间保留2公里以上的生态空间。加强项目布局的区域规划指导，优先布局现代制造业、物流中心和大型教育、文体、旅游设施，集中规划建设国家级、省级产业园区，有序发展地方产业园区。除已建、在建和已批准建设的火电厂外，不再布局新的火电厂。

协调建设沿江南北高等级公路，宁镇、宁扬城市轨道交通。协调建设南京至海安快速通道、南京至句容快速通道。协调过江通道建设。加强沿江东西向疏港公路建设，重点协调镇江港与扬州港、仪征港与南京港六合港区、镇江港高资港区与南京港龙潭港区的分工协作关系。

协调以长江为水源的区域水厂规划布局，保护永久性水源地。加强长江水污染治理，确保长江Ⅱ类水质标准。协调建设高标准的区域防洪体系，确保长江干堤达到“长江流域规划”标准。

协调沿江电力输送通道的建设，南部沿江线路走向为常州江边电厂—500千伏武北变—500千伏上党变—500 千伏龙潭变的北线;北部沿江地区预留 500 千伏江北 1#变—500 千伏扬州西的 500 千伏电力通道。

分区段管治协调内容:

1. 镇江—扬州:重点协调城市发展方向、功能分工与合作、产业发展、公共设施的规模与空间布局等。两市在发展空间上呼应,主要职能上互补,形成组合发展趋势;整合两市特色旅游资源,协调规划润扬长江大桥主题公园和江心洲景观公园;促进两市在大型文化设施、体育设施、商贸设施、交通设施、港口设施等方面进行共建共享。建设扬州夹江及芒稻河沿线南水北调(东线工程)取水源头水生态功能保护区。严格控制和保护镇江、扬州区域供水取水口。妥善保护,适时开发已建和规划预留的过江通道两侧、重要的自然景观和人文古迹等,包括镇江的金山、北固山、焦山岸线,扬州的瓜洲古渡、三江营岸线等。协调两市开发利用长江岸线的景观和生态关系,加强环境影响评价,减少对相邻地区的不良影响。

2. 南京段:统筹规划核心圈层发展和空间布局,有序开发、高效利用核心圈层的土地资源,在满足城镇、先进制造业、现代服务业高度集聚发展的空间需求的同时,确保必要的不可建设用地和控制建设用地,避免城镇建设空间的无序蔓延。高度重视生态环境保护,不断提高人居环境质量。加强核心城市主城与郊区、核心城市与周边城市、周边城市之间的通勤建设,建设适应“公交化”要求的城际交通网络、适应“机动化”要求的城郊通勤系统,加快发展智能交通系统,强化核心圈层的交通运输能力。协调城市(镇)发展用地的空间关系,以都市发展区为重点、结合主要交通指向进行集中连片的城镇建设用地开发,防止低密度无序蔓延。城市之间、基础设施走廊沿线规划建设永久性生态隔离空间。协调都市圈交通通道与城镇布局和空间拓展的关系,对外高等级公路应与城市快速交通合理衔接。

第九十二条 沿轴线地区

一般原则:促进城镇集聚成片发展,避免城镇沿轴线无序蔓延;强化沿轴线交通通道建设;保护性开发低山丘陵地区,重点保护沿湖地区生态环境,保护物种多样性,促进自然生态与城市生态相交融。

范围:沿宁淮运输通道、宁高运输通道两侧 5 公里涉及的城市市(城)区、镇、乡行政范围,北至洪泽湖,南至固城湖。

管治协调总体要求:积极吸纳沿江地区产业转移,大力发展资源密集、劳动密集型产业,集中建设地方产业园区,促进城镇集聚成片发展,引导城乡居民点合理集聚。保护优良的生态环境,建设生态敏感区。

协调宁淮高速公路、宁淮铁路、宁杭铁路、宁宣高速公路及铁路等重要交通基础设施建设的时序、标准和位置;共同保护丘陵山地、湖泊、水库等优良的生态资源,加强污染防治和生态保护,有序发展相关产业。

分区段管治协调内容:

1. 城镇发展重点空间:积极发展沿轴线地区的重点城镇,选择和发展具有特色优势的中小城市和承担南京核心城市部分功能的卫星城镇。沿轴线地区重点发展休闲度假旅游业、富有地方特色的工业、都市农业、生态农业,为核心城市提供独特的产品服务;严格控制城镇污染物排防总量,建设城镇与山体、湖泊间的生态廊道,严格控制城镇无序蔓延。

2. 沿湖地区:协调建设和保护高邮湖自然保护区、石臼湖水生生物及鸟类自然保护区、洪泽湖湿地自然保护区,杜绝围垦、筑圩、建房、猎鸟、滥捕鱼贝等现象,控制游人数量,并将鸟类密集地段划为核心区域严格管理;协调保护湖泊集中式饮用水源保护区及南水北调沿线水质严格控制在Ⅲ类水质标准以内;加强洪泽湖、石臼湖、固城湖等沿湖地区生态环境的保护,沿湖 2 公里划定为生态敏感区;

实施湖泊水环境治理工程，湖区以发展生态养殖、旅游休闲及生态农业为主，控制城市建设用地布局。

3. 丘陵山地：推行封山育林，加强丘陵地区水土保持，防止滑坡，减轻水旱灾害；限制开山采石，整治退化的生态景观，改造人工针叶林，发展混交林、乡土阔叶林和竹林；保护与建设并重，预防破坏与治理修复相结合；保护稀有物种，培育野生动植物栖息地。

第九十三条 沿通道地区

一般原则：引导城镇沿通道点状集中发展，建设沿通道快速交通体系，保护良好的生态环境，充分挖掘旅游资源，大力发展旅游业。

范围：沿312国道、宁句快速通道两侧5公里涉及的城市市（城）区、镇、乡行政范围。

管治协调总体要求：培育句容作为都市圈核心圈层的新兴旅游城市，严格控制镇、村居民点沿路两侧发展。

协调建设宁句快速通道，加强南京都市圈与上海、苏锡常都市圈的联系；协调沿路景观建设，重视通道两侧生态环境保护与建设，培育旅游环境；协调建设和保护茅山风景名胜区、宝华山国家森林公园。

第九十四条 与苏锡常都市圈协调

一般原则：加强长江沿岸取、排水口位置、生活岸线布置、港口与后方疏运系统建设、沿江旅游线路组织和重点基础设施项目网络的衔接；加强交通线路走向、建设标准和时序方面的协调，在快速轨道交通体系建设的位置、方式、标准和时序上保证衔接；加强南京都市圈南部丘陵山区与宜溧金山区整体生态建设，协调建设山地林网体系；加强旅游开发的整体协作，促进区域旅游发展。

协调范围：沿江地区、沿沪宁线地区、南部低山丘陵地区，主要是镇江、常州两市及所辖市（县）。

主要内容：加强交通线路走向、建设标准和时序方面的协调，重点协调京沪高速铁路、区域快速客运轨道交通、溧水至太仓高速公路、扬州至溧阳高速公路、沿江高等级公路、沿江铁路、宁杭铁路、芜申运河、句丹运河等。合理衔接两大都市圈轨道交通网络，镇江、常州客运轨道交通接口位于312国道北侧，常州奔牛机场西侧。综合利用沪宁运输通道、沿江运输通道，合理组织运输线路，提高禄口国际机场与苏锡常都市圈交通联系的快速便捷度。

协调两大都市圈长江岸线利用和沿江地区的开发，长江岸线，合理分工，优势互补。从全省角度加强镇江与扬州、扬中与泰州、常州与泰州过江通道研究，避免重复建设和过分超前建设。加强沿江地区产业布局协调，共同建设沿江基础产业带。处理好港口发展与城市建设的关系，共同建设沿江城市带。

通过沿江城市带、宁句通道全面加强两大都市圈旅游的整体协作。充分发挥长江沿岸地区山水城林的资源优势和旅游功能，建设整体优势明显、特色鲜明、具有世界一流水准的沿长江旅游带。协调建设南京—句容—环太湖流域的旅游联系通道。

加强句容茅山、溧水高淳丘陵山区与宜溧金丘陵山区的整体生态建设。开发特色旅游资源，造就特色优势，优化旅游项目的组合，共同建设区域大旅游市场，树立区域旅游的整体形象。协调茅山省级风景名胜区旅游资源的开发。

第九十五条 与泰州、淮安协调

一般原则：协调江北沿江运输通道、宁淮运输通道、淮扬运输通道的走向、建设方式、标准和时序；加强南京都市圈与苏中、苏北其他旅游区域的协调，共同规划旅游线路，发展旅游服务业；协调南水北调工程；协调都市圈第二机场的规划选址等。

协调范围：泰州市、淮安市

协调内容：与泰州市协调江北沿江高等级公路、南京至海安快速通道，整治通扬运河，宁扬快速轨道交通线路与泰州的衔接。建设江北沿江产业带。加强宁、镇、扬与泰州的合作关系,扩展都市圈的旅游发展区域和物流发展区域。共同制定环境保护标准,严格控制入江污染物总量,确保长江沿线Ⅱ类水质标准,保护长江水生态系统;协调建设沿江综合防护林体系。

与淮安市协调宁淮高速公路、宁淮铁路、淮扬铁路建设,预留都市圈第二机场用地,协调建设洪泽湖湿地自然保护区,协调南水北调输水廊道水环境保护政策和措施,确保沿线达到Ⅲ类水质标准。

第三节　与省外区域协调

第九十六条　重点协调区域

都市圈规划范围内省外重点协调区域包括:沿江地区(省外部分)、沿轴线地区(省外部分)、沿通道地区(省外部分)。

第九十七条　沿江地区(省外部分)

一般原则:加强省际边界地区和沿江区域整体发展协调,建设符合都市圈沿江城市带发展要求、高效运行的基础设施网络,加强长江岸线开发利用和港口布局的协调。协调以长江为水源的区域供水和长江排污。

协调内容:强化沿江通道的建设,协调宁马城市轨道交通、宁芜高速公路、宁巢高等级公路、宁芜铜铁路等交通设施建设。以长江为水源的区域水厂应统一协调,进行永久性水源地保护,取水口上下游各1000米范围内禁止布置可能产生污染的设施。协调建设高标准的区域防洪体系,确保长江干堤达到“长江流域规划”标准。

南京—马鞍山—芜湖段:引导城镇、产业沿江集聚发展,加强与沿江下游城市带联系;协调马鞍山、芜湖到南京城际轨道交通建设以及两市至南京禄口国际机场快速联系通道建设;预留过江通道岸线;协调沿江城市(镇)之间的生态隔离,保护生态空间和基本农田;协调沿江地区产业布局和港口建设,沿江产业布局应满足沿江生态环境要求。

南京—和县段:协调建设宁巢高等级公路,加强与都市圈快速交通系统的联系,完善区域基础设施网络系统。

第九十八条　沿轴线地区(省外部分)

一般原则:协调城镇发展轴线两省衔接地区城镇发展、产业布局、市场体系、基础设施建设;共同建设与保护跨省域的生态环境。

协调内容:协调宁淮高速公路、宁淮铁路等重要交通设施建设的时序、标准和位置;共同保护跨省域的丘陵山地、湖泊等优良的生态资源,重点协调保护高邮湖自然保护区、高邮湖沿湖生态环境、高邮湖集中式饮用水源保护区及南水北调廊道沿线水质严格控制在Ⅲ类水质标准以内。

第九十九条　沿通道地区(省外部分)

一般原则:协调通道两省衔接地区城镇发展、产业布局、市场体系、基础设施建设;共同建设与保护跨省域的生态环境;发挥各自优势,联合发展区域旅游业。

1. 南京至凤阳通道协调宁蚌高速公路和京沪高速铁路等重要交通设施建设的时序、标准和位置。协调建设沿通道防护林带,城市外围生态廊道,保障城市与区域整体生态环境质量。

加强滁州与南京江北地区的空间联系,协调建设滁州至南京快速通道,协调建设和保护国家森林公园、风景名胜区、休闲旅游度假区等。

2. 南京至合肥通道

协调宁西铁路建设、宁合高速公路改造,协调建设和保护国家森林公园、自然保护区,加强丘陵山区水土保持。

第九章　近期规划

第一百条　产业发展

做大做强电子及通信设备制造业、石油化工、车辆制造、电气机械及器材制造业等都市圈支柱产业，形成具有较强竞争力的产业集群。积极扶持发展电子信息、生物医药、新材料等高新技术产业。

依托沿江城市带建设沿江基础产业带、高新技术产业带、物流产业带和旅游产业带。依托国家级、省级产业园区，大力吸引国内外资金、技术以及先进的管理制度，建立创新体系，发展具有国内外影响的专业化特色鲜明的产业园区群体。合理发展地方产业园区，带动县(市)域经济发展。

第一百零一条　交通设施

加快南京长江第三大桥(大胜关)及南北接线建设、开工建设南京至淮安高速公路、南京至蚌埠高速公路、溧水至太仓高速公路(溧水至常州段)、扬州至溧阳高速公路(联二线)、南京绕城高速公路东南段、扬州西北绕城高速公路、南京至扬州沿江高等级公路、南京至镇江沿江高等级公路等，建成镇江至禄口机场一级公路，改造宁杭公路。

开工建设京沪高速铁路，电气化改造京沪铁路，新建宁杭铁路、宁西铁路。

第一百零二条　物流体系

整合现有资源，加大招商引资力度，大力发展现代物流业，集中力量建设南京物流中心、扬州沿江物流园区和镇江沿江物流园区。

第一百零三条　旅游发展

1. 重点打造的旅游产品

跨市域的旅游产品以两日游为主，在此基础上，延伸旅游线路，组织多日游。重点打造下列旅游产品：南京—马鞍山二日游；南京—扬州园林—镇江“三山”二日游；南京—镇江—高邮二日游；南京—扬州—高邮二日游；南京—凤阳(明中都城、凤阳明皇陵)明皇古都之旅；南京古都风光(明城墙、明皇陵)、民国遗风(中山陵)、江南流水情怀(秦淮风光带)—扬州园林—镇江“三山”、茅山风景区—马鞍山采石矶四日游；开辟马鞍山—南京—镇江长江水上旅游线；拓展以南京周边山林为目的地的休闲度假旅游，近期首先开发南京—马鞍山一线的休闲度假旅游，积极引导南京—滁州、南京—巢湖休闲度假旅游。

2. 旅游基础设施建设

加强近期推出的重点旅游线的道路交通建设，完善主要风景名胜区、休闲度假区、森林公园的景区旅游专用道，加快都市圈旅游信息网络建设。

旅游交通：着重建设景点、景区与区域交通网络联系线路，加强旅游专用道路建设。

旅游信息网络：建立健全都市圈旅游城市、主要旅游集散地、旅游景区之间的通讯设施、信息网络和信息系统；加强旅游城市、旅游景区的协调和各旅行社之间的联合，从互通信息、组织游客、对外宣传等方面开展多种形式的联合，建立完善旅行社、景区、客运部门、饭店宾馆的协调与合作体系。

第一百零四条　金融及服务一体化

加快资本市场建设，增强直接融资能力，建立都市圈统一的资本市场，实现都市圈内主要城市的同城票据结算；依托南京作为央行跨省大区分行所在地的优势，将南京建设成为长江中下游影响力较强的区域性金融中心；完善金融运营体系，扩大金融市场规模和经营范围，逐步实现主要中心城市金融保险业的商业化和国际化，建立覆盖都市圈中心城市的资金清算、拆借、贴现和外汇交易网络；推进都市圈电子商务系统建设，建立统一的信息基础设施网络，提高金融服务效率，推进都市圈城市之间银行卡业务的联合，实现整个都市圈金融电子化。

第一百零五条　生态环境

1. 自然保护区建设

保护和完善现有自然保护区、风景名胜区、森林公园，新建各类自然保护区8个，风景名胜区6个，森林公园5个。

新建自然保护区：南京紫金山森林生态系统自然保护区、南京汤山—青龙山地质景观自然保护区、南京金牛玄武岩—方山石林地质景观自然保护区、南京幕府山地质景观自然保护区、南京芝麻岭自然保护区、镇江豚类保护区、石臼湖水生生物和鸟类自然保护区、高邮湖自然保护区。

新建风景名胜区：镇江北湖风景名胜区、镇江瓦屋山风景名胜区、镇江赤山湖风景名胜区、扬州茱萸湾—凤凰岛风景名胜区、江都水利风景名胜区。

新建森林公园：南京牛首山—祖堂山森林公园、镇江宝华山国家森林公园、镇江十里长山森林公园、扬州西郊森林公园、仪征青山森林公园。

2. 生态防护林体系建设

重点建设沿长江防护林体系，沿城镇发展轴、宁句通道防护林体系，环高邮湖、洪泽湖、石臼湖、固城湖绿化隔离带，基本形成由沿江、沿高速公路、铁路、环湖林带构成的都市圈防护林体系的骨架。

3. 环境污染治理工程

建设夹江及芒稻河沿线南水北调(东线工程)取水源头水生态功能保护区；综合整治沿江排污，对现有排污口进行整治、归并；南京、扬州、镇江、仪征等城市近岸污染带水质劣于Ⅱ类江段实施污水截流工程；筹建沿江危险固体废弃物处置中心。

第十章 区域协调措施与政策建议

第一节 区域协调措施

第一百零六条 同行政区域相关规划制定

本省各有关主管部门制定相关行业发展规划，南京都市圈规划范围省内部分的城镇总体规划、详细规划、规划管理，应符合本规划确定的都市圈空间发展的战略、原则和管治协调要求。

以上规划按国家和省有关规定审批。

第一百零七条 跨行政区域相关规划制定

在南京都市圈规划范围省内部分，所有发展规划、布局规划和工程规划都要遵循协调市际利益、发挥整体优势、壮大综合竞争力、加快发展的指导思想，贯彻促进集约发展、鼓励多元投入、避免重复建设、提倡公平竞争的政策。

南京都市圈省内部分跨市、县(市)界的下列规划由规划地域范围的共同上一级主管部门编制规划纲要并负责总体协调，相关市、县(市)政府或主管部门负责本辖区内的规划：风景区与旅游规划，长江、京杭运河、洪泽湖、高邮湖、固城湖、石臼湖等主干河流、湖泊的排水(含污水)规划，天然气规划，港口规划，都市圈轨道 ，航道规划，物流规划，二级以上公路规划，供水规划，垃圾处理规划，污水处理规划。

对市际不能协调解决的问题，由省主管部门负责，省相关部门参加，统一协调。

以上规划按国家和省有关规定审批，国家和省现无规定的，由规划地域范围的共同上一级人民政府审批。

对按上述规定制定的规划的重大修改，须按原编制审批程序进行。规划的局部调整由调整范围所在地市、县(市)人民政府负责，并应征得相关市、县(市)政府同意。

第一百零八条 重点协调管理的空间范围

重点协调管理的基本范围：都市圈规划范围省内部分市、县(市)行政区界陆地两侧各1公里～2

公里、乡镇行政区界陆地两侧各1公里的空间范围。由于污水、废气影响、景观或空间保护要求等需要扩大、增加协调范围或内容的,可根据影响范围、保护要求,由相关市、县(市)、乡(镇)具体商定。

第一百零九条 重点协调管理的主要内容

在都市圈重点协调管理的空间范围内,成片开发的地区必须先行编制控制性详细规划,规划中应包含协调规划,并征求相关行政单位的意见。

上述空间范围内的有关公共设施、居住区、风景旅游区、市政基础设施、工业区等规划建设内容,凡符合下列情况之一的,均需纳入协调管理,征得相关地区市、县(市)政府或主管部门的同意,方可审批:

技术条件和市场条件应当相互衔接的各类基础设施;可能对相邻行政区产生历史文化遗存或景观破坏性影响、交通影响、水污染或大气污染的建设行为;可能产生其他空间或环境影响的建设行为。

第一百一十条 协调机制和批准权限

建立南京都市圈规划范围省内城市常设协调机构,由省政府分管领导负责,南京、镇江、扬州等市政府主要领导和省有关部门负责人为常设成员,随机补充市有关部门和有关县(市)负责人为项目协调成员。

上述协调机构,主要负责南京都市圈规划范围跨市边界地区的规划、建设、发展等重大问题的协调,包括本规划确定的管治协调。

有关规划、项目批准权限按照国家、省有关法律、法规、规定执行。

建设项目选址和规划用地、建设工程审批必须符合国家、省有关生态环境、历史文化保护、土地利用等方面的法律、法规和强制性标准的要求,并兼顾各方利益。重要项目的实施和可能影响周边环境的建设,应遵守共同准则,在建设项目选址立项等阶段,应征询相邻行政单位意见。

第二节　市场一体化政策

第一百一十一条 统一市场建设

统一市场建设,规范市场运作,形成统一开放、功能齐全、竞争有序、繁荣活跃的市场体系。按照建立社会主义市场经济体制的要求和国际惯例,重视加强有关市场体系培育的地方立法工作,尽快建立与国际接轨的市场运行规则,统一市场准入和市场退出机制。实现圈内城市的相互开放,要在各城市协同的基础上,确立统一的市场准入规划,消除条块分割的市场壁垒,营造公平的市场竞争条件,形成对本地企业和外来企业一视同仁的公平竞争的格局;统一规范政企关系,规范市场退出行为,形成有效的竞争和淘汰机制,实现资源的优化配置。在征地、税收、贷款等方面逐步实行统一政策,共同支持培育区域性批发市场、专业市场、生产要素市场。

第一百一十二条 资本市场

构筑多元化投融资体系,规范和完善区域内横向融资网络,扩大资金来源和渠道,加大直接融资力度,扩大资金拆借和外汇调剂业务。各商业银行间要逐步实现自由的存贷业务和同城票据交换以及免手续费的当日电子支付异地转帐。在确保金融安全的基础上,制定和调整有关政策法规,为区域性资本市场的健康运行创造良好的制度环境,强化区域内市场主体的信用观念,积极构建立体的、活跃的金融证券市场。

第一百一十三条 消费品市场

积极培育和完善以中心城市为依托,以大型综合批发市场、专业批发市场和区域市场为龙头,众多城乡集贸市场为基础,城乡连接、辐射长江三角洲乃至全国的商品市场网络体系。联合区内大型商贸企业,组建跨地区的集总销、总代理和展示、批发、零售为一体的综合商贸集团,推进商贸流通的一体化,加快建设现代化的物流体系。

第一百一十四条 技术市场

以南京为中心,建立科研与技术开发的协作网络、技术信息网络和交易网络,联合推进高新技术产业的发展,重点加强电子信息制造业技术、机电一体化技术、精细化工技术、生物医药及生物工程技术、环保技术、新材料技术等领域的联合与协作,加快嫁接和改造传统产业和产品。加强科技风险投资体系建设、科研基地建设等方面的经验交流与合作。

第一百一十五条 劳动力市场

加快建立和完善市场就业新机制,培育完善劳动力市场,特别是人才市场。建立区域内劳动力供求信息网络,畅通就业渠道,形成区域统一的劳动力和人才市场。加强高层次人才的交流,相互培养和输送急需的各类专业人才,实现高层次人才资源的共享。

第一百一十六条 产权市场

建立健全各地产权交易市场,扩大交易范围,统一交易规定,逐步形成一体化的区域性市场。重点支持各地优质产权交易中介机构,发展跨地区的产权交易中介服务。通过培育产权交易市场,推进国有企业在资产重组中实现产权的合理流动和优化配置。积极支持跨区域资产重组,促进区域经济结构的调整和优化。

第一百一十七条 旅游市场

充分挖掘区域旅游资源,联合开发相关旅游产品,对外树立都市圈旅游整体形象,建设统一的区域旅游市场,推动区域旅游业的整体联动发展。

第三节 区域产业政策

第一百一十八条 区域产业政策

制定更加积极的产业政策,鼓励高技术、高管理、高增值企业健康成长;吸引国内外高技术、高管理、高增值企业来都市圈落户;坚持不懈地培育具有区域乃至国际竞争优势的产业,加快都市圈特色产业集群发展和竞争力的快速提升。

充分强调就业优先;引导和调节新增投资,优化产业布局;促进产业集聚,强化地区的支柱产业,联合培育战略产业;紧紧抓住全球新一轮产业结构调整的契机,充分发挥后发优势,在新兴产业的合资合作方面实现较大的突破。

第四节 区域基础设施政策

第一百一十九条 区域基础设施政策

进一步强化在区际交通、通信、水利、生态环境保护等重大基础设施建设方面的合作与协调,统筹规划,合理布局,同步建设,综合利用,实现跨行政区域基础设施的互联互通、共建共享,最大限度地提高基础设施的利用率和规模经济效益。

共同制定和执行跨行政区域基础设施中长期发展规划,确定重大跨行政区域基础设施项目的建设标准、建设时序等安排,协调解决跨行政区域基础设施建设的共享性和流域性问题,明确市场运作所需的各项配套政策、价格水平与服务质量。

组建区域性投资、经营集团公司,建立利益共享的合作机制,探索新的投资经营机制,实行联合投资、按股份分配收益。

建立跨行政区域基础设施的投融资机制,按照"政府引导、市场运作"的原则,打破所有制界限和行政隶属关系,采取各种措施,吸引社会各类投资主体进入基础设施领域,尤其要为民间投资创造公平的投资环境,建立与市场经济相适应的民间投资项目管理体制,向民间投资开放基础设施和公用事业领域。

第五节 区域城市化政策

第一百二十条 实施积极的人口迁移政策

深化户籍制度改革，逐步改变农村和城市户口分离的办法，确定按居住地划分城乡人口、按职业确定身份的户籍登记制度，建立统一的户口制度。

第一百二十一条 调整城乡土地政策

完善农村土地使用权流转机制，合理开发、利用、经营农村土地（包括耕地、宅基地、空闲地、荒地、水面、山林等），积极推进适度规模经营，提高土地经营效益，促进农村经济发展。

在稳定和完善农村土地承包关系的基础上，按照自愿有偿的原则，依法进行土地使用权的合理流转。积极鼓励离乡进城农民将原承包的土地使用权有偿转让，既可作为进城定居或创业的启动资金，解除农民进城的后顾之忧，又有利于推进农业规模经营。加快已进入城镇的家庭原有宅基地的复垦步伐，缓解城市发展与用地的矛盾。

第一百二十二条 改革社会福利保障体系

在养老、失业、医疗、工伤、生育和住房等方面，应逐步建立面向进城农民的社会保障制度，建立起适应社会主义市场经济体制需要的资金来源多渠道、保障方式多层次、权利和义务相对应、管理和服务社会化的社会保障体制。

第六节 推进区域协调发展的近期对策

第一百二十三条 开展专业规划

抓紧深化都市圈规划有关内容，积极开展南京都市圈规划范围的专业和专项规划，包括物流、旅游、综合交通、绿地与生态建设、水源保护与区域供水、区域污染防治规划等。通过有关规划的制定和实施有力地推进都市圈近期的发展与城市间的相互协调。

第一百二十四条 研究建立省内外多层次的协调机制

适应南京都市圈跨省域协调发展的需要，在建立省内协调组织机制的基础上，建立由都市圈内有关城市、部门、中介组织等参与的多层次的协调联系机制，包括市长联席会议、都市圈行业协会等。发挥南京经济协作区在南京都市圈规划建设中的省际协调作用。

第十一章 附 则

第一百二十五条 规划文件

本规划成果包括规划文本和图件，规划文本和图件具有同等效力。

第一百二十六条 实施监督

本规划经江苏省人民政府批准后，南京、镇江、扬州、淮安市人民政府负责按照各自的权限实施，江苏省建设厅负责监督实施。

第二篇

2010

南京都市圈概况

General Situation of Nanjing MCR

第二篇　南京都市圈概况

南京都市圈的成员城市有8个：南京市、扬州市、镇江市、淮安市、马鞍山市、滁州市、芜湖市、巢湖市。南京都市圈以南京市为龙头，包含了周边100公里左右的区域，地跨苏皖两省，面积达43236平方公里。

一　自然地理

（一）位置

南京市，位于北纬31°14′至32°37′、东经118°22′至119°14′之间。地处江苏省西南部，长江下游南岸，是长江下游地区重要的产业城市和经济中心，中国重要的文化教育中心之一，也是华东地区重要的交通枢纽。全市总面积6600平方公里，其中市区面积4730.74平方公里，长江以南八区总面积782.75平方公里。

扬州市，位于北纬32°15′至33°25′、东经119°01′至119°54′之间。扬州市地处江苏省中部，长江下游北岸，江淮平原南端，是苏北重镇之一，江淮地区水陆交通枢纽，也是上海经济圈和南京都市圈的节点城市。南部濒临长江，与镇江市隔江相望；西部与南京市、滁州市交界；北部与淮安市接壤；东部和盐城市、泰州市毗连。

镇江市，位于黄金十字水道长江和京杭大运河交汇点。镇江市地处江苏省中南部，长江下游南岸，是江苏省省辖市，南京都市圈核心层城市、长三角重要的港口。西接南京市，东临上海，北与扬州市"京口瓜州一水间"。镇江市拥有长江岸线259公里，其中稳定的深水岸线80余公里。镇江港是长江第三大港口，货物吞吐量超亿吨。

淮安市，地处江苏省中部偏北，洪泽湖东岸，邻江近海，是南下北上的交通要道，区位优势独特。淮安市是江苏省的重要交通枢纽，也是长三角北部地区的区域交通枢纽。市境北接连云港，东北接盐城市，东南接扬州市，南连滁州市，西北连宿迁市。

马鞍山市，位于北纬31°46′42″至31°17′26″、东经118°21′38″至118°52′44″之间。马鞍山市地处安徽省东部，长江下游南岸。东临石臼湖，与江苏溧水县和高淳县交界；西濒长江，与和县相望；南与芜湖市、芜湖县接壤；北与江苏省南京市江宁区毗连，距南京市中心45公里，具有临江近海、紧靠经济发达长三角地区的优越地理位置。马鞍山市最北点在慈湖河入江口，最南点在黄池镇水阳江中心航道线上，最西点为江心洲与和县之间长江主航道中心线，最东点处于石臼湖中心线。

滁州市，位于北纬31°51′至33°13′、东经117°09′至119°13′之间。滁州市地处安徽省东部，长江下游北岸，属泛长三角合作核心区，"合肥都市圈"、"南京都市圈"核心城市，是国家建设的皖江城市带承接产业转移示范区的第一站、首选区。东与江苏南京市、扬州市接壤，西与安徽合肥市、淮南市毗邻，南与巢湖市相连，北与江苏淮安市交界。

芜湖市,中心地理座标为北纬31°20′、东经119°21′。芜湖市地处安徽省东南部,长江下游南岸,是安徽省沿江城市带的代表,也是安徽实行融入长三角战略的重要立足点。南倚皖南山系,北望江淮平原,浩浩长江自城西南向东北缓缓流过,青弋江自东南向西北,穿城而过,汇入长江。

巢湖市,地处安徽省中部,濒临长江,环抱五大淡水湖之一的巢湖。区位优越,交通便捷。淮南、合九铁路及合宁、沪蓉、合巢芜高速公路穿境而过。长江流经巢湖市182公里,芜湖—巢湖公铁两用大桥和铜陵—巢湖公路大桥横跨长江天堑。依托芜湖朱家桥外贸码头和南京、合肥两个航空港,可借"船"出海。

(二)地貌

南京市平面位置南北长、东西窄,成正南北向;南北直线距离150公里,中部东西宽50公里~70公里,南北两端东西宽约30公里。南面是低山、岗地、河谷平原、滨湖平原和沿江河地等地形单元构成的地貌综合体。地貌区域为宁、镇、扬山地的一部分,低山山陵占全市总面积的64.52%,水面占全市总面积11.4%,平原、洼地占24.08%。南京市平原主要有河谷平原、滨湖平原,沿江洲地及江心洲3种类型。河谷平原主要有秦淮河沿岸的秦淮河河谷平原,海拔大部分在7米~10米;有位于鼓楼以北金川河沿岸的金川河河谷平原,海拔大部在6米~10米;有位于江北滁河中下游沿岸的滁河河谷平原,海拔大部分在5米~10米;有位于高淳东部胥溪河河谷平原,滨湖平原为南部石臼湖与固城湖湖滨地区,地面海拔大部分在5米~7米。沿江洲地分布在上新河—板桥一带,浦口沿江,六合瓜埠以南和江宁营防乡等;江心洲有八卦洲、江心洲、新济洲、兴隆洲等十多个大小江心洲;海拔大部在4米~7米。

扬州市自然地貌类型简单,主要由平原区和丘陵区组成。扬州市境内地形西高东低,以仪征境内的丘陵山区为最高,从西向东逐渐倾斜,高邮市、宝应县与泰州市、兴化市交界一带最低,为浅水湖荡地区。仪征市、邗江县和扬州市郊区的北部为丘陵。沿江和沿湖一带为平原。境内主要湖泊有白马湖、宝应湖、高邮湖和邵伯湖等。

镇江市地形大势表现为西高东低。宁镇山脉在镇江呈稍向北突出的东西向展布,略成弧形,弧顶拐点在市区南郊一带。在拐点以西,山体宽大,高度可达300米以上。拐点以东,山体窄小,并逐渐倾伏,止于嘉山到孟河一带。茅山山脉略作南北走向,成为秦淮河水系与太湖水系的分水岭,主要山峰高度可达300米左右。镇江市东北部为长江沿江沙洲滩地与丹阳东部平原,东南部是丹阳南部平原,都属于长江三角洲的边缘部分,由长江挟带泥沙沉积而成。

淮安市无高山峻岭,地势西高东低,以平原为主。西南部为丘陵,一般高度50米~100米之间,少数山头达150米以上,裂山真高194.1米,是全境最高点;西部及西北部为低矮的垄岗,地面真高介于15米~20米之间,间有零星残丘,真高可达50米左右,垄岗占全市总面积4%;东部为冲积平原,大部分地面真高在8米~12米之间,淮安博里、灌南陈集是全市最低点,地面真高仅2.3米~3.3米,平原占总面积80%。境内水网密布,湖塘星列,水域面积占总面积16%。

马鞍山市总面积1686平方公里,南北最大纵距54.4公里,东西最大横距46公里。市境东北部多丘陵,地面起伏较大;南部地势平坦开阔,圩区连片,多湖沼。

滁州地势西高东低。横贯境内的凤凰山、磨盘山、白米山、嘉山、长山等构成江淮分水岭,将滁州分为长江、淮河两大流域。其中,淮河流域面积占全市总面积的66.9%。滁州地形地貌大致分为丘陵区、岗地区、平原区和水域四大类型。全市最高峰为南谯区境内的北将军岭,海拔399.2米;围绕丘陵分布的平台和波状起伏地带,构成岗地区;滁河、淮河沿岸和女山湖、高邮湖的滨湖地带是主要的平原区;水域包括河、湖、库塘等,占国土面积的12.3%。

芜湖市地势南高北低，最高处四褐山海拔 132 米，平均海拔 6 米 ~ 10 米。地貌属长江中下游冲积平原，主要由河漫滩和阶地构成，还有台地和丘陵。芜湖市平原丘陵皆备，呈不规则长条状，地表河湖交织，残蚀山丘散布。有“云开看树色，江静听潮声”之美誉。境内有各类湖泊 3000 多个，河湖水网密布，青弋江、水阳江、漳河贯穿境内，黑沙湖、龙窝湖、奎湖散布其间。

巢湖市位于安徽省中部，濒临长江，怀抱巢湖；南北宽约 122 公里，东西长约 133 公里，全市总面积 9423 平方公里。巢湖市地貌特征是：由东北至西南，为低山丘陵所贯穿；东部和东南部为沿江冲击平原；西部和西北部为巢湖碟形平原。三种地貌的分界比较明显。巢湖市地处江淮之间，长江下游左岸，主属长江流域巢湖水系。

二　环境资源

（一）气候资源

南京市属北亚热带湿润气候。南京处于西风环流控制之下，季风显著，四季分明，冬季受欧亚大陆气团影响较深，天气晴朗、寒冷、干燥。夏季受欧亚大陆低压区影响，天气炎热，雨水充沛。春秋两季是冬、夏交替过程中的季节，多以干燥凉爽天气为主。历年平均气温 14.4℃，年均最高气温 20.4℃，平均最低气温 11.6℃，极端最高温 43℃，极端最低气温 -14℃。日最大降水量 198.5 毫米，小时最大降水量 68.2 毫米，最长连续降水日 177.3 毫米/12 日。历年平均相对湿度：76%，最大月均相对湿度为 81%，最小月平均相对湿度为 73%，年内变化 6、7 月大，4、5、8、9 月小。年均风速 3.6 米/秒，最大风速 27.8 米/秒，极大风速 39.9 米/秒，主导风向为东北西南向，夏季以东南风为主。全年无霜期达 200 天 ~ 300 天。南京受台风影响，平均每年可有 1 次 ~ 2 次，多在 6 ~ 10 月，其中 8 月最多，7 月次之。入侵南京的寒潮（即 24 小时内气温下降 10℃以上，最低气温降至 5℃以下的天气）平均每年 5.5 次，以 12 月出现次数最多。南京从 10 月到 4 月均可有寒潮天气出现。冰雹 3 月和 5 月出现机率较高，各为 33%。日最高气温≥35℃的高温天气，全市从 6 月上旬至 9 月中旬都可能出现，并以 7 月中旬至 8 月下旬出现较多。近来由于大气环流的变化以及南京不断的植树造林，南京夏天的炎热程度与江南、华南其他都市相比大为减轻，故一时有为南京摘去“火炉”帽子的说法。

扬州市属于亚热带季风性湿润气候向温带季风气候的过渡区。其气候主要特点是：盛行风向随季节有明显的变化。冬季盛行干冷的偏北风，以东北风和西北风居多；夏季多为从海洋吹来的湿热的东南到东风，以东南风居多；春季多东南风；秋季多东北风。扬州冬季偏长，4 个多月；夏季次之，约 3 个月；春秋季较短，各为 2 个多月。扬州地处江淮平原南端，受季风环流影响明显，四季分明，气候温和，自然条件优越。年平均气温为 14.8℃，与同纬度地区相比，冬冷夏热较为突出。最冷月为 1 月，月平均气温 1.8℃；最热月为 7 月，月平均气温为 27.5℃。全年平均降水量 1020 毫米；全年平均日照 2140 小时；全年无霜期平均 220 天。

镇江市属于北亚热带季风气候。根据 1971 年至 2000 年的气候资料统计，镇江市区年平均气温 15.6℃，极端最高气温 40.2℃，极端最低气温 -10.1℃；降水量 1088.2 毫米，其中梅雨量 263.3 毫米；日照时数 2000.9 小时。

淮安市属于暖温带向亚热带的过渡性气候。横贯淮安市境内的淮河—苏北灌溉总渠一线是我国暖温带和亚热带的分界线，因此兼有南北气候特征。苏北灌概总渠以南地区属北亚热带湿润季风气候，以北地区为北温带半湿润季风气候。受季风气候影响，四季分明，雨量集中，雨热同季，冬冷夏热。年平均气温为14.1℃～14.8℃，基本呈南高北低状，受洪泽湖水体影响，在洪泽湖区形成一暖中心。气温年分布以7月最高，1月最低。年降水量多年平均在906毫米～1007毫米之间。降水分布特征是南部多于北部，东部多于西部。降水年内变化明显，夏半年降水集中。春夏之交梅子成熟季节多锋面雨，称为“梅雨”或“霉雨”。降水年际分布不均，年降水量最多的年份达1700毫米以上，最少的年份500毫米。年平均风速在2.9米/秒～3.6米/秒，以偏东风和西南风为主。年太阳辐射总量在110千卡/平方厘米～119千卡/平方厘米之间，分布为北多南少。年日照时数在2136小时～2411小时之间，北多南少。年无霜期一般在210天～225天左右，北短南长，受洪泽湖区水体影响，洪泽县无霜期最长达236天。

马鞍山市属于亚热带湿润季风气候。全市年平均气温15.8℃，年平均降水量1011毫米，无霜期约240天。

滁州市属于北亚热带湿润季风气候。四季分明，温暖湿润，气候特征可概括为：冬季寒冷少雨，春季冷暖多变，夏季炎热多雨，秋季晴朗气爽。全市年平均气温15.4℃，年平均最高气温20.1℃，年平均最低气温11.4℃。年平均降水量1035.5毫米，梅雨期长23天。年日照总时数2073.4小时。初霜为11月4日，终霜为3月30日，年无霜期210天。

芜湖市属于亚热带湿润季风气候。主要气候特点是：光照充足、雨量充沛、四季分明。全市年平均气温15℃～16℃，年降雨量1200毫米，日照时数2000小时左右，无霜期每年达219天～240天。

巢湖市属于北亚热带湿润季风气候。地处中纬度地带特定的地理位置使气候具有明显的过渡性，既有南北气候之长（水热资源优于北方，光资源优于南方）；但也有南北气候之短（降水时空变化大，旱涝灾害较频繁，表现出气候的明显变异性）。同时，巢湖市也是气象灾害多发区，常有连阴雨、暴雨（雪）、霜冻、高温、大风、冰雹等灾害出现。年平均气温为15.7℃～16.1℃，一月平均气温最低，为2.5℃～2.9℃；七月平均气温最高，为28.2℃～28.6℃。年降水量为1032毫米～1205毫米，地域差异不太明显，季节分配不均和年际变化较大，雨量最多月份为7月，最少为12月。太阳辐射总量为110千卡/平方厘米～120千卡/平方厘米，太阳辐射的最大值为7月。年日照时数为2019.2小时～2074.1小时，日照时数最多月一般在8月份。平均初霜日期为11月10日至11月13日，平均终霜期为3月18日至3月22日，无霜期为229天～234天。

（二）土地资源

南京市低山山陵占全市总面积的64.52%，水面占全市总面积11.4%，平原、洼地占24.08%。南京市平原主要有河谷平原、滨湖平原、沿江洲地及江心洲3种类型，其河谷平原为重要农业区。

扬州市平原区面积和斑块数量占绝对优势，分别占83.54%和73.71%；区内95%以上的耕地、水体、草地面积分布在平原区。整个景观组分中耕地面积最大，占总面积的68%。区内水网密布，天然河湖面积大，水体占总面积的19%。居民点数量最多，分别占总面积和总斑块数量的11%和61%。林地和草地面积仅各占1%。扬州市景观多样性和景观优势度高，景观均匀度指数不高，土地类型分配不均匀，在整个区域内表现为水田、居民点和湖泊为主要的土地类型，水田占有绝对优势。

镇江市土地面积中，丘陵山地占51.1%，圩区占19.7%，平原占15.5%，水面占13.7%。镇江市低山丘陵以黄棕壤为主，岗地以黄土为主，平原以潜育型水稻土为主。2003年末，耕地157300公顷，其中，市区41770公顷，丹阳市54970公顷，句容市49220公顷，扬中市11340公顷。

淮安市属黄淮平原和江淮平原，陆地总面积892万公顷。全市土地资源类型比较丰富，除了缺少园地中的橡胶园、牧草地中的人工草地、水域中的冰川和永久积雪，其他土地利用类型均有分布。耕地和水域是主要地类，面积较大。全市耕地分为水田、旱地、望天田、水浇地和菜地等5类，其中水田比重最大，占2/3。耕地土壤主要为水稻土类、潮土类、砂语黑土类、黄棕壤土类、基性岩土类、石灰岩土类。土壤质量较差，有机质含量低，一般不足0.2%，pH值7～8之间。由于灌溉条件优良，风调雨顺之年，全市大部分耕地仍可高产稳产。水域遍布全市各地，除清河区外，各县区水域面积占辖区面积比重均超过19%，洪泽县高达58%。全市水域分河流水面、湖泊水面、水库水面、坑塘水面、苇地、滩涂和沟渠。林地主要分布在盱眙县丘陵地区，牧草地也几乎全部在盱眙县境内。

马鞍山市土地总面积约1686平方公里，其中耕地面积4.82万公顷，林地面积2.49万公顷，交通用地1403.73公顷，水域7.64万公顷，未利用土地1960.8公顷。

滁州市跨长江、淮河两大流域，其中，淮河流域面积占全市总面积的66.9%。滁州地形地貌大致分为丘陵区、岗地区、平原区和水域四大类型。其中：丘陵区面积占全市土地总面积的8.15%，海拔高度一般在100米以上400米以下。主要包括全椒的孤山、滁城的南将军山和北将军山、定远的岱山、明光的杏山至来安半塔的一大片高低相连的自西南向东北延伸的弧形带状丘陵和横贯本市中部的凤阳山、老山构成的丘陵。岗地区占全市土地总面积的40.39%，海拔一般在50米～100米。主要分布在定远县西北部、凤阳县西南部和明光市西北部，地表岗冲起伏，适宜种植水稻、小麦、油菜等农作物。平原区面积占全市土地总面积的39.16%，几乎全为圩区。主要分布在滁河、淮河等河流沿岸和高邮湖、女山湖等湖泊的滨湖区。平原区土壤肥沃，是粮、棉、油的主要产区。水域包括河、湖、库塘等，占国土面积的12.3%。

芜湖市地貌属长江中下游冲积平原，主要由河漫滩和阶地构成，还有台地和丘陵。土壤类型复杂多样，自然土壤有黄棕壤土和砂质粘土，适合发展林业，耕作土壤为水稻土和砂壤土，宜于种植水稻、油菜和各种蔬菜。平原占95.5%，丘陵占4.5%，境内有各类湖泊3000多个。

巢湖市全市总面积9423平方公里。居巢区面积2082平方千米，庐江县面积2352平方千米，无为县面积2433平方公里，含山县面积1047平方公里，和县面积1412平方公里。

（三）水资源

南京市水面占全市总面积11.4%。河流情况如下：长江南京段长度约95公里，从江宁铜井镇南开始，至江宁营防乡东为止；江南有秦淮河，江北有滁河，为南京市境内两条主要的长江支流。秦淮河全长103公里，到南京武定门外分两股：一股为干流，称外秦淮河，绕城经中华门、水西门、定淮门外由三汊河注入长江；又一股称内秦淮河，由通济门东水关入城，在淮清桥又分为南北两支，南支为"十里秦淮"，经夫子庙文德桥至水西门西水关出城，与干流汇集，北支即古运渎、经内桥至张公桥出涵洞口入干流；滁河干流全长110公里，河道弯曲，集水面积7900平方公里。此外，南部有淳溧运河和天生桥河。湖泊情况为：南京市区主要有玄武湖、琵琶湖、紫霞湖和莫愁湖等，城市南部有石臼湖和固城湖，湖泊水面积分别为201平方公里和24.3平方公里。

扬州市境内京杭大运河纵贯南北，通扬运河贯穿东西，有长江岸线80.5公里。主要湖泊有白马湖、宝应湖、高邮湖、邵伯湖等。除长江和京杭大运河以外，主要河流还有东西向的宝射河、大潼河、北澄子河、通扬运河、新通扬运河。古运河扬州段是整个京杭大运河中最古老的一段。现在扬州境内的运河与2000多年前的古邗沟路线大部分吻合，与隋炀帝开凿的运河则完全契合，从瓜洲至宝应全长125公里。其中，古运河扬州城区段从瓜洲至湾头全长约30公里，构成著名的"扬州三湾"。这一段运河最为古老，历史遗迹星列、人文景观众多。

镇江市有河流60余条，总长700余公里，以人工运河为多。水系分北部沿江地区、东部太湖湖西地区和西部秦淮河地区。长江流经境内长103.7公里。京杭大运河境内全长42.6公里，在谏壁与长江交汇。全市人工水库、塘坝总库容量5亿多立方米。其中，库容10万立方米以上的水库107

座，库容量3.74亿立方米。

淮安市水域遍布全市各地，除清河区外，各县区水域面积占辖区面积比重均超过19%，洪泽县高达58%。全市水域分河流水面、湖泊水面、水库水面、坑塘水面、苇地、滩涂和沟渠。

马鞍山市河川径流总量达1.13亿立方米。长江流经市区西部，平均年过境径流量高达9794亿立方米，是发展工农业生产最可靠的水资源。境内长江水面达21平方公里左右。其他河流、湖泊、水库总面积约19平方公里，其中湖泊面积1.51平方公里，池塘面积11.67平方公里，河流水面积5.7平方公里。地下水资源丰富，其流速约0.525厘米/昼夜，流量为0.22立方米/昼夜。地下水一般在深度2米左右的含砂蓄水层中，砂层之下为含水量最高的淤泥层。另外，地下水位还随季节的变化而变化，变动幅度约在0.2米~0.5米之间。地下水的总流向，由地势高的东部向地势低的西部流入长江。

滁州市河流众多，有清流河、沙河、淮河、护岗河、池河、南沙河等等；湖泊有高邮湖、沂湖、烂泥湖、洋湖、沙湖、花园湖、七里湖、荷花池、抹山湖等等；水库有沙河集水库、金歪桥水库、黄栗树水库、得胜水库、郎峰水库、红花桥水库等。

芜湖市水域面积占总面积的14.4%。境内有各类湖泊3000多个，河湖水网密布，青弋江、水阳江、漳河贯穿境内，黑沙湖、龙窝湖、奎湖散布其间。

巢湖市襟江而又拥湖，大江大湖在这里交汇。巢湖，又称焦湖，是安徽省内最大的湖泊，巢湖水系发达，自古就号称“三百六十汊”。全市年降水量为1032毫米~1205毫米，雨量最多月份为7月，最少的为12月。

（四）矿产资源

南京市已发现矿产58种，已探明储量的矿产有35种，分别占全省的44%和53%。已探明储量的矿产地近140处，多分布于江宁区、六合区、浦口区、雨花台区及溧水县。全市有17种矿产的保有储量占全省的70%以上，锶矿、玄武岩、硬石膏、地下热水、雨花石、铅锌银矿等矿产在国内处于优势地位或有较大的影响。铁、铅锌、锶等金属矿产，石灰岩、白云岩、石膏、石英岩、玄武岩等冶金辅料和非金属矿产在矿产规模、矿石质量、开采条件和市场前景等方面具有明显优势；金、银、硫铁矿、高岭土、陶瓷土、凹凸棒石粘土、水泥配料用黏土、建筑用砂等矿产具有一定优势；雨花石、地热享誉海内外。铁、铜、铅锌矿床中赋存多种共伴生资源，钒、钼、金、银、硼、硫等共伴生矿产具有较高的经济价值，综合利用条件较为有利。矿产资源分布较为集中，主要产于江宁、六合、浦口等地区的低山丘陵地带。地热等能源矿产，铁、铜、铅锌、金、银等金属矿产，硫铁矿、石膏等非金属矿产，矿泉水等水气矿产适合地下开采，其余绝大部分非金属矿产可以露天开采。主要矿产地距离公路、水路、铁路不远，交通便捷，开发利用前景较好。

扬州市资源主要以矿产资源和水产资源为主。邗江、江都、高邮一带有丰富的油、气资源。江都境内有相当的煤炭蕴藏量。仪征、邗江丘陵山区有丰富的砂石矿产资源，其中，黄沙储量2亿吨~3亿吨，石料12亿多吨，卵石约3亿吨。品位较高的石英是光学仪器、无线电器材、耐火器材、玻璃、陶瓷器材的重要原材料。扬州市城区北部及仪征、高邮等地地下蕴藏着丰富的矿泉水，品质优良，含有可溶性偏硅酸等10多种对人体有益的微量元素。

镇江市矿产资源主要集中在宁镇山脉。矿种有铁、铜、锌、钼、铅、银、金等金属矿藏和石灰石、膨润土、白云石、大理石、磷、耐火粘土、石膏、石墨等非金属矿藏。其中：石灰石矿石质优良，储量30多亿吨；膨润土矿1.5亿吨，储量居全国第三。宝华山发现省内第一处大型红柱石矿，开发前景广阔。此外，还有煤、泥炭和地热资源等。

淮安市矿产资源较为丰富，分布相对集中。能源矿产资源有金湖县、洪泽县的石油和天然气，洪泽县老子山的地热。非金属矿产资源丰富，品种多，有盱眙县的凹凸棒石粘土、玄武岩、白云岩；楚州区、清浦区、淮阴区的岩盐；洪泽县、淮阴区的芒硝等。其中，盱眙县凹凸棒石粘土探明储量2.72亿吨，远景储量达5亿吨，占全国总储量的65%～70%，占全球总储量的近50%；岩盐资源探明储量1350亿吨(不包括洪泽湖底)，居世界首位，且品位高、埋藏浅、品质优，盐层厚度达100米～200米，卤水浓度在300克/立升～320克/立升之间，适宜大规模开发利用；淮安拥有华东最大的无水芒硝矿，已探明芒硝储量达20亿吨。

马鞍山市矿藏资源丰富，主要为铁矿，并伴生有硫、磷、钒、钛、硬石膏等。马鞍山矿区地处长江下游宁芜—罗河成矿带，是中国七大铁矿区之一。矿区内铁矿山有马钢(集团)控股有限公司所属南山、姑山、桃冲铁矿及待开发的罗河铁矿，已探明的铁矿产地有31处，伴生矿产地10处，铁矿总储量16.35亿吨，占安徽全省铁矿总储量的57.32%，其中能满足工业开采的约10亿吨以上。矿床规模以大中型为主，矿体较大，储量亿吨以上的有5处，矿石平均品位36.55%，多属易选的磁铁矿石，经过选别流程可获得精矿品位53%～64%。马鞍山郊区的高村、陶村、和尚桥，当涂县境内的白象山，庐江县境内的罗河是潜力很大的后备矿山。硫铁矿集中分布在马鞍山郊区的向山、马山地区，总储量约2.62亿吨，约占安徽全省储量的55.39%。伴生的磷资源储量大，品位高，仅以南山铁矿凹山矿采场和尾矿坝中含磷计算，储量达1427万吨，约占安徽全省磷矿储量的1/3。钾长石矿主要分布于市郊葛羊山西部，储量达100万吨，剥离层薄，开采条件好，是陶瓷、玻璃、造纸工业的重要原材料。制造钾肥、硫酸原料的明矾石矿，主要分布于向山地区的大黄山，储量约210万吨，含明矾品位38.7%。可作水泥工业掺料的石膏矿，分布于市区东南向山，为中型矿床。此外，还蕴藏可供开采的金、铜等有色金属矿及高岭土、云母等一些非金属矿。

滁州市境内绢云母、岩盐、石膏、芒硝等非金属矿产资源储量居华东之冠，品质优良。已探明矿产有52种，发现各类矿床、矿点近2000个。非金属矿产是矿产资源的优势，其中石英岩、铸型用砂、凹凸捧黏土矿以储量大、品质优闻名全国，岩盐、石膏、钙芒硝、石油是安徽省内唯一的非金属矿产。主要金属矿产有铜、铀、铁、金等。

芜湖市共发现矿产55种，其中石灰石储量达42亿吨。

巢湖市是矿产资源比较丰富的地区之一。目前发现的主要矿种有煤、铁、铜、铅、锌、银、硫铁矿、明矾石、高岭土、地热、矿泉水等42种，探明储量有15种，其中煤830万吨、铁矿6.56亿吨、铜金属75.9万吨、铅锌金属40.6万吨、铊金属328吨、硫铁矿3.27亿吨、明矾石矿物0.76亿吨、各类灰岩21.9亿吨(远景储量达170亿吨)、白云岩4.1亿吨、耐火黏土900万吨、高岭土约3000万吨、地开石500万吨、绢云母100万吨、石膏约50亿吨。铁、硫铁矿、明矾石、石膏、石灰岩探明储量均位于安徽省前列。已开发利用矿种33种。年末共有各类矿山企业438个，矿业从业人员14706人。

(五)生物资源

南京市在江苏省的植物分布区划上，属于长江南北平原丘陵区，是落叶阔叶林逐步过渡到落叶阔叶、常绿阔叶混交林地区。主要分布树种有马尾松、麻栎、栓皮栎、枫香、化香、糯米椴、青刚栎、苦槠、冬青、石楠等。还有部分外来植物如：雪松、火炬松、广玉兰等。常见麻栎、栓皮栎、枫香、化香树、糯米椴等落叶阔叶林以及青冈、苦槠、冬青等常绿阔叶树种近50种；菰、何首乌等野生药用植物40种。南京市山丘、河湖兼备，气候温和，野生动物资源丰富，其动物种类足以代表长江下游地区。栖息、繁衍的国家级保护动物有中华鲟、白鳍豚、扬子鳄、河鹿、江豚、鸳鸯、长耳鸮、短耳鸮等。南京市地处北亚热带，属于我国现代植物资源最丰富、植物种类最繁多的地区。

扬州市拥有丰富的资源，是著名的“鱼米之乡”，境内资源丰富，盛产粮、棉、油及水产品等，拥有丰富的石油、天然气、煤炭、地下温泉和矿石等矿产资源。扬州蟹得到无数文人墨客的赞美。宋代杨万里赞美扬州蟹“却将一脔配两螯，世间真有扬州鹤”；苏东坡到高邮看望秦观，在文游台上，一边观湖景，一边吃螃蟹；宋代诗人曾几曾写诗盛赞：“忆昔坡仙此地游，一时人物尽风流，香莼紫蟹供杯酌，彩笔银钩入唱酬。”扬州市市花琼花为罕见的名花，每年农历三四月间盛开，每朵花大如玉盘，由八朵玉瓣小花簇拥着花蕊。扬州芍药的栽培始于隋唐，极盛于宋和清，历代记载皆称：芍药“处处有之，扬州为上”，“芍药之种，古推扬州”。扬州的芍药历史上名闻遐迩，广陵芍药与洛阳牡丹齐名。

镇江市的生物资源丰富。植物方面，落叶阔叶树有麻栎、枹树、黄连木、山槐、枫杨等；常绿阔叶树有青风栎、苦槠、石楠等。药用植物有700多种。引进的树种有黑松、杉木、泡桐等。宝华山自然保护区有木兰科中最珍稀的宝华玉兰。动物方面，鱼类资源丰富，青、草、鲢、鲤等淡水养殖鱼类，和鲍、鲶、鳝等非人工养殖鱼类均有大量出产。境内长江鱼类有90多种，其中刀、鲥、鳗、鮰、河豚是名贵品种；白鳍豚、中华鲟等是我国珍稀动物。镇江全市有鸟类100多种，其他野生动物20多种。

淮安市位于亚热带向暖温带过渡地区，气候温和，雨量充沛，有利于野生动物的生存，市境内的野生动物种类以鸟类居多。目前，全市野生动物有鸟类321种、经济鱼类83种、爬行动物48种、哺乳动物49种，其中，国家一级保护动物9种，二级保护动物43种。据1987年鸟类普查统计，全市鸟类资源有125种，隶属15目38科。生态类群有陆禽、游禽、鸣禽、猛禽、攀禽、涉禽。生态分布有森林灌丛环境鸟类、水环境鸟类、农田鸟类、居民点鸟类四大类。属国家一级保护动物有丹顶鹤、白枕鹤、白鹤、黑鹤4种，二级保护动物有大天鹅、小天鹅、虎鼻天鹅、鸳鸯等，三级保护动物有大鸭、灰鹤及分布在全市的猛禽所有种。江苏省重点保护鸟类鸿雁、灰雁、鹤鹑、黑嘴鸥、鹰头杜鹃、回声杜鹃、大杜鹃、戴胜、绿啄木鸟、斑啄木鸟、星头啄木鸟、喜鹊、大山雀、银喉长尾山雀、灰喜鹊、黑枕黄鹂、画眉等。淮安市的林业资源以人工林为主，兼有天然林，树种资源比较丰富，有木本植物79科，179属410种，其中乔木328种、灌木65种、藤木17种，约有172种人工栽培种。全市主要栽培树种有：杨树、泡桐、柳树、水杉、刺槐、马尾松、黑松、板栗、毛竹等；珍稀树种有黄檀、黄连木、野核桃、红脉钓樟、山胡椒、漆树、毛楝、毛叶欧李、迎春花、羽叶泡花树等。盱眙县境内西南丘陵山区是淮安市天然次生林分。

马鞍山市境内生物资源丰富。鲥鱼每年春夏之交上市，体扁鳞白、极其娇贵，鱼鳞软脆滑溜、肉质肥嫩鲜美；“采石”茶干选用当地优质大豆、甘草等精制而成，色泽酱红、细嚼味长；黄池酱菜远近闻名，产自当涂县黄池镇；当涂釜山所产的金脚红毛蟹，肉质丰嫩，个大体壮，每只小则150克～200克，大则300克～350克，爬行速度快，平滑的玻璃板上也照样爬行自如。

滁州市是国家大型商品粮生产基地，常年粮食总产约占安徽省的1/7，年调出商品粮总量约占安徽省的1/3，商品率高达60%以上，是安徽省乃至全国的重要粮仓，有“安徽第一粮仓”之称。

芜湖市处长江之畔，又是我国江南重要的水乡之地，水产特别丰富。芜湖四鱼指：鲥鱼、刀鱼、鲑鱼、黄鳝。其中鲥鱼、刀鱼更是名列“长江三鲜”之中状元、榜眼之位。芜湖产的蟹，黄多，膏实，壳薄，油脂丰厚，肉质饱满，味道鲜美。

巢湖市是著名的“鱼米之乡”，盛产大米、油料、棉花、蔬菜、家禽、水产品，“巢湖三珍”（银鱼、白米虾、螃蟹）享有盛誉。

三　人口与经济

(一)人口情况

南京市截至2009年末,户籍总人口629.77万人,比2008年末增加5.31万人;其中,市区545.98万人,增加4.73万人。全市常住人口771.31万人,比2008年末增加12.42万人;常住人口出生率和死亡率分别为8.86‰和6.88‰。

表2-1　2009年南京市人口数据

区县名称	户籍总户数(万户)	户籍总人口(万人)	常住人口(万人)
全市	205.63	629.79	771.31
玄武	13.94	51.53	64.33
白下	15.85	46.65	62.88
秦淮	10.11	25.33	39.16
建邺	8.35	22.72	46.06
鼓楼	18.68	67.37	86.71
下关	11.30	30.65	45.78
浦口	17.62	54.87	60.94
栖霞	13.55	43.20	52.54
雨花台	7.85	22.18	36.14
江宁	31.23	92.73	99.66
六合	28.74	88.76	92.32
溧水	14.04	41.37	41.72
高淳	14.37	42.43	43.07

数据来源:本表中户数和总人口数据根据公安年报数据编制。

扬州市人口总量基本稳定。2009年末,户籍总人口为458.8万人,比2008年末减少9980人,下降0.22%。全市登记出生人口3.3万人,出生率7.18‰;死亡人口4.07万人,死亡率8.86‰。人口自然增长率为-1.68‰。

镇江市人口总量小幅增长。2009年末全市常住人口306.9万人,比2008年末增加2.9万人;户籍人口269.9万人,比2008年增加1.1万人,其中:男性人口135.2万人,女性人口134.7万人。人口出生率7.6‰,人口死亡率6.7‰,人口自然增长率0.9‰。

淮安市人口总量有所下降。2009年末全市户籍总人口534.16万人,比2008年减少2.75万人,下降0.5%;全年出生6.58万人,死亡5.44万人。

马鞍山市人口总量增长。2009年末全市户籍人口为128.61万人。其中,农业人口64.52万人,非农业人口 64.09 万人。据抽样调查,人口出生率为 10.2‰,死亡率为 5‰,自然增长率为 5.2‰。

滁州市 2009 年全年人口出生率为 10.81‰,死亡率为 5.24‰,自然增长率 5.57‰,其中人口自然增长率比 2008 年上升 0.43 个千分点。年末,全市户籍人口 450.25 万人,比 2008 年增加 2.88 万人,其中非农业人口 98.93 万人,农业人口 351.32 万人。全市常住人口 411 万人。

芜湖市 2009 年年末,全市常住人口 230.0 万人,比 2008 年净增 2.0 万人。公安户籍人口 230.10 万人,比 2008 年减少 0.69 万人;其中市区 104.92 万人。全市人口中,男性人口 118.67 万人,女性人口 111.43 万人。全年人口出生率为 8.0‰,死亡率为 6.9‰,自然增长率为 1.1‰。

巢湖市 2009 年全年人口出生率为 9.4‰,比 2008 年下降 0.1 个千分点;死亡率为 4.9‰,下降 0.9 个千分点;自然增长率 4.5‰,上升 0.8 个千分点。年末全市户籍人口 458.6 万人,比 2008 年增加 1.8 万人;常住人口 410 万人,比 2008 年减少 2 万人。城镇化率为 38.0%,比 2008 年提高 2.0 个百分点。

(二)经济概况

改革开放后,由于南京经济以国营事业为主,相较于以外资和私人企业为主的苏州、无锡等长三角其他城市,发展相对滞后。南京当地的知名企业有熊猫电子、扬子石化、金陵石化、跃进汽车、江南光电、苏宁环球、雨润、太平洋建设、苏宁电器、五星电器、宏图三胞。但是,南京是国际上看好的 21 世纪亚洲环太平洋地区最具发展前景的城市之一。在国家统计局公布的最新中国大陆城市竞争力排行榜上,南京名列第七位。2009 年,南京市实现地区生产总值 4230.26 亿元,按可比价格计算,增长 11.5%。第一产业实现增加值 129.18 亿元,增长 4.1%;第二产业实现增加值 1930.67 亿元,增长 10.1%,其中工业增加值 1640.53 亿元,增长 9.3%;第三产业实现增加值 2170.42 亿元,增长 13.5%。在全市生产总值中,非公经济实现的增加值占全市经济的比重达到 47.6%,民营经济增加值占全市经济的比重达到 35.9%。人均地区生产总值(按常住人口计算)达到 55290 元,按可比价格计算,比 2008 年增长 9.5%。三次产业结构由 2008 年的 3.1∶46.4∶50.5,调整为 3.1∶45.6∶51.3。完成财政总收入 901.15 亿元,增长 21.4%,其中地方一般预算收入 434.51 亿元,增长 12.4%。完成社会消费品零售总额 1961.58 亿元,增长 18.8%。完成全社会固定资产投资 2668.03 亿元,增长 23.9%,其中工业投资 1300.4 亿元,增长 20.3%。软件、生物医药、新材料等高新技术产业已经形成集聚效应。南京还是江苏省服务业最发达的城市,也是长江三角洲商业、贸易、金融、旅游、物流中心城市之一。

扬州市 2009 年全市实现地区生产总值 1856.39 亿元,可比价增长 13.8%。其中:第一产业增加值 144.88 亿元,增长 5.1%;第二产业增加值 1042.03 亿元,增长 14.3%;第三产业增加值 669.48 亿元,增长 15.0%。人均 GDP 达 41406 元,按当年汇率计算折合 6065 美元。产业结构不断优化,三次产业比例由 2008 年的 8.1∶56.2∶35.7,调整为 7.8∶56.1∶36.1,二、三产业增加值占 GDP 比重达到 92.2%。民营经济加快发展,全市新增民营企业注册资本金 543.1 亿元,增长 35.1%,新发展私营企业 15007 户,增长 19.4%,新发展个体工商户 29560 户,增长 2.6%。景气指数保持高位运行,四季度企业家信心指数为 135.26,比上季度上升 8.36 点,比 2008 年同期上升 49.05 点。企业景气指数为 139.44,比上季度上升 13.04 点,比 2008 年同期上升 43.31 点。两类指数均处于“较为景气”区间。市场物价呈先下后上的 U 型走势,全年 CPI 为 99.9%,价格水平同比下降 0.1 个百分点。构成 CPI 的商品类别中,上涨的有:食品类(102.1%)、烟酒及用品类(101.6%)、娱乐教育文化用品及服务类(101.1%)、医疗保健和个人用品类(100.7%);下降的有:家庭设备用品及维修服务类(99.8%)、交通和通信类(98.4%)、衣着类(95.8%)。

镇江市经济运行积极向好。2009 年全市实现地区生产总值 1672.08 亿元,按可比价计算比 2008 年增长 13.7%,其中:第一产业增加值 75.92 亿元,增长 4.5%;第二产业增加值 972.21 亿元,增长 11.9%,其中工业增加值 895.76 亿元,增长 11.7%;第三产业增加值 623.95 亿元,增长 17.7%。人均地区生产总值为 54732 元,按当年汇率计算折合 8017 美元。经济回暖步伐加快,发展速度逐季提升,全年 GDP 增幅高于 2008 年 0.9 个百分点。经济结构调整优化,三次产业结构由 2008 年的 4.7∶58.9∶36.4,调整至 4.5∶58.1∶37.3,第三产业比重比 2008 年提高 0.9 个百分点。经济效益持续改善,财政一般预算收入占 GDP 比重达 6.0%,比 2008 年提高 0.3 个百分点。经济预期明显好转,四季度企业家信心指数、企业景气指数回到"较为景气"区间,达 135.9 和 125.9,比 2008 年分别四季度提高 24.1、13.2 个百分点。民营经济较快发展。2009 年全市民营经济实现增加值 929.68 亿元,比 2008 年增长 14.2%,占 GDP 比重达 55.6%,比 2008 年提高 1.1 个百分点。私营个体经济保持快速发展,年末全市拥有私营企业 28929 户,注册资本 616.52 亿元,从业人员 45.83 万人,其中当年新增私营企业 4828 户、注册资本 103.96 亿元、从业人员 5.50 万人;全市拥有个体工商户 97938 户,注册资本 44.54 亿元,从业人员 16.24 万人,其中本年新增个体工商户 18179 户、注册资本 15.30 亿元,从业人员 3.01 万人。物价总体温和上涨。2009 年,全市居民消费价格总指数为 99.6,比 2008 年下降 0.4%。八大类消费品价格"五升三降"。其中:食品类上升 0.1%;烟酒及用品类上升 1.4%;医疗保健和个人用品类略升 0.5%;家庭设备用品及维修服务上升 0.9%;居住类上升 2.0%;衣着类下降 1.3%;交通和通信类下降 3.9%;娱乐教育文化用品及服务类下降 2.3%。但是,由于粮食、蔬菜价格的刚性上涨,猪肉价格的触底回升,水价、电价、燃料价格的普遍上调,房价的高位运行,市场物价上涨预期和压力明显增强。就业形势基本稳定。随着宏观经济形势的逐步好转、企业生产经营状况的逐步改善,加之积极有效的促进就业再就业政策措施,劳动力市场逐步升温,就业形势由紧趋稳发展。全年新增城镇从业人员 5.2 万人、新增转移农村劳动力 3.3 万人,年末全市全社会从业人员达 173.2 万人,比 2008 年增加 7.8 万人,城镇登记失业率为 2.3%。经济社会发展中存在的主要问题:经济回升基础尚不稳固,对外贸易降幅依然较深,工业经济效益改善仍较困难,投资结构有待调整优化,居民收支增长逐步放缓等。

淮安市改革开放以来,特别是近几年来,淮安的经济建设和各项社会事业取得了长足发展。经济发展再上新台阶。全市地区生产总值达到 1121.75 亿元,按可比价计算,比 2008 年增长 14.2%。其中:第一产业增加值 170.97 亿元,增长 4.8%;第二产业增加值 541.48 亿元,增长 16.5%;第三产业增加值 409.30 亿元,增长 15.8%。按常住人口计算,全市人均地区生产总值 2.33 万元,比 2008 年增长 14.7%。经济结构进一步优化,三次产业增加值比例由 2008 年的 16.1∶47.6∶36.3,调整为 15.2∶48.3∶36.5。物价总水平稳中略降。全年城市居民消费价格比 2008 年下降 0.9%。食品类价格上涨 2.9%,其中粮食上涨 10.4%、油脂类下降 22.0%、水产品下降 8.4%、鲜菜上涨 37.3%;烟酒及用品类价格上涨 2.2%;衣着类价格下降 5.4%;家庭设备用品及维修服务类价格下降 1.3%;医疗保健及个人用品类价格下降 2.8%;交通和通信类价格下降 2.6%;娱乐教育文化用品及服务类价格下降 2.1%;居住类价格下降 4.2%。就业形势保持稳定。全市实现城镇新增就业 9.2 万人,下岗失业人员再就业 3.01 万人,就业困难人员再就业 7337 人。城镇登记失业率为 3.03%。新增农村劳动力转移 8.32 万人,农村劳动力培训 7.25 万人。财政总收入 213.5 亿元,增长 25.2%,其中地方一般预算收入 96.5 亿元,增长 35.2%;全社会固定资产投资 1100 亿元,增长 33.3%;社会消费品零售总额 400 亿元,增长 19.1%;金融机构本外币存款余额 942 亿元、贷款余额 673 亿元,分别增长 34.3%、45%;城镇居民人均可支配收入 15646 元、农民人均纯收入 6300 元,分别增长 11.7% 和 11.4%,财政总收入、全社会固定资产投资等 9 项指标提前完成"十一五"时期规划目标。

马鞍山市经济总量平稳较快增长。2009 年,全市生产总值 665.9 亿元,按可比价格计算,比

2008年增长12.1%。其中:第一产业增加值25.7亿元,增长5.2%;第二产业增加值443.0亿元,增长13.0%;第三产业增加值197.2亿元,增长10.8%。经济结构调整取得积极进展。2009年,马鞍山市充分利用金融危机形成的倒逼机制和洗牌效应,着力推进经济结构调整和产业优化升级。大力扶持与推进新兴产业,新能源、新光源、节能环保和软件动漫等新兴产业集群加速形成;服务业发展水平迈上新台阶。全市第三产业增加值占GDP的比重达29.6%,比2008年提升0.9个百分点。物价指数平稳。2009年,全市居民消费价格指数为98.3%,比2008年回落1.7个百分点。分类别来看,八大类商品价格呈现"四升四降"格局。其中:食品类100.3%;烟酒及用品类100.5%;衣着类101.6%;家庭设备用品类97.0%;医疗保健和个人用品类101.2%;交通和通信类97.3%;娱乐教育文化用品99.3%;居住类88.0%。工业品出厂价格指数为81.4%,比2008年回落18.6个百分点。企业景气和企业家信心指数逐步回升。2009年,全市企业景气状况不断改善,对宏观经济发展持乐观态度的企业家增多,四季度企业景气指数为129.11,比一季度提升21.85个百分点;企业家信心指数逐季回升,四季度为109.14,比一季度提升17.31个百分点。企业家对经济回暖的信心增强,四季度全市企业家判断经济形势好转,持"乐观"和"持平"的认同度达89.77%,比第三季度提升3.11个百分点。

滁州市经济格局呈现"西北—东南"两极。西北部(凤阳、定远、明光)以农业、旅游、农产品深加工、非金属深加工为主,东南部(琅琊、南谯、来安、天长、全椒)以家电、机械、模具、地板、纺织、化工为主。滁州市是国家大型商品粮生产基地,常年粮食总产约占安徽省的1/7,年调出商品粮总量约占安徽省的1/3,商品率高达60%以上,是安徽省乃至全国的重要粮仓,有"安徽第一粮仓"之称。滁州市因为聚集了一大批诸如西门子、康佳、扬子空调等国内生产基地,渐渐演变成长三角地区的家电集群。2009年全年实现生产总值576.18亿元,按可比价格计算,比2008年增长13.6%,增幅比"十五"时期年平均水平高7.7个百分点,比2008年加快2.3个百分点。其中:第一产业增加值134.51亿元,增长6.0%;第二产业增加值262.08亿元,增长19.0%;第三产业增加值179.59亿元,增长11.3%。三次产业比为23.3∶45.5∶31.2。按常住人口计算,人均生产总值为14002元,比2008年增加1783元。滁州市抓住建设皖江城市带产业转移示范区机遇,高水平编制规划,努力打造东部产业转移的"第一站"和"首选地"。滁州市开发区先后与南京、无锡高新技术开发区和上海莘庄、漕河泾工业园区签订了合作协议,南谯区、琅琊区分别与上海浦东新区川沙功能区和宝山区大场镇签订了园区合作协议。滁州海关和商检局正式获批筹建,天长市商检办事处成立。反映企业家对宏观经济信心指数全年运行在128.5~155.3之间;反映企业综合生产经营状况的景气指数全年运行在122.5~158.1之间,呈现前低后高稳步提升走势,总体处于较为乐观景气区间。2009年居民消费价格比2008年上涨0.1%。在居民消费类别中,食品类价格上涨1.5%,在食品类中,粮食价格上涨2.5%,食用植物油下降21.4%,猪肉价格下降17.8%。全年商品零售价格比2008年下降0.4%。全年工业品出厂价格下降4.0%,其中轻工业产品出厂价格下降3.2%,重工业产品出厂价格下降5.3%;生产资料出厂价格下降5.9%,生活资料出厂价格下降1.9%。企业原材料、燃料、动力购进价格下降1.9%。

芜湖市2009年全年地区生产总值(GDP)902.00亿元,比2008年增长15.4%。其中:第一产业增加值41.83亿元,增长5.3%;第二产业增加值565.02亿元,增长18.4%;第三产业增加值295.15亿元,增长12.0%。按户籍人口计算,人均生产总值39142元,比2008年增长15.3%,按年末汇率折算为5732美元。三次产业增加值比例由2008年的5.3∶60.6∶34.1,调整为4.6∶62.7∶32.7。财政收支。2009年全年实现财政收入147.78亿元,比2008年增长19.3%;其中,地方财政收入69.41亿元,增长27.6%。在地方财政收入中,增值税9.39亿元,增长1.6%;营业税20.88亿元,增长31.5%;企业所得税5.18亿元,增长8.1%;城市建设维护税4.71亿元,增长10.8%;契税4.53亿元，增长68.8%。全年完成财政支出108.47亿元，比2008年增长28.7%，其中，农林水事务支出6.26亿元，增长40.6%；教育支出13.55亿元，增长23.3%；医疗卫生支出6.44亿元，增长56.3%；社会保障和就业支出19.72亿元，增长47.2%；城乡社区事务支出10.70亿元，增长11.9%；环境保护支出2.66亿元，增长84.7%。2009年全年完成固定资产投资900.69亿元，比2008年增长46.5%；其中，城镇投资880.49亿元，增长48.0%。全年新增固定资产470.91亿元。本年项目建成投产率64.5%，固定资产交付使用率52.3%。固定资产投资中：第一产业投资8.89亿元，比2008年增长176.4%；第二产业投资464.11亿元，增长44.9%，其中工业投资461.81亿元，增长44.9%；第三产业投资427.69亿元，增长46.8%，其中房地产开发投资206.87亿元，增长37.7%。全年销售商品房286.09万平方米，增长61.5%；商品房销售额110.19亿元，增长56.2%。2009年，城市居民消费价格（CPI）比2008年下降0.8%，其中，食品类价格上涨2.1%。城市商品零售价格比2008年下降1.9%。工业品出厂价格比2008年下降6.6%。原材料、燃料、动力购进价格比2008年下降9.6%。

巢湖市2009年全年地区生产总值529.36亿元，按可比价格计算，比2008年增长12.4%。分产业看：第一产业增加值106.47亿元，增长6.5%；第二产业增加值243.04亿元，增长17.0%；第三产业增加值179.86亿元，增长9.9%。分季度看，一季度增长11.1%，上半年增长11.3%，前三季度增长12.2%。三次产业结构为20.1∶45.9∶34.0。按常住人口计算，人均地区生产总值12880元（折合1886美元），比2008年增加1246元。居民消费价格一季度比2008年同期下降0.5%，上半年下降1.9%，前三季度下降2.2%，全年下降1.6%。全年工业品出厂价格下降7.8%。生产资料出厂价格下降8.3%；生活资料出厂价格下降5.0%。

（三）社会保障

南京市2009年全市新增就业岗位19.96万个，农村劳动力转移就业人数6.2万人，援助困难人员再就业1.29万人。年末城镇登记失业率为3.02%，比2008年下降0.14个百分点。2009年全市城镇社会保险五大险种累计参保人数达到958.2万人次，其中养老、失业、医疗保险覆盖率均达到98%以上。养老、失业保险金发放标准，分别提高到1540元、850元。全市纳入各类养老保险总人数达到409万人，其中新型农村养老保险120.33万人，城镇基本养老保险参保人数为188.32万人；城镇失业保险参保人数为180.23万人，领取失业保险金人数为2.57万人；全市城镇职工基本医疗保险参保人数达到250.18万人。8.01万名被征地农民进入社会保障。实施“慈善安居工程”，筹资240万元，帮助全市300户农村无自救能力家庭进行危房改造。2009年末全市福利类收养性单位拥有床位23037张，收养人员达16542人；其中，11个社会福利院拥有床位2415张，收养1931人。建立城镇各类社区服务设施2154处，区县街道级社区服务中心53个。全市城乡居民享受最低生活保障的有14.64万人。国家抚恤、补助各类优抚的对象1.03万人。

扬州市民生工程深入实施。2009年城镇新增就业7.3万人。培训农村实用人才和农技人员29万人次、劳动力10.1万人，新增转移7.1万人。期末城镇登记失业率2.91%。城镇职工基本养老保险参保率96.7%，城镇职工和居民基本医疗参保率分别达97.1%和99%。市区被征地农民基本生活保障“即征即保”率100%。农村五保集中供养率80%。实施市区70岁以上“三无”老人生活补贴政策。新发市民卡3万张。市区新建和调剂廉租房280套，提供经济适用房1095套，发放购房政策性补贴782.9万元，公房解危6.13万平方米。新增住房公积金缴存职工4.6万人，归集住房公积金20亿元。

镇江市社会保障日臻完善。2009年，全市企业职工基本养老保险、城镇基本医疗保险、失业保险参保人数分别为 62.7 万人、71.4 万人和 42.9 万人，比 2008 年分别增加 2.7 万人、1.5 万人和 0.8 万人；覆盖面分别达 98.4%、98.7% 和 98.3%。农村养老参保人数 8.62 万人，覆盖面达 66.0%。社会救助机制不断完善，弱势群体和低收入家庭实现“应保尽保”，全市最低生活保障人数达 4.5 万人，其中城市 1.4 万人、农村 3.1 万人，发放最低生活保障经费 6143 万元，增长 25.4%。慈善资金总收入（含增值）4915 万元，救助总支出 1571 万元，救助 8754 人次。

淮安市社会保障体系不断完善。2009 年全市参加企业养老保险职工人数达 49.83 万人，比 2008 年增加 4.01 万人。其中，乡镇企业职工参保 4.39 万人，农民工参保 4.61 万人，个体灵活就业人员参保 20.87 万人。全市参加城镇职工基本医疗保险、工伤保险、生育保险、失业保险人数分别达 59.56 万人、32.33 万人、26.66 万人、45.28 万人，比 2008 年同期分别增加 3.76 万人、3.31 万人、2.88 万人、2.17 万人。城镇居民基本医疗保险参保人数达 61.88 万人。全市共支付 12.93 万名企业离退休人员养老金 16.39 亿元，确保了企业离退休人员养老金按时足额 100% 社会化发放。全市共有 12.78 万名企业退休人员纳入社区管理，社区管理率达 99.8%。全市累计接收企业退休人员档案 12.74 万份，档案接收率为 99.6%。全市为纳入社区管理退休人员进行免费体检，免费体检率为 100%。

马鞍山市社会保障体系逐步完善。2009 年全年累计新增就业 3.96 万人，其中下岗失业人员再就业 1.83 万人、“4050”人员等困难群体再就业 5049 人，城镇登记失业率为 3.2%。完成就业再就业技能培训 2.24 万人，创业培训 1200 人。建立城乡居民生育保险制度，加快完善城乡社会保障体系，巩固完善新农保、城乡一体化居民医疗保险制度，全市城镇职工基本养老保险参保人数达 29.23 万人，失业保险参保人数 18.66 万人，医疗保险参保人数 33.48 万人，工伤保险参保人数 23.57 万人，生育保险参保人数 43.54 万人。城镇居民医疗保险参保人数 38.55 万人。建立了被征地农民养老金正常调整机制，基础养老金从每人每月 120 元提高到 180 元，被征地农民参保人数 5.7 万人。完善城镇居民养老保险、事业单位养老保险、未参保集体企业职工基本生活保障等制度，促进城乡社会保障体系进一步健全。社会福利事业进展加快。困难群众救助制度逐步完善，社会救助体系建设成效凸显。市区城乡低保标准实现一体化，大幅提高城乡医疗救助年度封顶线标准。全市城乡最低生活保障救助 55.92 万人次，全年共支出低保金 9392.55 万元。全市社会收养性福利床位数 4548 张；抚恤、补助各类优抚对象 7769 人；慈善事业健康发展，接受社会捐赠 382 万元；全市福利彩票销售 8426 万元，比 2008 年增长 25.6%，筹集福利彩票公益金 2820 万元，比 2008 年增长 26.4%，其中市本级 1058 万元，比 2008 年增长 26.1%。

滁州市养老、失业、医疗、工伤保险、生育保险以及城乡居民最低生活保障工作稳步推进。2009 年年末全市参加城镇基本养老、城镇基本医疗保险人数分别为 22.96 万人和 33.07 万人，分别比 2008 年末增长 7.8%、2.1%。参加失业保险人数为 20.10 万人，比 2008 年减少 6.0%。参加工伤保险人数为 17.43 万人，比 2008 年末增长 21.0%。生育保险人数为 15.81 万人，比 2008 年末增长 24.7%。参加农村养老保险人数 6.74 万人。参加城市最低生活保障人数 7.57 万人，比 2008 年末增长 2.4%。参加农村最低生活保障人数 14.28 万人，比 2008 年末增长 17.4%。基层工会总数 3928 个，比 2008 年增加 7.5%。全年送温暖工程筹集资金 1643 万元，发放 1466 万元。年末乡镇以上妇联组织 192 个，春蕾工程全年筹资 32.36 万元，比 2008 年增加 12.08 万元，救济失学女童 411 人，比 2008 年增加 41 人。2009 年年末，全市各类福利收养性单位数 175 个，床位数 15248 张，分别比 2008 年末增长 2.3%、40.4%。农村五保供养人数 2.84 万人。2009 年年末，城镇社区各种服务设施 878 个，比 2008 年增加 6.2%。

2009 年年末，芜湖市拥有各类职业介绍机构 111 个。全年新增城镇就业人员 5.52 万人，其中安置下岗失业人员 1.97 万人。培训下岗失业人员 1.52 万人次。城镇登记失业率 3.8%。年末，参加城镇基本养老保险职工 34.92 万人，增加 0.72 万人；参加城镇基本医疗保险职工 41.85 万人，增加 0.92 万人；参加失业保险职工 24.53 万人，增加 1.01 万人；参加工伤保险职工 21.33 万人，增加 1.53 万人；参加生育保险职工 20.19 万人，增加 4.99 万人。城镇居民参加基本医疗保险 74.02 万人，增加 5.78 万人；启动了新型农村社会养老保险，有 8.62 万人参保；农民参加新型农村合作医疗 100.57 万人，参合率达 97.3%。有 5.69 万城镇居民、4.52 万农村居民享受最低生活保障。全市拥有各类收养性单位 77 个，床位 6905 张，收养各类人员 0.56 万人。全年共销售社会福利彩票 1.43 亿元，筹集公益金 1784 万元。直接接收社会捐款 824 万元。

巢湖市 2009 年年末全市参加城镇基本养老、医疗保险人数分别为 16.99 万人和 23.26 万人。参加失业保险的人数为 17.11 万人。全市参加工伤、生育保险人数分别为 12.47 万人和 12.15 万人。年末被征地农民参保人数 9.79 万人。全年农村低保人数 15.42 万人，城市低保人数 6.33 万人。2009 年年末全市有各类收养性单位床位 14693 张，收养各类人员 12416 人。城镇建立各种社区服务设施 330 个。全年销售社会福利彩票 9500 万元，筹集社会福利资金 3325 万元。

四　行政区划

南京市是中华人民共和国江苏省省会、副省级城市，共辖 11 个市辖区、2 个县。在 11 个市辖区中，江南 8 区（鼓楼、白下、玄武、秦淮、建邺、下关、雨花台、栖霞）是中心城区，还有江宁区、浦口区、六合区。2 个县为溧水县、高淳县。全市总面积 6600 平方公里，其中市区面积 4730.74 平方公里，江南 8 区总面积 782.75 平方公里。

扬州市现辖广陵、维扬、邗江 3 个区和宝应 1 个县，代管江都、仪征、高邮 3 个县级市。全市共辖 70 个镇、7 个乡和 12 个街道办事处（另有 2 个扬州市人民政府设立并直管的街道办事处）。全市总面积 6634 平方公里，其中市辖区面积 1024 平方公里。

镇江市为江苏省省辖市，现辖京口、润州、丹徒 3 个区，代管句容、丹阳、扬中 3 个市。另有国家级经济技术开发区——镇江新区行使市辖区经济、社会管理权限（镇江新区并非正式市辖区，但享有市辖区经济、社会管理权限）。至 2009 年年底，全市共有 51 个镇（街道）。其中：镇 41 个，街道办事处 10 个。丹阳市辖 13 个镇；句容市辖 10 个镇；扬中市辖 5 个镇；丹徒区辖 7 个镇；京口区辖 2 个镇、4 个街道办事处；润州区辖 1 个镇、4 个街道办事处；镇江新区辖 3 个镇、2 个街道办事处。镇江全市总面积 2414 平方公里。

淮安市辖 4 个市辖区（清河区、清浦区、楚州区、淮阴区），4 个县（金湖县、盱眙县、涟水县、洪泽县）。淮安全市总面积 10072 平方公里。

马鞍山市辖 1 县（当涂县）3 区（雨山区、花山区、金家庄区），17 个镇、14 个乡、13 个街道办事处、122 个社区居民委员会、366 个村民委员会。全市总面积 1686 平方公里。

滁州市现为安徽省省辖市，管辖 2 个市辖区、4 个县，另外代管 2 个县级市。今日的滁州辖琅琊、南谯两区，来安、全椒、定远、凤阳四县，代管天长、明光两市。全市总面积 13398 平方公里。

芜湖市下属 3 个县（芜湖县、繁昌县、南陵县），4 个区（镜湖区、弋江区、鸠江区、三山区）。全市总面积 3317 平方公里。

巢湖市辖 4 县（庐江县、无为县、含山县、和县）1 区（居巢区），65 个镇、5 个乡、6 个街道办事处。全市总面积 9423 平方公里。

五　休闲旅游

南京市有精品旅游线路。分别是：六朝怀古游——玄武湖、夫子庙、栖霞山等；大明胜迹游——明孝陵、灵谷寺、朝天宫等；郑和遗踪游——南京郑和宝船遗址公园、牛首山郑和墓等；民国文化游——钟山风景名胜区、总统府、南京1912旅游休闲时尚街区等；宗教文化游——鸡鸣寺、玄奘寺、毗卢寺等；秦淮风情游——秦淮风光带、内外秦淮画舫等；科教修学游——江南水师学堂、南京博物院等；滨江风貌游——南京长江大桥、南京长江二桥、狮子山阅江楼等；温泉度假游——汤山温泉等；乡村美景游——牛首山郊野踏青、菊花台公园等。南京春秋短、冬夏长，冬夏温差显著，四时各有特色，皆宜旅游，有“春游牛首烟岚”、“夏赏钟阜晴云”、“秋登栖霞胜境”、“冬观石城霁雪”之说。

扬州市是中国著名的风景旅游休闲城市。古人赞美扬州的诗句皆成经典传世，如“十年一觉扬州梦”、“春风十里扬州路”、“二十四桥明月夜”等。扬州园林诸如瘦西湖、个园、何园、汪氏小苑等都是扬州著名的旅游景点，“回眸难忘锦绣园，浅笑又忆烟雨巷”的名句传诵于世。主要旅游景点有：瘦西湖风景名胜区、个园、何园、凤凰岛、扬州老街、古运河、扬州八怪纪念馆、朱自清故居、马可波罗纪念馆、大明寺、扬州佛教文化园等。所谓“烟花三月下扬州”，每年的春季是游览扬州的最佳时间。每年4月18日至5月18日，扬州市都会举行“烟花三月经贸旅游节”，此时的扬州烟雨朦朦，稀有的琼花正当盛开，花香扑鼻，是旅游的黄金季节。

镇江市是中国历史文化名城和优秀旅游城市。市区沿江自西向东镶嵌着金山、北固山、焦山，组成风景各异的“三山”风景区。市区南山国家森林公园青山连绵，古木幽深，昭明太子读书台、文苑、增华阁、赵伯先墓等点缀其中。东部有大型旅游景点21世纪乐园、宝塔山公园；西部有被地质界誉为“世界罕见，中国第一”的彭公山方解石晶洞。金山江天禅寺、焦山定慧寺、宝华山隆昌寺、茅山道院均为全国重点寺庙道观；焦山碑林、丹阳南朝陵墓石刻、镇江英国领事馆旧址为全国重点文物保护单位。有省级重点文物保护单位15处，其中有焦山古炮台遗址、昭关石塔、相传为孔子所书的延陵季子碑（唐拓本）、被誉为“江南第一钟”的唐中和铜钟、古代建筑奇葩隆昌寺无梁寺殿和铜殿、宋抗金名将宗泽墓、山炮台遗址等。还有市级重点文物保护单位84处。

淮安市风景优美，名胜众多。1986年国务院公布淮安为国家历史文化名城。周恩来故居位于淮安驸马巷内，分东西两个宅院。东院为周恩来祖父的住房；西院临曲巷，现为“周恩来同志生平”陈列室，展出近200幅照片和90多件实物。周恩来纪念馆位于淮安城北桃花垠，分主馆和副馆。副馆平面为“人”字形，副馆拥抱主馆、象征着周恩来永远和人民在一起；主馆有4根11米高的栋梁大柱，象征着周恩来生前多次提出要实现我国四个现代化。明祖陵位于盱眙境内，是朱元璋高祖、曾祖和祖父的陵墓。荷花荡位于高邮湖畔，座落在金湖县闵桥镇联圩内，三面环湖相拥，生态环境优美，总面积2.24平方公里。清晏园位于市区，是苏北最有代表性的古典园林，也是中国漕运史上唯一留存的官宦园林，至今已有300多年历史。

马鞍山市西傍长江，中含一湖，众多玲珑剔透的青山点缀在城市四周。著名园林专家陈从周先生对此有“九山环一湖，翠螺出大江”的美誉。山、水、城融为一体，是一座具有典型江南风韵的山水园林城市。国家重点风景名胜区、国家AAAA级旅游区采石风景区，拥有令人神往的佳山胜水。主要旅游点有采石矶、太白楼、广济寺、三元洞、雨山湖公园、濮塘风景区、当涂青山太白墓等。其中，被誉为城市明珠的雨山湖风景区，占地1000多亩，树影湖光，使人有城市山林之感。此外，马鞍山作为全国十大钢铁工业基地之一，具有丰富的工业旅游资源。“钢铁是怎样炼成的”工业景观一日游，成为马鞍山旅游业的一条特色，名牌旅游线路，被批准为首批国家工业旅游示范点。

滁州市旅游资源十分丰富。有国家级风景名胜区、国家级森林公园、国家级重点文物保护单位7处,省级自然保护区和重点文物保护单位11处,有名山、名亭、古关、古寺、历史文化遗址等自然人文景观100多处。其中琅琊山、醉翁亭、凤阳明皇陵、白鹭岛风景区、皇甫山国家森林公园自然保护区等景观驰名中外。滁州市拥有琅琊山、皇甫山、韭山、神山4个国家森林公园,明皇陵、明中都城2个全国文物保护单位和一批省级风景区、自然保护区、文物保护单位。滁州名胜首推素有“蓬莱之后无别山”美誉的琅琊山,山中有建于唐代的琅琊寺和建于宋代的醉翁亭(全国四大名亭之首)及姊妹亭“丰乐亭”。凤阳县是省级历史文化名城,以“帝王之乡”、“花鼓之乡”、“大包干”发源地遐迩闻名。

芜湖市旅游有著名的芜湖十景:赭塔晴岚——赭塔坐落在赭山公园的“九华行宫”后院,始建于北宋治平二年(1065年);镜湖细柳——镜湖是开放式风景区,细柳掩映下,芜湖籍文化名人萧云从塑像、王步文纪念亭等点缀其间;赤铸青锋——赤铸山位于市东北郊,因“山势逶迤”、“曲径幽邃”,为近郊之胜境;玩鞭春色——玩鞭亭始建于北宋元丰七年,现亭于1984年新建于市北郊汀棠公园内;双江塔影——中江塔半依闹市半偎江,古人誉之为“江上芙”;天门烟浪——天门山雄踞市北郊长江畔,距芜湖市区约15公里,因李白望天门山一诗而天下闻名;西山灵石——西山风景区面积约为20余平方公里,区内奇峰异石和溶洞、清泉、瀑布融为一体,景色秀丽;马仁云壁——马仁山因其山峦秀丽、植被良好,被列为省级森林公园;陶辛水韵——陶辛镇位于芜湖县,青弋江蜿蜒而过,境内沟渠纵横,碧水环绕,构成了颇具特色的江南水乡风韵;褐山揽胜——褐山地处芜湖市北郊,离市中心12公里,海拔132米,是芜湖市的最高点,与天门山遥遥相望。

巢湖市是国家级风景名胜区,全市自然和人文景观130多处,江、湖、山、泉并存,以水见长,湖光、温泉、山色是“巢湖风景三绝”。主要有:半汤温泉位于巢湖汤山之麓。《巢湖志》记载:“山有二泉,一冷一暖合流。”因有半汤之名。温泉终年喷涌不断,水温保持在摄氏60℃以上,最高可达80℃。泉水清冽,无色透明,水中含有30多种活性元素。温泉涌出的热气,像袅袅青烟缭绕于曲径山道上;被称为“湖天第一胜处”的中庙,矗立在巢湖北岸叫做凤凰台的矶石上。庙始建于唐,后屡有修建。它盘踞于矶巅,三面临水,楼台巍峨,颇有气势;巢湖之南,群峰相峙,峭壁嵯峨的银屏山绵延于巢湖之滨。因山上有一大石,色白如银,形似花瓶,因此又有“银瓶”之名。银屏峰海拔508米,为群峰之冠,登山可俯瞰全湖;紫薇洞位于巢湖西紫薇山上,最妙的要数洞内的“四绝”、“三奇”景观。“四绝”为天沟、天板、天漕,玉螺账,石鹅管和天外飞瀑。“三奇”为铁索寒桥、双井开天、地下长河。

第三篇

2010

南京都市圈区域发展报告

Nanjing MCR Development Report

第一章　江苏省2009年经济社会发展报告

2009年，在省委、省政府的正确领导下，全省深入贯彻科学发展观，认真落实中央决策部署和一系列政策措施，积极应对国际金融危机带来的严峻挑战和严重困难，统筹做好保增长保民生保稳定各项工作，经济企稳向好态势不断增强，结构调整和自主创新取得重大进展，发展质量稳步提高，民生继续得到改善，改革开放深入推进，各项社会事业全面进步，较好地完成了年初确定的各项目标任务。

一、2009年江苏省经济发展概况

（一）综合经济

1. 全年经济发展迈上新台阶

2009年，全省实现生产总值34457.3亿元，比2008年增长12.4%。其中：第一产业增加值2201.7亿元，增长4.5%；第二产业增加值18416.1亿元，增长12.5%；第三产业增加值13443.4亿元，增长13.6%。人均地区生产总值44232元，按当年汇率折算达到6475美元。经济结构进一步优化。三次产业增加值比例调整为6.4∶54.1∶39.5。先进制造业水平提升，全年实现高新技术产业产值21987亿元，增长19.5%，占规模以上工业比重达30%，比2008年提高1.5个百分点。服务业特别是现代服务业增长加快、比重上升，实现服务业增加值13555.6亿元，比2008年增长13.6%，占GDP比重39.8%，提高1.1个百分点。新兴行业加快发展，新能源、新医药、新材料、环保产业产值，分别增长66%、30%、22%和21%，软件业销售收入增长35.7%，服务外包执行总额增长177%。

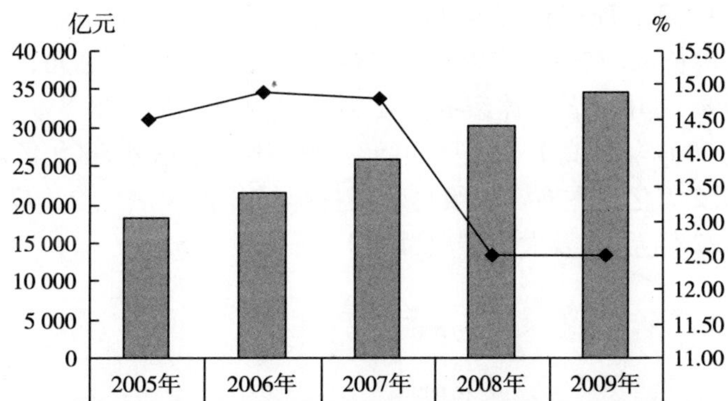

	2005年	2006年	2007年	2008年	2009年
地区生产总值(亿元)	18 272	21 548	25 741	30 312.6	34 457.3
增幅(%)	14.5	14.9	14.8	12.5	12.5

图3－1　2005～2009年江苏省地区生产总值及增长速度

2. 财政收入稳步回升

2009年同口径财政总收入达到8404.9亿元（不含海关代征两税和关税等），比2008年增长18.2%，增幅分别比上半年、前三季度提高13.6个和8.3个百分点。其中：地方财政一般预算收入3228.8亿元，增收497.4亿元，增长18.2%；基金收入1778.9亿元，增长35.2%。

财政支出结构优化。一般预算支出3955.5亿元，增支708亿元，可比增长18.1%；基金预算支

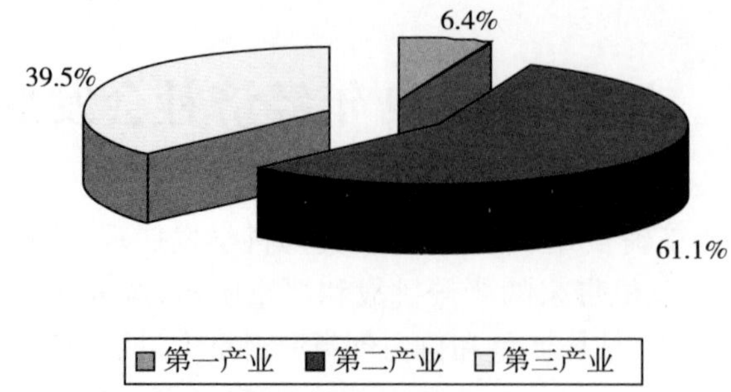

图 3－2　2009 年江苏省三次产业结构图

出 1684. 5 亿元，增支 377. 8 亿元，增长 28. 9%。全年教育支出 675. 9 亿元，可比增长 18. 4%；一般公共服务支出 569. 9 亿元，增长 10. 3%；公共安全支出 282. 5 亿元，增长 11. 7%；社会保障和就业支出 287. 7 亿元，增长 24. 3%。城乡社区事务支出 455. 6 亿元，科学技术支出 110. 4 亿元，环境保护支出 140. 9 亿元，分别增长 25. 9%、20. 6% 和 48%。

3. 物价水平年内小幅上升

全年居民消费价格下降 0. 4%，降幅比上半年收窄 1. 3 个百分点。食品价格上涨 0. 9%，其中猪肉下降 19. 4%、油脂下降 24. 3%、鲜蛋上涨 0. 6%、禽上涨 1. 3%、鲜菜上涨 18. 1%。原材料、燃料、动力购进价格下降 8. 1%，其中燃料动力类下降 12. 0%、黑色金属材料类下降 11. 3%、有色金属和电线类下降 14. 1%、化工原料类下降 11. 0%、建筑材料及非金属类下降 0. 6%。工业品出厂价格下降 4. 8%。农业生产资料价格下降 2. 4%。

4. 固定资产投资增速较快

全年完成全社会固定资产投资 18751. 6 亿元，增长 24. 5%；城镇固定资产投资 14122. 6 亿元，增长 24. 2%；农村固定资产投资 4629 亿元，增长 25. 4%。在全社会投资中：国有及国有控股投资 4349. 5 亿元，增长 46. 7%；外商以及港澳台经济投资 2655. 9 亿元，下降 6. 5%；民间投资 11746. 2 亿元，增长 26. 9%，其中私营个体经济投资 6791. 4 亿元，增长 28. 8%。民间投资占全社会投资的比重达 62. 6%，比 2008 年提高 1. 1 个百分点。2009 年实施总额 3000 亿元的政府性投资计划，引导带动全社会投资 1. 2 万亿元左右。省级财政安排保增长促发展资金 277 亿元。争取中央扩内需新增投资共四批 65. 27 亿元，涉及大中型项目 711 个，总投资 857 亿元。

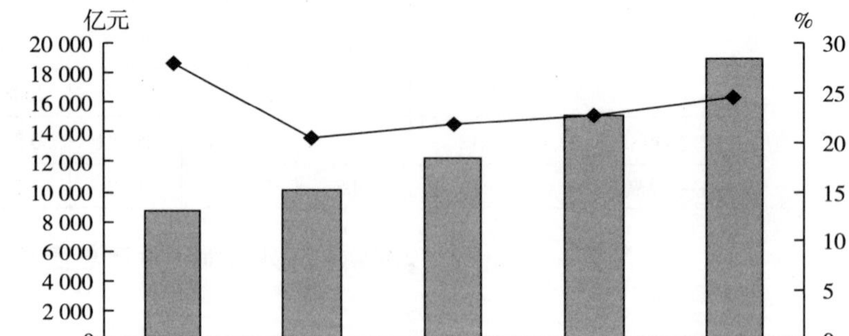

	2005年	2006年	2007年	2008年	2009年
固定资产投资总额(单位：亿元)	8 739.7	10 063.65	12 270.6	15 061.5	18 949.88
增幅（%）	28	20.3	21.8	22.7	24.5

图 3－3　2005～2009 年江苏省全社会固定资产投资及增长幅度

投资结构优化。在城镇固定资产投资中：第一产业投资44.5亿元，比2008年增长82.4%；第二产业投资6689.1亿元，增长21.5%；第三产业投资7389亿元，增长26.5%。工业投资6603.6亿元，增长21.4%。其中：制造业投资5999.4亿元，增长22%；高新技术产业投资1493.3亿元，增长8.6%，占工业投资的比重达22.6%。主要工业行业投资中，化学原料及化学制品制造业639.7亿元，专用设备制造业410亿元，通用设备制造业641.49亿元，交通运输设备制造业572.8亿元，电气机械及器材制造业508.4亿元，分别增长12.5%、42.7%、36.6%、30.5%和32.1%。第三产业投资中：房地产开发投资3338.6亿元，增长9%；交通运输仓储和邮政业投资841.2亿元，增长33%；水利、环境和公共设施管理业投资1225.2亿元，增长64.2%；科学研究、技术服务和地质勘察业投资98亿元，增长68%；文化、体育和娱乐业投资122.8亿元，增长53.6%。加快发展现代服务业，服务业增加值13556亿元，占地区生产总值比重提高1.1个百分点。

重点项目推进力度加大。积极贯彻落实中央扩内需保增长的政策，增强投资消费拉动，着力扩大有效投入，京沪高速铁路江苏段、沪宁城际铁路、宁杭城际铁路、南京铁路枢纽、泰州大桥、连云港30万吨级航道和矿石码头、太仓港集装箱码头三期、通榆河北延、南水北调东线一期等一批重大基础设施项目进展顺利。年末发电装机容量达5650.3万千瓦，新增208.4万千瓦。无锡海力士三期、昆山龙飞高世代线、南通熔盛海洋工程装备、淮安富士康三期等项目加快建设，南京扬巴二期扩建、常州新誉风电整机、镇江二重出海口基地、扬州特种钢管等项目顺利开工。

5. 区域发展格局进一步改善

进一步加强区域分类指导，推进苏南加快转型升级，巩固苏中、苏北快速发展局面，苏中、苏北对全省经济增长的贡献份额达到42.3%，同比提高2.9个百分点。南北共建开发区稳步推进。全面实施沿海地区发展规划，加快港口等重大基础设施建设，在国内外举办系列招商活动，推进重大产业项目落户。

（二）农林牧渔业

2009年继续推动农业农村持续发展。连续6年保持粮食增产、农业增效、农民增收、农村稳定的好形势。省级财政对“三农”投入427亿元，比2008年增加50亿元。粮食总产量达到3236亿公斤，为2000年以来最好水平。

农业生产形势较好。全年总产量达3230.1万吨，比2008年增加54.6万吨，增长1.7%。其中：夏粮1103.2万吨，增长0.8%；秋粮2126.9万吨，增长2.2%。农作物种植结构有所调整。全年粮食面积为527.2万公顷，比2008年增加0.5万公顷；棉花面积为25.2万公顷，减少4.8万公顷；油料面积59.3万公顷，增加2.6万公顷；蔬菜面积114.8万公顷，增长5.0%。新增高效农业面积19.1万公顷，占耕地面积的比重提高到30%以上。农产品优质化水平提升，优质小麦、水稻比重继续提高，油菜全部实现优质化。

林牧渔业稳定发展。全年造林面积12.1万公顷。全年肉类总产量348.1万吨，比2008年增长6.3%。其中：猪牛羊肉产量216.7万吨，增长5.8%；禽肉产量120.4万吨，增长6.7%。禽蛋总产量185.2万吨，增长7.6%。牛奶总产量55.4万吨，下降9.3%。全年水产品总产量443.2万吨，增长4.3%，其中淡水产品312.7万吨、海水产品130.5万吨，分别增长4.3%和4.2%。

全面落实强农惠农政策，加大支农投入力度。全省农田有效灌溉面积达382万公顷，新增节水灌溉面积7.7万公顷；年末全省农业机械总动力3810万千瓦，比2008年末增长4.9%。

（三）工业和建筑业

2009年江苏省进一步推进产业优化升级，制定和落实11个重点产业调整振兴规划和配套政策，提出加快工业经济优化升级的实施意见，设立调整振兴专项资金 20 亿元。规模以上工业增加值完成 16727 亿元，增长 14.6%，其中民营工业增加值完成 8289 亿元，占 49.6%。营业收入超百亿元的企业超过 100 家。高新技术产业占规模以上工业比重提高 1.5 个百分点，达到 30%。

工业生产稳步向好。规模以上工业企业完成增加值 16727.1 亿元，比 2008 年增长 14.6%，其中，轻、重工业增加值，各为 4828.7 亿元、11898.4 亿元，分别增长 11.8% 和 15.7%。国有工业增加值 1071.5 亿元，增长 2.6%；集体工业增加值 263.5 亿元，增长 10.9%；股份制工业增加值 7752.2 亿元，增长 17.4%；外商港澳台投资工业增加值 6658.9 亿元，增长 12.7%。在规模以上工业中：国有控股工业增加值 1921.2 亿元，增长 6.1%；私营工业增加值 5623.6 亿元，增长 19.7%。

企业效益逐步回升。规模以上工业企业实现主营业务收入 71181.3 亿元，比 2008 年增长 11.4%，增幅分别比上半年、前三季度提高 5.4 个和 4.1 个百分点；实现利税 6448.1 亿元，增长 21.2%，增幅比上半年、前三季度提高 19.4 个和 11.7 个百分点；其中利润 3865.4 亿元，增长 24.3%，增幅比上半年、前三季度提高 28.1 个和 17.1 个百分点，呈现利润增幅高于利税增幅、利税增幅高于销售增幅的良好发展态势。企业亏损面 11.7%，比 2008 年末下降 1.7 个百分点；亏损企业亏损额 290.3 亿元，下降 32.8%。工业经济效益综合指数为 224.0，提高 12.5 个百分点。

先进制造业保持较快发展。在规模以上工业中：交通运输设备制造业产值 4857.9 亿元，比 2008 年增长 36.7%；医药制造业产值 1079.2 亿元，增长 27.3%；专用设备制造业产值 2321.6 亿元，增长 20.5%；电气机械及器材制造业产值 6517.4 亿元，增长 14.6%；通用设备制造业产值 4902.8 亿元，增长 13.4%；通信设备、计算机及其他电子设备制造业产值 10273.1 亿元，增长 8.4%。产品结构继续优化，实现工业新产品产值 6182.5 亿元，比 2008 年增长 11.2%；在列入统计的 75 种主要工业产品中，保持增长的有 46 种，下降的有 29 种。

建筑业蓬勃发展。全省建筑企业实现利税总额 755 亿元，比 2008 年增长 21%。全年共完成建筑业总产值 10181.3 亿元，增长 18.4%；竣工产值 7637 亿元，增长 12.8%，竣工率达 75%；建筑业劳动生产率为 16.8 万元/人，下降 3.6%。建筑业总产值突破 1 万亿元大关，同比增长 15%左右，成为全国第一个建筑业总产值突破万亿元的省份。建筑业的持续高速发展，解决了 500 多万农民工的就业问题，对全省农民人均纯收入的贡献超过 20%。建筑业企业房屋建筑施工面积 98494 万平方米，增长 8.9%；房屋建筑竣工面积 22882.1 万平方米，下降 43.8%，其中住宅竣工面积 14530.8 万平方米，下降 42.3%。

（四）服务业

1. 国内贸易

消费品市场平稳较快增长。全年实现社会消费品零售总额 11484.1 亿元，比 2008 年增长 18.9%。城乡市场均保持良好增长。城市消费品市场实现零售额 8471.5 亿元，增长 19.0%；县及县以下消费品市场实现零售额 3012.6 亿元，增长 18.4%。分行业看，批发和零售业零售额 9892.4 亿元，增长 18.3%；住宿和餐饮业零售额 1485.3 亿元，增长 22.5%；其他行业零售额 106.4 亿元，增长 19.6%。限额以上批发和零售企业经营状况良好，全年实现商品销售 14707.2 亿元，比 2008 年增长 38.6%，其中批发业 10616.4 亿元，零售业 4090.8 亿元，分别增长 38.8% 和 38.1%。受汽车下乡、税费减免、以旧换新等利好政策推动，汽车销售持续快速增长，全年实现零售额 1128.0 亿元，增长 36.3%，占限上贸易企业零售额的 27.9%。

2. 交通运输、邮政电信业

交通运输业稳步增长。全年完成旅客运输量、货物运输量分别比 2008 年增长 9.5% 和 9.2%，旅客周转量、货物周转量增长 8.1% 和 8.5%。完成港口货物吞吐量 13.3 亿吨，增长 14.2%，其中外

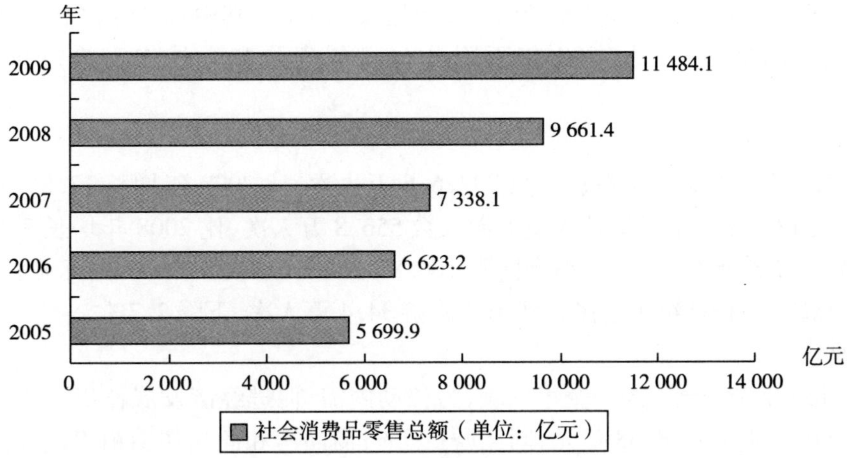

图3－4　2005～2009年江苏省社会消费品零售总额

贸货物吞吐量2.0亿吨，增长24.5%。港口货物吞吐量中，集装箱吞吐量达878.0万标准集装箱，增长3.1%。年末全省公路里程14.2万公里、新增1071.1公里，年末高速公路里程3755公里。铁路营业里程1642.1公里，铁路正线延展长度2381.8公里。年末民用汽车保有量458.1万辆，净增84.9万辆，分别增长22.8%和97.5%。年末私人汽车保有量338.2万辆，净增74.9万辆，分别增长28.5%和106%。其中私人轿车保有量216.5万辆，净增56.4万辆，分别增长35.2%和59.3%。

邮政电信业保持较快增长。全年邮政电信业务总量1812.4亿元，比2008年增长14%。其中邮政业务总量153.6亿元，电信业务总量1658.8亿元，分别增长20.0%和13.4%。邮政电信业务收入737.2亿元，比2008年增长7.4%。其中邮政业务收入93.3亿元、电信业务收入643.9亿元，分别增长24.2%和5.3%。年末局用交换机总容量4455.4万门。年末固定电话用户2662.4万户，减少306.1万户，其中：城市电话用户1694.4万户，乡村电话用户968万户。住宅电话用户1875.3万户，减少283.1万户。年末移动电话用户4918.4万户，净增961.5万户。全省电话普及率达98.8部/百人，比2008年增加7.9部/百人。长途光缆线路总长度3.2万公里，新增0.1万公里。年末互联网用户961.0万户，新增189.4万户。

3. 金融、证券和保险业

稳步推进金融体制改革，地方金融机构继续发展壮大，新型农村金融组织迅速发展。金融市场高位稳健运行。年末全省金融机构人民币存款余额比年初增加11804.5亿元，比2008年多增5236.6亿元；其中，居民储蓄存款增加3359.2亿元，少增347.1亿元；企业存款增加5690.8亿元，多增4317.7亿元。年末金融机构人民币贷款余额比年初增加9137.6亿元，比2008年多增4826.5亿元；其中短期贷款增加2559.2亿元，多增1136.4亿元。

证券市场运行平稳。年末全省境内上市公司由2008年末的117家增加到128家，在上海、深圳证券交易所筹集资金270.7亿元，其中首发融资92.6亿元，分别比2008年增加171.6亿元和65.2亿元。全年证券经营机构股票交易额72659.7亿元，比2008年增长94.6%；期货经营机构代理交易额91637.4亿元，比2008年增长69.4%。境内上市公司总股本658.5亿股，比2008年末增长11.8%；市价总值8874.4亿元，比2008年末增长151%。年末共有证券营业部252家，期货经纪公司营业部58家，证券投资咨询机构3家。

保险事业稳步增长。全年保费收入907.7亿元，比2008年增长17.1%。其中，财产险收入228.4亿元，寿险收入619.5亿元，分别增长26.1%、17.3%，健康险和意外伤害险收入59.9亿元，比

2008 年下降 9.5%。赔付额 273.5 亿元，比 2008 年增长 2.4%。其中：财产险赔付 127.4 亿元，增长 5.1%；寿险赔付 124.9 亿元，比 2008 年下降 3.6%；健康险和意外伤害险赔付 21.2 亿元，增长 28.9%。

4. 旅游业

旅游业稳定发展。全年国内旅游人数 29726.6 万人次，比 2008 年增长 13.8%；国内旅游收入 3449.5 亿元，增长 17.6%。全年境外入境旅游人数 556.8 万人次，比 2008 年增长 2.3%。其中外国人 396.1 万人次。与 2008 年持平；港澳台同胞 160.8 万人次，增长 8.5%。国际旅游外汇收入 40.2 亿美元，增长 3.5%。旅行社组织公民自费出境旅游 34.4 万人次，下降 2.7%。

5. 房地产业

房地产业、建筑业先于全省经济企稳回暖，为拉动内需、促进经济发展作出了贡献。2009 年，全省共完成房地产开发投资 3338.58 亿元，同比增长 9%；商品房和商品住宅销售面积分别为 9922.73 万平方米和 8775.69 万平方米，同比分别增长 83.3% 和 85.5%。房地产市场销售的回暖增长，成为拉动经济的重要增长点。

（六）开放型经济

1. 积极应对外需不足的严峻局面，对外贸易降幅不断收窄

全年进出口总额 3388.3 亿美元，比 2008 年下降 13.6%，降幅比上半年和前三季度分别收窄 11.6 个和 7.7 个百分点；其中，出口 1992.4 亿美元、下降 16.3%，进口 1395.9 亿美元、下降 9.5%，降幅比上半年分别收窄 8.5 个和 16.2 个百分点，比前三季度分别收窄 6.4 个和 9.9 个百分点。进出口总额占全国份额上升到 15.4%。

出口商品结构进一步优化，高技术含量产品出口增加。机电产品、高新技术产品出口额为 1387.6 亿美元和 928.4 亿美元，分别占出口总额的 69.6% 和 46.6%。其中计算机与通信技术出口 640.3 亿美元，占高新技术产品出口额的 69.0%。外商投资企业出口 1466.4 亿美元，占出口总额的 73.6%。私营企业出口比重增大，出口额为 311.8 亿美元，占出口总额的 15.6%。对欧盟、美国、日本、中国香港特别行政区出口逐步恢复，出口额分别为 493.1 亿美元、451.6 亿美元、195.7 亿美元和 142.2 亿美元；对东盟、韩国、中国台湾省等市场出口额分别为 166.8 亿美元、100.9 亿美元和 49.0 亿美元；对俄罗斯、拉丁美洲、非洲出口额，分别为 17.8 亿美元、90.2 亿美元和 47.4 亿美元。

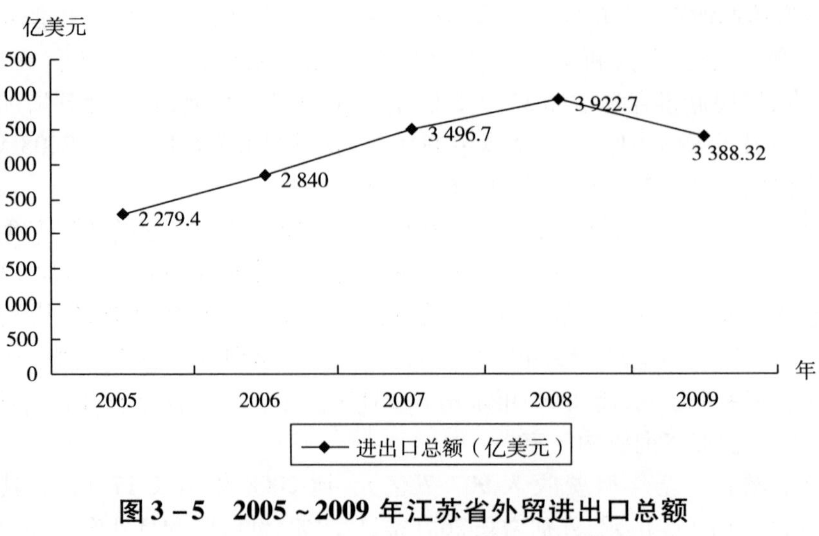

图 3－5　2005～2009 年江苏省外贸进出口总额

2. 招商选资力度加大，利用外资结构不断改善

全年新批外商投资企业4219家，新批协议外资509.8亿美元；实际外商直接投资253.2亿美元，增长0.8%。新批及净增资3000万美元以上的大项目434个。全年服务业新批外商直接投资项目1352个，协议注册外资136.9亿美元，实际到账外资66.4亿美元，增长7.4%。开发区建设取得新进展。全省开发区完成进出口总额2600.2亿美元，其中出口总额1477.5亿美元，分别占全省总量的76.7%和74.1%；实际到账注册外资额190.7亿美元，占全省总量的75.3%。

3. 企业“走出去”步伐加快，境外投资较快增长

全年新签对外承包工程和劳务合作合同额50.3亿美元，增长3.0%；完成营业额50.8亿美元，增长10.4%。全年新批境外投资项目332个，增长43.1%，中方协议投资10.6亿美元，增长67.6%。

4. 民营经济发展加快

2009年末全省工商部门登记的私营企业达91.2万户，比2008年增长11.7%，注册资本20136.7亿元，增长28.1%；工商部门登记的个体户261.4万户。非公有制经济进一步发展，实现增加值在地区生产总值中的份额达64.1%，其中私营个体经济比重为39.4%，分别提高0.9个和2.3个百分点。

5. 各类开发园区创新发展

泰州医药高新区、扬州经济开发区升格为国家级开发区。与新加坡合作的苏通科技产业园建设正式起步。苏台、苏港合作进一步深化，台湾江苏周等活动取得丰硕成果。

二、2009年江苏省社会发展概况

（一）人口、人民生活

人口总量保持增长。年末全省常住人口7724.5万人，比2008年末增加48.0万人。全年人口出生率9.55‰，比2008年上升0.21个千分点；人口死亡率6.99‰，下降0.05个千分点；人口自然增长率2.56‰，上升0.26个千分点。

城乡居民收入稳定提高。根据对城镇住户的抽样调查，全年城镇居民人均可支配收入达20552元，比2008年增长10.0%，考虑物价因素，实际增长10.5%；人均消费性支出13153元，增长9.8%，其中食品支出占人均消费性支出的比重为36.3%。根据对农村住户的抽样调查，全年农村居民人均纯收入达8004元，比2008年增长8.8%，考虑物价因素，实际增长9.4%；人均生活消费支出5804元，增长8.9%，其中食品支出占人均生活消费支出的比重为39.2%。城乡居民居住条件进一步改善。城镇居民人均住房建筑面积为32.9平方米，农村居民人均住房使用面积为45.2平方米。以廉租房制度为重点、多渠道解决城市低收入家庭住房困难的政策体系全面建立，并取得一定成效。

（二）就业、社会保障

就业形势保持平稳。2009年江苏省实行更加积极的就业政策，出台一系列稳定和促进就业再就业的政策措施，克服金融危机带来的严重影响，推进城乡统筹就业，着力解决困难群众就业问题。年末全省城乡从业人员4674.6万人，比2008年末增加25.8万人。促进下岗失业人员再就业52万人，其中就业困难人员再就业18.1万人。城镇登记失业率为3.22%，城镇零就业家庭连续28个月保持动态为零。农村劳动力转移大力推进，新增农村劳动力转移31.1万人，返乡农民工基本实现就业。

社会保障水平进一步提高。2009年基本实现城乡居民最低生活保障和医疗保险全覆盖，城镇职工养老保险覆盖率稳定在95%以上。新型农村社会养老保险试点工作扎实推进。企业退休人员基

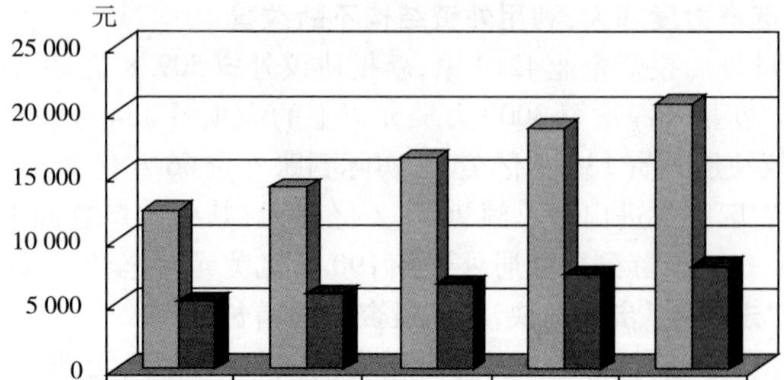

	2005年	2006年	2007年	2008年	2009年
城市居民人均可支配收入（元）	12 319	14 084	16 378	18 680	20 552
农民人均纯收入（元）	5 276	5 813	6 561	7 357	8 004

图 3－6　2005～2009 年江苏城乡居民收入对比一览

本养老金继续提高。城乡低保标准分别提高 9.3% 和 21.8%。80% 的县建有示范性养老机构，建成 57 所示范性残疾人托养机构。住房保障力度加大，新增廉租住房 1.33 万套，新开工建设经济适用住房 8.9 万套，发放廉租住房租赁补贴 5.1 万户，完成城市危旧房、棚户区改造 662 万平方米。450 万农村居民饮水安全问题得到改善，100 万人实现脱贫。2009 年，全省共新增廉租住房超过 1.33 万套，新开工经济适用住房 8.9 万套，发放廉租住房租赁补贴 5.1 万户，完成城市危旧房（棚户区）改造面积 662 万平方米，全部提前超额完成省政府确定的目标任务。深入实施脱贫攻坚工程，100 万贫困人口实现脱贫。

（三）科学技术和教育

1. 科学技术与创新

科技创新产出大幅度提升。全省科技进步贡献率为 52.3%。全年申请专利 17.4 件，比 2008 年增长 36.2%，其中发明专利 3.18 万件。授权专利 8.7 万件，增长 95.7%。企业成为专利申请主体，全省企业共申请专利 7.9 万件，占专利申请总数的 45.6%。全省有 51 项成果获国家科技奖，其中自然科学奖 4 项、技术发明奖 4 项、科技进步奖 43 项，有 195 项成果获省科技进步奖。全年共签订各类技术合同 1.4 万项，技术合同成交额达 113.3 亿元，比 2008 年增长 20.5%。

高新技术产业加快发展。深入实施高新技术产业“双倍增”计划，全年实现高新技术产业产值 21987 亿元，比 2008 年增长 19.5%。省级科技创新与成果转化专项资金增加到 21 亿元，组织实施省科技成果转化项目 135 个，项目总投入 185.7 亿元。全省高新技术企业达 5241 家，其中按国家新标准认定 2723 家。当年认定省级高新技术产品 3487 项，国家重点新产品 247 项，自主创新产品 235 项。已建国家级高新技术特色产业基地 68 个，其中当年新建 9 个。新建各类科技创业园和孵化器 200 家、省级以上科技平台超过 900 家。全省国家和省级高新技术产业开发区实现技工贸总收入 24229 亿元，比 2008 年增长 26.2%。大力培育战略性新兴产业，新能源和智能电网、新材料、生物技术和新医药、节能环保、软件和服务外包产业快速发展。无锡国家传感网创新示范区建设开始起步。

科技投入继续快速增长。全社会科技活动经费达 1300 亿元，比 2008 年增长 15%，研究与发展（R&D）活动经费 680 亿元，占地区生产总值的 2%，企业和区域创新能力明显提升。全省从事科技活动人员 58.9 万人，其中研究与发展（R&D）人员 22.3 万人。全省拥有中国科学院和中国工程院院士 92 人。高校和科研院所在科技创新中的作用日益增强。一批海内外高层次人才和创新创业团队落户江苏。各类科学研究与技术开发机构4950个，其中政府部门属独立研究与开发机构149个、高等院校属科研机构436个、大中型工业企业办科研机构2100个。已建国家和省级高技术研究重点实验室、重大研发机构、工程技术研究中心、科技公共服务平台1061个，比2008年增加520个，经国家认定企业技术中心37个。

质量检验不断加强。全省共有产品质量检验机构177个、国家检测中心25个；监督抽查产品263种，比2008年上升15%。共有产品质量、体系认证机构4个，完成强制性产品认证的企业7904个；法定计量技术机构175个，强制检定计量器具433.5万台件，下降34%；制定、修订地方标准241项。

2. 教育事业

教育事业全面发展。全省共有普通高校122所，普通高等教育招生42.98万人，在校生165.34万人，毕业生41.27万人。研究生教育招生4.02万人，在校研究生11.39万人，毕业生2.96万人。高等教育毛入学率达40%。全省中等职业教育在校生达到104.82万人（不含技工学校）。小学在校生巩固率达到99.75%，初中在校生巩固率达到98.56%，高中阶段教育毛入学率达到95%，基本普及高中阶段教育。初中毕业生升学率97.3%。小学学龄儿童入学率99.94%。特殊教育招生0.45万人，在校生3.09万人。幼儿园在园幼儿193.22万人。城乡免费义务教育全面实行，各级各类学校政府财政经费投入不断加大。

（四）文化、卫生和体育

1. 文化事业更加繁荣

全面推进文化体制改革，加快文化强省建设，国有经营性文化单位转企改制取得新突破。公共文化服务体系、文化市场体系建设取得新进展，文艺创作、广播影视、新闻出版和哲学社会科学事业取得新成绩。年末全省共有文化馆、群众艺术馆117个，公共图书馆108个，博物馆186个，档案馆168个，向社会开放档案345万卷（件、册）；共有广播电台14座、中短波广播发射台和转播台21座、电视台14座，广播综合人口覆盖率和电视综合人口覆盖率分别达99.99%和99.88%。有线电视用户1722.2万户，比2008年增长9.75%。生产故事影剧片14部。全年报纸出版27.12亿份，杂志出版11413万册，图书出版46470万册。

2. 卫生事业统筹推进

全省城市社区卫生机构覆盖率达到98%，农村三级卫生服务网络基本形成。新型农村合作医疗人口覆盖率达到95%以上，培训乡村卫生人员17185人。年末共有各类卫生机构13402个，其中医院、卫生院2556个，卫生防疫和防治机构216个，妇幼卫生保健机构105个。各类卫生机构拥有病床251773张，其中医院、卫生院病床234718张。共有卫生技术人员306456人，其中，执业医师、执业助理医师123166人，注册护士110567人，卫生防疫和防治机构卫生技术人员7545人，妇幼卫生机构卫生技术人员4999人。乡镇卫生院1415个，床位56416张，卫生技术人员63949人，乡村医生和卫生员70000人。积极推进医药卫生体制改革，基本药物制度启动实施。

3. 体育事业蓬勃发展

全省运动员在十一届全运会等重大国内、国际比赛中，有63.5人次获金牌、42人次获银牌、43人次获铜牌。

（五）城乡建设

1. 创新城乡规划工作思路，城乡规划体系构建全国领先

2009年，《江苏省城乡规划条例》已经过江苏省人大常委会一审。《江苏省城镇体系规划》修编正式开展。在城乡规划全覆盖的基础上，组织开展了新一轮规划期至2030年的城市总体规划修编。在全国率先启动了生态型工业园区规划建设。

2. 城乡基础设施建设投入力度加大，城乡居民生活环境质量进一步改善

2009年，全省城市道路、城乡统筹供水、污水和垃圾处理设施建设等累计投入超过1350亿元，同比增长超过60%。全省新增“中国人居环境奖”城市1个，新增“中国人居环境范例奖”项目3个，累计获得联合国人居奖和“中国人居环境奖”的城市和项目数均居全国前列。成功举办第六届江苏省园艺博览会。大力推进城乡统筹供水工程，苏中和苏北地区通水乡镇比例分别达到77%、33%。苏南城市饮水水质全面达到或优于国家《生活饮用水卫生标准》。全省城镇供水安全局势平稳，太湖流域城乡供水实现安全度夏。全省新增污水收集管网3500公里、污水日处理能力120万吨，城市污水处理率达85%以上。新建燃气管道2000公里、新增天然气用户20万户。新增垃圾无害化处理能力4000吨/日，城市(含县城)生活垃圾无害化处理率达83%。在全国率先开展了村庄生活污水治理适宜技术研究，在试点示范基础上，归纳梳理出9类相对稳定并符合江苏省实际的处理技术予以重点推广。全省累计建成村庄污水处理设施2172个，完成201个省级村庄环境整治示范，村庄环境整治呈现由点到面的新局面。

城市化和城市现代化水平稳步提高，年末城市化率达55.6%，比2008年提高1.3个百分点。

3. 新农村建设持成效显著，城乡统筹发展水平不断提高

2009年，江苏省委、省政府确定了“保供给、促增收、强基础、重民生”的农业农村发展总目标，并全面启动了农村人才工程、农民健康工程、为农服务工程、农村文化工程、农村环境工程、脱贫攻坚工程等新一轮农村六件实事工程，新农村建设呈现出新气象，农村生产生活条件进一步改善，全省行政村基本实现通电、通公路、通公交、通自来水、通电话、通有线电视、通宽带网。农民专业合作组织蓬勃发展，累计入社农户达541万户，占全省农户总数的36%。

2009年，江苏农村人均纯收入达到8004元，城乡居民收入比为2.5∶1，是全国城乡差别最小的省份。苏州等地通过“双置换”农民身份转为市民，在教育、就业、医保等方面享有同等的权利，实现了就地、就近城市化，全省城市化率为55.6%。大力培育农民专业合作组织，认真搞好农村土地股份合作制改革试点。全省农村三大合作累计达27650家，社员541万户。建立健全农村土地市场流转新机制，全省新增土地流转面积500万亩(33.333万公顷)，累计达1420万亩(94.666万公顷)，占农户家庭承包面积的28%。推进农业适度规模经营，全省农业适度规模经营面积累计达到2696万亩(179.733万公顷)，占全省耕地总面积的37.8%。积极实施“万项良田建设工程”试点，全省耕地占补平衡工作以总分97.06分位列全国第二，基本农田保护工作受到国家表彰。

(六)环境保护和安全生产

1. 节能减排取得明显成效

大力推进资源节约型、环境友好型社会建设，实施重点节能减排项目，淘汰落后产能，深入开展化工生产企业专项整治，建成一批节能和循环经济重点工程。全年共实施1121个减排项目，关闭小火电组687.6万千瓦，淘汰落后炼铁能力245万吨、落后炼钢能力547.2万吨，分别完成“十一五”时期总目标的224.3%、51.1%和77.4%。预计超额完成单位GDP能耗降低率的年度目标。化学需氧量、二氧化硫排放量分别削减3.1%和4.1%，累计完成“十一五”时期减排总目标的98.93%和121.1%。

2. 环保工作取得新进展

2009年末全省设立自然保护区31个，其中国家级自然保护区3个，自然保护区面积56.69万公顷。加强太湖、淮河流域水污染防治，太湖水质进一步改善，饮用水安全保障和湖泛防控取得积极成效。工业废水排放总量25.86亿吨，工业废气排放总量26400.5亿标立方米，工业粉尘排放量20.15万吨，空气质量监测达到二级标准的城市11个。植树造林156万亩（10.40万公顷），森林覆盖率提高1个百分点。

安全生产事故下降。事故起数和死亡人数实现“双下降”，全年发生各类事故20225起，死亡5870人，同比事故起数下降12.24%，死亡人数下降1.84%。亿元GDP生产安全事故死亡人数为0.168人，下降12.04%。

三、挑战与目标

在肯定成绩的同时应清醒地看到，江苏省经济社会发展中还存在许多困难和问题。一是扩大需求存在较大制约，外部需求恢复艰难，民间投资跟进有待进一步加快，城乡居民消费后劲有待进一步增强。二是推进经济发展方式转变难度增大，资源和环境约束日益突出，增强自主创新能力、优化产业结构、促进制造业向高端环节攀升任务艰巨。三是农民持续增收难度加大，农民就业创业技能需要继续提升。四是财税增支减收因素影响仍将持续，财政收支平衡面临较大压力。五是就业结构性矛盾较为突出，解决重点人群就业任务繁重。此外，物价上涨压力加大，食品药品安全、市场监管和安全生产方面存在许多薄弱环节，改善民生和社会建设方面还有不少亟待解决的问题，维护社会稳定面临新的情况。政府服务效能有待提高，勤政廉政建设有待加强。对此，必须高度重视，切实采取措施加以解决。

2010年经济社会发展的主要预期目标是：地区生产总值增长10%，地方一般预算收入增长10%，全社会固定资产投资增长18%，社会消费品零售总额增长17%，外贸进出口总额增长5%以上，研发投入占地区生产总值比重达到2%以上，万元地区生产总值能耗下降4%左右，化学需氧量、二氧化硫排放量分别削减3%和2.2%，城镇居民人均可支配收入增长10%，农村居民人均纯收入增长9%左右，居民消费价格涨幅3%左右，城镇登记失业率控制在4%以内，人口自然增长率控制在4‰以内。上述主要预期目标，是江苏省政府综合考虑各方面因素，根据需要和可能提出的。地区生产总值增幅与2009年持平，目的是引导各地把工作重点放到调整经济结构、转变发展方式、提高经济增长质量和效益上来。2010年首次把研发投入占地区生产总值比重列入经济社会发展预期目标，目的是引导各市尽快走上创新驱动的发展轨道。

区域

一　南京市2009年经济社会发展报告

2009年是南京经济社会发展历史上很不平凡、充满挑战的一年。全市人民团结一致，努力拼搏，坚持以科学发展观为统领，积极应对复杂多变的宏观经济形势，千方百计保增长、促转型，着力调高、调轻、调优产业结构，较好完成了预定的目标任务。

一、2009年南京市经济发展概况

（一）综合经济

1. 国民经济持续发展

2009年全市实现生产总值4230.26亿元，按可比价格计算，比2008年增长11.5%。第一产业实现增加值129.18亿元，增长4.1%；第二产业实现增加值1930.67亿元，增长10.1%，其中工业增加值1640.53亿元，增长9.3%；第三产业实现增加值2170.42亿元，增长13.5%。在全市生产总值中，非公经济实现的增加值占全市经济的比重达到47.6%，民营经济增加值占全市经济的比重达到35.9%。

人均地区生产总值（按常住人口计算）达到55290元，按可比价格计算，比2008年增长9.5%。三次产业结构由2008年的3.1∶46.4∶50.5，调整为3.1∶45.6∶51.3。

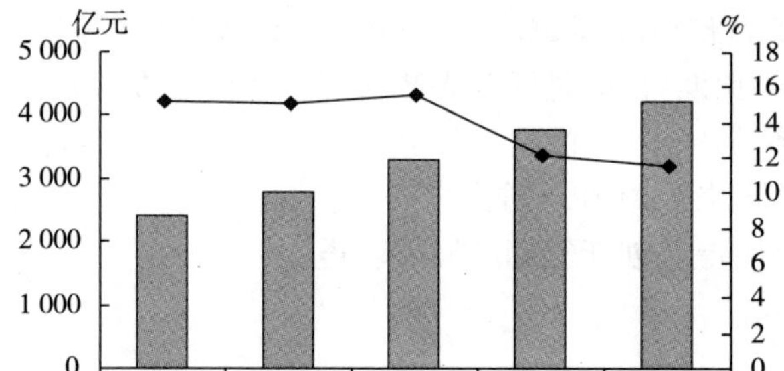

	2005年	2006年	2007年	2008年	2009年
地区生产总值(亿元)	2 411	2 774	3 284	3 775	4 230.26
增幅(%)	15.2	15.1	15.6	12.1	11.5

图3-7　2005~2009年南京市地区生产总值及增长速度

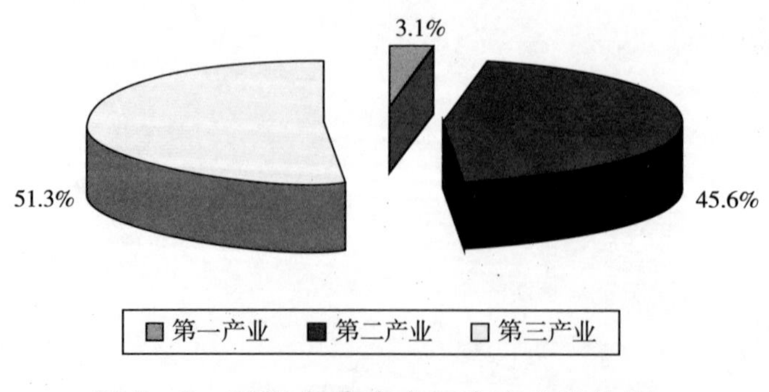

图3-8　2009年南京市三次产业结构图

2. 财政收入增长平缓

2009年全市实现财政总收入901.15亿元，比2008年同口径增长21.4%。其中，地方一般预算收入434.51亿元，增长12.4%。

全年地方财政一般预算支出461.31亿元，比2008年增长14.0%。其中：教育支出64.13亿元，增长10.4%；科学技术支出13.78亿元，增长45.4%；社会保障和就业支出36.84亿元，增长18.5%。

2009年完成各项税费收入1158.67亿元，比2008年增长18.2%。其中，国税征收完成621.39亿元，地税征收完成493.3亿元，财政征收完成43.98亿元。在各项税收中，外商投资企业、私营企业分别完成203.77亿元和102.76亿元，分别增长15.1%和16.2%。

3. 价格水平基本平稳

2009年全市居民消费价格指数为100.1，比2008年上升0.1%。构成消费价格的八大类指数"五升三降"。其中：食品类、烟酒及用品类、衣着类、医疗保健和个人用品类、家庭设备用品及维修服务类升幅，分别为2.1%、2.6%、0.5%、0.5%和6.6%；交通和通信类、娱乐教育文化用品及服务类、居住类的降幅，分别为3.1%、3.5%和1.1%。

2009年全市工业品出厂价格指数为90.8，比2008年下降9.2%。其中：轻工业价格指数为94.1，重工业价格指数为88.7，分别下降5.9%和11.3%；生产资料价格指数为89.1，下降10.9%；生活资料价格指数为100.1，上升0.1%。

表3-1　2009年居民消费和商品零售价格指数

指标名称	本年累计(2008年同期=100)
居民消费价格总指数	100.1
一、食品	102.1
二、烟酒及用品	102.6
三、衣着	100.5
四、家庭设备用品及维修服务	106.6
五、医疗保健和个人用品	100.5
六、交通和通信	96.9
七、娱乐教育文化用品及服务	96.5
八、居住	98.9
商品零售价格总指数	98.7

4. 固定资产投资增幅加快

2009年全市完成全社会固定资产投资2668.03亿元，比2008年增长23.9%。

从产业结构看：第一产业完成投资12.24亿元，比2008年下降1.5%；第二产业完成投资1311.31亿元，增长20.4%，其中工业投入1300.40亿元，增长20.3%；第三产业完成投资1344.48亿元，增长27.7%。民间投资大幅增长，完成投资1365.94亿元，增长32.5%，占全社会固定资产投资的比重达到51.2%。

从所有制结构看，国有经济完成投资972.32亿元，比2008年增长26.3%；非国有经济完成投资1695.71亿元，增长22.5%，其中，外商及港澳台经济完成投资329.77亿元、下降6.7%，私营和个体经济完成投资837.75亿元、增长48.5%。

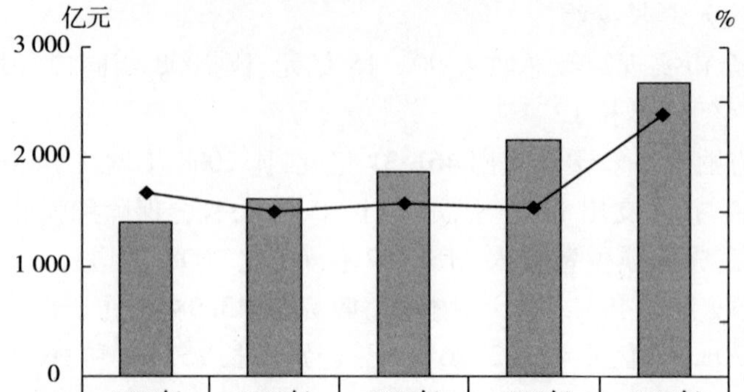

	2005年	2006年	2007年	2008年	2009年
固定资产投资总额(单位：亿元)	1 402.72	1 612.55	1 867.96	2 154.17	2 668.03
增幅（%）	16.7	15	15.8	15.3	23.9

图 3－9　2005～2009 年南京市全社会固定资产投资及增长幅度

表 3－2　2008 年南京市县区主要经济指标

区县	地区生产总值(亿元)	地方财政一般预算收入(亿元)	城镇固定资产投资(亿元)	出口总额(亿美元)	社会消费品零售总额(亿元)
市辖区					
浦口区	270.43	39.46	254.03	8.41	79.52
栖霞区	385.16	29.21	230.97	32.76	66.27
雨花区	162.01	16.87	101.19	1.48	90.92
江宁区	533.74	71.60	397.45	24.08	141.77
六合区	519.68	27.66	273.87	3.47	125.10
郊县					
溧水县	199.37	14.42	101.81	2.44	56.31
高淳县	205.14	10.67	43.11	1.95	65.05

（二）农业

2009 年，全市农林牧渔及农林牧渔服务业实现总产值 223.66 亿元，比 2008 年(现价，下同)增长 6.7%。其中：农业产值 122.81 亿元，增长 13.2%；林业产值 3.05 亿元，增长 9.6%；牧业产值 38.70 亿元，下降 10.0%；渔业产值 47.71 亿元，增长 7.3%；农林牧渔服务业产值 11.39 亿元，增长 5.1%。

2009 年粮食总产量 110.69 万吨，比 2008 年下降 3.3%。其中：小麦产量 20.52 万吨，下降 3.7%；水稻产量 79.54 万吨，下降 3.4%。油料总产量 13.41 万吨，比 2008 年增长 0.6%。其中：油菜子 12.52 万吨，增长 0.8%。蔬菜总产量 265.27 万吨，比 2008 年下降 1.6%。

2009 年水产品产量 20.27 万吨，比 2008 年增长 0.7%。肉类总产量 12.66 万吨，比 2008 年下降 4.2%。禽蛋总产量 7.75 万吨，下降 7.0%。全年牛奶总产量 8.65 万吨，下降 13.3%。

2009 年全市高效蔬菜面积达 52 万亩，比 2008 年增长 5.4%；高效茶园面积 9.5 万亩，增长 5.0%；高效果品面积(含高效果用瓜面积)13.3 万亩，增长 4.9%；高效渔业面积 27.8 万亩，增长 3.5%。截至 2009 年年末，设施农业面积达到 32.29 万亩，当年新增 5.49 万亩。

年末全市累计通过省级认定的无公害农产品达287个(当年新增36个),有效使用绿色食品标志产品个数153个,有机食品基地80个(当年新增19个)。累计通过省级认定的无公害农产品生产基地总面积达189.01万亩(当年新增0.61万亩)。

(三)工业

2009年全市完成工业增加值1640.53亿元,按可比价格计算,比2008年增长9.3%。全市规模以上工业完成总产值6756.15亿元,增长3.0%;其中,轻工业总产值1184.82亿元,增长6.9%,快于重工业增幅4.7个百分点,轻重工业比调整为17.5:82.5。

在规模以上工业企业中:股份制企业实现工业总产值2953.30亿元,比2008年增长6.6%;外商及港澳台投资企业2573.52亿元,增长1.1%;私营企业1096.97亿元,增长16.5%;国有企业975.55亿元,下降4.0%;集体企业83.29亿元,增长1.2%。2009年,全市大中型企业实现工业总产值4324.78亿元,下降5.6%。

2009年,全市规模以上工业完成新产品产值827.56亿元,比2008年增长3.8%,新产品产值率达12.2%。

表3-3　2009年南京市县区工业总产值　单位:亿元

区县	工业总产值
南京市	6799.77
浦口区	591.44
栖霞区	1862.75
雨花区	342.79
江宁区	1090.24
六合区	1638.42
溧水县	364.86
高淳县	296.91

2009年,全市规模以上工业企业实现主营业务收入6674.49亿元,比2008年增长1.7%;工业产品产销率98.5%;实现利税698.44亿元,增长84.1%;实现利润318.34亿元,增长148.2%。工业产品出口交货值795.99亿元,比2008年下降30.8%,占工业销售产值的比重为12.0%。全市有出口交货值的规模以上工业企业达到507家,超过亿元的有97家。

全年工业用电量达到223.75亿千瓦小时,比2008年增长7.7%,占全社会用电量的比重达到66.4%。

表3-4　2009年主要工业产品产量

产品名称	计量单位	产品产量	比2008年增长(±%)
粗钢	万吨	950.65	12.7
生铁	万吨	949.42	17.0
成品钢材	万吨	997.74	11.2

续表

产品名称	计量单位	产品产量	比 2008 年增长(±%)
民用钢质船舶	总吨	2441800.00	65.2
原油加工量	万吨	2040.86	8.8
水泥	万吨	1036.43	-20.9
合成氨	万吨	31.71	43.5
纯苯	万吨	61.74	21.1
初级形态的塑料	万吨	170.32	5.1
硫酸	万吨	75.09	23.6
乙烯	万吨	141.60	5.1
化肥(折纯)	万吨	21.10	58.5
农药	万吨	6.97	33.0
汽车	万辆	23.93	103.3
摩托车	万辆	56.52	-30.0
烷基苯	万吨	12.55	19.0
卷烟	亿支	326.80	-5.2
彩色电视机	万台	119.52	-29.4
微型电子计算机	万台	24.33	7.9
发电量	亿千瓦小时	207.04	4.5

(四)服务业

1. 国内贸易

2009 年全市完成社会消费品零售总额 1961.58 亿元,比 2008 年增长 18.8%。其中:批发和零售业完成 1704.08 亿元,增长 18.8%;住宿和餐饮业完成 231.41 亿元,增长 18.6%。私营经济、个体经济和股份制经济完成零售额分别为 443.49 亿元、656.90 亿元和 205.54 亿元,分别增长 20.6%、18.6% 和 12.7%。

全年新建和升级改造郊县"万村千乡"连锁农家店 385 个;"家电下乡"全年销售额达 1.73 亿元,家电以旧换新实现销售额达到 7.21 亿元。

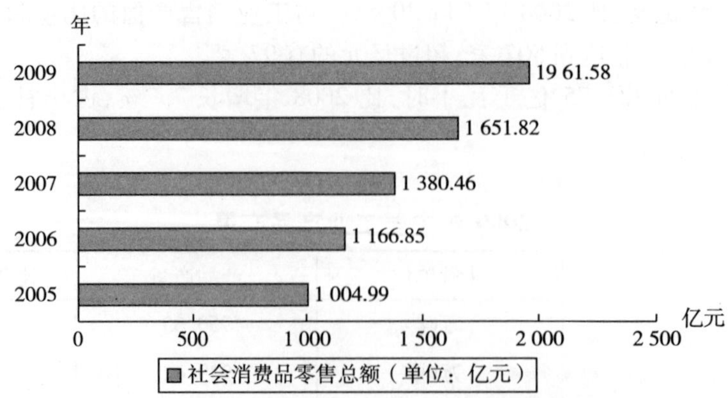

图 3-10　2005~2009 年南京市社会消费品零售总额

2. 交通运输

2009 年全市交通运输仓储业完成增加值 218. 17 亿元，按可比价计算，比 2008 年增长 10. 7%。

各种运输方式共完成客运周转量 290. 9 亿人公里，比 2008 年增长 8. 9%；完成货运周转量 2820. 36 亿吨公里，增长 52. 4%。

加快实施公交优先战略，全年新增和更新出租车 241 辆，出租车总数达到 10364 辆；新增和更新公交车 1200 辆，公交运营车辆总数达到 6201 辆。全市公交车运营数达到 7791 标台，其中地铁 300 标台。新增 2 条过江公交线路。

年末全市民用汽车保有量达到 67. 1 万辆，比 2008 年增长 23. 8%，其中本年新注册 13. 9 万辆，增长 51. 1%。年末私人汽车保有量 50. 2 万辆，增长 30. 4%，其中当年新注册 11. 3 万辆。年末私人轿车保有量为 36. 1 万辆，增长 33. 7%，其中当年新注册 8. 5 万辆。

3. 邮电通信

全市全年完成邮电通信业务总量 121. 72 亿元，比 2008 年增长 16. 4%。其中：电信业务总量 111. 83 亿元，增长 17. 2%；邮政业务总量 9. 89 亿元，增长 7. 9%。邮电业务收入 93. 34 亿元，增长 5. 4%。其中，电信业务收入 87. 26 亿元，邮政业务收入 6. 08 亿元，分别增长 7. 3% 和下降 16. 4%。年末拥有移动电话用户 801. 06 万户，新增 163. 05 万户；全年固定电话用户为 300. 1 万户，比 2008 年减少 18. 95 万户；年末住宅电话用户 183. 1 万户，比 2008 年减少 20. 04 万户。电话交换机总容量达 557. 05 万门。计算机互联网用户达 142. 07 万户，比 2008 年增长 32. 7%。其中，宽带用户达 138. 86 万户，增长 33. 6%。国际国内特快专递完成 608 万件，增长 20. 6%。

4. 旅游业

全年接待海内外旅游者 5633. 36 万人次，比 2008 年增长 10. 7%。其中：接待国内游客 5519. 91 万人次，增长 11. 1%；接待入境旅游者 113. 45 万人次，下降 5. 1%。国际旅游创汇 8. 37 亿美元，下降 4. 1%。全年经批准因私出国出境人数达 30. 36 万人次，增长 24. 4%。年末全市拥有旅游星级宾馆饭店 131 家。旅游 A 级景区 47 家。其中 5A 级景区 1 个、4A 级景区 9 个、3A 级旅游景区 12 个、2A 级旅游景区 25 个。各类旅行社 450 家，其中经营出境旅游业务的旅行社 16 家。

5. 金融和保险业

年末全市全辖金融机构本外币各项存款余额达 11088. 39 亿元，比年初增加 2500. 93 亿元，增长 29. 1%。其中，储蓄存款余额达 3125. 00 亿元，增长 21. 8%。全市金融机构本外币贷款余额 9444. 48 亿元，比年初增加 1946. 06 亿元，增长 26. 0%。

2009 年全市商业性保险保费收入 145. 98 亿元，比 2008 年增长 13. 3%。其中：人身险保费收入 107. 76 亿元，增长 10. 5%；非人身险保费收入 38. 22 亿元，增长 21. 9%。非人身险全年赔款支出 17. 99 亿元，增长 0. 2%。

6. 房地产业

2009 年全市完成房地产开发投资 595. 68 亿元，增长 17. 2%。全年实现商品房屋销售面积和销售额分别为 1187. 27 万平方米和 853. 07 亿元，比 2008 年分别增长 68. 8% 和 137. 4%。

（五）开放型经济

1. 对外贸易

2009 年全市实现进出口总额 337. 45 亿美元，比 2008 年下降 16. 9%。其中，出口完成 184. 59 亿美元，下降 21. 8%。在出口总额中，三资企业完成 64. 81 亿美元，下降 26. 5%，占全市出口额的比重为 35. 1%。对亚洲、欧洲、北美洲三大主体市场的出口额为 157. 78 亿美元，下降 22. 5%，占全市出口额的 85. 5%。全年对非洲和拉丁美洲的出口分别下降 6. 8% 和 26. 9%。

全市出口额超千万美元的企业有227家，出口额达154.5亿美元，比2008年下降19.4%，占全市出口总量的83.7%。

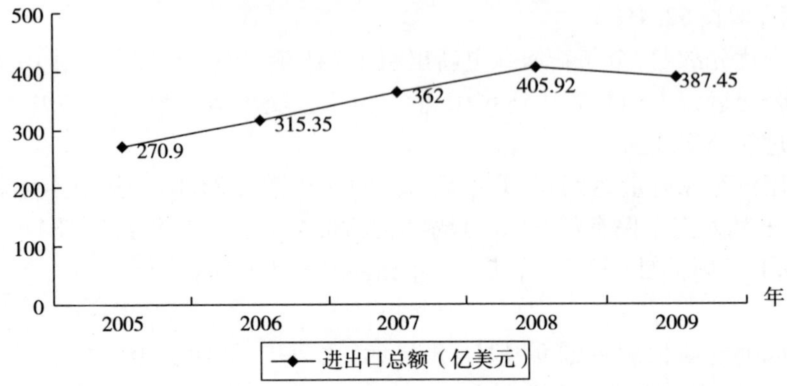

图3－11　2005～2009年南京市外贸进出口总额

2. 利用外资

2009年全市新批注册合同外资额45.59亿美元，比2008年增长15.5%；实际使用外资23.92亿美元，增长0.8%。全市12个省级以上开发区新批注册合同外资28.12亿美元，增长13.8%；实际使用外资15.03亿美元，增长0.9%。

表3－5　2009年南京市县区实际外商直接投资　　单位：亿美元

区县	实际外商直接投资
南京市	22.61
浦口区	2.63
栖霞区	3.61
雨花区	0.76
江宁区	6.01
六合区	3.14
溧水县	0.80
高淳县	0.21

3. 对外劳务

2009年新签对外承包劳务合作合同金额达11.50亿美元，比2008年增长10.9%；实际完成对外承包劳务营业额11.57亿美元，增长12.8%。期末在外劳务人数达5406人，下降10.7%。

二、2009年南京市社会发展概况

（一）人口、人民生活

2009年末全市户籍总人口为629.77万人，比2008年末增加5.31万人；其中，市区545.98万人，增加4.73万人。

年末全市常住人口771.31万人,比2008年末增加12.42万人;常住人口出生率和死亡率分别为8.86‰和6.88‰。

据抽样调查,2009年城市居民人均可支配收入25504元,比2008年增长10.3%。其中,居民工薪收入、经营净收入、财产性收入、转移性收入比2008年,分别增长8.4%、19.5%、19.1%和17.8%。城市居民人均消费支出为16339.1元,比2008年增长8.0%。

2009年农民人均纯收入9858元,比2008年增长10.1%。其中,工资性收入、家庭经营收入、财产性收入、转移性收入比2008年,分别增长11.9%、5.4%、11.6%和22.3%。农民人均生活消费支出为7587.7元,比2008年增长7.9%。

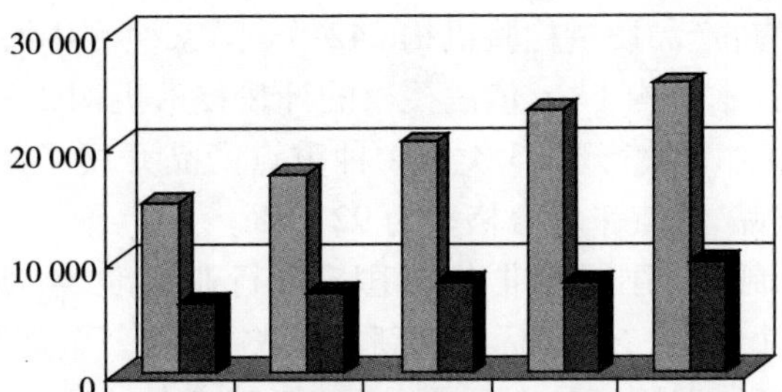

	2005年	2006年	2007年	2008年	2009年
城市居民人均可支配收入(元)	14 997.47	17 537.72	20 317	23 123	25 504
农村居民人均可支配收入(元)	6 225	7 045	8 020	7 951	9 858

图3-12　2005~2009年南京市城乡居民收入对比一览

(二)就业与社会保障

1.就业状况

2009年全市新增就业岗位19.96万个,农村劳动力转移就业人数6.2万人,援助困难人员再就业1.29万人。年末城镇登记失业率为3.02%,比2008年下降0.14个百分点。

2.社会保障状况

2009年全市城镇社会保险五大险种累计参保人数达到958.2万人次,其中养老、失业、医疗保险覆盖率均达到98%以上。养老、失业保险金发放标准分别提高到1540元、850元。全市纳入各类养老保险总人数达到409万人,其中新型农村养老保险120.33万人、城镇基本养老保险参保人数为188.32万人;城镇失业保险参保人数为180.23万人,领取失业保险金人数为2.57万人;全市城镇职工基本医疗保险参保人数达到250.18万人。8.01万名被征地农民进入社会保障。实施"慈善安居工程",筹资240万元,帮助全市300户农村无自救能力家庭进行危房改造。

2009年末全市福利类收养性单位拥有床位23037张,收养人员达16542人;其中,11个社会福利院拥有床位2415张,收养1931人。建立城镇各类社区服务设施2154处,区县街道级社区服务中心53个。全市城乡居民享受最低生活保障的有14.64万人。国家抚恤、补助各类优抚的对象1.03万人。

(三)科学技术和教育

1.科学与技术

2009年全市研究与发展活动经费支出占全市生产总值的比重约为3%。

全年全市共签订各类技术合同7951项。技术合同成交额为63.78亿元,增长6.4%。2009年度

国家科学技术奖励南京地区共有32项成果上榜，比2008年增加12项。其中：国家自然科学奖二等奖2项；国家技术发明奖二等奖4项；国家科技进步奖一等奖3项，二等奖23项。

年末全市共有各级工程技术研究中心数量146家，其中：国家级13家、省级96家、市级37家。省市科技公共服务平台78家，省级以上重点实验室48家。

2009年专利申请量达到14220件，比2008年增长21.6%。其中：发明专利申请量6461件，比2008年增长28.7%，占全年专利总申请量的45.4%；专利授权量6591件，增长36.9%。其中，发明专利授权量2039件，增长36.2%，占全年专利授权量的30.9%。

2009年全市引进农业新品种15个。累计建成农业科技示范园区6个，其中1个现代农业示范园区通过省级认定。实施国际科技合作项目37个，其中，国家级7个，省级11个，市级19个。

年末全市共有：产品质量检验机构242个，国家检测中心12个；产品质量、体系认证机构2个；依法设立的计量技术机构1个，依法授权的计量技术机构2个。

2009年对全市15大行业43类164种重点产品开展了质量监督检查，共计覆盖全市2626家企业的3983批次产品，抽查平均合格率为92.0%。

2009年全市制修订国际标准4项、国家和行业标准54项、地方标准20项。新建全国专业标准化技术委员会3个，新获"中国标准创新贡献奖"5项。全市共有国家、省、市名牌产品617个（中国名牌产品24个，江苏名牌产品181个、南京名牌产品412个），国家、省质量奖获奖企业累计29个（全国质量奖2个，江苏省质量奖27个）。

2009年软件产业"两园多基地"建设快速推进，成功举办第五届中国（南京）国际软件产品博览会。南京成为全国首个"中国软件名城"创建试点城市。

2009年末全市拥有中国科学院院士48人；拥有中国工程院院士33人。

2. 教育事业

2009年末拥有普通高等学校（不含部队院校）53所，在校学生77.34万人（含研究生8万人），比2008年增加4.84万人。拥有普通中学217所，在校学生26.11万人，减少1.16万人。拥有小学347所，在校学生28.32万人，减少0.24万人。全市拥有小班化教育的中小学130所。拥有幼儿园444所，在园儿童13.96万人。中等职业学校在校学生9.2万人，减少1.06万人。

初中毕业生升学率达98.75%。优质教育资源不断扩大，三星以上普通高中和省级以上重点职业类学校招生比例达招生总数的90%。

2009年全市有3.19万人被各类高校录取，录取率为85.2%。

全市高等教育自学考试报名20.04万人，报考课次45.49万门；国家非学历证书考试报名47.75万人；成人高考报名4.02万人。全年完成各级各类社会培训100万人次。

全市各类市属学校共有教职工7.09万人，其中专任教师5.62万人。

构建了全覆盖的政府助学体系，全年3.33万名幼儿及中小学生享受了"助学券"，共计减免学习费用1100万元。在城乡一体全面实行义务教育免费政策的基础上，继续向"低保"家庭和低收入纯农户家庭义务教育阶段学生发放"助学券"，受益人数达到2.37万人。全年共为4.05万名学生发放职业教育助学金近6000万元。基本实现在宁外来务工人员子女九年义务教育"全接纳"，人数达6.19万人，其中在公办学校就读的外来务工人员子女达到93.1%。义务教育阶段人口覆盖率继续保持在100%。

（四）文化、卫生与体育

1. 文化事业

2009年末拥有文化馆16个，公共图书馆18个，博物馆38个（全社会口径）。拥有广播电台2

座,中、短波广播发射台和转播台 2 座,电视台 2 座,1000 瓦以上电视发射台和转播台 14 座,广播人口覆盖率和电视人口覆盖率均达到 100%。有线电视数字化工程平稳进展,有线电视用户数 193.49 万户,有线电视入户率达到 94.1%。

年末拥有艺术表演团体 14 个。组织实施了送科技书籍、送戏、送电影下乡“三送”工程(“三送”统计范围为涉农 7 个区县),全年送图书下乡 3.69 万册、送电影 4539 场、送戏 437 场。组织对外文化交流 35 批次,涉及 17 个国家和地区。全市共开展广场文化活动 2149 场。举办了 2009(第四届)中国南京文化产业交易会。建国 60 周年暨南京解放 60 周年庆祝活动隆重开展。先后推出“公益系列交响音乐会”、“对外文化交流成果公益性系列演出”等文化展演。全市文艺工作者创作的多部文艺作品在省、国家获奖。全国第一部省会城市百科全书《南京百科全书》正式出版。南京云锦织造技艺、金陵刻经和南京剪纸成功入选《世界人类非物质文化遗产代表作名录》。

2. 卫生事业

年末全市拥有医疗卫生机构 1764 个。其中,医院、卫生院及社区卫生服务中心 305 个,卫生防疫和防治机构 27 个,妇幼卫生保健机构 14 个。各类卫生机构拥有病床 2.99 万张,其中医院病床 2.6 万张。现有卫生技术人员 4.46 万人,其中执业医师(包括助理医师)1.66 万人、注册护士 1.77 万人;拥有卫生防疫和防治人员 0.12 万人。全市每千人拥有卫生技术人员 7.08 人,每千人拥有医疗床位 4.75 张。

全市共有 13 所惠民医院,接诊病人 5.94 万人次,收治住院病人 1700 多人次,减免费用 411.1 万元。新型农村合作医疗人均筹资标准提高到 180 元以上,合作医疗行政村覆盖率达 100%,全市镇(街)初级卫生保健合格率达 100%。

全年新改建社区卫生服务中心、服务站 23 个,全市累计建成社区卫生服务中心、服务站 879 个。社区卫生服务城市人口覆盖率达 100%。继续维持高水平免疫覆盖率,儿童免疫接种乙肝、脊灰、麻疹、百白破、乙脑、流脑等基础免疫接种率均在 96% 以上,新生儿乙肝疫苗首针及时接种率达 90% 以上,新生儿卡介苗 24 小时接种率达 98%。全力防控甲型 H1N1 流感,有效控制疫情传播流行。

2009 年居民平均期望寿命为 76.60 岁,其中男 74.20 岁、女 79.14 岁。

3. 体育事业

2009 年成功举办首届“全民健身节”,“百万市民健身工程”全面实施。全年全市举办各级各类群众性体育活动 830 多项(次),连续 3 年直接参与人数达到数百万人次。全市全民健身工程(点)达到 1437 个。2009 年全市产生 1 位世界冠军,南京籍的世界冠军运动员总人数累计达到 24 名。市体育代表团在全运会夺得 15 枚奖牌,其中金牌 2 枚。先后成功承办了中国南京国际象棋超级大赛、世界男子排球大奖赛等 6 项(次)大型国际比赛,10 项(次)全国赛事。

大力推动奥林匹克精神在市民特别是青少年中的传播与普及,全力申办 2014 年第二届夏季青年奥运会。

(五)城乡建设

2009 年长江隧道全线贯通,长江四桥开工建设,京沪高铁大胜关铁路大桥实现贯通,京沪高铁、沪宁城际、长江四桥等重点工程进展顺利。地铁二号线一期、一号线南延和二号线东延主体工程基本完成。2009 年全市完成危旧房片区拆迁 151 万平方米,完成 50 个小区出新、800 幢房屋整治。全年亮化楼宇 80 幢。

2009 年城区新建和改建公厕 40 座,其中新建 13 座。新改建垃圾中转站 12 座,其中新建 1 座。

新农村建设改建户厕 5.58 万座;新建垃圾中转站 9 座。

全市日供水能力达到 570 万吨。天然气用户达到 92 万户。

2009 年聚宝山公园二期、宁南森林公园、三桥滨江生态公园等郊野公园建设加快建设。完成 20 块老城绿地建设，全年新增绿地面积 919 万平方米，人均公共绿地面积达到 13.6 平方米。

（六）能源消耗和环境保护

2009 年全市有 300 余家单位积极开展循环经济试点工作，完成 80 多家企业清洁生产审核，对 100 家重点耗能企业进行了节能监察。实施污染减排项目 170 个，关停小化工企业 21 家。

全年完成一批城市内河环境综合整治工程，城北污水收集系统建成，城东二期、桥北等污水处理系统、内秦淮河污水收集工程加快建设，改造污水管网 50 公里以上。生活污水日处理能力达到 150 万吨。

2009 年末全市拥有各级环境监测站 14 个。当年验收的建设项目环保"三同时"执行率达 100%。全市建成了 16 个烟尘控制区，面积达 736.5 平方公里，建成区内共有 25 个环境噪声达标区，面积达 551.28 平方公里，比 2008 年增加 1.3%。空气质量良好以上级别的天数达到 315 天，占全年的 86.3%。

初步测算，2009 年规模以上工业能源消费总量 7436.12 万吨标准煤，比 2008 年增长 7.3%；综合能源消费量 2813.88 万吨，比 2008 年增长 6.0%。煤炭消费量 2166.62 万吨，增长 2.4%；原油消费量 2045.29 万吨，增长 8.9%；天然气消费量 15.51 亿立方米，增长 12.1%；电力消费量 201.59 万千瓦小时，增长 8.3%。初步测算，规模以上工业企业万元产值能耗比 2008 年增长 3.4%，其中，年耗能 5000 吨标煤以上的重点项目工业企业万元产值能耗比 2008 年增长 13.7%。

全年：工业废水排放量 3.49 亿吨，比 2008 年下降 7.5%；工业粉尘排放量 41305 万吨，下降 6.9%；工业废气排放量 4794.1 亿标立方米，增长 9.9%。全市工业废水排放达标率、工业重复用水率、工业固体废物综合利用率分别达到 95.5%、87.0% 和 91.0%。主要污染物 SO_2 和 COD 排放总量分别比 2008 年下降 1.9% 和 3.5%。

三、挑战与目标

2009 年是新世纪以来南京经济社会发展最为困难的一年，是保民生保稳定形势最为严峻的一年，是城市建设管理任务最为繁重的一年，是重大活动最为密集的一年，是全市干部群众和企业家与广大职工以及社会各界奋力拼搏历经艰辛的一年。面对罕见的挑战和压力，全市广大干部群众坚持抓第一要务不动摇，坚持科学发展导向不偏离，在全年工作中紧紧抓住"保增长、促转型"的全年首要任务和工作主线、学习实践科学发展观活动的重大政治任务、惠民生保稳定促和谐的第一责任这"三大任务"不松劲。统揽全局、协调各方，突出重点、全面推进各项工作，城市建设、民生改善、民主法制建设、文化与社会建设、生态文明建设、城乡一体化建设与党的建设等方面都取得了新成绩，迈出了新步伐，开创了新局面。

在肯定成绩的同时，也必须清醒地看到，按照科学发展观的要求，在新的困难和压力下，政府工作还存在一些矛盾和问题：一是城乡统筹发展一体化格局尚未形成，郊县发展有待进一步加快。二是重大产业发展项目引进相对较慢，科教资源优势尚未得到充分发挥，区域发展面临较大的挑战，城市整体竞争能力有待进一步加强。三是环境保护及资源节约型城市建设任重道远，生态建设仍然面临较大压力。四是少数行政部门的效率和服务水平有待提高，投资环境仍需进一步改善。这些矛盾和问题，要在今后的工作中努力加以克服和解决。

2010 年全市国民经济和社会发展的主要调控预期目标是：地区生产总值确保增长 12%；地方一般预算收入确保增长 12%；全社会固定资产投资确保增长 22%；社会消费品零售总额确保增长 17%；外贸出口总额增长 10%；实际利用外资增长 20%；研发投入占地区生产总值比重 3% 左右；环保投入占地区生产总值比重达到 3% 以上；城市居民可支配收入确保增长 11% 以上，农民人均纯收入确保增长 10% 以上；城镇登记失业率控制在 4% 左右。

四、在南京都市圈经济发展中的地位

美国次贷危机引发的国际金融危机对实体经济的影响余波未了,2009 年南京市经济在发展过程中遭遇了一系列严峻挑战。在严峻的宏观环境下,南京市在调整中求发展,地区生产总值依然保持两位数的增长速度,经济整体上呈现出平稳增长的态势。

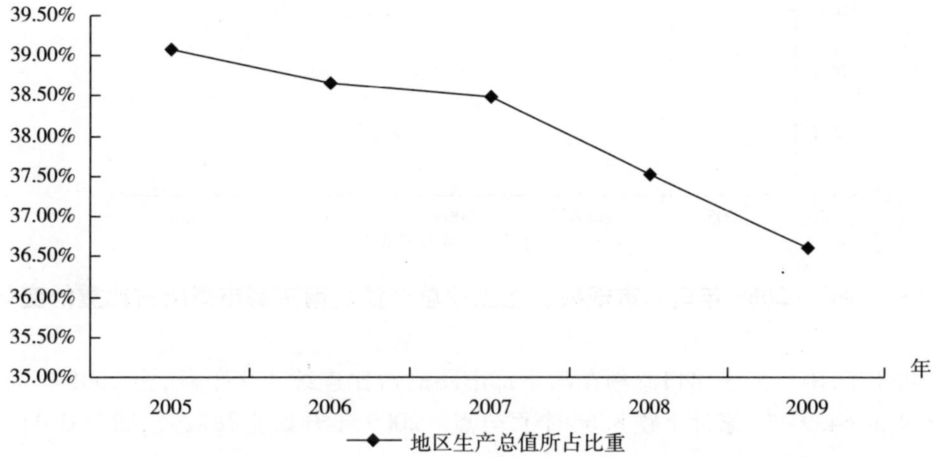

图 3 - 13　2005 ~ 2009 年南京市地区生产总值在南京都市圈所占比重的变化趋势

从南京都市圈整体来看,南京市地区生产总值在整个地区生产总值的比重呈下降趋势,但目前区域中心的位置仍然无法取代。2005 ~ 2009 年间南京地区生产总值所占比重分别为 39.09%、38.66%、38.48%、37.53%、36.61%,累计下行 2.48 个百分点。

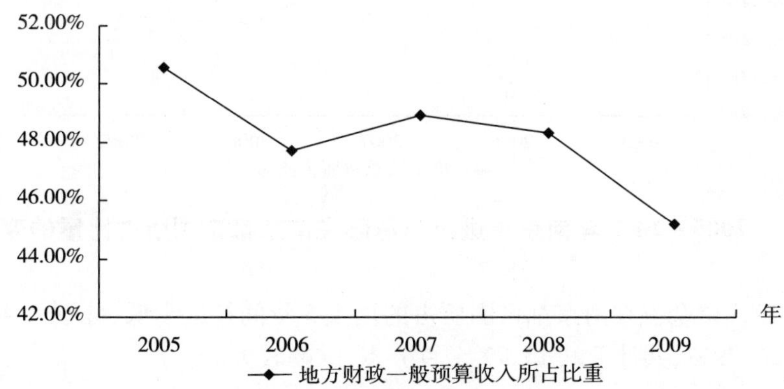

图 3 - 14　2005 ~ 2009 年南京市地方财政一般预算收入在南京都市圈所占比重的变化趋势

2005 ~ 2009 年南京市地方财政一般预算收入在南京都市圈的占比分别为 50.55%、47.74%、48.93%、48.3%、45.18%。在 2006 年有较大幅度的下跌,从 2005 年的 50.55% 下降到 2006 年的 47.74%,降幅高达 2.81 个百分点。2007 年回升至 48.93% 之后连续两年下降,共计 3.75 个百分点。

南京工业虽保持了自 1998 年以来的两位数增长,但运行的稳定性和增长的速度均逊于近几年。特别是 2008 年以来工业企业面临的困难前所未有,发展缓慢的原因多样:人民币持续升值与出口退税率的调整挤压了企业出口产品的利润空间;人工成本激增等诸多的不利因素导致工业企业生产和销售的不确定性增加。尤其是年内原油购进价格和化工产品、钢材等出厂价格的暴涨、暴跌,使南京这个以重化工业为主的工业生产饱受打击。工业发展趋缓导致工业总产值在南京都市圈的占比持续下降，已由 2005 年高峰时的 45.96% 下降到 2009 年的 33.95%，累计下跌 12.01 个百分点。

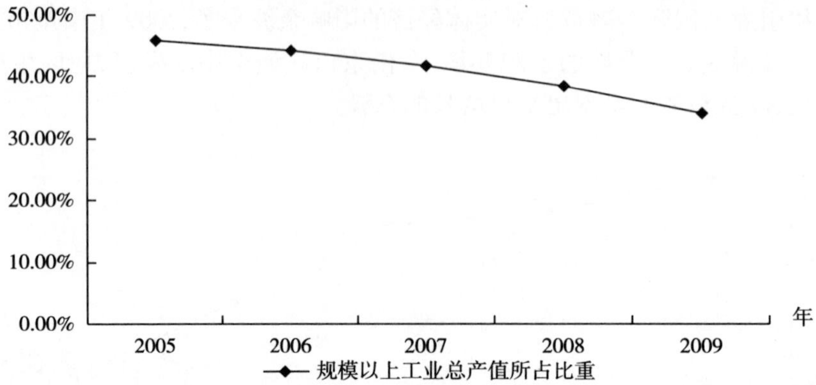

图 3－15　2005～2009 年南京市规模以上工业总产值在南京都市圈所占比重的变化趋势

2005～2008 年，南京的进出口总额在南京都市圈的占比连续 4 年下跌，由 2005 年时的 73.57% 下降到 2008 年的 64.91%，累计下跌 8.66 个百分点。2009 年开始止跌回升，回升 0.43 个百分点达到 65.34%。

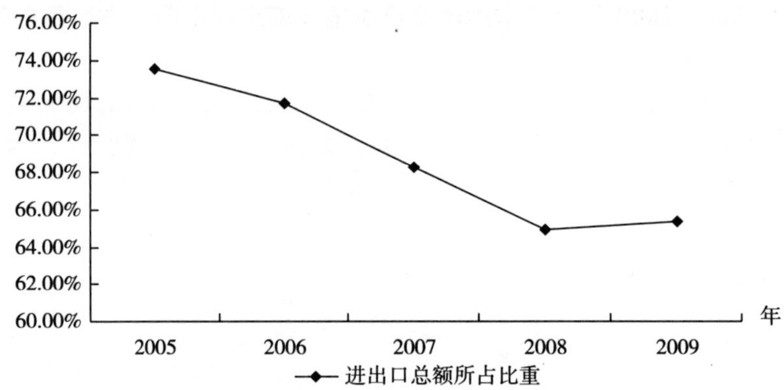

图 3－16　2005～2009 年南京市进出口总额在南京都市圈所占比重的变化趋势

南京市实际外商投资金额在南京都市圈所占的比重 5 年间持续走低，分别为 44.56%、42.28%、36.11%、33.61%、28.79%，共计下跌 15.77 个百分点，跌幅较大。

图 3－17　2005～2009 年南京市实际外商直接投资金额在南京都市圈所占比重的变化趋势

二　扬州市 2009 年经济社会发展报告

2009 年，面对国际金融危机的严峻形势，扬州人民在市委、市政府的领导下，以科学发展观为统领，认真贯彻落实中央和省一系列决策部署，围绕“发展创新型经济、建设创新型城市”的主题，坚定信心，迎难而上，保增长、保民生、保稳定，经济发展企稳向好，开放创新深入推进，城乡统筹协调发展，社会事业全面进步，民生状况进一步改善。

一、扬州市 2009 年经济发展概况

（一）综合经济

1. 国民经济平稳较快增长

经济运行企稳向好。初步测算，2009 年实现地区生产总值 1856. 39 亿元，可比价增长 13. 8%。其中：第一产业增加值 144. 88 亿元，增长 5. 1%；第二产业增加值 1042. 03 亿元，增长 14. 3%；第三产业增加值 669. 48 亿元，增长 15. 0%。人均 GDP 达 41406 元，按当年汇率计算折合 6065 美元。产业结构不断优化。三次产业比例由 2008 年的 8. 1∶56. 2∶35. 7，调整为 7. 8∶56. 1∶36. 1，二、三产业增加值占 GDP 比重达到 92. 2%。

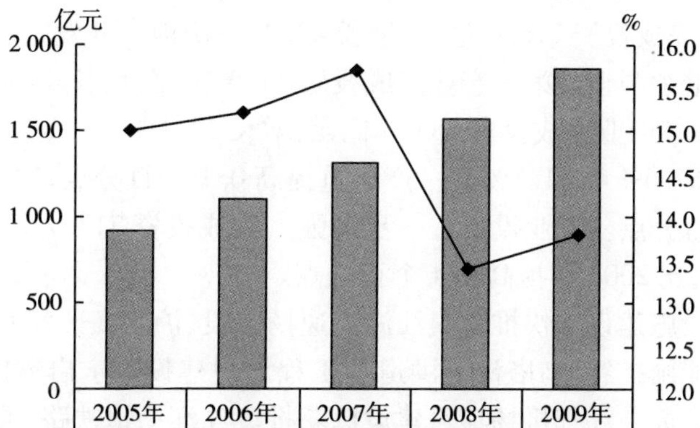

	2005年	2006年	2007年	2008年	2009年
地区生产总值(亿元)	922	1 100	1 311	1 573.29	1 856.39
增幅(%)	15	15.2	15.7	13.4	13.8

图 3 – 18　2005 ~ 2009 年扬州市地区生产总值及增长速度

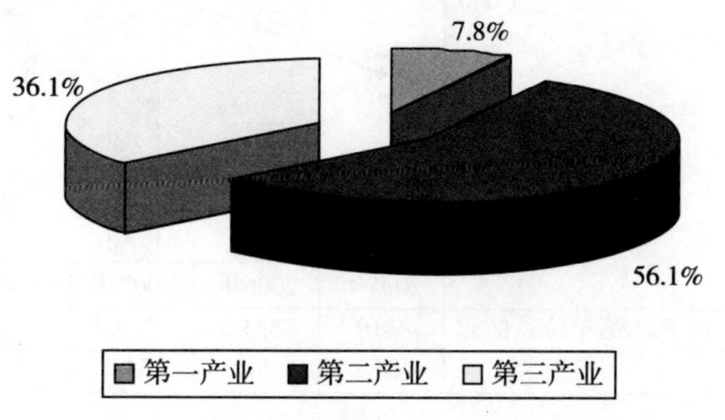

图 3 – 19　2009 年扬州市三次产业结构图

2. 财政收入稳定增长

财政收入增长较快。2009 年财政总收入突破 300 亿元，达到 310.09 亿元，增长 16.5%；一般预算收入 128.08 亿元，增长 22.2%，占 GDP 的比重为 7.1%，比 2008 年提高了 0.4 个百分点。财政收入结构逐步向好，税收占一般预算收入的比重不断回升，全年税收占比达 71.9%。一般预算收入中的增值税、营业税、企业所得税、个人所得税和城建税等五项主体税收累计完成 69.04 亿元，增长 16.8%，其中增值税 21.07 亿元，增长 6.5%；营业税 28.54 亿元，增长 31.2%。

财政支出结构优化。一般预算支出实现 151.48 亿元，增长 19.8%。其中：一般公共服务支出 26.39 亿元，增长 10.5%；教育支出 29.47 亿元，增长 23.1%；科学技术支出 3.69 亿元，增长 20.6%；社会保障和就业支出 11.46 亿元，增长 23%；医疗卫生支出 7.87 亿元，增长 30.6%；环境保护支出 5.35 亿元，增长 36.3%。

3. 物价指数保持平稳

市场物价呈先下后上的 U 型走势，全年 CPI 为 99.9%，价格水平同比下降 0.1 个百分点。构成 CPI 的商品类别中，上涨的有：食品类（102.1%）、烟酒及用品类（101.6%）、娱乐教育文化用品及服务类（101.1%）、医疗保健和个人用品类（100.7%）；下降的有：家庭设备用品及维修服务类（99.8%）、交通和通信类（98.4%）、衣着类（95.8%）。

4. 固定资产投资平稳增长

投资总量持续快速增长。全市完成全社会固定资产投资 1063.9 亿元，增长 33.8%。其中规模以上项目完成投资 1000.1 亿元，增长 35%，占全社会投资的 94%；规模以下项目完成投资 63.9 亿元，增长 17.1%，占全社会投资的 6%。规模以上项目投资中，城镇项目完成投资 594.1 亿元，增长 45%；农村项目完成投资 276.4 亿元，增长 43.2%；房地产开发完成投资 129.5 亿元，下降 5.9%。

投资结构继续调整。第一产业完成投资 11.3 亿元，增长 49.4%；第二产业完成投资 719 亿元，增长 41.2%；第三产业完成投资 333.6 亿元，增长 22.1%。一、二、三产业投资占全社会投资的比重分别为 1.1%、67.6% 和 31.3%。一产比重提高 0.1 个百分点，二产比重提高 3.5 个百分点，三产比重下降 3.6 个百分点。工业投资进一步加强。完成投资 713.7 亿元，增长 40.9%，占全社会投资的比重达 67.1%，比 2008 年提高 3.4 个百分点。

重大基础设施建设加快推进。江海高速扬州段、沪陕高速江六段、京杭运河扬州段“三改二”、邵伯和施桥三线船闸扩容、乌塔沟分洪道等工程加快建设。宁启铁路复线及电气化改造、扬州港 5 号泊位开工建设。苏中江都机场项目建设已获批。连淮扬镇铁路、淮河入江水道整治和扬州西输变电工程等项目的前期工作取得积极进展。

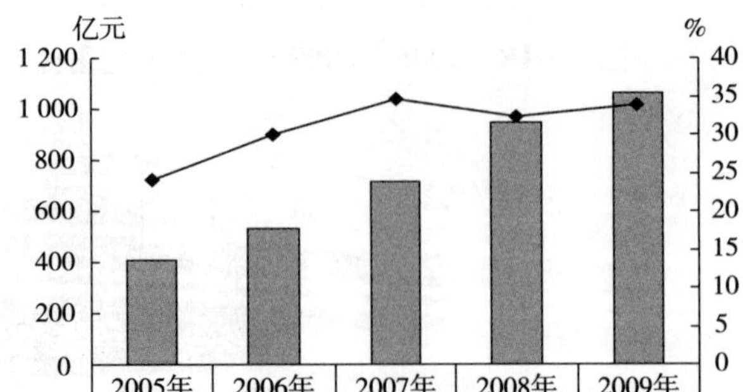

	2005年	2006年	2007年	2008年	2009年
固定资产投资总额(单位：亿元)	410	533.3	717.9	950	1 063.9
增幅(%)	24.2	30.1	34.6	32.3	33.8

图 3－20　2005～2009 年扬州市全社会固定资产投资及增长幅度

5. 市县经济

2009 年扬州市各县区经济指标均有较快提升，江都市和邗江区位于第一、第二位，当年地区生产总值分别为 402.08 和 335.50 亿元。整体来说，扬州市县区经济位于苏中地区前列。

表 3－6　　**2009 年扬州市县区主要经济指标**

区县	地区生产总值（亿元）	地方财政一般预算收入（亿元）	城镇固定资产投资（亿元）	出口总额（亿美元）	社会消费品零售总额（亿元）
市辖区					
邗江区	335.50	17.84	106.78	11.35	73.88
维扬区	115.13	9.95	71.87	2.53	47.62
郊县					
宝应县	199.29	9.74	61.30	3.44	67.10
仪征市	227.29	14.79	89.35	5.57	71.41
高邮市	213.24	10.29	87.31	2.61	69.40
江都市	402.08	19.38	144.76	6.29	121.17

（二）农业

1. 农业生产稳步发展

全年粮食总产 282.35 万吨，增长 4.5%，创历史新高，连续 6 年获得丰收；油料总产 8.29 吨，增长 4.2%；蔬菜总产 147 万吨，增长 7.5%。猪肉产量 9.78 万吨，增长 3.2%。水产品产量 37.41 万吨，比 2008 年持平略增。全年实现农业总产值 256.42 亿元，增长 7.8%。其中：农业产值 114.71 亿元，增长 12%；林业产值 7.72 亿元，增长 10.9%；牧业产值 48.16 亿元，下降 0.7%；渔业产值 73.61 亿元，增长 6.8%；农林牧渔服务业产值 12.21 亿元，增长 11.2%。

2. 海峡两岸（扬州）农业合作试验区建设加快推进

农业利用外资 2.16 亿美元，利用民资 58.4 亿元。新增项目 800 个。80 家市级以上农业龙头企业实现销售 176 亿元，增长 20.3%。农业、水利及综合开发等争取省以上投资 10.9 亿元。新创“三品”品牌 67 个。国家有机食品质量监督检验中心落户宝应。土地复垦与综合整治新增耕地 2.54 万亩（0.169 万公顷）。

3. 农村“三大合作”发展迅速

到 2009 年底，全市农村“三大合作”组织达到 2615 个，其中当年新增“三大合作”组织 953 个，增长 24.3%。农村“十大工程”、“新五件实事工程”加快推进，新建农村公路 470 公里，疏浚县乡河道 2900 万方。新建“一池三改”户用沼气池 1.56 万个、无害化卫生户厕 7.3 万座，新增农村饮用安全水 20 万人。新创全面小康村 180 个、新农村示范村 33 个。

（三）工业和建筑业

1. 工业经济稳步发展

2009 年全市规模以上工业完成总产值 4460.2 亿元，增长 26.4%。在工业 35 个大类行业中，完成产值过百亿元的行业有 16 个，比 2008 年增加 4 个，其中电气机械及器材制造业、交通运输设备制造业和化学原料及化学制品制造业产值总量，分别达 696.9 亿元、598.9 亿元和 491.8 亿元，分别比 2008 年增长 32.6%、41.4% 和 13%。

表 3 –7　　2008 年扬州市县区工业总产值　　单位:亿元

区县	工业总产值
扬州市	4459.68
邗江区	933.46
维扬区	184.28
宝应县	408.03
仪征市	640.38
高邮市	446.84
江都市	1103.64

2. 企业规模持续扩大

全市规模以上工业企业数达 3446 家,比 2008 年底净增 423 家;企业单体平均规模达 1.3 亿元,比 2008 年净增 1300 万元,增长 11%。产值过亿元企业达 820 家,比 2008 年净增 215 家,产值份额占规上工业总量的 78.8%。其中:5 亿元以上企业 144 家,比 2008 年净增 31 家;10 亿元以上企业 73 家,比 2008 年净增 20 家。

表 3 –8　　2009 年扬州市部分工业产品产量

指标名称	单位	2009 年	比 2008 年增长%
原煤	万吨	86.75	115.9
天然原油	万吨	171.01	—
发电量	亿千瓦时	230.78	4.3
烧碱(折 100%)	万吨	34.24	5.8
合成纤维聚合物	万吨	173.80	4.2
水泥	万吨	321.14	50.8
钢材	万吨	173.11	18.0
塑料制品	万吨	38.98	37.2
纱	万吨	15.32	13.5
服装	万件	2.18	–32.3
化学纤维	万吨	78.18	4.3
金属集装箱	万立方米	480.15	60.2
民用钢质船舶	万载重吨	181.92	62.8
通信电缆	万对千米	197.63	–24.5
电力电缆	万千米	47.74	18.8
金属切削机床	万台	4.50	18.1
化学农药原药	万吨	6.03	2.0
电动自行车	万辆	9.11	55.5
汽车	万辆	0.21	–30.0

3. 重点产业发展势头良好

三大支柱产业完成工业总产值3078.4亿元，增长28.9%，高出规模以上工业平均增幅2.5个百分点，占全市规模工业的比重由2008年的67.7%上升为69.0%，总量贡献率比2008年末提高了1.3个百分点。全年高新技术产业产值增长57.2%，占规上工业产值比重30.5%，比2008年提高5.9个百分点。“三新”产业累计完成工业总产值344.7亿元，增长41.6%，高出全市平均增幅15.2个百分点。其中：新能源企业完成产值123.7亿元，增长98.2%；新光源企业完成产值92.3亿元，增长28.9%；新材料企业完成产值128.7亿元，增长17.6%。

4. 工业利税、利润增幅不断攀升

全年规模以上工业实现主营业务收入4240.3亿元，增长26.5%；实现利税325.4亿元，增长21.5%；其中利润186.5亿元，增长34.6%。

全年全社会用电量129.16亿千瓦小时，增长10.4%；其中，工业用电量93.72亿千瓦小时，增长9.6%。

5. 建筑行业稳步发展

全市建筑企业完成施工总产值1296.7亿元，增长25.5%。全年建筑企业施工的房屋建筑面积11243万平方米，增长13%；房屋竣工面积5618万平方米，增长18.7%。获鲁班奖3项。

（三）服务业

1. 国内贸易

消费市场持续繁荣。2009年实现社会消费品零售总额619亿元，增长18.7%。其中：批发和零售业实现零售额522.9亿元，同比增长18.7%；住宿和餐饮业实现零售额89.7亿元，同比增长19.4%。城市社会消费品零售额454.2亿元，增长19.1%；县及县以下零售额164.8亿元，增长17.8%。城市市场增幅比农村市场高1.3个百分点，城乡市场增幅差距比2008年缩小了5.4个百分点。

消费升级类商品增势强劲。2009年食品、饮料、烟酒类零售额25.7亿元，增长13.5%。服装、鞋帽、针纺织品类零售额18.1亿元，增长16.4%。日用品类零售额6.6亿元，同比增长9.2%。化妆品类零售额3.2亿元，增长23.4%。金银珠宝类零售额5.1亿元，增长30.4%。家用电器和音像器材类零售额25.1亿元，增长33%。汽车类商品实现零售额51.4亿元，增长2.2倍。

“家电下乡”和“以旧换新”等促进消费政策成效显著，全市累计实现家电下乡销售额2.9亿元，销售量14万台；回收旧家电9.8万台，销售新家电8.6万台，销售额达3.2亿元。

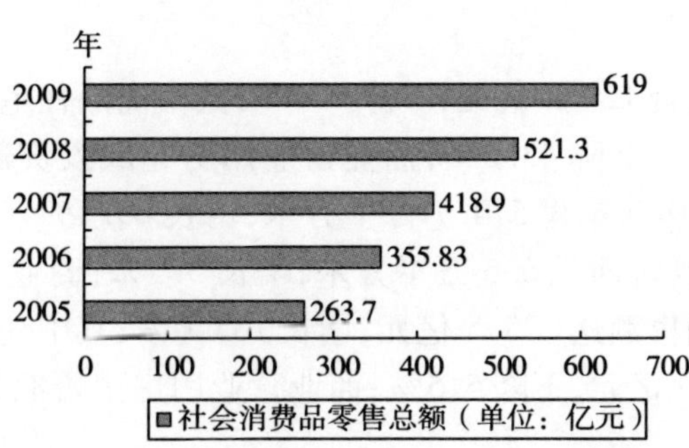

图3－21　2005～2009年扬州市社会消费品零售总额

2. 邮电通信和交通运输业

邮电通讯业稳步发展。全年邮政业务收入4.36亿元,增长11.9%;电信业务收入31.42亿元,增长11%。年末电话用户487.81万户,其中移动电话用户331.91万户,增长39.6%。互联网宽带接入用户42.75万户。有线电视用户102.56万户,有线电视入户率超过90%,其中数字电视用户30.5万户。

交通运输业稳定发展。2009年,全市货物运输总量达8001万吨,增长11.3%;货物周转量154.27亿吨公里,增长11.6%。客运量6363万人次,增长9.2%;旅客周转量40.58亿人公里,增长10.7%。港口货物吞吐量6423万吨,增长11%。完成集装箱吞吐量23.2万标箱,下降17.1%。年末全市公路里程10060.5公里,年末高速公路里程240.6公里。

3. 金融和保险业

金融平稳运行。人民币存款强劲增长。年末,全市人民币存款余额为2067.13亿元,比年初增加515.25亿元,余额同比增长32.7%。在存款结构上,企业存款高速增长,年末企业存款余额644.71亿元,余额同比增长33.2%;储蓄存款增速放缓,余额为1095.31亿元,余额同比增长21.8%。贷款结构调整明显。年末,全市人民币贷款余额为1212.75亿元,比年初增加323.33亿元,同比增长33.2%。从期限上看,短期贷款、中长期贷款、票据融资同步增长,其中,短期贷款余额为558.39亿元,比年初增加106.71亿元,同比多增60.09亿元;中长期贷款余额553.75亿元,比年初增加232.08亿元,同比多增170.16亿元。华夏银行扬州支行、邗江民泰村镇银行、常熟农村商业银行邗江支行正式挂牌营业。

资本市场发展壮大。市开发区开发总公司和城建控股公司企业债券成功发行。扬农化工实现再融资,3家企业上市材料报证监会审批。新增35家担保公司、6家农村小额贷款公司和6家农村资金互助合作组织。全市9户证券公司营业部累计开户23.68万户,比年初增加4.01万户;股票交易额3048.16亿元,增长64.6%。

保险市场发展良好。全年19家寿险公司、22家财险公司合计实现保费收入54.08亿元,增长23.9%。其中寿险实现收入43.66亿元,增长23.1%;财险实现收入10.42亿元,增长47.4%。累计理赔支出7.41亿元,增长23.6%。

4. 旅游业

旅游业持续较快发展。全年接待境内外旅游人数2320万人次,增长22.5%;实现旅游总收入252.8亿元,增长25.5%。其中:国内旅游人数2270万人次,增长22.8%;国内旅游收入225.93亿元,增长28.2%。接待入境旅游人数50.03万人次,增长7.9%;旅游外汇收入4.01亿美元,增长11.8%。

5. 房地产业

2009年,全市房地产开发投资129.5亿元,下降5.9%;其中商品住宅完成投资106.3亿元,下降2.3%;办公楼完成投资1.8亿元,下降43.0%;商业营业用房完成投资额14.8亿元,下降19.3%。商品房销售增势强劲,全市商品房共销售514.7万平方米,增长69.1%。其中:住宅销售面积466.8万平方米,增长75.3%;办公楼销售面积6.6万平方米,增长5.5%;商业营业用房销售面积37.2万平方米,增长40.9%。商品房销售额达225.5亿元,增长105.0%;其中住宅销售额198.6亿元,同比增长120.2%;办公楼销售额3.6亿元,下降5.5%;商业营业用房销售额22.4亿元,增长51.1%。

(五)开放型经济

1. 对外开放不断深入

成功举办"烟花三月国际经贸旅游节"。全年协议利用外资56.01亿美元、注册外资实际到账

22.66 亿美元,分别增长 11.9%和 31.7%;新批注册外资 1000 万美元以上项目 153 个,比 2008 年增加 24 个,协议注册外资 34.93 亿美元,增长 4.9%。其中,3000 万美元以上项目 18 个,增长 38.5%。园区建设取得新进展。市开发区升级为国家级经济技术开发区,光电产业园被列为省十大创新型园区。"八区二园"新增开发面积 8 平方公里,累计达 126 平方公里,注册外资实际到账 18.25 亿美元,增长 27%。

表 3-9　　2009 年扬州市县区实际外商直接投资　　单位:亿美元

区县	实际外商直接投资
扬州市	15.19
邗江区	2.78
维扬区	1.60
宝应县	1.20
仪征市	4.61
高邮市	1.30
江都市	3.31

2. 外贸形势逐步好转

全年进出口总额 54.33 亿美元,同比下降 12.1%,其中出口 40.13 亿美元,下降 12.1%,降幅分别较上半年收窄 13 和 8.7 个百分点。从出口商品看,船舶、纺织服装、化学化工制品、鞋帽、液晶面板和电子纸、钢管等产品位居前列。从出口市场结构看,除美国、东盟外,大部分重点市场出口形势趋好,对欧盟出口 133233 万美元,下降 4.6%;日本出口 19456 万美元,下降 0.1%;对中国香港出口 25109 万美元,下降 2.2%;对拉美国家出口 27247 万美元,下降 11.6%;对美国出口 76671 万美元,下降 23.6%;东盟出口 22018 万美元,下降 21.7%。对外经济合作发展良好。全年完成外经营业额 21960 万美元,增长 18.6%。外经市场不断扩大,合作项目分布在 29 个国家。境外投资快速发展,全年新批境外投资项目 19 个,增长 137.5%。

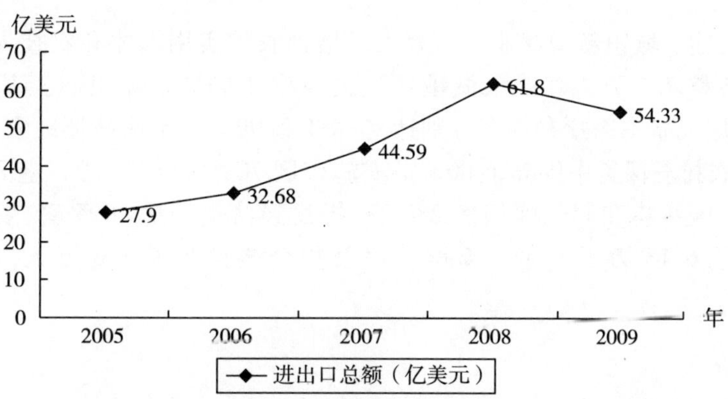

图 3-22　2005~2009 年扬州市外贸进出口总额

2. 民营企业发展壮大

民营经济加快发展。全市新增民营企业注册资本金 543.1 亿元,增长 35.1%。新发展私营企业

15007 户，增长 19.4%。新发展个体工商户 29560 户，增长 2.6%。

二、扬州市 2009 年社会发展概况

（一）人口、人民生活

人口总量基本稳定。2009 年末，户籍总人口为 458.8 万人，比 2008 年末减少 9980 人，下降 0.22%。全市登记出生人口 3.3 万人，出生率 7.18‰；死亡人口 4.07 万人，死亡率 8.86‰。人口自然增长率为 -1.68‰。

居民收入稳步增加。2009 年扬州市区居民人均可支配收入 19416 元，增长 11.6%；人均消费性支出 12888 元，增长 11.5%。城市居民人均住房建筑面积 38.8 平方米，百户家庭电话、电脑拥有量分别达 300 部、80 台，恩格尔系数为 36.4%。农村居民人均年纯收入 8295 元，增长 11.3%；人均消费性支出 5930 元，增长 8.9%。农民人均住房面积 42 平方米，百户家庭电话、电脑拥有量分别达 291 部、29 台，农民恩格尔系数为 38.7%。

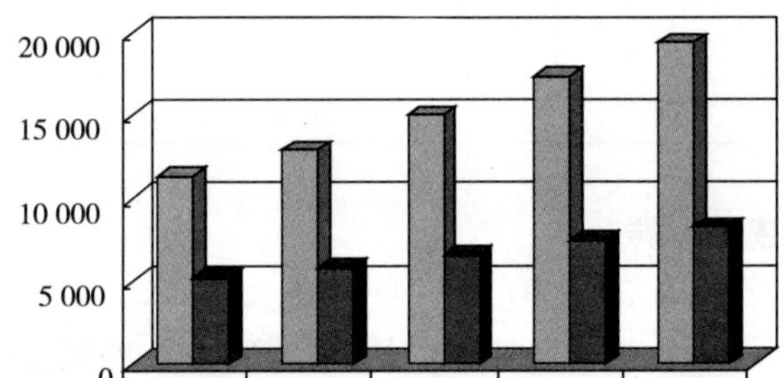

	2005年	2006年	2007年	2008年	2009年
城市居民人均可支配收入(元)	11 379	12 945	15 057	17 398	19 416
农村居民人均可支配收入(元)	5 215	5 813	6 586	7 450	8 295

图 3-23　2005～2009 年扬州市城乡居民收入对比一览

（二）就业和社会保障

民生工程深入实施。城镇新增就业 7.3 万人。培训农村实用人才和农技人员 29 万人次、劳动力 10.1 万人，新增转移 7.1 万人。期末城镇登记失业率 2.91%。城镇职工基本养老保险参保率 96.7%，城镇职工和居民基本医疗参保率分别达 97.1% 和 99%。市区被征地农民基本生活保障“即征即保”率 100%。农村五保集中供养率 80%。实施市区 70 岁以上“三无”老人生活补贴政策。新发市民卡 3 万张。市区新建和调剂廉租房 280 套，提供经济适用房 1095 套，发放购房政策性补贴 782.9 万元，公房解危 6.13 万平方米。新增住房公积金缴存职工 4.6 万人，归集住房公积金 20 亿元。

（三）科技与教育

1. 科技创新能力明显提升

科技创新能力进一步提高。新认定国家高新技术企业 60 家。成功举办科技创新成果展暨洽谈会和上海、南京、长春“科技创新产业合作”推介会，签订产学研合作项目 227 个。新获批院士工作站 8 家、省级博士后工作站 8 家，引进博士以上创新型人才 73 名。新获批国家重大科技专项 2 项，省重

点新产品新技术项目100项，省以上高新技术产品108个，新获国家专利授权1831件。新增省级以上“两站两中心”29家，引进高层次领军人才153人、产业发展急需专业技术人才1384人。国家光电重点实验室、国家洗漱用品检测中心投入运行。扬州被列为国家“十城万盏”半导体照明应用工程试点城市、绿色新能源特色产业基地。荣获“全国科技进步先进市”称号。

2. 教育事业加快发展

教育教学质量进一步提升。基础教育均衡推进有力，邗江、广陵通过区域教育现代化省级验收。职业教育服务发展能力增强。特殊教育成效明显。启动中小学校舍安全工程。义务教育阶段教师绩效工资稳妥实施。小学入学率、巩固率保持100%，初中入学率保持100%，高中阶段毛入学率达99.5%，全市高考成绩连续5年大幅攀升，本二达线12777人，比2008年净增1268人，增幅达10.6%。

（四）文化、卫生、体育

1. 文化建设步伐加快

文化博览城建设加快推进。完成东关街二期工程，复建宋大城东门，长乐客栈对外营业。修缮阮元家庙祠堂、冬荣园、小盘谷等一批文保建筑。宋夹城遗址被授予“国家考古遗址保护公园”称号。雕版印刷、剪纸技艺入选“人类非物质文化遗产代表作名录”。扬州成为“中国传统工艺美术特色基地”。文化馆、群艺馆8座，公共图书馆7座，各类艺术机构17个，新建社区文化活动室65个、农家书屋366个。扬剧《县长与老板》获第十一届中国戏剧节“优秀剧目奖”。成功举办“第三届世界运河名城博览会”，“世界运河历史文化城市合作组织”在扬成立。顺利承办第五届中日韩文化交流论坛。

2. 卫生事业进一步发展

基本公共卫生服务继续向均等化发展。全面启动电子健康档案等9类22项基本公共卫生服务项目；加强基层医疗卫生服务体系建设，50%以上的城乡社区卫生服务中心已达到标准化建设要求，新创建成4个省示范城市社区卫生服务中心。城乡社区公共卫生服务机构覆盖率分别达100%和97%。新型农村合作医疗保障水平不断提高，人均筹资标准由2008年的103元提高到120元，覆盖率99.8%。有效控制“甲型H1N1”流感、手足口病等重大疾病扩散。市妇幼保健院被评为三级甲等医院。

3. 体育事业成绩显著

群众体育扎实有效，成功承办江苏省“沿江体育带”大联动、第二届社区运动会、老年人体育节。扬州市荣获全国“全民健身优秀组织奖”。扬州籍运动员在第十一届全国运动会上获6枚金牌、1枚银牌、4枚铜牌。举办了第四届鉴真国际马拉松（半程）赛，承办了第十九届世界女子手球锦标赛（复赛）。全年体育彩票销售总量达3.16亿元。

（五）城乡建设

完成城市建设投资125亿元。新改建润扬北路、沙湾路等城区主次干道22条，翻建街巷68条。加快建设第五水厂、城北客运总站等项目。新辟公交线路4条，新增公交车200辆。建成万花园二期和润扬森林公园二期工程。城市绿化覆盖率达到41.8%。整治古运河沿线环境。城区50平方公里主要区域实现无线宽带网络全覆盖。建成数字化城管二期工程。荣获省人居环境范例奖。全市城市化率达52.9%，比2008年提高1.6个百分点。

（六）环境保护与生态环境

生态市建设持续推进。新建六圩污水处理厂二期、赵庄垃圾焚烧发电厂等项目。新铺设污水管

166 公里。11 个乡镇建成污水集中处理设施,15 个乡镇通过全国环境优美乡镇命名或考核。全年市区空气质量达到或优于二级的天数达 339 天,比 2008 年增加 18 天。城市饮用水源地水质达标率继续保持在 100%。新增造林 15.3 万亩,其中成片造林 10.2 万亩。市区新增绿化面积 160 万平方米。强化对 138 家重点污染源企业的监管,完成年度强制性清洁生产项目。化学需氧量、二氧化硫排放量分别下降 5.3% 和 6.9%。

三、挑战与目标

2009 年,在主要经济指标顺利完成目标、各项经济工作取得较大成绩的同时,全市经济社会发展仍然存在一些突出矛盾和问题。一是县域经济竞争力不强。县(市)经济占全市总量的比重较低。二是招商引资大项目不多。全市在建和新开工的 10 亿元以上民资、1 亿美元以上外资项目只有 44 个,项目明显偏小偏少。三是中小企业发展动力不足。中小企业贷款难问题仍然比较突出,中小企业发展的内生动力不足。四是区域竞争态势不容乐观。相比周边地区强劲的发展势头,全市的工业发展面临压力很大。五是经济结构调整和科技创新推动力度仍要进一步加大。

从国际经济形势分析。2009 年,在各国大规模宏观政策干预下,世界经济出现了趋稳态势,但受各种因素特别是发达国家金融体系严重受损的影响,经济复苏的道路仍将漫长而不稳定。一方面,各国经济逐步重回增长轨道。国际货币基金组织预测,2010 年世界经济将增长 2.5%,其中,美国增长 0.8%,欧元区下降 0.3%,日本增长 1.7%,亚洲新工业化经济体增长 1.4%,新兴市场和发展中国家分别增长 1.5% 和 4.7%。另一方面,国际经济环境变化将对中国外贸运行产生重大影响。在世界经济增长由负转正的带动下,中国出口形势将逐步好转,但贸易保护主义加强,人民币升值压力加大,全球初级产品价格高位震荡,将对中国的出口产生很大的不利影响。从国内经济形势分析。2009 年,在 4 万亿投资刺激计划、十大产业调整和振兴规划、加大科技投入、改善民生、稳定出口等一揽子政策作用下,投资高速增长,消费稳步提高,工业生产加快,物价下降势头得到遏制,经济景气稳定回升。2010 年,在继续保持扩大内需政策连续性前提下,宏观调控的重点将转向"稳增长、调结构、促改革",结构性减税和财政支出结构将发生重大变化,信贷投放增量将有所控制,旨在促进结构调整的资源价格、金融体制、收入分配制度和垄断行业市场准入等改革措施将陆续出台,国家对房地产市场的调控政策效应将逐步显现,国内经济增长的不确定因素仍然较多。

从全市经济形势分析。2009 年,全市经济在努力"保增长"的同时,紧紧围绕经济转型升级,大力推进新能源、新光源和智能电网产业发展,系统地制定了产业发展规划和配套政策,为全市抢抓"后危机"机遇,促进产业转型升级奠定了坚实基础。一方面,全市人均地区生产总值已达 5800 美元,迈入了国际公认的"创新驱动"门槛;规模以上工业增加值达到 1131.3 亿元,高新技术产业产值已达 1361.1 亿元,全社会固定资产投资已达 1063.9 亿元,均跨过了千亿元量级,经济发展已经积蓄了较强的自主增长潜力和结构调整动力。另一方面,苏中江都机场、宁启铁路复线及电气化改造、淮扬镇铁路、五峰山过江通道等重大基础设施项目前期工作加快推进,将为全市经济跨越发展奠定基础。同时,上海建设国际经济中心、"长三角"一体化和江苏沿海开发等国家战略加快实施,也为全市经济发展带来更多机遇。

2010 年扬州市经济和社会发展的预期目标为:地区生产总值增长 13% 以上,其中,规模以上工业增加值增长 16% 以上;规模以上工业总产值增长 25% 以上;财政总收入增长 16% 以上,其中,一般预算收入增长 18% 以上;全社会固定资产投资增长 25% 以上;全社会消费品零售总额增长 16% 以上;新增民营企业注册资本金增长 25% 以上;注册外资实际到账增长 20% 以上;出口额增长 10% 以上;外经营业额增长 10% 以上;城市居民人均可支配收入增长 12% 左右;农民人均纯收入增长 10% 左右;城镇登记失业率控制在 4% 以下;居民消费品价格指数控制在 104% 以下。全面完成省政府下达的五年削减目标。其中:单位地区生产总值综合能耗下降4.2%;二氧化硫排放量削减2.4%;化学需氧量排放量削减5.5%。

四、扬州市在南京都市圈经济发展中的地位

2009年以来,席卷全球的金融风暴影响余波尚存,宏观经济环境复杂多变,市场、成本、要素等多重矛盾叠加共振,扬州市经济与全国、全省一样,发展受到了较大影响,主要指标出现明显回落。面对如此严峻的挑战,全市人民坚持化压力为动力,变挑战为机遇,主动作为,克难求进,经济总体上保持了稳步发展的良好态势。

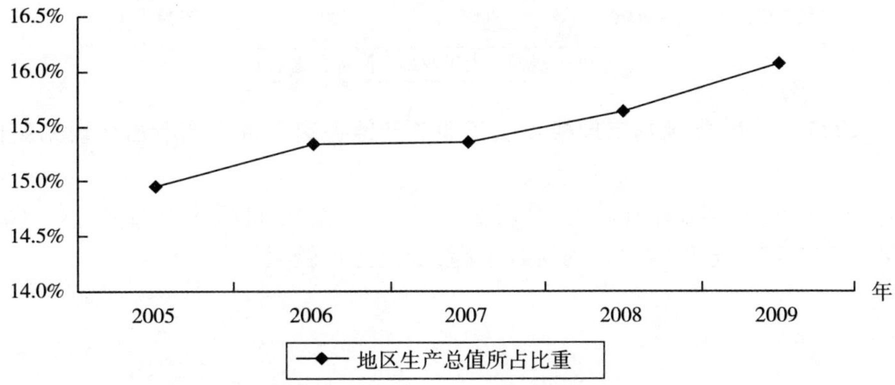

图3-24 2005~2009年扬州市地区生产总值在南京都市圈所占比重的变化趋势

2005~2009年扬州市地区生产总值、地方财政一般预算收入和规模以上工业总产值在"长三角"所占比重3项指标均呈逐年增加的趋势。其中:地区生产总值占比从2005年的14.95%增加到2009年的16.07%,累计增长1.12个百分点;地方财政一般预算收入占比从2005年的11.85%增加到2009年的13.32%,累计增长1.47个百分点;规模以上工业总产值占比从2005年的16.54%增加到2009年的22.69%,累计增长6.15个百分点。

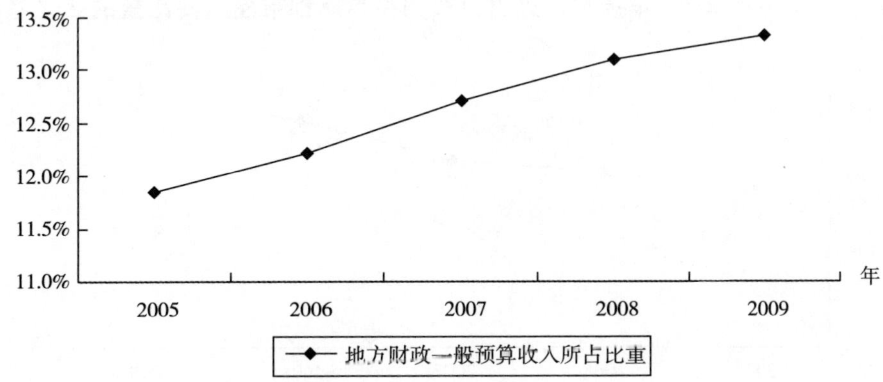

图3-25 2005~2009年扬州市地方财政一般预算收入在南京都市圈所占比重的变化趋势

2005~2009年扬州市进出口总额在南京都市圈所占比重为7.58%、7.39%、8.38%、9.88%、10.52%。扬州市进出口总额在"长三角"所占比重以2006年为界线,2006年之前呈递减趋势,2006

后呈递增趋势，但逐年变幅较小。

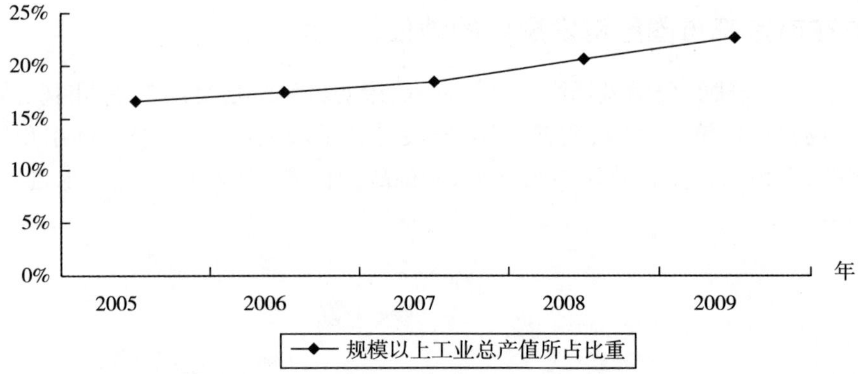

图 3 - 26　2005 ~ 2009 年扬州市规模以上工业总产值在南京都市圈所占比重的变化趋势

2005 ~ 2009 年扬州市实际外商直接投资金额在南京都市圈所占比重为：16. 66%、18. 9%、20. 06%、24. 37%、27. 27%，五年间占比的持续走高，变化相对较大。

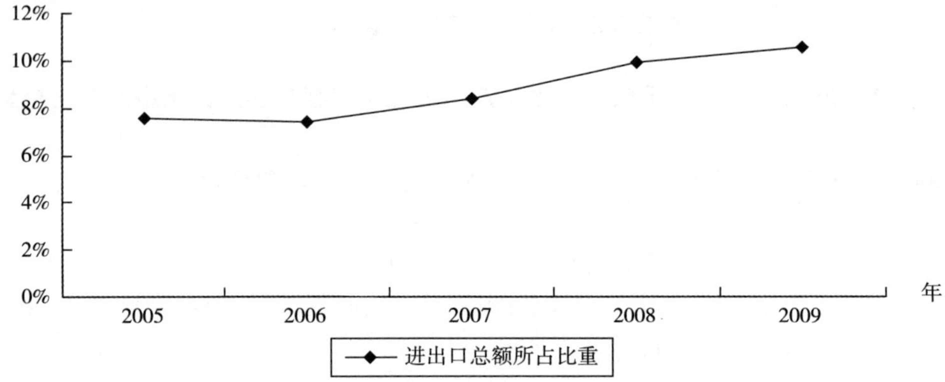

图 3 - 27　2005 ~ 2009 年扬州市进出口总额在南京都市圈所占比重的变化趋势

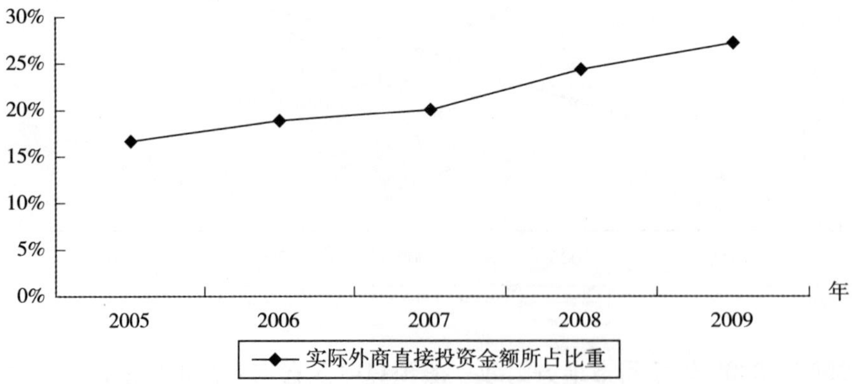

图 3 - 28　2005 ~ 2009 年扬州市实际外商直接投资金额在南京都市圈所占比重的变化趋势

三　镇江市2009经济社会发展报告

2009年，面对国际金融危机严峻考验，全市人民在市委、市政府的正确领导下，坚持科学发展、和谐发展、跨越发展，围绕“保增长、保民生、保稳定”各项目标任务，抢抓机遇，全面贯彻落实中央一揽子宏观经济刺激政策和措施，全力推进项目建设、城乡建设、生态建设、民生建设，经济内生动力增强，跨越发展之势初显，国民经济和各项社会事业呈现经济企稳回升、结构优化调整、效益改善提高、城乡统筹发展、社会和谐稳定的良好发展态势，基本实现了年度各项计划目标。

一、镇江市2009经济发展概况

(一)综合经济

1. 经济平稳较快运行

2009年全市实现地区生产总值1672.08亿元，按可比价计算比2008年增长13.7%。其中：第一产业增加值75.92亿元，增长4.5%；第二产业增加值972.21亿元，增长11.9%，其中工业增加值895.76亿元，增长11.7%；第三产业增加值623.95亿元，增长17.7%。人均地区生产总值为54732元，按当年汇率计算折合8017美元。经济回暖步伐加快，发展速度逐季提升，全年GDP增幅高于2008年0.9个百分点。经济结构调整优化，三次产业结构由2008年的4.7:58.9:36.4，调整至4.5:58.1:37.3，第三产业比重比2008年提高0.9个百分点。经济效益持续改善，财政一般预算收入占GDP比重达6.0%，比2008年提高0.3个百分点。经济预期明显好转，四季度企业家信心指数、企业景气指数回到“较为景气”区间，达135.9和125.9，比2008年分别四季度提高24.1和13.2个百分点。

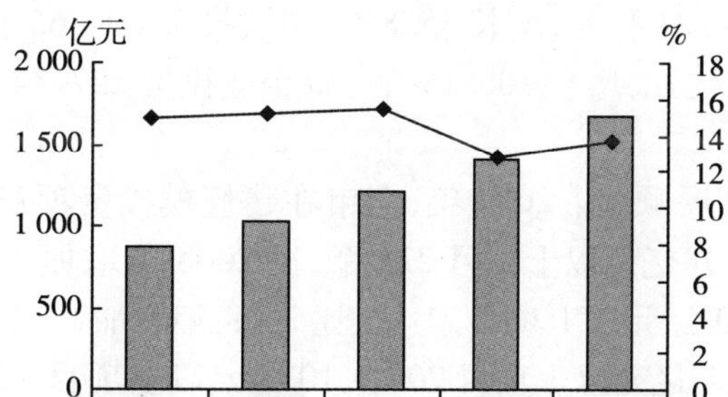

	2005年	2006年	2007年	2008年	2009年
地区生产总值（亿元）	871.67	1 025.3	1 213	1 408.1	1 672.1
增幅（%）	15	15.2	15.5	12.8	13.7

图3-29　2005~2009年镇江市地区生产总值及增长速度

2. 财政收支状况有效改善

2009年，全市实现财政总收入296.35亿元，比2008年增长27.1%，实现财政一般预算收入101.57亿元，比2008年增长18.6%。其中：工商税收完成82.9亿元，增长18.1%；非税收入完成18.67亿元，增长20.5%。按国地税分：地税完成50.0亿元，增长28.4%；国税完成24.9亿元，增长7.6%。按税种分：增值税完成18.54亿元，增长3.7%；营业税完成26.26亿元，增长54.0%；企业所

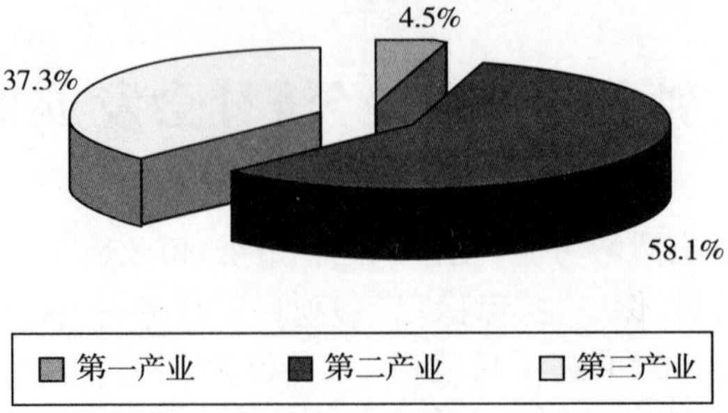

图 3－30　2009 年镇江市三次产业结构图

得税完成 8.65 亿元，下降 10.2%。全市财政总支出 231.27 亿元，比 2008 年增长 36.5%，其中一般预算财政支出 120.74 亿元，增长 26.9%，财政支出结构进一步调整，民生保障支出规模不断扩大、比重不断提高，教育、社会保障和就业、医疗卫生、环境保护一般预算支出，分别为 22.25 亿元、6.43 亿元、6.32 亿元和 4.98 亿元，比 2008 年分别增长 31.0%、29.3%、62.9% 和 156.3%。

3. 物价总体温和上涨

2009 年，全市居民消费价格总指数为 99.6，比 2008 年下降 0.4%。八大类消费品价格“五升三降”。其中：食品类上升 0.1%；烟酒及用品类上升 1.4%；医疗保健和个人用品类略升 0.5%；家庭设备用品及维修服务上升 0.9%；居住类上升 2.0%；衣着类下降 1.3%；交通和通信类下降 3.9%；娱乐教育文化用品及服务类下降 2.3%。由于粮食、蔬菜价格的刚性上涨，猪肉价格的触底回升，水价、电价、燃料价格的普遍上调，房价的高位运行，市场物价上涨预期和压力明显增强。

4. 固定资产投资速度平稳加快

抢抓机遇加快投入。2009 年，全市全社会固定资产投资完成 1010.57 亿元，比 2008 年增长 40.6%。其中：第一产业投资 17.12 亿元，增长 32.5%；第二产业投资 634.26 亿元，增长 36.9%，其中工业投资 624.67 亿元，增长 36.5%；第三产业投资 359.19 亿元，增长 48.3%。在全社会固定资产投资中：规模投资 834.21 亿元，增长 35.8%；城镇投资 606.65 亿元，增长 32.9%。按登记注册类型分：国有投资 287.61 亿元，增长 106.1%；三资企业投资 227.34 亿元，增长 15.6%；民营投资 495.62 亿元，增长 29.3%。

重大投资项目进展顺利。2009 年，全市在建规模投资项目（500 万元以上）1458 个，比 2008 年增加 53 个。其中：在建亿元以上项目 221 个，比 2008 年增加 70 个，其中，5 亿元以上项目 52 个、比 2008 年增加 23 个，10 亿元以上项目 21 个、比 2008 年增加 17 个。在建规模投资项目中，当年新开工亿元以上项目 75 个，5 亿元以上项目 20 个，10 亿元以上项目 12 个。巨宝科技一期、索普 60 万吨醋酸造气、台泥二期、江苏胜华造船等项目竣工或投产；二重一期、国电谏壁电厂 100 万千瓦、中石油物流中心、中储粮镇江储备中心等项目顺利推进。

5. 市县经济

在第九届全国县域经济基本竞争力与科学发展评价报告中，句容市再次跻身全国百强县行列，排名第 94 位。

（二）农林牧渔业

农村经济平稳发展。2009 年，全市实现农林牧渔业总产值 113.2 亿元，比 2008 年增长 6.5%。其中：农业总产值 58.6 亿元，增长 8.4%；林业总产值 4.59 亿元，增长 7.8%；牧业总产值 18.6 亿元，增长 0.2%；渔业总产值 14.7 亿元，增长 5.9%；农林牧渔服务业总产值 16.7 亿元，增长 7.8%。

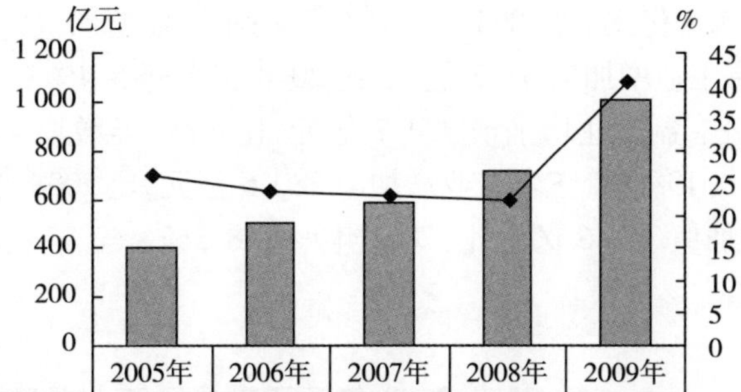

	2005年	2006年	2007年	2008年	2009年
固定资产投资总额（亿元）	404.75	501.18	588.02	718.5	1 010.57
增幅（%）	26.2	23.8	22.9	22.2	40.6

图 3－31　2005～2009 年镇江市全社会固定资产投资及增长幅度

表 3－10　　2009 年镇江市县区主要经济指标

区县	地区生产总值（亿元）	地方财政一般预算收入(亿元)	城镇固定资产投资(亿元)	出口总额（亿美元）	社会消费品零售总额(亿元)
市辖区					
丹徒区	160.69	8.48	70.25	2.51	28.50
郊县					
丹阳市	502.21	23.00	91.12	14.28	128.56
扬中市	213.48	11.34	38.98	4.06	57.17
句容市	215.12	11.21	50.86	3.21	58.76

粮食生产面扩产增。2009 年,全市粮食总产连续五年实现增产,粮食种植面积 264.33 万亩,比 2008 年增长 0.2%。其中:夏粮面积 106.05 万亩,增长 1.7%;秋粮面积 158.28 万亩,下降 0.8%。粮食总产量达 117.9 万吨,比 2008 年增长 4.9%。其中:夏粮 33.64 万吨,增长 5.3%;秋粮 84.24 万吨,增长 4.7%。油菜子播种面积 40.98 万亩,比 2008 年下降 4.7%,总产量 5.96 万吨,比 2008 年下降 4.9%。

高效农业步伐加快。年末全市高效农业面积 90.2 万亩、高效渔业面积 10.8 万亩,比 2008 年分别增加 22.4 万亩、3.2 万亩,占比重 34.9% 和 33.0%,比 2008 年分别提高 8.6、9.7 个百分点。主要农产品中有机、绿色及无公害产品种植面积比重为 74.6%,比 2008 年提高 7.0 个百分点。年末拥有省级认定的无公害、绿色、有机农产品 518 个,其中当年分别新增 33 个、3 个和 15 个。全市已建成现代农业园区 123 个,总面积 13.9 万亩。

畜牧业恢复性增长。2009 年:全市肉类总产量 6.96 万吨,比 2008 年增长 6.3%;生猪存栏量 48.6 万头,比 2008 年下降 10.8%,出栏量为 55.2 万头,比 2008 年下降 4.8%;家禽存栏量 520.9 万头、比 2008 年下降 5.9%,出栏量 1408.6 万羽、比 2008 年增长 15%;水产品产量 8.5 万吨,比 2008 年增长 3.0%。

(三)工业和建筑业

1. 工业生产先抑后扬

2009 年,全市拥有规模以上工业企业 2886 家,比 2008 年增加 382 家。规模以上工业实现总产值

3211.2 亿元,比 2008 年增长 15.1%;实现增加值 790.03 亿元,比 2008 年增长 15.3%。按轻重工业分:轻工业增加值 197.3 亿元,比 2008 年增长 9.2%;重工业增加值 592.7 亿元,比 2008 年增长 17.4%。按经济类型分:国有工业增加值 31.2 亿元,比 2008 年下降 5.4%;集体工业增加值 24.1 亿元,比 2008 年增长 13.8%;非公有制工业增加值 734.7 亿元,比 2008 年增长 16.4%,其中民营工业增加值 454.8 亿元,比 2008 年增长 19.1%;三资工业增加值 280.6 亿元,比 2008 年增长 13.8%。按企业规模分,大中型工业企业实现增加值 381.6 亿元,比 2008 年增长 8.3%。全年工业用电量 117.14 亿千瓦小时,比 2008 年增长 4.1%。

表 3－11　　2008 年镇江市县区工业总产值　　单位:亿元

区县	工业总产值
镇江市	3240.57
丹徒区	365.01
丹阳市	996.10
扬中市	431.93
句容市	465.77

2. 重点培育主导产业发展

2009 年,积极实施"千百亿工程"发展战略,"五大主导产业"实现销售收入 2498.1 亿元,比 2008 年增长 14.8%,占比重达 83.2%,比 2008 年提高 0.2 个百分点。其中:造纸销售收入 157.8 亿元,增长 6.8%;新材料销售收入 206.9 亿元,增长 22.4%;特种金属销售收入 295.7 亿元,增长 12.2%;绿色化工销售收入 571.6 亿元,增长 5.0%;装备制造销售收入 1266.0 亿元,增长 20.4%。

3. 企业盈利状况逐步改善

2009 年,全市规模以上工业实现销售收入、利税和利润总额 3003.4 亿元、252.5 亿元和 148.1 亿元,比 2008 年分别增长 14.5%、16.0% 和 17.3%。年末销售收入超 10 亿元企业 39 家,比 2008 年增加 7 家,其中销售收入超百亿元企业 3 家;拥有利税超亿元企业 35 家,比 2008 年增加 5 家。企业亏损面为 14.4%,比 2008 年增加 0.1 个百分点;亏损企业亏损额为 7.11 亿元,比 2008 年下降 5.4%。

4. 建筑业快速发展

2009 年,在扩大内需尤其是投资的强劲推动下,建筑业产效呈现快速增长。年末全市拥有资质以上建筑业企业 408 家,比 2008 年增加 34 家。实现建筑业总产值 263.5 亿元,比 2008 年增长 23.7%,其中竣工产值 151.5 亿元,比 2008 年增长 16.7%。建筑业实现利税总额 7.6 亿元,比 2008 年增长 35.7%。建筑业全员劳动生产率达 20.5 万元/人,比 2008 年增长 23.9%。全年房屋建筑施工面积 1405 万平方米,比 2008 年增长 18.2%;房屋建筑竣工面积 703.5 万平方米,比 2008 年增长 19.6%,其中住宅竣工面积 333.9 万平方米,比 2008 年增长 13.1%。

(四)服务业

1. 国内贸易

消费市场持续趋旺。2009 年,全市实现社会消费品零售总额 488.5 亿元,比 2008 年增长 19.1%。按行业分,批发和零售业实现零售额 418.3 亿元,比 2008 年增长 17.0%;住宿和餐饮业实现零售额 67.4 亿元,比 2008 年增长 34.5%。按城乡分:城市实现零售额 407.8 亿元,比 2008 年增长 19.1%;农村市场实现零售额 80.7 亿元,比 2008 年增长 19.1%。按规模分:限额以上企业实现零售额184.9亿元，比2008年增长18.4%；限额以下企业实现零售额107.6亿元，比2008年增长26.8%；个体实现零售额193.3亿元，比2008年增长16.0%。按消费品分，食品、烟酒、日用品、家用电器实现零售额，分别增长14.7%、34.2%、25.4%和21.4%。

积极落实扩大消费政策措施。2009年，一系列鼓励和刺激消费的政策措施得到有效落实，“家电下乡、以旧换新”等对消费市场发挥了积极的示范效应，全市家电下乡销售7.97万台、家电以旧换新销售4.97万台，累计实现销售额3.56亿元。全年汽车类实现零售额36.7亿元，比2008年增长57.9%。全年兑现家电、汽车销售财政性补贴3514万元。

各类市场规模不断扩大。2009年，全市拥有限额以上企业492家，比2008年增加114家，其中：批发和零售业349家，增加96家；住宿和餐饮业143家，增加18家。全市拥有星级宾馆（饭店）41家，其中三星级以上13家。年末全市拥有各类亿元以商品交易市场20个，交易额126亿元，比2008年增长37.0%。

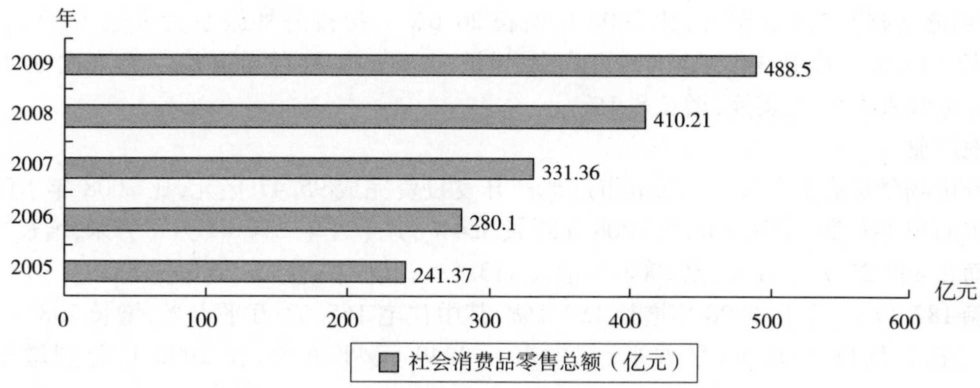

图3-32　2005~2009年镇江市社会消费品零售总额

2. 交通运输、邮电业

交通运输业发展稳定。2009年，全市：完成旅客运输量、货物运输量13275万人次、9405万吨，比2008年分别增长16.9%和16.7%；完成旅客周转量、货物周转量80.2亿人公里、57.6亿吨公里，比2008年分别增长17.6%和16.4%。全市完成港口货物吞吐量10132万吨，比2008年增长0.8%。其中：长江港口吞吐量8713万吨，增长0.1%；港口集装箱运量2.81万标箱，比2008年下降4.0%。年末全市等级公路里程6732公里，当年新增257公里，其中高速公路153公里。年末私人汽车保有量15.7万辆，比2008年增长22.1%，其中私人轿车保有量11.0万辆，比2008年增加3万辆，增长29.7%。

邮电通信业平稳增长。2009年，全市实现邮电业务总量30.3亿元，比2008年增长8.0%。其中邮政业务总量3.7亿元、电信业务总量26.6亿元，比2008年分别增长12.0%和7.2%。邮电业务收入24.1亿元，比2008年增长8.1%。其中邮政业务收入2.9亿元、电信业务收入21.2亿元，分别增长19.4%和6.7%。年末拥有邮政局（所）127处、邮政报刊图书销售亭（点）165处、邮政线路总长度5853公里；年末固定电话用户114.8万户，其中城市电话用户43.3万户；年末移动电话用户231.0万户。年末互联网用户37.1万户，新增8.1万户。

3. 金融和保险业

金融信贷投放力度加大。2009年，金融保障体系进一步完善，华夏、民生、浦发、大新、招商银行分支机构相继落户镇江。全市金融机构有效落实积极宽松的货币政策，货币供给规模创历史新高。

截止12月末,全市金融机构各项存款余额1785.29亿元,比年初增加522.58亿元。其中:企业存款余额572.86亿元,比年初增加212.66亿元;居民储蓄存款余额847.64亿元,比年初增加160.93亿元。金融机构各项贷款余额1286.64亿元,比年初增加365.66亿元,其中:短期贷款645.87亿元,比年初增加150.55亿元;中长期贷款532.46亿元,比年初增加184.53亿元。票据贴现贷款108.2亿元,比年初增加30.6亿元。在各项贷款余额中,工业性贷款266.34亿元,个人消费贷款160.3亿元,比年初分别增加34.55亿元、74.7亿元。

保险市场有序稳定发展。2009年,全市拥有保险机构42家,本年新增7家,保险机构实现保费收入40.8亿元,比2008年增长24.1%。其中:财产险收入8.4亿元,人身险收入32.4亿元,比2008年分别增长19.3%、25.4%。保险机构赔付支出10.5亿元,比2008年增长13.8%,其中:财产险赔付5.6亿元,增长28.6%;人身险赔付4.9亿元,增长0.4%。

4. 旅游业

旅游业持续较快发展。2009年,全市:接待国内旅游者人数2242万人次,比2008年增长17.8%;国内旅游收入234.3亿元,比2008年增长26.6%。接待海外旅游者人数58.9万人次,比2008年增长10.0%。其中:外国人46.4万人次,增长12.6%;港澳台同胞12.5万人次,增长1.4%;国际旅游外汇收入4.54亿美元,增长8.1%。

5. 房地产业

房地产市场量价齐升。2009年,全市房地产开发投资完成95.47亿元,比2008年下降1.6%。商品房竣工面积291.29万平方米,比2008年增长3.4%,其中住宅254.41万平方米,增长7.2%;商品房销售面积457.27万平方米,比2008年增长113.6%,其中住宅414万平方米,增长115.4%;商品房销售额187.17亿元,比2008年增长158.1%,其中住宅165.67万平方米,增长158.1%。全市商品房住宅销售均价4002元/平方米,其中市区4249元/平方米,比2008年分别增长19.8%和15.2%。

(五)开放型经济

1. 对外贸易形势依然严峻

2009年,全市实现进出口总额60.4亿美元,比2008年下降19.1%。其中:进口总额25.0亿美元,下降22.2%;出口总额35.4亿美元,下降16.7%。按贸易方式分:一般贸易完成出口23.45亿美元,下降22.3%;加工贸易完成出口11.93亿美元,下降3.3%。按企业性质分:国有企业完成出口3.37亿美元,下降26.5%;外商投资企业完成出口20.56亿美元,下降11.9%;私营企业完成出口10.32亿美元,下降21.6%。按国别(地区)分:对亚洲出口总额16.13亿美元,下降15.0%,其中对香港出口下降20.2%、对日本出口增长6.6%、对韩国出口下降30.3%;对欧洲出口总额7.51亿美元,下降27.6%,其中对欧盟出口下降25.4%;对北美洲出口总额7.45亿美元,下降5.2%,其中对美国出口下降6.3%。按出口商品分,机电产品出口13.35亿美元,下降18.9%。纸及纸制品出口7.39亿美元,增长9.3%;金属制品出口总额4.73亿美元,下降40.4%。

2. 外资形势相对稳定

2009年,全市完成协议利用外资28.0亿美元,比2008年增长20.2%。工商新注册企业164家,比2008年增加18家。新批1000万美元以上外资项目100个,比2008年增加23个。实际利用外资14.41亿美元,比2008年增长19.9%。开发园区外资集聚效应明显,全市7个省级以上开发区累计实际利用外资10.9亿美元,增长30.4%,占比重76.1%。

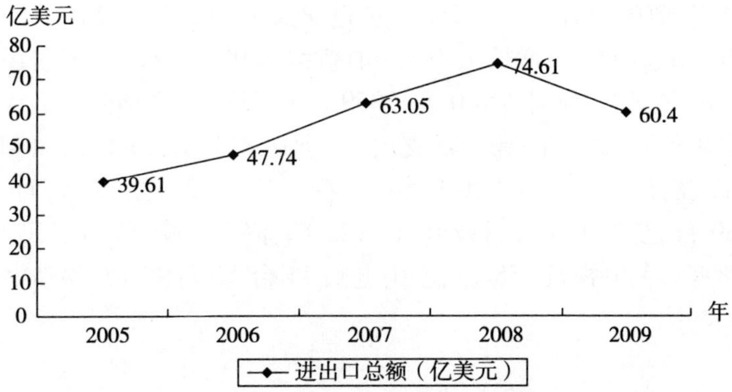

图 3－33　2005～2009 年镇江市外贸进出口总额

表 3－12　　2008 年镇江市县区实际外商直接投资　　单位:亿美元

区县	实际外商直接投资
镇江市	14.41
丹徒区	1.32
丹阳市	1.71
扬中市	1.13
句容市	2.54

3. 外经保持平稳发展

2009 年,全市新签对外承包工程和劳务合作合同金额 3.2 亿美元,比 2008 年增长 3.4%,完成营业额 2.7 亿美元,比 2008 年增长 5.4%。年末境外劳务人员 11030 人,本年新派境外劳务人员 5221 人,比 2008 年增长 1.3%;年末拥有境外投资企业 53 家、中方投资 7067 万美元,其中本年新批境外企业 14 家、中方投资 3647 万美元。新签离岸服务外包合同额 7209 万美元,增长 7.2 倍,新增服务外包企业 70 家。

4. 非公制经济发展不断加快

2009 年全市民营经济实现增加值 929.68 亿元,比 2008 年增长 14.2%,占 GDP 比重达 55.6%,比 2008 年提高 1.1 个百分点。私营个体经济保持快速发展,年末全市拥有私营企业 28929 户,注册资本 616.52 亿元,从业人员 45.83 万人,其中本年新增私营企业 4828 户、注册资本 103.96 亿元、从业人员 5.50 万人;全市拥有个体工商户 97938 户,注册资本 44.54 亿元,从业人员 16.24 万人,其中本年新增个体工商户 18179 户、注册资本 15.30 亿元,从业人员 3.01 万人。

二、镇江市 2009 社会发展概况

(一)人口、人民生活

人口总量小幅增长。年末全市常住人口 306.9 万人,比 2008 年末增加 2.9 万人;户籍人口 269.9 万人,比 2008 年增加 1.1 万人,其中,男性人口 135.2 万人,女性人口 134.7 万人。人口出生率 7.6‰,人口死亡率 6.7‰,人口自然增长率 0.9‰。

人民生活水平不断提高。2009 年,全市城市居民人均可支配收入 20949 元,比 2008 年实际增长

10.4%;人均消费性支出13031元,增长6.7%。农村居民人均纯收入9642元,比2008年实际增长11.4%;人均生活消费支出7056元,增长7.3%。消费结构转型升级,城市居民用于交通和通信、文化娱乐教育、医疗保健消费支出,分别达900元、1859元和727元,恩格尔系数为39.8%;农村居民用于交通和通信、文化娱乐教育、医疗保健消费支出,分别达816元、1016元和419元,恩格尔系数为38.7%。生活条件继续改善,年末城市居民人均居住面积达35.2平方米,每百户家庭拥有彩色电视机179台、家用电脑80台、空调176台、移动电话182部、汽车5辆;农村居民人均居住面积达48.4平方米,每百户家庭拥有彩色电视机158台、家用电脑34台、空调95台、移动电话183部。

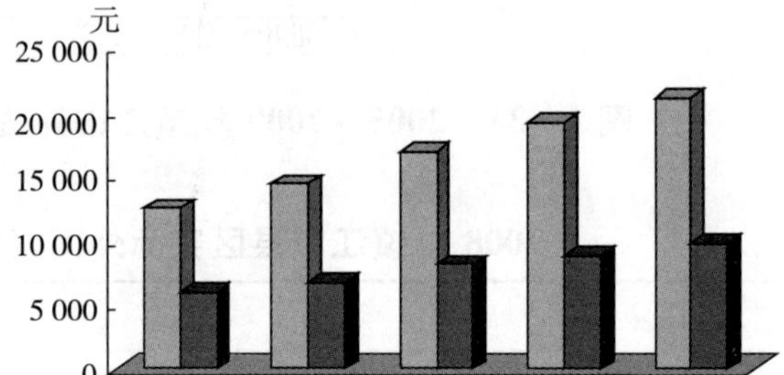

	2005年	2006年	2007年	2008年	2009年
城市居民人均可支配收入(元)	12 394	14 291	16 775	19 040	20 949
农村居民人均可支配收入(元)	5 916	6 717	8 077	8 703	9 642

图3-34　2005~2009年镇江市城乡居民收入对比一览

(二)就业与社会保障

1.就业再就业形势稳定

随着宏观经济形势的逐步好转、企业生产经营状况的逐步改善,加之积极有效的促进就业再就业政策措施,劳动力市场逐步升温,就业形势由紧趋稳发展。全年新增城镇从业人员5.2万人、新增转移农村劳动力3.3万人,年末全市全社会从业人员达173.2万人,比2008年增加7.8万人,城镇登记失业率为2.3%。

2.社会保障水平全面提升

2009年,全市企业职工基本养老保险、城镇基本医疗保险、失业保险参保人数分别为62.7万人、71.4万人和42.9万人,比2008年分别增加2.7万人、1.5万人和0.8万人;覆盖面分别达98.4%、98.7%和98.3%。农村养老参保人数8.62万人,覆盖面达66.0%。社会救助机制不断完善,弱势群体和低收入家庭实现"应保尽保",全市最低生活保障人数达4.5万人,其中城市1.4万人、农村3.1万人,发放最低生活保障经费6143万元,增长25.4%。慈善资金总收入(含增值)4915万元,救助总支出1571万元,救助8754人次。

(三)科学技术和教育

1.科技与创新

科技研发步伐加快。2009年,全市全社会研究与发展(R&D)经费支出31.8亿元,比2008年增长25.2%,占GDP比重1.9%,比2008年提高0.2个百分点。年末从事科技活动人员2.4万人,其中研究与发展(R&D)人员1.02万人。拥有市级以上工程研究中心86家,其中省级以上40家。新建"东南大学—镇江工业技术研究院"、"东南大学—镇江智能电网研究中心"和"东南大学科技成果转化镇江工作站”。年末全市拥有10个省级科技孵化器基地，当年新增2个，累计面积达25万平方米。

高新产业加快发展。2009年，全市拥有省级以上高新技术企业145家，其中当年新认定75家；拥有省级以上高新技术产品1087项，其中当年新认定132项。新立项国家火炬计划26个，总投资5.6亿元。实现高新技术产业产值1063亿元，比2008年增长24.6%，占比重达33.1%，比2008年提高2.7个百分点。软件产业实现销售收入达65亿元，比2008年增长116.7%。

科技创新成果丰硕。2009年，第7次荣获“全国科技进步先进市”荣誉称号。全年专利申请数8608件，比2008年增长17.3%，其中发明专利1341件，增长18.3%；专利批准数4064件，比2008年增长56.8%，其中发明专利1341件，增长18.4%。在专利批准数中，荣获国家优秀奖2项，省金奖1项、优秀奖10项。百亿元GDP专利授权数242件，百亿元GDP发明专利申请数80件，比2008年分别增加69件和5件。

质量检验稳步推进。2009年，拥有产品质量检验机构4家，其中国家检测中心1家。全年开展产品质量检验120类266项，通过强制性产品认证企业671家，食品检测合格率达93.3%。

2. 教育事业均衡发展

教育事业取得新进展。2009年，教育事业支出33.04亿元，比2008年增长19.4%。提前实现“十一五”时期教育发展规划，全面完成基本教育现代化创建任务。年末幼儿园在园人数6.09万人；中小学校在校学生人数26.33万人，其中小学12.90万人、中学13.43万人；职业技工学校在校学生人数2.35万人；普通高等学校在校学生人数8.66万人，其中研究生0.67万人。幼儿园入园率达97%，九年义务教育普及率达和高中阶段毛入学率均达100.0%，高等教育毛入学率达42.6%，人均受教育年限达14.5年。全年义务教育减免学杂费5862万元，发放助学金3091万元，全面实行义务教育阶段教师绩效工资。

（四）文化、卫生和体育

1. 文化建设步伐加快

文化产业建设加快推进。2009年，积极实施“626”工程，加快文化产业发展步伐，全年完成文化产业投资40.65亿元，比2008年增长65.3%。群众性文化娱乐活动广泛开展，组织了46期“文化嘉年华”项目；成功举办“迷笛音乐节”；“文心公益行动”放映免费电影38场，公益演出16场，广场文化活动20场。基层文化设施建设稳步推进，年末拥有镇（街道）文化站52个，605个行政村建成文化活动室，“农家书屋”覆盖率达100%。创作一批文化艺术精品，话剧《三国龙凤呈祥》、专题片《瘗鹤铭》、纪录片《诗话镇江》、音乐剧《水漫金山》等作品获得广泛好评。文化馆藏更加丰富，年末全市拥有图书馆8家，当年新增1家，藏书量190万册；博物馆9家，藏品3.71万件。全年各类报纸出版4432万份，比2008年增长11.3%；各类期刊出版15.1万册，增长15.2%；各类图书出版3863万册，增长22.1%。

广电事业构筑新平台。2009年，新广电中心竣工并交付使用，建筑面积5.92万平方米，为镇江广电事业发展拓展了新空间。年末拥有广播电台、电视台各1座，广播、电视覆盖率均达100%，有线电视覆盖率达70.1%，新开通有线电视自然村100个，完成市区数字电视整转工作。电视节目质量有新的提升，新闻综合频道、影视剧频道、生活娱乐频道进一步贴近时政、贴近生活、贴近百姓，努力打造品牌栏目。

2. 医疗水平不断提升

卫生保障水平稳步提高。2009年，拥有卫生机构890个，其中医院、卫生院100个；卫生机构床位8670张，其中医院、卫生院床位8529张；卫生技术人员14484人，其中医生5230人、注册护士

4400人。卫生服务体系健全率达87.0%,社区卫生机构覆盖率达100%。新型农村合作医疗参保人数158.3万人,覆盖率达99.9%。全年医治入院人数22.2万人,治愈好转率达96.9%。孕产妇死亡率为零,婴儿死亡率3.07‰。积极开展“甲型H1N1”流感防控与救治,建立30支应急处置队伍,收治危重病人18例。推行公立医院改革试点,成立江滨、康复两大医疗集团。医卫设施条件不断改善,市一院内科医技楼、中医院门诊综合楼工程进展顺利,新二院工程开工建设,口腔医院完成改造搬迁,市三院结核病楼及负压病房建成并投入使用。

3. 体育事业健康发展

各项体育活动蓬勃开展。2009年,南徐体育会展中心正式开工建设,建筑面积达17.2万平方米。年末全市拥有体育场馆178个,健身点1322个,健身俱乐部500个,万人拥有公共体育设施面积1.05万平方米。年末拥有等级运动员241人,全年向省级以上运动队输送优秀运动员19名。成功举办迎新年万人健身长跑、“百日万人”健步行活动。成功承办全国少年男子排球比赛、全国俱乐部女子篮球联赛、全国象棋甲级联赛等全国体育赛事。竞技体育再获佳绩,参加省级比赛共获得金牌34.5枚、银牌22枚、铜牌37枚。全年完成体育彩票销售3.16亿元,比2008年增长26.2%。

(五)城乡建设

城乡面貌显著变化。2009年,全市完成城乡建设投资305.1亿元,比2008年增长31.7%,“一中心四区域”城市雏形初显。南徐新城、北部滨水区、大市口AB地块、双井路片区和“三铁一桥”等建设顺利推进,金港大道、南山西入口、新南门汽车站、滨江旅游专线等工程顺利竣工。城市综合功能不断完善,全年新增公共汽车营运车辆125辆,新辟和优化公交线路22条,出租汽车全面更新,燃气普及率达到96.1%,自来水普及率达100%。居民居住条件继续改善,市区完成房屋拆迁381万平方米,增长1.1倍,定建拆迁安置房面积达228.5万平方米,其中竣工交付60万平方米。城市化水平稳步提升,全市城市化率达60.0%,市区建成区面积102.2平方公里,比2008年增加4平方公里。

(六)环境保护与生态建设

环境保护扎实推进。2009年,生态市创建全面推进,“青山绿水”工程加快实施,21个乡镇通过全国环境优美乡镇省级考核。全年环境保护投资完成85.3亿元,比2008年增长35.1%,占GDP比重达5.1%。太湖流域140项重点治污工程基本完成,已建和新建34座乡镇污水处理厂,工业废水排放达标率达93.0%,工业烟尘排放达标率达99.0%。节能减排目标任务全面实现,全市GDP单位能耗比2008年下降4.69%,化学需氧量(COD)排放强度为2.46千克/万元、二氧化硫(SO_2)排放强度为3.62千克/万元,单位工业增加值新鲜水耗20.1立方米/万元。工业用水重复使用率达80.4%。环境质量稳步提高。全年空气优良天数优良率达91.0%,酸雨天数出现率下降至26.7%。集中式饮用水源水质达标率为100%,环境质量综合指数达83.2%,森林覆盖率达20.7%,城镇人均公共绿地面积达15.9平方米,人民群众对环境的满意度逐年提升。

三、挑战与目标

2010年,镇江市国民经济和社会发展中仍然存在一些问题:经济回升基础尚不稳固,对外贸易降幅依然较深,工业经济效益改善仍较困难,投资结构有待调整优化,居民收支增长逐步放缓等。

2010年全市经济社会发展的主要预期目标是:地区生产总值增长12%;地方财政一般预算收入增长15%;全社会固定资产投资增长20%;社会消费品零售总额增长17%;实际利用外资增长10%;研发投入占GDP比重达到2%,高新技术产业产值占规模以上工业比重达到35%;城镇居民人均可支配收入、农民人均纯收入增长10%；城镇登记失业率控制在4%以内；单位GDP能耗、化学需氧量和二氧化硫排放量全面完成“十一五”时期削减任务。

四、镇江市在南京都市圈经济发展中的地位

面对风云变幻的国际、国内经济形势等一系列困难和挑战，镇江市工业经济紧紧围绕“三优三加”目标任务，以着力打造“千百亿”工程为抓手，负重前行，积极应对，努力化解经济运行中的各种矛盾和问题，继续实现了经济平稳较快增长的发展态势。

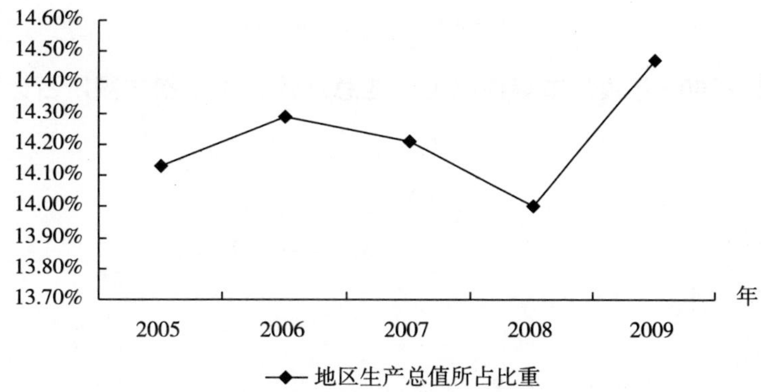

图3－35　2005～2009年镇江市地区生产总值在南京都市圈所占比重的变化趋势

镇江市地区生产总值在南京都市圈所占比重在2005年至2007年分别为14.13%、14.29%、14.21%，在2008年受国际金融范围的冲击所占比重降到了14%的低点之后，2009年大幅反弹，达到了14.47%的历史高点。

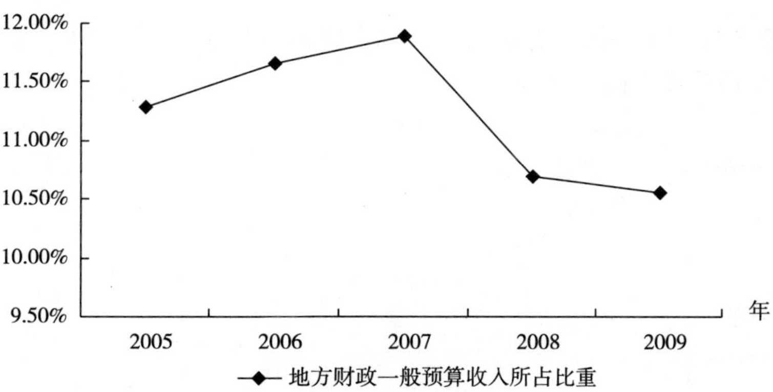

图3－36　2005～2009年镇江市地方财政一般预算收入在南京都市圈所占比重的变化趋势

镇江市地方财政一般预算收入在南京都市圈所占比重自2005年至2007年连年较2008年增加，从2005年的11.29%增加到2007年的11.89%。但2008年镇江市地方财政一般预算收入占比较2007年明显回落，为10.7%，到2009年继续下降，为10.56%。

2005年至2009年镇江市规模以上工业总产值在南京都市圈所占比重分别为14.22%、14.64%、14.62%、15.19%、16.34%，在2007年小幅下滑之后，2008年和2009年比前一年有较大的增加，分别提高0.57和1.15个百分点。

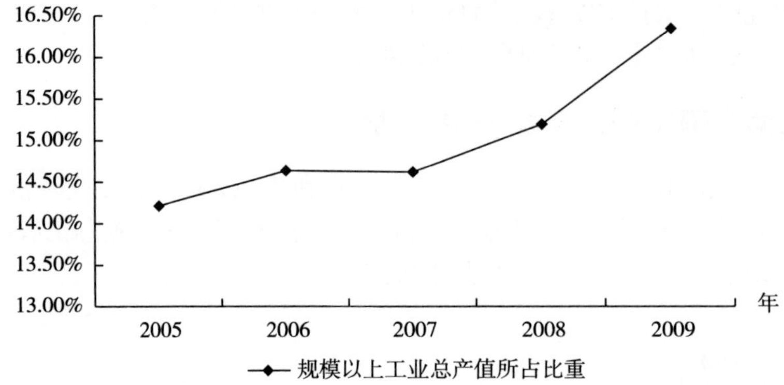

图 3-37　2005~2009 年镇江市规模以上工业总产值在南京都市圈所占比重的变化趋势

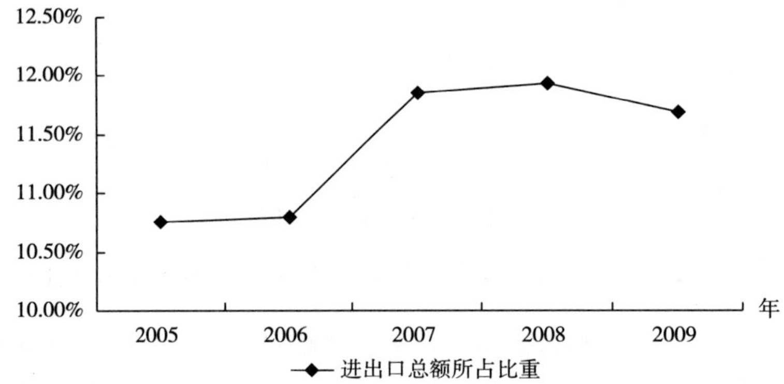

图 3-38　2005~2009 年镇江市进出口总额在南京都市圈所占比重的变化趋势

2005 年至 2009 年镇江市进出口总额在南京都市圈所占比重分别为 10.76%、10.8%、11.86%、11.93%、11.69%，呈现稳步走高的趋势。

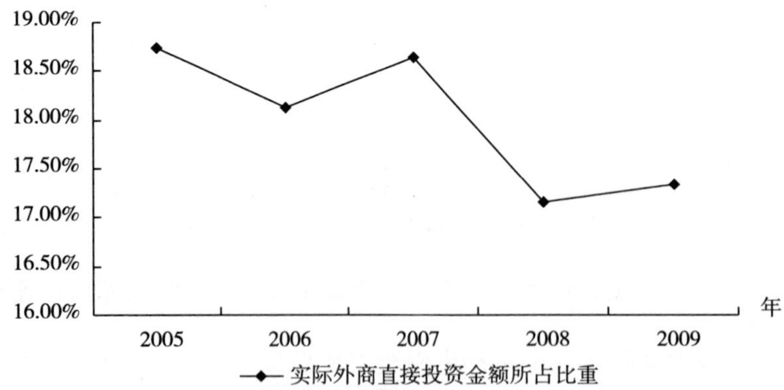

图 3-39　2005~2009 年镇江市实际外商直接投资金额在南京都市圈所占比重的变化趋势

2005 年至 2009 年镇江市实际外商直接投资金额在南京都市圈所占比重 18.73%、18.13%、18.64%、17.15%、17.34%，从 2005 年的高点下行，2007 年开始反弹，随后又下行，到 2009 年又出现反弹势头。

四　淮安市2009年经济社会发展报告

2009年，淮安人民在市委、市政府的正确领导下，积极应对国际金融危机带来的严峻挑战，坚持以科学发展观为统领，全面落实中央和省委省政府保增长保民生保稳定的各项决策部署，强力推进“五大建设”，经济保持较快增长，社会事业加快发展，圆满完成了年初确定的各项目标任务。

一、淮安市2009年经济发展概况

（一）综合经济

1. 经济保持较快增长

全市地区生产总值达到1121.75亿元，按可比价计算，比2008年增长14.2%。其中：第一产业增加值170.97亿元，增长4.8%；第二产业增加值541.48亿元，增长16.5%；第三产业增加值409.30亿元，增长15.8%。按常住人口计算，全市人均地区生产总值2.33万元，比2008年增长14.7%。经济结构进一步优化，三次产业增加值比例由2008年的16.1∶47.6∶36.3，调整为15.2∶48.3∶36.5。

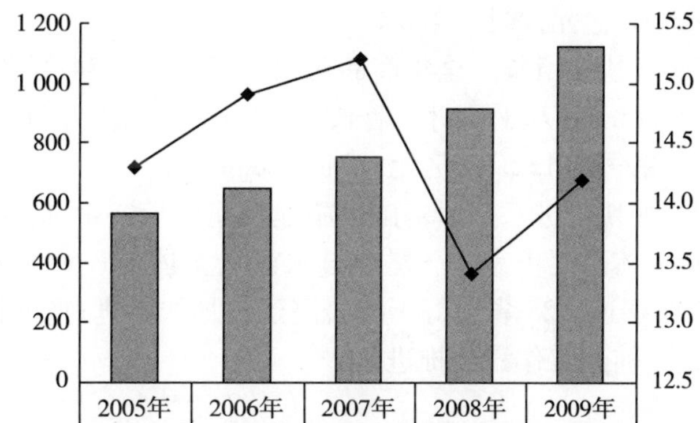

	2005年	2006年	2007年	2008年	2009年
地区生产总值(亿元)	561.81	651.06	756.23	915.83	1 121.75
增幅(%)	14.3	14.9	15.2	13.4	14.2

图3－40　2005～2009年淮安市地区生产总值及增长速度

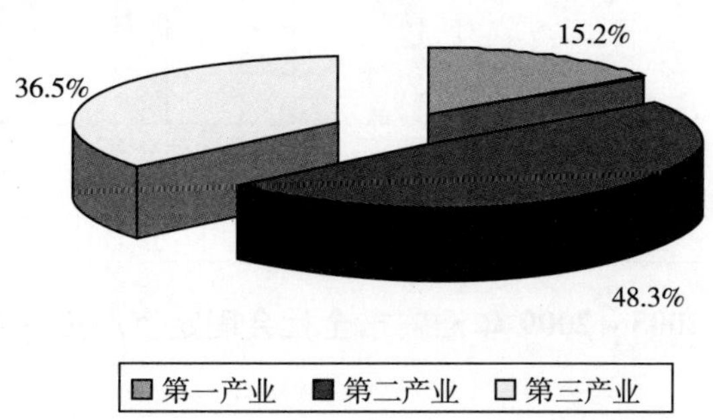

图3－41　2009年淮安市三次产业结构图

2. 财政收入较快增长

全年财政总收入 213. 55 亿元,比 2008 年增长 25. 2%。其中:上划中央收入 85. 7 亿元,增长 13. 4%;一般预算收入 96. 45 亿元,增长 35. 2%;社保基金收入 27. 30 亿元,增长 44. 5%。

财政支出结构优化。全年财政总支出 178. 30 亿元,比 2008 年增长 31. 2%。其中:一般预算支出 147. 71 亿元,增长 29. 6%;社保基金支出 25. 43 亿元,增长 37. 4%。在一般预算支出中:一般公共服务支出 24. 72 亿元,增长 25%;公共安全支出 9. 42 亿元,增长 17. 8%;教育支出 26. 78 亿元,增长 16. 2%;社会保障和就业支出 15. 48 亿元,增长 27. 6%;医疗卫生支出 9. 02 亿元,增长 42. 1%;城乡社区事务支出 17. 8 亿元,增长 49. 3%;农林水事务支出 19. 54 亿元,增长 39. 2%。

3. 物价涨幅逐步回落

全年城市居民消费价格比 2008 年下降 0. 9%。食品类价格上涨 2. 9%,其中粮食上涨 10. 4%、油脂类下降 22. 0%、水产品下降 8. 4%、鲜菜上涨 37. 3%;烟酒及用品类价格上涨 2. 2%;衣着类价格下降 5. 4%;家庭设备用品及维修服务类价格下降 1. 3%;医疗保健及个人用品类价格下降 2. 8%;交通和通信类价格下降 2. 6%;娱乐教育文化用品及服务类价格下降 2. 1%;居住类价格下降 4. 2%。

4. 固定资产投资较快增长

固定资产投资较快增长。全年完成 500 万元以上项目固定资产投资 745. 58 亿元,比 2008 年增长 32. 4%。其中:城镇投资 682. 95 亿元,比 2008 年增长 31. 8%,城镇投资中房地产开发投资 182. 15 亿元,增长 31. 6%;农村投资 62. 64 亿元,增长 39. 0%。按产业分:第一产业投资 14. 19 亿元,增长 37. 8%;第二产业投资 366. 22 亿元,增长 30. 1%,其中工业投资 360. 12 亿元,增长 33. 1%;第三产业投资 365. 18 亿元,增长 34. 6%。

商品房市场销售快速增长。全年商品房销售面积 531. 34 万平方米,比 2008 年增长 101. 3%;其中住宅销售面积 473. 51 万平方米,增长 99. 8%。商品房销售额 154. 81 亿元,比 2008 年增长 119. 7%;其中住宅销售额 132. 93 亿元,增长 120. 8%。

基础设施建设加快推进。交通基础设施建设完成投资 45 亿元,公、铁、水、空基础设施建设全面推进,综合交通运输体系逐步完善。建成涟水机场主体工程和城南汽车客运站,盐河航道整治工程提前开工建设;205 国道、325 省道等干线公路建设加快推进;宿淮铁路完成前期拆迁并开工建设,淮扬镇铁路、淮连铁路前期工作稳步推进。

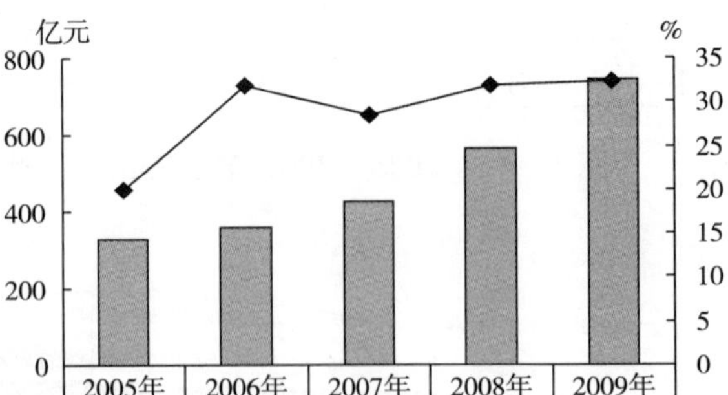

	2005年	2006年	2007年	2008年	2009年
固定资产投资总额(单位:亿元)	330.73	358.74	427.22	563.25	745.58
增幅(%)	20	31.8	28.4	31.8	32.4

图 3-42　2005~2009 年淮安市全社会固定资产投资及增长幅度

5. 区县经济

2009 年,淮安市县域实现地区生产总值 765. 51 亿元,占全市的 68. 24%。经济总量最大的是楚州区，最小的是金湖县。同苏北5市的县域经济相比，淮安市县域经济总体规模基本处于中等水平。

表3-13　　2009年淮安市县区主要经济指标

区县	地区生产总值（亿元）	地方财政一般预算收入（亿元）	城镇固定资产投资（亿元）	出口总额（亿美元）	社会消费品零售总额（亿元）
市辖区					
楚州区	167.92	8.51	70.20	0.95	58.86
淮阴区	161.45	10.02	81.14	0.57	39.76
郊县					
涟水县	133.97	7.61	71.66	1.01	38.00
洪泽县	89.86	7.52	48.45	0.44	35.72
盱眙县	129.10	8.81	103.81	0.48	38.40
金湖县	83.21	5.50	42.78	0.87	33.43

（二）农业

农业生产形势较好。粮食连续6年丰收，全年粮食总产量440.70万吨，比2008年增加15.96万吨，增长3.8%。其中：夏粮170.76万吨，增长3.8%；秋粮269.94万吨，增长3.7%。农作物种植结构有所调整。全年：粮食播种面积966.86万亩，比2008年增加15.61万亩；棉花面积为0.75万亩，减少0.21万亩；油料面积60.22万亩，增加0.1万亩；蔬菜面积119.61万亩，增加5.82万亩。林牧渔业稳定发展。全年完成造林面积13.58万亩，年末实有林地面积312.37万亩，比2008年增长4.3%。全年肉类总产量28.10万吨，比2008年增长7.1%。其中：猪牛羊肉产量18.62万吨，增长5.4%；禽肉产量8.62万吨，增长5.7%。禽蛋总产量12.01万吨，下降0.5%。牛奶总产量4.38万吨，下降2.2%。全年水产品总产量24.71万吨，下降5.1%。全市农田有效灌溉面积456.15万亩，新增节水灌溉面积18.69万亩。年末全市农业机械总动力371.91万千瓦，比2008年末增长6.9%。

水利建设稳步推进。全年完成水利建设投资11.58亿元。南水北调淮阴三站、里运河清淤等水利工程顺利完成。疏浚县乡河道313条，整治392个村的1829个村庄河塘，实施渠南5期等6个灌区项目，兴建防渗渠道174公里，新建及改造机电泵站163座。开工建设西郊泵站、运河泵站改造以及越河泵站拆建等工程。

（三）工业和建筑业

1. 工业生产保持增长

工业生产持续增长。规模以上工业企业完成增加值414.54亿元，比2008年增长16.9%。在规模以上工业中：国有工业增加值59.10亿元，增长4.9%；集体工业增加值9.84亿元，增长17.9%；股份制工业增加值233.23亿元，增长18.0%；外商与港澳台投资工业增加值61.17亿元，增长19.0%。大中型工业企业实现增加值196.28亿元，增长7.4%。全年工业用电71.28亿千瓦小时，比2008年增长4.1%。

企业效益逐步回升。全市规模以上工业企业实现产品销售收入1588.21亿元，比2008年增长25.7%；实现利税171.97亿元，增长25.6%，其中利润74.42亿元，增长27.4%。企业亏损面9.2%，比2008年下降8.0个百分点；亏损企业亏损额2.72亿元，下降79.5%。工业经济效益综合指数

245.27,比2008年提高16.3个百分点。

表 3-14　　2009年淮安市县区工业总产值　　单位:亿元

区县	工业总产值
淮安市	1621.90
楚州区	142.03
淮阴区	250.05
涟水县	193.80
洪泽县	148.80
盱眙县	165.04
金湖县	141.82

2. 建筑业稳定发展

建筑业稳定发展。全市总承包、专业承包建筑业企业实现建筑业产值474.86亿元,比2008年增长22.9%。其中:建筑工程产值455.64亿元,增长23.4%;安装工程产值17.21亿元,增长8.8%。房屋建筑施工面积5531.63万平方米,比2008年增长15.7%;房屋建筑竣工面积2421.69万平方米,下降9.5%。

(三)服务业

1. 国内贸易

消费品市场保持较快增长。全年实现社会消费品零售总额399.89亿元,比2008年增长19.1%。分城乡看:城市消费品零售额254.35亿元,增长19.1%;县及县以下消费品零售额145.54亿元,增长19.0%。分行业看:批发零售贸易业零售额338.86亿元,增长18.5%;住宿餐饮业零售额55.89亿元,增长22.4%;其他行业零售额5.14亿元,增长23.4%。全年限额以上批发零售贸易企业实现汽车类零售额6.45亿元,比2008年增长82.7%;粮油类、肉禽蛋类零售额,分别增长46.8%、58.5%。

全市有成交额超亿元的大型骨干市场16家,实现成交额88.07亿元。

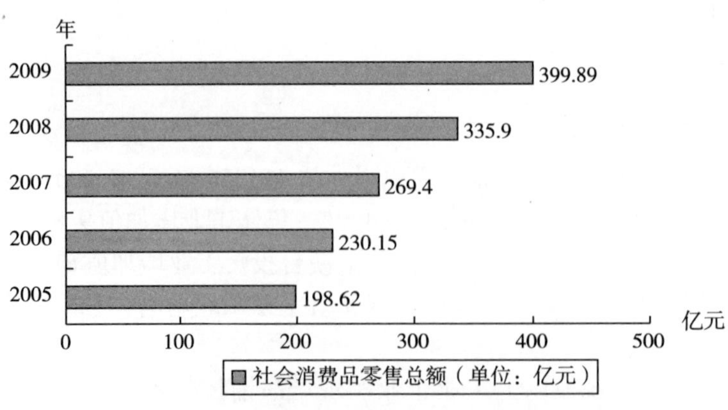

图 3-43　2005~2009年淮安市社会消费品零售总额

2. 交通、邮电业

(1)交通运输业稳步发展

交通运输业稳步发展。全年完成公路客运量8210万人次、公路货运量4842万吨、水路货运量2821万吨,同口径分别比2008年增长7.51%、7.98%和6.61%;客运周转量52.43亿人公里、货运周转量123.76亿吨公里,同口径分别比2008年增长8.03%和7.54%;港口货物吞吐量3850万吨,增长2.8%。全市年末公路总里程11231公里,比2008年增加167公里。其中,高速公路里程380公里。全市年末拥有民用汽车12.31万辆,其中私人汽车8.04万辆,分别比2008年增长7.3%和5.0%。加快发展物流市场,引进佳吉快运、华通行物流等龙头物流企业,宝洁公司、青岛海尔、双汇集团、格力电器等大型企业在淮设立分公司或仓储中心。进一步深化与连云港港、江阴港、扬州港、太仓港的合作机制,淮安港内河集装箱运输吞吐量达到3.4万标箱。成立淮安市水上搜救中心,组建全省首支专业化水上交通应急救援队,加快推进市公路养护应急处置中心及2个基地建设。

(2)邮电通信业稳定增长

邮电通信业稳定增长。全年邮电业务收入19.26亿元,比2008年增长4.5%。其中:电信业务收入17.25亿元,增长3.7%;邮政业务收入2.01亿元,增长12.1%。全市年末固定电话(含小灵通)用户142.01万户,比2008年增长6.4%;年末移动电话用户170.12万户,比2008年增长27.9%;年末互联网注册用户28.56万户,增长36.2%,其中宽带网接入用户27.83万户,增长37.6%。

3. 旅游业

旅游业稳定发展。全年接待国内外旅游者1012.63万人次,比2008年增长18.1%。其中:国内接待1010万人次,增长18.2%;入境游客26264人,下降0.6%。实现国内旅游收入100亿元,比2008年增长28.2%;实现旅游外汇收入2090万美元,增长0.6%。

4. 金融和保险

(1)金融运行总体平稳

金融业稳定运行。全市金融机构年末本外币存款余额942.33亿元,比2008年末增加240.73亿元,增长34.3%,其中居民储蓄存款余额486.86亿元,增加84.57亿元,增长21.0%。本外币贷款余额673.24亿元,比2008年末增加209.05亿元,增长45.0%。全年金融机构现金收入2415.56亿元,比2008年增长10.7%;现金支出2359.62亿元,增长11.3%。

(2)保险业稳步发展

保险业稳步发展。2009年保险公司保费收入24.88亿元,比2008年增长13.0%。其中:财产险保费收入6.54亿元,增长34.6%;寿险收入16.85亿元,增长7.2%;健康险和意外伤害险收入1.49亿元,增长3.4%。全年保险赔款和给付支出7.9亿元,其中财产险3.79亿元、寿险3.48亿元、健康险和意外伤害险0.63亿元。

(四)开放型经济

1. 对外开放成效显著

积极开展系列招商活动,成功举办第八届中国淮扬菜美食文化节暨第四届台商论坛。新批外资项目164个,总投资20.8亿美元,协议注册外资13.1亿美元。全市注册外资实际到账6.1亿美元,比2008年增长35.1%,其中,注册台资实际到账3.55亿美元,增长83.9%。进出口总额21.4亿美元,比2008年增长20.1%,其中海关直接进出口14.46亿美元,下降18.8%;8家省级开发区业务总收入1610.3亿元,新增基础设施投入53.1亿元。

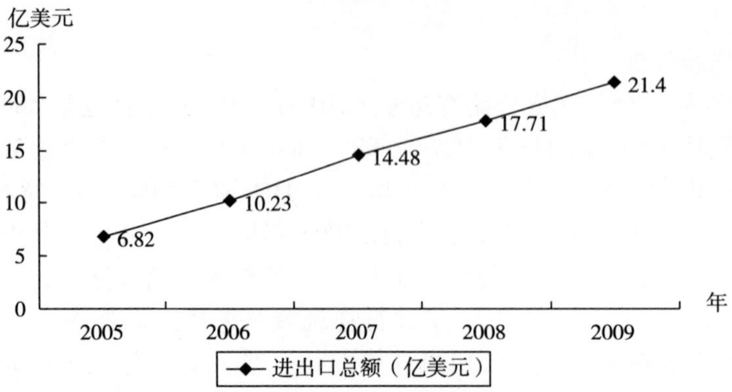

图 3－44　2005～2009 年淮安市外贸进出口总额

2. 境外投资迈出新步伐

全年外经营业额 2. 39 亿美元，比 2008 年增长 15. 3%。继金湖石油机械成功收购美国 WDI 公司股份之后，落户市开发区的世洋锌科技出资 200 万美元收购韩国清云能源科技 20% 股份，成为淮安市第二家运用跨国并购方式进行境外投资的企业。

3. 服务外包工作成效突出

签约引进阿里巴巴、搜狐、微软等一批知名外包企业，促成市开发区创建成为省级国际服务外包示范区。

表 3－15　　2008 年淮安市县区实际外商直接投资　　单位：亿美元

区县	实际外商直接投资
淮安市	5. 47
楚州区	0. 72
淮阴区	0. 54
涟水县	0. 60
洪泽县	0. 72
盱眙县	0. 63
金湖县	0. 65

4. 特色园区发展较快

创建江苏楚州精密机械配件产业园、江苏金湖汽摩配产业园、江苏涟水高档服饰产业园、江苏淮安盐碱科技产业园等 4 家省级特色产业园区。留学人员创业园获批国家高新技术创业服务中心，淮安工业园区和盐化工新区基础设施加快推进，海关"区港联动"便捷通关模式正式启动。江苏省石油机械产品出口基地正式获批，成为苏北首家、全省唯一的省级机电产品出口基地。

二、淮安市 2009 年社会发展概况

（一）人口、人民生活

人口总量有所下降。年末全市户籍总人口 534. 16 万人，比 2008 年减少 2. 75 万人，下降 0. 5%；

全年出生 6. 58 万人,死亡 5. 44 万人。

居民生活水平稳步提高。全年城镇居民人均可支配收入 15646 元,比 2008 年增长 11. 7%;人均消费性支出 10642 元,增长 17. 5%。农民人均纯收入 6308 元,比 2008 年增长 11. 5%;人均生活消费支出 4292 元,增长 13. 3%。在岗职工平均工资 28175 元,增长 17. 4%。居民住房条件继续改善,城市居民人均住房面积 33. 84 平方米,农村居民人均住房面积 33. 85 平方米。

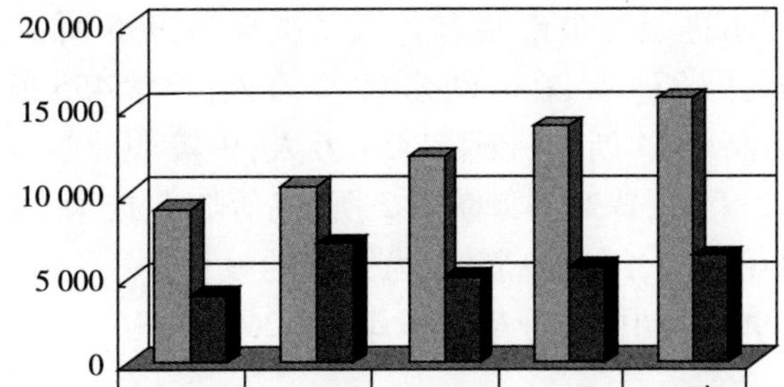

	2005年	2006年	2007年	2008年	2009年
城市居民人均可支配收入（元）	9 115	10 447	12 164	14 007	15 646
农村居民人均可支配收入（元）	4 024	7 077	5 010	5 657	6 308

图 3－45　2005～2009 年淮安市城乡居民收入对比一览

(二)就业与社会保障

1. 就业形势基本稳定

就业形势保持稳定。全市实现城镇新增就业 9. 2 万人,下岗失业人员再就业 3. 01 万人,就业困难人员再就业 7337 人。城镇登记失业率为 3. 03%。新增农村劳动力转移 8. 32 万人,农村劳动力培训 7. 25 万人。

2. 保障体系逐步完善

全市参加企业养老保险职工人数达 49. 83 万人,比 2008 年增加 4. 01 万人。其中,乡镇企业职工参保 4. 39 万人,农民工参保 4. 61 万人,个体灵活就业人员参保 20. 87 万人。全市参加城镇职工基本医疗保险、工伤保险、生育保险、失业保险人数分别达 59. 56 万人、32. 33 万人、26. 66 万人、45. 28 万人,比 2008 年同期分别增加 3. 76 万人、3. 31 万人、2. 88 万人、2. 17 万人。城镇居民基本医疗保险参保人数达 61. 88 万人。全市共支付 12. 93 万名企业离退休人员养老金 16. 39 亿元,确保了企业离退休人员养老金按时足额 100% 社会化发放。全市共有 12. 78 万名企业退休人员纳入社区管理,社区管理率达 99. 8%。全市累计接收企业退休人员档案 12. 74 万份,档案接收率为 99. 6%。全市为纳入社区管理退休人员进行免费体检,免费体检率为 100%。

(三)科学技术和教育

1. 科技创新加快发展。

科技创新支撑作用不断凸显。成功举办"2009 淮安科技洽谈会"活动,签约实施产学研合作项目 448 项。新获批建设省级重大研发机构 1 家、省级企业院士工作站 4 家、省级工程技术研究中心 3 家、市级工程技术研究中心 17 家;新获批省级科技企业孵化器 5 个,市高新技术创新中心成功获得国家级创新中心认定。组织实施国家级各类科技计划项目 23 项、省级各类科技计划项目 99 项,其中国家科技型中小企业创新基金项目 11 项、国家农业科技成果转化资金项目 2 项、省重大科技成果转化资金项目4项。全市实现高新技术产业产值245.83亿元,比2008年增长74.83%,占规模以上工业总产值15.4%,比2008年提高4.2个百分点;新通过认定高新技术企业52家(其中国家重点高新技术企业2家、省高新技术企业10家),新通过认定高新技术产品69个(其中省级23个)。全年完成专利申请3449件,比2008年增长26.5%,其中发明专利申请422件,增长27.9%;完成专利授权1011件,增长127.2%。金湖石油机械产业正式获批国家火炬计划特色产业基地。

2. 教育事业取得新进展

教育事业取得新进展。全市共有各级各类学校986所,在校生97.4万人,教职工6万人。其中:各类成规模幼儿园271所,在园幼儿15.2万人;小学455所,在校生30.6万人;初中160所,在校生20.7万人;普通高中44所,在校生11.4万人;中等职业学校43所,在校生11.3万人;特殊教育学校7所,在校生0.2万人;普通本科院校2所,高等职业技术学院4所,在校生共计7.9万人。初步形成了从低到高、相互衔接、门类齐全、较为完备的教育体系。全市学前教育毛入园率94.15%;九年义务教育巩固率99.99%;初中毕业生升学率97.26%。

(四)文化、卫生和体育

1. 文化事业繁荣发展

文化、广电事业繁荣发展。成功承办了"梅香淮安—江苏省优秀新剧目评比展演"和"第四届江苏省戏剧奖——红梅奖"决赛。小戏《回娘家》、淮海戏《老县长的第二春》、淮剧《韩信》,分别荣获全国、全省优秀剧目一等奖,30集电视剧《大将军韩信》拍摄完成;中国南北地理分界线标志园、中国淮扬菜博物馆等建成开放;基本完成主城区有线数字电视整体转换;市博物馆、苏皖边区政府旧址纪念馆成功申报国家AAAA、AAA级景区。实现了乡镇文化站全达标、农家书屋全覆盖、有线电视"村村通";完成大运河(淮安段)遗产保护规划。年末全市共有剧场(影剧院)8个、公共图书馆8个、博物馆10个、广播电台7座、电视台7座、转播发射台6座;广播综合人口覆盖率和电视综合人口覆盖率均达100%;有线电视总户数达到79万户,比2008年增长28.8%。

2. 卫生事业稳步发展

卫生事业稳步发展。市一院成功创成"三甲医院"。全市共有各类卫生机构(不含村卫生室)603个,其中:疾病预防控制机构9个,卫生监督机构9个,综合医院31个,专科医院8个,中医院7个,中西医结合医院1个,妇幼卫生保健机构6个,卫生院137个。各类卫生机构实有病床12071张,其中医院8406张、卫生院3406张;卫生技术人员(含村医生)2.1万人,其中执业(助理)医师5817人、注册护士5649人;疾病预防控制机构卫生技术人员315人,卫生监督机构卫生技术人员192人,妇幼卫生保健机构卫生技术人员226人。

3. 体育事业加快发展

体育事业加快发展。开创性地实施了大学生村干部社会体育指导员工程。组织全民健身日活动,举办了400多项次内容丰富、形式多样的全民健身活动和比赛,有200多万人次参加。淮安籍运动员参加全国第十一届运动会,获得金牌1枚、银牌2枚、铜牌2枚,总分260分。组队参加省青少年比赛,获得金牌39.5枚。举办了国际比赛2次、全国比赛6次、省级比赛6次、市级比赛近30次。启动新体育中心建设,完成游泳馆扩建工程。体育彩票实现销售2.38亿元。

(五)城乡建设

1. 城市建设项目进展顺利

全年完成城建投资261亿元,实施了七大类515个项目,已竣工或工程主体基本完成项目328个。建成了天津路大运河桥、越河路、枚皋中路、人防051工程、市法院大楼、鼎立大酒店、国信大酒店、中鑫商务广场、淮州中学新校区等项目，快速推进万达广场、新亚国际购物广场等项目，加快建设淮海中心商业区、水渡口中央商务区，以及清河新区、楚州新区、清浦城南新区、市经济开发区新区等功能片区，集聚效应日益增强，城市功能逐步提升。

2. 人居环境进一步改善

创新物业管理体制，不断构建和谐社区，淮安市物业管理与社区服务项目被国家住建部授予“中国人居环境范例奖”。探索建立共有产权住房保障模式，解决了一批中低收入群众住房问题。着力打造最佳人居环境，提升淮安美誉度和知名度，亿力未来城、康居花园保障性住房两个项目被纳入国家康居示范工程；淮安市与厦门、杭州、大连等一起被台湾居民评为“中国大陆最想居住的十大城市之一”。

3. 特色城市化进程加快

紧紧围绕建设苏北重要中心城市的战略定位，以“构筑大交通、培育大产业、发展大流通、繁荣大文化、开发大旅游”为抓手，全力加快中心城市建设步伐，“历史古城、文化名城、生态水城”的城市特色进一步彰显。城市化水平不断提高，年末城市化水平43.1%，比2008年提高1.7个百分点。中心城市建成区面积扩大到110平方公里，新增公共绿地240万平方米。人口突破110万人。

（六）环境保护和生态建设

1. 环境保护取得新进展

全市环境质量综合指数89.9%；市区空气质量优良天数为333天，优良率91.2%；城市水域功能区水质优良率81.6%，集中式饮用水源地水质达标率99.7%；城市区域环境噪声平均等效声值为54.4分贝，属良好等级；工业固体废弃物综合利用率在96%以上，主要危险废物安全处置率在90%以上；化学需氧量和二氧化硫排放量分别比2008年削减2002吨和4251吨。全年共受理各类环境信访案件1384起，调处率和结案率达到98%。审批环评文件1300多件，对997家企业环境行为进行等级评定。全年帮助企业向上争取各类环境专项资金达1.09亿元，为环境污染治理工作提供了资金保障。

三、挑战与机遇

在看到成绩的同时，也要清醒地认识到存在的问题和不足，主要是：少数重大项目进展不快，没有达到预期目标；城市功能配套不够完善，集聚和辐射能力有待增强；利用外资存在差距，县（区）之间发展不平衡；城乡居民持续增收的难度较大，社会保障体系还不够健全；影响社会安定的因素仍然不少，和谐淮安建设还有大量工作要做；少数部门主动服务意识不强，工作效率不高，市场运作水平有待提升。对此，今后将高度重视并采取有效措施加以解决。

2010年国民经济和社会发展的主要预期目标是：地区生产总值增长13.5%；财政总收入增长20%，其中地方一般预算收入增长25%；全社会固定资产投资增长35%；社会消费品零售总额增长18%；外贸进出口总额增长20%，注册外资实际到账增长25%；城镇居民人均可支配收入、农民人均纯收入分别增长12%和10%；居民消费价格指数低于全省平均水平；城镇登记失业率控制在3.5%以内；单位生产总值能耗、化学需氧量、二氧化硫排放量分别完成省定目标。

四、淮安市在南京都市圈经济发展中的地位

2009年淮安市认真贯彻落实科学发展观，积极应对后国际金融危机时期的影响，全市经济保持了平稳较快增长的局面。

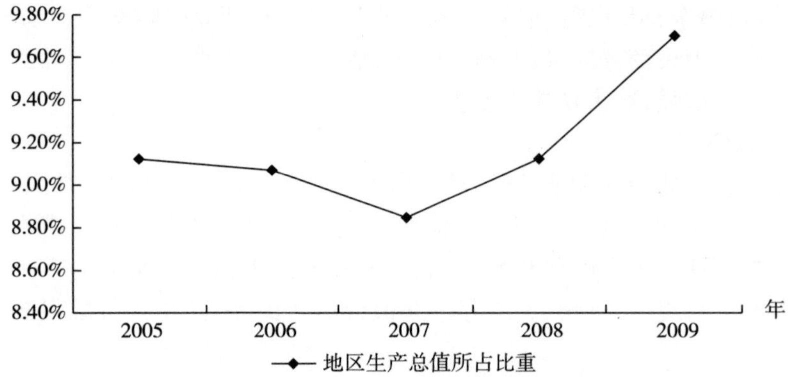

图 3-46 2005~2009 年淮安市地区生产总值在南京都市圈所占比重的变化趋势

近 5 年来，淮安市地区生产总值在南京都市圈所占比重变化平稳，基本处于 8.8% 至 9.8% 之间。从 2005 年至 2007 年的占比连续 2 年出现小幅度减少，2008 年首次出现反弹，比 2007 年提高了 0.25 个百分点。2009 年反弹势头加速，比 2008 年又提升 0.6 个百分点。

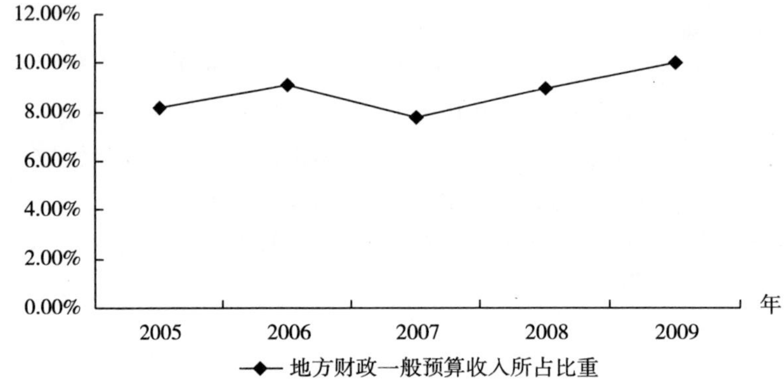

图 3-47 2005~2009 年淮安市地方财政一般预算收入在南京都市圈所占比重的变化趋势

自 2005 年来，淮安市地方财政一般预算收入在南京都市圈所占比重处于稳定增加的趋势，2006 年出现小幅下滑之后持续反弹、稳步提高，到 2009 年占南京都市圈总量的比重为 10.03%。

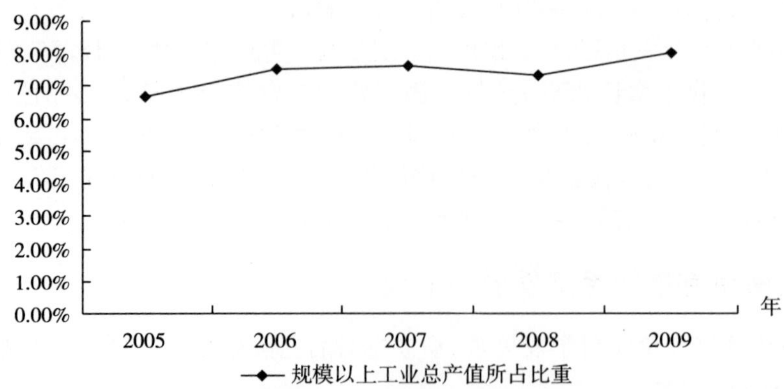

图 3-48 2005~2009 年淮安市规模以上工业总产值在南京都市圈所占比重的变化趋势

自 2005 年来，淮安市规模以上工业总产值在南京都市圈所占比重总体上处于上升趋势，至 2009 年累计增加 1.45 个百分点。

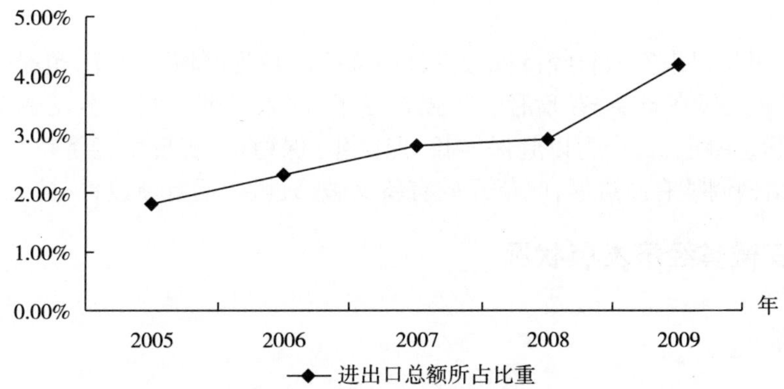

图 3-49　2005～2009 年淮安市进出口总额在南京都市圈所占比重的变化趋势

2009 年淮安市进出口总额在南京都市圈地区占比为 4.14%，自 2005 年来已累计增加 2.29 个百分点。外商投资企业出口强劲增长是推进淮安市外贸增加的主要动力，私营企业进出口总量超过国有企业。主要出口国家和地区为美国和欧盟，主要进口国为泰国，主要贸易地区为亚洲。

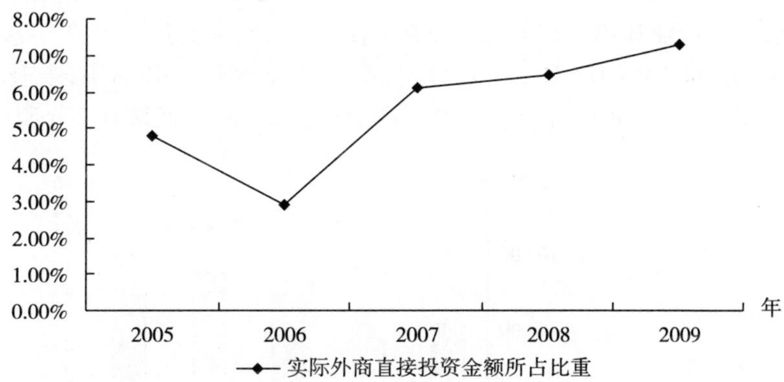

图 3-50　2005～2009 年淮安市实际外商直接投资金额在南京都市圈所占比重的变化趋势

淮安市实际外商直接投资金额在南京都市圈所占比重的变化趋势自 2006 年以来持续走高。2009 年淮安市实际外商直接投资金额在长南京都市圈所占比重为 7.34%，比 2005 年增加 2.56 个百分点。

第二章　安徽省2009年经济社会发展报告

2009年，是21世纪以来安徽省经济社会发展面临挑战最为严峻的一年，也是安徽省发展成就巨大的一年。全省各族人民在省委、省政府的坚强领导下，深入贯彻落实科学发展观，万众一心，克难奋进，积极应对国际金融危机，全力以赴保增长、保民生、保稳定，实现了经济持续平稳较快发展，综合成效有新提升，结构调整有新进展，改革开放有新突破，人民生活有新改善，社会发展和谐稳定。

一、2009年安徽省经济发展状况

（一）综合经济

1. 经济总量

2009年，安徽省生产总值（GDP）10062.82亿元，成为第14个“万亿大省”。按可比价格计算，比2008年增长12.94%。分产业看：第一产业增加值1495.45亿元，增长5.02%；第二产业增加值4905.22亿元，增长16.83%；第三产业增加值3662.15亿元，增长11.04%。三次产业结构为14.86:48.75:36.39。按常住人口计算，人均生产总值16407.66元，比2008年增加1960元。全社会劳动生产率25438元/人，比2008年增加2548元。

2009年间全省第二产业尤其是工业增加值增长速度大大快于第一产业和第三产业，三次产业结构发生了较大变化，第一产业和第三产业比重下降，第二产业比重上升。2009年：第一产业增加值占GDP比重为14.9%，比2008年回落1.1个百分点；第二产业比重为48.8%，上升1.3个百分点，其中，工业比重为40.4%，上升0.8个百分点。第三产业比重36.3%，回落0.2个百分点。

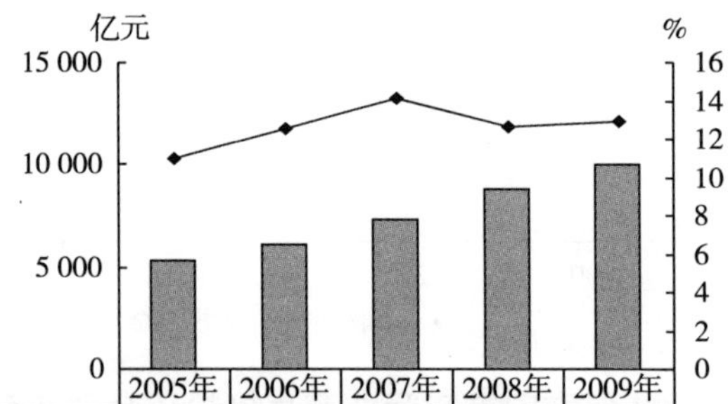

	2005年	2006年	2007年	2008年	2009年
地区生产总值(亿元)	5 350.17	6 112.5	7 360.92	8 851.66	10 062.8
增幅(%)	10.97	12.53	14.17	12.67	12.94

图3－51　2005～2009年安徽省地区生产总值及增长速度

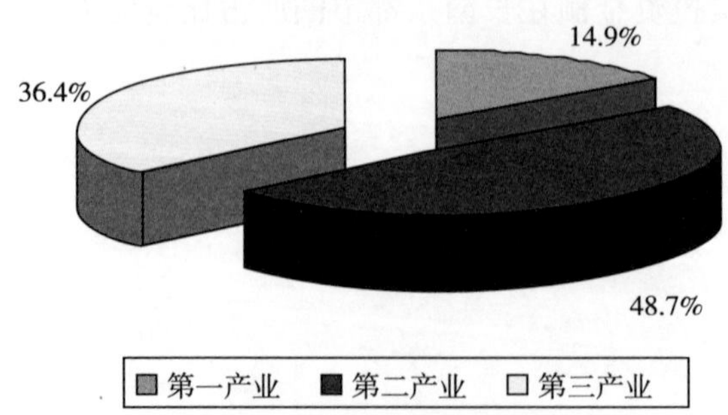

图3－52　2009年安徽省三次产业结构图

表 3 – 16　　2009 年安徽省各地区国民经济主要指标

城市	年末总人口（万人）	生产总值（亿元）	全社会固定资产投资（亿元）	出口总额（万美元）	财政总收入（万元）
合肥	491.43	2102.13	1623.72	542993	1808977
淮北	217.74	371.87	237.55	10270	221226
亳州	596.93	431.91	132.73	9015	173184
宿州	635.19	541.70	184.26	7091	185322
蚌埠	360.64	532.09	265.22	35764	317195
阜阳	1000.50	607.81	181.51	14041	299226
淮南	242.52	508.77	196.94	3063	372847
滁州	450.25	576.18	410.03	58170	370665
六安	705.89	563.72	273.49	32363	330759
马鞍山	128.61	666.49	434.62	110258	637281
巢湖	458.60	529.59	334.79	39881	309447
芜湖	230.10	888.42	673.62	147987	694123
宣城	277.77	432.76	479.81	49797	354225
铜陵	73.99	343.66	227.00	19227	330450
池州	159.98	245.59	134.20	6950	240977
安庆	615.88	796.13	466.34	34762	415553
黄山	148.60	266.97	228.96	13639	207809

2. 财政收入

全省 2009 年财政收入 1551.3 亿元，比 2008 年增长 17%，其中地方财政收入 863.9 亿元，增长 19.2%。在全部财政收入中，增值税增长 11.3%，营业税增长 23.7%。财政支出 2141.3 亿元，增长 30%。其中，科学技术支出增长 79.1%，文化体育与传媒支出增长 47.8%，医疗卫生支出增长 72.8%，农林水事务支出增长 92.2%，交通运输支出增长 1.9 倍，社会保障与就业支出增长 24%。全年 28 项民生工程累计投入 254 亿元，惠及 6000 多万名城乡居民。

3. 物价水平

2009 年安徽省居民消费价格一季度比 2008 年同期下降 1.5%，上半年下降 1.8%，前三季度下降 1.5%，全年下降 0.9%。全年商品零售价格下降 1%。工业品出厂价格下降 7.2%。原材料、燃料、动力购进价格下降 4.7%。固定资产投资价格下降 4%。农产品生产价格下降 0.9%。农业生产资料价格下降 4.2%。

4. 固定资产投资

安徽省全年全社会固定资产投资 9263.2 亿元，比 2008 年增长 36.2%。其中：城镇投资 8154.6 亿元，增长 35.9%；农村投资 1108.6 亿元，增长 38.9%。工业及信息化产业技术改造投资 1802.8 亿元，增长 35.7%。

从产业看：第一产业投资 236.7 亿元，增长 29.6%；第二产业投资 3999.9 亿元，增长 35.1%；第三产业投资 5026.6 亿元，增长 37.4%。从行业看，工业投资增长 33.1%，其中制造业投资增长

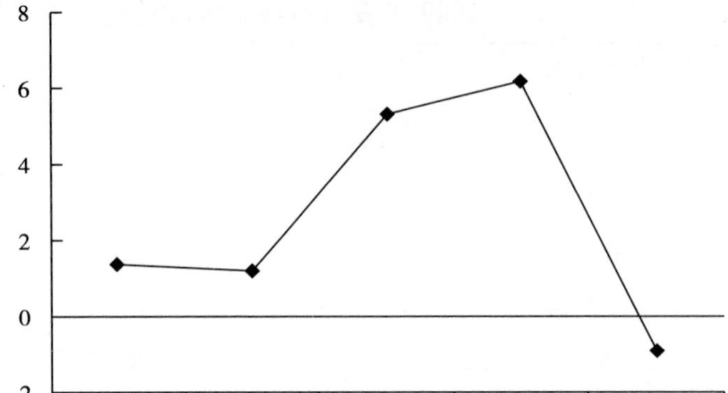

	2005	2006	2007	2008	2009
居民消费价格涨跌幅度	1.4	1.2	5.3	6.2	−0.9

图 3－53　2009 年安徽省居民消费价格涨跌幅度

44.2%。六大高耗能行业投资增长 15.2%。三产中的信息传输、计算机服务和软件业投资增长 62.9%，金融业增长 65.8%，居民服务业增长 90.4%，卫生、社会保障和社会福利业增长 1 倍，文化、体育和娱乐业增长 82%。

全省全年共安排"861"行动计划项目 2563 项，当年完成投资 3675.7 亿元。江汽年产 20 万辆乘用车、铜陵锐展发动机、格力工业园、华茂紧密纺扩建项目、刘店矿井、国电蚌埠电厂 2 号机组等一批项目建成投产；合武铁路开行动车组，京九铁路电气化改造安徽段建成投入使用；六潜高速、六武高速安徽段、阜阳至周集高速北段建成通车，新增高速公路 302 公里，通车总里程超过 2800 公里。全年新增煤炭产能 585 万吨，电力装机容量 1045.4 万千瓦。

2009 年间，合蚌客运专线、合福铁路安徽段、九华山机场、宣绩高速等一批重大项目相继开工，马钢车轮扩能改造、新桥国际机场等重大项目扎实推进，经过多年建设，总投资 183.4 亿元的 14 项治淮骨干工程全面完成，标志着淮河中游骨干防洪体系基本建成。

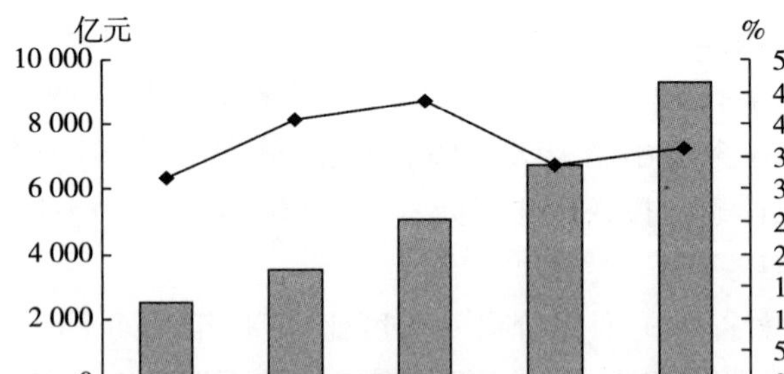

	2005年	2006年	2007年	2008年	2009年
固定资产投资总额(单位：亿元)	2 521	3 544.7	5 093.7	6 710	9 263.2
增幅(%)	31.7	40.61	43.7	33.5	36.22

图 3－54　2005～2009 年安徽省全社会固定资产投资及增长幅度

5. 非公有制经济发展分析

近年来，在各项加快非公有制经济发展政策措施的推动下，安徽省非公有制经济发展明显加快，呈现出规模不断扩大、比重逐步提升、活力不断增强的良好局面。其主要表现如下：

(1)从经济规模看,企业数量明显增加,经济总量占全省近六成。截至2009年末,全省共注册个体工商户125.1万户,比2008年增加10.8万户,增长9.4%;实有资金419.2亿元,增长48.8%。私营企业19万户,增加1.6万户;注册资金3655.9亿元,增长35.2%。港澳台和外商投资企业5579户,增加56户;注册资金159.9亿美元,增长8.4%。

2009年,全省非公有制经济完成增加值5661.9亿元,占全省经济总量的56.3%,比2008年提升1个百分点,对全省经济增长的贡献为65.1%,拉动经济增长8.4个百分点。其中个体私营经济、港澳台经济和外商经济实现增加值分别为4768.2亿元、331.3亿元和562.4亿元,占全省经济总量的47.4%、3.3%和5.6%。

(2)从发展速度看,工业增速持续领先,第二产业比重提升明显。2009年,按可比价计算,全省非公有制经济增加值比2008年增长15.3%,增幅高于全省GDP 2.4个百分点。分三次产业看,第一产业、第二产业和第三产业增加值,分别增长0.3%、19.2%和12.8%,其中工业增加值增长20.3%,增幅高于非公有制经济增加值5个百分点,高于全部工业增加值2.9个百分点。

在工业快速增长的带动下,全省非公有制经济增加值中三次产业结构比由2008年的10.5:56.4:33.1,调整为9.2:58.1:32.7,其中第二产业增加值比重上升1.7个百分点,第一产业和第三产业分别下降1.3个和0.4个百分点,与全省经济产业结构变化趋势基本一致。非公有制经济三次产业结构与全省经济结构相比,第二产业增加值比重高9.3个百分点,第一产业和第三产业增加值比重分别低5.7个和3.6个百分点。

(3)从社会贡献看,社会效益和经济效益实现双提升。非公有制经济的稳步发展,为社会增加了就业机会,促进了社会稳定。截至2009年年末,全省非公有制经济从业人员(包括单位非公从业人员,私营、个体从业人员和自营劳动者)已达899.3万人,比2008年增长4.4%,增幅高于全部从业人员增速2.6个百分点;占全部从业人员的比重为22.5%,比2008年提升0.5个百分点。同时,非公有制经济的快速发展,也促进了农民工资性收入的增加。

非公有制经济还是国家税收的重要来源。2009年,全省非公有制企业(含私营、港澳台、外商企业和个体户)创造税收342.9亿元,比2008年增长12.9%,占全部税收的比重为27.6%。纳税超过1000万元的各类非公企业有200多家,其中纳税超过1亿元的近20家,安徽大昌矿业集团、安徽天大企业集团公司纳税超过2亿元以上。同时非公有制企业授权专利数增加明显,2009年非公有制企业拥有授权专利数8594件,比2008年增加4248件;省级以上(含省级)名牌产品116件,增加9件。

(4)从发展环境看,融资环境不断改善,投资保持大幅增长。2009年,省政府明确提出把解决中小企业融资难问题作为工作重点之一,强调积极运用财政支持、税收优惠等政策措施,发挥中小企业担保基金和风险补偿资金的"杠杆"作用,引导各类资金增加对中小企业投入,提升中小企业应对危机的能力。2009年末,全省乡镇企业、私营企业及个体短期贷款余额分别为233.7亿元和126亿元,分别比年初增加52.7亿元和71.9亿元,增量分别为2008年增量的1.3倍和4.1倍。

在扩内需、保增长的过程中,非公有制经济投资发挥了重要作用。2009年,全省非公有制企业完成固定资产投资(包括50万元以上的项目投资和房地产投资,不含农村个人投资)2934.3亿元,比2008年增长52.3%,增幅高于全省投资增速15.4个百分点;占全省投资总额的33.1%,高于2008年3.3个百分点。

(5)从特色产业看,产业集群不断扩大,龙头作用日益巩固。2009年,安徽省产业集群规模不断扩大,实力逐渐增强,产业特色日益突出,在非公有制经济的发展中发挥着越来越重要的作用。全年经省政府认定的57个产业集群专业镇已登记企业7000多家,其中规模以上企业近1500家。产业集群中年产值超亿元企业9家,超1000万元企业50多家;营业收入超亿元的约400户,其中超过20亿元近20户。

（二）农业建设

2009全年安徽省粮食作物种植面积6605.6千公顷，比2008年扩大44.5千公顷，其中优质专用小麦面积1766.5千公顷，扩大95.6千公顷。油料种植面积968.8千公顷，棉花种植面积344千公顷，蔬菜种植面积745.4千公顷。

全省全年粮食产量3069.9万吨，比2008年增加46.6万吨，增长1.5%，连续四年创新高。油料产量240.3万吨，增长5.4%。棉花产量35.1万吨，下降4.8%。

2009年末全省生猪存栏1482.6万头，比2008年增长3.5%；全年生猪出栏2680.2万头，增长6%。全年主要肉类产量360.8万吨，增长5.5%，其中猪牛羊肉产量261.2万吨，增长5.4%。禽蛋产量118.2万吨，增长5.4%。牛奶产量20.1万吨，增长11%。水产品产量190万吨，增长6.3%。

年末全省农业机械总动力5108.8万千瓦，比2008年增长6.3%。农用拖拉机243.7万台，增长1.7%；农用运输车67.1万辆，下降1.1%。全年化肥施用量（折纯）312.8万吨，增长1.8%。农村用电量98.1亿千瓦小时，增长9.1%。有效灌溉面积达3492.2千公顷，新增49.9千公顷；新增节水灌溉面积23.1千公顷。

表3－17　　2009年主要农产品产量

指标名称	播种面积（千公顷）	产量（万吨）
粮食作物合计	6605.57	3069.87
谷物	5386.17	2895.93
小麦	2355.27	1177.16
玉米	730.75	304.70
大麦	49.80	8.17
大豆	969.98	124.24
绿豆	63.11	2.04
马铃薯	8.33	4.80
花生	180.85	75.09
棉花	327.67	34.56
瓜果类	160.61	530.04
蔬菜	747.32	2028.05

2009年间，安徽省深入推进粮食生产“三大行动”，战胜皖北地区50年一遇的特大干旱等自然灾害，夺得粮食丰收。扎实开展畜牧业升级计划和水产跨越工程，畜牧水产业规模养殖比重较2008年提高5个百分点。大力实施农业产业化“532”提升行动，农产品加工业产值达2582.5亿元、增长29.7%，规模以上农产品加工企业达4115家、增加744家。新增农民专业合作组织3507个，完成新型农民培训59.8万人。成功举办“首届安徽（合肥）农业产业化交易会”和“第十届安徽名优农产品、绿色食品（上海）交易会”。

（三）工业和建筑业

全省全年规模以上工业企业共实现利润514.9亿元，增幅达50.1%。年末，全省规模以上工业企业亏损面为15.7%，同比下降5.8个百分点；亏损企业亏损额57.1亿元，下降35.2%。

1. 工业增加值

全省全年规模以上工业增加值3987.9亿元，增长22.6%，其中轻、重工业分别增长29.3%和19.9%，轻重工业增加值比例由2008年的27.9∶72.1变化为30.9∶69.1。股份制企业继续快速增长。

外商及港澳台投资企业517.4亿元，占总数15.9%，国有及国有控股企业1640.2亿元，占总数14.0%，大中型工业企业2384.9亿元，占总数13.8%

2009年安徽省37个工业行业增加值全部增长，其中，电气机械及器材制造业增长32.2%，交通运输设备制造业增长44.3%，专用设备制造业增长41%，农副食品加工业增长32.2%，非金属矿物制品业增长26.2%，化学原料及化学制品业增长19%，电力、热力的生产和供应业增长19.4%。

表3－18　　各年规模以上工业企业增加值　　单位:亿元

行业	2000年	2005年	2007年	2008年	2009年
总计	507.38	1483.75	2562.70	3259.71	3980.55
总计中：					
内资企业	451.57	1250.13	2185.24	2783.05	3474.52
国有企业	171.00	247.63	299.99	355.44	399.62
集体企业	49.60	22.17	45.21	46.27	30.33
股份合作企业	16.45	9.81	13.33	19.60	25.33
联营企业	2.53	2.65	3.45	4.00	3.34
有限责任公司	101.74	475.95	842.75	1060.09	1314.48
股份有限公司	85.05	272.50	435.49	467.91	599.40
私营企业	22.24	215.10	537.00	822.74	1095.93
其他企业	2.96	4.32	8.01	7.00	6.09
港澳台商投资企业	17.62	78.46	91.35	154.94	151.98
外商投资企业	38.19	155.16	286.11	321.72	354.05
总计中：					
独资企业	240.87	0.00	525.51	0.00	716.51
合作合伙企业	24.93	0.00	39.50	0.00	56.86
股份有限公司	92.56	0.00	492.69	0.00	714.28
有限责任公司	149.03	0.00	1504.99	0.00	2492.90
总计中：					
国有及国有控股企业	340.42	835.34	1211.17	1471.12	1778.23
总计中：					
轻工业	206.02	452.18	753.82	911.06	1140.83
重工业	301.36	1031.57	1808.87	2348.65	2839.72
总计中：					
大型企业	270.74	658.94	1035.91	1245.31	1568.59
中型企业	77.68	470.09	735.80	781.75	993.49
小型企业	158.96	354.73	790.99	1232.65	1418.47

全省主要工业产品产量中,原煤、发电量分别增长 11.9% 和 21.9%,粗钢、钢材分别增长 0.1% 和 11.2%,水泥增长 23.1%;家用洗衣机、家用电冰箱、房间空调器产量均超过千万台,分别达 1002.3 万台、1565.8 万台和 1022.8 万台,比 2008 年增长 38.2%、34.5% 和 62.5%,彩色电视机增长 46.1%;汽车产量 91.6 万辆,增长 48.7%。

全年全省规模以上工业经济效益综合指数 222.1,比 2008 年提高 13.1 个百分点。企业主营业务收入 12203.6 亿元,增长 16.8%;实现利税 1094.4 亿元,增长 31.1%,其中利润 514.9 亿元,增长 50.1%。电气机械及器材制造业、煤炭开采和洗选业、交通运输设备制造业、非金属矿物制品业等 16 个行业利润超 10 亿元,累计实现利润 428.1 亿元,占全部规模以上工业的 83.1%。

表 3－19　　2009 年安徽省各市工业总产值　　单位:亿元

地区	工业总产值
合肥	2766.40
淮北	576.57
亳州	237.90
宿州	473.93
蚌埠	477.33
阜阳	504.23
淮南	638.35
滁州	690.43
六安	546.84
马鞍山	1130.52
巢湖	593.86
芜湖	1554.41
宣城	730.43
铜陵	643.11
池州	196.98
安庆	958.76
黄山	226.94

2. 建筑业

安徽省全年全社会建筑业增加值 838.6 亿元,比 2008 年增长 13.5%。资质内建筑企业利税总额 153 亿元,增长 15.5%。房屋建筑施工面积 18258.2 万平方米,增加 1473.9 万平方米;房屋竣工面积 8402.7 万平方米,增加 527.7 万平方米。

(四)服务业

2009 年,安徽省服务业增加值 3654.5 亿元,增长 11.1%,增幅比 2008 年提高 0.1 个百分点。与 2008 年相比,六大服务业行业增幅“三升三降”。3 个增幅上升的行业分别是:批发和零售业增加值 710.8 亿元,增长 15.3%,比 2008 年提高 1.8 个百分点;金融业增加值 378.8 亿元,增长 12.7%,比

2008 年提高 2.2 个百分点；房地产业增加值 494.3 亿元，增长 10.4%，比 2008 年提高 6 个百分点。3 个增幅回落的行业分别是：交通运输仓储邮政业增加值 466.2 亿元，同比增长 5.1%，增幅比 2008 年回落 5.4 个百分点；住宿和餐饮业增加值 169.6 亿元，增长 14.9%，比 2008 年回落 0.2 个百分点；其他服务业增加值 1434.8 亿元，增长 10.7%，比 2008 年回落 0.5 个百分点。

1. 国内贸易

安徽省 2009 年社会消费品零售总额 3527.8 亿元，比 2008 年增长 19%。分城乡看：城市消费品零售额 1938.2 亿元，增长 18.4%；县及县以下消费品零售额 1589.6 亿元，增长 19.6%。分行业看：批发和零售业零售额 2958.2 亿元，增长 18.5%；住宿和餐饮业零售额 529.1 亿元，增长 22%；其他行业零售额 40.5 亿元，增长 15.9%。

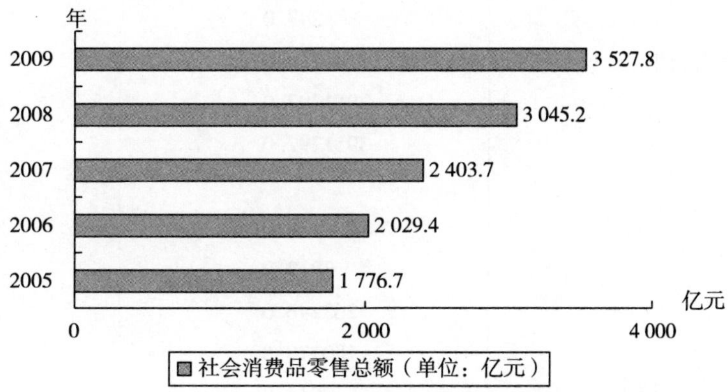

图 3－55　2005～2009 年社会消费品零售总额

全省在限额以上批发零售业零售额中，建筑及装潢材料类比 2008 年增长 89.1%，五金、电料类增长 31.4%，机电产品及设备类增长 45.1%，汽车类增长 40.3%，家具类增长 2.7 倍，文化办公用品类增长 21.7%，体育、娱乐用品类增长 26.4%，粮油、食品、饮料、烟酒类增长 24.7%，服装鞋帽、针纺织品类增长 17.5%，化妆品类增长 20.1%。

2. 交通运输、邮电

2009 年全省交通运输、仓储和邮政业增加值 466.2 亿元，比 2008 年增长 5.1%。

安徽省全年旅客运输量 14.1 亿人，货物运输量 19.7 亿吨，分别比 2008 年增长 8.8% 和 10.1%；旅客运输周转量 1321.5 亿人公里，货物运输周转量 6273.3 亿吨公里，分别增长 9.7% 和 7.5%。全年港口货物吞吐量 2.6 亿吨，比 2008 年下降 3.3%，其中外贸货物吞吐量 274.8 万吨，下降 1.9%。全省民航机场旅客吞吐量 353.8 万人次，比 2008 年增长 27.6%，其中合肥机场旅客吞吐量 320.6 万人次，增长 26.9%。

表 3－20　　2008～2009 年交通运输业基本情况

指标	2008 年	2009 年
运输线路长度（公里）		
铁路营业里程	2871.0	2850.0
公路	148827.0	149184.0
内河	5596.0	5282.0

续表

指标	2008 年	2009 年
民航	97638.0	83942.0
#国际航线	25555.0	6286.0
客运量总计(万人)	129488.0	141494.0
铁路	4662.0	5131.0
国家	4662.0	5131.0
地方	0.0	0.0
公路	124426.0	135984.0
水运	153.0	114.0
民航	247.0	265.0
旅客周转量总计(万人公里)	12135219.0	13321648.0
铁路	3951292.0	4112300.0
国家	3951292.0	4112300.0
地方		
公路	7917468.0	8911759.0
水运	3213.0	2204.0
民航	263246.0	295385.0
货运量总计(万吨)	180170.0	196676.0
铁路	12014.0	11328.0
国家	10505.0	11328.0
地方	1509.0	0.0
公路	140379.0	157991.0
水运	27774.0	27355.0
民航	2.5	2.6
货物周转量总计(万吨公里)	58434942.0	63220048.0
铁路	10116993.0	9897574.0
国家	10036512.0	9897574.0
地方	80481.0	0.0
公路	37732927.0	42371867.0
水运	10582137.0	10947612.0
民航	2885.0	2995.0
民用汽车拥有量(辆)	1348878.0	2023124.0
载客汽车辆数	832714.0	1083802.0
载货汽车辆数	443653.0	566023.0
私人汽车拥有量	734598.0	1315150.0
民用运输船舶拥有量(艘)	26965.0	27620.0
#机动船	24793.0	25446.0
驳船	2172.0	2174.0
私人运输船舶拥有量(艘)	6225.0	4552.0
机动船	6200.0	4535.0

2009 年末全省民用汽车拥有量 167.4 万辆，比 2008 年增长 24.1%，其中私人汽车 100.7 万辆，增长 37.1%。民用轿车拥有量 65.3 万辆，增长 34.7%，其中私人轿车 49.4 万辆，增长 44.5%。

全省全年邮电业务总量 665.5 亿元，比 2008 年增长 21%。其中：电信业务总量 630.2 亿元，增长 19.6%；邮政业务总量 35.3 亿元，增长 16.3%。年末本地固定电话交换机总容量 1606.4 万门，比 2008 年减少 7.4 万门。当地固定电话用户 1267.3 万户，减少 112.7 万户；移动电话用户 2154.3 万户，增加 439.3 万户。每百人拥有电话（含移动）55.8 部，增加 5.2 部。年末基础电信运营企业计算机互联网宽带接入用户 270.7 万户，增加 84 万户。2009 年各种运输方式完成旅客运输量与周转量。

3. 旅游业

安徽省全年入境旅游人数 156.2 万人次，比 2008 年增长 18.2%；国内游客 12268.1 万人次，增长 23.4%。旅游总收入 908.9 亿元，增长 23.3%。其中：旅游外汇收入 6.6 亿美元，增长 22.3%；国内旅游收入 863.8 亿元，增长 23.4%。年末全省共有 A 级旅游景点（区）337 处。

4. 金融、证券和保险

2009 年末全省金融机构各项存款余额 13306.5 亿元，比 2008 年末增加 2996.1 亿元，增长 29.1%。其中：企业存款余额 4318.2 亿元，增长 43%；城乡居民储蓄存款余额 6619.5 亿元，增长 17.2%。金融机构各项贷款余额 9289.4 亿元，比 2008 年末增加 2338.7 亿元，增长 33.7%。其中：短期贷款 3501.4 亿元，增长 18.3%；中长期贷款 5292.2 亿元，增长 46%，中长期贷款中个人消费贷款 1282.4 亿元，增长 64.8%。

至 2009 年末，全省农村信用社专项票据兑付工作全部完成，新组建开业农村银行 13 家，新增担保机构 25 家，获准开业小额贷款公司 123 家，政策性农业保险覆盖 17 个市，中国进出口银行、民生银行、汇丰银行等 14 家境内外银行在安徽省新设 23 家分支行。

全省全年在上海、深圳证券交易所发行新股 4 只（A 股），增发 1 只，非公开增发 4 只，发行公司债券 1 只，共筹集资金 162.9 亿元。到 2009 年末，全省有上市公司 59 家，上市公司流通股市价总值 2897 亿元，为 2008 年的 3.8 倍。全年新增上市公司 7 家，从资本市场募集资金 163 亿元，发行企业债券、短期融资券、中期票据共 234 亿元，财政部代理发行安徽省地方政府债券 77 亿元。大力完善地方金融体系，积极引进各类金融机构，有力地支持了经济社会发展。全年安徽省境内证券经营机构证券交易量 16053 亿元，期货经营机构代理交易量 48017.1 亿元。

安徽省全年保险业保费收入 357.2 亿元，比 2008 年增长 20.5%。其中：财产险业务保费收入 87.6 亿元，增长 37%；人身险业务保费收入 269.6 亿元，增长 15.9%。赔款和给付 91.7 亿元，增长 4.5%。其中：财产险业务赔款支出 49.4 亿元，增长 18.5%；人身险业务赔款和给付支出 42.3 亿元，下降 8.3%。

5. 房地产业

2009 年安徽省房地产开发投资 1669.8 亿元，比 2008 年增长 22.5%，其中经济适用房投资 24.1 亿元，下降 15.4%。商品房销售面积 4053.9 万平方米，增长 45.5%；商品房销售额 1378.4 亿元，增长 67.8%；商品房空置面积 491.9 万平方米，增长 34.9%。

（五）对外经济

1. 对外贸易

全省全年进出口总额 156.4 亿美元，比 2008 年下降 22.5%。其中：出口 88.9 亿美元，下降 21.8%；进口 67.5 亿美元，下降 23.5%。

区

域

表 3 – 21　　海关出口商品分类金额　　单位:万美元

指标	2008 年	2009 年
总额	1135271	888729
初级产品	97965	84468
食品及主要供食用的活动物	37224	38360
饮料及烟类	20	92
非食品原料	20431	17162
矿物燃料、润滑油及有关原料	17	47
动、植物油脂及腊	40273	28807
工业制成品	1037306	804262
化学品及有关产品	133151	96766
轻纺产品、橡胶制品、矿冶产品及其制品	388043	287919
机械及运输设备	365161	264346
杂项制品	106633	114773
未分类的商品	44317	40458

从出口经营主体看,全省生产型企业、贸易型企业出口分别下降 23% 和 18.6%。从出口商品看,机电产品、高新技术产品出口分别下降 25.5% 和 21.6%。

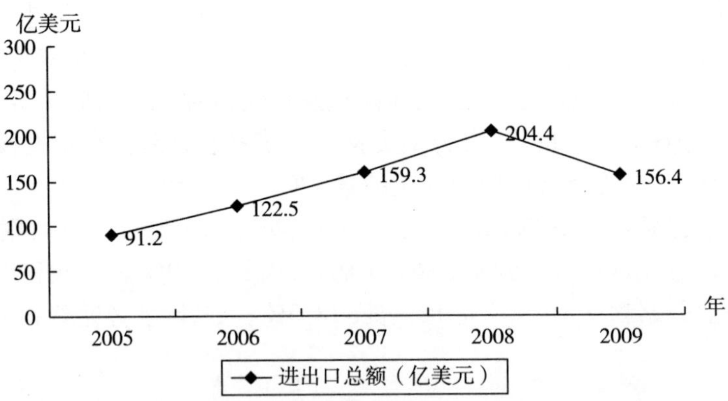

图 3 – 56　2005 ~ 2009 年安徽省外贸进出口总额

2. 外资状况

全省全年新批外商投资企业 303 家,比 2008 年增长 18.4%;合同利用外资 20.9 亿美元,增长 1.6%;实际利用外商直接投资 38.8 亿美元,增长 11.3%。到 2009 年底,来皖投资的境外世界 500 强企业增加到 48 家。

表 3－22　　**2009 年安徽省各市实际使用外资金额**　　单位：万美元

地区	实际利用外资
合肥	99378
淮北	8938
亳州	5993
宿州	7207
蚌埠	21021
阜阳	4295
淮南	6346
滁州	9113
六安	8791
马鞍山	41669
巢湖	19894
芜湖	50685
宣城	11626
铜陵	16170
池州	10608
安庆	15486
黄山	11768

3. 对外合作

安徽省全年对外经济技术合作新签合同金额 10.3 亿美元，比 2008 年下降 32%；完成营业额 16.2 亿美元，增长 33.4%；当年外派劳务人员 14620 人，增长 14.7%。全年新批境外企业（机构）37 个，实际对外投资 5415 万美元。

二、安徽省 2009 年社会发展概况

（一）人口、人民生活

2009 年，安徽省人口出生率为 13.07‰，比 2008 年上升 0.02 个千分点；死亡率为 6.6‰，与 2008 年持平；自然增长率 6.47‰，上升 0.02 个千分点。年末全省：户籍人口 6794.5 万人，比 2008 年增加 53.7 万人；常住人口 6131 万人，减少 4 万人。城镇化率 42.1%，比 2008 年提高 1.6 个百分点。

全省全年城镇居民人均可支配收入 14085.7 元，比 2008 年增长 8.4%，扣除价格因素，实际增长 9.6%。人均消费性支出 10234 元，增长 7.5%，其中，食品支出增长 3.7%，交通和通信支出增长 10.1%，衣着支出增长 6.9%，娱乐教育文化支出增长 5.6%。城镇居民家庭恩格尔系数为 39.6%，比 2008 年下降 1.4 个百分点。城镇居民人均住房建筑面积 30.9 平方米，比 2008 年增加 1 平方米。

2009 全年安徽省农村居民人均纯收入 4504.3 元，比 2008 年增长 7.2%，扣除价格因素，实际增长 7.8%。人均生活消费支出 3655 元，增长 11.3%，其中，食品支出增长 2.8%，交通通讯支出增长 7.7%，居住支出增长 25%。农村居民家庭恩格尔系数为 40.9%，比 2008 年下降 3.4 个百分点。农

村居民人均住房面积 31 平方米，比 2008 年增加 1.1 平方米。

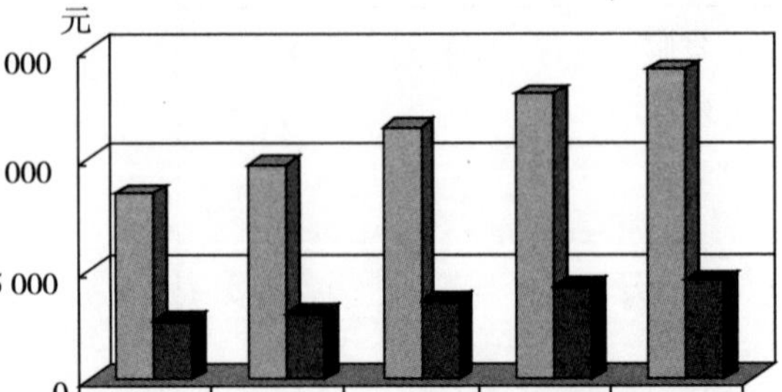

	2005年	2006年	2007年	2008年	2009年
城市居民人均可支配收入（元）	8 470.68	9 771.05	11 473.58	12 990.35	14 086.74
农民人均纯收入（元）	2 640.96	2 969.08	3 556.27	4 202.49	4 504.32

图 3－57　2005～2009 年安徽省城乡居民收入对比一览

2009 年间，安徽大力推进家电下乡、以旧换新等工作，销售家电、汽车、摩托车、农机等 231.5 万台（辆），销售额 108 亿元，家电下乡销售量居全国前列，补贴兑付率全国第一，200 多万农户受益。

（二）就业与社会保障

1. 就业概况

2009 年末全省从业人员 3988 万人，比 2008 年增加 72 万人。其中：第一产业 1566.1 万人，减少 26.7 万人；第二产业 996 万人，增加 27.3 万人；第三产业 1425.9 万人，增加 71.4 万人。年末：在岗职工 335.7 万人，增加 17.2 万人；城乡私营企业从业人员和个体劳动者 460.4 万人，增加 16.2 万人。全年城镇新增就业 51.2 万人，下岗失业人员再就业 25.1 万人。年末城镇登记失业率为 3.92%。

针对严峻的就业形势，安徽省政府实施更加积极的就业政策，突出抓好高校毕业生、农民工和城镇困难群体就业，高校毕业生就业率达到 90.1%，建成和在建农民工创业园 253 个，培训农民工 52.8 万人，返乡农民工中 98% 返城就业，全省就业形势基本稳定。

2. 非私营单位就业分析

2009 年间，安徽省城镇非私营单位就业人员稳中有升，工资总额和年平均工资水平均保持稳步增长，其主要特点如下：

（1）城镇非私营单位就业人员稳步增长。2009 年，全省城镇非私营单位就业人员为 359.9 万人，比 2008 年末增加 16.1 万人，增长 4.7%。

分经济类型看：国有经济单位就业人员 202.1 万人，比 2008 年末增加 2.3 万人，增长 1.2%；集体单位就业人员 18.8 万人，减少 5.6 万人，下降 22.9%；其他经济单位就业人员 138.9 万人，增加 19.4 万人，增长 16.2%。国有经济单位在岗职工 187.5 万人，与 2008 年基本持平；集体单位在岗职工 16.9 万人，减少 5.5 万人，下降 24.7%；其他经济单位在岗职工 128.4 万人，增加 15.4 万人，增长 13.6%。

（2）城镇非私营单位离岗职工人数持续减少。2009 年，全省城镇非私营单位离岗职工 21.6 万人，比 2008 年末减少 2.6 万人，下降 11.2%。

分经济类型看：国有单位离岗职工 10.6 万人，比 2008 年减少 0.5 万人，下降 4.5%；集体单位离岗职工 4.4 万人，减少 1.5 万人，下降 25.2%；其他单位离岗职工 6.7 万人，减少 0.7 万人，下降 10.0%。

(3)就业人员工资总额持续增长。2009 年,全省城镇非私营单位就业人员工资总额 1021.2 亿元,比 2008 年增加 143.8 亿元,增长 16.4%。分经济类型看,国有经济类型单位 586.9 亿元,增长 14.2%;集体经济类型单位 36.8 亿元,下降 13.6%;其他经济类型单位 397.5 亿元,增长 23.8%。

(4)在岗职工年平均工资水平稳步增长。全省城镇非私营单位在岗职工年平均工资 29658 元,比 2008 年增加 3295 元,增长 12.5%。

按经济类型分:国有单位 30220 元,增长 14.1%;集体单位 20606 元,增长 12.4%;其他单位 30011 元,增长 8.2%。国有经济类型单位在岗职工年平均工资增加最多、增幅最高。

(5)不同地区在岗职工年平均工资水平差异较为明显。与 2008 年相比,各市城镇非私营单位在岗职工年平均工资水平在全省的位次有一定的变化。在岗职工年平均工资位于前六位的依次是淮南(40029 元)、马鞍山(38223 元)、淮北(35566 元)、合肥(34143 元)、芜湖(32154 元)和铜陵(31034 元),淮南、马鞍山、芜湖、铜陵四市位次没变,淮北由 2008 年的第四位升为第三位,合肥由第三位变为第四位,17 个市中也只有这 6 市超过全省平均水平,其余 11 个市均在全省平均水平以下。位于后四位的分别为阜阳(22160 元)、亳州(22958 元)、六安(24006 元)、安庆(24390 元)。年平均工资最高的淮南市是最低的阜阳市的 1.81 倍,两者之间相差 17869 元。

(6)不同行业间在岗职工年平均工资水平差距依然较大。在国民经济 19 个行业门类中,有 6 个行业的工资水平高于全省平均水平,其余 13 个主要集中在传统产业和劳动力密集、技术含量较低的行业则低于全省平均水平。

(7)在岗职工年平均工资水平在全国的位次处于中游,在中部地区居首位,在华东仍然靠后。2009 年,安徽省城镇非私营单位在岗职工年平均工资 29658 元,比全国平均水平低 3078 元,月均低 257 元,相当于全国平均水平的 90.6%,居全国第 15 位,比 2008 年下降了 2 位。在中部地区,安徽省城镇非私营单位在岗职工年平均工资居首位,与"两湖"相比,平均工资比湖南由 2008 年的高 1493 元扩大为高 2374 元,比湖北由 2008 年的高 3624 元缩小为高 2531 元。

3. 社会保障

2009 年末全省参加城镇基本养老、医疗保险人数分别为 626.8 万人和 1447 万人。参加失业保险的人数为 377.8 万人,全年为 26.7 万名失业人员发放了不同期限的失业保险金。全省参加工伤、生育保险人数分别为 320.4 万人和 303.6 万人。被征地农民养老保险制度全面推进,年末被征地农民参保人数 145 万人,参保率 95.45%。新型农村养老保险试点工作稳步推进,参保人数 49.1 万人。农村低保提标扩面全面完成,全年保障人数 212.6 万人,发放低保金 15.5 亿元;城市低保应保尽保,全年保障人数 95.2 万人。

年末全省有各类收养性社会福利院床位 14.5 万张,收养各类人员 11.6 万人。城镇建立各种社区服务设施 2020 个,其中综合性社区服务中心 412 个。全年销售社会福利彩票 21.1 亿元,筹集社会福利资金 6.6 亿元。

2009 年间,安徽省社会保障体系覆盖范围不断扩大,基本养老、基本医疗、失业保险参保人数分别达到 626.8 万人、1447 万人和 377.8 万人,新型农村社会养老保险试点工作启动,城乡居民最低生活保障基本实现应保尽保,12.5 万户城市低收入住房困难家庭亨受到廉租房保障。采煤塌陷区村庄搬迁应急工程首批项目进展顺利。

(三)教育和科学技术

1. 教育事业

2009 年末全省共有研究生培养单位 18 个,在学研究生 34603 人。普通高校 95 所,在校生 87.8 万人,高等教育毛入学率 22.3%,比 2008 年上升 1.1 个百分点。各类中等职业教育(不含技工学校)

在校生86.3万人。普通高中769所,在校生130.6万人,高中阶段毛入学率74.2%,比2008年上升3.9个百分点。普通初中3087所,在校生297.4万人,初中阶段适龄人口入学率为99.18%。小学14974所,在校生486.9万人,小学学龄儿童入学率为99.88%。各级各类成人学校毕业生数51.8万人。全面实施免费义务教育,受益学生784.7万人。

2009年间安徽省推进义务教育经费保障机制改革,实施义务教育学校绩效工资制度和农村教师特岗计划,加快职业教育大省建设,高等教育“双百工程”和质量工程取得新进展。按照重点设防类抗震设防标准,全面排查鉴定中小学校舍,制定实施3年消除安全隐患工作方案,完成加固改造年度任务,努力将中小学校建成质量最安全、家长最放心的场所。

2. 科技与创新

至2009年末,安徽省共有各类专业技术人员146.8万人,比2008年增长9%。科研机构1533个,其中大中型工业企业办机构468个。从事科技活动人员18万人,其中科学家和工程师12.2万人。全年用于科技活动的经费支出为314.2亿元,比2008年增长28%。其中,用于研究与试验发展经费(R&D)131亿元,增长31.7%,相当于全省生产总值的1.3%。全省有国家大科学工程5个;有国家实验室(含筹备)2个、国家重点工程实验室4个、省级(含重点)实验室77个、部属(含院属)实验室35个;有国家级(工程)技术研究中心9家、省级工程(技术)研究中心152家。

2009年,安徽省被批准为首批三个国家技术创新工程试点省之一,13项重大科技成果获得国家科技奖,其中1项首次获得国际科学技术合作奖;新增两院院士4名。全力推进合芜蚌自主创新综合试验区建设,聚焦核心区域、核心企业和核心项目,狠抓企业主体、创新载体和产学研一体建设,科技、产业、改革和人才成果加速涌现,试验区建设进入国家层面。科技研发实现新突破,建成世界首个量子通信网络,奇瑞混合动力轿车、科大讯飞畅言教学产品等成功面市。创新型产业加快发展,京东方液晶平板显示器、普乐非晶硅太阳能电池等重大项目扎实推进,高新技术领域新增规模以上工业企业509户。人才培养和引进取得新进展,与国家外专局签署合作框架协议,实施引智项目237项,中国科协“海智计划”工作基地落户合肥,中科大微尺度国家实验室和奇瑞公司成为国家级海外高层次人才创新创业基地。制定实施钢铁、汽车等9大重点产业调整和振兴规划,出台文化、现代物流产业发展规划,完成重点产业技改投资1800亿元,工业化率较2008年提高0.8个百分点。

全省全年共取得省部级以上科技成果760项。主要科技成果有:汽车大型覆盖件液压机柔性冲压生产线、特种材料设备设计与制造关键技术研究及其产业化、奇瑞A3轿车研发等。全年受理专利申请16386件,授权专利8594件,分别比2008年增长57.4%和97.7%,在全国位次分别提升2位和6位。共签订各类技术合同5888项;成交金额35.6亿元,比2008年增长9.6%。

年末全省共有县以上产品质量检验机构712个,其中系统内128个,新增国家级质检中心2家,国家检测中心总量达到9个,居中部地区首位。有产品质量、体系认证机构4个,完成强制性产品认证的企业1243个;法定计量技术机构79个,强制检定计量器具130万台件;制定国际标准2项、国家标准86项,制定、修订地方标准238项。年末全省有中国名牌产品37个,国家地理标志产品22个、安徽名牌产品829个。

全年省测绘资料档案馆为社会各界提供各种比例尺地形图约7500幅,国家大地控制点成果3700点(含GPS点),利用档案资料950卷(盒),航空摄影底片5500张,底片28筒,航空航天影像数据光盘590盘。全年省测绘部门完成基础测绘10050幅。

（四）文化、卫生和体育

1. 文化事业

2009年末安徽省共有专业艺术表演团体87个、文化馆120个、公共图书馆85个、博物馆53个、乡镇文化站1270个。有全国重点文物保护单位56处、省级重点文物保护单位454处。有国家级非物质文化遗产名录47项、省级名录202项。有广播电台17座、中波发射台和转播台23座，广播人口覆盖率为97.01%。电视台17座，有线电视用户390.3万户，电视人口覆盖率为97.2%。全年出版报纸98种，总印数10.7亿份；期刊（杂志）178种，总印数0.6亿册；图书6163种，总印数2.4亿册；电子、音像出版物326种，出版数量141.4万盒（张）。有各级国家档案馆131个，馆藏档案资料1155万卷（件、册），库馆总建筑面积18.6万平方米。

2009年间。安徽省加快文化事业发展，广播电视村村通、文化信息资源共享、乡镇综合文化站、农家书屋等文化惠民工程扎实推进。话剧《万世根本》、黄梅戏《雷雨》等一批精品佳作获国家级奖项，成功举办"第二届中国国际动漫创意产业交易会"、"第二届中国农民歌会"、"第五届中国黄梅戏艺术节"，"徽州文化生态保护项目"获第三届文化部"科技创新奖"唯一特等奖。

2. 卫生事业

年末安徽省共有卫生机构7548个，其中，医院710个，卫生院1685个，社区卫生服务中心（站）962个，妇幼保健院（所、站）119个，疾病预防控制中心126个。有卫生技术人员18.8万人，其中执业（助理）医师7.4万人、注册护士6.1万人。医院、卫生院床位15万张。全年诊疗1.1亿人次。有村卫生室1.9万个、乡村医生和卫生员4.9万人，农村有医疗点的村占总村数的96%。参加新型农村合作医疗的农业人口4651.7万人，参合率93.57%。及时处置突发公共卫生事件，甲型H1N1流感防控取得阶段性成效。

2009年间安徽省强化公共卫生服务，免费实施扩大国家免疫规划、婚前医学检查和农村孕产妇保健，启动中医临床研究基地建设，甲型H1N1流感、手足口病等重点传染病和地方病防控取得明显成效。城市社区卫生覆盖率达89%，新型农村合作医疗运行质量全国领先。

3. 体育事业

2009全年，在国际和国内的重大比赛中，安徽省运动健儿共获得40枚金牌、30枚银牌和39枚铜牌。其中，世界冠军10个、世界亚军1个。在第十一届全运会上，获得13枚金牌、12.5枚银牌和9枚铜牌。"全民健身、健康安徽"系列主题活动蓬勃开展，全年共举办百人以上群众体育活动3774次，其中现代体育项目群众活动1582次，民间传统体育群众活动2192次，"全民健身、健康安徽"主题活动蓬勃开展。

（五）城乡建设

2009年间，安徽省农村现代流通体系建设步伐加快，"新网工程"网点达3.8万个，比2008年增加3296个。加大农村基础设施建设力度，新建改建农村公路16708公里，新建改造排灌泵站11.8万千瓦，新增改善灌溉面积230万亩、除涝面积80万亩，投入16.6亿元、新开工建设430座病险水库除险加固工程，新增营造林195万亩，新增农村沼气用户近10万户，解决了316.4万农村人口饮水安全问题。积极稳妥开展农村土地整治整村推进试点和农村危房改造试点，连续11年实现耕地占补平衡，新农村建设"千村百镇"示范工程取得新进展。继续深化农村综合改革，启动村级公益事业建设一事一议财政奖补试点，"惠民直达工程"试点成效明显，基层农技推广体系和兽医管理体制改革基本完成。

（六）环境保护和生态建设

2009 年末全省共有省、市、县级环境监测站 80 个。监测的 17 个城市中，有 15 个城市空气质量达到二级标准。年末全省国家级生态示范区建设试点总数累计 34 个。已建成自然保护区 38 个，其中国家级 6 个、省级 29 个、市级 3 个。当年人工造林面积 67 千公顷。年末森林面积 3600 千公顷，活立木总蓄积量 16258 万立方米，森林蓄积量 13755 万立方米。

安徽省 2009 年切实加强节能减排和环境保护，推进淮河、巢湖等重点流域环境整治，所有市县都建成污水处理厂，新增日处理污水能力 101.5 万吨。淮河干流总体水质由轻度污染转为良好，主要支流水质为中度污染。巢湖湖区水质和主要环湖河流总体水质中度污染，湖区营养状态由中度富营养好转为轻度富营养。长江干流水质优，支流水质轻度污染。新安江流域和主要水库水质优。全省城市集中式饮用水源地水质达标率为 93.1%，比 2008 年提高 4.5 个百分点。

至年末，安徽省新增燃煤机组脱硫设施 496 万千瓦，“十一五”时期二氧化硫减排目标提前一年完成。单位生产总值能耗持续下降，化学需氧量排放量下降 2%，二氧化硫排放量下降 3.1%。

（七）社会安全

全省全年亿元 GDP 生产安全事故死亡率为 0.35，比 2008 年下降 14.6%；工矿商贸从业人员十万人生产安全事故死亡率为 1.81，下降 9.1%；煤矿百万吨死亡率为 0.47，增长 6.8%；道路交通万车死亡率为 3.52，下降 11.6%。全年共发生道路交通事故 8190 起，发生火灾事故 5479 起。

2009 年间，安徽省深入开展平安创建活动，健全社会治安防控体系，高度重视国家安全工作，全省社会治安大局稳定，人民群众安全感进一步增强。加强信访工作创新，建立下行接访、涉访特困救助、网友留言办理反馈等制度，加强积案化解，信访总量稳中有降。深入开展“质量和安全年”活动，加强重点行业和领域安全生产专项整顿，扎实推进产品质量和食品药品安全监管，安全生产形势总体平稳。建立健全应急机制，基本形成覆盖各类突发事件的应急预案体系。加强法制宣传教育，落实法律援助政府责任，全省已建法律援助中心 123 个、法律援助工作站 2060 个。

一　芜湖市 2009 年经济社会发展报告

2009 年，面对国际金融危机严峻考验，芜湖市委、市政府全面贯彻落实中央和省扩内需、保增长的一系列政策措施，努力克服影响经济发展的不利因素，带领全市人民坚定信心、迎难而上、共克时艰，努力化挑战为机遇，保持了经济和社会事业又好又快发展。

一、芜湖市 2009 年经济发展概况

（一）综合经济

1. 经济总量

初步核算，全年实现地区生产总值 902.00 亿元，比 2008 年增长 15.4%。其中：第一产业增加值 41.83 亿元，增长 5.3%；第二产业增加值 565.02 亿元，增长 18.4%；第三产业增加值 295.15 亿元，增长 12.0%。按户籍人口计算，人均生产总值 39142 元，比 2008 年增长 15.3%，按年末汇率折算为 5732 美元。三次产业增加值比例由 2008 年的 5.3∶60.6∶34.1，调整为 4.6∶62.7∶32.7。

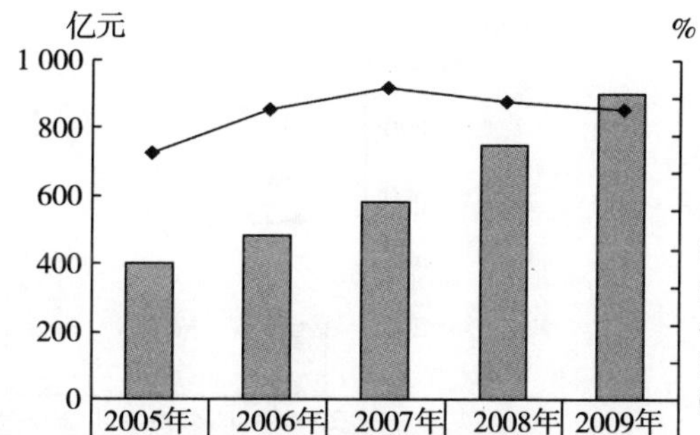

	2005年	2006年	2007年	2008年	2009年
地区生产总值(亿元)	400.65	479.72	581.12	749.65	902
增幅(%)	13.1	15.4	16.5	15.8	15.4

图 3－58　2005～2009 年芜湖市地区生产总值及增长速度

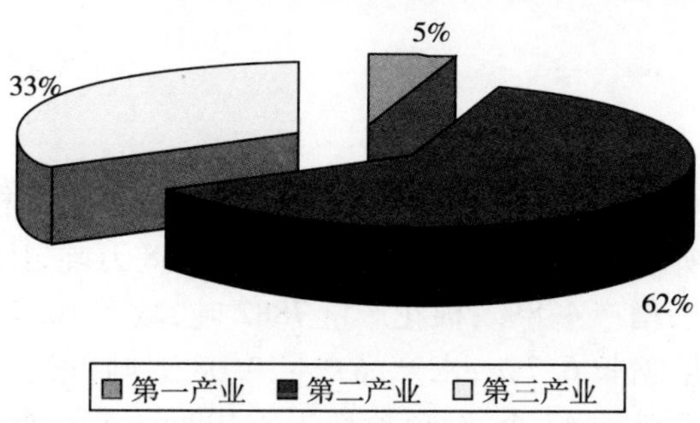

图 3－59　2009 年芜湖市三次产业结构图

2. 财政收入

全年实现财政收入 147.78 亿元，比 2008 年增长 19.3%；其中，地方财政收入 69.41 亿元，增长 27.6%。在地方财政收入中：增值税 9.39 亿元，增长 1.6%；营业税 20.88 亿元，增长 31.5%；企业所得税 5.18 亿元，增长 8.1%；城市建设维护税 4.71 亿元，增长 10.8%；契税 4.53 亿元，增长 68.8%。

全年完成财政支出 108.47 亿元，比 2008 年增长 28.7%。其中：农林水事务支出 6.26 亿元，增长 40.6%；教育支出 13.55 亿元，增长 23.3%；医疗卫生支出 6.44 亿元，增长 56.3%；社会保障和就业支出 19.72 亿元，增长 47.2%；城乡社区事务支出 10.70 亿元，增长 11.9%；环境保护支出 2.66 亿元，增长 84.7%。

3. 物价水平

2009 年，城市居民消费价格（CPI）比 2008 年下降 0.8%，其中，食品类价格上涨 2.1%。城市商品零售价格比 2008 年下降 1.9%。工业品出厂价格比 2008 年下降 6.6%。原材料、燃料、动力购进价格比 2008 年下降 9.6%。

4. 固定资产投资

全年完成固定资产投资 900.69 亿元，比 2008 年增长 46.5%；其中，城镇投资 880.49 亿元，增长 48.0%。2009 年新增固定资产 470.91 亿元。2009 年项目建成投产率 64.5%，固定资产交付使用率 52.3%。

固定资产投资中：第一产业投资 8.89 亿元，比 2008 年增长 176.4%；第二产业投资 464.11 亿元，增长 44.9%，其中工业投资 461.81 亿元，增长 44.9%；第三产业投资 427.69 亿元，增长 46.8%，其中房地产开发投资 206.87 亿元，增长 37.7%。全年销售商品房 286.09 万平方米，增长 61.5%；商品房销售额 110.19 亿元，增长 56.2%。

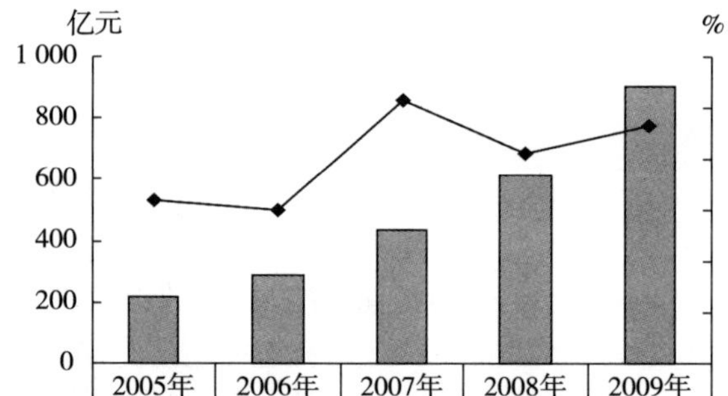

	2005年	2006年	2007年	2008年	2009年
固定资产投资总额(单位：亿元)	220.93	287.22	435.78	614.95	900.69
增幅(%)	32.1	30	51.7	41.1	46.5

图 3－60　2005～2009 年芜湖市全社会固定资产投资及增长幅度

（二）农业

全年粮食种植面积 121842 公顷，比 2008 年增加 3508 公顷；油料种植面积 33859 公顷，增加 464 公顷；棉花种植面积 7428 公顷，减少 789 公顷。粮食产量 84.88 万吨，比 2008 年增产 2.2%，连续第 6 年增产；油料产量 8.29 万吨，增产 4.8%；棉花产量 7882 吨，减产 10.7%；蔬菜产量 54.55 万吨，增产 4.6%；肉类产量 8.25 万吨，增长 6.7%；水产品产量 9.08 万吨，增长 3.4%。当年完成造林面积 2826 公顷。年末无公害农产品认证 47 个，绿色食品认证 102 个，有机食品认证 21 个。

年末，拥有农业机械总动力 100.84 万千瓦，农用拖拉机 2.96 万台。农田有效灌溉面积 86.96 千公顷，节水灌溉面积 7.85 千公顷。全年农用化肥施用量（折纯）6.55 万吨，农村用电量 5.18 亿千瓦小时。截至 2009 年末，农村人口饮水安全工程惠及 34.39 万农村居民，农村饮水安全覆盖率达 89.5%。完成农村公路“村村通”延伸工程 304 公里，农村公路专项养护 1328 公里，改造农村危桥 39 座。

（三）工业和建筑业

全年实现工业增加值506.02亿元，比2008年增长20.0%，其中，年主营业务收入500万元以上工业企业（以下简称规模以上工业）实现增加值464.60亿元，比2008年增长26.4%。在规模以上工业中：国有及国有控股企业实现增加值213.54亿元，比2008年增长23.0%；股份制企业实现增加值300.82亿元、增长37.9%，外商及港澳台商投资企业实现增加值100.29亿元、增长7.3%。轻工业增加值137.01亿元，增长25.4%；重工业增加值327.60亿元，增长26.8%。全年工业产品销售率达到97.6%。

表3－23　　2009年主要工业产品产量及增长速度

指标名称	单位	产量	比2008年增长（%）
啤酒	千升	40851.00	－8.6
卷烟	亿支	320.00	2.4
纱	万吨	2.49	21.1
布	万米	110.00	－7.8
服装	万件	9806.56	21.5
机制纸及纸版	万吨	1.14	351.8
塑料制品	万吨	59.28	2.9
水泥	万吨	1113.25	26.6
生铁	万吨	122.23	－11.1
铸铁管	万吨	37.90	－13.4
钢材	万吨	153.50	32.4
铜	万吨	1.85	－43.2
铜加工材	万吨	18.64	3.7
工业锅炉	蒸发量吨	2488.00	－32.0
金属切削机床	台	662.00	－8.1
汽车	万辆	50.86	45.3
改装汽车	万辆	1.06	58.9
民用钢质船舶	万载重吨	27.84	75.7
低压开关板	面	4516.00	8.8
房间空气调节器	万台	452.57	11.8
汽车仪表	万台	245.55	72.1
发电量	亿千瓦小时	69.79	107.4
天然气供应量	万立方米	14745.00	22.4

规模以上工业部分主要工业产品产量：服装9806.56万件，增长21.5%；塑料制品59.28万吨，增长2.9%；水泥1113.25万吨，增长26.6%；铸铁管37.90万吨，下降13.4%；钢材153.50万吨，增长32.4%；铜材18.64万吨，增长3.7%；汽车50.86万辆，增长45.3%；船舶27.84万载重吨，增长75.7%；空调452.57万台，增长11.8%；汽车仪表245.55万台，增长72.1%。

全年规模以上工业实现主营业务收入1446.68亿元，比2008年增长27.3%；实现利润总额82.21亿元，利税总额149.29亿元，分别比2008年增长63.0%和40.8%。工业经济效益综合指数达到258.8%，比2008年提高25.7个百分点，为历史最好水平。信义玻璃一期、宝成鞋业、圣罗纺织一期等项目建成投产，奇瑞轿车五厂、芜湖电厂五期、响水涧抽水蓄能电站、美的日用家电一期等项目进展顺利,芜湖海螺三期、新兴铸管三山工业园、集瑞联合重工、玉柴联合动力、新联造船三山基地等项目开工建设。

全年具有资质等级的总承包和专业承包建筑业企业138家,完成总产值200.98亿元,比2008年增长26.7%;实现利税11.43亿元,增长14.3%。2009年房屋建筑施工面积1345.42万平方米,比2008年下降73.85万平方米;房屋建筑竣工面积692.12万平方米,比2008年增加47.99万平方米。

(四)服务业

1.国内贸易

全年实现社会消费品零售总额241.51亿元,比2008年增长18.9%。分区域看:城市消费品零售额171.95亿元,增长17.6%;县及县以下消费品零售额69.56亿元,增长22.1%。分行业看:批发和零售业零售额212.81亿元,增长18.5%;住宿和餐饮业零售额27.92亿元,增长22.4%;其他行业零售额0.77亿元,下降2.2%。

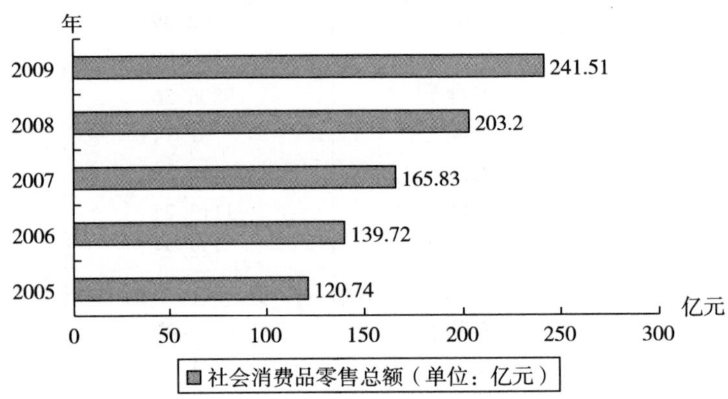

图3-61 2005~2009年芜湖市社会消费品零售总额

2.交通、邮电

全年交通运输、仓储和邮政业实现增加值50.24亿元,比2008年增长7.0%。

交通运输。全年公路客运量8000万人,比2008年增长16.2%;公路货运量7636万吨,增长16.5%。铁路客运量390.6万人,铁路货运量173.49万吨。水路货运量5669万吨。港口货物吞吐量5709.74万吨,比2008年增长3.6%,其中外贸货物吞吐量110.17万吨,下降36.4%;港口集装箱吞吐量9.96万标准箱。年末民用汽车拥有量9.98万辆,比2008年增长29.7%,其中私人汽车拥有量6.33万辆,增长42.2%。年末民用船舶3235艘。全市公路里程4810.13公里,其中等级公路4364.28公里。在等级公路中,高速公路113公里,一级公路65.09公里,二级公路405.72公里。

邮电业。全年邮电业务总量34.58亿元,比2008年增长18.9%。其中:邮政业务总量1.58亿元,增长1.9%;电信业务总量33.00亿元,增长19.9%。全年发送信函1633万件。当地固定电话用户66.00万户,减少8.06万户;移动电话131.54万户,新增19.63万户。电话普及率(含移动电话)85.85部/百人。年末计算机互联网用户24.58万户,其中宽带用户21.40万户。

3.旅游业

全年接待国内外各类游客663.68万人次,其中接待国内游客657.7万人次。全年实现旅游业总收入60.83亿元,其中旅游创汇收入1841.82万美元。年末共有旅行社47家;星级宾馆25家,其中三星级及以上14家;AA级及以上旅游景点(区)19处,其中AAAA级景区6处。

4. 金融业

年末，金融机构人民币存款余额953.40亿元，比年初增加242.96亿元。其中：企业单位存款381.84亿元，比年初增加127.44亿元；城乡居民储蓄存款407.08亿元，比年初增加63.39亿元。金融机构人民币贷款余额804.83亿元，比年初增加251.24亿元，其中，短期贷款287.99亿元，比年初增加47.19亿元；中长期贷款434.08亿元，比年初增加182.46亿元。年末外汇存款余额26111万美元，比年初减少2891万美元；外汇贷款余额7415万美元，比年初减少7870万美元。

5. 房地产业

（五）开放型经济

1. 对外贸易

全年实现进出口总额14.28亿美元，比2008年下降29.7%。其中：进口总额5.33亿美元，下降3.3%；出口总额8.95亿美元，下降39.5%。从出口产品类别看，机电产品出口额6.49亿美元，占出口总额的72.5%。从出口产品地区看，对欧洲出口1.41亿美元，占出口总额的15.8%；对亚洲出口4.71亿美元，占出口总额的52.6%。

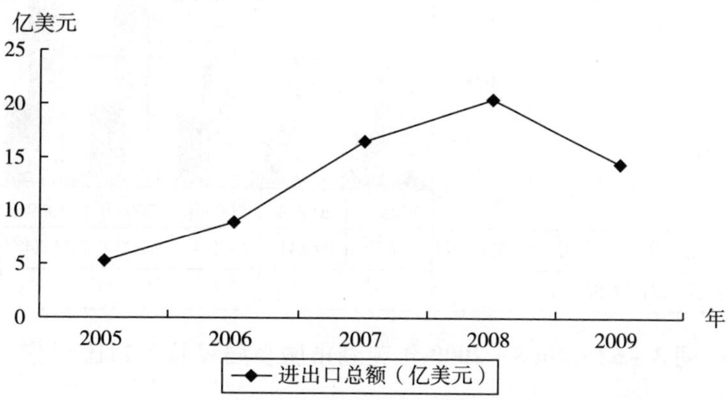

图3－62　2005～2009年芜湖市外贸进出口总额

2. 利用外资

当年新批外商投资企业35家，合同利用外资3.20亿美元。全年实际利用外资6.58亿美元，比2008年增长15.2%；其中外商直接投资6.05亿美元，增长15.1%。实际利用内资671.62亿元，增长45.5%；其中省外资金575.57亿元，增长48.3%。三安光电、德豪润达、通用技术集团锻冲设备、成飞集团模具等一批大项目落户芜湖，28家外资企业扩大投资，与中央企业合作项目总投资1348亿元。鑫龙电器首发上市融资2.66亿元，奇瑞公司私募筹资16.8亿元，海螺集团发行中期票据30亿元，市建投公司发债10亿元。

3. 园区建设

全年省级及以上开发区完成固定资产投资350.64亿元，其中基础设施投资40.23亿元；实际利用内资351.14亿元，实际利用外资5.07亿美元；区内规模以上工业总产值1154.89亿元，比2008年增长22.9%。

芜湖经济技术开发区全年完成固定资产投资125.50亿元，其中基础设施投资19.57亿元；实际利用内资95.49亿元，实际利用外资3.39亿美元；区内规模以上工业总产值748.98亿元，比2008年增长14.5%。

二、芜湖市2009年社会发展概况

（一）人口、人民生活

2009年末，全市常住人口230.0万人，比2008年净增2.0万人。公安户籍人口230.10万人，比2008年减少0.69万人；其中市区104.92万人。全市人口中，男性人口118.67万人，女性人口111.43万人。

据抽样调查，全年城市居民人均可支配收入16747元，比2008年增长12.1%；人均消费支出11786元，比2008年增长15.8%；人均住房使用面积22平方米，比2008年增加3.25平方米。农村居民人均纯收入6738元，比2008年增长9.8%；人均生活费支出4640元，比2008年增长8.1%；人均生活用房面积37.06平方米，比2008年增加1.62平方米。城市居民和农村居民的恩格尔系数分别为38.9%和42.5%。

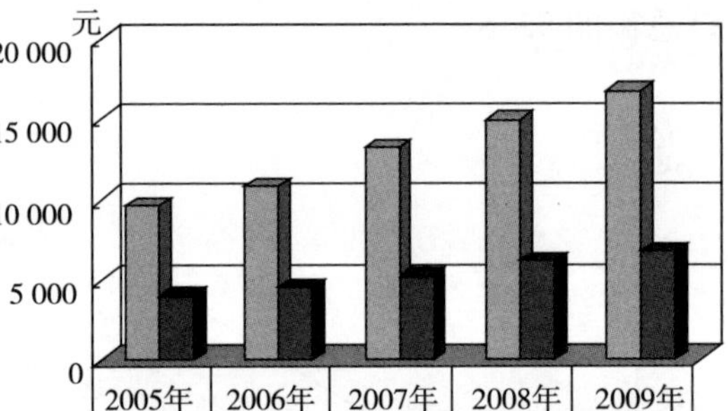

	2005年	2006年	2007年	2008年	2009年
城市居民人均可支配收入(元)	9 629	10 841	13 234	14 939	16 747
农民人均纯收入(元)	3 993	4 512	5 208	6 136	6 738

图3-63　2005~2009年芜湖市城乡居民收入对比一览

（二）就业和社会保障

2009年末，拥有各类职业介绍机构111个。全年新增城镇就业人员5.52万人，其中安置下岗失业人员1.97万人。培训下岗失业人员1.52万人次。城镇登记失业率3.8%。年末：参加城镇基本养老保险职工34.92万人，增加0.72万人；参加城镇基本医疗保险职工41.85万人，增加0.92万人；参加失业保险职工24.53万人，增加1.01万人；参加工伤保险职工21.33万人，增加1.53万人；参加生育保险职工20.19万人，增加4.99万人。城镇居民参加基本医疗保险74.02万人，增加5.78万人；启动了新型农村社会养老保险，有8.62万人参保；农民参加新型农村合作医疗100.57万人，参合率达97.3%。有5.69万名城镇居民、4.52万名农村居民享受最低生活保障。全市拥有各类收养性单位77个，床位6905张，收养各类人员0.56万人。全年共销售社会福利彩票1.43亿元，筹集公益金1784万元。直接接收社会捐款824万元。

（三）教育、科学技术

1. 教育事业

2009年末，拥有：普通高等院校10所，专任教师0.58万人，在校学生12.42万人，招生3.94万人，毕业生3.65万人；普通中学122所，专任教师0.74万人，在校学生13.28万人；中等职业学校21

所，在校学生3.04万人；小学231所，专任教师0.70万人，在校学生11.87万人；幼儿园340所，在园儿童4.30万人。小学学龄儿童入学率100%，初中阶段适龄人口入学率100%。市一中新校区、安徽中加学校开工建设，南陵一中新校区建成使用；完成义务教育标准化学校建设50所。芜湖职业技术学院通过国家重点示范高职院校建设评估。

2. 科技事业

2009年末，拥有省级及以上工程（技术）研究中心12个，其中国家级2个；省级及以上企业技术中心46个，其中国家级3个；省级重点实验室10个，国家工程实验室1个；博士后科研工作站4个。拥有高新技术企业197家，其中当年新认定52家；拥有省级高新技术产品204个，其中当年新认定90个。全年组织实施各类科技计划项目404项，其中省级及以上99项；国家"863"计划重大项目6项。全年共取得各类科技成果108项，其中省部级以上48项。获省级及以上科技进步奖12项，其中国家级1项。专利申请量4379件，其中发明专利1242件；专利授权2695件。中国驰名商标2个；省著名商标61个。中国名牌产品1个；省级名牌产品51个。国家级汽车节能环保工程实验室、现代显示技术研究中心、汽车电子及关键零部件企业孵化器建设进展顺利。芜湖市被国家确定为节能环保汽车及零部件高新技术产业基地和全国科技进步先进市，繁昌县、芜湖县、弋江区成为全国科技进步先进县区。经济技术开发区成为国家级新型工业化示范基地。奇瑞公司成为国家国际科技合作基地、全国海外高层次人才创新创业基地、国家知识产权示范企业。

（四）文化、卫生和体育

1. 进一步推进文化建设

2009年末，全市拥有艺术表演团体4个；文化馆（群众艺术馆）8个；公共图书馆4个，馆藏图书61.02万册，其中市区藏书40.07万册；档案馆11个，向社会开放档案数4.77万卷。市级广播电台4座，市级电视台4座，县级广播电视台3座，广播综合人口覆盖率和电视综合人口覆盖率分别达到100%和99.4%。有线电视用户24.99万户，其中数字电视用户2.81万户。有全国重点文物保护单位4处、省级重点文物保护单位13处。列入国家级非物质文化遗产名录1项，省级名录6项。华强文化科技产业园开工建设。全年举办大型文化活动12场次；大型群众性文化活动18场次；文艺团体演出213场次，其中送文化下乡110场次；创作剧目获省级及以上表彰奖励7个。成功举办了"第二届中国国际动漫创意产业交易会"、"芜湖市第五届文化艺术节"。芜湖市获"全国文化体制改革先进地区"称号。《芜湖日报》、《大江晚报》全年总印数3491.4万份，其中《芜湖日报》总印数753.90万份。

2. 加快完善城乡卫生医疗体系

2009年末，全市拥有各类卫生机构489个，其中，医院、卫生院127个，疾病控制中心8个，妇幼保健院、所、站7个，社区卫生服务中心21个，社区卫生服务站94个。卫生机构拥有床位9459张，其中医院、卫生院8768张。有卫生技术人员11775人，其中执业（助理）医生4746人、注册护士4511人。芜湖市被确定为全国公立医院改革试点城市。弋矶山医院、市二院、四院、中医院、城东新区医院基础设施项目建设加快。

3. 深入开展体育健身活动

2009年，在国际国内重大比赛中，芜湖市运动员共获得奖牌170枚，其中金牌56枚。向省级及以上专业队和体育院校输送运动员55人。举办市级全民健身活动30次，参加活动人员达5万人次。全年共销售体育彩票10114万元。成功举办市第十一届运动会。芜湖市运动员在十一届全运会获得3金、1银、1铜的历史最好成绩，位居全省第一。

（五）城市建设

2009年末，市区建成区面积扩大到130.12平方公里。全市公交运营线路网长度1263公里，车辆1395辆；拥有出租车3575辆，其中市区3024辆。城市日供水综合能力88.7万吨。全年天燃气供气总量15531万立方米，用气人口69.74万人；液化气家庭用量1.58万吨，用气人口41.02万人，城市气化率99.0%。全年居民用电量8.49亿千瓦小时。年末，城市绿化覆盖面积达到49.66平方公里，建成区绿化覆盖率38.1%，人均公共绿地面积9.11平方米。市政务大楼建成，保兴埠综合整治一期、赭山公园西大门改造顺利完成。拆迁改造市区棚户区40万平方米，新建、改造15个菜市场，改造老旧小区42个，拆除违法建设60万平方米。

（六）环境保护与生态建设

2009年末，拥有国家三级及以上环境监测站4个，其中二级站1个。市区环境空气质量达优良的天数为356天，空气质量优良率为97.5%。饮用水源水质符合国家Ⅱ类标准。长江和青弋江干流芜湖段水质分别以Ⅱ类和Ⅲ类水质为主。工业废水排放达标率99.3%，工业废气二氧化硫排放达标率99.6%，烟尘排放达标率99.4%。天门山一期、芜湖县、繁昌县污水处理厂投入运营，朱家桥二期、城南一期和南陵县污水处理厂主体工程基本建成，滨江污水处理厂开工建设。完成垃圾焚烧热电厂改造工程。

（七）安全生产

全年发生各类安全事故488起，死亡人数255人，分别比2008年下降5.8%和0.4%。其中，交通事故250起，死亡202人；火灾事故184起，死亡2人。工矿商建企业发生安全事故30起，死亡33人。亿元GDP生产安全事故死亡人数0.28人，工矿商建企业从业人员每十万人死亡人数3.15人，道路交通万车死亡人数9.38人。

三、挑战与目标

芜湖的经济社会发展中还存在的矛盾和问题有：经济发展方式转变滞后，自主创新能力薄弱，节能减排形势严峻，生态建设的长效机制有待进一步健全，现代服务业和高新技术产业发展不足，具有带动作用的大企业偏少，中小企业发展环境有待优化；主副中心城区功能偏弱、辐射带动效应不强，城市文化特色不够明显，小城镇作为城乡一体化的重要节点建设滞后，城乡统筹发展和新农村建设动力有待增强；教育、医疗、就业、社会保障、食品安全、公共安全等关系群众切身利益方面的问题仍然存在，农民持续增收难度较大，部分低收入群众生活还比较困难；政府行政效能亟待提高，少数机关部门和工作人员的依法行政观念和服务意识不强，形式主义、官僚主义和奢侈浪费问题还不同程度地存在。

2010年芜湖市经济社会发展的主要预期目标为：在优化结构、提高效益、降低消耗、保护环境的基础上，生产总值增长15%；地方财政收入增长18%；全社会固定资产投资增长12%；社会消费品零售总额增长12%；全社会研究开发支出占生产总值的比重达到1.8%；万元生产总值综合能耗下降4.4%，化学需氧量排放量下降3.5%，二氧化硫排放量下降3%；实际利用外资增长12%（新口径），进出口总额增长15%；城镇居民人均可支配收入和农村居民人均纯收入均增长8%；居民消费价格总水平涨幅控制在3.7%以内；城镇登记失业率控制在4%以内；人口自然增长率控制在1.5‰以内。

四、芜湖市在南京都市圈经济发展中的地位

2009年，芜湖市上下以科学发展观统领率先发展、和谐发展全局，强化经济结构调整，努力转变经济发展发式，注重经济总量的扩张、速度的稳健、结构的优化、质量的提升和效益的提高，全市经济继续保持较快增长。经济社会继续保持又好又快发展的良好态势，呈现出增速加快、结构优化、效益提升、民生改善的良好特征，圆满完成了年初确定的经济社会发展目标和任务。

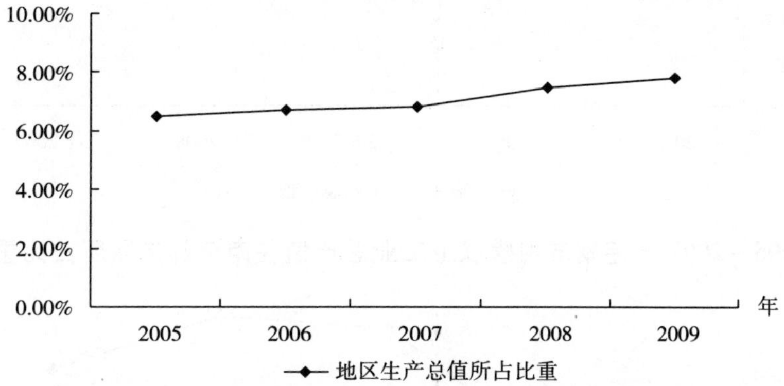

图3-64　2005～2009年芜湖市地区生产总值在南京都市圈所占比重的变化趋势

2005～2009年期间，芜湖市地区生产总值在南京都市圈中所占的比重分别为：6.50%、6.69%、6.81%、7.45%、7.81%，从总体来看，呈现出逐年上涨的趋势，但是涨幅较小，最大的涨幅为0.64%。

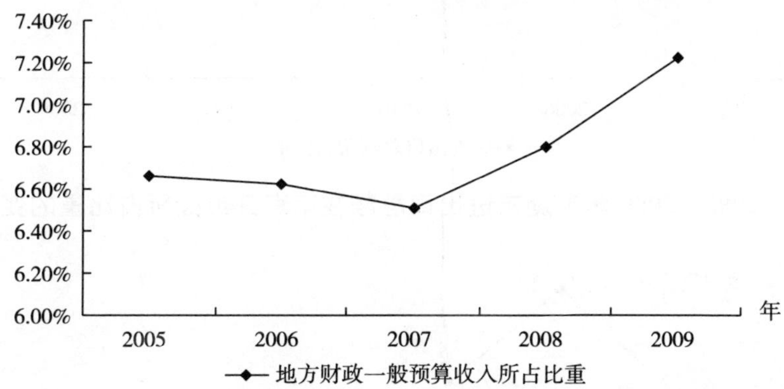

图3-65　2005～2009年芜湖市地方财政一般预算收入在南京都市圈所占比重的变化趋势

2005～2009年期间，芜湖市地方财政一般预算收入在南京都市圈中所占的比重分别为：6.66%、6.62%、6.51%、6.80%、7.22%，从总体来看，2005～2007年间，该比重呈现出不断下降的趋势。从2007年开始，反弹的趋势比较明显，最大涨幅为0.42%。

2005～2009年期间，芜湖市规模以上工业总产值在南京都市圈中所占的比重分别为：5.88%、6.45%、6.65%、6.62%、7.36%，从总体来看，保持了一定的增长幅度，最大的增幅出现在2008～2009年间，增幅为0.74%。

2005～2009年期间，芜湖市进出口总额在南京都市圈中所占的比重分别为：1.72%、1.97%、3.16%、3.26%、2.76%，从总体来看，2005～2008年期间保持了增长的势头，但是在2009年出现了反弹，有了小幅的下降，降幅为0.5%。

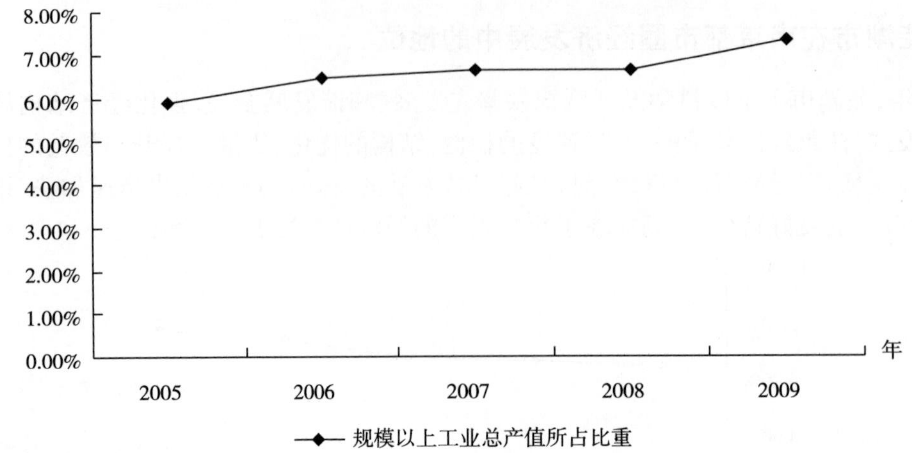

图 3－66　2005～2009 年芜湖市规模以上工业总产值在南京都市圈所占比重的变化趋势

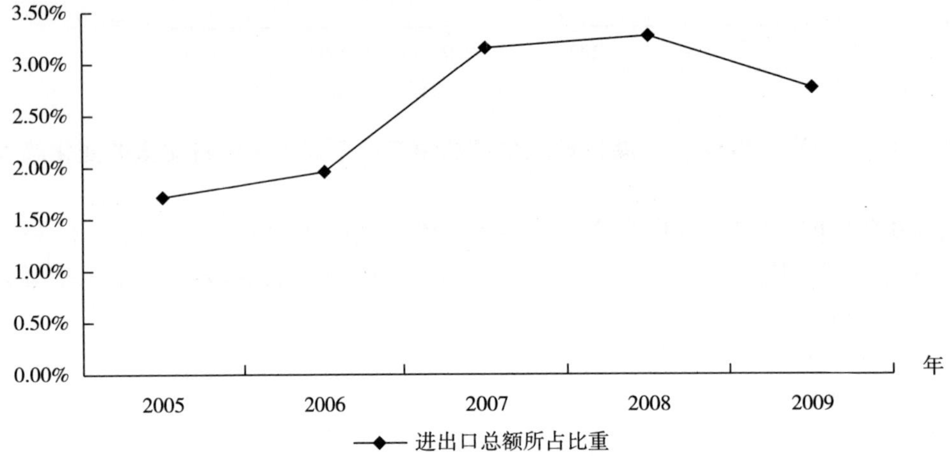

图 3－67　2005～2009 年芜湖市进出口总额在南京都市圈所占比重的变化趋势

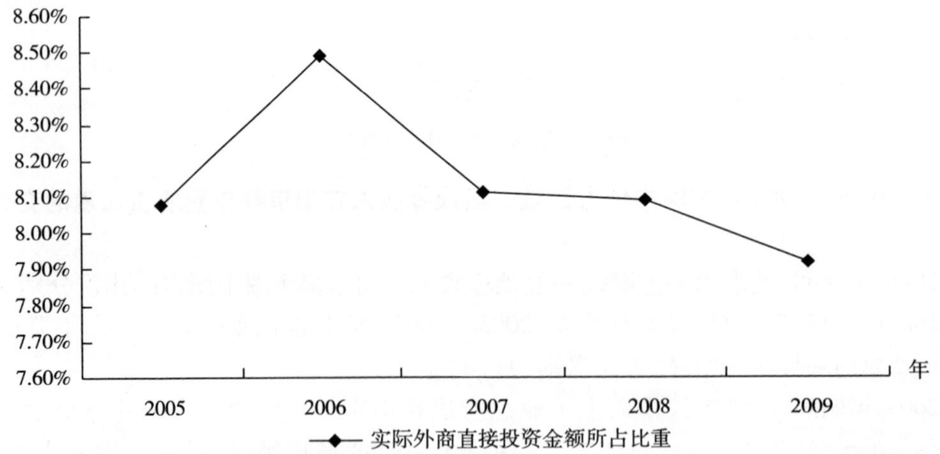

图 3－68　2005～2009 年芜湖市实际外商直接投资金额在南京都市圈所占比重的变化趋势

2005～2009 年期间，芜湖市实际外商直接投资金额在南京都市圈中所占的比重分别为：8.08%、8.49%、8.11%、8.09%、7.92%，从总体来看，波动较大，2005～2006 年增长幅度为 0.41%，随后出现反弹，连续 4 年呈现下降趋势，最大下降幅度在 2006～2007 年间，下降幅度为 0.38%。

二　马鞍山市2009年经济社会发展报告

2009年是新世纪以来马鞍山经济发展最为困难的一年。面对国际金融危机的严重影响和冲击，市委市政府统揽全局、果断决策、沉着应对，团结带领全市人民，认真贯彻落实中共十七大和十七届三中、四中全会精神，以庆祝新中国成立六十周年为动力，非常之举促增长，化危为机调结构，全市经济社会发展取得了一系列可喜成绩，呈现主要经济指标超年初预期目标、经济结构调整取得积极进展、人民群众共享改革开放和经济发展成果、经济总量指标继续位居全省前列、人均指标稳居全省首位、赶超"长三角"步伐进一步加快、建设更高水平的全面小康社会进程持续攀升的良好局面。

一、马鞍山市2009年经济发展概况

（一）综合经济

1. 经济总量

2009年，全市生产总值（GDP，下同）665.9亿元，按可比价格计算，比2008年增长12.1%。其中：第一产业增加值25.7亿元，增长5.2%；第二产业增加值443.0亿元，增长13.0%；第三产业增加值197.2亿元，增长10.8%。

2009年，马鞍山市充分利用金融危机形成的倒逼机制和洗牌效应，着力推进经济结构调整和产业优化升级。大力扶持与推进新兴产业，新能源、新光源、节能环保和软件动漫等新兴产业集群加速形成；服务业发展水平迈上新台阶。全市第三产业增加值占GDP的比重达29.6%，比2008年提升0.9个百分点。

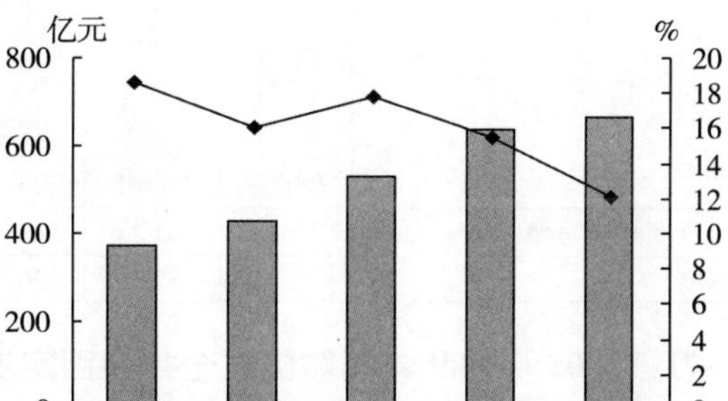

	2005年	2006年	2007年	2008年	2009年
地区生产总值(亿元)	371.35	427.01	532.1	636.3	665.9
增幅(%)	18.6	16	17.8	15.5	12.1

图3－69　2005～2009马鞍山市地区生产总值及增长速度

2. 财政收入

全市实现财政收入达122.31亿元，比2008年增长11.0%，财政收入占GDP的比例为18.4%，比2008年提升1.1个百分点。其中，中央财政收入58.58亿元，地方财政收入63.73亿元。3个区财政收入增幅均超过30%。财政支出结构继续调整。全市累计财政支出80.07亿元，比2008年增长42.5%。其中，社会保障和就业支出9.86亿元，比2008年增长11.0%。扎实推进民生工程，全年实施50项民生工程，资金总投入达9.9亿元，比2008年增长30.3%，惠及全市城乡居民。

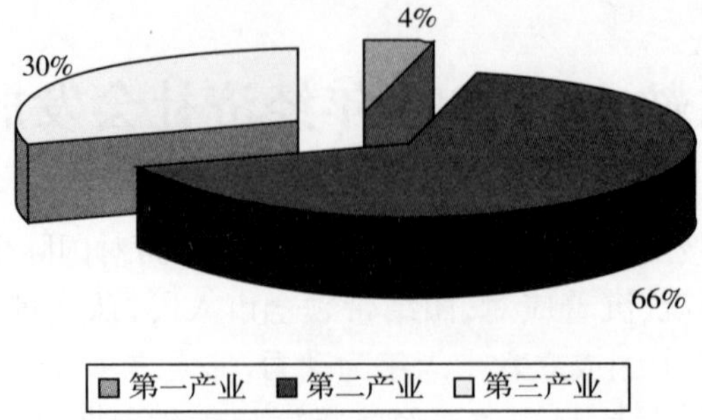

图 3－70　2009 年马鞍山市三次产业结构图

3. 物价水平

2009 年，全市居民消费价格指数为 98. 3%，比 2008 年回落 1. 7 个百分点。分类别来看，八大类商品价格呈现“四升四降”格局。其中：食品类 100. 3%；烟酒及用品类 100. 5%；衣着类 101. 6%；家庭设备用品类 97. 0%；医疗保健和个人用品类 101. 2%；交通和通讯类 97. 3%；娱乐教育文化用品 99. 3%；居住类 88. 0%。工业品出厂价格指数为 81. 4%，比 2008 年回落 18. 6 个百分点。

4. 固定资产投资

全年全社会固定资产投资为 546. 14 亿元，比 2008 年增长 35%，投资额居全省第 5 位。其中房地产开发投资 62. 76 亿元，比 2008 年下降 3. 7%。

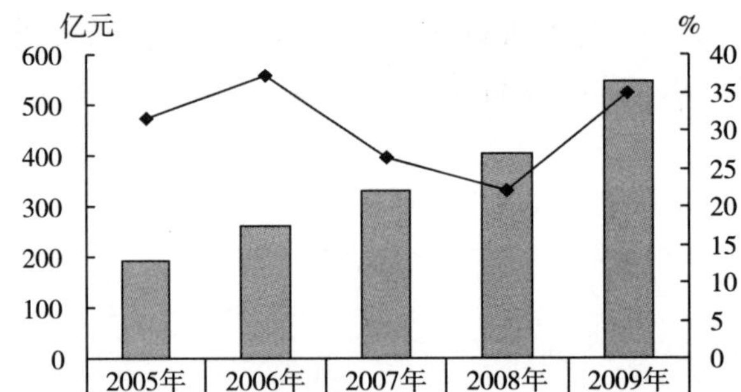

	2005年	2006年	2007年	2008年	2009年
固定资产投资总额(单位：亿元)	191.38	262.25	331.34	404.5	546.14
增幅(%)	31.6	37.2	26.3	22.1	35

图 3－71　2005～2009 年马鞍山市全社会固定资产投资及增长幅度

（二）农业

全年完成农业增加值 25. 7 亿元，按可比价格计算，比 2008 年增长 5. 2%。全市粮食与经济作物种植面积比为 68. 2∶31. 8。50 亩以上粮食规模种植户为 561 户。全市粮食种植面积为 65. 7 千公顷，比 2008 年增长 1. 5%。当涂县被列入“中国 1000 亿斤粮食增产计划项目县”。全年粮食总产量创历史新高，达 46. 4 万吨，比 2008 年增长 4%；棉花总产量 0. 47 万吨，比 2008 年增长 6. 8%；油料因种植面积减少，总产量有所下降，油料产量为 4. 7 万吨，比 2008 年下降 2. 1%。

当涂县成为“中国生态养蟹第一县”。发展规模畜禽养殖 526. 3 万头（只），规模养殖比重达 50%，比 2008 年提升 5 个百分点；推广水产生态养殖面积 26 万亩，占总养殖面积的 76%，比 2008 年提升 3 个百分点。全年肉类总产量为 3. 08 万吨；奶牛存栏达 0. 87 万头。

启动建设当涂现代农业示范园。全市农业产业化超亿元龙头企业达10家,超10亿元企业2家;"三资"农业加快发展,全年到位资金4.9亿元。

抓住省委省政府确定本市为全省城乡一体化综合配套改革试验区的契机,全力推进城乡一体化进程。花山区张庄中心村一期工程基本完工,霍里镇镇改街工作全面完成。新农村"四条示范线"建设扎实推进,新农村试点镇村示范作用明显,农村有线电视"进村入户"工程加快推进。全年完成小城镇建设投资14.1亿元。

(三)工业、建筑业

全年完成规模以上工业增加值357.56亿元,比2008年增长15.2%。完成规模以上工业总产值1139.17亿元,比2008年下降0.6%。县区工业生产在2008年高速增长的基础上,继续保持平稳较快的良好发展态势,全年完成规模以上工业总产值314.35亿元,增长18.4%。

全年规模以上工业企业产品销售率达98.92%。适应市场需求的主要工业产品产量保持较快增长(见下表)。

表3-24　　2009年主要工业产品产量及增长速度

产品名称	单位	产量	比2008年增长(%)
生铁	万吨	1406.77	3.0
粗钢	万吨	1472.07	0.4
钢材	万吨	1461.89	2.9
水泥	万吨	349.38	-4.7
专用汽车	辆	6997.00	46.9
机制纸及纸板	万吨	87.55	30.5
发电量	亿千瓦小时	157.97	44.4
啤酒	千升	77438.00	-4.3
纱	吨	8494.00	-11.1
服装	万件	2637.75	62.7
乳制品	万吨	20.11	11.2

规模以上工业产品销售收入1057.95亿元,比2008年下降16.4%;实现利润为21.07亿元,比2008年增长1.6%。经济效益综合指数为262.37,比2008年减少27.48个百分点。

全年实现建筑业增加值36亿元,按可比价格计算,比2008年增长13.9%。资质以上建筑企业实现利税总额6.12亿元,比2008年增长15.5%。房屋建筑施工面积580.79万平方米,房屋竣工面积375.41万平方米。

(四)服务业

1.国内贸易

全年实现社会消费品零售总额为125.75亿元,比2008年增长18.7%。分地区看,城乡市场全面协调发展,全年城市和农村市场分别实现零售额96.45亿元和29.3亿元,比2008年分别增长18.3%和20.0%。分行业看:批发零售业实现零售额107.08亿元,比2008年增长18.6%;其中,限额以上企业实现零售额38.28亿元,比2008年增长20.6%。住宿餐饮业实现零售额17.04亿元,比2008年增长18.4%;其中,限额以上企业实现零售额3.46亿元,比2008年增长3.0%。

居民消费结构发生可喜变化,全年城市居民人均消费性支出达12739元,比2008年增长11.8%。其中,设备用品及服务、医疗保健、娱乐文教服务和衣着消费支出快速增长。设备用品及服务消费支出增长26.9%,医疗保健消费增长26.2%,娱乐文教服务类消费增长15.7%,衣着消费支出增长15.3%。全年农民人均生活消费支出为5962元,比2008年增长11.2%。其中:人均食品支出2184元;人均衣着支出和人均居住支出分别增长12.2%和10.6%;人均家庭设备支出和人均医疗保健支出增长较快,分别增长92.6%和76%。

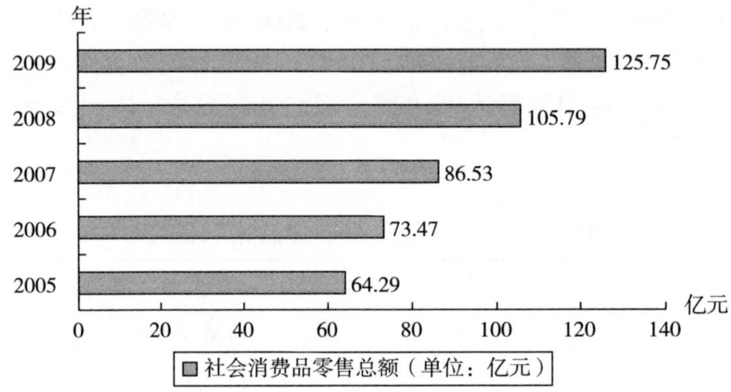

图3-72　2005~2009年马鞍山市社会消费品零售总额

2. 交通、邮电

全年交通运输仓储业完成增加值21.6亿元,比2008年增长0.3%。铁路旅客发送量117万人,铁路货运发送量488.9万吨。大力完善港口设施建设。小黄洲锚地一期工程两艘趸船建成下水,进一步强化港口水运功能。全年港口货物吞吐量4191.1万吨,比2008年增长10.8%。交通东向联动工作稳步展开,与南京交通部门通力合作,完成两市边界205国道收费站的合并工作,开通两市公路客运联网售票系统,促进两市经济、贸易、人员、文化的交流。提升公路管理养护水平,完成东环路部分路段、314局部路段的维修养护和新黄路安保工程,对丹阳东桥实施加固,提升了公路桥梁的通行能力和安全性,公路养护工作已跻身全省前列。

全年完成邮电业务收入8.15亿元,比2008年增长9.5%。年末固定电话用户为37.42万户,其中,城市电话用户25.46万户。年末移动电话用户为90.17万户,比2008年增加15.97万户。年末宽带用户为11.11万户。

3. 旅游业

积极开展旅游主题活动,发挥旅游产业拉动内需、促进经济增长的作用。全年旅游业总收入28.81亿元,比2008年增长20.5%。其中,国际旅游外汇收入4091.22万美元,比2008年增长55.4%。全年共接待海外旅游者29124人次,比2008年增长17.7%。年末星级饭店为23家。其中,四星级5家,三星级8家。

4. 金融业

马鞍山市金融业准确把握国家宏观调控政策,应对国际金融危机的复杂形势,积极落实市委市政府"保增长、保民生、保稳定"的要求和部署,不断加大对全市经济发展的支持力度。年末全市金融机构本外币存款余额705.88亿元,比年初增加155.04亿元。年末金融机构本外币贷款余额453.1

亿元，比年初增加 125 亿元。全年货币投放 663.5 亿元，比 2008 年增加 49.16 亿元；货币回笼 582.34 亿元，比 2008 年增加 1.52 亿元。

（五）开放型经济

1. 对外贸易

受国际金融危机的冲击，全市外贸进出口出现不同程度的下降。全年完成外贸进出口总额为 17.33 亿美元，比 2008 年下降 48.5%；出口总额 4.53 亿美元，比 2008 年下降 58.9%。中小企业进出口保持增长，全年中小企业实现进出口总额 5.4 亿美元，增长 7.6%。

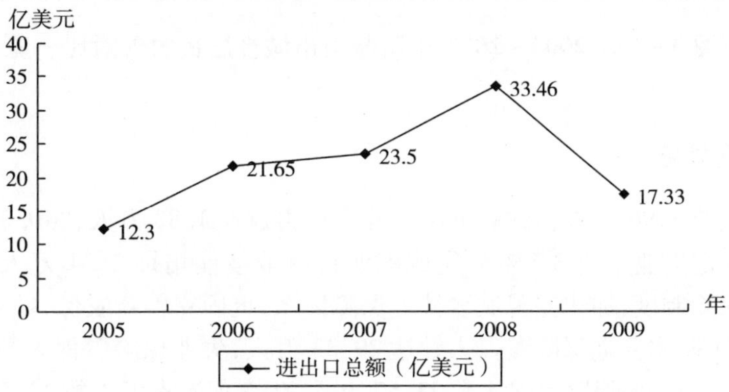

图 3－73　2005～2009 年马鞍山市外贸进出口总额

2. 利用外资

全市外向型经济继续保持较快的发展势头，招商引资工作取得新突破。全年实际利用外资 6 亿美元，比 2008 年增长 17.4%。其中：实际利用外商直接投资 5.72 亿美元，比 2008 年增长 37.4%；实际利用内资 268.46 亿元，比 2008 年增长 18.7%。

二、马鞍山市 2009 年社会发展概况

（一）人口、人民生活

年末全市户籍人口为 128.61 万人。其中，农业人口 64.52 万人，非农业人口 64.09 万人。据抽样调查，人口出生率为 10.2‰，死亡率为 5‰，自然增长率为 5.2‰。

据抽样调查，全市城市居民人均可支配收入 20390 元，比 2008 年增长 11.2%，居全省首位；人均消费性支出 12739 元，比 2008 年增长 11.8%。全市农民人均纯收入居全省首位，达 7947 元，比 2008 年增长 9.8%。

据抽样调查，年末平均每百户城市居民家庭耐用消费品拥有量：家用空调 156 台，冰箱 102 台，移动电话 168 部，家用电脑 60 台，热水淋浴器 99 台。

2009 年末城乡居民储蓄余额达 305.83 亿元，比年初增加 46.24 亿元。其中：定期储蓄存款余额 206.16 亿元，比年初增加 21.72 亿元；活期储蓄存款余额 99.67 亿元，比年初增加 24.52 亿元。

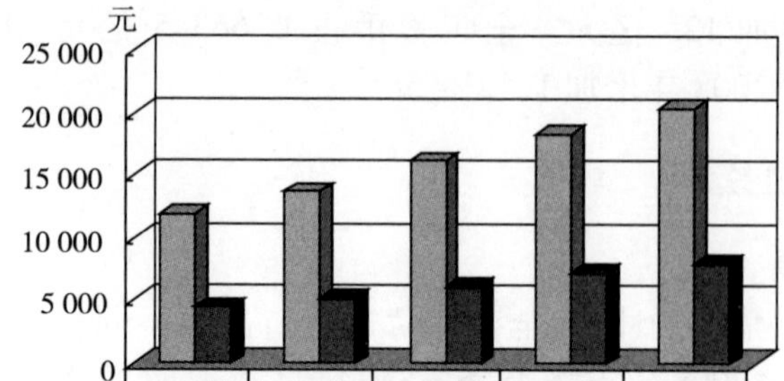

	2005年	2006年	2007年	2008年	2009年
城市居民人均可支配收入（元）	11 935	13 705	16 137	18 330	20 390
农民人均纯收入（元）	4 511	5 191	6 145	7 238	7 947

图 3－74　2005～2009 年马鞍山市城乡居民收入对比一览

（二）就业和社会保障

全年累计新增就业 3.96 万人，其中，下岗失业人员再就业 1.83 万人，“4050”人员等困难群体再就业 5049 人，城镇登记失业率为 3.2%。完成就业再就业技能培训 2.24 万人，创业培训 1200 人。建立城乡居民生育保险制度，加快完善城乡社会保障体系，巩固完善新农保、城乡一体化居民医疗保险制度，全市城镇职工基本养老保险参保人数达 29.23 万人，失业保险参保人数 18.66 万人，医疗保险参保人数 33.48 万人，工伤保险参保人数 23.57 万人，生育保险参保人数 43.54 万人。城镇居民医疗保险参保人数 38.55 万人。建立了被征地农民养老金正常调整机制，基础养老金从每人每月 120 元提高到 180 元，被征地农民参保人数 5.7 万人。完善城镇居民养老保险、事业单位养老保险、未参保集体企业职工基本生活保障等制度，促进城乡社会保障体系进一步健全。

困难群众救助制度逐步完善，社会救助体系建设成效凸显。市区城乡低保标准实现一体化，大幅提高城乡医疗救助年度封顶线标准。全市城乡最低生活保障救助 55.92 万人次，全年共支出低保金 9392.55 万元。全市社会收养性福利床位数 4548 张；抚恤、补助各类优抚对象 7769 人；慈善事业健康发展，接受社会捐赠 382 万元；全市福利彩票销售 8426 万元，比 2008 年增长 25.6%，筹集福利彩票公益金 2820 万元，比 2008 年增长 26.4%，其中市本级 1058 万元，比 2008 年增长 26.1%。

（三）教育、科学技术

1. 教育事业

全年财政用于教育的支出为 8.97 亿元，比 2008 年增长 33.5%。全市共有各类学校 398 所，其中，高等院校 6 所、中小学及其他各类学校 392 所。在中小学及其他各类学校中，幼儿园 155 所，小学 158 所，特殊教育学校 2 所，普通中学 57 所。全市省一类幼儿园 6 所，省示范高中 6 所，省特色初中 1 所，省特色小学 2 所，国家重点职业学校 4 所。全市中小学及其他各类学校共有在校学生 24.45 万人、教职工 1.68 万人。全市高中阶段在校学生 5.12 万人，高中阶段教育毛入学率为 86.8%。

2. 科技事业

2009 年，全市高新技术产业增加值占规模以上工业增加值的比重为 27.9%。专利申请量 685 件，比 2008 年增长 38.9%。中冶华天“一种合金化微调方法”发明专利在美国取得专利权，填补了马鞍山市海外专利申请的空白。全市认定登记的技术合同 196 项，技术合同交易额 1.23 亿元。马鞍山市被国家知识产权局正式批准为“国家知识产权试点市”，被省科技厅推荐申报“全国科技进步先进市”，当涂县、金家庄区和花山区被推荐申报全国科技进步先进县（区）。10 项科技成果入围

2009 年度省科学技术奖,其中被推荐为一等奖 2 项、二等奖 2 项、三等奖 6 项。

全市高新技术产业产值为 360 亿元。共承担省级以上科技计划项目 34 个,其中,华菱公司成功申报省国际科技合作项目,成为马鞍山市首个获得省国际合作立项支持的企业。惊天液压、海狮织造 2 家企业被认定为国家火炬重点高新技术企业。全市高新技术企业 83 家,高新技术产品 155 个,民营科技企业已发展至 228 家,其中,当年新认定 26 家。技工贸总收入达 48 亿元。

(四)文化、卫生和体育

1. 进一步推进文化建设

全力实施"文化设施建设、文化保护、文化精品、文化展示、文化人才培养和文化产业"六大工程。成功举办"2009 马鞍山中国李白诗歌节"。新建市博物馆和图书馆正式开馆运营。年末拥有公共图书馆 5 个,藏书 56 万册。有专业艺术表演团体 3 个、文化馆 5 个。年末广播人口覆盖率、电视人口覆盖率均为 100%。年末有综合档案馆 5 个,档案资料 31.89 万卷、4.15 万件,总建筑面积 10890 平方米。

2. 加快完善城乡卫生医疗体系

制定《马鞍山市医疗质量控制与管理实施方案》,完善医疗质量管理长效机制。建立健全应急管理体制和各类突发公共卫生事件应急预案,不断健全疫情信息反应机制、预警预测机制。全年突发公共卫生事件及时报告率 100%,网络直报率 100%。科学有序地开展防治手足口病、甲型 H1N1 流感防控工作。推进卫生民生工程建设,进一步完善新型农村合作医疗制度。全市农村居民新型合作医疗制度覆盖全市 64.19 万农民,乡村覆盖率 100%,参合农民实现"持卡就医";全市农村新型合作医疗参保率达 99.57%,其中,当涂县农民参合率达 99.63%,市辖区农民参合率达 99.3%。年末全市共有卫生机构 332 个。其中医院、卫生院 56 个;共有病床 4068 张,卫生技术人员 7182 人。全市以乡镇为单位四苗和五苗接种率达 97.85%,乙肝疫苗首针接种率达 98%。

3. 深入开展体育健身活动

围绕喜庆新中国 60 华诞等节假日开展大型全民健身系列活动。成功举办马鞍山市第 35 届"安利杯"迎新年万人环湖长跑活动和第四届社区运动会。组织全省全民健身日暨第二届彩民运动会和全国全民健身日系列活动。不断丰富校园体育活动,举办"扬奥运精神,展校园风采"为主题的全市中小学篮球赛、中小学乒乓球赛、"天翼"杯第二届大学生运动会乒乓球比赛。组队参加省常规比赛取得好成绩,获得 53 金、48 银、64 铜的良好成绩。参加全国第十一届运动会比赛取得优异成绩,共夺得 3 项冠军、4 项亚军、1 个第 4、1 个第 5、1 个第 6。其中,李臻获得男子双人皮艇 500 米和 1000 米 2 项冠军以及四人皮艇 1000 米亚军,何艳获得武术散打女子小团体冠军。

(五)城乡建设

抓住国家扩大内需和建设成本相对较低的有利时机,全面开工建设一批重大基础设施项目。城市建成区面积扩大到 75.5 平方公里,城市化率提高到 65.7%。强力推进城市重点基础设施建设,进一步提高城市综合承载功能。积极推进湖南路等三条路"白加黑"改造工程。深入开展水环境整治工程,完成了王百滩、永丰河、碧溪河等清淤工程和雨山河长沟水系整治工程。

(六)环境保护与生态建设

加强污染减排工作力度,将总量控制指标和污染减排任务分解到相关企业,纳入年度环保工作目标考核。全年列入省政府减排计划的项目 13 个,有 10 个已经形成减排能力。不断加大环境综合整治力度,慈湖河生态环境综合整治扎实推进。全市空气质量优良率达 95.9%,城市饮用水水质达标率为

100%。工业废水排放达标率为94%。全市万元GDP能耗为2.21吨标煤,比2008年下降5.5%。

以全国园林城市复查为契机,进一步巩固生态园林城市建设成果。全年新增绿地面积108公顷,市区人均公园绿地面积达13.26平方米,市区绿化覆盖率达42.57%。完成国家园林城市复查工作。着力推进污水处理厂及其外部管网配套工程建设,完成第二污水处理厂、开发区南区污水处理厂和东部污水处理厂外部管网配套工程。

(七)安全生产

亿元GDP安全事故死亡率0.189,比2008年下降0.02个百分点。

三、挑战与目标

在未来的发展中,马鞍山还面临许多的问题和不足:综合经济实力和区域竞争力还不够强,经济结构性矛盾依然比较突出,产业结构偏重、产业层次偏低、消耗排放偏高,企业核心竞争力和科技创新能力不强,新型工业化步伐还不快;产业层次还比较低,产业升级、节能降耗、污染减排和环境保护的任务依然艰巨;要素瓶颈制约突出,保持合理的投资增长、优化投资结构、提高投资效益的难度不小;农业持续增效、农民持续增收、农村持续发展的长效机制还没有形成,文化建设、社会建设相对滞后于经济建设;困难群体就业、提高社会保障水平等方面,还有大量工作要做;转变政府职能、改善公共服务,还需要进一步加强。对这些问题,必须高度重视,切实加以解决。

2010年全市经济社会发展主要预期目标是:地区生产总值增长13%;单位生产总值能耗下降4%,二氧化硫、化学需氧量排放分别削减3%和2%;财政总收入增长12%,地方财政一般预算收入增长12%;全社会固定资产投资增长18%;社会消费品零售总额增长15%;城镇居民人均可支配收入增长12%,农民人均纯收入增长8%;城镇登记失业率控制在3.5%以内。其中,节能减排指标是约束性的,必须作为硬任务,千方百计确保完成;其他指标是指导性的,力争在工作中完成得更好。

四、马鞍山市在南京都市圈经济发展中的地位

市委市政府审时度势,多举克难,团结带领全市人民深入贯彻中共的十七大、十七届三中全会和胡锦涛总书记两次视察安徽的重要讲话精神,全面落实科学发展观,紧紧围绕"又好又快新跨越、率先全面达小康"的奋斗目标,抓发展、增活力、保民生、促稳定,全市经济社会发展取得新的显著成就。

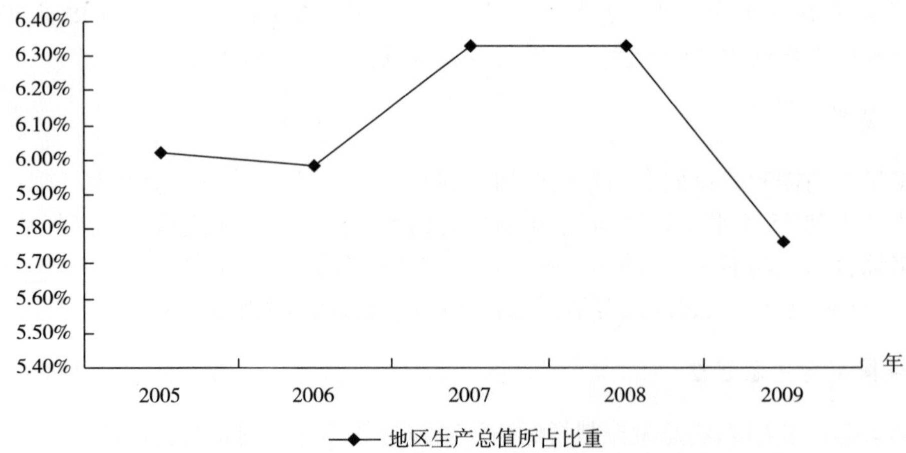

图3-75　2005~2009年马鞍山市地区生产总值在南京都市圈所占比重的变化趋势

在2005～2009年期间，马鞍山市地区生产总值在南京都市圈中所占的比重分别为：6.02%、5.98%、6.33%、6.33%、5.76%，从总体来看，呈现出较大的波动，但基本保持在5.5%～6.5%之间的水平上，在2008～2009年间，出现了较大幅度的下降，降幅为0.57%。

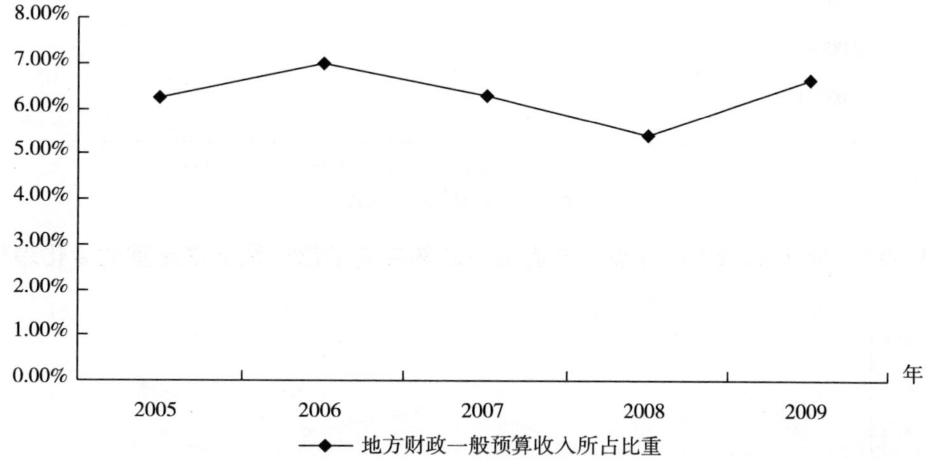

图3－76　2005～2009年马鞍山市地方财政一般预算收入在南京都市圈所占比重的变化趋势

在2005～2009年期间，马鞍山市地方财政一般预算收入在南京都市圈中所占的比重分别为：6.23%、6.99%、6.28%、5.41%、6.63%，从总体来看，呈现出上下波动的趋势，既有增长也有下降，但总体维持在5%～7%的水平之间。

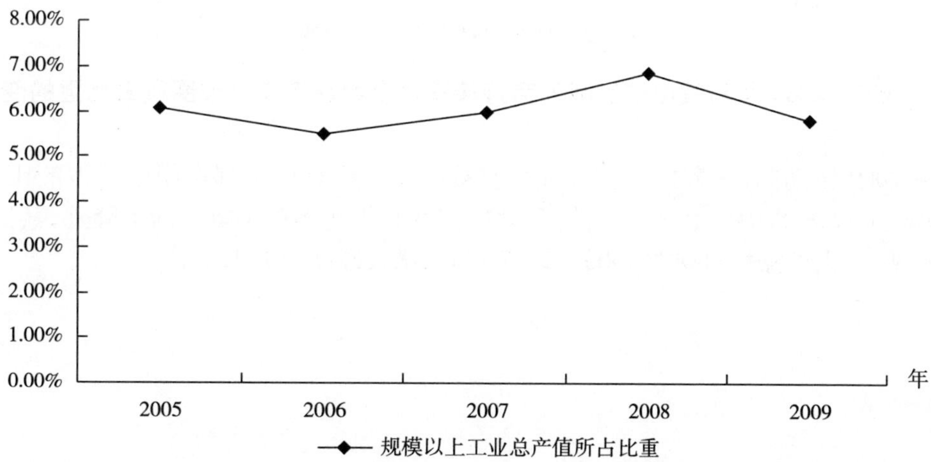

图3－77　2005～2009年马鞍山市规模以上工业总产值在南京都市圈所占比重的变化趋势

在2005～2009年期间，马鞍山市规模以上工业总产值在南京都市圈中所占的比重分别为：6.06%、5.48%、6.00%、6.84%、5.80%，从总体来看，规模以上工业总产值在南京都市圈中的比重也是不断波动，有上升也有下降，总体上维持在5%～7%的水平之间。

在2005～2009年期间，马鞍山市进出口总额在南京都市圈中所占的比重分别为：3.34%、4.90%、4.42%、5.35%、3.36%，从总体来看，该比重呈现出上下波动的趋势，在2008～2009年间的降幅最大，为1.99%。

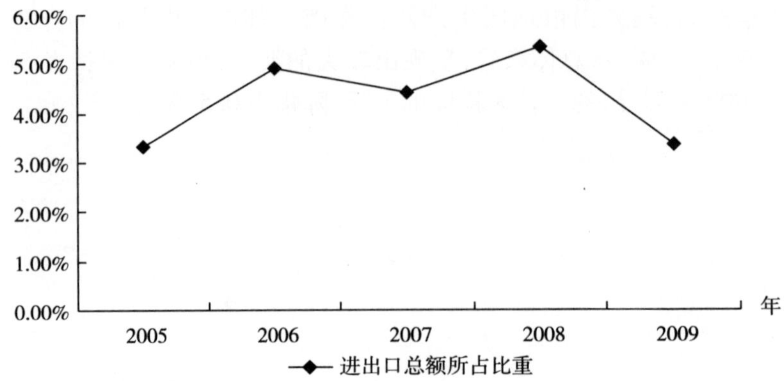

图 3－78　2005～2009 年马鞍山市进出口总额在南京都市圈所占比重的变化趋势

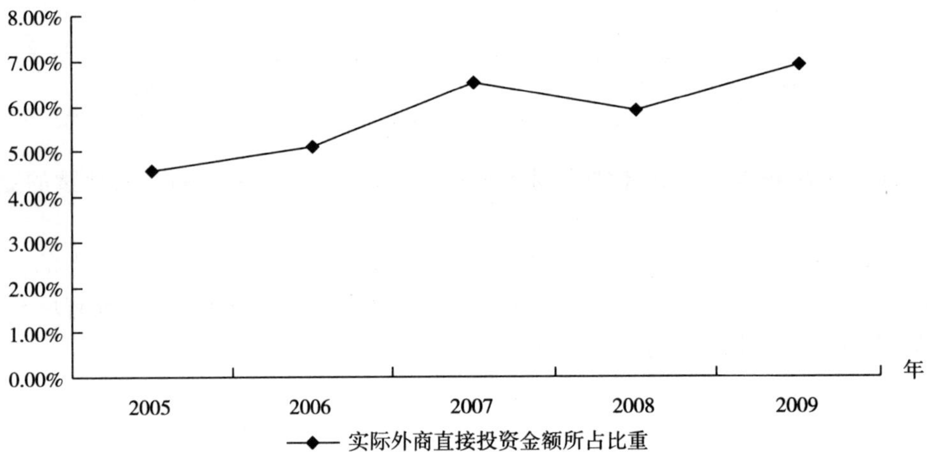

图 3－79　2005～2009 年马鞍山市实际外商直接投资金额在南京都市圈所占比重的变化趋势

在 2005～2009 年期间，马鞍山市实际外商直接投资金额在南京都市圈中所占的比重分别为：4.59%、5.09%、6.52%、5.91%、6.88%，除了 2007～2008 年间出现小幅度的下降外，其他年度均保持了增长的势头，最大的涨幅出现在 2006～2007 年间，增长幅度为 1.43%。

三　滁州市2009年经济社会发展报告

2009年，滁州市人民在市委、市政府的坚强领导下，以邓小平理论和“三个代表”重要思想为指导，以科学发展观统领经济社会发展全局，认真贯彻中共十七大、十七届三中、四中全会精神，贯彻中央、省一系列政策措施，抢抓机遇，破难奋进，有效应对金融危机，奋力推进“三大战略”、“双超”和“追宿迁、超千亿、进前列”，国民经济加快发展，人民生活继续改善，社会事业全面进步。

一、滁州市2009年经济发展概况

（一）经济总量平稳增长

初步测算，全年实现生产总值576.18亿元，按可比价格计算，比2008年增长13.6%，增幅比“十五”时期年平均水平高7.7个百分点，比2008年加快2.3个百分点。其中：第一产业增加值134.51亿元，增长6.0%；第二产业增加值262.08亿元，增长19.0%；第三产业增加值179.59亿元，增长11.3%。三次产业比为23.3∶45.5∶31.2。按常住人口计算，人均生产总值为14002元，比2008年增加1783元。

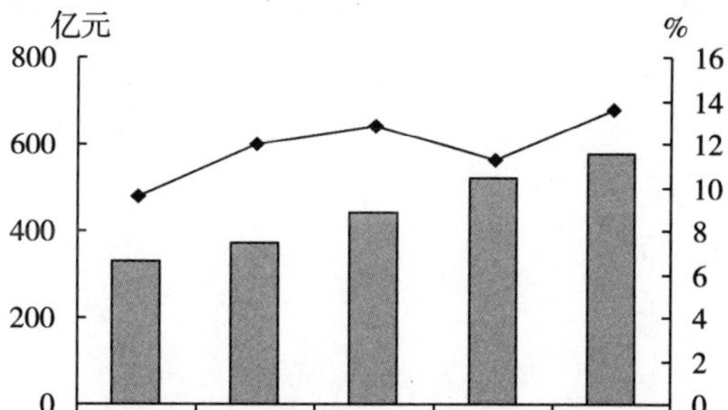

	2005年	2006年	2007年	2008年	2009年
地区生产总值(亿元)	328.08	372.29	443.93	520.11	576.18
增幅(%)	9.6	12	12.8	11.3	13.6

图3-80　2005~2009年滁州市地区生产总值及增长速度

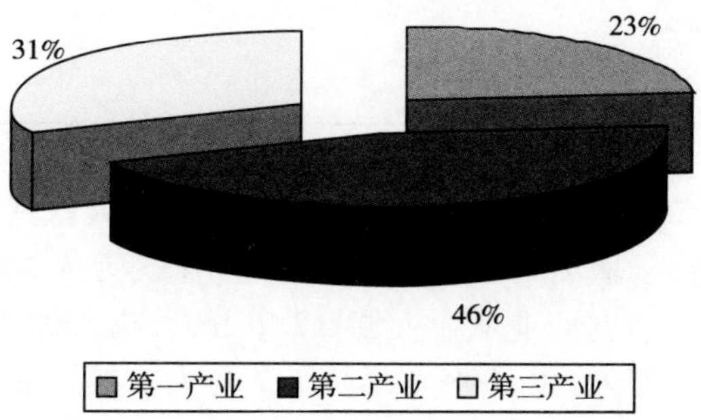

图3-81　2009年滁州市三次产业结构图

2. 财政收支保持平稳

全年实现财政总收入68.32亿元,比2008年增长22.9%。其中,地方财政收入37.07亿元,增长29.4%。从收入来源结构看,与经济发展密切相关的税种快速增长,各项税收完成56.87亿元,占财政总收入的83.2%,比2008年增长18.7%。从实现主体看,市本级财政收入25.36亿元,增长19.6%;县级财政收入42.96亿元,增长24.9%。全年财政支出105.95亿元,比2008年增长30.7%。其中:农林水事务方面支出18.79亿元,增长1.02倍;医疗卫生支出9.06亿元,增长45.4%;交通运输支出2.64亿元,增长33.1%;粮油物资储备等管理事务支出2.29亿元,比2008年增长1.65倍;文化体育与传媒支出1.25亿元,增长31.5%。社会保障和就业支出17.85亿元,占总支出的16.8%。

3. 市场物价有所回落

2009年居民消费价格比2008年上涨0.1%。在居民消费类别中,食品类价格上涨1.5%,在食品类中,粮食价格上涨2.5%,食用植物油下降21.4%,猪肉价格下降17.8%。全年商品零售价格比2008年下降0.4%。全年工业品出厂价格下降4.0%,其中轻工业产品出厂价格下降3.2%,重工业产品出厂价格下降5.3%;生产资料出厂价格下降5.9%,生活资料出厂价格下降1.9%。企业原材料、燃料、动力购进价格下降1.9%。

表3-25　　2009年城镇居民消费价格变动情况

指标	涨跌幅度±%
居民消费价格	0.1
其中:食品	1.5
其中:粮食	2.5
肉禽及其制品	-8.3
菜类	21.5
衣着	1
烟酒及用品	-0.4
家庭设备用品及服务	-1.1
医疗保健及个人用品	1.6
交通和通信	-1
娱乐教育文化用品及服务	1
居住	-4.3

2009年末,全市从业人员252.7万人,比2008年增加7.5万人。其中:第一产业123.7万人,减少2.9万人;第二产业67.3万人,增加3.3万人;第三产业61.7万人,增加7.1万人。年末:城镇在岗职工人数(不包括个体、私营、乡镇企业从业人员)17.2万人,比2008年减少0.2万人;城乡私营企业从业人员和个体劳动者34.1万人,比2008年增加1.7万人。城镇登记失业率为3.53%,比2008年上升0.18个百分点。

改革开放继续向前推进。市交通、建设、二轻、商业、农机等系统企业改制加速进行,成功引进省交通集团对市汽运总公司等3家运输企业进行了重组,市供销、物资等系统和汇龙电子公司、皖东水泥厂、市房地产开发公司等11家市直企业改制基本完成。新一轮市政府机构改革全面启动,"三定"

工作正在推进，县级政府机构改革方案已批复各县市区。完成了市区财政管理体制和城市管理体制调整。开展了市区教育管理体制改革。依法完善了食品药品安全管理体制。土地流转等农村改革进一步深化，集体林权制度改革基本完成，惠民直达工程试点深入推进。开展了司法监狱体制改革，制定了文化体制改革方案，天长市、琅琊区基层医药卫生体制省级改革试点工作进展顺利。

抓住建设皖江城市带产业转移示范区机遇，高水平编制规划，努力打造东部产业转移的“第一站”和“首选地”。市开发区先后与南京、无锡高新技术开发区和上海莘庄、漕河泾工业园区签订了合作协议，南谯区、琅琊区分别与上海浦东新区川沙功能区和宝山区大场镇签订了园区合作协议。滁州海关和商检局正式获批筹建，天长市商检办事处成立。

反映企业家对宏观经济信心指数全年运行在 128.5～155.3 之间；反映企业综合生产经营状况的景气指数全年运行在 122.5～158.1 之间，呈现前低后高稳步提升走势，总体处于较为乐观景气区间。

国民经济和社会发展中存在的主要问题是：经济总量不大，产业结构不尽合理；工业化和城镇化水平不高，区域经济实力不平衡；体量大、创新能力强的工业企业不多；农业大而不强与服务业发展不快并存；财政收支矛盾突出，城乡基础设施、社会事业、民生工程支出压力较大；城乡劳动力就业不充分，社会保障水平有待进一步提高等。

4. 固定资产投资稳中有升

全年全社会完成固定资产投资 524.85 亿元，比 2008 年增长 45.4%，比“十五”期间年均增速高 26.8 个百分点。其中：城镇项目投资 440.43 亿元，增长 46.9%；农村项目投资 30.39 亿元，下降 0.9%。规模以上投资中：第一产业投资 14.1 亿元，增长 31.8%；第二产业投资 300.1 亿元，增长 38.6%；第三产业投资 192.6 亿元，增长 61.7%。从行业看，工业投资 261.6 亿元，增长 34.4%，其中制造业投资 245.6 亿元，增长 39.9%，电力、热力的生产和供应业投资 7.25 亿元，下降 37.9%；第三产业中，科学研究、技术服务与地质勘查业投资增长 33.78 倍，居民服务和其它服务业投资增长 4.20 倍，公共管理和社会组织投资增长 2.70 倍，文化、体育与娱乐业投资增长 91.5%，交通运输、仓储和邮政业投资增长 91.5%。

全年 50 万元以上固定资产施工项目 2466 个，当年新开工项目 1817 个，其中 500 万元以上项目 1675 个，已投产项目 1009 个。

重点项目建设进展良好。全年全市共安排重点项目 182 项，当年完成投资 149.57 亿元。总投资 143 亿元的年产 100 万吨 PVC 定远盐化项目，当年完成投资 9.75 亿元，累计完成 11.43 亿元；总投资 13 亿元的金太阳建材商埠项目，当年完成投资 8.49 亿元，累计完成 10.90 亿元；总投资 8.1 亿元的安徽天大企业集团有限公司石油油井管技术改造项目，当年完成投资 4.65 亿元，累计完成 6.20 亿元。一批新项目如期开工建设。总投资 9.0 亿元的海螺水泥 2 条日产 4500 吨干法水泥项目，当年完成投资 6.44 亿元；总投资 8.0 亿元的安徽盼盼食品有限公司食品深加工项目，当年完成投资 1.0 亿元；总投资 4.79 亿元的安徽全柴集团有限公司天和新建铸造项目，当年完成投资 1.5 亿元。

（二）农业

全年农作物播种面积 85.6 万公顷，比 2008 年增加 0.1%。其中：粮食作物播种面积 68.1 万公顷，比 2008 年增加 0.2%；油料播种面积 9.5 万公顷，比 2008 年增加 0.6%；蔬菜播种面积 4.3 万公顷，比 2008 年增加 1.9%。

全年粮食总产量 423.5 万吨，比 2008 年增长 2.7%，创历史最好记录。全年油料产量 23.4 万吨，比 2008 年减产 1.4%。其他经济作物有增有减。其中：棉花产量 1.1 万吨，比 2008 年增长 3.1%；蔬菜产量 127.8 万吨，比 2008 年增长 6.3%。

全年肉类总产量33.6万吨，比2008年增长8.3%；禽蛋产量9.7万吨，比2008年增长14.8%；牛奶产量10130吨，比2008年增加0.3%；水产品产量27.3万吨，比2008年增长8.1%。

2009年末，全市农业机械总动力532.7万千瓦，比2008年增长8.4%；农用拖拉机47.3万台，比2008年增长1.8%；排灌动力机械8.0万台，比2008年增长4.1%；全年化肥施用量（折纯）31.6万吨，比2008年增长3.3%。农村用电量7.4亿千瓦小时，比2008年增长13.5%。年末农田有效灌溉面积达354.87千公顷，比2008年净增7.83千公顷。全年完成重点水利工程13项，完成投资8.92亿元，比2008年增长1.25倍。

表3－26　　2009年主要农产品产量　　单位：万吨

产品名称	绝对数	比2008年增长%
粮食	423.50	2.7
其中：稻谷	245.60	1.8
小麦	144.70	3.9
玉米	16.60	6.8
大豆	6.10	4.0
油料	23.40	－1.4
其中：花生	7.60	－5.1
油菜子	15.10	0.7
棉花	1.10	3.1
水果	6.70	33.3
茶叶	0.07	－3.7
蔬菜	127.80	6.3
肉类	33.60	8.3
禽蛋	9.70	14.8
牛奶	1.00	0.3
水产品	27.30	8.1

（三）工业和建筑业

全年全部工业实现增加值227.59亿元，比2008年增长19.9%。其中，规模以上工业企业实现增加值198.75亿元，比2008年增长24.1%。在规模以上工业中，重工业、外商和港澳台企业、股份制企业增长较快。

表3－27　　2009年规模以上工业增加值　　单位：亿元

指标	绝对数	比2008年增长%
规模以上工业	198.7	24.1
其中：轻工业	90.6	21.4

续表

指标	绝对数	比 2008 年增长%
重工业	108.1	26.2
其中：国有企业	19.5	6.1
集体企业	1.6	13.3
股份合作企业	2.0	9.8
股份制企业	135.8	26.0
外商及港澳台商投资企业	29.7	30.8
其中：国有及国有控股企业	45.8	11.5
其中：大中型工业企业	107.9	18.9

全年规模以上工业企业实现新产品产值 28.7 亿元，占全部规模以上工业产值的 4.2%，比重降低 1.5 个百分点。全市 35 个工业行业大类中，有 30 个行业实现了增长。其中：化学纤维制造业增长 1.58 倍，家具制造业增长 1.04 倍，非金属矿物制品业 66.9%，通用设备制造业增长 59.0%。

主要工业产品产量大多保持增长，其中：房间空调器 50.9 万台，比 2008 年增长 16.2%；家用电冰箱 245.1 万台，比 2008 年增长 23.0%；发电量 8.8 亿千瓦小时，比 2008 年增长 6.3%；水泥 498.4 万吨，比 2008 年增长 9.2%。

表 3－28　　主要工业产品产量情况

指标	单位	绝对数	比 2008 年增长（%）	指标	单位	绝对数	比 2008 年增长（%）
纱	吨	16574.0	34.4	水泥	万吨	498.4	9.2
家用电冰箱	万台	245.1	23.0	农用化肥	万吨	10.2	5.1
彩色电视机	万部	63.9	39.2	改装汽车	辆	9799.0	－12.6
空调器	万台	50.9	16.2	人造板	万立方米	33.0	6.0
发电量	万千瓦小时	87777.0	6.3	内燃机	万千瓦	1624.6	78.8
白酒	万升	1042.0	84.3				

全年规模以上工业企业经济效益综合指数为 193.1%，比 2008 年提高 10.4 个百分点，为近 13 年最好水平。规模以上工业实现主营业务收入 624.52 亿元，比 2008 年增长 20.2%；利税总额 54.14 亿元，比 2008 年增长 20.9%，其中实现利润 25.52 亿元，比 2008 年增长 32.9%。

全年建筑业完成增加值 34.50 亿元，比 2008 年增长 13.0%。年末资质以上建筑企业 117 户，全年共完成总产值 79.49 亿元，比 2008 年增长 36.8%，实现利润总额 2.02 亿元，比 2008 年下降 25.1%，完成房屋建筑施工面积 873.80 万平方米，比 2008 年增长 14.0%，其中当年新开工面积 672.28 万平方米。房屋竣工面积 559.82 万平方米，比 2008 年增加 4.9%。

（四）服务业

1. 国内贸易

全年实现社会消费品零售总额 183.6 亿元，比 2008 年增长 18.9%，扣除价格因素增长 18.8%，为近13年最高增长水平。分实现区域看，城市实现消费品零售额71.2亿元，县城实现消费品零售额47.8亿元，县以下消费市场实现消费品零售额64.6亿元，分别比2008年增长20.1%、14.8%、20.9%。分行业看，批发零售业实现消费品零售额150.6亿元，住宿餐饮业实现消费品零售额29.9亿元，其他行业零售额3.1亿元，分别比2008年增长18.6%、22.9%、1.5%。

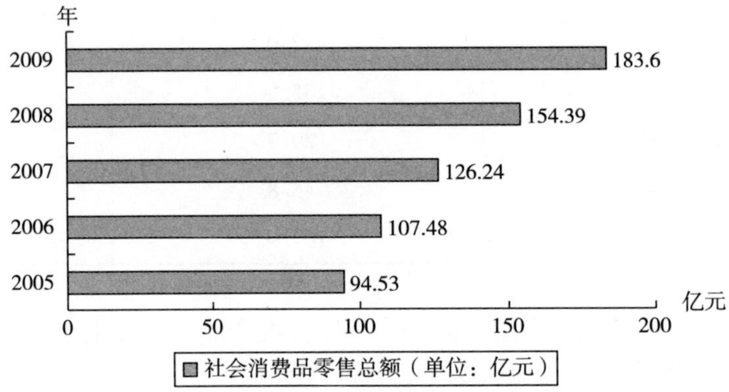

图3-82　2005~2009年滁州市社会消费品零售总额

从限额以上批发零售企业销售情况看，与2008年对比，日用品类零售额增长46.0%，家用电器和音像器材类零售额增长34.1%，食品、饮料、烟酒类零售额增长31.0%，化妆品类零售额增长27.5%，服装、鞋帽、针纺织品类零售额增长26.2%。

2. 交通和邮电

全年交通运输、仓储和邮政业增加值27.05亿元，比2008年增长6.2%。全年货物运输周转量210.55亿吨公里，比2008年增长18.2%。其中，公路货物运输周转量191.56亿吨公里，增长20.8%。旅客运输周转量45.54亿人公里，比2008年增长10.4%。港口吞吐量1490万吨，比2008年减少2.9%。

年末全市民用汽车拥有量11.59万辆，比2008年增长15.1%，其中私人汽车拥有量7.64万辆，增长19.5%。民用轿车拥有量3.69万辆，增长30.1%，其中私人轿车拥有量2.82万辆，增长37.4%。

电信、移动、联通等电信运营商全年业务总量35.81亿元，比2008年增长20.3%。邮政部门业务总量1.50亿元，比2008年增长18.1%。年末，全市拥有电话226.02万户，比2008年末增加10.2%，其中固定电话用户数77.70万户，下降17.1%；移动电话用户数148.31万户，增长33.2%。年末国际互联网用户12.67万户，比2008年末增长18.3%。

3. 金融证券和保险

金融保险业务发展迅猛。年末，全市金融机构人民币各项存款余额614.48亿元，比2008年末增加144.31亿元，增长30.7%。其中：企业存款140.52亿元，比2008年末增加52.35亿元；城乡居民储蓄存款352.70亿元，比2008年末增加49.15亿元。年末，金融机构人民币各项贷款余额380.89亿元，比2008年末增加105.11亿元，增长38.6%。其中：工业贷款余额38.08亿元，比2008年末增加6.88亿元；商业贷款81.25亿元，比2008年末增加9.92亿元。农业贷款60.22亿元，比2008年末增加8.90亿元；个人中长期消费贷款35.95亿元，比2008年末增加16.81亿元。

截至2009年底，全市保险公司22户，比2008年增加1户。其中寿险10户、财产险12户。全年保费收入18.12亿元，比2008年增长22.7%。其中：财产保险保费收入5.64亿元，增长54.9%；人寿保险保费收入12.48亿元,增长12.1%;财产险中农业险保费收入0.92亿元,增长1.24倍。全年保险赔款和给付6.76亿元,比2008年增长26.5%。其中,农业险业务赔款支出0.41亿元,增长38倍。

4. 旅游业

全年接待旅游人数506.79万人次,比2008年增长21.6%,其中接待外国和港澳台游客38230人次,比2008年增长43.9%。全年旅游总收入31.55亿元,比2008年增长9.8%。其中,旅游外汇收入1236万美元。年末,全市共有星级旅游饭店19个,名胜风景区23个。

5. 房地产业

全年房地产开发投资完成66.37亿元,比2008年增长43.1%;商品房销售额63.1亿元,比2008年增长107.2%,商品房销售面积212.63万平方米,比2008年增长68.3%。

(五)开放型经济

1. 对外贸易

全年商品进出口总额68793万美元,比2008年下降2.0%。其中:出口总额53611万美元,下降7.7%;进口总额15182万美元,增长25.4%。从出口经营主体看:内资生产企业完成33964万美元,下降17.8%;外商投资企业出口19647万美元,增长17.3%。

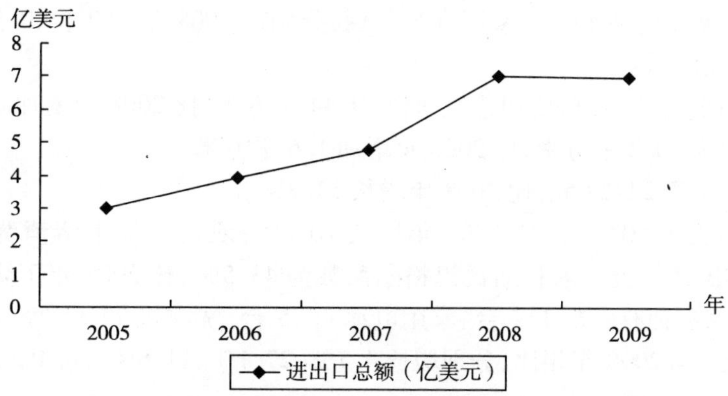

图3-83　2005~2009年滁州市外贸进出口总额

表3-29　　出口主要分类及地区分布　　单位:万美元

指标	绝对数	比2008年增长%
出口额	53611	-7.7
其中:一般贸易	43626	-17.4
加工贸易	9973	89.0
其中:对亚洲	18929	-5.1
对欧洲	10498	12.2
对北美洲	14438	-29.0
对非洲	4157	29.6
对拉丁美洲	4320	7.6
对大洋洲	1269	41.0

2. 利用外资

全年招商引资到位资金428.1亿元，比2008年增长37.2%，其中省外境内资金307.1亿元，增长41.2；实际利用国外资金12033万美元，比2008年增加5.6%。全年外商直接投资9331万美元，比2008年增加2.4%。

二、滁州市2009年社会发展概况

（一）人口、人民生活

全年人口出生率为10.81‰，死亡率为5.24‰，自然增长率5.57‰，其中人口自然增长率比2008年上升0.43个千分点。年末，全市户籍人口450.25万人，比2008年增加2.88万人，其中非农业人口98.93万人、农业人口351.32万人。全市常住人口411万人。

2009年，城镇居民人均可支配收入13367.74元，比2008年增长9.1%；人均消费性支出9588.96元，比2008年增长8.0%。其中，食品支出3662.12元，增长4.6%，衣着支出增长7.3%，家庭设备用品及服务支出增长16.6%，医疗保健支出增长19.6%，娱乐教育文化支出减少5.2%，居住支出减少6.7%。城镇居民恩格尔系数为38.2%。年末，每百户城市居民家庭拥有彩电131台、电冰箱94台、洗衣机100台、空调器98台、照相机22架、摩托车30辆、电动自行车31辆、固定电话87部、移动电话152部、家用电脑45台、家用汽车2辆，分别比2008年加2台、0台、1台、3台、2架、1辆、3辆、0部、5部、3台、1辆。

2009年末，城市居民人均住房使用建筑面积29.44平方米，比2008年增加0.38平方米；农村居民人均住房使用面积为30.2平方米，比2008年增加1.6平方米。

在岗职工年平均工资24429元，比2008年增长13.7%。

全年农民人均纯收入5026元，比2008年增长10.6%；农民人均生活消费支出3539元，增长17.9%，其中食品支出1539元。农村居民恩格尔系数为43.5%，比2008年下降1.5个百分点。年末，每百户农村居民家庭拥有彩电112台、家用电冰箱75台、洗衣机77台、摩托车65辆、移动电话130部、家用电脑5台，与2008年相比，分别增长4.7%、27.1%、11.6%、20.4%、17.1%、1.5倍。

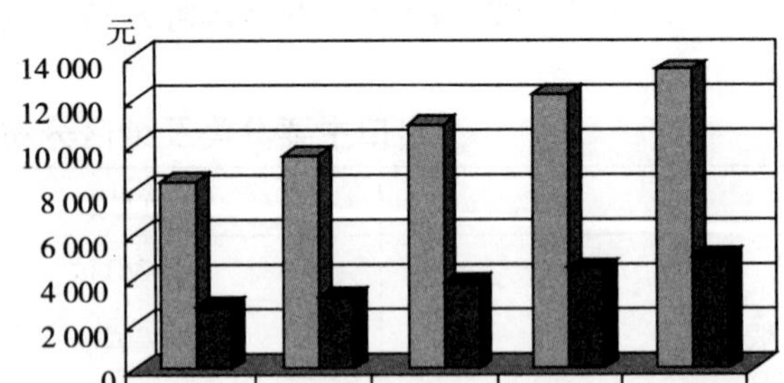

	2005年	2006年	2007年	2008年	2009年
城市居民人均可支配收入（元）	8 337	9 529	10 904	12 255	13 368
农民人均纯收入（元）	2 801	3 233	3 821	4 543	5 026

图3－84　2005～2009年滁州市城乡居民收入对比一览

（二）就业和社会保障

养老、失业、医疗、工伤保险、生育保险以及城乡居民最低生活保障工作稳步推进。年末全市参加城镇基本养老、城镇基本医疗保险人数分别为22.96万人和33.07万人，分别比2008年末增长7.8%、2.1%。参加失业保险人数为20.10万人，比2008年减少6.0%。参加工伤保险人数为17.43万人，比2008年末增长21.0%。生育保险人数为15.81万人，比2008年末增长24.7%。参加农村养老保险人数6.74万人。参加城市最低生活保障人数7.57万人，比2008年末增长2.4%。参加农村最低生活保障人数14.28万人，比2008年末增长17.4%。

基层工会总数3928个，比2008年增加7.5%。全年送温暖工程筹集资金1643万元，发放1466万元。年末乡镇以上妇联组织192个，"春蕾工程"全年筹资32.36万元，比2008年增加12.08万元，救济失学女童411人，比2008年增加41人。

2009年末，全市各类福利收养性单位数175个，床位数15248张，分别比2008年末增长2.3%、40.4%。农村五保供养人数2.84万人。年末，城镇社区各种服务设施878个，比2008年增加6.2%。

全年发生火灾事故235起，比2008年减少312起，火灾直接经济损失612.1万元，比2008年减少12.4%；发生交通事故292起，比2008年减少24起。全年人民法院审结刑事犯罪人数2512人，民（商）事案件发案1.40万件，比2008年增长11.4%。

（三）科技与教育

1. 科学技术

2009年末，全市共有各类专业技术人员5.14万人。民营科技企业389家，比2008年末增加33家。全年专利申请数890件，比2008年增加1.16倍。全年鉴定科研成果42项，比2008年增加23项，获省部级科技成果奖3项。新认定国家高新技术企业22家。市高新技术创业中心二期竣工，组建了家电产业公共信息平台和重点实验室，与上海交大、合肥工大等签署了产学研合作协议。先后获批省级、国家级现代家电高新技术产业基地。全年大中型工业企业科技经费支出额4.34亿元，比2008年增长2.2%。

2. 教育事业

学龄儿童入学率达到99.9%。幼儿园276所，比2008年末减少3所；小学721所，比2008年末减少192所，专任教师1.57万人，减少1.6%，在校生30.78万人，减少9.6%；普通中学校287所，专任教师1.58万人，增加1.0%，在校生27.21万人，减少5.0%；高等学校4所，专任教师1610人，在校学生3.50万人，比2008年增长6.0%。

（四）文化、卫生与体育事业

1. 文化事业

2009年末，全市共有艺术表演团体9个，公共图书馆7个、公共图书馆藏书量55.6万册，影剧院6个，广播、电视台8个，有线电视台7个。全市广播覆盖率95.85%，电视覆盖率97.57%，有线电视入户率5.65%。广播全年播放时间3.53万小时，其中自办栏目播放时间1.83万小时；电视全年播放时间4.30万小时，其中自办栏目播放时间1.21万小时。有线电视用户25.29万户，比2008年增加1.9%。滁州日报全年发行3.2万份。成功承办"第二届中国农民歌会"，隆重举办"新中国成立六十周年系列大型庆祝活动"。

2. 卫生事业

2009年末，全市共有卫生机构418个。其中，医院、卫生院192个，疾病控制中心8个，妇幼保健机构8个。全市卫生机构拥有床位10453张，比2008年增长3.8%，其中医院、卫生院拥有床位9661张，比2008年减少102张。卫生机构人员数1.43万人。其中，医院、卫生院技术人员9981人，执业医生 4915 人，注册护士 3729 人，卫生防疫人员 350 人。全市参加新型农村合作医疗人数达到 331.54 万人，参合率 94.37%。

3. 体育事业

竞技体育和群众性文化体育活动双向推进，全年完成 67 个村的农民健身工程建设。

（五）城乡建设

“大滁城”建设积极推进，清流河景观带、丰乐亭景区、龙蟠河公园、城南新区核心区、高铁站前区、城东工业园等 9 项区域性规划和城市公交、供排水、教育、卫生等 19 项专项规划编制完成。年末公路通车里程 14540 公里。全市建成区面积 149.29 平方公里，比 2008 年末增加 13.89 平方公里，其中市辖区 50.22 平方公里，增加 6.33 平方公里；建成区绿化面积 27.47 平方公里，比 2008 年末增加 4.02 平方公里，其中市辖区 17.15 平方公里，增加 3.02 平方公里；新建、改造、扩建道路 119.84 公里，比 2008 年增加 14.84 公里，其中市辖区 41.40 公里，增加 15.40 公里；年末道路铺装面积 1654.8 万平方米，比 2008 年末增加 287.8 万平方米，其中市辖区 646.6 万平方米，增加 143.6 万平方米。2009 年末自来水日生产能力达 46.4 万立方米，用水人口 108.11 万人，比 2008 年增加 5.13 万人；全年天然气及煤气供气总量 8101.32 万立方米，比 2008 年增加 738.09 万立方米，用气人口 27.25 万人，比 2008 年增加 6.57 万人，其中市辖区用气人口 18.91 万人，增加 3.60 万人。年末，市辖区公交营运线路 10 条，实有公交营运车辆 267 辆，全年公共汽车客运总量 2300 万人次，比 2008 年增长 21.1%。市辖区生活垃圾清理 13.1 万吨。

（六）环境保护与生态建设

2009 年末，自然保护区 2 个，自然保护区面积 18300 公顷。当年人工造林面积 7.89 千公顷。年末森林面积 17.61 万公顷，活立木总蓄积量 1300 万立方米，森林覆盖率 24.5%。全市环境监测与监察支队 16 个。全年环境污染治理投资 8018 万元，比 2008 年增加 18.0%。年末，污水处理厂 5 座，比 2008 年末增加 2 座。全年化学需氧（COD）排放量 3.58 万吨，比 2008 年减少 2.1%；全年工业二氧化硫排放量 1.51 万吨，比 2008 年下降 14.0%；工业烟尘排放达标率 98.7%，比 2008 年提高 0.7 个百分点；工业废水排放达标率 99.7%，比 2008 年提高 11.0 个百分点；城镇生活污水处理率 57.2%，比 2008 年提高 33.7 个百分点。城市集中饮用水源水质达标率 100%。年单位生产总值耗能比 2008 年下降 5.19%。

三、挑战与机遇

面对形势，滁州市政府清醒地看到，滁州市经济社会发展存在不少困难和问题，主要是：经济下行加快，企业生产经营困难加剧，就业压力增加，财政收入增速下滑，城乡居民持续增收难度加大；经济的结构性、素质性矛盾突出，服务业发展滞后，自主创新能力较弱，资源要素和环境容量制约加剧；中心城市能级有待提升，新市镇建设需要加快推进，区域统筹协调、联动发展的机制尚需健全；食品安全和安全生产形势较为严峻，社会建设和管理仍存在薄弱环节，基本公共服务均等化程度有待提高，维护社会稳定压力很大。政府工作还有不少差距，依法行政能力有待提升，一些政府工作人员服务意识不强、工作作风不实、工作效率不高，腐败现象在一些地方和领域还不同程度存在。在今后的工作中，一定正视这些问题，采取更扎实、更有效的措施，努力加以解决。

2010 年全市国民经济和社会发展的主要预期目标为：生产总值增长 12%；地方财政收入增长 10%；全社会固定资产投资增长 15%；社会消费品零售总额增长 12%；全社会研究开发支出占生产总值比重 1.8%；万元生产总值综合能耗下降 4.4%，化学需氧量排放量下降 3.5%，二氧化硫排放量下降3.6%；进出口总额增长10%；城镇居民人均可支配收入和农村居民人均纯收入均增长7%；居民消费价格总水平控制在2008年涨幅以内；城镇登记失业率控制在4.5%以内；人口自然增长率控制在1.5%以内。

四、滁州市在南京都市圈经济发展中的地位

2009年，滁州全市上下坚持以科学发展观为指导，抢抓机遇，破难奋进，有效应对金融危机，奋力推进“三大战略”、“双超”和“追宿迁、超千亿、进前列”，努力克服经济运行中出现的不利因素，主动适应抓机遇，攻艰克难促发展，全市经济总体保持平稳较快发展态势，工业经济运行中呈现出工业结构调整继续加快、企业自主创新能力增强、节能降耗取得成效等积极变化，国民经济加快发展，人民生活继续改善，社会事业全面进步。

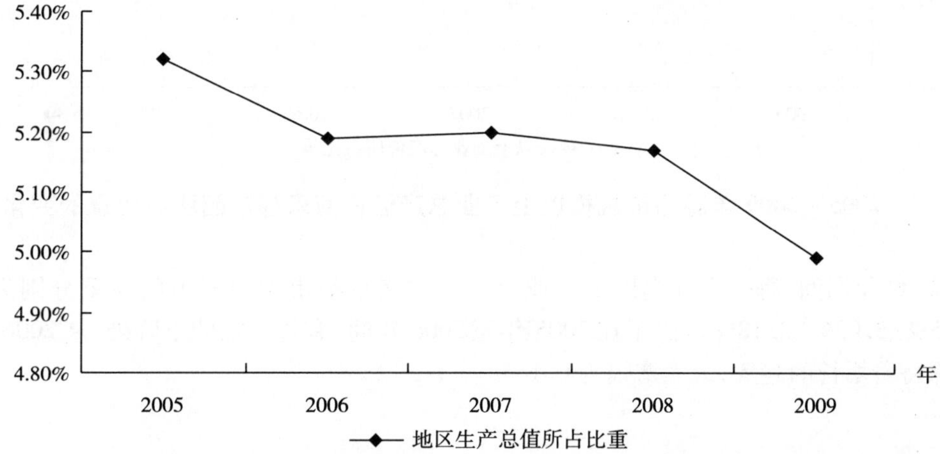

图3-85　2005~2009年滁州市地区生产总值在南京都市圈所占比重的变化趋势

从总体上来看，滁州市地区生产总值在南京都市圈中所占的比重呈现出不断递减的趋势，从2005年的5.32%、2006年的5.19%、2007年的5.20%、2008年的5.17%到2009年的4.99%。

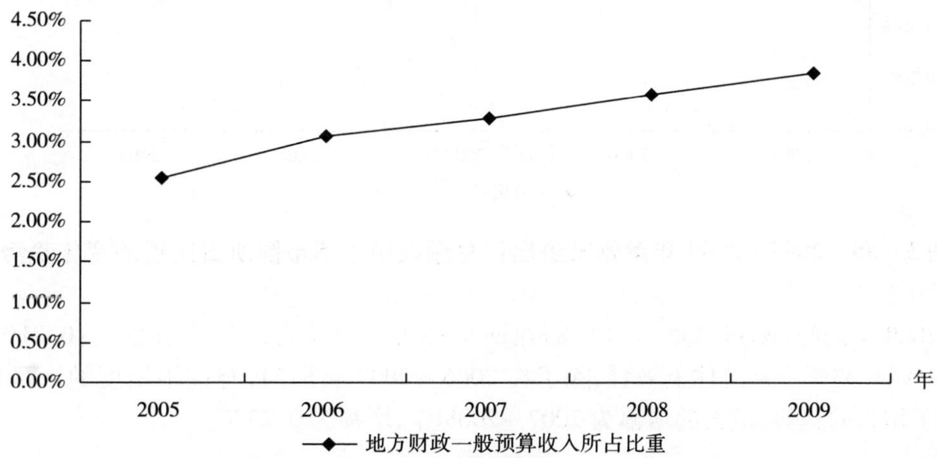

图3-86　2005~2009年滁州市地方财政一般预算收入在南京都市圈所占比重的变化趋势

2005 ~ 2009 年，滁州市地方财政一般预算收入在南京都市圈中所占的比重分别为：2. 54%、3. 06%、3. 29%、3. 58%、3. 85%，从总体上来看，保持着一定的增长速度，势头良好，但是呈现出缓慢增长的趋势，涨幅较小。

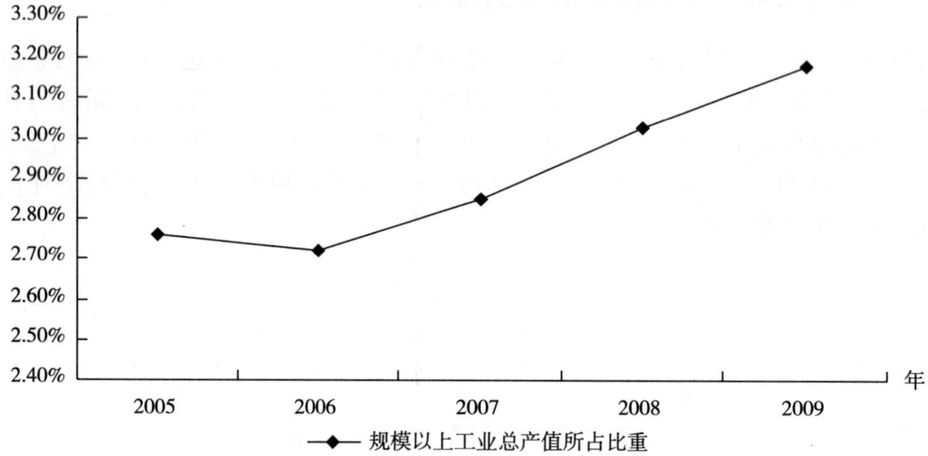

图 3 -87　2005 ~ 2009 年滁州市规模以上工业总产值在南京都市圈所占比重的变化趋势

2005 ~ 2009 年期间，滁州市规模以上工业总产值在南京都市圈中所占的比重分别为：2. 76%、2. 72%、2. 85%、3. 03%、3. 18%。除了在 2005 年至 2006 年间，有过小幅的下降外，从 2006 年到 2009 年间，一直保持着增长的趋势，最大增幅为 0. 18%。

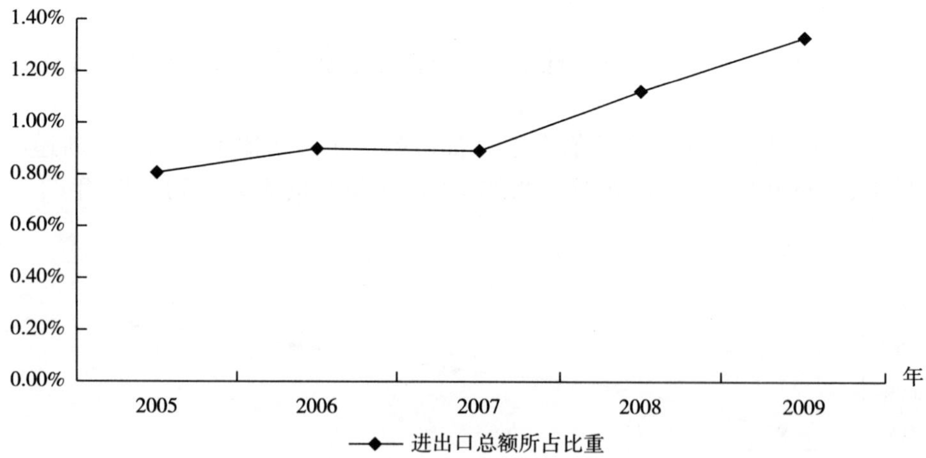

图 3 -88　2005 ~ 2009 年滁州市进出口总额在南京都市圈所占比重的变化趋势

2005 ~ 2009 年期间，滁州市进出口总额在南京都市圈中所占的比重分别为：0. 81%、0. 90%、0. 89%、1. 12%、1. 33%。从总体上来看，除了在 2006 ~ 2007 年期间，有过小幅度的下降以外，其他年份均保持了增长的趋势，最大的增幅为 2007 ~ 2008 年，增幅为 0. 23%。

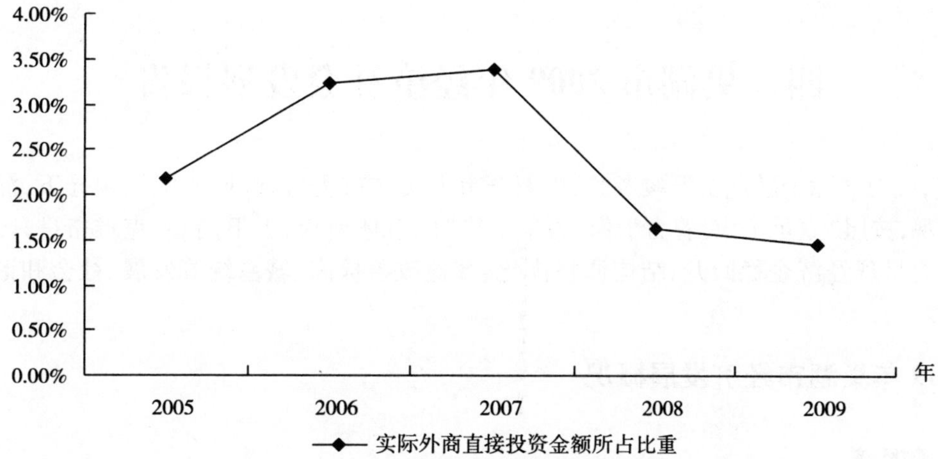

图 3-89　2005~2009 年滁州市实际外商直接投资金额在南京都市圈所占比重的变化趋势

2005~2009 年期间，滁州市实际外商直接投资金额在南京都市圈中所占的比重分别为：2.17%、3.23%、3.38%、1.62%、1.44%。从总体来看，在 2005~2007 年间保持了一定的增幅，但从 2007 年开始，出现反弹，下降幅度较大，最大降幅为 1.76%。

四　巢湖市2009年经济社会发展报告

2009年，面对国际金融危机严峻考验，巢湖全市人民在市委、市政府的坚强领导下，深入贯彻落实科学发展观，按照“立足于稳、着力于保、力争于快”的总体要求，上下同心、克难奋进，国民经济和各项社会事业呈现经济企稳回升、结构调整优化、效益改善提高、城乡统筹发展、社会和谐稳定的良好发展态势。

一、2009年巢湖市经济发展概况

（一）综合经济

1. 经济总量平稳增长

初步核算，全年地区生产总值（GDP）529.36亿元，按可比价格计算，比2008年增长12.4%。分产业看：第一产业增加值106.47亿元，增长6.5%；第二产业增加值243.04亿元，增长17.0%；第三产业增加值179.86亿元，增长9.9%。分季度看，一季度增长11.1%，上半年增长11.3%，前三季度增长12.2%。三次产业结构为20.1∶45.9∶34.0。按常住人口计算，人均地区生产总值12880元（折合1886美元），比2008年增加1246元。

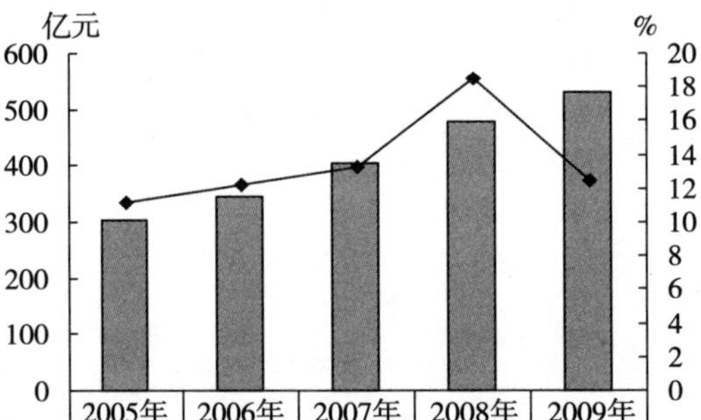

	2005年	2006年	2007年	2008年	2009年
地区生产总值(亿元)	301.87	344.4	404.62	479.33	529.36
增幅(%)	11.2	12.2	13.2	18.5	12.4

图3－90　2005～2009年巢湖市地区生产总值及增长速度

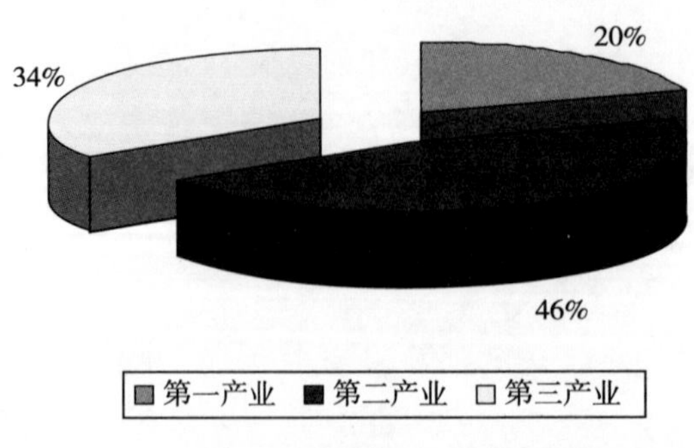

图3－91　2009年巢湖市三次产业结构图

2. 财政收入继续增长

2009 年，全市财政部门积极应对金融危机等不利因素影响，加强调度，强化征管，千方百计抓收入，全年共完成财政收入 52.48 亿元，占预算 100.8%，比 2008 年实绩增长 17.1%。其中上缴上级收入 18.6 亿元，地方收入 30.94 亿元，出口货物退增值税 2.94 亿元。市本级（含开发区）完成财政收入 12.25 亿元，占预算 102.9%，比 2008 年实绩增长 19%。

3. 市场物价有所下调

居民消费价格一季度比 2008 年同期下降 0.5%，上半年下降 1.9%，前三季度下降 2.2%，全年下降 1.6%。全年工业品出厂价格下降 7.8%。生产资料出厂价格下降 8.3%；生活资料出厂价格下降 5.0%。

表 3－30　　2009 年各类价格比 2008 年涨跌幅度

类别	涨跌幅度%
居民消费价格	－1.6
食品	－0.7
其中：粮食	9.0
烟酒及用品	3.7
衣着	－5.5
家庭设备用品及服务	－0.2
医疗保健及个人用品	0.6
交通和通信	－0.9
娱乐教育文化用品及服务	0.1
居住	－6.8

2009 年末，全市从业人员 289.65 万人，比 2008 年减少 1.67 万人。全年城镇新增就业 2.77 万人，下岗失业人员再就业 1.31 万人。年末城镇登记失业率为 3.9%。

4. 固定资产投资稳定增长

全年全社会固定资产投资 444.03 亿元，比 2008 年增长 28.0%。其中：城镇投资 395.01 亿元，增长 28.9%；非农户投资 49.02 亿元，增长 21.3%。

从产业看：第一产业投资 15.85 亿元，增长 55.8%；第二产业投资 228.10 亿元，增长 17.7%；第三产业投资 200.09 亿元，增长 40.1%。从行业看，工业投资 228.02 亿元，比 2008 年增长 17.7%，其中制造业投资增长 20.6%。三产中的交通运输、仓储和邮政业投资增长 43.0%，信息传输、计算机服务和软件业投资增长 30.5%，水利、环境和公共设施管理业投资增长 54.5%，卫生、社会保障和社会福利业投资增长 171.2%。

全年房地产开发投资 60.22 亿元，比 2008 年增长 22.5%。商品房销售面积 218.29 万平方米，增长 47.3%；商品房销售额 66.07 亿元，增长 79.8%；商品房空置面积 19.45 万平方米，下降 6.2%。

全市共有 225 个项目入围省“861”行动计划，全年共完成投资 192 亿元。龙桥铁矿 200 万吨选矿厂已建成投入试生产；上海华谊集团无为煤化工项目一期主体工程全面建设；碧桂园中庙滨湖城项目已完成房屋主体工程 60 万平方米；安徽省精细化工基地完成了基地总体规划、控制性详细、规划环评和规划审批工作；环巢湖旅游开发及旅游基础设施综合工程部分道路、旅游景点、污水处理工程均已开工建设。

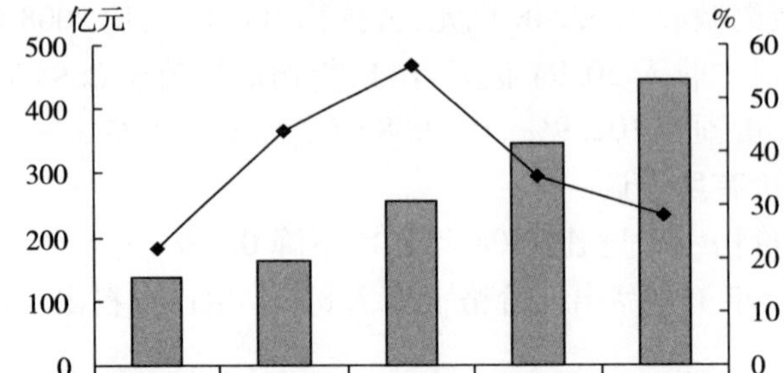

	2005年	2006年	2007年	2008年	2009年
固定资产投资总额(单位：亿元)	137.11	164.29	256.5	346.79	444.03
增幅（%）	22.1	43.7	56.1	35.2	28

图 3－92　2005～2009 年巢湖市全社会固定资产投资及增长幅度

（二）农　业

全年粮食作物总播种面积为 35.05 万公顷，比 2008 年增长 1.3%，其中：夏粮播种面积 6.69 万公顷，增长 1.4%；早稻种植面积 4.83 万公顷，比 2008 年下降 5.3%。油料种植面积 10.82 万公顷，增长 7.6%；棉花种植面积 5.83 万公顷，下降 7.3%；蔬菜种植面积 5.85 万公顷，增长 3.4%。

全年粮食总产量达 235.94 万吨，增长 1.8%。夏粮总产量达 32.08 万吨，增长 12.0%。油料产量 28.11 万吨，增长 10.5%。棉花产量 6.67 万吨，下降 4.7%。蔬菜总产量 143.54 万吨，增长 5.7%。

表 3－31　　2009 年主要农产品产量　　单位：万吨

产品名称	绝对数	比 2008 年增长%
粮食	235.94	1.8
油料	28.11	10.5
其中：花生	1.67	1.8
油菜子	25.95	11.4
棉花	6.67	－4.7
蔬菜	143.54	5.7
肉类	16.55	3.0
禽蛋	7.72	2.8
水产品	16.80	4.7

2009 年末，全市生猪存栏 44.3 万头，比 2008 年增长 1.1%；全年生猪出栏 77.0 万头，增长 2.5%。肉类总产量 16.55 万吨，增长 3.0%。其中猪牛羊肉产量 7.0 万吨，增长 1.4%。禽蛋产量 7.72 万吨，增长 2.8%。水产品产量 16.8 万吨，增长 4.7%。

2009 年末，全市农业机械总动力 283.43 万千瓦，比 2008 年增长 6.1%。农用拖拉机 12.46 万台，增长6.4%；农用运输车1.41万辆，增长2.9%。全年化肥施用量（折纯）23.28万吨，增长1.4%。农村用电量128015万千瓦小时，下降6.4%。有效灌溉面积达306.55千公顷，新增1.22千公顷；新增节水灌溉面积0.95千公顷。

（三）工业和建筑业

全年规模以上工业增加值168.6亿元，增长23.6%，其中轻、重工业分别增长25.0%和23.2%，轻、重工业增加值比例由2008年的22.2∶77.8，变化为22.6∶77.4。

表3－32　　2009年规模以上工业增加值　　单位：亿元

指标	绝对数	比2008年增长%
规模以上工业	168.6	23.6
其中：轻工业	38.2	25.0
重工业	130.5	23.2
其中：国有企业	17.7	37.0
集体企业	0.5	37.0
股份制企业	131.0	21.9
外商及港澳台投资企业	8.0	41.6
其他类型企业	11.4	16.6
其中：大中型工业企业	68.1	0.5

全市34个工业行业大类中增加值比2008年增长的有28个，其中，采掘业增长28.7%，食品加工业增长30.7%，化工业增长9.4%，非金属矿物制品业增长35.4%，电气机械及器材制造业增长15.2%，造船业增长333.5%。主要工业产品产量中，发电量增长230.7%，铁矿石原矿增长50.5%，化学纤维增长41.9%，水泥增长24.5%，水泥熟料增长112.1%，精制食用植物油增长22.8%，电力电缆增长7.6%。

表3－33　　2009年主要工业产品产量

产品名称	单位	绝对数	比2008年增长%
铁矿石原矿	吨	1131057.00	50.5
精制食用植物油	吨	188197.00	22.8
软饮料	吨	187589.00	15.5
化学纤维	吨	36651.00	41.9
纱	吨	30912.00	－4.7
人造板	立方米	115552.00	－5.9
化学农药原药	吨	47976.00	9.6
化学药品原药	吨	1056.00	－25.0

续表

产品名称	单位	绝对数	比 2008 年增长%
中成药	吨	2302.00	-19.2
塑料制品	吨	12233.00	32.5
水泥熟料	万吨	1331.09	112.1
水泥	万吨	1275.21	24.5
日用陶瓷	万件	5122.00	31.4
电力电缆	千米	708902.00	7.6
发电量	万千瓦小时	522806.00	230.7

全市规模以上工业经济效益综合指数 224.04，比 2008 年提高 0.73 个百分点。企业主营业务收入 513.07 亿元，增长 19.4%；实现利税 43.47 亿元，增长 5.0%，其中利润 25.43 亿元，增长 8.9%。黑色金属矿采选业、农副食品加工业、化学原料及化学制品制造业、非金属矿物制品业、金属制品业、通用设备制造业、电气机械及器材制造业 7 个利润超亿元的行业累计实现利润 20.73 亿元，占全部规模以上工业的 81.5%。

全年全社会建筑业增加值 41.10 亿元，比 2008 年增长 9.6%。资质以上建筑企业实现利税总额 4.76 亿元，增长 12.8%。房屋建筑施工面积 620.07 万平方米，增长 15.9%；房屋建筑竣工面积 314.78 万平方米，增长 12.1%。

（四）服务业

2009 年巢湖市服务业发展止跌回暖。据初步预计，全年服务业实现增加值 189 亿元，同比增长 10% 左右，服务业完成投资 192.78 亿元，同比增长 35.1%。

1. 国内贸易

全年社会消费品零售总额 179.69 亿元，比 2008 年增长 18.9%。分城乡看，城市消费品零售额 32.27 亿元，增长 16.9%；县及县以下消费品零售额 147.42 亿元，增长 19.3%。分行业看：批发和零售业零售额 147.90 亿元，增长 17.3%，其中限额以上批零贸易业零售额 26.17 亿元，增长 29.0%；住宿和餐饮业零售额 26.21 亿元，增长 26.2%；其他行业零售额 5.58 亿元，增长 28.0%。

在限额以上批发零售业零售额中，服装、鞋帽、针纺织品类增长 20.0%，化妆品类增长 47.1%，金银珠宝类增长 44.1%，家用电器和音像器材类增长 66.1%，汽车类增长 71.5%。

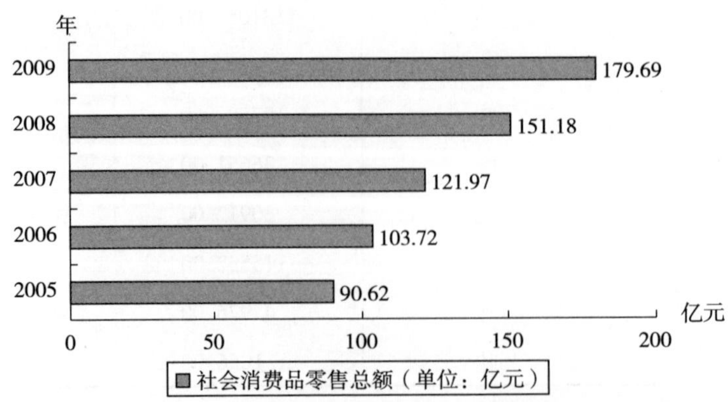

图 3－93　2005～2009 年巢湖市社会消费品零售总额

2. 交通和邮电

全年交通运输、仓储和邮政业增加值24.34亿元，比2008年增长1.8%。全年旅客运输量9976万人，货物运输量7708万吨，分别比2008年增长3.2%和11.4%；旅客运输周转量1571229万人公里，增长23.4%。其中：公路旅客运输周转量1571064万人公里，增长23.5%；货物运输周转量1192440万吨公里，下降14.1%。其中：公路货物运输周转量680094万吨公里，增长1.6%；水运货物运输周转量512346万吨公里，下降28.6%。港口货物吞吐量3295万吨，下降16.2%。

2009年末，全市民用汽车拥有量6.83万辆，比2008年增长29.2%，其中私人汽车拥有量4.79万辆，增长37.4%。民用轿车拥有量3.03万辆，增长36.7%，其中私人轿车拥有量2.30万辆，增长43.6%。

全年邮电业务总量21.79亿元，比2008年增长29.0%。其中：电信业务总量19.03亿元，增长28.9%；邮政业务总量2.76亿元，增长30.2%。年末本地固定电话交换机总容量83.98万门，比2008年减少7.02万门。当地固定电话用户82.96万户，减少5.4万户；移动电话用户97.42万户，增加4.94万户。每百人拥有电话(含移动)44部。年末基础电信运营企业计算机互联网宽带接入用户13.73万户，增加3.42万户。

3. 财政、金融、证券和保险业

全年财政收入52.48亿元，比2008年增长17.1%，其中地方财政收入30.94亿元，增长20.8%。在地方财政收入中，增值税增长8.3%，营业税增长26.5%，企业所得税增长27.8%。财政支出91.21亿元，增长23.4%。其中，教育支出增长6.7%，科学技术支出增长11.7%，文化体育与传媒支出增长28.0%，医疗卫生支出增长37.7%，环境保护支出增长48.4%，农林水事务支出增长62.2%，社会保障与就业支出增长13.3%。全年二十八项民生工程累计投入16.6亿元，惠及430万城乡居民。

2009年末，全市金融机构各项存款余额达到574.94亿元，比2008年末增加105.26亿元，增长22.4%。其中，企业存款余额97.58亿元，增长44.8%；城乡居民储蓄存款余额406.20亿元，增长16.9%。金融机构各项贷款余额289.44亿元，比2008年末增加54.05亿元，增长23.0%。其中：短期贷款155.16亿元，增长12.3%；中长期贷款123.61亿元，增长42.3%，中长期贷款中个人消费贷款30.11亿元，增长54.5%。

全年保险业保费收入17.43亿元，比2008年增长15.6%。其中：财产险业务保费收入3.78亿元，增长54.9%；人身险业务保费收入13.6亿元，增长7.6%。赔款和给付4.05亿元，下降9.4%。其中：财产险业务赔款支出2.27亿元，增长28.2%；人身险业务赔款和给付支出1.78亿元，下降34.1%。

4. 旅游业

全年接待海外游客1.42万人次，比2008年增长14.5%；接待国内游客446万人次，增长4.0%。旅游总收入29.94亿元，增长19.3%。其中：旅游外汇收入355万美元，增长13.0%；国内旅游收入29.7亿元，增长19.0%。年末全市共有A级旅游景点(区)18处。

(五)开放型经济

全年进出口总额4.42亿美元，比2008年下降1.7%。其中：出口3.31亿美元，下降17.2%；进口1.1亿美元，增长124.7%。

全市有152家企业发生了进出口实绩，增长24.6%，16家重点企业出口2.15亿美元，下降23.9%，占全市出口总额的64.9%。进出口额超1000万美元的企业有11家。

全市出口商品共有17大类300个品种。其中：大宗商品农药出口5837万美元，下降62.2%；机

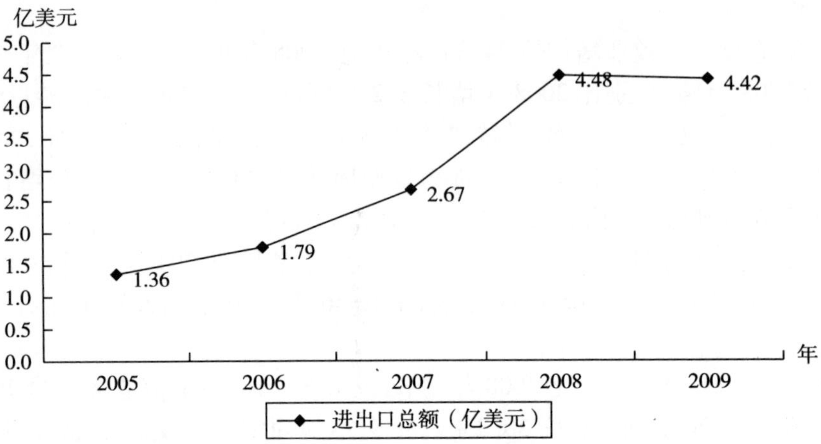

图 3－94　2005～2009 年巢湖市外贸进出口总额

电产品出口 8763 万美元，增长 18.8%；农产品出口 2971 万美元，下降 3.5%。进口商品共有 10 大类 36 个品种，主要有油菜子、杏仁、腰果、服装面料、农药原料等。

表 3－34　2009 年出口主要分类及地区分布　单位：亿美元

指标	绝对数	比 2008 年增长%
出口额	3.31	－17.2
其中：大宗商品农药	0.58	－62.2
机电产品	0.88	18.8
农产品	0.30	－3.5
其中：对亚洲	1.26	11.7
对欧洲	0.72	－9.2
对美洲	1.17	－39.4
对非洲	0.14	1.8
对大洋洲	0.02	38.4

全年新批外商投资企业 12 家；合同利用外资 10999 万美元，增长 38.2%；实际利用外商直接投资 24983 万美元，增长 25.6%。

二、巢湖市 2009 年社会发展概况

（一）人口、人民生活

全年人口出生率为 9.4‰，比 2008 年下降 0.1 个千分点；死亡率为 4.9‰，下降 0.9 个千分点；自然增长率 4.5‰，上升 0.8 个千分点。年末全市户籍人口 458.6 万人，比 2008 年增加 1.8 万人；常住人口 410 万人，比 2008 年减少 2 万人。城镇化率为 38.0%，比 2008 年提高 2.0 个百分点。

全年城镇居民人均可支配收入 14434 元，比 2008 年增长 10.7%。人均消费性支出 8331 元，增长 7.9%，其中，食品支出增长 2.0%，交通通信支出增长 38.7%，衣着支出增长 9.7%，教育文化娱乐

支出增长4.3%。城镇居民家庭恩格尔系数为46.1%，比2008年下降2.7个百分点。城镇居民人均住宅建筑面积28.18平方米，比2008年增加1.5平方米。

全年农村居民人均纯收入5271元，比2008年增长10.2%，人均生活消费支出3352元，增长12.6%，其中，食品支出增长3.5%，交通通信支出增长27.6%，居住支出增长17.3%。农村居民家庭恩格尔系数为47.2%，比2008年下降4.2个百分点。农村居民人均住房面积28.5平方米，与2008年持平。

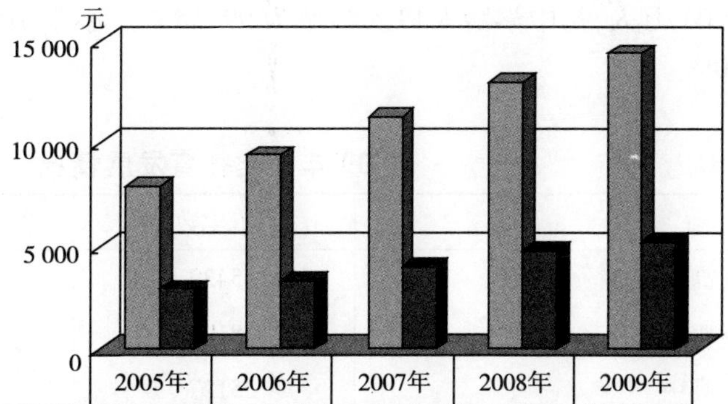

	2005年	2006年	2007年	2008年	2009年
城市居民人均可支配收入(元)	7 968	9 464	11 331	13 044	14 434
农民人均纯收入(元)	2 919	3 317	3 976	4 785	5 271

图3－95　2005～2009年巢湖市城乡居民收入对比一览

（二）就业、社会保障

1. 积极开展就业工作

2009年，巢湖市劳动保障部门以培训促就业，全年共实现农民工就业3.1万人。

巢湖市劳动保障部门把农民工技能培训作为促进农民工就业的重要手段，以熟练掌握一项职业技能、尽快实现就近就地转移就业为目标，大力开展职业技能培训。

经过筛选、公示，全市共认定农民工培训定点机构95所，确定培训职业工种22项。劳动保障部门以市场需求为导向，积极帮助培训机构开展订单培训和定向培训，提高农民工择业竞争能力，以满足产业结构调整和新开工项目企业用工为目的，引导培训机构有针对性地开设培训专业，培养农民工专业技能。据统计，全年共组织农民工培训40955人，发放职业资格证书2.8万人。

巢湖市劳动保障部门为了提高培训后的就业率，公共就业服务机构积极开展就业岗位信息专项调查，做好企业用工信息采集发布，组织农民工与就业岗位对接活动，为用人单位和农民工双向选择提供平台。市劳动保障部门还把农民工技能培训与推动农民工创业就业有机结合起来，将农民工纳入创业就业政策扶持范围，对经过技能培训，有资金、技术和创业愿望的，给予政策扶持，引导进入创业园自我创业。目前，全市已建成的17个农民工创业园中，农民工共创办企业38个，2800多名农民工实现创业就业。

2. 社会保障制度继续完善

2009年末，全市参加城镇基本养老、医疗保险人数分别为16.99万人和23.26万人。参加失业保险的人数为17.11万人。全市参加工伤、生育保险人数分别为12.47万人和12.15万人。年末被征地农民参保人数9.79万人。全年农村低保人数15.42万人，城市低保人数6.33万人。

年末全市有各类收养性单位床位14693张,收养各类人员12416人。城镇建立各种社区服务设施330个。全年销售社会福利彩票9500万元,筹集社会福利资金3325万元。

(三)教育和科学技术

1. 教育事业

2009年末,全市有普通高校2所,在校生1.87万人,比2008年下降2.6%。各类中等职业教育在校生5.17万人。普通高中66所,在校生8.22万人,高中阶段毛入学率76.15%。普通初中194所,在校生20.04万人,初中学龄人口入学率为99.58%。小学1087所,在校生30.40万人,小学入学率为100.00%。

表3-35　　2009年各类教育发展情况　　单位:人

指标	招生数	在校生数	毕业生数
普通高等教育	5429	18697	5198
中等职业教育	18106	51668	14654
普通高中	25127	82168	30669
普通初中	66817	200394	60024
小学	47959	304020	66324

2. 科学技术

全年被认定为省级科技成果的有15项。主要科技成果有:高压大容量变频调速系统、5000D/T水泥熟料生产线优化研究及应用、河蟹反季节控温暂养保质增效新技术研究、纳米晶/非晶复合镀层在烧结钕铁硼磁体防腐中的应用研究等。全年受理专利申请405件,授权专利217件,分别比2008年增长93.4%和77.6%。全年共通过认定高新技术企业5家,全市累计高新技术企业数达到30家。

年末全市共有各类专业技术人员6.05万人,比2008年增长5.6%。

(四)文化、体育和卫生

1. 文化事业

年末全市共有专业艺术表演团体3个、文化馆6个、公共图书馆5个、博物馆2个、乡镇文化站75个。有全国重点文物保护单位3处、省级重点文物保护单位22处。有国家级非物质文化遗产名录2项、省级名录11项。有市级广播电台1座、电视台1座、县级广播电视台4座、中短波转播发射台1座,广播人口覆盖率为99.37%。有线电视用户24.8万户,电视人口覆盖率为97.1%。全年出版报纸3种,总印数1100万份;期刊(杂志)1种,总印数0.6万册。共有各级国家档案馆6个,馆藏档案资料91.06万卷(件、册),库馆总建筑面积1.35万平方米。

2. 体育事业

全年在国际和国内重大比赛中,巢湖市运动健儿共获得3枚金牌、4枚银牌和4枚铜牌;其中,国际比赛获1枚金牌、2枚银牌。在省内比赛中获得冠军14个。全年广泛开展了"全民健身、健康巢湖"活动,共举办百人以上群众体育活动74次,其中现代体育项目群众活动58次,民间传统体育群众活动16次。

3. 卫生事业

年末全市共有卫生机构479个,其中医院48个、卫生院137个、社区卫生服务中心(站)82个、妇幼保健院(所、站)6 个、疾病预防控制中心 6 个。有卫生技术人员 12469 人,其中执业(助理)医师 4992 人、注册护士 3882 人。医院、卫生院床位 10504 张。全年诊疗 702 万人次。村卫生室 1081 个,乡村医生和卫生员 2658 人,农村有医疗点的村占总村数的 100%。参加新型农村合作医疗的农业人口 357.42 人,参合率 94.63%。

(五)城乡建设

1. 城市建设

2009 年,巢湖市开展了城市总体规划修编及环巢湖区域空间利用规划编制,启动了滨湖北岸等城市重点发展区域的控制性详细规划编制,不断完善了规划体系,为"路桥大会战"、滨湖大建设、水环境整治等重点工程的实施提供科学依据。与以往不同的是,2009 年的重点规划编制均通过招标委托国内外水平较高的设计单位承担编制任务,由知名专家领衔设计,同时邀请国内知名专家参与规划方案评审,充分发挥专家的技术审查把关作用,提高了规划编制的质量和水准。

为了解决"片区不通、道路不畅、出行不顺、街景不靓"等问题,市区启动了以市区 26 路 7 桥 4 节点为主要建设内容的"路桥大会战",涉及建设道路总长 63.19 公里,总投资约为 20 亿元,完善城市快速路网和城市主、次干道及支路网建设,努力打造功能明确、结构合理的城市道路网系统。"路桥大会战"计划在两年内分三批组织实施,目前第一批工程项目已经上马,部分项目已开工建设。

全年新增各类城市绿地 45 公顷,建成区绿地率增长 0.6%,人均公共绿地增长 0.2 平方米,城市环境进一步美化。先后完成了卧牛山公园北入口及护坡工程、健康中路世纪大道至巢湖路绿化工程、市区 20 多条主次道路和游园广场的绿化补植增植工作以及公园游园游览道路等园林设施维修工作和大树苗移植工程。卧牛山公园西麓植被恢复工程已完成,市民又多了一处休闲好出处。此外,有 4 家单位(小区)申报省级园林式单位(小区)、15 家单位(小区)申报市级园林式单位(小区)。

围绕显山露水,活水工程不断彰显城市灵气。截至 2009 年年底,1.5 万平方米的天河北岸二期景观工程,完成了驳岸、修建了亲水平台,铺装了广场,配套实施了园路、灯光照明、绿化。7.8 万平方米的西坝口景观整治工程,已完成景观亲水平台水下抛石、混凝土结构,景观桥基础结构部分、跌水水池结构和铺装,圆弧廊架、步行道基础,原挡墙蘑菇石挂贴,种植土回填等。

2. 新农村建设

2009 年,巢湖市全面启动实施了"百村十镇"示范工程,并建立了帮扶工作机制。市、县两级共安排 568 个单位,结对帮扶 8 个示范镇、257 个示范自然村。截至 2009 年年底,市、县两级示范村镇规划基本完成,"三清三改"总体上已完成工作总量的 50% 左右。共建村内水泥路 409.28 公里,新改水 6179 户,新改厕 1907 户;清运垃圾 4132.4 吨,清理污水塘、坑等 260 口,清修沟渠 278 条;清理乱堆放 3253 处,拆除畜禽圈舍 1139 间 14780 平方米,拆除破旧房 10169 间 30853 平方米;新建村医务室 134 个、村科普文化活动场所 49 处。不断创新机制,形成工作合力。各地按照"政府主导、农民主体、部门协调、社会参与"的新农村建设总体原则要求,在示范村申报上,实行民主表决程序,充分尊重了群众意愿。在新农村建设资金筹措使用工作中,充分发挥新农村建设理事会的民主管理与监督作用。拓宽筹资渠道,加大资金投入。到目前为止,市、县两级示范村用于新农村建设总投入已达 7506.79 万元,其中农民群众自筹 2190.3 万元、市县(区)财政投入 627.54 万元、帮扶单位投入 384.86 万元、社会力量捐助 234.09 万元、引进项目资金 4124 万元。注重发展经济,促进农民增收。各地始终坚持把发展生产作为新农村建设的中心任务,切实采取措施,推动示范村经济发展、农民增收。一是大力发展一村一品,二是大力发展农业产业化和农民专业合作组织,三是大力发展村级集体经济,四是一些帮扶单位积极发挥部门或行业优势,把推进生产发展作为帮扶工作的重要内容。

（六）资源、环境和安全生产

巢湖市是矿产资源比较丰富的地区之一。目前发现的主要矿种有煤、铁、铜、铅、锌、银、硫铁矿、明矾石、高岭土、地热、矿泉水等 42 种，探明储量有 15 种，其中煤 830 万吨、铁矿 6.56 亿吨、铜金属 75.9 万吨、铅锌金属 40.6 万吨、铊金属 328 吨、硫铁矿 3.27 亿吨、明矾石矿物 0.76 亿吨、各类灰岩 21.9 亿吨（远景储量达 170 亿吨）、白云岩 4.1 亿吨、耐火粘土 900 万吨、高岭土约 3000 万吨、地开石 500 万吨、绢云母 100 万吨、石膏约 50 亿吨。铁、硫铁矿、明矾石、石膏、石灰岩探明储量均位于安徽省前列。已开发利用矿种 33 种。年末共有各类矿山企业 438 个，矿业从业人员 14706 人。

2009 年末，全市共有市、县级环境监测站 5 个。全年全市环境空气质量保持相对稳定，达到二级环境空气质量标准。当年人工造林面积 2666 公顷，年末森林面积 127.36 千公顷，活立木总蓄积量 551.2 万立方米，森林蓄积量 387.5 万立方米。

巢湖东半湖除总磷、总氮外，水质基本满足地表水 III 类标准；兆河、柘皋河、裕溪河、白石天河水质达到地表水 III 类标准，双桥河水质达到 V 类水质标准。通过监测，长江流经巢湖境内水质达到Ⅱ类标准。全年巢湖市饮用水源地水质较好，饮用水源地水质监测结果除总磷、总氮外，全部符合饮用水源地水质标准。

全年亿元 GDP 生产安全事故死亡率为 0.46，比 2008 年下降 10.0%；工矿商贸从业人员死亡人数为 28 人，下降 9.7%。全年共发生道路交通事故 560 起，道路交通死亡人数为 214 人，下降 7.8%，万车死亡率为 7.7，下降 2.82%。全年发生火灾事故 57 起。

三、挑战与目标

回顾过去的一年，经济社会建设取得了很大的成绩，但同时也应看到经济社会发展还面临不少问题，政府工作与人民期待相比仍有差距：受国际经济环境急剧变化的影响，一些经济指标增速放缓，部分企业生产经营困难、经济效益下滑，财政减收因素明显增多；自主创新能力和产业竞争力不够强，经济发展方式尚未实现根本转变，节能减排形势不容乐观；社会管理相对薄弱，改善民生任务艰巨；社会事业发展相对滞后，公共财政体系还不健全；农民持续增收困难，缩小城乡居民收入差距、进一步改善民生的任务仍然繁重；政府依法履职能力需要进一步提高，社会管理、公共服务有待加强，等等。对此，我们将采取有效措施，努力加以解决。

2010 年巢湖市经济社会发展的主要预期目标是：地区生产总值增长 11%，地方一般预算收入增长 11%，社会消费品零售总额增长 16%，进出口总额和出口总额保持增长，全社会固定资产投资保持增长，城镇居民人均可支配收入和农民人均纯收入均增长 10%，城镇登记失业率控制在 4% 以内，居民消费价格总水平涨幅不高于 2008 年水平，单位地区生产总值能源消耗下降 4.5% 以上，化学需氧量、二氧化硫排放总量分别削减 4% 和 5%，环境质量综合指数超过 80。

四、巢湖市在南京都市圈中的地位

在国际金融危机波及实体经济的背景下，巢湖市坚持科学发展观，奋力进取，保持了地区经济不断发展的活力，取得了一定的成绩，实现了经济社会的全面、健康、协调发展。

相比较 2008 年，在国际金融危机的冲击下，2009 年，巢湖市的地区生产总值在南京都市圈中所占的比重从 4.77% 下降到了 4.58。另外，从总体来看，在 2005 ~ 2009 年期间，巢湖市地区生产总值在南京都市圈中所占的比重一直保持在 4% ~ 5% 之间，仍然有较大的发展潜力和空间。

在 2005 ~ 2009 年这个时间段内，从整体来看，巢湖市地方财政一般预算收入在南京都市圈中的比重一直是稳重有升，保持着良好的发展势头，地方财政一般预算收入的所占的比重维持在 2.5% ~

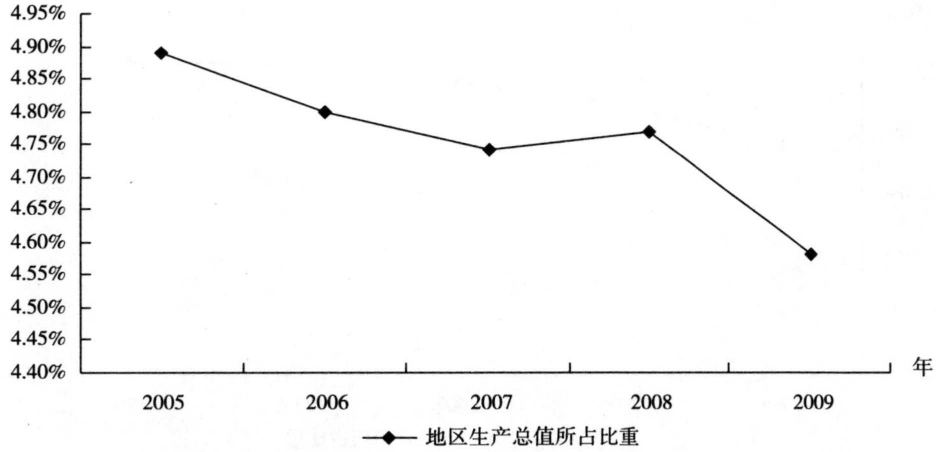

图 3－96　2005～2009 年巢湖市地区生产总值在南京都市圈所占比重的变化趋势

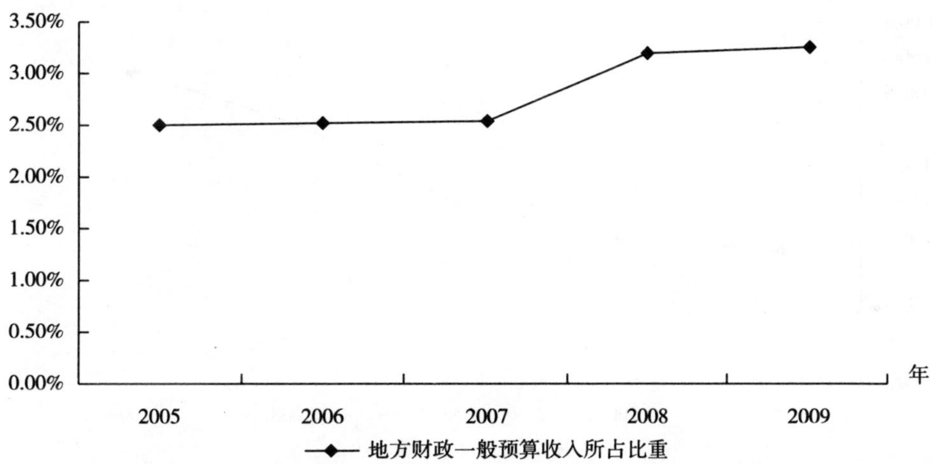

图 3－97　2005～2009 年巢湖市地方财政一般预算收入在南京都市圈所占比重的变化趋势

3.5%之间，并呈现逐年增大的趋势。

2005～2009 年内，巢湖市规模以上工业总产值在南京都市圈中所占的比重一直都比较低，虽然一直保持着增长的势头，但是总体比重始终维持在 1.5%～3%之间的低位上，亟待提高。

从整体上来看，巢湖市进出口总额在南京都市圈中所占的比例很低，2009 年为 0.86%、2008 年 0.72%、2007 年为 0.50%、2006 年为 0.40%、2005 年仅为 0.37%。从增长趋势来看，近两年来，虽然增速加快，但总量仍然偏低，有待进一步提高。

近 5 年来，巢湖市实际外商直接投资金额在南京都市圈中所占的比重保持了较好的发展势头，从 2005 年的 0.44%增长到 2009 年的 3.01%，实现了跨越式的发展。尤其在 2007 年到 2008 年间的发展速度很快，但是 2008 年到 2009 年间的发展速度又有一定程度的放缓，而且从总量来看，巢湖市实际外商直接投资金额在南京都市圈中所占的比重仍然很低。

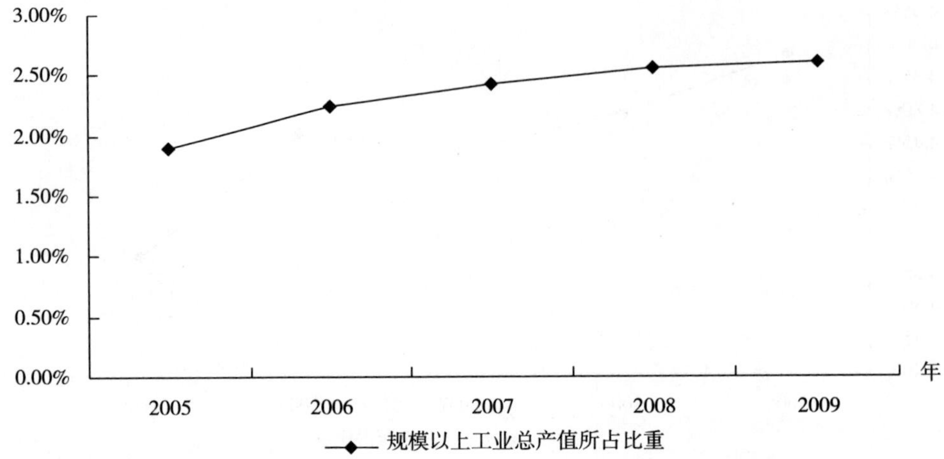

图 3－98　2005～2009 年巢湖市规模以上工业总产值在南京都市圈所占比重的变化趋势

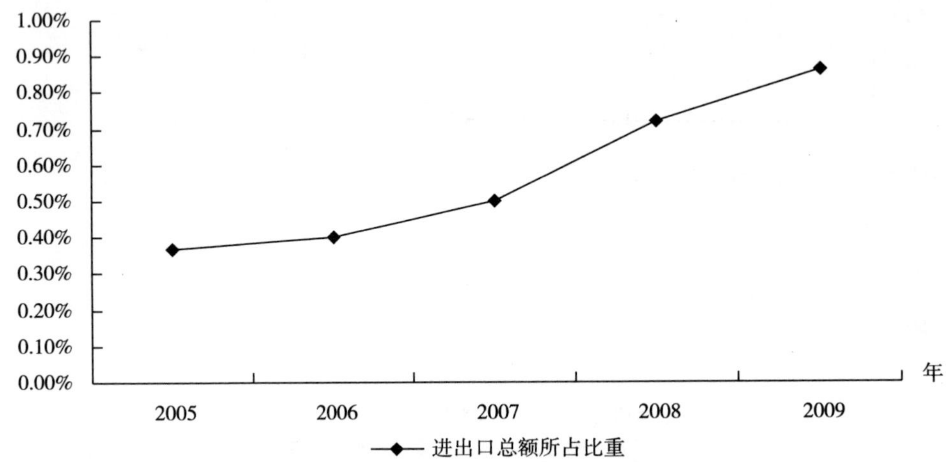

图 3－99　2005～2009 年巢湖市进出口总额在南京都市圈所占比重的变化趋势

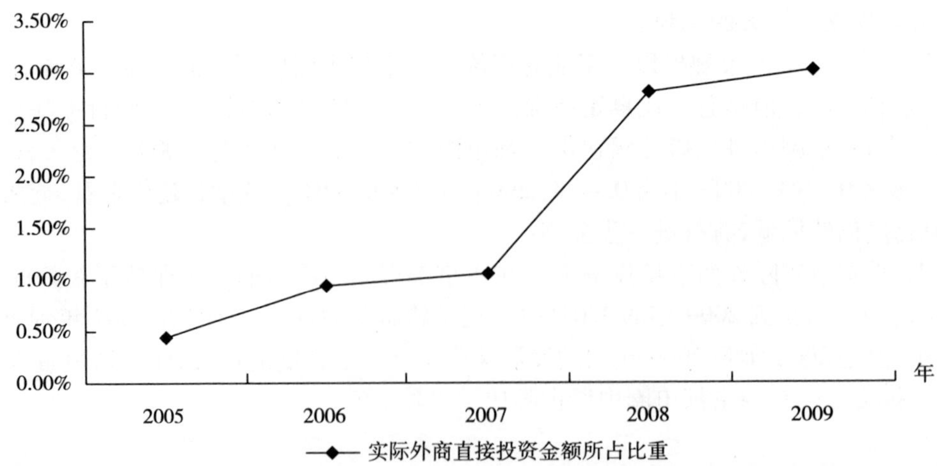

图 3－100　2005～2009 年巢湖市实际外商直接投资金额在南京都市圈所占比重的变化趋势

第四篇

2010

南京都市圈专题发展报告

Nanjing MCR Project Development Report

一　南京都市圈产业结构

一、南京都市圈产业结构总体概况

2009年，南京都市圈地区生产总值（GDP）达11541.18亿元。其中，第一产业增加值828.59亿元，第二产业增加值5991.43亿元，第三产业增加值4721.16亿元。2009年，南京都市圈三次产业产值结构为7.18∶51.91∶40.91，呈典型的“二、三、一”产业结构。与2008年相比，第一产业产值比重上升了0.30个百分点，第二产业比重下降了0.88个百分点，第三产业产值比重上升了0.58个百分点。从更长时期来看，2005～2009年，南京都市圈三次产业产值结构总体变化趋势是：第一产业比重趋于下降，第二产业比重小幅上升，第三产业比重稳步上升。2005～2009年，第一产业产值比重在4年时间里下降了1.58个百分点，年均减少0.40个百分点；第二产业比重在4年时间里上升了0.14个百分点，年均增加0.04个百分点；第三产业比重在4年时间里上升了1.45个百分点，年均增加0.36个百分点。分城市来看，南京市产业结构水平最高。自2007年开始，南京市第三产业增加值比重已经超过第二产业，三次产业结构呈“三、二、一”发展格局。其余七市三次产业结构均为“二、三、一”发展格局。在除南京以外的七个都市圈城市中，马鞍山市第二产业产值比重最高。2009年，马鞍山市第二产业增加值占GDP的比重为66.47%。其次为芜湖。2009年，芜湖市第二产业增加值占GDP的比重为62.47%。第二产业产值比重最低的两个城市是滁州和巢湖。2009年，滁州和巢湖市第二产业增加值占GDP的比重分别为45.49%和46.08%。

从三次产业产值结构的变化情况来看，2005～2009年，淮安市第一产业产值比重下降最快。淮安市第一产业产值比重从2005年的21.56%下降为2009年的15.24%，4年时间共下降了6.32个百分点，年均减少1.58个百分点；芜湖市第二产业产值比重上升最快。芜湖市第二产业产值比重从2005年的53.20%上升为2009年的62.47%，4年时间共上升了9.27个百分点，年均增加2.32个百分点；南京市第三产业产值比重上升最快，从2005年的46.92%上升为2009年的51.31%，4年时间共上升了4.39个百分点，年均增加1.10个百分点。

表4－1　　南京都市圈三次产业产值结构（2005～2009）　　单位：%，亿元

		2005年	2006年	2007年	2008年	2009年
南京	第一产业产值比重	4.16	3.88	3.45	3.13	3.05
	第二产业产值比重	48.92	48.18	48.12	46.43	45.64
	第三产业产值比重	46.92	47.94	48.43	50.44	51.31
	地区生产总值	2411.11	2773.78	3283.73	3775.00	4230.26
淮安	第一产业产值比重	21.56	19.39	17.54	16.07	15.24
	第二产业产值比重	45.14	46.04	46.77	47.61	48.27
	第三产业产值比重	33.30	34.57	35.69	36.32	36.49
	地区生产总值	561.81	651.06	765.23	915.83	1121.75

续表

		2005 年	2006 年	2007 年	2008 年	2009 年
扬州	第一产业产值比重	9.65	8.98	8.21	8.15	7.80
	第二产业产值比重	55.34	55.97	56.36	56.18	56.13
	第三产业产值比重	35.01	35.05	35.43	35.67	36.06
	地区生产总值	922.02	1100.16	1311.89	1573.29	1856.39
镇江	第一产业产值比重	4.39	3.85	4.07	4.71	4.49
	第二产业产值比重	60.50	60.44	59.15	58.92	58.20
	第三产业产值比重	35.11	35.71	36.78	36.37	37.32
	地区生产总值	871.67	1021.52	1206.69	1408.14	1672.08
滁州	第一产业产值比重	27.47	26.33	25.91	23.71	23.35
	第二产业产值比重	37.97	38.65	40.23	42.86	45.49
	第三产业产值比重	34.56	35.02	33.86	33.42	31.17
	地区生产总值	324.35	372.29	443.93	520.11	576.18
马鞍山	第一产业产值比重	4.67	4.39	3.98	3.86	3.86
	第二产业产值比重	64.81	64.19	66.16	67.96	66.47
	第三产业产值比重	30.51	31.42	29.86	28.18	29.67
	地区生产总值	349.54	428.87	532.1	636.3	666.49
巢湖	第一产业产值比重	24.87	23.19	22.22	21.02	20.10
	第二产业产值比重	37.07	39.35	41.67	43.87	46.08
	第三产业产值比重	38.06	37.46	36.11	35.10	33.81
	地区生产总值	299.18	344.36	404.62	479.33	529.59
芜湖	第一产业产值比重	7.50	6.32	5.50	5.26	4.71
	第二产业产值比重	53.20	56.37	58.05	60.61	62.47
	第三产业产值比重	39.30	37.31	36.45	34.13	32.82
	地区生产总值	401.16	479.72	582.12	749.65	888.42
南京都市圈	第一产业产值比重	8.76	7.93	7.29	6.88	7.18
	第二产业产值比重	51.77	52.00	52.55	52.79	51.91
	第三产业产值比重	39.46	40.07	40.16	40.33	40.91
	地区生产总值	6168.56	7171.76	8530.31	10057.64	11541.18

对三次产业就业结构进行分析，2009 年，南京都市圈三次产业从业人员数为 1956.25 万人。其中，第一产业从业人员 514.03 万人，第二产业从业人员 739.03 万人，第三产业从业人员 703.18 万人。2009 年，南京都市圈三次产业就业结构为 26.28∶37.78∶35.95。与 2008 年相比，第一产业就业比重下降了 1.82 个百分点，第二产业就业比重上升了 0.91 个百分点，第三产业就业比重上升了 0.92 个百分点。从更长时期来看，2005～2009 年，南京都市圈三次产业就业结构总体变化趋势是：

第一产业比重趋于下降,第二产业就业比重上升较快,第三产业就业比重稳步上升。2005~2009年,南京都市圈第一产业就业比重在4年时间里下降了7.04个百分点,年均减少1.76个百分点;第二产业比重在4年时间里上升了4.82个百分点,年均增加1.21个百分点;第三产业比重在4年时间里上升了2.23个百分点,年均增加0.56个百分点。

专栏:三次产业结构演进规律

三次产业结构在工业化不同阶段的演变规律:

——前工业化时期:第一产业产值和就业比重在国民经济中占主导地位;第二产业有一定发展;第三产业产值和就业比重微乎其微。

——工业化初期:第一产业产值和就业人数在国民经济和社会就业总人数中的比重逐渐缩小;第二产业开始有了较大发展,第二产业产值和就业比重在国民经济和社会就业总人数中占主导地位。其中,工业重心从轻工业主导型逐渐转向基础工业主导型;第三产业也得到一定发展,但在国民经济中的比重仍然比较小。

——工业化中期:第一产业产值和就业比重继续下降;第二产业产值和就业人数在国民经济和社会就业总人数中的比重仍然最大,工业重心由基础工业逐步向高加工度工业转变;第三产业产值和就业比重逐渐上升。

——工业化后期:第一产业比重继续下降;第二产业比重开始下降;第三产业继续快速发展,其中以信息产业增长加快,第三产业比重在国民经济中的地位占有支配性地位。

——后工业化时期:第一产业比重下降缓慢或者基本稳定在较低水平;第二产业比重继续下降;第三产业比重占据绝对支配性地位,产业知识化成为这段时期产业结构的主要特征。

分城市来看,南京市第三产业就业比重最高,其次为芜湖市。2009年,南京市、芜湖市第三产业从业人员数占全部从业人员数的比重分别为47.37%和43.69%。扬州市第二产业就业比重最高,其次为镇江市。2009年,扬州市、镇江市第二产业从业人员数占全部从业人员数的比重分别为50.78%和50.60%。滁州市第一产业就业比重最高,其次为巢湖市。2009年,滁州市、巢湖市第一产业从业人员数占全部从业人员数的比重分别为48.95%和44.67%。

从三次产业就业结构的变化情况来看,2005~2009年,淮安市第一产业就业比重下降最快,其第二产业就业比重也是上升最快的。淮安市第一产业就业比重从2005年的40.79%下降为2009年的28.26%,4年时间共下降了12.53个百分点,年均减少3.13个百分点;淮安市第二产业就业比重从2005年的20.07%上升为2009年的31.81%,4年时间共上升了11.74个百分点,年均增加2.94个百分点。马鞍山市第三产业就业比重上升最快,从2005年的29.80%上升为2009年的34.67%,4年时间共上升了4.87个百分点,年均增加1.22个百分点。

表4-2　　南京都市圈三次产业就业结构(2005~2009)　　单位:%,万人

		2005年	2006年	2007年	2008年	2009年
南京	第一产业就业比重	13.46	11.42	12.28	12.05	11.23
	第二产业就业比重	41.54	42.38	41.67	40.29	41.40
	第三产业就业比重	45.00	46.21	46.06	47.66	47.37
	从业人员数	316.69	327.41	367.81	380.37	407.70

续表

		2005 年	2006 年	2007 年	2008 年	2009 年
淮安	第一产业就业比重	40. 79	35. 86	33. 72	31. 02	28. 26
	第二产业就业比重	20. 07	24. 25	27. 72	30. 19	31. 81
	第三产业就业比重	39. 15	39. 89	38. 56	38. 80	39. 93
	从业人员数	273. 70	281. 68	294. 31	313. 04	347. 20
扬州	第一产业就业比重	21. 21	19. 44	17. 36	15. 63	13. 86
	第二产业就业比重	44. 50	46. 12	49. 55	49. 92	50. 78
	第三产业就业比重	34. 29	34. 43	33. 09	34. 45	35. 36
	从业人员数	236. 45	243. 89	259. 27	273. 40	286. 13
镇江	第一产业就业比重	23. 82	21. 27	19. 36	19. 29	18. 40
	第二产业就业比重	46. 08	48. 94	51. 60	51. 01	50. 60
	第三产业就业比重	30. 10	29. 79	29. 04	29. 70	31. 00
	从业人员数	148. 46	153. 18	157. 00	165. 39	173. 11
滁州	第一产业就业比重	55. 88	55. 25	52. 68	51. 63	48. 95
	第二产业就业比重	21. 57	22. 50	23. 93	26. 10	26. 59
	第三产业就业比重	22. 55	22. 25	23. 39	22. 27	24. 46
	从业人员数	235. 50	239. 10	240. 70	245. 20	252. 70
马鞍山	第一产业就业比重	30. 30	29. 43	27. 95	25. 39	24. 04
	第二产业就业比重	39. 90	39. 67	39. 74	38. 08	41. 29
	第三产业就业比重	29. 80	30. 89	32. 31	36. 53	34. 67
	从业人员数	60. 40	61. 50	61. 90	64. 60	64. 90
巢湖	第一产业就业比重	46. 35	46. 27	45. 98	45. 21	44. 67
	第二产业就业比重	29. 77	29. 03	29. 81	30. 07	30. 00
	第三产业就业比重	23. 91	24. 69	24. 22	24. 75	25. 34
	从业人员数	286. 50	285. 90	288. 20	291. 30	289. 70
芜湖	第一产业就业比重	30. 65	31. 22	29. 96	24. 13	22. 18
	第二产业就业比重	27. 73	27. 10	28. 37	32. 60	34. 12
	第三产业就业比重	41. 63	41. 68	41. 67	43. 27	43. 69
	从业人员数	130. 20	131. 00	131. 50	132. 20	134. 80
南京都市圈	第一产业就业比重	33. 32	31. 43	29. 76	28. 10	26. 28
	第二产业就业比重	32. 96	34. 30	36. 08	36. 87	37. 78
	第三产业就业比重	33. 72	34. 27	34. 16	35. 03	35. 95
	从业人员数	1688. 00	1723. 65	1800. 69	1865. 60	1956. 25

二、南京都市圈第一产业内部结构

2009 年,南京都市圈第一产业总产值(农林牧渔业总产值)为 1450. 35 亿元。其中:农业总产值 752. 69 亿元,占第一产业总产值的比重为 2. 53%;林业总产值 36. 69 亿元,占第一产业总产值的比重为 2. 53%;牧业总产值 322. 60 亿元,占第一产业总产值的比重为 22. 24%;渔业总产值 261. 25 亿元,占第一产业总产值的比重为 18. 01%;农林牧渔服务业总产值 77. 12 亿元,占第一产业总产值的比重为 5. 32%。与 2008 年相比,农业比重上升了 0. 29 个百分点,林业比重上升了 0. 01 个百分点,牧业比重下降了 1. 61 个百分点,渔业比重上升了 0. 02 个百分点,农林牧渔服务业比重上升了 1. 30 个百分点。

从更长时期来看,2005 ~ 2009 年,南京都市圈第一产业总产值结构的变化趋势是:农、林、牧、渔业总产值占第一产业总产值的比重均呈下降态势,而农林牧渔服务业比重呈稳步上升态势。与 2005 年相比:2009 年南京都市圈农业总产值占第一产业总产值的比重 4 年时间共下降了 0. 55 个百分点,年均下降 0. 14 个百分点;林业总产值占第一产业总产值的比重 4 年时间共下降了 0. 10 个百分点,年均下降 0. 02 个百分点;牧业总产值占第一产业总产值的比重 4 年时间共下降了 1. 51 个百分点,年均下降 0. 38 个百分点;渔业总产值占第一产业总产值的比重 4 年时间共下降了 0. 35 个百分点,年均下降 0. 09 个百分点;而农林牧渔服务业占第一产业总产值的比重在 4 年时间里上升了 2. 51 个百分点,年均增加 0. 63 个百分点。

表 4 -3　　**南京都市圈第一产业总产值结构(2005 ~ 2009)**　　单位:%,亿元

	2005 年	2006 年	2007 年	2008 年	2009 年
农业比重	52. 44	54. 09	52. 08	51. 61	51. 90
林业比重	2. 63	2. 62	2. 61	2. 52	2. 53
牧业比重	23. 75	21. 37	22. 30	23. 85	22. 24
渔业比重	18. 36	19. 06	18. 77	17. 99	18. 01
农林牧渔服务业比重	2. 81	2. 86	4. 24	4. 02	5. 32
农林牧渔业总产值	987. 58	1037. 47	1119. 26	1303. 39	1450. 35

分城市进行比较,2009 年,农业总产值占第一产业总产值的比重最高的城市是淮安市,为 58. 71%。农业总产值占第一产业总产值的比重最低的城市是马鞍山市,2009 年比重为 37. 21%;2009 年,林业总产值占第一产业总产值的比重最高的城市是芜湖市(7. 19%),最低的是马鞍山市(1. 23%);2009 年,牧业总产值占第一产业总产值的比重最高的城市是滁州市(32. 44%),最低的是镇江市(16. 41%);2009 年,渔业总产值占第一产业总产值比重最高的是马鞍山市(42. 65%),最低的是淮安市(10. 24%);2009 年,农林牧渔服务业占第一产业总产值比重最高的是镇江市(14. 76%),最低的是滁州市(1. 79%)。

表 4 –4　　南京都市圈分城市第一产业总产值结构(2009)　　单位:%,亿元

	农业比重	林业比重	牧业比重	渔业比重	农林牧渔服务业比重	农林牧渔业总产值
南京	54. 91	1. 36	17. 30	21. 33	5. 09	223. 66
淮安	58. 71	2. 05	27. 10	10. 24	1. 89	314. 63
扬州	44. 73	3. 01	18. 78	28. 71	4. 76	256. 42
镇江	51. 78	4. 06	16. 41	12. 98	14. 76	113. 22
滁州	50. 25	1. 59	32. 44	13. 92	1. 79	228. 02
马鞍山	37. 21	1. 23	16. 66	42. 64	2. 26	39. 14
巢湖	53. 49	2. 68	17. 48	15. 45	10. 89	200. 36
芜湖	47. 40	7. 19	21. 83	18. 16	5. 42	74. 89
南京都市圈	51. 90	2. 53	22. 24	18. 01	5. 32	1450. 35

三、南京都市圈第二产业内部结构

(一)工业与建筑业结构

2009 年,南京都市圈实现第二产业增加值 5991. 43 亿元。其中:工业增加值 5234. 68 亿元,占第二产业的比重为 87. 37%;建筑业增加值 756. 75 亿元,占第二产业的比重为 12. 63%。与 2008 年相比,南京都市圈工业增加值占第二产业的比重下降了 1. 01 个百分点,而建筑业比重相应上升了 1. 01 个百分点。与 2005 年相比,南京都市圈工业增加值占第二产业的比重上升了 0. 30 个百分点,建筑业比重下降 0. 30 个百分点。

分城市进行比较,2009 年,工业增加值占第二产业增加值比重最高的城市是镇江市(92. 14%),最低的是巢湖市(83. 16%)。从工业与建筑业比重变化情况来看,2005 ~2009 年,工业增加值占第二产业增加值比重上升最快的城市是巢湖市,4 年时间共上升了 6. 19 个百分点。工业增加值占第二产业增加值比重出现下降的城市是南京市和淮安市。2005 ~2009 年,南京市和淮安市工业增加值占第二产业增加值比重分别下降了 1. 94 个和 0. 35 个百分点。

表 4 –5　　南京都市圈分城市第二产业内部结构(2005 ~2009)　　单位:%,亿元

		2005 年	2006 年	2007 年	2008 年	2009 年
南京	工业比重	86. 91	86. 91	87. 87	86. 63	84. 97
	建筑业比重	13. 09	13. 09	12. 13	13. 37	15. 03
	第二产业增加值	1200. 28	1359. 94	1607. 22	1795. 00	1930. 66
淮安	工业比重	83. 52	82. 76	84. 31	84. 23	83. 17
	建筑业比重	16. 48	17. 24	15. 69	15. 77	16. 83
	第二产业增加值	255. 75	305. 23	368. 39	453. 25	541. 48

续表

		2005 年	2006 年	2007 年	2008 年	2009 年
扬州	工业比重	86.96	87.96	89.03	88.66	87.68
	建筑业比重	13.04	12.04	10.97	11.34	12.32
	第二产业增加值	519.17	620.59	748.08	897.71	1042.03
镇江	工业比重	90.29	91.66	92.28	91.85	92.14
	建筑业比重	9.71	8.34	7.72	8.15	7.86
	第二产业增加值	528.16	618.64	721.70	843.40	973.08
滁州	工业比重	84.13	86.45	87.43	88.11	86.84
	建筑业比重	15.87	13.55	12.57	11.89	13.16
	第二产业增加值	124.58	143.89	178.57	222.94	262.09
马鞍山	工业比重	91.85	92.21	93.15	93.32	91.87
	建筑业比重	8.15	7.79	6.85	6.68	8.13
	第二产业增加值	240.69	275.29	351.98	432.46	443.02
巢湖	工业比重	76.97	80.11	81.73	82.79	83.16
	建筑业比重	23.03	19.89	18.27	17.21	16.84
	第二产业增加值	111.91	135.47	168.6	210.3	244.04
芜湖	工业比重	86.19	89.03	89.70	90.43	89.37
	建筑业比重	13.81	10.97	10.30	9.57	10.63
	第二产业增加值	213.16	270.39	337.97	454.36	555.03
南京都市圈	工业比重	87.07	87.81	88.79	88.38	87.37
	建筑业比重	12.93	12.19	11.21	11.62	12.63
	第二产业增加值	3193.70	3729.44	4482.51	5309.42	5991.43

（二）轻重工业结构

对工业内部结构进行分析，2009 年，南京都市圈完成工业总产值 20090.62 亿元。其中：轻工业总产值 4578.29 亿元，占工业总产值的比重为 22.79%；重工业总产值 15511.73 亿元，占工业总产值的比重为 77.21%。与 2008 年相比，轻工业总产值比重上升了 1.34 个百分点，重工业比重相应下降了 1.34 个百分点。与 2005 年相比，2009 年南京都市圈轻工业总产值比重上升了 2.85 个百分点，重工业比重相应下降 2.85 个百分点。

分城市进行比较，2009 年，轻工业比重最高的城市是滁州市，其轻重工业结构为 43.38∶56.62；重工业比重最高的城市是马鞍山市，其轻重工业结构为 8.60∶91.40。从轻重工业结构的变化情况来看，2005～2009 年，南京和滁州两市轻工业比重出现上升，上升幅度分别为 2.85 个百分点和 0.06 个百分点；其余六市轻工业比重均呈下降，下降幅度最大的城市为扬州市，2005～2009 年，扬州市轻工业比重下降了 12.39 个百分点。

表 4－6　　南京都市圈轻重工业结构（2005～2009）　　单位：%，亿元

		2005 年	2006 年	2007 年	2008 年	2009 年
南京	轻工业比重	14.71	14.93	15.22	16.22	17.56
	重工业比重	85.29	85.07	84.78	83.78	82.44
	工业总产值	4063.48	4692.81	5788.16	6472.23	6799.77
淮安	轻工业比重	41.01	39.09	36.55	34.67	37.64
	重工业比重	58.99	60.91	63.45	65.33	62.36
	工业总产值	568.61	794.07	1044.34	1254.88	1621.90
扬州	轻工业比重	39.82	38.22	34.82	25.92	27.43
	重工业比重	60.18	61.78	65.18	74.08	72.57
	工业总产值	1448.82	1891.88	2590.91	3517.56	4459.68
镇江	轻工业比重	30.72	27.01	26.01	22.93	21.78
	重工业比重	69.28	72.99	73.99	77.07	78.22
	工业总产值	1331.41	1628.78	2144.71	2780.32	3240.06
滁州	轻工业比重	43.32	42.32	41.16	40.63	43.38
	重工业比重	56.68	57.68	58.84	59.37	56.62
	工业总产值	259.78	327.07	436.94	584.06	690.43
马鞍山	轻工业比重	6.10	8.23	7.18	7.03	8.60
	重工业比重	93.90	91.77	92.82	92.97	91.40
	工业总产值	537.65	589.08	854.49	1162.15	1130.52
巢湖	轻工业比重	35.96	31.14	30.33	28.43	28.14
	重工业比重	64.04	68.86	69.67	71.57	71.86
	工业总产值	194.94	263.32	378.07	508	593.86
芜湖	轻工业比重	28.09	23.94	18.82	21.03	18.08
	重工业比重	71.91	76.06	81.17	78.97	81.92
	工业总产值	539.66	744.55	930.60	1284.78	1554.41
南京都市圈	轻工业比重	24.42	23.98	22.97	21.45	22.79
	重工业比重	75.58	76.02	77.03	78.55	77.21
	工业总产值	8944.35	10931.55	14168.23	17563.98	20090.62

四、南京都市圈第三产业内部结构

2009 年，南京都市圈第三产业增加值达到 4721.16 亿元，以当年价计算，比 2008 年增长 16.38%。其中，南京市第三产业增加值 2170.42 亿元，淮安市第三产业增加值 409.30 亿元，扬州市第三产业增加值 669.48 亿元，镇江市第三产业增加值 623.95 亿元，滁州市第三产业增加值 179.59 亿元，马鞍山市第三产业增加值 197.77 亿元，巢湖市第三产业增加值 179.08 亿元，芜湖市第三产业

增加值 291.57 亿元。

从各城市第三产业内部结构来看，除芜湖市外，其余 7 市批发和零售贸易业在第三产业中均占据较大比重，仅次于“其他服务业”位居第二。分行业来看：2009 年，交通运输、仓储和邮政业占第三产业增加值比重最大的城市是芜湖市（17.00%）；批发和零售业占第三产业增加值比重最大的城市是马鞍山市（21.19%）；住宿和餐饮业占第三产业增加值比重最大的城市是芜湖市（7.53%）；金融业占第三产业增加值比重最大的城市是南京市（15.76%）；房地产业占第三产业增加值比重最大的城市是淮安市（16.22%）；其他服务业比重最大的城市是芜湖市（44.19%）。

表 4-7　南京都市圈分城市第三产业内部结构（2009）　单位：%，亿元

	交通运输、仓储和邮政业比重	批发和零售业比重	住宿和餐饮业比重	金融业比重	房地产业比重	其他服务业比重	第三产业增加值
南京	10.05	20.61	3.77	15.76	14.64	35.17	2170.42
淮安	11.55	16.73	5.77	7.57	16.22	42.16	409.30
扬州	—	—	—	—	—	—	669.48
镇江	—	—	—	—	—	—	623.95
滁州	15.06	16.93	6.26	8.00	15.01	38.73	179.59
马鞍山	10.92	21.19	6.27	7.58	11.14	42.90	197.77
巢湖	13.59	19.77	6.56	6.13	11.46	42.49	179.08
芜湖	17.00	12.66	7.53	9.18	9.44	44.19	291.57
南京都市圈	—	—	—	—	—	—	4721.16

二　南京都市圈产业布局

一、南京都市圈产业布局总体概况

2009 年,南京都市圈实现地区生产总值(GDP)11541.18 亿元,占全国的比重为 3.39%,比 2008 年比重提高了 0.19 个百分点。其中:第一产业增加值 828.59 亿元,占全国的比重为 2.35%,比 2008 年比重提高了 0.30 个百分点;第二产业增加值 5991.43 亿元,占全国的比重为 3.80%,比 2008 年比重提高了 0.14 个百分点;第三产业增加值 4721.16 亿元,占全国的比重为 3.20%,比 2008 年比重提高了 0.11 个百分点。与 2005 年相比,2009 年南京都市圈 GDP 占全国的比重上升了 0.05 个百分点;南京都市圈第一产业增加值占全国的比重下降了 0.06 个百分点;南京都市圈第二产业增加值占全国的比重上升了 0.15 个百分点;南京都市圈第三产业增加值占全国的比重下降了 0.05 个百分点。

表 4-8　　南京都市圈三次产业在全国的地位(2005~2009)　　单位:亿元,%

	地区生产总值		第一产业		第二产业		第三产业	
	数额	占全国的比重	数额	占全国的比重	数额	占全国的比重	数额	占全国的比重
2005 年	6168.56	3.34	540.51	2.41	3193.70	3.65	2434.35	3.25
2006 年	7171.76	3.32	568.91	2.37	3729.44	3.60	2873.41	3.24
2007 年	8530.31	3.21	621.94	2.17	4482.51	3.56	3425.85	3.08
2008 年	10057.64	3.20	691.63	2.05	5309.42	3.56	4056.59	3.09
2009 年	11541.18	3.39	828.59	2.35	5991.43	3.80	4721.16	3.20

分城市进行比较,2009 年,南京市 GDP 占全国和南京都市圈 GDP 的比重最大,其次为扬州市,比重最小的巢湖。2009 年,南京市、扬州市和巢湖市 GDP 占南京都市圈 GDP 的比重分别为 36.65%、16.08% 和 4.59%,占全国 GDP 的比重分别为 1.24%、0.55% 和 0.16%。

淮安市第一产业增加值占全国和南京都市圈第一产业增加值的比重最大,其次是扬州市,比重最小的是马鞍山市。2009 年,淮安市、扬州市、马鞍山市第一产业增加值占南京都市圈第一产业增加值的比重分别为 20.63%、17.49% 和 3.10%,占全国的比重分别为 0.49%、0.41% 和 0.07%。

南京市第二、三产业增加值占全国和南京都市圈第二、三产业增加值的比重最大。2009 年,南京市第二、三产业增加值占南京都市圈第二、三产业增加值的比重分别为 32.22% 和 45.97%,占全国的比重分别为 1.22% 和 1.47%。第二、三产业增加值占全国和南京都市圈比重最小的是巢湖市。2009 年,巢湖市占南京都市圈第二、三产业增加值的比重分别为 4.07% 和 3.79%,占全国的比重分别为 0.15% 和 0.12%。

表 4-9　各市三次产业占全国和南京都市圈的比重(2009)　单位:%

	地区生产总值		第一产业		第二产业		第三产业	
	占都市圈的比重	占全国的比重	占都市圈的比重	占全国的比重	占都市圈的比重	占全国的比重	占都市圈的比重	占全国的比重
南京	36.65	1.24	15.59	0.37	32.22	1.22	45.97	1.47
淮安	9.72	0.33	20.63	0.49	9.04	0.34	8.67	0.28
扬州	16.08	0.55	17.49	0.41	17.39	0.66	14.18	0.45
镇江	14.49	0.49	9.06	0.21	16.24	0.62	13.22	0.42
滁州	4.99	0.17	16.23	0.38	4.37	0.17	3.80	0.12
马鞍山	5.77	0.20	3.10	0.07	7.39	0.28	4.19	0.13
巢湖	4.59	0.16	12.85	0.30	4.07	0.15	3.79	0.12
芜湖	7.70	0.26	5.05	0.12	9.26	0.35	6.18	0.20

专栏:南京都市圈空间结构

形成一个核心、两个圈层的空间结构,重点发展一带一轴三通道。

一个核心:包括南京主城和以主城为核心、半径约 30 公里范围的城镇和潜在的城镇发展地区,即规划中的南京都市发展区。该区域是南京城市功能重组和集聚新兴城市功能的重点区域。

两个圈层:包括核心圈层和紧密圈层。核心圈层:与核心城市联系紧密、接受核心城市强烈辐射,城市间相互作用最强、最广泛的区域。规划范围包括核心城市和距核心城市中心约 50 公里范围内的城市(镇)和区域,包括南京市、仪征市、句容市、马鞍山市、滁州市区、来安县、全椒县。紧密圈层:与核心城市联系密切,接受核心城市的辐射,圈层地带节点城市具有相当的发展规模,且相互之间具有较强的经济社会联系的功能地域。规划范围为核心圈层外围、距核心城市中心约 100 公里范围内的城市(镇)和区域,包括扬州市、镇江市、芜湖市、滁州市的北部、巢湖市的北部、淮安市的南部地区。

一带一轴三通道:沿江城市带:包括南京、扬州、镇江、马鞍山、芜湖等 5 个设区市以及仪征、江都、当涂、和县等县(市)。城镇发展轴:北从金湖、盱眙开始,经天长、南京、溧水至高淳。三条通道:南京至句容并延伸到苏锡常都市圈环太湖地区、宜(兴)溧(阳)金(坛)丘陵山区通道,南京至滁州、明光、凤阳通道,南京至全椒、合肥通道。

——《南京都市圈规划(2002~2020)》

二、南京都市圈第一产业布局

2009 年,南京都市圈第一产业(农林牧渔业)实现总产值为 1450.35 亿元,占全国农林牧渔业总产值的比重为 2.40%,比 2008 年提高了 0.15 个百分点。其中:农业总产值 752.69 亿元,占全国的比重为 2.46%,比 2008 年提高了 0.06 个百分点;林业总产值 36.69 亿元,占全国的比重为 1.56%,比 2008 年提高了 0.03 个百分点;牧业总产值 322.60 亿元,占全国的比重为 1.66%,比 2008 年提高了 0.15 个百分点;渔业总产值 261.25 亿元,占全国的比重为 4.64%,比 2008 年提高了 0.13 个百分点;农林牧渔服务业总产值 77.12 亿元,占全国的比重为 3.36%,比 2008 年提高了 0.76 个百分点。与 2005 年相比,2009 年南京都市圈农林牧渔业总产值占全国农业总产值的比重下降了 0.10 个百分点,农业总产值占全国的比重下降了 0.18 个百分点,林业总产值占全国的比重下降了 0.26 个百分点,牧业总产值占全国的比重下降了 0.10 个百分点,渔业总产值占全国的比重上升了 0.13 个百分点，农林牧渔服务业占全国的比重上升了 0.80 个百分点。

表 4 – 10　　南京都市圈第一产业分行业在全国的地位（2005 ~ 2009）　　单位：亿元，%

		2005 年	2006 年	2007 年	2008 年	2009 年
农林牧渔业	总产值	987. 58	1037. 47	1119. 26	1303. 39	1450. 35
	占全国的比重	2. 50	2. 54	2. 29	2. 25	2. 40
农业	总产值	517. 94	561. 18	582. 89	672. 71	752. 69
	占全国的比重	2. 64	2. 61	2. 36	2. 40	2. 46
林业	总产值	25. 96	27. 14	29. 23	32. 90	36. 69
	占全国的比重	1. 82	1. 69	1. 57	1. 53	1. 56
牧业	总产值	234. 60	221. 72	249. 62	310. 89	322. 60
	占全国的比重	1. 76	1. 83	1. 55	1. 51	1. 66
渔业	总产值	181. 32	197. 77	210. 07	234. 45	261. 25
	占全国的比重	4. 51	4. 98	4. 71	4. 51	4. 64
农林牧渔服务业	总产值	27. 77	29. 63	47. 44	52. 45	77. 12
	占全国的比重	2. 56	1. 83	2. 65	2. 60	3. 36

从第一产业在南京都市圈的产业布局来看，南京都市圈第一产业生产主要集中在淮安、扬州、滁州、南京、巢湖 5 个市。2009 年，淮安、扬州、滁州、南京、巢湖 5 个市第一产业总产值占同期南京都市圈第一产业总产值的比重分别为 21. 69%、17. 68%、15. 72%、15. 42% 和 13. 81%，五市合计占南京都市圈的比重为 84. 32%。

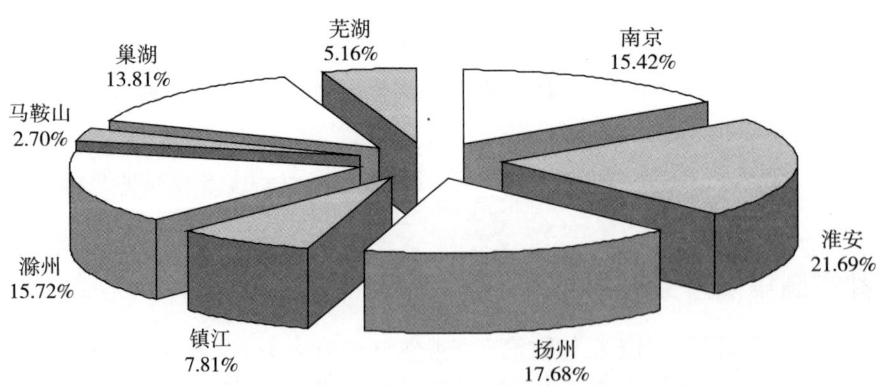

图 4 – 1　各市第一产业总产值占南京都市圈的比重（2009）

从第一产业各行业在南京都市圈的产业布局来看，农业生产主要集中在淮安、南京、扬州、滁州、巢湖 5 个市，其占南京都市圈农业总产值的比重分别为 24. 54%、16. 32%、15. 24%、15. 22% 和 14. 24%，5 个市合计占南京都市圈的比重为 85. 56%；林业生产主要集中在扬州、淮安、芜湖、巢湖、镇江 5 个市，其占南京都市圈林业总产值的比重分别为 21. 04%、17. 60%、14. 68%、14. 64% 和 12. 52%，5 市合计占南京都市圈的比重为 80. 48%；畜牧业生产主要集中在淮安、滁州 2 个市，其占南京都市圈畜牧业总产值的比重分别为26.43%和22.93%，两市合计占南京都市圈的比重为49.36%；渔业生产主要集中在扬州和南京两市，其占南京都市圈渔业总产值的比重分别为28.18%和18.26%，两市合计占南京都市圈的比重为46.44%；农林牧渔服务业主要集中在巢湖、镇江、扬州、南京4市，其占南京都市圈农林牧渔服务业总产值的比重分别为28.30%、21.67%、15.84%和14.77%，4市合计占南京都市圈的比重为80.58%。

表4－11　各市农、林、牧、渔及其服务业占南京都市圈的比重(2009)　单位：%

	农业	林业	牧业	渔业	农林牧渔服务业
南京	16.32	8.30	12.00	18.26	14.77
淮安	24.54	17.60	26.43	12.34	7.70
扬州	15.24	21.04	14.93	28.18	15.84
镇江	7.79	12.52	5.76	5.63	21.67
滁州	15.22	9.91	22.93	12.15	5.30
马鞍山	1.93	1.31	2.02	6.39	1.15
巢湖	14.24	14.64	10.86	11.85	28.30
芜湖	4.72	14.68	5.07	5.21	5.26

三、南京都市圈第二产业布局

2009年，南京都市圈实现第二产业增加值5991.43亿元，占全国第二产业增加值的比重为3.80%，比2008年提高了0.24个百分点。其中：工业增加值5234.68亿元，占同期全国工业增加值的比重为3.87%，比2008年提高了0.27个百分点；建筑业增加值756.75亿元，占全国建筑业增加值的比重为3.38%，比2008年提高了0.09个百分点。与2005年相比，2009年南京都市圈第二产业增加值占全国的比重上升了0.15个百分点，工业增加值比重上升了0.27个百分点，建筑业增加值比重下降了0.60个百分点。

表4－12　南京都市圈第二产业在全国的地位(2005～2009)　单位：亿元，%

		2005年	2006年	2007年	2008年	2009年
第二产业	增加值	3193.70	3729.44	4482.51	5309.42	5991.43
	占全国的比重	3.65	3.60	3.56	3.56	3.80
工业	增加值	2780.83	3274.96	3979.82	4692.26	5234.68
	占全国的比重	3.60	3.59	3.60	3.60	3.87
建筑业	增加值	412.87	454.48	502.69	617.16	756.75
	占全国的比重	3.98	3.66	3.29	3.29	3.38

(一)南京都市圈工业布局

从南京都市圈的工业布局情况来看，工业主要集中在南京、扬州、镇江3个市。2009年，南京、扬州、镇江3个市分别实现工业增加值1640.53亿元、913.61亿元和896.63亿元，占同期南京都市圈工业增加值的比重分别为31.34%、17.45%和17.13%。与2008年相比，南京工业增加值比重下降了1.80个百分点，扬州和镇江工业增加值比重分别上升了0.49个和0.62个百分点。

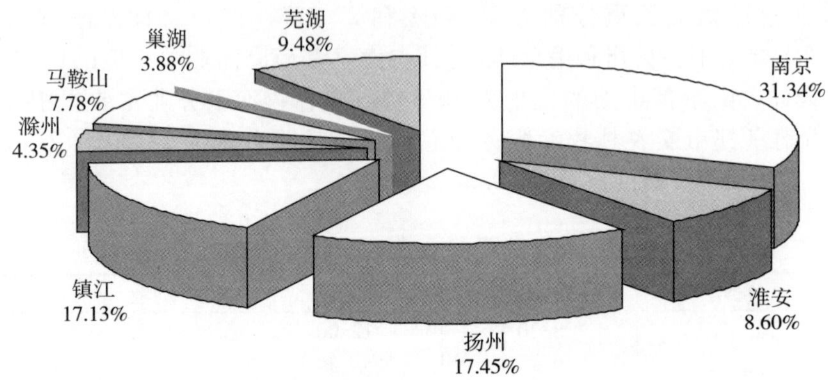

图 4－2　各市工业增加值占南京都市圈的比重(2009)

从各市工业增加值比重的变化情况来看,2005～2009 年,淮安、扬州、滁州、巢湖、芜湖 5 市工业增加值占南京都市圈工业增加值的比重出现上升。其中,工业增加值占南京都市圈比重上升最快的城市是芜湖市,从 2005 年的 6.61% 上升为 2009 年的 9.48% ,4 年时间共上升了 2.87 个百分点,年均增加 0.72 个百分点。南京、镇江、马鞍山 3 个市工业增加值占南京都市圈的比重出现下降,下降最快的城市是南京市。南京市工业增加值占南京都市圈工业增加值的比重从 2005 年的 37.51% 下降为 2009 年的 31.34% ,4 年时间共下降了 6.17 个百分点,年均减少 1.54 个百分点,这主要缘于南京第三产业比重在近年出现较大幅度上升。

表 4－13　　各市工业占南京都市圈的比重(2005～2009)　　单位:亿元,%

		2005 年	2006 年	2007 年	2008 年	2009 年
南京	工业增加值	1043.18	1181.94	1412.22	1555.00	1640.53
	占都市圈的比重	37.51	36.09	35.48	33.14	31.34
淮安	工业增加值	213.59	252.61	310.60	381.75	450.33
	占都市圈的比重	7.68	7.71	7.80	8.14	8.60
扬州	工业增加值	451.45	545.90	666.01	795.88	913.61
	占都市圈的比重	16.23	16.67	16.73	16.96	17.45
镇江	工业增加值	476.85	567.02	666.02	774.67	896.63
	占都市圈的比重	17.15	17.31	16.73	16.51	17.13
滁州	工业增加值	104.81	124.39	156.12	196.44	227.59
	占都市圈的比重	3.77	3.80	3.92	4.19	4.35
马鞍山	工业增加值	221.08	253.84	327.88	403.56	407.02
	占都市圈的比重	7.95	7.75	8.24	8.60	7.78
巢湖	工业增加值	86.14	108.52	137.80	174.10	202.94
	占都市圈的比重	3.10	3.31	3.46	3.71	3.88
芜湖	工业增加值	183.73	240.74	303.17	410.86	496.03
	占都市圈的比重	6.61	7.35	7.62	8.76	9.48

(二)南京都市圈建筑业布局

从南京都市圈的建筑业布局情况来看,南京都市圈建筑业主要集中在南京、扬州、淮安、镇江、芜湖5个市。2009年,南京、扬州、淮安、镇江、芜湖5市分别实现建筑业增加值290.13亿元、128.42亿元、91.15亿元、76.45亿元和59.00亿元,占同期南京都市圈建筑业增加值的比重分别为38.34%、16.97%、12.04%、10.10%和7.80%,5个市合计占南京都市圈建筑业增加值的比重为85.25%。与2008年相比,南京市和镇江市建筑业增加值比重分别下降了0.55个和1.03个百分点,淮安市、扬州市和芜湖市建筑业增加值比重分别上升了0.46个、0.47个和0.75个百分点。

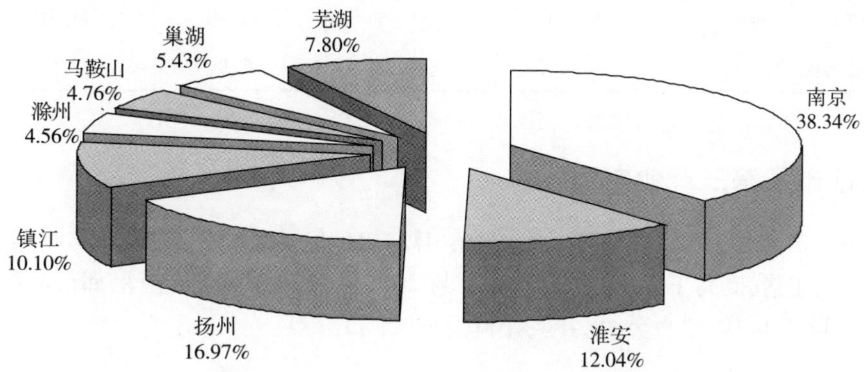

图4-3　各市建筑业增加值占南京都市圈的比重(2009)

从各市建筑业增加值比重的变化情况来看,2005~2009年,南京、淮安、扬州、马鞍山、芜湖5市建筑业增加值占南京都市圈建筑业增加值的比重出现上升;镇江、滁州、巢湖3个市建筑业增加值占南京都市圈建筑业增加值的比重出现下降。其中,建筑业增加值比重上升最快的城市是淮安市,其建筑业增加值占南京都市圈建筑业增加值的比重从2005年的10.21%上升到2009年的11.59%,4年时间增加了1.83个百分点,年均增加0.46个百分点。建筑业增加值比重下降最快的城市是镇江市。镇江市建筑业增加值占南京都市圈建筑业增加值的比重从2005年的12.43%下降为2009年的10.10%,4年时间减少了2.33个百分点,年均减少0.58个百分点。

表4-14　各市建筑业占南京都市圈的比重(2005~2009)　单位:亿元,%

		2005年	2006年	2007年	2008年	2009年
南京	建筑业增加值	157.10	178.00	195.00	240.00	290.13
	占都市圈的比重	38.05	39.17	38.79	38.89	38.34
淮安	建筑业增加值	42.16	52.62	57.79	71.50	91.15
	占都市圈的比重	10.21	11.58	11.50	11.59	12.04
扬州	建筑业增加值	67.72	74.69	82.07	101.83	128.42
	占都市圈的比重	16.40	16.43	16.33	16.50	16.97
镇江	建筑业增加值	51.31	51.62	55.68	68.73	76.45
	占都市圈的比重	12.43	11.36	11.08	11.14	10.10

专题

续表

		2005 年	2006 年	2007 年	2008 年	2009 年
滁州	建筑业增加值	19. 77	19. 50	22. 45	26. 50	34. 50
	占都市圈的比重	4. 79	4. 29	4. 47	4. 29	4. 56
马鞍山	建筑业增加值	19. 61	21. 45	24. 10	28. 90	36. 00
	占都市圈的比重	4. 75	4. 72	4. 79	4. 68	4. 76
巢湖	建筑业增加值	25. 77	26. 95	30. 80	36. 20	41. 10
	占都市圈的比重	6. 24	5. 93	6. 13	5. 87	5. 43
芜湖	建筑业增加值	29. 43	29. 65	34. 80	43. 50	59. 00
	占都市圈的比重	7. 13	6. 52	6. 92	7. 05	7. 80

四、南京都市圈第三产业布局

2009 年,南京都市圈实现第三产业增加值 4721. 16 亿元,占全国第三产业增加值的比重为 3. 20% ,比 2008 年比重提高了 0. 11 个百分点。与 2005 年相比,2009 年南京都市圈第三产业增加值占全国的比重下降了 0. 05 个百分点,年均下降 0. 01 个百分点。

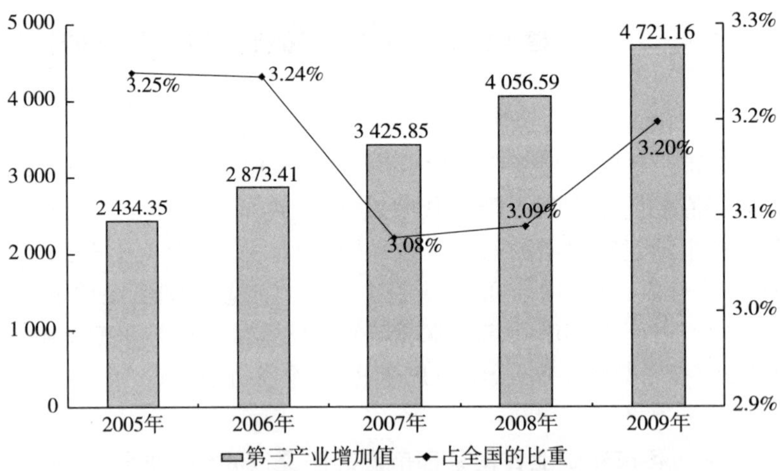

图 4 - 4　南京都市圈第三产业在全国的地位(2005 ~ 2009)

从南京都市圈第三产业布局情况来看,南京都市圈第三产业主要集中在南京、扬州、镇江 3 个市。2009 年,南京、扬州、镇江 3 个市分别实现第三产业增加值 2170. 42 亿元、669. 48 亿元和 623. 95 亿元,占同期南京都市圈第三产业增加值的比重分别为 45. 97% 、14. 18% 和 13. 22% ,3 个市合计占南京都市圈第三产业增加值的比重为 73. 37% 。与 2008 年相比,南京市第三产业增加值占南京都市圈第三产业增加值的比重下降了 0. 54 个百分点,扬州市、镇江市第三产业增加值占南京都市圈第三产业增加值的比重分别上升了 0. 42 个和 0. 55 个百分点。

从各市第三产业增加值比重的变化情况来看,2005 ~ 2009 年,淮安、扬州、镇江 3 市第三产业增加值占南京都市圈第三产业增加值的比重出现上升;南京、滁州、马鞍山、巢湖、芜湖 5 市第三产业增加值占南京都市圈第三产业增加值的比重出现下降。其中,第三产业增加值占南京都市圈的比重上

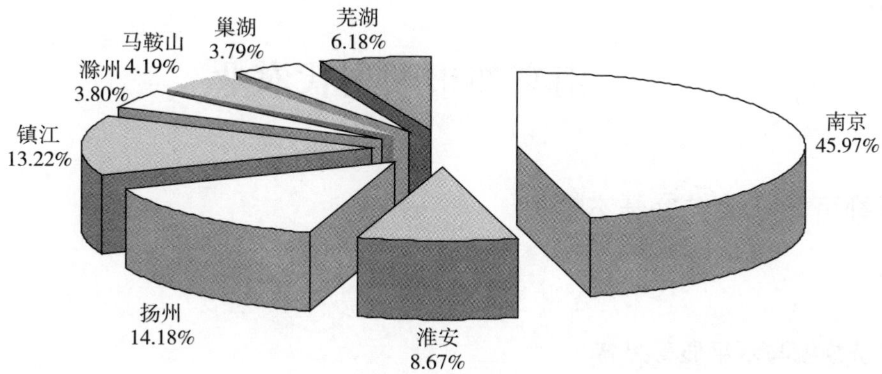

图 4-5　各市第三产业增加值占南京都市圈的比重(2009)

升最快的城市是扬州市,其第三产业增加值占南京都市圈第三产业增加值的比重从 2005 年的 12.88% 上升到 2009 年的 14.18% ,4 年时间提高了 1.30 个百分点,年均提高 0.33 个百分点。第三产业增加值占南京都市圈的比重下降最快的城市是巢湖市,其第三产业增加值占南京都市圈第三产业增加值的比重从 2005 年的 4.72% 下降为 2009 年的 3.79% ,4 年时间下降了 0.93 个百分点,年均下降 0.23 个百分点。

表 4-15　各市第三产业占南京都市圈的比重(2005~2009)　单位:亿元,%

		2005 年	2006 年	2007 年	2008 年	2009 年
南京	第三产业增加值	1130.79	1331.82	1590.07	1887.00	2170.42
	占都市圈的比重	46.45	46.35	46.41	46.52	45.97
淮安	第三产业增加值	186.16	222.05	266.21	320.57	409.30
	占都市圈的比重	7.65	7.73	7.77	7.90	8.67
扬州	第三产业增加值	313.56	385.05	462.87	558.11	669.48
	占都市圈的比重	12.88	13.40	13.51	13.76	14.18
镇江	第三产业增加值	304.82	361.34	439.12	513.66	623.95
	占都市圈的比重	12.52	12.58	12.82	12.66	13.22
滁州	第三产业增加值	113.38	130.38	150.41	173.84	179.59
	占都市圈的比重	4.66	4.54	4.39	4.29	3.80
马鞍山	第三产业增加值	113.30	134.76	158.89	179.30	197.77
	占都市圈的比重	4.65	4.69	4.64	4.42	4.19
巢湖	第三产业增加值	114.88	129.02	146.13	168.26	179.08
	占都市圈的比重	4.72	4.49	4.27	4.15	3.79
芜湖	第三产业增加值	157.46	178.99	212.15	255.85	291.57
	占都市圈的比重	6.47	6.23	6.19	6.31	6.18

三　南京都市圈现代农业

一、南京都市圈农业发展基本情况

南京市

1. 农业经济规模与水平显著提高

农业经济稳步增长。近年来，随着农村城市化和工业化进程的不断推进，农林牧渔从业人员逐年下降，2009 年农林牧渔从业人员比 2005 年下降 27%；同样受到土地资源约束的影响，农村耕地逐年减少，农作物播种面积也呈逐年下降的发展态势，2009 年农作物播种面积比 2005 年下降 14.8%。在此情况下，各郊县立足本地的区域特色和发展优势，重点发展设施蔬菜、花卉苗木、经济林果等优质高效农业产品，农林牧渔业总产出规模与水平总体上依然保持稳步增长的态势。2009 年农林牧渔业总产值比 2005 年增长 43.9%。

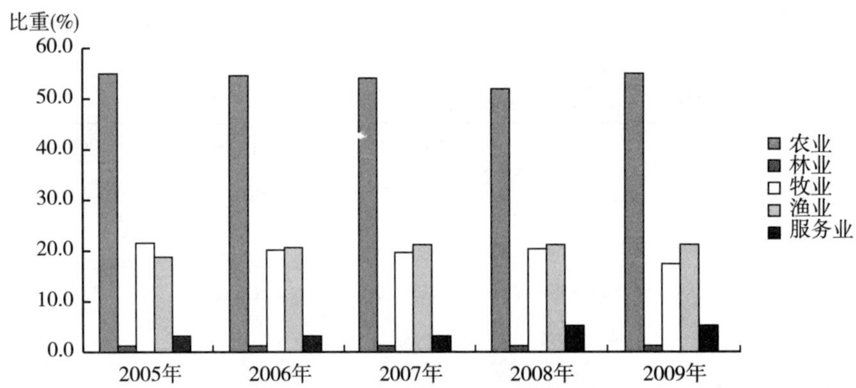

图 4－6　2005 年以来南京市农业经济结构变化情况

数据来源：江苏省统计局

农业经济结构趋向优化。近年来，按照现代农业发展的要求，加快农业产业结构调整，优化农业生产要素合理配置，种植业和渔业产出规模逐年递增，畜牧业发展趋势呈生产规模逐步收缩调整，产业转型升级蓄势推进的新格局。种植业方面，受到土地资源约束的影响，农作物播种面积总体呈逐年下降的趋势，各区县在土地资源要素十分有限的情况下，按照因地制宜、坚持高效的发展思路，立足本地区域特色和发展优势，重点发展设施蔬菜、花卉苗木、经济林果等高附加值作物，种植业生产效益和水平显著提升。2009 年农作物总播种面积为 512.8 万亩，比 2005 年下降 14.8%，但是 2009 年粮食作物与经济作物的播种面积之比为 47.1∶52.9，在省内 13 个城市中这一比例为最高，况且蔬菜播种面积占农作物总播种面积的比重呈逐年增长的态势，2009 年达到 27%，这一比例在省内 13 个城市中也是最高的。2009 年亩均种植业产值达 2395 元/亩，比 2005 年增长 68.7%；其中蔬菜亩均产值是 2005 年的 2.1 倍。2009 年蔬菜、花卉苗木、果品、茶叶等高附加值作物的产值占种植业产值比重由 2005 年的 66.3% 增加到 2009 年的 74.3%，提高了 8 个百分点。畜牧业方面，积极实施生猪规模养殖发展，大力推进“鸡进林、鸭上架、猪出屋、牛入寓”的生态养殖模式，畜牧业生产的标准化、生态化和规模化不断提高，并涌现一批现代化的养殖基地,目前溧水金大象5万只生猪规模养殖基地,高淳科环6万羽发酵床养鸡基地,溧水石湫千万只规模优质家禽基地,浦口华卤百万羽肉鸭高床饲养基地,六合东沟百万羽肉鸽养殖基地等,已成为畜牧业转型升级发展的新动力。渔业方面,积极发展高效设施渔业,不断优化水产品结构,渔业产出规模逐年递增,渔业占农林牧渔业总产出的比重逐年提高。2009年渔业产值占农林牧渔总产值的比重达到21.3%,比2005年提高2.4个百分点。尤其是虾蟹类等特种水产品的产值比重由2005年的46%增加到2009年的54.1%,提高8.1个百分点。

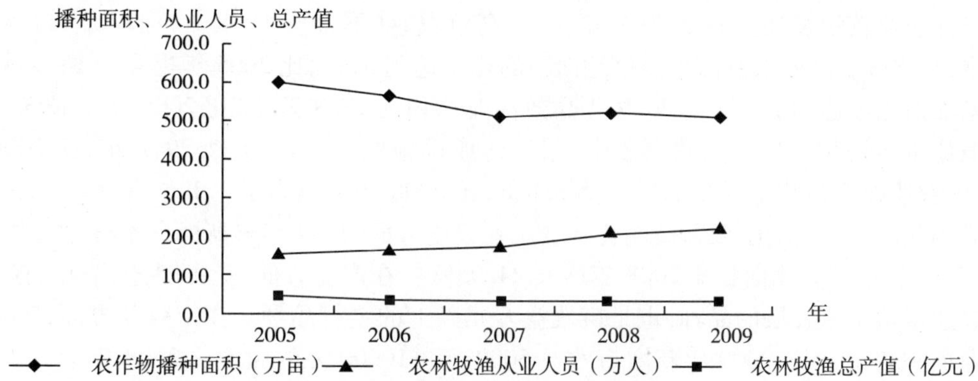

图4-7　2005年以后南京市农作物播种面积、农林牧渔从业人员及总产值变化情况

数据来源:江苏省统计局

随着生态环境的逐步改善,进一步优化了农业经济结构。2009年农林牧渔业总产值中,种植业产值比重为54.9%,比2005年下降0.1个百分点;渔业产值比重次之为21.3%,比2005年提高2.4个百分点;牧业产值比重为17.3%,比2005年下降4.5个百分点;农林牧渔服务业产值比重为5.1%,比2005年提高2个百分点;林业产值比重最低为1.4%,比2005年提高0.1个百分点。2009年种植业、林业、牧业、渔业和农林牧渔服务业的产值比,分别为54.9∶1.4∶17.3∶21.3∶5.1。

农业产出效率逐年提高。农业劳动生产率呈逐年提高的发展态势,增幅持续超过10%。2006年农业从业人员人均创造的农业增加值为2.22万元(农业增加值/农业从业人员),比2005年的人均农业劳动生产率增加0.37万元,增长20%;2007年农业从业人员人均创造的农业增加值为2.53万元,比2006年的人均农业劳动生产率增加0.31万元,增长13.96%;2008年农业从业人员人均创造的农业增加值为3.76万元,比2007年的人均农业劳动生产率增加1.23万元,增长48.6%;2009年农业从业人员人均创造的农业增加值为4.25万元,比2008年的人均农业劳动生产率增加0.49万元,增长13%。

表4-16　南京市2005年以来农业劳动生产率变化情况

	农业增加值(万元)	农业从业人员(万人)	人均创造的农业增加值(万元/人)
2005年	772206	41.67	1.85
2006年	820183	36.87	2.22
2007年	864367	34.20	2.53
2008年	1194000	31.77	3.76
2009年	1291836	30.40	4.25

数据来源:江苏省统计局。

2. 农业生产方式呈现新变化

农业生产条件继续改善。随着农业和农村经济的快速发展，农业机械已成为发展现代农业、改善农民生产条件、提高劳动生产率、增加农民收入的重要手段，农机化装备和作业水平显著提高。2009 年农业机械装备总动力为 202.77 万千瓦，每百亩耕地拥有农业机械动力为 56 千瓦，比 2005 年提高 9 千瓦。机收水稻占可机收面积比重为 93.4%，机收小麦占可机收面积比重为 95%，农作物机收水平比 2005 年有所农田水利工程建设进一步加强，2009 年有效灌溉面积为 282.5 万亩，占耕地面积比重 78%，比 2005 年提高 0.42 个百分点。

高效设施农业较快发展。截至 2009 年年底，高效农业（不含畜牧、水产）面积为 111.5 万亩，比 2005 年增长 78.8%。高效农业面积占耕地面积的比重达到 31%，比 2005 年提高了 14.1 个百分点，高效农业增加值比重达到 30.7%。2009 年高效渔业面积为 27.8 万亩，比 2008 年增长 3.5%，高效渔业增加值比重达到 54.6%。高效农业中，累计建成设施农业面积为 32.29 万亩，比 2008 年增长 20.5%，设施农业面积占耕地面积的比重达 8.8%，比 2008 年又提高了 2.1 个百分点。高效农业逐步向设施高档化、产品高档化、效益高端化转变。在设施方面，2009 年末高档日光与智能温室面积比 2008 年增长 1 倍；钢架大棚面积比 2008 年增长 24.95%。在产业方面，花卉园艺、茶叶、有机蔬菜等既是设施农业基地快速发展的品种，也是亩效益万元以上的主打品种。在亩效益方面，5000 元以上的高效农业面积较快增长，2009 年新增亩效益 5000 元 ~ 10000 元的面积比 2008 年增长 20% 以上，新增亩效益万元以上的面积比 2008 年增长 1 倍多。高效农业已形成一定规模和区域特色。2009 年，浦口区的林大都市农业园、雨发生态园；六合区的龙池现代农业园；江宁区的谷里设施蔬菜基地、汤山上峰千亩设施果蔬基地等一批高效农业生产基地已初具规模。江宁区形成以谷里、禄口、汤山为核心的设施农业板块，目前谷里设施蔬菜面积达 0.63 万亩，其中钢架大棚比重达到 60%，汤山建成连片面积 0.12 万亩的设施草莓、花卉、蔬菜生产基地。2009 年高淳县食用菌种植面积达 0.34 万亩，其中九龙、花庙、三陇、桥头等 8 个行政村均形成了 200 亩以上的种植规模；河蟹养殖面积达 22.7 万亩，占水面养殖面积的 76%，位居全省前列。溧水县黑莓栽培面积达 3.9 万亩，产品内销 20 余个省、市、自治区，外销欧美等十余个国家和地区。栖霞区八卦洲芦蒿种植面积达 3.4 万亩，成为全国最大的人工栽培野菜生产基地，产品销往上海、武汉、合肥、杭州、蚌埠、长沙等全国 60 多个大中城市。浦口区大力发展花卉苗木产业，目前花卉苗木面积为 13.2 万亩。六合区大力实施丘陵山区综合开发，积极发展经济林果和蔬菜产业，蔬菜播种面积达 47.8 万亩。

3. 农业产业化生产与经营水平不断提高

农业产业组织化、规模化程度提高，多元化组织体系基本形成。坚持立足本地资源优势，进一步加大农业龙头企业和农民专业合作经济组织的支持力度，农业龙头企业和农民专业合作经济组织数量增加、规模扩大，并通过“公司 + 专业合作组织（生产基地）+ 农民”等联结形式，保订单、保收购，引导农民发展现代农业。龙头企业和农民专业合作经济组织已成为现代农业发展主体力量。截至 2009 年年底，农业产业化龙头企业数量达到 154 家，其中国家级龙头企业 6 家、省级龙头企业 28 家、市级龙头企业 50 家。2009 年农业龙头企业实现销售收入 521.59 亿元、利税 35.1 亿元、利润 25.6 亿元，分别比 2008 年增长 15%、15% 和 18%。龙头企业直接辐射带动省内外农户 179 万户，比 2008 年增加 15 万户，其中南京市农户 50 万户、低收入纯农户约 8200 户。28 家省级重点龙头企业共带动基地种植面积 283 万亩（含复种），畜禽养殖 1700 万头（羽）、水面 47 万亩，基地农户户均收入 1324 元左右。目前已形成以龙头企业为主体的肉食品、奶业、粮油、蔬菜、水产、纺织等产业体系，以江宁奶业、浦口苗木、六合富硒米、溧水黑莓、高淳水产、栖霞芦蒿等为特色的区域化产业布局基本形成。截至 2009 年底，农民专业合作经济组织数量累计达到 1198 个，其中土地股份合作社 159 个、集体资产股份合作社 230 个、农民专业合作社 809 个。

农业标准化建设加速推进，农产品品牌建设成效明显。以精品农业、特色农业为重点，围绕优势农产品产业发展需要，不断完善农业标准体系，加大品牌培育力度，提高农产品质量安全，农业标准化工作取得显著的成效。截至2009年底，已组织制定各类农业地方标准170项，其中省级农业地方标准38项、市级农业地方标准132项；建成各类农业标准化示范区61个，其中国家级11个、省级13个、市级37个。通过农业标准化的推广实施和产业化带动，优势农产品产量和特色产品持续增加。截至2009年底，累计通过省级认证的无公害农产品生产基地面积达189.01万亩，认定的各类优质安全农产品数量达520个，其中通过省级认定的无公害农产品287个、有效使用绿色食品标志产品个数153个，通过COFCC认证的有机食品产地产品个数80个。农业品牌战略深入推进，截至2009年年底，共拥有国家名牌农产品3个、省级名牌农产品29个、市级名牌农产品87个。

扬州市

1. 基本形成优化特色农业布局基础

国家出台"三补一降"的惠民政策措施以来，小麦、大麦、中稻、玉米、豆类、棉花、油料等主要农作物的生产回暖，粮油市场供大于求的状况呈持续状态，收购价格比前几年虽有所回升，但仍一直在中低位徘徊，农民单纯在土地上靠传统农业种植产品实现增收空间余地极小，为改变农产品生产结构较为单一的状况，扬州市三级政府及有关部门充分运用本地农业生产优质资源，正确处理粮食生产和农业结构调整的关系，依托资源条件和产业基础，整合和优化配置项目资金、技术和人才资源，重点建设了优质粮食、优质油菜、蔬菜、林业、花木、禽业、食草畜禽、特种水产八大农业优势产业。为调整、优化农业产业种植结构，培植新的产业优势，发展优质、特色农产品的生产，进行了大胆探索，立足高效扩规模，集聚产业强特色，"缩粮扩经"的路子越走越宽，已经初步奠定了优化农业产业结构布局的基础。

2. 农业区域优势逐步凸现

地处扬州市北端的宝应县是全国首家有机食品基地试点县。特色农业的种养遍地开花。荷藕、慈菇、水芹、金禾西瓜、劲久乳鸽、文宁鹧鸪、龟鳖蟹及"六小"特水生物种植饲养，形成了宝应"东有藕荷、西养特水、南长棉桑、北种瓜菜、中圈畜禽"的格局。其中荷藕的种植面积、产量、品质、制成品出口量均占全国之首，荷藕产业涉及13万多农业人口、2万余名劳动力、企业近30家、190多个流通组织。年创收入2亿元之多。藕产品系列畅销日本、韩国、东盟等国家和地区，占领日本70%以上的市场分额，年换外汇超过3000万美元。

地处运河东长江北的江都市猪鬃制品加工出口业居全国第一。"花木之乡"的美称誉华东，省内最大的猕猴桃基地也在江都；其他特色农业品种发展也已成规模，如：丁沟镇的蚕桑业；小纪镇的蔬菜、精养水产、生态林立体种养；宜陵镇的油菜、花木、特种经济作物；大桥镇、丁伙镇花木种植等各具特色。在江都市仅花木销售产值就占农产品总产值15%以上，全江都市从事花木农民及相关从业人员达10万人以上。

高邮市近些年重点发展"绿色五业"——鸭业、鹅业、米业、渔业和林业。高邮鸭是我国三大名鸭之一，高邮鸭蛋制品获国家原产地域保护产品称号。仪征市重点发展经济林茶果、食草畜禽，其中茶叶种植面积超过4万亩。邗江等郊区突出沿江开发，大力发展江鲜水产和无公害蔬菜。

3. 特色农业竞争力提高

先后承担了省以上各类农业科技计划项目近500项，获得省以上科技进步奖63项，引进、示范、推广农林新品种60多个，成功选育了丰优香占、扬麦系列、扬州鹅等一大批优质农业新品种，全市农业优良品种和新技术的推广覆盖率已达70%和80%。形成了一批以"高邮鸭优质农产品品牌"、"双兔"、"搀神"驰名商标，"红太阳"等省著名商标的一系列优质、高效、特色的农业产品，把特色农产品生产优势逐步转化为农民的增收优势，在发展中提高了扬州市特色农业产品在市场的知名度和竞争力。

4. 建设园区集聚

按照“高起点规划、高标准建设、高科技入园、新机制运行”的原则，通过园区建设集中发展了具有明显特色的农产品。扬州市政府在发展特色农业实践中，从市场发展、产出效益和提高竞争力的要求，着力推动由小规模粗放经营向大规模集约经营转变，由低层次、低品位向高层次、高品位转变，由一般粗加工向精加工转变。而要做到以上这几个转变，关键是要抓好特色农业发展链条中龙头企业的培植。以龙头企业带动特色农业规模的不断壮大，并形成特色农业产业化。

5. 特色农业标准化体系日臻完善

全市组织制定市级无公害生产技术规程 50 项，建设罗氏沼虾等市级以上农业标准化示范区 29 个，建设无公害农产品基地 330 万亩，形成无公害特色农产品、绿色食品、有机食品近 400 个。特色农业发展相关的标准化体系，保证了产品质量上优质、高效、生态、安全的要求，从生产制度标准上，为特色农业产品的发展提供了有利的支撑。

6. 特色农业向创汇农业发展

全市建设了一批以特色农业为标志的农产品出口生产基地，发展了高邮鸭蛋、扬州鹅系列、花木、扬州包子、观赏金鱼等具有比较优势和潜力的新兴出口创汇企业，农产品出口总额年均增长 30% 以上。特色农业由内需到走出国门跨进国际市场，为特色农业产品发展扩大了市场空间，也使特色农业产品为农民开辟了一个增收的渠道。

淮安市

1. 高效农业点面结合再上新水平

以春提早和秋延后为重点，大力发展设施农业，着力优选一批产业发展项目，扶持建设一批特色鲜明的专业乡村。2009 年新增高效农业 30 万亩，其中新增设施化面积 10 万亩。

2. 生态农业节能减排见到新成效

极培育生物质产业，推进农副产品和废弃物能源化、资源化利用，发展节约型农业、循环农业、生态农业。2009 年新建“一池三改”户用沼气池 1 万处、秸秆沼气池 3000 处、小型沼气工程 25 处、秸秆气化 2 处。

3. 项目农业引资引技实现新突破

加大省级以上农业龙头企业招引力度，突出深加工开发和关键技术引进；加强对海峡两岸（淮安）农业合作试验区的跟踪联系，争取早日立项实施。

4. 新型农业社会化服务体系建设迈上新台阶

以合作组织为带动，探索创新植保机防、测土配方施肥、种苗繁育、沼气物业管理社会化服务方式。

5. 农业科技集约高效打造新特色

深入开展粮食增产高效创建活动，创建一批千亩示范方、万亩示范片；扎实开展农民教育培训，加大创业扶持力度，培养新型农民；提升农业信息和会展服务水平。

马鞍山市

马鞍山立足都市型现代农业的目标定位，着力拓宽现代农业功能，不断优化农业结构，推动高效农业、生态旅游观光农业发展，已初步形成了现代农业产业体系，全市农业综合生产能力、市场竞争力和可持续发展能力也随之显著提高。现代农业发展中的亮点纷呈，有效带动了全市农业增效、农民增收和新农村建设。

1. 高效规模特色农业发展迅猛

建立了2万亩稳粮增效高效种养模式试验示范基地，全市农业优势产区建立26万亩水产生态养殖基地、600多万头（羽）畜禽规模养殖基地、1.9万亩无公害蔬菜基地、1.33万亩花卉苗木基地和3.2万亩速生丰产林基地。培育发展了一批以蟹苗繁育、蔬菜种植、花卉苗木栽培、经果林栽培、河蟹养殖等为主导的“一村一品”、“一乡一业”的特色村、特色乡镇。截至2009年底，全市50亩以上粮食种植户561户，粮食规模化种植比重达20%。

2. 使农业产业化经营得到新提升

广泛吸纳工商资本、民间资本、外商资本进入农业产业化领域，已引进40多亿元资金兴建了马鞍山蒙牛乳业、雨润食品、达利食品、黄池食品等一批大型农产品加工企业和原料生产基地，初步形成了粮食、蔬菜、水产、奶牛、花卉苗木等主导产业链条。截至2009年末，市级以上产业化龙头企业42家，实现营销收入58亿元，其中国家级企业1家、省级企业11家。年销售收入超亿元龙头企业达10家，超10亿元的2家，参与产业化经营的农民人均增收2300元。

3. 依托丰富的农业资源，大力发展休闲观光农业

把农业单一的生产功能不断向生产、生活、生态、服务等多种功能拓展，相继建立了兼农、林、牧、渔生产于一体的农业生态旅游基地30多个，涌现出以甑山生态园、太白生态园、凤凰湖、姚家寨等为代表的旅游度假生态观光农业基地，成为马鞍山现代农业发展的一个新亮点。2008年累计实现营业收入1.4亿元，带动农民增收1235万元。

滁州市

1. 建设一批优质农产品基地

先后实施“水稻产业提升行动”、“小麦高产攻关”、“畜牧富民工程”、渔业富民“六个二”行动计划等工程，使农业呈现出优质化、规模化、产业化发展的良好态势。现已建成了沿江200万亩优质稻生产基地，沿淮及天长200万亩优质小麦生产基地，沿江及定远100万亩优质油料生产基地，江淮分水岭两侧地区50万亩优质花生基地，滁城周边县区20万亩优质玉米、15万亩高品质棉花生产基地。

2. 培育特色产业

实施十村示范百村带动，发展培育了一批特色农产品基地，如南谯、全椒的1.5万亩滁菊，明光的15万亩甜叶菊，全椒六镇的1万亩稻田龙虾，天长金集乡的养鹅，明光女山湖、天长高邮湖30万亩河蟹养殖基地，南谯的1万亩优质茶叶，来安龙山的1万亩西红柿等，走一村一品、一乡一品、一乡多品的路子，提升了农产品档次，促进了农民增收。

3. 发展了一批专业合作组织

目前全市共发展专业合作组织607个，其中专业合作社482个，合作社成员数9.7万人，带动农户22.7万户，省级示范性农民合作组织14个，市级示范性农民合作组织50个。专业合作组织在组织农户搞好种养业的标准化生产、带动农民增收等方面发挥了重要的作用。

4. 培育壮大了一批龙头企业

全市共有各类农业产业化企业410个，其中，国家级龙头企业1个，省级龙头企业26个，市级农业产业化龙头企业82个，年销售收入500万元以上、5000万元以上、1亿元以上和5亿元以上农产品加工企业，分别达294家、65家、42家和3家。全市各类农业产业化组织从业人员11万人，带动68万农户，每年户均增收1398元。金玉滁菊、定远猪、雷官板鸭、秦栏卤鹅、管坝牛肉、明光绿豆、甜叶菊、女山湖大闸蟹、汊涧百合、泊岗银杏、施集茶叶、大包干粉丝、琅琊山牌草鸡等特色农产品享誉全国。

5. 创建了一批知名品牌

通过政策扶持、组织参加农产品展示展销会、实施农产品进超市工程等措施在全国各地大力宣传推介名优农产品，成效显著。已拥有中国名牌农产品 2 个、省名牌农产品 40 个。绿色食品认证产品 104 个、有机食品 11 个。品牌创建增强了农产品市场竞争力。

6. 是引进了一批农业外资项目

充分挖掘和依托现有农业优势资源，瞄准大型龙头企业招大商，通过努力取得显著成效，2006 年以来，全市共引进农业招商项目 294 个，引进资金 36.2 亿元，泰国正大集团、美国 GLG 集团、江苏雨润集团、广东温氏集团、河北华龙集团等国内外著名企业相继落户滁州。如国家级龙头企业广东温氏食品集团投资 9.2 亿元，建设肉鸡、生猪养殖基地和食品加工业基地，总用地 8415 亩，建设 2 个种鸡场、2 个孵化厂、7 个种猪场和 1 个华东地区最大的原种猪场，发展合作养殖户 2000～2500 户，年出栏肉鸡 3500 万羽，肉猪 50 万头。美国 GLG 集团投资 3000 万美元在明光兴建甜叶菊加工项目——滁州润海公司已建成投产，通过实行订单生产，带动 5 万农户种植甜叶菊面积达 14.2 万亩，菊农年收入 3 亿多元，亩均增收 600 多元。河北华龙集团投资 2 亿多元在天长建今麦郎食品有限公司，所生产的方便面畅销全国，促进了周边农民就业，增加了农民收入，带动了地方经济发展。雨润集团投资 1 亿元在南谯区建立核心原种猪场 1 个、万头一级扩繁场 1 个。正大集团拟在建设在华投资规模最大的原种猪场项目也已基本确定。另外还有定远龙腾万头猪场、凤阳县族光生态养殖有限公司、凤阳县大明农牧科技发展有限公司、安徽华农禽业有限公司等一批招商引资农业项目均已建成投产。这些农业招商引资项目的引进，对于促进农业产业化的发展起到了至关重要的作用。

芜湖市

1. 规模农业壮大

以优质稻米加工为主导的东源、金沃、双丰粮油、华园米业等 21 个市级粮食加工龙头企业年加工产量近 40 万吨，带动了全市优质稻米生产。以果蔬加工为主导的安可福、新欣、三惠、嘉禾等 7 家龙头企业的带动，推进了全市果蔬产业的规模化、标准化和优质化，2008 年完成出口交货值 2.4 亿元，产品出口日、韩等国，加工能力和规模占全省 1/3。

2. 农业基地成长

2009 年，全市超级稻种植面积扩大到 35 万亩。芜湖市及南陵、芜湖县分别被授予全省水稻产业提升行动先进市、县。市政府与国家杂交水稻工程技术研究中心签订了长江流域超级稻推广战略合作协议。2009 年，全市实施粮食产业化提升工程已全面启动，可望通过 5 年时间的努力，建立 4 个粮食产业园区，形成 5～6 家粮油年销售收入超亿元的粮食产业化龙头企业。2009 年芜湖市 21 家市级以上粮食产业化龙头企业签订的水稻生产订单面积已达 55 万亩，签约收购量 30 万吨以上。水产养殖特色基地建设也初具规模。蔬菜产业基地正在向规模化、标准化、优质化发展。以南陵县许镇镇为中心建成食用菌生产规模已近 3000 万平方尺；三山区保定和芜湖县六郎镇及南陵县许镇镇等地累计建立近 8 万亩青刀豆、花椰菜和莲藕出口生产基地。畜禽养殖在向优质化转变的同时，加快了禽类养殖规模的迅猛发展。一批以肉鸡、肉鸭养殖为主的龙头企业先后建立了标准化养殖小区作为企业核心基地。小洲“三黄鸡”、烟墩“里口土鸡”、平铺“五华山”土鸡等特色优质畜禽产品年出栏规模已达 1000 万羽以上。

3. 农业模式创新

至 2009 年全市受表彰的农业生产“执照农民”达 300 多个。2009 年，全市已有各类农村合作经济组织 364 个，比 2008 年增加 30%。同时，围绕都市型现代农业主导产业，组建了粮油产业协会、食品加工产业协会等 8 大市级农业行业协会。

4. 农业产业化

农产品质量的稳步提高。先后有 18 个农产品被评为省级名牌农产品，有 63 个产品获无公害农产品认证,106 个产品获绿色食品认证,13 个产品获有机食品认证。

农产品加工园区的快速崛起。芜湖三山绿色食品经济开发区被农业部评定为全国农产品加工示范基地,入园农副产品加工企业 70 余家,已基本形成蔬菜加工、蜂产品加工、肉食品、生物制药等产业加工体系。

巢湖市

1. 农业产业结构合理

全年粮食作物总播种面积为 35.05 万公顷,比 2008 年增长 1.3%。其中:夏粮播种面积 6.69 万公顷,增长 1.4%;早稻种植面积 4.83 万公顷,比 2008 年下降 5.3%。油料种植面积 10.82 万公顷,增长 7.6%;棉花种植面积 5.83 万公顷,下降 7.3%;蔬菜种植面积 5.85 万公顷,增长 3.4%。

2. 农业增长迅速

全年粮食总产量达 235.94 万吨,增长 1.8%。夏粮总产量达 32.08 万吨,增长 12.0%。油料产量 28.11 万吨,增长 10.5%。棉花产量 6.67 万吨,下降 4.7%。蔬菜总产量 143.54 万吨,增长 5.7%。

3. 养殖业发展快速

年末全市生猪存栏 44.3 万头,比 2008 年增长 1.1%;全年生猪出栏 77.0 万头,增长 2.5%。肉类总产量 16.55 万吨,增长 3.0%。其中猪牛羊肉产量 7.0 万吨,增长 1.4%。禽蛋产量 7.72 万吨,增长 2.8%。水产品产量 16.8 万吨,增长 4.7%。

4. 农业机械化推进

年末全市农业机械总动力 283.43 万千瓦,比 2008 年增长 6.1%。农用拖拉机 12.46 万台,增长 6.4%;农用运输车 1.41 万辆,增长 2.9%。全年化肥施用量(折纯)23.28 万吨,增长 1.4%。农村用电量 128015 万千瓦小时,下降 6.4%。有效灌溉面积达 306.55 千公顷,新增 1.22 千公顷;新增节水灌溉面积 0.95 千公顷。

二、南京都市圈现代农业发展的不足

(一)农业生产要素对现代农业发展的制约

1. 农业土地资源紧缺且逐年减少,现代农业发展面临着生产经营规模细碎化的制约。随着农村城市化和工业化进程的不断推进,农业土地资源紧缺且呈逐年减少的发展态势。而城乡分割的二元体制和制度,致使现代农业发展依然面临着生产经营规模细碎化的问题。

2. 农业劳动力素质偏低,现代农业人才缺乏。随着工业化、城市化的不断推进,农村人力资本的溢出效应,高素质的农村劳动力大量转移到二、三产业,造成农村留守劳动力素质偏低,现代农业发展面临农户兼业化、劳动者素质低、劳动年龄偏大和现代农业人才缺乏等方面的制约。

3. 农业科技贡献率偏低,科技推动力不强。作为农业发展的内生影响要素,农业科技进步对现代农业发展起着至关重要的推动作用。农业科技贡献率比欧美等发达国家相差较大。农业劳动力和耕地面积呈不断下降的趋势,在这样的大背景下,传统农业生产经营模式,已不能适应都市现代高效农业发展的需要。农业对物质投入的依靠太重,仍然带有浓厚的粗放式发展的色彩,农业科技要素在农业经济发展中的作用没有充分发挥。

(二)农业结构调整还需要向深层次进一步迈进

农作物种植结构依然存在调整的空间。经济作物播种面积和蔬菜播种面积占农作物总播种面积的比重不高。高效设施农业比重依然偏低。如南京市高效农业增加值占第一产业增加值的比重为 30.7%，位列省内城市第 7 位，分别比徐州市、无锡市、南通市、盐城市、苏州市、常州市，低 16.4 个、12.5 个、10.3 个、6.2 个、1.17 个和 1.16 个百分点；高效渔业增加值比重为 54.6%，位列省内城市第二位，比泰州市低 4.8 个百分点。

（三）农业生产经营主体的组织化、产业化程度依然偏低

农业生产经营主体依然以分散的、小规模的兼业农户为主，实行一家一户家庭经营，这种单一市场主体的一体化经营与农民专业合作经济组织、农业龙头企业联合的垂直一体化经营和合作机制有待进一步提高。近年来，尽管农业专业合作经济组织数量增加较快，但是农业生产经营主体的组织化、产业化程度依然偏低，农业组织的抗市场风险能力和盈利水平不强，不足以适应现代农业发展的需要。另外，一些长期困扰农业龙头企业发展的矛盾在金融危机中变得更加突出，集中表现在融资难和出口难，农业龙头企业在对接扩内需项目、争取各类政策扶持、获得银行贷款等方面，弱势明显，农副产品出口与销售收入增长相脱节的势头预计短期内难以彻底好转。

（四）农业社会服务体系有待进一步完善

主要体现在两个方面：一是农业科技推广服务组织体系不够健全。推广体系在科技成果转化中发挥重大作用，但是原有的诸如人员待遇、专业结构等一些老的问题，特别在运行机制方面，已不能适应现代农业发展的需求。二是农业生产经营融资难问题还没有得到很好的解决。现代农业生产经营资本投入大，但目前农业生产经营主体特别是农民专业合作组织依然存在融资难的现象。金融机构对现代农业的支持与现代农业发展的大资金需求不相称。

三、南京都市圈发展现代农业的措施

南京市

1. 增强粮食综合生产能力，实施百万亩高标准粮田建设，保证郊县农民的口粮供给；

2. 提高农业装备水平，每年新增设施农业面积 5 万亩，大力推进农业机械化进程，到 2010 年年底，主要农作物生产综合机械化水平达到 80% 左右，设施大棚的耕作、植保、灌溉等机械化率达到 50% 以上；

3. 创新发展休闲农业，做大“金陵农庄”，培育发展产业集群；

4. 加快农业科技创新，组织实施以“水稻 + N”为主体模式的新型种植制度，到 2020 年全市达 20 万亩以上；

5. 提升农业社会化服务水平，加强“三员一网”（村级防疫员、村级农技员、森林防护员队伍和农民老板网）建设；

6. 加强农产品质量安全建设，创立全国领先的农产品质量安全长效监管机制；

7. 发展一村一品，提高产业集中度；

8. 实施农业产业园区建设，争取到 2010 年年底建成现代农业园区 50 个；

9. 发挥资金导向作用，吸引社会资本开发农业，重点在绿色南京、园区建设、休闲农业、农产品加工等领域扩大对外开放；

10. 深入推进绿色南京建设，大力发展农业循环经济，加强资源和生态环境保护，促进农业可持续发展。

镇江市

1. 加强规划先导

按照“三大板块”、“七条走廊”的总体布局，进一步制定和完善市、辖市区、镇高效农业发展规

划，明确设施农业发展重点，对高效设施农业园区、千亩以上的高效农业规模基地项目，逐一编制项目可行性研究报告和实施方案，明确项目实施主体、建设内容、资金来源和建设计划。

2. 加强政策引导

大力发展各类农村合作经济组织，优先扶持具有一定规模、带动农户增收明显的农民专业合作社（专业服务组织）、土地股份合作社、专业大户等规模经营主体。建立土地流转三级市场体系，对单宗流转300亩以上、未获省财政补助的土地流转，市和辖市区一次性各给予25元奖励。整合农业综合开发、水利、农机、科技等各类资金，重点支持高效设施农业园区、千亩以上的高效农业规模基地项目，对市区标准化菜地和高标准菜地建设每亩分别补贴1000元和3000元。安排发展高效农业规模化市级引导资金，对高效设施农业项目实行竞争立项招投标制，实行先建后补、以奖代补扶持政策，发挥财政资金在农业投入中的导向和撬动作用。

3. 强化服务指导

建立农技推广责任制度，实行技术人员挂钩项目和包村进户，建立村级农业服务站点，建设“功能完善、机制灵活、运转协调、农民信赖”的新型镇级农业综合服务中心。推行生产资料供应、技术服务、施肥施药、农机作业“四统一”，努力打造网上促销、“为农服务城乡直通车”等各类新型销售服务平台。大力发展农机和病虫害防治专业服务组织，积极推进统防统治，扩大农机应用领域，提高农机化水平。

4. 强化组织领导

建立由市委农办、市农林、财政、农开、农机、科技、发展改革、水利、农科所等单位参加的部门联席会议制度，充分发挥部门职能作用，落实目标任务，全力督查推进。辖市区要强化主体责任意识，建立相应的组织领导机构，指导推进现代高效农业工作。强化考核奖惩。对领导重视、措施得力、推进工作绩效明显的单位与个人，予以表彰和奖励；对措施不力、完不成任务的，给予通报批评。

扬州市

1. 坚持政府引导、农民自愿

在发展高效特色农业过程中，各级政府积极做好宣传发动、组织协调和服务指导等工作，以政府为引导，农民为主体，确定发展特色农产品和形成主导产业，不搞行政命令和强迫摊派指标。具体措施是在发展主体上，市政府提出：“把产业发展落实到乡，工作重心下沉到村，增收效益惠及到户”。发动农民自己确立发展什么特色农产品，培养农民“自主、自立、自我创业”的精神。充分调动农民发展特色农业积极性和主动性。政府在农民主体参与特色农业发展中，不断地发现典型进行宣传，扩大示范效应；并在政策引导上整合资金，集中投向、重点支持蔬菜设施栽培、种草养鹅规模养殖小区建设、丘陵山区茶叶基地开发，特色水产养殖规模基地建设。通过政策扶持资金引导，吸引信贷资金、社会资本和“三资”投资特色农业，多渠道、多形式解决特色农业建设资金不足的问题，力求做大做强高效特色农业规模。

2. 坚持因地制宜、差别发展

根据各县（市）区各自自然资源、区位条件和比较优势，按照经济规律和市场规律要求，在发展高效特色农业的产业与发展品种上，强调突出各县（市）区的自身优势和特点，突出效益目标，与国家、省、市有关发展规划相衔接，以此确定、培育特色主导产业和特色产品，分类指导，不搞一刀切。以此形成了目前扬州市各县（市）区相互各有特色、区域产业集群和特色农业经济板块。在全市已建成50个特色乡镇，“一村一品”专业特色比例达50%以上。

3. 坚持科学规划、集约发展

按照统一规划、合理布局、连片集中、形成规模的指导思想，注重引导大力发展品质优良、特色明显、科技含量和附加值高的优势农业产业基地，重视发展以农产品加工业为主的新型乡镇特色企业集群，形成专业化、规模化、产业化程度较高，产业功能完善、布局相对集中的现代高效特色农业集群。

4. 坚持注重实效、持续发展

在发展特色农业中，扬州市政府坚持从实际出发，讲究实效，把发展高效特色农业，促进农民持续增收，作为整个工作的出发点和落脚点。在发展形式上可以灵活多样，不拘一格。可以是“一村一品”，也可以是“多村一品”。既鼓励农民个人发展，也引导农民走联合经营发展。不从领导政绩上去考评，关键在于农民是否增收，特色产业能否在市场中持续发展。

淮安市

1. 推进农村改革，落实惠农政策，粮食等主要农产品总量稳步增长

坚持把保障主要农产品供给作为首要职责，以粮食生产为中心，认真贯彻落实党的支农强农惠农政策，深化农村改革，依靠农业科技进步，突出抓好粮棉油蔬等大宗农作物生产，保证了主要农产品总量的持续增加和市场供应的总体稳定。在抓好粮食数量增长、保证城乡居民口粮安全的同时，突出推进淮安稻米的优质化、品牌化生产，初步形成大米加工、秸秆加工、米糠油加工、米食品加工相互配套的稻产品全过程加工产业链条。

2. 调整农业结构，发展高效主导产业，农民收入不断增加

认真组织实施新农村建设“十大工程”，大力推进高效农业规模化，突出特色建基地，外引内培育龙头，拓展市场活流通，提升质量增效益，以县(区)为单位因地制宜打造十亿元高效特色产业。

3. 实施科教兴农战略，推广农业“四新”成果，现代农业服务业迈开新的步伐

通过发布主导品种、主推技术和组织开展大规模主体培训，着力提高农业“四新”成果的入户率、到位率和普及率，科学技术在该市农业增长中的贡献份额达到55%左右，实现了农技推广的常推常新，大幅度提高了土地产出率和农业生产力。一是改革耕作制度。通过推行旱谷作物春改夏、单改套，使一年两熟成为淮安南北的基本熟制。推广立体多熟种植，复种指数和单位面积产量大幅提高。二是推行种子纯良化。先后引进杂交稻“汕优63”、粳稻“武育粳3号”、杂交稻“特优559”等高产优质品种，水稻亩产迅速突破450公斤、500公斤大关，以良种补贴为载体，积极探索新形势下统一供种的新方法，一批优质高产稻麦品种得到更新与推广，农作物品种布局和种植结构不断优化。三是推广高产、优质、省工、节本新技术。水稻、小麦群体质量栽培技术的引进与推广，促进了稻麦高产稳产。坚持以精确定量栽培理论为指导，扎实有效开展粮食高产增效创建活动。四是大力发展现代农业服务业。围绕粮食生产和高效农业发展，通过政策倾斜、资金扶持、示范引导，着力构建规模化的生产体系、产业化的加工体系和社会化的服务体系，发展多元化、专业化的现代农业服务业，为农业生产提供综合性、系列化的植保机械化统防统治、测土配方施肥、工厂化育秧、农业信息服务，降本增效作用明显。

4. 建设生态农业，狠抓质量品牌，农产品市场竞争力显著增强

从满足安全营养消费、增进人民群众健康、促进农业增效增收的高度出发，切实把生态农业和农产品质量安全建设摆上重要位置，狠抓农业面源污染治理和农业投入品监管，积极推广农村沼气，大力发展优质安全农产品。在中国农产品交易会、江苏国际农业洽谈会和江苏(上海)名特优农产品交易会等展示展销会上，淮安出产的有机、绿色、无公害农产品深受消费者青睐，有的还漂洋过海、远销异国他乡。

5. 主攻农业招商，全力对上争取，项目农业成果丰硕

牢固确立“举现代农业之旗、走项目农业之路”的现代农业发展理念，坚持一手抓对外农业招商，一手抓对上项目争取,千方百计增加农业投入,不断提升淮安农业的质量、效益和市场竞争力。农业招商连年攀高,大项目年年入驻,特别是大企业、大项目产生的宣传效应、集聚效应、带动效应特别明显,一批国家级重点龙头企业落户淮安,不仅投资总量大,技术含量高,而且有力带动基地扩张、产业集聚。在项目争取上,紧紧抓住统筹城乡发展、加快新农村建设的机遇,超前捕捉政策信息,上下联动编报项目,成功争取了一批单体项目大、财政投入高、带动力强的农业科技项目。2009 年 5 月国台办、农业部联合批准设立淮安淮阴台湾农民创业园,为淮安市打造"南有昆山、北有淮安"台资聚集新高地提供了新的平台,对推动淮安市外向型农业发展、促进淮台农业合作交流将产生深远影响。

马鞍山市

1. 集中力量,发展壮大龙头企业

各级围绕主导产业和当地的特色产品,大力发展农副产品加工和流通业,引导农副产品加工企业形成合理的区域布局和规模结构,以形成一批规模大、起点高、外向型、具有较强牵动力的龙头企业。全市围绕四大主导产业,着重培育 4 个龙头企业集团、10 个市级龙头企业、10 个省级以上名牌农产品。这 4 个龙头企业集团是:以优质米、优质油加工骨干企业为核心,分别组建市优质米、优质油开发集团;以大公圩地区为主,组建当涂县水产生产、销售协会;以城郊专业蔬菜基地为基础,组建向山区蔬菜生产、销售协会。当前市级龙头企业重点抓好江南集团、黄池集团、新桥粮油公司、湖阳优质米开发公司、佳乐粮油公司、马桥水产品批发市场;同时围绕主导产业,再发展 4 个市级龙头企业。在黄池牌茶干、牛肉酱和鲜虾酱、康友牌色拉油、采石矶牌茶干 5 个名牌产品基础上,围绕山村牌乳制品、石臼湖牌大米、金脚红毛蟹、万嘉爱食品、雪润食品等特色产品,加大开发力度,搞好商标注册,扩大生产规模,提高产品质量,争创名牌农产品。

2. 因地制宜,大力发展特色农业

根据市场需求和资源优势,着力开发建设好以沿江、大公圩为重点的优质米、优质油基地,以大公圩、石臼湖周边地区为重点的水产品基地和稻田生态养殖基地,以市郊和当涂县沿江为重点的蔬菜基地,以当涂县沿江为重点的生猪基地、沿湖为重点的水禽基地和市郊为重点的奶牛基地,以丘陵山区为重点的经济林、竹林和高效用材林基地。同时各地根据当地资源优势和发展条件,按照规模连片、相对集中的原则,围绕青虾、土种鸡、波尔山羊、瓜果、水生蔬菜、中药材、花卉等,大力进行开发性生产,形成各具特色的规模生产基地。在特色农业发展中,各地结合实际抓好示范基地、示范点建设,通过典型引路,引导和带动千家万户发展特色经济。全市优质稻米,优质油菜种植比重达到 90% 以上,蔬菜瓜果面积发展到 1 万公顷以上,名特优水产品产量比重达到 30% 以上,稻田生态养殖面积达到 0.7 万公顷以上,三元杂交猪比重提高到 40% 以上,猪肉与禽牛羊肉比例调整为 55:45 左右。

3. 加强市场流通体系建设,努力开拓国内外市场

巩固和发展现有农产品集贸市场、综合市场,重点建设好产地专业批发市场。着重抓好马桥、塘南水产品市场、城关和采石蔬菜和瓜果市场等专业批发市场建设和完善工作,促进主导产品流通。同时,注重农村资金、土地、生资等生产要素市场建设。努力通过龙头企业采取加强推销队伍、建立直销网点、实行连锁经营、代理销售和配送销售、加大广告宣传以及上网交易、实施名牌战略,抢占市场,提高农产品商品率。对优质米、金脚红毛蟹等优势特色产品,龙头企业积极开拓国际农产品市场;同时鼓励有条件的龙头企业到境外兴办农业生产基地和农副产品加工企业,促进农业对外交流与合作。围绕水产品、蔬菜、瓜果等主产品的流通,大力发展以农民为主体的运销队伍,并逐步将其吸纳到中介服务组织和农协的行列中去。在流通体系建设上要紧紧依托小城镇的发展,充分发挥小城镇集聚和辐射效应。

4. 加速农业科技进步,努力提高农产品的市场竞争力

加强种苗工程建设,重点建设好水稻、油料、棉花、蔬菜、瓜果等主要农作物良种繁育和加工基地,河蟹和青虾苗种培育基地,配套完善江南集团、黄池集团三元杂交仔猪基地,加快建设良种家禽繁育基地,大力引进推广波尔山羊、四川黄羊等优良畜禽品种,加速品种更新换代,推进种苗产业化进程。大力推广农业先进适用技术,重点推广水稻旱育稀植及抛秧、油菜育苗移栽、蔬菜保护地栽培、地膜覆盖、间作套种、立体栽培、农作物秸杆快速腐化、稻田生态养殖等技术。加强农业生态环境建设和管理,强化农产品质量意识。大力发展无公害蔬菜生产,积极开辟无污染、安全、优质、营养的绿色食品生产基地,开发生产绿色食品。加强农业科技示范基地建设。继续抓好市、县区、乡镇三级各种农业科技示范基地建设,尤其要抓好村组级示范基地建设。重点抓好黄山农业科技示范园、芦场蔬菜科技示范园和塘南水产科技示范园建设。鼓励农技部门和科技人员开展技术服务、技术承包,并将工作成效与劳动报酬挂钩。鼓励和引导城市各类专业技术人才走向农村,施展才华。加强农村专业技术教育、成人教育和科技培训,按照系列化、产业化的要求,调整培训方式和内容,提高农民科技文化素质。加强企业家队伍建设,建立有效的用人机制,让德才兼备、有开拓创新精神、有经营管理经验和能力的人才脱颖而出,成为发展农业产业化的领头人。加快农副产品加工企业技术改造,提高农产品加工深度、科技含量和附加值。

5. 完善农业产业化运行机制,提高农业社会化服务水平

一是各级农业经济、技术推广服务部门、涉农部门和乡村集体经济组织,转变职能,充分发挥在推进农业产业化中的中介服务和科技示范作用,努力形成"龙头企业 + 中介服务组织 + 农户"的运行模式,把从良种、良法到加工、包装、运贮、营销等一整套系列化的配套服务提供给龙头企业和农户,把新品种、新技术、新成果推广到产前、产中、产后每一个生产经营环节。龙头企业给予中介服务组织必要资金支持。二是县区、乡切实按照省政府办公厅有关农协建设的要求,依托农技部门、种养业专业大户、运销大户、规模生产基地、乡村集体经济组织、龙头企业等,积极探索,大力发展农民专业协会,完善协会章程,规范协会运作行为,努力形成"农协 + 农户"、"龙头企业 + 农协 + 农户"的运行模式。三是龙头企业在自愿、平等、互利的基础上,与中介服务组织、农户等产业化要素之间通过采取合同契约、利润返还、股份制和股份合作制等方式,建立起"利益均沾、风险共担"的经济利益共同体,把各方所享受的权利和承担的责任与义务以合同的形式确定下来,确保农民能从产业化经营中得到利益。

6. 加大政策扶持力度,促进农业产业化发展

一是市、县区、乡镇各级财政每年都安排一定的农业产业化专项扶持资金。市政府每年安排 200 万元扶持资金,重点用于市级龙头企业、重点农副产品加工、流通企业和示范性生产基地建设的贷款贴息以及产业化建设成效显著乡镇的以奖代补扶持。对市里安排的农业产业化项目扶持资金,县区和乡镇财政都要按 1:1的比例予以配套投入。各部门现有的农业发展资金,如市科技三项经费农业部分、菜篮子工程资金、林业发展资金等要向重点龙头企业和生产基地建设倾斜。二是金融部门加大对农业产业化贷款支持的规模。对市级龙头企业,金融部门优先安排基建贷款,提供及时足额的流动资金贷款,市中小企业信用担保中心要为其提供担保服务。三是龙头企业、生产基地,积极招商引资,积极争取中央、省各种专项资金,积极引进境外资金及其先进设备、技术、管理经验投入农业产业化建设。对省和国家每年农业综合开发资金的使用要与发展农业产业化紧密结合起来。粮食、供销、商业、外贸等城市工商流通企业要深入农村,建立原料生产基地,促进农产品流通。同时,注重发挥农民的投资主体作用,引导农民投入农业产业化建设,积极吸纳社会闲散资金,鼓励投资农业产业化领域,参与农业产业化经营。四是充分利用好现有的税费扶持政策。对市级龙头企业,所得税超过 15% 的部分,由地方财政奖励给企业。对在新开发的荒山、荒地、滩涂、水面上从事农产品开发而取得的收入，从取得收入起，3 年内免征农业税、农业特产税。明确县级以上的农经部门为农协的行政主管部门，主管农协的审批登记工作，农协可依法经营化肥、农膜、农药、种子等农业生产资料的购销业务，农协为农业产前、产中、产后提供技术服务和劳务所得的收入暂免征企业所得税。

7. 切实加强领导，推动农业产业化发展

农业产业化经营是一项事关农业和农村经济发展全局的大事，涉及许多部门和单位，各级政府充分认识推进农业产业化经营的重大意义，抓住机遇，迎接挑战，精心组织，加强领导。市农业产业化工作指导委员会加强对全市农业产业化工作的指导，切实抓好组织、协调、检查、考核、评比、市扶持资金安排以及农业产业化知识的培训工作。推进农业产业化的着力点在县区，关键在乡镇。当涂县、向山区和各乡镇要结合实际，理清发展思路，按照“一个产业、一套班子、一个规划、一套配套政策、一套考核办法”的工作模式来开展工作，集中人力、物力、财力，推进主导产业产业化发展。实行严格的考核评比，把农业产业化发展目标任务层层分解，落实到县区有关部门和有关乡镇，列入各级政府年度目标考核内容，逐级进行考核，一级考核一级，市和县区每年对市、县级龙头企业进行一次考核评比，实行强者上，弱者下，确保其排头兵的示范带动作用；对各乡镇的农业产业化每年进行一次检查考核，排出名次；对规模大、效益好、牵动力强的龙头企业和产业化建设成效显著的乡镇以及龙头企业负责人和科技人员，市政府适时进行表彰奖励。

滁州市

1. 围绕做大做强优势产业，推进农业规模化生产，积极培育主导产业，开展“一乡一业、一村一品”创建活动，逐步建设一批特色明显、类型多样、竞争力强的专业乡镇、专业村。

2. 着力培育龙头企业和农民专业合作组织，推进农业产业化经营。

3. 加强农业技术推广和信息工作，推进农业科技进步，积极为广大农民和农业企业提供农业信息和技术咨询服务。四是加强农民培训工作，培养高素质的现代农民。这些做法都收到良好的效果。

芜湖市

1. 培植龙头，农业产业化企业集群迅速崛起

坚持把培植和发展龙头企业作为提升农业产业化经营水平的重点，通过政策扶持，做大做强龙头企业。

2. 壮大基地，为龙头企业提供发展空间

加快主导农产品的产业化进程，全面实施水稻产业提升行动，重点推广和实施了袁隆平超级稻丰产工程。

3. 创新模式，为农业产业化奠定发展基础

以“龙头企业 + 合作社 + 农户”为主要发展模式，逐步构建都市型现代农业产业发展的市场主体。一是培育规模种养大户的农业规模化、集约化经营。二是重点加强专业合作社建设，提高农民组织化程度。三是以培育农产品加工行业排头兵和农业板块上市公司为重点，着力培育一批竞争力、带动力强的农产品精深加工企业，延长产业链条，提高农业附加值。

2009 年开始，每年安排 1000 万元专项资金，采取以奖代补的方式，给予每个培育企业每年 100 万元奖励资金，连续 5 年给予重点扶持。各县、区也相继制定并落实了农业产业化扶持措施。全市耕地流转总面积已达 17.6 万亩，其中 50 亩以上规模流转面积达到 8.5 万亩。近年来，市政府以构建新型农村金融服务体系为目标，加紧构建银企对接平台，仅与市农发行对接的项目就达 59 家农业产业化龙头企业 100 多个项目。此外，其他金融机构在解决企业流动资金方面也给予了积极支持。

4. 强力推动,促进农村经济和农民收入的快速增长

强力推进农业产业化经营,拉动了都市型现代农业快速发展。全市都市型现代农业发展格局初步形成。涌现出三山区联群的辣椒种植、鸠江区清水的苗木花卉种植、南陵县许镇镇张桥的双孢蘑菇种植和芜湖县陶辛的青虾养殖等一批特色产业发展板块,形成了较强的产品竞争优势。

巢湖市

一是大力调整农业结构,推进农业规模化、特色化经营。稳定粮、油、棉大宗农产品面积,主攻单产,改善品质,优化“两水一菜”布局,重点推进80个规模化种养基地建设,使主导产业规模程度达到40%以上。

二是大力推进农业标准化生产,提高农产品质量安全水平。建立安全农产品基地250万亩,建立畜禽标准化养殖小区45个,建立渔业标准化养殖小区35个。

三是大力实施重点农业科技项目,提高科技贡献率。实施水稻产业提升行动,建立万千百核心示范片60万亩,力争全市水稻优质率提高到70%。实施沃土工程,今年全市测土配方施肥项目应用面积达200万亩。抓好生态家园富民工程,新建农村户用沼气池8700口,建设市级生态家园示范村10个。推进农机富民工程,全市农机化综合水平提高2个百分点以上。实施阳光培训工程,今年培训农民工1.9万人。

四是大力推进农业产业化经营,壮大龙头企业。实施农业产业化3821工程,建立和完善农业产业化工作推进平台。推进农副产品加工集群建设,实行项目带动,做强龙头企业。

五是加强农业对外合作和交流,举办上海和北京农会巢湖名优水产品推介会以及和县蔬菜博览会。

六是建立农民合作经济新机制,新增农民专业合作组织52家。

七是大力构建农业公共安全保障体系,增强农业防灾、减灾能力。

八是深化农业综合改革,拓宽农业多元化投入渠道,增强农业服务功能,推进城乡统筹发展。

四、对南京都市圈发展现代农业的建议

南京市

1. 优化农业生产要素资源的合理配置

在现有土地经营政策条件下,以增加农户收入为目标,继续推进农业产业结构调整,积极发展高效设施农业,推动农业生产朝着土地节约型的劳动密集和资本密集的方向发展,逐步形成具有特色的资本劳动技术高投入而土地节约的效率生产模式。具体措施上:一是加大高效设施农业扶持力度。各级政府要加大对高效设施农业的投入,对新发展的设施大棚、各类温室、设施养殖、新建养殖小区和设施水产等给予一定的资金扶持,对农业园区建设和龙头企业采用贷款贴息的方式。二是注重产业支撑,优化生产布局。坚持以市场为导向,结合各区县的产业特色和区域特色,以及新农村建设的要求,重点发展设施蔬菜、设施园艺、设施畜禽规模化养殖、设施渔业和市级农业科技示范园等特色产业,努力形成具有南京都市农业特色和区域特色的设施农业产业群。三是加快农业产业基地建设。以“特色+规模+优势”为取向,全力推进农业产业基地建设。鼓励农业龙头企业和农民专业合作组织参与基地建设。四是积极发展专业化和区域化生产,促进家庭农场的建立和发展,继续推行一村一品、一区一品的区域生产专业化政策,在不改变土地资源为家庭所占的方式下,连片生产,形成农产品生产基地,以获取规模生产的效益。

在有限的土地资源条件下,确定适度的农户经营规模,对经营规模过小的农户进行调整,以促进

技术效率和经济效率的提高。随着农户兼业比重提高，农户收入来源多样化，承包农地不再是农民赖以生存基础。第二次农业普查资料显示，南京农村家庭主要收入来源于农业生产经营的纯农户占20.5%、农业兼业户占1.2%，也就是说，只有21.7%的农村家庭主要收入来源于农业生产经营，其余农村家庭均以非农收入为主，这为土地适度规模经营创造了有利条件。具体措施上，在条件允许的地区，按照依法自愿有偿原则，建立与完善农村土地承包流转制度和承包土地流转市场，推进土地流转；积极发展多种形式的适度规模经营，以提高农业生产资料的使用效率，从而达到提高农业生产效益的目的。同时，要改善土地承包经营权流转的外部环境，推动农村劳动力转移就业，加快建立农村养老保险制度，对长期流出全部土地承包经营权的农户给予优惠政策；对流入土地承包经营权规模较大的各类农业经营主体，在金融服务、技术推广、用地用电用水和农业综合开发、农业基地建设、农业产业化经营、农业基础设施建设等项目安排上给予优先支持。

加强农业劳动力素质教育，提高农业综合经济效率。具体措施上：一是加强现代农业专业人才的培养。根据农业结构调整和农村产业化发展的需要，积极开展与现代农业产业相适应的职业技能培训，提高农业劳动力专业技能；二是大力发展农村职业技术教育。为了适应农村经济发展和推进土地适度规模经营的需要，应逐步把职业教育的重心下移，为现代农业发展提供高素质的劳动力。三是深入实施农技人才培训，优化农技推广人员结构设置，保证人才资源储备，提高农技推广人员的整体素质。

2. 以科技为动力推进现代农业发展

在当前农业发展面临资源约束的条件下，现代农业发展由粗放型经济增长方式向集约型经济增长方式转变，主要不是依靠扩大耕地面积或增加农药和化肥投入，而科技进步才是实现农业发展方式转变的关键。具体措施上：一是要围绕发展“高产、优质、高效”农业的目标，在农作物育种技术及新品种选育、优质特色畜禽、水产品种培育、生产技术方面有所突破。二是要促进农业技术的推广与普及。加大先进实用农业技术推广普及力度，重点抓好优良品种、节水灌溉、配方施肥、病虫害综合防治、作物栽培与管理等的推广。同时注重强化农技推广服务的公益性职能，建立新型多元化农技推广体系。三是要加快推进农业示范园区建设，充分发挥园区的科技载体示范作用，强化高新技术成果转化与区域性农业综合开发利用的结合。四是鼓励科技人员参与土地规模经营，以合适的载体引导和吸纳大中专学生投身现代农业建设，推动产业升级，促进农业资源的合理利用和保护。

3. 立足现代农业发展现状，加快培育现代农业市场主体，构建多层次产业化经营组织，进一步提升农业产业化经营水平

一是培育龙头企业，实施“强龙带动”工程，集中扶持发展一批产业关联度大、市场竞争力强、辐射带动面广的重点骨干龙头企业。逐步完善利益连接机制，通过龙头企业的核心带动作用，把农户联合起来，做强产业。二是积极引导和鼓励供销社、龙头企业以及专业大户、农村能人领办各类农民专业合作组织。建立健全利益分配和风险机制，增强自我服务和自我发展能力，逐步提高农民组织化程度。三是鼓励农业龙头企业与农民专业合作经济组织建立一体化生产与经营的战略联盟。引导龙头企业与合作经济组织扩大合作，大力发展“龙头企业＋合作社”、“龙头企业＋合作社＋农户”等形式的经营联盟，促进龙头企业壮大与农民增收，实现优势互补、产销对接，形成带动规范生产、促进农民增收的组织机制。四是建立现代农业营销组织，积极推进农产品营销经纪人队伍建设，鼓励农产品经纪人队伍的发展。五是鼓励工商资本投资现代农业。

4. 实施品牌农业战略，大力推进农业标准化，增强农业核心竞争力

食品安全已经成为越来越多消费者首要考虑的因素，大力发展有机、绿色、无公害食品，树立安全食品品牌，全面推进品牌农业建设，已成为现代农业实现跨越式发展的必由之路。因此，品牌农业和标准化建设已成为现代农业发展的主攻方向。具体措施上，要围绕主导产品和特色产品的生产需要，制订覆盖产前、产中、产后全过程的农产品质量和生产技术综合标准，加快农业产业化、标准化、商品化进程，增强农业核心竞争力。

5. 建立和完善现代农业社会化服务体系

一是在政府的支持下建立现代农业发展基金，完善金融机构对现代农业发展的融资载体，以解决现代农业生产经营投融资的难题。二是加大政府对农业保险的支持力度，扩大农业政策性保险覆盖面，减少农业灾害损失，以鼓励农民和农业合作组织投资现代设施农业。三是建立多层次网状分布的农产品流通渠道。帮助农民专业合作经济组织和农业龙头企业畅通品牌农产品销售渠道。对符合标准化生产要求的农民专业合作经济组织产品进入超市大卖场和农产品出口提供专项补贴。四是完善以公益服务为核心的农技推广服务组织体系。进一步深化基层农技推广体系改革，明确政府在农业科研投资中的主体地位，增加对农技推广服务组织的投入，确保组织正常运转和功能发挥，切实将农技推广服务组织建设成农业成果推广、农业生产技术服务和现代设施农业的主体。

镇江市

1. 大力发展规模农业

突出农业基础设施建设，大力发展粮油大宗农产品生产专业化服务组织，通过专业合作、土地合作以及产业链合作，实现高效种植业和特色畜牧水产养殖业适度规模经营。到2012年年底，全市大宗农产品生产农业专业化服务覆盖率达50%，农业适度规模经营面积占耕地面积比重50%以上，建成10个万亩以上高效农业规模化生产基地。

2. 大力发展效益农业

发展农产品精深加工，扶持农业龙头企业做大做强，增强龙头企业对农产品基地、农民专业合作组织以及农户的带动作用，拉长产业链，提高附加值。到2012年，各辖市和丹徒区各形成超10亿元的农业产业1个以上。

3. 大力发展设施农业

鼓励发展设施园艺、设施畜牧、设施渔业，每年新增设施农业面积5万亩。加强优良品种、动植物防疫、市场流通以及农机装备建设。到2012年，各辖市区和镇江新区分别建成1～2个以设施农业为主要内容、工厂化生产为主要形式的现代农业产业园区，建成5个千亩以上设施园艺基地、5个高标准畜禽养殖基地，全市设施农业面积超过25万亩，畜禽规模化养殖水平生猪达到70%、肉禽95%、蛋禽75%、奶牛90%。

4. 大力发展品牌农业

重点打造应时鲜果、名特茶叶、时鲜蔬菜、彩叶苗木、优质肉奶、长江水产、优质稻米等特色品牌。对已经形成一定规模的金山翠芽、句容草莓、葡萄等品牌，统筹规划，依托基础雄厚、辐射带动力强、市场前景较好的农产品生产、加工、销售一体化的农业龙头企业，组建专业合作社，统一质量标准，规范化、标准化运作，形成农产品品牌群体，争创名牌，提高聚集效益。到2012年，全市70%以上的规模上市农产品拥有注册商标，新培植20个省级、1～2个国家级名牌农产品，无公害农产品、绿色食品、有机食品种植面积占农业种植面积达到70%。

5. 大力发展科技生态农业

加快农业科技成果转化，大力实施农业"三新"（新品种、新技术、新模式）工程，积极推广稻鸭共作、秸秆气化、发酵床养殖、防虫网覆盖等生态农业技术，促进农业良性循环和资源高效利用。深入开展农业科技人员学习赵亚夫活动，深化农技人员与高效规模农业基地结对挂钩活动，推进农业科研单位"挂县强农"、农业科技专家"驻村富农"工程建设。按照"减量化、再利用、资源化"要求，积极推广生态农业生产技术、生态健康养殖技术和农牧结合技术，改善农业生态环境。2010年，测土配方施肥面积达到95%以上，化肥施用量（折纯）减少到每公顷250公斤达到生态市创建标准，秸秆综合利用率达到95%，规模化畜禽养殖粪便综合利用率达到95%以上。到2012年，建成省、市级农业科技示范园达50个。

扬州市

1. 创新理念，在现代农业发展思路上求突破

要在立足本地区农业全局上思考和谋划农业的发展，用现代工业理念和现代市场经济理念发展现代高效农业，坚持市场化、产业化、生态化“三化”并举，促进传统农业向现代农业的升级转型，建立竞争力强、效益高、可持续发展的现代高效特色农业体系。

2. 创新组织，在提高特色农业组织化程度上求突破

要在大力发展以规模大、档次高、特色明显、带动力强的现代高效农业园区为载体的基础上，大力扶持专业合作经济组织和农产品行业协会，不断提高农业生产的组织化水平。引导建立特色农产品的专业经济人或专业销售体系，加强本地域特色农产品推广和宣传。加快发展连锁经营、直销配送、拍卖交易等现代流通业态和新型营销体系，培育和壮大包括特色农产品在内的批发市场。

3. 创新机制，在推进特色农业产业化上求突破

创新特色农业投入机制，加大鼓励和引导工商资本、民间资本和外商资本投资建设高效特色农业，不断增加特色农业投入。大力引进、培育特色农业产业化龙头企业，力求在发展中使特色农业产品加工和出口创汇上有重大突破，为新农村建设奠定产业支撑。

4. 创新科技，在特色农业科技带动上求突破

特色农业产品如同普通农作物产品一样，没有较高的技术含量，是不可能有长久优势存在的，也不会有更宽广的市场。只有依靠科技力量，才能继续保持住特色农业产品的品种优势和市场优势，才能最终取得较好的经济效益。组织实施农民教育“阳光工程”、“百万中专生培训计划”和新型农民培训工程，加大农业“科技进村入户”力度，把农业实用技术培训与技术推广有机结合，为高效特色农业发展培养一批有文化、懂技术、会经营的新型农民和实用人才。

5. 创新经营，在特色农产品的品牌上求突破

在特色农产品发展上，品种是基础，品质是保障，品牌是目标。目前许多农产品虽然已经形成地域特色和品种特色，但由于生产、加工分散，许多特色农产品没有自己独立的品牌，或者有品牌，但在市场上不够响亮，不能引起消费者的关注和回应。大力培育名牌特色农产品，树立品牌形象，发挥品牌效应，推动现代高效特色农业的发展。使特色农产品能创造出更好的效益，使农民能够得到更多的增收实惠。

6. 转变职能，在社会化服务上求突破

发展现代高效特色农业，离不开全面的、及时的、高质量、高效率的服务。在现代高效特色农业发展中，要进一步加强对高效特色农业技术服务，特别是加快对乡镇农技服务体系改革，通过与先进地区在人才、品种、技术、市场、信息等多方面的交流与合作，引进和培养一批高效特色农业技术人才。要加强各种农资服务水平，积极开展种子、农药、肥料、饲料、农用机具器械等农资连锁经营。进一步完善特色农产品批发市场的服务功能，完善鲜活农产品的“绿色通道”，确保农民产得出、销得掉、效益高。在推进社会主义新农村建设，加大农业结构调整进程中，现代高效农业发展定位、发展目标和发展思路已日益清晰，在发展思路上就是要坚持“以工带农、以工投农、以工改农”，用工业的理念发展农业，用工业资本投资农业，用工业要素改造农业。通过“规模化”来发展技术密集、资金密集、劳动密集、效益密集的现代高效特色农业。通过扩大生产规模促进现有特色农业产业板块的增大；扩大加工规模培育龙头企业；扩大服务规模打造产业链，让农民分享每个环节的利润，进一步释放农业内部增收的潜力。

淮安市

1. 制订和实施支持高效农业龙头企业、规模基地建设、品牌创建、科技创新等发展政策体系和措施。

2. 整合各类支农资金与政策措施，坚持以审定的各县区优势主导产业发展规划为依据实行集中投入、连续扶持。

3. 把解决设施化高效农业的用地问题作为当前破解高效农业规模化的瓶颈问题予以快速突破。

4. 增加安排专项资金用于解决新建的设施化农业规模生产基地的水、电、路等配套设施建设问题。

马鞍山市

1. 以提高农业综合生产能力为重点，进一步巩固农业的基础地位

用现代生产技术装备农业，加强农业基础设施建设，提高农业的抗灾能力和综合机械化水平。用现代科学技术改造传统农业，引进推广一批适合本市生产条件的优良品种和实用技术，提高科技对农业的贡献份额，提高农业的土地产出率和劳力生产率。用现代经营方式管理农业，大力推进产业化经营，培育壮大一批农民专业合作经营组织。加强农产品质量安全管理，完善农产品质量安全体系和质量标准体系建设，积极发展无公害农产品、绿色和有机健康食品。

2. 以转变农业增长方式为重点，进一步做大做强畜牧水产业

围绕"发展畜牧业、提升水产业"思路，以实施畜牧富民行动计划和渔业增收计划为抓手，全面转变养殖业增长方式，加快养殖业的发展。畜牧业将重点加快完善良种繁育体系、更新畜禽品种和建立动物防疫体系，大力发展规模化、标准化的现代养殖小区，围绕蒙牛、雨润建立优质畜产品生产基地。水产业将重点扩大生态养殖面积，抓好河蟹外贸出口基地建设，大力发展名特优水产品，全面提升以河蟹为重点的名特优水产品比重，提高外向度和市场竞争力。

3. 以培育林业三大基地为重点，进一步推进林业经济快速发展

通过政策引导、林业体制改革、基础设施建设，加快高档苗木花卉、速生丰产林和优质经果林三大基地建设，努力提高林业经济的比重。结合全市林业资源，大力发展林业旅游经济，拓展林业产业发展空间。同时，围绕创建"全国绿化模范城市"活动，加快实施绿化长廊工程、林相改造工程、生态公益林保护工程，推进林业生态建设。

4. 以壮大龙头企业为重点，进一步提高农业产业化经营水平

按照"扶优、扶大、扶强"的原则，做大做强一批重点龙头企业，提升农业产业化的整体水平。同时，运用市场机制和政策引导的方法，结合优势主导产业基地建设，建立一批规模较大、市场相对稳定的农业产业化基地。把推进农业产业化经营与发展"三资"农业紧密结合起来，加大招商引资力度，每年以10%以上的增长幅度吸纳"三资"，投入龙头企业和基地建设，加快农业产业化经营进程。

5. 大力培育农村专业合作经济组织，进一步提高农业组织化、规模化水平

在机制上，从今年起围绕主导产业，通过政府引导、政策扶持、抓点示范，在已有协会的基础上组建专业合作社，采取农民"自愿入社、带资入股、按股分红"的形式，实行股份合作制，引导协会向合作社过渡，把合作社社员的经济利益紧密连接起来，进一步增强专业合作组织的凝聚力、带动力和竞争力；同时，根据专业合作组织的成熟程度和市场竞争的需要，及时引导合作组织向规模化、专业化、产业化方向发展。力争在未来五年，按不同行业组建一批全市性的经济联合社，推动在更大范围和更高层次上实现新的发展。

滁州市

1. 要把推进现代农业建设与新农村建设结合起来。发展现代农业是社会主义新农村建设的首要任务，必须大力推进，扎实推进，加快发展，提高成效，努力实现农业增产、农民增收。

2. 要把推进现代农业建设与提高农业组织化程度结合起来。现代农业在生产经营上要求产业化集约化、必须积极采取各种有效措施，大力加快发展农业产业化龙头企业、农民专业合作社和各种专业协会，大力培育现代农业经营主体。

3. 要把推进现代农业建设与提高农民素质和农业科技水平结合起来。必须结合农业生产建设实际，广泛深入地开展农业科普宣传、农技推广和农民培训，加强农业生产、加工的产品研发和科技创新，不断增强发展现代农业的科技支撑。

4. 要把推进现代农业建设与加强农村基础设施建设和现代农业装备结合起来。当前要切实注意，加强农田水利建设，提高抗御灾害、高产稳产能力；加强农村道路建设，便利农民生产生活；优化增扩农业机械，落实信息工程，提高农业的现代装备水平。

5. 把发展现代农业与组织全民创业和提高农民收入结合起来。广泛动员和支持农民积极投入现代农业建设，大力发展各种农业生产和创办各种产业企业，并共享农业生产产业化、集约化创造的成果。

6. 要把推进现代农业与组织各行各业支援农业建设结合起来。特别要加强金融支农，拓宽农业投入和融资渠道；加强工业支农，采取多种形式反哺农业；加强科技和人才支农，积极推进科技进村入户，动员和鼓励各类人才兴农创业。

7. 要把推进现代农业建设与解决当前农村存在的一些突出问题结合起来。积极解决当前农村改革、发展和农民生产生活中的突出问题，落实各项惠农政策，清理化解乡村债务，充分调动广大农民、农企职工、农村基层干部和农技人员的积极性，同心协力开创现代农业的新局面。

8. 要把推进现代农业建设与加强农业法制建设结合起来。大力宣传和贯彻实施各项农业法规，抓紧研究制定发展现代农业迫切需要的有利于促进土地经营权流转、加强农产品质量安全、维护农民权益的法规及政策措施，努力通过健全法制来引导、促进和保障现代农业持续、快速、健康地发展。

芜湖市

1. 突出“一个布局”

全面实施《芜湖都市型现代农业发展规划(2007～2015)》，围绕现代农业七大优势产业，进一步优化生产布局。在抓好粮食生产的同时，充分发挥资源、区位优势，推进农业向区域化、专业化、规模化发展。大力发展“一乡一品”、“一村一品”，振兴块状农业经济。一是抓高产优质攻关和示范，扎实推进“水稻产业提升行动”；二是做大设施农业。新发展一批面积万亩的设施农业镇和百亩的设施农业村；三是向名优特要效益，深度发展特色产业和“一村一品”经济。

2. 加强“两大支撑”

一是投入支撑。都市型现代农业大中型以上的项目要以政府投入为主，加大财政投入力度，使地方财政对农业的投入增长比例高于财政本身增长的比例。二是科技支撑。以构建新型农业科技创新体系为重点，大力推进农业科技创新能力建设。建立和完善层次分明、布局合理、结构优化、高效精干的新型农业科技创新及服务体系；建立以政府投入为主导、多元化的农业科技投入体系；建立新型农业科技推广体系，按照“公益性、区域性、综合性、层次性”的原则，加快构建政府推广机构和其他所有制推广组织共同发展的多元化、多层次的农业技术推广体系。

3. 加快"三化提升"

一是提升农业产业化水平。二是提升农业标准化水平。三是提升农民的组织化水平。

4. 实现"四个突破"

一是在都市型现代农业项目建设上求突破，认真搞好农业项目的策划和推介，继续抓好中央农业基本建设项目和省财政支农项目的争取、资金落实和项目实施，确保项目按期、优质、高效地完成。二是在农村劳动力转移阳光工程培训上求突破，进一步提高农民科技文化素质。三是在农业基础建设上取得新突破，精心组织实施好无公害产品行动计划、水稻提升行动计划、测土配方施肥项目，提高农业综合生产能力。四是在实施好生态农业工程方面求突破，实现生产发展与村容整洁共赢。

5. 创优"三项服务"

一是创新科技推广服务。精心组织实施好农业科技入户工程，建立科技人员直接到户、良种良法直接到田、技术要领直接到人的农业科技推广机制。二是创新市场流通信息服务。三是创新公共管理服务。继续深化农村综合改革。围绕兽医管理体制、种子管理体制、基层农技体系改革，加大工作力度，优化公共服务资源配置，创新农业公益服务和农业综合执法服务方式，构建农民负担监督管理长效机制，切实维护好农民利益。

巢湖市

1. 加大农业科技投入。市县区政府应加大对科技特别是农业科技投入的力度，同时大力争取国家和省级农业科技项目支持。鼓励企业、农民对农业科技进行投入，支持农业科研机构创办企业，逐步建立多渠道、全社会参与的农业科技投入体系，以进一步增强农业科技创新能力，普及先进适用技术，提高农民科技素质，实现科技兴农。

2. 完善农业科技服务体系。要积极探索建立新型农业科技服务长效机制，鼓励更多科技人员到基层创业，与广大农民结成利益共同体，开展科研、示范、推广、培训，带动农民共同致富。完善和落实优惠政策，鼓励更多的农业科技人员创办科技企业、示范园区和经济实体，扩大农业科技推广和农业科技服务的覆盖面。积极培育各类中介服务机构，加快龙头企业技术创新中心、农村专业技术协会、农村信息化示范基地、星火培训基地等中介服务机构建设，引导中介机构向体系化、网络化方向发展，逐步形成以市场化、社会化为主要特征，以农业科技推广、农村科技成果转化、农村信息服务、农民技术培训等为主要内容的新型农村科技服务体系。充分发挥各类农业行业协会作用，鼓励市县发展农村科技协会。

3. 构建农业科技创新平台。要增强农业科技园区的示范带动作用。加强农业科技专家大院、农业科技园区等载体建设，大力推进产学研结合，借助外力推进农业科技进步；要强化龙头企业的产业带动作用。依据农业产业化各个环节对科技的需求，以延伸创新产业链为目标，以大型龙头企业为载体，以项目为纽带，聚集高素质科技人才，提高农业组织化水平，推进规模化经营。

4. 加强农业科技信息化建设。选择有一定基础条件和有一定代表性的县、区建立信息网络平台，实现国家、省、市、县科技信息资源的共建共享共用，同时结合推广农业科技特派员、农业专家大院、农业科技 110 等形式，拉近科技、信息与农民之间的距离，让科技直接走进千家万户。

5. 大力培养农业科技人才。加大农业科研人才、农业科技推广人才、乡土专家、实用技术人才的培养和培训力度。主动融入合肥科技创新城市圈，整合内外资源，加大人才引进力度。完善对科技人员的股权激励、职称评定、成果奖励、知识产权保护和政府津贴等政策措施。

四　南京都市圈农村发展

一、基本情况

1. 南京市

(1)农业生产总体情况

2009年,南京市农林牧渔及农林牧渔服务业实现总产值223.66亿元,比2008年增长6.7%。其中:农业产值122.81亿元,增长13.2%;林业产值3.05亿元,增长9.6%;牧业产值38.70亿元,下降10.0%;渔业产值47.71亿元,增长7.3%;农林牧渔服务业产值11.39亿元,增长5.1%。

2009年粮食总产量110.69万吨,比2008年下降3.3%。其中:小麦产量20.52万吨,下降3.7%;水稻产量79.54万吨,下降3.4%。油料总产量13.41万吨,比2008年增长0.6%。其中油菜子12.52万吨,增长0.8%。蔬菜总产量265.27万吨,比2008年下降1.6%。

2009年水产品产量20.27万吨,比2008年增长0.7%。肉类总产量12.66万吨,比2008年下降4.2%。禽蛋总产量7.75万吨,下降7.0%。全年牛奶总产量8.65万吨,下降13.3%。

2009年南京市高效蔬菜面积达52万亩,比2008年增长5.4%;高效茶园面积9.5万亩,增长5.0%;高效果品面积(含高效果用瓜面积)13.3万亩,增长4.9%;高效渔业面积27.8万亩,增长3.5%。截至2009年年末,设施农业面积达到32.29万亩,当年新增5.49万亩。

2009年末南京市累计通过省级认定的无公害农产品达287个(当年新增36个),有效使用绿色食品标志产品个数153个,有机食品基地80个(当年新增19个)。累计通过省级认定的无公害农产品生产基地总面积达189.01万亩(当年新增0.61万亩)。

(2)农村建设

南京市新农村建设改建户厕5.58万座;新建垃圾中转站9座。南京市组织实施了送科技书籍、送戏、送电影下乡"三送"工程("三送"统计范围为涉农7个区县),全年送图书下乡3.69万册、送电影4539场、送戏437场。

(3)农民收入水平

2009年南京市农民人均纯收入9858元,比2008年增长10.1%。其中,工资性收入、家庭经营收入、财产性收入、转移性收入比2008年,分别增长11.9%、5.4%、11.6%和22.3%。农民人均生活消费支出为7587.7元,比2008年增长7.9%。

表4-17　　2009年农村居民家庭年人均纯收入分组表

年人均纯收入分组	各组比重(%)	全年人均纯收入(元)
4000元以下	3.7	3124
4000元~6000元	12.6	5071
6000元~8000元	17.8	7014
8000元~10000元	21.6	8998
10000元~12000元	18.1	10938
12000元~14000元	10.9	12991

续表

年人均纯收入分组	各组比重(%)	全年人均纯收入(元)
14000 元 ~ 16000 元	5. 1	14780
16000 元 ~ 18000 元	4. 6	16957
18000 元 ~ 20000 元	1. 5	18832
20000 元以上	4. 1	29233

(4)农村社会保障

新型农村合作医疗人均筹资标准提高到 180 元以上,合作医疗行政村覆盖率达 100%。8. 01 万名被征地农民进入社会保障。实施“慈善安居工程”,筹资 240 万元,帮助全市 300 户农村无自救能力家庭进行危房改造。

2. 扬州市

(1)农业生产总体情况

扬州市农业农村稳步发展。2009 年粮食总产 282. 35 万吨,增长 4. 5%,创历史新高,连续 6 年获得丰收;油料总产 8. 29 吨,增长 4. 2%;蔬菜总产 147 万吨,增长 7. 5%。猪肉产量 9. 78 万吨,增长 3. 2%。水产品产量 37. 41 万吨,比 2008 年持平略增。全年实现农业总产值 256. 42 亿元,增长 7. 8%。其中农业产值 114. 71 亿元,增长 12%;林业产值 7. 72 亿元,增长 10. 9%;牧业产值 48. 16 亿元,下降 0. 7%;渔业产值 73. 61 亿元,增长 6. 8%;农林牧渔服务业产值 12. 21 亿元,增长 11. 2%。

海峡两岸(扬州)农业合作试验区建设加快推进。农业利用外资 2. 16 亿美元,利用民资 58. 4 亿元。新增项目 800 个。80 家市级以上农业龙头企业实现销售 176 亿元,增长 20. 3%。农业、水利及综合开发等争取省以上投资 10. 9 亿元。新创“三品”品牌 67 个。国家有机食品质量监督检验中心落户宝应。土地复垦与综合整治新增耕地 2. 54 万亩。

农村“三大合作”发展迅速。到 2009 年底,扬州市农村“三大合作”组织达到 2615 个,其中当年新增“三大合作”组织 953 个,增长 24. 3%。农村“十大工程”、“新五件实事工程”加快推进,新建农村公路 470 公里,疏浚县乡河道 2900 万立方米。新建“一池三改”户用沼气池 1. 56 万个、无害化卫生户厕 7. 3 万座,新增农村饮用安全水 20 万人。新创全面小康村 180 个、新农村示范村 33 个。

(2)农村建设

生态市建设持续推进。新建六圩污水处理厂二期、赵庄垃圾焚烧发电厂等项目。新铺设污水管 166 公里。11 个乡镇建成污水集中处理设施,15 个乡镇通过全国环境优美乡镇命名或考核。

(3)农民收入水平

扬州市农村居民人均年纯收入 8295 元,增长 11. 3%;人均消费性支出 5930 元,增长 8. 9%。农民人均住房面积 42 平方米,百户家庭电话、电脑拥有量,分别达 291 部、29 台,农民恩格尔系数为 38. 7%。家电下乡”和“以旧换新”等促进消费政策成效显著,全市累计实现家电下乡销售额 2. 9 亿元,销售量 14 万台;回收旧家电 9. 8 万台,销售新家电 8. 6 万台,销售额达 3. 2 亿元。

(4)农村社会保障

培训农村实用人才和农技人员 29 万人次、劳动力 10. 1 万人,新增转移 7. 1 万人。市区被征地农民基本生活保障“即征即保”率 100%。农村五保集中供养率 80%。

3. 镇江市

(1)农业生产总体情况

农村经济平稳发展。2009 年,镇江市实现农林牧渔业总产值 113. 2 亿元,比 2008 年增长 6. 5%,

其中:农业总产值58.6亿元,增长8.4%;林业总产值4.59亿元,增长7.8%;牧业总产值18.6亿元,增长0.2%;渔业总产值14.7亿元,增长5.9%;农林牧渔服务业总产值16.7亿元,增长7.8%。

粮食生产面扩产增。2009年,全市粮食总产连续五年实现增产,粮食种植面积264.33万亩,比2008年增长0.2%。其中:夏粮面积106.05万亩,增长1.7%;秋粮面积158.28万亩,下降0.8%。粮食总产量达117.9万吨,比2008年增长4.9%。其中:夏粮33.64万吨,增长5.3%;秋粮84.24万吨,增长4.7%。油菜子播种面积40.98万亩,比2008年下降4.7%,总产量5.96万吨,比2008年下降4.9%。

高效农业步伐加快。年末全市高效农业面积90.2万亩、高效渔业面积10.8万亩,比2008年分别增加22.4万亩、3.2万亩,占比重34.9%和33.0%,比2008年分别提高8.6和9.7个百分点。主要农产品中有机、绿色及无公害产品种植面积比重为74.6%,比2008年提高7.0个百分点。年末拥有省级认定的无公害、绿色、有机农产品518个,其中2009年分别新增33个、3个和15个。全市已建成现代农业园区123个,总面积13.9万亩。

畜牧业恢复性增长。2009年,全市肉类总产量6.96万吨,比2008年增长6.3%;生猪存栏量48.6万头,比2008年下降10.8%,出栏量为55.2万头,比2008年下降4.8%;家禽存栏量520.9万羽,比2008年下降5.9%,出栏量1408.6万羽,比2008年增长15%;水产品产量8.5万吨,比2008年增长3.0%。

(2)农民收入和消费水平

农村居民人均纯收入9642元,比2008年实际增长11.4%;人均生活消费支出7056元,增长7.3%。农村居民用于交通和通信、文化娱乐教育、医疗保健消费支出分别达816元、1016元和419元,恩格尔系数为38.7%。农村居民人均居住面积达48.4平方米,每百户家庭拥有彩色电视机158台、家用电脑34台、空调95台、移动电话183部。"家电下乡、以旧换新"等对消费市场发挥了积极的示范效应,全市家电下乡销售7.97万台、家电以旧换新销售4.97万台,累计实现销售额3.56亿元。

(3)农村社会保障

新型农村合作医疗参保人数158.3万人,覆盖率达99.9%。农村养老参保人数8.62万人,覆盖面达66.0%。

4. 淮安市

(1)农业生产总体情况

淮安市农业生产形势较好。粮食连续六年丰收,2009年粮食总产量440.70万吨,比2008年增加15.96万吨,增长3.8%。其中:夏粮170.76万吨,增长3.8%;秋粮269.94万吨,增长3.7%。农作物种植结构有所调整。2009年:粮食播种面积966.86万亩,比2008年增加15.61万亩;棉花面积为0.75万亩,减少0.21万亩;油料面积60.22万亩,增加0.1万亩;蔬菜面积119.61万亩,增加5.82万亩。林牧渔业稳定发展。全年完成造林面积13.58万亩,2009年末实有林地面积312.37万亩,比2008年增长4.3%。全年肉类总产量28.10万吨,比2008年增长7.1%。其中:猪牛羊肉产量18.62万吨,增长5.4%;禽肉产量8.62万吨,增长5.7%。禽蛋总产量12.01万吨,下降0.5%。牛奶总产量4.38万吨,下降2.2%。全年水产品总产量24.71万吨,下降5.1%。淮安市农田有效灌溉面积456.15万亩,新增节水灌溉面积18.69万亩。年末全市农业机械总动力371.91万千瓦,比2008年末增长6.9%。

淮安市水利建设稳步推进。2009年完成水利建设投资11.58亿元。南水北调淮阴三站、里运河清淤等水利工程顺利完成。疏浚县乡河道313条,整治392个村的1829个村庄河塘,实施渠南5期等6个灌区项目,兴建防渗渠道174公里,新建及改造机电泵站163座。开工建设西郊泵站、运河泵站改造以及越河泵站拆建等工程。

(2)农村建设

淮安市2009年实现了乡镇文化站全达标、农家书屋全覆盖、有线电视"村村通"。

(3)农民收入和消费水平

淮安市2009年农民人均纯收入6308元,比2008年增长11.5%;人均生活消费支出4292元,增长13.3%。居民住房条件继续改善,农村居民人均住房面积33.85平方米。

(3)农村社会保障

淮安市2009年社会保障体系不断完善。淮安市参加企业养老保险职工人数达49.83万人,比2008年增加4.01万人。其中,农民工参保4.61万人。

5. 马鞍山市

(1)农业生产总体情况

马鞍山市农业经济稳步发展。2009年完成农业增加值25.7亿元,按可比价格计算,比2008年增长5.2%。马鞍山市粮食与经济作物种植面积比为68.2∶31.8。50亩以上粮食规模种植户为561户。全市粮食种植面积为65.7千公顷,比2008年增长1.5%。当涂县被列入"中国1000亿斤粮食增产计划项目县"。全年粮食总产量创历史新高,达46.4万吨,比2008年增长4%;棉花总产量0.47万吨,比2008年增长6.8%;油料因种植面积减少,总产量有所下降,油料产量为4.7万吨,比2008年下降2.1%。

养殖业规模持续扩张。当涂县成为"中国生态养蟹第一县"。发展规模畜禽养殖526.3万头(只),规模养殖比重达50%,比2008年提升5个百分点;推广水产生态养殖面积26万亩,占总养殖面积的76%,比2008年提升3个百分点。全年肉类总产量为3.08万吨;奶牛存栏达0.87万头。

马鞍山市农业产业化经营取得新成效。启动建设当涂现代农业示范园。全市农业产业化超亿元龙头企业达10家,超10亿元企业2家;"三资"农业加快发展,全年到位资金4.9亿元。

马鞍山市城乡一体化进程加快推进。抓住省委省政府确定本市为全省城乡一体化综合配套改革试验区的契机,全力推进城乡一体化进程。花山区张庄中心村一期工程基本完工,霍里镇镇改街工作全面完成。新农村"四条示范线"建设扎实推进,新农村试点镇村示范作用明显,农村有线电视"进村入户"工程加快推进。全年完成小城镇建设投资14.1亿元。

(2)农民收入水平

2009年马鞍山市农民人均纯收入居全省首位,达7947元,比2008年增长9.8%。

(3)农村社会保障

推进卫生民生工程建设,进一步完善新型农村合作医疗制度。马鞍山市农村居民新型合作医疗制度覆盖全市64.19万农民,乡村覆盖率100%,参合农民实现"持卡就医";全市农村新型合作医疗参保率达99.57%,其中,当涂县农民参合率达99.63%,市辖区农民参合率达99.3%。建立了被征地农民养老金正常调整机制,基础养老金从每人每月120元提高到180元,被征地农民参保人数5.7万人。

6. 滁州市

(1)农业生产总体情况

2009年滁州市农作物播种面积85.6万公顷,比2008年增加0.1%。其中:粮食作物播种面积68.1万公顷,比2008年增加0.2%;油料播种面积9.5万公顷,比2008年增加0.6%;蔬菜播种面积4.3万公顷,比2008年增加1.9%。

2009年粮食总产量423.5万吨,比2008年增长2.7%,创历史最好记录。全年油料产量23.4万吨,比2008年减产1.4%。其他经济作物有增有减。其中:棉花产量1.1万吨,比2008年增长

3.1%；蔬菜产量127.8万吨，比2008年增长6.3%。

2009年：肉类总产量33.6万吨，比2008年增长8.3%；禽蛋产量9.7万吨，比2008年增长14.8%；牛奶产量10130吨，比2008年增加0.3%；水产品产量27.3万吨，比2008年增长8.1%。

2009年末，滁州市：农业机械总动力532.7万千瓦，比2008年增长8.4%；农用拖拉机47.3万台，比2008年增长1.8%；排灌动力机械8.0万台，比2008年增长4.1%；全年化肥施用量（折纯）31.6万吨，比2008年增长3.3%。农村用电量7.4亿千瓦小时，比2008年增长13.5%。年末农田有效灌溉面积达354.87千公顷，比2008年净增7.83千公顷。全年完成重点水利工程13项，完成投资8.92亿元，比2008年增长1.25倍。

表4－18　　2009年滁州市主要农产品产量　　单位：万吨

产品名称	绝对数	比2008年增长%
粮食	423.50	2.7
其中：稻谷	245.60	1.8
小麦	144.70	3.9
玉米	16.60	6.8
大豆	6.10	4.0
油料	23.40	－1.4
其中：花生	7.60	－5.1
油菜子	15.10	0.7
棉花	1.10	3.1
水果	6.70	33.3
茶叶	0.07	－3.7
蔬菜	127.80	6.3
肉类	33.60	8.3
禽蛋	9.70	14.8
牛奶	1.00	0.3
水产品	27.30	8.1

（2）农民收入和消费水平

2009年滁州市农民人均纯收入5026元，比2008年增长10.6%；农民人均生活消费支出3539元，增长17.9%，其中食品支出1539元。农村居民恩格尔系数为43.5%，比2008年下降1.5个百分点。2009年末，每百户农村居民家庭拥有彩电112台、家用电冰箱75台、洗衣机77台、摩托车65辆，移动电话130部、家用电脑5台，与2008年相比，分别增长4.7%、27.1%、11.6%、20.4%、17.1%、1.5倍。

（3）农村社会保障

2009年滁州市参加农村养老保险人数6.74万人。参加农村最低生活保障人数14.28万人，比2008年末增长17.4%。农村五保供养人数2.84万人。

7. 芜湖市

(1)农业生产总体情况

农业生产。芜湖市2009年:粮食种植面积121842公顷,比2008年增加3508公顷;油料种植面积33859公顷,增加464公顷;棉花种植面积7428公顷,减少789公顷。粮食产量84.88万吨,比2008年增产2.2%,连续第6年增产;油料产量8.29万吨,增产4.8%;棉花产量7882吨,减产10.7%;蔬菜产量54.55万吨,增产4.6%;肉类产量8.25万吨,增长6.7%;水产品产量9.08万吨,增长3.4%。当年完成造林面积2826公顷。年末无公害农产品认证47个,绿色食品认证102个,有机食品认证21个。

农业生产条件和基础设施。2009年末,芜湖市拥有农业机械总动力100.84万千瓦,农用拖拉机2.96万台。农田有效灌溉面积86.96千公顷,节水灌溉面积7.85千公顷。全年农用化肥施用量(折纯)6.55万吨,农村用电量5.18亿千瓦小时。截至2009年末,农村人口饮水安全工程惠及34.39万农村居民,农村饮水安全覆盖率达89.5%。完成农村公路"村村通"延伸工程304公里,农村公路专项养护1328公里,改造农村危桥39座。

表4-19　　2009年芜湖市农业主要产品产量

指标	计量单位	2009年	比2008年增减(%)
一、农产品产量			
粮食	万吨	84.88	2.2
棉花	吨	7882.00	-10.7
油料	万吨	8.29	4.8
烤烟	吨	4290.00	16.1
茶叶	吨	2309.00	14.5
水果	万吨	13.80	26.6
蔬菜	万吨	54.55	4.6
肉类	万吨	8.25	6.7
牛奶	吨	2728.00	14.4
生猪(出栏数)	万头	45.50	6.0
家禽(出栏数)	万羽	2388.00	6.1
水产品	万吨	9.08	3.4

(2)农民收入和消费水平

芜湖市2009年农村居民人均纯收入6738元,比2008年增长9.8%;人均生活费支出4640元,比2008年增长8.1%;人均生活用房面积37.06平方米,比2008年增加1.62平方米。农村居民的恩格尔系数为42.5%。

(3)农村社会保障

2009年芜湖市启动了新型农村社会养老保险,有8.62万人参保;农民参加新型农村合作医疗100.57万人,参合率达97.3%。有4.52万农村居民享受最低生活保障。

8. 巢湖市

(1)农业生产总体情况

巢湖市2009年粮食作物总播种面积为35.05万公顷,比2008年增长1.3%。其中:夏粮播种面积6.69万公顷,增长1.4%;早稻种植面积4.83万公顷,比2008年下降5.3%。油料种植面积10.82万公顷,增长7.6%;棉花种植面积5.83万公顷,下降7.3%;蔬菜种植面积5.85万公顷,增长3.4%。

2009年粮食总产量达235.94万吨,增长1.8%。夏粮总产量达32.08万吨,增长12.0%。油料产量28.11万吨,增长10.5%。棉花产量6.67万吨,下降4.7%。蔬菜总产量143.54万吨,增长5.7%。

表4-20　**2009年巢湖市主要农产品产量**　单位:万吨

产品名称	绝对数	比2008年增长%
粮食	235.94	1.8
油料	28.11	10.5
其中:花生	1.67	1.8
油菜子	25.95	11.4
棉花	6.67	-4.7
蔬菜	143.54	5.7
肉类	16.55	3.0
禽蛋	7.72	2.8
水产品	16.80	4.7

2009年末巢湖市生猪存栏44.3万头,比2008年增长1.1%;全年生猪出栏77.0万头,增长2.5%。肉类总产量16.55万吨,增长3.0%。其中猪牛羊肉产量7.0万吨,增长1.4%。禽蛋产量7.72万吨,增长2.8%。水产品产量16.8万吨,增长4.7%。

2009年末巢湖市农业机械总动力283.43万千瓦,比2008年增长6.1%。农用拖拉机12.46万台,增长6.4%;农用运输车1.41万辆,增长2.9%。全年化肥施用量(折纯)23.28万吨,增长1.4%。农村用电量128015万千瓦小时,下降6.4%。有效灌溉面积达306.55千公顷,新增1.22千公顷;新增节水灌溉面积0.95千公顷。

(2)农民收入和消费水平

巢湖市2009年农村居民人均纯收入5271元,比2008年增长10.2%,人均生活消费支出3352元,增长12.6%,其中,食品支出增长3.5%,交通、通信支出增长27.6%,居住支出增长17.3%。农村居民家庭恩格尔系数为47.2%,比2008年下降4.2个百分点。农村居民人均住房面积28.5平方米,与2008年持平。

(3)农村社会保障

巢湖市2009年有村卫生室1081个,乡村医生和卫生员2658人,农村有医疗点的村占总村数的100%。参加新型农村合作医疗的农业人口357.42人,参合率94.63%。2009年末巢湖市被征地农民参保人数9.79万人。全年农村低保人数15.42万人,城市低保人数6.33万人。

二、经验措施

1. 南京市

(1)深入推进统筹城乡发展

实现全市全面小康,重点和难点在郊县。没有郊县的全面小康,就不可能有全市的全面小康。要坚持“予得更多、取得更少、放得更活”的方针,加大城乡统筹力度,发挥城市综合优势的带动作用,加快郊县经济社会发展,以郊县全面小康建设为重点,支撑和推进全市全面小康建设进程。要科学合理编制市域城镇体系规划,将郊县作为重要的发展空间,统筹谋划安排城镇建设、村庄建设、工业发展和生态建设,统筹规划建设城乡基础设施,推进郊县城市化和城乡一体化发展。要做到“三城”和市级重点工业功能区控制性详规全覆盖,“九镇”控制性详规覆盖近期建设用地;按照“存量适度调整、增量重点倾斜”的要求,提高财政支农支出占全部财政支出的比重,建立健全财政支农资金稳定增长机制,扩大公共财政覆盖农村的范围,把基础设施建设和社会事业发展的重点转向农村。

(2)积极发展都市型现代农业

把发展都市型现代农业作为社会主义新农村建设的首要任务,用现代物质条件装备农业,用现代科学技术改造农业,用现代产业体系提升农业,用现代经营形式推进农业,用现代发展理念引领农业,用培养新型农民发展农业。把高效农业规模化作为建设现代农业的第一工程,扶持发展区域特色农业。深度开发农业的生产、生活、生态功能,重视发展苗木林果业、特色蔬菜业、健康养殖业和乡村旅游业,大力发展以生物能源、生物基产品和生物质原料为主要内容的生物质产业,健全现代农业产业体系。认真实施《中华人民共和国农产品质量安全法》,制定出台《南京市动物计划免疫条例》,建立完善农产品信息化管理、质量定期公布、IC 卡管理和标识管理等制度,运用综合手段强化农产品质量安全建设。深入实施品牌战略,今年力争新增国家级名牌农产品 1 个、省级名牌 5 个、市级名牌 10 个。持续实施“三项更新”工程,加强农业科技示范园区建设,推进农业科技进村入户,形成以技术指导员为纽带、示范户为核心、连接周边农户的技术传播网络。建设农产品流通基础设施,拓展农村新型流通业态,大力发展农村连锁经营、电子商务、网上交易等现代流通方式,今年新建改造连锁农家店 350 个。继续通过贴息补助、投资参股和税收优惠等政策扶持农业龙头企业,减轻农产品加工企业税负,支持农产品加工业发展。认真贯彻《中华人民共和国农民专业合作社法》,加大对运作规范、带动作用明显的农民专业合作社扶持力度,加快培育农村经纪人、农产品运销专业户和农村各类流通中介组织,提高农业产业化水平。按照“以需定培,长短结合,就地转移与输出转移培训并重,职前与职中、职后培训并举”的工作思路,实行培训主体多元化,培训专业品牌化,培训方式多样化,培训就业一体化,培养有文化、懂技术、会经营的现代新型农民。

(3)加快推进郊县新型工业化进程

坚持工业第一方略,把郊县作为全市工业发展的主战场,持续增加有效投入,推动郊县工业经济好中求快、优中求进,促进郊县工业由粗放型增长向集约型发展转变,由资源消耗型向科技创新型转变,由“南京制造”向“南京创造”转变。调轻调高调优产业结构,在坚持大力发展高新技术产业和先进制造业的同时,加快发展物流、科技、金融、商务、研发等生产性服务业。加快郊县工业园区建设,进一步明确功能定位,优化产业布局,推进企业集中、产业集群、功能集成、资源集约,形成各自发展特色,着力做强省级开发区,提升市级重点集中区,优化镇街配套协作区。搭建创业辅导、融资担保、法律咨询、技术支持、信息服务、人才培训等服务平台,积极促进中小企业健康发展。

(4)加快发展郊县公共事业

加快郊县教育发展步伐,继续对农村学生义务教育阶段免收杂费(含信息技术教育费),实行“助学券”制度,对农村义务教育阶段低保家庭和低收入家庭子女免除课本费、作业本费、体检费、社会实践活动费和住宿费。大力发展郊县文化事业，进一步加强农村文化设施建设，利用各种文化资源，把优秀文化传播到农村，丰富农民群众的文化生活。启动新一轮农村广播电视“村村通”工程。大力开展适合农村特点的体育活动，实现“村村建有新农村体育健身工程”。加大农村医疗卫生设施建设力度，进一步健全农村公共卫生、医疗救治网络，全市新型农村合作医疗的村覆盖率达到100%，农民参保率不低于95%，人均筹资标准不低于110元。加快完善农村社会保障体系，建立健全农村低保家庭、贫困家庭、被征地农民等困难群体救助帮扶机制。积极推进市政公用设施向郊县农村延伸，编制江北地区供水、燃气、公交专项规划。继续加大郊县镇村环境卫生综合整治力度，建立完善“组保洁、村收集、镇转运、县处理”的垃圾收运处置体系，确保所有行政村建有保洁队伍，建成“一区两县”三个垃圾场和35个垃圾中转站。

(5)稳步推进农村综合改革

按照“摸清底数，锁定旧债，制止发生新债”的要求，积极有效化解镇村债务。加快推进村集体资产和农村土地股份合作制改革，集体经济年收入100万元以上的村以及131个省、市、区(县)三级新农村建设示范村，要完成股份合作制改革。完善农村土地征使用制度，在坚持严格的耕地保护制度和农村土地集体所有的基础上，严格征地程序，提高补偿标准，改进分配办法，保障被征地农民的长远生计。深化农村土地流转制度改革，鼓励农民依法自愿有偿流转土地，健全和完善土地流转最低指导价制度和收益递增机制。尽快落实“留用地”政策，将一定比例的征收土地用于集体组织发展经济。加快推进农村金融改革，继续组建县级农村合作银行，鼓励金融机构加大对农村发展的支持力度。根据中央和省部署，从南京实际出发，推进乡镇机构、农村义务教育经费保障机制、县乡财政管理体制改革。

(6)动员社会力量参与新农村建设。

坚持“工业反哺农业、城市支持农村”的方针，加大对“一区两县”的帮促力度，所有城乡结对帮促单位要对口联系一个镇，定点帮扶一个村，每年至少引荐一个产业发展项目，至少为民办好一件实事。鼓励和引导企业以产业为纽带，在“政府引导、自助自愿、互惠互利、政策扶持”的原则下，与经济薄弱村开展“一村一企、一企多村”挂钩合作，大力扶持经济薄弱村形成新的经济增长点，促进农民增收致富。广泛开展“情系故里、共建家园”活动，制定鼓励政策，吸引本地在外能人回乡创办企业、兴办公益事业，为家乡新农村建设作贡献。

(7)着力构建和谐乡村。

加强农村基层组织建设，丰富农村党建“三级联创”内容，继续大力推进以农村党员干部带头创业致富、带领群众共同致富为主要内容的“双带”工程，不断激发农村广大党员的先进性，不断增强农村党组织的创造力、凝聚力和战斗力。选拔优秀大中专毕业生到村任职，实施“大学生村官”工程。加强农村精神文明建设，开展以“八荣八耻”为主要内容的社会主义荣辱观教育，推进群众性精神文明创建活动，弘扬“三创”精神，倡导科学、文明、健康的生活方式，形成积极向上的农村社会风貌。加强农村民主法制建设，积极推进农村社区建设，进一步落实村务公开和民主管理制度，完善村民自治制度和机制。培育基层民间组织，开展农村社区服务。建立农村治安防控体系，深化农村平安创建活动，全面实施农村综治警务战略，积极创建“平安村”和“无刑事案件村”，严厉打击坑农害农违法犯罪行为。拓宽社情民意表达渠道，完善矛盾纠纷排查调处工作机制。

2. 扬州市

(1)坚持统筹城乡发展

把新农村建设放到全局工作中统一筹划、部署和安排，认真落实“工业反哺农业、城市支持农村”和“多予、少取、放活”的方针，稳定、完善和强化各项支农政策措施。把农村的各种资源放活，把农民的能力放活，把他们的头脑放活。统筹城乡发展规划，统筹城乡产业布局，统筹城乡基础设施建设，统筹城乡劳动力市场，统筹城乡教育、文化、卫生等社会事业发展，立足经济、社会、人口、资源和环境的整体性，通过整体规划、整合资源、配套建设，促进城市基础设施向农村延伸，城市产业向农村辐射，城市公共服务向农村覆盖，城市文明向农村传播。

（2）继续深化农村改革

推进农村集体建设用地使用制度改革，不断挖掘农村资源潜力。在符合规划的前提下允许农民对土地承包经营权进行租赁、转让、转租和抵押。尊重农民对土地的处分权、收益权，积极探索农民土地资源升值的新路子。进一步推动失地农民保障制度的建立，以“土地换保障”。盘活农村建设存量用地，鼓励开展村庄整理，将净增加的耕地面积按照有关规定核定为年度用地指标，留给所在县乡使用，由此产生的土地纯收益安排20%以上用于农村基础设施建设。采取“留用地”的办法，将一定比例的征收土地用于集体经济组织发展经济。按照公益性职能和经营服务分开的原则，稳步推进乡镇事业单位改革，既减轻农民负担，又增强为农服务的能力；既精简机构、转变职能，又积极稳妥地安置好分流人员，保持社会稳定。深化农村义务教育管理体制改革，以中央对农村义务教育实行新的政策为契机，建立和完善各级政府责任明确、财政分级投入、经费稳定增长、管理以县为主的新型农村义务教育管理体制。重点要抓好农村教育布局和教师队伍结构的优化，着力办好农村职业教育与成人教育。积极稳妥地推进县乡财政管理体制改革，科学划分县乡政府的事权和财权，规范县乡财力分配，完善财政转移支付制度，提高县乡财政自我保障能力。要切实加强村级债务化解工作，加强农村财务规范管理，增收节支，严格控制发生新的不良债务。统筹推进农村投融资体制改革，巩固农村信用社改革成果，降低门槛，扩大农户小额信贷和联保贷款范围，引导各类金融机构增加三农的信贷投放，鼓励引导工商资本、民间资本和境外资本等投入农业和农村。

（3）充分发挥广大农民的主体作用

培育农民“勤勉、勤劳、勤俭、互助、和谐”的精神美德，引导和激发广大农民积极主动、自主奋发、共建自己美好家园的热情，充分考虑农民的事要农民来办，农民的事要引导农民去办，农民的事要由农民自主去办，把政府支持、社会资助和农民的辛勤劳动结合起来，把尊重群众意愿、动员群众参与贯穿在新农村建设的各个环节和各项工作之中。对农村的公益事业，由政府补贴、社会资助、农民投工投劳来办；对既有一定公益性，又直接从事生产经营的项目，实行政府补贴，吸引农民和其他主体投资兴办；对纯生产经营性的项目，则按照谁投资、谁受益的原则，由社会兴办。通过农村生产发展、环境整治和涉及全体村民的实事项目建设，在农民自己动手建设美好家园的行动中，培育农民的勤奋意识、创业意识和合作意识，做到勤劳致富、勤奋工作、勤俭持家、互助合作、和睦相处，提升农民的思想道德境界和行为文明水准。把推进新农村建设与推进村民自治、实现民主管理有机结合起来，完善基层民主体制，真正提高农民的民主意识和民主能力。

（4）加大投入，整合资源建设新农村

切实做到“三个高于”，即财政支农资金增量要高于2008年、预算内基本建设资金用于农村建设的比重要高于2008年、其中直接用于改善农村生产生活条件的资金要高于2008年。同时，更多的是要通过向上争取、部门帮扶、社会资助、村民自助等方式，多渠道多方面筹措建设资金。动员全社会力量关心、支持和参与新农村建设，各行各业、各界人士都为新农村建设作出贡献，工业、城建、规划、商业、农业、农业开发等部门向新农村建设倾斜，整合开发农村经济社会资源。广大农村合作经济组织、各类专业协会充分发挥作用，积极参与新农村建设。

（5）要坚持科学规划，实行因地制宜、分类指导，有部署、有计划、有重点地逐步推进

新农村建设是一项浩大的工程，农村的发展、农民的增收既是老难题又是新课题，农民生活环境的改善问题也不是一下子能够解决的，需要一个过程，需要长期的努力。要科学规划，因地制宜，分类指导，有重点、有部署的推进，不急于求成，不搞形式主义，不劳民伤财，不加重农民的负担。

3. 镇江市

(1)统筹城乡产业结构调整,加快城乡经济协调发展

按照现代经济发展规律,整合城乡各种资源,统筹城乡产业发展,通过城市化、工业化和农业产业化的"三化"联动互进,形成城乡联动、产业共兴的局面。一是打破行政区域界限,优化产业布局。"长三角"地区经济一体化步伐日益加快,要按照经济区经济发展的思路,充分发挥规划的先导作用,对全市的生产力布局重新进行定位和调整,通过明确区域产业发展方向,优化产业布局,使区域的产业优势日益明显。二是发挥区域特色优势,打造产业高地。强调城乡优势互补,优先发展有特色、有优势的产业和行业,以带动整个经济的发展。三是要把握三次产业的内在联系,促进生产要素的合理配置和优化组合,实现联动发展。在推进工业化和城市化的过程中,使更多的劳动力从农业中分离出来,反过来又推进农业的集约经营,从根本上解决"三农"问题。

(2)按照城乡一体化的要求,科学编制发展规划

通盘考虑、同步实施城乡建设、土地利用、产业发展、公共事业、生态保护等各项规划。强化镇村规划管理职能,加强村镇建设性规划编制工作,加快全市1609个农民集中居住点建设。严格执行规划要求,凡农村新建住宅房必须进入已规划的集中居住点。在省级开发园区和其它有条件的地方,积极开展"双置换"改革试点,允许农民用土地承包经营权、宅基地和住房置换城镇社会保障及住房保障,社保待遇与城保接轨。在经济十强镇和新农村建设示范村,率先推进农村"三集中"建设。

(3)加快财政体制改革,公共财政向"三农"倾斜

长期以来,由于财政投入一直偏向城市,导致城乡经济社会的发展很不平衡。进一步改革财政体制,增加"三农"的投入,建立城乡一体的公共财政制度。继续探索走市场化多元投入的路子,利用民间资金建设城乡、特别是农村的基础设施和公益事业。

(4)逐步建立城乡一体的社会保障体系

一是统筹城乡劳动就业,加快建立公共就业服务体系。充分认识统筹城乡劳动就业、特别是统筹农民就业的重要性和紧迫性,打破一切影响农村劳动力流动和就业的樊篱与壁垒,建立城乡统筹的公共就业服务体系。

二是统筹城乡社会保障,构建城乡一体的社会保障体系。把解决农民的社会保障问题,提到执政为民的高度来加以认识和对待。大力推进新型农村保险,逐步实现农村养老保险与城镇企业职工养老保险制度的有序转接,完善残疾人、五保户等农村弱势群体的保障制度。到2010年,基本实现"人人享有社会保障"的目标。

(5)加强基层民主和法制建设

进一步完善和健全民主选举、民主理财、民主决策、民主监督制度,有关统筹城乡的重要举措,提高透明度,尊重群众的知情权、参与权、决策权、监督权,把党领导下的人民当家作主和依法治国结合起来。做好统筹城乡发展,制定相关的法律法规,坚持依法办事。要把实践证明是正确的方针政策,上升到法律法规,运用法制的办法,规范和保障各项统筹的决策能够得到贯彻落实。认真执行"土地管理法"、"农村土地承包法"、"环境保护法"等法律,制定"农民专业合作经济组织条例"、"农民权益保障法",依法切实保护农民利益,为统筹城乡发展提供法律保障。

4. 淮安市

(1)统筹规划

从城乡和谐共同繁荣的战略角度出发,着眼长远和全局来统筹规划中心城市,不断创新规划建设理念,打破城乡分隔和行政界限,加快构建城乡共同繁荣的中心城市发展格局。应科学修定城市总体规划、土地利用总体规划,积极调整产业布局和城镇布局,优化配置各类资源,着力统筹城乡共同发展,做大做强做优中心城市,发展壮大中心城市的综合实力。

着力将中心城市发展与农村发展高度融合，建立和完善工业反哺农业、城市带动农村的统筹发展机制，推动城市基础设施向农村延伸，城市公共服务向农村覆盖，城市文明向农村传播。

将实现现代化的社会主义新农村的思想触入中心城市总体规划中去。按照总体规划要求，在全市范围内整合资源、优化生产要素配置，全面快速推进城市化，提升区域整体现代化水平，缩小城乡之间的差距，在公共事业发展、提高农民素质、改善农民生活环境等方面多做文章，共同推进淮安的中心城市建设和社会主义新农村建设。

(2)统筹产业发展

随着城市化和产业化的推进，产业集聚成为必然。淮安主动顺应发展规律，积极调整发展思路，不断加大城乡产业协调整合力度，拓展城乡发展空间，整合城乡各类资源和产业发展资源，提高土地的投资强度和集约化利用程度，促进产业规模化和人口集聚，形成大开发、大发展的城乡一体化的发展格局，着力增强淮安产业发展的整体竞争力。要优化城乡产业布局、调整城乡产业结构，要加强城乡联系紧密的产业支撑和产业特色，通过城乡产业统筹带动城乡共同发展。

(3)统筹公共财力

统筹公共财力，实现公共财力向农村倾斜，加强农村各项基础设施等建设。要建立统筹发展的长效机制，形成以工促农、以城带乡、以乡促城、城乡互动的发展格局，逐步缩小城乡差别、工农差别、贫富差别。着力统筹城乡公共财力、合理利用，促进城乡各项社会事业快速发展。

着力促进城乡协调机制逐步完善，切实加大对农产品质量、农村生态环境建设、科技兴农、农业资源保护、农村公益基础设施等扶持力度，逐步增加投资规模，充实建设内容，扩大建设范围，改善农民生产生活条件，带动农民就业，增加农民收入，激发农村活力，带动农村发展。

(4)统筹社会事业发展

着力统筹城乡社会事业的发展，切实保证农村社会事业必要的投入和资源配置，逐步缩小城乡教育、卫生、文化、社会保障等方面差距。统筹城乡教育事业的发展，统筹规划和调配城乡教育资源，加大对农村教育经费的倾斜，教育主管部门要有计划地加大城乡师资交流培训支教工作力度，优化农村教育师资质量，着力缩小城乡教育差距。要统筹城乡卫生事业的发展，加大对农村卫生事业的扶持力度，切实保障乡镇一级医疗卫生机构条件和医疗水平，要进一步完善农村基本医疗保障体系，逐步提高保障水平和覆盖面，重点解决农民“看病难、看病贵”的问题。要统筹城乡文化事业发展，加强农村文化事业建设，通过文化事业的发展和农村文化建设，丰富农民的文化生活，提高科学种田水平和科学致富水平，提高农民的思想素质，缩小城乡居民思想意识文化方面的差距。要统筹城乡社会保障事业发展，加大农村社会保障事业的投入，尽快完善农村养老保险、最低生活保障、医疗保障等基础的社会保障体系，逐步提高保障水平和保障质量，着力缩小城乡社会保障差距。

(5)加强新型农民培育

加快发展农村教育文化事业，广泛开展农民实用技术和职业技能培训，使青壮年农民得到不同形式的职业技能培训，使其具备一定的就业能力和技能，成为能适应分工分业发展要求的，有文化、懂技术、会经营、高素质的新型农民，成为中心城市建设和新农村建设和生力军。

5. 马鞍山市

(1)科学编制新农村规划

按照统筹城乡经济社会发展和新农村建设五句话20字目标要求，科学编制新农村建设综合规划。编制新农村建设产业发展规划。按照“以工促农、以城带乡”的方针，精心编制新农村建设产业发展规划，促进农村产业结构调整，推动城乡产业对接，实现城乡资源要素的合理流动和优化配置。编制完善乡镇总体规划和村庄布点规划。本着适度集聚、节约用地、有利生产、方便生活的原则，高标准、高起点完成全市乡镇总体规划修编工作，做好村庄布点规划编制工作。编制新农村建设试点村镇综合规划。按照全省新农村建设“千村百镇示范工程”要求，编制马鞍山市 1 个乡镇、10 个村新农村建设试点综合规划。通过规划的实施，合理安排生产建设布局，引导工业向园区集聚，人口向城镇集中，劳动力向二、三产业转移。编制专项配套规划。在完成乡镇总体规划和村庄布点规划的同时，做好科教文卫等社会事业、基础设施、土地利用、环境保护、培育新农民等专项配套规划编制工作。

（2）大力促进农村经济发展

加快县区工业园和乡镇工业集中区建设，改善园区投资环境，坚持东向发展，大力招商引资，促进一批工业项目入园入区发展、一批项目年内建成投产。落实促进中小企业加快发展的各项政策措施，推进以县乡工业为主体的“万千百十”工程，提升县乡工业规模和水平。充分发挥城市工业对农村工业的带动作用，突出发展机械刃模具和磁性材料两个产业集群，提高县乡工业集中度。制定出台关于推动县乡工业发展的政策措施，促进县乡工业加快发展。

加快发展现代高效农业。继续推进优势农产品基地建设，重点加快优质奶牛、生态水产、无公害蔬菜、花卉苗木等基地建设。大力发展农业产业化经营，培育壮大黄池集团、蒙牛乳业、雪润公司等一批龙头企业，扶持农业产业化重点项目和龙头企业。研究制定相关政策，积极发展农村经纪人协会和专业合作经济组织，提高农业组织化程度；实行农业资源向大户集中，促进农业规模化经营。加快农业科技进步，大力实施种子工程、种植业优质化工程、农业科技入户等工程，推进农业科技成果转化，提升农业科技创新能力。市应用技术研发资金按不低于项目经费 15% 的比例用于对农业科技项目的扶持。探索发展循环农业，大力推广沼气利用、秸秆还田。

积极发展农村现代流通业。深入开展农村商品流通改革和市场建设试点，加快农村消费品流通、农业生产资料供应、农产品销售等体系建设，建成一批日用消费品配送中心、连锁店和农资配送中心、连锁店。

全面推进农民创业。研究制定农村能人创企业的扶持政策，改善农民创业环境，引导农民自主创业。加大“阳光工程”实施力度，扩大培训规模，提升农民职业技能水平。加强农村公共就业服务体系建设，促进农村富余劳动力有序转移，支持被征地农民和农村劳动力转移培训及输出。

（3）大力发展农村公共事业

加大对农村教育扶持力度。普及和巩固农村九年制义务教育，继续落实对农村特困家庭学生义务教育免收杂费、免费提供教科书政策。加快普及高中阶段教育，提高农村高中阶段毛入学率。积极发展农村职业教育，扩大职业教育补助券发放范围。推进农村现代远程教育，制定实施城乡中小学发展规划，加快农村中小学标准化建设。推进农村中小学校布局调整，扩大中心小学和完小规模。加强农村教师队伍建设，鼓励大学毕业的师范生到农村学校任教，组织城镇优秀教师到农村定点、定期支教。加大城乡学校结对帮扶力度，提高农村学校办学水平。

加快发展农村卫生事业。加快以乡镇卫生院为重点的农村卫生基础设施建设。市财政安排专项资金，用于农村疾病预防控制、农村妇幼保健和乡镇卫生院基础设施建设补助。加强对农村医疗机构在技术、人才、设备等方面的帮扶，组织城镇医疗机构和人员对口支持农村。

积极构建农村公共文化服务体系。增加对农村文化事业发展的投入，加强农村文化基础设施建设，年内建成一批综合性乡镇文化站、文化广场和村级文化活动室。启动文化信息资源共享工程，建设一批村级服务点和“杜鹃花工程”示范点。实施农村有线电视“村村通”工程，年内市郊 80%、当涂县 40% 的 20 户以上自然村接通有线电视。

推进农村社会保障制度建设。继续落实被征地农民基本养老保障制度，对今年符合条件的被征地农民及时发放养老保障金。完善新型农村合作医疗制度，进一步提高农民的参保率，适当提高补偿标准。建立健全农村最低生活保障制度，市辖区提幅扩面，努力实现“应保尽保”。逐步健全城乡社会救助体系，加强农村敬老院建设，提高“五保”供养标准；制定城乡医疗救助政策，实施对农村“五保户”、低保户、特困户、优抚对象等困难群众医疗救助。

(4)推进农村综合改革

进一步深化农村义务教育管理体制改革、县乡财政管理体制改革、乡镇机构改革，逐步建立乡镇村为民服务、“三农”社会化服务、农村规划监督管理、农村承包土地经营权流转、农民负担综合监管、社情政情民意反馈调处、农村工作绩效考核评价等7个方面农村基层工作新机制，为新农村建设提供体制机制保障。

(5)加强农村民主政治

加强农村基层党组织建设。扎实开展第三批先进性教育活动，进一步加强农村基层党组织的先进性建设。继续推进“双培双带”先锋工程，增强农村党员干部“带头致富、带领群众致富”的本领。全面完成县区、乡镇党委换届工作，做好选派干部到村任职工作，加大对农村党员干部的教育培训力度，增强他们执行政策、依法办事、发展经济、维护稳定的本领。

加强农村民主法制建设。完善村民自治，加强以村党组织为核心的村级组织配套建设，健全村党组织领导的充满活力的村民自治机制。进一步完善乡镇政务公开，规范以财务公开为重点的村务公开制度。完善村民“一事一议”制度，调动农民参与新农村建设的积极性和主动性。深入开展农村普法宣传教育，增强农民群众和基层干部的法律意识。继续深化“平安乡村”创建活动，加强农村信访工作，维护农村社会稳定。

6. 滁州市

(1)推进土地集中集约规模经营

一是建立健全农村产权流转机制。建立市县两级产权交易市场，组建农村产权流转担保股份有限公司。二是创新集中集约规模经营实现形式。注重引导土地向生产经营大户(能手)集中，发展家庭适度规模经营。三是在农业园区建设和养殖小区建设上谋求新突破。进一步集聚各类资源、整合生产要素，突出重要区域、重点产业、重大项目的建设，建成一批规模大、特色明、效益高的现代农业园区。

(2)加强农村基础设施建设

加快农村小城镇建设和水利、道路、安全饮用水、电网改造等工程建设。大力推进重点镇、新农村建设试点村、乡镇工业集中区的基础设施建设和教育、水利等配套设施建设。加快农村水利建设，继续按计划抓好对病险涵闸的除险改造。大力支持国债水利项目和小型农田水利设施建设，提高农村防洪排涝能力。加快农村道路建设，推进农村公路“村村通”工程，制定管理措施，加强对农村公路的维护和管理。继续抓好部省通达工程建设，建成围乌路、新黄路工程。继续推进农村安全饮用水工程，加强城乡电网配套改造，完成一批重点变电所扩建和新项目建设，提高城乡电网供电能力和供电可靠性。

加强农村环境卫生综合整治和生态建设。开展以垃圾集中无害化处理为重点的专项整治活动，改善农村环境卫生和村容村貌。市财政安排生态林保护专项资金，用于巩固林业退耕还林成果，加快生态公益林、长江防护林建设，实施林相改造工程。

(3)加大对新农村建设投入

各级财政按照“财政支农资金增量要高于2008年，国债和预算内资金用于农村建设的比重要高出2008年，其中直接用于改善农村生产生活条件的资金要高于2008年”的要求，不断加大对新农村建设的投入，建立对新农村建设稳定增长的投入机制。新增的财政投入主要用于改善农村生产生活条件、支持农村社会事业发展和现代高效农业建设。积极争取和落实中央、省各项惠农资金和政策，确保粮食补贴、退耕还林补贴、森林生态效益补助资金及时发放到位。

强化金融扶持力度。人民银行、银监局引导各商业银行大力拓展农村金融市场，加大涉农信贷投入，加快农村金融创新，改进农村金融服务。农发行在继续加大对粮棉油收购业务支持、保证政策性收购资金及时供应的同时，进一步拓宽业务范围，重点扶持产业化龙头企业和粮棉油加工企业的发展。加大资金担保力度，市、县区担保机构将担保业务向农村延伸，支持农村经济发展。

引入“三资”进入农业。加大农业招商引资力度，鼓励和吸引民间资本、工商资本和外来资本投向农业开发，拓宽新农村建设的投资渠道。

(4)加强农村精神文明建设

加强农村精神文明建设。加强农民思想道德教育和法制教育，提高农民家庭美德、社会公德和职业道德水平。组织省级文明单位与乡镇结对共建，继续开展“文化、科技、卫生”三下乡活动，深入推进以文明村镇评比和“五好文明家庭”、“十星级文明户”创建为载体的农村群众性精神文明创建活动，提升农民文明素质。扎实抓好农村科普工作，帮助农民掌握先进实用技术，培养先进的经营管理理念，造就一批有文化、懂技术、善经营的新型农民。

7. 芜湖市

(1)因地制宜，精心编制建设规划

围绕发展县(区)域经济的要求，按照以人为本、有利生产、方便生活的原则，结合区划调整情况，编制产业发展规划、新型社区(居民点)建设规划、城乡统筹的基础设施建设规划、社会事业发展规划，推动产业向园区集聚，推进农村社区(居民点)建设，注意为农村新型社区发展现代服务业预留空间，在有条件的农村新型社区推广公寓式住宅和联排式低层住宅，实现基础设施、公共服务设施共享。规划编制内容具体，时间进度明确，资金来源清楚，明确用5年左右的时间，逐步将现有的11016个自然村落，建设成为2000个左右的布局合理、规模适当、设施基本配套、功能相对完善、富有地方特色的社区(居民点)。

(2)注重培训，提高科技致富本领

在全市农村全面实施以“培养百名农业实用技术专家、培训千名‘双带’能力强的村干部、培育万名党员致富带头人”为主要内容的社会主义新农村“百千万”科技致富培训工程，力求通过3年左右的努力，使全市农村党员、村干部每人掌握2～3名适应市场经济要求的新型实用技术或经营管理技能，有1～2个创业致富项目，提高农村党员干部的科技致富能力。

(3)以奖代补，整合使用建设资金

按照市政府确定的农业、农村经济社会发展规划，对支农预算内外资金实行合并管理，统筹安排，集中用于牵动性强的农业项目，重点用于农业基础设施建设、农业科技成果推广、农村人力资源开发、农村公共产品供给等方面。实行资金使用跟踪问效制度，加强监督，提高资金使用效益。实行示范社区建设以奖代补，重点对市确定的荆东社区等13个示范社区公共配套设施建设进行补助。

(4)政策倾斜，发挥部门整体合力

鼓励中心镇、农村新型社区和居民点建设利用存量建设用地和未利用地，尽量不占耕地或少占耕地。农村建设用地实行收储后，出让所获收益全部用于新农村建设。加大金融支持，“十一五”期间，“三农”经济信贷投放占各项贷款的比重要逐年递增3～5个百分点，引导信贷资金回流农村，满足新农村建设的资金需求。重点支持农户(个体工商户)，培育和发展一批“酵母工程”和规范种养大户，促进农民持续增收。开办生源地助学贷款，引导大学生面向基层就业和创业。为农村提供“打工创业”贷款，支持农民进城务工经商创业。

(5)强化领导，确保任务落到实处

市、县分级成立社会主义新农村建设工作领导小组和办事机构，统筹指导协调新农村建设工作，明确要求各县区、市直单位的主要负责同志为新农村建设第一责任人。实行领导小组定期会议制度，定期研究新农村建设和“三农”工作的重大问题。每月召开一次项目统筹工作例会，研究交流新农村项目统筹和争取的有关工作，制定项目争取工作考核体系，列入市政府年度考核内容。各单位明确一名科级联络员，负责信息传递交流等工作。

8. 巢湖市

(1)科学编制高效现代农业基地发展规划

一是明确发展战略。把巢湖建设成为全省领先的高效现代农业基地。二是明确发展定位。总体定位是发展高效型农业，区域定位是全省乃至华东地区农业特色优势产业集中发展区、农产品加工中心、现代农业科技示范转化中心、现代农业物流中心。三是明确发展重点。重点发展六大特色优势产业。

(2)着力优化产业结构

突出抓好六大主导产业的区域化布局、规模化经营、专业化生产。水稻生产重点建设200万亩标准化优质水稻生产基地。油料生产主攻“双低”油菜，重点建设100万亩标准化“双低”油菜生产基地。棉花生产重点建设无为沿江60万亩优质高产棉花生产基地。蔬菜生产重点发展安全化、设施化、多样化、产业化，重点建设50万亩精品蔬菜基地和20万亩水生蔬菜基地。畜禽养殖重点改进饲养方式，发展规模养殖，重点建设肉鹅、肉鸭、肉鸡及蛋禽标准化饲养小区，规模养殖要达7000万羽。渔业生产立足沿江、沿湖精养渔塘和大水面开发，重点建设巢湖及30万亩高效、生态渔业生产基地。

(3)扎实推进农业产业化经营

一是继续做好重点龙头企业经营状况月报和调度制度，及时掌握了解企业生产经营运行情况，帮助企业解决实际困难。二是加强产业化金融服务。建立银企、产业化项目推荐对接机制，组建产业化信用担保机构。三是加快龙头企业上市融资进程。重点支持香泉湖禽业、槐祥工贸、金城米业做好上市前期准备工作。四是大力发展会展经济。积极开展名优农产品推介活动。办好巢湖水产品推介会，积极参加各类展会，加强名特优农产品推介工作，提高名优农产品市场竞争力。五是加大招商引资力度，瞄准全国500强、国家级重点龙头企业，广泛开展合作。抓住省会经济圈和皖江城市带承接产业转移示范区建设的发展机遇，推出一批招商引资重点项目。六是指导农业产业化龙头企业制定发展规划，有针对性地编制和储备一批农业产业化重点项目，建好农业产业化重点项目库。

(4)不断提高农民组织化程度

一是做大做强专合组织。围绕六大主导产业和特色优势产品，培育一批规模较大、规范发展、带动能力强、具有一定影响力的农民专业合作组织。二是完善利益联结机制。重点鼓励和支持农民以土地承包经营权入股，组建土地专业合作社，形成以产权为纽带的利益联结机制。引导和支持产业化龙头企业、专业合作社通过“订单收购”、“二次返利”、“保底分红”等方式与农民建立比较紧密的利益关系。三是加快发展订单农业。

(5)强化科技支撑

加强农技服务体系建设。加快基层农技推广体系改革步伐，培育一支遍布农村、适应农民需求的新型农技推广队伍，建立健全科技服务进村入户长效机制，推行科技推广人员直接到户、良种良法直接到田、技术要领直接到人的科技成果转化推广新模式。

加快新技术的推广和应用。大力推广节水灌溉技术，集约、高效、生态畜禽水产养殖技术，测土配方施肥技术，水稻机械育插秧、化肥深施、精少量播种等农业机械化技术。开展粮油棉高产创建活动，推行测土配方施肥和植保专业化防治服务，发展高标准畜禽养殖小区，抓好水产良种工程建设，实施农业机械化推进工程。建立农业灾害预防预警机制，全力做好防灾抗灾工作。

培育新型农民。以实施新型农民培训、一村一名大学生、一村一名农技员项目为抓手，增强农民的科技意识、市场意识、竞争意识，提高农村劳动力整体素质，培养一批懂技术、善经营、会管理的骨干农户和各类专业大户、营销大户，造就一大批发展现代农业的新型农民。

推进农村信息化。以安徽农网、巢湖农业信息网、农技110为载体，建立健全农业信息收集和发布制度，推进农业信息进村入户，为农民和企业提供及时有效的信息服务。

(6)多渠道增加投入

认真落实国家各项惠农支农政策。确保粮食直补、良种补贴、农机具购置补贴、农业生产资料综合补贴发放到位。在争取支农项目上谋求新突破。加大跑京跑省跑部力度，千方百计争取上级财政项目对巢湖市农业的支持。加大财政投入力度。市、县(区)都要建立高效现代农业基地建设基金，重点扶持良种繁育、新品种新技术的引进推广、农业产业基地示范片、标准化生产示范、农产品加工企业。加大金融支持力度。金融机构要着力创新信贷产品和服务方式，拓宽贷款抵押范围和品种。鼓励各类担保机构依法独立开展农业产业基地建设的担保业务。加快政策性农业保险发展步伐，扩大农业对外招商引资，吸引国内外大企业和民间资本投资巢湖市现代农业。

五　南京都市圈服务业

服务业是反映一个区域的经济发展水平、经济活力、发展潜力和竞争力的重要标志。南京都市圈位于中国经济最发达、最具潜力的长江三角洲，区位条件优越，产业基础雄厚，文化底蕴深厚，自然资源丰富，为服务业发展提供了良好的基础条件。但是南京都市圈服务业发展相对滞后，如何发挥南京都市圈内八市的专有优势，进一步加快发展现代服务业，已成为我们必须认真思考的重大课题。

2009 年南京都市圈服务业服务业增加值达 4724.95 亿元，同比增长 14.15%。南京、镇江、扬州、淮安、马鞍山、滁州、芜湖、巢湖八市服务业增加值分别为 2170.42 亿元、623.95 亿元、669.48 亿元、409.30 亿元、197.20 亿元、179.59 亿元、295.15 亿元、179.86 亿元，同比上涨分别为 13.5%、17.7%、15.0%、15.8%、10.8%、11.3%、12.0%、9.9%，所占各市 GDP 比重分别为 51.3%、37.3%、36.1%、36.5%、29.6%、31.2%、32.7%、34.0%。

表 4-21　　南京都市圈 2005～2009 年地区生产总值　　单位：亿元

	2005 年	2006 年	2007 年	2008 年	2009 年
南京	2411.00	2774.00	3284.00	3775.00	4230.26
镇江	871.67	1025.30	1213.00	1408.10	1672.10
扬州	922.00	1100.00	1311.00	1573.29	1856.39
淮安	561.81	651.06	756.23	915.83	1121.75
马鞍山	371.35	428.90	540.00	636.30	665.90
滁州	328.08	372.29	443.93	520.11	576.18
芜湖	400.65	479.72	581.12	749.65	902.00
巢湖	301.87	344.40	404.62	479.33	529.36
合计	6168.43	7175.67	8533.90	10057.61	11553.94

数据来源：2005～2009 年南京都市圈各市统计公报。

表 4-22　　南京都市圈 2005～2009 年服务业增加值　　单位：亿元

	2005 年	2006 年	2007 年	2008 年	2009 年
南京	1118.00	1318.00	1584.00	1887.00	2170.42
镇江	304.82	363.83	442.00	513.66	623.95
扬州	318.00	385.00	462.00	558.11	669.48
淮安	188.22	222.05	266.21	320.57	409.30
马鞍山	113.20	134.80	157.50	179.30	197.20
滁州	113.38	130.37	150.41	173.84	179.59
芜湖	157.46	178.99	211.55	255.85	295.15
巢湖	114.88	129.00	146.13	168.26	179.86
合计	2427.96	2862.04	3419.80	4056.59	4724.95

数据来源：2005～2009 年南京都市圈各市统计公报。

表 4－23　　南京都市圈 2005～2009 年服务业占 GDP 比重　　单位:%

	2005 年	2006 年	2007 年	2008 年	2009 年
南京	46.3	47.5	48.4	50.5	51.3
镇江	35.0	35.5	36.4	36.5	37.3
扬州	34.5	35.0	35.5	35.7	36.1
淮安	33.5	34.1	34.8	36.3	36.5
马鞍山	30.5	31.4	29.2	28.2	29.6
滁州	34.6	35.1	33.9	33.4	31.2
芜湖	39.3	37.3	36.3	34.1	32.7
巢湖	38.0	37.5	36.1	35.1	34.0

数据来源:2005～2009 年南京都市圈各市统计公报。

表 4－24　　南京都市圈 2005～2009 年服务业增速　　单位:%

	2005 年	2006 年	2007 年	2008 年	2009 年
南京	13.1	15.2	16.0	15.3	13.5
镇江	16.6	15.4	16.5	14.5	17.7
扬州	14.3	15.3	16.1	14.5	15.0
淮安	14.4	15.5	16.0	15.6	15.8
马鞍山	13.5	13.3	13.5	8.1	10.8
滁州	12.6	10.8	11.8	9.7	11.3
芜湖	10.5	10.1	13.3	13.1	12.0
巢湖	11.2	10.3	10.1	10.0	9.9

数据来源:2005～2009 年南京都市圈各市统计公报。

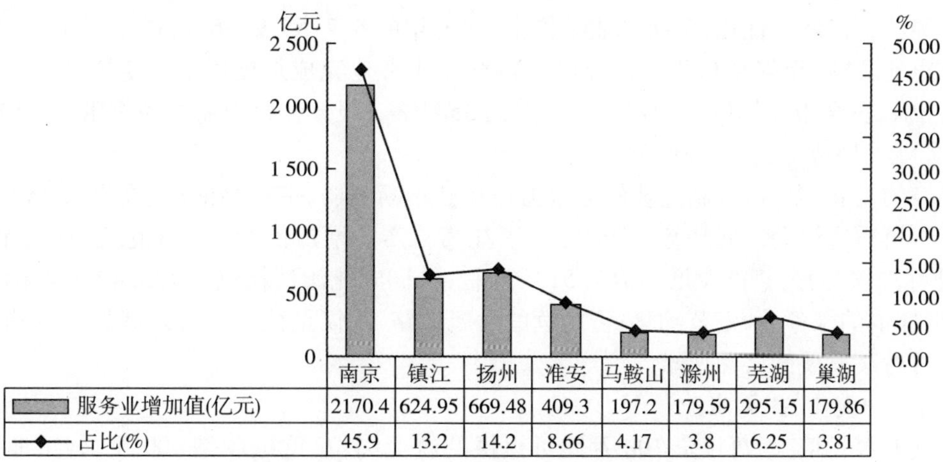

图 4－8　2009 年南京都市圈服务业增加值(单位:亿元)

数据来源:2005～2009 年南京都市圈各市统计公报

一、南京都市圈服务业发展特点

1. 南京市

(1)规模扩张突破新高

2009年,全市第三产业发展踏上新台阶,完成增加值突破2000亿元关口,达2170.42亿元,比2008年同期净增283亿元。

(2)增速加快一马当先

2009年上半年,全市第三产业比2008年同期增长13.5%(按可比价格计算,下同),增速比2008年同期提高1.3个百分点,分别超过第一产业和第二产业增速9.4和3.4个百分点。

(3)比重提高份额过半

2009年,全市第三产业占GDP的比重由2008年同期的50.5%提高到51.3%,上升了0.8个百分点,比第一产业和第二产业比重分别高48.2和5.7个百分点,是2000年以来比重第三个超50%的时期。

(4)贡献最大引领全局

2009年上半年,全市经济增长主要由第三产业贡献,在全市经济增长10.2%中,第三产业拉动增长达6.9个百分点,占各产业全部拉动的67.6%,分别超过第一产业和第二产业6.8和3.7个百分点,为多年来所罕有,成为上半年全市经济增长的主要引擎。

全年第三产业完成投资1344.48亿元,增长27.7%。民间投资大幅增长,完成投资1365.94亿元,增长32.5%,占全社会固定资产投资的比重达到51.2%。

2. 镇江市

(1)服务业成为经济稳定发展的重要动力

近年来,镇江第三产业发展持续快于总体经济水平及其他产业,服务业已成为拉动镇江经济增长的重要动力。2009年,镇江实现地区生产总值1672.08亿元,比2008年增长13.7%。第一产业增加值75.92亿元,增长4.5%;第二产业增加值972.21亿元,增长11.9%,其中工业增加值895.76亿元,增长11.7%;第三产业增加值623.95亿元,增长17.7%。人均地区生产总值为54732元,按当年汇率计算折合8017美元。经济回暖步伐加快,发展速度逐季提升,全年GDP增幅高于2008年0.9个百分点。经济结构调整优化,三次产业结构由2008年的4.7:58.9:36.4,调整至4.5:58.1:37.3,第三产业比重比2008年提高0.9个百分点。2009年服务业完成规模以上固定资产投资359.19亿元,增长48.3‰,占全市规模以上固定资产投资的35.5%。服务业对内需拉动作用不断增强。

(2)服务业发展势头良好带动经济转型升级

随着经济的发展,多,传统制造业的竞争力正在被不断削弱,带有高能耗、高投入、高污染特征的发展方式已不再适应社会发展趋势。2009年,镇江第二产业增加值为843.4亿元,能源消耗达到了932.05万吨标准煤,而第三产业增加值为513.66亿元,同时能源消耗仅为135.49万吨标准煤,发展低能耗、高附加值的服务业,走节约化、可持续的发展道路,不仅是社会经济发展的必然趋势,也是实现社会经济可持续发展的必然要求。

(3)成为吸纳就业的"蓄水池"

服务业就业容量最大,每投资100万元可提供的就业岗位,重工业是400个,轻工业是700个,服务业是1000个。发展服务业,特别是消费性服务业,对于扩大就业有着极大的帮助。2008年,镇江全社会从业人员为163.5万人,服务业从业人员达49.12万人,较2003年增加8.27万人,就业人数增长了20.2%。同时服务业可以容纳不同层次、不同素质的劳动力就业,对于解决就业问题具有非常大的作用,而充分就业又是激活消费、拉动内需的一个重要因素。

3. 扬州市

(1)整体运行平稳,总量再上新台阶

2009 年,全市第三产业增加值突破 600 亿元,达到 669.48 亿元,比 2008 年增长 145.0%,快于 GDP 增速 2.2 个百分点。

2009 年,全市第三产业增加值占地区生产总值比重为 36.1%,比 2008 年提高 0.4 个百分点。三次产业结构比例实现 7.8:56.1:36.1。

(2)行业结构基本稳定,区域结构积极调整

2009 年,金融业、批零和住餐业增速较快。年末,全市人民币存款余额为 2067.13 亿元,比年初增加 515.25 亿元,余额同比增长 32.7%;全年 19 家寿险公司、22 家财险公司合计实现保费收入 54.08 亿元,增长 23.9%;批发和零售业实现零售额 522.9 亿元,同比增长 18.7%;住宿和餐饮业实现零售额 89.7 亿元,同比增长 19.4%。

市区服务业发展基础良好,三产增加值占全市第三产业增加值超过 50%。各县市区三产发展速度加快,三产增速均高于 GDP 增幅。

(3)集聚发展初步形成,服务性消费明显增长

服务业集聚发展格局初步形成。以扬州先进制造业服务集聚区项目为突破口,集聚区的船舶产业服务中心、汽车零部件产业服务中心等有序推进,已产生良好的示范效应,服务业集聚理念得到初步认同。现代物流、商贸市场等行业集聚步伐加快,6 家服务业集聚区跻身省级行列。

消费升级类商品增势强劲。2009 年食品、饮料、烟酒类零售额 25.7 亿元,增长 13.5%。服装、鞋帽、针纺织品类零售额 18.1 亿元,增长 16.4%。日用品类零售额 6.6 亿元,同比增长 9.2%。化妆品类零售额 3.2 亿元,增长 23.4%。金银珠宝类零售额 5.1 亿元,增长 30.4%。家用电器和音像器材类零售额 25.1 亿元,增长 33%。汽车类商品实现零售额 51.4 亿元,增长 2.2 倍。

4. 淮安市

(1)发展速度加快,贡献份额增加

从统计数据看,近十年来淮安服务业保持了快速增长的势头,特别是 2002 年以后,更是步入快车道。2009 年,淮安市第三产业增加值 409.30 亿元,增长 15.8%。经济结构进一步优化,三次产业增加值比例由 2008 年的 16.1:47.6:36.3,调整为 15.2:48.3:36.5。

(2)行业门类齐全,体系较为完整

经过改革开放 30 年的不断发展,淮安服务业门类已较为齐全,现代物流业、商务服务业、科技服务业、金融保险业、旅游业、文化产业、信息服务业、商贸流通业、社区服务业、房地产业等都有不同程度的发展,业已建立了较为完整的现代服务业体系。金融服务功能不断增强,信息、文化、社区、房地产等服务业的快速发展,推动了消费结构升级,城乡居民的服务需求得到了不同层次的满足。

(3)内部结构优化,集聚效应初显

服务业内部结构的演变规律表明,随着服务业水平的提高,服务业内部将由传统的流通主导型向流通与服务并重型转变。从近几年淮安服务业内部各行业占服务业增加值比重的变动情况看,虽然传统产业仍占主导地位,但金融保险、商务、信息传输、计算机服务与软件业、科技术研究与技术服务等新兴服务业蓬勃兴起,占服务业增加值的比重有所提升。

5. 马鞍山市

(1)现代服务业成为全市新的经济增长点

2009 年,全市服务业实现增加值 197.77 亿元,同比增长 10.1%,比 2005 年增长 61.5%,年均增长 12.7%,服务业增加值占 GDP 的比重达到 29.7%。生产性服务业、生活性服务业、农村服务业三大现代服务业实现营业收入 404.62 亿元。

(2)生产性服务业在工业化进程中加快发展

现代物流、金融保险、科技服务、商品市场服务等行业,作为现代服务业的重要组成部分,贯穿于企业生产的上、中、下等环节,对降低社会交易成本,提高资源配置效率,促进工业现代化进程发挥着重要作用。2009 年全市物流业实现营业收入 21 亿元,物流业为全市经济发展提供了有力保障。马鞍山长运控股集团投资 2.8 亿元精心打造的"长运物流港"项目被省委、省政府列为安徽省大型物流建设项目三大重点之一,同时被纳入安徽省"861"项目投资计划序列。

(3)生活性服务业在现代化进程中不断提升

涵盖商贸服务业、房地产业、市政公用事业等行业,对满足城乡居民日益增长的消费需求,增强消费对经济的拉动力发挥着越来越重要的作用。消费品市场稳定快速发展,2009 年全市实现社会消费品零售总额 125.75 亿元,比 2005 年增长 94.8%,年均增长 18.1%。

(4)农村服务业在城乡一体化进程中不断发展

服务于农业再生产和农村经济社会发展,通过多种经济形式、多种经营方式、多层次、多环节发展起来的一大产业。通过实施"万村千乡市场工程"和"新网工程",扶持、培育农村龙头商贸流通企业,大力发展消费品配送中心,建设农家店,马鞍山市已初步建立起高效畅通的农村现代商品流通网络,形成了城乡协调、以城带乡、城乡互助、功能完善、流通有序、诚信和谐的农村市场体系。

6. 滁州市

(1)活流通、拓服务,形成了三产发展好氛围

一手抓传统商贸流通的提升。深入开展"万村千乡"农家店建设和"家电下乡"、地产工业品对接等活动,实现家电下乡销售额 2.7 亿元。一手抓旅游、物流、金融、房地产等现代服务业的拓展。

(2)旅游业快速发展

组建了旅游经济和琅琊山旅游区建设指挥部,成立琅琊山风景区管委会,将琅琊山旅游区范围从 115 平方公里扩大到 240 平方公里;九天峰等旅游度假项目建设继续推进,建成白鹭岛温泉公园和舜耕生态农业园一期工程,凤阳韭山森林公园获批国家地质公园,小岗村获批国家AAAA级景区,金地大酒店晋升为五星级酒店;全年接待游客 513 万人次,实现旅游收入 32.4 亿元。积极推进物流业。

(3)服务业载体建设成绩显著

皖东国际车城、金太阳国际装饰城、宇航物流园等建设加快推进,华东农贸食品城、瑶海农机大市场、五洲国际商城、财富广场、意大利名品商贸中心等相继开工建设。大力拓展金融业。全市成立 14 家中小企业贷款担保公司,担保额达 12 亿元;开业和批准筹建、申报筹建的小额贷款公司 12 家,徽商银行天长支行开业,滁州和明光农村合作银行通过初审上报待批筹建。

7. 芜湖市

(1)现代物流业迅速壮大

2009 年,全市物流企业达 160 多家,从业人数达 4.5 万人,营业收入 30 余亿元,其中,年营业收入亿元以上企业有 7 家,A 级物流企业有 4 家。一批综合实力较强的现代物流企业开始出现,其中依托大企业做配套服务的第三方物流企业尤为突出,如为奇瑞、美的、海螺等大型企业服务为主的安得物流、远方物流和安顺物流等,此外,少数大企业自办的物流企业如芜烟的安泰物流、裕中纺织的升汇物流也具有一定的规模。

(2)金融业发展步伐明显加快

年末,金融机构人民币存款余额 953.40 亿元,比年初增加 242.96 亿元。其中:企业单位存款 381.84 亿元,比年初增加 127.44 亿元;城乡居民储蓄存款 407.08 亿元,比年初增加 63.39 亿元。金融机构人民币贷款余额 804.83 亿元,比年初增加 251.24 亿元。其中:短期贷款 287.99 亿元,比年初

增加47.19亿元;中长期贷款434.08亿元,比年初增加182.46亿元。年末外汇存款余额26111万美元,比年初减少2891万美元;外汇贷款余额7415万美元,比年初减少7870万美元。全年实现保费收入20.03亿元,比2008年增长34.6%。其中:人身险14.19亿元,增长30.6%;财产险5.84亿元,增长45.4%。赔款及给付支出5.19亿元,比2008年下降5.7%。其中:人身险1.74亿元,下降31.8%;财产险3.45亿元,增长16.9%。

(3)服务外包实现新的突破

全市三产兴市大会后,芜湖以高新区为依托,设立服务外包产业园,已完成第一批建筑面积3.4万平方米、32栋办公楼的建设,上海坤玛网络有限公司等18家企业和研发机构已进驻服务外包产业园,全市新增28家服务外包企业,目前服务外包企业已达40余家。

(4)文化产业渐趋繁荣

2008年,全市文化及相关产业增加值达到26.2亿元,比2008年增加8.6亿元,占全年GDP的3.5%。全市共有文化创意经营单位2400多家,主要集中在文化旅游、书报刊发行、广播电视、文物收藏等业态上。

(5)专业市场建设如火如荼

中国芜湖商品交易博览城、名流商业广场、联盛国际商业广场、裕溪口煤炭交易市场等城乡专业市场项目进展顺利。

8.巢湖市

(1)服务业地位不断提高

2009年第三产业增加值为179.86亿元,占地区生产总值的34.0%,与2006年相比,比重提高了8.7个百分点。其中:第一产业增加值106.47亿元,增长6.5%;第二产业增加值243.04亿元,增长17.0%;三次产业结构为20.1:45.9:34.0。巢湖安德利、庐江百货大楼、无为隆兴超市等一批本土零售服务企业不断发展壮大。

(2)服务业的社会贡献日益增加

2009年全市交通运输、仓储和邮政业,房地产业,批发零售业,住宿餐饮业,其他服务业(不含金融业)等企业单位合计实现主营业务收入168.60亿元,年均增长10.3%。固定资产投资200.09亿元,年均增长43.97%。

(3)服务业成为吸纳就业人员的主战场

2009年巢湖市第三产业从业人员71.58万人,占全部从业人员的比重为26.3%。随着巢湖市现代服务业的发展,吸纳从业人员的数目还会大幅度的增加。

(4)服务业的内部结构有所优化

巢湖市服务业内部结构正在逐步由流通主导型向流通与服务并重型转变。批发和零售贸易、餐饮业、房地产、交通运输业等传统服务业适度增长,旅游、物流、金融、信息传输等现代服务业加快增长。在传统服务业中,除交通运输业依赖于港口业的发展增长迅速外,批发零售和住宿餐饮业、房地产业年均增速为9.7%和9.3%,低于全部服务业增速5.2个和5.6个百分点。金融业、其他服务业等现代服务业发展速度加快,年均增速为18.9%和14.9%,金融业增速快于全部服务业增速4个百分点,其他服务业增速与全部服务业增速持平。

二、南京都市圈服务业发展中存在的问题和对策

(一)南京都市圈服务业发展中存在的问题

1. 南京市

(1)服务业中排头兵仍以传统产业为主

在南京服务业的内部构成中,传统的批发零售业、交通运输等仍然是排头兵。新兴行业如软件业等虽有较大发展,但在全服务业中所占比重仍有待提升,作为现代服务业的金融业所占比重亦如此。

(2)服务业及其内部各行业的外资比重不高

服务业企业、交通运输及电信业、批发及零售业三大部门,无论是从企业、人员构成看,还是从资产规模、营业收入等指标考察,外资企业在各行业中所占比重都非常有限。在全部住宿及餐饮业企业中,虽然外资企业的从业人员、资产规模、主营业收入等指标占同行业的比重偏低。另外,在住宿及餐饮行业中,外资集中在餐饮业。

(3)与发达国家服务业水平相比还存在差距

和服务业增加值平均达67.7%的国际水平相比,南京服务业的差距是显而易见的。自20世纪90年代以来,南京服务业增速在国内发达大城市中处于靠前位置,且增长波动幅度比较小,但南京服务业增加值占GDP的比重以及服务业从业人员所占比重等指标仍然存在明显差距。特别是服务业增加值占GDP比重指标,这显然和作为经济大省省会的发展要求不相适应。

(4)和国有经济相比,非公经济的规模不大

南京服务业中,集体经济以及其他非公有经济的企业规模过小。可以发现,集体企业、股份合作企业、联营企业、私营企业及其他企业的人员规模和资产规模通常都只有外资企业的几分之一、十几分之一、甚至几十分之一。规模经济有利于降低成本、有利于开展技术创新,有利于提高效率及效益,是现代市场经济发展的必然要求。面对经济的全球化和竞争的日益加剧,将南京服务业企业、特别是非公经济做大做强刻不容缓。

(5)郊区、县服务业总量偏低

从南京城区、郊区和县的面积、人口比重和相应的服务业增加值比重来看,郊区和溧水、高淳两县土地面积分别占全南京的67.8%和28.25%。2008年,全市共实现第三产业增加值1887亿元,占全市GDP的比重为50%;七郊县实现第三产业增加值517.93亿元,占郊县GDP的比重为35.7%。七郊县第三产业比重明显偏低,比全市低14.3个百分点。

2. 镇江市

(1)发展环境有待进一步改善

在城市环境上,由于历史原因,镇江城区规划发展较慢,在中心城区,传统的商业街道往往道路较狭窄同时又是交通干道,使得城区道路通行不畅。此外,镇江绝大多数大型商业网点受短期投资行为影响,在停车场、公共卫生设施等配套设施方面并不完善,环境差,不能满足人们日益变化消费需要,一定程度上制约了现代服务业的发展。另一方面,镇江的行政效率还有待提高,机关在实际工作中,办事拖拉,门难进脸难看,手续繁杂环节多等的问题反映还不少。一些服务企业普遍反映税费负担较重,税收政策等缺乏灵活性。对服务业发展的许多政策与措施没有得到很好的执行。

(2)区域发展不平衡

近年来,由于镇江城市规划相对落后,加之受资源条件、设施建设、产业基础等因素的影响,现代服务业发展水平存在明显差异。目前,商业中心还是以大市口为主,丁卯、九里街等副商业中心一直

没有得到足够的发展。产业规模、比重呈现出从中心大市口向环城以外逐级递减的趋势特征。资源内在的互补效应、协同效应、规模效应没有好的发挥。

(3)政府规划不清晰,引导扶持力度不够

长久以来,镇江对服务业的具体发展缺乏清晰的规划,很多项目都是以民间力量的形式发展。由于缺乏政府规划引导,投资商的趋利性使得项目规划往往带有急功近利的色彩,缺乏前瞻性,同一类型业态的项目引进过多,导致过度竞争和同质化经营,一方面造成了资源的浪费,一方面也阻碍了强势品牌和企业的形成。例如,镇江的建材、装饰市场,镇江开过很多家,有的业已关闭,有的尚在坚持,但都未发展成有影响力、有代表性的专业市场。

(4)居民收入水平不高,社会保障能力不强,影响了消费者的预期消费

只有聚集较高的消费群体,才能形成规模化的市场。2008 年镇江城镇人均可支配收入为 19044 元,与常州、南京、无锡等市相比,分别低 2548 元、4078 元和 4561 元,相对较低的收入,影响了居民的消费意愿。同时居民预期支出过高,如:教育、住房、医疗消费,在一定程度上抑制了居民的即期消费,明显影响到全市消费品市场零售额的增长。社会保障机制的不健全,使得人们只有尽可能地通过增加存款来获取"安全感",因而造成人们消费心理趋于保守,消费行为更加谨慎。

3. 扬州市

(1)经济实力显著增强,资源环境压力日益增大

随着扬州工业的重型化,资源环境压力加大的趋势短期内不会改变。服务业是低消耗、低排放、高产出、高效益的产业,发展服务业既有利于经济规模的扩大,又有利于单位 GDP 能耗的降低和全社会污染物的减排,推进又好又快发展。

(2)工业化步伐加快,经济结构性矛盾仍然存在

2009 年全市工业增加值达到 1042.03 亿元,同比增长 14.3%,第二产业占 GDP 比重达到 56.1%。在全市规模以上工业中,重工业所占比重为 69%。但经济结构失衡的状况还没得到根本改进,集中表现为第二产业以传统制造业为主,节能减排形势依然严峻;第三产业以传统服务业为主,现代服务业发展相对不足。加快产业结构调整,推进新型工业化已成为扬州现阶段发展面临的核心任务。

(3)城市化进程有待进一步提高

服务业发展水平和城市化水平是高度正相关关系,城市化水平的高低决定服务业发展需求的基础。2008 年扬州城市化率为 52.9%,低于工业化发展水平,低于全省平均水平。

(4)服务业发展势头良好,内部结构尚需调整

2009 年,全市第三产业增加值达 669.48 亿元,同比增长 15.0%,呈现出良好的发展势头。但扬州服务业发展仍然存在许多问题,主要表现为:服务业内部结构不合理,生产性服务业发展滞后,技术含量高、知识密集型等现代服务业规模偏小,新型业态发育迟缓、发展缓慢等问题。大力发展现代物流、信息服务、知识服务以及信息咨询等新兴服务业,特别是生产性服务业,已成为扬州提升产业竞争力的必由之路。

(5)服务业投入低,投资结构不够合理

投资是拉动经济增长的主要动力之一,全市服务业投资与其增加值之间存在着很强的正相关关系。2009 年扬州三产投资 333.6 亿元,增长 22.1%,三产比重下降 3.6 个百分点,占全社会投资的 31.36%。规模以上项目投资中,城镇项目完成投资 594.1 亿元,增长 45%;农村项目完成投资 276.4 亿元,增长 43.2%;房地产开发完成投资 129.5 亿元,下降 5.9%,仍达全社会固定资产投资的 11.83%。

(6)区域发展不平衡仍较突出

2008 年，扬州发展协调性有所提高，县(市、区)之间发展不平衡仍较突出。第三产业增速上，居前两位的邗江区和宝应县达 15. 5%，末两位的广陵区和维扬区为 14. 5%；第三产业增加值占 GDP 比重上，居前两位的广陵区和维扬区分别为 40. 6% 和 36. 1%，最低的仪征为 30. 3%。

4. 淮安市

(1)总量不高

淮安市服务业总量长期位列江苏省倒数第三，不仅同苏中南地区存在很大差距，同苏北的徐州和盐城相比也差距甚大。从占地区生产总值比重看，2009 年服务业增加值占地区生产总值比重为 36. 5%，比江苏省平均水平低 4. 5 个百分点。

(2)结构欠优

长期以来，淮安市服务业内部结构不合理。传统服务业占比偏大，新兴服务业规模偏小，为生产配套的服务业落后。物流业发展比较缓慢，第三方物流有待突破，商务服务业、社区服务业发展不够，信息产业起步较晚，服务外包、知识密集型服务等高端服务业还处于孕育阶段。

(3)档次低端

淮安市服务业缺少高水平、国际化的基础设施，特别是加速发展现代服务业所需的高层次的旅游、会展、休闲、文化、体育等基础设施供给相对不足；传统娱乐型服务业硬件设施严重落后，服务水平不高；商务接待能力不足。

(4)空间布局不合理

目前，淮安市城市功能分区不够明显，行业布局空间引导性不够，亟须对各服务行业空间布局进行规律性引导。如，产品交易市场分布各自为阵，重复建设严重；商业网点的布局边缘密度不足；住宅建设的开发布局过于分散，公共设施配套不足。

5. 马鞍山市

(1)三次产业结构不合理

马鞍山市正处于工业化中后期阶段，三次产业结构不优，发展不协调，经济发展过度依赖二产拉动。特别是传统产业比重过大，消耗资源、能源产业居多。服务业占用能源资源少，消耗低，大多属清洁产业，创造的是绿色 GDP，特别是生产性服务业与一产、二产的关联度很强、依存度很高。必须坚持把发展服务业作为调整产业结构、促进产业优化升级的主攻方向来抓，下更大的力气拓展服务业的发展空间，不断提升产业素质和综合竞争能力，从而促进经济结构调整和发展方式转变。

(2)城市化水平有待进一步提升

加快发展服务业是增强城市功能、聚合优质要素的有效手段。城市的发展离不开服务业的支撑，没有服务业的城市只能是一座“空城”，缺少现代服务业的城市不是一个兴旺发达的城市。服务业发展与城市发展互为重要空间和依托，城市化进程的加快，将带来人流、物流、资金流、信息流在更大范围内快速流动和融合，为服务业开辟前所未有的发展前景；而服务业的快速发展，有利于转移农村剩余劳动力，全方位提升城市功能，扩张城市规模，提升城市聚集和辐射带动能力，推进城乡一体化。城市的发展需要一流的现代服务业的进入，服务业进入了，城市功能才能增强，发展才有支撑。在推进城市化的进程中，只有加快发展服务业，才能形成服务业与城市化相互支撑、互为推动的良性格局，推动区域中心城市做大做强、做精做美。

(3)服务业从业人口比重有待进一步发掘

加快发展服务业是切实改善民生、提高城乡居民生活水平的现实选择。服务业具有门类广、领域宽、劳动密集度高、就业弹性大的特点，还具有门槛低、回报快、风险小、转岗适应快的优势，在增加就业、推动创业、致富百姓上具有其他产业不可替代的作用。马鞍山市从事服务业的从业人数达到 23. 6 万人，占全社会的 36%，是就业人数比重提高最快的产业，已成为吸纳就业的重要途径。但是，与此同时,服务业必须与时俱进,适应变化,提速发展,才能不断满足人民群众多样化、多元化的消费需求,不断提高人民群众的生活质量。

6. 滁州市

(1)总量偏小

2009 第三产业增加值 179.59 亿元,增长 11.3%。三次产业比为 23.3∶45.5∶31.2。

(2)结构有待进一步优化

全市服务业仍以批发和零售贸易、餐饮业、交通运输仓储及邮电通信业等传统服务业为主体,新兴的现代服务业发展不快,比重不高。城乡服务业发展存在较大差异,农村服务业发展缓慢。

(3)综合竞争能力有待进一步提高

全市服务业整体质量不够高,缺少较大规模和较强竞争力的企业集团,中小企业发展不充分,企业技术水平较低,经营方式比较落后,综合竞争能力不强。

7. 芜湖市

(1)总量规模小

第三产业增加值 295.15 亿元,增长 12.0%。按户籍人口计算,人均生产总值 39142 元,比 2008 年增长 15.3%,按年末汇率折算为 5732 美元。三次产业增加值比例由 2008 年的 5.3∶60.6∶34.1 调整为 4.6∶62.7∶32.7。

(2)发展水平低

从技术角度分析,现代服务业运用计算机、互联网技术所占的比重在逐步上升,但是全市现代服务业发展水平、发展层次总体不高。信息服务业、科技服务业、文化娱乐业三个行业的单位数、从业人员数和营业收入占比偏低。芜湖服务业由传统服务业向"高技术性"、"知识性"和"新兴性"转型任重道远。

(3)结构有待进一步优化

生产性服务业如物流、金融、信息、科技、商务和教育培训行业比重在一半左右,新兴服务业发展滞后,城乡服务业发展存在较大差异,农村服务业发展缓慢。服务业整体质量不够高,缺少较大规模和较强竞争力的大企业集团,中小企业发展不充分,企业技术水平较低,经营方式比较落后,总体竞争力不强。

(4)滞后于制造业的发展

芜湖着力打造先进制造业基地建设正在形成,工业总产值占 GDP 的比重逐年上升,第二产业增加值 565.02 亿元,增长 18.4%,全年实现工业增加值 506.02 亿元,比 2008 年增长 20.0%,其中,年主营业务收入 500 万元以上工业企业(以下简称规模以上工业)实现增加值 464.60 亿元,比 2008 年增长 26.4%。而现代服务业特别是生产性服务业的发展与之不相适应,不能为先进制造业提供发展强力支撑。据有关部门对芜湖 250 位企业管理者获得生产性服务来源地调查,企业人力培训来源外地(即非本市)占 24.7%,市场调研占 36.2%,研发服务占 30.5%,运输服务占 24.8%,而来源本市在 50% 以上仅有法律服务和金融保险。

8. 巢湖市

(1)城市化水平低,阻碍巢湖服务业向多层次发展

服务业的发展与城市化水平有着密切的关系。城市化的集中生产、集中供应、集中消费、集中流通和集中信息交流,是服务业发展的强力支撑。城市化水平越高,服务业所占的比重也就越高。由于巢湖市农村人口多,城镇化水平比较低,城市带动力不高,从而使得巢湖市服务业发展的层次差异相对比较大。此外巢湖市城市化集中程度低,部分行业的发展空间不大。2009 年全市户籍人口 458.6 万人,比 2008 年增加 1.8 万人;常住人口 410 万人,比 2008 年减少 2 万人。城镇化率为

38.0%，比2008年提高2.0个百分点。与2006年相比全市人口数多出6.02万人，但是城镇化率只提高了0.5个百分点，年均增长率为1.25%，依这种速度增长难以达到服务业发展所需要的人口聚集程度和服务业的起点规模。

(2)资金不足，服务业投资力度少

服务业的发展需要一定外力的支撑，因此，要想促进服务业的发展，加大对其投入是前提条件。巢湖市投向服务业的财力、物力和人力方面都偏少。专业技术服务业2006年完成投资仅为532万元，只相当于当年全市投资总额的0.03%，住宿餐饮完成投资4887万元，只占0.3%，城市公共交通业完成投资367万元，只占0.02%，居民服务业投资2200万元，只占0.13%。投入不足，致使部分行业发展止步不前，服务质量难以提高，服务业人才相对缺乏。企业资源两级分化严重。中小企业的融资方式少、难度大，多为家庭式经营或合伙经营，管理制度不全，管理相对较弱。

(3)服务业人才缺乏

巢湖市服务业从业人员总体学历偏低，人才专业分布不均匀，现代服务业人才短缺。专业人才相对比较集中在商贸服务业和交通运输业，而在物流产业、旅游产业、中介服务业、社区服务业和信息服务业等方面专业人才较为缺少。尤其缺乏系统掌握管理、经济、法律、港口、物流、信息服务和金融等方面知识并能从事行业组织管理、企业管理及具体从事物流产业、旅游产业管理的通才。人才流失严重，由于规模小，资金少，发展的空间相对较窄，难以提供优厚的薪资来挽留人才，使得服务业的人才流失率相对较高，服务业人才的发展环境还需进一步优化。同时服务业企业还存在着人才引进渠道不畅、信息获知不对称、人才评价机制不完善、人才管理滞后等难题。

(4)服务业整体水平偏低

巢湖市服务业虽有一定基础，但服务业整体发展水平偏低，主要是一些餐饮、洗浴基本服务业，特别是具有智力要素密集度高、产出附加值高、资源消耗少、环境污染少等特点的服务业较少。其主要表现在：一是信息服务行业单位数量较少。全市信息行业法人单位约90家(不含网吧)，营业收入1亿元左右，户均收入仅110多万元，从事计算机及软件服务的个体户仅100多家。二是科研及其推广行业技术含量有待提高。在全区科研及其推广应用行业中，法人单位约200家，其中不少是镇街农业技术推广和兽医技术服务站，从事工业生产服务、高新科研推广的单位并不多，整体科技含量并不高。三是法律服务、咨询与调查、广告、职业中介、市场管理类尚待进一步发展。服务业企业经营的品种不够全面，多数集中在批发零售业和住宿餐饮业、交通运输仓储和邮政业这些传统服务业行业，信息、旅游、文化、金融等知识型、科技密集型的现代服务业企业不多。

(二)南京都市圈服务业发展的对策

1. 南京市

(1)优化服务业结构，改变传统服务业比重偏高的格局，大力发展现代服务业

传统服务业如批发零售、交通运输等在南京服务业中还占有举足轻重的地位，对推动南京经济发展、增加就业等具有非常重要的意义，但仅仅保持传统服务业的快速发展还远远不够，必须优化服务业行业结构，花大力气突出发展现代服务业。一是优化服务业行业结构。重点发展以信息、科技、金融保险、现代物流、旅游会展、咨询、法律等现代服务业，提高服务业整体水准；积极发展新兴服务业，形成新的经济增长点；改组改造传统服务业，运用现代经营方式和服务技术，提高技术水平和经营效率。二是优化现代服务业企业组织结构。依托有竞争力的企业，培育形成一批多元投资主体的大公司和大集团，促进现代服务企业联合重组，实行网络化、品牌化经营；同时，鼓励经营方式灵活、服务品种多样、各具特色的中小企业发展。三是优化现代服务业地区结构。市区要按照城市功能定位的要求，着重发展那些技术含量高、高附加价值的现代服务业和新兴服务业。郊县要突出特点、强

化优势，提高市场占有率。同时应利用南京的地缘优势，加大对外开放力度，积极承接服务业国际转移，引导外资投向南京市现代服务业部门，更好地吸引国际资本、技术、人才和管理，推动南京市现代服务业的快速健康发展。

专栏　南京服务外包产业发展政策要点

1. 对国际服务外包成长型企业给予分档奖励，奖励标准为 50 万元 ~ 100 万元；对国际服务外包骨干型企业给予分档奖励，奖励标准为 100 万元 ~ 1000 万元。

2. 对企业参加国际性会展并经市有关部门认定的，给予一定的摊位费补贴。

3. 对国际服务外包企业国际通讯专线费用给予一定补贴。

4. 国际服务外包企业及世界 500 强、全球外包 100 强企业在南京新设立的国际服务外包企业总部或地区总部的高级技术和管理人员，给予购房购车补助。

5. 对本市国际服务外包企业境外客户主要接单人和信息技术外包的技术领军人员，给予一定个税奖励。

6. 对通过软件开发能力成熟度模型集成（CMMI）认证的本市国际服务外包企业给予一次性奖励 20 万元 ~ 30 万元；对通过人力资源成熟度模型（PCMM）认证、信息安全管理（ISO 27001/BS7799）认证、IT 服务管理（ISO 20000）认证、服务提供商环境安全性（SAS70）认证等相关国际认证的本市国际服务外包企业一次性给予认证费 50%，最高不超过 50 万的奖励。

7. 对国际服务外包企业在境外设立科研机构及研发、接单中心投资给予一定奖励。

（2）扩大开放，积极推进服务业国际化，增强服务业竞争力

通过扩大开放，促进服务业管理体制、企业机制、组织形式以及服务品种的创新；促进先进服务技术和标准的引进；促进和培育服务业比较优势的形成。积极引进和引导外资投向服务领域的基础设施和高新技术服务业，引进国外先进的技术、设备和管理方法，改组改造传统服务业，提高服务业管理水平和整体素质。进一步加强与国外和港澳台的服务业全方位、宽领域、多层面的合作。积极发展国际服务贸易。大力发展对外工程承包、劳务合作、国际旅游、仓储运输、船舶维修等，进一步扩大劳动密集型服务出口；以软件开发等为重点，积极拓展知识、技术密集型服务的出口。

（3）大力发展非公经济，提升非公经济的规模水平，向规模要效益

支持非公经济在服务业领域的发展，一方面，要创造良好的环境，加快推进垄断行业的改革，建立民间资本准入机制，消除一些行业的体制性、政策性、管理性障碍，真正放开、放手、放活，不断优化市场环境和法制环境，促使非公有制经济快速发展；另一方面，要鼓励其做强做大，和国有经济相比南京服务业中的非公有经济存在着规模偏小，抗风险能力较差的现实，竞争能力强的大集团，拥有自主知识产权、名牌产品的强势企业不多。在资金等方面应给予更多的支持，让非公企业扩大规模、提升档次、创造名牌，不断增强竞争力，培育出一批在国内外享有盛誉的大企业。

专栏　2009 年南京市软件名城建设情况

一是软件及服务外包产业发展迅速。软件业务收入达到 632 亿元，比 2008 年同期增长 33.9% 以上。信息技术服务外包（ITO）收入超过 11.55 亿美元，增长 140% 以上。

二是软件企业、软件产品继续保持全省领先。2009 年新认定软件企业 129 家，全市累计认定软件企业 801 家，占全省的 44.4%，新认定软件产品 794 个，认定软件产品累计达到 4085 个，占全省的 49%。

三是企业规模发展趋势明显，市场优势凸显。2009 年超亿元的软件企业达到 78 家，超千万元的

软件企业达到312家。

四是软件外包发展形势喜人。2009年新增通过CMMI3级认证企业达42家,全市累计已有82家。荣获“2008中国软件和服务外包政府推进奖”。

五是招商引资工作成效显著。共引进软件企业376家,总投资36.25亿元。第五届中国(南京)国际软件产品博览会签约项目162个,总投资额104亿元,创历史新高,其中外资8439万美元。

六是各软件产业基地建设加快推进。2009年新增软件产业建筑面积88.18万平方米,累计达488.18万平方米。

(4)大力发展郊县服务业,合理规划区域布局

郊区和溧水和高淳两县占据了南京96%的面积和一半以上的人口,但服务业发展所占比重还很有限。各郊区和县的自然资源和人文环境不尽相同,应该按照比较优势原则,因地制宜地制定适合本区和本县的服务业发展规划。郊区大力发展房地产、旅游等服务业,缓解市区住房等方面压力,郊县大力发展一些和工业、旅游、农业有关的服务产业。政府应加强郊县基础设施如道路、供水供电设施和邮政通讯设施的建设,为服务业的发展提供稳固的物质基础。同时,利用市场机制与优惠政策,引导和鼓励不同经济实体对郊县服务业的投入。

(5)进一步优化南京服务业发展环境,提高服务业的服务质量,增强南京服务业的竞争力

政策环境方面,破除垄断,放宽市场准入,建立民间资本准入机制,消除一些行业的体制性、政策性、管理性障碍,真正放开、放手、放活,引导民间资本的进入;加快事业单位改制和后勤社会化步伐;扩大金融、保险、电信、旅游等领域的对外开放。通过制定和实行积极、开放的政策法规,为服务业的发展和提升创造有利的政策环境。

(6)加快服务业紧缺人才的培养,提高服务业从业人员素质

加快服务业高层次人才队伍的建设,广开渠道吸引人才,尤其要积极创造条件,吸引和引进国内外优秀的熟悉现代服务业经营理念和经营方式的人才,改善服务业人员的生活条件,提高待遇,吸引和稳定发展服务业所需的各类专业人才,为服务业的发展提供智力资源。利用南京高校云集的优势,着力培养信息、科技、金融保险、现代物流、旅游会展、咨询、法律等现代服务业人才,有计划地在现有高等学校和中等职业学校增设服务业紧缺专业,增加紧缺专业招生规模。加强岗位职业培训,全面推进职业资格证书制度,建立现代服务业职业资格标准体系,有序扩大实施范围和领域。

2. 镇江市

(1)做好现代服务业发展规划

抓住历史机遇,依托比较优势和区域经济发展的实际,以形成目标明确、功能突出、布局合理、产业集聚、环境良好的现代服务业发展体系为目标,科学合理的制定服务业发展规划。各主导行业由行业主管部门具体负责编制行业发展子规划,并与服务业发展规划相衔接,同时要与城市、土地、产业等各行业规划相衔接,预留给服务业以足够的升级发展空间。在规划制定中,要吸取外地或国外在服务业领域取得的成果和积累的成功经验,要结合镇江自身优势,要能够适应市场,形成优势互补,共同发展。例如,镇江的文化业和旅游业,可以共同以镇江悠久文化历史的依托,在进一步挖掘旅游景点,建设旅游风光带,创作适应市场的文化作品,举办多种形式的文化活动的同时,通过文化作品、文化活动促进旅游业发展,通过旅游业传播镇江文化。应该依托江苏大学、江苏科技大学、船舶设计研究院等一批高校和科研院所,在发展船舶设计和管理、流体机械和内燃机设计外包领域形成了自己的鲜明特色。从而形成具有镇江特色的服务外包基地。同时要注重在更大范围、更广领域、更高层次上实现资源优化配置,避免盲目投资和重复建设。避免再次出现建材装饰市场多而不强局面的出现。

专栏　镇江市发展现代物流业的建议

一是对综合物流园区、物流中心建设发展中所涉及的征用土地，在土地出让金等方面应进行政策性减免。

二是市财政可根据物流园区及中心物流开发建设初期需要，提供低息贷款或贴息贷款用于基础设施建设。

三是对进入物流园区及中心物流企业，在引进国内外先进物流装备、扩大服务功能、信息系统建设等方面投资，应给予财政贴息或融资支持。在经营初期3年内，可实施适度税收优惠或减免政策。

四是营造吸引国内外、第三方物流企业进驻镇江的政策环境，降低进入物流中心的第三方物流企业准入门槛。五是镇江市应对现代物流业的人才引进制定特殊的优惠政策。

(2)制定配套政策，完善配套设施

加大政策扶持力度，推动服务业加快发展。依据国家产业政策完善和细化镇江服务业发展指导目录，从财税、信贷、土地和价格等方面进一步完善促进服务业发展政策体系。拓宽投融资渠道，加大对服务业的投入力度。加大对现代服务业的财政支持力度，安排财政预算资金，重点支持服务业关键领域、薄弱环节发展和提高自主创新能力。积极完善服务业配套设施建设，如通过加大构建互相衔接、配套的综合立体交通网络，加强物流园区、仓储配送等基础设施建设，为镇江现代物流业发展奠定良好基础；完善游客集疏运体系、旅游公共服务体系、旅游接待体系，健全配套，提高镇江旅游业的保障能力。

(3)不断优化服务业发展环境

深入推进行政体制改革，放宽服务业市场准入机制，简化工商部门办理营业执照程序，完善行政审批手续，建立支持扶持现代服务业发展的激励机制，形成快捷、高效、专业的政府服务体系。加强行政事业性收费管理和监督检查，取消各种不合理的收费项目，对合理合法的收费项目及标准按照规定公示并接受社会监督。积极营造有利于扩大服务消费的社会氛围。规范服务市场秩序，建立公开、平等、规范的行业监管制度，坚决查处侵犯知识产权行为，保护自主创新，维护消费者合法权益。着力完善了人才创业和发展环境，加快构建人才服务平台。进一步加大市政基础设施和水、电、气等公用设施投资力度，提高基础设施的标准和质量，优化城市服务业的发展环境。

(4)积极做好项目引进推进工作

推动服务业发展，仅靠自身的积累发展是远远不够，要实现服务业的跨越发展，抓好服务业项目的引进是目前工作的重心，通过举办招商推介活动，充分利用地理区位、市场体制、投资环境等方面的比较优势，在物流、旅游、商贸和高端服务业等重点领域，注重引进一批战略投资者，参与镇江服务业重点项目、重点企业的投资建设和经营管理，带动相关产业发展。另外，完善招商规建双向服务制度，实行专人负责制，跟踪服务，形成了与投资商的良性沟通体系。

(5)做好服务业集聚区建设

服务业集聚区是经济发展达到一定水平后的必然产物，集聚区是服务业发展的重要载体，抓好服务业集聚区的建设有助与提高服务业集聚发展水平。对于有较好基础的服务业集聚区，如镇江高创中心、丹阳眼镜城、惠龙钢材物流中心等，着重做好集聚区服务功能的提升，提高信息化水平、服务入驻企业质量。对于新兴的集聚区，要制定发展规划，完善管理机构，注重集聚区核心产业的引进，尤其是一些服务业龙头企业的引进，并形成“以商引商”的良好态势。在服务业集聚区建设中，鼓励发展具有比较优势的生产性服务业，形成上中下游产业互动发展的格局，强化高端服务业支撑作用，增强产业配套服务能力。

(6)积极主动融入“长三角”

长江三角洲地区是中国综合实力最强的区域,在社会主义现代化建设全局中具有重要战略地位和带动作用,如何进一步提升长江三角洲地区经济整体素质和国际竞争力,使得“长三角”融合,苏沪浙三省市一体化,成为政府和市场的共同需求。在做好旅游业、物流业等行业浅层次的区域融合、互动的同时,镇江在积极接受先进制造业转移的同时,要主动做好接受上海、南京等区域中心城市服务业转移和支持其服务业发展。如:对接上海世博会,分享更多商机;借助地域优势,吸引南京软件人才,建立宝华软件基地和服务外包基地。通过构建主体(大学、企业、政府和中介机构)间的联系网络和学习机制,创建镇江的专有因素,使镇江成为“长三角”区域内服务业发展的重要组成部分,成为区域内产业集群的重要载体。

3. 扬州市

(1)转变思想观念和经济发展理念,重视和加强发展服务业

首先,要加强对发展服务业重要性的认识。服务业增加值占 GDP 的比重提高 1 个百分点,而工业增加值比重相应降低 1 个百分点,单位 GDP 的能耗将会降低约 1 个百分点,并且服务业的加快发展,能更好地带动地方财政收入的稳步增加。据测算,旅游收入每增加 1 元,可带动相关行业收入增加 4. 3 元;旅游业每增加 1 个直接从业人员,能带动 5 个就业岗位。其次,要制定有利于服务业发展的政策,从政策法规、管理体制、资金投入、人才培养、规范行为和加强扶持等方面加以引导,营造有利于服务业发展的舆论环境,调动人们进行服务业创业的积极性,推动服务业发展进程。

(2)优化服务业产业结构

大力发展新兴服务业,使其成为全市服务业的新亮点和重要支撑。一是整合古城、古运河和瘦西湖旅游资源,大力发展文化旅游业。二是大力发展现代物流业,推进扬州港口等重点物流园区建设,引进一批国内外知名物流企业。三是抓住中心城区扩大的有力时机,建设经济适用房、廉租房和普通商品房,引导农村人口向城镇集聚,大力发展房地产业。四是大力发展律师、公证、会计、审计等服务行业,完善证券保险、经纪、拍卖、租赁等中介服务业,大力发展商务服务业。同时加快改造提升传统服务业,努力提高服务业层次水平

(3)进一步加大服务业投资

要进一步加大服务业投资力度,积极调整服务业投资结构,重点向新兴服务业和公益性方面投入。要适当安排服务业发展引导资金,支持重点行业的服务设施建设,并针对产业发展的薄弱环节和关键领域,相应完善扬州服务业调查统计体系、信息化以及促进平台建设等。同时积极争取国家、省的资金支持,广泛吸引社会资金,以政府贴息、担保、补助等形式,建立多渠道、多层次的服务业投资体系。

(4)加快城市化建设步伐,促进服务业全面发展

服务业的发展与城市化进程是相辅相成、相伴而生的。针对当前扬州城市化水平较低的问题,必须采取有效措施加快扬州城市化进程,通过城市化扩大居民社会化的服务性消费,促进商业和社区等生活服务业的发展;通过城市经济的繁荣和社会分工的细化,带动金融、信息咨询和中介服务业的发展;通过城市基础设施及城市功能的不断完善,促进房地产和公共服务业发展,从而实现以城市化的加快发展,带动服务业的快速发展。

(5)加强人才引进和培养,为服务业发展提供有力的智力支撑要

采取用好现有人才和引进急需人才相结合的办法,以高素质人才推动高水平发展。建立健全服务业人才信息库和人才服务机构,加快金融保险、信息服务、各类中介、现代商贸、旅游等服务业紧缺人才的培养与引进工作。强化科学技术等现代先进生产要素对服务业的渗透,引导企业加大技术创新力度,加强现代服务业管理和推广应用,培育新型业态,提高管理水平,提升服务业核心竞争力。

(6)加强部门统计职能,提升部门行业管理水平

充分发挥部门统计管理职能。全面跟踪掌握服务业各行业发展的总体规模、行业结构、经济效益等情况,建立重点行业监测分析系统,完善各相关部门和县市区的信息共享和交流机制,并在全面分析服务业发展的基础上,针对各行业发展的特点,采用科学的管理理念和管理方式,带动提升产业升级、管理水平和经济效益的提高,为推动全市经济跨越发展提供强大动力。

4. 淮安市

(1)优化提升传统服务业

一是提升传统商贸业。加强商业网络建设。以连锁经营为方向,按照"布局合理、功能完善、层次分明、体系完备"的要求,加快中心商贸区、区县商业中心、商业特色街和乡镇(社区)商业点四个层次的商贸服务网络建设。大力发展高端配套产业,满足外来投资者的工作生活需要,形成商业主中心、商业副中心和特色商业街互为补充的空间布局。

二是做大产品交易市场。以发展批发业务为重点,进一步完善市场的规划布局,推动和鼓励现有市场调整、改造、升级,提高档次和质量。加快市综合大市场建设,把更多的资金、政策等要素向综合市场倾斜。依托产业和资源优势,鼓励发展一批基地型、区域性产地批发市场,培育一批上规模的特色专业市场。

三是整合发展现代物流业。以提供高效便捷服务为目的,充分发挥区位优势,依托铁路、水路、公路交通网络,用信息技术整合运输、仓储等传统物流业务,推动要素集聚,加快建设区域性物流中心和物流枢纽城市。加强与连云港等物流链联系紧密城市的合作,协同推进基础设施建设、物流市场建设。加强与市内外包括国际物流机构的交流合作,搭建公共物流信息平台。

(2)创新发展新兴服务业

一是加快开发旅游业。以景区景点开发为重点,坚持"政府主导、部门联动、市场运作、社会参与"的旅游发展模式,通过规划引领、开放推动、品牌集聚,打造"历史古城、文化名城、生态水城"的城市形象。提升改造淮安现有的人文景区、风景名胜区、山水旅游景区、农业观光景区,完善服务设施,提高接待水平。积极实施旅游精品战略,大力发展特色旅游,积极推进古运河文化长廊、河下古镇、码头古镇、中国漕运博物馆、古淮河文化生态园等景区景点建设。

二是做大文化产业。注重培育文化创意大产业,加强文化与创意结合,扶持发展创意设计、文艺创作、影视制作、出版发行、文化演艺、动漫游戏、数字传媒等文化创意产业,形成一批竞争力强的文化企业和有影响的文化品牌。加快文化场馆建设。打造淮安节庆文化品牌,不断提升中国淮扬菜美食文化节、洪泽湖水文化暨水上旅游节等特色文化节庆品牌。

三是积极发展软件及服务外包业。坚持以创新为支撑,加快培育和引进软件骨干企业,大力推进产业集聚、融合和延伸,切实增强软件产业核心竞争力。加快软件园建设,着力培育淮安服务外包业务发展的区域特色。积极拓展服务外包新领域,探索引进国际软件业务分包、数据备份维护、远程教育、区域性业务呼叫中心等企业,培育新的外包业务特色。

四是规范发展房地产业。建立以普通商品房为主体的多层次住房供应体系,改革保障性住房供应方式,深化物业管理体制创新,借助国家房地产新政契机,结合旧城改造,加快商业地产开发力度。

(3)扶持发展生产性服务业

一是大力发展金融业。引进境内外金融机构,建立结构合理、功能健全的金融组织体系。通过创新金融制度和金融产品,促进金融租赁、商业代理、保险中介、消费信贷等业务发展。建立健全信用担保体系,增强贷款担保规模和能力,为中小企业提供配套完善的金融服务。加快金融创新,推进融资担保方式的探索,推广各类创新性融资担保业务。推进企业上市工作,加大优势企业直接融资步伐;推进地方城投债券和企业债券发行工作,扶持创业投资发展。

二是支持发展科技服务业。推动科技服务业规范化、产业化、市场化发展，鼓励工业企业内部科技研发服务向外分离，支持组建共性技术服务平台、企业孵化平台、质量检测和认证平台、专业物流平台，引进和培育一批高素质科技中介服务、专利代理服务机构。依托留学人员创业园和高教园区等载体，发展应用软件开发与设计、信息系统集成、网络应用服务和工业控制系统开发服务；依托富士康、达方电子、淮钢等骨干龙头企业以及一大批中小型企业，重点发展工业设计服务、区域性售后服务；依托全市各类省级、市级工程中心、重点实验室和技术中心重点发展工程技术研发服务。

三是着力培育商务服务业。引导发展法律、会计、审计、税务、咨询、评估、广告、策划、经纪代理等中介服务业。通过引进专家、机构和委托培训等形式，培育一批大型品牌事务所和中介法人机构。扶持一批服务水平较高、管理理念较新的中介机构向综合化、规模化方向发展。大力发展会展业，积极举办具有产业和地方特色的常设性会展，培育一批具有淮安特色的会展业品牌。放大水渡口中央商务区效应，注意各大功能板块之间的相互融合。

5. 马鞍山市

(1)完善组织协调，驾驭服务业的发展

一是建立驾驭马鞍山市服务业发展的领导机构与工作机制。成立由市、县(区)政府主要领导任组长，各相关部门负责人为成员的服务业发展领导小组，建立服务业发展部门联席会议制度。协调解决全市服务业决策部署、规划布局和政策扶持等重大问题。建立重点项目联系、跟踪落实制度。

二是建立并完善马鞍山市服务业的统计决策制度。完善统计，健全决策机制。统计局要会同有关部门加快建立科学、统一、全面、协调的服务业统计调查制度和信息管理制度。按照国际通行规则以及政府决策需要，科学设立服务业统计指标体系，完善服务业统计调查方法，建立政府统计和行业统计互为补充的服务业统计调查体系，采用年度统计、全面普查与专题调查相结合的统计方式，健全服务业信息发布制度，及时反映不同时期马鞍山市服务业发展的全貌，为各级党委、政府决策提供统计支撑，为各级考核提供依据。

三是建立服务业发展绩效考核制度。通过建立服务业发展绩效考核制度，明确各部门的工作职责和奋斗目标，落实好服务业发展的各项政策措施。党委、政府对各部门的年度目标、任务完成和政策落实情况进行评价，纳入年度考核。

四是加强行业协会建设。一方面，组建行业协会，通过协会的作用，为会员单位、合作伙伴以及整个行业提供综合服务。另一方面，发挥行业协会的行业规范服务作用：组织实施行业调查和统计，协助政府相关的政策方针的制定与修改；监督、评审、考核协会成员，促进公平、公正公开的市场秩序的建立，以促进同行之间相互交流，共同提高；规范行业行为，防止恶性竞争。

专栏　马鞍山市优化服务市场调控环境的做法

一是优化市场准入，降低服务企业进入门槛。规范市场准入，放宽企业进入条件。建立公开透明、平等规范的市场准入制度。进一步降低服务企业进入门槛，在营业场所、投资人资格、业务范围等方面适当放宽条件，注册资本限额除国家法律法规有特别规定外，实现能降尽降，减少服务行业进入的行政管制。金融、教育、文化、广播电视、医疗卫生、体育、建设、市政等部门对本领域能够实行市场化经营的服务，抓紧研究和提出放宽市场准入、鼓励社会力量增加供给的具体措施，放宽服务业的投资方式。针对服务业要求的固定资产投资相对较少，应进一步放宽其投资方式，特别是要放宽无形资产评估作价的出资方式，对拥有中国驰名商标、省著名商标、知名商号的，可以经评估后以无形资产作价对外投资。

二是优化市场监管建立服务业收费保护制度。对重要服务行业、企业，建立必要的收费保护制度。一方面实行面向服务企业的扶持性价格政策，凡是行政事业收费标准有上、下限幅度的，一律按下限额度收取;另一方面,规范服务业收费秩序。通过加强价格监督检查,完善价格举报制度,对涉及向服务业乱收费的举报案件,做到受理迅速、处理恰当、回复及时,营造良好的收费秩序。完善服务业价格形成机制。价格管理部门要进一步减少服务业价格政府定价和指导价,完善价格形成机制,建立公开、透明的定价制度。除国家另有规定外,要基本实现商业用电价格与一般工业用电价格并轨;对列入国家鼓励类的服务业,用水价格要基本实现与工业用水价格同价。

(2)优化市场需求环境

一是增加企业内置服务外包。加快国有企业改革,推动各类企业经营管理方式创新,促进主辅业务分离,推进企业内置服务外包,改变、大而全、小而全的状况,降低成本。

二是推进机关和事业单位后勤服务社会化改革继续推进机关和事业单位的后勤体制改革,加快推进后勤管理职能和服务职能分开,实现后勤服务社会化。对其中的交通、物业管理、环境卫生等后勤服务,应加大市场化、社会化改革力度,优化配置社会服务资源。

三是探索政府公务活动的社会化。政务活动中,一些可以实行外包的研究咨询、业务培训、公务会议、招商活动、公务接待等服务,可以通过政府采购、社会招标、委托代理等方式实现社会化服务。

四是加快推进城市化。实施“1255”城市发展战略,即由 1 个主城区、2 个副城区、5 个中心镇和 5 个产业功能区共同构成的城市空间布局体系。在此基础上,加快交通等基础设施建设,用快速通道把主副城区、中心镇和产业功能区连接起来,使城市居民在 20 分钟内能够享受到农村田园风光,使农村居民在 20 分钟内能够享受到城镇公共服务,力争在五年内形成以主城区为中心、副城区为两翼、中心镇为呼应、产业功能区为支撑的具有马鞍山特色、城乡一体的现代化大城市框架。这将对服务业形成新的强大需求。

(3)优化服务市场的供给环境

一是塑造服务业行业品牌。围绕规划确定的重点服务产业与行业,着重塑造现代商贸、宜居城区、休闲旅游三大服务业行业品牌,确定行业品牌建设计划和支撑项目。基本形成空间结构比较完善、行业结构比较合理、运行机制灵活、服务功能齐全、信息网络畅通、与国际国内市场对接、生产与流通互相促进,服务皖东南沿江和长三角西部地区,辐射中东部以至更大区域,具有地方特色的区域性现代商贸中心;发展马鞍山市的生态环境,倡导生态休闲宜居的理念,打造成南京市民的后花园;形成完善的旅游服务体系,打造成国际性休闲旅游目的地。

二是培育服务业企业品牌。大力支持服务企业开展自主品牌建设,鼓励企业注册和使用自主商标。加快服务业品牌企业引进,加大对龙头服务品牌企业的扶持培育力度,鼓励服务业企业之间的兼并重组,对品牌服务企业在用地、税收、人才引进等方面进行专向优惠,像培育制造业品牌企业一样培育一批在市内、省内和国内具有很高知名度和影响力的服务业品牌企业。培育的知名品牌,若符合国家有关规定,争取商务部等部门将其纳入中央外贸发展基金等国家有关专项资金扶持范围。

三是加强服务业招商引资工作。深入研究国家产业政策、积极争取政策性资金支持。服务企业应积极申报国家、省重点市场项目,争取国家、省和国内各家银行的支持;积极申报环境保护、文化遗产、生态项目,争取亚行和外国政府贷款的资金支持。采取有效措施、全方位引进国内外各类大型服务企业。进一步加大招商引资力度,切实把招商引资作为发展服务业工作的重中之重。当前,应从以下几方面,采取有效措施、全方位引进国内外各类大型服务企业。首先,建立招商项目库,做好项目文本编制的基础性工作。根据马鞍山市服务业主要发展的产业选择,近期重点围绕现代商贸业、科技服务业、休闲服务业和房地产业,把握国内外资本的投资动向,精心编制一批高质量、针对性强的招商项目,充实完善招商项目库,使招商引资工作有的放矢、循序渐进;其次,创新招商方式,积极参与各类招商活动,重点采取团队招商、驻点招商等方式的同时,积极探索代理招商、网上招商、以商招商等多种招商方式，提高招商引资成功率；第三，创新招商观念、拓展招商范围，重点放在面向国际国内大企业集团，特别是吸引跨国公司地区总部和研发、采购、营销中心等落户马鞍山市。

6. 滁州市

(1)彰显文化旅游业的魅力

滁州市文化底蕴深厚，山水田林资源丰富，要以打造魅力后花园为抓手，以推进文化体制改革为动力，深化文化与旅游的结合。开展"万千百十"工程建设，加快旅游景区、接待设施和旅游产品开发，通过开发万顷山场、千湖水库、百个景区，建设十大旅游项目，培育十大旅游企业，做足做好山水文章，重点组织好琅琊山、九天峰、龙通、跃龙湖、神山寺、莲花塘、栖凤湖、龙尾山等休闲度假基地建设，新建一批中高档旅游星级酒店，培育一批精品旅游产品，推动旅游经济新突破。发挥好琅琊山在全市旅游业中的龙头作用，按照抓琅琊山、带旅游业、建后花园的思路，高水准、高品位规划好大琅琊山旅游区，引山入城，引水入城，科学定位，特色开发，错位发展。琅琊山开发要确保 3 至 5 个较大项目落地开工，尽快形成集聚效应。要积极推进文化管理体制改革，整合文化资源，发展文化产业和文化企业，着力打造农歌会等文化品牌。加强旅游产品开发和旅游市场营销，把旅游观光与休闲度假、购物娱乐、文艺演出、商务活动等结合起来，延伸旅游产业链，发展文化新业态。

(2)挖掘现代物流业的潜力

着力打造大市场、大物流，调整优化全市商贸物流布局，建设以滁城为中心、六个县城为分中心的长江北岸区域性物流中心。滁城重点建设两大核心商圈、两大特色商业街区、四大物流园区、十大市场集群、八片区 32 个农贸市场、天长路等五条商业街和中环国际广场等八大商业综合体，加快推进华东农贸食品城、瑶海农机大市场、滁州国际商城、奥特莱斯直销广场、滁州国际车城、扬子农贸大市场建设，开工建设 7 家汽车 4S 店，争取红星美凯龙、沃尔玛、家乐福、钢材大市场等更多大型商贸物流企业进驻；县市区要进一步完善商业网点规划，发展特色物流市场，加强意大利名品商城、金太阳建材市场、天润城等县市区重点专业市场建设。积极发展第三方物流，建立公共物流信息平台，加快融入长三角物流圈。

(3)激发金融服务业的活力

积极发展金融机构。努力引进股份制商业银行，支持徽商银行在县市区设立支行，积极引进战略投资者发展农村合作银行、村镇银行、小额贷款公司、贷款担保机构、典当机构和保险业，发展和利用资本市场，争取新组建农村合作银行和村镇银行各 2 至 3 家，每个县市区和市本级都要至少新发展小额贷款公司和贷款担保公司 1 家以上。积极争取市外驻滁金融机构扩大投放、地方性金融机构增资扩股，不断创新金融产品，改善金融服务，确保新增贷款超过全省平均水平。加强金融生态环境建设，保障金融业健康发展。

(4)增强房地产业的动力

认真落实稳定房地产市场的政策措施，进一步调整住房供应结构，加快安置房、经济适用房和中低价位商品房开发建设，支持普通商品住房消费，鼓励居民购买自住房和改善性住房，积极发展旅游房地产、工业房地产和商业房地产，促进房地产业健康发展。2009 年要完成房地产投资 80 亿元，开工建设各类住房 300 万平方米，分别比 2008 年增长 21% 和 20%。

(5)强化服务外包产业的推力

服务外包产业是新一轮国际产业转移的重点，是现代服务业的高端，是国内外发展低碳经济和新一轮产业布局的重头戏。就如同 30 年前发展加工贸易一样，谁能抢占先机，谁就抓住了未来对外贸易的制高点。要抓住稍纵即逝的机遇，力推服务外包发展。抓紧制定产业规划，依托市开发区规划建设滁州软件园和省级服务外包示范园区，积极支持康佳呼叫中心在滁州的发展，争取今年在引进服务外包企业上取得突破。

(6)千方百计、各项举措促进服务业发展

加快发展科技和信息服务业,加强公共技术平台和信息基础设施建设,推进电子商务;加快发展商务服务业,鼓励发展法律、会计、审计、广告、咨询、评估等行业,积极引进总部经济;积极发展农业和农村服务业,加强农村金融、技术、信息服务,深入推进"万村千乡"市场工程和"新网工程",大力发展农村连锁经营,活跃农村流通;探索发展居民服务业,开展养老托幼、清洁卫生、家庭教育等便民利民服务。狠抓园区、项目、企业、品牌四大服务业发展基础工程。加快建设滁州物流园、上海交大科技园、大琅琊山旅游度假区,规划建设城南中央商务区,编制一批重点服务业发展项目,扶持全市服务业30强,打造一批知名服务业品牌。将服务业发展纳入政府目标考核范围。

7. 芜湖市

(1)物流业

重点规划建设芜湖港物流园区、芜湖经济技术开发区物流园区、芜湖弋江物流园区等物流园区以及一批物流中心和配送中心,将芜湖市打造成安徽省综合物流中心、长江流域最具产业特色的第三方物流中心以及长江三角洲大物流体系的中心之一。推进现代物流与电子商务的融合,通过网络平台和信息技术将制造商、供应商及货主、用户联结起来,实现物流各环节的有效控制、全程管理,达到信息共用、资源共享。着力提升物流的专业化、社会化服务水平,大力发展第三方物流。

(2)商贸业

不断优化商贸格局,进一步强化分区功能,逐步构建以城市商业中心—副城市商业中心—区级商业中心—社区级商业为网络的布局合理、功能错位、层次分明的现代商贸流通体系,形成大贸易、大流通、大市场的商贸流通新局面。加快建设一批商业设施和特色街,大力发展面向国际、国内,集产品开发、加工、贸易、博览、旅游、购物为一体,具有物流集散、批发交易、信息发布、产品展示、电子商务等综合功能的新型市场集群。积极培育新型商业业态,发展大型综合超市、仓储式超市和连锁经营等,大力推进品牌专卖和系列专卖。

专栏　芜湖发展国际物流和保税物流规划

根据《皖江城市带承接产业转移示范区规划》的定位,芜湖要建成全国重要的制造业基地、现代物流中心和创新型城市,并进一步提出"依托长江黄金水道……形成以芜湖为核心的皖江现代物流产业带"、"设立芜湖保税港区"。根据以上目标制定《芜湖市物流产业发展规划(2009~2020年)》,将建设4个物流园区,8个物流中心和9个配送节点,并将大力建设流通基础设施,统一配送体系,创新配送模式,培育一批服务水平高、国际竞争力强的大型流通领域物流企业。到2015年,现代物流增加值将达345亿元,年均增长25%。

芜湖具有开展国际物流和保税物流的区位交通、产业基础、腹地市场等良好条件。芜湖海关受理报关单和监管进出口集装箱量占安徽关区总量的65%以上。同时,芜湖港具有良好的长江岸线资源,全港共有泊位166个,其中:万吨级码头泊位3个,5000吨级码头泊位34个;"十一五"期末集装箱通过能力将超过100万标箱(TEU)。

长江流域上游有重庆的两路寸滩和下游的江苏张家港两个保税港区,唯独中部地区是空白。选择长江中游沿岸港口城市建设保税港区势在必行。《皖江城市带承接产业转移示范区规划》已明确提出支持设立"芜湖保税港区"。《安徽省现代物流业发展规划》也明确要"充分利用长江黄金水道,加快港口物流和保税物流发展"。建设"芜湖保税港区",芜湖蓄势待发。

(3)中介服务业

按照组织网络化、功能社会化、服务产业化、行业规范化的要求,加快发展工程咨询、科研开发、技术推广、节能服务、产权交易、会计审计、法律咨询、检测认证、信用评估等中介机构，形成运行规范、基本与国际接轨的中介咨询服务体系。通过内引外联、购并重组等方式，鼓励和支持中介咨询机构向规模化、专业化方向发展，打造一批具有知名品牌的事务所或中介法人机构，促进中介服务业上规模、上档次、上台阶。

（4）金融业

积极引进国内股份制银行、外资银行等国内外金融机构，大力发展证券公司、信托投资公司、财务公司、风险投资公司、租赁公司、典当行等各类融资机构。加快引进保险经营机构，推进保险市场主体多元化，不断壮大专业保险经纪公司、代理公司。大力发展担保业，鼓励担保公司增资扩股和民间资本参股。不断完善金融电子化服务网络，加快传统业务项目改造和金融产品创新，形成银行、证券、保险各业并举、各类金融机构并存、服务功能完善、辐射力强、运行稳健的金融体系。

（5）总部经济

以商务楼宇为载体，积极引进国内外大型企业的总部、地区总部、研发中心、采购中心、营销中心、结算中心落户芜湖。实施“走出去”战略，鼓励本土优势企业通过在外地设立分支机构、承包工程及开展劳务合作等形式，不断拓展国内和国外市场。

（6）文化产业

以建设区域文化中心为目标，重点发展符合国家产业目录导向的文化产业，引导民营资本投资文化企业，建立健全开放、有序的文化产业体系。加快推进文化产业基地和特色文化园区建设，全面提升城市中心区的文化品味；加快县区文化馆、图书馆和中心镇、社区文化活动中心建设，完善城乡文化网络。

（7）旅游业

充分发挥“中国优秀旅游城市”的优势，打造“芜湖旅游”品牌，将芜湖建成具有鲜明地方特色和极具吸引力的滨江山水观光、都市休闲娱乐、人文历史探寻的旅游目的地。重点建设华强旅游城（方特欢乐世界）、滨江景观公园、芜湖古城等项目，保护和开发广济寺、赭山、天门山、马仁山、丫山、和平生态公园、陶辛水韵、奎湖、龙窝湖等旅游资源，加大汀棠公园、神山公园的改扩建力度。根据芜湖景点特色和经济特色，不断优化旅游线路，大力发展城市旅游、工业旅游、商贸旅游、生态旅游、农业观光旅游、美食旅游、红色旅游、休闲度假旅游、高校科普旅游、宗教旅游等项目。加强与“两山一湖”为代表的皖南旅游区的协作，做好旅游客流过境中转服务工作。加强与长三角旅游城市合作组织的协作，共同打造长江黄金旅游线。

（8）会展业

坚持政府引导、市场运作，大力发展多层面、高档次、强辐射的现代会展业，努力把中国（芜湖）国际旅游商品博览交易会、中国（芜湖）科普产品博览交易会、中国（芜湖）汽车及汽车零部件博览交易会办成具有国内影响的品牌会展；把中国（芜湖）医药及医疗器械博览交易会、中国（芜湖）机械装备制造业博览会、中国（芜湖）茶业博览会、中国（芜湖）青少年文体生活用品博览交易会、安徽人才交流大会、高校招生皖江地区咨询会、芜湖房地产博览交易会等办成具有区域影响的精品会展。各县区、市直单位要积极承办和创办新的会展，积极主动引进全国性大展，不断拓展会展门类，提升会展层次和质量，进一步巩固区域会展中心城市地位。整合展馆资源，完善国际会展中心相关配套设施，建立健全会展业的管理体制和展馆经营机制，提高展览的组织策划水平，推动芜湖市会展业向国际化、专业化、多样化方向发展。

8. 巢湖市

（1）抓住机遇跨越发展

紧扣《皖江城市带承接产业转移示范区规划》公布契机，根据《规划》中明确将皖江城市带承接产业转移示范区定位为合作发展的先行区、科学发展的试验区、中部地区崛起的重要增长极、全国重要的先进制造业和服务业基地的规定，紧抓机遇，要加快结构调整，大力发展支柱产业，加快发展园区经济，积极推动服务业发展。

(2)实施重点工程，促进农村服务业发展

通过深入实施"家电下乡"等重点工程，完善适合巢湖市农村消费特点的家电流通和服务网络体系，规范家电下乡网点建设，从而带动相关服务业的发展。

(3)繁荣商贸，活跃经济

进一步完善城市商业网点规划，科学布局各具特色的商业型态，满足不同层次的消费需求。加快社区商业发展，积极推进家政服务工程，实施标准化菜市场示范工程，推进早餐示范工程，加快再生资源回收体系建设。

(4)培育新的消费热点，加快消费结构升级

培育和扩大消费热点，引导个性化、差异化、时尚化、品牌化消费；积极开展"名品进名店"、"品牌产品下乡"等活动；积极开展以酬宾让利、换季购物、休闲购物、名优特新产品展销等为主要内容的营销活动；努力发展新型商业，加强电子商务平台建设，发展新型消费模式，提升电子结算水平。

(5)加快服务业人才引进培训力度

建立健全人才引进和流动机制，加强创新人才培养。搭建引才平台，加快服务业人才的集聚。针对企业需求，积极采取定向式小团组赴外引才，发挥网络平台信息发布的传统功能，开展网上专场招聘会，提高引才效果。

(6)加大政策支持力度，建立服务业专项资金

各级政府需要加大服务业发展支持力度，在服务业规划建设用地、土地出让金、城市建设相关税费等方面，出台服务业发展支持政策，加大财政投入，建立专项支持资金。

六　南京都市圈固定资产投资

(一)南京都市圈基本情况

2009年南京都市圈全社会固定资产投资7903.79亿元,比2008年增长29.29%。其中,南京市全社会固定资产投资2668.03亿元,占南京都市圈投资总额的33.76%;扬州市全社会固定资产投资1063.90亿元,占南京都市圈投资总额的13.46%;镇江市全社会固定资产投资1010.57亿元,占南京都市圈投资总额的12.79%;淮安市全社会固定资产投资745.58亿元,占南京都市圈投资总额的9.43%;马鞍山市全社会固定资产投资546.14亿元,占南京都市圈投资总额的6.91%;滁州市全社会固定资产投资524.85亿元,占南京都市圈投资总额的6.64%;芜湖市全社会固定资产投资900.69亿元,占南京都市圈投资总额的11.40%;巢湖市全社会固定资产投资444.03亿元,占南京都市圈投资总额的5.62%。

表4-25　　2005~2009年南京都市圈全社会固定资产投资　　单位:亿元

	2005年	2006年	2007年	2008年	2009年
南京	1402.72	1613.55	1867.96	2154.17	2668.03
扬州	410.00	533.30	533.30	950.00	1063.90
镇江	404.75	501.18	501.18	718.50	1010.57
淮安	330.73	450.20	450.20	563.25*	745.58*
马鞍山	191.38	262.25	262.25	404.50	546.14
滁州	114.20	160.53	160.53	360.96	524.85
芜湖	220.93	287.22	287.22	614.95	900.69
巢湖	137.11	164.29*	164.29*	346.79	444.03
南京都市圈合计	3211.82	3972.52	4226.93	6113.12	7903.79

数据来源:历年《江苏统计年鉴》、《安徽统计年鉴》以及各市统计公报。
*为规模以上固定资产投资。

(二)南京都市圈各市的基本情况

1.南京市

(1)固定资产投资的总体情况

2009年南京市完成全社会固定资产投资2668.03亿元,比2008年增长23.9%。从产业结构看,第一产业完成投资12.24亿元,比2008年下降1.5%;第二产业完成投资1311.31亿元,增长20.4%,其中工业投入1300.40亿元,增长20.3%;第三产业完成投资1344.48亿元,增长27.7%。

表 4－26　**2005～2009 年南京市全社会固定资产投资总体情况**　单位:亿元

	2005 年	2006 年	2007 年	2008 年	2009 年
第一产业	4.78	6.90	10.61	12.43	12.24
第二产业	586.42	738.77	936.97	1088.93	1311.31
第三产业	811.52	867.88	920.38	1052.81	1344.48
合计	1402.72	1613.55	1867.96	2154.17	2668.03

数据来源:历年南京市统计公报。

(2)固定资产投资的经济类型

民间投资大幅增长,完成投资 1365.94 亿元,增长 32.5%,占全社会固定资产投资的比重达到 51.2%。从所有制结构看,国有经济完成投资 972.32 亿元,比 2008 年增长 26.3%;非国有经济完成投资 1695.71 亿元,增长 22.5%。其中:外商及港澳台经济完成投资 329.77 亿元,下降 6.7%;私营和个体经济完成投资 837.75 亿元,增长 48.5%。

(3)房地产投资

2009 年南京市完成房地产开发投资 595.68 亿元,增长 17.2%。全年实现商品房屋销售面积和销售额分别为 1187.27 万平方米和 853.07 亿元,比 2008 年分别增长 68.8% 和 137.4%。

2. 扬州市

(1)固定资产投资的总体情况

投资总量持续快速增长。扬州市完成全社会固定资产投资 1063.9 亿元,增长 33.8%。其中规模以上项目完成投资 1000.1 亿元,增长 35%,占全社会投资的 94%;规模以下项目完成投资 63.9 亿元,增长 17.1%,占全社会投资的 6%。规模以上项目投资中:城镇项目完成投资 594.1 亿元,增长 45%;农村项目完成投资 276.4 亿元,增长 43.2%;房地产开发完成投资 129.5 亿元,下降 5.9%。投资结构继续调整。第一产业完成投资 11.3 亿元,增长 49.4%;第二产业完成投资 719 亿元,增长 41.2%;第三产业完成投资 333.6 亿元,增长 22.1%。一、二、三产业投资占全社会投资的比重分别为 1.1%、67.6% 和 31.3%。一产比重提高 0.1 个百分点,二产比重提高 3.5 个百分点,三产比重下降 3.6 个百分点。工业投资进一步加强。完成投资 713.7 亿元,增长 40.9%,占全社会投资的比重达 67.1%,比 2008 年提高 3.4 个百分点。

(2)房地产投资

2009 年,扬州市房地产开发投资 129.5 亿元,下降 5.9%;其中商品住宅完成投资 106.3 亿元,下降 2.3%;办公楼完成投资 1.8 亿元,下降 43.0%;商业营业用房完成投资额 14.8 亿元,下降 19.3%。商品房销售增势强劲,扬州市商品房共销售 514.7 万平方米,增长 69.1%。其中:住宅销售面积 466.8 万平方米,增长 75.3%;办公楼销售面积 6.6 万平方米,增长 5.5%;商业营业用房销售面积 37.2 万平方米,增长 40.9%。商品房销售额达 225.5 亿元,增长 105.0%;其中住宅销售额 198.6 亿元,同比增长 120.2%;办公楼销售额 3.6 亿元,下降 5.5%;商业营业用房销售额 22.4 亿元,增长 51.1%。

(3)重大基础设施投资

重大基础设施建设加快推进。江海高速扬州段、沪陕高速江六段、京杭运河扬州段“三改二”、邵伯和施桥三线船闸扩容、乌塔沟分洪道等工程加快建设。宁启铁路复线及电气化改造、扬州港 5 号泊位开工建设。苏中江都机场项目建设已获批。连淮扬镇铁路、淮河入江水道整治和扬州西输变电工程等项目的前期工作取得积极进展。

3. 镇江市

(1)固定资产投资的总体情况

抢抓机遇加快投入。2009年,镇江市全社会固定资产投资完成1010.57亿元,比2008年增长40.6%。其中:第一产业投资17.12亿元,增长32.5%;第二产业投资634.26亿元,增长36.9%,其中工业投资624.67亿元,增长36.5%;第三产业投资359.19亿元,增长48.3%。在全社会固定资产投资中:规模投资834.21亿元,增长35.8%;城镇投资606.65亿元,增长32.9%。按登记注册类型分:国有投资287.61亿元,增长106.1%;三资企业投资227.34亿元,增长15.6%;民营投资495.62亿元,增长29.3%。重大投资项目进展顺利。2009年,镇江市在建规模投资项目(500万元以上)1458个,比2008年增加53个。其中:在建亿元以上项目221个,比2008年增加70个,其中,5亿元以上项目52个、比2008年增加23个,10亿元以上项目21个、比2008年增加17个。在建规模投资项目中,当年新开工亿元以上项目75个,5亿元以上项目20个,10亿元以上项目12个。巨宝科技一期、索普60万吨醋酸造气、台泥二期、江苏胜华造船等项目竣工或投产;二重一期、国电谏壁电厂100万千瓦、中石油物流中心、中储粮镇江储备中心等项目顺利推进。

(2)房地产投资

房地产市场量价齐升。2009年,镇江市房地产开发投资完成95.47亿元,比2008年下降1.6%。商品房竣工面积291.29万平方米,比2008年增长3.4%,其中住宅254.41万平方米,增长7.2%;商品房销售面积457.27万平方米,比2008年增长113.6%,其中住宅414万平方米,增长115.4%;商品房销售额187.17亿元,比2008年增长158.1%,其中住宅165.67万平方米,增长158.1%。全市商品房住宅销售均价4002元/平方米,其中市区4249元/平方米,比2008年分别增长19.8%和15.2%。

4. 淮安市

(1)固定资产投资的总体情况

固定资产投资较快增长。2009年淮安市完成500万元以上项目固定资产投资745.58亿元,比2008年增长32.4%。其中:城镇投资682.95亿元,比2008年增长31.8%,城镇投资中房地产开发投资182.15亿元,增长31.6%;农村投资62.64亿元,增长39.0%。按产业分:第一产业投资14.19亿元,增长37.8%;第二产业投资366.22亿元,增长30.1%,其中工业投资360.12亿元,增长33.1%;第三产业投资365.18亿元,增长34.6%。

(2)房地产投资

商品房市场销售快速增长。2009年淮安市商品房销售面积531.34万平方米,比2008年增长101.3%;其中住宅销售面积473.51万平方米,增长99.8%。商品房销售额154.81亿元,比2008年增长119.7%;其中住宅销售额132.93亿元,增长120.8%。

(3)基础设施建设

基础设施建设加快推进。交通基础设施建设完成投资45亿元,公、铁、水、空基础设施建设全面推进,综合性交通运输体系逐步完善。建成涟水机场主体工程和城南汽车客运站,盐河航道整治工程提前开工建设;205国道、325省道等干线公路建设加快推进;宿淮铁路完成前期拆迁并开工建设,淮扬镇铁路、淮连铁路前期工作稳步推进。

5. 马鞍山市

(1)固定资产投资的总体情况

固定资产投资较快增长。2009年马鞍山市全社会固定资产投资为546.14亿元,比2008年增长35%,投资额居全省第5位。其中房地产开发投资62.76亿元,比2008年下降3.7%。

(2)固定资产投资的投资结构

投资结构逐步优化。2009 年:第一产业完成投资 8.22 亿元,比 2008 年增长 1 倍;第二产业完成投资 269.71 亿元,比 2008 年增长 14.4%,其中工业性投资完成 263.43 亿元,比 2008 年增长 13.8%,占全社会固定资产投资比重 48.2%;第三产业完成投资 268.21 亿元,比 2008 年增长 62.8%,城市基础设施投资 103.07 亿元,增长 24.9%。

(3)重点项目建设

重点项目建设加快推进。2009 年完成重点项目投资 212.7 亿元,占投资总量的 38.9%。省"861"计划完成投资 156.2 亿元。科达机电、达利食品等 52 个项目建成投产;华菱 3 万辆重卡等 90 个项目开工建设;天成纺织搬迁扩建等一批项目加快推进。

6. 滁州市

(1)固定资产投资的总体情况

2009 年滁州市全社会完成固定资产投资 524.85 亿元,比 2008 年增长 45.4%,比"十五"期间年均增速高 26.8 个百分点。其中:城镇项目投资 440.43 亿元,增长 46.9%;农村项目投资 30.39 亿元,下降 0.9%。规模以上投资中:第一产业投资 14.1 亿元,增长 31.8%;第二产业投资 300.1 亿元,增长 38.6%;第三产业投资 192.6 亿元,增长 61.7%。从行业看:工业投资 261.6 亿元,增长 34.4%,其中,制造业投资 245.6 亿元,增长 39.9%,电力、热力的生产和供应业投资 7.25 亿元,下降 37.9%;第三产业中,科学研究、技术服务与地质勘查业投资增长 33.78 倍,居民服务和其他服务业投资增长 4.20 倍,公共管理和社会组织投资增长 2.70 倍,文化、体育与娱乐业投资增长 91.5%,交通运输、仓储和邮政业投资增长 91.5%。全年 50 万元以上固定资产施工项目 2466 个,当年新开工项目 1817 个,其中 500 万元以上项目 1675 个,已投产项目 1009 个。

(2)房地产投资

滁州市全年房地产开发投资完成 66.37 亿元,比 2008 年增长 43.1%;商品房销售额 63.1 亿元,比 2008 年增长 107.2%,商品房销售面积 212.63 万平方米,比 2008 年增长 68.3%。

(3)重点项目建设

重点项目建设进展良好。滁州市全年全市共安排"861"行动计划项目 182 项,当年完成投资 149.57 亿元。总投资 143 亿元的年产 100 万吨 PVC 定远盐化项目,当年完成投资 9.75 亿元,累计完成 11.43 亿元;总投资 13 亿元的金太阳建材商埠项目,当年完成投资 8.49 亿元,累计完成 10.90 亿元;总投资 8.1 亿元的安徽天大企业集团有限公司石油油井管技术改造项目,当年完成投资 4.65 亿元,累计完成 6.20 亿元。一批新项目如期开工建设。总投资 9.0 亿元的海螺水泥 2 条日产 4500 吨干法水泥项目,当年完成投资 6.44 亿元;总投资 8.0 亿元的安徽盼盼食品有限公司食品深加工项目,当年完成投资 1.0 亿元;总投资 4.79 亿元的安徽全柴集团有限公司天和新建铸造项目,当年完成投资 1.5 亿元。

7. 芜湖市

(1)固定资产投资的总体情况

2009 年芜湖市完成固定资产投资 900.69 亿元,比 2008 年增长 46.5%;其中,城镇投资 880.49 亿元,增长 48.0%。全年新增固定资产 470.91 亿元。2009 年项目建成投产率 64.5%,固定资产交付使用率 52.3%。固定资产投资中:第一产业投资 8.89 亿元,比 2008 年增长 176.4%;第二产业投资 464.11 亿元,增长 44.9%,其中工业投资 461.81 亿元,增长 44.9%;第三产业投资 427.69 亿元,增长 46.8%。

(2)房地产投资

房地产开发投资 206.87 亿元,增长 37.7%。2009 年芜湖市销售商品房 286.09 万平方米,增长 61.5%;商品房销售额 110.19 亿元,增长 56.2%。

8. 巢湖市

(1)固定资产投资的总体情况

2009 年巢湖市全社会固定资产投资 444.03 亿元,比 2008 年增长 28.0%。其中:城镇投资 395.01 亿元,增长 28.9%;非农户投资 49.02 亿元,增长 21.3%。从产业看:第一产业投资 15.85 亿元,增长 55.8%;第二产业投资 228.10 亿元,增长 17.7%;第三产业投资 200.09 亿元,增长 40.1%。从行业看,工业投资 228.02 亿元,比 2008 年增长 17.7%,其中制造业投资增长 20.6%。三产中的交通运输、仓储和邮政业投资增长 43.0%,信息传输、计算机服务和软件业投资增长 30.5%,水利、环境和公共设施管理业投资增长 54.5%,卫生、社会保障和社会福利业投资增长 171.2%。

(2)房地产投资

2009 年巢湖市房地产开发投资 60.22 亿元,比 2008 年增长 22.5%。商品房销售面积 218.29 万平方米,增长 47.3%;商品房销售额 66.07 亿元,增长 79.8%;商品房空置面积 19.45 万平方米,下降 6.2%。

(3)重点项目建设

巢湖市共有 225 个项目入围省“861”行动计划,全年共完成投资 192 亿元。龙桥铁矿 200 万吨选矿厂已建成投入试生产;上海华谊集团无为煤化工项目一期主体工程全面建设;碧桂园中庙滨湖城项目已完成房屋主体工程 60 万平方米;安徽省精细化工基地完成了基地总体规划、控制性详细、规划环评和规划审批工作;环巢湖旅游开发及旅游基础设施综合工程部分道路、旅游景点、污水处理工程均已开工建设。

七　南京都市圈基础设施建设

一、南京都市圈基础设施建设的基本情况

1. 2005～2009 年南京都市圈基础设施建设总体情况

南京都市圈立足优化城市功能、加强城市合作，着重推进一批重大基础设施建设，形成大建设、大发展的区域格局，基础设施发展水平处于全国前列。五年来，城镇固定资产投资总量持续快速增长，2009 年达到 6415.75 亿元，投资结构不断优化，资金来源渠道日益丰富。城市综合交通运输体系逐步完善，2009 年共有公路里程 76277 公里，邮电通信设施建设稳步发展，水利及城市供排水、供气、供电设施水平大幅度提高，2009 年城市全年供水量、人工煤气和天然气供气量、液化石油气供气量，分别达 193467 万立方米、1818245 万立方米和 277496 吨。南京都市圈的很多城市正在积极建设生态园林城市和森林城市，城市生态基础设施建设取得快速发展，2009 年城市园林绿地面积达 105455 公顷。中心城市对农村的辐射作用进一步发挥，向城乡基础设施一体化迈进了一大步。区域性基础设施共建共享与集约化发展取得重要成绩，创建了交通、天然气、供水、供电等重大基础设施的共享平台。

表 4－27　　2005～2009 年南京都市圈基础设施建设情况

	2005 年	2006 年	2007 年	2008 年	2009 年
城镇固定资产投资（亿元）	2362.38	2840.81	3609.36	4539.62	6415.75
公路里程（公里）	39199.00	68791.00	70693.00	72420.00	76277.00
城市年末实有公共汽车营运车辆（辆）	9178.00	8922.00	9659.00	10330.00	11751.00
城市全年供水总量（万立方米）	236982.00	231021.00	227038.00	216780.00	193467.00
城市人工煤气和天然气供气量（万立方米）	1278925.00	1445786.00	1634127.00	1629495.00	1818245.00
城市液化石油气供气量（吨）	371871.00	360309.00	328106.00	257084.00	277496.00
城市园林绿地面积（公顷）	91993.00	93984.00	98600.00	102350.00	105455.00

数据来源：《江苏统计年鉴》、《安徽统计年鉴》（历年）。

2. 2005～2009 年南京都市圈基础设施建设增长情况

近年来，南京都市圈基础设施建设不断增长，2009 年较 2005 年除城市自来水全年供水量、液化石油气全年供气量有所下降外（分别年均下降 2.53% 和 5.9%），其他各项指标均出现大幅增长。2005～2009 年，城镇固定资产投资年均增幅高达 26.1%，受益于国家 4 万亿元投资的拉动 2009 年增幅高达 41.33%；公路里程年均增长 18.41%，城市公共汽车营运车辆年均增加 76.73%，城市煤气和天然气供气量年均增长 12.85%，城市气化率不断提高，城市园林绿地面积年均增加 2.08%。

专题

表 4－28　　2005～2009 年南京都市圈基础设施增长情况　　单位:%

	2005 年	2006 年	2007 年	2008 年	2009 年
城镇固定资产投资	16.08	20.25	27.05	25.77	41.33
公路里程	6.01	75.49	2.76	2.44	5.33
城市年末实有公共汽车营运车辆	7.47	－2.79	8.26	6.95	13.76
城市全年供水总量	6.88	－2.52	－1.72	－4.52	－10.75
城市人工煤气和天然气供气量	26.87	13.05	13.03	－0.28	11.58
城市液化石油气全年供气量	－3.77	－3.11	－8.94	－21.65	7.94
城市园林绿地面积	－3.50	2.16	4.91	3.80	3.03

数据来源:《江苏统计年鉴》、《安徽统计年鉴》(历年)。

3. 2009 年南京都市圈基础设施建设重点工程

禄口国际机场第二跑道、T2 航站楼建设和 T1 航站楼改造,苏中江都机场、淮安机场、京沪高铁南京南站、京沪高铁滁州站等重大战略枢纽工程建设进一步加快。在公路建设上,宁合高速拓宽和江六、江海高速、合巢马常高速、仪宁高速、安徽北沿江高速、溧芜高速、滁扬高速、马滁扬高速、滁马高速、南京绕城高速公路等过境和对外公路大通道都在加紧规划建设中;宁镇、宁句、宁杭、宁宣、宁巢、宁合、宁滁、浦泗、淮江、溧马与马濮路等城际快速公路开始规划建设,将逐步形成南京都市圈城际快速公路网。在轨道交通建设上,各市市长在签署的第四界合作备忘录上再次达成共识:将加快建设淮扬镇铁路,实施宁启线、皖赣线扩能工程,加快宁芜线扩能改造工程前期工作,加快推进南京至扬州、滁州快速轨道和安徽北沿江铁路、宁马线、宁句线、宁淮线等前期工作。“西气东输”管线过江选址在南京三江口,马鞍山沿宁马高速公路作为支线走向,在主管线上接高压支管直达马鞍山延至芜湖,充分体现了圈内城市设施的共建共享效应。

二、江苏四市基础设施建设情况

1. 南京基础设施建设情况

(1)2005～2009 年总体情况

2009 年,南京市立足增强城市辐射力和带动力,着重推进一批重大基础设施建设。全年完成全社会固定资产投资 2668.03 亿元,比 2008 年增长 23.9%,其中民间投资大幅增长,完成投资 1365.94 亿元,增长 32.5%,占全社会固定资产投资的 51.2%;完成城镇固定资产投资 2153.27 亿元。城市功能进一步完善,老城基础设施启动优化改造,新街口商圈、河西中央商务区等重点功能区域基础设施建设加速推进,初步建成主城与新区之间的快速交通和生态隔离带。农村基础设施建设加强,继续实施“三个集中”,汤山、汤泉、禄口、桥林、八百桥等特色名镇建设加快,向城乡基础设施一体化迈进了一大步。2009 年共有公路里程 10509 公里,高速公路密度位居中国中心城市第二位,加快实施公交优先战略,全年新增和更新公交车 1200 辆,公交运营车辆总数达到 6081 辆,新增 2 条过江公交线路。改造污水管网 50 公里以上,生活污水日处理能力达到 150 万吨,全市日供水能力达到 570 万立方米,名列全国“节水型城市”第三位。完成造林 10 万亩,森林覆盖率提高到 25%,人均公共绿地面积达到 13.6 平方米,建成区绿化覆盖率达 46.5%。城区新改建公厕 40 座、垃圾中转站 12 座,新农村新建垃圾中转站 9 座。全市年末拥有文化馆 16 个、公共图书馆 18 个、博物馆 38 个、广播电台 2 座、电视台 2 座、医疗卫生机构 1764 个、社区卫生服务中心(站)879 个。

表 4-29　　2005～2009 年南京市基础设施建设情况

	2005 年	2006 年	2007 年	2008 年	2009 年
城镇固定资产投资（亿元）	1116.44	1228.31	1443.4	1736.48	2153.27
公路里程（公里）	8330.00	9689.00	9947.00	10164.00	10509.00
城市年末实有公共汽车营运车辆（辆）	5074.00	5126.00	5589.00	5791.00	6081.00
城市全年供水总量（万立方米）	118875.00	117603.00	104760.00	105130.00	108735.00
城市人工煤气和天然气供气量（万立方米）	1265490.00	1398020.00	1612365.00	1580508.00	1757470.00
城市液化石油气供气量（吨）	145509.00	168276.00	165489.00	133368.00	154454.00
城市园林绿地面积（公顷）	71020.00	74276.00	75612.00	76317.00	77236.00

数据来源：《江苏统计年鉴》（历年）。

（2）2005～2009 年增长情况

从增长情况来看，2005～2009 年南京市城镇固定资产投资、公路里程、城市年末实有公共汽（电）车营运车辆均呈现逐年增加态势，年均分别递增 16.92%、5.27% 和 4.9%；城市煤气和天然气供气量年均递增 12.47%，液化石油气供气量年均递减 0.83%，供水量年均递减 1.19%，园林绿地面积年均递增 0.8%。

表 4-30　　2005～2009 年南京市基础设施增长情况　　单位：%

	2005 年	2006 年	2007 年	2008 年	2009 年
城镇固定资产投资	12.78	10.02	17.51	20.30	24.00
公路里程	1.81	16.31	2.66	2.18	3.39
城市年末实有公共汽车营运车辆	5.80	1.02	9.03	3.61	5.01
城市全年供水总量	2.24	-1.07	-10.92	0.35	3.43
城市人工煤气和天然气供气量	27.30	10.47	15.33	-1.98	11.20
城市液化石油气全年供气量	-14.54	15.65	-1.66	-19.41	15.81
城市园林绿地面积	-4.54	4.58	1.80	0.93	1.20

数据来源：《江苏统计年鉴》（历年）。

（3）2009 年基础设施建设重点工程

2009 年，南京市跨江基础设施建设发展迅速，推进滨江发展带和禄口航空港、铁路枢纽港、江海联运南京港"一带三港"建设，开始由"秦淮河时代"向"长江时代"迈进，立体交通网覆盖全城。2009 年，长江隧道全线贯通，长江四桥开工建设；京沪高铁大胜关铁路大桥贯通，京沪高铁、沪宁城际铁路、铁路南站等重点工程进展顺利；地铁二号线一期、一号线南延和二号线东延主体工程基本完成，完成中山东路—汉中路、中央路—中山路—中山南路综合整治，推进纬七路东进西延等快速路建设，拓宽改造和燕路等一批主次干道。完成一批城市内河环境综合整治工程，仙林、城东污水处理厂二期工程投入试运行，城北污水收集系统建成，桥北污水处理系统、内秦淮河污水收集工程加快建设。

南京长江隧道：是中国长江上隧道长度最长、盾构直径最大、工程难度最高、挑战性最多的工程之一。位于南京长江大桥和长江三桥之间，南起南京市主城区的滨江快速路，北至江北收费广场连接线，连接河西新城区—江心洲—浦口区。双向 6 车道，行车时速 80 公里，工程总投资约 33 亿元人民币，穿越长江的左右线盾构隧道的总长度为 6042 米，其中左线隧道长 3022 米。它的建设改变了长江单一的桥梁过江交通方式，对于缓解南京市跨江交通压力、促进沿江大开发具有重大意义。左线于 2009 年 5 月 20 日 10 时贯通，右线于 2009 年 8 月 22 日上午贯通。

2. 镇江基础设施建设情况

(1)2005～2009 年总体情况

镇江利用国家 4 万亿元投资机遇，加大基础设施建设投入，全力推进重大项目建设，跨越发展之势初显。全年完成全社会固定资产投资 1010.57 亿元，比 2008 年增长 40.6%，其中国有投资增长较快，达 287.61 亿元，增长 106.1%，全年完成城镇固定资产投资 606.65 亿元。交通、通信设施建设稳定发展，年末全市公路里程达 6732 公里，2009 年新增 257 公里，其中新增高速公路 153 公里。新增公共汽车营运车辆 125 辆，达到 990 辆，新辟和优化公交线路 22 条，开通两条大运量公交线。年末拥有邮政局(所)127 处，拥有图书馆 8 家、博物馆 9 家、体育场馆 178 个、卫生机构 890 个、镇(街道)文化站 52 个，605 个行政村建成文化活动室，“农家书屋”覆盖率达 100%。21 个乡镇通过全国环境优美乡镇省级考核，太湖流域 140 项重点治污工程基本完成，已建和新建 34 座乡镇污水处理厂，森林覆盖率达 20.7%，燃气、自来水普及率分别达 96.1% 和 100%。

表 4－31　　2005～2009 年镇江市基础设施建设情况

	2005 年	2006 年	2007 年	2008 年	2009 年
城镇固定资产投资(亿元)	260.35	300.03	363.73	456.22	606.65
公路里程(公里)	3192.00	5181.00	6219.00	6475.00	6732.00
城市年末实有公共汽车营运车辆(辆)	684.00	733.00	780.00	908.00	990.00
城市全年供水总量(万吨)	15587.00	14137.00	15389.00	15625.00	16432.00
城市液化石油气供气量(吨)	56106.00	45335.00	45321.00	31287.00	31635.00
城市园林绿地面积(公顷)	5110.00	3293.00	5839.00	6097.00	6399.00

数据来源:《江苏统计年鉴》(历年)。

(2)2005～2009 年增长情况

从增长情况来看，2005～2009 年镇江市城镇固定资产投资、公路里程、城市年末实有公共汽车营运车辆均呈现逐年增加态势，年均分别递增 24.11%、19.1% 和 10.95%；城市液化石油气供气量年均递减 10.11%，天然气供气量出现相应增加，供水量年均递增 1.94%，园林绿地面积年均递增 11.1%。

表 4－32　　2005～2009 年镇江市基础设施增长情况　　单位:%

	2005 年	2006 年	2007 年	2008 年	2009 年
城镇固定资产投资	25.68	15.24	21.23	25.43	32.97
公路里程	5.07	62.31	20.03	4.12	3.97
城市年末实有公共汽车营运车辆	15.74	7.16	6.41	16.41	9.03
城市全年供水总量	3.42	－9.30	8.86	1.53	5.16
城市液化石油气全年供气量	－1.47	－19.20	－0.03	－30.97	1.11
城市园林绿地面积	4.35	－35.56	77.32	4.42	4.95

数据来源:《江苏统计年鉴》(历年)。

(3)2009 年基础设施建设重点工程

加快京沪高铁、沪宁城际铁路镇江段及场站等配套工程建设,推进宁杭城际铁路镇江段以及泰州大桥南接线建设,启动大港四期工程,建成兴隆港一期工程。花园新城雏形初显,总投资 14.74 亿元的体育会展中心开工建设,南山景区西大门及广场建成并投入使用;老城区改造成效显著,实施中华路、双井路、迎江路、新河街片区等 50 万平方米危旧房片区改造,推进 40 万平方米老小区整治,投入 8 亿元改造城中村。中心城市对农村的辐射作用进一步发挥,农村"三集中"有序推进,新建农民集中居住点 63 个、257 万平方米。

兴隆港一期工程:镇江港扬中港区兴隆作业码头由浙江盈都集团和镇江港口有限公司共同投资建设。一期工程总投资 4.2 亿元,占用岸线 470 米,建设一座 3 万吨兼靠 5 万吨泊位和一座 3.5 万吨兼靠 5 万吨泊位,年设计吞吐能力 500 万吨,于 2007 年开工建设。2009 年 7 月 7 日,兴隆码头一期工程正式投入使用,标志着扬中告别了"有黄金岸线,无深水码头"的历史,将在扬中岛内构筑一个有特色、有品位,并有较强辐射力的港口物流平台,同时进一步扩大镇江港的通过能力,成为镇江港"亿吨大港"的重要组成部分。

3. 扬州基础设施建设情况

(1)2005 ~ 2009 年总体情况

基础设施建设投资总量持续快速增长,全年完成全社会固定资产投资 1063.9 亿元,增长 33.8%,其中规模以上项目完成投资 1000.1 亿元,增长 35%,占全社会固定资产投资的 94%,完成城镇固定资产投资 723.61 亿元。重大基础设施建设加快推进,2009 年末全市公路里程 10060 公里,其中高速公路里程 240.6 公里,城市公共汽车营运车辆 1012 辆,全年供水 10959 万立方米,人工煤气和天然气供气 5034 万立方米,液化石油气供气 22760 吨,园林绿地面积 3419 公顷,森林覆盖率达 18.1%。全市共有文化馆和群艺馆 8 座、公共图书馆 7 座,新建社区文化活动室 65 个、农家书屋 366 个。农村"十大工程"、"新五件实事工程"加快推进,新建农村公路 470 公里,疏浚县乡河道 2900 万立方米,新增农村饮用安全水 20 万人,11 个乡镇建成污水集中处理设施。

表 4-33　2005 ~ 2009 年扬州市基础设施建设情况

	2005 年	2006 年	2007 年	2008 年	2009 年
城镇固定资产投资(亿元)	295.55	357.83	438.35	547.51	723.61
公路里程(公里)	5479.00	9247.00	9694.00	9907.00	10060.00
城市年末实有公共汽车营运车辆(辆)	1086.00	742.00	798.00	826.00	1012.00
城市全年供水总量(万立方米)	13288.00	11315.00	10664.00	10593.00	10959.00
城市液化石油气供气量(吨)	28126.00	31708.00	23265.00	22340.00	22760.00
城市园林绿地面积(公顷)	2601.00	2625.00	2903.00	3259.00	3419.00

数据来源:《江苏统计年鉴》(历年)。

(2)2005 ~ 2009 年增长情况

从增长情况来看,2005 ~ 2009 年扬州市城镇固定资产投资、公路里程呈现逐年增加态势,年均分别递增 26.7% 和 15.54%;城市年末实有公共汽车营运车辆年均递增 6.3%,供水量年均递增 1.82%,液化石油气供气量年均递减 1.69%,天然气供气量 2009 年较 2004 年增加 2747 万立方米,园林绿地面积年均递增 0.15%。

表4-34　2005~2009年扬州市基础设施增长情况　单位:%

	2005年	2006年	2007年	2008年	2009年
城镇固定资产投资	32.88	21.07	22.50	24.90	32.16
公路里程	0.37	68.77	4.83	2.20	1.54
城市年末实有公共汽车营运车辆	29.59	-31.68	7.55	3.51	22.52
城市全年供水总量	26.93	-14.85	-5.75	-0.67	3.46
城市液化石油气全年供气量	7.52	12.74	-26.63	-3.98	1.88
城市园林绿地面积	-27.93	0.92	10.59	12.26	4.91

数据来源:《江苏统计年鉴》(历年)。

(3)2009年基础设施建设重点工程

江海高速扬州段、沪陕高速江六段、城北客运总站、连淮扬镇铁路、京杭运河扬州段"三改二"、淮河入江水道整治、邵伯和施桥三线船闸扩容、新民滩特大桥、乌塔沟分洪道、第五水厂、500千伏扬州西输变电工程、文化博览城建设等工程加快推进。宁启铁路复线及电气化改造、扬州港5号泊位开工建设。苏中江都机场项目经国务院常务会议通过。新改建润扬北路、沙湾路等城区主次干道22条,翻建街巷68条,整治古运河沿线环境,城区50平方公里主要区域实现无线宽带网络覆盖。修缮阮元家庙祠堂、冬荣园、小盘谷等一批文保建筑。

苏中江都机场:是由江苏扬州、泰州两市联合共建的一座中小型机场,该项目已列入《全国民用机场布局规划》(发改交运〔2008〕83号)。苏中江都机场场址位于江都市丁沟镇境内,处于江都市通北高地,机场分两期建设,近期(2020年)规划为支线机场,占地约1966.8亩,主要涉及丁沟镇联民、荣臣、朱桥和韩银4个行政村,按满足150万人次的年旅客吞吐量设计,飞行等级标准为4C级,预留4D发展空间;远期(2040年)机场向北向西扩展,规划为中型机场,占地约4726亩。机场隶属民航华东局管理。总投资约9.74亿元。机场定位为苏中、苏北的航空枢纽,立足苏中,辐射苏南、苏北及皖东地区,与南京禄口机场在功能定位上有机衔接、互为补充。

4. 淮安基础设施建设情况

(1)2005~2009年总体情况

淮安市围绕"苏北重要中心城市"的战略定位,全力加快中心城市建设步伐,固定资产投资增长较快。2009全年完成500万元以上项目固定资产投资745.58亿元,比2008年增长32.4%,完成城镇固定资产投资682.95亿元。交通基础设施建设完成投资45亿元,综合性交通运输体系逐步完善,全市2009年末公路总里程11220公里,比2008年增加156公里,其中高速公路里程380公里。城市建设项目进展顺利,实施了七大类515个项目,已竣工或工程主体基本完成项目328个。年末全市共有影剧院8个、公共图书馆8个、博物馆10个、广播电台7座、电视台7座、各类卫生机构603个。

表4-35　2005~2009年淮安市基础设施建设情况

	2005年	2006年	2007年	2008年	2009年
城镇固定资产投资(亿元)	234.49	305.56	394.91	518.20	682.95
公路里程(公里)	6976.00	9975.00	10084.00	11064.00	11220.00
城市年末实有公共汽(电)车营运车辆(辆)	619.00	588.00	741.00	861.00	831.00

续表

	2005年	2006年	2007年	2008年	2009年
城市全年供水总量(万立方米)	5893.00	7502.00	5957.00	9890.00	11486.00
城市液化石油气供气量(吨)	38786.00	37637.00	23712.00	24854.00	26566.00
城市园林绿地面积(公顷)	2746.00	3124.00	3430.00	5473.00	4599.00

数据来源:《江苏统计年鉴》(历年)。

(2)2005~2009年增长情况

从增长情况来看,2005~2009年淮安市城镇固定资产投资、公路里程呈现逐年增加态势,分别年均递增28.77%和15.4%;2009年末实有公共汽(电)车营运车辆年均递增35.53%,供水量年均递增14.57%,液化石油气供气量年均递减4.06%,天然气供气量2009年较2008年增加1895万立方米,园林绿地面积年均递增14.37%。

表4-36　2005~2009年淮安市基础设施增长情况　单位:%

	2005年	2006年	2007年	2008年	2009年
城镇固定资产投资	21.30	30.31	29.24	31.22	31.79
公路里程	21.81	42.99	1.09	9.72	1.41
城市年末实有公共汽车营运车辆	1.81	-5.01	726.02	16.19	-3.48
城市全年供水总量	-16.01	27.30	-20.59	66.02	16.14
城市液化石油气全年供气量	7.95	-2.96	-37.00	4.82	6.89
城市园林绿地面积	4.69	13.77	9.80	59.56	-15.97

数据来源:《江苏统计年鉴》(历年)。

(3)2009年基础设施建设重点工程

建成涟水机场主体工程和城南汽车客运站;盐河航道整治工程提前开工建设,宿淮铁路完成前期拆迁并开工建设;205国道、325省道等干线公路建设加快推进,淮扬镇铁路、淮连铁路前期工作稳步推进。建成了天津路大运河桥、越河路、枚皋中路、人防051工程、市法院大楼、中鑫商务广场、淮州中学新校区等项目,加快建设淮海中央商业区、水渡口中央商务区,以及清河新区、楚州新区、清浦城南新区、市经济开发区等功能片区,城市功能逐步提升。启动新体育中心建设,完成游泳馆扩建工程。

涟水机场:位于淮安市东北方向,涟水县陈师镇境内,距离淮安市中心22公里。2008年10月8日经国务院、中央军委批准同意兴建,是国家"十一五"规划建设的重点支线机场。一期工程按照满足年旅客吞吐量60万人次、货邮量4800吨的需求建设,机型以B737、A320系列机型为主,总投资约为7.9亿元。2009年完成主体工程建设,计划2010年通航。

淮安城南汽车客运站(新南站):地处淮安市南端,北邻京杭大运河,与淮安高教园区仅一路之隔,按交通部一级汽车客运站标准投资建设,占地114亩,站前广场1.8万平方米,建筑面积2.5万平方米,其中主站房1.15万平方米,车站规模为日发送旅客2万人次,日发班次1000余班。与淮安汽车客运站、淮安汽车北站实行微机联网售票,出售通达全国十三个省(市)二百余个县(市)的客票,开通淮安至京、津、鲁、豫、陕、浙、皖等省市的班线,以及南京、苏州、无锡和淮安市所辖县等省内各班线,站务服务已实现售票微机化、显示电子化。

三、安徽四市基础设施建设情况

1. 马鞍山基础设施建设情况

（1）2005～2009 年总体情况

2009 年，马鞍山全社会固定资产投资达 546.14 亿元，比 2008 年增长 35%，增长速度提高 12.9%，投资额居安徽省第 5 位，城镇固定资产投资达 497.37 亿元，城乡建设投资首次突破百亿元，达 105 亿元，城市基础设施投资 103.07 亿元，增长 24.9%。年末实有公路里程 4811 公里，城市公共汽车营运车辆 461 辆，供水总量 24128 万吨，人工煤气和天然气供气量 9510 万立方米，城市园林绿地面积 4859 公顷。抓住马鞍山成为省城乡一体化综合配套改革试验区的契机，全力推进基础设施一体化，全年完成小城镇建设投资 14.1 亿元，建成农村公路 80 公里，在安徽省率先实现文化信息传输"村村通"。全市年末拥有公共图书馆 5 个、文化馆 5 个、档案馆 5 个、卫生机构 332 个。

表 4－37　　2005～2009 年马鞍山市基础设施建设情况

	2005 年	2006 年	2007 年	2008 年	2009 年
城镇固定资产投资（亿元）	154.97	217.97	277.27	310.09	497.37
公路里程（公里）	1124.00	2221.00	2222.00	2233.00	4811.00
城市年末实有公共汽车营运车辆（辆）	714.00	585.00	456.00	508.00	461.00
城市全年供水总量（万立方米）	49281.00	48860.00	69785.00	55115.00	24128.00
城市人工煤气和天然气供气量（万立方米）	2719.00	1983.00	5942.00	7767.00	9510.00
城市园林绿地面积（公顷）	4485.00	3655.00	2825.00	2910.00	4859.00

数据来源：《安徽统计年鉴》（历年）。

（2）2005～2009 年增长情况

从增长情况来看，2005～2009 年马鞍山市城镇固定资产投资、公路里程呈现逐年增加态势，年均分别递增 30.46% 和 43.25%，公路建设在 2009 年取得飞跃。城市年末实有公共汽车营运车辆年均递减 5.32%，供水量年均递减 5.86%，人工煤气和天然气供气量年均递增 40.87%，园林绿地面积年均递增 6.15%。

表 4－38　　2005～2009 年马鞍山市基础设施增长情况　　单位：%

	2005 年	2006 年	2007 年	2008 年	2009 年
城镇固定资产投资	12.23	40.65	27.21	11.84	60.39
公路里程	2.65	97.60	0.05	0.50	115.45
城市年末实有公共汽车营运车辆	11.39	－18.07	－22.05	11.40	－9.25
城市全年供水总量	5.96	－0.85	42.83	－21.02	－56.22
城市人工煤气和天然气供气量	－21.39	－27.07	199.65	30.71	22.44
城市园林绿地面积	2.00	－18.51	－22.71	3.01	66.98

数据来源：《安徽统计年鉴》（历年）。

(3)2009 年基础设施建设重点工程

马鞍山市以重点项目为抓手,全方位推进交通通讯设施建设。交通东向联动工作稳步展开,长江公路大桥主体工程加快建设,宁安城际铁路站房建设方案优化,完成东环路股权回购、高速化改造工程启动,马濮旅游大道竣工通车,与江苏对接的马濮一级公路改扩建工程开工,宁马边界国道收费站合并,开通宁马公路客运联网售票系统。天顺码头、长江港口码头投入运营,港口服务功能进一步提升。与安徽电信、移动、联通分别达成战略合作框架协议,数字城市建设有序推进。城市功能提升,完成湖南路、佳山路、花雨路、团结广场改造,慈湖河路北段、湖南东路、江东大道三期建成通车,湖东南路加快推进,沿江大道北段、九华东路、滨湖公园开工建设。市经济开发区污水处理厂二期、当涂污水处理厂一期竣工运行,慈湖污水处理厂、东部污水处理厂基本完工;慈湖河生态环境综合整治扎实推进;向山垃圾处置场二期、尾矿库酸水处理工程相继完工,渗沥液处理改扩建工程开工建设。完成王百滩、永丰河、碧溪河等清淤工程、雨山河长沟水系整治工程和一五圩国家大型排涝泵站改造工程,启动长江江心洲段河道整治工程。12 个电网对接项目加快实施,园水变电站等项目建成运营,高压线廊整合移位改造启动实施。

马鞍山长江港口码头:是由新加坡德润国际有限公司于 2007 年投资兴建的一座综合性码头,该码头投资总额 2980 万美元,位于慈湖经济开发区,岸线总长 465 米,设计年吞吐量 180 万吨,5000 吨级件杂泊位 3 个,兼顾靠泊 2 个 10000 吨级海轮。2009 年投入运营。

2. 芜湖基础设施建设情况

(1)2005 ~2009 年总体情况

2009 年,芜湖抢抓国家设立皖江城市带承接产业转移示范区的重大历史机遇,积极实施重大基础设施项目建设。全年完成固定资产投资 900.69 亿元,比 2008 年增长 46.5%;城镇固定资产投资 880.49 亿元;省级及以上开发区完成固定资产投资 350.64 亿元,其中基础设施投资 40.23 亿元。中心城区建设力度加大,市政基础设施建设投资 153 亿元,新续改扩建城市道路 36 条、城市公共设施项目 15 个,大建设、大发展格局初步形成。着力完善综合交通体系,年末全市公路里程 2229 公里,公交运营线路网长度 1263 公里,车辆 1345 辆。实施"美化、绿化、亮化"工程,开展了市容整治年活动,城市绿化覆盖面积达到 49.66 平方公里,园林绿地面积 4979 公顷,建成区绿化覆盖率 38.1%。城乡基础设施统筹发展力度加大,市级财政调度资金 40 亿元支持县区发展,实施农村公路"村村通"延伸工程 264 公里,新建 50 所标准化村卫生室、5 个社区卫生服务机构。城市日供水综合能力 88.7 万吨,全年天然气供气总量 15531 万立方米,年末全市拥有文化馆 8 个、公共图书馆 4 个、档案馆 11 个、市级广播电台 4 座,市级电视台 4 座、各类卫生机构 489 个。

表 4 -39　　2005 ~2009 年芜湖市基础设施建设情况

	2005 年	2006 年	2007 年	2008 年	2009 年
城镇固定资产投资(亿元)	156.94	211.35	328.7	444.72	880.49
公路里程(公里)	3175.00	4762.00	4807.00	4807.00	2229.00
城市年末实有公共汽车营运车辆(辆)	724.00	789.00	854.00	892.00	1345.00
城市全年供水总量(万立方米)	26274.00	24128.00	13071.00	13028.00	14338.00
城市人工煤气和天然气供气量(万立方米)	4257.00	30162.00	10253.00	11278.00	15531.00
城市液化石油气供气量(吨)	73301.00	58683.00	49184.00	32840.00	29560.00
城市园林绿地面积(公顷)	2723.00	3621.50	4520.00	4598.00	4979.00

数据来源:《安徽统计年鉴》(历年)。

(2)2005 ~2009 年增长情况

从增长情况来看,2005 ~2009 年芜湖市城镇固定资产投资年均增加 45. 57% ,增长十分迅速,公路里程年均增长 0. 18% ,城市公交运营车辆年均增加 12. 87% ,城市全年供水量年均减少 0. 87% ,人工煤气和天然气供气量年均增加 123. 65% ,液化石油气全年供气量年均减少 14. 21% ,城市园林绿地面积年均递增 14. 38% 。

表 4 -40　　2005 ~2009 年芜湖市基础设施增长情况　　单位:%

	2005 年	2006 年	2007 年	2008 年	2009 年
城镇固定资产投资	4. 35	34. 67	55. 52	35. 30	97. 99
公路里程	3. 62	49. 98	0. 94	0. 00	-53. 63
城市年末实有公共汽车营运车辆	-8. 12	8. 98	8. 24	4. 45	50. 78
城市全年供水总量	39. 94	-8. 17	-45. 83	-0. 33	10. 05
城市人工煤气和天然气供气量	28. 03	608. 53	-66. 01	10. 00	37. 71
城市液化石油气全年供气量	8. 29	-19. 94	-16. 19	-33. 23	-9. 99
城市园林绿地面积	4. 09	33. 00	24. 81	1. 73	8. 29

数据来源:《安徽统计年鉴》(历年)。

(3)2009 年基础设施建设重点工程

宁安城际铁路、芜雁高速、芜申运河工程施工进展顺利,合芜杭客运专线、皖赣铁路新建双线、5 万平方米的芜湖火车站改扩建、4 条铁路既有线电气化改造、长江公路二桥前期工作、合福客运专线建设全面启动,青弋江分洪道项目获准立项。芜湖市政务大楼建成,保兴垾综合整治一期、赭山公园西大门改造顺利完成,"川气东送"芜湖项目基本落实。天门山一期、芜湖县、繁昌县污水处理厂投入运营,朱家桥二期、城南一期和南陵县污水处理厂主体工程基本建成,滨江污水处理厂开工建设;完成垃圾焚烧热电厂改造工程。

3. 滁州基础设施建设情况

(1)2005 ~2009 年总体情况

2009 年,滁州全社会完成固定资产投资 524. 85 亿元,比 2008 年增长 45. 4% ,比"十五"期间年均增速高 26. 8 个百分点;其中,城镇项目投资 440. 43 亿元、增长 46. 9% ,农村项目投资 30. 39 亿元、下降 0. 9% 。完成城镇固定资产投资 476. 4 亿元。大滁城"131"组团完成投资 61 亿元,超过"九五"、"十五"期间累计投资总和。新农村建设取得积极进展,通过村庄整治建设新居民点 800 多个。创设与南京同城化发展的设施基础,大力推进交通对接工程和村村通工程,完成交通固定资产投资 11. 2 亿元,在建项目总数、建设里程和投资规模均居安徽省第一,年末公路里程达 14539 公里,城市公交营运车辆 625 辆,市辖区公交营运线路 10 条。3G 通信工程全面启动。全年完成水利建设投入 7. 3 亿元,电力建设完成投资 5. 63 亿元,完成 6 个 110 千伏以上电网建设项目,开工建设 2 个,大唐联合电厂前期工作取得进展。年末自来水日生产能力达 46. 4 万立方米,全年供水量 2898 万吨,全年天然气及煤气供气总量 7666. 92 万立方米,液化石油气供气量 6121 吨。全市有公共图书馆 7 个、影剧院 6 个、广播电视台 8 个、卫生机构 418 个、污水处理厂 5 座。

表 4－41　　2005～2009 年芜湖市基础设施建设情况

	2005 年	2006 年	2007 年	2008 年	2009 年
城镇固定资产投资(亿元)	65.32	106.45	173.73	269.19	476.40
公路里程(公里)	5732.00	14493.00	14494.00	14529.00	14539.00
城市年末实有公共汽车营运车辆(辆)	111.00	173.00	235.00	295.00	625.00
城市全年供水总量(万立方米)	3062.00	2859.00	2785.10	2787.03	2898.00
城市人工煤气和天然气供气量(万立方米)	1358.00	9210.00	4731.00	7152.00	7666.92
城市液化石油气供气量(吨)	11000.00	10150.00	11000.00	5935.00	6121.00
城市园林绿地面积(公顷)	2110.00	2119.50	2129.00	2256.00	2524.00

数据来源:《安徽统计年鉴》(历年)。

(2)2005～2009 年增长情况

从增长情况来看,2005～2009 年滁州市城镇固定资产投资年均增长 52.78%,增长十分迅速,公路里程年均增长 31.45%,交通建设取得长足发展,城市公交运营车辆年均增加 45.46%,城市全年供水量年均减少 0.05%,人工煤气和天然气供气量年均增加 224.5%,液化石油气全年供气量年均减少 7.99%,城市园林绿地面积年均递增 4%。

表 4－42　　2005～2009 年滁州市基础设施增长情况　　单位:%

	2005 年	2006 年	2007 年	2008 年	2009 年
城镇固定资产投资	5.80	62.97	63.20	54.95	76.98
公路里程	4.10	152.84	0.01	0.24	0.07
城市年末实有公共汽车营运车辆	－1.77	55.86	35.84	25.53	111.86
城市全年供水总量	4.90	－6.63	－2.58	0.07	3.98
城市人工煤气和天然气供气量	534.58	578.20	－48.63	51.17	7.20
城市液化石油气全年供气量	2.33	－7.73	8.37	－46.05	3.13
城市园林绿地面积	1.25	0.45	0.45	5.97	11.88

数据来源:《安徽统计年鉴》(历年)。

(3)2009 年基础设施建设重点工程

宁滁城际轻轨建设前期工作取得重大进展,104 国道滁汉段、205 省道天冶段、合蚌路定凤段、滁定路改造基本完成,明徐高速开工建设,滁马高速和蚌淮高速凤阳段前期工作进展顺利。高标准完成滁全路景观大道改造和滁宁快速通道滁州段建设,明光路跨线桥建设启动实施,滁州中学、实验小学新校区、城南新区政务中心建设等项目加快推进,老城区改造稳步实施。3 个副中心全椒县城、来安县城、南谯乌衣新区全面融入对接大滁城,路网框架迅速拉开,重点项目启动实施。琅琊新区建设前期工作强力展开。列入 2008 年国家、省计划的 72 座小型水库和 10 座中型水库除险加固任务全面完成,列入 2009 年计划的 20 座中型水库、70 座小型水库全面开工建设,滁河堤防应急加固、沿淮洼地治理等工程全面完成。

滁全路改造工程:滁全路是滁州市首条城际快速通道、生态大道和景观大道,是“大滁城”建设的重点工程项目。工程总投资 5.04 亿元,起点始于滁州经济技术开发区滁全路与花园路交叉口处,终点至全椒县城境内的合宁高速公路上跨立交桥,改造道路总长为16.3公里,其中滁州段7.5公里、全椒段8.8公里。改造后的滁全路道路宽度为100米,其中快车道宽23.5米,快车道两侧的机动车与非机动车道分隔带各宽4.25米,慢车道各宽5.5米,人行道各宽3.5米,两侧绿化景观带各宽20米,控制线各宽5米。工程从2009年3月上旬起全面开工建设,于2009年9月底前全部完成施工建设任务。

滁宁快速通道:全长约42公里,其中滁州市境内19.7公里,南京市境内约22.678公里。起点位于滁州市花园路与滁乌路交叉口,终点位于南京市长江隧道江北出口收费站。途经滁州市开发区、琅琊区清流社区、南谯区腰铺镇、乌衣镇、南京市浦口区永宁镇。滁宁快速通道按一级公路标准建设,路基宽24.5米,路面宽21米,沥青混凝土路面。设计时速80公里,双向四车道,设置中间分隔带。全线利用老路里程达到64.3%。该项目由安徽省发改委批准立项,工程造价1.5亿元,于2008年5月30日开工,于2009年9月竣工通车。

4. 巢湖基础设施建设情况

(1)2005~2009年总体情况

巢湖市全年全社会固定资产投资444.03亿元,比2008年增长28.0%,城镇固定资产投资395.01亿元。年末全市共有市县级环境监测站5个,森林面积127.36千公顷,城市园林绿地面积1440公顷。年末全市共有文化馆6个、公共图书馆5个、博物馆2个、档案馆6个、乡镇文化站75个、市级广播电台和电视台各1座、县级广播电视台4座、卫生机构479个。

表4-43　　2005~2009年巢湖市基础设施建设情况

	2005年	2006年	2007年	2008年	2009年
城镇固定资产投资(亿元)	78.32	113.31	189.27	257.21	395.01
公路里程(公里)	5191.00	13223.00	13226.00	13241.00	16177.00
城市年末实有公共汽车营运车辆(辆)	166.00	186.00	206.00	249.00	406.00
城市全年供水总量(万立方米)	4722.00	4617.00	4627.00	4611.54	4490..95
城市液化石油气供气量(吨)	10220.00	6520.00	6470.00	6460.00	6400.00
城市园林绿地面积(公顷)	1198.00	1270.00	1342.00	1440.00	1440.00

数据来源:《安徽统计年鉴》(历年)。

(2)2005~2009年增长情况

从增长情况来看,2005~2009年芜湖市城镇固定资产投资年均增加41.98%,公路里程年均增长36.57%,城市公交运营车辆年均增加21.47%,城市全年供水量年均减少0.83%,液化石油气全年供气量年均减少3.54%,人口煤气和天然气供气量2009年较2004年增加1861万立方米,城市园林绿地面积年均递增17.64%。

表4-44　　2005~2009年巢湖市基础设施增长情况　　单位:%

	2005年	2006年	2007年	2008年	2009年
城镇固定资产投资	8.72	44.68	67.04	35.90	53.57
公路里程	5.81	154.73	0.02	0.11	22.17
城市年末实有公共汽车营运车辆	0.61	12.05	10.75	20.87	63.05

续表

	2005 年	2006 年	2007 年	2008 年	2009 年
城市全年供水总量	0.81	-2.22	0.22	-0.33	-2.61
城市液化石油气全年供气量	20.36	-36.20	-0.77	-0.15	-0.93
城市园林绿地面积	69.21	6.01	5.67	7.30	0.00

数据来源:《安徽统计年鉴》(历年)。

四、南京都市圈基础设施建设的对策建议

1. 构建基础设施共建共享体系

南京都市圈基础设施建设的基本原则应是“淡化行政区划,强化经济合作;淡化行政手段,强化市场功能;淡化单边行为,强化多方合作;加大对接力度,力求多赢共进”。加强基础设施建设合作,逐步建设一体化综合交通体系应成为当前都市圈合作的首要任务。交通一体化是都市圈经济一体化的重要载体,随着都市圈及其周边大批新交通线路的建成,将有更多的城市融入“南京一小时都市圈”,要抓住这一契机形成新的经济分工体系,建设大网络的产业配套生产集群。要突破地域阻碍,推动相邻地区油、气、水、电的同建、同享、同价,促进都市圈城际交通票价逐步向城市公交票价靠拢等。南京都市圈未来会形成网络化与多极化共同发展的都市圈空间结构,都市圈内部交通、通讯网络高度发达,形成基础设施网络化格局。

2. 完善综合交通运输体系

铁路要以客运专线和城际轨道交通建设为重点,加快区域对外通道、区域内交通通道、城际快速通道以及跨长江通道、重要枢纽客运设施等建设,优化路网结构,提高路网质量。公路要以加强关键工程和断头路段建设为重点,加快国家高速公路网建设,加强区域对外通道、区域内道路通道、重要的城际快速通道、跨长江通道及重要疏港高速公路建设。提高长江“黄金水道”高等级航道通航标准,完善集装箱运输系统、外贸大宗散货海进江中转运输系统、江海物资转运系统和客运系统。积极推进空域管理和使用方式改革,科学利用空域资源,加强航空枢纽与配套支线机场建设。

3. 构建区域能源安全体系

进一步优化能源结构,鼓励发展可再生能源和清洁能源。加快石油、天然气基础设施建设,共同推进石油和液化天然气码头建设,完善油气输送管道网络,加强油气战略储备,加快建设区域石油流通枢纽和交易中心,研究建立区域天然气交易中心。改善煤炭运输条件,研究规划建设大型储煤基地。优化电力基础设施建设与布局,重点在沿江地带布置电源点,加快西电东送、皖电东送输变电线路等的规划和建设,建设过江电缆通道。加快核电的规划和建设,进一步做好风电项目规划建设。

4. 改善水利基础设施

以保护长江、京杭运河等区域供水水源,南水北调取水水源及输水廊道水质为重点,全面控制污染物排放。按照水资源和水环境承载能力,统筹协调区域水利基础设施建设,构筑防洪减灾体系、水资源合理配置和高效利用体系、饮用水安全保障体系以及水生态环境保护体系。加快实施太湖流域第二轮治理、长江口综合整治、淮河治理和沿海防浪堤及防护林等重点工程建设,加强城市防洪排涝能力建设,继续实施病险水库除险加固,加强蓄滞洪区建设和管理,加强低洼易涝地区和山洪灾害易发区综合治理。加快水源工程等水资源调蓄和配置工程建设,继续加强重点地区、重点城市河湖治理和水生态修复工程建设,加快水文、水资源和水环境实时监控系统建设。加强水资源统一管理,完善流域综合管理体制。

八　南京都市圈金融业发展

一、南京都市圈金融业态势发展概述

2009 年，南京都市圈 8 个市之间的区域经济合作更加密切，区域经济一体化进程不断深化，联动发展的积极性进一步显现，各城市经济继续保持平稳较快发展，特别是服务业在整个都市圈的经济发展中呈现出绩效凸显、高位攀升的态势。而金融业、商贸流通业又在南京都市圈服务业的发展中位居前列。

金融是现代经济的核心，直接关系到经济社会发展全局。任何一个地区的经济发展都离不开金融的支持，近年来南京都市圈的金融服务不断优化，规模继续扩张。2009 年南京都市圈 8 个市在国际金融与经济环境的压力下，金融业仍然实现了稳定增长，银行业、证券业、保险业经营业务不断合规化发展。

（一）银行业

2009 年末，8 个市金融机构人民币存款累计余额 18959. 02 亿元，比 2008 年增长 32. 9%，占江苏、安徽两省的年末金融机构存款总额的 30. 1%；年末 8 个市金融机构人民币贷款累计余额 14808. 6 亿元，比 2008 年增长 35. 5%，占 2 省年末金融机构贷款总额的 32. 5%。自 2005 年以来，8 个市年末金融机构存款余额分别为 8515. 87 亿元、9927. 92 亿元、11760. 56 亿元、114259. 39 亿元、18959. 02 亿元，在 2 省总额中的年均占比为 29. 6%；年末金融机构贷款余额分别为 6711. 76 亿元、7901. 68 亿元、9342. 04 亿元、10931. 5 亿元、14808. 6 亿元，在 2 省总额的年均占比为 33. 3%。8 市金融机构存贷款余额在两省总额中的占比明显大于 8 市的人口、面积在 2 省中的占比，这表明南京都市圈的金融业发展在江苏、安徽两省中走在前列，并对两省经济的发展起着非常重要的带动作用。

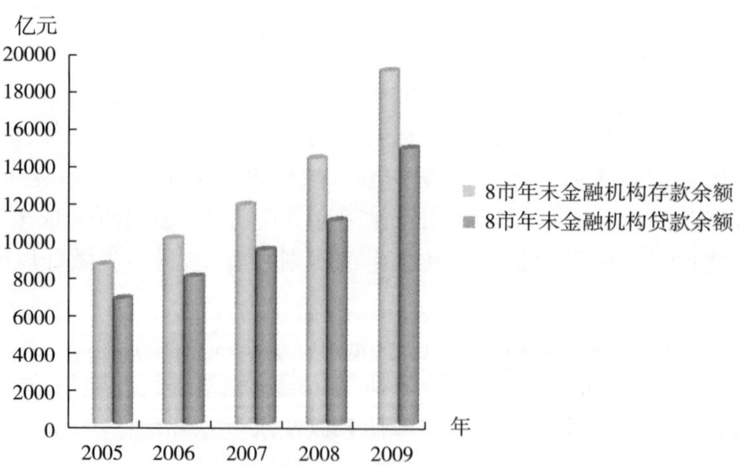

图 4－9　南京都市圈 8 个市年末金融机构存贷款余额变化趋势

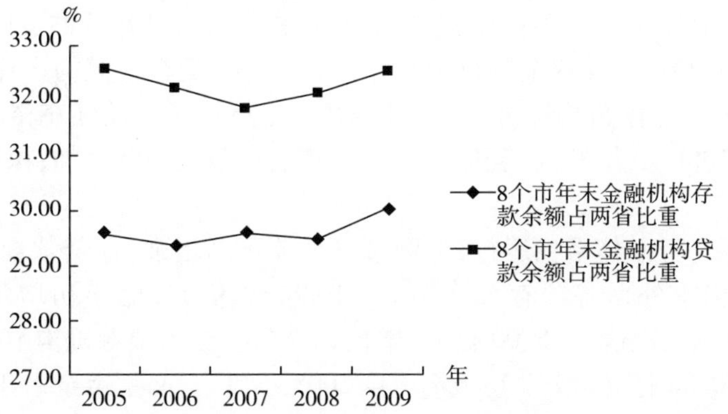

图 4－10　8 个市年末金融机构存贷款余额占两省总额的比重

(二)保险业

根据市场要求,江苏保险业不断提高创新能力,已推出财产险种 1000 多个、人身险种 530 多个。财产险中探索发展的雇主责任、产品责任和住房、汽车按揭等责任、保证保险,对适应不同所有制企业保险需求、刺激消费、扩大内需都起到重要作用;寿险业务中近两年着力发展的分红、万能、投连等新品及银保联合等新型销售方式,满足了人们在获得保险保障的同时兼得理财的需要。保险产品越来越丰富,使保险业的发展空间日益广阔。自 2005 年以来,8 个市全年实现保费收入分别为 162. 23 亿元、291. 36 亿元、288. 36 亿元、590. 36 亿元、481. 37 亿元,年均增长率为 41. 7% 。从近几年来南京都市圈保险业的发展趋势来看,虽然 8 市保险业务不断拓展,保险品种不断增加,但是其保险业发展仍然处于不稳定地位。所以保险业仍然需要创新发展模式,不断完善经营制度,改善企业服务质量和效率,提高行业经营环境和行业信誉,最终实现保险业规模不断扩大、稳定增长的发展态势。

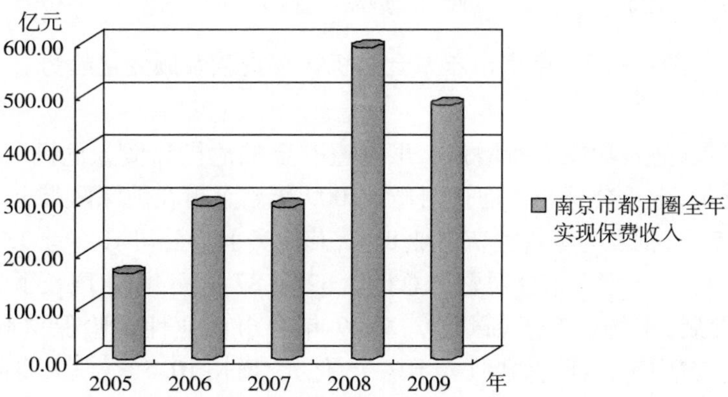

图 4－11　南京都市圈全年实现保费收入变化趋势

二、南京都市圈 8 个市金融业发展分述

(一)南京市金融业发展情况

南京金融业已经有近百年的历史,金融业在促进南京经济社会发展、发挥中心城市功能中发挥了重大作用。尤其是改革开放以来,南京金融业进入一个快速发展的阶段,金融体系不断完备,金融

业综合实力不断增强,金融改革不断深化,呈现出"总量扩张、效益增长"的良好态势。全市已形成了银行、保险、证券各业并举,中、外资金融机构并存,功能完备,运行稳健的多样化金融体系和全方位的金融发展格局。银行业金融机构综合实力明显增强,银行体系流动性充裕,资产质量效益稳步提升;证券业发展的基础进一步夯实,证券机构数量、上市公司数量不断增加;保险事业发展稳固,市场秩序不断完善。

2009 年,南京市服务业总体平稳运行,金融市场功能不断增强,存贷款规模不断扩大。2009 年末,全市全辖金融机构本外币各项存款余额达 11088.39 亿元,比年初增加 2500.93 亿元,增长 29.1%。其中,储蓄存款余额达 3125.00 亿元,增长 21.8%。全市金融机构本外币贷款余额 9444.48 亿元,比年初增加 1946.06 亿元,增长 26.0%。自 2005 年以来,南京市全市年末金融机构存贷款余额节节升高。2005 ~ 2009 年,南京市年末金融机构存款余额分别为 5083.32 亿元、5802.21 亿元、6997 亿元、8392.89 亿元、11088.39 亿元,年均增长率为 21.7%;年末金融机构贷款余额分别为 4452.57 亿元、5098.13 亿元、6046.02 亿元、7171.69 亿元、9444.48 亿元,年均增长率为 20.85%(见图 4)。

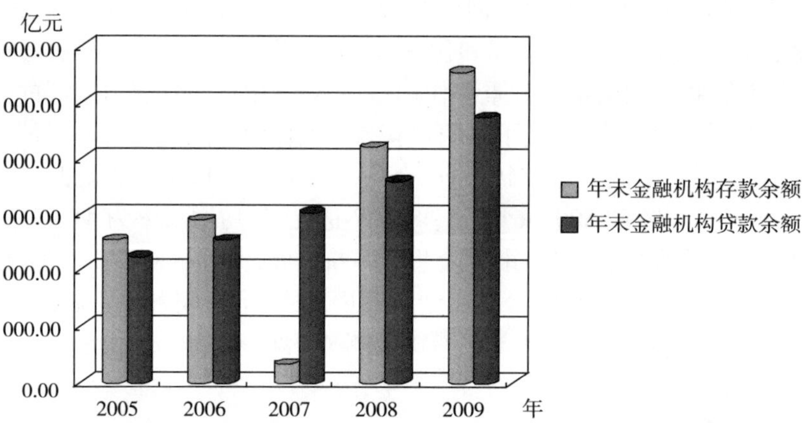

图 4 - 12　南京市年末金融机构存贷款余额变化趋势

资本市场快速发展,融资功能不断增强。虽然遭受金融危机和债务危机一定的影响,但南京市金融机构仍旧不断增加,上市公司资产增长明显。2009 年南京市在沪深两市上市的公司共有 33 家,其中工业上市公司 15 家,批发与零售类贸易业 8 家,其他类上市公司 10 家。33 家上市公司 2009 年取得了良好的经济效益。33 家上市公司资产总计达 3287.87 亿元,同比增长了 39.4%。

保险市场稳固发展,市场秩序不断规范。2009 年全市商业性保险保费收入 145.98 亿元,比 2008 年增长 13.3%。其中:人身险保费收入 107.76 亿元,增长 10.5%;非人身险保费收入 38.22 亿元,增长 21.9%。非人身险全年赔款支出 17.99 亿元,增长 0.2%。自 2005 年以来,全市保险业实现保费收入分别为 72.1 亿元、90.1 亿元、97 亿元、124.6 亿元、145.98 亿元,年均增长率为 18.23%。

(二)扬州市金融业发展情况

近几年来,扬州市金融运行态势良好,资本市场出现欣欣向荣的发展局面。金融机构存贷款额强劲增长,很多银行纷纷进驻扬州市开设支行挂牌营业,如华夏银行扬州支行、邗江民泰村镇银行、常熟农村商业银行邗江支行等。证券市场交易活跃,保险市场发展良好。

2009 年金融平稳运行。年末,全市人民币存款余额为 2067.13 亿元,比年初增加 515.25 亿元,余额同比增长32.7%。在存款结构上,企业存款高速增长,年末企业存款余额644.71亿元,余额同比增长33.2%;储蓄存款增速放缓,余额为1095.31亿元,余额同比增长21.8%。贷款结构调整明显。2009年末,全市人民币贷款余额为1212.75亿元,比年初增加323.33亿元,同比增长33.2%。从期限上看,短期贷款、中长期贷款、票据融资同步增长,其中,短期贷款余额为558.39亿元,比年初增加106.71亿元,同比多增60.09亿元;中长期贷款余额553.75亿元,比年初增加232.08亿元,同比多增170.16亿元(见表1)。自2005年以来,扬州市年末金融机构存款余额分别为952.7亿元、1085.26亿元、1253.84亿元、1551.9亿元、2067.13亿元,年均增长率为21.6%;年末金融机构存款余额分别为513.33亿元、597.25亿元、750.77亿元、889.41亿元、1212.75亿元,年均增长率为24.2%(见图5)。

表4-45　　2009年扬州市年金融机构存贷款结构

指标	绝对值(亿元)	比年初增减额(亿元)
各项存款余额	2067.13	515.25
企业存款	644.71	160.69
居民储蓄存款	1095.31	196.04
各项贷款余额	1212.75	323.33
短期贷款	558.39	106.71
中长期贷款	553.75	232.08

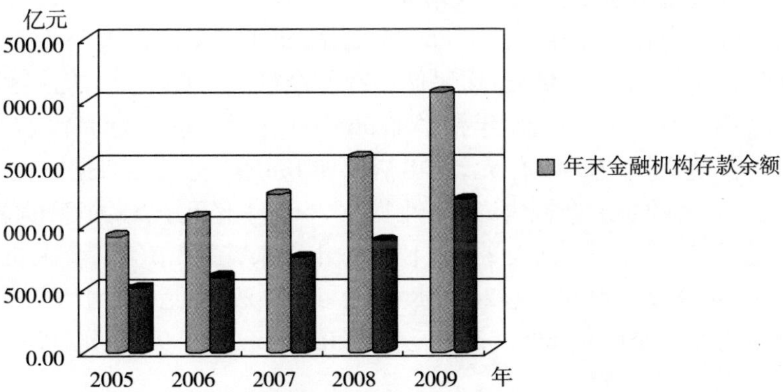

图4-13　扬州市年末金融机构存贷款余额变化趋势

资本市场不断壮大,证券市场交易活跃。2009市开发区开发总公司和城建控股公司企业债券成功发行。扬农化工实现再融资,3家企业上市材料报证监会审批。新增35家担保公司、6家农村小额贷款公司和6家农村资金互助合作组织。全市9户证券公司营业部累计开户23.68万户,比年初增加4.01万户;股票交易额3048.16亿元,增长64.6%。2006年至2008年,扬州市全市累计证券交易额分别为506.6亿元、2640.03亿元、1851.46亿元,其中股票交易额分别为453.9亿元、2370.57亿元、1546.6亿元。

保险市场发展良好,保险业务不断拓展。2009年扬州市19家寿险公司、22家财险公司合计实现保费收入54.08亿元,增长23.9%。其中:寿险实现收入43.66亿元,增长23.1%;财险实现收入10.42亿元,增长47.4%。累计理赔支出7.41亿元,增长23.6%。自2005年以来,扬州市全市实现保费收入分

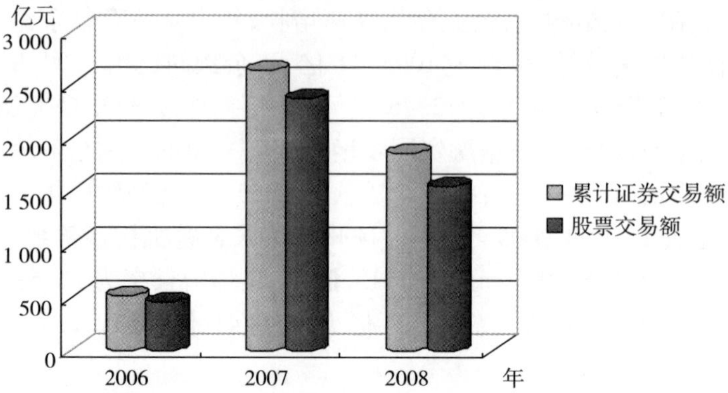

图 4 - 14　扬州市证券交易市场发展状况

别为 26.63 亿元、30.86 亿元、34.17 亿元、43.65 亿元、54.08 亿元，年均增长率为 19.6%。

（三）镇江市金融业发展情况

镇江市金融形势在宏观政策调整中保持稳定发展，金融存贷结构不断合理化。资本市场不断完善，企业融资渠道逐渐多元化。保险业经营状况自 2006 年以来有所好转，企业收益逐步攀升。金融系统继续采取有保有压的货币信贷政策，通过优化信贷结构，确保重点行业和重点项目的有效供给，满足了经济发展合理资金需求。

金融信贷投放力度加大。2009 年，金融保障体系进一步完善，华夏、民生、浦发、大新、招商银行分支机构相继落户镇江。全市金融机构有效落实积极宽松的货币政策，货币供给规模创历史新高。截止 12 月末，全市金融机构各项存款余额 1785.29 亿元，比年初增加 522.58 亿元，其中：企业存款余额 572.86 亿元，比年初增加 212.66 亿元；居民储蓄存款余额 847.64 亿元，比年初增加 160.93 亿元。金融机构各项贷款余额 1286.64 亿元，比年初增加 365.66 亿元，其中短期贷款 645.87 亿元，比年初增加 150.55 亿元；中长期贷款 532.46 亿元，比年初增加 184.53 亿元。票据贴现贷款 108.2 亿元，比年初增加 30.6 亿元。在各项贷款余额中，工业性贷款 266.34 亿元，个人消费贷款 160.3 亿元，比年初分别增加 34.55 亿元、74.7 亿元（见表 2）。自 2005 年以来，镇江市年末金融机构存款余额分别为 803.96 亿元、928.2 亿元、1023.59 亿元、1262.68 亿元、1785.29 亿元，年均增长率为 22.6%；年末金融机构贷款余额分别为 560.5 亿元、668.03 亿元、789.02 亿元、920.96 亿元、1286.64 亿元，年均增长率为 23.4%。

表 4 - 46　　2009 年镇江市金融机构存贷款结构

指标	绝对值（亿元）	比年初增减额（亿元）
各项存款余额	1785.29	522.58
企业存款	572.86	212.66
居民储蓄存款	847.64	160.93
各项贷款余额	1286.64	365.66
短期贷款	645.87	150.55
中长期贷款	532.46	184.53

续表

指标	绝对值(亿元)	比年初增减额(亿元)
票据贴现贷款	108.20	30.60
工业性贷款	266.34	160.30
个人消费贷款	160.30 亿元	34.55 亿元

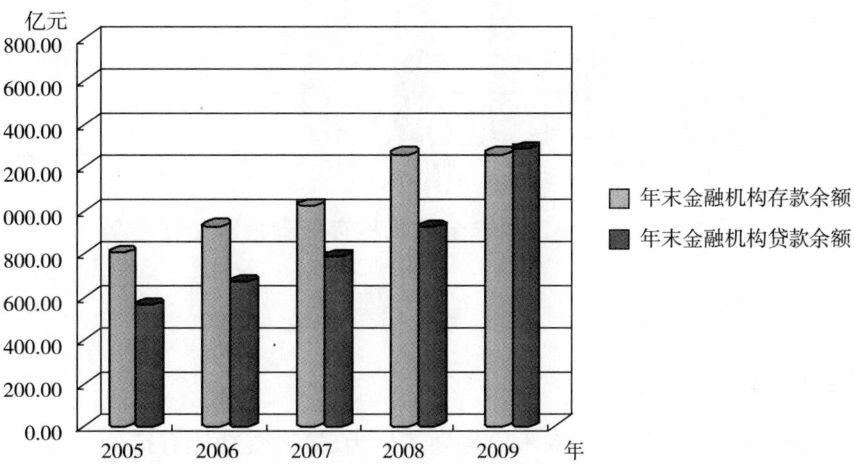

图 4－15　镇江市年末金融机构存贷款余额变化趋势

保险市场有序稳定发展,保险规模不断扩大。2009 年,全市拥有保险机构 42 家,本年新增 7 家,保险机构实现保费收入 40.8 亿元,比 2008 年增长 24.1%。其中财产险收入 8.4 亿元,人身险收入 32.4 亿元,比 2008 年分别增长 19.3%、25.4%。保险机构赔付支出 10.5 亿元,比 2008 年增长 13.8%。其中:财产险赔付 5.6 亿元,增长 28.6%;人身险赔付 4.9 亿元,增长 0.4%。自 2005 年以来,镇江市保险企业不断增加,从 2005 年的 21 家增加到 2009 年的 42 家;全市保险业实现保费收入分别为 19.9 亿元、21.65 亿元、25.94 亿元、32.85 亿元、40.8 亿元,年均增长率为 19.9%。

(四)淮安市金融业发展情况

淮安市金融业发展速度不断加快,但增长总额仍旧低于江苏省平均水平。2008 年江苏省 13 市年末金融机构存款余额、贷款余额、收入保费的平均水平分别为 2847.35 亿元、2012.2 亿元、57.64 亿元,而淮安市的平均水平分别为 694.54 亿元、451.74 亿元、20.44 亿元。

2009 年全市金融机构年末本外币存款余额 942.33 亿元,比 2008 年末增加 240.73 亿元,增长 34.3%,其中居民储蓄存款余额 486.86 亿元,增加 84.57 亿元,增长 21.0%。本外币贷款余额 673.24 亿元,比 2008 年末增加 209.05 亿元,增长 45.0%。全年金融机构现金收入 2415.56 亿元,比 2008 年增长 10.7%;现金支出 2359.62 亿元,增长 11.3%。自 2005 年以来,全市年末金融机构存款余额分别为 427.27 亿元、511.37 亿元、589.98 亿元、694.54 亿元、942.33 亿元,年均增长率为 22.1%;年末金融机构贷款余额分别为 274.66 亿元、332.78 亿元、396.32 亿元、451.74 亿元、673.24 亿元,年均增长率为 25.8%。

保险业稳步发展。2009 年保险公司保费收入 24.88 亿元,比 2008 年增长 13.0%。其中:财产险保费收入 6.54 亿元,增长 34.6%;寿险收入 16.85 亿元,增长 7.2%;健康险和意外伤害险收入 1.49 亿元,增长 3.4%。全年保险赔款和给付支出 7.9 亿元,其中财产险 3.79 亿元,寿险 3.48 亿元,健康险和意外伤害险 0.63 亿元。自 2005 年以来,全市实现保费收入分别为 12.85 亿元、14.74 亿元、

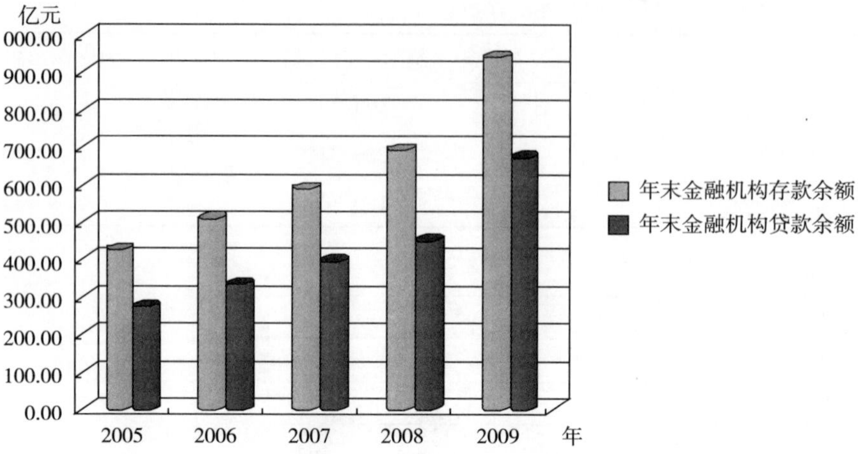

图 4 －16　淮安市年末金融机构存贷款余额变化趋势

15. 48 亿元、20. 44 亿元、24. 88 亿元，年均增长率为 18. 3%。

(五)马鞍山市金融业发展情况

马鞍山市金融市场运行总体平稳，资本市场缺乏活力，筹融资功能有待进一步开发。马鞍山市雄厚的制造业基础，特别是鞍钢企业的发展带动了全市的经济增长，从而也使得全市银行金融机构业务稳健增长，2008 年以来，农业发展银行、农业银行股份制改革顺利推进，邮储银行顺利挂牌成立。但资本市场发展却并未未充分发挥其应有的筹集社会资金、优化资源配置等功能。近十几年来，马鞍山市一直只有 3 家券商，发展平稳、缺乏创新。保险市场业务持续扩大，保险机构、保费收入实现逐年增加。

金融运行态势稳定。2009 年末全市金融机构本外币存款余额为 705. 88 亿元，比年初增加 155. 04 亿元。年末金融机构本外币贷款余额为 453. 1 亿元，比年初增加 125 亿元。全年货币投放 663. 5 亿元，比 2008 年增加 49. 16 亿元；货币回笼 582. 34 亿元，比 2008 年增加 1. 52 亿元。自 2005 年以来，全市金融机构存款余额分别为 318. 33 亿元、373. 13 亿元、437. 44 亿元、550. 83 亿元、705. 88 亿元，年均增长率为 22. 1%；年末金融机构贷款余额分别为 195. 47 亿元、268. 53 亿元、303. 97 亿元、328. 09 亿元、453. 1 亿元，年均增长率为 24. 2%。

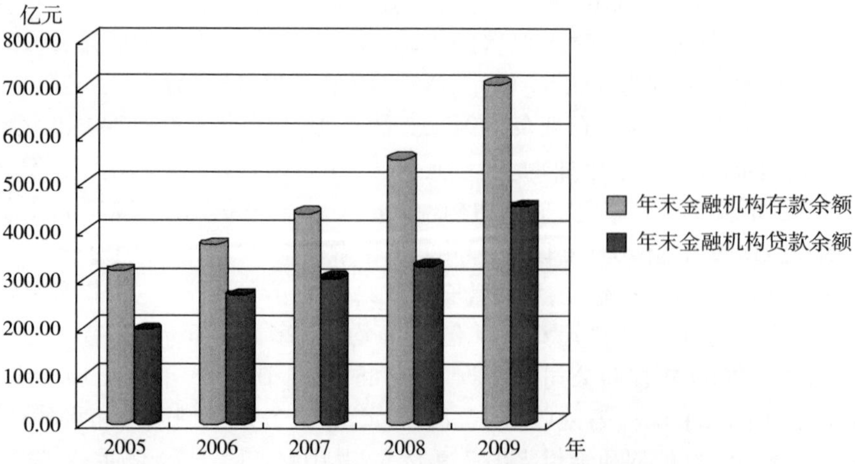

图 4 －17　马鞍山市年末金融机构存贷款余额变化趋势

保险业务逐年扩增,实现持续发展。保险机构数量从2005年的8家增长到2009年的17家。2009年全年保费总收入为14.03亿元,比2008年增长11.2%。其中,财产险保费收入3.71亿元,比2008年增长20.1%。人身险保费收入10.32亿元,比2008年增长8.3%。自2005年以来,全市实现保费收入分别为6.77亿元、7.88亿元、8.75亿元、12.61亿元、14.03亿元,年均增长率为20.7%。

(六)巢湖市金融业发展情况

金融市场不断完善,总体运行态势良好。一方面,政府为活跃金融市场、促进中小企业发展,对本市金融机构实行信贷补偿、税收优惠等政策;另一方面,巢湖市金融业逐渐实现稳健发展,各银行业金融机构紧密结合自身实际,加强合规建设和经营模式创新,提升了银行业经营绩效和风险管理水平。

金融业总体呈稳健增长趋势,但相对于南京都市圈其他市金融业发展状况,其信贷水平和信贷质量还是比较低。2009年末全市金融机构各项存款余额为574.94亿元,比2008年末增加105.26亿元,增长22.4%。其中:企业存款余额97.58亿元,增长44.8%;城乡居民储蓄存款余额406.20亿元,增长16.9%。金融机构各项贷款余额289.44亿元,比2008年末增加54.05亿元,增长23.0%。其中:短期贷款155.16亿元,增长12.3%;中长期贷款123.61亿元,增长42.3%,中长期贷款中个人消费贷款30.11亿元,增长54.5%。自2005年以来,全市年末金融机构存款余额分别为271.13亿元、320.8亿元、385.06亿元、469.54亿元、574.94亿元,年均增长率为20.7%;年末金融机构存贷款余额分别为178.16亿元、195.82亿元、218.39亿元、235.39亿元、289.44亿元,年均增长率为13.1%。

表4-47　　2009年巢湖市年末金融机构存贷款余额结构

指标	绝对值(亿元)	增长率(%)
各项存款余额	574.94	22.40%
企业存款	97.58	44.80%
居民储蓄存款	406.20	16.90%
各项贷款余额	289.44	23.00%
短期贷款	155.16	12.30%
中长期贷款	123.61	42.30%
个人消费贷款	30.11	54.50%

保险业波动发展,总体呈缓慢上升趋势。2008年实现大幅增长,增长速度达到105.7%,其余年份增长速度保持在15%左右。2009全年保险业保费收入17.43亿元,比2008年增长15.6%。其中:财产险业务保费收入3.78亿元,增长54.9%;人身险业务保费收入13.6亿元,增长7.6%。赔款和给付4.05亿元,下降9.4%。其中:财产险业务赔款支出2.27亿元,增长28.2%;人身险业务赔款和给付支出1.78亿元,下降34.1%。自2005年以来,全市实现保费收入分别为5.8亿元、6.84亿元、7.33亿元、15.08亿元、17.43亿元,年均增长率为36.6%。虽然年均增长率大于南京都市圈其他7个市,这主要是因为2008年出现了大幅异常增长,但实际每年增速却落后于其他各市。

(七)滁州市金融业发展情况

2009年金融保险业务发展迅猛。年末,全市金融机构人民币各项存款余额614.48亿元,比

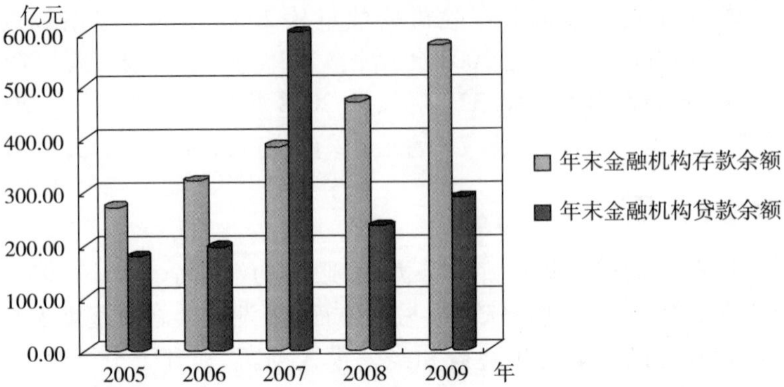

图 4－18　巢湖市年末金融机构存贷款余额变化趋势

2008 年末增加 144. 31 亿元，增长 30. 7%。其中：企业存款 140. 52 亿元，比 2008 年末增加 52. 35 亿元；城乡居民储蓄存款 352. 70 亿元，比 2008 年末增加 49. 15 亿元。年末，金融机构人民币各项贷款余额 380. 89 亿元，比 2008 年末增加 105. 11 亿元，增长 38. 6%。其中工业贷款余额 38. 08 亿元，比 2008 年末增加 6. 88 亿元；商业贷款 81. 25 亿元，比 2008 年末增加 9. 92 亿元。农业贷款 60. 22 亿元，比 2008 年末增加 8. 90 亿元；个人中长期消费贷款 35. 95 亿元，比 2008 年末增加 16. 81 亿元。自 2005 年以来，全市年末金融机构存款余额分别是 276. 76 亿元、325. 02 亿元、376. 36 亿元、470. 18 亿元、614. 48 亿元，年均增长率为 22. 2%；年末金融机构存贷款余额分别为 193. 7 亿元、233. 62 亿元、259. 36 亿元、274. 78 亿元、380. 89 亿元，年均增长率为 19. 0%。

表 4－48　　2009 年滁州市年末金融机构存贷款余额结构

指标	绝对值（亿元）	比年初增加额（亿元）
各项存款余额	614. 48	144. 31
企业存款	140. 52	52. 35
居民储蓄存款	352. 70	49. 15
各项贷款余额	380. 89	105. 11
工业贷款余额	38. 08	6. 88
商业贷款余额	81. 25	9. 92
农业贷款余额	60. 22	8. 90
个人中长期消费贷款	35. 95	16. 81

金融保险业务发展加快，保险业务品种增加。近几年来徽商银行、华夏保险等金融机构纷纷落户滁州，保险业业务量逐年上升。截至 2009 年年底，全市保险公司 22 户，比 2008 年增加 1 户。其中寿险 10 户、财产险 12 户。全年保费收入 18. 12 亿元，比 2008 年增长 22. 7%。其中：财产保险保费收入 5. 64 亿元，增长 54. 9%；人寿保险保费收入 12. 48 亿元，增长 12. 1%；财产险中农业险保费收入 0. 92 亿元，增长 1. 24 倍。全年保险赔款和给付 6. 76 亿元，比 2008 年增长 26. 5%。其中，农业险业务赔款支出 0. 41 亿元，增长 38 倍。自 2005 年以来，全市实现保费收入分别为 6. 85 亿元、8. 34 亿元、9. 47 亿元、13. 63 亿元、18. 12 亿元，年均增长率为 28. 0%。

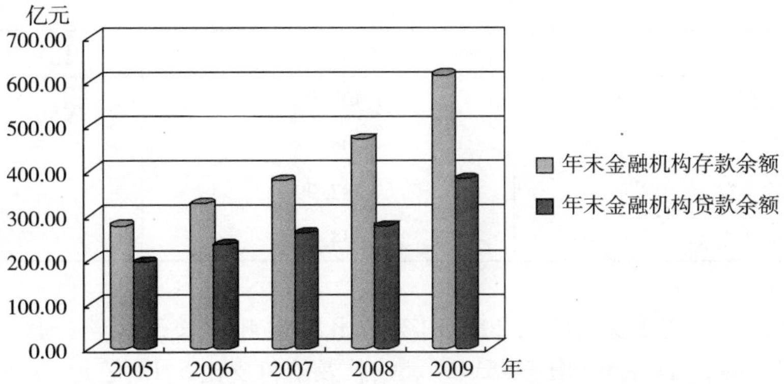

图 4－19　滁州市年末金融机构存贷款余额变化趋势

（八）芜湖市金融业发展情况

2009 年金融业。年末，金融机构人民币存款余额 953. 40 亿元，比年初增加 242. 96 亿元。其中：企业单位存款 381. 84 亿元，比年初增加 127. 44 亿元；城乡居民储蓄存款 407. 08 亿元，比年初增加 63. 39 亿元。金融机构人民币贷款余额 804. 83 亿元，比年初增加 251. 24 亿元，其中，短期贷款 287. 99 亿元，比年初增加 47. 19 亿元；中长期贷款 434. 08 亿元，比年初增加 182. 46 亿元。年末外汇存款余额 26111 万美元，比年初减少 2891 万美元；外汇贷款余额 7415 万美元，比年初减少 7870 万美元。自 2005 年以来，芜湖市全市年末金融机构存款余额分别为 382. 40 亿元、462. 31 亿元、574. 08 亿元、710. 42 亿元、953. 40 亿元，年均增长率为 25. 8%；年末金融机构贷款余额分别为 343. 37 亿元、378. 74 亿元、452. 49 亿元、553. 59 亿元、804. 83 亿元，年均增长率为 24. 4%。

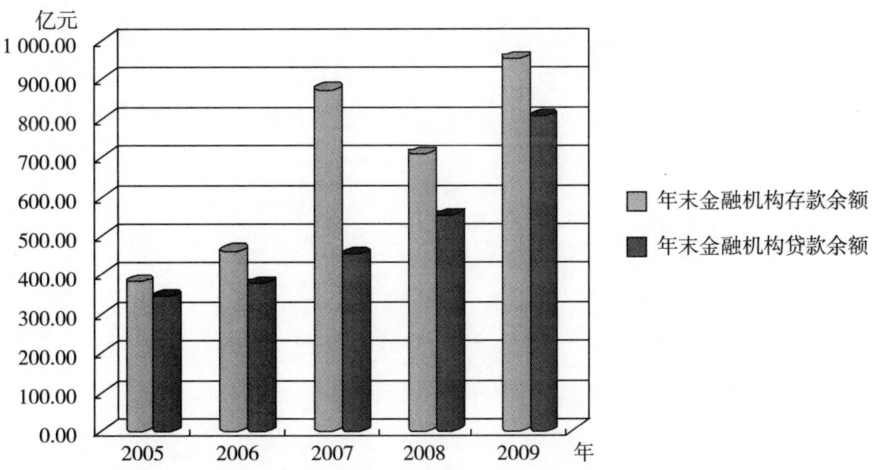

图 4－20　芜湖市年末金融机构存贷款余额变化趋势

表 4－49　　2009 年滁州市年末金融机构存贷款余额结构

指标	绝对值(亿元)	比年初增加额(亿元)
各项存款余额	953. 40	242. 96
企业存款	381. 84	127. 44

续表

指标	绝对值(亿元)	比年初增加额(亿元)
居民储蓄存款	407.08	63.39
各项贷款余额	804.83	251.24
短期贷款余额	287.99	47.19
中长期贷款余额	434.08	182.46

2009年保险业。全年实现保费收入20.03亿元,比2008年增长34.6%。其中:人身险14.19亿元,增长30.6%;财产险5.84亿元,增长45.4%。赔款及给付支出5.19亿元,比2008年下降5.7%。其中,人身险1.74亿元,下降31.8%;财产险3.45亿元,增长16.9%。自2005年以来,全市实现保费收入分别为8.15亿元、8.88亿元、10.31亿元、14.89亿元、20.03亿元,年均增长率为26.0%。

九 南京都市圈商贸流通业

一、南京都市圈商贸流通业发展概况

2009年,南京都市圈消费品零售总额达4199.52亿元。同期,江苏省实现社会消费品零售总额8471.5亿元,安徽省实现社会消费品零售总额3527.8亿元。南京都市圈社会消费品零售总额分别是江苏省的49.57%和安徽省的119.4%。南京、镇江、扬州、淮安、马鞍山、滁州、芜湖、巢湖8个市社会消费品零售总额,分别是1961.58亿元、488.50亿元、619.00亿元、399.89亿元、125.75亿元、183.60亿元、241.51亿元、179.69亿元,所占南京都市圈比例分别为46.71%、11.63%、14.74%、9.52%、2.99%、4.37%、5.75%、4.28%,8个市社会消费品零售总额分别比2008年同期增长18.80%、19.10%、18.70%、19.10%、18.70%、18.90%、18.90%、18.90%。

表4-50　　2009年南京都市圈消费品零售总额

	总额(亿元)	占比(%)	增长(%)
南京	1961.58	46.71	18.80
镇江	488.50	11.63	19.10
扬州	619.00	14.74	18.70
淮安	399.89	9.52	19.10
马鞍山	125.75	2.99	18.70
滁州	183.60	4.37	18.90
芜湖	241.51	5.75	18.90
巢湖	179.69	4.28	18.90
合计	4199.52	100.00	—

数据来源:2009年南京都市圈各市国民经济与社会发展统计公报。

2009年,南京都市圈批发零售业零售总额达到3602.53亿元。南京、镇江、扬州、淮安、马鞍山、滁州、芜湖、巢湖8个市批发零售业零售总额分别是1704.08亿元、418.30亿元、522.90亿元、338.86亿元、107.08亿元、150.60亿元、212.81亿元、147.90亿元,所占南京都市圈比例分别为47.30%、11.61%、14.51%、9.41%、2.97%、4.18%、5.91%、4.11%,8个市批发零售业零售总额分别比2008年同期增长22.30%、19.10%、17.80%、14.00%、20.00%、18.40%、22.10%、19.30%。

表4-51　　2009年南京都市圈批发零售业零售总额

	总额(亿元)	占比(%)	增长(%)
南京	1704.08	47.30	22.30
镇江	418.30	11.61	19.10
扬州	522.90	14.51	17.80

专题

续表

	总额(亿元)	占比(%)	增长(%)
淮安	338.86	9.41	14.00
马鞍山	107.08	2.97	20.00
滁州	150.60	4.18	18.40
芜湖	212.81	5.91	22.10
巢湖	147.90	4.11	19.30
合计	3602.53	100.00	—

数据来源:2009 年南京都市圈各市国民经济与社会发展统计公报。

2009 年,南京都市圈住宿餐饮业零售总额达到 545.47 亿元。南京、镇江、扬州、淮安、马鞍山、滁州、芜湖、巢湖 8 个市批发零售业零售总额分别是 231.41 亿元、67.40 亿元、89.70 亿元、55.89 亿元、17.04 亿元、29.90 亿元、27.92 亿元、26.21 亿元,所占南京都市圈比例分别为 42.42%、12.36%、16.44%、10.25%、3.12%、5.48%、5.12%、4.81%,8 个市住宿餐饮业零售总额分别比 2008 年同期增长 18.60%、34.50%、19.40%、22.40%、18.40%、22.90%、22.40%、26.20%。

表 4-52　　2009 年南京都市圈住宿餐饮业零售总额

	总额(亿元)	占比(%)	增长(%)
南京	231.41	42.42	18.60
镇江	67.40	12.36	34.50
扬州	89.70	16.44	19.40
淮安	55.89	10.25	22.40
马鞍山	17.04	3.12	18.40
滁州	29.90	5.48	22.90
芜湖	27.92	5.12	22.40
巢湖	26.21	4.81	26.20
合计	545.47	100.00	—

数据来源:2009 年南京都市圈各市国民经济与社会发展统计公报。

2009 年,南京都市圈城市消费品零售总额达到 2742.19 亿元。南京、镇江、扬州、淮安、马鞍山、滁州、芜湖、巢湖 8 个市城市消费品零售总额分别达 1253.97 亿元、407.80 亿元、454.20 亿元、254.35 亿元、96.45 亿元、71.20 亿元、171.95 亿元、32.27 亿元,所占南京都市圈比例分别为 45.73%、14.87%、16.56%、9.28%、3.52%、2.60%、6.27%、1.18%,8 个市城市消费品零售总额分别比 2008 年同期增长 16.80%、19.10%、19.10%、19.10%、18.30%、20.10%、17.60%、16.90%。

表 4-53　　**2009 年南京都市圈城市消费品零售额**

	总额(亿元)	占比(%)	增长(%)
南京	1253.97	45.73	16.80
镇江	407.80	14.87	19.10
扬州	454.20	16.56	19.10
淮安	254.35	9.28	19.10
马鞍山	96.45	3.52	18.30
滁州	71.20	2.60	20.10
芜湖	171.95	6.27	17.60
巢湖	32.27	1.18	16.90
合计	2742.19	100.00	—

数据来源:2009 年南京都市圈各市国民经济与社会发展统计公报。

2009 年,南京都市圈县及县以下消费品零售总额达到 1457.33 亿元。南京、镇江、扬州、淮安、马鞍山、滁州、芜湖、巢湖 8 个市及县以下消费品零售总额分别达 707.61 亿元、80.70 亿元、164.80 亿元、145.54 亿元、29.30 亿元、112.40 亿元、69.56 亿元、147.42 亿元,所占南京都市圈比例分别为 48.56%、5.54%、11.31%、9.99%、2.01%、7.71%、4.77%、10.12%,八市及县以下消费品零售总额分别比 2008 年同期增长 22.30%、19.10%、17.80%、14.00%、20.00%、18.40%、22.10%、19.30%。

表 4-54　　**2009 年南京都市圈县及县以下消费品零售额**

	总额(亿元)	占比(%)	增长(%)
南京	707.61	48.56	22.30
镇江	80.70	5.54	19.10
扬州	164.80	11.31	17.80
淮安	145.54	9.99	14.00
马鞍山	29.30	2.01	20.00
滁州	112.40	7.71	18.40
芜湖	69.56	4.77	22.10
巢湖	147.42	10.12	19.30
合计	1457.33	100.00	—

数据来源:2009 年南京都市圈各市国民经济与社会发展统计公报。

二、南京都市圈商贸流通业发展的特点

1. 南京市

2009 年,南京市商贸流通业上缴税收 117.24 亿元,增长 6.2%;实现商业投资 114.05 亿元,增长 33.92%;商贸行业从业人员 70 多万,占全市从业人员的近 20%。全年全市实现社会消费品零售总额 1961.6 亿元,同比增长 18.8%,超额完成年度增长 16% 的目标。在全省 13 个市中,规模继续保持

第一，在全国 15 个副省级城市中，规模继续名列第四。

(1)消费品市场由稳定增长转向进一步提速

2009 年社零总额占全省的比重达到 17.08%。全国大城市实现外部购买力能力南京第二，北京第一(1.213)、广州第三(1.059)、上海第四(0.918)。

从行业看：批发业实现社会消费品零售总额 147.65 亿元，增长 19.5%；零售业实现 1556.43 亿元，增长 18.7%；住宿业实现 28.77 亿元，增长 6.6%；餐饮业实现 202.65 亿元，增长 20.6%；其他行业实现 26.09 亿元，增长 18.8%。从规模看，限额以上企业实现社会消费品零售总额 895.32 亿元，增长 15.1%，占全市的比重为 45.64%。限额以下企业实现社会消费品零售总额 386.51 亿元，增长 29.8%，占全市的比重为 19.7%。个体户实现社会消费品零总额 653.66 亿元，增长 17.9%，占全市的比重为 33.32%。

表 4－55　　2009 年南京市限额以上批发和零售业商品零售分类情况

指标名称	零售额(亿元)	增幅(%)
合计	825.68	16.3
食品、饮料、烟酒类	124.41	7.9
服装、鞋帽、针纺织品类	107.56	12.6
化妆品类	18.42	11.5
金银珠宝类	19.37	22.2
日用品类	25.81	13.1
五金、电料类	1.70	9.6
体育、娱乐用品类	5.35	－1.8
书报杂志类	9.13	12.7
电子出版物和音像制品类	1.12	－2.7
家用电器和音像器材类	72.76	16.3
中西药品类	60.31	22.2
文化办公用品类	64.65	10.6
家具类	9.03	53.9
通讯器材类	18.78	－9.8
煤炭及制品类	0.00	－98.4
石油及制品类	61.29	5.0
建筑及装潢材料类	16.56	1.7
机电产品及设备类	3.89	20.6
汽车类	193.80	34.1
其他类	11.74	39.2

数据来源：南京市 2009 年国民经济与社会发展统计公报。

(2)消费领域不断促成“新热点”

2009年,重点监测的36家百货店实现销售149.89亿元,增长12.63%;52家超市公司、卖场实现销售403.41亿元,增长9.9%;22家重点批发交易市场和集贸市场实现交易额119.48亿元,增长22.63%;餐饮业大打婚庆节庆牌,婚宴、家宴成为市场的亮点,实现社会消费品零售额202.65亿元,增长20.6%。受国际金融危机冲击较大的家电、汽车、家居建材等行业扭负为正。

家电业。销售家电下乡产品81147台(件),实现销售额1.73亿元。全市共回收废旧家电223481台,销售新家电195548台,销售额7.21亿万元。家电下乡、家电以旧换新受到城乡居民的热烈欢迎。1~12月份全市30家电企业实现销售1417.81亿元,同比增长15.42%。

汽车业。前三季度轿车销售,已经超过2008年全年的销售量,全年全市限上企业实现汽车零售额193.8亿元,同比增长34.1%。

家居建材业。全年商品住宅销售1114.03万平方米,同比增长69%;商品住宅销售额767亿元,同比增长142.3%。全市限上企业家具类实现零售额9.03亿元,同比增长53.9%,建筑及装潢材料类实现零售额16.56亿元,同比增长1.7%。

(3)农村现代流通网络推动郊县市场迅速繁荣

2009年,新建连锁农家店120个,累计达到1432个;升级改造连锁农家店260个;建设配送中心或以店代配中心店11个。拓展了农家店服务功能,引进话费充值、报刊图书、非处方药、邮政服务、气象服务、票务代理等业务;加强了配送体系建设,支持本土配送企业扩大品牌代理种类,扩大配送规模,降低配送成本,提高农家店的配送率。全年1432农家店实现销售29.04亿元,同比增长20%。农家店在全市乡镇和行政村的覆盖率已达到95%和85%,惠及农村人口175万人。

7个郊县实现社会消费品零售总额707.61亿元,同比增长22.25%;高于城区5.42个百分点,郊县市场占全市的比重达到36.07%,比2008年同期高出1.3个百分点。连续五年郊县市场增长快于城区市场。

(4)结构布局合理、档次提升

2009年全市在建1万平方米以上的大型商业设施有40个,建筑总面积224万平方米,预算总投资155亿元,项目数量、建筑面积、投资规模均创新高。商业设施建设在空间布局上,呈现城南、城北,江南、江北一体化协调发展。在业态分类上,传统业态加速向以购物中心为主的新型业态转型升级。在建设规模上,大体量、综合性、标杆类、高端化、旗舰类的商业项目明显增多,重大项目有力推动了商贸流通业的结构调整、业态创新。

南京商业初步形成了新街口、河西2个市级商业中心,湖南路、夫子庙等6个市级商业副中心,一批地区级商业中心为支点,众多社区商业为基础,层次分明、功能完善的现代商贸流通网络。繁荣繁华的商业中心区和特色商业街成为南京的重要窗口,带动了土地、房产等资源的大幅升值,带动了会展、旅游业的兴旺,成为城市形象的重要载体和重要窗口。

新街口商圈2007年零售额120亿元~130亿元,占城市零售总量的比例在全国首屈一指。综合服务功能、销售规模、国际一线品牌集聚度、主要商业企业效益均居全国一流水平(与北京王府井、上海南京路、重庆解放碑相比),是全国一流商业街区。其中:苏宁电器新街口淮海路店单店销售额位居全国第一;金鹰国际购物中心平效全国百货店第一;德基广场主要国际一线品牌的销售额进入全国前五名(其他四城市为北京、上海、广州、杭州),在全国副省级城市中处领先水平;金陵饭店经济效益进入全国前三名(其他为北京首旅、上海锦江)。

专栏　2009年南京市大型商贸企业逆势发展情况

十大商贸企业实现销售2296.25亿元,同比增长11.82%。全年,苏宁电器达1200亿元、苏果超市达 330 亿元、五星电器达 247 亿元。南京商业大集团发展水平位居全国第二，列全国 15 个副省级城市第 1 位。2009 年，全市有 5 家商业企业集团实现销售超 100 亿元。

五星电器位居全国家电连锁第 3 位，销售达 230 亿元，连锁网点总数 256 个。宏图三胞位居全国 IT 连锁第 1 位，销售达 179 亿元，连锁网点总数 192 个。苏果超市位居全国快速消费品超市连锁第 5 位，销售达 303 亿元，连锁网点总数 1802 个。

十大商贸企业抓住低成本发展的机遇，逆势稳步扩张，新增网点 472 个，其中在市内新增网点 68 个。全国网点总数达到 5620 个，市外网点达 4135 个。苏宁电器在全国新增网点 182 个。苏果超市以大型综合卖场为主导，在区域市场新增网点 99 个。苏农农资在全省新增连锁网点 202 个。金鹰国际开出 1 万平米的大型网点 4 个。

(5)便民商业提档升级

2009 年，市、区县两级财政通过"以奖代补"的政策，支持升级改造农贸市场 30 个，并把重点向郊区、县城、乡镇等区域拓展。同时继续做好主城区内的农贸市场配套建设工作，全面推进市场标准化、规范化、法制化管理。

2009 年，完成创建市级商业示范社区 10 个，其中省级示范社区 3 个。目前，全市社区商业示范区已有 39 个，其中"全国社区商业示范区"1 个、"省级社区商业示范区"8 个，市级社区商业示范区 30 个，惠及城镇居民 260 万人，服务档次明显提升，极大方便了居民生活。

(6)市场保供体系日益完善

2009 年，南京市现有国家级绿色市场 30 家，是全国绿色市场最多的城市；385 个放心菜检测点覆盖全部流通环节，形成了蔬菜农残快速检测网络；实现了蔬菜农残超标可追溯；1138 个放心早餐网点、352 家农贸市场品牌豆制品销售点，形成了放心早餐、豆制品连锁销售网络；20 个农村猪肉社会化配销点，形成了生猪收购、屠宰、配送、销售一体化服务网络。实时跟踪重要生活必须品的产、运、销、储等情况，副食品市场安全保供体系日益完善，确保了市场供应稳定、社会和谐发展。

(7)业态创新大步推进

全年连锁经营实现销售 2300 亿元，同比增长 15%。保持了较快增长。连锁经营成为市场主导业态。在 2008 年全国连锁 20 强中，苏宁电器、苏果超市、五星电器、宏图三胞名次，分列第 2、7、13、16 位。2009 年，苏宁电器位居全国家电连锁第 1 位，有望冲击进入世界 500 强的行列。

德基广场主要国际品牌的销售额进入全国前五名。大观天地茂、国际广场、紫峰广场、华东茂、德基二期等大型购物中心加快建设，多数已完成主体工程，进入内外装饰和招商阶段，为 2010 年开业打下坚实基础。万达城市广场，金鹰仙林两大购物中心共 34 万平方米商业设施 2009 年 12 月 18 日开业，加快了河西、仙林新市区商业中心的形成。加快南京商业全面进入销品茂时代的步伐，推动南京商业迈向更高层次。南京建邺万达城市广场位居全省已开业大型购物中心规模第二位，建筑面积 27 万平方米。

2. 镇江市

(1)消费需求持续转旺

2009 年，全市实现社会消费品零售总额 488.5 亿元，比 2008 年增长 19.1%。按行业分：批发和零售业实现零售额 418.3 亿元，比 2008 年增长 17.0%；住宿和餐饮业实现零售额 67.4 亿元，比 2008 年增长 34.5%。按城乡分：城市实现零售额 407.8 亿元，比 2008 年增长 19.1%；农村市场实现零售额 80.7 亿元，比 2008 年增长 19.1%。按规模分：限额以上企业实现零售额 184.9 亿元，比 2008 年增长 18.4%；限额以下企业实现零售额 107.6 亿元，比 2008 年增长 26.8%；个体实现零售额 193.3 亿元，比 2008 年增长 16.0%。按消费品分，食品、烟酒、日用品、家用电器实现零售额，分别增长

14.7%、34.2%、25.4%和21.4%。

专栏　镇江市促进消费扩大内需的做法

一是积极培育和发展新的消费热点。及时发布市场供求信息，引导企业调整产品结构，开发适销对路商品和服务，促进消费结构升级。推进精品商业街的建设和发展，引导个性化、时尚化、品牌化消费，培育和发展定制消费。

二是组织开展形式多样的商业文化活动。按照有节靠节、无节造节的思路，充分挖掘节日消费潜力，组织开展具有地方特色和乡土文化气息的节庆活动，宣传推介镇江，吸引外来消费。积极组织多种形式的商业文化活动，选择适当时机，组织开展"佳节购物季"、"名品进名店"、"品牌产品下乡"和工商对接、地方名品展销等活动，支持商贸企业开展各类营销活动。整合社会资源，因地制宜开展形式多样、内容丰富的消费促进活动。

三是促进耐用消费品升级换代。大力倡导科学消费、循环消费，健全旧货流通网络，发展旧货市场和旧货收购点、慈善捐助站，满足低收入家庭的消费需要。鼓励生产和零售企业开展"收旧售新"、"以旧换新"业务，带动新产品销售和资源节约。支持物回龙头企业通过连锁经营方式，新建和改造一批统一规范的社区回收点、专业化分拣中心和集散市场。认真做好物回企业备案登记工作。

(2)积极落实扩大消费政策措施

2009年，一系列鼓励和刺激消费的政策措施得到有效落实，"家电下乡、以旧换新"等对消费市场发挥了积极的示范效应，全市家电下乡销售7.97万台、家电以旧换新销售4.97万台，累计实现销售额3.56亿元。全年汽车类实现零售额36.7亿元，比2008年增长57.9%。全年兑现家电、汽车销售财政性补贴3514万元。

(3)各类市场规模不断扩大

2009年，全市拥有限额以上企业492家，比2008年增加114家。其中：批发和零售业349家，增加96家；住宿和餐饮业143家，增加18家。全市拥有星级宾馆(饭店)41家，其中三星级以上13家。年末全市拥有各类亿元以商品交易市场20个，交易额126亿元，比2008年增长37.0%。

(4)成功举办"2009中国工业品博览会"

经过精心筹备，"2009中国工业品博览会"于9月21至23日，在镇江国际工业品城成功举办。

3.扬州市

(1)消费市场持续繁荣

2009年实现社会消费品零售总额619亿元，增长18.7%。其中：批发和零售业实现零售额522.9亿元，同比增长18.7%；住宿和餐饮业实现零售额89.7亿元，同比增长19.4%。城市社会消费品零售额454.2亿元，增长19.1%；县及县以下零售额164.8亿元，增长17.8%。城市市场增幅比农村市场高1.3个百分点，城乡市场增幅差距比2008年缩小了5.4个百分点。

(2)消费升级类商品增势强劲

2009年食品、饮料、烟酒类零售额25.7亿元，增长13.5%。服装、鞋帽、针纺织品类零售额18.1亿元，增长16.4%。日用品类零售额6.6亿元，同比增长9.2%。化妆品类零售额3.2亿元，增长23.4%。金银珠宝类零售额5.1亿元，增长30.4%。家用电器和音像器材类零售额25.1亿元，增长33%。汽车类商品实现零售额51.4亿元，增长2.2倍。

(3)"家电下乡"和"以旧换新"等促进消费政策成效显著

全市累计实现家电下乡销售额2.9亿元，销售量14万台；回收旧家电9.8万台，销售新家电8.6万台，销售额达3.2亿元。

4. 淮安市

(1)消费品市场保持较快增长

全年实现社会消费品零售总额 399.89 亿元,比 2008 年增长 19.1%。分城乡看,城市消费品零售额 254.35 亿元,增长 19.1%;县及县以下消费品零售额 145.54 亿元,增长 19.0%。分行业看,批发零售贸易业零售额 338.86 亿元,增长 18.5%;住宿餐饮业零售额 55.89 亿元,增长 22.4%;其他行业零售额 5.14 亿元,增长 23.4%。全年限额以上批发零售贸易企业实现汽车类零售额 6.45 亿元,比 2008 年增长 82.7%;粮油类、肉禽蛋类零售额分别增长 46.8%、58.5%。

(2)市场载体发展迅猛

2009 年全市有成交额超亿元的大型骨干市场 16 家,实现成交额 88.07 亿元。

5. 马鞍山市

(1)市场销售保持较快增长

全年实现社会消费品零售总额为 125.75 亿元,比 2008 年增长 18.7%。分地区看,城乡市场全面协调发展,全年城市和农村市场分别实现零售额 96.45 亿元和 29.3 亿元,比 2008 年分别增长 18.3% 和 20.0%。分行业看,批发零售业实现零售额 107.08 亿元,比 2008 年增长 18.6%;其中,限额以上企业实现零售额 38.28 亿元,比 2008 年增长 20.6%。住宿餐饮业实现零售额 17.04 亿元,比 2008 年增长 18.4%;其中,限额以上企业实现零售额 3.46 亿元,比 2008 年增长 3.0%。

(2)消费需求保持旺盛势头

居民消费结构发生可喜变化,全年城市居民人均消费性支出达 12739 元,比 2008 年增长 11.8%。其中,设备用品及服务、医疗保健、娱乐文教服务和衣着消费支出快速增长。设备用品及服务消费支出增长 26.9%,医疗保健消费增长 26.2%,娱乐文教服务类消费增长 15.7%,衣着消费支出增长 15.3%。全年农民人均生活消费支出为 5962 元,比 2008 年增长 11.2%。其中:人均食品支出 2184 元;人均衣着支出和人均居住支出分别增长 12.2% 和 10.6%;人均家庭设备支出和人均医疗保健支出增长较快,分别增长 92.6% 和 76%。

6. 滁州市

(1)市场销售保持较快增长

全年实现社会消费品零售总额 183.6 亿元,比 2008 年增长 18.9%,扣除价格因素增长 18.8%,为近 13 年最高增长水平。分实现区域看,城市实现消费品零售额 71.2 亿元,县城实现消费品零售额 47.8 亿元,县以下消费市场实现消费品零售额 64.6 亿元,分别比 2008 年增长 20.1%、14.8%、20.9%。分行业看,批发零售业实现消费品零售额 150.6 亿元,住宿餐饮业实现消费品零售额 29.9 亿元,其他行业零售额 3.1 亿元,分别比 2008 年增长 18.6%、22.9%、1.5%。

(2)消费需求保持旺盛势头

从限额以上批发零售企业销售情况看,与 2008 年对比,日用品类零售额增长 46.0%,家用电器和音像器材类零售额增长 34.1%,食品、饮料、烟酒类零售额增长 31.0%,化妆品类零售额增长 27.5%,服装、鞋帽、针纺织品类零售额增长 26.2%。

7. 芜湖市

2009 年,芜湖实现社会消费品零售总额 241.51 亿元,比 2008 年增长 18.9%。分区域看:城市消费品零售额 171.95 亿元,增长 17.6%;县及县以下消费品零售额 69.56 亿元,增长 22.1%。分行业看:批发和零售业零售额 212.81 亿元,增长 18.5%;住宿和餐饮业零售额 27.92 亿元,增长 22.4%;其他行业零售额 0.77 亿元,下降 2.2%。

(1)农村市场呈现快速发展趋势,增长快于城市

1~9 月份,城市零售额 125.98 亿元,同比增长 16.5%,比 2008 年减少 8.4 个百分点;农村市场

实现社会消费品零售总额48.73亿元，同比增长23.87%，比2008年增加0.59个百分点；农村高于城市7.37个百分点。9月份当月：城市实现社会消费品零售总额13.79亿元，同比增长18.17%，比2008年减少3.39个百分点；农村市场实现社会消费品零售总额6.29亿元，同比增长20.73%，比2008年减少2.73个百分点；农村高于城市2.56个百分点。

（2）“家电下乡”政策成绩显著

根据“家电下乡信息管理系统”数据统计，1～9月，全市累计销售家电下乡产品43362台（销售金额9104.62万元），其中冰箱21871台、彩电6364台、手机373部、洗衣机3222台、计算机716台、空调10367台、热水器371台、微波炉76台、电磁炉2台；已获财政补贴的家电下乡产品35819台，财政补贴金额987.07万元。全市财政补贴兑付率为82.60%。其中9月份当月全市共销售家电下乡产品6340台（销售金额1385.61万元），其中冰箱2043台、彩电1569台、手机21部、洗衣机586台、计算机289台、空调1531台、热水器229台、微波炉68台、电磁炉2台；9月份兑付6473台，补贴金额184.60万元。

（3）反映消费结构升级的大类商品保持较快增长

居民收入的增长，房地产市场逐步回暖，消费需求的进一步拉动，全市限额以上批发零售贸易商品零售类中，化妆品、日用品类、机电产品及设备类、电子出版物及音像制品、家用电器、汽车、五金电料类、中西药品类、建筑装璜材料等均有较大幅度增长。

8.巢湖市

2009年，全市共有较大型的批发、零售、住宿、餐饮等商贸服务业网点500多个，已基本形成了专业市场和综合市场并存，以批发、零售市场为主体的多层次、多门类的商品市场体系，构建起了多种经济成分、多种市场流通渠道、多种经营方式并存的商品市场格局和遍布城乡的流通网络，基本满足全市各类、各层次生产和生活的需要。2009年，巢湖市社会消费品零售总额179.69亿元，比2008年增长18.9%。

1.流通企业数量日益增多，规模不断扩大。截至2008年年底，巢湖各类商贸流通企业1442个（其中零售企业690个、批发企业492个、住宿餐饮企业260个），资产总量为63.2亿元；各类商业网点4.7万个，营业面积576万平方米，就业人数6.89万人；各类商品交易市场268个，经营面积708万平方米；农副产品批发市场7个，经营面积26.5万平方米；年销售额2000万元以上的重点商贸流通企业30户，其中超亿元的企业14户。巢湖安德利、庐江百货大楼、无为隆兴超市等一批本土零售企业不断发展壮大。

2.城市商业网点布局基本形成。根据优化城市商业布局的需要，将城市商业划分为四个层次：一主，即一个城市主要商业中心（市级商业中心），位于市中心人民路商业中心区；一次，即一个城市商业次中心，位于半汤政务新区区域；两片，即两个城市片区性商业中心，分别位于东塘圩片区性商业中心和贾塘圩片区性商业中心；社区商业，即城市居住、教育、工矿、行政办公等社区性商业网点群。

3.流通业组织化水平大幅提高。巢湖流通业在调整中发展，在发展中创新，加快传统型商业向现代化流通业转变的步伐，实现了流通业经营结构、业态结构、布局结构的廾级优化。通过大力发展连锁经营，经营集约化水平和流通业组织化水平迅速提高。据不完全统计，截至2008年年底，全市连锁商业网点发展到2300多个，连锁经营年销售额占全社会消费品零售总额28%以上；流通业企业规模经营能力、市场竞争能力有了很大提高。

4.流通业对外开放力度加大，新型业态得到发展。近年来，江苏苏果超市、上海华联、联华超市等国内知名连锁经营企业，纷纷到巢湖发展加盟连锁店或开办大卖场，已在四县一区发展了几十家连锁超市。此外，一批国内外著名连锁经营企业纷纷入驻，如世界零售业巨头沃尔玛已于今年8月5

日正式开业、合肥百大集团、江苏时代超市也即将开业；大润发、家乐福、乐购等国外知名零售企业竞相考察，洽谈投资事宜。

5. 农村商品流通网络体系建设取得新进展。为统筹城乡发展，开拓农村市场，服务“三农”，建立农村现代流通网络，改善农村消费环境，从2005年起深入实施“万村千乡市场工程”，已有17家企业投身到“万村千乡市场工程”建设中来，截至2009年底，全市建设或改造日用消费品和农资连锁农家店1023家，配送中心25个。初步建成以乡镇为骨干，农村店为支撑的农村现代流通网络，有力改善了农村消费环境，受到了广大农民的欢迎。

三、南京都市圈商贸流通业发展的对策

1. 南京市

(1)加速结构调整，提升传统产业

一是提升品质，加速商贸集聚区转型升级。在商业街区的提档升级上狠下功夫，全面提升商贸品质。在新街口商贸区，通过新建德基广场二、金鹰三期、苏宁电器东扩、金陵饭店扩建，完善新街口作为南京都市圈商贸中心区的综合功能。加快高端品牌的集聚，使新街口成为全国国际知名品牌最集中的街区。在湖南路商业街，通过国际广场等项目竣工开业，重点解决缺少大型综合商业设施的状况，进一步彰显时尚、流行、休闲的特色。在建宁路商业街，完成玉桥三期工程，改造南京商厦和金桥市场，办好金盛国际商贸广场，让建宁路“百姓购物天堂”的美誉度更高，对广大普通消费者的吸引力更强。同时扶持一大批国际国内知名品牌的区域市场总经销商和总代理商，更多地承担起辐射华东的功能。珠江路要在保持、强化、延伸IT产品特色的同时，引进百货、餐饮、休闲等业种，进一步形成综合服务功能，拓展发展空间。夫子庙主打“文化商旅”牌，提升旅游商贸核心竞争力。大明路打造成华东最有影响的汽车经贸中心。在郊县规划建设规模适当、专业鲜明、独具特色的商业街。

二是抓住机遇，加速消费结构转型升级。继续培育和扩大汽车、建材、家居、数字产品等消费热点，引导居民转变消费观念，促进消费结构升级，使消费成为促进南京科学发展的重要动力。加强商贸、旅游、会展业的资源整合，吸引更多的外来消费。全面推进家电以旧换新工作。继续做好新增销售、回收企业的招投标工作。逐步将大型百货、超市以及生产企业销售渠道纳入家电以旧换新销售网络，满足群众的消费需求，完善家电以旧换新流程，方便消费者，提高兑付率。

三是再造网络，加速农村市场转型升级。用连锁业态全面构造农村消费品和农业生产资料流通网络。深入推进“万村千乡市场工程”。形成以县城店为龙头、乡镇店为骨干、村级店为基础的现代农村商品流通网络。深入推进家电下乡，做好宣传工作，让广大农民了解政策，让企业认真执行政策，确保家电下乡成为拉动内需、激活农村市场的一个重要“品牌”。加快农村商品流通市场建设。重点改造建设大型农产品批发市场、大型农产品流通企业，逐步形成体系完备、功能健全、布局合理的农产品流通体系。发挥商贸业在改变二元结构、推进农业产业化、提高农副产品商品化、增加农民收入等方面的积极作用。

四是安全消费，加速菜篮子工程转型升级。进一步提升农贸市场改造和绿色市场创建工作水平，着重提升标准化、规范化管理水平。树立南京农副产品物流中心的绿色品牌。在蔬菜、果品、水产、副食品交易区开业的基础上，进一步完善信息处理系统和电子结算系统，提高运营管理服务水平。

(2)加强战略选择，培育新兴产业

一是创新品种门类，全面发展连锁经营。继续充分发挥连锁企业已有的优势，放大品牌效应，保持家电、IT、超市行业连锁经营的快速发展，加快百货、家居、建材、汽车、服饰、化妆品、餐饮、住宿、生鲜食品、农副产品经营等行业的连锁发展，确保连锁经营成为商贸流通业主导性业态。进一步拓展

区域市场、全国市场，保持连续业态在全国领先的发展水平。

二是创新业态模式，优先发展综合性、多业态组合的都市型购物中心。引导企业做好规划设计、功能定位、招商引资、市场培育工作。组织开展购物中心之间的交流活动，推动相互学习，共同发展。使销品茂成为商业转型升级、创新发展的新亮点和消费品市场的新增长点。

三是创新发展方向，加快发展电子商务和商贸物流。注重有形市场和虚拟市场，地上市场和地下市场，传统市场和电子商务，网上交易和物流配送的有机结合，发展大型商贸企业为主体的网上信息发布、展示和交易。加快南京农副产品物流配送中心配套工程建设。加快苏宁电器、苏果超市、宏图三胞、苏农农资等企业一批市外大型物流中心建设，加快形成覆盖区域市场、全国市场的物流配送框架。商贸物流项目的全力推进，将进一步提升商贸业转型升级、创新发展的能力，让拓展消费、扩大消费有更大的承载平台和有效空间，带动商贸产业结构跃上现代化的新层面。

四是创新服务方式，大力发展家政服务。以便民、利民、为民为宗旨，充分整合社区商业资源，以创建商业示范社区为重点，通过健全完善便民商业服务设施，加快推进家政信息服务网络建设，不断推进社区商业建设发展。

(3)加大推进力度，做强支柱产业

一是在大项目建设上实现新跨越。大型商贸设施建设项目不仅关系城市形象和人民生活，也影响城市功能和产业结构，对拉动内需、扩大消费具有直接的作用。一批新开业项目将成为消费品市场重要的新增长点，成为全市商贸流通业持续发展、转型发展的强劲后力。

二是在大企业发展上实现新跨越。南京大型商贸企业发展在全国有影响，一批大型企业集团实现了从地区性领头企业到区域性、全国性龙头企业的跨越。要继续发挥大企业集团的优势，积极推动流通企业间的重组、合作和加盟，引导企业发展向注重效益和规模同步增长转型。着力推动十大重点商贸企业向区域化、国际型大买家升级，由以往为消费者服务转变到为消费者和生产者服务并驾齐驱，提升核心竞争力，成为达到全国同行业一流水平的大型商贸企业集团。

三是在大区域扩张上实现新跨越。凭借优越的发展空间，良好的地理位置，政府和企业共同打造，南京商贸业将继续鼓励大型企业运用连锁、兼并、特许经营等多种方式进行跨行业、跨地区的发展，注重发挥南京商贸业在都市圈市场的带动和引领作用，推进区域经济和市场的融合，充分利用区域市场腹地资源，大力开拓国内市场，拓展南京商贸发展的新空间。

2. 镇江市

(1)拓展农村市场，拉动农村消费

一是继续推进“万村千乡”市场工程。加大扶持力度，确定市级财政配套补贴资金，推进“万村千乡”市场工程农家店建设，扩大农家店的覆盖面。通过一网多用，开展采购、配送、销售、加工、租赁和技术推广等多样化服务。推进“万村千乡”网络与供销、邮政、电信网络的结合，提高农家店的综合服务功能。

二是推进“双百”市场工程建设。加快农副产品批发市场的整合和建设步伐，形成规模优势，完善冷链保鲜、检验检测、物流配送等设施建设，争取进入全国农批市场的先进行列。借鉴兄弟城市好的经验和做法，有针对性地制定重点招商目标的鼓励、扶持、引导政策，增强吸引力。

三是完善农产品流通网络。组织开展“产销衔接”、“农超对接”活动，上、下半年各组织一次农商对接活动或农产品展销活动。帮助零售企业、农产品供应商与农村合作组织、种养植基地加强沟通与协作，建立或发展采供基地，完善农产品运输绿色通道政策，提高流通效率，降低流通成本和损耗。

四是全面推进家电下乡工作。全面启动家电下乡工作，各级政府、各有关部门要加强领导，精心组织，强化监管，确保下乡家电产品质量，搞好售后服务。要严厉打击借家电下乡名义销售假冒伪劣产品行为，切实把家电下乡工作抓实抓好，扩大农民家电消费。

(2)完善社区服务，扩大城市消费

一是增强社区商业服务功能。研究制定社区商业建设规划，开展社区商业示范区的创建活动，逐步形成以连锁超市和菜市场为核心，门类齐全、服务便捷、分级明确的社区商业服务网络。建设市级社区商业示范区和争取省级社区商业示范区。

二是继续推进标准化菜市场改造。支持现有菜市场的升级改造。完成九里街、金星、丁卯桥三个菜市场的升级改造，启动南门、桃园、七里甸等菜市场建设，让城市居民便利消费、放心消费、舒心消费。

三是加快大众餐饮发展。推广实施早餐工程，鼓励餐饮龙头企业发展主、副食品加工配送业务，推进早餐经营规模化、连锁化和餐饮上门服务，为居民提供价廉物美、方便快捷、安全卫生的早餐服务和配送服务。组织开展第二届"新彭祖好餐饮"美食节活动，促进餐饮业提升服务水平，扩大服务消费。

四是坚持规划引导，优化商业布局。修订完善商业网点规划。根据新形势的要求，结合城市发展、经济建设和产业调整的需要，重新修订《镇江市城市商业网点规划》，进一步明确商业布局要求，确定各级商业中心的建设规模和业态配置，指导和规范市区商业建设有序发展。

五是进一步繁荣大市口中心商圈。积极推进大市口西南角改造工程，建设镇江商业地标；通过政策扶持、资源整合，打造第一楼街精品商业街；加快城市基础设施建设步伐，提升中山路"百城万店无假货"示范街的建设水平；加快特色商业街建设步伐，在大市口区域内投资建设精品服饰、旅游纪念品、电子商品等特色商业街。

(3)加强招商引资，推进项目建设

一是进一步加大商贸业招商引资力度。依据网点规划，按照突出需求、弥补空缺、借鉴经验、错位经营、升档进位、招大引强六项原则，制订重点招商计划，建立商贸大项目储备库，在二季度组织商贸经济专题招商活动。借鉴兄弟城市好的经验和做法，有针对性地制定重点项目的鼓励、扶持、引导政策，增强吸引力，促进商贸在谈项目早日达成协议，开工建设。

二是强力推进续建、新建项目建设。切实加强对在手、在建项目的跟踪服务，重点抓好华地百货、皇冠假日酒店、长江新天地、沃得购物广场、新区市场群等项目的督查推进工作，确保沃得购物广场开业、华地百货、皇冠假日、恒顺商业广场等项目顺利完成。推进大市口西南角改造、月星九润销品茂等项目。

(4)促进企业发展，增强竞争能力

一是大力培育商贸骨干企业。支持本地商贸企业加快创立自主品牌，发展销售和物流网络。鼓励和扶持本土企业通过股权置换、资产收购等方式，跨地区、跨区域兼并重组，做大做强。支持商贸企业发展连锁经营、电子商务等现代流通，形成统一规范管理、批量集中采购、及时快速配供的经营优势，降低经营成本，提高经营效益。

二是支持中小商贸企业发展。保护和促进中小商贸企业发展，充分发挥其便利消费、稳定市场的作用。推动金融机构产品和服务创新，加大对中小商贸企业融资的支持力度。

(5)加强市场监管，提高调控能力

一是健全生活必需品储备和应急调控机制。完善地方成品粮油储备体系，建立地方成品粮油应急储备制度，确保10天以上的市场供应量。探索建立商业代储制度，引导和扶持企业保持适当库存，以应对市场波动。加强市场监测，完善监测网络，扩大监测范围，提高预测水平，增强调控预见性。建立完善产销衔接、跨区调运、储备投放、进出口调剂等机制，增强应急保供的时效性和针对性。

二是加强市场监管。积极推动市场诚信体系建设，严厉打击销售假冒伪劣商品、商业欺诈等违法违规行为，维护良好的市场秩序和交易环境。狠抓流通领域食品安全工作，进一步完善监管网络，保证放心消费，提振消费信心。

3. 扬州市

(1)加大商圈建设力度，优化商贸发展布局

以《扬州市区商业网点规划》为导向，加强市区商业中心、副中心建设，不断优化商业布局，增强辐射力度，放大集散功能，引导商贸业规范、协调发展。

一是开发完善市级商业中心经营功能。在现代立体交通格局下，继续提高商业集聚度，积极调整非商业用地，提升商圈功能，开拓经营服务新领域，构建购物、观光、休闲、娱乐、服务、资讯等多功能配套的中心商务区。加快实施从"区域型"向"广域型"转换，服务群体由全市扩大到苏中，辐射苏北，融入南京和上海都市圈，成为极具影响力的综合消费新天地。

二是重点推进市区"四个商贸副中心"的建设。第一，建设城东商业副中心。依托城东密集的商品交易市场群，以广陵区新行政中心、广陵商业步行街、湾头亲水休闲商圈为主体，打造城东商贸副中心。加强区域内中心商业街区、现代旅游服务、大型连锁超市、区域配送物流、区域农副产品及小商品集散中心等要素项目的建设，将城东商业副中心建成沟通城乡，辐射苏中、苏北，呼应主城区与江都市区，加快实施城市"东联"战略的重要枢纽。第二，建设新城商业副中心。以大润发大卖场、京华城中城生活广场为核心，加快周边会展中心、主题商厦、五星级宾馆、中高档餐厅、火车站商业街区、来鹤台广场、产权分割式商铺等重大要素项目和配套设施建设，集聚购物、休闲、会展、娱乐、现代资讯、商务旅游、专业服务等各类服务业要素，将其打造成为辐射苏南、皖东的商旅休闲商圈。第三，建设瓜洲商贸副中心。润扬大桥开通后，桥北休息服务区的设置，森林公园的建成，瓜洲区域优势和硬件优势凸显。通过规划和培育，推进"春江花月夜"景观的兴建、古镇的综合开发，将瓜洲打造成为集聚旅游、购物、娱乐、服务等各类要素，沟通镇江、扬州市场的桥头堡，辐射南北的商贸副中心。第四，建设蜀岗商贸副中心。运用瘦西湖风景区客流如织、沃尔玛购物广场和瘦西湖新天地商业街等强辐射的优势，以扬子江北路江阳商贸城、五亭龙玩具城为依托，推进市场设施、休闲娱乐设施、宾馆饭店设施的兴建和改造，整合商业资源，提升综合服务功能，将蜀岗周边打造成为集聚旅游、休闲、餐饮、购物等要素为一体的特色商业中心。

三是加快特色商业街的建设。继续调整维扬区兴城路、淮海路、美食街、盐阜路工艺品街，广陵区甘泉路服装街、江阳路建材市场带等各类专业特色街的经营结构，提高专业经营容量和经营水平。发挥各个区域的历史文化、人文环境、商业特色的优势，引导和开发各类适合现代消费趋势的特色商业街。重点将国庆路打造为展示扬州传统商业文化和旅游新景观的老字号一条街，将教场打造为体现扬州民风的民俗风情街，将毓贤街打造为补充文昌商圈休闲、旅游、餐饮功能的步行街，将"双东"打造成为集盐业文化、民俗风情、传统手艺为一体的传统商业特色街。

四是加快社区商业建设。针对全市各社区具体情况，指导发展与小区规模、居民消费水平相匹配的社区商业形态，不断提升居民生活质量。对老城区、沿街住宅区如史可法东路、梅岭西路等历史较长的街路周边住宅区，推进建设沿街式商业，着重调整结构，合理布局，导入新业态。对连运小区、曲江花园、南浦花园等点状居住小区，推进多点式商铺建设，重点发展分散型便民利民商业网点。对京华城等大型居民小区，推进团组式商业设施建设，以大卖场、主题商场为主体，形成集购物、餐饮、医药、服务、休闲为一体的商业群落。

五是加快县域商业网络建设。县域商业要以县城商业中心为主导，以社区商业、集镇商业为基础，以为县乡居民生产服务、生活服务为目标，以"万村千乡"市场工程为载体，构建新型县(市)商业布局构架，基本形成"县(市)城区市场—中心镇市场—乡村市场"畅通、功能明确、分工合理的三级流通网络。

(2)加快发展现代服务业,优化商贸运行质态

大力发展连锁超市、专卖、便利等新型业态商业,加速培育地方大型骨干连锁企业,提升扬州商贸业现代化水平。以资产、品牌、技术等资源为纽带,通过合资合作、兼并收购等资产重组形式,加快全市商贸资源整合和优化配置,重点扶持主业突出、经营规范、核心竞争力强的大德生药店、汇银家电、新国道超市、中亚糖酒等连锁企业拓展市场,做大规模。推进商务部部署的"万村千乡"市场工程建设,引导大型连锁企业从城市市场向集镇市场、农村市场延伸,加速构建农村现代化流通网络。积极推进靠大战略,鼓励单体超市、粮油店、食品店、杂货店加快转型,加盟大型连锁公司,开展特许经营。启动"总部"经济,充分运用近几年扬州综合环境日益改善的有利条件,鼓励、引导市外大中型连锁企业将总部或地区总部设在扬州,提升扬州商贸业的整体形象。

(3)加快挖掘传统资源,做大做强特色产业

全力打造地方传统民族品牌。加快"扬州三把刀"行业体制和机制的转型,大力推进"三把刀"向产业化、现代化、连锁化方向发展。创新思路,开辟服务项目,开发名品精品,开拓国际、国内市场。以老字号为依托,通过资产重组、股份制改造等方式,集中优质资产、优势资源,实施规模化生产和连锁化经营,提升竞争实力,做大企业规模。着力培育富春、老妈火锅等餐饮龙头企业,加快培育年营业额超亿元的淮扬菜餐饮龙头企业。着力培育苏扬足底、陆琴脚艺等骨干沐浴企业,形成连锁店达百家的经营规模。实施品牌战略,引导培育出一批拥有自主知识产权、市场定位准确、竞争力强的行业品牌和知名企业。精心培植"扬州师傅"品牌,制定各行业"扬州师傅"技术标准,增强品牌文化认知度,提高其知名度和美誉度。以节兴市,充分运用"烟花三月"旅游节这一平台,开展促销、比赛、考察、交流等系列活动,提高市场占有率。推进商旅结合,与创建旅游大市相配套,加强商贸业与旅游业全面合作,将餐饮、沐浴、美容美发等服务项目编排进旅游线路,丰富扬州旅游内涵,拓展"扬州三把刀"的发展空间。

(4)加快批发市场升级,增强商品集散功能

加快批发市场业态提升、功能扩张和管理升级,推进批发市场组织创新和结构创新。强化批发市场与地方产业相结合,形成市场植根于地方产业、产业壮大市场规模的良性发展。引导相关批发市场与水产品、农副产品、牙刷、服装、汽车配件等生产基地合作,拓展上下游生产经营链条,形成贸工农、产供销一体化的产品集散中心。不断适应市场消费需求的变化,调整经营结构,发挥资源效益的最大化。加强批发市场硬件改造和软件建设,搭建以信息服务中心为主导的服务平台,完善市场功能,增强辐射力。积极推行交易方式创新,引进连锁、代理、配送、拍卖等现代营销方式,扩大网上采购、网上交易,实现有形市场与无形市场的有机结合。加强农产品批发市场的标准化建设,引导优势企业加大投入,提升档次,扩大规模。

(5)加大市场监管,加强诚信兴商建设

加大依法治商力度,营造规范有序的市场环境。与相关职能部门密切合作,协同开展商品质量、服务规范、食品安全、价格执行等专项或联合的检查与整治,整顿规范经营活动,依法打击制售假冒伪劣商品和商业欺诈行为,切实保护消费者合法权益。全面建设商业诚信经营体系,以"诚实守信,货真价实"为重点,大力推进诚信服务,继续开展"百城万店无假货"等活动,通过企业争创、行业推动、交流互动,培育壮大50家无假货示范店、4家示范市场、2条示范街,由点到线、由线及面不断发展。研究制定商业行业经营规范,出台一批新的行规行约,引导全行业守约自律、诚信经营。实施放心肉品、放心蔬菜、放心豆制品、放心早餐等"四放心"工程建设,建立健全食品安全检测体系,确保消费者饮食放心,清理整顿生猪定点屠宰场,推行机械化屠宰,集聚化生产,规模化经营。全面实施标签标识、进货索证、场内公示等准入制度,基本实现畜产品、水产品、豆制品、蔬菜安全上市。推广绿色蔬菜和无公害农产品的生产和消费,建立保障食品质量、符合无污染要求的运输、仓储、销售网络。

推进“放心早餐工程”建设，在提高质量、增加品种、增加市区布点的基础上，向周边县（市）辐射。

（6）加大招商引资力度，培育商贸业新的增长点

强化招商引资，以吸引国际先进业态为目标，积极利用外资、民资重点发展现代物流配送业、专卖专业店、电子商务，用现代理念和技术改造传统服务业，提升商贸业的整体水平。充实调整商贸业项目库，建立商贸客商资源库，通过招商会、投洽会，发布招商信息，推介招商项目，寻求新的合作伙伴。鼓励和吸引外资民资兼并或参股经营，提高企业的竞争能力，加快“二次创业”的进程。针对商贸业存在的薄弱环节，强化对五星级酒店等服务项目招商、落户；继续引进新型业态入驻扬州，改造提升商业质态；努力引进国际500强品牌商贸企业来扬，提升城市形象。优化投资环境，提供项目审批、开工建设、竣工运营等全程优质服务，营造富商、安商、亲商氛围，以商引商，以情引商，实现共同发展。

（7）加快培养各类人才，加强服务质量建设

随着现代科技突飞猛进，商贸流通业尤其是新型业态商贸企业是现代科技高投入、高产出的领域，亟需各类专业人才。充分运用扬大、扬州商校等教育基地实力雄厚的优势，积极实施人才发展战略和员工培训工程，优化商贸业人才结构。将企业招聘与高等院校教育相结合，培养和引进高层次、复合型的经营管理人才，高、中级职业技术人才。高度重视职工技术教育，广泛开展各专业、各层次的职业培训，普遍推行员工持证上岗制度。开展新知识、新技术、新法规的教育和推广，加快知识更新和技能更新，培养一批与时俱进的业务尖子、营销骨干和管理能手。建立“扬州师傅”的培育、评选、推介机制，“十一五”期间通过技艺、理论与素质的培训，培育出2000名商贸各类行业的“扬州师傅”，使“扬州三把刀”的专业人才梯度涌现，走向世界。

加强商贸业服务质量建设，贯彻“以人为本”的服务宗旨，强化职业道德、职业技能和职业规范的培养，广泛开展思想政治教育和法制教育，“以德治商”与“以法治商”并举，努力形成文明经商、有序竞争的市场环境。深入开展严自律、创“三优”活动，建设时代特色鲜明的扬州商业文化，树立良好的商业窗口形象。以“让顾客放心”为主题，以提高“顾客满意度”为宗旨，深入开展“商贸服务质量年”活动，提高优质服务水平，把扬州建成放心消费的区域性商贸中心。

4. 淮安市

（1）兴建综合大市场

在淮安火车站和淮安汽车北站周边，规划建设10平方公里左右淮安综合大市场，形成建材装饰、汽摩、五金、灯具、日化用品等市场集群，配套建设配载、物流、展示、电子结算中心，力争打造“长三角”北部规模最大、功能最全的商品批发中心，形成“南有义乌、北有临沂、中有淮安”的一级批发市场格局。

（2）培育重点专业市场

在2012年前，重点培育一批年交易额超30亿元、10亿元以上专业市场。首先，培育3个年交易额30亿元以上市场。一是在清浦区新建清江蔬菜批发市场，营业面积15万平方米；二是在市经济开发区建设钢材交易市场，营业面积10万平方米；三是提升淮安国际商城，走精品化、专业化道路，营业面积达到40万平方米。其次，培育一批年交易额10亿元以上市场。重点培育洪泽湖水产品大市场、盱眙龙虾市场、淮安国际农贸城、清浦区汽车物流城、仕泰隆模具城、淮安图书出版物市场、楚州农贸干果市场、涟水国际文化商贸城、金湖农机大市场。

（3）改造或搬迁整合市区现有市场

遵循“规划引导、逐步改造、规范管理、调整提高”的方针，按照城市总体规划调整要求，结合老城区改造、市政道路建设和商业中心整体形象提升，改造汇通市场、锦绣国际装饰城、华丰装饰城、金盛装饰城、淮汽装饰城、财富广场电子市场、华城电子市场等成规模但档次较低的交易市场，走精品店、

商场化道路。搬迁五金市场、万福来家居广场、五星家俱广场、新龙凤家俱城、食品城、清中电子商城、昆仑纺织城、南方批发市场、机电五金塑料市场、瑞祥花苑五金市场、苏北建材市场、四海农副产品批发市场、市农业科技生产资料市场等市场,逐步引导向市综合大市场搬迁。2012 年前基本完成全部市区现有市场的提升改造和搬迁工作。

(4)提升淮海中心商业区

突出大型商场、连锁超市、专业专卖等商业业态,建设围绕淮海广场 2 平方公里区域性商贸中心,打造布局合理、功能完善的长三角北部最具吸引力的现代化商业中心。"十一五"期末,力争区域商贸中心初具规模,"十二五"期间,区域商贸中心地位进一步得到巩固。

(5)建设水渡口中央商务区

突出金融、信息、中介、文化、会展等商务功能,建设围绕水渡口的 5 平方公里区域性商务中心,打造功能齐全、服务规范、文化特色浓郁的"长三角"北部最活跃的商务活动集聚区。

(6)打造一批特色商业街(区)

立足已初步形成的商业现状,按照"魅力独特、优势突出"的要求,建设一批特色商业街(区)。继续实施淮海路里运河至古黄河段提升改造工程,并积极南伸北延,打造商业氛围浓厚、街区景观靓丽的苏中、苏北第一街。实施淮海东西路商业及景观改造工程,打造人民路至水渡口中央商务区的高品位商业购物街。依托东、西大街周边丰富的人文景观,打造人民路至承德路的旅游、购物、休闲商业街。依托文庙新天地,建设综合型的仿古街(区),形成花鸟、古玩、字画、休闲、餐饮集聚区。培育大闸口至清隆桥沿里运河的美食一条街。打造楚州河下古镇仿古商业街。

(7)构建物流基地

规划建设市综合物流园。在市经济开发区建设 5 平方公里综合物流园,含出口加工、海关通关、物流企业集聚等功能区,打造"长三角"北部重要的对外贸易和物流融合发展的现代化基地,到 2012 年,出口加工区贸易额超过 100 亿美元。加快建设物流节点。依托交通优势,重点加快建设淮安空港、新港、袁北、清河、清浦等物流节点。建设配套物流中心。依托新建综合大市场和各专业市场,规划建设配套物流中心。

5. 马鞍山市

提升城乡商贸服务业水平。继续推进主城区商圈、社区便民商业和农村市场三大商贸体系建设。

(1)做强主商圈商业,扩充城市消费规模

以大华广场二期工程运营为抓手,扶持优势商贸企业发展造势,加速推进主商圈的辐射带动作用,提升商贸流通业的竞争力,集聚辐射能力和现代化水平,留住外流购买力的同时还要吸引周边地区的消费者。重点推动住房消费、汽车消费、发展教育事业、推动旅游消费、促进文化体育对外交流和消费。

(2)建设社区商业,提高便民服务功能

继续建设以"便利消费进社区,便民服务进家庭"为主要内容的城市社区"双进工程",积极引导龙头连锁企业重点发展生鲜超市、早餐示范店、便民修理、家庭服务等社区商业服务网点。

(3)加快农村市场建设,拉动农村消费

巩固"万村千乡市场工程"成果,全面实施"家电下乡",加快摩托车、照相机、电脑、空调等耐用消费品进入农村市场和农民家庭的步伐,引导农村消费,释放农村消费潜力。引导发展较快的农村企业开展水产、粮油、果品市场建设。

(4)加强市场监测,做好预测预警

继续完善和发挥城乡市场信息服务体系功能,跟踪监测居民消费变化及政策调整、市场供求和价格对消费的影响，及时发布权威信息，加强对生产和消费的正确引导；提高预测预警能力，加大对猪肉、成品油等重要和敏感商品的市场预测预警力度，对市场运行中的趋势性、苗头性问题，做到早发现、早预防、早准备、早解决，保持市场供应稳定有序，满足市场消费需求。

6. 滁州市

(1)加强宏观管理，规范流通秩序

要加强政府对商贸流通的调控和管理，按照市场经济规律的要求，根据国家有关法律、法规，建立和完善市场准入制度和交易规则，规范经营行为。加强对市场的规范管理、监督、监管，创造公平竞争的市场环境，保持良好的流通秩序。强化农产品和重要商品的流通管理，建立以食品、日用品为主的流通安全体系；改善投资经营环境，加强城市基础设施建设，保证供水、供电、道路、通讯的畅通；强化市场管理，维护正常经营，严厉打击各种扰乱市场秩序和侵犯消费者权益的不法行为；加强对市场的管理和监控，建立特种商品、特种行业、大型商贸企业准入听证审批制度。

专栏　滁州市实施科教兴商做法

加快商贸物流人才培养，造就一批高素质、懂经营、会管理、熟悉国际贸易规则的人才队伍。要充分认识到商贸物流人才是加快商贸物流业发展的第一资源，树立竞争取决于人才，容智胜于融资的观念，从战略的高度加快人才资源开发与管理。抓住培养、吸引、用好人才三个环节，建设好人才队伍，努力构筑人才高地。坚持培养和引进并举，造就高层次经营人才和提高全员素质并重，建立完善的人才培养和引进机制。加大各层次人才培养力度，充分挖掘现有人才资源的潜能和作用。依托高等院校和职业学校，发挥中介组织作用，通过多种形式合作办学，加快培养急需的商贸职业经理、物流、电子商务、信息服务等方面的人才。全面推行职业资格证书制度，有计划的对现有人员进行知识更新和培训提高，加强商贸物流从业人员的道德教育，提高从业人员的职业素质。加大高层次人才引进力度，尽快形成高素质人才资源的集聚优势。加快用人分配机制改革，调动各类人才的积极性和创造性，为加快商贸物流业发展提供坚强的人才保证和智力支持。

(2)加强网点规划管理，促进结构调整

要着重抓好《滁州商业网点规划》的贯彻实施工作。一是健全商业网点建设管理规章，适时建立大中型商业网点设立听证制度。要在不断完善现有商业网点管理规章的基础上，强化部门与部门之间的协作，确保商业网点按照规划要求顺利实施。二是不断强化对商业街的管理，通过行业引导、整体设计、改善门点等措施，提升商业街的品位，努力提高城区商业环境的整体质量，美化市容市貌。三是制定促进商业网点健康发展的配套政策。目前，滁州经济已经进入结构战略性调整阶段，加快和规范商贸物流业的健康发展，是推进经济、城市、社会转型的需要，也是提高城市品位、改善投资环境、扩大社会消费、拓展就业渠道、增加居民收入、促进第三产业发展的重要一环，又是避免无序竞争、减少重复建设的关键，因此，要研究制定相关政策，以保障规划的实施。四是加强对商贸业规划的调整、监督和管理。重点加强对各级商业中心、重要商业街和商业设施及物流配送中心规划、规模、布局的管理。建立项目可行性论证和对城市环境影响的评价制度，防止污染，保护环境。要提出流通产业发展分类指导目录，并定期向社会公布。阐明鼓励支持与限制发展的项目，以利于结构调整，合理布局，防止盲目发展和恶性竞争。

(3)加强商贸设施建设，鼓励投资多元化

利用民营经济发展迅速、民间资本活力的优势，大力吸纳民间资本投资现代商贸物流业，对符合规划要求，不论项目主体性质，一视同仁给予享受有关政策，实行统一税费。除国家明确规定必须实行政府调控、专卖专营的领域外，允许和鼓励社会资本的介入；加强政策引导，适时制定和公布国家鼓励发展和限制发展的商贸物流产业目录；继续鼓励、支持个体、私营等非公有制商贸经济的持续健康发展，鼓励个私经济参与商贸物流业的资源整合，形成多种经济共同发展的良好的商贸流通格局。特别要解决个私商贸企业的筹资困难，努力建立多元化的投融资机制，引导金融资本、社会资本和外资的投入。

对于新建的居民住宅小区，均要按照国家有关规定留有相应配套的商业服务设施，实行“谁投资，谁所有”。对于商业基础设施建设如重要商品储备设施、大型农产品批发市场、大型三方物流配送中心、市场信息网络、商务平台的建设，政府要实行政策倾斜，给予一定的支持。同时，积极对外招商引资，鼓励国内外各种所有制企业投资、改造商业设施，改善交通和环境，为商业发展创造条件。结合滁州商贸物流业实际，重点发展现代物流配送、新型商贸业态、电子商务和大型购物中心；坚持对外开放与对内开放并举，努力提高商业吸引外资的质量和水平。利用吸引外资改造传统服务业，推动拍卖、租赁、典当等行业的升级发展；大力引进国外的新品、名品，着重发展总代理和总经销。鼓励重点街（区）引进国外知名商业企业，建议市政府将原报社那块土地留下引进世界500强商业企业。

7. 芜湖市

（1）按照构建南京都市圈的要求，规划商贸流通业

进一步加强圈内合作，优化商业布局，形成资源共享、优势互补的局面。围绕南京都市圈产业发展建市场，重点发展生产资料、工业品和具有地方特色的专业市场。要利用商贸流通业的资源整合优势帮助圈内城市承接产业转移，销售农副产品和工业制成品，与圈内城市共同发展。鼓励圈内商贸企业开展多种形式的商业合作，支持合肥骨干商贸企业到周边市、县开设连锁店，提高经济圈商品整体档次和水平。

（2）实现城乡资源统筹配置

把市场拓展的重点从城市转向农村，合理规划和布局，建设一批腹地广泛、交易量大、交易手段先进的农产品专业批发市场。把新兴的电子商务、连锁经营、大型仓储超市等业态向城市副中心延伸。

（3）积极推动电子商务的广泛应用

通过综合政府的产业政策、企业的市场需求、行业的发展趋势、消费的变动情况等信息，提高各类网络资源的集聚度和利用率。当前，一是抓紧研究电子交易、信用管理、安全认证、在线支付、税收、市场准入、隐私权保护、信息资源管理等方面的法规规章问题，逐步完善电子商务的法规规章建设；二是以支柱产业为依托，培育一批集信息发布、价格指导、网上交易、资源配置等功能于一体的行业门户网站，发挥无形市场的优势。三是鼓励大型百货商场、购物中心、连锁超市建设网上商城，增强配送功能，扩大网上消费。四是发展服务业的网络业务，拓宽电子商务覆盖面。五是打击电子商务领域的非法经营以及危害国家安全、损害人民群众切身利益的违法犯罪活动，保障电子商务的正常秩序。

（4）制定政策，扶持现有商贸企业做大做强

一是利用财政资金引导作用，激励本地企业加强信息化建设，提高物流水平和管理水平。二是鼓励金融机构制定差别化的授信条件，创新担保方式，通过动产、应收帐款、仓单质押等方式，解决中小商贸企业融资难问题。三是鼓励中小商贸企业通过协会等方式入股建立联盟，合作参与大商业项目的开发。

（5）合理进行商贸布局

一是与城市整体发展相协调，根据城市的发展定位、发展步骤、产业政策来确定商业市场的定位、布局、业态、规模、政策。对新建、扩建道路周边的商业网点，要及时谋划，合理布局，提升档次。

二是充分发挥商贸流通的导向作用，与一、二、三产业协调发展。三是实施“商旅互动”策略，促进商贸业和旅游业共同发展。四是依托交通干线网络、快速交通系统，将商业设施建在交通便利之处。五是与传承历史文脉相协调，一方面商业设施的改造和建设中，妥善保护有价值的历史文化遗产和风貌；另一方面，将历史文化资源转化为商业资源，传承和提升传统商业。

(6)是积极开展“社区双进”工程

以“便利消费进社区，便民服务进家庭”为主题，通过网点、资金、技术等一系列扶持政策，引导优势企业到社区设立便利店、物资回收站、维修站、早餐点、理发店等便民利民网点，满足社区居民多样化、个性化的需求。

8. 巢湖市

(1)用足用活国家政策，促进商贸流通业发展

充分利用“家电汽车摩托下乡”和“家电汽车以旧换新”等一系列扩内需、促消费的政策措施，推动商贸流通企业做大做强，进一步刺激农村消费市场，挖掘农村消费潜力，繁荣城乡商贸流通业。

(2)加快城市商业基础设施建设，强化商贸招商

重点推进核心商业示范街区建设，加快建设人民路商业步行街，使其成为特色鲜明、商贸业繁荣的城市商贸服务中心。围绕商贸重点项目建设，编制重点招商项目，主动开展招商工作。通过在税收、土地等方面制定一系列优惠措施，吸引国内外知名企业投资新办大型综合超市、购物中心、新兴百货店、连锁餐饮店和大型专业店等新型业态，促进商贸服务业转型升级。

专栏　巢湖市加快农村市场建设的经验

一是深入实施“万村千乡市场工程”和“新网工程”建设。通过支持商贸流通骨干企业科学选点、合理布局，全力鼓励支持企业深入乡村建设高标准的农家店，将现代经营理念、营销方式与连锁网点由城市延伸至农村；引导企业按照标准申报建设配送中心项目，督促企业提高商品统一配送率，尤其要提高加盟店商品配送率，逐步提高现代农村流通网络水平，改善农村消费环境。

二是鼓励企业争取申报“双百市场工程”和“农超对接”等项目。支持企业建设和改造大型农产品批发市场和县乡农贸市场，积极申报“双百市场工程”，引导市场与基地和农户建立紧密联系，提升市场服务水平，重点从冷链、质量安全可追溯、废弃物处理等准公益性设施和交易厅棚、仓储物流、加工配送、分拣包装等经营性设施方面加强改造和建设，逐步形成以批发市场为核心，农贸市场为基础，覆盖城乡的农产品流通体系；组织大型连锁超市、农产品流通企业加强与农产品专业合作社的对接，积极申报“农超对接”项目，引导建立直接供应超市的农产品生产基地，减少农产品流通环节，降低企业经营成本，共同构建新型农产品流通方式，完善农产品流通网络。

(3)培育商贸龙头企业，增强龙头带动作用

择选一批发展优势和潜力突出的商贸服务企业，作为市级商贸服务业重点扶持企业，带动提升全市商贸服务业整体竞争力，并争取进入省级服务业重点扶持企业。在政策、资金、税收、用地等方面给予重点支持，形成一批拥有自主知识产权、主业突出、具有核心竞争力的商贸服务业龙头企业。

(4)整合区域资源，大力发展现代物流业和各类市场

充分利用沿江岸线资源、交通路网便捷和区位优势，大力发展综合物流中心、专业物流中心和配送分拨中心。支持发展第三方物流，加快培育一批具有先进物流经营理念、掌握现代物流技术的本土现代物流企业，大力引进国内外知名的第三方物流企业。建立公共物流信息平台，促进物流信息资源共享和物流互通互联，加速融入“长三角”物流圈。同时，结合皖江城市带总体规划，规划一批具有辐射功能的工业生产资料市场和大宗商品市场，并通过一些优惠政策，引进一批管理先进，经营理

念独特,能够辐射区内外的大型专业市场和综合市场。

(5)鼓励商贸骨干企业进入社区,发展社区商业

一要以开展社区“双进”工程为抓手,组织开展“省级商业示范社区”创建工作,积极引导骨干商贸服务企业进社区开办超市、餐饮、洗染等连锁店。二要引进早餐工程企业,进驻社区开办早餐连锁销售。三要通过开展家政服务培训,实施家政服务工程,推动各种便民服务网点进驻社区,进一步促进便民消费进社区,便民服务进家庭,推动新型商贸服务业发展,方便城市居民消费。

(6)建议加大对商贸服务业的重视程度

各级政府应在土地供应、税收、融资等方面给予商贸服务业相关扶持政策,出台含金量较高的优惠政策,建立商贸服务业发展专项引导资金,对于管理先进、发展前景好的外来商贸类项目或专业市场不论其固定资产投资额多少或知名度影响力,应给予同样的优惠政策。

(7)建议强化保障措施,加强部门协调,切实帮助商贸流通企业解决实际问题

建议由政府牵头成立商贸服务业发展领导小组,建立促进商贸服务业发展部门联席会议制度,协调解决商贸服务业决策部署、规划布局和政策扶持等重大问题。加强项目协调,强化市场监管,鼓励和支持商贸服务行业组建行业协会,积极发挥协会在行业自律、服务品牌整合以及对服务产品技术创新的研究、交流和推广等方面的作用。

十　南京都市圈对外贸易

一、南京都市圈对外贸易

（一）南京都市圈对外贸易基本情况

（1）对外贸易的总体情况

近年来，南京都市圈的外向型经济呈现出爆发式增长的态势，从进出口总额的情况来看，仅 2009 年，南京都市圈地区 8 城市实际利用外资达到 516.49 亿美元，占全国的 2.34%。但是，值得关注的是，江苏的 4 个城市（南京、镇江、扬州、淮安，以南京为核心）在对外贸易进出口总额中所占的比重很大，而安徽的 4 个成员城市（芜湖、马鞍山、巢湖、滁州）所占的比重很小，地区间的发展差异较大。

（2）南京都市圈的占比情况

在 2005～2009 年期间，南京都市圈的进出口总额一直保持着稳步增长的态势，从 368.22 亿美元到 516.49 亿美元。从总体来看，南京都市圈在全国进出口总额中所占的比例有涨有跌，但保持着相对的稳定，维持在 2.3%～2.7% 内，从长远来看还有较大的增长空间。

表 4－56　　2005～2009 年南京都市圈外贸进出口总额占比情况

	2005 年	2006 年	2007 年	2008 年	2009 年
南京都市圈进出口总额（亿美元）	368.22	442.10	531.84	670.48	516.49
全国对外贸易（亿美元）	14221.00	17607.00	21738.00	25616.00	22072.00
南京都市圈占比（%）	2.59	2.51	2.45	2.62	2.34

数据来源：

（3）2009 年发展的主要特点

由于受到国际金融危机的影响，南京都市圈的 8 个城市的进出口总额受到较大的影响，普遍有所下降。南京的外贸进出口总额从 2008 年的 405.92 亿美元下滑到 2009 年的 337.45 亿美元，下降了 16.9%。2009 年，镇江全市实现进出口总额 60.4 亿美元，比 2008 年下降 19.1%。全年实现进出口总额 54.33 亿美元，同比下降 12.1%；淮安全市实现进出口总额 21.4 亿美元，比 2008 年增长 20.1%。芜湖全年实现进出口总额 14.28 亿美元，比 2008 年下降 29.7%。马鞍山全年完成外贸进出口总额为 17.33 亿美元，比 2008 年度下降 48.5%。巢湖全年进出口总额 4.42 亿美元，比 2008 年下降 1.7%。滁州全年实现商品进出口总额 68793 万美元，比 2008 年下降 2.0%。

表 4－57　　2009 年南京都市圈 8 个城市对外贸易情况

	外贸进出口总额（亿美元）	增（降）幅（%）
南京	337.45	－16.9
镇江	60.40	－19.1

续表

	外贸进出口总额(亿美元)	增(降)幅(%)
扬州	54.33	-12.1
淮安	21.40	+20.1
芜湖	14.28	-29.7
马鞍山	17.33	-48.5
滁州	6.88	-2.0
巢湖	4.42	-1.7
合计	516.49	

专栏:

在江苏的13个省辖市中,苏州、无锡等苏南地区多年来进出口总额一直占据着全省3/4强。2005年苏南地区出口1108亿美元,占全省出口总额的90%,苏中、苏北分别只占7.4%和2.6%。全省出口分布进一步向苏南地区集中,其中仅苏州市就占全省"半壁江山"还多,其出口额为728亿美元,占全省的比重高达60%,比最低的宿迁市高出1014倍;外贸依存度达到92.18%,比最低的宿迁市高出63.25个百分点;人均进出口额高达15875.38美元比最低的宿迁市高出15852.38美元。由此可见,地区之间的发展极度不平衡,差距进一步在拉大。

(二)南京市

(1)进出口总额

2009年南京市实现进出口总额337.45亿美元,比2008年下降16.9%。其中,出口完成184.59亿美元,下降21.8%。在出口总额中,三资企业完成64.81亿美元,下降26.5%,占全市出口额的比重为35.1%。对亚洲、欧洲、北美洲三大主体市场的出口额为157.78亿美元,下降22.5%,占全市出口额的85.5%。全年对非洲和拉丁美洲的出口分别下降6.8%和26.9%。全市出口额超千万美元的企业有227家,出口额达154.5亿美元,比2008年下降19.4%,占全市出口总量的83.7%。

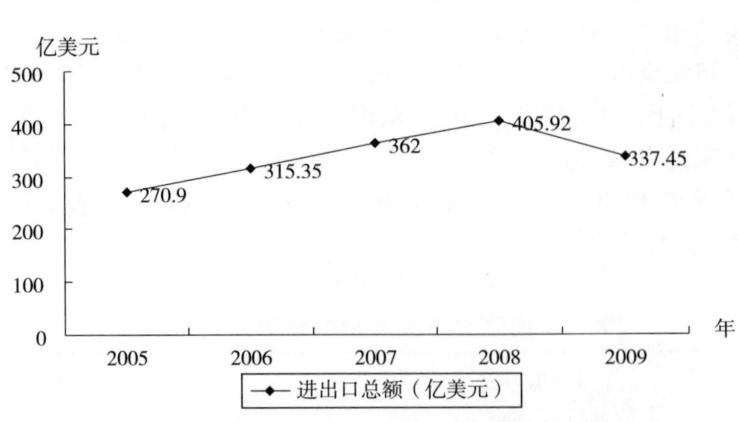

图4-21 2005~2009年南京市外贸进出口总额

表 4－58　　南京市对外贸易及在南京都市圈所占比重

	2005 年	2006 年	2007 年	2008 年	2009 年
南京对外贸易(亿美元)	270.90	315.35	362.00	450.92	337.45
南京都市圈对外贸易(亿美元)	368.22	442.10	531.84	670.48	516.49
南京对外贸易所占比重(%)	0.73	0.71	0.68	0.67	0.65

(2)对外劳务

2009 年南京市新签对外承包劳务合作合同金额达 11.50 亿美元,比 2008 年增长 10.9%;实际完成对外承包劳务营业额 11.57 亿美元,增长 12.8%。期末在外劳务人数达 5406 人,下降 10.7%。

(三)镇江市

(1)进出口总额

2009 年,镇江市实现进出口总额 60.4 亿美元,比 2008 年下降 19.1%。其中:进口总额 25.0 亿美元,下降 22.2%;出口总额 35.4 亿美元,下降 16.7%。按贸易方式分:一般贸易完成出口 23.45 亿美元,下降 22.3%;加工贸易完成出口 11.93 亿美元,下降 3.3%。按企业性质分:国有企业完成出口 3.37 亿美元,下降 26.5%;外商投资企业完成出口 20.56 亿美元,下降 11.9%;私营企业完成出口 10.32 亿美元,下降 21.6%。按国别(地区)分:对亚洲出口总额 16.13 亿美元,下降 15.0%,其中对香港出口下降 20.2%、对日本出口增长 6.6%、对韩国出口下降 30.3%;对欧洲出口总额 7.51 亿美元,下降 27.6%,其中对欧盟出口下降 25.4%;对北美洲出口总额 7.45 亿美元,下降 5.2%,其中对美国出口下降 6.3%。按出口商品分:机电产品出口 13.35 亿美元,下降 18.9%;纸及纸制品出口 7.39 亿美元,增长 9.3%;金属制品出口总额 4.73 亿美元,下降 40.4%。

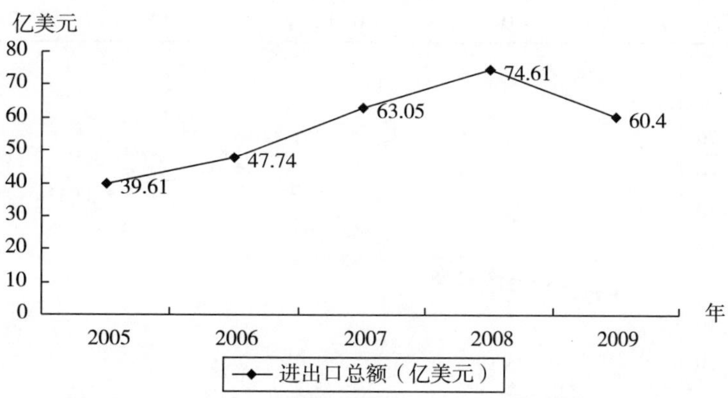

图 4－22　2005～2009 年镇江市外贸进出口总额

表 4－59　　镇江市对外贸易及在南京都市圈所占比重

	2005 年	2006 年	2007 年	2008 年	2009 年
镇江对外贸易(亿美元)	39.61	47.74	63.05	74.62	60.40
南京都市圈对外贸易(亿美元)	368.22	442.10	531.84	670.48	516.49
镇江对外贸易所占比重(%)	0.10	0.10	0.11	0.11	0.11

(2)对外劳务

2009 年,全市新签对外承包工程和劳务合作合同金额 3.2 亿美元,比 2008 年增长 3.4%,完成营业额 2.7 亿美元,比 2008 年增长 5.4%。年末境外劳务人员 11030 人,2009 年新派境外劳务人员 5221 人,比 2008 年增长 1.3%;年末拥有境外投资企业 53 家、中方投资 7067 万美元,其中 2009 年新批境外企业 14 家、中方投资 3647 万美元。新签离岸服务外包合同额 7209 万美元,增长 7.2 倍,新增服务外包企业 70 家。

(四)扬州市

(1)进出口总额

全年进出口总额 54.33 亿美元,同比下降 12.1%,其中出口 40.13 亿美元,下降 12.1%,降幅分别较上半年收窄 13 和 8.7 个百分点。从出口商品看,船舶、纺织服装、化学化工制品、鞋帽、液晶面板和电子纸、钢管等产品位居前列。从出口市场结构看,除美国、东盟外,大部分重点市场出口形势趋好,对欧盟出口 133233 万美元,下降 4.6%;对日本出口 19456 万美元,下降 0.1%;对香港出口 25109 万美元,下降 2.2%;对拉美出口 27247 万美元,下降 11.6%;美国出口 76671 万美元,下降 23.6%;东盟出口 22018 万美元,下降 21.7%。对外经济合作发展良好。全年完成外经营业额 21960 万美元,增长 18.6%。外经市场不断扩大,合作项目分布在 29 个国家。境外投资快速发展,全年新批境外投资项目 19 个,增长 137.5%。

表 4-60　扬州市对外贸易及在南京都市圈所占比重

	2005 年	2006 年	2007 年	2008 年	2009 年
扬州对外贸易(亿美元)	27.90	32.68	44.59	61.80	54.33
南京都市圈对外贸易(亿美元)	368.22	442.10	531.84	670.48	516.49
扬州对外贸易所占比重(%)	0.07	0.07	0.08	0.09	0.10

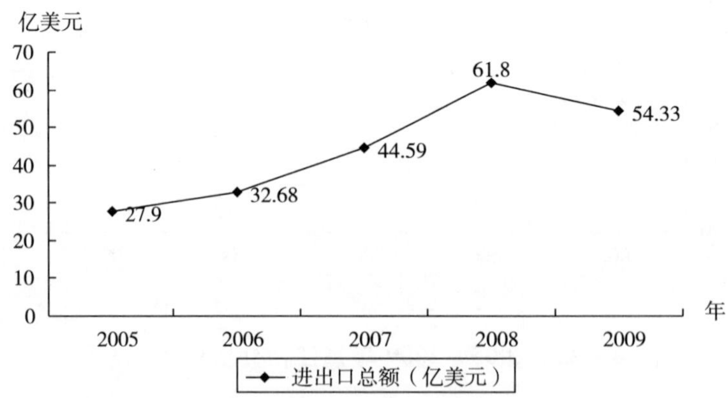

图 4-23　2005~2009 年扬州市外贸进出口总额

表 4-61　2008 年扬州市县区实际外商直接投资　　单位:亿美元

区县	实际外商直接投资
扬州市	15.10
邗江区	2.21

续表

区县	实际外商直接投资
维扬区	1.20
宝应县	0.80
仪征市	3.53
高邮市	1.01
江都市	2.51

(五)淮安市

(1)进出口总额

淮安市积极开展系列招商活动,成功举办了"第八届中国淮扬菜美食文化节"暨"第四届台商论坛"。2009 年实现进出口总额21.4 亿美元,比2008 年增长20.1%,其中海关直接进出口14.46 亿美元,下降18.8%;8 家省级开发区业务总收入1610.3 亿元,新增基础设施投入53.1 亿元。

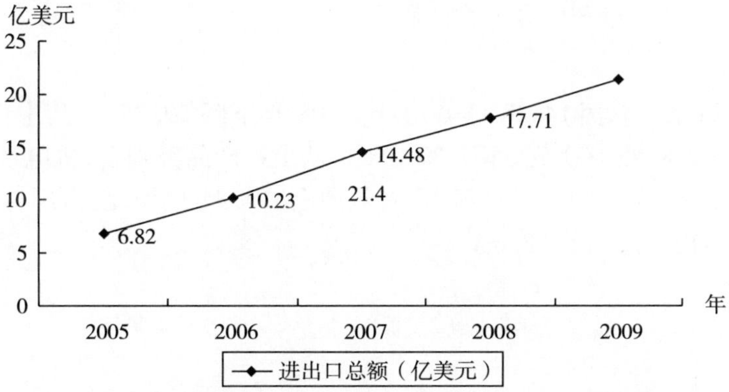

图4-24　2005~2009 年淮安市外贸进出口总额

表4-62　淮安市对外贸易及在南京都市圈所占比重

	2005 年	2006 年	2007 年	2008 年	2009 年
淮安对外贸易(亿美元)	6.82	10.23	14.48	17.81	21.40
南京都市圈对外贸易(亿美元)	368.22	442.10	531.84	670.48	516.49
淮安对外贸易所占比重(%)	0.01	0.02	0.02	0.02	0.04

(2)服务外包

签约引进阿里巴巴、搜狐、微软等一批知名外包企业,促成淮安市开发区创建成为省级国际服务外包示范区。

专题

表 4－63　**2008 年淮安市县区实际外商直接投资**　单位:亿美元

区县	实际外商直接投资
淮安市	3. 60
楚州区	0. 20
淮阴区	0. 38
涟水县	0. 52
洪泽县	0. 39
盱眙县	0. 50
金湖县	0. 41

(3)特色园区

创建江苏楚州精密机械配件产业园、江苏金湖汽摩配产业园、江苏涟水高档服饰产业园、江苏淮安盐碱科技产业园等 4 家省级特色产业园区。留学人员创业园获批国家高新技术创业服务中心,淮安工业园区和盐化工新区基础设施加快推进,海关“区港联动”便捷通关模式正式启动。江苏省石油机械产品出口基地正式获批,成为苏北首家、全省唯一的省级机电产品出口基地。

(六)芜湖市

(1)进出口总额

2009 年全年实现进出口总额 14. 28 亿美元,比 2008 年下降 29. 7%。其中:进口总额 5. 33 亿美元,下降 3. 3%;出口总额 8. 95 亿美元,下降 39. 5%。从出口产品类别看,机电产品出口额 6. 49 亿美元,占出口总额的 72. 5%。从出口产品地区看,对欧洲出口 1. 41 亿美元,占出口总额的 15. 8%;对亚洲出口 4. 71 亿美元,占出口总额的 52. 6%。

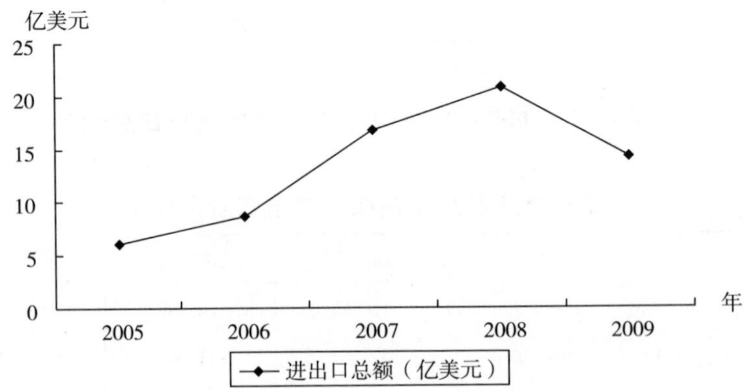

图 4－25　2005～2009 年芜湖市外贸进出口总额

表 4－64　**芜湖市对外贸易及在南京都市圈所占比重**

	2005 年	2006 年	2007 年	2008 年	2009 年
芜湖对外贸易(亿美元)	6. 34	8. 70	16. 80	20. 36	14. 28
南京都市圈对外贸易(亿美元)	368. 22	442. 10	531. 84	670. 48	516. 49
芜湖对外贸易所占比重(%)	0. 01	0. 01	0. 03	0. 03	0. 02

(2)园区建设

全年省级及以上开发区完成固定资产投资350.64亿元,其中基础设施投资40.23亿元;实际利用内资351.14亿元,实际利用外资5.07亿美元;区内规模以上工业总产值1154.89亿元,比2008年增长22.9%。

芜湖经济技术开发区全年完成固定资产投资125.50亿元,其中基础设施投资19.57亿元;实际利用内资95.49亿元,实际利用外资3.39亿美元;区内规模以上工业总产值748.98亿元,比2008年增长14.5%。

(七)马鞍山市

受国际金融危机的冲击,马鞍山市外贸进出口出现不同程度的下降。全年完成外贸进出口总额为17.33亿美元,比2008年下降48.5%;出口总额4.53亿美元,比2008年下降58.9%。中小企业进出口保持增长,全年中小企业实现进出口总额5.4亿美元,增长7.6%。

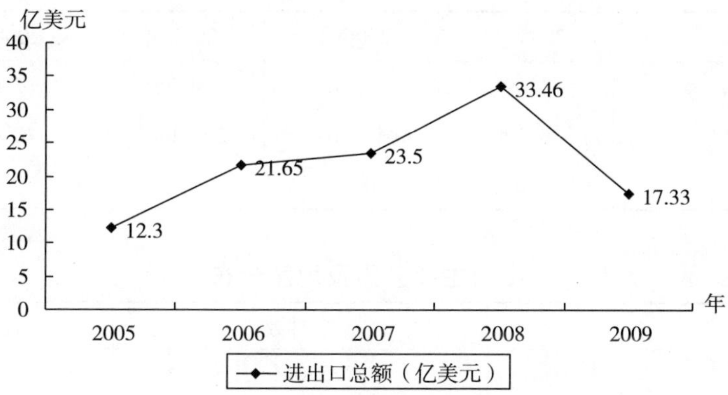

图4-26　2005~2009年马鞍山市外贸进出口总额

表4-65　马鞍山市对外贸易及在南京都市圈所占比重

	2005年	2006年	2007年	2008年	2009年
马鞍山对外贸易(亿美元)	12.30	21.65	23.50	33.46	17.33
南京都市圈对外贸易(亿美元)	368.22	442.10	531.84	670.48	516.49
马鞍山对外贸易所占比重(%)	0.03	0.04	0.04	0.04	0.03

(八)滁州市

滁州年商品进出口总额68793万美元,比2008年下降2.0%。其中:出口总额53611万美元,下降7.7%;进口总额15182万美元,增长25.4%。从出口经营主体看,内资生产企业完成33964万美元,下降17.8%;外商投资企业出口19647万美元,增长17.3%。

专题

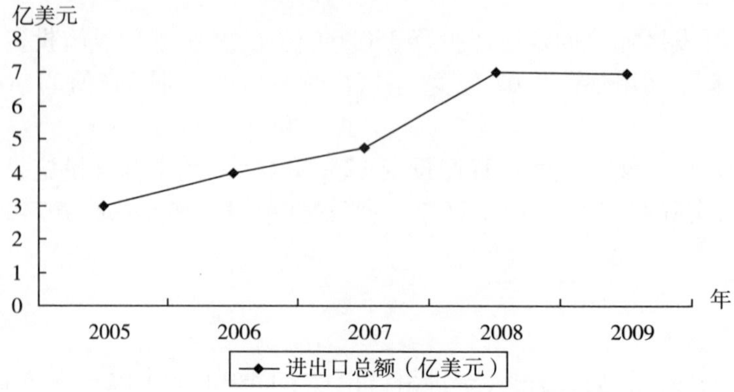

图 4－27　2005～2009 年滁州市外贸进出口总额

表 4－66　　滁州市对外贸易及在南京都市圈所占比重

	2005 年	2006 年	2007 年	2008 年	2009 年
滁州对外贸易(亿美元)	2.99	3.96	4.75	7.03	6.88
南京都市圈对外贸易(亿美元)	368.22	442.10	531.84	670.48	516.49
滁州对外贸易所占比重(%)	0.01	0.01	0.01	0.01	0.01

表 4－67　　出口主要分类及地区分布　　单位:万美元

指标	绝对数	比 2008 年增长%
出口额	53611	－7.7
其中:一般贸易	43626	－17.4
加工贸易	9973	89.0
其中:对亚洲	18929	－5.1
对欧洲	10498	12.2
对北美洲	14438	－29.0
对非洲	4157	29.6
对拉丁美洲	4320	7.6
对大洋洲	1269	41.0

(九)巢湖市

巢湖 2009 年进出口总额 4.42 亿美元,比 2008 年下降 1.7%。其中:出口 3.31 亿美元,下降 17.2%;进口 1.11 亿美元,增长 124.7%。

全市有 152 家企业发生了进出口实绩,增长 24.6%,16 家重点企业出口 2.15 亿美元,下降 23.9%,占全市出口总额的 64.9%。进出口额超 1000 万美元的企业有 11 家。

全市出口商品共有 17 大类 300 个品种。其中:大宗商品农药出口 5837 万美元,下降 62.2%;机电产品出口 8763 万美元,增长 18.8%;农产品出口 2971 万美元,下降 3.5%。进口商品共有 10 大类 36 个品种,主要有油菜子、杏仁、腰果、服装面料、农药原料等。

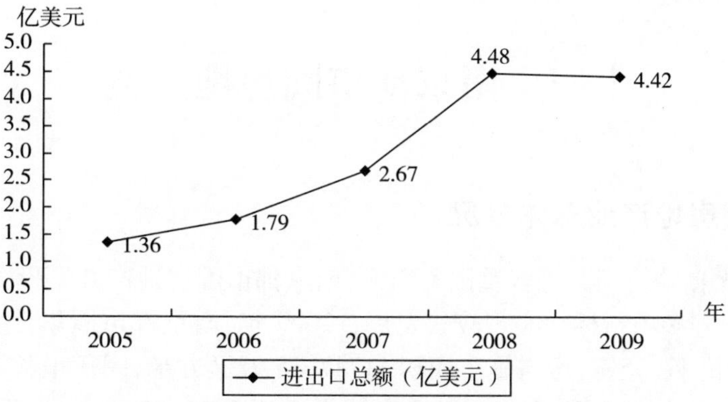

图 4 -28　2005 ~2009 年巢湖市外贸进出口总额

表 4 -68　2009 年出口主要分类及地区分布

单位:亿美元

指标	绝对数	比 2008 年增长%
出口额	3. 31	-17. 2
其中:大宗商品农药	0. 58	-62. 2
机电产品	0. 88	18. 8
农产品	0. 30	-3. 5
其中:对亚洲	1. 26	11. 7
对欧洲	0. 72	-9. 2
对美洲	1. 17	-39. 4
对非洲	0. 14	1. 8
对大洋洲	0. 02	38. 4

表 4 -69　巢湖市对外贸易及在南京都市圈所占比重

	2005 年	2006 年	2007 年	2008 年	2009 年
巢湖对外贸易(亿美元)	1. 36	1. 79	2. 67	4. 48	4. 42
南京都市圈对外贸易(亿美元)	368. 22	442. 10	531. 84	670. 48	516. 49
巢湖对外贸易所占比重(%)	0. 00369	0. 00405	0. 00502	0. 00668	0. 00856

专题

十一　南京都市圈房地产业

一、南京都市圈房地产业总体概况

2009 年，受楼市优惠政策刺激等多重因素影响，南京都市圈房地产开发投资额、房屋施工与竣工面积、商品房销售面积等多项指标均实现较快发展。2009 年，南京都市圈累计完成房地产开发投资 1399.04 亿元，同比增长 17.35%；房屋施工面积 11747.15 万平方米，同比增长 15.85%；房屋竣工面积 3448.73 万平方米，同比增长 29.16%；商品房销售面积 3523.28 万平方米，同比增长 71.80%。2005～2009 年，南京都市圈房地产开发投资额在 4 年时间里增长了 127.29%，年平均增速为 22.79%；房屋施工面积在 4 年时间里增长了 111.82%，年均增长 20.64%；房屋竣工面积在 4 年时间里增长了 107.74%，年均增长 20.05%；商品房销售面积在 4 年时间里增长了 65.91%，年均增长 13.49%。

表 4－70　南京都市圈房地产业总体发展情况（2005～2009）　单位：亿元，万平方米，%

年份	房地产开发投资		房屋施工面积		房屋竣工面积		商品房销售面积	
	数额	增速	数额	增速	数额	增速	数额	增速
2005	615.53	21.61	5545.69	—	1660.15	—	2123.57	50.94
2006	701.61	13.98	7276.50	31.21	1952.65	17.62	2429.12	14.39
2007	924.38	31.75	8422.06	15.74	3238.39	65.85	2909.47	19.77
2008	1192.21	28.97	10140.29	20.40	2670.06	－17.55	2050.80	－29.51
2009	1399.04	17.35	11747.15	15.85	3448.73	29.16	3523.28	71.80

从南京都市圈房地产业主要经济指标在全国的地位来看，2009 年，南京都市圈房地产开发投资占全国房地产开发投资的比重为 3.86%，比 2008 年比重提高了 0.04 个百分点；房屋施工面积占全国房屋施工面积的比重为 3.67%，比 2008 年比重提高了 0.09 个百分点；房屋竣工面积占全国房屋竣工面积的比重为 4.75%，比 2008 年比重提高了 0.74 个百分点；商品房销售面积占全国商品房销售面积的比重为 3.72%，比 2008 年比重提高了 0.61 个百分点。与 2005 年相比，2009 年南京都市圈房地产开发投资占全国的比重下降了 0.01 个百分点，房屋施工面积占全国的比重上升了 0.33 个百分点，房屋竣工面积占全国的比重上升了 1.64 个百分点，商品房销售面积占全国的比重下降了 0.11 个百分点。

表 4－71　南京都市圈房地产业主要经济指标占全国的比重（2005～2009）　单位：%

年份	房地产开发投资	房屋施工面积	房屋竣工面积	商品房销售面积
2005	3.87	3.34	3.11	3.83
2006	3.61	3.74	3.50	3.93

续表

年份	房地产开发投资	房屋施工面积	房屋竣工面积	商品房销售面积
2007	3.66	3.56	5.34	3.76
2008	3.82	3.58	4.01	3.11
2009	3.86	3.67	4.75	3.72

专栏:2009 年中国房地产政策一览

◆**2009 年 1 月 3 日**　四大国有银行宣布:只要 2008 年 10 月 27 日前执行基准利率 0.85 倍优惠、无不良信用记录的优质客户,原则上都可以申请七折优惠利率。

◆**2009 年 4 月 24 日**　住房和城乡建设部、监察部重点对国家机关工作人员在建设用地规划变更、容积率调整中玩忽职守、权钱交易等违纪违法行为进行严厉查处。对 2007 年 1 月 1 日至 2009 年 3 月 31 日期间完成规划许可的开发项目,逐一进行自查。对于拒不自查自纠、弄虚作假、掩盖违规违纪问题的,要对部门责任人从严处理。对于涉嫌犯罪的,要依法移送司法机关追究刑事责任。

◆**2009 年 5 月 25 日**　最高人民法院公布了《关于审理建筑物区分所有权纠纷案件具体应用法律若干问题的解释》和《关于审理物业服务纠纷案件具体应用法律若干问题的解释》。两部司法解释涉及了建筑物区分所有权及物业服务纠纷案件审判实践中的若干热点、难点问题,包括业主身份的界定、专有部分和共有部分的划定、车位和车库纠纷的处理、住改商纠纷的处理、物业费纠纷处理、物业服务合同的解除及相应纠纷的处理等。这两部司法解释,是从"民生"概念出发,对普通业主权利的一种强调,于 2009 年 10 月 1 日起施行。

◆**2009 年 5 月 27 日**　国务院发布的《关于调整固定资产投资项目资本金比例的通知》中明确,保障性住房和普通商品住房项目的最低资本金比例为 20%,其他房地产开发项目的最低资本金比例为 30%。这是自 2004 年以来执行 35% 自有资本金贷款比例后的首次下调,已恢复到 1996 年开始实行资本金制度时的水平,从而预示着紧缩了数年的房地产信贷政策开始"松绑"。

◆**2009 年 6 月 10 日**　国土资源部强调,"小产权房"实质是违法建筑,它违反土地管理法律,违反城乡规划、建设管理的法律,违反相关政策,各地要严格依法查处大量存在的"小产权房"等违法用地、违法建筑行为。

◆**2009 年 12 月 9 日**　在国务院常务会议上决定,12 月 31 日后,个人住房转让营业税免征时限由 2 年恢复到 5 年。

◆**2009 年 12 月 14 日**　在国务院常务会议上,就促进房地产市场健康发展提出增加供给、抑制投机、加强监管、推进保障房建设等四大举措,即"国四条"。

◆**2009 年 12 月 17 日**　财政部、国土部等五部委发布的《关于进一步加强土地出让收支管理的通知》称,今后在土地出让中,首付款缴纳比例不得低于全部土地出让价款的 50%,分期缴纳全部价款的期限原则上不超过 1 年。

◆**2009 年 12 月 22 日**　财政部、国家税务总局发布的《关于调整个人住房转让营业税政策的通知》指出,自 2010 年 1 月 1 日起,个人将购买不足 5 年的非普通住房对外销售的,全额征收营业税;个人将购买超过 5 年(含 5 年)的非普通住房或者不足 5 年的普通住房对外销售的,按照其销售收入减去购买房屋的价款后的差额征收营业税;个人将购买超过 5 年(含 5 年)的普通住房对外销售的,免征营业税。

二、江苏四市房地产发展基本情况

（一）南京市

1. 房地产开发投资增长情况

2009 年，南京市完成房地产开发投资 595.68 亿元，同比增长 17.22%，增速比 2008 年提高 3.27 个百分点。在房地产开发投资中，住宅类开发投资 439.41 亿元，占房地产开发投资的比重为 73.77%；办公楼开发投资 28.35 亿元，占房地产开发投资的比重为 4.76%；商业营业用房开发投资 67.86 亿元，占房地产开发投资的比重为 11.39%；其他类开发投资 60.06 亿元，占房地产开发投资的比重为 10.08%。

2. 房屋施工面积与竣工面积增长情况

2009 年，南京市完成房屋施工面积 4366.07 万平方米，同比增长 6.55%，增速比 2008 年水平下降 7.82 个百分点；房屋竣工面积 1516.28 万平方米，同比增长 42.74%，增速比 2008 年下降 12.79 个百分点。与 2005 年相比，2009 年南京市房屋施工面积在 4 年时间里增长了 61.23%，年均增长 12.68%；房屋竣工面积增长了 134.69%，年均增长 23.77%。

3. 商品房销售面积增长情况

2009 年，南京市完成商品房销售面积 1186.94 万平方米，同比增长 68.71%，而 2008 年同期却出现 38.17% 的负增长。与 2005 年相比，2009 年南京市商品房销售面积在 4 年时间里增长了 25.76%，年均增长 5.90%。

表 4－72　　南京市房地产业发展情况（2005～2009）　　单位：亿元，万平方米，%

年份	房地产开发投资		房屋施工面积		房屋竣工面积		商品房销售面积	
	数额	增速	数额	增速	数额	增速	数额	增速
2005	296.14	1.11	2708.05	17.21	646.09	0.25	943.81	55.24
2006	351.17	18.58	3321.96	22.67	807.46	24.98	1010.50	7.07
2007	445.97	26.99	3582.75	7.85	682.97	－15.42	1137.88	12.61
2008	508.17	13.95	4097.72	14.37	1062.26	55.53	703.55	－38.17
2009	595.68	17.22	4366.07	6.55	1516.28	42.74	1186.94	68.71

4. 房价增长情况

从商品房平均销售价格的增长情况来看，2009 年，南京市商品房平均销售价格为 7185 元/平方米，比 2008 年增加 2076 元/平方米，增长 40.63%。与 2005 年相比，2009 年南京市商品房销售价格增加了 3113 元/平方米，增长 76.43%。以 4 年平均计算，2005～2009 年南京市房价年均增加 778 元/平方米，年均增长速度为 15.25%。

从居民购房承受能力来看，一般以“房价收入比”（住房价格与城市居民家庭年收入之比）这一指标进行衡量。一般认为，发展中国家的房价收入比在 4～6 倍之间是比较合理的。当房价收入比超过 6 的时候，就被认为是“房地产泡沫区”；当房价收入比超过 7 时，则被认为是“房价最难承受地区”。2009 年，南京市城镇居民房价收入比为 7.62 倍，表明南京市城镇居民购房压力较大。

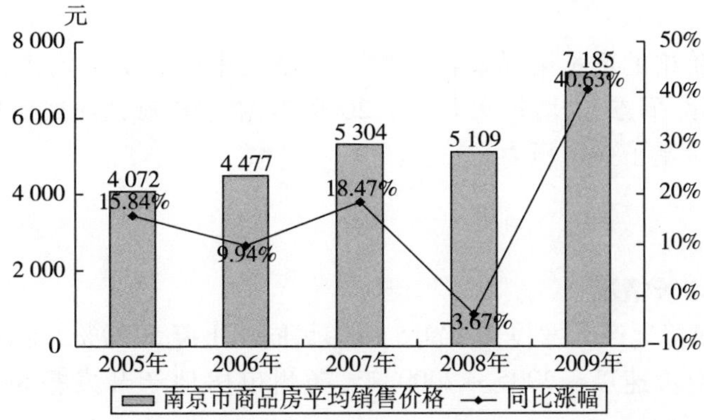

图 4-29　南京市商品房平均销售价格增长情况(2005～2009)

(二)淮安市

1. 房地产开发投资增长情况

2009 年,淮安市完成房地产开发投资 182. 15 亿元,同比增长 31. 61%,增速比 2008 年下降 3. 87 个百分点。2009 年投资完成额按构成分,建筑工程投资 135. 12 亿元,占房地产开发投资的比重为 74. 18%;安装工程投资 7. 55 亿元,占房地产开发投资的比重为 4. 14%;设备工器具购置 1. 11 亿元,占房地产开发投资的比重为 0. 61%;其他费用 38. 37 亿元,占房地产开发投资的比重为 21. 07%。2009 年投资完成额按用途分,住宅类开发投资 141. 11 亿元,占房地产开发投资的比重为 77. 47%;办公楼开发投资 1. 93 亿元,占房地产开发投资的比重为 1. 06%;商业营业用房开发投资 26. 41 亿元,占房地产开发投资的比重为 14. 50%;其他类开发投资 12. 70 亿元,占房地产开发投资的比重为 6. 97%。

2. 房屋施工面积与竣工面积增长情况

2009 年,淮安市完成房屋施工面积 1498. 30 万平方米,同比增长 19. 68%,增速比 2008 年水平下降 6. 49 个百分点;房屋竣工面积 387. 76 万平方米,同比增长 58. 95%,增速比 2008 年提高 20. 95 个百分点。与 2005 年相比,2009 年淮安市房屋施工面积增长了 2. 15 倍,年均增长 33. 25%;房屋竣工面积增长了 1. 48 倍,年均增长 25. 46%。

3. 商品房销售面积增长情况

2009 年,淮安市完成商品房销售面积 531. 34 万平方米,同比增长 101. 31%。与 2005 年相比,2009 年淮安市商品房销售面积在 4 年时间里增长了 2. 05 倍,年均增长 32. 13%。

表 4-73　淮安市房地产业发展情况(2005～2009)　单位:亿元,万平方米,%

年份	房地产开发投资		房屋施工面积		房屋竣工面积		商品房销售面积	
	数额	增速	数额	增速	数额	增速	数额	增速
2005	45. 31	30. 99	475. 29	—	156. 50	—	174. 35	43. 82
2006	66. 35	46. 44	914. 71	92. 45	112. 68	-28. 00	204. 87	17. 51
2007	102. 15	53. 96	992. 19	8. 47	176. 78	56. 88	323. 68	57. 99
2008	138. 40	35. 48	1251. 88	26. 17	243. 95	38. 00	263. 94	-18. 46
2009	182. 15	31. 61	1498. 30	19. 68	387. 76	58. 95	531. 34	101. 31

4. 房价增长情况

从商品房平均销售价格的增长情况来看,2009 年,淮安市商品房平均销售价格为 2914 元/平方米,比 2008 年增加 245 元/平方米,增长 9.16%。2009 年,淮安市城镇居民房价收入比为 6.30 倍,表明淮安市城镇居民购房承受了一定压力。

(三)扬州市

1. 房地产开发投资增长情况

2009 年,扬州市完成房地产开发投资 129.53 亿元,同比下降 5.90%,而 2008 年房地产开发投资实现了同比 29.28% 的增长速度。2005~2009 年,扬州市房地产开发投资在 4 年时间里增长了 77.10%,年平均增长 15.36%。

2. 房屋施工面积与竣工面积增长情况

2009 年,扬州市完成房屋施工面积 1339.58 万平方米,同比增长 16.52%,增速比 2008 年水平下降 4.08 个百分点;房屋竣工面积 505.89 万平方米,同比增长 28.24%,增速比 2008 年提高 6.30 个百分点。2005~2009 年,扬州市房屋施工面积在 4 年时间里增长了 93.02%,年均增长 17.87%;房屋竣工面积在 4 年时间里增长了 78.49%,年均增长 15.59%。

3. 商品房销售面积增长情况

2009 年,扬州市完成商品房销售面积 514.74 万平方米,同比增速高达 69.11%。2005~2009 年,扬州市商品房销售面积在 4 年时间里增长了 47.91%,年均增长 10.28%。

4. 房价增长情况

从商品房平均销售价格的增长情况来看,2009 年,扬州市商品房平均销售价格为 4381 元/平方米,比 2008 年增加 766 元/平方米,增长 21.19%。2009 年,扬州市城镇居民房价收入比为 8.75 倍,表明扬州市城镇居民购房压力吃紧。

表 4-74　　扬州市房地产业发展情况(2005~2009)　　单位:亿元,万平方米,%

	房地产开发投资		房屋施工面积		房屋竣工面积		商品房销售面积	
	数额	增速	数额	增速	数额	增速	数额	增速
2005	73.14	14.31	694.01	—	283.43	—	348.02	53.28
2006	83.43	14.08	835.44	20.38	308.99	9.02	391.93	12.62
2007	106.48	27.62	953.30	14.11	323.50	4.70	430.70	9.89
2008	137.66	29.28	1149.64	20.60	394.48	21.94	304.38	-29.33
2009	129.53	-5.90	1339.58	16.52	505.89	28.24	514.74	69.11

(四)镇江市

1. 房地产开发投资增长情况

2009 年,镇江市完成房地产开发投资 95.47 亿元,较 2008 年下降 1.61%,为近年来镇江市房地产开发投资首次出现负增长。2005~2009 年,镇江市房地产开发投资在 4 年时间里增长了 57.85%,年平均增长速度为 12.09%。

2. 房屋施工面积与竣工面积增长情况

2009 年,镇江市完成房屋施工面积 978.93 万平方米,同比增长 7.43%,增速比 2008 年水平提高

3.73 个百分点；房屋竣工面积 291.29 万平方米，同比增长 3.37%，增速比 2008 年减少 18.32 个百分点。2005～2009 年，镇江市房屋施工面积在 4 年时间里增长了 76.06%，年均增长 15.19%；房屋竣工面积在 4 年时间里增长了 36.63%，年均增长 8.11%。

3. 商品房销售面积增长情况

2009 年，镇江市完成商品房销售面积 458.64 万平方米，同比增速高达 114.25%。与 2005 年相比，2009 年镇江市商品房销售面积在 4 年时间里增长了 124.16%，年平均增速为 22.36%。

4. 房价增长情况

从商品房平均销售价格的增长情况来看，2009 年，镇江市商品房住宅销售均价 4002 元/平方米，同比增长 19.8%。其中，市区 4249 元/平方米，同比增长 15.2%。2009 年，镇江市城镇居民房价收入比为 6.72 倍，表明镇江市城镇居民购房承受了一定压力。

表 4－75　　镇江市房地产业发展情况（2005～2009）

	房地产开发投资		房屋施工面积		房屋竣工面积		商品房销售面积	
	数额（亿元）	增速（%）	数额（万平方米）	增速（%）	数额（万平方米）	增速（%）	数额（万平方米）	增速（%）
2005	60.48	54.40	556.02	—	213.20	—	204.60	59.37
2006	67.42	11.48	693.36	24.70	239.24	12.21	245.35	19.92
2007	84.33	25.08	878.68	26.73	231.56	－3.21	301.09	22.72
2008	97.03	15.06	911.21	3.70	281.78	21.69	214.07	－28.90
2009	95.47	－1.61	978.93	7.43	291.29	3.37	458.64	114.25

三、安徽四市房地产发展基本情况

（一）滁州市

1. 房地产开发投资增长情况

2009 年，滁州市完成房地产开发投资 66.37 亿元，同比增长 43.10%，增速比 2008 年降低 14.98 个百分点。在房地产开发投资中：住宅类开发投资 44.85 亿元，占房地产开发投资的比重为 67.58%；办公楼开发投资 1.23 亿元，占房地产开发投资的比重为 1.85%；商业营业用房开发投资 11.84 亿元，占房地产开发投资的比重为 17.84%；其他类开发投资 8.45 亿元，占房地产开发投资的比重为 12.73%。

2. 房屋施工面积与竣工面积增长情况

2009 年，滁州市完成房屋施工面积 628.95 万平方米，同比增长 24.26%，增速比 2008 年水平下降 40.67 个百分点；房屋竣工面积 174.71 万平方米，同比增长 41.52%，增速比 2008 年提高 4.14 个百分点。与 2005 年相比，2009 年滁州市房屋施工面积增长了 277.25%，年均增长 39.37%；房屋竣工面积增长了 150.09%，年均增长 25.75%。

3. 商品房销售面积增长情况

2009 年，滁州市完成商品房销售面积 212.63 万平方米，同比增长 65.00%。与 2005 年相比，2009 年滁州市商品房销售面积增长了 239.72%，年均增长 35.76%。

表 4－76　　滁州市房地产业发展情况(2005～2009)

	房地产开发投资		房屋施工面积		房屋竣工面积		商品房销售面积	
	数额（亿元）	增速（%）	数额（万平方米）	增速（%）	数额（万平方米）	增速（%）	数额（万平方米）	增速（%）
2005	19.76	65.26	166.72	20.44	69.86	15.56	62.59	32.39
2006	19.24	－2.64	224.70	34.78	86.37	23.63	108.80	73.83
2007	29.34	52.51	306.90	36.58	89.86	4.05	134.75	23.85
2008	46.38	58.08	506.16	64.93	123.46	37.38	128.87	－4.36
2009	66.37	43.10	628.95	24.26	174.71	41.52	212.63	65.00

4. 房价增长情况

从商品房平均销售价格的增长情况来看，2009 年，滁州市商品房平均销售价格为 2611 元/平方米，比 2008 年增加 196 元/平方米，增长 8.12%。2005～2009 年，滁州市商品房销售价格增加了 1346 元/平方米，增长 66.73%。以四年平均计算，2005～2009 年滁州市房价年均增加 337 元/平方米，年均增长速度为 13.63%。2009 年，滁州市城镇居民房价收入比为 6.54 倍，表明滁州市城镇居民购房承受了一定压力。

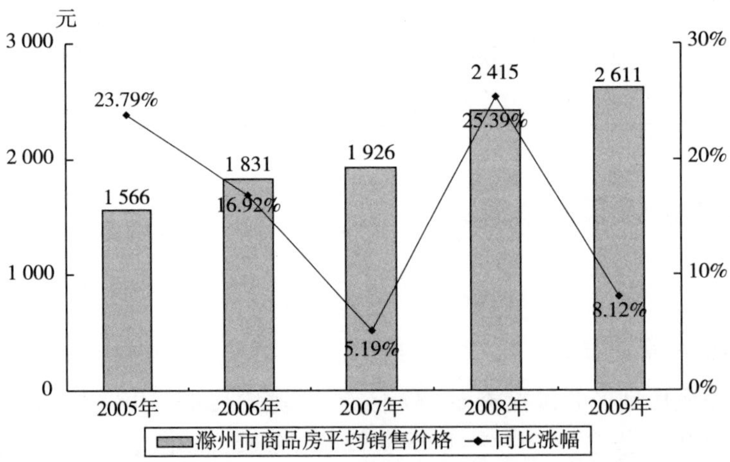

图 4－30　滁州市商品房平均销售价格增长情况(2005～2009)

(二) 马鞍山市

1. 房地产开发投资增长情况

2009 年，马鞍山市完成房地产开发投资 62.76 亿元，同比下降 3.71%。在房地产开发投资中：住宅类开发投资 45.90 亿元，占房地产开发投资的比重为 73.14%；办公楼开发投资 1.19 亿元，占房地产开发投资的比重为 1.90%；商业营业用房开发投资 9.25 亿元，占房地产开发投资的比重为 14.74%；其他类开发投资 6.42 亿元，占房地产开发投资的比重为 10.23%。

2. 房屋施工面积与竣工面积增长情况

2009 年，马鞍山市完成房屋施工面积 522.81 万平方米，同比增长 0.67%，比 2008 年同期增速下降6.38个百分点；房屋竣工面积179.18万平方米，同比下降23.65%，而2008年同比增速为4.40%。2005~2009年，马鞍山市房屋施工面积在4年时间里增长了26.90%，平均每年增长6.14%；房屋竣工面积增长了38.93%，年均增长8.57%。

3. 商品房销售面积增长情况

2009年，马鞍山市完成商品房销售面积114.61万平方米，同比增长3.53%，而2008年商品房销售面积同比出现下降，降幅为51.49%。

表4-77　马鞍山市房地产业发展情况（2005~2009）

	房地产开发投资		房屋施工面积		房屋竣工面积		商品房销售面积	
	数额（亿元）	增速（%）	数额（万平方米）	增速（%）	数额（万平方米）	增速（%）	数额（万平方米）	增速（%）
2005年	47.18	101.69	412.00	36.05	128.97	6.19	183.98	59.10
2006年	30.79	-34.72	532.92	29.35	244.36	89.47	227.94	23.89
2007年	34.66	12.56	485.11	-8.97	224.78	-8.01	228.24	0.13
2008年	65.18	88.03	519.31	7.05	234.67	4.40	110.71	-51.49
2009年	62.76	-3.71	522.81	0.67	179.18	-23.65	114.61	3.53

4. 房价增长情况

从商品房平均销售价格的增长情况来看，2009年，马鞍山市商品房平均销售价格为3973元/平方米，同比增长24.00%。与2005年相比，2009年马鞍山市商品房销售价格增加了1359元/平方米，增长51.99%。以4年平均计算，2005~2009年马鞍山市房价年均增加340元/平方米，年均增长速度为11.03%。

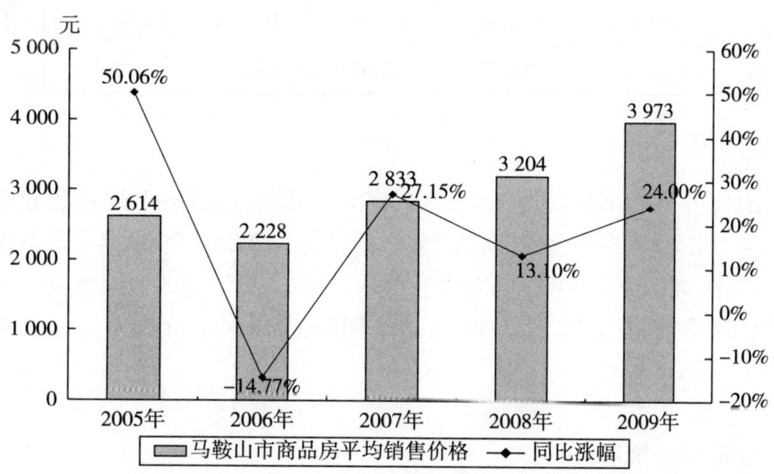

图4-31　马鞍山市商品房平均销售价格增长情况（2005~2009）

（三）巢湖市

1. 房地产开发投资增长情况

2009 年，巢湖市完成房地产开发投资 60.22 亿元，同比增长 22.47%，增速比 2008 年下降 28.59 个百分点。在房地产开发投资中：住宅类开发投资 45.43 亿元，占房地产开发投资的比重为 75.44%；办公楼开发投资 0.64 亿元，占房地产开发投资的比重为 1.06%；商业营业用房开发投资 7.50 亿元，占房地产开发投资的比重为 12.45%；其他类开发投资 6.66 亿元，占房地产开发投资的比重为 11.06%。

2. 房屋施工面积与竣工面积增长情况

2009 年，巢湖市完成房屋施工面积 711.78 万平方米，同比增长 35.62%，增速比 2008 年水平提高 13.04 个百分点；房屋竣工面积 175.71 万平方米，同比增长 8.51%，增速比 2008 年下降 25.57 个百分点。与 2005 年相比，2009 年巢湖市房屋施工面积在 4 年时间里增长了 284.14%，年均增长 40.00%；房屋竣工面积增长了 100.90%，年均增长 19.05%。

3. 商品房销售面积增长情况

2009 年，巢湖市完成商品房销售面积 218.29 万平方米，同比增长 47.32%。与 2005 年相比，2009 年巢湖市商品房销售面积在 4 年时间里增长了 1.58 倍，年均增长 26.73%。

表 4－78　　巢湖市房地产业发展情况（2005～2009）

	房地产开发投资		房屋施工面积		房屋竣工面积		商品房销售面积	
	数额（亿元）	增速（%）	数额（万平方米）	增速（%）	数额（万平方米）	增速（%）	数额（万平方米）	增速（%）
2005 年	14.69	29.79	185.29	1.97	87.46	11.18	84.63	21.28
2006 年	23.86	62.43	290.16	56.60	97.87	11.91	93.28	10.23
2007 年	32.55	36.45	428.14	47.56	120.78	23.41	157.23	68.55
2008 年	49.17	51.06	524.82	22.58	161.94	34.08	148.17	－5.76
2009 年	60.22	22.47	711.78	35.62	175.71	8.51	218.29	47.32

4. 房价增长情况

从商品房平均销售价格的增长情况来看，2009 年，巢湖市商品房平均销售价格为 3027 元/平方米，同比增长 22.11%，比 2008 年增速提高 9.58 个百分点。2005～2009 年，巢湖市商品房销售价格增加了 1372 元/平方米，增长 82.90%。以四年平均计算，2005～2009 年巢湖市房价年均增加 343 元/平方米，年均增长速度为 16.29%。2009 年，巢湖市城镇居民房价收入比为 5.91 倍。

（四）芜湖市

1. 房地产开发投资增长情况

2009 年，芜湖市完成房地产开发投资 206.87 亿元，同比增长 37.70%，增速比 2008 年下降 31.29 个百分点。在房地产开发投资中：住宅类开发投资 158.54 亿元，占房地产开发投资的比重为 76.64%；办公楼开发投资 0.93 亿元，占房地产开发投资的比重为 0.45%；商业营业用房开发投资 37.52 亿元，占房地产开发投资的比重为 18.14%；其他类开发投资 9.88 亿元，占房地产开发投资的比重为 4.78%。

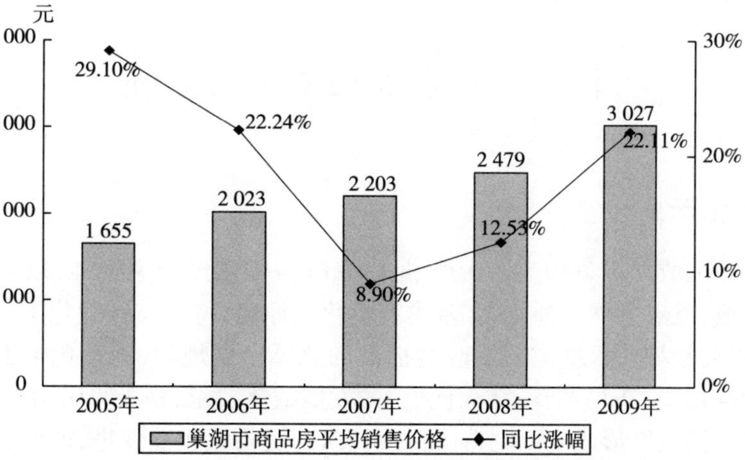

图 4－32　巢湖市商品房平均销售价格增长情况(2005～2009)

2. 房屋施工面积与竣工面积增长情况

2009 年,芜湖市完成房屋施工面积 1700. 75 万平方米,同比增长 44. 19%,增速比 2008 年水平下降 4. 18 个百分点;房屋竣工面积 217. 91 万平方米,同比增长 30. 07%,增速比 2008 年水平提高 27. 14 个百分点。与 2005 年相比,2009 年芜湖市房屋施工面积在 4 年时间里增长了 388. 29%,年均增长 48. 65%;房屋竣工面积增长了 191. 95%,年均增长 30. 72%。

3. 商品房销售面积增长情况

2009 年,芜湖市完成商品房销售面积 286. 09 万平方米,同比增长 61. 53%,而 2008 年同期商品房销售面积同比下降 9. 6%。与 2005 年相比,2009 年芜湖市商品房销售面积在 4 年时间里增长了 135. 27%,年均增长 23. 85%。

表 4－79　　芜湖市房地产业发展情况(2005～2009)

	房地产开发投资		房屋施工面积		房屋竣工面积		商品房销售面积	
	数额(亿元)	增速(%)	数额(万平方米)	增速(%)	数额(万平方米)	增速(%)	数额(万平方米)	增速(%)
2005 年	58. 84	103. 78	348. 31	26. 08	74. 64	－31. 01	121. 60	35. 78
2006 年	59. 34	0. 85	463. 25	33. 00	55. 69	－25. 39	146. 44	20. 43
2007 年	88. 90	49. 80	794. 99	71. 61	162. 76	192. 27	195. 92	33. 78
2008 年	150. 23	68. 99	1179. 54	48. 37	167. 53	2. 93	177. 11	－9. 60
2009 年	206. 87	37. 70	1700. 75	44. 19	217. 91	30. 07	286. 09	61. 53

4. 房价增长情况

从商品房平均销售价格的增长情况来看,2009 年,芜湖市商品房平均销售价格为 3852 元/平方米,比 2008 年减少 132 元/平方米,下降 3. 31%。与 2005 年相比,2009 年芜湖市商品房销售价格增加了 1302 元/平方米,增长 51. 06%。以四年平均计算,2005～2009 年芜湖市房价年均增加 326 元/平方米,年均增长 10. 86%。2009 年,芜湖市城镇居民房价收入比为 5. 06 倍。

十二　南京都市圈石化产业

一、南京市石化产业

南京化学工业园区成立于2001年10月，是南京唯一一家经国家批准，以发展石油化工为主的国家级石化产业基地，重点发展石油化工、基本有机化工原料、特种与精细化工、高分子材料、生命医药、新型化工材料六大领域。根据国家发改委批准的总体发展规划，南京化学工业园区的开发建设按照“资源整合、深度加工、布局调整、结构优化”的发展战略要求，积极吸引国内外，特别是世界跨国公司技术、资金与项目，最终形成生产制造、科技研发、商贸物流相互促进，产业、生态、环境协调发展的多功能化工特色园区。

南京化学工业园区规划面积45平方公里，分为长芦、玉带两个产业开发片区。其中长芦片区规划面积26平方公里，依托区内扬子、扬巴的上游产品原料，重点发展石油化工深加工、精细化工、合成材料与其他化工产品。玉带片区规划面积19平方公里，依托区内西坝港区深水岸线条件，重点发展大型化工物流基地、基础化工与化工新材料产业。

截至2009年底，南京化学工业园区累计开发土地面积14平方公里，完成全社会固定资产投资超过500亿元。新批各类企业116家，其中外商投资企业52家，包括德国巴斯夫、英国BP、美国塞拉尼斯等11家世界化工50强企业在园区入驻，成为南京石化产业加快资源整合，有效参与国际分工的重要平台。

表4－80　　2009年南京市主要石化产品产量

产品名称	计量单位	产品产量	比2008年增长（±%）
原油加工量	万吨	2040.86	8.8
合成氨	万吨	31.71	43.5
纯苯	万吨	61.74	21.1
初级形态的塑料	万吨	170.32	5.1
硫酸	万吨	75.09	23.6
乙烯	万吨	141.60	5.1
化肥（折纯）	万吨	21.10	58.5
农药	万吨	6.97	33.0
烷基苯	万吨	12.55	19.0

作为中国最具影响力的化工园区之一，南京化学工业园区拥有发展石化产业的诸多优势，并且在不断加以拓展和完善。

优越的市场区位。南京化学工业园区位于中国经济最发达的长江三角洲区域，制造业发达，特别是汽车、电子、轻工、纺织业等主要工业位居全国前列，为石化产业的发展提供了广阔的市场空间。

完善的交通运输。南京化学工业园区拥有水路、铁路、公路、管道等多种运输方式。园区现有专业化工码头27座，区内西坝港区及辅助港区将新建21座码头，其中包括多座5万吨级液体化工码头。园区专用铁路全长21.7公里，贯穿园区并进入全国铁路网。区内主干道与京沪、沪宁、宁杭高速公路相连接，进入全国公路网。“西气东输”与“川气东送”工程在园区设有分输站并向区内企业供应天然气。

良好的公用工程。园区已建成包括热电厂、水厂、污水处理厂、输变电站、40公里工业主管廊等各类基础设施与公用工程设施，为已进区企业提供水、电、蒸汽、工业气体以及污水处理等公用工程服务。

丰富的产品原料。南京化学工业园区多项石化主要产品生产规模位居全国前列，是世界最大的醋酸及其衍生物生产基地之一，也是中国最大的乙烯、炼油、芳烃生产基地之一，为化工中下游产品的发展提供可靠的产品原料保障。

雄厚的人才资源。南京科技实力雄厚、化工科技优势尤为突出。园区周边地区拥有各类化工研究院所40余家，有50多家不同资质的化工专业设计院、勘察院、化工制造单位和多家实力雄厚的工程公司、化工建设公司与检维修公司，化工从业人员约20万人，其中各类工程技术人员2万人。在大型石化装置的设计、安装、建设、检维修等方面可为园区企业提供完善的服务。

在开发与建设过程中，南京化学工业园区吸收借鉴了国际化工产业“一体化”的开发理念，提出了“产业发展一体化、公用设施一体化、商贸物流一体化、环保安全一体化、管理服务一体化”五个“一体化”的开发方针，并在实践过程中不断加以发展和完善。

以“产业发展一体化”，推动园区产业发展。

园区积极推动产业链建设，重点发展乙烯及其衍生产品、醋酸及其衍生产品、氯化工系列产品三大产业链。目前，区内以扬子、扬巴为龙头的乙烯产业链，通过发展高附加值中下游延伸产品，提高产品的精细化率和深加工率，已集聚各类下游延伸化工项目近40个，项目总投资超过15亿美元；以塞拉尼斯、扬子－BP两大醋酸项目为龙头的醋酸产业链已集聚12家企业，累计投资超过10亿美元。

在上述三大产业链的基础上，园区依托区内科技部火炬计划南京精细化工产业基地的平台优势，积极发展一批符合国家产业政策，具有良好市场前景的新材料、新能源、生命科学与高端精细化工产品，先后引进了在涂料领域全球第一的瑞士汽巴精化公司，染料领域全球第一的德国德司达公司，化工中间体领域全球领先的德国瓦克公司，水处理剂领域全球第一的美国纳尔科公司，阻燃剂领域全球领先的美国雅保公司，造纸化学品领域世界领先的瑞士龙沙公司等一批行业领域巨头，形成了在精细化工领域的发展特色与竞争优势。

以“公用设施一体化”与“商贸物流一体化”，推动园区集约发展。

参照国际通用的“公用工程岛”模式，园区在区内建设统一的公用工程中心，集中建设热电厂、水厂、污水处理厂等主要公用设施，实现集中供热、供水、供汽，污水与固体废弃物集中处理，节约进区企业配套支出，降低公用工程使用成本。同时，根据园区产业特点，对关联企业相对集中发展，通过企业间的管廊及其他通道，实现原料、物料、气体、蒸汽的管道输送和循环使用，减少区内能源、资源损耗。

依托园区良好的区位条件和便捷的交通手段，园区大力推动区内化工物流建设，重点打造以区内西坝港区为核心，集口岸、仓储、配送、保税、交易功能为一体的现代化工物流基地。

以“环保安全一体化”，推动园区可持续发展。

南京化学工业园区坚持环境建设与产业发展相协调，着力建设绿色生态园区。截至目前，园区已在环保领域累计投资20亿元，拥有污水处理厂、固体废弃物处理中心等各类环保基础设施，对区内企业排放的“三废”实行集中处理。同时，积极推动节能减排与循环经济建设，大力推广清洁生产技术，加快区内以管廊为主要通道的上、下游企业物料输送网络建设，推动企业间产品原料配套协作，互通互供，形成“资源—产品—再生资源”的封闭循环。

以“管理服务一体化”，推动园区协调发展。

南京化学工业园区积极完善投资服务水平，努力营造与国际接轨的良好投资环境，向进区企业提供从地块选择、项目投资与建设审批办理、公用工程服务、企业开工建设到最终投产运营的“一站式”服务。

通过大力引进国际资本,积极推动产业升级和结构优化,到2015年,南京化学工业园区将形成先进制造业、现代物流与运输业、高新技术产业三大产业功能集群,产业竞争力、自主创新能力与综合经济实力位居全国同类园区前列,成为国内产业集聚度最高、技术最先进、生态环境最好的世界级石化产业基地。

专栏:《南京市政府关于加快推进电子、汽车、石化、钢铁、电力五大产业发展的意见》节选

石化产业:以南京化学工业园为主体,园区北接宁六、雍六高速公路,南与金陵石化公司、南京化工厂现厂区隔江相望,西与南化公司相连,东与仪征公司相接。通过现代化路网与管网连接,将园区连成一片,形成一个总面积近100平方公里,重化工与精细化工相结合、石油化工与传统化工相连衔接的沿江化工产业带。

二、镇江市石化产业

(一)发展现状

镇江市丹徒经济开发区1993年12月经江苏人省人民政府批准为省级开发区。丹徒经济开发区位于镇江市区西郊高资镇,北临长江,西接南京,隔江与扬州相望。开发区规划用地范围为北至长江,南至312国道,东至磨盘洲及项家窑一带,西至通江路一线。总体规划面积50平方公里,其中312国道北侧22.3平方公里,重点发展基础化工、能源、冶金和港口物流等临江型产业;312国道以南重点建设生活服务区。区内拥有6.32公里优质长江深水岸线,根据江苏省沿江开发总体规划将与南京、仪征共同形成基础石油化工产业集群。开发区的目标是指标造江苏沿江产业带上一流的石化工业园区。

表4-81　　2009年镇江市主要石化产品产量

名称	单位	实绩	比2008年±%
焦炭	万吨	59.55	1.8
冰醋酸	万吨	62.51	-1.4
烧碱	万吨	11.03	-7.4
颜料	万吨	5.19	16.5
香醋	万吨	9.13	42.8
农用化肥	吨	6327.00	-25.6

镇江丹徒经济开发区高资片区,已初步形成装备制造、化工、能源、港口物流等特色产业。拥有优良的岸线资源,沪宁铁路在区内设有专用线,具备铁、公、水联运物流优势。谷阳片区:是镇江市主城区的次中心,境内交通发达,铁公水相联,正在建设中的京沪高速铁路、沪宁城际铁路在境内穿越,并均设有站点。

镇江丹徒经济开发区通江、达海、江河互通,集铁、公、水联运为一体,随着312国道拓宽、润扬大桥建成、沿江高等级公路的建设，丹徒经济开发区的交通优势进一步凸现。拥有6公里以上长江深水岸线的丹徒经济开发区，已建成万吨级泊位4座。丹徒经济开发区上游是南京化学工业园区，集中了扬子石化、扬巴一体化、金陵石化、南化集团等石化企业，对岸有仪征化纤，下游有壳牌、拜耳等国际知名石化企业，境内有金海宏业、李长荣等石化企业，产业配套机会极多。

为了抢抓国际石化产业资本向长三角地区转移机遇，加速资源整合和产业集聚，打造一流的沿江开发园区，丹徒区确立了石化产业为丹徒经济开发区优先发展的主导产业，石化产业群正在这片投资的热土上崛起。

丹徒经济开发区积极把握长江三角洲经济圈科技，经济高度集聚所带来的有利机遇，顺应沿江产业带调整布局，依托港口优势，通过招商引资，超前规划建设长江沿线最大的占地18平方公里的港口物流园区。

江苏丹徒经济开发区，北临长江主航道，区内水域江阔水深，下游兴建的润扬长江大桥设计净高度为50米，可常年满足5万吨级海轮自由通航，区内已建有5000吨级泊位2个、1000吨级泊位2个、20000吨级石油气、30000吨级李长荣液体化工码头各一个，随着原有散装码头的改建，区内还将拥有一次停泊船舶19万吨的能力。水铁公路交通辐射全国10多个省市。目前，长江三角洲是我国开放度高，产业密集，科技发达，外向型经济高速发展的地区，其经济总量在我国国民经济中具有举足轻重的地位。当前国际资本和基础材料加工产业正加速向长江三角洲转移，而国家石油、石化和化工在十年规划中明确提出要逐步在长江三角洲沿江已有近十个化工园区在兴建，未来将由此产生巨大石化原料和产品流通量。

通过近几年的开发建设，以李长荣化学工业股份有限公司、马来西亚国家石油公司建成的石油气有限公司、香港客商投资建设的海宏业能源有限公司、江苏镇江发电公司、比利时国家动力集团参与投资的镇江宏顺热电公司等一批以石化、能源产业为代表的工业蓬勃兴起。丹徒经济开发区充分发挥水陆交通枢纽地位和物流资源市场腹地广阔的独特优势。根据区内现有产业特点、资源优势，与新加坡泰稔投资股份有限公司和香港东明企业有限公司合资，规划发展以石化产业为主的港口物流园区，构筑石化港区储运物流平台，建设中国大陆石化交易会展中心。根据丹徒经济开发区石化工业物流园区初步规划，园区占地18平方公里，远期28平方公里，分为石化工业区、港口仓储配送区、产品加工区、会展交易区和生活配套区五大区域。据国际物流配送中心可研报告预测，园区建成后每年营业额将达415亿元。

在石化产业发展整合方面，丹徒经济开发区重点在三个方面突破：一是油头项目带动。以炼油为主体的油头项目带动性极强，下游产品多达50余万种。该区将依托已落户的金海宏业等公司，进一步提高原油加工能力，延伸相应产业链，建设适度规模的重油裂解、延迟焦化等项目，继而为下游产品提供更多的中间原料。目前金海宏业公司已经基本具备200万吨原油加工能力，可实现销售30亿元，该公司计划用3年左右的时间使企业炼油能力提高到1000万吨，届时仅炼油一项就将形成150亿元～180亿元的销售。二是物流项目推动。受南京长江大桥影响，两万吨级以上轮船将在镇江地区转驳。丹徒经济开发区将利用其独特的区位优势和铁、公、水联运的组合运输优势，筹建大型石化仓储物流中心，为内地和长江中上游地区提供物流服务。随着开发区高资河综合整治工程和两座5万吨公共石化码头项目的加快推进，金海宏业、华尔润等公司已着手委托国内专家编制50万立方米石化仓储中心的规划，项目实施后可形成100亿元以上的销售规模。三是下游项目联动。考虑到大石化建设周期长、投资大的特点，该开发区近期将利用现有仓储设施，重点在基础化工、精细化工、合成材料等下游产品方面做文章。最近，瑞典柏斯托普公司计划在开发区投资1亿美元新建多元醇项目；李长荣公司在积极筹建第2条年产1.5万吨甲缩醛生产线，同时季戊四醇、热可塑橡胶、聚甲醛等项目也列入了企业投资日程表。

近年来，国际石化产业资本向长三角地区转移和集聚，巴斯夫、壳牌、优士化学等纷纷落户南京周边沿江地区，杜邦、埃克森－美孚、BP、拜耳、道化学等也把眼光瞄准了"长三角"地区。在江苏整个沿江开发中，大运输量、大耗水量的石化产业成为重点发展的先导产业，在省沿江开发规划中也明确了依托南京化学工业园区和临近的仪征、六合、丹徒等开发区共同打造南京都市圈石化产业集中区。在江苏沿江开发格局中，丹徒经济开发区无可置疑地成为南京石化圈的重要组成部分。

（二）丹徒经济开发区主要企业

1. 中化镇江焦化有限公司

中化镇江焦化有限公司年产70万吨特种碳材项目由镇江焦化煤气集团有限公司、中化国际贸易（新加坡）有限公司合资建设，项目批准投资2960万美元，预计实际投资将超过4亿元，项目用地610亩，主要产品为特种碳材，副产品有煤气、煤焦油、酚，项目建成达产后可新增年销售收入8亿元，税收5000万元，出口创汇8000万美元，两台焦炉都已竣工投产。该公司投资1.8亿元建设2万吨高纯石墨碳材、12万吨锻烧石油焦项目于2007年4月16日开工建设，已竣工投产。

2. 镇江李长荣综合石化工业有限公司

镇江李长荣综合石化工业有限公司由台湾李长荣化学工业股份有限公司独资建设。台湾李长荣具有30多年石化产品专业生产史，是亚洲主要石化溶剂生产公司、台湾最大的民营石化产品仓储企业，在高压石化产品、液化石油气、丙烯系列产品、一般石化产品生产方面拥有先进的技术和丰富的管理经验。

该公司在丹徒经济开发区主要从事甲醛、多聚甲醛、甲缩醛等甲醇后加工系列产品的生产，项目总投资9900万美元，占地30公顷。公司于1997年9月批准成立；2001年8月3万吨级化工码头开港运行，4.4万立方米仓储罐区建成；2002年3月第一条年产6万吨甲醛生产线正式投产；2002年6月年产1.5万吨多聚甲醛正式投产；2003年3月第二条年产6万吨甲醛生产线正式投产；2004年7月年产1.5万吨甲缩醛生产线正式投产。2005年投资900万美元，新添甲醛、多聚甲醛、甲缩醛3套生产装置，目前已全部竣工。

3. 马石油液化石油气有限公司

镇江马石油液化石油气有限公司是主要从事液化气、液体化工产品和其他石油制品存储和销售的中外合资企业，是世界500强企业之一的马来西亚国家石油有限公司（PETRONAS）的控股公司。马来西亚国家石油公司成立于1974年，是一家由政府全资拥有的企业，世界五百强之一，经营本国所有的石油与天然气资源。在全世界30个国家拥有82家全资子公司、24家合资公司以及47家参股公司。

镇江马石油液化石油气有限公司于2005年4月由原镇江普特纳斯液化石油气有限公司更名而来，公司自成立以来，大力发展液化气加工、仓储和销售等各项业务，努力构建优质、高效、面向客户的操作平台，强势推进"普特纳斯液化气（GASPETRONAS）"的品牌战略，严格按照国际标准的操作模式为客户提供优质服务，充分展现了国际知名企业控股公司的良好风范。

该项目总投资1130万美元，占地4.7公顷。一期建成6000立方米高压（1.6兆帕）球罐，3个50立方米卧罐及一个2.5万吨化工码头一座。预留可扩至2.4万立方米高压储罐及配套设施。2005年公司销售收入1.9亿元，利税2400万元；2006年完成销售2.1亿元，利税2600万元。

（三）发展建议

镇江市化工产品处于石化产业链的中下游，从目前掌握的资料来看，受惠于调整振兴规划的程度较为有限。下一步，应继续贯彻落实《镇江市绿色化工业发展纲要（2008～2012年）》，继续推进化工行业的结构调整和做大做强。

1. 加快成立化工行业协会，加强行业自律，巩固化工行业专项整治工作的成果，为发展生态、集约、安全的绿色化工业提供良好的平台。

2. 加快化工集中区建设，大力推进居民拆迁和管网、消防、环境治理、安全生产等基础设施建设，加速企业退城进区或异地搬迁。

3. 加快在手项目建设。积极争取相关扶持政策，促进项目早开工、早竣工、早达产、早见效，用较低的建设成本完成产业布局，抓住市场回暖机遇实现企业跨越式发展。

三、扬州市石化产业

（一）发展现状

石油及化工产业是扬州市的重要支柱产业。进入“十一五”时期以来，石化产业发展迅速，产业地位不断提升，已成为扬州市推进工业化进程、拉动全市工业快速发展的优势行业和重要的支柱产业。

2009 年全市规模以上的石化生产企业实现工业总产值 818 亿元，占全市工业比重 18. 3%；增长 18%。到 2012 年，石油化工产业产值将达到 1300 亿元。

石化产品主要有天然原油、石油炼制及石化、基础化工原料、有机化工产品、无机化工产品、聚酯切片、化学纤维、化学农药及仿生物农药、涂料、助剂、橡胶制品、日用化工、化工新材料等。以氯碱、苯为基础原料的氯苯系列，硝基氯苯系列及其衍生产品在市场具有很强的竞争力，其中二氯苯系列产品的产量居世界第一，硝基氯苯产能占国内 1/4；国内规模最大的新型仿生农药——拟除虫菊酯类产品，代表着国内菊酯工业化生产的最高水平，其卫生用菊酯市场占有率达到 70% 以上；聚酯聚合产能居世界首位，国内市场占有率为 7% 左右；高沸点芳烃溶剂油、丙二醇醚、高纯度均四甲苯产品市场占有率达到 50% 以上；1.4 – 丁二醇是重要的有机化工和精细化工原料，市场前景十分广阔。

全市现有石化行业省级以上高新技术企业 30 家，其中国家级高新技术企业 8 家；全行业中，2009 年产值销售收入超亿元的企业 52 家；2 家企业跻身全国化工百强行列。中石化仪征化纤是扬州国最大的化纤和化纤原料生产基地，化纤总量约占全省 20%。江苏扬农化工集团是全国百强化工企业，现已形成以“菊酯为特色、农药为主导、氯碱为基础”的产品精细化、多元化格局综合大型化工企业。大连化工（江苏）有限公司是扬州市化工行业最大的外资企业，江苏华伦化工有限公司是国内规模最大的高沸点芳烃溶剂油、高纯度均四甲苯生产企业。

表 4 – 82　　2009 年扬州市主要石化产品产量

指标名称	单位	2009 年	比 2008 年增长%
天然原油	万吨	171.01	—
烧碱（折 100%）	万吨	34.24	5.8
合成纤维聚合物	万吨	173.80	4.2
塑料制品	万吨	38.98	37.2
化学纤维	万吨	78.18	4.3
化学农药原药	万吨	6.03	2.0

（二）发展优势

区域优势。扬州的石化产业发展具有优越的区位条件，境内京杭运河贯穿南北，有长江岸线 80 多公里，水深江阔，岸线稳定，可供开发的岸线约 40 公里。京沪高速、宁通高速，宁启铁路，润扬长江大桥，沿江高等级公路在此构成纵横交错、便利快捷的陆路交通网络。对规划开发建设沿江扬州石化产业有得天厚的区位优势。

资源配套优势。扬州地处长江中下游沿江化工产业带中部，东接亚洲最大化工基地——上海化学工业园，西连扬子、扬巴、金陵及南京化学工业园等石化产业基地，上下游产业配套优势明显，可以比较容易得到产业辐射和产品链的延伸。中石化扬子乙烯、丙烯等基础化工原料的建设等给扬州石化产业集聚延伸、发展壮大提供了坚实的基础。

人才资源优势。经过多年的积累，扬州已形成了一支化工职工和技术管理人员的队伍。科研技术人员约占职工人数35%。在扬的扬州大学、扬州工业职业技术学院拥有学科门类齐全的化工专业设置，能培养从中专生到研究生各层次的化工专业人才，为扬州石化产业发展提供了强大的技术人才基础。

载体优势。近几年，积极加快沿江开发的战略，紧紧抓住国际资本和产业向长江三角洲转移的重大机遇，建立了扬州化工产业园，承接国际产业梯度转移，整合扬州石化产业资源，提升行业整体水平。化工产业园区的建设，为化工产业加速发展创建了平台。目前，一个以“石油化工为龙头、基础化工为支撑、精细化工为特色、石化物流为依托，以深度加工和高附加值为特征”的新兴石化产业基地正处于全面提升、产业集聚的新的发展阶段。

（三）发展重点和布局

按照石化产业规划要求，以扬州化学工业园区为载体，重点发展烯烃类及其衍生产品，围绕以乙烯、丙烯、芳径、氯碱为龙头的四大产业链，重点发展石油化工、精细化工、合成材料和石化物流等产业，推动产业不断向系列化、专用化、精细化和高性能方向发展。

为抢抓国际石化产业资本向“长三角”加速转移和江苏沿江开发全面推进的历史机遇，积极呼应上海、南京两大国家级化工基地建设，加速资源整合和产业集聚步伐，全力打造宁扬沿江化工产业带，2003 年 10 月，扬州、仪征两级政府采取“市县联动”的开发模式，共同规划建设了扬州化工产业园区，重点发展石油化工、基础化工、合成材料、精细化工和石化物流等五大产业，着力打造国际化、现代化、综合化石化产业基地，掀开了扬州石化产业发展的崭新篇章。2006 年 5 月 31 日，国家发改委正式发布公告，批准设立省级扬州化工产业园区。

扬州化工产业园区规划在仪征市西南侧，东至仪征胥浦河，南至长江黄金水道，西至南京六合区，北至宁通高速公路，规划面积 62 平方公里，分设原料工业区、仪征化纤厂区、精细化工区、物流仓储区、公用工程区、生态建设区和生活配套区等七大区域，实行一次规划、分期实施，有序建设、滚动发展。

扬州化工产业园区是一个市县联动开发的新兴石化工业区。为积极抢抓国际产业和资本加速向长三角集聚以及江苏沿江开发全面推进等一系列重大机遇，充分发挥仪征独特的区位、交通、产业、资源和市场优势，打造宁扬沿江化工产业带，2003 年 10 月，扬州、仪征两级政府按照“资源整合、产业集聚”的开发思路，采取“市县联动”的开发模式，共同在仪征沿江地区规划建设了扬州化工产业园区，重点发展石油化工、基础化工、合成材料、精细化工和石化物流等五大产业。

扬州化工产业园区是一个区位优势独特的石化物流枢纽区。扬州化工产业园区地处南京、镇江和扬州三大城市的几何中心，东承上海化学工业区，西接南京化学工业园，产业基础好，市场腹地广，发展空间大。长江黄金水道流经境内，润扬长江大桥、南京长江二桥分立两侧，宁通高速公路、沿江高等级公路以及宁启铁路横贯东西，鲁宁输油管道、甬沪宁输油管道、西气东输管道、仪长输油管道、日仪输油管道和中石化战略石油储备库在区内中转集散，尤其是区内拥有长江最大的石化港口——南京港仪征石化港区，年吞吐能力达 3000 万吨。扬州化工产业园区正成为集公路、水路、铁路、油路、气路等“五路”于一体、区域和地缘优势进一步凸现的石化物流枢纽。

扬州化工产业园区是一个产业优势显著的石化产业集聚区。落户境内20多年、拥有年产170万吨聚酯、90万吨PTA产能的仪化公司，是亚洲最大、世界第六大聚酯生产企业。预计到“十一五”期末，该公司聚酯产能将达300万吨，PTA产能将达200万吨，扬州化工产业园区正成为全国最重要的化纤工业基地。近年来，随着国际资本和制造业向长三角加速转移以及江苏沿江开发步伐不断加快，一些大型化工企业看好扬州化工产业园区发展石化产业的有利条件，纷纷落户规划建设，目前已集聚了美国尤尼发、阿莫科、日本东丽、中国台湾大连化工、中化国际、江苏瑞祥化工、江苏优士化学等一批境内外知名的石化大企业，形成了以乙烯、丙烯、芳烃、氯碱为龙头的四大产业链和精细化工、化纤纺织、石化物流等三大产业集聚发展的态势。

四、淮安市石化产业

截止到2009年，淮安全市化工行业共有列统企业102户，就业职工1.9万多人，总资产85.9亿元，销售收入120.5亿元，利税总额11.9亿元，利润5.7亿元。现有清江石化、安邦集团、韩泰集团、华尔润化工、南风元明粉、太平洋元明粉、洪泽大洋公司等一批大中型化工企业，可生产化肥、氯碱、农药、炼油和石油化工、化工机械、有机化工、精细化工等八大类300多个品种的产品，已形成由基础化学原料、农用化工、石油化工、盐化工、橡胶制品等门类组成的具有相当规模和特色的工业体系。

化工产业主要涉及盐化工、石油化工、橡胶制品等六大类300多个品种。经过多年来的培育发展，已形成一批具有一定规模的大中型化工企业，如中国石化清江石油化工公司，其年产8万吨特种溶剂油装置为国内最大；总投资4.3亿美元的中韩合资韩泰轮胎有限公司，目前子午胎产品年生产能力达850万条、斜交胎达110万条；江苏安邦电化公司的烧碱规模在全国氯碱行业排名靠前、在江苏省内排名第4位；西班牙投资的元明粉公司、印尼投资的大洋化工等项目的落户，使元明粉年加工能力达到120万吨，居华东地区之首。

1. 盐化工行业

淮安是非金属矿产资源非常丰富的地区，地下蕴藏着岩盐、芒硝、凹凸棒土等多种非金属矿藏资源，其中岩盐储量1300亿吨，居世界首位；芒硝储量20亿吨，为华东之最；凹凸棒土储量5亿吨，占全国的70%。淮安市现有江苏安邦电化有限公司、淮安华尔润化工有限公司、江苏南风元明粉有限责任公司、上海太平洋淮安元明粉有限公司、江苏井神盐业有限公司等一批规模企业，产品涉及真空制盐、氯碱、纯碱、元明粉及硝酸、乙烯利等，具有100万吨真空盐、10万吨烧碱、8万吨液氯、30万吨纯碱、120万吨元明粉、3万吨杀虫双、8000吨乙烯利、3000吨六氯环戊二烯、4万吨浓硝酸的生产能力。其中乙烯利规模世界第一，六氯环戊二烯规模世界第二，元明粉能力华东最大。目前，淮安井矿盐开发利用已初具规模，江苏省井神盐业有限公司实际生产真空制盐能力已达到60万吨/年，位居国内井矿盐行业前列，其产品真空盐的生产成本为120元/吨左右，而国内大型制盐厂的成本为140元/吨～200元/吨，竞争优势明显。世界化工业一般有两种模式：或是紧靠原料产地，或是建在靠近市场的发达地区。而淮安既是原料产地，又处在我国经济最发达的华东地区，产业基础雄厚，化工产品需求旺盛。目前淮安盐业开发处于资源利用阶段，国内外大型化工企业在这里有很大的发展空间。为承接各类化工项目，淮安专门规划建设了盐化学工业园，配套建设了污水处理厂和专用码头，新长铁路专线也即将开通，现已有一批化工项目进驻。

2. 石油化工行业

重点企业是中国石化清江石油化工有限公司，产品主要有汽油、柴油、煤油、特种溶剂油、润滑油等，具有120万吨原油加工能力，年产8万吨特种溶剂油装置为国内最大。

3. 橡胶制品行业

重点企业是投资3.8亿美元的韩资企业江苏韩泰轮胎有限公司，具有1000万条轮胎（其中子午胎800万条）的生产能力。

4. 日用化工行业

现有江苏爱特福气雾剂有限公司、淮阴光华化学厂、上海新竹化工淮安有限公司、盱眙县楚东化工厂等一批规模企业，产品涉及"84"消毒液。

依托丰富的岩盐资源，淮安市盐化工产业近年来发展迅速，形成了由盐化工、精细化工、石油化工、农用化工、日用化工、橡胶制品等门类组成的具有相当规模和特色的化学工业体系，资源优势转化为产业优势。淮安市盐化工企业立足自身发展条件，采用新技术、新工艺、先进设备，使创新能力得到增强。中化集团、华尔润集团、华南玻璃等大型企业集团纷纷来淮并购、重组或新建企业，促进了淮安市盐化工产业的发展壮大。其中，安邦电化有限公司技术中心成为省级技术中心，成立了盐化工工程研究中心，安邦电化冷冻法盐硝分离技术获江苏省科技进步二等奖，DCS集散控制技术的应用提升了化工生产装置的自动控制水平；华尔润联碱装置为全国单套最大的装置。今后，淮安市盐化工新材料产业发展将以氯碱和纯碱为基础，氯碱深加工与真空制盐、制硝并存，大力发展精细化工和化工新材料，有序发展橡胶制品和日用化工，以提升淮安化工产业的整体水平，最终实现到"十二五"末，化工产业销售超千亿元的目标。围绕这一方向，淮安市将把淮安工业园盐化工新区作为实现化工产业销售超千亿元的重要载体，到2010年，争取形成年销售收入超10亿元企业12户，其中超50亿的企业三户，到2015年，力争形成销售超10亿元企业19户，其中超百亿企业六户（清江石化、安邦电化、华尔润、洪泽银珠、井神盐业和华南玻璃），到2015年，盐化工新材料产业实现销售收入超1000亿元；"十一五"期间的后三年，计划实施亿元以上重大项目17项，"十二五"期间，初步规划实施的投资亿元以上的重大项目17项的重大项目推进建设上。最终实现到2010年，销售收入达500亿元，到2015年，销售收入达1000亿元，形成以600万吨盐（含液体盐）、300万吨原油加工为基础，120万吨氯碱、300万吨纯碱、400万吨元明粉为标志，以氯碱深加工为发展方向，以精细化工和化工新材料为重要支撑的上下游一体化、多种系列并重的产业格局。

五、芜湖市石化产业

芜湖融汇化工有限公司年产15万吨离子膜烧碱、安徽神剑新材料股份有限公司年产4万吨树脂涂料和芜湖美佳涂料有限公司年产8万吨高档各种粉末涂料等扩能改造项目。鼓励企业在扩能改造项目中采用新技术、新工艺，实现节能降耗、减排和资源综合最大利用的双重目标任务。

加快对离子膜烧碱附属产品的开发利用，加大对特种树脂粉末涂料的开发研究。

充分利用长江岸线和水资源优势，规划建设重化工业园，积极引进国内外知名化工集团，大力发展石化、盐化等。围绕产业链的延伸，积极引进各类精细化工生产企业，打造化工产业集群。背靠安庆石化，扬子石化重点引进聚碳酸酯、聚甲醛、PBT、聚苯醚、尼龙66、硅橡胶、硅树脂、工程塑料、聚氨酯、功能高分子材料等石化新材料。

六、马鞍山市石化产业

马鞍山慈湖工业园是马鞍山市重化工业的重要集聚地，园区现已有丰原生化、中橡公司、金星化工等多家从事化工生产、经营的大中型企业。

中橡（马鞍山）化学工业有限公司是由中橡（台湾）有限责任公司和国际金融公司共同投资的外商企业，2000年2月21日正式营运。公司总投资6525万美元，注册资本2175万美元（其中：中橡新加坡公司出资1875万美元，占注册资本的86.2%；国际金融公司出资300万美元，占13.8%）。公司主要产品是橡胶制品工业用炭黑和油墨、塑料、涂料工业用特殊炭黑；在生产炭黑的同时，利用制程尾气发电。

七、巢湖市石化产业

2007～2009年，江浙沪三省市在巢湖共投资356.46亿元，占省外资金的66.5%，其中上海地区118.33亿元，占33.2%。投资较大的项目上海华谊集团无为煤化工项目，不仅是皖沪合作的最大项目，也是安徽省委、省政府推进新一轮皖江开发开放的重大工程，被列入省政府重点调度的“861”项目。该项目计划总投资350亿元，其中一期工程总投资为73亿元，主要建设年产60万吨甲醇、50万吨醋酸、30万吨醋酸乙酯以及配套的码头、铁路、仓储、空分、水处理等公用工程。

巢湖煤化工基地，借助于上海煤化工搬迁转移的契机，立足巢湖交通、水资源和矿石资源的优势，有机地结合煤焦化和煤气化，焦炭联产的甲醇与煤气化合成气加工生产醋酸等精细化工产品，建造生物化工、精细化工、材料化工于一体的化学工业园区。以皖维集团公司现有产品、技术为发展基础，利用无为化工园生产的焦炭和巢湖优质石灰石资源，建设电石化工产业基地，重点发展以聚乙烯醇系列产品为龙头的精细化工、高新材料等产品。

在“十一五”期间，巢湖市化工产业主要以上海华谊集团安徽化工园建设为重点，形成年产110万吨焦炭、35万吨甲醇及50万吨醋酸的生产能力；基础化工主要以嘉泰化工、大包庄硫铁矿、中远肥业等项目建设为重点，形成年产10万吨离子膜烧碱及12万吨PVC、100万吨硫铁矿开采、30万吨磷铵及30万吨硫酸、60万吨硫基复合肥的生产能力；精细化工主要以华星化工园、丹尼尔公司丙稀酸盐及催化剂等项目建设为重点，形成年产6万吨农药、500吨丙稀酸盐及催化剂的生产能力。与此同时，充分发挥皖维集团、东宇化纤、华能集团等企业的技术优势，在推进PVA和PVB系列、聚脂切片、丁基橡胶等产品的同时，积极发展高分子化工产品。

巢湖发展化工产业符合安徽省的产业政策和战略部署。化工产业也是巢湖市重点支柱产业之一，具有很大的发展潜力。化工产业的带动力极强，一般来说，化工产业与相关产业的带动比例为1:3，因此，化工产业是带动巢湖未来经济增长的主要产业。巢湖市发展化工产业是发挥地域和资源优势，拉长产业链，调整产业结构，转变经济增长方式的战略选择。化工产业链条长，增值空间大，关联程度高，发展前景广，加快化工产业发展对于发挥巢湖市资源优势、调整产业结构、培育新的经济增长点，都具有重要意义。

八、滁州市石化产业

（一）发展现状

1. 生产规模不断扩大

2009年滁州市化工产业实现产值53.6亿元，重点推进的企业有6户：中盐东兴盐化股份有限公司（定远东兴）、安徽泉盛化工有限公司（定远炉桥镇）、安徽金禾实业股份有限公司（来安县）、滁州瑞兴化工有限公司（琅琊区）、滁州市金丰化工有限公司（琅琊区）和正在建设的安徽华塑盐化项目（定远炉桥镇）。前5户企业2009年实现产值24.7亿元，今年1～5月实现产值10.84亿元，同比增长30%。

2. 大项目进展顺利

（1）最大项目：安徽华塑盐化项目。该项目是安徽省政府振兴皖北的“一号工程”、省“861”计划和“十一五”期间重点工程项目。该项目由淮北矿业集团公司投资，利用定远丰富的岩盐资源，将分两期建成年产100万吨的聚氯乙烯（PVC）、140万吨电石、76万吨烧碱、250万吨电石渣制水泥装置及配套工程，总投资达到约160亿元。2009年主要完成项目施工图设计及热电站、氯碱、电石、水泥等装置工程

专题

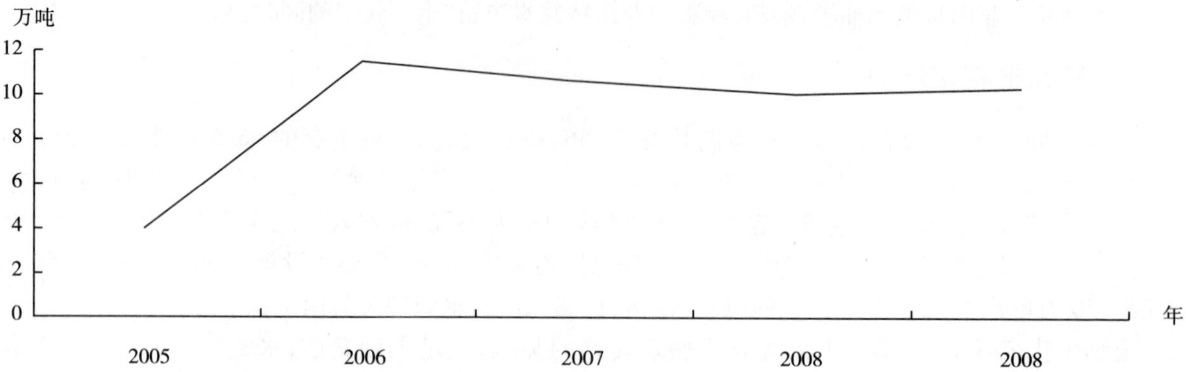

图 4－33　2005～2009 年滁州市农用化肥产量(单位:万吨)

招标、涉爆订购采购、工程地质勘查等。2010 年项目全面开工建设。一是热电站项目 1 号锅炉及烟囱土方开挖结束,地面以下部分钢筋已扎好,已浇灌混凝土。2 号锅炉基础土方开挖结束,地面以下部分的水泥垫层已打好,正在进行扎钢筋。热电站主厂房和冷却塔土方基础正在开挖。二是氯碱装置建设 EPC 总承包商中国成达工程公司已进场,正进行场地平整、临舍建设工作。三是水泥厂项目正在进行地质详勘工作。四是综合楼工程已建至四层。五是厂区内主干道路已开工 4 条。

(2)第二大项目:安徽泉盛化工有限公司。该项目年产 40 万吨合成氨、100 万吨纯碱、100 万吨氯化铵、10 万吨尿素、6 万吨甲醇项目,计划利用 7 年时间,投资 21 亿,在定远县打造大型综合型煤盐化工企业。工程分二期建成,其中:一期工程建设年产 30 万吨联碱项目,投资 5.9 亿元。项目基本完成前期工作,正在谋划该项目整体搬迁盐化工业园区的方案。

(3)第三大项目:中盐东兴公司年产 120 万吨真空制盐项目,已完成可研报告,正在按程序逐级上报。4 月 10 日市委副书记、市长江山,定远县委副书记、县长张志华率队拜访中盐公司领导,中盐公司领导表示:进一步加大在滁的投资,扩大生产规模,项目的推进工作取得了突破性的进展,同意项目立项。年产 60 万吨精制盐项目已于 6 月 4 日通过中盐总公司组织的专家论证。

另外还有金禾化工精细化工园系列项目、瑞兴化工二硫化碳项目等。这批重点项目的建成投产,有力地促进了盐化工产业的快速发展,提升了在省内、行业内的综合实力和影响力。

(二)比较优势

1. 资源优势

(1)岩盐:滁州市定远境内岩盐资源丰富,是华东地区最大的盐矿之一,岩盐储量 17.58 亿吨,盐矿品位高、盐层厚、储量大,层次稳定,氯化钠加权平均品位 72.13%。为发展盐化工提供了可靠、质优、价廉的资源保证。

东兴盐矿卤水采出成本和价格较低,近几年卤水(280g/L)平均销售价格为 15 元/吨左右,大大低于国内平均价格水平;特别是可以直接电解制烧碱,使原料一步到位,减少真空制盐投资,节约能源消耗,减少固体盐储运、包装、化水环节;同时原盐流失量少,使原有制盐母液得到充分的利用、减少含盐废水排放量,保护环境。

(2)石灰石:储量约 3 亿吨,含氧化钙 50%～54%,氧化镁 1%～4%,是生产优质高标号水泥和工业电石的理想原料。

(3)石英岩矿:定远县和凤阳县境内石英岩矿储量超过 1 亿吨,矿石品位高,质地纯,达一级至特级硅砖原料的工业指标。

2. 政策优势

滁州市可享受国家"中部崛起"战略、《皖江城市带承接长三角产业转移规划》和安徽省扶持皖东发展的各项优惠政策措施。

3. 劳动力成本优势

滁州市劳动力资源丰富,用工成本低于发达地区。

(三)发展前景

定位:利用安徽煤化－盐化一体化工程盐化项目和泉盛化工有限公司大型纯碱项目在定远盐化工基地建设的有利时机,充分发挥大型龙头项目的产业集聚效应,以定远当地丰富的岩盐、石灰石和石英岩为基础,依托区位和交通优势,采用先进、高效、清洁的生产工艺,实现优势资源的整合和转化,并以此带动产业的升级和整体竞争能力的提高。

特色:盐化工、煤化工和精细化工及新材料的有机结合。

目标:2015 年 400 亿元,2020 年 1000 亿元。重点是打造 43.3 平方公里的定远县盐化工生产基地。

表 4－83　　滁州市未来化工产业发展预测

类别	龙头企业	2015 年产值(400 亿元)	2020 年产值(1000 亿元)
盐化工板块	安徽华塑公司、安徽泉盛化工有限公司、中盐东兴化工股份有限公司	270	700
精细化工板块	安徽金禾实业股份有限公司	100	200
新材料化工板块	滁州瑞兴化工有限公司、滁州金丰化工有限公司	30	100

(四)主要问题

1. 盐化工业园区发展滞后。盐化工业园区基础设施建设滞后,项目入住园区条件较差,成本较高,对工业项目的吸纳能力不强,使盐化工项目落地较难。

2. 发展资金不足。地方财力对企业和社会投资盐化工项目的引导力不足;大盐化项目筹融资数额大,今后可能资产负债率较高,直接影响建设项目的高效有序推进。

3. 项目核准问题。华塑盐化热电站项目尚未最终取得国家发改委的核准。

4. 规划与土地问题。炉桥镇规划建设和泉盛纯碱项目规划需要进一步调整统一,项目发展需要新征 500 亩用地尚未解决,新上项目的电力需求需要跨地区协调解决,项目的排水问题尚未得到落实。

(五)政策建议

1. 认真搞好规划布局。盐化工产业中纯碱、烧碱是传统优势产品,基础化工原料,更是盐化工产业赖以发展的基础。随着中国经济的不断发展,两碱产品国内需求旺盛,是华塑和泉盛二大项目做大做强的良好机遇。随着盐化基地建设进程的加快,如何既保障产业基地环境安全、公共安全,又为盐化工产业发展提供必要的土地、环保容量、公路铁路运输、水源等条件,是当前十分迫切需要解决的问题。因此,必须进一步做好盐化工产业的合理规划布局,尽快将定远县炉桥镇化工园区升格为省级工业园区。加快推进华塑、泉盛等一批大项目早日落地,早日建成,早日见效。

2. 加大资源整合力度，提高盐化产业整体竞争力。盐业与两碱是盐化工产业中两个重要的组成部分，在现有结构中呈平行独立发展的格局。由于两碱产品的主要原料是盐，在产品成本中岩盐占有较大比重，两碱企业与上游岩盐资源实施整合，已成国内盐化产业发展的明显趋势。加之两碱企业亦是耗煤大户，随着国内能源价格的不断上涨，能源成本在两碱制造成本中占比不断增大，国内一些有条件的企业在实现盐碱联合的基础上，进一步实施了煤—盐—电—碱的大联合模式。因此，以资本为纽带，以盐化产业重大项目为载体，进一步加大招商引资力度，组建盐化新公司，实施盐碱联合，是加快盐化产业快速发展，实现盐化骨干企业共赢的现实选择。

3. 大力延伸产业链，推进盐化产业结构调整和产业升级。目前，滁州市盐化工产业仍以低附加值的产品为主，原盐、铵等主要产品属初级产品，差异化较小，附加价值较低。因此，必须依托丰富的盐卤资源和制盐工艺技术在全国的领先优势，通过引入战略投资者，发展精细化工产品，延伸盐—基础化工—有机化工—高分子化工—后加工产品的产业链。大力发展与盐相关的日化产品，以氯碱为基础的精细化工产品，重点开发具有自主知识产权的有机硅等系列产品的后加工产品，加快发展精细化工、医药化工产品，在不断实施产品结构调整中实现盐化产业的升级换代。

4. 组建具有专业背景的企业化基地开发团队。行政管理与开发管理分开，开发管理机构采取经营化方式，以公开、透明的方式进行企业化运作，协调基地各专项规划的编制和实施，实现对基地的统一开发、管理和运作。

5. 建立健全人才政策保障机制，优化人才政策环境。在充分调研的基础上，做好千亿元盐化工产业人才需求规划，制订出台一系列的盐化工产业人才引进、培育政策，加大专业人才培养力度，优化人才服务环境，解决人才户口、住房、子女入学等问题。建立与重点企业、重大项目的人才信息交流沟通平台，建立动态的“人才信息库”，及时更新发布紧缺人才信息，为千亿元盐化工产业培育提供高效、快捷的人才服务。

6. 继续加大宣传和推介力度。发挥区位优势，紧抓滁州成为皖江城市带承接长三角产业转移示范区建设机遇，围绕滁州市千亿元盐化工产业，提高对口承接产业转移能力，设立盐化产业招商局，谋划编制优势项目，坚持大招商、招大商，创新招商方法，加大与央企合作力度，广泛搜集信息，系统梳理分析，有针对性地组织队伍专业招商，聘请招商顾问以商招商，不断增强发展后劲。

7. 加强调度，强化责任，加快重点项目推进速度。定远县政府领导要对盐化工企业进行重点帮扶，对重点推进的大项目明确牵头责任单位和责任人，建立项目推进责任制，落实专人对重点项目进行全过程跟踪管理，每月、每季召开专题会或现场会，及时协调项目推进中遇到的问题，确保重点项目如期开工建设和投产，提高项目开工率和竣工率，发挥项目的投资效益，增强发展后劲。

8. 加强资源勘探工作。细分资源的勘探、利用，为打造千亿盐化工产业提供资源保障。

9. 加大政策扶持力度。建议设立500万元的千亿元盐化工产业培育工程专项资金，以后每年随着盐化工产业的发展逐步提高。

10. 类别整合。盐化工产业高附加值部分大都在产业下游工程建材等领域，为扩大产业承接面，更好地承接长三角化工建材类产业转移，在产业提法上，建议将“千亿元盐化工产业”改名为“千亿元化工建材产业”。

专栏：滁州市经济委员会《滁州千亿元盐化工产业发展分析报告》节选

目前，我国已形成以纯碱和氯碱为龙头，下游产品开发并存的盐化工产业格局。近几年，作为基础原材料的两碱产需年均增长率在中国都达到了10%以上的增幅，成为世界第一生产和消费大国。加快盐化工产业链延伸步伐，积极开拓精细化工新领域，提供市场需要的高附加值和高技术含量的精细化学品和专用化工产品，是滁州市盐化工业的发展方向。

十三　南京都市圈文化发展

一、基层文化与基础设施建设

南京市2009年末拥有文化馆16个、公共图书馆18个、博物馆38个(全社会口径)。拥有广播电台2座,中、短波广播发射台和转播台2座,电视台2座,1000瓦以上电视发射台和转播台14座,广播人口覆盖率和电视人口覆盖率均达到100%。有线电视数字化工程平稳进展,有线电视用户数193.49万户,有线电视入户率达到94.1%。拥有艺术表演团体14个。组织实施了送科技书籍、送戏、送电影下乡“三送”工程(“三送”统计范围为涉农7个区县),全年送图书下乡3.69万册、送电影4539场、送戏437场。组织对外文化交流35批次,涉及17个国家和地区。全市共开展广场文化活动2149场。举办了2009(第四届)中国南京文化产业交易会。建国60周年暨南京解放60周年庆祝活动隆重开展。先后进行“公益系列交响音乐会”、“对外文化交流成果公益性系列演出”等文化展演。多部文艺作品在江苏省、国家获奖。全国第一部省会城市百科全书《南京百科全书》正式出版。南京云锦织造技艺、金陵刻经和南京剪纸成功入选《世界人类非物质文化遗产代表作名录》。

专栏　南京市文明城市创建工作经验

一是实施《南京市深化全国文明城市创建行动计划(2009~2011)》。以“文明城市创建三年行动计划”为指导,全面深化文明城市创建工作。构建“两级政府、三级管理、四级网络”的“大城管”工作体系,加大文明城市创建专项整治力度,着力为群众办实事、办好事。开展市民公共文明指数、窗口行业满意度、重点公共区域文明程度等系列测评活动,力争年内市民公共文明指数提高10%,窗口行业(单位)和城市管理的群众满意度分别提高2%和3%,文明城市问卷调查群众满意度指标达标率达到85%以上。做好第四季度全国文明城市公共文明指数测评的各项准备工作。

二是加强文明城市创建宣传研究。进一步宣传“让市民更满意、让城市更文明”的创建宗旨,普及“创建为市民、创建靠市民”的理念,形成市民关心、支持和参与文明城市创建的浓厚社会氛围,有效提升市民的城市荣誉感和归属感。继续在市属媒体开设专栏、专题或专刊,广泛宣传文明城市创建的新举措和新气象。利用户外广告、社区宣传栏等多种途径,通过生动感人的文艺作品和寓教于乐的文化活动,不断提高市民对文明城市创建的知晓率和支持率。成立南京市精神文明建设研究会,编辑出版《文明南京蓝皮书(2009)》。

三是突出文明城区和文明社区创建工作。落实《关于深入开展创建文明城区的工作意见》,大力推进文明城区、文明社区等创建活动。针对文明城区创建工作中的难点热点问题,开展专项测评活动。全面推进“婚育新风进万家活动”。科教文体法律卫生“四进社区”活动实现全覆盖。全市80%的社区达到市和谐社区标准。争创10个市级绿色社区。

四是深化文明行业和文明单位创建工作。开展“讲职业道德、树行业新风”、“创文明行业(单位)、建满意窗口”等达标竞赛活动,促进窗口行业优质服务水平不断提高。推进服务品牌创建工作,实施《南京市服务品牌建设评价准则》,评选第三批市级服务品牌。

镇江市积极实施“626”工程,加快文化产业发展步伐,全年完成文化产业投资40.65亿元,比2008年增长65.3%。群众性文化娱乐活动广泛开展,组织了46期“文化嘉年华”项目;成功举办“迷笛音乐节”;“文心公益行动”放映免费电影38场,公益演出16场,广场文化活动20场。基层文化设施建设稳步推进，年末拥有镇（街道）文化站52个，605个行政村建成文化活动室，“农家书屋”覆盖率达100%。创作一批文化艺术精品，话剧《三国龙凤呈祥》、专题片《瘗鹤铭》、纪录片《诗话镇江》、音乐剧《水漫金山》等作品获得广泛好评。文化馆藏更加丰富，年末全市拥有图书馆8家，本年新增1家，藏书量190万册；博物馆9家，藏品3.71万件。全年各类报纸出版4432万份，比2008年增长11.3%；各类期刊出版15.1万册，增长15.2%；各类图书出版3863万册，增长22.1%。

扬州市2009年加快推进文化博览城建设，完成东关街二期工程，复建宋大城东门，长乐客栈对外营业。修缮阮元家庙祠堂、冬荣园、小盘谷等一批文保建筑。宋夹城遗址被授予“国家考古遗址保护公园”称号。雕版印刷、剪纸技艺入选“人类非物质文化遗产代表作名录”。扬州成为“中国传统工艺美术特色基地”。文化馆、群艺馆8座，公共图书馆7座，各类艺术机构17个，新建社区文化活动室65个、农家书屋366个。扬剧《县长与老板》获第十一届中国戏剧节“优秀剧目奖”。成功举办第三届世界运河名城博览会，“世界运河历史文化城市合作组织”在扬成立。顺利承办第五届中日韩文化交流论坛。

淮安市2009年成功承办了“梅香淮安—江苏省优秀新剧目评比展演”和“第四届江苏省戏剧奖——红梅奖”决赛。小戏《回娘家》、淮海戏《老县长的第二春》、淮剧《韩信》分别荣获全国、全省优秀剧目一等奖，30集电视剧《大将军韩信》拍摄完成；中国南北地理分界线标志园、中国淮扬菜博物馆等建成开放；基本完成主城区有线数字电视整体转换；市博物馆、苏皖边区政府旧址纪念馆成功申报国家AAAA、AAA级景区。实现了乡镇文化站全达标、农家书屋全覆盖、有线电视“村村通”；完成大运河（淮安段）遗产保护规划。年末全市共有剧场（影剧院）8个、公共图书馆8个、博物馆10个、广播电台7座、电视台7座、转播发射台6座；广播综合人口覆盖率和电视综合人口覆盖率均达100%；有线电视总户数达到79万户，比2008年增长28.8%。

马鞍山市2009年全力实施“文化设施建设、文化保护、文化精品、文化展示、文化人才培养和文化产业”六大工程。成功举办“2009马鞍山中国李白诗歌节”。新建市博物馆和图书馆正式开馆运营。年末拥有公共图书馆5个，藏书56万册。专业艺术表演团体3个，文化馆5个。年末广播人口覆盖率、电视人口覆盖率均为100%。年末综合档案馆5个，档案资料31.89万卷、4.15万件，总建筑面积10890平方米。

滁州市2009年末共有艺术表演团体9个，公共图书馆7个，公共图书馆藏书量55.6万册，影剧院6个，广播、电视台8个，有线电视台7个。全市广播覆盖率95.85%，电视覆盖率97.57%，有线电视入户率5.65%。广播全年播放时间3.53万小时，其中自办栏目播放时间1.83万小时；电视全年播放时间4.30万小时，其中自办栏目播放时间1.21万小时。有线电视用户25.29万户，比2008年增加1.9%。滁州日报全年发行3.2万份。成功承办第二届中国农民歌会，隆重举办新中国成立六十周年系列大型庆祝活动。

芜湖市2009年末拥有：艺术表演团体4个；文化馆（群众艺术馆）8个；公共图书馆4个，馆藏图书61.02万册，其中市区藏书40.07万册；档案馆11个，向社会开放档案数4.77万卷。市级广播电台4座，市级电视台4座，县级广播电视台3座，广播综合人口覆盖率和电视综合人口覆盖率分别达到100%和99.4%。有线电视用户24.99万户，其中数字电视用户2.81万户。有全国重点文物保护单位4处、省级重点文物保护单位13处。列入国家级非物质文化遗产名录1项，省级名录6项。华强文化科技产业园开工建设。全年举办大型文化活动12场次；大型群众性文化活动18场次；文艺团体演出213场次，其中送文化下乡110场次；创作剧目获省级及以上表彰奖励7个。成功举办了第二届中国国际动漫创意产业交易会、芜湖市第五届文化艺术节。芜湖市获全国文化体制改革先进地区称号。《芜湖日报》、《大江晚报》全年总印数3491.4万份，其中《芜湖日报》总印数753.90万份。

巢湖市2009年末共有专业艺术表演团体3个、文化馆6个、公共图书馆5个、博物馆2个、乡镇文化站75个。有全国重点文物保护单位3处、省级重点文物保护单位22处。有国家级非物质文化遗产名录2项、省级名录11项。有市级广播电台1座、电视台1座、县级广播电视台4座、中短波转播发射台1座，广播人口覆盖率为99.37%。有线电视用户24.8万户，电视人口覆盖率为97.1%。全年出版报纸3种，总印数1100万份；期刊（杂志）1种，总印数0.6万册。共有各级国家档案馆6个，馆藏档案资料91.06万卷（件、册），库馆总建筑面积1.35万平方米。

二、公共图书馆

2009年末，南京市有公共图书馆18个。其中，南京图书馆是江苏省公共图书馆，国家一级馆，江苏省文献信息资源中心，现收藏各种文献700万余册（件）。金陵图书馆是南京市市级公共图书馆，属副省级城市图书馆。老馆址位于市中心长江路，馆舍面积6700平方米，阅览室座席400个，藏书总量138万册。新馆位于河西新城区的核心区域，毗邻南京奥体中心，占地面积38641平方米，总建筑面积25000平方米，阅览座席1400个，藏书总量200万册件。南京市下属11个区，即秦淮、白下、玄武、鼓楼、建邺、下关、雨花台、栖霞、浦口、江宁和六合，另辖溧水和高淳2县。每区县都有由政府主办的公共图书馆，其中六合区有第一图书馆和第二图书馆2个馆，溧水县有县图书馆和县儿童图书馆2个馆，一共有15家区县公共图书馆。

2009年末，镇江市有图书馆8家（本年新增1家），藏书量190万册。其中，镇江市图书馆现有馆舍16000平方米，藏书85万册，其中古籍近20万册；工作人员43人，其中正研究馆员2名、副研究馆员6名，大专以上文化程度的占总人数的81%，本科生达56%；建有《文心雕龙》特色数据库。

2009年末，扬州市有公共图书馆7座。其中，扬州市图书馆建筑面积10300平方米。现有藏书70多万册，古籍11.38万册，列入“全国善本书目”的有250部5531册，以较为丰富的文史资料和扬州地方文献藏书为特色。设有图书部、期刊部、古籍部、少儿部、培训中心等服务部门，地方文献、文汇阁藏书、石景宜赠书专室陈列。设置阅览座位450个，共有工作人员34人，其中副研究馆员5人，馆员20人，大专以上学历人员占全馆总人数的85%。

2009年末，淮安市有公共图书馆8个。其中，淮安市图书馆现有在编人员38人，馆舍面积4010平方米，藏书22万册。古籍图书15000册，内有《四库全书》、《四部丛刊》、《四库备要》各一部，地方志39种39部。

2009年末，马鞍山市拥有公共图书馆5个，藏书56万册。马鞍山图书馆新馆总建筑面积约20000平方米。馆内设社会科学图书借阅室、自然科学图书借阅室、文学图书借阅室、电子阅览室、中学生阅览室、儿童阅览室、吴泰昌捐书阁、地方文献阅览室、精品书屋、古籍阅览室、视障人阅览室、多媒体视听室、报纸阅览室、期刊阅览室、过刊库等近20个阅览室。

2009年末，滁州市有公共图书馆7个，公共图书馆藏书量55.6万册。其中，滁州市图书馆建筑面积为928平方米，拥有钢、木质书架1400余米，藏书量92630册。

2009年末，芜湖市拥有公共图书馆4个，馆藏图书61.02万册。芜湖市图书馆现有14800平方米馆舍，藏书近40万册（其中古籍藏书近5万册、善本3千册），形成了以新馆为中心，以“烟雨墩”安徽文化名人藏馆、改造中的少儿图书馆以及南瑞社区文化中心基层服务点、大花园社区基层服务点、海军干休所基层服务点、六郎镇文化中心基层服务点、汀苑小区基层服务点、空军驻芜某部空三师分馆为补充的公共文化服务网络。现有职工29人，其中正式编制19人、非占编人员10人，其中，本科学历10人、大专以上学历5人，副研究馆员3人、馆员8人、助理馆员8人。

2009年末，巢湖市拥有公共图书馆5个。其中，巢湖市图书馆有职工24人，大专以上学历占75%，中高级职称、技师、高级工占96%以上。馆舍面积5400平方米，有藏书14.5万册、期刊370多种、报纸70余份。

表 4－84　　**2009 年南京都市圈公共图书馆数**　　单位:个

	公共图书馆
南京	18
镇江	8
扬州	7
淮安	8
马鞍山	5
滁州	7
芜湖	4
巢湖	5

数据来源:2009 年各市国民经济与社会发展统计公报。

三、博物馆、纪念馆

南京市 2009 年末拥有博物馆 38 个,下关、江宁、浦口、溧水、高淳五区县博物馆总面积达 1.03 万平方米。比较著名的场馆有侵华日军南京大屠杀遇难同胞纪念馆、静海寺《南京条约》史料陈列馆、中共代表团梅园新村纪念馆、雨花台烈士陵园、南京市规划建设展览馆、南京云锦博物馆、南京市档案馆、南京国防园、南京市江宁区档案馆等。其中,南京博物院是我国第一座由国家兴建的国立大型综合博物馆,占地 7 万余平方米,两座陈列馆(历史陈列馆和艺术陈列馆)建筑面积 3.5 万平方米,均为仿辽宫殿式建筑;在职员工 203 名,大专以上学历的 186 人(研究生 24 人、本科 101 人),中级以上专业职称 95 人(正高 18 人、副高 27 人);各类藏品 40 余万件,包括石器、陶器、玉器、青铜器、瓷器、书画、织绣、竹木牙雕、民俗和当代艺术品等,国家一级以上文物 1062 件。

镇江市 2009 年末拥有博物馆 9 家,藏品 3.71 万件。其中,镇江博物馆是地方历史综合艺术博物馆,占地 11700 平方米,现展出《镇江出土吴文化青铜器精品展展》、《馆藏历代陶瓷器精品展》、《馆藏古代金银器精品展》、《馆藏古代工艺精品展》、《"京江画派"书画精品展》五个基本展览;职工 27 名,其中大专以上学历 21 人,占全馆人数的 78%,有高级职称 7 人、中级职称 4 人、初级职称 12 人,拥有职称人数占全馆的 85%。

扬州市区共有 14 个博物馆,其中,综合性博物馆 1 个(扬州双博馆),名人专题博物馆 3 个(朱自清故居、史可法纪念馆、扬州八怪纪念馆),宗教类博物馆 1 个(天宁寺),中医专题 1 个(中医药博物馆),陵寝文化 1 个(汉陵苑),遗址类博物馆 1 个(唐城遗址),民俗文化专题类 6 个(剪纸博物馆、盆景园博物馆、工艺美术馆、淮扬菜博物馆、民俗展览馆、水文化展览馆)。扬州中国雕版印刷博物馆、扬州博物馆(简称"扬州双博馆")占地总面积 50000 平方米,建筑面积 25000 平方米,展区面积 10000 平方米,文物库房面积 5000 平方米,办公区 3000 平方米,公共服务区 7000 平方米,现设《广陵潮——扬州城市故事》、《扬州八怪书画》、《馆藏明清书画》、《国宝厅》、《扬州古代雕刻》、《中国雕版印刷展厅》、《扬州雕版印刷展厅》等八个展厅。

淮安市原有周恩来纪念馆、黄花塘新四军军部旧址纪念馆、苏皖边区政府旧址纪念馆、新安旅行团历史陈列馆、淮安市博物馆、楚州区博物馆、盱眙县博物馆、洪泽湖博物馆、淮安城市规划展览馆、涟水酒文化陈列馆等 10 处博物馆(纪念馆)。近期以中国京杭大运河文化节为切入点,淮安重点建设了历史名人馆、戏曲博物馆、运河楹联馆、大运河名人馆、陈潘二公祠和吴公祠,除了上述"四馆二祠”外，淮安在建的博物馆还有淮安水利博物馆、淮安榷关博物馆、盐文化陈列馆等博物馆。预计3年内，淮安将建成各级国有博物馆20座，私人博物馆20座，到“十一五”期末，使博物馆数量达到50座。其中，淮安市博物馆占地13亩，总建筑面积12000平方米。

2009年，马鞍山新建市博物馆开馆，承担着全市主要文物藏品的保护和管理工作，目前共有各类文物1771件，其中陶瓷器843件，青铜器131件，漆木器104件，石器132件，另有铜钱80000余枚。

滁州博物馆规划建设位于政务中心西南角的博物馆，总建筑面积1.9万平方米，地上三层、地下一层。滁州市天长博物馆是皖东地区唯一一家综合性博物馆，占地12亩，建筑面积4500平方米，主体建筑为明三暗四仿古式建筑。博物馆现有工作人员51名。天长博物馆的藏品丰富，现有各类文物藏品5000余件。陈列展览分基本陈列和临时展览两个部分。漆木器是天长博物馆的主要藏品。

历史上芜湖一直没有政府投资兴建的博物馆，成了安徽唯一空白的地级市。芜湖博物馆的规划馆址最终定在芜湖古城内，将与古城的改造同步进行。芜湖市徽商博物馆是国内首个以弘扬徽商精神、展示徽商文化的民间主题藏馆。将于2010对外开放，占地面积11000平方米，建筑面积6000平方米。除了文化会所、临展馆外，徽商博物馆主要设有“徽州古民居”、“主体展馆”、“随园”三个展区，藏品以“徽州三雕””（石雕、砖雕、木雕）为主，并珍藏了历代名人字画等，计有上万件。

至2009年末，巢湖市有博物馆2个。巢湖市博物馆在放王岗汉墓博物馆的基础上成立，规划建筑面积1万平方米，目前开放的基本陈列有“巢湖汉墓出土文物精品展”、“放王岗汉墓原址展”和“凌家滩遗址出土玉器展”三部分，馆藏文物上万件。

表4-85　　2009年南京都市圈博物馆数　　单位：个

	博物馆
南京	38
镇江	9
扬州	14
淮安	10
马鞍山	—
滁州	—
芜湖	0
巢湖	2

数据来源：2009年各市国民经济与社会发展统计公报。

四、文物保护维修

至2009年底，南京市有全国文物重点保护单位27家，即中山陵（廖仲恺、何香凝墓，邓演达墓、谭延凯墓、国民革命军阵亡将士公墓）、明孝陵、太平天国天王府遗址、堂字街太平天国壁画、雨花台烈士陵园、南京城墙、栖霞寺舍利塔、南京南朝陵墓石刻、南唐二陵、国立紫金山天文台旧址、中国共产党代表团办事处旧址（梅园新村）、淳泥国王墓、千佛崖石窟及明征君碑、原国民政府旧址、南京人化石地点、钟山建筑遗址、明故宫遗址、龙江船厂遗址、象山王氏家族墓地、瞻园、甘熙宅第、中央体育场旧址、国民大会堂旧址、中央大学旧址、金陵大学旧址、金陵女子大学旧址、侵华日军南京大屠杀死难同胞丛葬地。

镇江市有全国文物保护单位四处，焦山碑林，丹阳、句容南朝陵墓石刻，镇江英国领事馆旧址，昭关石塔。2009年镇江市政府启动了“双井路片区旧城改造”项目，占地20公顷，位于古运河入江口的东岸地带，是古代江、河交汇处，为镇江历史文化遗产埋藏丰富的地区，先后发现了宋、元仓储遗迹、元代石拱桥。

扬州市在名城和文物保护方面实施了一系列重点工程，加强文化名城解读工程、新建“双博馆”、恢复整治“双东”（东关街、东圈门）历史街区，修缮汪氏小苑、准提寺、吴道台宅第、卢氏盐商住宅、个园住宅区，建设宋大城西门遗址博物馆、宋大城东门遗址公园，整治古运河两岸等。

淮安市2009年划定第四批文物保护单位，共43处、市级文物保护单位139处。完成了中共地方华中分局旧址、周恩来童年读书旧址、清江文庙、左家楼、李更生故居等5处文保单位的维修和保护工程。周信芳故居当选名人故居维修工程。对第四批至第六批省级以上文保单位划定保护范畴和建立掌握带，集合划定省级以上文保护单位13处，其中全国重点文物保护单位4处、省级文物保护单位9处。完成大运河（淮安段）遗产保护规划。

马鞍山市至2009年不可移动的文物遗址100多处，各级文物保护单位37处，其中市级27处、省级8处、国家级2处。市区野外调查覆盖率达100%，当涂县野外调查覆盖率达45%。完成朱然家族墓地博物馆安防系统、消防系统、家族墓地本体保护等文物保护工程建设。

滁州市登记不可移动文物点1467处。其中国家级重点文物保护单位2处（半塔保卫战旧址、明中都皇古城及皇陵石刻）、省级重点文物保护单位27处、市县级重点文物保护单位74处。国保方面加大了半塔保卫战旧址的保护修复力度，涉及建筑施工、室内布展、绿化、改扩建等方面；启动明中都皇故城午门修缮工程，已完成施工现场的封闭围墙砌筑、渣土外运、基础清理和北墙3米高墙体砌筑等工程。省保方面尊胜禅院的修复建设得到了全面开展，大殿、天王殿、曹寅碑亭等工程基本完工；国光楼修缮成功；天长抗大八分校旧址群的维修改造项目工程总投入达800万元，历时两年对16处旧址进了全面的修复和保护，现已成为省、地、市三级爱国主义教育基地；丰乐亭坚持一年一度的保护性维修，2009年交由琅琊山风景区管委会管理；东城遗址竖立说明介绍碑；太平桥投入30万元；维修了兴慈宝塔，加固了小宝塔的基础；省级保护单位火神庙、古戏台、嘉祐院古建筑群得到全面的修缮，嘉祐院屋顶全部翻新，地面铺砌青砖地面。

2009年末，芜湖市有全国重点文物保护单位4处、省级重点文物保护单位13处。列入国家级非物质文化遗产名录1项、省级名录6项。完成芜湖建筑群申请全国重点文化保护单位、古城改造的文物古迹和历史文化街区的保护以及增设文物保护单位标志说明牌。芜湖建筑群以捆绑的形式申报全国重点文物保护单位，包括天主教堂、圣母院、圣雅阁中学旧址、老芜湖海关、原英驻芜领事所等近30处具有代表性的古建筑。芜湖古城改造中，衙署前门、大成殿等9处已被列为必保项目，7处文物古迹被列为建议保护项目。古城内的花街——南正街、东内街——米市街、儒林街——新市街以及肖家巷等四条历史文化街区进行原貌恢复。对殷家山商周遗址、小天朝等12处文物保护单位安设有内容介绍和文物保护级别的标志说明牌。繁昌县夫子庙、芜湖县九十殿后殿等三县文物保护单位维修项目进入收尾阶段。

巢湖市2009年末有全国重点文物保护单位3处、省级重点文物保护单位22处。有国家级非物质文化遗产名录2项、省级名录11项。

五、群众艺术馆和文化馆（站）

南京市2009年末拥有文化馆和群艺馆16个，分别是江苏省文化馆、南京市群众艺术馆、玄武区文化馆、白下区文化馆、秦淮区文化馆、建邺区文化馆、鼓楼区文化馆、下关区文化馆、浦口区文化馆、栖霞区文化馆、雨花台区文化馆、江宁区文化馆、六合区第一文化馆、六合区第二文化馆、溧水县文化馆、高淳县文化馆。

2009年镇江市基层文化设施建设稳步推进,年末拥有镇(街道)文化站52个,605个行政村建成文化活动室,“农家书屋”覆盖率达100%。

扬州市2009年末拥有文化馆、群艺馆8座,各类艺术机构17个,新建社区文化活动室65个、农家书屋366个。

淮安市2009年实现了乡镇文化站全达标。

专栏　淮安市文化建设突出地方特色

淮安市把凸显文化特色放在挖掘资源和继承创新中。举办“美丽清纯洪泽湖全国摄影大赛”,出版《美丽清纯洪泽湖摄影作品集》,到北京举办“洪泽湖风情摄影艺术展”,受到全国政协副主席、中国文联主席孙家正、全国人大原副委员长许嘉璐等国家领导人的赞扬肯定;组织参加山西平遥2008年度国际摄影展,展示淮安摄影成就和大湖之城风情;举办“唱响洪泽湖”原创歌曲大赛,传播大湖的人文内涵;通过这一系列活动,打造美丽清纯洪泽湖城市名片。举办纪念周恩来诞辰110周年系列活动,纪念周恩来逝世30周年书画笔会,为周恩来纪念馆碑林征集书法作品等,以打造恩来故里城市名片。举办“漂母杯”全国散文征文大赛等母爱主题活动,以打造母爱之都。开展淮安特色文化资源普查,摸清淮安特色文化和民间工艺家底,编辑出版《淮安特色文化》丛书。开展各种特色项目的创建活动,做大做优区域文艺品牌,淮安市被中华诗词学会授名为“全国诗词之市”,淮安市楚州区被授名为“中国书法之乡”,楚州区博里镇被授名为“中国现代民间绘画画乡”,涟水县被授名为“中国淮海锣鼓之乡”、“淮海琴书之乡”,金湖县被授名为“中国荷文化之乡、中国荷文化传承基地”。

巢湖市2009年新增乡镇综合文化站建设为市政府民生工程,根据国家“十一五”期间乡镇综合文化站建设规划,全市共有59个乡镇综合文化站列入国家项目库,到“十一五”期末基本实现各乡镇有综合文化站的建设目标。2007年全市选定1个乡镇试点,2008年建设5个,2009年建设了18个,2010年建设余下的35个文化站。

马鞍山市2009年末拥有文化馆5个。年末有综合档案馆5个,档案资料31.89万卷、4.15万件,总建筑面积10890平方米。

芜湖市2009年末拥有文化馆(群众艺术馆)8个,档案馆11个,向社会开放档案数4.77万卷。

巢湖市2009年末拥有文化馆6个,乡镇文化站75个。共有各级国家档案馆6个,馆藏档案资料91.06万卷(件、册),库馆总建筑面积1.35万平方米。

表4-86　2009年南京都市圈群艺馆和文化馆数　单位:个

	群艺馆和文化馆
南京	16
镇江	6
扬州	8
淮安	—
马鞍山	5
滁州	—
芜湖	8
巢湖	6

数据来源:2009年各市国民经济与社会发展统计公报。

六、广播电视

2009 年末，南京市拥有广播电台 2 座，中、短波广播发射台和转播台 2 座，电视台 2 座，一千瓦以上电视发射台和转播台 14 座，广播人口覆盖率和电视人口覆盖率均达到 100%。有线电视数字化工程平稳进展，有线电视用户数 193.49 万户，有线电视入户率达到 94.1%。

2009 年，镇江市新广电中心竣工并交付使用，建筑面积 5.92 万平方米。年末全市拥有广播电台、电视台各 1 座，广播、电视覆盖率均达 100%，有线电视覆盖率达 70.1%，新开通有线电视自然村 100 个，完成市区数字电视整转工作。电视节目质量有新的提升，新闻综合频道、影视剧频道、生活娱乐频道进一步贴近时政、贴近生活、贴近百姓。

扬州市截至 2009 年 12 月底农村 20 户以上自然组通达有线电视的达 99.6%，基本实现了"组组通"的目标。全市各乡(镇)广电站建设取得突破性进展，又有一批广电站步入先进广电站行列。

淮安市 2009 年基本完成主城区有线数字电视整体转换，实现了有线电视"村村通"。共有广播电台 7 座、电视台 7 座、转播发射台 6 座；广播综合人口覆盖率和电视综合人口覆盖率均达 100%；有线电视总户数达到 79 万户，比 2008 年增长 28.8%。

马鞍山市 2009 年末广播人口覆盖率、电视人口覆盖率均为 100%。

滁州市 2009 年末拥有广播、电视台 8 个，有线电视台 7 个。全市广播覆盖率 95.85%，电视覆盖率 97.57%，有线电视入户率 5.65%。广播全年播放时间 3.53 万小时，其中自办栏目播放时间 1.83 万小时；电视全年播放时间 4.30 万小时，其中自办栏目播放时间 1.21 万小时。有线电视用户 25.29 万户，比 2008 年增加 1.9%。

芜湖市 2009 年末拥有市级广播电台 4 座，市级电视台 4 座，县级广播电视台 3 座，广播综合人口覆盖率和电视综合人口覆盖率分别达到 100% 和 99.4%。有线电视用户 24.99 万户，其中数字电视用户 2.81 万户。

巢湖市 2009 年末拥有市级广播电台 1 座，电视台 1 座，县级广播电视台 4 座，中短波转播发射台 1 座，广播人口覆盖率为 99.37%。有线电视用户 24.8 万户，电视人口覆盖率为 97.1%。

七、文化产业

2009 年为南京市新一轮文化产业发展的"整合推进年"，文化体制改革取得了阶段性成果，这标志着全市文化事业和文化产业发展开始步入管理更统一、发展更协同的新阶段。实现了"三局合一"、"两队合一"，撤销了原市文化局(市文物局)、市广播电视局、市新闻出版局(市版权局)，组建了南京市文化广电新闻出版局，加挂文物局、版权局牌子，统一履行文化、广播影视、新闻出版、文物、版权行政管理职能。撤销了南京市文化市场稽查支队、南京市出版物市场综合执法支队，组建了南京市文化综合执法总队，负责集中行使市文广新局行使的行政处罚职责及相关的行政强制、监督检查职责。整合南京广电集团有限公司、南京日报报业集团有限公司、南京出版社有限公司、南京市电影剧场公司、南京文化艺术中心等全市现有 14 个国有文化企业，组建成立了南京市国有文化投资控股(集团)有限公司，重点从事政府授权范围内国有文化单位资产经营和资本运作，承担大型文化产业项目投资、建设、管理、融资等任务。南京市属剧团和南京出版社 7 家试点单位正式转制，成立了南京市京剧团有限公司、南京市越剧团有限公司、南京市话剧团有限公司、南京市杂技团有限公司、南京市民族乐团有限公司、南京市歌舞剧院有限公司和南京出版社有限公司，标志着市辖剧团和市属出版社全部完成转企改制任务。南京日报报业集团将金陵文化传播公司(金陵晚报广告发行业务)、东方都市传媒公司(东方卫报)、数字报讯传媒公司(手机报)、印务公司和汇文物流公司等经营性资产和业务进行整合，组建了南京时代传媒股份公司。完成了金陵文化传播公司、大众证券报有限公司、现代家庭报有限公司的登记注册。《南京日报》发行已跨省市发展到句容、滁州、马鞍山、芜湖等城市。

2009 年，镇江市已规划建设六大文化产业园区，即西津渡文化创意园区、南山文化休闲园区、健康路健身休闲文化园区、丹阳文化产业科技园、句容“茅山乡村旅游大观园”文化园区、丹徒长山文化园区。正式发布 19 个文化产业招商项目，投资总额达到 110 亿元。江苏可一文化产业园、老镇江民俗文化风情区等 8 个项目签订投资协议，投资额 13 亿元；金山文化主题园区等 5 个项目签订了意向性协议，投资额为 26.3 亿元。另有江苏茅山乡村旅游大观园、茅山道教文化旅游圈等 6 个项目面向海内外招商。江苏可一文化产业园由江苏省可一出版物发行集团投资 5 亿元人民币，在镇江句容宝华山建设，集出版印刷、教育培训、对外文化交流、学术研讨等于一体，举办出版发行、教育、旅游、娱乐、美术等项目。成功举办迷笛音乐节，迷笛音乐节是中国第一个摇滚音乐节，在北京已经连续举办 9 届，今年是第一次走出北京在镇江举办。

专栏　镇江市迷笛音乐节

迷笛音乐节是中国第一个摇滚音乐节，在北京已经连续举办 9 届，2009 年第一次走出北京在镇江举办。“五一”期间，3 天的时间里，在两万平方米的草地上，30 支国内外顶级乐队和数万名音乐爱好者共同上演了一场音乐盛会。镇江也成为了众多媒体共同瞩目的焦点。在“百度搜索”中，迷笛音乐节在镇江举办的相关消息达到 20 万条。

迷笛音乐节作为中国音乐节的第一品牌，代表着时尚的文化内涵和特质，举办迷笛音乐节是镇江提升城市形象的一个闪光点，折射出镇江既有文化积淀又有年轻活力的形象；政府部门积极参与表达出官方对文化的包容性，市民对新事物接纳是认同镇江的城市形象。

2009 年扬州市文化博览城建设加快推进。目前全市共有综合性娱乐场所 12 家，歌舞厅 396 家，电子游戏机 396 家，保龄球馆 9 家，棋牌室内 191 家，音像零售 257 家，音像出租 374 家，录像放映 52 家。其中市区（广陵区、维扬区、开发区）综合性娱乐场所 7 家，音像零售 61 家，音像出租点 92 家，录像放映点 22 家，歌舞娱乐场所 86 家，游戏机室 24 家，保龄球馆 1 家，棋牌室 115 家网吧 489 家。全市文化市场从业人员大约有 15000 人左右，年营业额 8000 多万元。完成东关街二期工程，复建宋大城东门，长乐客栈对外营业。修缮阮元家庙祠堂、冬荣园、小盘谷等一批文保建筑。宋夹城遗址被授予“国家考古遗址保护公园”称号。雕版印刷、剪纸技艺入选“人类非物质文化遗产代表作名录”。扬州成为“中国传统工艺美术特色基地”。扬剧《县长与老板》获第十一届中国戏剧节“优秀剧目奖”。成功举办第三届世界运河名城博览会，“世界运河历史文化城市合作组织”在扬成立。顺利承办第五届中日韩文化交流论坛。

2009 年，淮安市成功承办了“梅香淮安—江苏省优秀新剧目评比展演”和“第四届江苏省戏剧奖·红梅奖”决赛。小戏《回娘家》、淮海戏《老县长的第二春》、淮剧《韩信》分别荣获全国、全省优秀剧目一等奖。30 集电视剧《大将军韩信》拍摄完成。中国南北地理分界线标志园、中国淮扬菜博物馆等建成开放。市博物馆、苏皖边区政府旧址纪念馆成功申报国家 4A、3A 级景区。年末全市共有剧场（影剧院）8 个。

2009 年，马鞍山市全力实施“文化设施建设、文化保护、文化精品、文化展示、文化人才培养和文化产业”六大工程。成功举办“2009 马鞍山中国李白诗歌节”。

2009 年末，滁州市拥有影剧院 6 个、艺术表演团体 9 个。滁州日报全年发行 3.2 万份。成功承办第二届中国农民歌会，隆重举办新中国成立六十周年系列大型庆祝活动。

2009 年末，芜湖市市拥有艺术表演团体 4 个。华强文化科技产业园开工建设。全年举办大型文化活动 12 场次；大型群众性文化活动 18 场次；文艺团体演出 213 场次，其中送文化下乡 110 场次；创作剧目获省级及以上表彰奖励 7 个。成功举办了第二届中国国际动漫创意产业交易会、芜湖市第五届文化艺术节。芜湖市获全国文化体制改革先进地区称号。《芜湖日报》、《大江晚报》全年总印数3491.4万份,其中《芜湖日报》总印数753.90万份。

专栏　深化文化体制改革的"芜湖经验"

芜湖一直大力推进文化体制机制改革创新,繁荣发展文化事业和文化产业,不断提升城市软实力,努力建设区域性文化中心城市。

一是大力弘扬创新文化,全面推进文化创新。通过不断开展思想解放大讨论,弘扬"崇尚创新、宽容失败、支持冒险、鼓励冒尖"的创新文化,形成了创新创业的社会文化氛围。

二是改革体制机制,不断解放文化生产力。以培育文化市场主体为中心环节,加快经营性文化单位转企改制,加快推进公益性文化事业单位机制改革。大力发展文化产业,充分发挥市场主体在文化产业发展中的重要作用,把文化创意产业作为未来三大战略性产业进行培育,重点发展数字动漫、创意设计、演艺演出、影视传媒和文化旅游等五大主导产业,大力吸引社会资本投资文化产业领域,着力引进和推动一批科技含量高、牵动性强、市场影响大的项目。

三是强化管理服务,切实保障群众文化权益。认真处理好文化产品"两个属性"、"两大效益"的关系,加强监管,加大投入,强化服务,大力实施文化惠民工程,坚持一手抓公益性文化事业、一手抓经营性文化产业,一手抓繁荣、一手抓管理。

2009年末巢湖市共有专业艺术表演团体3个。全年出版报纸3种,总印数1100万份;期刊(杂志)1种,总印数0.6万册。

表4-87　2009年南京都市圈艺术表演团体数　单位:个

	艺术表演团体
南京	14
镇江	17
扬州	—
淮安	—
马鞍山	3
滁州	9
芜湖	4
巢湖	3

数据来源:2009年各市国民经济与社会发展统计公报。

十四　南京都市圈汽车产业发展

一、南京市汽车产业发展概况

南京市现有的整车企业包括南京菲亚特、南京依维柯、南汽跃进、南京春兰、南京长安，另外两家规模分别达20万辆和40万辆的整车企业——南汽名爵和长安福特马自达正在建设中，明年将投产。按照产业发展规划，到2010年，南京市将实现整车销售收入1000亿元，比2005年增长4倍以上，年均增长40.5%；全市整车达到100万辆（其中轿车70万辆）的年生产能力。

专栏：中国汽车产业在世界上的地位

中国的汽车产业已形成了自主创新和持续、健康发展的基础，同时汽车市场的持续增长为汽车产业发展提供了良好的条件和机遇。进入新世纪以来，中国汽车产业一直保持较快的速度发展，成为拉动国民经济的支柱产业。2008年国产汽车销售900万辆，2009年计划产销1000万辆，汽车产业年产值已占国内生产总值（GDP）2%以上，中国已进入世界主要汽车生产与消费国家之列，并已成为世界汽车产业重要的组成部分。

整车直接拉动的是零部件产业，零部件产业发展主要由国内整车生产配套、市场保有车辆售后服务以及出口国际市场三大板块支撑，整车的快速发展给零部件企业提供的空间会以几何级数增大。南京市现有的整车生产企业2008年共产出17.23万辆，其中轿车3.67万辆，全市整车及零部件生产企业完成销售收入195亿元，整车和零部件销售规模比例为1:0.23。据介绍，在发达国家，整车和汽车零部件产业的规模比例是1:1.7，南京市未来的5年目标是1:0.6，整车1000亿元，零部件600亿元。

南京市现有150多家汽车零部件生产企业，其中重点企业60多家，全国同行业市场占有率前五位的企业共有10多家，其中宏光—奥托立夫的预警式安全带、奥特佳冷机公司的涡旋式汽车空调压缩机、威孚金宁公司的VE泵、驰力转向装置公司的转向装置、华德火花塞公司的火花塞等都在相应市场独占鳌头，另外，锦湖轮胎、金三力橡胶等在国内市场也居于领先位置。

南京市汽车零部件产业产品涵盖从发动机、离合器到空调、仪表、轮毂等整车的各个层面，包括汽车动力系统、车身及底盘系统以及部分汽车电子三大类产品，占到整车构成的85%以上。

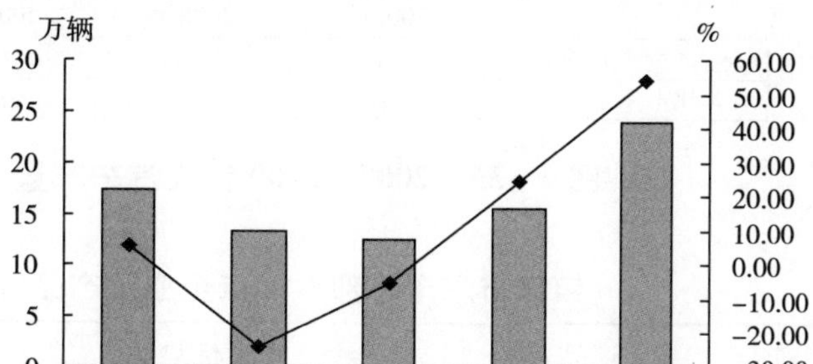

	2005年	2006年	2007年	2008年	2009年
产量(万辆)	17.32	13.2	12.5	15.54	23.93
比上年增长(%)	5.9	-23.8	-5.3	24.3	54

图4－34　2005～2009南京汽车产量

二、镇江市汽车产业发展概况

经过多年的发展，目前，镇江市汽车及零部件产业发展势头较好，且特色鲜明，已经具备发展新能源汽车的产业基础。

1. 产业规模。截止到2009年底，全市拥有规模以上汽车及零部件企业243家，从业人员近4万人，其中工程技术人员近3000人，实现销售186亿元，同比增长20.8%。

2. 产业结构。全市已经形成以汽车零部件产业为主体、整车及专用车（改装车）为辅助的产业结构，主要涉及汽车整车制造、改装车制造、摩托车整车制造、汽车零部件、摩托车零部件、车辆专用照明及电气信号设备、汽车仪表、汽车车身及挂车等。在新能源汽车领域，拥有全套纯电动车核心零部件（电池及其管理系统、动力总成控制系统、电机及控制系统）的生产企业，并依托现有的产业基础逐步向整车生产领域拓展。

3. 产业布局。全市汽车及零部件产业主要分布在丹阳汽车零部件生产集中区、京口工业园区、镇江新区高新技术产业园、丹徒精功汽车工业园等产业集中区内，初步形成从沿沪宁高速和沿江的带状产业集聚。

4. 发展优势。一是区位优势。镇江地处沪宁工业带、长江和运河十字交汇点，具备发展新能源汽车产业所必要的港口、交通、能源、水利、用地及城市依托等优势条件。二是科研优势。江苏大学设有汽车与交通工程学院及34个与汽车相关的专业，拥有江苏省汽车工程重点实验室、江苏省生物柴油动力机械工程应用中心、江苏省动力机械清洁能源重点实验室、江苏省载运工具新技术重点实验室等多个省级科研机构，其“车辆产品实验室”是国家级车辆产品检测机构和中国质量认证中心委托检测实验室。三是人才优势。拥有多所高校和众多专业人才，为镇江汽车工业的发展培养和输送了大量的专业性人才，研发队伍中的很多专家在新能源汽车方向具有研究成果。近几年，镇江市加快引进新能源产业发展所需的各类人才，尤其在新能源汽车产业领域取得了一定的成果。

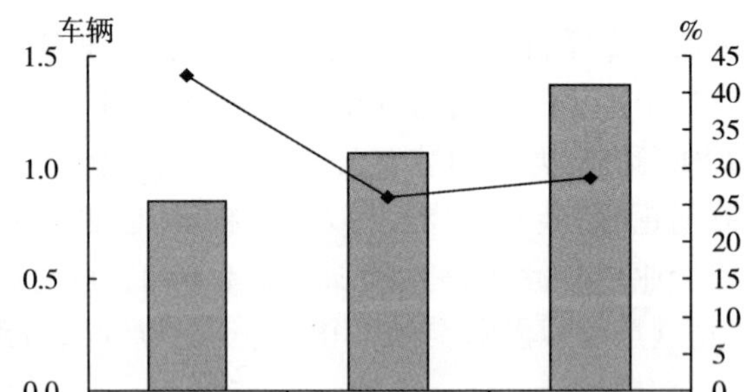

	2007年	2008年	2009年
产量（万辆）	0.847 8	1.069	1.373 3
比上年增长（%）	42.4	26.1	28.5

图4-35　2007～2009镇江汽车产量

表4-88　　镇江市汽车零部件重点企业及产品

重点企业	主要产品	竞争优势	主要客户
华东泰克西汽车铸造有限公司	轿车、轻型车发动机缸体专业铸造	在国内灰铁缸体铸造领域处于龙头地位，产能达到160万件规模，国内第一	上海大众、上海通用、南京依维柯、南京菲亚特、北京现代、安徽江淮

续表

重点企业	主要产品	竞争优势	主要客户
江苏圆通集团	车轮、车毂	国内车轮行业中规模最大、设备最先进、品种最齐全的大型生产企业	本田汽车、SUZUKI、昌河铃木、光阳摩托、金城摩托
美驰轻型车系统有限公司	车门、车锁、车轮	全球车门、车锁、车轮的主要供应商	丰田汽车、大众汽车、通用汽车、标志汽车
大赛璐安全系统有限公司	汽车安全气囊用气体发生器	汽车安全气囊发生器项目产能全国第一,该产品在日本市场占有率达到40%	丰田汽车、本田汽车
精功镇江汽车制造有限公司	载重货车、客车、专用车、多用途车整车制造	拥有除轿车外的汽车生产目录,已有近200个车型列入国家《车辆生产企业及产品公告》	在全国拥有12个大区办事处、13个配件中心库、1家签约经销商、268家特约服务部
江苏卡威专用车制造有限公司	第三代消防车、特种车	智能系统升级技术领先	2012年产量达6000辆,销售收入50亿元人民币

表4－89　　镇江市新能源汽车重点项目

项目名称	负责企业	投资规模	发展预期
动力型镍氢电池项目	江苏奇能电池有限公司	项目总投资4980万美元	年产5万套(6000万AH)HEV用高功率镍氢电池系统能力,产品市场占有率超过10%。2012年实现产值20亿元人民币,力争2015年整体上市
大功率动力锂电池及组件研发生产项目	镇江科捷锂电池有限公司	项目总投资约1亿元人民币	2013年实现年产3000吨无定形态纳米硅线大功率动力锂电池负极材料的规模;实现产值4亿元人民币
锂电池及组件研发生产项目	江苏乐能电池股份有限公司	项目总投资约12.8亿元人民币	一期:(2010年开工)2000吨/年磷酸铁锂电池正极材料、日产5万AH的PACK电池组;二期:(2011年开工)3000吨/年磷酸铁锂电池正极材料、日产30万AH的PACK电池组;三期(2012年开工):5000吨/年磷酸铁锂电池正极材料、日产80万AH的PACK电池组。全部投产后,实现销售额38.8亿元人民币,利润近8亿元人民币
汽车用永磁直流有刷电机、无刷电机、电动助力转向系统、汽车空调项目	江苏超力电器有限公司	项目总投资约10亿元~12亿元人民币	年产汽车电动助力转向系统(EPS)100万套(2010年开工),纯电动车BSG电机30万套(2011年开工),汽车空调10万套(2013年开工),2015年实现销售收入30亿元,利税4.5亿元
动力总成控制系统项目	镇江恒驰科技有限公司	项目总投资3000万元人民币	2012年销售额达2亿元人民币,力争2015年实现整体上市
结构零部件制造项目	江苏圆通汽车零部件有限责任公司	项目总投资9670万元人民币	年产50万只电动汽车用轮毂(镁合金汽车轮毂),2012年实现销售收入3亿元人民币
混合动力摩托车项目	正兴集团	项目总投资达到11.8亿元人民币	2012年年产250万套多轮辐汽车钢制车轮,形成100万辆油电混合动力摩托车产能,2012年实现销售达50亿元人民币

表 4－90　镇江市新能源汽车领域其他相关企业列表

企业名称	涉足领域	企业规模	项目发展动态
江苏天洋集团	电动客车整车制造	集团公司总面积达 34 万平方米,拥有员工 2000 多人,固定资产 1.2 亿元	2009 年初与安徽中菱电动汽车有限公司签订合作协议,中菱公司提供相关技术支持和流动资金,天洋公司提供生产设备和产品资质,共同开发、生产系列电动客车和其他特种车辆。计划 2009 年 10 月底前形成电动客车的小批量生产,目前项目处于停摆状况
江苏太极龙新能源有限公司	电动客车整车制造	项目总投资约 7 亿美元,年产电动大巴 1 万辆、摩托车 100 万辆、小轿车 10 万辆项目	目前项目正在积极的推进中
精功镇江汽车制造有限公司	电动客车整车制造	目前汽车工业园规划 3～4 平方公里,2009 年生产销售重型卡车 1 万辆、小客车 1000 台,产值近 25 亿元人民币	目前与常州的一家企业洽谈电动乘用车生产项目

表 4－91　镇江市汽车及零部件产业布局

主要载体	区位优势	开发规模	发展目标
丹阳汽车零部件生产集中区	丹阳市新桥镇、界牌镇为主体,东接苏锡常、辐射整个丹阳市	规划占地 4 平方公里	发挥“中国汽配城”和“华东灯具城”配套功能,形成汽车零部件产业集群发展
丹阳市访仙镇汽车零部件工业集中区	访仙镇区西北部,紧邻 122 省道,是镇江连接苏锡常地区的重要通道	面积 0.7 平方公里	打造汽车零部件及电动车产业基地
京口工业园区	长江与京杭大运河的“十”字交汇处,沪宁高速公路与沿江公路连接处	总体规划面积 13.3 平方公里,一期规划面积 4 平方公里	以新能源、新材料、新光源及先进制造业为主导发展产业,鼓励高新技术项目的研发、孵化,以建设科技型、环保型、集约型的新型工业园区为目标
镇江新区高新技术产业园特色汽车零部件生产集中区	镇江主城区和大港新区的交通枢纽	规划占地 3 平方公里	依托丁卯现有汽车零部件企业为主体,促进汽车零部件企业向镇江新区(丁卯)开发区聚集,形成特色汽车零部件生产基地
丹徒精功汽车工业园区	沪宁高速扬溧高速交汇点、辐射丹徒区	规划占地 5 平方公里	打造全省最大的重型载重汽车生产基地及专用车、客车生产基地

表 4－92　**镇江市新能源汽车产业化进程图**

	2010 年	2011 年	2012 年	2013 年	2014 年	2015 年	对接企业
动力蓄电池	镍氢电池初步实现产业化	镍氢电池实现量产	镍氢电池核心创新技术研发		镍氢电池核心技术创新突破		奇能
	锂电池核心技术研发、测试	锂电池正负极材料实现量产，锂电池大功率电池组初步实现产业化	锂电池大功率电池组实现量产	锂电池电池组核心创新技术研发		锂电池电池组核心创新技术突破	科捷锂、乐能
						燃料电池的研发	引进新企业
动力总成	动力总成控制系统实现产业化	动力总成控制系统创新技术研发			动力总成控制系统技术创新突破		恒驰
电机	驱动电机系统研发、测试	纯电动车 BSG 电机及控制系统初步实现产业化	纯电动车 BSG 电机及控制系统实现量产	BSG 电机创新技术研发		BSG 电机创新技术突破	超力
	电动助力转向系统（EPS）初步实现产业化	电动助力转向系统（EPS）实现量产	电动助力转向系统（EPS）创新技术研发		电动助力转向系统（EPS）创新技术突破		超力
	控制器关键技术研发	控制器关键技术初步产业化	控制器关键技术量产	控制器关键创新技术研发		控制器关键创新技术突破	超力、引进其新企业
其他汽车结构零部件	实现量产	新材料、新技术研发	新材料、新技术突破	新材料、新技术量产			圆通、正兴、美驰等
电子元器件及软件	与新能源汽车匹配产品研发	与新能源汽车匹配产品测试	与新能源汽车匹配产品量产	与新能源汽车匹配产品创新研发		与新能源汽车匹配产品创新突破	镇江现有相关企业及引进新企业
整车设计及软件开发	与新能源汽车匹配产品研发	与新能源汽车匹配产品测试	与新能源汽车匹配产品量产	与新能源汽车匹配产品创新研发		与新能源汽车匹配产品创新突破	镇江现有相关企业及引进新企业

续表

	2010年	2011年	2012年	2013年	2014年	2015年	对接企业
整车集成与制造	整车企业招商	初步研发、设计	整车集成中试、打样	整车集成批量生产	整车集成量产，实现产业化	技术革新、研发	太极龙、精功、天洋等现有企业；清源、东风、丰田、一汽、五洲龙、南汽、上汽等
汽车电子产品	与新能源汽车匹配产品研发	与新能源汽车匹配产品测试	与新能源汽车匹配产品量产	与新能源汽车匹配产品创新研发		与新能源汽车匹配产品创新突破	镇江现有相关企业及引进新企业
运行基础设施	开始构建		初步构建完成	完善运行基础设施	专业、全面配套设施基础完成		市政府、国家电网、南方电网、中石化、中石油、中海油
产业配套及运营服务			配套及运营服务体系多元化转型	配套及运营服务体系构建完成	完善服务体系		镇江现有相关企业及引进新企业

表4－93　　镇江市新能源汽车产业平台建设工程

重点平台	名称	功能
创新平台	镇江新能源汽车研究发展中心	开展共性平台技术研发
	镇江新能源汽车应用研究中心	与电力、能源行业龙头企业合作，开展关键技术攻关与应用开发
	行业研究机构	鼓励科研机构、研发中心之间的合作，推动技术的发展
人才平台	大学科技园	开展新能源汽车相关学科建设，扩大新能源汽车产业及相关领域学位点布局和研究生培养规模，加强人才培养。
技术平台	公共技术服务平台	围绕企业技术创新共性需求，提供集研发、中试、小批量生产和测试的一体化服务
	公共测试服务平台	
	综合信息服务平台	
标准平台	标准认证分中心	对接国际标准制定，参与国内标准制定，开展相关体系认证和产品认证工作
服务平台	中介服务平台	科技投融资、产学研合作、成果转化、信息共享、政策咨询、市场推介、知识产权、人才培训、综合配套等中介服务
投融资平台	载体建设投融资平台	针对载体建设
	产业发展投融资机构	针对产业发展
产业联盟	镇江新能源汽车产业联盟	加强交流合作，促进新能源汽车技术发展与产业化
展示平台	镇江新能源汽车应用展示中心	新能源汽车技术与产品展示，应用体验中心

三、扬州市汽车产业发展概况

扬州的汽车及零部件产业经过几十年的发展，已形成了一定的规模，有着良好的产业基础和相对比较优势、是全市工业经济的支柱产业之一，也是扬州市“十一五”期间重点发展的重要产业之一。

汽车及零部件产业是扬州市工业经济的支柱产业，目前全市共有生产企业100多家，2009年产销规模突破200亿元。今后一段时期，扬州市将按照发展创新型经济的要求，围绕打造车船制造及配套件千亿元产业群，用好省汽车零部件产业基地的牌子，建设特色园区，放大产业优势，加快形成具有影响力和竞争力的特色产业。

目前，辖区内共有各类汽车及零部件工业企业400余家，其中规模以上工业企业210余家，拥有固定资产总额40余亿元，从业人员近4万人。2008年实现销售收入220亿元。

全市现有整车产品生产企业15家，其中：国家公告内汽车生产企业2家（亚星、上汽仪征），民用汽车改装车企业13家（中集通华、江淮轻型车等）。国家公告内产品目录总数达600余个。汽车发动机及汽车零部件工业企业超过400家，其中规模以上工业企业近200家，如扬柴公司、仪征双环活塞、亚普汽车部件等一批在国内占有较大市场份额的汽车零部件生产企业。

扬州便利的区位交通优势可使汽配产业便捷地辐射至扬州周边300公里内的一批国内知名的整车制造企业，如上海大众汽车有限公司、奇瑞汽车有限公司、上海通用汽车有限公司、南京汽车集团有限公司、东风悦达起亚汽车有限公司、扬州亚星客车股份有限公司等十多家整车生产企业。

扬州的汽车及零部件产业门类齐全，集聚度较高，是国家科技部命名的“国家火炬计划汽车及零部件产业基地”。维扬经济开发区内现有汽车零部件企业50多家，引进了五亭缸套、宏福安玻、通宇散热器等一批较高知名度和较强市场竞争力的企业。

随着开发区综合实力的不断提升，马来西亚吉申汽车零部件、鑫镁汽车轮毂、香港嘉捷特种车辆等一批国内外知名公司相继落户。主要产品既有汽车铝轮毂、汽车侧窗总成等汽车零件、组件，也有汽车导航仪等技术含量较高的部件。

汽车零部件产业的大规模集聚，加快地区结构升级和资源整合，加快相关企业新产品、新技术的开发应用，有利于提高产品质量和科技含量水平，对于区内企业参与国内外的分工和竞争具有深远意义。汽车零部件行业的发展为维扬经济开发区形成集团化、规模化、系列化、专业化、现代化大生产格局。

四、淮安市汽车产业发展概况

淮安国际汽车城成立于2009年，该项目由淮安市公安局、淮阴经济开发区管委会招商引资，经淮安市人民政府批准设立，被列为市政府重点项目。项目第一阶段总体规划占地面积650亩，其中商业区用地面积500亩，总投资10.5亿元，是专业化的汽车、摩托车、电动车、农用车、工程车等，及零部件批发、零售等为一体的大型物流批发市场，市场内进驻淮安市车管所、淮阴区车管所，实行上牌检测、二手车买卖、汽车维修装饰、4S专营店、电子商务交易平台、产业园区、物流仓储配送中心等功能齐全的“一站式服务”专业批发市场；生活区用地面积150亩，是商业区生活配套住宅，志在打造一座以汽车为核心的全生活现代化商城。

淮安国际汽车城座落在淮安大流通建设之五大市场群腹地，紧依淮安火车总站和淮安新汽车北站，京沪、连淮、徐淮盐、宁淮等多条高速公路环绕四周，区位优势，得天独厚。接壤“长三角”与“环渤海”两大中国最炙手可热的经济圈，五条高速公路，以及多条国道和火车干线穿越境内，加上飞机、运河、淮河及入江、入海水道等航道纵横交错，形成了一个以高等级公路为主骨架、水陆并举的交通枢纽。

汽车城第二阶段总体规划500亩，其中物流配送中心用地200亩，是淮安最大规模的现代化物流商务港；科技产业园区占地300亩，打造淮安新领袖创业园，总投资9亿元。整个淮安国际汽车城第一和第二阶段建成后，总建筑面积约70万平方米，总投资约20亿元。

然而，淮安汽车售后服务行业的发展却显得落后。目前，在淮安早期的汽车专业市场内，因规划落后、规模限制、缺乏统一经营、配套设施匮乏、道路不畅等诸多问题，影响其自身完善与发展，基本不能满足车主和商家的要求；个别经营户也基本以独立门面、独自经营为主，其特点是服务项目缺少、服务质量良莠不齐和配件品种不全等。

五、芜湖市汽车产业发展概况

芜湖汽车工业1992年开始起步，10多年来，特别是1997年奇瑞汽车公司成立以后，芜湖汽车工业依托自主创新，快速发展成以奇瑞公司为主导，集汽车及零部件研发、生产、贸易、服务为一体的产业体系。汽车产业已经成为芜湖经济拉动最大、增长速度最快、发展前景最好的支柱产业。

专栏：安徽汽车产业发展现状

2008年，安徽省汽车产业实现工业增加值199亿元，比2008年增长9.9%；实现销售收入760亿元，增长17.1%；实现出口交货值125亿元，增长45%。汽车产销量分别为61.68万辆和62.57万辆，比2008年分别下降6.38%和3.16%，低于全国汽车整车增长平均水平；产量占全国汽车生产总量的6.6%，列全国第7位，比重和位次均有所下降。已建成合肥市和芜湖市2个国家级汽车及零部件出口基地，汽车工业出口额由2006年的全国汽车行业第3位跃居全国同行业首位。

首先，形成了较高水平的生产和研发条件。芜湖市现有汽车生产企业6家，除奇瑞汽车有限公司、奇瑞商用车（安徽）有限公司外，还有两家微型汽车厂和两家专用汽车厂，年生产能力达到50万辆，位居安徽省之首。2006年，全市产销各类汽车31万多辆。而以奇瑞公司国家级技术中心、国家节能环保汽车工程技术研究中心、奇瑞汽车工程研究院、博士后工作站等为代表的一批科研机构，已形成了国内领先的汽车研发能力。其次，培育了关键零部件的创新体系。芜湖汽车工业，特别是奇瑞汽车公司的快速发展，拉动了芜湖市汽车零部件行业的崛起，目前全市汽车零部件企业已发展到300多家。2006年，全市120家规模以上零部件企业，共实现产值65.4亿元、销售收入64.3亿元。特别是奇瑞公司先后投资，参股和控股了一批汽车零部件企业，从而提高了奇瑞汽车的整体水平，为发展自主品牌轿车奠定了重要基础。第三，积累了一批优秀技术和管理人才。建立了汽车工程研究院博士后科研工作站，为引进人才提供创新发展的平台。目前，全市超过5万人从事汽车及零部件生产，其中技术、管理人员达6500多人。

无论是自主创新，还是产业规模，芜湖汽车产业在国内已经具有一定影响力。以“汽车工业的第三次革命”为契机，通过产业结构调整、优化和升级，通过关键技术的引进、消化和吸收，芜湖国家节能与新能源汽车高新技术产业化基地致力于成为具有国际竞争力的汽车产业集群。目前，基地已形成以奇瑞公司为龙头企业，以系统化、专业化、集成化的制造企业为骨干，以零部件中小企业为基础的产业集群。在汽车产业链高端的研发、设计环节，中端的零部件生产与组装环节，芜湖汽车及零部件产业集群具有较大优势。

从产业规模来看，2009年全市汽车及零部件产业实现销售收入415亿元，企业总数目前已近400家，其中规模以上企业271家，高新技术企业有87家。汽车零部件产品有20大类3000多个品种。

在开拓市场方面，奇瑞汽车出口到全球70余个国家和地区，出口连续7年保持全国乘用车行业第一名。2008年出口汽车12万余辆（含整套CKD），2009年在国际金融危机的不利形势下，依然实现出口5万余辆，海外CKD工厂达到15个。同时，全市有50多家零部件企业产品实现了出口。

经过十多年的自主研发，基地攻克了整车开发的核心及关键技术，研制了奇瑞4大品牌14个系列整车及与其配套的发动机、变速箱和关键零部件产品。同时，掌握了一批具有自主知识产权节能环保核心技术，目前拥有授权专利3000多项。其中，以埃泰克、伯特利为代表的50余家汽车电子企业，在EPS（电控动力转向）、ISU（车身控制器）、GPS（全球定位系统）、SRS（安全辅助系统）、CAN-BUS（车载控制器局域网络）、TCU（变速箱控制单元）等方面已经拥有自己的技术和产品，并正在研发ESC（车身稳定控制系统）等高技术产品。

一些关键零部件的开发与生产，打破了跨国公司的技术垄断局面，并降低了整车制造和开发成本，缩短了开发周期，为自主品牌汽车的可持续性发展奠定了基础。例如，博耐尔的汽车空调、埃泰克的汽车仪表、瑞鹄的汽车模具、恒隆的汽车转向系统等已成为国内整车企业的主要采购部件。

六、马鞍山市汽车产业发展概况

在汽车制造产业方面，马鞍山现已成为全国规模最大、具有相当实力的专用汽车生产和研发基地。华菱重卡自主品牌强劲增长，已跨入国内万辆重卡企业行列，国际影响力日益突出。2009年全市汽车及零部件产业实现销售收入80多亿元。其中星马集团生产专用汽车7000多辆，汽车及底盘1.8万辆，销售收入超70亿元。

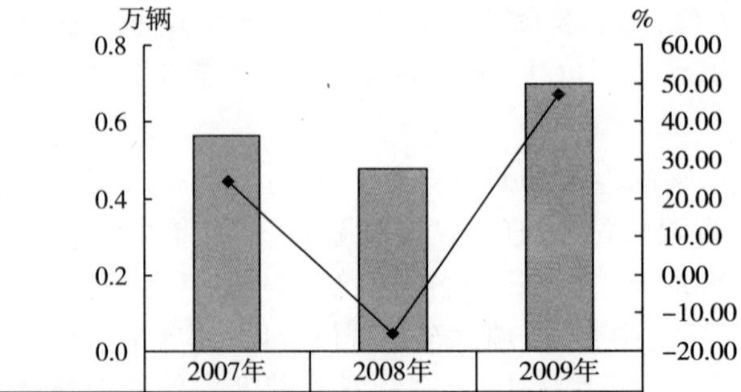

	2007年	2008年	2009年
产量（万辆）	0.564 1	0.476 2	0.699 7
比上年增长（%）	24.6	-15.6	46.9

图4-36　2007~2009马鞍山汽车产量

马鞍山市以马钢集团公司、马钢和菱公司、华菱集团、星马公司、万马公司、三力机床公司、航天机械公司、大马院等为依托，将技术改造与招商引资相结合、与资产重组相结合、与提高产业关联度相结合，围绕专用车、环保型公交车、重卡底盘、重卡发动机等产品，采用先进制造技术、工业自动化技术，增强产品研发能力和配套能力，迅速做大做强重型汽车及零部件产业，形成3.5万辆专用汽车、4万辆中型汽车底盘、5000辆高档环保公交车、5万套重卡车桥、3万台重卡发动机、10万根车桥轴、80万套手自一体变速器的生产规模，带动配套零部件企业发展，并逐步向外辐射。整合马钢公司、马钢和菱公司、嘉华公司、海外海等一批企业优势资源，打造汽车及零件产业集群。到2010年实现销售收入150亿元以上。

马鞍山市工业经济结构进一步优化，新崛起的汽车制造业、非金属制造业、食品制造业和机械制造及模具制造行业四大行业成为支撑全市工业经济快速发展的新的支柱产业。在汽车制造业中，华菱重卡底盘和星马专用车已经成为中国商用车市场的一匹“骏马”，其中华菱重卡底盘今年上半年已进入行业前六强，产销量双双突破6000辆，而星马专用车特别是混凝土搅拌车产销量均稳居行业首位，围绕华菱重卡及星马专用车配套的汽车制造零配件企业已开始聚集市开发区及当涂开发区等，显现出强劲发展势头。

专栏：安徽省汽车车桥建设

以合肥车桥有限公司、安凯福田曙光车桥有限公司、安徽车桥有限公司和马鞍山山地车桥有限公司为主，主要发展轻、重型汽车前后桥及重型汽车承重桥、商务车等其它汽车车桥，重点提高技术水平和可靠性，扩大产量，面向全国配套。到2011年年底，达到年产60万根能力，其中：轻型汽车前后桥40万根，重型汽车前后桥8万根，重型汽车承重桥12万根。技术水平国内领先。

马鞍山汽车零部件产业园位于马鞍山市马鞍山经济技术开发区南区，马鞍山汽车零部件产业园区位优势明显，500公里半径内具有385万辆的整车生产能力；300公里半径内具有300万辆生产能力；其中50公里半径内的南京、芜湖、马鞍山具有年生产重卡、轻卡、商务车、轿车能力85万辆。随着安徽汽车整车产业以及马鞍山周边汽车产业的发展，与之配套的汽车零部件产业蕴藏着广阔的发展前景。马鞍山市星马专用车、华菱重卡汽车已具备3万辆生产能力；芜湖奇瑞2007年计划生产39.5万辆小轿车，并在筹建轻卡项目；合肥江淮汽车公司生产卡车、商务车、越野车年产销20万辆，轿车项目也已竣工投产；安徽合肥安凯汽车股份有限公司是国家定点生产高、中、档，大、中型豪华客车及客车底盘的大型企业，年综合生产客车及底盘达5500辆；上汽集团（上海大众、上海通用）2006

年整车产销超过 134 万辆;南京汽车工业集团目前拥有四个整车生产公司,年综合生产能力 20 万辆;此外,周边还有南京春兰制汽车造有限公司、南京福特汽车公司、江苏盐城东风悦达起亚汽车有限公司、南昌江铃集团等一批生产轿车、客车、商务车、重卡等具有较大规模和较强实力的汽车生产厂家。项目投资估算:项目总投资(起步区)3.5 亿美元,可分步分批投资,入驻项目投资密度不低于每亩 150 万元。项目进展情况:目前,产业园起步区,水、电、路等基础实施全部贯通,入驻的汽车零部件企业有许昌远东年产 80 万套传动轴总成项目、东风派恩汽车散热器生产项目、中美合资嘉华汽车零部件公司、宁马汽车零部件公司、AMT 汽车车桥项目等汽车生产厂家。华菱重卡 50000 辆生产基地也正在规划设计之中。

马鞍山经济技术开发区是安徽省政府批准设立的省级开发区。开发区总体规划 30 平方公里,建成区近 10 平方公里,入驻企业 400 多家,初步形成以专用汽车制造、机械加工、服装服饰、乳业食品、电子产品为主导的特色产业群体和星马汽车、华菱汽车公司等一批骨干企业为支撑的经济发展格局。开发区内工业区基本实现了"七通一平",10 平方公里"六纵六横"的道路网骨架全面建成,区内有两所 110 千伏的变电所供电,日供水能力 23 万吨。项目效益分析:马鞍山经济技术开发区具有得天独厚的区位优势,500 公里半径内的上海、武汉、南昌、杭州、宁波、扬州、合肥、芜湖等具有生产各类整车生产能力近 400 万辆,市场前景广阔。马鞍山市具有丰富的汽车零部件原材料优势,马鞍山钢铁公司具有年产各种钢材 2000 万吨的生产能力。马鞍山汽车零部件工业园对入驻园区的企业提供各项优惠政策和优良的服务。

七、巢湖市汽车产业发展概况

巢湖市已将汽车零配件产业作为未来发展的重点产业之一。巢湖地处安徽省中部,靠近长三角边缘地带,通江达海。淮南铁路复线和合巢芜高速、合马高速、省道巢宁路从巢湖经济开发区穿区而过。巢湖市机械产业基础较好。巢湖市有巢湖铸造厂、湖滨机械厂等机械及汽车配套企业,同时在热工、电镀加工方面配套能力较强。开发区已有神功机械等项目落户。此外,巢湖市劳动力资源丰富、素质较高且成本相对较低。巢湖位于省会合肥与芜湖两大汽车生产基地之间,交通便捷,是合巢芜交通走廊的重要关节点,相距两市均不足 60 公里。周边有奇瑞、江淮、星马、昌河等重点汽车企业,并且正在建设奇瑞二期、三期工程以及江淮商务车、重型车、星马改装车等一批重大项目。这种得天独厚的地缘优势和便捷的交通运输条件,使巢湖可以充分地接受江淮、奇瑞等龙头企业的辐射带动,配套发展汽车零部件产业。

园区规划面积 4 平方公里。重点发展汽车制造、汽车改装、汽车零部件生产以及相关机械加工项目,全力打造皖中新兴的机械制造基地。

据中国汽车工业协会最新统计,2008 年国产汽车产销分别为 934.51 万辆和 938.05 万辆,分别增长 5.21% 和 6.70%,其中乘用车市场共销售 643 万辆,同比上涨 7.4%。巢湖市周边城市有奇瑞、江汽、上汽南京车厂、华菱等汽车企业,合力叉车、日立叉车等工程机械制造企业。巢湖经济开发区汽车零部件项目为之配套,有着良好的发展前景。巢湖经济开发区汽配产业园可以发挥入园项目的集群效应,满足巢湖市及周边大中城市各类工程机械增长的需求。

经过近年来的努力,巢湖市汽车零部件产业发展势头强劲,具备了成为支柱产业的现实基础。一是从产业基础看,巢湖市现有各类汽车零部件生产企业约 28 家,从业人员 3500 余人,企业总资产超 4.2 亿元,年产值 6 亿元,主要生产各种汽车配件及中重型汽车车厢总成等产品,汽车零部件产业初具规模。二是从人力资源看,巢湖市汽车工业的人力资源丰富,各类人才门类齐全,既有较高层次的科技和经营管理队伍,又有一大批具有专门技能的高级技工和熟练工人,为汽车工业的发展提供了有力支撑。三是从发展载体看,2006 年,巢湖市抓住省建设制造业基地的历史性机遇,投资近 3 亿元，在开发区辟建了2平方公里的汽车零部件工业园，作为承接国际国内汽车零部件产业转移的专业化工业园区，加快发展巢湖市汽车零部件产业具备了现实的发展空间。目前巢湖市成功引进了投资额达1.2亿元的东霸传动减速器项目落户该汽配产业园，正在洽谈的投资逾亿元的德赛汽车电子音响项目也有望于近期落户。

八、滁州市汽车产业发展概况

（一）滁州市汽车工业发展现状

1. 产业初具规模，发展势头良好

全市规模以上汽车工业企业66家，其中专用汽车生产企业5家，汽车年生产能力5.5万辆。固定资产原价近20亿元，从业人员1.5万人，分别占全市规模以上工业企业的14.1%、12.8%和13.7%。规模以上汽车工业产值占全市规模以上工业总产值的10%，工业增加值占全市工业增加值11.2%，成为滁州市第二大工业行业。

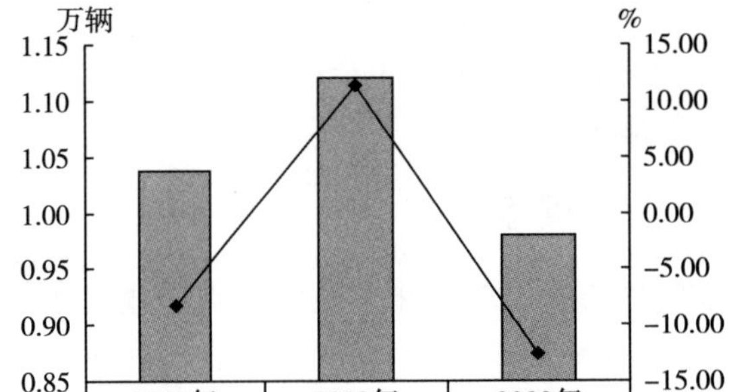

	2007年	2008年	2009年
产量（万辆）	1.037 3	1.120 9	0.979 9
比上年增长（%）	-8.3	11.3	-12.6

图4－37　2007～2009滁州改装汽车产量

2. 产业特色初步形成，骨干企业发展迅速

目前已初步形成了以皮卡车、SUV汽车、专用汽车、客车为主要发展方向的汽车生产特色，长丰扬子皮卡车、SUV汽车、江淮扬天、兴扬专用汽车、明光浩淼消防汽车等一批专用汽车产品享誉国内、省内，在国内同行业中有较大影响和知名度，滁州成为国内知名的专用汽车生产基地。

汽车零部件企业也得到了较快发展。主要汽车零部件企业60多家，全柴环保车用多缸柴油机、天长缸盖环保型汽车发动机气缸盖在国内汽车行业有较大知名度，其他主要重点企业和产品有安徽省凤阳散热器公司汽车散热器、扬子车桥厂重型和轻型汽车车桥、全柴汽车内饰件、全椒兴达机电有限公司汽车用多缸机机体、鲲鹏装备汽车模具、明光伯良车辆公司汽车模具及轻型汽车覆盖件、悦达实业汽车涡轮增压器、安徽天祥汽车空调等。

3. 广泛应用新技术，创新能力不断增强

通过强化企业技术中心建设和引进技术消化吸收，全市汽车工业企业创新能力不断增强，产品技术含量和附加值迅速提高，机电一体化技术、智能化技术、信息技术等在汽车生产制造上得到广泛应用。目前全市汽车行业有5个省级企业技术中心，3个安徽省名牌产品。

4. 装备技术水平有较大提升

全市汽车工业装备技术水平明显提高，拥有一批具有国际、国内先进水平的加工中心、数控机床、高精度设备等先进装备以及具有20世纪90年代末国际先进技术水平的生产线，如全柴缸体缸盖柔性加工生产线、天长缸盖公司缸盖柔性加工生产线等，全柴牌柴油机、梭鱼牌多缸气缸盖等产品在全国行业内具有很高知名度。

滁州市汽车产业具有较好发展基础，汽车产品主要有皮卡车、SUV车、专用汽车、客车、消防汽车等。同时，目前国内占地面积最大的汽车试验场——国家级中国定远汽车试验场位于滁州市定远县境内，为滁州汽车工业发展提供了得天独厚的有利条件。

（二）滁州市汽车产业发展重点

1. 发展思路

根据国家新近出台的《汽车产业调整振兴规划》，重点调整产品结构和产业结构，重点支持企业技术创新、技术改造和新能源汽车及零部件研发。

呼应“合芜滁马”汽车工业走廊建设，以长丰扬子汽车、滁州扬子客车、江淮扬天等企业为龙头，对现有整车和改装车企业进行分工整合。积极做好广汽集团在滁州汽车项目投资，加快长丰扬子汽车发展，树立长丰扬子国际品牌形象，把长丰扬子打造成国际型企业，带动滁州汽车产业发展。依托长丰扬子、安徽江淮扬天、全柴集团、天长缸盖等汽车及零部件生产企业，积极参与国际国内汽车产业分工，加强合资合作，增强研发能力。按照国家汽车产业政策和市场需求对产品结构不断进行调整和优化。积极引进汽车产业战略合作伙伴和汽车及零部件项目投资企业，建设一批齿轮箱、车厢、车桥、汽车覆盖件、冲压件、汽车内饰件、汽车灯具、汽车电子等项目，努力形成具有特色的滁州汽车产业。

专栏：安徽省汽车及零部件产业发展状况

2008年安徽省汽车工业企业约500多家，全行业完成工业总产值736亿元，实现销售收入705亿元，工业增加值176亿元。目前全省汽车整车制造业已经形成江淮、安凯、昌河、奇瑞、长丰扬子五大生产集中地。

2. 发展目标

（1）总量目标：到2012年，实现汽车工业产值120亿以上，到2015年，实现汽车工业产值200亿元以上，到2020年，实现汽车工业产值300亿元以上。

（2）工业投资目标：全市汽车工业实施重点项目150项以上，总投资100亿元以上。

（3）结构调整目标：培育4家以上企业销售收入达20亿元、10家以上企业超过5亿元，规模以上汽车及配套企业总数超过100家。

（4）产品发展目标：

表4－94　滁州汽车产业主要产品发展目标

	2012年	2015年	2020年
各类汽车	5万辆	15万辆	20万辆
车用多缸柴油机	30万台	50万台	100万台
农装系列节能减排柴油机	50万台	80万台	120万台
环保型汽车发动机气缸盖	80万台	120万台	200万台

续表

	2012 年	2015 年	2020 年
铝质汽车散热器	30 万只	50 万只	80 万只
重型、轻型汽车车桥	5 万台套	15 万台套	30 万台套
多缸发动机缸体	60 万台	110 万台	200 万台
汽油发动机废气涡轮增压器	5 万台	15 万台	40 万台
轻型汽车覆盖件	1 万台套	3 万台套	5 万台套
高能闭磁路汽车干式点火线圈	80 万台套	200 万台套	500 万台套
汽车刹车片	300 万只	1500 万只	2000 万只
各式汽车冲压件、塑料件、内饰件等汽车配件	40 万套	70 万套	150 万套
汽车半轴套管、后桥主、从动轮、螺旋齿轮	30 万件套	70 万件套	150 万件套
各类汽车锻件	200 万套	460 万套	600 万套
汽车挂件、车桥	130 万只	200 万只	300 万只

3. 产品重点

(1)汽车及零部件产品

稳固发展皮卡车、SUV 车、专用汽车、客车等现有优势产品,重点发展新能源汽车。

皮卡车、SUV 汽车。加快新产品开发,在生产、改进和开发现有皮卡车型的同时,抓住市场中前瞻性的产品需求,加强技术创新,开发面向城市的中低价位的车型,开发高端皮卡(飞豹)、小排量微型车、时尚舒适型 SUV、右置方向出口车等产品。

专用汽车。以特型车为基础,以普通车为增量,巩固老市场,细分新市场,加大技术改造的投入,加强技术储备。以高附加值产品为发展重点,重点向具有高技术含量、高附加值的保温、冷藏车辆、环卫运输车、商品车辆运输车、混凝土搅拌运输车、翼开式厢式运输车、立式多功能粉粒物料运输车、液化石油气运输车、低温液体槽车等领域发展。

客车。以资产为纽带,积极推进战略合作,加大技术改造力度,巩固市场优势,积极开发生产高附加值、市场前景广阔的豪华型客车。

消防车。巩固水罐消防车、泡沫消防车、照明消防车、通讯指挥消防车产品优势,加大新产品研发投入,努力开发具有国内领先水平的消防新产品,坚持产品专业化、多品种发展战略。提升产品差异化,使具有高附加值的无线遥控消防车—消防侦察灭火机器人等产品形成系列化。

汽车零部件工业。发挥整车带动作用,以全柴集团、天长缸盖、凤阳水箱、扬子车桥、皖东车辆、滁州兴达等汽车零部件、配套件企业为基础,巩固发展多缸柴油发动机、汽车散热器、缸体、缸盖、汽车车桥、汽车空调器、底盘、线束、座椅、汽车玻璃、仪表台等汽车零部件,力争在产品制造水平、制造规模上有较大跨越。同时积极引进一批汽车覆盖件、汽车灯具、汽车电子等汽车冲压件、塑料件、内饰件、汽车电子产品等汽车零部件生产企业,促进其加快发展。

4. 重点企业发展

(1)安徽长丰扬子汽车制造有限责任公司。国内皮卡车行业知名企业,2006 年被国家发展该商务部评为"国家汽车整车出口基地企业",现已具备年产 3 万台皮卡车、SUV 汽车生产能力。2008 ~ 2012 年期间,该公司计划投资 5 亿元,完善长丰扬子汽车生产的四大工艺,达到年产 10 万台皮卡车、SUV 汽车产能规模。同时采取独资、合资、合作等多种形式,促进和发展汽车零部件配套企业,建成滁州长丰扬子汽车工业城，实现产值 50 亿元、利税 10 亿元。

（2）全柴集团。全国机械工业企业 500 强，是全国机械工业利税百强、出口创汇百强企业。公司具有年产 25 万台车用柴油发动机、30 万台农用单缸柴油机的生产能力。近几年，公司积极进行产品结构调整，车用多缸柴 2006 年产销量 17 万台，进入全国同行业前三位。公司被列为国家机电产品出口基地，成为商业部的全国重点机电产品出口企业，连续多年出口创汇超千万美元，居全国同行业前列。2008 ~2012 年期间，全柴集团继续做好柴油机、消失模铸造、汽车内饰件等产业发展，投资 6.5 亿元，做好年产 5 万台欧Ⅲ系列车用柴油发动机、5 万台工程机械系列柴油机、消失模铸造、高档汽车内外饰件等的项目建设，到 2010 年，柴油机主业形成年产 30 万台车用柴油机的生产能力，继续保持在同行业的前列，实现年销售收入 30 亿元的目标。

（3）安徽江淮扬天汽车股份有限公司。国内最具实力的专用车生产企业之一，现已形成半挂类、自卸类、环卫类、混凝车搅拌车类、液罐类、粉罐类、厢式类和特种车类共 8 大类 26 个系列 200 多个品种。2008 ~2012 年期间，公司以高附加值产品为发展重点，采取多种渠道，加强合资合作，引进国外先进技术，开发保温、冷藏车辆和环卫运输车辆，产品技术达到国内领先水平，销售量在国内处于领先地位。到 2012 年年底，公司产品总量达到 30 个系列，350 个品种；年产量达 10000 辆，其中：罐式车 3000 辆，自卸车 3000 辆，半挂车和特型车 4000 辆；实现年产值 12 亿元、利税 1.3 亿元、出口创汇 500 万美元。

（4）安徽金佩机电集团公司。目前是全国规模最大、品种最全、质量最好的柴油机气缸盖产品专业生产企业，产品主要用于汽车发动机，为上柴、玉柴、一汽锡柴、扬柴、全柴、时风集团和常柴等国内著名柴油机厂家配套。目前已形成了具有公司特色的直喷节能多缸机气缸盖六大系列、80 多个品种的优化产品结构，“梭鱼”牌气缸盖是安徽省名牌产品，达到欧Ⅱ、欧Ⅲ以上排放标准。2008 ~2012 年期间，公司围绕汽车发动机零部件行业，发挥在铸造工艺方面拥有专有技术的优势，继续走专业化生产道路。产品结构从单一的柴油机缸盖产品调整为包括缸体、缸盖、进排气歧管、飞轮、飞轮壳等在内的大部分柴油机铸件；新产品产值率不低于 30%；材质从单纯的灰铸铁扩展到球墨铸铁、蠕墨铸铁等其他合金材料。

力争到 2012 年年底，汽车发动机零部件产品销售收入达到 10 亿元，实现利税 1.2 亿元，国际市场销售额突破 300 万美元。铸件产品产量达到 10 万吨、缸盖、缸体等汽车零部件成品达到 300 万件，建成全国最大的汽车发动机零部件生产基地。

表 4 –95　　滁州市主要汽车生产企业发展目标　　单位：亿元

序号	企业名称	2012 年主导产品及生产能力	2012 年产值目标	2015 年产值目标
	总计		129.0	203.0
	汽车企业	汽车 15 万辆		
1	安徽长丰扬子汽车制造有限责任公司	10 万辆皮卡车、SUV 汽车	50.0	80.0
2	中国扬子集团滁州客车制造有限公司	1000 辆大中型客车	3.0	5.0
3	安徽江淮扬天汽车股份有限公司	专用汽车 25000 辆	3.0	5.0
4	滁州兴扬汽车有限公司	专用汽车 25000 辆	2.0	4.0

续表

序号	企业名称	2012 年主导产品及生产能力	2012 年产值目标	2015 年产值目标
5	明光消防器材厂	消防车 500 辆	2.0	4.0
	主要汽车零部件企业：			
1	安徽省全柴集团有限公司	车用多缸柴油机 70 万台	24.0	32.0
2	天长市缸盖有限公司	缸盖、缸体等汽车发动机零部件产品 300 万件(缸盖 100 万台)、铸造 10 万吨	8.0	12.8
3	安徽天富电子(集团)有限公司	年产 500 万套汽车干式点火线圈	6.0	9.6
4	天长市万寿机械有限公司	年产汽车消声器 140 万只、汽车装饰	2.7	4.3
5	安徽省皖东车辆股份有限公司	SUV 车身年产 3 万辆	2.4	3.8
6	滁州兴达机电有限公司	年产 30 万台多缸发动机缸体	2.0	3.2
7	滁州悦达实业有限公司	年产 15 万台汽油发动机涡轮增压器	2.0	3.2
8	安徽省上柴动力有限公司	柴油机发动机	2.0	3.2
9	扬子集团装备模具制造有限公司	非标件制造、汽车模具	2.0	3.2
10	滁州扬子车桥有限公司	年产 10 万台轻型汽车车桥、5 万台重型车桥	2.0	3.6
11	天长市艳阳灯具有限责任公司	各类汽车灯具	1.9	2.5
12	安徽省凤阳散热器有限公司	20 万台/年散热器	1.1	2.1
13	滁州市天达汽车部件有限公司	汽车总成 2000 台	1.0	1.6
14	全椒县全动机械有限公司	柴油机	1.0	1.6
15	安徽瑞飞汽车配件公司	年产 20 万套汽车铸铝件	1.0	1.6
16	安徽新大陆工业股份公司	汽车配件	0.9	1.4
17	安徽阳光铝业有限公司	年产 100 万件散热片	0.8	1.2
18	滁州市恒信工贸有限公司	改装汽车部件	0.8	1.1
19	全椒和平压铸有限公司	年产 15 万套车用柴油机起动马达和发电机	0.7	1.1
20	安徽瑞飞汽车配件公司	年产 20 万套汽车配件	0.7	1.1
21	全椒达利阀门有限公司	铝制散热器、灯具	0.7	1.1
22	明光市长兴电源有限公司	年产铅酸蓄电池 4000 万块	0.7	1.1
23	明光市光辉电源有限公司	年产 6000 万块汽车电源	0.6	1.6
24	全椒天宇汽车配件有限公司	汽车零配件	0.6	1.0
25	全椒裕昌机械有限公司	年产 5 万台汽车配件	0.5	0.8
26	安徽天祥空调科技有限公司	汽车空调冷凝器	0.5	0.8
27	全椒鑫隆机械有限公司	年产 50 万支柴油机连杆	0.5	1.2

续表

序号	企业名称	2012 年主导产品及生产能力	2012 年产值目标	2015 年产值目标
28	滁州市春晖电机电器有限公司	汽车电机	0.5	0.8
29	全椒县欣鑫工贸有限公司	年产发动机配件 70 万台套	0.3	0.5
30	全椒恒盛机械有限公司	柴油机机体、飞轮壳	0.3	0.5
31	全椒县长德机械厂	年产 5 吨柴油机配件	0.3	0.5
32	安徽科昌机械制造有限公司	年产各类机械装备相关模具 3000 件	0.3	0.5
33	凤阳县鸣凤汽配公司	800 吨棉线布(摩擦片用)/年	0.2	0.3

十五　南京都市圈家电制造业

南京市家电制造业

目前,南京市家电制造产业主要聚集于国家级南京经济技术开发区内。

南京市机电制造产业发展现状:

一是大型企业数量多,目前已拥有包括乐金电子、夏普电子、瀚宇彩欣、A. O. 史密斯等在内的200余家国际、国内知名电子企业及相关配套企业;

二是产业链条较为完善,产品涉及平板显示、计算机通信、空调、冰箱、热水器、厨房电器等领域;

三是优势产业明显,南京经济技术开发区是亚洲最大的平板显示器件基地和全球较大的吸尘器、热水器和厨房小家电生产基地;

四是物流业发展成熟,建设了数个集仓储、进口保税库、公共保税库、出口监管库等为一体的大型综合物流中心,为区内家电产业加快发展提供了有力支撑。

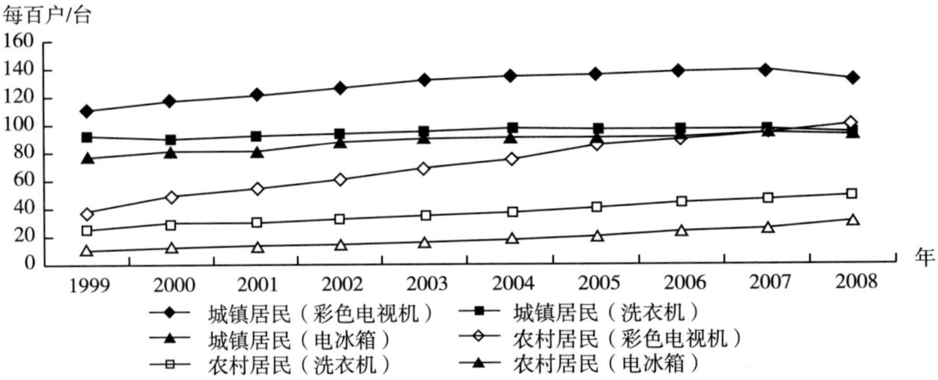

图 4-38　1999~2008 年城乡居民家庭平均每百户耐用消费品拥有量

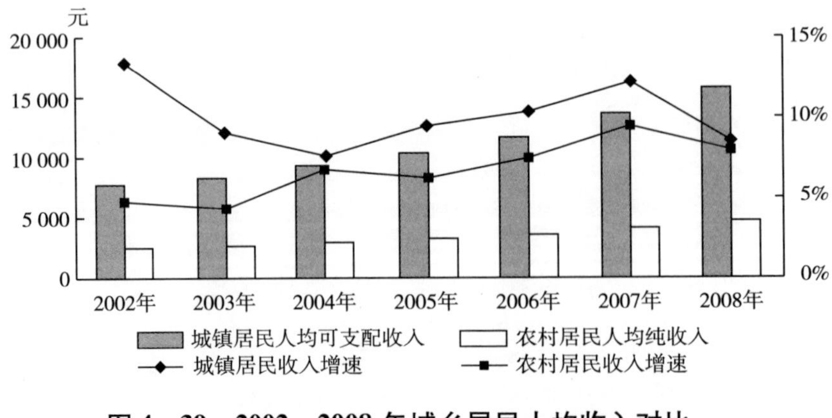

图 4-39　2002~2008 年城乡居民人均收入对比

扬州市家电制造业

扬州市家电制造产业总体而言，比较薄弱，尚有许多产业链空白亟待将强，进一步增强竞争力。

围绕工业强市战略提出的全市家电信息产业发展目标任务要求，积极促进产业资源优化配置，发挥家电信息产业在全市工业经济发展中的支柱先导作用。

壮大优势产业。重点引导和推进中高档白色家电、中高档黑色家电、小家电、电子材料及元器件、光伏电子等重点行业加快发展，为全市家电信息持续健康快速发展提供产业支撑。

加强产业链建设。充分发挥区域比较优势，汇聚本地与外部优势资源，围绕产业链核心环节，引导产业垂直整合，完善壮大重点产品产业链，促进产业的集约式发展。加强自主创新与模仿、引进技术消化吸收相结合，注重产业链高端产品发展，提升产业价值链，提高产品附加值。

培育骨干企业。围绕产业重点发展领域和产业结构调整目标，每年重点培育一批骨干企业，在产业项目、行业指导上加大服务扶持力度，提升骨干带动作用。

增强创新能力。加强产业科技创新政策引导，鼓励企业加大技术改造和新产品、新技术研发投入，坚持产业的创新发展，推动电子信息相关工程（技术）研究中心建设，重点支持产业技术创新服务平台和产品检验检测平台建设。积极培育一批创新型企业，打造一批自主创新知名品牌。

专栏：国际金融危机对中国家电制造业的冲击

受国际金融危机等影响，2008 年下半年以来，中国家用电器行业国际、国内市场同时下滑，生产、出口增幅均有大幅回落，主要产品产量部分出现负增长。1～11 月，中国家电制造业累计工业总产值为 6242.53 亿元，同比增长 14.62%，增速比 2008 年同期下降了 12.03 个百分点。

芜湖市家电制造业

在家电制造业方面，截至 2009 年年末，广东美的集团、日立电器、科龙电器、实达电脑、川崎重工、西门子 VDO、志高空调、三丸电器等一批国内外知名企业相继落户芜湖，带动了 70 余家空调零部件配套企业落户芜湖，直接为空调生产提供配套服务，目前芜湖已形成年产 600 多万台空调生产能力，已成为中国最大的家用空调生产基地之一。同时，芜湖还是全国三大微型电机生产基地之一。家电产品所用的钣金、注塑、喷涂、橡胶件、电机、电容、线缆、制冷配件、模具加工、电子元器件、管路件、压缩机、包装、印刷等主要家电生产配件 90% 以上可实现就地配套。98% 以上上述零部件从江苏、浙江采购，配套半径最远不超过 4 小时，可以满足家电制造业大项目的各种配套需求。

目前，合肥、滁州、芜湖正形成一个边长为 150 公里的家电制造“金三角”基地，电冰箱年产量位居全国第 3、洗衣机第 3、空调第 4、彩电第 7，汇集了如美菱、荣事达、美的、丽日、扬子、天大等国内外知名大家电集团。随着沿海地区家电产业向中西部转移速度加快，合滁芜“金三角”家电基地将成为全国最重要的家电产业基地。

冰箱及其零部件。安徽拥有美菱、海尔、美的、西门子等国内外重点冰箱整机生产企业，与其配套生产整机所需的关键零部件潜力巨大。要瞄准带动力较强、附加值较高、具备较大需求潜力的产品，着力面向合肥荣事达冰箱（安徽合肥）、合肥美菱集团（安徽合肥）、城东冰箱配件公司（安徽合肥）、芜湖南洋制冷配件公司（安徽芜湖）、广东美的集团芜湖制冷设备公司（安徽芜湖）、滁州振华家电有限公司（安徽滁州）等企业开展招商引资工作，力争在招引大企业方面实现新突破。

要以促进产业升级和更新换代为着力点，着力引进整机生产，大力发展冷凝器、压缩机、电机、蒸发器和控温器；兼顾发展过滤器、化霜定时器、电磁阀、风叶、门拉手、门封/门合页、门开关等零部件和材料附件，力争在产业链的关键环节方面实现新突破。

彩电及其零部件。海尔、康佳、TCL、长虹、日立等国内外众多知名彩电企业都已落户安徽，要本着就近承接和配套的原则，积极引进彩电整机组装生产线，并配套生产关键零部件。特别要针对平板电视生产中占整机成本比重较高、处于产业链核心地位的器件，面向合肥海尔信息产品有限公司（安徽合肥）、芜湖市电子管厂（安徽芜湖）、芜湖无线电一厂（安徽芜湖）、华夏光电有限公司（安徽芜湖）等企业开展招商引资。要积极引进液晶面板、数据存储设备（CF）、LED 背光源等高端项目，大力发展 IC、行器、高压头、电视盒、高频头、主板，兼顾发展管座、电源管、偏转、接收头、其它零件及附件。

洗衣机及其零部件。大力发展电脑板、定时器/水位控制器、电机、离合器/减速器/总承、排水阀/牵引器、排水泵等本地化率较低、附加值较高、市场前景广阔的产品，兼顾发展程控器、进水阀/进水泵、水封/油封/浮座、吊杆/内桶/外壳附件、皮带/皮带轮、电容、弹簧/方簧、离合簧、刹车件、面板/底板、安全门、轴类等。着力面向合肥市荣事达三洋电器股份有限公司（安徽合肥）、合肥海尔洗衣机有限公司（安徽合肥）、中国扬子集团（安徽滁州）等企业开展招商引资。

空调及其零部件。重点发展本地化率较低、附加值较高、带动力较强、市场需求较大的压缩机、冷凝器、电机、蒸发器等产品生产，兼顾发展启动器/保护器、温控器、感温头、过滤器、遥控器、电容、铜管/铜件/阀体、风叶/风轮等产品。着力面向日立家用电器（安徽芜湖）、美威空调设备公司（安徽芜湖）、明湖空调配件有限公司（安徽芜湖）、扬子空调器厂（安徽滁州）、扬子必威中央空调有限公司（安徽滁州）、合肥格力空调（安徽合肥）、空调飞歌空调有限公司（安徽合肥）等企业开展招商引资。

表 4 – 96　　2004 ~ 2008 年我国家用电器制造业平均销售收入

	单位销售收入		人均资产	
	实际值（万元）	同比增长（%）	实际值（万元）	同比增长（%）
2004	26356.90	12.02	55.27	11.36
2005	24292.38	–7.83	52.66	–4.72
2006	26948.43	10.93	55.90	6.15
2007 – 11	27283.49	1.24	58.02	3.79
2008 – 11	27105.07	–0.65	60.91	4.98

数据来源：历年《江苏统计年鉴》、《安徽统计年鉴》以及各市统计公报。

马鞍山市家电制造业

目前，马鞍山市家电制造业还很薄弱，完整的产业体系尚未构建起来，存在如下不足之处：

家电产业规模小，核心企业带动能力弱。马鞍山市家电产业规模较小，规模以上企业不多，生产低附加值产品的小企业占有较大的比重；金帅、天祥等核心企业带动能力不强，尚没有能力吸纳县内相关企业为其配套。

与周边地区合作不够紧密。尚未充分利用好周边地区如合肥、蚌埠、南京等地的科研、人才、技术、市场等资源优势，以及合芜蚌自主创新试验区和天长—来安—滁州—全椒家电信息产业走廊等建设契机，开展跨区域合作。

对引进和开发战略性产品力度小。家电产业目前存在“头重脚轻”的现状，即低端产品供大于求，中小企业生产拥堵，产品利润率趋近为零；高端产品供不应求，生产集中于少数大型企业，产品利润高、受市场波动小。从全球角度来看，未来家电战略性产品应集中于智能化信息家电、LED 系列产品以及连锁家电服务、物流等。目前来看，马鞍山市对这些战略性行业的发展力度还不够大。

产学研体系尚未建立，人力资本结构不合理。家电产业技术更新快、要求高，家电企业与科研机构保持长期战略性研发合作显得尤为重要。目前，马鞍山市家电产业尚未充分利用周边地区的科教技术优势，建立起有效的产学研合作体系。此外，市内家电产业普通劳动力供给充分，但高素质管理人员和技术工人仍比较缺乏，人力资源结构仍需改善。

生产性服务业尤其是物流业发展缓慢。发展物流业使企业降低了产品销售成本，提高了核心竞争力。随着现代工业发展逐步深化，物流业的发展对促进工业发展的作用越来越重要。马鞍山市交通区位优势突出，但物流业发展却较缓慢，随着马鞍山市工业经济发展增速提高，物流业发展程度不高将成为重大制约因素之一。

支撑产业加快发展的项目不够。近、中期实施的项目仍然较少，项目总体上呈现投资额较小、产业链中低端项目较多、物流等配套项目缺失等问题，产业发展后劲不足。

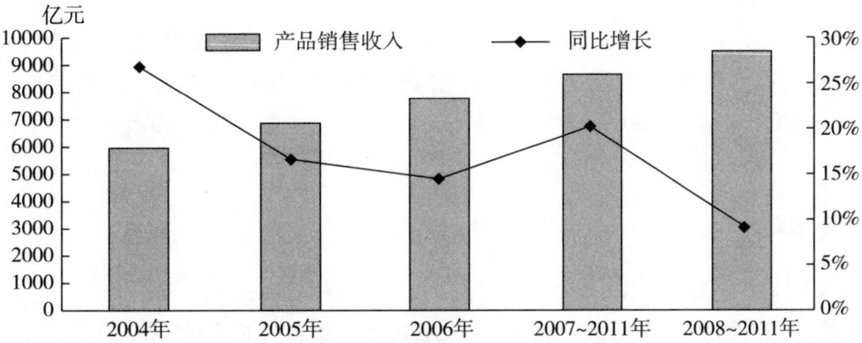

图 4－40 2004～2008 年我国家用电器制造业市场规模

滁州市家电制造业

一、滁州市家电发展基本情况

（一）基本概况

滁州市家电产业起源于 20 世纪 80 年代，经过多年发展特别是经过“十五”以来的建设，家电产业得到长足发展，已经形成以冰箱、彩电、空调大家电产品为主导，以热水器、电风扇、油烟机、取暖器、太阳能产品等小家电为补充，家电配套件协调发展的格局，家电产业成为滁州市工业经济的重要支柱产业，也成为国内和安徽省内家电制造工业的一支重要力量。

目前，家电产业成为滁州市第一大支柱产业，家电及装备制造业在区域经济中的地位十分突出。2009 年，家电及零部件等相关企业达到 800 多家，其中，全市家电及装备规模以上企业 260 家，资产总计 50 多亿元，从业人员 6 万多人，产值 230 亿元，占全市规模以上企业总量的 30%。全市拥有西门子、康佳电子、康佳电器、东菱凯琴、申花电器、扬子空调、金帅电器、科思技术、鲲鹏装备等一大批著名家电及装备企业，产品涵盖电冰箱、电视机、空调器、洗衣机家电四大件以及热水器、电风扇、吸油烟机、取暖器及太阳能产品等众多小家电产品。2009 年，彩电生产能力 1100 万台，占全省产量 2/3；冰箱 460 万台，占全省 1/3；家用空调 480 万台，占全省 1/5。

滁州市家电产业链完整，产品配套完善。滁州市家电及装备制造业的本地配套能力达到较高水平，家电配套能力不断增强。目前，电冰箱、空调、彩电、家电成套装备的本地配套能力，分别为 80%、70%、40%、60%。

滁州市家电装备制造业极具特色。滁州家电模具规模实力在全国首屈一指，目前全市现有模具生产企业80余家，规模以上企业30多家，冰箱真空成型模具和发泡模具制造在全国冰箱模具生产领域占有70%以上市场份额，在冰箱、冰柜、洗衣机等家电成套生产线非标装备以及太阳能热水器成套生产线非标装备生产方面占据国内80%以上的市场份额，在家电模具开发、成套设备提供方面形成了具有国内领先水平的产品标准。其中，安徽鲲鹏装备模具制造有限公司是国内最大的家电成套装备制造企业。

滁州市家用电器企业具有优势显著的产品开发、创新等实力。在家电及装备制造业的科研水平和产业知识产权获取方面，走在全国家电产业前列，被国家科技部授予国家家电研发和制造基地。尤其是家电装备制造业中，科技人员占比较大。近几年来，滁州市政府以推进工业强市战略和家电产业规划为先导、以建设承接产业转移示范区和各级开发区为平台，出台了各类扶持家电产业发展的优惠政策，在促进滁州市家电及装备制造业的发展中发挥了重要作用。

专栏：中国家电制造业中心

中国家电制造主要有四个增长极：一是“珠三角”，主要产品为空调器、微波炉和以出口为主的小家电；二是“长三角”，主要优势产品为洗衣机、空调器和厨房电器；三是“环渤海”经济圈，主要优势产品是空调器、冰柜和电冰箱；四是合滁芜“金三角”基地，主要优势产品是空调、冰箱和洗衣机。

（二）主要成绩

“十一五”期间以后，滁州家电工业继续保持良好快速发展态势。通过做大家电产业总量，调整和优化产业结构、产品结构和组织结构，加强技术进步，发展外向型经济，逐步形成了滁州家电产业的特色和优势。

1. 综合生产能力和经济效益大幅度增长，整体实力明显增强

至2007年，滁州市冰箱、彩电、空调大家电生产能力，分别比“十五”初期增长5倍、9倍、12倍；实际产量分别增长4倍、6倍、32倍。家电产业资产总计比2000年增长3倍，实现利润增长3.2倍，经济效益水平显著提高。

安康电子公司是康佳集团五个彩电生产基地中规模最大、发展最快、效益最好的公司，安康电器公司是康佳集团在滁州投资的以冰箱、洗衣机等白色家电研发、生产、销售及技术服务为主营业务的专业家电企业，扬子空调2006年进入国内空调行业十强企业，位居第八。科思技术在欧盟等主要国际市场有广泛的影响力。

2. 技术改造成效显著，企业竞争能力进一步提高

家电生产企业投资力度进一步加大，通过技术改造，冰箱、彩电、空调、洗衣机家电生产企业技术装备水平大幅度提高。博西华冰箱生产线、安康电子彩电生产线、安康电器冰箱生产线、扬子空调中央空调和家用空调生产线具有当今国际、国内先进水平，企业实力不断壮大，竞争能力进一步增强。与此同时，通过吸引外来投资和技术改造，以天大股份、博康模具、嘉泰科技、新江玻璃为代表的一大批家电配套企业和为家电运输服务的物流企业迅速发展起来，全市初步形成了以市直和天长市相对集中的家电产业集群。

3. 创新能力增强，产品结构升级换代

在博西华等家电龙头企业的带动下；滁州市家电企业通过不断技术创新，增加高端产品的投入等方式，家电生产及家电产品企业在国内外影响力越来越大。西门子冰箱以高端产品和技术创新领导全国冰箱潮流，具有国际领先水平的双开门冰箱生产线即将投入生产，公司投入巨资的NBF新冰箱生产基地项目正在建设；安康电子实现了由模拟CRT电视向高清数字电视、LCD液晶电视产品的升级换代，高清数字电视、LCD液晶电视产品比重由2006年30%上升到2007年45%；康佳电器高档冰箱产品比例逐渐增加,高档冰箱比例由2006年不到10%上升到2007年30%,产品生产工艺完全环保,采用了国际上最先进的无氟冰箱发泡剂、制冷剂,能耗方面全部实现了一级能耗的最高国家标准;扬子空调成为目前国内品种最多、规格最全的家用和中央空调生产企业之一,2007年公司家用空调高能效等级产品比例达到28%,而2006年比例仅为7%,2007年公司开发了水源中央空调、地源中央空调等节能产品,节能产品比例占中央空调比例达到25%;科思技术拥有数字技术研发实验中心,并与意法半导体应用研发中心、飞利浦等国际国内知名企业结盟为长期战略伙伴关系,在技术研发和产品升级创新上始终保持了强劲的竞争态势和领先地位。滁州市家电企业通过不断提高创新能力,走上了良性发展的轨道。

4. 品牌优势进一步显现,滁州家电产业核心竞争力得到提升

全市家电产品拥有了一批在国内具有相当竞争力的核心企业和具有国际国内影响力的知名品牌,分别在各自领域产生较大影响。西门子冰箱、康佳彩电品牌效应更加巩固,扬子空调、康佳冰箱、康佳洗衣机、科思彩电在行业内发展迅猛。冰箱等产品内胆生产国家标准、热泵热水器产品国家标准均由滁州家电生产企业起草。德国投资的博西华制冷公司年产各类高档冰箱200万台,是安徽省最大的外资企业。西门子在亚洲最大的生产中心已具雏形。

表4-97　全国重点地区家电产业发展比较

地区	主要城市	主导产品	代表企业
珠江三角洲	深圳、东莞、顺德、南海、湛江、中山	空调器、电视机、电冰箱、微波炉、电风扇、燃器具	格力、美的、科龙、格兰仕、万家乐
长江三角洲	上海、苏州、无锡、常州、杭州、宁波、台州	空调器、洗衣机、冰柜、抽油烟机、饮水机、电熨斗、电吹风、炊具、卫浴洁具	春兰、小天鹅、奥克斯、富达、方太、惠康、帅康、星星、苏泊尔、爱仕达、双菱、摩尔舒、滨海
"环渤海"	青岛、大连	空调器、电冰箱、冰柜	海尔、海信、澳柯玛
安徽	合肥、滁州、芜湖	电冰箱、洗衣机、空调器、电视机、手机	荣事达、美菱、美的、海尔、格力、三洋、华凌、尊贵、天鹅、日立、科龙、西门子、扬子、安康电子、安康电器、科思技术、金帅电器、宇阳电器、万江电子

数据来源:历年《江苏统计年鉴》、《安徽统计年鉴》以及各市统计公报。

二、"十一五"时期及2012年家电产业发展

依据现有的条件和对未来的判断,滁州市提出要打造"长三角"最大的家电制造业基地,建设家电城。

着力推进家电产业技术进步,以市场需求为导向,以经济效益为中心,以结构调整为重点,提高重点企业的装备水平,提高企业自主创新意识和能力。不断促进家电产业结构优化升级。

积极实施名牌带动战略,培育、巩固、壮大名牌产品队伍,增强企业核心竞争力。

积极做大做强优势大家电,积极促进和大力发展各类小家电,加快发展家电配套业,进一步增强产业配套能力,吸引国内外更多的家电企业集聚,把滁州建成长三角和全国重要的黑白家电制造基地,冰箱、洗衣机等白色家电研发中心。

三、未来发展重点

(一)做大做强优势大家电产品

"十一五"期间,进一步巩固、拓展黑白色家电在国内外市场优势。大家电产业主要围绕利用先

进技术，积极发展节能、环保、智能化、网络化、多功能产品，大力推进企业“数控化”和“数字化”工程，加速技术升级和产品换代，努力占领高端产品市场。另一方面，发展面向大众化的实用、经济、安全家电产品，针对国际市场，根据不同国别，发展适应不同经济水准的出口型产品家电产品。

冰箱。依托博西华、安康电器、安徽奥吉斯，重点采用超级节能、变频、风直冷、制冷三循环系统等先进制造技术，向节能型、超低温、静音型方向发展，逐步增加多门冰箱、对开门冰箱、风冷冰箱、变频冰箱、电脑温控冰箱等中高档冰箱产品比重。发展容积适中的冰箱，满足不同的市场需求。重点建设博西华、安康电器、安徽奥吉斯家电工业园。

电视机。继续巩固安康电子、科思、安徽奥吉斯在彩电不同市场领域上的优势。大力发展数字电视，安康电子实施“高清战略”，加快高清数字电视、平板电视、16:9高清宽屏电视生产线及安徽康佳工业园的建设；科思在继续稳固液晶电视、高清电视、数字卫星电视接收机机顶盒等产品海外市场基础上，重点发展 LCD－TV 整机产品，同时进一步加大研发资金投入，加强数字电视领域终端产品如数字高清广播电视产品类的研发。

空调器。家用空调依托扬子空调、安徽奥吉斯，进一步开发、应用和完善家电变频控制技术、节能环保技术、智能化技术、纳米应用技术、空气净化技术、正负离子群杀菌技术等，发展环保空调、变频节能空调、双系统全能空调，大力开发个性化、多功能化产品，在产品定位上，顺应健康、节能、时尚的发展主流，积极进行技术创新，实现产品多功能化，满足双向换新风、恒温除湿、除菌除尘等健康功能需求，提高产品附加值。

积极开发环保和节能型家用、商用和工业用中央空调等产品，依托扬子空调，继续巩固中央空调在行业内优势地位，做好嵌入式空调机组、低静压风管式家用中央空调、多联式家用中央空调、高静压风管式商用中央空调、户式风冷热泵冷（热）水机组、模块式风冷热泵冷（热）水机组、风机盘管系列、螺杆式冷水机组、变风量空调机组研发和生产，以尖端科技和系统服务为客户提供个性化的解决方案，满足大、中、小型商用及家用中央空调产品市场需求。积极做好扬子空调生态工业园建设。

洗衣机。以安康电器、新扬洗衣机为重点，提高套桶及滚桶全自动洗衣机档次，积极发展智能化程度高、具有新型结构水流技术的静音波轮式全自动洗衣机、搅拌式洗衣机和滚筒式洗衣机，发展智能化、大容量、节水型工业用洗衣机和纳米抗菌材料洗衣机。重点向节水省时、消毒杀菌、高洗净度、低磨损率、超薄美观方向发展。适应新农村建设新形势，积极开发面向农村市场的双桶洗衣机、经济型全自动洗衣机等产品。

（二）积极促进和大力发展各类小家电

积极跟踪国内小家电产品发展趋势，依托滁州市良好的家电配套能力，依托已有小家电产品生产基础，积极推进现有小家电企业发展壮大，积极引进国内外客商投资小家电，壮大小家电队伍，丰富小家电品种，培育小家电品牌，形成大小家电产品共同促进、协调发展的格局。

依托扬子空调、安康电器，重点发展空气能热水器、厨房小家电。

促进现有小家电生产企业发展壮大，做好排油烟机、燃气灶具、电风扇、空气净化器、电火锅、取暖器、暖风机等小家电产品市场开拓和产品升级换代。

依托中科、扬子、秦栏等太阳能生产企业，积极做好太阳能热水器、太阳能板、光伏电子太阳能材料等太阳能新型小家电产品发展。

积极引进投资，大力发展厨卫电器产品、居室电器产品、办公电器产品以及其它小家电产品等，形成系列化、规模化，拓展家电产业发展新领域。

（三）加快发展家电配套业，进一步增强产业配套能力

全力发展家电配套件企业，聚集家电生产要素，形成家电产业发展良好配套环境，吸引和促进更多企业投资家电产业和技术创新。

依托本地现有重点家电配套企业，加快发展注塑件、冰箱自动温控器、冰箱玻璃、黑白及彩色行输出偏转线圈、冰箱内胆、冰箱模具等具有较大市场优势的家电配套产品。进一步提高冷凝器、蒸发器、电子插接件等其他相关配套件产品的技术水平和配套能力，开发高效能保温材料，不断提高家电产品本地配套比重。

大力支持家电关键配套件产业加快发展。鼓励重点骨干家电企业在集中力量加强关键技术开发和整机生产的同时，通过市场化分工和社会化协作等方式，带动配套零部件生产的中小企业向"专、精、特、新"方向发展，积极引进国内外有实力的家电配套企业来滁州投资发展，建立和完善家电生产企业和家电配套企业之间在家电整机与零部件、核心产品与配套产品等专业化分工以及产业化协作，形成若干个各具特色、重点突出、上下游产品配套完整的加电产品生产产业链。同时，围绕家电产品技术创新，有计划、有重点地研究开发家电产业所需的关键原材料及零部件，引导配套件生产企业集中力量针对关键零部件或配套件开展创新，研究开发新产品，形成自主知识产权，不断提高家电产业关键零部件的自主制造比例。

巢湖市家电制造业

巢湖市培育家电支柱产业需解决的主要问题：

1. 产业结构调整缺乏重大突破。一是产业聚集度相对较低，家电信息产业总量规模偏小，品牌企业、品牌产品在数量上与国内的青岛、顺德、合肥相比还有一定差距。二是产业结构存在缺陷，全市家电信息产业主要依赖冰箱、彩电以及电子元器件，小家电、通讯、电子产品发展进展不快，企业不多，规模较小，至今没有有影响力的小家电产品生产企业和品牌。三是以数字技术为代表的信息化产品，仅仅局限在彩电、手机上的应用，软件技术产品、芯片技术产品、计算机技术产品等尚处在起步阶段。

2. 产业创新发展能力有待进一步加强。近年来，全市家电信息产品制造企业研发经费投入占销售收入比重徘徊在1.5%左右，与全国3%的平均水平相比差距明显，难以支撑产业的快速与可持续发展；企业中高层次、复合型人才缺乏，培养、引进、使用和留住人才的内外部环境和机制难以适应产业发展和参与国内外竞争需要；以企业为主体的技术创新体系、科技成果转化机制、成果产业化促进机制以及公共技术服务平台建设需进一步加强与完善。

3. 投资强度不足，影响产业发展后劲。吸引外来投入能力与家电信息产业发达地区相比存在较大差距，现有企业新建大型投资项目不多，技术含量较高的外来投资项目偏少，政策性支持资金数量相对有限，带动产业投资规模提升的作用发挥不足。

4. 部分主导产品产业链关键配套环节缺失。主导产品产业链不完整，关键零部件的本地配套率与家电信息产业发达地区相比有较大差距。主要表现在：一是产业链条尚不完善，家电、信息产品本地配套率不足50%。二是部分家电零部件、配套件企业发展与本地家电大企业发展不能够同步，存在着技术、工艺、质量缺陷。三是一些关键件在巢湖市仍然是空白，如压缩机、显示屏、芯片等，部分核心配套件和电子元器件本地配套率相对不足。

5. 产业发展环境需要完善。巢湖市与沿海家电信息产业发达省市相比，在政策优势、产业能级以及发展观念上还存在落差。交通物流、公共技术服务平台、配套服务设施等生产性服务能力发展不足。同时，随着国家宏观政策环境调整，特别是人民币升值、两税并轨、加工贸易政策调整、新劳动合同法实施等影响，家电信息产品生产制造成本正逐步上升，巢湖市原有比较优势存在弱化趋势。

十六　南京都市圈医药产业发展

一、南京市医药产业发展现状

1. 南京市医药产业发展的现状

截至2010年年底统计资料，南京市共有制药企业86家，其中沪深股市上市企业6家、纽约股票交易所上市企业1家。南京市销售收入超亿元的制药企业达15家、利润超千万元的企业达11家。2009年，南京市医药制造企业共实现销售收入45.63亿元，2005年以来，实现年均增长15%，占南京市工业产值的0.85%。南京市目前拥有9个医药类国家级，省级，市级重点实验室，占江苏省总数的3/4。医药类工程技术研究中心10个，占江苏省总数的47.6%。在江苏省18个已建成的生物技术与创新药物科技公共服务平台中，南京市共13个，占72.2%，基础研究优势明显。

专栏：中国医药产业发展现状

目前，中国已经能够生产1500种原料药，同时还可以生产多种药品制剂、生物制品、疫苗和医疗器械。中国的医药工业总产值，2007年为6279.57亿元、2008年为7787.92亿元、2009年（1～8月）为5776.75亿元。医药工业总产值前十位的省份是山东、江苏、广东、浙江、四川、河南、吉林、上海、北京、江西，占全国的68.54%，2009年全国医药工业销售利润率为9.83%，比同期下降0.13个个百分点。

2. 南京市医药产业存在的问题

医药制造工业产值稳步增长，但在高新技术产业比重逐年下降。南京市医药产业发展总体势头良好。工业产值不断增加，但在南京市七大高技术产业中，医药制造业产值比例仅约为3%左右，而且呈现出比例逐年下降的趋势，显示出了医药工业对南京市工业与高技术产业增长贡献不足的态势。

医药制造业利润小幅度上升，企业亏损面有所扭转。南京市医药制造业约有1/3处于亏损状态，利润总额上升不到1亿元，反映出了南京市医药产业产品竞争力不足。

医药各子行业发展不均衡，生物制品研发能力较弱。南京市2006～2009年获得国家批准新药的数量逐年降低。从新药批准的品种来看，化学药品比例占有绝对的优势，但比例在下降。生物制品和中药类新药比例比较小，但中药品种的申请比例呈上升趋势。生物制品的比例最小，说明南京市生物制药类产品的研发能力仍然较弱。

研究和开发（R&D）投入强度较低。2009年，南京市大中型工业企业R&D的投入强度>1%的行业有12个，其中医药制造类虽然高于全国医药产业的R&D投入强度，但是与上海和苏州相比，仍有较大差距。另外，与南京市其他产业相比，作为南京市高新技术产业之一的医药产业R&D投入强度低于普通制造业，如交通运输设备制造业为2.64%、通用设备制造业为2.55%、化学纤维制造业为2.47%。

产学研合作机制尚不完善，研发成果产业化水平较低。根据2006～2009年南京市获得国家新药批准品种的研发模式来看，南京市医药企业单独研发和企业科研院所合作研发的比例最大。但在合作研发中，南京市内高校，科研院所的研究成果，向南京市外的企业转让的比例较大，研发成果直接在市内产业化的水平较低。

专栏:《江苏省生物技术和新医药产业发展规划纲要》(2009～2012年)

加快建设南京生物医药产业基地,充分发挥南京生物医药领域高校院所众多、产业基础良好的优势,重点发展生物技术药、现代中药、生物试剂、发酵工程等高技术产品群,大力建设生物技术创新及产业化平台,加强产学研合作,突破关键技术,壮大骨干企业,优化产业布局,成为全国有影响的生物技术产业综合基地。

二、扬州市医药产业的发展现状

近年来,扬州市医药经济呈现较快发展趋势。2005、2006年,扬州市医药工业总产值分别达到10.82亿元和12.16亿元,同比增长10.8%和12.2%,年均增长速度高达11.5%,明显高于扬州市GDP的增速。

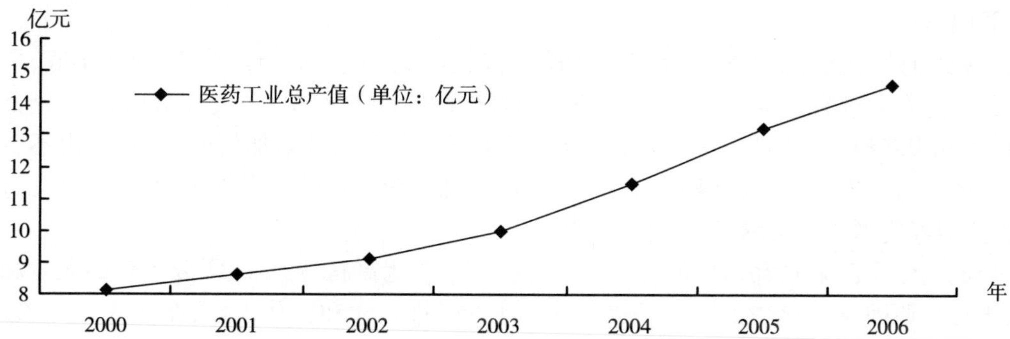

图4－41　扬州医药工业增长情况(2000～2006)

经过改革创新,扬州市医药发展的环境得到进一步的完善。近年来,扬州市与省内科研院所建立了良好的合作关系,为企业培养人才,引进新技术,开发新产品,开拓新市场打下了良好的基础,提高了企业的科技创新能力。另外,扬州市医药企业近年来在改革、改组、改造等方面迈出了新的步伐,医药企业的所有制结构逐步得到调整和优化,企业整体实力和竞争能力得到增强。全市加强了监督和执法力度,大力完善医药市场的规范化建设,净化医药市场,使医药发展环境得到较大改善。

1. 医药工业的基本情况

目前,全市有药品生产企业10家,注册许可的医疗器械生产企业15家。其中规模以上医药企业5家,通过GMP认证的药品生产企业6家,获得ISO 9000质量体系认证证书的医疗器械生产企业1家。药品生产企业中,中药饮片生产企业3家,中成药为主生产企业4家,化学原料药及其制剂为主生产企业1家,医用氧生产企业2家。2005年和2006年,扬州市医药工业总产值分别达10.82亿元和12.16亿元,同比增长10.8%和12.2%,年均增长速度高达11.5%,明显高于扬州市GDP的增速,显示出较强的发展势头。

2. 产业发展的有利条件

(1)医药企业改革改制全面完成,发展后劲逐步增强。近年来,扬州市医药企业在改革、改组、改造等方面迈出了新的步伐,医药企业的所有制结构逐步得到调整和优化,企业整体实力和竞争能力得到增强。现有的医药企业绝大多数是民营企业,机制灵活,发展后劲足。

(2)医药科技创新能力逐渐增强。近年来,扬州市与相关科研院校建立了良好的合作关系,为企业培养人才、引进新技术、开发新产品、开拓新市场打下了良好的基础,提高了企业的科技创新能力。开放式的医药研发机制正在逐步形成,科技创新能力逐步增强。

专栏:江苏省新医药产业现状

新医药产业是江苏应对当前全球金融危机、谋求未来长远发展的战略性高技术新兴产业。2009年,江苏省医药产业(包括生物技术药、中药、化学药、医疗器械)实现销售收入1266.3亿元,占全国的11.5%,居全国第二。

产业集聚程度较高。盐城、扬州、常州的生物农药具有显著的品牌效应,宜兴环保科技工业园已发展成为生物环保产业集中区。南京、苏州、泰州、连云港、常州等地初步构建了医药研发和制造产业链。

(3)医药发展环境逐步改善。近年来,扬州市加大了监督和执法力度,大力完善医药市场的规范化建设,净化了医药市场,使医药产业的发展环境得到了较大的改善。

3. 主要问题

(1)大多数企业规模小,设备、技术和管理落后,竞争力不强。据统计,截止2009年底,扬州市规模以上医药工业企业仅有3家,年销售收入最高的仅为8000万元左右,大多数医药工业企业规模小,生产技术和设备落后,管理水平不高,只能生产老产品和低档低附加值的产品,使得不少企业的药品产量总体供过于求,大多数品种生产能力过剩,企业竞争力不强,未能形成真正的医药龙头企业,医药行业对经济增长的贡献十分有限。

(2)科研投入不足,新产品研发能力不强。医药产业作为高科技产业,需要大量的人才和资金投入。但由于种种原因,扬州市的环境和条件较差,难以引进人才和留住人才,企业人才需求缺口大。多数企业规模较小,资金短缺,新药报批时间较长,部分企业和产品剂型面临严重危机。技术创新能力弱,研发水平低,导致生产工艺原始,制剂品种单一,普通产品多,新产品、新剂型少,缺乏能进入世界主流市场的品种。

(3)市场开发力度不够,优势产品规模小。扬州市医药企业有一些好产品,但受市场开拓的制约,始终没能做大。2009年,全市单一品种全年销售收入超500万元的品种只有6个,没有一个超过亿元。最大的单一品种的年销售额仅3208万元。

三、镇江市医药产业发展现状

(一)产业基础基本形成

1. 医药产业快速发展成为支柱产业之一。2009年,全市医药产业实现工业总产值13.35亿元,销售收入10.76亿元,分别比2005年增长126.1%、86.2%,分别占全市规模以上企业的10%、8.66%;工业产值占全市规模以上医药企业的29.9%。

2. 医药企业逐步扩张并初具规模。近年来,以资本运营为主要手段,通过上市融资、并购与重组等方式,加快了企业规模扩张的步伐。

3. 医药研发投入加大,自主创新能力不断增强。初步形成了以市场为导向、以产业化为核心、以企业为主体、以科研机构和企业技术中心为依托的技术创新体系,与此同时,医药产业的良好发展环境还凝聚了一批国内外优秀的医药人才,为镇江医药产业的做大做强提供了可靠的人才保障。

（二）整体水平有待提升

镇江医药产业与南京都市圈内其他城市相比，已形成较大规模、比较鲜明的产业特色和较强的竞争优势。但是，“一流企业卖标准，二流企业卖品牌，三流企业卖产品，四流企业卖原料”，镇江医药水平还处于二、三流之间，以三流为主。医药是特殊的产品，各国政府对此类产品的市场准入都有非常严格的规定和管理。在药品生产过程管理和质量保证体系方面，镇江地区与国内医药产业发达的地区相比，整体水平较低；与国际医药行业水平相比，差距甚远。具体表现在以下方面。

1. 品种及标准滞后。陈旧产品多，新型产品少；雷同品种多，独有品种少；普通剂型多，先进剂型少；低标准产品多，高科技产品少；附加值低产品多，附加值高产品少。通过国际认证的厂家和产品还是空白。

2. 能力及意识滞后。生产能力强，研发能力弱；市场观念强，科技观念弱；近期经济效益意识强，远期能力积淀意识弱；企业运作能力强，高端策划能力弱。缺乏国际药品市场运作经验的专业人才。

3. 产业结构有待调整。镇江现有医药产业链短而小；在产业配套方面，也很欠缺。此外，在化学制药、生物制药、功能性食品方面刚起步，规模较小；医疗器械方面仍是空白，产业结构有待调整。

4. 企业发展不平衡。2009 年，全市医药产业实现工业总产值 13.35 亿元，医药企业之间的发展极为不平衡。

镇江医药产业要抢抓机遇，乘势而上，积极应对挑战，变压力为动力，发挥现有优势，通过改革体制，优化布局，调整结构，推动科技创新，改善发展环境等措施，合力促进全市医药产业跨越式发展，不断开创发展新局面。

四、淮安市医药产业的现状及存在问题

（一）现状

1. 产业初具规模

一是门类较全。淮安医药产业拥有化学原料药、制剂，中成药，中药提取，卫生材料，生化药物，现代生物技术药物，医疗器械，药用包装材料多个门类。

二是发展均衡。药品和医疗器械的销售收入之比为 1∶1，高于世界平均水平。

2. 产业配套能力较强

一是淮安有较完整的工业体系—机械、化工、电子、塑料等工业门类齐全，水平较高，化工医药中间体厂家众多，规模较大，品种较多，机电一体化类企业云集，使药品、医疗器械的产业链易于形成。

二是淮安有一定的人力资源—人才市场已经形成，易于吸纳人才；大学科技城初具规模，可为蓝领白领提供人力资源。

三是淮安有较好的融资条件—随着经济水平的进一步提高，淮安的投融资环境日益改善、能力不断提高，有志于投资医药产业的民营企业家日益增多。

3. 未来发展潜力较大

一是企业的改制转制为产业发展扫除了障碍。通过改制，历史包袱被甩掉了，企业的机制有所转换，企业已经轻装上阵。

二是通过医药市场的整顿规范，为企业公平参与市场竞争和发展奠定了基础。

三是通过实施 GMP，为企业提升药品质量管理水平和产能的扩大创造了条件，整体素质有了新的提高。

四是医药产品的多年培育，为产业的发展创造了条件。经过近年来的努力，一批优势产品逐步

形成，一批高新技术产品初露端倪。

（二）存在的主要问题

一是观念滞后。表现为战略制胜意识缺乏，联合竞争意识不强，敢为人先精神不够，学习探索动力不足，一流的企业家太少。

二是企业多而不强。2009 年，没有一家年销售额超过亿元。在全国药品生产企业百强中，淮安市入围的企业只有个别厂家，在全省 2005 年药品生产企业销售百强中，淮安市虽有 10 家入围，但未有进入前 10 位的，其中有 7 家名次在 50 位以后。

三是创新能力不足。新药数量逐年下滑，研发投入较少。十五期间，药品生产企业研发投入仅占销售收入的 2.73%，且企业之间发展很不平衡。企业的创新能力不强，大多数企业没有真正成为技术创新的主体，产学研结合程度不高，新品研发上不去，高新技术成果转不来，导致产品结构逐步老化，产品更新换代速度减慢，总体来讲，淮安市产品附加值低，在国际医药产业的合作中处于产业链的中低端。

四是营销难上规模。至今在淮安市生产的药品中，单品种能上亿个的品种，数量不多。这里尽管有政策环境因素，也有我们企业自身的问题。

五是外资未有突破。近 20 年来，淮安在三外合作方面，作过许多努力，但未能取得重大突破。其中包括许多与世界著名跨国公司的合资合作，有些项目与淮安市擦肩而过，有些项目虽有合作，未能拓展，有些独资办厂项目至今未形成规模优势；这在一定程度上，拉大了淮安医药产业与其他医药产业发达城市的差距。

六是企业集聚度差，至今，淮安尚未建医药产业园。

七是资源整合不够，优势产品未能真正形成优势，相关医药产业链未能链接，龙头企业未能培育成功。

五、芜湖市生物医药产业发展现状分析

1. 基础与优势

产业基础较强。近年来，芜湖市生物医药产业年均增幅保持在 20% 以上，拥有一批优势企业和产品，与相关院校和科研院所进行广泛合作，具有一定的医药创新资源，已形成药物发现、临床前研究、临床试验、工业化生产全过程的研发体系。

2. 问题与不足

（1）产业规模不够大。与国内发达地区相比，芜湖市生物医药企业数量多但规模小，与南京都市圈内的其他城市以及上海，苏州等城市相比，还有明显的差距。缺乏龙头企业，没有 1 家企业进入全国医药工业企业前 20 强。

（2）产业发展增速减缓。2005 年以来，芜湖市生物医药产业整体增速趋缓，在地区生产总值中的占比逐年下降，规模以上生物医药产业增加值占规模以上工业增加值的比重从 2004 年的 9.6% 下降到 2007 年的 6.5%，2008 年更降至 6.1%，降幅达 30%。

（3）整体优势尚未发挥。与国内先进城市相比，芜湖市生物医药营销缺乏整体包装，医药资源、产业与商贸优势未实现有效联动，特别是中药材资源的品种与产业关联度低，绝大多数中药材简单加工后即在专业贸易市场销售；同时，医药研发、生产、贸易和医疗环节尚未有效整合，产学研结合不够，生物医药科技成果在当地的转化率低。

（4）政策措施尚需完善。与国内主要生物产业园区相比，芜湖市针对生物医药产业发展的政策支持有限，资金、人才、政务服务等方面扶持力度不够，特别是针对重点企业、重大项目和医药高端人

才引进方面的政策措施尚需进一步完善。

芜湖市生物医药产业存在的问题及面临的挑战，客观上要求聚集全市各类医药资源，突出重点，发挥优势，走创新发展之路，加大高端人才引进和招商引资力度，全力加快芜湖市生物医药产业发展。

六、马鞍山市医药产业发展现状

马鞍山市发展生物医药产业具备很多有利条件，在生物医药技术产业的链条中拥有上、中、下游的技术配套力量。但是，马鞍山市在生物医药技术产业方面缺乏整体发展规划和布局，产业上、中、下游链条的互相协调不够，缺少资源共享和优势互补，产业集中度不高，未能形成聚集效应，技术含量高的医药产品不多，企业技术创新主体的地位仍未从根本上得到确立。

对策与措施

（一）成立马鞍山市生物医药产业协调领导小组，建立部门联席会议制度，研究和确定医药产业发展的战略规划和重大事宜。负责协调生物医药产业重大项目和基地建设等的组织实施。为马鞍山市生物医药产业发展提供组织保证。

（二）建设良好的投资发展环境。

1. 投资发展环境要达到：支撑体系健全、企业待遇公平、优惠政策透明、办事简捷高效、保障条件完备；

2. 按照市场经济规律的要求，清理现有的鼓励措施，完善各项经济政策，提高政府办事效率，创造公平的发展环境，树立良好的投资形象，为积极引进外资创造条件；

3. 建立政府促进医药产业发展的表彰制度和支持自有知识产权的新药生产、机构申请国家行政保护制度；

4. 扶植本市医药产业担保体系建设；

5. 建立重大新药产业化项目贷款贴息制度；

6. 发挥本市在市场、资金、信息和良好的城市配套条件等方面的优势，积极吸引国内外著名制药企业，以各种形式在市内设立制药生产基地；

7. 贯彻国家省、市相关的产业化政策，结合马鞍山市生物医药产业的特点，制定促进市内生物医药产业可持续性发展的政策规定，充分发挥政府协调引导服务的功能；

8. 建立政府、企业、科研院所、高校联动的“大园区”机制，营造良好的投、融资环境。

（三）设立马鞍山市生物医药产业专项基金，支持市内生物医药产业发展。

（四）进行产业布局的战略性调整。在现有基础上，制定医药产业发展规划布局，进一步形成医药产业中长期发展的生产、流通格局，建设马鞍山医药物流配送基地。

（五）鼓励在马鞍山市投资建设制药基地、制药园区。鼓励社会资金以法人投资方式建设医药产业基地或医药工业园，通过政府对项目贴息等方式，适度降低企业入驻成本。

（六）培育和吸引优秀人才服务于马鞍山市医药产业。要积极引进高素质的复合型人才，特别是“领军式”及“拔尖”人才。依托马鞍山市的教育网络，逐步建立多层次、多渠道的人才培养体系，采用委托培养、在职教育、研究生课程班以及交流考察等多种形式，迅速壮大人才队伍。

（七）建立马鞍山生物医药专家咨询制度。以科技先行的原则，根据需要，聘请大专院校、科研院所、生产企业的生物医药、生物技术专家以及法律、营销、金融、管理等方面的专家组成顾问专家组，为生物医药发展计划、项目论证提供决策咨询，提高科学决策水平。为市内生产企业在项目开发生产工艺，技术攻关，质量控制等提供全方位的技术指导和支持。

同时，组建专家信息库，为马鞍山生物医药发展和项目来源，为进入马鞍山市生物医药发展链条的企业提供技术支持和信息服务，为马鞍山市生物医药发展提供智力资源。

（八）建设高起点的研发平台，推动技术创新。进一步完善配套科研设施，加快研发进度，提高研发水平和成效，培育持续创新能力，以仿制和原创相结合的原则，大力开发特色产品，在资源共享的前提下，实现在区内产业化。

（九）扩大开放合作。充分利用网络资源，加大对本市医药产业的宣传力度。加强对外交流，邀请国内外专家到来马鞍山市讲学或推广新技术新产品，与国内企业发展“企业联盟”等多种合作方式，扩大生产规模，提高行业影响力，鼓励研发机构和企业加强与国际药业及科研机构合作，促进生物医药的研发、生产和销售。

（十）加强专项带动，培育名牌产品。集中力量，选择一批知识产权明晰、技术含量高，市场前景广阔或国内独家品种，给予专项带动，政府在科技投入上适当倾斜，重点组织实施。通过政策引导和资金扶持，培育特色，打造品牌，进一步促进行业发展壮大。

七、巢湖市医药产业发展现状

（一）马鞍山市生物医药产业发展面临重大机遇。随着科学技术的飞速发展，生物医药技术发展不断取得重大突破，新技术、新药品不断问世，推动市场规模迅速扩张，全球生物产业以每五年翻两番的速度增长，发展前景十分广阔。“十一五”期间以来，中国高度重视生物医药产业发展，加大研发投入和政策支持力度，生物医药产业创新体系不断完善，企业自主创新能力不断增强，产业竞争力显著提升，产业国际化进程逐步加快，生物医药产业产值年均增速超过 20%，产业规模 4 年翻了一番多。“十二五”期间，随着国家社会保障体系的进一步健全和医疗卫生体系的日趋完善，我国医药市场需求将会进一步扩大，国家将会进一步加大对生物医药产业发展的政策支持力度，生物医药产业将持续快速增长，成为国家战略性高技术产业。加之生物医药产业不属于周期性产业，受全球经济影响较小，具有较强的稳定性和较高的安全性。国内外生物医药产业巨大的市场空间使巢湖市面临着前所未有的发展机遇，将进入新的大发展阶段。

（二）“十二五”时期将是中国生物医药行业的深度调整期，从马鞍山市生物医药产业发展来看，主要还存在整体规模偏小、结构调整不到位、创新主体间链条不连贯、研发投入不足、合同研发外包能力弱、成果转化率较低、产业集聚度不高、种质资源底子不够清楚、种质资源保护和开发利用不够，以及医药企业规模小、经营管理水平低、产品市场竞争力不强等突出问题。

十七　南京都市圈旅游业

一、南京都市圈地区基本情况

1. 国际旅游情况

2009 年，南京都市圈地区共接待入境游客 2391319 人次，比 2008 年增加 2. 2%。其中：接待入境游客最多的是南京市 1134515 人次，比 2008 年减少 4. 8%；其次是镇江市 588935 人次，比 2008 年增加 10. 0%；扬州市 500251 人次，比 2008 年增加 7. 9%；芜湖市 59800 人次，比 2008 年增加 1. 4%；滁州市 38230 人次，比 2008 年增加 43. 9%；马鞍山市 29124 人次，比 2008 年增加 17. 7%；淮安市 26264 人次，比 2008 年减少 0. 6%；巢湖市 14200 人次，比 2008 年增加 14. 5%。

表 4 – 99　　2005 ~ 2009 年南京都市圈地区接待入境游客人数　　单位：人次

	2005 年	2006 年	2007 年	2008 年	2009 年
南京	876279	1009166	1160863	1191813	1134515
扬州	238649	300711	374789	463557	500251
镇江	306482	363806	464112	535508	588935
淮安	21634	24918	27592	26422	26264
马鞍山	12084	15215	19630	24752	29124
滁州	8133	10984	18392	26558	38230
芜湖	18200	28500	44400	59000	59800
巢湖	5970	8140	10200	12400	14200
南京都市圈合计	1487431	1761440	2119978	2340010	2391319

数据来源：历年《江苏统计年鉴》、《安徽统计年鉴》以及各市统计公报。

2009 年，南京都市圈地区旅游创汇 178908 万美元，比 2008 年增长 3. 5%。其中：南京市旅游创汇 83728 万美元，比 2008 年降低 4. 0%；扬州市旅游创汇 40131 万美元，比 2008 年增长 11. 7%；镇江市旅游创汇 45435 万美元，比 2008 年增长 8. 0%；淮安市旅游创汇 2090 万美元，比 2008 年增长 0. 7%；马鞍山市旅游创汇 4091 万美元，比 2008 年增长 55. 4%；滁州市旅游创汇 1236 万美元，比 2008 年增长 41. 1%；芜湖市旅游创汇 1842 万美元，比 2008 年增长 2. 3%；巢湖市旅游创汇 355 万美元，比 2008 年增长 13. 1%。

表 4 – 100　　2005 ~ 2009 年南京都市圈地区国际旅游外汇收入　　单位：万美元

	2005 年	2006 年	2007 年	2008 年	2009 年
南京	57557	67711	80764	87174	83728
扬州	15177	20819	28163	35942	40131

续表

	2005 年	2006 年	2007 年	2008 年	2009 年
镇江	17988	25108	36340	42070	45435
淮安	1322	1812	2230	2076	2090
马鞍山	990	1361	1891	2633	4091
滁州	315	358	579	876	1236
芜湖	2460	8538	849	1800	1842
巢湖	240	208	240	314	355
南京都市圈合计	96049	125915	151056	172885	178908

数据来源：历年《江苏统计年鉴》、《安徽统计年鉴》以及各市统计公报。

2. 国内旅游情况

2009 年，南京都市圈地区共接待国内游客 13183.09 万人次。其中：接待国内游客最多的是南京市 5519.91 万人次，增加 11.1%；其次是扬州市 2265.50 万人次，增加 22.8%；镇江市 2242.37 万人次，增加 17.8%；淮安市 1010.03 万人次，增加 18.2%；芜湖市 657.70 万人次，增加 21.4%；马鞍山市 538.61 万人次；滁州市 502.97 万人次，增加 21.5%；巢湖市 446.00 万人次，增加 3.5%。

表 4－101　　2005～2009 年南京都市圈地区接待国内游客人数　　单位：万人次

	2005 年	2006 年	2007 年	2008 年	2009 年
南京	3189.66	3700.01	4488.88	4970.16	5519.91
扬州	1113.05	1316.10	1522.42	1844.24	2265.50
镇江	1166.97	1380.60	1589.88	1904.23	2242.37
淮安	549.85	635.15	733.29	854.74	1010.03
马鞍山	216.09	269.41	339.39	—	538.61
滁州	226.97	265.61	333.13	414.00	502.97
芜湖	548.00	351.18	431.81	541.60	657.70
巢湖	208.00	305.69	341.00	431.00	446.00
南京都市圈合计	7218.99	8223.75	9779.80	—	13183.09

数据来源：历年《江苏统计年鉴》、《安徽统计年鉴》以及各市统计公报。

2009 年，南京都市圈地区国内旅游收入 1425.97 亿元，比 2008 年增长 20.5%。其中：南京市国内旅游收入 720.24 亿元，比 2008 年增长 16.1%；扬州市国内旅游收入 225.93 亿元，比 2008 年增长 28.2%；镇江市国内旅游收入 234.30 亿元，比 2008 年增长 26.6%；淮安市国内旅游收入 99.52 亿元，比 2008 年增长 28.4%；马鞍山市国内旅游收入 26.03 亿元，比 2008 年增长 17.9%；滁州市国内旅游收入 30.71 亿元，比 2008 年增长 9.1%；芜湖市国内旅游收入 59.58 亿元，比 2008 年增长 22.1%；巢湖市国内旅游收入 29.66 亿元，比 2008 年增长 19.0%。

表 4－102 **2005～2009 年南京都市圈地区国内旅游收入** 单位:亿元

	2005 年	2006 年	2007 年	2008 年	2009 年
南京	328.20	405.48	526.03	620.58	720.24
扬州	92.36	115.10	144.00	176.26	225.93
镇江	103.48	127.61	153.91	185.07	234.30
淮安	34.55	44.15	60.04	77.52	99.52
马鞍山	11.24	13.60	17.54	22.07	26.03
滁州	11.48	14.66	22.41	28.16	30.71
芜湖	23.59	29.12	37.52	48.81	59.58
巢湖	6.23	11.90	18.30	24.91	29.66
南京都市圈合计	611.13	761.62	979.75	1183.38	1425.97

数据来源:历年《江苏统计年鉴》、《安徽统计年鉴》以及各市统计公报。

二、南京都市圈各市的基本情况

1. 南京市

(1)总体情况

2009 年,南京市全年接待境内外旅游者 5633.36 万人次,比 2008 年增长 10.7%。其中:接待国内旅游者 5519.91 万人次,增长 11.1%;接待入境旅游者 113.45 万人次,下降 4.8%。全市旅游总收入 822.16 亿元,比 2008 年增长 15.1%。其中:国内旅游收入 720.24 亿元,增长 16.1%;国际旅游创汇 8.37 亿美元,下降 4.0%。全市旅游总收入占全市 GDP 比重达 19.72%,较 2008 年增加 0.8 个百分点,占第三产业增加值的比重达 38.13%,较 2008 年增加 0.28 个百分点。南京市 2009 年全年经批准因私出国出境人数达 30.36 万人次,增长 24.4%。南京市各项旅游供给要素不断完善,旅游企业接待规模日益扩大。截至 2009 年年底,南京市共有旅行社 450 家,其中经营出境旅游业务的旅行社 16 家;旅游星级饭店 131 家,其中五星级饭店 13 家、四星级饭店 21 家、三星级饭店 65 家,二星级饭店 32 家;国家等级旅游景区 47 家,其中AAAAA级景区 1 个、AAAA级景区 9 个、AAA级景区 12 个、AA级景区 25 个;全国工农业旅游示范点 17 个,其中农业旅游示范点 12 个、工业旅游示范点 5 个。

2009 年,南京市旅游星级饭店实现营业收入 39.47 亿元,较 2008 年下降 0.73%,其中客房收入 14.81 亿元、餐饮收入 17.93 亿元、其他收入 6.4 亿元。上缴营业税等各项税金 1.95 亿元,实现利润总额 1.7 亿元。全市旅游星级饭店平均客房出租率为 61.52%,平均房价 314 元/间天。其中:五星级饭店平均出租率 62.1%,平均房价 564 元/间天;四星级饭店平均出租率 67.39%,平均房价 345 元/间天;三星级饭店平均出租率 62.17%,平均房价 208 元/间天;二星级饭店平均出租率 57.31%,平均房价 158 元/间天。2009 年,南京市旅行社实现营业收入 30.87 亿元,较 2008 年增长 11%,上缴营业税等各项税金 1244 万元。全市旅行社组团国内人数 248.5 万人次,接团国内人数 147.8 万人次。全市旅行社外联入境人数 7.99 万人次,接待入境人数 23.2 万人次。南京市主要旅游景区(点)年接待量超过 100 万人次的景点有 9 个,年接待量超过 50 万人次的景点有 18 个。全市等级景区实现营业收入 10.75 亿元,较 2008 年增长 12%。其中门票收入 4.1 亿元,较 2008 年增长 7.9%。上缴营业税等各项税金 3360 万元,较 2008 年增长 5.6%。实现利润总额 3919 万元,较 2008 年增长 18.5%。

表 4 – 103　　2009 年南京市旅游主要经济指标

指标	计量单位	2009 年	±%(或百分点)
全市接待国内外旅游者	万人次	5633.36	10.70%
入境旅游者	万人次	113.45	-4.80%
国内旅游者	万人次	5519.91	11.10%
全市旅游总收入	亿元	822.16	15.10%
国际旅游外汇收入	亿美元	8.37	-4.00%
国内旅游收入	亿元	720.24	16.10%
旅游总收入占 GDP 的比值	%	19.72	0.80%
旅游总收入占第三产增加值的比值	%	38.13	0.28%
全市拥有星级饭店	家	131.00	—
全市拥有旅行社	家	450.00	3.40%
经营出境旅游业务	家	16.00	—
全市旅游 A 级景区	个	47.00	—
AAAAA 级旅游景区(点)	个	1.00	—
AAAA 级旅游景区(点)	个	9.00	—
AAA 级旅游景区(点)	个	12.00	—
AA 级旅游景区(点)	个	25.00	—

数据来源:历年《江苏统计年鉴》、《安徽统计年鉴》以及各市统计公报。

(2)国际旅游情况

2009 年,南京市每天平均接待入境旅游者 3108 人次,全年共接待入境旅游者 1134515 人次,其中:接待外国人 743999 人次,较 2008 年下降 3.8%;接待香港同胞 155470 人次,较 2008 年下降 9.3%;接待澳门同胞 10664 人次,较 2008 年增长 23.7%;接待台湾同胞 224382 人次,较 2008 年下降 4.5%。从南京市入境旅游市场客源结构来看,外国人占南京市入境旅游总接待量的 65.58%,香港同胞占 13.7%,澳门同胞占 0.94%,台湾同胞占 19.78%。

按照外国旅游者的洲际市场划分:南京市 2009 年度接待亚洲游客 349508 人次,占南京市接待外国人总数的 46.98%;接待欧洲游客 209517 人次,占外国人总数的 28.16%;接待美洲游客 130475 人次,占外国人总数的 17.54%;接待大洋洲游客 33323 人次,占外国人总数的 4.48%;接待非洲游客 9517 人次,占外国人总数的 1.28%;接待其他国家游客 11659 人次,占外国人总数的 1.56%。从洲际市场的份额来看,南京市入境旅游接待的传统市场在亚洲、欧洲及美洲,大洋洲、非洲等新兴市场正在成为南京市入境接待的重要潜力客源地。

按照外国旅游者的国别市场划分,2009 年南京市入境旅游接待前十位的客源国家分别是(1)日本、107073 人次,(2)美国、98369 人次,(3)韩国、72002 人次,(4)马来西亚、71367 人次,(5)德国、64176 人次,(6)新加坡、46119 人次,(7)英国、34745 人次,(8)法国、29527 人次,(9)澳大利亚、28534 人次,(10)加拿大、21557 人次。日本、美国、韩国常年稳居南京市入境旅游接待客源国前列。

表 4－104　　2009 南京市接待入境旅游者人数　　计量单位:人次

指标	2009 年	±%(或百分点)
合计	1134515	－4.80%
一、外国人	743999	－3.80%
亚洲人	349508	－7.20%
美洲人	130475	3.30%
欧洲人	209517	－2.60%
大洋洲人	33323	3.00%
非洲人	9517	－10.40%
其他	11659	－6.70%
二、香港同胞	155470	－9.30%
三、澳门同胞	10664	23.70%
四、台湾同胞	224382	－4.50%
平均每天到宁人数	3108	－5.10%

本表数据按市旅游局提供的全社会口径统计。

(3)国内旅游情况

2009 年,南京市接待国内旅游者 5519.91 万人次,较 2008 年增长 11.1%,实现国内旅游收入 720.24 亿元,较 2008 年增长增长 16.1%。

抽样调查结果显示,2009 年度到宁游客人均花费构成:长途交通费收入占 14.71%,住宿费用占 19.89%,餐饮费占 17.19%,景区游览占 14.26%,娱乐花费占 6.08%,购物花费占 20.19%,市内交通占 4.57%,邮电通信占 0.67,其他杂费占 2.4%。

抽样调查结果显示,按到宁国内旅游者客源市场划分,南京市客源比重列前十位的省(市)依次是:江苏占 29%,浙江占 9.42%,安徽占 8.78%,上海占 7.18%,山东占 6.28%,河南占 5.04%,广东占 3.56%,北京占 3.12%,河北占 3.03%,湖北占 2.75%。

(4)郊县旅游经济

2009 年,江宁、溧水、高淳、浦口、六合 5 个郊区(县)共接待旅游者 753 万人次,较 2008 年增长 18.6%,郊区(县)实现旅游总收入 95.1 亿元,较 2008 年增长 26.63%,郊区(县)旅游总收入占全市旅游总收入的比重达到 11.6%,郊区(县)游览点接待量达 1158 万人次。

表 4－105　　2009 年南京市郊区县主要旅游经济指标

地区	地区接待旅游者(万人次)	旅游总收入(万元)	游览点接待量(万人次)
南京市浦口区	192	220449	276
南京市江宁区	215	238855	401
南京市六合区	132	211043	180
南京市溧水县	112	132551	150
南京市高淳县	102	148100	151
合计	753	950998	1158

数据来源:历年《江苏统计年鉴》、《安徽统计年鉴》以及各市统计公报。

（5）假日接待情况

2009 年，春节黄金周南京市接待旅游者 203 万人次，较 2008 年增长 17.3%，实现旅游总收入 17.48 亿元，较 2008 年增长 18.3%。国庆黄金周南京市接待旅游者 402 万人次，较 2008 年增长 13.56%，实现旅游总收入 32.33 亿元，较 2008 年增长 18%，创下历届黄金周的最高纪录。节日期间，南京市各类旅游住宿设施接待火爆，其中星级饭店平均客房出租率达到 80%，部分低星级酒店和经济型旅馆甚至达到 100%。据携程旅游网调查结果显示，2009 年国庆黄金周南京位列全国综合人气最旺城市排名的第六位。

（6）旅游资源

南京市有精品旅游线路。分别是：六朝怀古游——玄武湖、夫子庙、栖霞山等；大明胜迹游——明孝陵、灵谷寺、朝天宫等；郑和遗踪游——南京郑和宝船遗址公园、牛首山郑和墓等；民国文化游——钟山风景名胜区、总统府、南京 1912 旅游休闲时尚街区等；宗教文化游——鸡鸣寺、玄奘寺、毗卢寺等；秦淮风情游——秦淮风光带、内外秦淮画舫等；科教修学游——江南水师学堂、南京博物院等；滨江风貌游——南京长江大桥、南京长江二桥、狮子山阅江楼等；温泉度假游——汤山温泉等；乡村美景游——牛首山郊野踏青、菊花台公园等。南京春秋短、冬夏长，冬夏温差显著，四时各有特色，皆宜旅游，有"春游牛首烟岚"、"夏赏钟阜晴云"、"秋登栖霞胜境"、"冬观石城霁雪"之说。

2. 扬州市

（1）总体情况

2009 年，扬州市旅游业持续较快发展。2009 年接待境内外旅游者人数 2315.5 万人次，增长 22.5%；实现旅游总收入 252.8 亿元，增长 25.5%。其中：国内旅游者人数 2265.50 万人次，增长 22.8%；国内旅游收入 225.93 亿元，增长 28.2%。接待入境旅游者人数 50.03 万人次，增长 7.9%；旅游外汇收入 4.01 亿美元，增长 11.7%。

表 4－106　　2009 年扬州市旅游主要经济指标

指标	计量单位	2009 年	±%（或百分点）
全市接待入境旅游者	万人次	50.03	7.9%
全市接待国内旅游者	万人次	2265.50	22.8%
国际旅游外汇收入	亿美元	4.01	11.7%
国内旅游收入	亿元	225.93	28.2%

数据来源：历年《江苏统计年鉴》、《安徽统计年鉴》以及各市统计公报。

（2）旅游发展特点

一、强势推介，旅游营销出新招。早在 2009 年 3 月，全国上下掀起发放旅游消费券的热潮，扬州市旅游局提出了"发放旅游消费券扬州不跟风，拉动旅游内需扬州要跟进"的营销思路，酝酿着在适当的时机，以更加有力、有效的形式，推出更具扬州特色的旅游营销新动作。"1＋3＋X"（一个政策、三项活动、景区系列活动）的营销组合应运而生，扬州市旅游局调动全市旅游行业的力量，制定出一套政策，即 2009 年 7～8 月，游客购票到扬州市瘦西湖、大明寺等 16 家景区游玩，门票价格一律 5 折优惠；游客入住新世纪大酒店、扬州宾馆等"夏季旅游营销联盟"32 家酒店，一律门市价 5 折优惠。

二、媒体助阵，打响文化牌。根植于文化，以朱自清名篇《扬州的夏日》为卖点，在前三年的品牌宣传营销的基础上，进一步打响文化牌，通过"文化结合旅游"的宣传方法，赋予旅游资源更强的生命力。同时，注重与强势媒体的互动，利用国内各大强势媒体平台，为活动推波助澜。联合中国旅游报、华东旅游报、新华日报等各大主流媒体和人民网、优酷网、携程网等网络媒体，进行密集的广告宣传，掀起了一股强大的宣传攻势。

三、活动丰富。如“扬州的夏日”苏浙沪鲁皖中小学生征文比赛，目前先后已有浙江宁波、嘉兴、绍兴以及山东聊城、日照、河南商丘、江苏泰州等的晚报，组织了10多批次、数百名小记者前来扬州采风，其中有的晚报还分别组织了中学生组、小学生组，分批次地多次来扬。此外，随着各地小记者的陆续来扬，反映扬州美景的小记者征文也正在各地陆续开始发表，商丘《京九晚报》已就来扬采风进行了整版的报道宣传，在当地产生了很好的影响。如“音乐里的扬州”十大原创金曲全国大赛活动自启动以来，得到全国20多个省（市、自治区）歌词专业人士和爱好者的广泛关注和积极响应。歌词征集阶段，组委会共收到歌词作品近百首。如“双东”历史街区通过延长商户营业时间，免费开放相关景点、书场等系列活动的开展，丰富扬州百姓的夜生活。文昌商圈及京华城等购物场所也纷纷延长打烊时间，获得了可观的经济收入。京华城还特别推出了啤酒节等系列活动，极大了积聚了人气，拉动了消费。初步估算，每天营业额增加10万元左右。2009年7月18日，瘦西湖首次推出了陆上夜游“万花园之夜”活动，组织了菲律宾歌舞专场表演、筝箫表演、杂耍、乐器表演等各种互动演出，仅开放的第一天，就吸引了千余人次入园游玩。扬州1912也适时推出真人CS比赛、现场涂鸦秀、泼酒节、极限运动演出、假面舞会等活动，吸引了众多来扬游客。

四、秩序井然，旅游服务品质不打折。各联盟企业按照扬州市政府的统一部署，认真执行对接优惠政策，精心准备各类主题活动，服务保障措施落实到位，确保了旅游价格打了折，旅游品质不打折，旅游服务不打折，旅游环境不打折。

（3）旅游资源

扬州市是中国著名的风景旅游休闲城市。古人赞美扬州的诗句皆成经典传世，如“十年一觉扬州梦”、“春风十里扬州路”、“二十四桥明月夜”等。扬州园林诸如瘦西湖、个园、何园、汪氏小苑等都是扬州著名的旅游景点，素有“回眸难忘锦绣园，浅笑又忆烟雨巷”的名句传诵于世。主要旅游景点有：瘦西湖风景名胜区、个园、何园、凤凰岛、扬州老街、古运河、马可波罗纪念馆、大明寺、扬州佛教文化园等。最佳旅游时机：所谓“烟花三月下扬州”，每年的春季是游览扬州的最佳时间。每年4月18日～5月18日，扬州市都会举行“烟花三月经贸旅游节”，此时的扬州烟雨朦朦，稀有的琼花正当盛开，花香扑鼻，是旅游的黄金季节。

3. 镇江市

（1）总体情况

2009年，镇江市接待国内旅游者2242万人次，比2008年增长17.8%；国内旅游收入234.3亿元，比2008年增长26.6%。接待入境旅游者58.9万人次，比2008年增长10.0%。其中：外国人46.4万人次，增长12.6%；港澳台同胞12.5万人次，增长1.4%；国际旅游外汇收入4.54亿美元，增长8.0%。

表4－107　　2009年镇江市旅游主要经济指标

指标	计量单位	2009年	±%（或百分点）
全市接待入境旅游者	万人次	58.90	10.0%
全市接待国内旅游者	万人次	2242.00	17.8%
国际旅游外汇收入	亿美元	4.54	8.0%
国内旅游收入	亿元	234.30	26.6%

数据来源：历年《江苏统计年鉴》、《安徽统计年鉴》以及各市统计公报。

(2)旅游资源

镇江市是中国历史文化名城和优秀旅游城市。市区沿江自西向东镶嵌着金山、北固山、焦山,组成风景各异的"三山"风景区。市区南山国家森林公园青山连绵,古木幽深,昭明太子读书台、文苑、增华阁、赵伯先墓等点缀其中。东部有大型旅游景点21世纪乐园、宝塔山公园;西部有被地质界誉为"世界罕见,中国第一"的彭公山方解石晶洞。金山江天禅寺、焦山定慧寺、宝华山隆昌寺、茅山道院均为全国重点寺庙道观;焦山碑林、丹阳南朝陵墓石刻、镇江英国领事馆旧址为全国重点文物保护单位。有省级重点文物保护单位15处,其中有焦山古炮台遗址、昭关石塔、相传为孔子所书的延陵季子碑(唐拓本)、被誉为"江南第一钟"的唐中和铜钟、古代建筑奇葩隆昌寺无梁寺殿和铜殿、宋抗金名将宗泽墓、山炮台遗址等。还有市级重点文物保护单位84处。

4. 淮安市

(1)总体情况

2009年,淮安市旅游业稳定发展。全年接待境内外旅游者1012.65万人次,比2008年增长18.1%。其中:接待国内旅游者1010万人次,增长18.2%;接待入境旅游者26264人次,下降0.6%。实现国内旅游收入100亿元,比2008年增长28.4%;实现旅游外汇收入2090万美元,增长0.7%。

表4-108　　2009年淮安市旅游主要经济指标

指标	计量单位	2009年	±%(或百分点)
全市接待入境旅游者	万人次	2.63	-0.6%
全市接待国内旅游者	万人次	1010.00	18.2%
国际旅游外汇收入	亿美元	0.21	0.7%
国内旅游收入	亿元	100.00	28.4%

数据来源:历年《江苏统计年鉴》、《安徽统计年鉴》以及各市统计公报。

(2)旅游资源

淮安市风景优美,名胜众多。1986年国务院公布淮安为国家历史文化名城。淮安市有周恩来故居位于淮安驸马巷内,分东西两个宅院。东院为周恩来祖父的住房;西院临曲巷,现为"周恩来同志生平"陈列室,展出近200幅照片和90多件实物。周恩来纪念馆位于淮安城北桃花垠,分主馆和副馆。副馆平面为"人"字形,副馆拥抱主馆、象征着周恩来永远和人民在一起;主馆有4根11米高的栋梁大柱,象征着周恩来生前多次提出要实现我国四个现代化。明祖陵——位于盱眙境内,是朱元璋高祖、曾祖和祖父的陵墓。荷花荡位于高邮湖畔,座落在金湖县闵桥镇联圩内,三面环湖相拥,生态环境优美,总面积2.24平方公里。清晏园位于市区,是苏北最有代表性的古典园林,也是中国漕运史上唯一留存的官宦园林,至今已有300多年历史。

5. 马鞍山市

(1)总体情况

2009年,马鞍山市旅游环境和服务水平继续提升。马鞍山市积极开展旅游主题活动,发挥旅游产业拉动内需、促进经济增长的作用。2009年共接待海外旅游者29124人次,比2008年增长17.7%。2009年全年旅游总收入28.81亿元,比2008年增长20.5%。其中,国际旅游外汇收入4091.22万美元,比2008年增长55.4%。2009年年末星级饭店为22家。其中四星5家、三星7家、二星8家、一星2家。

表 4－109　　　　2009 年马鞍山市旅游主要经济指标

指标	计量单位	2009 年	±%（或百分点）
全市接待入境旅游者	万人次	2.91	17.7%
国际旅游外汇收入	万美元	4091.22	55.4%
全市拥有星级饭店	家	22.00	—

数据来源：历年《江苏统计年鉴》、《安徽统计年鉴》以及各市统计公报。

（2）旅游发展特点

一、完善旅游发展政策，强化政府主导战略，大力改善旅游发展环境。2009 年初，马鞍山市出台《马鞍山市旅游业奖励暂行办法》，从适用范围和对象、奖励内容、奖励申报程序三个方面对马鞍山市旅游业的奖励做出了具体规定，对在旅游经营活动中作出显著成绩的企业、个人，给予相应的表彰和奖励，进一步调动全市旅游企事业单位发展旅游的积极性。为马鞍山市旅游产业发展提供了有力的政策保障。

二、举办主题活动，营造旅游发展氛围。如指导当涂县举办 2009 当涂护河园艺“桃花节”和“采摘节”。活动期间，内容多、形式活，吃农家饭、住农家屋、干农家活、垂钓、登山、采摘各类鲜果，尽享丰收的喜悦，领略大自然风光，寻找田园乐趣。如组织举办“全国百城旅游宣传周”马鞍山分会场活动。4 月 11 日至 17 日期间，用一周的时间在全行业开展“全国百城旅游宣传周”大型宣传推广活动。景区、酒店、旅行社等旅游企事业单位会现场赠送或出售促销打折门票、年卡、客房等旅游产品，通过抽奖、咨询、问卷等多种形式与广大市民现场互动，发放各类宣传资料，展示特色旅游商品。如组织举办第三届马鞍山李白国际户外旅游节。户外节以“相约诗城生态游，畅游户外山水行”为宣传口号，充分彰显了 2009 生态旅游年的主题，活动内容丰富，精彩纷呈，包括李白国际户外铁人三项赛、帐篷大会、篝火晚会、拜谒“游仙”李白、“游仙”李白户外精神论坛、全民健身户外攀岩体验赛、单车越野赛、龙舟趣味挑战赛和诗城游记博客大赛等活动。通过户外节的成功举办，进一步展示了山水诗都—马鞍山“文明之城、和谐之城、休闲之城、活力之城”的良好城市形象。如谋划举办纪念小平同志“黄山谈话”马鞍山乡村休闲周活动，举办马鞍山“诗仙游踪”休闲自驾旅游节，参与承办第二届骏马奖游戏动漫 Cosplay 大赛暨漫画大赛等等。

三、以项目建设为抓手，不断完善休闲旅游基地。策划、确立城市的旅游形象。委托专业策划机构编制的《马鞍山市城市（旅游）形象总体策划（规划）》已完成修改稿，并通过马鞍山市政府网、马鞍山市旅游网等网络平台公开征询意见，提高规划研究和编制工作的透明度和社会参与度，使规划内容更加贴近社会与国民经济发展要求；强化旅游项目基础工作。做好省“861”项目库，其中，太白生态乐园、江东美食街和春盛生态园已进入全省“861”项目库。全力开展好 2009 年省级旅游发展资金项目和市旅游发展资金项目的编排和申报工作；并做好与上级部门和相关单位的项目对接工作，如省旅游局的在建项目统计、发改委的国债资金项目申报、市委宣传部的文化产业项目上报等等；加快旅游项目库建设步伐。目前，旅游项目库规划方案正在后期修改完善中。今后凡申请省、市旅游发展专项资金的旅游项目全部从旅游项目库中选取。在编制马鞍山旅游项目库的基础上，设计马鞍山旅游项目库管理系统链接到马鞍山市旅游网。该系统包括支持政策、项目进展、项目填报、项目查询、项目管理等内容，并已开始试运行；加大项目招商引资工作力度。分别于 9 月 9 日、9 月 21 日、10 月 15 日，参加在厦门、天津、北京举办的安徽旅游产品及项目招商推介会，重点推介马鞍山市旅游资源、旅游产业现状和今后发展前景，就采石风景区、环雨山湖商贸休闲区、青山风景旅游区、濮塘旅游中心镇、江心洲旅游度假区、小黄洲湿地公园进行重点介绍与推介，受到各地投资商的关注和欢迎，多次邀请各地知名旅游集团来马鞍山市考察旅游项目，取得了一定的成效，达到了预期的目的；扎实开展“中国生态旅游年”活动，大力推进生态旅游园区建设。2009 年是国家旅游局确定的“中国生态旅游年”，也是马鞍山市生态旅游园区加速建设的关键一年。马鞍山市积极协助生态旅游园区开展项目论证、规划设计和可行性研究，为园区建设出谋划策，协调解决土地、规划、环评等工作，并做好跟踪服务；主动与省旅游局、市发改委等部门对接，积极指导、帮助生态园区建设项目申报省、市级旅游发展资金、国债资金等各类补助资金；以户外旅游节等大型主题活动为载体，通过电视、广播、报纸、网络等多种宣传方式，加大力度宣传推广马鞍山市的生态旅游资源。目前，凤凰湖原生态休闲山庄、甑山生态园、当涂太白生态乐园、春盛生态园等一批投资上亿的项目逐步开门营业。姚家寨生态园正加紧建设，年底将进行试运营。

四、着力开展宣传营销，推进旅游目的地建设。充分发挥各类媒体的宣传辐射作用。在中央电视台、中国旅游卫视等国内主流媒体发布宣传报道 50 多篇（条）。在人民网、新华网、搜狐、新浪、中国旅游网、绿野户外、网易等知名网站发布旅游信息 1000 多条；在中国国内旅交会会刊《东方之旅》、南京新街口旅游节特刊刊登多个整版宣传，还在央视国际等网站开辟了“马鞍山旅游”和“李白国际户外旅游节”宣传专题网页，全方位宣传马鞍山旅游；积极开展区域旅游联合，加速融入南京都市圈。2009 年 5 月，分别与台北县、上海世博局签署了“南京都市圈与台北县旅游合作交流备忘录”、“都市圈与上海世博局合作交流备忘录”等一系列合作协议。即将开通南京都市圈“旅游一卡通”和“旅游直通车”，加速融入南京都市圈。并于与白下区旅游局签订了“城际互游合作协议”，以进一步加强区域及都市圈旅游交流与协作；组织“扬子江之旅”联合宣传促销。加入“宁、镇、扬、马”旅游城市联盟，是马鞍山市旅游实施东向发展战略的一个重要举措。2009 年 8 月 23 日至 28 日，南京、镇江、扬州、马鞍山四城市联手，赴南昌、长沙、南宁进行“扬子江之旅”联合宣传促销，统一旅游品牌、统一旅游线路产品、统一编制旅游宣传品、统一组织宣传推介，借势把马鞍山市优势产品搭载到名牌旅游线路中去。此次联合促销由马鞍山市旅游局牵头组织，四市均派出了强大的宣传营销阵容。促销活动由马鞍山市副市长张摘月等“宁镇扬马”四城市的政府分管领导率队，四市旅游局、园林局及所辖市（区、县）旅游局有关领导、各市景区（点）、旅行社、酒店营销人员、以及部分演员和媒体记者等共约 70 人一同参加。马鞍山市由副市长张摘月女士为团长，采石风景区、马钢力生公司等、甑山生态园、马鞍山国旅等旅游企事业单位组成促销队伍参加，此次促销活动取得了圆满成功，“扬子江之旅”在各地产生了很大反响；积极组织参加各类旅交会。先后组织了全市主要旅游企业 400 多人次参加 2009 中国国内（大连）旅游交易会、2009“长三角”（南京）旅游交易会、中国北方（烟台）旅交会、第四届中博会暨 2009 中国旅游商品博览交易会、芜湖旅博会、扬州世界运河名城博览会、2009 年南京新街口旅游节暨南京旅游广场宣传咨询活动、中国国际旅游商品博览会等一系列旅游交易会，散发各类旅游宣传材料 8 万多份，宣传工作取得了很好的效果。特别是制作特装展位组织参展中博会，参加了旅游商品精品展、工艺美术大师作品展、旅游商品互动动态展等，受到了省市领导、专家、客商的一致肯定，有效宣传了马鞍山市地方特色的旅游商品品牌，对更快更好地推动马鞍山旅游商品市场繁荣发展产生积极作用。据不完全统计，各类旅交会，参与采访报道的中央媒体、兄弟市媒体和市媒体共刊（播）发消息、专访、专题、花絮、图片、评论等各类稿件 100 多篇（条、幅）。

（3）旅游资源

马鞍山市西傍长江，中含一湖，众多玲珑剔透的青山点缀在城市四周。著名园林专家陈从周先生对此有“九山环一湖，翠螺出大江”的美誉。山、水、城融为一体，是一座具有典型江南风韵的山水园林城市。国家重点风景名胜区、国家 AAAA 级旅游区采石风景区，拥有令人神往的佳山胜水。主要旅游点有采石矶、太白楼、广济寺、三元洞、雨山湖公园、濮塘风景区、当涂青山太白墓等。其中，被誉为城市明珠的雨山湖风景区，占地 66.666 公顷，树影湖光，使人有城市山林之感。此外，马鞍山作为全国十大钢铁工业基地之一，具有丰富的工业旅游资源。"钢铁是怎样炼成的"工业景观一日游，成为马鞍山旅游业的一条特色，名牌旅游线路，被批准为首批国家工业旅游示范点。

6. 滁州市

（1）总体情况

2009 年，滁州市全年接待旅游者人数 506.79 万人次，比 2008 年增长 21.6%，其中接待外国和港澳台旅游者 38230 人次，比 2008 年增长 43.9%。全年旅游总收入 31.55 亿元，比 2008 年增长 9.8%。其中，旅游外汇收入 1236 万美元。2009 年年末，全市共有星级旅游饭店 19 个，名胜风景区 23 个。

表 4－110　　2009 年滁州市旅游主要经济指标

指标	计量单位	2009 年	±%（或百分点）
全市接待国内外旅游者	万人次	506.79	21.60%
入境旅游者	万人次	3.82	43.90%
国内旅游者	万人次	502.97	21.50%
全市旅游总收入	亿元	31.55	9.80%
国际旅游外汇收入	万美元	1236.00	41.10%
国内旅游收入	亿元	30.71	9.10%
全市拥有星级饭店	家	19.00	—
名胜风景区	个	23.00	—

数据来源：历年《江苏统计年鉴》、《安徽统计年鉴》以及各市统计公报。

（2）旅游资源

滁州市旅游资源十分丰富。有国家级风景名胜区、国家级森林公园、国家级重点文物保护单位 7 处，省级自然保护区和重点文物保护单位 11 处，有名山、名亭、古关、古寺、历史文化遗址等自然人文景观 100 多处。其中琅琊山、醉翁亭、凤阳明皇陵、白鹭岛风景区、皇甫山国家森林公园自然保护区等景观驰名中外。滁州市拥有琅琊山、皇甫山、韭山、神山四个国家森林公园，明皇陵、明中都城两个全国文物保护单位和一批省级风景区、自然保护区、文物保护单位。滁州名胜首推素有"蓬莱之后无别山"美誉的琅琊山，山中有建于唐代的琅琊寺和建于宋代的醉翁亭（全国四大名亭之首）及姊妹亭"丰乐亭"。凤阳县是省级历史文化名城，以"帝王之乡"、"花鼓之乡"、"大包干"发源地闻名遐迩。

7. 芜湖市

（1）总体情况

2009 年，芜湖市接待境内外各类旅游者 663.68 万人次，其中接待国内旅游者 657.7 万人次。2009 年全年实现旅游总收入 60.83 亿元，其中旅游创汇 1841.82 万美元。2009 年年末共有旅行社 47 家；星级宾馆 25 家，其中三星级及以上 14 家；2A 级及以上旅游景点（区）19 处，其中 4A 级景区 6 处。

表 4－111　　2009 年芜湖市旅游主要经济指标

指标	计量单位	2009 年	±%（或百分点）
全市接待国内外旅游者	万人次	663.68	—
入境旅游者	万人次	5.98	1.40%
国内旅游者	万人次	657.70	21.40%

续表

指标	计量单位	2009 年	±%（或百分点）
全市旅游总收入	亿元	60.83	—
国际旅游外汇收入	万美元	1841.82	2.30%
国内旅游收入	亿元	59.58	22.10%
全市拥有旅行社	家	47.00	—
全市拥有星级饭店	家	25.00	—
AA 级及以上旅游景点（区）	个	19.00	—

数据来源：历年《江苏统计年鉴》、《安徽统计年鉴》以及各市统计公报。

（2）旅游资源

芜湖市旅游有著名的芜湖十景：赭塔晴岚——赭塔坐落在赭山公园的“九华行官”后院，始建于北宋治平二年（1065 年）；镜湖细柳——镜湖是开放式风景区，细柳掩映下，芜湖籍文化名人萧云从塑像、王步文纪念亭等点缀其间；赤铸青锋——赤铸山位于市东北郊，因“山势逶迤”、“曲径幽邃”，为近郊之胜境；玩鞭春色——玩鞭亭始建于北宋元丰七年，现亭于 1984 年新建于市北郊汀棠公园内；双江塔影——中江塔半依闹市半偎江，古人誉之为“江上芙”；天门烟浪——天门山雄踞市北郊长江畔，距芜湖市区约 15 公里，因李白望天门山一诗而天下闻名；西山灵石——西山风景区面积约为 20 余平方公里，区内奇峰异石和溶洞、清泉、瀑布融为一体，景色秀丽；马仁云壁——马仁山因其山峦秀丽、植被良好，被列为省级森林公园；陶辛水韵——陶辛镇位于芜湖县，青弋江蜿蜒而过，境内沟渠纵横，碧水环绕，构成了颇具特色的江南水乡风韵；褐山揽胜——褐山地处芜湖市北郊，离市中心 12 公里，海拔 132 米，是芜湖市的最高点，与天门山遥遥相望。

8. 巢湖市

（1）总体情况

2009 年，巢湖市接待入境游客 1.42 万人次，比 2008 年增长 14.5%；接待国内游客 446 万人次，增长 3.5%。旅游总收入 29.94 亿元，增长 19.3%。其中：旅游外汇收入 355 万美元，增长 13.1%；国内旅游收入 29.7 亿元，增长 19.0%。2009 年年末全市共有 A 级旅游景点（区）18 处。

表 4－112　　2009 年巢湖市旅游主要经济指标

指标	计量单位	2009 年	±%（或百分点）
全市接待国内外旅游者	万人次	447.42	—
入境旅游者	万人次	1.42	14.50%
国内旅游者	万人次	446.00	3.50%
全市旅游总收入	亿元	29.94	19.30%
国际旅游外汇收入	万美元	355.00	13.10%
国内旅游收入	亿元	29.70	19.00%
全市拥有星级饭店	家	27.00	—
A 级旅游景点（区）	个	18.00	—

数据来源：历年《江苏统计年鉴》、《安徽统计年鉴》以及各市统计公报。

(2)旅游资源

巢湖市位于安徽省中部,因湖得名。枕湖襟江,山环水翕。辖无为、庐江、和县、含山四县和居巢区。巢湖——中国五大淡水湖之一,是国家级重点风景名胜区。八百里巢湖惊涛拥雪,烟波浩淼,宛如一面宝镜镶嵌在江淮大地;湖中姥山与长江中的西梁山两个岛屿,被誉为“两颗明珠”;环湖的半汤、香泉、汤池三大温泉,飞珠溅玉,俨然“三串珍珠”;太湖山、鸡笼山、冶父山、天井山四个国家森林公园,茂林蓊郁,犹如“四块翡翠”;仙人洞、紫薇洞、王乔洞、华阳洞、泊山洞五发溶洞,各具特色,恰似“五座龙宫”;还有一株生长千年,风姿绰约的奇花——银屏野生白牡丹。天然组合的奇观,点缀着巢湖沿岸,犹如“众星捧月”,交相辉映,组成了一幅绝妙的立体山水画。清代诗人孙芝芳有诗赞道:“登高四望皆奇绝”、“天与人间作画图”。巢湖市既是风光秀丽之地,更是人文荟萃之区。历史悠久,古迹遍布。长江流域的人类祖先“和县猿人”、“银山智人”曾繁衍生息于此;近年来凌家滩古文化遗址及巢湖水下古城的发现令国内外瞩目。这里是“商汤放桀于南巢”、“伍子胥过昭关”、“楚霸王自刎乌江”发生之地;古往今来,曾涌现出了范增、周瑜、丁汝昌、冯玉祥、张治中、李克农、戴安澜、林散之、许海峰等一代风流人物。“独爱巢湖好,幽怀几度来”。历史上许多著名大政治家、军事家和文人墨客在这里留下了众多的历史遗迹和绚烂大诗文,与湖光山色相得益彰,汇成一道道灵异的风景线。经过多年的开发建设,目前巢湖市建成并开放20余处的精品旅游景区(点),旅游吃、住、行、游、娱、购等六要素日臻完善。

十八　南京都市圈开发区

一、南京市开发区(工业园区)

2009 年,南京市开发区(工业园区)在调整整合的基础上,实现了稳步提升。

一是经济指标稳步增长。1～12 月份,全市工业园区产值、增加值、利税增幅都在 20% 以上,高出郊县工业增幅 2 个百分点以上,利税增幅高出 10.4 个百分点。其中溧水经济开发区和东山工业区产值超过百亿元,雄州、永阳、古柏、中山、珠江、雨花和石门坎等 7 个集中区产值超过 50 亿元。

二是产业集群稳步推进。至 12 月底,全市重点培育的 14 个中小企业产业集群中,3 个产值达到或超过 80 亿元,其中雨花软件园实现销售 150 亿元,东山新型建材实现销售 90 亿元,溧水车辆制造实现销售 80 亿元。

三是投资强度稳步提高。工业园区累计开发面积 129 平方公里,累计投资 2800 亿元,今年新上项目每亩投资强度达到或超过 150 万元。

(一)工业开发区

1. 南京六合经济开发区

开发区总体规划面积 50 平方公里,园区内产业分布合理。北片区是以龙池湖(约 33.33 公顷)为生态靓点,着力打造出生态新城;园区中部是以世界 500 强之一的 ITT 公司、日资企业京滨化油器、丸仁电子以及江苏清江生物能源有限公司等为龙头的工业城,已形成机电、食品、服装玩具等几大支柱产业;园区南部是以南京国际化工商贸城、沪江商贸城、金盛建材城为主的商贸物流区。

开发区首期开发的 22 平方公里,已具备了"通路、通电、通邮、通水、排水、通有线电视、通宽带网、通天然气"及场地平整的"八通一平"。

2. 南京江宁滨江经济开发区

江苏省南京江宁滨江开发区是南京南部新城、长三角先进制造业基地之一,地理位置优越,交通便利. 机场、高速、高铁、港口四位一体,土地通路、通电、通上下水、通天然气、通(讯)邮、通电信、通网络、通有线电视、通排污及土地平坦,实现"十通一平"。

南京江宁滨江经济开发区位于南京市中心西南 30 公里处,始建于 2003 年 10 月,管辖区域面积 258 平方公里,是江苏省沿江开发的重要战略基地。

园区基础设施完善:依托独特 21.5 公里长江岸线资源优势,由深圳市城市规划设计研究院高标准、高起点的规划设计了 51.12 平方公里的"三区联动"的总体规划(中心产业区、港口物流区、滨江新城区);按照国家级园区的建设标准拉开了近 36 平方公里区域内道路建设框架;'七通一平'的基础设施已惠及 25 平方公里。

园区交通优势明显:开发区内部路网四通八达,滨江大道、205 国道、宁马高速、锦文路与东山连接线、南京三环线、盛安大道至银杏湖东延线、牧龙路东延线等七条高等级公路在开发区境内连接成网,可快速到达禄口国际机场、南京三桥、河西新城、安徽马鞍山市及华东各主要城市。现已建成了外连高速、环线贯通,总长达 62 公里的"八横六纵"的现代化路网,园区对外交通优势更加明显。

园区产业特色初显:园区已紧邻南京板桥新城、东山新城和安徽省马鞍山市为优势,重点发展先进装备制造业和港口物流业,同步推进机械、新型材料、金属制品和电子电力等相关产业。截至 2009 年 2 月,已引进工业制造类企业 298 家,其中已有 200 余家企业全面投入建设阶段,156 家企业已建成投产。

成熟的开发理念，完善的开发功能，卓越的开发运作，巨大的开发潜力，南京江宁滨江经济开发区赢得了国家、省、市相关部门的高度重视和关注。2006 年 5 月 31 日，经国家发展与改革委员会和江苏省人民政府批准，南京江宁滨江经济开发区正式升格为省级开发区。

近期，园区倾力打造南京市长江新能源产业园和央企产业园。新能源产业园着力打造国内新能源发展的高端品牌，集聚发展风能、光伏、太阳能、生物质能等产业，目前，投资 5 亿欧元的欧洲 SL 等 5 家顶级风电设备制造企业和苏耐格风电等一批国内风电制造企业已落户园区。央企园位于中心产业区内，规划面积 4 平方公里，目前已引进中电熊猫集团、中船绿洲、中化装备、中国储运、华能建设、际华 3521 等央企，项目涉及高端电子产业基地、船舶专用设备生产、大型压力容器生产、码头建设及大型金属交易市场等，总投资近百亿元，项目全部建成销售额将达到 1000 亿元。

3. 南京高新技术产业开发区

南京高新技术产业开发区由江苏省政府、南京市政府共同创建于 1988 年 9 月，1991 年 3 月被国务院批准为全国首批也是江苏省首家国家级高新区。规划面积 16.5 平方公里，已开发 10 平方公里，拥有企业近 2000 家，经济总量在国家级高新区中位居前列，是江苏省南京市最具活力的经济增长点。近年来先后荣获全国火炬计划先进管理奖、建设新南京有功单位、南京市精神文明建设先进集体等荣誉称号。

经过十多年的发展，高新区已发展成为南京市支柱产业；是电子信息和生物工程与医药产业的基地，并且成为航空航天和新材料等产业的聚集地。南京软件园、南京医药与生物工程科技园和半导体科技工业园，代表了南京高新区最新的发展特色。全区拥有高新技术企业 190 家，占南京市全市高新技术企业总数的 40%，是全市高新技术企业最密集的地区。且 90% 以上的产品和技术具有自主知识产权，列入国家“863”计划、火炬计划的高科技项目近 30 项，并已初步发展成为集研发创新、孵化创业和高新技术企业群体为一体的，“产学研”紧密结合的江苏省技术创新基地。

呼应沿江大开发、做大做强高新区，南京高新区正在加快新区 - 泰山园区的建设。泰山园区位于高新区建成区的南侧，紧邻南京长江大桥，规划面积 8.18 平方公里。目前，道路、水电等基础设施建设正全面展开，一批进区项目已开工建设。

根据规划，高新区将按照依靠做优促进做大，通过做特带动做强的发展思路，继续坚持发展高科技、实现产业化的宗旨，以技术创新为先导，以建设国内一流的高新技术产业化和研发基地为目标，加快建设，加快发展，争取在 5 到 10 年时间把南京高新区发展到 50 平方公里的规模。

4. 南京雨花经济技术开发区

南京雨花经济技术开发区创办于 2000 年 10 月 16 日，2002 年先后被批准为市级、省级工业园区，2006 年雨花经济技术开发区申报省级经济技术开发区并获批准，并正式核名为南京雨花经济开发区。

雨花开发区位居南京主城西南部，面积 28 平方公里。北起秦淮新河，南至梅山，东起宁芜公路，西至长江，与南京新城—河西新区紧密相连，是南京唯一与主城区连成一片的开发区。辖有六个社区、行政村，总人口约 1.8 万。开发区区位优势突出，交通便捷。南京长江三桥、南京公路一环、二环、宁马高速公路、宁芜公路、宁芜铁路、京沪高速铁路穿区而过。是南京对外通往皖北、皖南、苏北等地区的重要门户。

开发区产业布局合理，产业优势突出。是南京河西新区、板桥新城重要的产业服务基地，华东地区乃至全国重要的现代制造业基地。重点建设三大园区。工业产业区，建造现代综合加工业产业基地；科研商贸区，发展以科研中心及其配套生产、大型商贸、物流等为主的生态型科研商贸园区；人居森林区，崇尚自然，以人为本，开发建设以旅游度假、休闲娱乐、高档居住为主题的城市生态公园。开发区注重营造投资环境,投入7亿元,建成一期8平方公里七通一平的基础设施。

5. 南京浦口经济开发区

南京浦口经济开发区位于南京江北浦口新市区,系1992年成立的江苏省首批省级经济开发区,是江苏“沿江开发”和南京“两岸联动、跨江发展”重点打造的高科技产业基地。

开发区规划总面积16平方公里,其中产业区面积8平方公里,鼓励生物医药、高新纺织和电子信息等科技含量高、投资规模大、无污染类项目。经过十多年的发展,开发面积已超过4平方公里,聚集了包括西班牙道吉、泰国正大、比利时英特布鲁、新加坡大渊、台湾胜利等世界著名的跨国公司和企业集团在内的400多家企业,形成了以生物医药、高新纺织和电子信息为主导的特色产业园区。开发区已被国家科技部批准为“国家火炬计划南京浦口生物医药产业基地”,成为南京市三家国家级特色产业基地之一。

在产业发展上,以生物医药、高新纺织和电子信息为主导的高科技特色产业聚集效应已初步形成。其中,生物医药产业已形成从制药、包装及其医疗器械相互配套功能完备的产业园区和教育—研发—生产—销售“四位一体”的格局,集中了先声药业、立业制药、中脉科技、老山药业、药大制药等近20家从事生物医药的生产企业及研发机构。高新纺织产业现已聚集了投资总额近亿美元的西班牙道吉面料、纳税近3亿元的中脉科技和舒逸纺织及江苏远大等一大批高科技纺织企业。电子信息产业现有投资额超过6亿元的三乐科技和世韩模具以及韩旭科技等一批高科技电子制造企业入驻。

6. 溧水经济开发区

溧水县是南京市的南大门,距南京主城区45公里,面积1067平方公里,人口41万人。溧水是国家级生态示范区、国家食品工业十强县、华东地区重要的交通枢纽县、首届“长三角”最具投资价值县市之一。

溧水经济开发区位于苏、浙、皖、沪三省一市的交通节点,在半径为200公里的范围内分布着南京、上海、杭州、苏州、无锡、常州、合肥、芜湖等40多个大中城市,市场广阔、物流顺畅。距南京禄口国际机场13公里,南京中华门火车站约40公里,新生圩港59公里。周边有机场高速、沿江高速、宁杭高速、104国道、省级宁溧公路、常溧公路和老明公路相互贯通。10分钟到禄口机场,30分钟到南京主城,1小时到新生圩港,2小时到杭州,3小时到上海,交通十分便捷。规划待建的宁杭城际铁路将在溧水开发区东设客货站。

溧水经济开发区是经国家发改委确认的省级开发区。现有汽车及零部件制造、食品医药、机械电子、新型材料、轻工服装等五大类近200家企业。长安汽车、航天晨光、德昌电机、韩国水山、美国万基隆、喜之郎食品、旺旺食品、小洋人乳业、恒生制药、星银药业、创维物流、广东联塑、云海镁合金、江苏舜天、南京朗诗、陶玉梅服饰等一批国内外知名企业已进区兴业。

7. 高淳外向型农业综合开发区

高淳经济开发区是江苏省人民政府批准设立的省级开发区,地处南京市南部,距南京禄口国际机场56公里、南京市区87公里、南京新生圩国际货运港口98公里。区内宁高高速、芜太公路和高望公路纵横交错,宁杭高速沿境而过,交通便捷,物流顺畅。

高淳经济开发区东临上海和苏州、无锡、常州、镇江等苏南名城,西接安徽的芜湖、马鞍山、宣城等地区,南临杭州、宁波、湖州、绍兴等浙北发达城市,周边人口密集,市场广阔,是承接国际产业和资本转移的新兴基地之一,经济发展潜力巨大。

开发区规划立足企业集中、产业集群、资源集约、功能集中、明确以现代制造业为主导,分为南片临湖生活配套区何北片产业功能区的布局结构,全区由43公里的“六纵四横”框架大道分割成若干个功能区,区内供电、给排水、通信等网络设施齐全。

8. 南京栖霞经济开发区

省级南京栖霞经济开发区位于南京市东北部，北临长江，东接龙潭港，西靠栖霞山，南望仙林大学城，总规划面积 13.77 平方公里，是江苏省沿江开发战略重点发展区域。

栖霞经济开发区鼓励引进：LCD 平板显示器配套产业；纺织面料加工及后整理产业；精密机械制造及金属模具制造产业；装备制造业、仪器仪表及交通运输设备制产业；电子及通信设备制造产业；新型建材产业等。

栖霞经济开发区基础设施配套齐全，土地、厂房等招商资源丰富，成本低廉，项目服务便捷、高效。热忱欢迎海内外朋友参观考察，投资兴业。

9. 江苏高淳经济开发区

作为省级开发区，1995 年 10 月经江苏省人民政府批准设立，2001 年启动建设；2004 年报批实施《高淳新区总体规划》，总规划面积 42.25 平方公里，规划建设用地 29.5 平方公里；2006 年顺利通过国家审核。

江苏高淳经济开发区地处长三角地区苏南板块，位于南京市高淳县城东郊，公路四通八达，宁高高速、芜太高速、宁宣高速、高望公路、芜太公路穿境而过；水路西进长江黄金水道，东连太湖水网，横贯高淳的芜申运河为三级航道；宁杭城际铁路、绕城轻轨已通过规划，交通便捷，物流顺畅。

近年来，江苏高淳经济开发区认真贯彻落实科学发展观，大力实施"工业强区、生态立区、特色兴区"战略，坚持走"生态型定位、集约化开发、兼容式发展"之路，规划建设机械制造产业园、电子信息产业园、新型材料产业园、绿色食品产业园、软件产业园等五大产业园，高标准、高品质建设基础设施，狠抓招商引资和项目建设，园区功能日益完备，落户企业不断增多，载体形象日新月异，综合实力显著增强，被评为"长三角"最具投资潜力开发区。

10. 南京沿江工业开发区

沿江工业开发区，东滨长江，南临浦口，北接六合，总面积 83.5 平方公里，人口近 20 万人，投资环境优越。东有长江黄金水道，万吨泊位的码头 13 座；西有宁连、宁通两条一级公路穿区而过；两条铁路专线和沪宁、津浦铁路相接；长江二桥和宁启铁路在这里交汇；高标准的江北大道、雍元高速使这里交通更加便捷。水、电信通讯等基础设施齐备，境内有水厂 5 座、电厂 2 家。在新的世纪里，沿江工业开发区将稳定农业，大力发展工业，着力加强第三产业，协调发展社会事业，初步建成经济繁荣、社会文明、科教发达、环境优美的花园式工业卫星城，基本实现现代化。

沿江工业开发区位优势独特，交通十分便捷。宁沪、宁通、宁连高速，江北大道、金江公路、南京长江大桥和二桥，以及正在建设中的宁淮高速、宁蚌高速、沿江高速在区内纵横交错，四通八达；长江四桥、六合机场、江北高架等国家及省市重点工程的相继开工建设，以及长江大桥桥北收费站的外迁，沿江工业开发区已融入南京市的主城；沿江工业开发区距滁州、天长、扬州和禄口国际机场仅 1 个小时行车路程，到上海 2 个小时左右，处在华东 1 小时都市圈内；西气东输工程横穿区内东西 35 公里，并设有 2 个分输站；沿江拥有长江深水岸线 45 公里，可供建万吨级深水码头两处；通江滁河横贯全境，四季通航。

沿江工业开发区区域内产业基础雄厚，特色优势明显。密集着扬子石化、南钢和南化集团、扬子巴斯夫公司等国家特大型企业，具有化工、钢材等原材料供应和市场销售优势；南京化学工业园作为国家级重化工基地，是江苏省实施沿江开发战略的重要组成部分。中部城区集政治、经济、文化为一体，人口稠密，商贸繁荣，人居环境优越。

（二）产业园区

1. 南京徐庄软件产业基地

南京徐庄软件产业基地位于南京主城发展的核心区域，毗邻国家AAAAA级旅游胜地——中山陵园风景区，交通网络发达，地理位置优越，是南京主城区的东大门。基地于2002年经南京市政府批准开发建设，是目前江苏省乃至全国规模最大的软件产业园区之一，作为中国江苏软件园两大基地之一，享有各级政府优惠政策，具有不可复制的优越性。徐庄是国家火炬计划软件产业基地，国家软件出口创新基地示范区、中国软件服务外包基地城市示范区、江苏省现代服务业集聚区。作为软件产业的专业化研发基地，规划占地面积近266.66公顷，平均容积率0.8，建筑密度25%，其中，总建筑面积为130万平方米，研发用房60%，公共配套20%，软件公寓20%。建有孵化研发用房、封闭开发用房、教育培训用房及公共配套服务区，除满足入驻企业从事软件及集成电路研发、生产、展示和营销等功能要求外，亦满足从业人员居住、生活和休闲的需要。

2. 溧水明辉科技创业园

溧水明辉科技创业园于2009年5月经溧水县人民政府批准，由南京明辉建设集团投资设立，属集团核心层企业，全称溧水明辉科技创业有限公司，注册资金5000万元，溧水明辉科技创业园位于溧水经济开发区四号路，距离南京市中心45km、南京禄口机场13km、南京新生圩码头60km。创业园占地面积32公顷，项目投资4亿元，规划建设工业产品生产加工和综合配套服务两大功能区，总建筑面积27.8万平方米。

3. 吉山软件园

吉山基地也是国内第一个提出“软件社区“理念的产业基地，与新加坡裕廊腾飞、美国IDG、英国费兰砥、英国剑桥科学园等国际伙伴战略合作，共同打造中国第一个国际软件社区。这一创造性的发展理念和模式获得省市领导、软件产业专家和研发企业的高度认可。作为吉山国际软件社区的示范性项目，吉山慧谷商务公园目前已经全面开工建设。该商务公园总建筑面积6.8万平方米，由38栋独立研发中心和4栋配套服务设施组成。

吉山软件社区（江苏软件园吉山基地）是国家软件产业基地、国家火炬计划软件产业基地——江苏软件园的组成部分，总规划面积6平方公里，位于江宁开发区吉山区域，距离南京市中心约22公里，处于中部高科技产业带与“牛首—祖堂”生态走廊轴线上。

4. 汉普顿绿色科技谷

Hampton GreenTechValley 位于南京江宁经济技术开发区，紧邻吉山软件园，在宁丹路与正方大道交叉处. 附近有福特马自达发动机工厂等其他外资企业，总占地面积约1000亩；集通讯通信、节能环保、测试装配为一体的高新技术产业集聚区；智能化、生态型、低能耗的现代工业厂房；目前I期项目已经动工，部分标准厂房已开始招租，可提供定制物业（BTS）及购买并回租业务（BLB）。

5. 南京傅家边农业科技园

傅家边农业科技园是江苏省十个省级重点农业科技园区之一，创建于1994年，园区总面积12.8km^2，依据丘陵山区的地理特征，将园区规划为中心展示区、生态果茶区、特色农业区、高新产业区和休闲观光区等五个功能小区，实行立体综合配套开发，先后建成了良种果树、无性系茶叶、美国库拉索芦荟等试验示范园2187亩，生态果茶园5000亩，钢架大棚设施1100亩，连栋温室大棚5000m^2，经济林果总面积一万余亩。

近年来通过实施园区体制和机制的创新，实现了科技创新，园区面貌日新月异。园区龙头企业南京傅家边科技园集团公司是由科技人员领衔，联合南京农业大学、江苏省农科院等三十多位知名专家教授及省市县农业科技部门，按照现代企业制度创立的集科研示范与推广于一体的省级民营科技企业。现有新世纪园艺研究所、鲜可家果业、景田园林、雪松茶业、旅游开发等十家骨干公司,并在全国同行业率先通过 ISO 9001 国际质量管理体系和 ISO 14001 环境管理体系双重认证。通过龙头企业的示范作用,采纳立足"傅家边",建设"傅家边";跳出"傅家边",经营"傅家边"的经营理念。采取"'公司十基地带农户"的经营模式;采取专业公司法人化,资本来源多元化,以及借脑发展全员聘用,能人牵头联产承包等管理措施,初步实现了果品、茶叶、种苗的产业化开发,并已获得 11 项专利。

科技园以优美的丘陵风光、良好的生态环境、一流的生产设施、便捷的交通条件成为"与农民最贴近的科技园"、"一二三产协调发展的科技园"。先后被评定为"全国农业旅游示范点"、"全国农业科普示范基地"、"国家级青梅标准化示范基地"、"国家星火计划、省三项工程项目实施基地"、"江苏省模范果园"、"南京现代农业科技园区"、"生态环境教育基地"、"中日友好香取梨园"、"江苏省无公害农产品产地"、"南京农业大学教学与科研基地"、"南京国际梅花艺术协会创研活动基地"等。

同时,科技园充分利用得天独厚的自然条件,丰富的植物资源优势和现代化大棚设施,加大基础设施投入力度,规划建成了梅香园景区、神山湖景区、青龙山景区、竹海景区和中心科普区,形成了十里梅岭、百种花木、千亩竹海、万亩茶果园、万只果园鸡场和十里梅花大道,建有 1800m^2 的科普展览馆,1500m^2 的植物组培中心,10 万 m^2 的科普广场,每年接待游客数十万人次。每年一届"南京溧水国际梅花节"和"傅家边采果节"的成功举办,加快了傅家边生态观光农业科技园区的建设步伐。

6. 南京新城科技园

南京新城科技园于 2003 年由南京市政府批准成立,位于南京河西新城,园区首期规划面积 4 平方公里,重点发展信息技术、生物技术和知识型服务业。园区规划由美国 IDC 工业设计工程公司和日本 MAO 一级建筑师事务所设计制作,突出"都市工业、楼宇工业、观光工业、服务式园区"四大特色。园区由研发创业、加工制造、科技服务等分区集群形成辐射力强的高科技研发基地,建成具有示范效应的都市科技经济园。

7. 南京龙潭物流基地

南京龙潭物流基地位于南京市东部栖霞区境内,距南京主城区 30 公里,距镇江市 28 公里,位于宁镇扬中心区域。物流基地总占地 7. 36 平方公里,前方是南京唯一尚未利用,长 7. 6 公里的深水岸线,市政府将其中港口后方平均纵深 1 公里的区域全部纳入了物流基地规划发展范围。南京龙潭物流基地的主要股东方为南京市交通建设投资控股(集团)有限责任公司、南京港口集团有限公司和栖霞区国有资产管理中心,于 2002 年 8 月作为南京市示范性物流园区启动,龙潭物流基地的定位为国际物流平台、临港工业基地。

2005 年 7 月,经中国海关总署批准,在龙潭物流基地规划范围内开辟了 0. 86 平方公里,设立南京龙潭港海关保税物流中心。保税物流中心依托龙潭国际集装箱港口,实行中心、港口联动,以口岸国际物流为核心,以国际贸易、海洋运输、船、货代理、仓储配送、商展、信息、金融服务等为内容,以南京及长江中上游广大地区的各类经济实体为对象,实行货物进出口的保税、监管及加工增值的一站式直通服务,具有"境内关外"的政策优势。

8. 溧水观山精细化学科技园

溧水观山精细化学科技园位于南京市东南 60 公里处,园区规划面积 2. 8 平方公里,分为三个功能区:一是以锶镁合金产为龙头的冶金区;二是以对甲苯硫酸、对甲酚为主的化工区;三是以科研中心、轻工产品为基础的轻工区。首期已启动 1 平方公里,目前化工区现已建成日供水 1000 吨自来水增压站,5 万立方米蓄水库、35 万千伏输变电工程。

9. 江苏滨海经济开发区沿海化工园

江苏滨海经济开发区沿海化工园地处黄淮平原,位于滨海县境内,黄海之滨、中山河畔。陆上交通四通八达,毗邻沿海高速、宁靖盐高速、京沪高速,204 国道、省道 327、226 贯区而过;园区距盐城机场只有 1 小时路程,距连云港机场不足 2 小时路程,距国家二类开放口岸滨海港 7.5 公里;园区西侧中山河常年通行 500 吨船舶。区内地势平坦土地辽阔,依河傍海,水源充足,远离居民区,发展空间广阔。

目前,沿海化工园已成为华东地区最大医药中间体生产基地和苏北一流、全国知名的精细化工产业基地,并于 2005 年元月荣膺十佳"中国石油和化学工业最具投资价值园区"称号。

10. 南京化学工业园区

南京化学工业园区位于南京市域北部,长江北岸,依托长江深水岸线而建,自然地理条件优越,区位交通优势突出,化工产业基础雄厚,中国石化集团公司在南京地区的多家大型骨干企业均分布在园区内及周边紧邻。

化学工业园区成立于 2001 年 10 月,是南京唯一的一家经国家批准,以发展石油化工为主的化学工业园区。园区规划面积 45 平方公里,重点发展石油与天然气化工、基本有机化工原料、精细化工、高分子材料、生命医药、新型化工材料六大领域的系列产品。目前,包括中国石化集团、中国化工集团、BASF、BP、塞拉尼斯、美国空气化工产品公司等一批国内外知名化工企业在园区投资落户,累计投资超过 50 亿美元。

南京化学工业园区是江苏沿江开发战略的重要组成部分,也是南京市石化产业重点扶持发展区域。园区按照"产业发展一体化、公用设施一体化、物流输送一体化、环保安全一体化、管理服务一体化"五个一体化的开发方针,通过优化产业结构,提升产业层次,积极发展循环经济,最终将形成以深度加工和高附加值产品为特征,具有国际竞争力的石化生产基地、物流中心和化工研发基地。

11. 南京市文化产业园区

南京市市现有各类建成和在建文化产业园区 46 个,其中国家级示范基地有 3 个、省级示范基地 5 家,近 30 个建成并投入运营的文化产业园区平均入驻率达到 84.3%,园区入驻企业达到近 700 家,数量列全国省会城市之首。到目前,27 个建成并投入运营的文化产业园区平均入驻率达到 82%,文化产业发展的资金、人才、技术等逐步向园区汇集,园区集聚效应初步显现。

在迅猛发展的过程中,一批文化产业园区依托南京特色文化,已逐步形成类型不一的文化产业集聚区。除了综合性的文化创意产业集聚区,南京市还形成了当代艺术创意园区、网络游戏和动漫创意产业园区、影视创作基地、传统书画艺术创意基地、民间工艺创意市集、地域文化品牌基地等 6 种类型的文化产业集聚区。作为当代艺术创意园区的主要代表,位于北京西路的石城现代艺术创意园,目前已聚集了近 50 位当代艺术家工作室和展馆,不仅是一处当代艺术的展示和交流中心,还成为当代艺术的集中创作和运营集散地。

12. 南京海峡两岸科技工业园

南京海峡两岸科技工业园是 1997 年 9 月经国务院台办和国家科委批准,在已经建区五年的南京经济技术开发区内设立的国家级科工园,园区设有高新产业、教学科研、保税仓储、金融贸易等四个功能区,着重发展电子信息、生物医药、新型材料、精细化工等四个高新支柱产业。目标是:用十年时间建成江苏的"硅谷"。目前,园内已有三资企业 124 家,投资总额 8.5 亿美元,其中台资企业已达 30 家,投资总额 2.8 亿美元,华新丽华、和桐等台湾知名公司在园区捷足先登,均取得了丰厚的效益回报。南京海峡两岸科工园是全国仅有的两个国家级海峡两岸科工园之一。"世界 500 强"台湾富士康的软件基地等项目先后落户。

13. 南京江宁台湾农民创业园

2008 年 12 月 17 日,农业部和国台办批准设立江苏南京江宁台湾农民创业园,规划总面积 100 平方公里,重点建设江宁横溪核心区及溧水白马、高淳固城 2 个辐射区,园区产业重点突出有机果蔬、休闲农业、农业生物制品以及台湾新品种和实用技术研发、推广。江宁横溪核心区规划面积12平方公里，建设台湾新品种园、休闲农业基地、农业科技推广和台湾农产品物流中心，带动周边发展10万亩台湾小兰西瓜、10万平方米温室台湾花卉、5万亩台湾茶叶和水果；溧水白马辐射区规划面积6平方公里，将建成台湾农产品加工展示区、有机农业生产区、新品种推广基地，带动周边发展10万亩蓝莓与黑莓种植及加工、5万亩台湾有机蔬菜种植加工及出口；高淳固城辐射区规划面积6平方公里，将建成台湾农业生物制品生产区、水产养殖及加工区，带动周边发展10万亩台湾水产品养殖及出口、5万亩台湾芳香植物种植加工及生物制品生产。

目前，江苏南京江宁台湾农民创业园核心区和两个辐射区，已经分别编制了园区规划，成立了领导小组，组建了运作公司，并制定了台商投资园区的优惠政策。横溪区投入3800多万元，建成2平方公里的启动区和长10.7公里、宽10米创业园大道，并对核心区的沟、渠、涵、闸及生活污水处理等进行建设，核心区初具成型，同时在甘西、红旗地区成功流转土地约200公顷。固城区计划两年内投入5000万元，对山体进行景观修复，拓宽改造20公里道路，完善园区内水、电、路、污水处理、水利工程等各项基础设施。

14. 白下区产业园区

(1)南京白下高新技术产业

南京白下高新技术产业园区是南京市区内唯一的省级科技园区，占地总面积2.14平方公里，由创新园、创业园、服务园组成。将建成百万平方米的现代建筑，其独特的设计理念、完善的功能定位、优美的生态环境是科技创业投资者的理想家园。园区按梯次分布，形成五大功能片区，成为光机电一体化、新材料、环保节能、生物医药、航空航天等高新技术产业化集聚地。园区的绿化率达到60%以上，规划了办公、居住、休闲等配套设施，为创新、创业人才提供了最佳的创业和生活环境。古运粮河水系环抱园区，景色迷人的永丰河贯穿园区南北。规划中的纬七路与石杨路、绕城公路、双麒琪路构成了便利的交通网络。先期启动建设的1号地块，总面积约160亩，总规划建筑面积5.1万平方米，容积率0.5。共布置9幢建筑，含：5幢3层标准厂房，约2.7万平方米；2幢多层独立厂房，约1.3万平方米；2幢多层配套服务用房，约1.1万平方米。今年园区将完成创业园基础及配套设施达到"七通一平"，新开工建设30万平方米、竣工20万平方米产业配套用房。

其它3000亩地块正在引进入园企业(目前地块现状基本为三通一平)。

(2)文化传媒产业园

园区位于蓝旗街东端，为创意东8区三期工程，东依明城墙和月牙湖。占地约25亩，建筑面积约2万平方米，2008年9月开工建设，2009年开园。

创意东8区是一个文化产业项目，利用旧弃的工业厂房改造而成，总占地90亩，总建筑面积8万平方米。2006年初启动建设，项目分为三期，一期占地40亩，建筑面积约4万平方米，主要以广告、工业、服饰、装饰为主的创意产业园。二期占地27.6亩，建筑面积约2万平方米，投资总额2000万，主要为动漫制作研发、作品展示、软件设计和生活配套服务业等为主。目前，一、二期已分别于2007年和2008年开园。

二、扬州市开发区(工业园区)

2009年，扬州市开发区(工业园区)继续保持良好的发展势头，对全市经济的支撑作用进一步增强。扬州开发区共有包括国家级和省级在内的"八区二园"：市经济开发区、宝应开发区、维扬开发区、邗江开发区、杭集工业园、广陵产业园、江都开发区、高邮开发区、仪征开发区、化工园区。2009年，各开发园区危中求进，按照纵深推进沿江开发、加速园区转型升级的要求，主动进行布局调整，相继编制、实施了新一轮发展规划。宝应着力推进开发区新区与黄塍镇南部区域联手联动开发，积极整合台资工业园、耿耿工业园，形成了30平方公里的工业新区规模；高邮在大部分乡镇园区"瘦身"的情况下，规划了35平方公里的市开发区、25平方公里的城南经济新区、30平方公里的菱塘光电产业园区以及东部、北部乡镇工业集中区；江都全面整合沿江地区40平方公里的产业用地和城区周边20平方公里的产业用地，统筹考虑产业规划和总体布局规划。扬州地区生产总值完成了1805亿元，增幅13.6%，人均GDP超6000美元。外资和民资保持了30%的高增长，城市居民人均收入增长11.6%，农民人均收入增长11.3%。在产业结构调整方面，扬州开发区（工业园区）聚焦于六大产业，重点发展石化的精致加工，汽车和船舶的机械制造，并把新材料及智能电网产业作为未来经济发展的新增长点和核心竞争产业，2008年新技术产业增幅达57%，其中"三新"产业增幅达41.6%。

2009年，扬州开发区（工业园区）以"三新"产业为龙头的高技术产业快速增长。加快建设太阳能光伏、LED照明和特种纤维材料生产研发基地，积极推进上下游产业整合集聚发展，进一步加大招商引资、招才引智工作力度，提高"三新"产业在制造业中的比重。成功举办科技创新成果展暨洽谈会和上海、南京、长春"科技创新·产业合作"推介会，签订产学研合作项目227个。获批省级以上科技计划项目456项，争取上级科技资金1.8亿元。研发经费支出占地区生产总值比重1.5%。新增省级以上"两站两中心"29家，各县（市、区）均建立省级创业服务中心。全市新增省以上企业研发机构29家，其中，新获批的院士工作站3家、省博士后科研工作站8家、省企业技术中心5家、省工程技术研究中心13家。至此，扬州市拥有省级以上企业研发机构累计达76家，总数增长61.7%。引进高层次领军人才153人，支柱产业发展急需专业技术人才1384人。国家光电重点实验室、国家洗漱用品检测中心投入运行。扬州被列为国家"十城万盏"半导体照明应用工程试点城市，荣获"全国科技进步先进市"称号。新认定国家高新技术企业60家。全年高新技术产业产值增长57.2%，占规模以上工业比重30.5%，比2008年提高5.9个百分点。全市开发区（工业园区）"三新"产业共实现产值344.7亿元，增长41.6%，占规模以上工业的7.7%，比2008年提高0.5个百分点。

在2009年金融危机的背景下，扬州开发区（工业园区）大开发、大开放、大发展的势头没有丝毫减弱。市经济开发区加速完善太阳能光伏及LED产业链，大力发展绿色新能源产业；宝应开发区正做大做强电线电缆、电工电器业；维扬开发区着力打造先进制造业和现代服务业；邗江开发区、杭集工业园大力发展金属板材加工、风力发电装备和新材料产业；广陵产业园正加快打造液压油缸产业基地；江都开发区的船舶、无缝钢管进一步做大做强；高邮开发区主打服装、石油机械、电子电器产业；仪征开发区的高新技术、船舶制造、节能环保产业可圈可点；化工园区的烯烃产业链和石化物流业正在崛起。

（一）工业开发区

1. 江苏高邮经济开发区

高邮经济开发区是1993年11月经江苏省人民政府批准建立的省级经济开发区，总人口4.5万人，辖区面积54.57平方公里，其中规划开发面积35平方公里。基础设施已实现"七通一平"，形成"一环四纵五横"的网状园区道路，供电、供水、供气、供热、电信、排水、亮化、绿化基本配套。

近年来，按产业集中，功能分区，配套统一的原则，进行了高起点规划，高标准建设，园区特色不断彰显。目前已建设成"现代、科技、生态和文明"的园区。并初步形成了机械、电子、医药、服饰、电气等五个产业业态相对集中的功能区块，项目承载能力进一步加强，配套设施进一步完善。

资源环境：高邮市是国家级生态示范区，蓝天碧水的环境、优美秀丽的风景。全区境内交通发，资源蕴藏丰富。

基础设施：供水：全市现有自来水厂2座，水质为国家一级，水质硬度为100，日供水能力为6000立方米。供电：电源由华东电网提供，电力资源十分充裕。市境内22万伏变电所和市区现有7.5万伏变电所,可满足持续发展的电力需求。供气:区内现有1座液化气站。电信通信:电信通信网络可提供国际直拨长途电话业务、国际、国内互联漫游移动电话业务、国内主要城市电视和电话会议及传真通信业务。大容量、数字化的光纤网络覆盖本地区。开办了邮政快件国际、国内特快专递业务,其中国际特快专递已通达60多个国家和地区。文化教育:全市有三所教学设施齐备的初级中学及省高中二座,师资力量雄厚,目前在校学生有12000多人。商贸:平价超市是理想的综合性购物场所,区内有休闲中心、饭店、宾馆等娱乐设施。广播、电视:全镇有线电视全部采用光缆传输,覆盖面达100%,收视质量高,清晰度好,目前播放30多个电视频道。

交通条件:公路:京沪高速公路与宁靖盐高速公路和市内外的公路网使汉留交通顺畅便捷,密度每平方公里达0.8公里,年公路货物运输量超过5000万吨。驱车至北京960公里、上海300公里、南京200公里、镇江100公里、扬州80公里,分别只需8小时、2.5小时、2小时、1.5小时、1小时。机场铁路:距南京禄口机场约需2小时,距上海虹桥、浦东国际机场约需2.5小时。距离宁启铁路扬州火车站约需1小时。水路:大运河贯穿南北,高邮湖连接苏皖,北澄子河和东平河横贯东西,第一沟、第二沟和大启河纵贯南北,水路交通十分便利。

2. 江苏省江都经济开发区

江苏省江都经济开发区系1993年11月经省政府批准、2005年12月通过国家六部委审核确认的省级经济开发区,分为东、西两个片区。

西区,总体规划面积11平方公里,1993年启动建设,已建成区面积5.5平方公里,区内设有民营工业园、舜天工业园、外资工业园。

东区,即沿江开发区域,远期规划面积470平方公里,近期规划面积160平方公里,先期建设区域面积102平方公里,拥有长江及夹江岸线36.2公里,其中,长江岸线14.9公里,夹江岸线21.3公里,为一类对外开放岸线。102平方公里沿江开发先行启动区内规划有"现代工业区"、"滨江新城区"、"高效农业生态示范区"、"大江风光带"。其中"现代工业区"占地约63平方公里,内设船舶工业园、海螺建材工业园、机电冶金工业园、精细化工园、IT产业园和港口物流区(含木业加工区),重点发展机电冶金、船舶制造、汽车及零部件生产、生物医药化工、高科技、现代物流等六大产业。"滨江新城区"占地约15平方公里。内设:行政区、商住区、金融服务区以及100万平方米左右的农民集中区、重点企业生活配套区,配以学校、医院等区域性公共服务设施。"高效农业生态示范区"占地约19平方公里,按照生态化园区的要求,结合花木产业布局规划建设。"大江风光带"占地约5平方公里,沿主江、夹江布置,重点建设滨江森林公园、夹江公园和点、线、面相结合的绿化体系。

3. 扬州维扬经济开发区

维扬经济开发区位于扬州城北区,坐落在风景秀丽的瘦西湖畔。2001年7月建立,一期规划面积10平方公里,至今已建成6.5平方公里。作为省级开发区,维扬经济开发区是实施沿江大开发而富有朝气的特色园区。经过5年的精心打造,已发展成为以机械、电子为主,轻纺、食品为辅的外商投资集中区。她以完善的基础设施、关联的配套产业、低位的商务成本、良好的技术支持和优质高效的服务吸引着众多的海内外客商。

完善的引资载体:开发区地处扬州北城区,毗邻扬州火车客、货站,物流成本较低,西北绕城高速公路的匝道就在区内,向东10分钟就可达京沪高速,向西南5分钟就达宁通高速,通过润扬大桥到上海仅需2个多小时。扬州城南北交通大动脉扬子江路穿区而过,距离市区10分钟的车程,向南直达国家一类开放港口扬州港,向北连接安徽省和苏北。区内实现公交全覆盖,对招收本地职工,降低内部配套成本提供了很好的便利。

4. 扬州经济开发区

扬州经济开发区位于扬州城区南部,始建于1992年5月,1993年10月被江苏省人民政府批准为省级开发区。2005 年经国务院批准设立出口加工区。目前规划面积 72 平方公里。

十多年来，扬州经济开发区保持较快的发展速度，主要经济指标平均增幅达 30% 以上，并基本形成了 LED、LCD、RFID、太阳能光伏、新材料、汽车及零部件、轻工机械、出口加工区、港口物流、裕元工业园、循环经济等 11 类特色产业集聚区，在全省省级开发区中首家通过国家级生态工业示范园区规划论证，连续数年被江苏省评为“先进开发区”、“开放型经济发展先进开发区”。

5. 仪征经济开发区

仪征经济开发区成立于 1992 年，同年被江苏省政府批准为省级经济开发区，2002 年被列为江苏省 14 个重点发展的开发区之一。仪征经济开发区紧邻仪征市区，南濒长江黄金水道，拥有长江岸线 27.6 公里。北距宁通高速公路 1 公里，通过宁通高速公路直达京沪，沪宁高速公路；西接仪征城区 2 公里；东邻润扬长江大桥北桥端 4 公里；沿江高等级公路纵穿其中，使仪征处于东联上海，西接南京的城市群带中心，成为江苏省交通条件最为聚集的区域。2003 年，江苏省委，省政府定位仪征经济开发区为具有极大活力的经济开发区，并确定其为江苏省沿江生产力布局的重要区域和江苏省实施沿江开发的优先发展区域。

6. 宝应经济开发区

宝应县位于江苏省中部，北接周恩来故居淮安市，南邻江泽民总书记家乡扬州市，这里人文荟萃，风光秀丽，是全国闻名的平原绿化先进县，生态示范县和荷藕之乡。

宝应自改革开放以来，工农业发展迅猛，京沪高速、淮江公路，京杭大运河贯穿南北，盐金公路连接东西，交通运输十分便捷。

宝应经济开发区是 1993 年经省政府批准的省级开发区，位于县城东侧。目前，区内有美国德州仪器，BICC 电缆等 4 家世界 500 强企业投资兴业，并取得了辉煌的发展业绩，工业生产形成了以电缆、电器、汽车、橡胶、玻璃制品，圣诞工艺等 10 多个门类，累计进区企业达 200 多家。

宝应经济开发区新区位于京沪高速连接口处，面积 8 平方公里，区内“一横三纵”道路主骨架已经形成，水、电、邮等基础设施建设完备。叶挺路北 5 平方公里为工业区，其中 200 亩为创业园区，随时接纳发展中、小企业孵化器，叶挺路南 3 平方公里为商业区、多功能区和居住区。

7. 江苏扬州邗江经济开发区

江苏扬州邗江经济开发区是江苏省重点建设的省级经济开发区，是沿江开发的重要开放窗口，是扬州市经济发展和城市化建设的主战场之一。总规划面积 26 平方公里，基础设施建设累计投入资金 15.8 亿元，开发面积 9 平方公里；引进项目 202 个，总投资 108.92 亿元，注册资本 56.71 亿元，其中外资项目 59 个，总投资 8.07 亿美元，注册资本 4.33 亿美元。其中，投资 1000 万美元以上的外资项目 24 个，投资 5000 万元以上的民资项目 25 个。目前，开发区建成投产企业数达到了 140 家。

区内产业特色明显，初步形成了金属板材加工设备、服装服饰、生物医药、电子电器四大重点产业发展框架以及江阳西路市场集群。金属板材加工设备产业被国家科技部认定为“国家火炬计划数控金属板材加工设备产业基地”，集聚了扬力集团、金方圆数控机床、扬锻集团等一批具有自主知识产权的基地骨干企业，国内同行业排名前十位的企业有 3 家在开发区。服装服饰产业实现产值 9 亿元，生物医药产业实现 3 亿元，电子电器产业实现 7 亿元，四大产业总产值占开发区工业总产值 95%。

目前，开发区正规划建设几个特色园区。产业立园、产业兴园、产业壮园的特色化、差别化竞争的发展新格局正加速形成。

（二）产业园区

1. 扬州化工产业园区

扬州化工产业园区规划在仪征市西南侧，东至仪征胥浦河，南至长江黄金水道，西至南京六合区，北至宁通高速公路，规划面积62平方公里，分设原料工业区、仪征化纤厂区、精细化工区、物流仓储区、公用工程区、生态建设区和生活配套区等七大区域，实行一次规划、分期实施，有序建设、滚动发展。

扬州化工产业园区是一个市县联动开发的新兴石化工业区。为积极抢抓国际产业和资本加速向长三角集聚以及江苏沿江开发全面推进等一系列重大机遇，充分发挥仪征独特的区位、交通、产业、资源和市场优势，打造宁扬沿江化工产业带，2003 年 10 月，扬州、仪征两级政府按照“资源整合、产业集聚”的开发思路，采取“市县联动”的开发模式，共同在仪征沿江地区规划建设了扬州化工产业园区，重点发展石油化工、基础化工、合成材料、精细化工和石化物流等五大产业。2006 年 5 月 11 日，江苏省人民政府正式批准设立省级扬州化工产业园区。5 月 31 日，国家发改委正式公告设立省级扬州化工产业园区。目前，一个以石油化工为龙头、基础化工为支撑、有机合成为特色、石化物流为依托，以深度加工和高附加值为特征的新兴石化产业基地正在快速崛起。

扬州化工产业园区是一个区位优势独特的石化物流枢纽区。扬州化工产业园区地处南京、镇江和扬州三大城市的几何中心，东承上海化学工业区，西接南京化学工业园，产业基础好，市场腹地广，发展空间大。长江黄金水道流经境内，润扬长江大桥、南京长江二桥分立两侧，宁通高速公路、沿江高等级公路以及宁启铁路横贯东西，鲁宁输油管道、甬沪宁输油管道、西气东输管道、仪长输油管道、日仪输油管道和中石化战略石油储备库在区内中转集散，尤其是区内拥有长江最大的石化港口—南京港仪征石化港区，年吞吐能力达 3000 万吨。扬州化工产业园区正成为集公路、水路、铁路、油路、气路等“五路”于一体、区域和地缘优势进一步凸现的石化物流枢纽。

扬州化工产业园区是一个产业优势显著的石化产业集聚区。落户境内 20 多年、拥有年产 170 万吨聚酯、90 万吨 PTA 产能的仪化公司，是亚洲最大、世界第六大聚酯生产企业。预计到“十一五”期末，该公司聚酯产能将达 300 万吨，PTA 产能将达 200 万吨，扬州化工产业园区正成为全国最重要的化纤工业基地。近年来，随着国际资本和制造业向长三角加速转移以及江苏沿江开发步伐不断加快，一些大型化工企业看好扬州化工产业园区发展石化产业的有利条件，纷纷落户规划建设，目前已集聚了美国尤尼发、阿莫科、日本东丽、台湾大连化工、中化国际、江苏瑞祥化工、江苏优士化学等一批境内外知名的石化大企业，形成了以乙烯、丙烯、芳烃、氯碱为龙头的四大产业链和精细化工、化纤纺织、石化物流等三大产业集聚发展的态势。

2. 仪征经济开发区现代物流园

现代物流园（时代物流港）规划面积约 2 平方公里。发展定位：发展以第三方物流为主的现代物流体系，构建现代化信息平台；发展物流信息处理、咨询、策划等物流增值业务，形成以钢材、家居及高新技术产业原辅材料、产成品为三大营运目标的区域物流中心。

3. 仪征经济开发区船舶工业园

船舶工业园拥有最优质的长江岸线，深泓临岸，岸线长 11.38 公里，规划总面积约为 6 平方公里。发展定位：万吨级以上的集装箱、散杂货海轮和以化学品船、油轮等为代表的特种船舶，高附加值的游艇制造业；船舶自动化设备、船舶数字化设备制造等。目前，区内已有环球造船、圣淘沙、金陵船舶等 30 多家船舶企业，产能达 180 万载重吨。

4. 仪征经济开发区高新技术产业园

高新技术产业园启动区面积 4 平方公里，二期开发约 6 平方公里，产业定位：电子信息类、新能源与新材料类、光机电一体化类。目前已有银笛微电子(硅外延片)、天保新能源(太阳能电池)、科技创业园、万事通通信(手机)、尚品光电(LED)等多个高新技术项目,涉及领域包括IC、电子通讯和新材料、新能源等。

5. 扬州出口加工区

扬州出口加工区于2005年6月3日经国务院批准设立,是扬州市首个“国字号”特殊区域,一期启动区面积1.52平方公里,目前已建成4幢标准厂房总面积4.6万平米,2100平米的监管仓库,6000平米验货场地和12层总面积1.36万平米的行政办公大楼。出口加工区成立管理委员会,下设出口加工区管理局,海关、国检等单位派驻专门工作人员和机构。出口加工区按照海关监管要求建有隔离和监控系统,实施“境内关外”的管理模式。

出口加工区内企业实行“一次申报、一次审单、一次查验”,享受“四不、四免、一保、一退”优惠政策,且实现24小时通关。区内建有“七通一平”的基础设施,海关、国检、银行、运输、仓储等机构一应俱全,落户企业不出园区即可办好一切进出口手续。

6. 杭集工业园

杭集工业园座落于历史文化名城——扬州,依托邗江区工业重镇——杭集镇,宁通高速公路从园区贯穿而过,并设有立交道口。园区规划面积8平方公里,已建成面积3.5平方公里,2001年7月被扬州市政府列为扬州市“一区四园”之一,园区参照省级开发区建设管理,是苏中地区投资回报率高、发展潜力巨大的现代化工业园。

伴随着扬州经济飞速发展的步伐,杭集工业园已逐步成为苏中地区产业集聚度最高、增长速度最快的区域之一。时时涌动的商机在杭集工业园缔造了一个又一个财富神话。近年来,杭集工业园根据“以刷业生产为主导,以日化生产为后盾,以新型包装材料为延伸”的产业发展思路,发挥“中国牙刷之都”、“旅游用品集散中心”、“包装材料生产基地”三大区域品牌,培育发展了江苏三笑集团、江苏琼花集团、扬州五爱刷业有限公司等一批规模骨干企业。

7. 广陵产业园

广陵产业园位于扬州市主城区东入口,规划总面积10.58平方公里。园区东依国家一级生态保护区廖家沟,西临黄金水道京杭大运河,北抵328国道。公路、铁路、水路运输都十分便捷。

广陵产业园有别于一般的工业开发区,它是扬州唯一的综合性开发园区,兼容工业、商贸、商住等各类产业。一方面以产业集聚为导向,在与全市沿江产业互动中,加速推进产业集群发展,构筑精密机械产业区、汽车及零部件生产区、电子信息配套区;另一方面,充分发挥商贸、商住综合开发优势,大力引办优质项目,培植新兴产业集群,打造滨河商业区、生态居住区。

三、镇江市开发区(工业园区)

截止到2009年底,镇江市共有7个省级开发园区,开发园区以不到全市2%的土地面积,创造了全市30%的GDP、40%的工业增加值、55%的进出口额和60%的实际到位外资,成为全市招商引资的主阵地和制造业的集聚区。截至目前,全市开发园区面积达63平方公里,完成基础设施投入177.8亿元,完成全社会固定资产投资900亿元。累计落户项目近4000个,建成投产企业约2800家,累计实际利用外资55亿美元,注册内资100多亿元。

镇江市开发园区今后一个阶段的发展目标是:到2010年,开发园区经济总量和基础设施投入与2007年相比实现翻番;地方财政一般预算收入占全市比重达35%;实际利用外资占全市比重达80%;进出口额占全市比重达75%;高新技术产品销售收入年均增长30%以上;已开发工业项目用地单位产出效率(工业增加值)平均不低于70万元/亩;已开发面积单位税收收入平均不低于60万元/亩;化学需氧量和二氧化硫排放总量控制在省或市下达的目标值以内;镇江新区业务总收入力争进入全省开发区前10名，各辖市区开发园区业务总收入超过全省省级开发区平均水平。

(一)工业开发区

1. 镇江新区

镇江新区(即国家级镇江经济技术开发区)位于中国历史文化名城镇江市东部，是在1992年设立的镇江经济技术开发区和1993年设立的镇江大港经济开发区的基础上，于1998年6月正式成立的。镇江新区管理委员会和江苏省镇江经济开发区管理委员会合署办公，代表镇江市政府对新区的工作实施统一领导和管理。新区下辖丁岗、大路、姚桥3个镇，和大港、丁卯2个街道，总面积218.9平方公里，人口21.7万人，按国际惯例为投资者提供全方位优质服务。

镇江新区是苏南开发区中的后起之秀，经过18年的开发建设，已成为长江三角洲重要的制造业基地，镇江市投资密集度最高的区域，呈现出蓬勃发展的良好势头。截至2009年年底，全区累计实现合同利用外资总额超过110亿美元，到位外资超过50亿美元，引进外资项目551个，投资额1000万美元以上的项目有247个。已有来自30多个国家和地区的企业投资镇江新区。美国沃尔玛、法国道达尔、罗地亚、德国南方化学、瑞士科莱恩、汽巴精化、英荷壳牌、意大利菲亚特、美国嘉吉、阿文美驰、新加坡亚洲浆纸业、西班牙银峰、日本三菱、KYB、韩国东洋化学、台湾奇美、联华神通集团、统一集团等世界500强和国际著名企业集团都已在新区投资兴业。

目前，镇江新区已成为全球单厂规模最大的高档铜版纸生产基地、亚洲最大的造纸基地、中国最大的工程塑料粒子基地、中国最大的汽车发动机缸体生产基地。镇江新区已成为镇江市承接国际资本和产业转移的重要窗口，成为镇江市最具活力和潜力的经济增长板块，正努力在全市经济发展中发挥骨干支撑作用。

2. 江苏扬中经济开发区

扬中是长江中仅次于崇明的第二大岛，隶属于江苏省镇江市，地处“长江三角洲”腹地，位于上海都市圈与南京都市圈中间地带，临近长江与京杭运河的交点，是联结苏南、苏北的重要通道。全市总面积332平方公里，其中陆地面积228平方公里，由1个主岛、3个附岛组成。总人口30万人，辖5个镇1个区。属北亚热带季风南部气候区，气候温和，四季分明，年平均气温15.3℃，年平均降水量1061.6mm。岛内民居典雅，景色秀美，素有“江中明珠”、“水上花园”的美誉。

扬中是全国对外开放较早的县(市)，已累计创办外商投资企业300多家，德国西门子、默勒、优美科，美国美盛，韩国现代重工等世界500强企业先后落户扬中。2006年，全市实现人均GDP 5200美元，人均储蓄2.8万元，综合竞争力位居江苏省第9位，在2005年度全国综合实力百强县(市)中名列第44位。

江苏省扬中经济开发区为江苏省省级开发区，地处中国经济最发达的、美丽富饶的长江三角洲的中心地带，位于素有“江中明珠”、“水上花园城市”之美誉的扬中市城区西郊。总体规划面积19平方公里，分工业区、金融商业区、私营经济区、工业(仓储)区、生活住宅区和绿化风景区。

开发区具有较为便捷的交通运输条件。南有扬中长江大桥连沪宁高速公路，北有“扬高”汽渡通宁通一级公路。距国际货运港口镇江港8公里，距常州、南京机场1小时公路里程，距上海虹桥国际机场2小时公路里程。自92年筹建以来，基础设施日臻完善。区内逐步实现了“七通一平”，道路呈经纬网络，先后完成了扬子西路、新扬路、大桥路接线新扬南路，新民路、外环南路、工业(仓储)区南、北四条主干道路等正在紧锣密鼓地建设中。开发区内金融、商贸、宾馆、公寓、别墅、娱乐、文教体育、医疗卫生等服务设施正相继建成，可充分满足投资者生产和生活的需要。

扬中经济开发区实施以“无费区”为主体的税费优惠政策，凡进区的一定规模的项目除享受国家和省、市赋予的各项优惠政策外，只缴纳国家明令规定的养老保险金、失业保险金、医疗保险金、住房公积金 4 项基金外，免收、减收各类行政事业性收费。区内土地在搞好“七通一平”的前提下，实行有偿出让、有偿转让及批租的政策，对投资规模大、科技含量高、用地面积多的外资企业，将实行“以项目定政策”的更优惠措施，在地价、税收等方面予以更多的实惠。

江苏省扬中经济开发区管理委员会是扬中市人民政府的派出机构，全面负责开发区的规划、开发和管理。开发区管理机构精干，内设区企业服务中心，为到开发区考察、投资的中外客商在接待、洽谈、报批项目、征用土地、申领执照、基建配套等方面提供最优、最便捷、最快的全程式、全方位、一条龙服务。

3. 句容经济开发区

江苏省句容市地处新苏南经济板块，是全国优秀旅游城市。省级卫生城市。

句容经济开发区创建于 1992 年，1993 年 12 月被省政府批准为省级经济开发区，规划开发面积 50 平方公里，现已完成近 10 多平方公里的开发任务。区内常驻人口 5 万人，水、电、路、通讯、绿化等基础设施日臻完善，金融、商贸、文化教育、娱乐服务业等城市功能日渐凸显，清新靓丽的人居环境和优良的投资环境吸引了大量内外资项目进区落户，区域经济快速、协调发展。据统计，从 2003 年来开发区已累计引进各类项目近 300 个，其中工业项目 180 个，总投资 30 亿元，合同利用外资 3. 35 亿美元，实际利用外资近 1. 64 亿美元。一座以外向型经济为龙头，高新科技为先导，工业经济为主体，二、三产业协调发展的生态型开发区正蓬勃兴起。

十多年来，开发区管委会始终用科学的发展观和方法论指导开发建设工作，遵循有利于加快培植光电子、汽车及零配件、生物医药、轻纺服装等四大主导产业的原则，不遗余力地打造“绿色科技开发区”这一优质品牌，一批科技含量高、产业特色明显、环境影响小、带动效应强的项目进区落户，汽车工业城、服装加工区已具雏型，光电子科技园区已成为镇江市国家级光电子产业基地的重要组成部分。益进光电、华叶科技、骏科电子、久正光电等知名企业栩栩生辉，已成为全市的龙头骨干企业，在全市的产业层次提升和结构调整中扮演了极为重要的角色。

开发区自成立以来，始终秉承“诚信认真、有求必应、高效创新”的理念服务于投资者，大力营造“亲商、安商、富商、便商”的投资环境，并致力于打造服务的金字招牌。开发区外商投资服务中心为进区项目的证照办理提供“一个窗口对外”的“一站式”服务，并免收服务费。

4. 江苏省丹徒经济开发区

江苏省丹徒经济开发区 1993 年 12 月经江苏人省人民政府批准为省级开发区，位于镇江市区西郊高资镇，北临长江，西接南京，隔江与扬州相望。

开发区总体规划面积 50 平方公里，区内拥有 6. 32 公里优质长江深水岸线. 其中 312 国道北侧 22. 33 平方公里，重点发展基础化工、能源、冶金和港口物流等临江型产业；312 国道以南重点建设生活服务区。

5. 江苏省丹阳经济开发区

江苏省丹阳经济开发区成立于 1992 年，位于丹阳市城区东面，1993 年被江苏省人民政府批准为省级经济开发区，行政区划面积 80 平方公里。位于丹阳老城区东部，以京杭大运河为界，是丹阳新城区，丹阳新的政治、经济、文化中心。经过十多年的开发建设，目前已建成 15 平方公里的工业、商贸、金融、行政、生活功能区，常住人口 10 万人。来自 20 多个国家和地区投资的 800 多家生产型企业落户，基本形成了视光学、五金工具、新型建材（木业）、汽车零部件四大主导产业、精细化工、机械冶金、包装印刷、医药器械、电子信息、农产加工等产业快速集聚，升级改造。丹阳开发区已成为上海经济圈/南京都市群众多产业配套基地。曾多次被省政府表彰为先进开发区。

丹阳开发区是沪宁沿线距高速公路最近、交通方式最全的开发区。沪宁高速公路穿区而过，有两个出入口；距境内常州机场 19 公里；距长江第三大国际港口——镇江大港 15 公里；黄金水道京杭大运河纵贯全区；全国最繁忙的铁路主干线——京沪铁路在区内设有丹阳火车站，时速 200 公里以上的动车组停靠；即将开工建设的京沪高速铁路、沪宁城际轻轨在区内设有站点。

丹阳开发区是苏南生态环境优越、自然条件宜人的开发区之一。位于北亚热带。属湿润季风气候，年平均气温 15℃，无霜期 221 天，日照 1992 小时，平均降雨量 1058mm，平均相对湿度 81%，主导风向偏东风；海拔 7m，地势平缓，局部丘陵，地壳稳定，岩性较为均匀，历史上从无地震记录，土地承载力为 30T/m^2 左右；常年平均水位 5.8m，极少洪涝灾害；绿化总面积 200 万 m^2。全区已通过国家环保总局 ISO 14001 环保体系认证。

丹阳开发区是江南基础建设完善、投资环境最佳的开发区之一。目前有 15 平方公里实现了“七通一平”区内建有水源取之长江、日供水 30 万立方米的自来水厂；建有 11 万伏变电所 2 座、22 万伏变电所 1 座，用华东电网供电；建有 1.2 万千瓦机组、2.4 万千瓦机组热电厂各一座，日供蒸汽 3600T；西气东输工程全面建成；有日处理 4 万吨污水处理厂一座；另一污水处理厂正在建设中；综合性、智能性、宽带化数字通信网络覆盖全区；众多航空货运服务公司与 DHL、UPS、TNT、FEDEX 等知名快递公司联网。

丹阳开发区是长三角商务成本比较优势最突出的开发区之一。综合投资成本，尤其是在能源、物流、建筑、工薪、土地使用、厂房租赁等方面，相对于“长三角”其他地区都较低，约比上海低 50%，比苏州地区低 30%。

丹阳开发区上沪宁城市群服务体系健全、服务效能最高的开发区之一。打造长三角“服务效能最高、创业条件最优、投资回报最好”的开发区，是我们一贯秉持的工作理念。工业项目一门受理，集中勘察，联合审批，限时办结；重点投资项目全程领导跟踪服务；对工业企业在申办、建设过程中，实行扎口收费管理，分别享受零收费，降低标准收费和打包收费的优惠。

6. 镇江出口加工区

镇江出口加工区于 2003 年 3 月 10 日经中国国务院批准设立，总规划面积为 2.53 平方公里，其中：一期工程 0.91 平方公里已于 2003 年 12 月建成，并于 2003 年 12 月 24 日通过了国家海关总署等八部委的联合验收，已正式封关运作。

镇江出口加工区位于江苏省镇江市的东侧，坐落在江苏省镇江经济开发区（镇江新区）内。加工区距镇江市中心约 25km，北距对外开放的大港港口约 3km，南距沪宁高速公路新区入口约 15km，区位交通十分便利。

镇江出口加工区设管理委员会并下辖管理局为进区企业提供全方位、全过程的服务，出口加工区海关办事处为区内企业提供“一次申报，一次审单，一次查验”24 小时连续通关服务，出入境检验检疫机构出口加工区办事处将竭诚为区内企业提供方便快捷的服务。

镇江出口加工区建有一流的基础设施和配套设施。目前一期工程已全部实现“七通一平”（即通水、通电、通路、通气、通电信、通排水、通排污及场地平整），加工区配备有标准的隔离设施和监管设施，实行“境内关外”的管理模式。加工区内建有海关监管仓库、标准厂房等，可以满足企业的生产经营需求。加工区配套有商办区、商业生活区、员工公寓等，可以满足企业的生产生活需求。

镇江出口加工区具有特殊的优惠政策。外国（含台港澳地区）投资者在出口加工区投资，不仅可以享受在国家级经济技术开发区投资的优惠政策，还可以享受在国家级出口加工区投资的特殊优惠政策。

镇江出口加工区位于江苏省镇江市的东侧，坐落在江苏省镇江经济开发区（镇江新区）内。镇江是中国经济发展最具活力的“长三角”地区十六个重要城市之一，地处江苏省的中部、长江南岸，位于长江和京杭大运河“黄金水道”的十字交汇处和上海经济圈和南京都市圈的交汇处，区域位置得天独厚。

航空：东距浦东国际机场约255公里、上海虹桥国际机场约220公里，西距南京禄口国际机场约90公里、距常州机场约60公里，通往各机场全程高速公路。

港口：镇江大港是中国的主枢纽港之一。现已建成15个2.5万吨级深水泊位，可以停靠3万吨~5万吨级的货轮。拥有集装箱码头1个，另有2.5万吨级液体化工公用码头1个。港口年吞吐量可达2600万吨以上，装箱量达10万标箱以上，其中外贸装箱量达5万标箱以上。目前正在扩建大港三期工程，将新建4个5万吨级泊位，建成后将年新增吞吐量1000万吨以上。目前大港已成为全国内陆第三大港口，现已与40多个国家和地区的136个港口通航。

铁路：由地方自建的镇大铁路与京沪铁路相连接，并直达大港港区。拟建设的京沪高速铁路将从新区旁区而过。

公路：新区内公路与沪宁高速公路、312国道等直接连接。镇大高等级公路贯穿全区，与镇江市中心相连。区内公路路网四通八达，交通十分便利。

（二）产业园区

1. 江苏镇江新民洲港口产业园区

岸线优势：园区现有深水岸线总长5.38公里，岸线平均水深25米~45米。可用于港口、仓储、物流及船舶制造项目建设等。该岸线已补列入镇江港总体规划，并经镇江市政府批准，规划用于建设工业港区岸线2400米，公用港区岸线2300米。

土地优势：园区总面积22.5平方公里，国有土地性质，其中水面2000余亩，林地1000余亩，沿江滩涂近万亩，可为港口、仓储、物流及船舶制造项目配套使用等。

2. 镇江新区中心商贸区

中心商贸区位于镇江新区中心地带，规划总面积6.8平方公里。该区本着高起点、高标准、尊重自然、以人为本、持续发展的规划原则，定位为商业服务市场体系、文化娱乐市场体系、行政服务体系、居住生活体系，致力于建设完善的商业服务体系、多样的文化娱乐市场体系、高效的行政服务体系；现代化的居住生活体系。区内在建的新区外商投资服务中心与出口加工区遥相呼应，并逐步形成集国际俱乐部、五星级宾馆、商业步行街等于一体的运动休闲、文化娱乐、特色饮食、商品贸易四大功能区。最终建成一个以“人气和商贸繁荣”为特点的高起点、高品味、高回报的生态型新城区。

3. 镇江新区机电科技工业园

机电科技工业园及民营经济园（大港）位于镇江经济开发区东部，规划面积10.8平方公里，现已完成“六通一平”5平方公里，建成标准厂房6000平方米。机电科技工业园以世界第三代工业园理念进行规划和建设，目标是建成以汽车零配件、机电一体化产业为支柱的花园式工业园区。区内将重点发展机械、电子、轻工、汽车零配件等产业。民营经济园依托镇江经济开发区现有的制造业产业群，吸引上下游专业配套厂家，形成互补型产业链发展优势，园区营造宽松的政策环境和高效的服务体系，为民企的发展提供绝佳的外部环境。目前已有意大利卡布来特公司、香港海润投资发展有限公司等外资企业进区兴业，总投资近4330.6万美元，此外还有裕永精机、洽尔纳包装等内资企业。

4. 镇江新区民营经济园

民营经济园（丁卯）成立于2003年5月，一期规划面积2.42平方公里。园区内环境优美，交通便捷，设施完善，功能齐全，重点吸引民营高新技术企业进区投资兴业。

5. 镇江新区国家级留学人员创业园

国家级留学人员创业园成立于2002年6月，该园定位于吸引留学归国人员自主创业，并在资金、政策、服务等方面给予扶持。目前已吸引了数十名留学人员进区创业，由7名留美博士组团创办并有台湾博达科技入股的江苏奥雷光电有限公司，留日学生创办的特耐斯电刷（镇江）有限公司是众多留学人员创办企业中的代表。

6. 镇江新区光电子工业园

光电子工业园成立于2002年8月，规划用地总面积1.5平方公里，2002年获国家批准为"国家火炬计划镇江光电子与通信器件研究开发及产业基地"，区内已实现道路、给排水、排污、电力、通讯、蒸汽、液化气及土地平整等基础设施的"八通一平"；一期工程3万平方米的标准厂房已建成，重点发展以"光电子、通信元器件"为主的高新技术产业。该园目前已吸引了世界各大著名光电企业的目光。

7. 京口工业园区

京口工业园区始建于2003年2月，由镇江市政府批准设立；2006年4月，经江苏省政府批准、国家发改委公告正式升格为省级工业园区，园区总体规划面积13.8平方公里，一期规划面积4平方公里；2007年12月，园区区域环评获省环保厅批复和通过ISO 14000环境管理体系认证。

基础设施：道路，总投资12亿元的双向八车道的镇大公路正在拓宽改造，2009年年底通车；沿江高等级公路、经十二路可以便捷地连接沪宁高速公路和镇江市区。供电，园区建设有11万伏（1台4万MVA主变）、22万伏变电所各一座（同时一次安装2台24万MVA主变，这在镇江乃至江苏都是最大的），可根据项目需要实行"双回路"供电，提供充足的电力保障。给水，园区内自来水主管网已建成，由谏壁自来水厂供水，设计日供水5万立方米；同时，市自来水公司在沿江公路园区段预留了1000毫米接水口，可供园区企业使用。供气"西气东输"天然气管道已经接通园区，预留了400毫米的接口2个（运河以西鼎胜铝业已经使用天然气），可为项目提供足够的生产和生活用气。排污，建设有日设计处理能力5万吨污水处理厂一座，一期日处理能力2万吨，污水排放管网已经随道路铺设。排水，建设2座雨水泵站，雨水就近排入已经建设好的地下管网。仓储，京沪铁路镇江中转货场——上煌货场位于园区西北部，占地面积27公顷，主要办理散堆装货物运输，通过镇大铁路可连接沪宁铁路和大港国际港口。

园区企业：镇江鼎胜铝业有限公司、江苏鸿泰钢铁有限公司、江苏震东铜业有限公司、镇江正恺电子有限公司、镇江永丰电光源有限公司、镇江金叶螺旋桨有限公司、镇江晨光铜业有限公司、镇江亨通电器有限公司、镇江盛迪铸造有限公司、镇江立新电子通讯技术有限公司、镇江金特福工程机械有限公司、海龙艾默生（镇江）能源科技有限公司等企业已在园区顺利运行。

四、淮安市开发区（工业园区）

通过近20年特别是近四年的加快发展，培育特色产业成了淮安市开发区建设的生命线。为实现全市开发区转型升级，切实增强开发区产业集聚功能，淮安市进一步理清思路，帮助培育有特色的产业集群，推进开发区建设向特色化、专业化、生态化方向发展。各开发区围绕已引进的重点产业项目为龙头，研究启动特色园区建设，集中力量，重点扶持，合理布局，集聚发展。以清晰的产业发展方向各展风采，逐步构筑起全市经济发展新的增长点，成为区域产业结构调整、经济腾飞的一道道亮丽风景。

（一）政策引导，加强竞争意识

2009年8月，淮安市政府下发《关于进一步加快全市开发区建设发展的意见》（淮政发〔2009〕123号），要求各开发区要全面落实科学发展观，以促进经济建设与资源环境协调发展为主线，以发展先进制造业和现代服务业为重点，以体制创新和科技创新为动力，努力实现开发区布局集中、用地集约、产业集聚、结构优化、环境优美、生态良好的发展目标。

培育主导产业。全市着力打造信息技术、盐化工新材料、冶金机械等三大千亿元级产业，各开发区突出自身重点发展的主导产业，构建以主导产业为核心，配套合理的产业集群。制定出产业发展规划，明确产业选择，结合比较优势，科学规划产业链及上下游产品。

创办特色园区。坚持重点领域形成特色，重点产业形成规模，体现工业发展的规模效益和聚集效应，形成特色产业链，建设特色产业基地。市政府要求各开发区都要在2010年前创建1～2家省级特色产业园。积极创立中小型科技企业孵化中心，构建中小型科技企业的孵化服务体系。

推动南北共建。积极策应省委、省政府南北园区合作共建的战略部署，按照"自由结对，共建双赢"的原则，主动对接，做优环境，搞好服务，推动与发达地区开发区的结对工作。

加强其它功能区建设。淮安出口加工区正式封关运作以来，淮安市承载产品出口型项目的能力明显增强，国家级留学人员创业园、省级软件园、高教园区、淮安清河等生态工业园等平台的搭建，市经济开发区正抓紧申报国家级经济技术开发区，为淮安市承载大项目、抢抓先机创造了条件。

（二）规划先行，实现错位发展

近年来，淮安市各开发园区都已达成共识，必须以错位的发展方式实现突破才能实现全面发展。为避免相互之间的"趋同竞争"，各开发园区都强调思路不明不动工，不搞一哄而上的盲目建设。

各开发园区坚持以规划先行为原则、以特色产业为切入点，认真编制特色园区的建设规划，使其与特色产业发展规划衔接配套，力求"量身定做"，在个性化、专业化方面做深做细，不争第一必争唯一，突出规划的科学性、开放性和前瞻性，为特色产业发展打造良好载体。

以建设科创型环保特色的一流园区为目标，以科学规划引领园区开发建设，既完善了功能，又彰显了特色。从全市范围看，重点培育发展冶金机械、盐化工新材料和电子信息三大千亿元级产业。从县区范围看，各经济开发区也明确自身的主导产业，形成各具特色的优势方向。淮安经济开发区瞄准建设以富士康科技城为代表的IT产业及台玻集团为代表的盐碱科技产业。盱眙经济开发区以全球独占优势的凹土资源和全国闻名的钢管轴承产业，全力打造特色园区，着力做精做大。楚州、金湖经济开发区大力发展汽摩配、石油机械、精密机械等产业，划出专门地块开发建设特色产业园，吸引相关企业入园集中发展。淮安工业园突出抓好纺织和新型建材产业。淮阴经济开发区借助城乡结合和交通优势，抓好农业、现代物流和服务业。涟水开发区利用农业大县的优势，集中发展高档旅游服饰、农副产品和有色金属产业。洪泽开发区利用纺织基础和地下岩盐资源，重点抓现代纺织和盐化工产业。

（三）因地制宜，科学定位特色

"特色"是开发园区建设发展的"命根子"和"生命线"，"定位"决定前途。实践证明，淮安市各县区依托工业园区的崛起，得益于逐步形成了自己的发展特色。建设初期，工业基础薄弱，主导产业和支柱产业的市场比较优势不明显，生产技术处于成长阶段，很难在较短的时间内整合形成特色产业群。然而，各开发园区在建设发展过程中，视特色为优势，最大可能地结合地域资源优势和产业特色，通过对资源要素的整合、对生产力布局的调整，促进了经济社会的快速发展。

2006年，淮安经济开发区和淮安工业园区得到国家发改委和省政府确认，盱眙、金湖、洪泽、涟水、楚州、淮阴等六家工业园区也被确认升格为省级经济开发区，全市各开发区的特色产业集群逐步壮大。淮安"台商工业园"、"盐碱科技产业园"、盱眙"凹土科技园"、金湖"汽摩配产业园"等先后获得省外经贸厅批准，楚州"精密机械产业园"、金湖"石油机械产业园"等也已上报待批。盱眙、金湖、涟水、淮阴的"科技创业园"获得省科技厅等部门联合批准。省机械工业联合会批准建立盱眙"钢管轴承之都"。涟水开发区"涟水县科技创业园"、金湖开发区"金湖科技创业园"、盱眙开发区"盱眙凹土科技创业园"（2009年4月）、淮阴开发区"淮安市淮阴区科技创业中心"（2009年6月）先后获得省科技厅批准。淮安"生态工业园区"的建设规划获得省环保厅等部门的批准,清河生态工业园也已上报待批。淮安经济开发区的留创园、软件园等也获得国家和省的批准。

(四)提升内涵,放大特色效应

目前,淮安市获省厅批准的特色产业园区四家。特色园区作为开发区内新型的平台和载体,已初步显现出良好的品牌效应,有效促进了开发区的企业集群和产业集聚,为开发区的发展作出了积极贡献。

一是企业集群效应明显。几年来,通过招商引资、产业集聚等形式,企业集群逐步形成。截至目前,四家特色产业园共批准进区外资项目 26 个,总投资 28.83 亿美元,实际到账外资 8.19 亿美元,实际到账台资 4.88 亿美元。投资超千万美元的项目达 24 个,3000 万美元以上的 19 个。其中富士康项目和实联化工项目总投资分别为 9.7 亿美元和 4.85 亿美元,分别到账 2.72 亿美元和 1500 万美元。

二是产业集聚得到提高。"台湾工业园"围绕富士康 IT 龙头产业共引进电子信息项目 9 个,总投资 15 亿美元;"凹土科技园"充分利用凹土独特资源,共引进凹土生产项目 15 个,总投资 15.8 亿元;"盐碱科技园"充分利用淮安市岩盐资源优势,成功引进台玻的实联化工项目,总投资 4.85 亿美元,注册外资 4 亿美元;"汽摩配产业园"抓住产业优势,共引进项 18 个,总投 20.8 亿元。

三是技术含量明显加强。富士康科技集团生产的 PCB 板产品和技术水平处于世界领先地位,在国际市场上享有良好的声誉。"凹土科技园"中新光矿业淮源矿业、博图凹土研究中心等企业的产品享誉国内外。"钢管轴承之都"中江苏金鹏轴承有限公司、江苏宝碟轴承有限公司、江苏戴维轴承有限公司等企业的产品的技术含量也很高。目前,淮安市特色产业园中有近 20 家企业被认定为省高新技术企业,20 家企业的近 30 种产品被认定为省高新技术产品。

四是管理模式得到创新。特色产业园区具有产业专业性、关联性强等特点,各地经过摸索与实践,形成了政府管理、投资法人管理、龙头企业管理等多种形式的管理模式,充分体现了市场化运作模式管理的灵活性和决策的科学性。

(五)强化措施,巩固特色成果

特色产业园的发展既要立足当前,加强生产要素调节,加快重点项目建设,努力实现经济持续快速发展,又要着眼长远,调整优化结构,创新发展,不断提升特色产业园的竞争力。

一是坚持扩大总量与调整结构相结合。新上项目的外延发展要与技术内涵相结合,做大做强支柱优势产业与培育新兴产业相结合,发挥比较优势,突出区域特色,着力构建现代工业体系。

二是进一步完善园区基础设施建设。各开发区在建设过程中要不断加大资金投入,注重集约化经营土地,集群式发展项目,延伸产业链条,推进与园区主导产业相关的生产性服务业加快发展,搞好同业集聚和产业协作。

三是调整传统产业与新兴产业的关系。努力实现传统产业高新技术化,提高产业和企业的竞争力。着力调整产业内部结构,立足现有产业基础和优势,推动电子信息产业优化产品结构和零部件配套升级,盐化工产业向精细化方向延伸,各类产业产品向终端化和资源效益最大化方向发展。大力发展冶金机械、IT、盐化工等优势产业,加快发展凹土、钢管轴承、汽摩配等特色产业,放手发展一切可以发展壮大的其它产业。

四是注重项目的科技含量和知识含量。经济的快速增长必须建立在科技不断进步的基础上,必须增强自主创新能力,大力推进科技成果产业化。整合科技资源,推进产学研用相结合,全面提高劳动者的科学素质、人文素质和科学素质。鼓励和支持发展先进生产力,限制和淘汰落后生产力,切实降低工业化进程中的资源消耗水平。积极发展循环经济，推进生态园区建设，全面加强环境保护，建设资源节约型和环境和谐型社会。

（六）工业开发区

1. 盱眙宁波工业园

园区环境简介

盱眙宁波工业园区位于盱眙县城东部经济开发区内，开发区于2001年10月28日启动建设，目前建成区为23.1平方公里，2006年4月15日晋升为省级经济开发区。园区一贯坚持“亲商、爱商、重商、富商”的理念，吸引了各路精英来此投资创业。

自盱眙经济开发区建成以来，已吸引了新海电子、凡力钢管、宝碟轴承等一批知名企业的入驻，并形成了轴承机械、汽摩配、电器、食品和凹土加工五大特色产业。围绕“十一五”时期创建国家级开发区，将以更加优惠的政策、更加优越的环境、更加优良的服务笑迎四方来宾，喜接八方宾客。

盱眙宁波工业园总辖地800亩，东接宁宿徐高速，西靠玉兰大道，一期规划用地200亩，建设标准厂房及配套设施总建面积80000平方米。

2. 淮安经济开发区

淮安经济开发区成立于1992年，行政管辖面积132平方公里，人口18万人。目前，区内基础设施日臻完善，功能配套日渐齐全，产业结构日趋合理，综合实力日益增强。吸引了美国、澳大利亚、日本、韩国、新西兰、比利时、新加坡和中国香港、中国台湾等20多个国家和地区的客商来区投资兴业。累计进区企业500余家，外资企业200余家。

“十一五”期间以来，累计完成城建投入58亿元，其中基础设施投入22亿元。建成了徐杨变电站、徐杨污水处理厂、海关通关点和保税仓库，出口加工区3月22日获得国务院批准设立，留学人员创业园已创建为国家级。尤其是在世界500强招商上取得重大突破，成功引进了总投资22亿美元的富士康淮安科技城项目。又成功引进了华南玻璃有限公司总投资10亿美元的纯碱及相关项目。全区社会秩序稳定，治安状况良好，一个让客商投资放心、生活舒心、发展安心的环境初步呈现。

3. 江苏淮安开发区

规划面积100平方公里，工业用地10000亩，价格2万元～5万元/亩；工业园区："七通一平"，京沪、宁连、徐淮盐高速、新长铁路、京杭运河穿园而过；交通区位：辐射环渤海经济圈与“长三角”经济带，到南京1.5小时，到上海3.5小时车程；产业配套：电子机械、盐化工、精细化工、纺织服装，资源丰富、配套齐全，优势明显。

4. 洪泽经济开发区

开发区于2001年10月起步建设，首期规划面积15平方公里，远景控制面积50平方公里。园区坐落在县城新区北郊，南至东五道，北至大寨河，东至宁淮高速公路，西至洪泽湖、苏北灌溉总渠。园区区位优越、交通便捷，陆路距南京1小时车程、距上海4小时车程，水路由洪泽湖经苏北灌溉总渠、京杭大运河通江达海，正在融入“长三角”经济圈和南京都市圈。园区基础设逐步配套。园区投资环境日臻完善。成立县行政审批服务中心，发展计划委、工商等24个部门在审批中心设立了窗口，实行一条龙审批服务。成立项目会审小组，对进园项目从投资规模、产品市场竞争力、销售、利税、用工、对环境的影响、对地方经济的拉动作用等方面进行会审把关。建立项目帮办制，所有进园项目由引资单位全程帮办、跟踪服务，重点项目有县分管领导牵头帮办。

围绕地方资源优势，引进了鹿港毛纺、联宏纺织、宝利嘉纺织、杰迈手套、亨通帽业、东盾刨花板、翔事木业、久鑫机械、立新钢管、宇强金属、福斯特化工等一批骨干企业，初步形成机械、纺织、新型建材等重点产业。截至2005年年底，累计进区项目120个，固定资产投资27.2亿元，竣工投产项目78

户。2005 年度,投产企业实现销售 15 亿元,实现利税 1.8 亿元,吸纳就业 8000 余人。

5. 江苏涟水经济开发区

江苏涟水经济开发区位于涟水新城区,宁连一级公路涟水入口处,苏北主航道横贯南北,区位优势独特,水陆交通便捷。开发区规划面积 16.86 平方公里,以盐河和宁连路连接线为界,整体上划分为东区、西区和化工区 3 个自然区。

江苏涟水经济开发区以服装纺织和农副产品深加工为主导产业,发展机械电子、新型建材和生物医药等产业项目,以五大产业为主要特色形成五大园区,同时辅以配套服务区,开发居住、商业、行政用地、医疗卫生、教育事业用地。围绕规划,目前已建成较为完善的道路、供水、排水、供电、通信等基础设施。目前已有来自美国、日本、韩国等国家和中国台湾、中国香港地区的 15 个外资项目和 60 个内资项目落户。

6. 江苏省盱眙经济开发区

1. 规模。县经济开发区自 2001 年 10 月 28 日开工建设,到 2005 年底,建成区已达 20.1 平方公里,规划控制区 10 平方公里;竣工投产及安装设备项目已有 419 个。

2. 现状。建成区实现道路、电力、电信、广电、自来水、排水等"六通一平",绿化基本到位。

3. 产业。轴承、电器、汽摩配、凹土、食品加工已初具雏形。

(七)产业园区

淮安市温州工业园

江苏省淮安市温州工业园,总占地 648.7 亩,总建筑面积约 60 万平方米,总投资 10 亿元以上,是江苏省目前最大规模的小面积标准化厂房项目。首期开发的 12 万平方米的工业厂房现全面对外租售。主导产业以汽摩配、电动车及配件加工、机械生产加工、饰品加工、电子加工、五金加工、塑料制品加工为主。

五、芜湖市开发区(工业园区)

2009 年,芜湖市坚持调动全委力量抓招商、推建设、优服务,全年引进重大项目数量明显增多,项目投资规模明显增大,各项指标均圆满或超额完成。在年底商务部公布的全国 54 个国家级经济技术开发区投资环境综合评价中,又上升 3 位,居全国第 16 位,在中部 9 个国家级开发区中位于长春、武汉之后,首次跻身第 3 位。

(一)紧扣第一要务,经济运行质量明显提高

全年工商注册企业 260 家,投产企业 193 家。实现地区生产总值约 204.2 亿元,可比价增长 18%。实现工业总产值 749 亿元,同比增长 17.8%。产值超亿元企业 56 家,比 2008 年增加 18 家。净增规模以上工业企业 32 家,实现规模以上工业增加值 181.6 亿元,可比价增长 24.9%。

全年注册亿元以上内资项目 29 个,其中百亿元以上项目 1 个、10 亿元以上项目 9 个,引进上市公司项目 8 个。

全年实际利用外资 3.39 亿美元,增长 6.3%;实际利用内资 95.5 亿元,增长 35.6%。

全年完成固定资产投资 125.5 亿元,增长 46.6%。

(二)改进招商方式,招商引资和项目争取卓有成效

创新招商模式,充分放大资本运作效应,在市领导高度重视和大力推动下,成功引进德豪润达和三安光电 2 个总投资达 180 亿元项目。建立招商引资责任分解机制,全委各部门、单位个个有任务。

实行两次招商成果集中检阅机制,上半年亿元以上项目集中签约,38 个项目协议投资 85.4 亿元;下半年经贸洽谈会,经筛选后的 74 个项目协议投资 200.6 亿元。

争取各级各类财政支持项目 306 个,到位扶持资金超 3 亿元。其中,基础设施建设项目贷款获中央财政贴息 7626 万元,比 2008 年增长 3.6 倍。

(三)加强协调服务,重点工业项目顺利推进

建立项目推进责任制、项目例会调度制、现场协调督查制和委领导分工联系重点企业工作机制,全年建成投产亿元以上项目 7 个,其中,信义集团国内首条超白光伏玻璃生产线、浮法玻璃生产线相继投产,钢化玻璃项目即将投产;浦项一期、马钢、武钢汽车钢板等一批项目相继投产。在建投资亿元以上项目 10 个,其中,美的 500 万台出口洗碗机一期已进入试生产;奇瑞公司轿车五厂、奇瑞量子汽车、美的 860 万台厨卫电器、德豪润达 LED 芜湖基地项目等一批大项目正抓紧施工。即将开工亿元以上项目 13 个,其中,三安光电、信义集团年产 245 万平方米光伏薄膜导电玻璃,美的集团 5100 万台精品电器项目也开工在即。

(四)注重规划建设,区域承载能力日渐增强

出口加工区二期 7 月 31 日顺利通过海关验收,叠加保税物流功能区也同时验收,江苏省第一个保税物流园区正式启动运行,已有国丰塑业等多家省内企业来区开展保税物流业务,实现物流进出口额 1182 万美元。

完成开发区东区淮河路东侧绿地景观规划编制。利用已回收伟翔地块编制了总部经济园区规划。

安排政府性投资 27.6 亿元,全区在建投资项目 194 个。东区一期路网基本建成。

全年征地 7613 亩,拆迁 1680 户,其中东区征地 4039 亩。报批土地 4927 亩。

2009 年,开发区在建安置房六处,总建设面积 67.2 万平方米,6963 套。其中当年开工建设 35.5 万平方米,3638 套;竣工 42.4 万平方米,4364 套。计划建设 332 套廉租房 1.45 万平方米全部完工。

(五)打造服务品牌,投资环境不断优化

投资服务中心按照“中心受理、后台流转、一站服务、限时办结”原则,于 6 月份正式运行。

服务入区企业做大做强。按照“上市一批,辅导一批,储备一批”思路,引导企业走资本市场道路。邀请深交所上海中心等专家,就创业板市场的特点和定位、企业上市流程,对区内 40 余家企业负责人开展培训;联合上海光大期货公司成功举办“芜湖 2009 套保融资论坛”,全年已报会 4 家,过会 1 家。开发区现有 1 个国家级,20 个省级名牌产品。组织企业申请专利 1367 件。新增省级以上企业技术中心和工程技术研究中心 11 家。举办各类人才招聘会 154 场。引进设立 10 家担保公司、2 个基金公司。先后为 37 家企业获得贷款 1.49 亿元,21 家企业 21 个项目获签约贷款 30.7 亿元,5 个重大项目获协议贷款 42 亿元。相继荣获“国家新型工业化产业示范基地”、“国家级经济技术开发区高校毕业生就业工作优秀单位”和“省级服务外包示范园区”等称号。

(六)坚持以人为本,社会事业全面协调发展

围绕民生工程目标任务,政府投入资金 4167 万元,全面推进 22 项民生工程顺利实施。积极贯彻执行中央“家电下乡”和“汽车、摩托车下乡”等补助政策,发放汽车、摩托车、家电下乡补助资金 47 万元。全区参加五项社会保险的人数突破 5.3 万人。全面完成城镇居民医疗保险目标任务。新建万春颐养苑主体结构已经封顶。发放 66 万元对困难群众开展“情暖送万家”活动。

完成育瑞实验小学标准化建设工作；万春中学新校正在抓紧建设；三十三中扩建、万春小学新建工程按计划推进。人口计划生育服务与管理工作继续加强。建立起三级公共卫生服务网络体系，到2009年底，共建成社区卫生服务机构4个，其中，社区卫生服务中心1个、社区卫生服务站3个。顺利完成管委会机构调整；稳妥推进事业单位人员聘用制工作。

（七）坚持成果共享，推动科学发展取得实效

按照中央和省、市委统一部署，开发区党工委及基层参学单位，紧密结合实际，把学习实践活动作为应对金融危机、提高企业竞争力、服务科学发展的重要契机，精心筹划、顺利推进，第二批活动圆满结束，第三批活动已进入尾声。

各级党组织坚持把服务群众、关注民生和为民办实事贯穿学习实践活动的始终，协调解决群众生产生活方面的问题。大力开展市容整治年活动，拆除违法建设42万平方米，城市面貌明显改观；购买11辆中巴车，设立区内循环线，协调延伸47路、23路、88路公交线，缓解了企业员工上下班困难，让群众真正体会到学习实践活动带来的实惠。经测评，学习实践活动群众满意率达95.7%。

在取得上述主要成绩的同时，也存在不足之处，如在引进重点产业的龙头项目、带动性强项目、重大外资项目方面还显不足，与打造新兴产业集群、发挥带动全市经济发展重要增长级的要求还有一定差距等等。

（八）芜湖工业园区

1.芜湖经济技术开发区

芜湖经济技术开发区位于芜湖市东部和北部，是1993年4月经国务院批准设立的国家级经济技术开发区，是安徽省第一家国家级经济技术开发区，也是迄今为止我国中部地区非省会城市唯一的国家级经济技术开发区。区内设有国家级出口加工区、国家级高新技术创业服务中心、国家级汽车零部件出口基地、国家级汽车电子产业园。

2009年全年工商注册企业260家，投产企业193家。实现地区生产总值约204.2亿元，可比价增长18%。实现工业总产值749亿元，同比增长17.8%。产值超亿元企业56家，比2008年增加18家。净增规模以上工业企业32家，实现规模以上工业增加值181.6亿元，可比价增长24.9%。全年注册亿元以上内资项目29个，其中百亿元以上项目1个、10亿元以上项目9个，引进上市公司项目8个。全年实际利用外资3.39亿美元，增长6.3%；实际利用内资95.5亿元，增长35.6%。全年完成固定资产投资125.5亿元，增长46.6%。

2.芜湖高新技术产业开发区

芜湖高新技术产业开发区是1991年经安徽省政府批准成立，2006年4月通过国家发改委、国土资源部、建设部审核成为省级高新区，2010年9月26日，国务院致函安徽省人民政府，同意芜湖高新区升级为国家高新技术产业开发区。芜湖高新区现已成为安徽省发展高新技术产业的重要基地、皖江高新技术产业带的龙头，是我国中部地区投资环境好、市场化程度高、创新要素活跃的区域之一。

按照国家高新区“四位一体”新定位和“二次创业”战略的要求，结合芜湖自身基础和特点，芜湖高新区的战略定位是：我国民族品牌汽车工业的创新与产业中心；合芜蚌自主创新体制机制改革的先导区；皖江城市带承接高技术产业转移的示范区；安徽创新创业资源和高端人才的集聚区；芜湖城市科教和高新技术产业功能的承载区。

未来一个时期，高新区将紧紧围绕创新型国家建设的战略目标，发展特色产业，营造创新创业环境，提升创新能力，力争建成在中部地区具有重大影响的创新型科技园区。到2012年，具体发展目标是：（1）营业总收入1000亿元以上；（2）地区生产总值300亿元以上；（3）高新技术产业产值占园

区营业总收入比重70%以上;(4)汽车及零部件、节能环保、电子信息产业的营业收入占园区总收入比重80%以上;(5)高技术服务业占园区营业总收入比重15%以上;(6)园区净利润占营业总收入比重达到8%以上;(7)高新技术产业工业增加值率高于32%;(8)高新技术企业数、研发人员数、中国名牌产品数、专利授权数翻一番以上;(9)企业研发总投入占企业销售收入比重达到5%以上;(10)规模以上工业企业100%建立研发机构,国家和省重点实验室、工程技术(研究)中心、企业技术中心达到60家以上;(11)研发人员占企业员工总数的比例达到20%以上;(12)万元工业增加值能耗降低20%;(13)污水处理率100%。

3. 芜湖长江大桥综合经济开发区

芜湖长江大桥综合经济开发区是省政府2001年底批准设立的省级开发区,规划面积9.71平方公里,建设以芜湖旅游城为主体的旅游娱乐、现代商贸和高尚住宅等主导产业,科学规划,分布实施,通过“十一五”期间的努力,逐步建成现代化、园林化、生态型的新型生态旅游文化新城区。

围绕以华强文化科技产业园为龙头的文化科技旅游产业,该区在2009年已引进内外资项目22个,完成固定资产投资54790万元。意大利诺瓦拉商会、帕维亚出口联合会在华强阳光广场设立了意大利产品展示中心。红星美凯龙集团与华强旅游城达成总投资2.7亿元的大型时尚家具广场项目意向。维多利亚国际有限公司将在区内独资建设五星级酒店。一系列项目将进一步推动华强科技文化旅游商贸一体化发展,为创建国内一流旅游城奠定良好基础。

4. 芜湖鸠江经济开发区

鸠江经济开发区是经省政府批准设立的省级开发区,中长期规划面积30平方公里,一期扁担河以西规划面积7.44平方公里,二期扁担河以东、芜马高速两侧规划面积约23平方公里。自2006年3月正式启动建设以来,在区委、区政府的领导下,开发区始终按照“基础设施完备、配套服务良好、生态环境和谐、经济社会效益优越”的目标要求,抓住城市东扩的契机,坚持高起点规划、高标准建设、高效率服务,大力发展汽车及零部件、电子电器、装备制造等环保型、外向型高新技术产业以及为之配套的现代服务业,着力打造鸠江区“二次创业、加快发展”的新载体。目前,开发区已基本完成了一期建成区4平方公里的土地开发和项目引进,二期起步区的“两纵一横”骨架道路网已全部建成。现有入区签约项目69个(其中工业项目61),已有56个项目开工建设,有36家企业建成投产或边建设边生产。开发区在全市东向发展和城市东扩整体发展战略中正发挥着日益显著的作用。

5. 芜湖绿色食品工业园

芜湖绿色食品经济开发区位于安徽省芜湖市南郊,规划面积10平方公里,是中国绿色食品协会“团体会员”和国家农业部首批命名的全国农产品加工业示范基地。开发区依托周边的蔬菜、经果林、中药材、水产品、畜产品等种植、养殖基地,借助邻近的蔬菜、茶叶两大批发市场,利用丰富的劳动力资源,以招商引资为手段,以开发区为载体,大力发展食品、药品加工业,走特色开发区之路。主要发展各类食品、保健品、生物制药等相关产业。

6. 芜湖旅游商品经济园区

2000年8月,中国芜湖旅游商品经济园区经市政府批准设立,12月正式奠基动工。园区位于芜湖市弋江北路以西、汀苑小区及铁路沿线以东、赭山东路神山口以北、鸠江钱桥工业园以南地域,交通区位优势明显,是经国家旅游局确定的国内唯一的从事旅游商品设计研发、生产加工、展示交易、休闲娱乐功能于一体的特色产业园区。

2001年,市政府对园区控制性详规和起步区修建性详规予以批复。园区规划控制面积为0.97平方公里(1455亩)。土地规划征用情况为:园区一期规划用地503亩,位于园区正中部;园区二期规划用地243亩,位于园区南部温州商贸城、南部交易区地块;园区三期规划用地440亩,位于园区北部(含花塘村部分地块);余下地块约269亩,主要是水面和部分国有土地。

为了提高市场的集聚度，扩大市场规模效应，形成特色产业群体，取得较大的经济效益，园区针对旅游商品量大面广、种类繁多的特点，确定了“收缩外延、注重内涵、有的放矢”的招商原则，制定了一系列优惠政策，提供全方位服务，统一对入园企业进行规划控制，协助办理相关手续。招商定位重点为商贸市场、工业生产和研发设计上，工业主要以引进具有观赏性的工艺品、纪念品、礼品等加工企业入园生产和研发。一是对实力强的投资商，以采取出让地块转让为主的方式；二是对中小投资商，以出租出售标准厂房为主，辅助其在园区发展壮大。为把握东南沿海发达地区产业梯度转移的契机和民间资本向内地流动的投资趋向，园区重点抓好对沿海发达地区和“长三角”地区的招商工作。一是面向上述地区规模较大，有知名度和影响力，膨胀发展趋势的大企业、大集团；二是面向产品生命力较强、个性特色优势明显、成长性较好的中小企业。2009 年以来，芜湖市采取定点招商、以商招商、网络招商、驻点招商等多种形式，取得了一定的效果。

建园以来，园区固定资产总投资为 6. 9 亿元，其中基础设施投入 9700 万元，园区入住企业有 29 家，累计入库税金为 2856 万元，累计利用内资 6. 23 亿元，外资 181. 1 万美元。建成了全国规模最大的旅游商品交易中心，成功举办了 2005 年第六届中国（芜湖）国际旅游商品博览交易会，初步成为“立足芜湖、面向世界”的国际性旅游商品及礼品生产、展示、交易基地。温州商贸城、新中基商贸城、立信金属制品有限公司、东方箱包厂、4 幢工业标准厂房等一批项目也已建成并投入使用，申升礼品大世界、济兴电子数码城、银光灯饰展馆、大江生态休闲娱乐、雨田文化服务中心等项目正在建设。

“十一五”期间，园区将紧紧抓住“东向发展”的重要战略机遇期，立足“以贸促工、工贸并举”的发展思路，努力加快项目建设步伐，加大招商引资力度，完善基础配套建设，着力打造独具特色、产业明显，并具有广泛影响的区域性商贸中心。

7. 芜湖生物药业科技园

芜湖生物药业科技园位于芜湖经济技术开发区，占地面积 300 公顷。该科技园划分为：生物萃取技术中心区、天然药物研发中心区、生物制药工业区、无污染药材栽培示范区和生物主题公园等 5 大功能区。安徽省政府、芜湖市政府、芜湖广夏生物技术公司与香港理工大学共同投资组建安徽中药现代化股份有限公司，政府以土地入股，企业注入资金，高校以技术和知识产权参股，共同发展。

8. 芜湖纺织工业园

芜湖纺织工业园区座落在安徽省芜湖市新芜区境内，由芜湖市新芜区人民政府承建，占地 500 亩。新芜区是国务院批准的沿江重点开放城市——芜湖市的中心区，东与镜湖区毗邻，西濒长江，南抵青弋江，北与芜湖长江大桥经济开发区接壤，面积 16. 7 平方公里。芜湖纺织工业园区座落在安徽省芜湖市新芜区境内，由芜湖市新芜区人民政府承建，占地 500 亩。新芜区是国务院批准的沿江重点开放城市——芜湖市的中心区，东与镜湖区毗邻，西濒长江，南抵青弋江，北与芜湖长江大桥经济开发区接壤，面积 16. 7 平方公里。

9. 繁昌经济开发区

繁昌经济开发区位于安徽省芜湖市西南部，濒临长江，邻近沿江高速、沿江高等级公路、沪铜铁路和拟建中的徐黄高速、芜湖长江二桥，是马芜铜经济带上的重要连接点。

开发区规划面积 30 平方公里，按照一区多园、错位发展和开放式、组团式的思路，统一规划，分块建设，滚动发展。其中综合工业园与县城新区毗邻，规划面积 15 平方公里；孙村轻纺服装工业园座落在孙村镇区东侧，规划面积 10 平方公里；荻港新型建材工业园位于荻港镇江边，规划面积 5 平方公里。

开发区坚持建设与招商同步、发展与环境协调，重点发展电子电器、机械制造、食品医药、轻纺服装、新型建材等产业，积极引进现代物流、商业等三产项目和高新技术企业，力争到 2010 年成为芜湖市重要的现代制造业基地、皖江城市群中有较强辐射力的产业集聚区和省级开发区。

10. 芜湖机械工业园

芜湖机械工业开发区位于芜湖市南郊，坐落在芜湖县城湾沚镇东部。开发区于 2001 年初创办，以先进装备制造业为主导产业，属安徽省重点开发区。

芜湖机械工业园是中共芜湖县委、芜湖县人民政府按照工业相对集中，发挥机械特色，优化投资环境的原则，为加快城市化进程，提高工业集中度，提升和优化县域经济发展的层次和水平而建立的，是华东地区最大的特色机械经济园区。

芜湖机械工业园总体规划面积 13.7 平方公里，位于芜湖县城东部，合（合肥）杭（杭州）高速公路西侧。南至皖赣铁路，北至 110 千伏变电所。境内有合杭高速、沿江高速和芜屯新线三条高等级公路，交通十分便捷。

11. 芜湖南陵工业园

芜湖南陵工业区是芜湖市人民政府 2000 年批准设立的工业开发区，座落在芜湖市南陵县城西部，位于 318、205 国道和 320 省道交汇处。距芜湖朱家桥万吨级外贸码头 0.5 小时车程。距邻近火车站 0.5 小时车程，距南京禄口国际机场 1.5 小时车程，距合肥骆岗机场 2 小时车程、芜湖联航机场 40 分钟车程。

芜湖南陵工业区规划面积 10 平方公里，按照“一区多园”的模式，建设符合当地产业结构、各具特色的经济园区，在坚持“一区多园”发展模式的基础上，以服装制鞋为特色产业，逐步完善区内的产业链，形成产业群。

工业区内基础设施按道路、供电、给水、排水、通讯及场地平整的“五通一平”的标准建设，主干道与国、省道相连，宽 60 米，次干道宽 40 米，呈纵横分布；电信、有线电视线路沿主次干道在地下铺设，为企业提供完备的信息接口；给排水管网沿主次干道铺设，排水系统实行雨污分流；用电来自华东电网，区内有 110 千伏变电所一座，可确保企业用电。目前基础设施投资达 8530 万元，开发面积已达 2.08 平方公里，二期工程正在建设之中，企业入区落户后，就可非常方便地动工兴建厂房等基础设施。

芜湖南陵工业区以服装制鞋为特色产业，产业优势明显。劳动力资源丰富，安徽信息工程学院设有纺织专业，是培养纺织专业人才学院之一，且纺织行业为芜湖市传统产业，拥有大批纺织技术人才和熟练工人。优越的投资环境和优质高效的服务，还吸引了芜湖阪神制衣公司、沪千人造板制造有限公司、上海良力电动工具制造有限公司、芜湖鲁班工业园、芜湖中新沙船沙泵制造有限公司、顺荣汽车部件有限公司、韩国材炅楮笔纸有限公司、韩国德云医用材料有限公司、浙江慈溪织造印染有限公司、安徽南陵圣华生物工程有限公司、芜湖杜发医用敷料有限公司、南陵德天旅游发展总公司、亚夏汽车集团公司项目、南陵烟草物流配送中心、康奇药业药品配送中心等 15 户企业落户工业区。

六、马鞍山市开发区（工业园区）

2009 年，全市各省级开发区在市委、市政府的正确领导下，以体制机制创新为动力，以招商引资、园区基础设施建设为重点，各项经济指标继续保持较快增长，在全市经济发展中的带动作用进一步增强。

（一）2009 年全市开发区发展情况

截至 2009 年底，马鞍山经济开发区全年累计新批准入区项目 97 个；全年实际利用外资 2.71 亿美元，同比增长 42%；全年实际利用内资 58.08 亿元，同比增长 54%；慈湖经济开发区已竣工项目 46 个，在建项目 43 个，累计完成固定资产投资 48.1 亿元，同比增长 70.4%；当涂经济开发区全年新续建项目 42 个，新增注册公司 17 家，全年实现技工贸总收入 110 亿元，实现外贸出口值 4037 万美元。

花山经济开发区(筹建)共有各类企业170余家,新增注册企业37家,完成固定资产投资17.117亿元,实现税收11407.13万元,同比增长438.78%。

经济实力进一步增强。2009年,四大开发区共实现工业总产值357.21亿元;实现销售收入487.67亿元。

招商引资成效显著。2009年,四大开发区全年共实际利用外资4.16亿美元;实际利用内资127.62亿元总量分别占到全市的69.3%和47.5%。

固定资产投资快速增长。2009年,四大开发区共完成固定资产投资185.45亿元,总量占到全市固定资产投资的34%。

财政收入增长较快。2009年,四大开发区共实现财政收入18.6亿元,占到全市财政收入总量的15.17%。

(二)2009年各开发区建设发展主要情况

(一)工业经济快速增长、经济总量迈上新台阶。全市开发区各项主要经济指标连续5年都以二位数以上的速度增长,发展势头强劲。据统计,马鞍山市开发区综合实力快速上升到全省前列,开发区内销售收入超亿元以上工业企业占全市总数一半以上。在这些重点企业的带动下,区内中小企业也充满生机和活力,得到长足进步,企业效益稳步提升。2009年,四大开发区共实现销售收入487.67亿元,财政收入达18.6亿元。

(二)狠抓招商引资工作,强力推动开发区滚动发展。全市开发区紧紧抓住重大项目这个生命线,牢固树立以宽招商、以诚感商、以勤报商的理念,采用驻点招商、小分队招商、网络招商等多种方式,全方位、多渠道加大招商引资和项目建设力度。一年来,各开发区成功引进了200多个高质量项目落户马鞍山市,有效地优化了开发区工业经济结构,增强了发展后劲。

(三)继续加大基础设施建设力度,着力提高开发区承载能力。2009年,各开发区克服建设资金紧张、征地拆迁困难等不利因素,按照适度超前、梯度推进的原则,坚持高起点规划、大力度投入、高标准建设,不断完善基础设施,开发区的综合承载能力进一步增强。目前,马鞍山经济开发区南区3.2平方公里道路网框架基本形成,金山路铁路下立交工程贯通,红旗南路南延工程及黄山路主体完成。慈湖经济开发区在规划上,先后编制完成了循环经济、化工园区、东北部地块详细控制性规划和给排水、供热、燃气、绿化、高中压配电网络专项规划,使开发区规划更符合实际需要。在建设上,完成了北环路一期、北环路桥及沿江大道工程后续工作;北环路二期、新化路改造、苗圃路改造、明东路二期建设工作稳步推进,昭明变建设完工,化工变建设进展加快,中橡35千伏、海螺110千伏线路临时线归位工程及长江港口35千伏线路协调工作均取得重大进展,北环路慈湖河桥、立白桥、沿江大道等工程建设。当涂经济开发区全年完成基础设施建设投资2亿元。进一步延伸和完善南区路网,竣工道路总长3.8公里,另有总长6公里多的8条道路和1座桥梁在建,南区道路围合面积已由8平方公里增至10平方公里。湖西南路区域新拉开路网框架2平方公里。开始配套建设企业供水、供电等设施,启动新桥区域8条光缆整体迁移工作。花山经济开发区一是园区内路网建设成果显现。前进路、笔架山路完成设计工作;同舟路、世纪大道、秀山路已完工;星光大道、芯湖北二路和芯湖西一路已基本完工;五亩山路已完成除上湖村130米外的路基部分;新增的112路公交车已在开发区与市区间正式运营。二是水电气等配套设施加紧建设。完成陶甸路三标10千伏线路的架设;同舟路10千伏线路的架设;秀里478、秀霍458、霍花457、458线路的改造;赤口村村部10千伏线路及上配台区改造。启动秀山变秀里478、秀霍463双回线路建设。完成软件园临时施工用水、用电工程;芯湖西一路、同舟路管径300毫米的上水管道工程。

(四)以项目建设为重点,不断提高开发区综合经济实力。全市各开发区为进一步增强发展活力和后劲，将项目建设作为工作重中之重，在加大招商引资力度的同时，狠抓项目开工和竣工投产。2009年，马鞍山经济开发区新续建项目136个，总投资154亿元。华菱星凯马第二代重卡生产线技改、矿院玻璃珠生产线、稳润光电LED封装线、科达机电一期、沁玖洲食品项目、昕源不烧式滑板、亿格仪表等一批有重要影响的重点项目竣工建成。慈湖经济开发区重点建设项目69个，总投资114.82亿元。当涂经济开发区共新续建项目42个，其中续建项目22个，新增建成投产项目21个，新增3家"千亿"企业以及5家高新技术企业；花山经济开发区（筹建）已有昱同重机、津伦塑胶、环球回转支承、双力起重等十余户企业完成建设并投入生产，恒意机械、兴达冶金、中天机械等四户企业已完成技改项目的建设。同时，柏利照明、格林矿业、润通冶金技改、江润二期等项目正在加紧建设。这些项目建成投产优化了开发区的产业结构。

（五）加强引导扶持，培育特色产业。四大开发区充分发挥区位和本地资源优势，坚持走发展特色经济之路。围绕全市主导产业、技术、工艺等，大力推动产业链项目招商，培育特色产业取得新的成果。马鞍山经济开发区已初步形成了以汽车及零部件产业、食品加工产业、机械与成套设备制造产业、光电子原材料及生物科技产业等四大主导产业集群，和全国最大的专用汽车生产基地、亚洲最大的冰激凌单体生产基地、全国最大的肉食品加工基地、正在建设的国家863新材料基地等四大基地。慈湖经济开发区作为循环经济产业园区、国家863新材料产业基地、中小企业创业基地，已经成功吸引了法国圣戈班、中粮集团、台湾中橡等上百家企业。目前开发区进驻企业已经形成了精细化工、冶金、机械加工、电力能源、新型材料、现代物流等六大行业板块。此外，开发区将在今后大力发展节能环保产业。当涂经济开发区已初步形成以北光机械、正鼎衡器为代表的机械电子产业；以桂龙药业、神鹿药业为代表的生物医药产业；以海狮织造、东莼制衣纺织服装产业；以福马汽配、建隆机械为代表的汽车零配件加工产业；以鼎泰科技、力通稀土为代表的新型材料产业；以大唐电力、红太阳集团为代表的能源化工产业等六大产业集群。同时凭借优越的长江岸线资源优势，初步形成了中远船舶、恒顺方舟为代表的沿江船舶制造产业。在建的8平方公里新桥新区（南区），道路框架已全面拉开，基础设施进一步完善。同时科学规划了机械制造产业园、电子信息产业园、汽车零部件产业园、高新技术产业园及基础配套产业大型物流园。南区现承接东部沿海产业转移企业20多家。花山经济开发区由工业集中区，商贸软件园和台商科技产业园三大功能区构成，目前园区以机械设备、电子产品制造业、软件开发及软件服务外包业为主导产业，正在加紧建设的上海徐汇（国家级）软件基地马鞍山软件园，已逐步成为全国软件外包产业和软件人才培训基地。2009年共新引入安徽晟峰信息技术有限公司、马鞍山微因泰克生物科技有限公司、马鞍山花山动漫设计有限公司等软件企业17家。

（六）优化配置土地资源，促进开发区集约式发展。全市各开发区都高度重视土地的合理规划、严格管理和集约利用，设置更严格的项目准入条件，有选择地引进科技含量高、投资规模大、经济效益好、污染程度低的项目，充分挖掘土地潜力，让有限的土地发挥最大的效益。在加强科学规划管理上，市经济开发区实行"集中开发、集中供地、合理规划"运作方式，在项目签约时实行"三挂钩"和"三限定"，即供地面积与投资额度、产出和税收收益挂钩，限定容积率、限定开工时间、限定出让地块的开发建设周期。在加强投资强度管理上，签订入区协议时明确投资强度、开工时间、建设周期、工业产值、贡献税收，并制定相关奖惩措施，兑现优惠政策。对达不到协议投资额的项目核减土地，加征土地出让金，取消优惠政策。

（七）注重发展质量，积极发展高新科技产业和循环经济。全市各开发区为实现从要素聚集向产业主导转变，围绕本园区核心龙头项目和高新技术重点产业，进行产业配套和优质项目集聚，加快推进以企业为主体的自主创新，加强企业技术改造和创新，坚持把自主创新作为推进开发区和经济结构调整的中心环节。马鞍山经济开发区通过了ISO 14000环境管理体系第三次年度监审，积极推行能源月报直报工作,建立年耗能1000吨标煤以上企业节能考核体系。慈湖开发区以产业结构调整为依托,以节能新技术、新工艺的引进推广为重点,全面加大企业排污监管力度,不断强化企业“三同时”工作,完成万能达电厂二期扩建、志诚金属、立白洗涤用品一期、中加混凝土、长江港口、中橡炭黑和亿雄炉料等项目的环保验收工作,保证了企业污染稳定达标排放;同时协助完成了丰原污水处理站技改、圣戈班公司高炉、烧结和铸管车间的大气污染技改、海螺公司水泥包装工序粉尘治理工程、金星沉淀池移位改造等减排工程,大幅降低了COD、SO_2等污染物排放量;强化环保基础设施建设,启动了循环经济示范园区创建和ISO 14000认证工作,全面提高了园区环保工作水平。09年度,园区工业增加值同比2008年增加16%,园区规模以上工业企业能耗预计约为156万吨,万元工业增加值能耗同比2008年下降13.8%。

(八)创新体制、完善机制,构建和谐开发区。近年来,全市开发区初步形成了与市场经济要求相适应、与国际惯例相接轨、与一般行政区相区别的精简高效的新型政府管理体制。一是继续完善开发区的服务功能,扎实开展“企业帮扶年”活动,帮助企业解决现实困难。建立企业经济运行统计联络员工作制度,最大限度地提高服务效率。二是以优化服务为中心,建立了投资审批一条龙服务、项目建设全方位服务、企业生产经常性服务等三个全方位、全过程的服务体系。三是将党群工作放在开发区经济社会发展的大格局中统筹安排、整体推进,着力在破解发展难题、帮扶区内企业、协调重点项目、维护职工权益、帮扶困难职工上下工夫。

(三)存在的困难和问题

在2009年,马鞍山市各开发区取得长足进步,但也存在一些困难和问题。主要表现在:

一是外部约束条件增多,开放区载体功能有待进一步优化。各地开发区为吸引投资,通过变通税收、人才、土地、金融等方面的各种优惠政策,变相压价,推出一些地方性超优惠政策,导致招商引资恶性竞争和国有资产的流失,一定程度地加剧了地区间经济发展的不平衡。此外,由于现行财政体制,开发区可支配财力十分有限,开发区基础设施建设资金主要依靠银行贷款,缺乏市场化融资方式和渠道,资金紧张状况短期内难以解决,对开发区加快基础设施建设等造成极大的制约。

二是建设资金相对不足,融资渠道不畅。由于资金筹集渠道单一,各开发区建设资金缺口较大,致使区内基础配套设施建设普遍滞后于企业发展要求。尤其是环保治理设施、污水处理等方面,欠账较多。加之一些优惠政策难以落实,造成有些开发区“有场无市”,引进项目少,不能发挥预期效应。企业融资困难,资金供求矛盾突出,建设项目筹资更加困难,部分项目存在不同程度的资金缺口,大大影响了项目工程的进度。开发区发展资金不足,多渠道投、融资体系不健全。融资难、信贷难的问题依然困扰着企业的发展。加之能源原材料价格持续上涨,进一步加剧了企业流动资金紧张的矛盾。

三是管理体制有待进一步完善。《经济技术开发区管理条例》等地方性法规赋予开发区管委会一定的职权,但在具体实施中,开发区的行政和执法地位经常受到质疑,法律地位不明确。同时,开发区管理体制的优势在某种程度上也有弱化的表现:随着开发区建设规模的不断扩大,开发区管理服务职能逐渐拓展,导致财政负担加大,机构面临膨胀的压力;随着开发区承担的社会事务性工作的增多,开发区行政运作逐渐与普通行政区趋同,由相对自主、主动变为盲目随从、被动;开发区是政府的派出机构,在很多工作上没有行政管辖权,责权达不到对应平衡,导致工作难度不断加大。

(四)马鞍山市开发区(工业园区)概况

1. 马鞍山经济技术开发区

马鞍山经济技术开发区位于城市建成区南端,规划面积30平方公里,1999年6月正式启动,招商引资、综合经济实力连续多年位居安徽省省级开发区前列，已初步形成了汽车及汽车零部件、成套设备制造及机械加工、食品生产、服装服饰、电子及新型材料、生物医药、现代商贸物流等特色产业集群，拥有4个国内最大的专业生产基地（即全国最大的专用汽车生产基地——安徽星马汽车股份公司；亚洲最大的冰激凌生产基地——蒙牛乳业（马鞍山）公司；全国最大的肉制品加工基地——马鞍山雨润食品有限公司；国家863新材料基地）和2个国家级研究中心，已成为马鞍山市重要的经济增长极。

马鞍山经济技术开发区历经11年建设发展，各项主要经济指标连续9年以50%以上的速度增长，实际利用外资连续7年位居安徽省89家开发区前三位、省级开发区第一位，经济总量和规模不断扩大，成为安徽省乃至中部地区最具竞争和发展实力的省级经济开发区之一。目前区内共有世界500强投资企业1家——美国KKR集团；上市公司4家和上市公司投资企业9家，亿元以上企业24家。2009年开发区实现技工贸收入263.83亿元，地区生产总值（GDP）82.10亿元，工业总产值175.26亿元，外贸出口1.09亿美元；实现财政收入7.89亿元。

2. 当涂县工业园区

坐落在县城西南部的当涂工业园，是当涂县最大的工业园区。园区按照“小块切入、快速启动、联片开发、滚动发展”的要求，沿宁芜铁路、205国道和长江黄金水道进行规划。南至芜湖，北接马鞍山经济技术开发区，控制范围60平方公里，一期规划10平方公里，起步区2平方公里已完成土地征用和道路、供电、排污、排水、给水、通信、百万吨船码头等基础设施建设。当涂工业园区以发展现代工业为主，高新技术产业优先，适当兼顾水陆运输、商贸流通、房产物业、旅游休闲等为工业配套服务的产业。按照“一区多园”的发展思路，在园区范围内规划了电子信息、生物医药、绿色食品、纺织服装、机床制造、节能环保6个特色工业园。所有入园项目均能享受用地优惠、财政扶持、规费减免、投资奖励等产业发展政策。

入园企业除享受国家和省、市政府及市经济技术开发区相关政策待遇，还可及时得到园区财政的积极扶持。主要措施有：一、入园工业企业自建设次年开始，当年纳税园区财政实得部分，5年内由园区财政按一定比例扶持企业技术创新。其中第一年为80%；第二、三年为60%；第四、五年为40%。二、入园非工业企业，自纳税当年园区财政实得部分，5年内由园区财政按一定比例扶持调整经营结构。其中，第一年为60%，第二、三年为50%，第四、五年为40%。三、园区管委会每年按园区财政实得部分的10%提取专项资金，用于入园企业出口创汇、技术创新、争创品牌和纳税大户的奖励。四、入园企业行政事业性收费，以国家法律法规和省人民政府的文件为依据，执行下限标准。为了方便投资，当涂工业园还作出特别规定，入园一次性投资1亿元或1000万美元以上的工业项目，可一事一议、一项一策。

3. 马鞍山慈湖经济开发区

安徽马鞍山慈湖经济开发区2002年5月经马鞍山市政府批准设立，2006年4月经省政府批准升格为省级开发区。2009年被安徽省人民政府授予“利用省外资金和外资工作先进集体、先进开发区”荣誉称号，“2009年安徽省省级开发区综合竞争力十强”称号等。

马鞍山慈湖经济开发区作为中部地区距离“长三角”最近的省级开发区，交通十分便捷：205国道、宁铜铁路穿区而过，经宁马高速与京沪高速相连；距南京禄口机场仅40分钟车程；开发区内马鞍山长江港口已建成两座5000吨级兼停万吨级船舶码头，并获批国家一类口岸，与台湾直航。海关、海事、边防、商检等部门已相继入驻；能源供应充足：建有自来水厂两座，自来水管网遍布全区；建有4×30万千瓦发电机组一座，企业综合利用电厂两座，220千伏、110千伏变电站各两座；建有中压调压站，天然气可全面供应。区内电厂及中橡公司均可为企业供应蒸汽。

慈湖经济开发区作为国家“863”新材料产业基地、安徽省循环经济产业园区、中小企业创业基地，已经吸引了来自世界500强法国圣戈班、中粮集团，台湾中橡、台湾和桐、申能集团、大唐集团、海螺水泥、格力电工、广州立白、山鹰纸业、新加坡德润和奥盛股份、江苏加华等各类企业170余家。进驻企业已经形成了能源，精细化工，新型建材，冶金、金属制品制造及加工，新技术研究与产业化及新材料科技，现代物流等六大行业板块。在做大六大产业的同时，加快构建台湾工业园（精细化工园）、新型建材、"863"新型材料产业园、华东钢铁物流园、承接东部产业转移示范区（节能环保产业园）五大园区。

4. 博望工业园区

博望工业园区创建于2003年5月。博望工业园区按照"科学规划，合理布局，协调发展"的基本原则，先后投入近3亿多元用于园区内道路、供电、供水、排水、电信、宽带网等基础设施建设，园区内基本实现"六通一平"。园区现已形成"一轴两园两区"结构，即以314省道为轴，以镇东工业园为龙头，以镇西创业园为支撑，以两个工业小区为补充的工业平台格局。建园以来，园区坚持以产业集聚度为重点，大力发展主导产业，努力发展新兴产业，基本形成了特色鲜明、产品配套、供销连锁的立体网络。目前，博望工业园区构建了以刃模具、机床两大传统产业和筑路工程机械配件、纺织台布、西厨设备、汽车配件、精密机械等为主导的特色工业经济板块。

博望工业园区总规划面积12平方公里，现已建成7平方公里，目前，入驻工业企业600多家，累计完成投资50多亿元，产业工人1.8万人，推销员1.5万名。2009年，园区工业总产值达到60.6亿元，增长15.9%；其中规模工业产值24.4亿元，增长22%；规模企业发展到100家，销售收入超亿元企业发展到6家；固定资产投资18.04亿元，增长67.1%；财政收入2.03亿元，增长23%；农民人均纯收入8176元，增长11.4%。园区现有60多家企业通过ISO 9000国际质量体系认证，13家企业被列为马鞍山市"专、精、特、新"中小企业，15个省著名商标和7个省名牌产品。已成为博望镇城镇建设的新亮点，招商引资和全民创业的新平台，拉动镇域经济快速增长的最强引擎。近年来，博望镇因工业经济飞速发展，先后荣获"省科技创新示范乡镇"、"省优质剪拆机床暨刃模具产品生产示范区"、"省刃模具暨机床高新技术产业基地"、"省机械制造产业集群专业镇"和"全国机电产品出口共建基地"等多项称号。

博望工业园以东向发展战略为指导，以承接苏浙沪地区产业梯度转移为主攻方向，按照"统一规划、主体开发、企业入园、资源共享"的要求，以科技进步、技术创新为核心，以市场为导向，以城镇为依托，做大、做强、做优、做美园区，形成一批规模大、功能强、机制活，环境优、管理好、国际化的产业群体，全面推进产业结构的优化升级，促进区域工业合理布局、相对集中、协调发展，逐步实现经济基地化、基地产业化、产业集群化。

5. 雨山工业园

雨山工业园是2002年5月经市政府批准设立的市级工业园，南至采石河路、北接雨山西路、东到雨田路、西临天门大道。2003年因市开发区项目建设需要，自西塘路以南部分划归市开发区管理。2009年底，雨山工业园可用地面积2.3平方公里。2010年初，为解决工业发展与用地紧张的矛盾，雨山工业园迅速启动扩区升级工作，目前采石河南片区和雨山经济开发区总体规划已经通过市规委会的批准。其中采石河南片区规划面积2.44平方公里，规划范围北至采石河，南至当涂县界头溪河，西临乙字河，东侧至宁芜铁路；高新技术产业集中区规划面积27平方公里，规划范围北至马向铁路，南到甑山—十里长山等山体，西达马芜高速，东至规划银向路。

近年来以视聆通动漫园为品牌的游戏动漫基地，以安徽瑞德机械制造有限公司为龙头的机械制造业，以博宇重机为龙头的机械制造加工业，以三和仓储为龙头的仓储物流业，以华宇环保为龙头的环保产业，以及三台创业园工业经济和滨江汇翠的商贸楼宇经济都在工业园区得到了迅猛发展。2009年，园区经济快速增长，主要经济指标增幅强劲。工业总产值实现108亿元，其中规模以上工业产值25亿元,实现税收1.2亿元。新增规模以上工业企业12户,其中规模以上企业产值突破25亿元。全年新增注册企业85户,注册资本2.2亿元;完成招商引资到位内资26亿元人民币,外资3000万美元。自开发区成立以来,累计注册企业360家,其中规模以上工业企业50家。累计向国家交纳税收10多亿元,完成固定资产40亿元,基础设施投资4亿元。目前工业园已形成"六横三纵"的道路网,投产企业上下水、电力、通信、天然气及配套设施全部到位。现有土地投资强度达到150万元/亩以上,对于重大项目和用地面积较大的项目,工业园采取一事一议的方式,投资强度随着项目上浮。雨山工业园现有可用土地基本已出让,新建项目迪昂纺织、中杰电子、新晨金属、华东连铸、甬兴模塑二期和天一重工二期项目正在抓紧建设,在谈项目基本考虑放在采石河南片区和雨山经济开发区。

6.金家庄工业园

金家庄工业园地处市区东北角,成立于2002年5月,规划面积2.2平方公里。北至联合路东段,南至林里路,西至205国道,东至宁马高速,分南北两区。为贯彻实施马鞍山市构建"6653"现代产业体系的战略构想和金家庄工业园"1334"发展战略,园区积极开展了扩园工作,形成了主体园区、上湖工业集中区、工业园西区的"一园带两区"发展格局,规划面积达6平方公里,极大地提升了园区承载能力,较好地发挥了工业强区的园区主战场作用。一园即2.2平方公里的主体园区,两区分别是:上湖工业集中区,位于上湖村葛羊路南侧,规划面积2600亩,可用地1500亩;工业园西区,位于联合西路至曙光路,规划面积2265亩,其中,电业路两侧可用地约600亩,曙光路沿线可用地300亩。

园区坚持以"政府创造环境、企业创造财富"为工作指导,大力推进土地征迁、报批和基础设施的建设完善工作,为企业的发展创造良好的外部环境。历经近八年的发展,园区目前已入驻企业42户,其中,租赁生产6家,投产28家,在建8家。形成了以金属冶炼及压延加工业为主的七个行业。

7.花山商贸旅游园

花山商贸旅游园、以旅游产业为抓手带动其它第三产业发展、推动全市产业结构的调整,是马鞍山市委、市政府做出的重大决策,也是马鞍山市实施"东扩南进"城市发展战略的重要战略部署。马鞍山花山商贸旅游园所依托的中心城镇和周边城市经济条件、基础设施均较好,为园区旅游开发提供了经济、交通、通讯、能源以及较有潜力的旅游容人量和容时量等条件,也为该区的旅游发展提供了较为稳定的、有较高消费能力的客源市场。

园区内的主体是三大中心和三个湖,即娱乐中心、休闲中心、度假中心,和梨花塘、花山坞和霍里湖三个水面,一期面积2.83平方公里。

"娱乐中心"规划建设多个演艺总会;"休闲中心"规划建设两个主题公园:一为动漫公园、一为宠物乐园;"度假中心"规划建设不同形式的度假休闲区;"梨花塘"周围将建成生态观光果园;"花山坞"环湖开辟慈湖仙境;"霍里湖"整个水系可开展一系列水上活动项目。目标力争在五年内把花山商贸旅游园创建成一个外向型、产业型、枢纽型、服务型的旅游集散中心。

8.花山工业集中区

花山工业集中区位于霍里镇赤口村、杨坝村一带,规划面积13平方公里。2006年5月,青年创业园被省有关部门命名为省青年创业园,;2006年6月,省科技厅正式批准花山工业集中区建设省级马鞍山民营科技园;2006年8月园区被省经委认定为省级创业基地(第一批);2007年3月,市委、市政府授予花山工业集中区"马鞍山市全民创业先进单位"称号。

工业区内已建成集大学生创业园、科技创业园、青年创业园和下岗失业人员创业园"四园一体"的综合创业基地。创业园占地100亩,建筑面积近10万平方米。目前已引进中小企业18家,创业园全部建成后可容纳70家左右创业实体,带动2000人就业。"一区多园"新型发展模式的创新,极大地增强了园区的经济实力，形成了大、中、小各类企业相互依存、共同发展的格局。

发展目标：到2011年园区建成面积达6平方公里以上，形成以机械加工、电子电器、金属制品为支柱，以一批高新技术企业和销售收入超亿元企业为支撑的新型工业区。到2011年工业年产值达到30亿元，年工业销售收入达到28亿元，工业增加值8亿元，提供就业岗位6000个。

七、滁州市开发区（工业园区）

2009年是滁州市开发区（工业园）大发展的一年，全市各开发区（工业园）面对国际金融危机不断蔓延，国际国内形势发生重大变化的宏观环境，在市委、市政府的坚强领导下，强力实施“工业立区、三产活区、民营兴区、品牌强区”四大战略，克服各种困难，开拓创业。紧紧抓住建设国家级皖江城市带承接产业转移示范区这条主线，在招大引强、园区建设、合作共建上求突破，迈大步，见成效，开发区（工业园）经济呈现出快速发展的良好态势。到2009年底，全市11个省级开发区（工业园）累计入驻企业1397家，其中2009年新入园企业306家，比2008年增长70.9%。实现园区生产总值400亿元，增长81%；完成工业增加值100亿元，同比增长75.7%，占全市工业增加值的50%；实现财政收入15.2亿元，同比增长70%，占全市财政收入的22.5%。开发区（工业园）已成为滁州市经济发展中最具活力的增长极。

（一）出台政策措施，促进开发区加快发展

滁州市高度重视支持开发区（工业园）发展，把发展园区经济作为重中之重，深入研究，认真谋划，研究制定了一系列重大举措。市委、市政府于2009年6月出台了《关于进一步促进开发区加快发展的若干意见》，将用人、用钱、用地、用权等下放到开发区，实施封闭管理，引入工作点评、全员招聘、竞争上岗、绩效考核等新机制，促进各开发区（工业园）加快发展。并于9月成立了市长挂帅的市工业经济、招商引资和园区建设指挥部，对园区项目签约、注册、落地、开工和建设进行高位推进。

（二）继续加大投入力度，推动基础设施建设

2009年，各开发区（工业园）继续集中财力投入园区基础设施建设，按照规划先导、适度超前、综合配套的原则，不断提高基础设施建设水平。全市11个省级开发区（工业园）已开发面积94.5平方公里，当年共新开发面积18.9平方公里，完成固定资产投资190亿元，增长117.1%；其中基础设施建设投资32亿元，较2008年增长109.7%，工业投资146亿元，较2008年增长91.1%。各开发园区的开发进度明显加快，基础设施配套水平显著提高。其中滁州经济开发区围绕城北新区建设编制了《绿色照明产业园》、《家电工业园》、《食品工业园》和《机械加工产业园》，形成了新区“一区四园”的总体发展规划，完成基础设施投入近10亿元，建成30万平方米安置小区，完成12.5公里主干道路建设；南谯工业园区完成基础设施投资近3亿元，新征土地3600亩，建设道路9.23公里、标准厂房12.9万平方米。

（三）紧紧围绕支柱产业，狠抓招商引资工作

2009年，各开发区（工业园）抓住沿海发达地区和长三角地区资本和产业向内地梯度转移的机遇，锁定重点地区和产业，不断创新引资方式，拓展引资渠道和领域，开展各种形势的招商资活动，势头强劲，成效显著。招商引资到位资金188亿元，较2008年平均增长34.87%。滁州经济技术开发区全年招商引资到位资金55.3亿元，新引进项目85个，其中亿元以上项目23个、5亿元以上项目5个。全椒经济开发区引进以总投资4.8亿元华明科技为代表的27个项目入住开发区，协议总投资19.75亿元，其中亿元以上项目7个。来安经济开发区引进万鹏铝业、明君焊丝等22家一批投资规

模较大、科技含量较高以及中国知名品牌企业的入驻，协议投资额达 22.46 亿元。南谯工业园区共引进了以安徽大雄国际农贸食品城为代表的 21 家企业，协议资金 29.65 亿元，其中超亿元企业 4 家、外资企业 1 家。定远工业园区成功引进全国 500 强企业雨润集团、南京医药和台湾上市公司今皓光电、新加坡上市公司振云集团等 52 个项目。天长经济开发区全年共签约包括总投资 1.2 亿美元的 ABB 集团自动化仪器仪表、总投资 3.06 亿元的天康集团新能源开发、总投资 1.8 亿元的重啤集团 20 万千升啤酒、总投资 3.68 亿元的马鞍山东昇 15 万吨特种铸钢项目等 24 个，总投资 24.14 亿元。明光工业园区引进以高盛集团为代表的 10 家企业入园，到位资金 6.8 亿元。凤阳工业园区全年招商引资到位资金 16.17 亿元，中国材料集团、中国建材集团、上海烟草集团等一批大型企业也在凤阳工业园区落户。

（四）创新管理体制，优化投资软环境

全市各开发区（工业园）按照“精简、高效”的原则，积极打造“高效、透明、公平、规范”的服务型政府，营造“亲商、富商、安商”的投资环境，探索和建立一些符合实际的管理体制。对入园企业实行“一站式”服务，“一岗双责”帮办服务。创造性地执行国家土地、环保等政策。滁州市经济开发区努力提高土地集约利用水平，对新进区项目以合同方式明确投资强度、容积率、建筑系数、行政办公和生活服务设施用地占比重四项指标，对不符合要求的不供地或核减面积，对征而未用地收取闲置费或予以调整。天长经济开发区突出生态环境保护，实施可持续发展和高效集约利用土地，走出了一条“低消耗、低污染、低成本、高科技含量”的生态工业发展之路，在促进节约集约用地方面，开发区将投资额在 2000 万元以上、投资强度在 130 万元/亩以上列为企业入区的硬指标，拒绝污染项目进区。全市其它开发区和园区也都在市场准入条件、企业自主创新、财税、金融政策等方面做了具体规定，予以鼓励倾斜。

（五）积极提升产业层次

2009 年全市各开发区（工业园）把重点放在引进高质量的项目上，开展高科技项目的招商，打造高起点、高层次、高质量的产业园。有效利用有限的土地资源，综合考虑亩均投入、产业导向、技术含量等因素，大力引进高新技术产业等先进制造业和生产型服务业，加快企业转型升级。通过规划引导、平台支撑、品牌培育和政策扶持，着力培育发展新技术含量高，污染环境小的产业。如天长经济开发区根据开发区实际，重点加大对仪表线缆、机械制造、电子、农副产品加工、轻工纺织五大主导产业的支持和引导力度，全力扶持特种钢管、光伏产业和汽车零部件三大新型产业。同时，推进企业自主创新，帮助企业开展职工培训，积极做好送教进企工作，进一步加大产、学、研结合力度，引导企业主动结对外地的大专院校、科研院所，帮助做好企业进人和留人工作；鼓励企业提高自我创新能力，充分利用工业扶持政策，对企业的创新投入加以鼓励和扶持。

2009 年全市各开发区（工业园）取得跨越式发展，但也存在一些主要问题，一是园区企业受到金融危机的冲击。一些企业出口型、劳动密集型中小企业波动较大。二是用地指标缺乏，发展空间受阻。由于各开发区（工业园）发展速度加快，已批准的工业建设用地基本用完，部分开发区出现项目等地的情况，甚至出现项目因供地不及时而流失的现象。如明光工业园区。三是基础设施建设资金不足。各县、市、区政府虽然在财力十分紧张的情况下，挤出财政资金和多渠道融资投入开发区和园区基础设施建设，加快了开发区建设步伐。但园区基础设施建设资金对需求量大，现有的资金渠道无法满足开发区快速发展的需要。四是园区大项目、高新技术项目缺乏。部分开发区虽然进了不少企业，但大项目不多、高端项目不多、产业牵动性强的龙头项目不多，产业集群建设需进一步加强。

1. 滁州经济技术开发区

滁州经济技术开发区成立于 1992 年 6 月，为安徽省首批省级开发区，一期规划面积 11 平方公里，二、三期规划面积 40 平方公里。开发区是滁州市“南移东拓”发展战略的重要组成部分，已定位为滁州新城区。

开发区位于滁城南郊，北接城市中心区，西靠琅琊山脚下，东连京沪铁路线，南接拟建的京沪铁路安徽滁州站，交通便利，地理位置优越。经过十多年的发展，建成区面积 10 平方公里，区内基础设施完善，道路、供排水、供电、供热、天然气、通讯等均能满足投资者需要。目前共审批进区项目 170 多个，总投资规模近百亿元。家电工业园、纺织服装园、综合经济园“一区三园”的经济格局以及工业区、商贸服务区、行政办公区、教育区、园林流览区和居民社区等六大功能分区初步形成. 开发区投资环境优化、政策优惠、服务优质。目前开发区的招商重点是：家电、计算机、电子（手机）、服装、家具、木地板和服务业。

2. 南谯工业开发区

南谯工业开发区位于滁州市市郊南部，北与市经济技术开发区相邻，东部和南部紧靠 104 国道与 312 国道，滁全一级公路贯穿开发区，在建的京沪高速铁在开发区建站，区位优越，交通便捷。2006 年 8 月由省政府批准为省级工业园区，总体规划面积 30. 5 平方公里，辖腰铺、城南、乌衣 3 个园区，已建成 6. 5 平方公里。

围绕与南京同城发展的新家园、吸引东部魅力的后花园、承接产业转移的新型工业园的建设目标，南谯工业开发区还在园区基础设施建设上下足硬功夫。自 2008 年以来，在园区基础建设上已累计投入 4. 5 亿元。先后完成了乌衣园四期路网建设，建设总里程达 26 公里，实现了供水、排水、电力、通讯、燃气、道路和地平的“六通一平”，达到了“道路网络化、土地平原化”和“绿化、亮化、净化”的目标要求。

两年来，开发区先后与上海川沙、南京浦口、浙江金华、福建南安等地政府或企业达成了合作框架协议，力求在共建共招中实现共赢。规划 250 亩的上海川沙产业承接园已于 2008 年率先建设，现已建成钢构厂房 6 万平方米，入驻企业 6 家，另签订意向协议企业 9 家，合作园区成为了最吸引客商的招商新平台。几年来通过招大引强产业带动，南谯工业开发区已初步形成了商贸物流业、食品加工业、新型建材业、汽车及零部件业、家电配套业、纺织服装业、机械电子业、节能光源产业等八大产业发展格局。

3. 滁州城东工业园

城东工业园在增加项目入园数量的同时，按“招商选资”的原则，更加注重入园区项目的效益和产业集聚效应，高科技、高附加值、自主创新项目不断增多。

工业园以扬子必威、新江玻璃、长丰扬子、天大石油管材、华威科技、亚欧木业、霞客环保色纺、侨丰包装印刷等项目为代表的家电、汽车及零部件、机械加工、纺织品加工、林产品加工、包装印刷品加工等主导产业蓬勃发展。目前，园区已引进以上主导产业企业 77 家，项目总投资约 38. 6 亿元。

工业园高科技、高附加值、自主创新项目不断增多。华威科技有限公司与上海交大联合研制的“计算机控制高速悬锭粗纱机”项目被列入国家技术创新项目计划，公司还拥有一项完全自主知识产权发明专利和四项实用新型专利技术；扬子空调拥有一个国家级技术中心，两个产品研究所，三个国家认可的国内一流空调检测试验室和可靠性试验室；天大石油管材股份有限公司采用先进的热轧钢技术，一期工程迅速达产，二期工程审批手续结束，产品向大口径、厚壁管方向发展。

4. 滁州—福建食品工业园

滁州—福建食品工业园作为安徽省省承接泛“长三角”产业转移的重要项目之一，占地 5. 1 平方公里的福建食品工业园正式落户滁州，它也成为国内中部最大的食品产业研发、生产和销售基地。

按照规划,到 2012 年,入驻企业将超千家,产值达到 80 亿元;到 2017 年,入驻企业将超 2000 家,产值超过 150 亿元。

5. 安徽天长经济开发区

天长作为皖江城市带承接产业转移示范区的东向桥头堡,已完全融入“长三角”。经过全市上下的共同努力,全市“二区多园”建成区总面积达 25 平方公里,入园企业 400 多家,300 多家建成投产。

2009 年,天长经济开发区实现工业总产值 49.7 亿元,税收收入 1.6 亿元,财政收入 2.07 亿元。

建设至今,共累计投入各类基础设施建设资金 10 多亿元,建成区面积达 10 平方公里,区内“七纵四横”道路路网已经形成,建有 110 千伏变电所一座,目前已实现了路通、电通、给排水通(雨污分流)、有线电视通、电讯网络通、场地平整、道路两边路灯配套、绿化带配套、道路标识及警示标牌配套等“五通一平四配套”。拥有企业 173 家,120 家建成投产,其中亿元企业 20 家。开发区正以土地利用总体规划修编为契机,抓住天长位处国家级皖江城市带承接产业转移示范区域的机遇,着手规划开发区三期建设,促进开发区全面扩区升级,目前,开发区 30 平方公里的总体规划已编制完成。

开发区产业配套能力较强,目前已经形成以世界 500 强企业 ABB 公司、天康集团、安徽电缆、蓝德集团为龙头的仪器仪表、线缆产业:以马鞍山东昇公司、金佩集团、信田机械为龙头的机械制造产业;以安鸿数码科技、创普电子为龙头的电子信息产业;以重啤集团为龙头的食品产业;以天康集团为龙头的百亿动力锂电产业。规划了“绿色照明产业园”,倾力打造“华东最优”的“绿色照明”产业基地。在不断壮大现有产业的同时,开发区将致力于新能源、LED 新光源、新材料、特种钢管、汽车配件五大新兴产业的做大做强。

6. 安徽全椒经济开发区

安徽全椒经济开发区位于全椒县城北郊,设立于 2002 年 8 月,原名安徽省全椒县综合经济开发区;2006 年 2 月被省政府批准为省级开发区,是中国欧盟商会向其成员推荐唯一设置在县级的经济开发区。

开发区紧邻城区,属南京一小时都市圈核心层,交通区位非常优越,合宁高速(南京至合肥)、沿江高速(马鞍山至扬州)纵横穿过区中,宁洛高速(南京至洛阳)擦区而过,正在建设的京沪高速铁路贯穿开发区。经合宁高速一小时可达南京禄口机场、合肥骆岗机场两个国际机场;距南京新生圩港 60 公里、龙潭港 80 公里、上海港 400 公里,县内 6 级航道 2 小时可直达长江。

开发区总体规划面积 46 平方公里,现已建成 11.18 平方公里,具备“七通一平”的企业入驻条件。凭借优越的区位、便捷的交通、优惠的政策和完善的基础设施,吸引了金帅电器、天祥空调、路杰机械、圣雷科技、天利动力、双友物流、新大陆、科昌机械、达诺乳业、佳伟园艺、嘉欣服饰、完颜科技等知名企业 120 多家,合同利用外资 22 亿元。初步形成以机械制造、白色家电、农产品加工、玩具服装为主导的四大产业集群。

开发区采用“一区多园”的模式,已规划建设电子工业园、机械工业园、中小企业园、综合工业区和商贸服务区、居住休闲区、仓储区、旅游休闲度假区等生产基地和生活社区。

7. 安徽来安经济开发区

安徽来安经济开发区地处南京一小时都市圈的核心层,座落在来安县城西南部,位于沪宁洛高速公路以东、312 省道以南、来水路以西的三角区域内。开发区距县城 6 公里、滁州市 10 公里、南京市 50 公里。沪宁洛高速公路在开发区内有出入口,距南京禄口机场 80 公里、南京港 40 公里。区位优越、交通便捷,具有南京的区位,东部的环境,西部的成本。

经过四年的开发建设,现已开发建设 5.7 平方公里,累计投资 2.2 亿元用于基础设施建设,做到了“八通一平四配套”,即:道路、供电、供水、排水、通信、公交车、天然气、有线电视通畅和土地基本平整;道路两侧路灯配套、绿化配套、路名标识配套、人行道彩板配套。

安徽来安经济开发区以发展高新技术企业为先导，以发展制造加工业企业为主体，逐步培育硅能、机械制造、橡塑、电子等支柱产业。2009 年以来，开发区根据产业发展态势，把发展重点定位在硅能产业上，在沪宁洛高速公路出口以东、312 省道以南的 3 平方公里的土地上规划建设硅能产业园。目前，已入驻的硅能骨干企业 5 家，总投资 15 亿元。计划 3 年内要形成 50 亿元的生产能力、5 年内要达到 50 亿元的工业产值。目前，开发区累计入驻企业 89 家，入区企业协议总投资 36.9 亿元，其中：固定资产总投资 23.9 亿元，实际到位资金 19.1 亿元。在引进工厂的同时，还将建设专业的硅能产品交易市场，努力打造安徽省最大的硅能产业园。开发区根据布局合理、环境优美、设施齐全、功能完善的原则，规划建设了办公、商贸、金融、仓储、物流、休闲等功能小区，使生产更集约、物流更畅通、生活更方便、服务更周到。

8. 定远工业园

定远工业园区位于定城东南，西接合蚌路，北接定滁路，距合徐高速公路永康出入口 26 公里，距合肥 90 公里，距滁州 78 公里，距南京 140 公里，距淮南 67 公里，距蚌埠 75 公里，距上海 500 公里，交通十分便捷。2006 年 2 月，定远工业园区经国家发改委、国土资源部审核，被安徽省政府批准为省级工业园区，园区规划总面积 13.2 平方公里，国家核准面积 4.5 平方公里，已开发面积 4.2 平方公里。

2006 年以来，园区按照"建好框架、道路先行、完善配套"的建设思路，不断加快以路网为主的基础设施建设，累计投入 3.2 亿元，先后建设 10 条道路，其中竣工道路 6000 多米，在建道路 5500 多米，计划再新开工道路 15.4 公里。同时，坚持道路建设与供水、供电、排水、排污、路灯、绿化、通信等建设同步实施，天然气进园区和污水处理厂等基础设施正在实施中，园区承载功能不断完善。

定远工业园区是以加工制造业为主的综合性开发区。县委、县政府高度重视招商引资工作，坚持以园区招商、以商招商、以环境优势招商，突出"长三角"项目、突出大项目、突出高附加值项目。截止目前，共引进项目 35 个，重点投资企业有滁州金恒油脂、安徽安远塑胶、安徽长远机电、力大金属科技（台资）、今皓光电（台资）、高树饰品（台资）、南京兴冠益管材、正虹饲料、日源太阳能、爱迪节能科技、海丰塑业、安徽三和纺织等，协议总投资 24.5 亿元，其中协议投资亿元以上企业 8 家，5000 万元～1 亿元企业 18 家。主要产业包括：机电（五金制品/配件/机电控制/电线电缆）、材料（石膏、纤维板材/各类管材/塑胶制品）、轻纺（纺织/服装/玩具/球业）、粮油加工（植物油/饲料）、医疗药品（器械/药品）、光电产品（太阳能热水器/热泵热水器/光学透镜）等。

9. 安徽凤阳工业园区

安徽凤阳工业园区始建于 2003 年，2006 年 2 月被安徽省人民政府批准为"省级工业园区"，是享受安徽省"皖北三市七县特殊优惠政策"的对外开放区域。作为凤阳经济发展的前沿阵地，该园区自开发建设以来一直受到上级领导的高度重视和亲切关怀。该园区规划面积 12.66 平方公里，已建成面积 7.5 平方公里；园区现下辖 4 个农村社区，2 个城镇社区，总人口 3.6 万人，其中常住人口 2.1 万人、从事务工人员 1.5 万人。

安徽凤阳工业园区位于安徽省凤阳县北部，与珠城蚌埠市相交。该园区属南京都市圈和合肥都市圈交汇处、蚌淮经济圈核心层。园区区位优越，交通发达，距京沪铁路蚌埠站和京沪高铁蚌埠站分别只有 10 分钟和 5 分钟车程，距南洛（南京—洛阳）高速公路、京福（北京—福州）高速公路合徐段（合肥—徐州）出口、京沪铁路货运站和淮河第一港凤阳港仅 30 分钟车程，距南京国际机场和合肥国际机场仅一个半小时的车程。

近几年按照全力创建省级工业园示范区的要求，安徽省上级主管部门在凤阳着力打造千亿元硅（玻璃）产业发展规划并将其列入安徽省"861"行动计划重点建设项目。目前，园区主要集中在玻璃制造业及其相关配套产业的发展上，建园以来，已有 54 家企业入驻园区，其中，玻璃及玻璃制品企业 28 家，现有项目投资总规模 63.2 亿元，已累计完成投资 51.1 亿元。目前，园区硅（玻璃）产业已初具规模，产品涵盖了玻璃器皿、玻璃瓶罐、保温容器、光热玻璃、电光源玻璃、光学玻璃、玻璃建材、刨花碱、硅微粉等九大类，品种近2000个。玻璃制品销售量约占国内市场的1/4强。其中，全国日用玻璃器皿行业协会主任单位德力集团已成为中国日用玻璃器皿行业的龙头企业，专业从事光学玻璃材料生产的龙阳公司已成为目前国内最大的光学玻璃专业生产厂家；以金星、新亚、天福、明珠等为主的保温瓶和异型保温容器生产企业，年产量在1亿只以上，已成为亚洲地区最重要的保温瓶胆生产基地；以中亚、龙阳等为主的水晶块料生产企业已占据全国市场份额的三分之一；以力诺、杜氏、力华等为主的光热玻璃生产企业在国内太阳能玻璃市场中占据着举足轻重的地位。园区现已初步形成了以玻璃制品、建材、食品加工、木质板材、烟草复烤为主的五大产业。

10. 安徽明光工业园区

安徽明光工业园区于2003年4月报经滁州市人民政府批准设立（滁政秘〔2003〕156号）。2006年2月经安徽省人民政府批准设立、2006年4月通过国家发改委审核公告、正式确定为省级工业园区。明光工业园区距南京禄口国际机场140公里，离合肥骆岗机场160公里，京沪铁路、104国道、309、307省道贯穿工业园区。内河航运较为发达，船只通过明光境内池河、淮河河道可入江达海。不仅如此，明光境内资源十分丰富：以凹凸棒粘土、玄武岩、石灰岩、钾长石、绢云母为主的非金属矿产储量大，品位高；水产品、甜叶菊等农副产品种植面积也很大。

明光工业园区未来重点发展以机械电子、服装玩具、新型材料、日用化工和农副产品深加工为主体的特色工业。特别是侧重于发展科技含量高、创新能力强、市场前景好、用地集约度高和符合国家产业政策及产业导向，具有产业拉动和延伸功能的项目，要有利产业互补，协调和一体化的要求。在今后的工业园区建设中，将特别注重围绕日化、农副产品深加工、机械电子等行业，引入与此关联度高的互相依托的企业，建设园中园、专业园，延伸产业链条，形成行业的“航母舰队”，树立形象，提高凝聚力，增强企业抗风险的能力。

安徽明光工业园区建设地址位于明光市城市规划区北部。总规划面积为10平方公里，均在明光市土地利用总体规划和城市总体规划范围内，符合“两个总体规划”要求。目前，工业园区已完成征地面积3平方公里，建成区面积2平方公里，其中出让面积1.3平方公里，现已累计投入基础设施建设资金2.5亿元，高标准建成四纵三横框架道路，并按照“七通一平”向外来投资企业供地。截至2009年，入园企业达44家，协议总投资19亿元，到位资金约6亿元。其中包括：投资5亿元人民币的广东榄菊项目，建成投产后将成为全国最大的家用日化企业；投资3000万美元的美国GLG集团甜叶菊加工项目，建成投产后将成为世界最大的甜菊糖加工基地。通过建设，目前园区已初步形成以机械电子、服装玩具、新型材料、日用化工和农副产品深加工等为主导的特色产业。

八、巢湖市开发区（工业园区）

截止到2009年，巢湖市拥有省级开发区7个（其中省政府批准筹建1个），2009年，全市各开发区努力克服宏观经济困难，稳步推进基础设施、招商引资、项目建设等重点工作，开发区经济继续保持平稳较快增长。

（一）2009年开发区建设发展情况

巢湖市7个省级开发区规划面积达171.53平方公里，已建成面积达到45.5平方公里；入驻企业数达1174家，新增151家，其中工业企业755个，新增117家。2009年，7个开发区实现销售收入达260亿元，增长31.7%；实现工业增加值37.4亿元，增加29%，占全市工业增加值的18.5%；实现进出口总额达2.2亿美元，增加90%，占全市进出口总额的50%；实现财政收入13.3亿元，增加9.8%，占全市财政收入的25.3%；完成固定资产投资91.4亿元，增长106%，占全市固定资产投资的

20.6%。

1.科学编制规划,完善开发区空间布局。各开发区积极完善发展规划,着力拓展发展空间,努力使开发区功能更加完善、布局更加合理。无为经济开发区先后修编了开发区总规和控规、煤化工基地总规和控规、规划环评和区域环评、防洪规划和排涝规划等一系列总体规划和专项规划;为适应皖江城市带承接产业转移示范区建设需要,建设皖江北岸现代化滨江新城,在省城乡规划院编制60平方公里滨江新城规划的基础上,聘请上海同济大学规划院对滨江新城总体规划进行完善提升,其中产业规划组团35平方公里,城市和物流规划组团25平方公里,城市起步区控规6平方公里。庐江经济开发区委托省经济研究所编制了铁精砂——重型装备制造、棉产品——服装、粮食——酒及饮料、印刷包装、民用建筑材料、新型光电产业等七个产业链条规划,已通过专家评审;南外环及南北大道控制性规划、金墩服务区修建性详规也已通过专家评审,喜洋洋物流、循环经济产业园、城西新区市场及商住用地调整、起步区东侧工业用地调整等园区详规也已大头落地。巢湖经济开发区编制了汽车配套、电子信息两大特色产业发展规划,正在编制温泉旅游产业发展规划。

2.加大有效投入,加强基础设施建设。2009年,7个开发区进一步加大投入,完成基础设施建设投资12.5亿元,增长15.7%,重点建设道路、电力、通讯、供水排水、污水处理、绿化亮化、标准厂房,以及燃气、公交、卫生、居民安置工程等基础设施,各开发区承载能力不断增强。全年各开发区共新增建成面积5平方公里,其中巢湖经济开发区完成投资近5亿元,金巢大道、亚父路等6条主次干道已基本建成,16公里主次供水管网也已铺设到位,实现花山新由市水业集团直接供水,日处理1万吨污水处理厂顺利推进。无为经济开发区,一期7.7公里道路及雨污管网、桥涵、路灯、绿化等配套工程已完成50%以上,二期12.61公里道路也已启动,目前该开发区道路框架全面拉开,确保了华谊化工主体全线通行的需要。和县经济开发区起步区5平方公里框架已基本建成,还启动了新扩区1平方公里基础设施建设,3条主干道路也已开工建设,开发区服务中心正式启用,提高了开发区的服务功能。

3.强力推进招商引资,增强发展后劲。全市开发区抢抓皖江城市带承接产业转移示范区和合肥经济圈建设的难得机遇,不断完善优惠政策,创新招商方式,实行领导招商、以商招商、会展招商、小分队招商、企业招商,吸引发达地区企业转移,支持现有企业做大做强,千方百计引进项目资金。利用市外资金资87亿元,增长190%;实际利用外商直接投资7469万美元,增长36.8%。全市共新批进区企业125个,其中内资企业119个、外资企业6个。巢湖经济开发区组织10个驻外招商小分队和7个专业小分队,分别赴重点城市开展驻点招商,进行点对点对接服务;通过参加徽商大会、中博会、厦交会等重大经贸活动,开展会民招商。庐江经济开发区积极筹备驻外商会开展招商,目前东莞庐江商会已成立,常州、温州商会正筹备。

4.积极推动项目建设,壮大支柱产业。全市各开发区加强调度,帮助企业解决土地、资金等制约难题。坚持签约项目抓开工,开工项目抓竣工,竣工项目抓投产,积极推进项目建设进度。全年共建成省外境内企业56个,外商直接投资企业4个;开工项目182个,总投资达108亿元。其中巢湖经济开发区建成投资项目21个、5亿元以上项目1个、开工建设项目33个;庐江经济开发区的浪莎针织、越能环保空调项目建成,进入试生产阶段,恒泰活塞、亿润无纺布等工程接近扫尾阶段;无为经济开发区重点推进华谊无为煤化工项目建设,目前已完成11.48亿元,煤筒仓、配套码头全面开工建设,锅炉以及气化、甲醇、罐区的土建安装开工建设;和县经济开发区三联泵业、斯瑞尔阀门、天阳光源、德宝机械和嘉益玻璃均已建成投产,同盛环件、天和包装、顺天泵业等项目开工建设;富煌工业园区重型钢结构一期技改工程建成投产,完成投资7786万元。全市各开发区紧紧围绕培育主导产业,在扩大产业规模、延长产业链、加速产业集聚上下功夫,不断提升开发区特色竞争力。2009年7个开发区主导产业销售收入达209亿元,占全部销售收入的80.5%。巢湖经济开发区随着皖维花山新材料一期等一批重点项目的建成投产，融捷金属等项目顺利推进，新材料产业逐渐成为主导产业；无为经济开发区随着华谊无为煤化工项目顺利推进，普莱克斯空分装置、麦王环保能源集团水处理等项目落户，煤化工产业链得到了进一步延升。

5. 积极搭建平台，努力解决融资难。全市各开发区千方百计为企业解决融资难，加大政府性投入，建立小额贷款公司、担保公司，以及加强与金融机构合作，帮助企业扩大融资渠道。巢湖经济开发区成立了万邦小额贷款公司，注册资本已扩大到7500万元，累计发放周转资金1.3亿元；参与了中小企业担保公司入股，累计担保额度8.08亿元；举办银企对接会，帮助企业实现融资1亿余元，共带动了60余家企业生产。庐江经济开发区建立了一级财政，积极调度资金，支持企业发展和项目建设，为17户企业多交契税48.2万元申请退还，帮助10户企业申请办理土地证所需资金2000余万元；成立了开投公司，对道路、土地平整、绿化等工程进行了施工，改善了开发区基础条件。无为经济开发区与县城投公司合作，争取了国家开发银行给无为煤化工基地贷款额度总计达10亿元，其中2.7亿元配套道路和2.2亿元排涝工程已经开贷，已到位资金4亿元。

6. 创新管理体制，优化投资环境。全市各开发区按照“精简、高效”的原则，积极打造“高效、透明、公平、规范”的服务型管委会，营造“亲商、富商、安商”的投资环境，摸索和建立一些符合实际的管理体制。巢湖经济开发区通过深化服务制度改革，实现“一个窗口对外、一站式办公、一条龙服务”为主要内容的“立即办”服务体系；加强主动服务、超前服务、高效服务的意识，完善投资项目全程代办制。庐江经济开发区实行了“全程代理、一票式收费、一站式服务”。无为经济开发区实行执行首问负责制，明确所有工作人员都是服务员、联络员、办事员和宣传员；为打击强装、强卸、强买、强卖、强包工等违法行为，成立了以县政法为牵头单位，公、检、法、司等部门为成员的稳组驻点现场办公；为加大违法建筑，成立了开发区城管行政执法大队，共拆除违法建筑1759平方米。

虽然2009年全市各开发区经济发展取得了一定的进步，但还存在一些问题和不足，主要表现在：一是产业层次不高。各开发区的劳动密集型产业较多，产业层次主要集中在中低端产品上，高科技产业不大不强，高附加值的生产服务型企业和牵动性、带动性项目不多。二是用地供需矛盾突出。由于国家实行最严格的土地政策，全市各开发区普遍存在土地指标严重不足的问题，延缓了项目落地，影响了项目及时开工建设。三是基础设施建设资金不足。各开发区基础设施资金投入，一般都由市、县财政投资，资金筹措渠道单一，资金缺口较大，致使开发区基础设施建设普遍滞后于企业发展要求，尤其是道路、环保治理等基础设施方面，欠账较多。

1. 巢湖经济技术开发区

巢经济技术开发区成立于1992年8月，1995年8月经安徽省人民政府批准为省级开发区。总体规划面积为10平方公里，分南北两区，南区2平方公里，北区8平方公里。

巢湖经济开发区交通便捷，基础设施完善，环境优美。开发区现有企业120多家，员工上万人，基本形成了机械加工及汽配、纺织服装、电子电器、生物制药、新材料等产业。已有上海海虹集团、安徽国风集团、浙江001集团、台湾维尔、韩国希安琦、香港丽达、广州融捷、安徽亚夏等中外150多家企业在开发区投资兴业。全区规模以上工业企业25家，年工业总产值超亿元的企业9家；即将投产企业年工业总产值超亿元3家。

主导产业不断壮大。一是大产业已初具规模。机械加工及汽配产业，德力西、001集团等16个项目已入区建设或投产；轻工纺织产业，维尔服饰、希安琦玩具、海欣丽宁高档服饰等11个项目已入区；电子电器产业，胜达绿色包装、惠美庄纸品、立皖医疗器械等7家企业入区；生物制药产业，中辰药业、康成医药等3个项目已入区；新材料产业，广东融捷集团、国茂集团、嘉泰化工、皖维高新建材产业园等18个项目已入区；二是大基地初见成效。在花山新区专门规划了4平方公里的台商工业园，同时也在积极申报“省级台湾工业园”。目前已与台湾百和集团纺织项目、无锡尼尔生科技公司高清晰 OLCD 电视显示器项目签订了协议，正在与无锡健鼎科技股份有限公司半导体器件及集成电路设备生产项目、联众（广州）不锈钢有限公司轧钢厂项目等进行洽谈；三是大项目明显增加。近两年来开发区共引进亿元以上项目 15 个，在谈亿元以上项目 11 个。同时成立了大项目办公室，抽调专人专抓大项目工作，注重编制一些投资额大、牵动性强的项目，开展针对性招商引资，为产业发展备足后劲。

2. 无为经济开发区

安徽无为经济开发区成立于 2003 年 7 月，2006 年 2 月被安徽省人民政府批准为省级经济开发区，2007 年、2008 年连续两届荣获“安徽省投资环境十佳开发区”称号。无为经济开发区是皖江城市带承接产业转移江北集中区重要的“一区四园”之一，也是“巢湖市承接产业转移示范园区”所在地。与芜湖一桥相连，位于沿江发展轴的核心地带，处于“皖江城市带”与“合肥、芜湖双核”的“T”型交汇点。合巢芜高速公路、淮南铁路轮北线、华谊万吨级深水码头，以及规划建设中的北沿江高速、京福高铁、商杭公铁大桥等构成了公路、铁路、水运立体化交通运输网络。同马芜铜地区形成“半小时经济圈”，与上海市形成“3 小时经济圈”。无为经济开发区得天独厚的区位交通等诸多优势，已成为皖江城市带“核心区”、承接产业转移“桥头堡”。

开发区主导产业是煤化工、装备制造、纺织服装和现代物流。目前，入区企业已达 50 家，完成投资近 80 亿元。已有中国 500 强上海华谊集团、世界 500 强新加坡益海嘉里、世界 500 强美国普莱克斯公司、美国麦王环保能源集团以及希玛集团、亚兰德、远洋船舶等一批国内外知名企业落户开发区，形成了煤化工、汽车零部件制造、船舶制造、农产品生产、新材料、新能源等产业基础。其中：华谊无为煤化工项目总投资 350 亿元，基地建成达产后销售收入 500 亿元、税收 60 亿元；一期工程总投资 73 亿元将于 2011 年底建成投产，投产后年销售收入 45 亿元，实现利税总额 6 亿元。美国普莱克斯公司投资 1 亿美元的空分、美国麦王公司投资 1640 万美元的水处理等配套项目都已全面开工，年内完成土建工程。益海嘉里（安徽）粮油工业有限公司投资 3.6 亿元建设年产 18 万吨“金龙鱼”精炼油项目，今年 10 月份已建成达产。

3. 庐江经济开发区

安徽庐江经济开发区始建于 1996 年，2006 年经安徽省人民政府批准为省级经济开发区，总体规划面积为 27.73 平方公里，分三大区块，其中塔山片区 4.45 平方公里、尹昭工业园 5 平方公里、城西新区 18.28 平方公里。以发展现代工业为主，高新技术产业优先，重点发展轻纺食品、五金机械、新型材料、汽车零部件、电子科技等产业。集科研、商贸、仓储、金融、商住、休闲、综合服务等多功能开发于一体。安徽庐江经济开发区位于庐江县城西部，北距合肥市 68 公里，东北距巢湖市 79 公里，南距铜陵市 80 公里，东距芜湖市 100 公里。交通区位十分优越，是合肥省会经济圈的重点辐射区域。

区内现有入驻企业 63 家，其中规模以上企业 7 家、出口创汇企业 5 家，项目总投资达 7.57 亿元。安风风机、恒泰活塞、雄风磁性材料、尹昭五金、民大电器、亿叠羽绒、东升塑业、正泰玩具、纽泰克锁具、天新蜂产品等一批骨干企业日益壮大，市场竞争力与发展势头较为强劲。以发展现代工业为主导，重点发展轻纺食品、五金机械、新型材料、汽车零部件、电子科技等产业；围绕“园区专业化、产业链条化、项目成长化、管理现代化”的总体思路，着力做大做强“四园格局”：即印刷包装园、轻工食品园、机械电子园、新型材料园；积极推行“因企制宜，一企一策”，为重大项目入园创造条件。

2009 年全区完成地区生产总值 2.59 亿元，经营收入 7.4 亿元，工业增加值 2.1 亿元，入库税收 1935 万元，新增就业岗位 1000 个。

4. 和县经济开发区

和县经济开发区是和县县委、县政府为贯彻实施东向发展战略，于 2005 年 8 月设立，2006 年 2 月，经省政府批准并报经国家发改委审核为省级开发区。开发区规划面积 30 平方公里，起步区 5.03

平方公里。三年来,和县经济开发区发展势头良好。载体建设进程迅速,招商引资效果显著,入区项目不断增多,服务水平明显提高,打造了一个适宜企业发展的优良环境。目前,5平方公里的起步区已全部建成,区内企业由设立时的5家,发展到现在的49家,已初步形成了以机械制造业为主的产业特色。区内工业产值和实现税收每年以翻番的速度增长。三年来,开发区已成功引进投资项目49个,协议总投资达31.5亿元,目前建成投产19家,在建22个项目,另有8个项目已签订投资协议,等地建设。

目前开发区已基本形成了以三联泵业、斯瑞尔阀门等为代表的泵阀制造业;以久工科技、健达体育用品等为代表的体育、保健器材制造业;以天弛工贸、德宝机械为代表的汽车零配件制造业;以鑫桥户外家俱、天伦特纤等为代表的轻纺业;以艾美生物科技为代表的新型生物科技产业。

5. 含山工业园

安徽含山工业园区是含山县唯一的省级工业园区。园区位于含山县林头镇,临近合芜高速公路、巢二路和淮南复线,距合肥骆岗机场和芜湖朱家桥外贸码头均为60公里,离南京国际机场100公里,交通十分便捷。

园区规划总面积为11.8平方公里,分为"一区三园",即以机械铸造业为主导产业的主园;以铜业加工及制造为主导产业的杨山工业园;以建筑建材和新型建材为主导产业的东关工业园。几年来,园区基础设施建设投入累计达8000多万元,修建了6公里的水泥道路、一座3万5千伏变电所,架设了6.5公里的供电线路,通信、给排水、公共绿化等配套设施都已到位,实现了"五通一平"。

目前,园区已拥有各类企业92家,业已形成机械制造业为主导产业,机电设备、新型建材等三大产业并存发展的产业格局。

6. 安徽巢湖富煌工业园区

安徽巢湖富煌工业园位于我国五大淡水湖之一巢湖之滨的黄麓镇。工业园筹建于2001年,2006年5月,被安徽省政府批准为省级开发区(工业园区)。园区总体规划面积4.98平方公里,其中一期规划面积为2平方公里,已建成面积1.4平方公里。到2007年年底,园区实现工业产值9.2亿元,利税1.4亿元,出口创汇400万美元。目前进园企业25家,除1家台资企业及1家韩资企业,其他均是内资企业,其中富煌集团所属企业15家。投资商主要来自韩国和台湾、浙江、广东和本地。

园区企业定位是以建筑钢结构、中高档多材性系列门窗为主导的新型建材产业;着力发展机械、电子等高附加值的产业和文化旅游产业;大力培植水产、水禽、蔬菜为主的农副产品深加工业,发展绿色产业,以二产带动一、三产业的升级和发展。

富煌工业园区位于"合宁芜"金三角中心,国家长江经济开发带与安徽省"合巢"工业走廊交汇处。园区对外交通十分便捷,淮南铁路、合裕公路、合巢芜高速公路沿园区北侧穿过,至巢湖35公里、合肥55公里、芜湖70公里、南京130公里,距合肥骆岗机场35公里、南京禄口国际机场140公里、上海虹桥国际机场430公里;距巢湖港20公里,该港是省内八大内河港口之一,沿裕溪河而下,直达长江,顺水入海,是皖中重要的煤炭、建材、农副产品中转港。二级公路炯中路横穿园区,并与合肥至马鞍山一级公路相连,正在建设中的滨湖旅游观光大道与园区建成的主干道相交,可直达合肥,连接巢湖。

十九　南京都市圈利用外资

一、南京都市圈利用外资基本情况

南京都市圈外资投资额近五年来有较快的增长，从下图可以看出，2005 年南京都市圈外资投资直接利用金额为 280024 万美元，到 2009 年增长到 729646 万美元，2009 年比 2005 年增加了近 1.6 倍，增幅较大，2009 年比 2008 年增加了 11.4%。

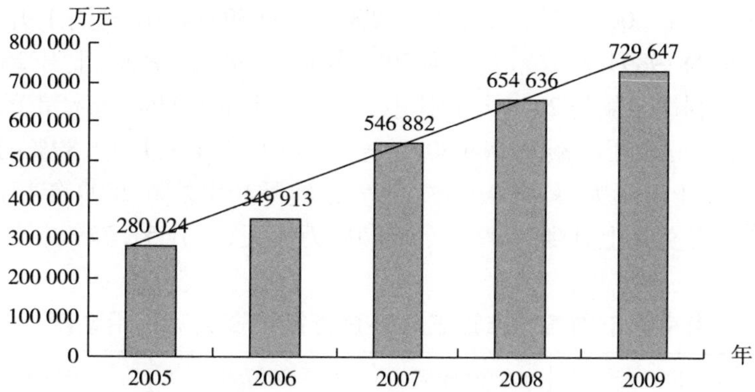

图 4－42　南京都市圈近五年外资直接投资实际利用金额

2009 年南京都市圈中南京、镇江、扬州 3 市的外资直接投资实际利用金额仍然占据了较大的比例，3 个城市占比为 72%，比 2008 年多 4 个百分点。南京市 2009 年占比为 31%，比 2008 年下降 4 个百分点；镇江市 2009 年占比为 20%，比 2008 年上升 2 个百分点；扬州市 2009 年占比为 21%，比 2008 年下降 2 个百分点。滁州市、马鞍山市、巢湖市、芜湖市的占比，2009 年与 2008 年相比保持不变。淮安市有所增加，2009 年占比为 8%，比 2008 年上升 2 个百分点。

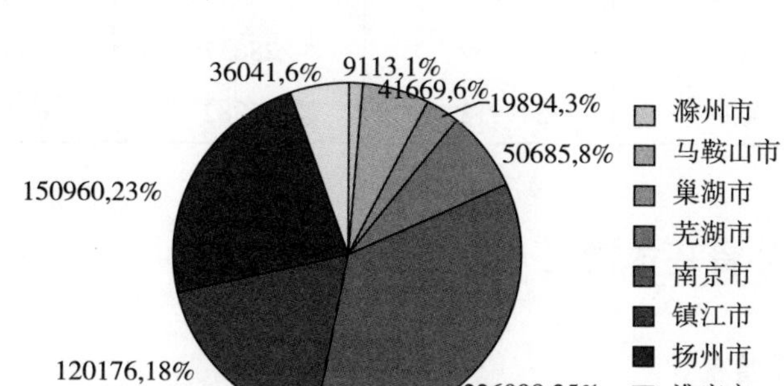

图 4－43　2008 年外资投资实际利用金额占比

近 5 年来，南京都市圈外资直接投资实际利用金额呈逐年上升趋势，每个城市的外资投资额都有不同幅度的增长。2009 年滁州市实际利用金额为 9331 万美元，比 2008 年上升 2.39%，上升幅度较小；马鞍山市实际利用金额从 2008 年的 41669 万美元上升到 57238 万美元，上升 37.36%，上升幅

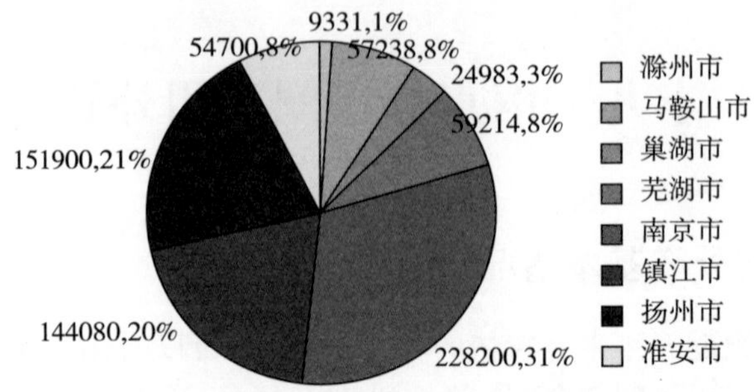

图 4 – 44　2009 年外资投资实际利用金额占比

度较大;巢湖市从 2008 年的 50685 万美元上升到 2009 年的 59214 万美元,上升 16.83%,上升幅度较大;芜湖市从 2008 年的 19894 万美元上升到 2009 年的 24983 万美元,上升 25.58%,上升幅度较大;南京市 2009 年实际利用金额与 2008 年相比上升不大,只有 0.93%;镇江市的实际利用金额上升幅度也比较大,2009 年实际利用金额为 144080 万美元,比 2008 年上升 19.89%;扬州市 2009 年实际利用金额与 2008 年相比上升不大,只有 0.62%;淮安市实际利用外资 2009 年相比于 2008 年增幅较大,从 2008 年的 36041 万美元上升到 2009 年的 54700 万美元,上升 51.77%。

表 4 – 113　　南京都市圈各城市近五年外资直接投资实际利用金额　　单位:万美元

年份	2005 年	2006 年	2007 年	2008 年	2009 年
滁州市	2433	5161	10642	9113	9331
马鞍山市	4798	8638	33288	41669	57238
巢湖市	10586	17320	44043	50685	59214
芜湖市	1427	5755	13127	19894	24983
南京市	141800	151911	196253	226098	228200
镇江市	59600	73044	106354	120176	144080
扬州市	52580	76515	114538	150960	151900
淮安市	6800	11569	28637	36041	54700
小计	280024	349913	546882	654636	729646

二、江苏四市利用外资基本情况

(一)南京市利用外资情况

1. 2005 ~ 2009 年南京市利用外资基本情况

近年来外资来南京投资总体呈上升趋势,2009 年协议注册外资 45.59 亿美元,比 2008 年上升 2.22%,协议注册外资金额上升趋势较为明显;实际到账注册外资也保持稳步增长,从 2005 年的 14.18 亿美元增加到 2009 年的 23.92 亿美元,增长了 69%,2009 年的实际到账注册外资与 2008 年相比变化幅度不大,只增长 0.84%;2009 年新批千万美元以上项目个数比 2008 年增长了 31.72%,增幅较大;三资企业投资总额 2009 年为 74.42 亿美元,比 2008 年增加 31.16%,但比 2007 年下降

7.16%；新批企业数总体呈下降趋势，2009 年只有 333 个，不及 2005 年的一半；对外承包劳务实际完成营业额逐年增加，且增幅较为明显，2009 年的对外承包劳务实际完成营业额为 11.57 亿美元，比 2008 年增长 12.77%。

表 4－114　　主要年份南京市外资投资情况

项目	2005 年	2006 年	2007 年	2008 年	2009 年
协议注册外资（亿美元）	54.23	30.82	37.85	44.6	45.59
实际到账注册外资（亿美元）	14.18	17.02	20.61	23.72	23.92
新批 1000 万美元以上项目（个）	261.00	211.00	207.00	145.00	191.00
三资企业投资总额（亿美元）	82.53	69.78	80.16	56.74	74.42
新批企业数（个）	728.00	604.00	475.00	268.00	333.00
对外承包劳务实际完成营业额（亿美元）	4.83	6.07	7.44	10.26	11.57

2. 南京市利用外资存在的问题

（1）外资总量规模不够理想

尽管南京市利用外资跃入了快速增长的轨道，全市合同外资、实际利用外资都实现了大幅增长，但与苏、锡等地总量上的差距还在进一步的拉大。

（2）利用外资主要集中在第二产业且质量不高

2009 年以来，南京服务业吸收外资虽取得长足进展，但总体上看，外资的产业投向还是集中在第二产业，农业和服务业的比重依然偏低。同时，第二、三产业外资内部结构也不尽合理。从第二产业内部结构看，投资一般加工业过多，而投资基础产业和基础设施的很少；投资劳动密集型产业和一般技术产业甚至是低层次技术产业的较多，而投资资本密集和技术密集型产业较少。目前外商投资固然加大了在高新技术产业投资的比重，如电子信息等产业，但也基本上是集中在技术含量较少、附加值较低的加工组装环节，缺少核心技术。服务业外资结构也不是很合理，科学研究、综合技术开发、金融服务、卫生、教育等现代服务业利用外资占全部服务业外资比重很低，对产业支撑功能的提升作用有限。

（3）投资环境有待进一步改善

确切地讲，20 世纪 90 年代以来，南京的投资硬环境建设还是取得了很大成绩，并具有吸引外资的一定优势。但在政策因素、外商管理、服务水平、引资辅导等投资软环境方面还存在一些问题，如跟踪服务不到位、投诉案件久拖不决、重规模轻质量、重数量轻统筹等，从而在一定程度上影响了利用外资的水平和质量。

3. 政策措施

（1）进一步引导外商投资方向，优化产业结构

针对产业结构不尽合理的状况，应积极引导外资加大第一、三产业的投资力度。以农业产业结构调整为契机，引进科技含量高、管理水平高的农业外资项目，对农产品进行精加工、深加工，以增加其附加值。另外，进一步鼓励外资通过兼并收购、参股、股权置换、重组等方式参与南京国有企业的改造，以加速国有企业经营机制的转换和体制改革。

（2）加大吸引跨国公司投资力度，提升外资质量

产业基础是跨国公司进入的重要条件，也是形成产业集聚的必要条件，因此，南京必须首先做好产业战略规划工作和加强产业配套体系建设，改进和提高产业专业化服务水平。目前，南京应该抓

住跨国公司抢滩中国的时机，重点围绕3000万美元以上大项目、世界500强和跨国公司，结合战略主导产业发展的需要，开展有针对性和选择性的招商引资工作，重点吸引产业链长、行业关联性强的跨国公司来南京投资；另外，要不断深入研究跨国公司的全球化战略，从其战略布局、投资动态、贸易趋向、发展重点以及企业文化等各个层面寻找与南京的对接点；同时，有针对性的挑选能代表南京市优势产业和补缺或补弱的重点项目及重点企业，使它们与跨国公司的投资战略布点相吻合，进一步吸引跨国公司组团来南京投资，提升南京利用外资的规模和质量，促进产业集聚。

(3)进一步改善投资环境

针对目前南京市投资环境存在的问题，至少应加强以下几个方面的工作：一是树立"有限政府，无限服务"的理念，拓展服务领域，改进工作方式，形成跟踪、配套服务的良好制度；二是加强外商投诉中心的工作，赋予其更大的协调权，以尽快解决投诉案件，提高案件办结率和满意率；三是开展外商投资服务月活动，结合"平安南京"的建设活动，切实为外资企业创造一个良好的法制环境，努力提高政策法规的稳定性、透明度，推进政府办事的公开度、诚信度和公平度，营造一个最适宜企业发展的环境。

(二)镇江市利用外资情况

1. 2005～2009年镇江市利用外资基本情况

近年来外资来镇江投资总体呈上升趋势，2009年协议注册外资28.0亿美元，比2008年上升20.2%，协议注册外资金额上升趋势较为明显；实际到账注册外资也保持稳步增长，从2008年的12.1亿美元增加到2009年的14.41亿美元，增长了19.9%；新批千万美元以上项目个数相比2008年有所回升，2009年新批千万美元以上项目个数比2008年增长了30%，增幅较大；新批企业数总体呈下降趋势，2009年只有164个，比2008年有所回升，但相比于2007年下降了21.9%。

表4-115　　主要年份镇江市外资投资情况

项目	2005年	2006年	2007年	2008年	2009年
协议注册外资(亿美元)	32.17	16.59	23.10	23.34	28.00
实际到账注册外资(亿美元)	5.96	7.30	10.64	12.10	14.41
新批1000万美元以上项目(个)	179.00	106.00	128.00	77.00	100.00
新批企业数(个)	471.00	293.00	272.00	146.00	164.00

2. 政策措施

(1)镇江市充分利用初具规模的造纸业、化工业、光电子、汽车零配件等产业的集群效应，发挥产业链招商引资的特有优势，吸引相关的跨国公司落户镇江。

(2)在光电子产业领域，镇江市半导体照明产业的发展应以奥雷光电有限公司为载体，吸引生产交通信号灯和汽车信号灯、LED显示屏、LED背光源、LED照明灯的跨国公司，落户镇江新区，延长和完善镇江市半导体照明产业链条，促进相关产业集群，提升光电子产业的竞争力。

(3)在化工行业，目前镇江新区的主要化工企业入奇美、国亨、莱泰祥、南帝等公司所需原材料主要从国外进口，意味着镇江市化工产业生产链条的缺失。根据化工行业发展现状，应在合适的区位布局，积极引进生产氯化钾、临二甲苯、本乙烯、丁二烯等化工产品的外资企业和民营企业。

(4)在汽车零配件行业，首先应该利用市场调节机制和政府引导，在全区域优化生产要素的组合，避免低水平重复建厂；其次，要以整体区位品牌为引进外资的出发点，到国际市场寻求在某一价值环节具有竞争力的跨国公司作为合作伙伴，或者通过加盟跨国公司的营销渠道，把产品打入国际市场。

3. 工作重点

(1)狠抓外资实际到账。外资是否真正实际足额到账，是最终检验利用外资工作成效的最重要的依据。当前项目审批从严、资源从紧、银根抽紧等因素，都严重制约利用外资工作。

(2)狠抓招商引资。目前，后续储备项目信息偏少、大项目信息匮乏、部分在谈项目推进速度不快等问题尤为突出。四季度要加大招商工作的力度。

(3)狠抓园区建设。没有好的载体就不可能吸引和承载好的外资项目。

(三)扬州市利用外资情况

1. 2005～2009年扬州市利用外资基本情况

扬州市协议注册外资总额呈逐年上升的趋势，2008年协议注册外资474979万美元，比2007年上升41%，增幅较大。其中合资经营企业注册外资75650万美元，比2007年有微小的上升，上升幅度为7.7%；合作经营企业注册外资3450万美元，相比2007年有所上升，但未达到2006年的水平；独资企业注册外资为395879万美元，相比2007年增长49.3%，增幅较大。协议注册外资中独资企业注册外资比例最大，达到83.3%，合资企业和合作经营企业的注册外资所占比例分别为15.9%和0.8%。

协议注册外资企业个数近些年来有所下降，2008年318个比2007年减少46个，减少幅度为12.6%。其中合资企业数量减少幅度较大，从2007年的96个减少到55个，合作经营企业只有一个，独资企业为262个，比2007年减少5个。

表4－116　　主要年份扬州市外资投资情况

项目	2004年		2005年		2006年		2007年		2008年	
	项目（个）	金额（万美元）	项目（个）	金额（万美元）	项目（个）	金额（万美元）	项目（个）	金额（万美元）	项目（个）	金额（万美元）
协议注册外资	333	164138	368	235436	399	244905	364	336994	318	474979
合资经营企业	148	43345	133	42046	176	68630	96	70228	55	75650
合作经营企业	3	1286	10	7734	5	7246	1	268	1	3450
独资企业	182	119417	225	185656	218	169029	267	265104	262	395879

2. 工作重点

(1)把握重点，突出优势，提高利用外资层次和质量，培育新的利用外资增长点

围绕第二产业的快速发展进一步向研究开发、高端设计、现代物流、商业分销、租赁商务和金融服务等为生产服务的服务业领域拓展。抓住我国服务领域开放进一步加快的机遇，积极创造条件，争取外资加速进入扬州市保险、证券、电信、外贸、旅游、医疗、国际货运代理、教育培训、法律服务等领域，放大外延招商领域。

(2)长远兼顾，趋利避害，积极承接国际外包，

扬州市利用外资结构偏重于传统的商贸，而具有信息技术承载度高、附加值高、资源消耗低、环境污染少、吸纳就业能力强、国际化水平高等特点的产业较少。因此，大力承接国际外包业务，既有利于转变对外贸易增长方式，扩大知识密集型产品出口，也有利于优化外商投资结构，提升利用外资

的水平。

(3)创新理念,创新思路,积极引领外资投资扬州市创意产业

创意产业是一种新型的、特殊的业态,具有三位一体性(集文化、科技、经济于一身)、高产业关联性、高附加值性、知识产权性等特点。意产业是推动扬州从制造业城市向服务型和消费型城市转变的重要基础。引领外资参予扬州市文化和科技创新,以创意知识产权的交易来引领、提升和放大产业,增进国民财富,是发展现代服务业的重要突破点与增长点,将对增强扬州自主创新能力、建设创新型城市、推动产业结构升级、转变经济增长方式和提升城市功能产生重要的推动作用。

(四)淮安市利用外资情况

1. 2005~2009 年淮安市利用外资基本情况

2009 年淮安市协议注册外资 13. 1 亿美元,比 2008 年增长 14. 14%;实际到账注册外资也上升较快,2009 年全市注册外资实际到账 6. 1 亿美元,比 2008 年增长 35. 1%,其中,注册台资实际到账 3. 55 亿美元,增长 83. 9%;新批企业数也在稳步增长,2009 年淮安市新批外资项目 164 个,比 2008 年增长 22 个,增长 15. 5%。

表 4 -117　　主要年份淮安市外资投资情况

项目	2005 年	2006 年	2007 年	2008 年	2009 年
协议注册外资(亿美元)	3. 40	6. 41	7. 27	11. 45	13. 10
实际到账注册外资(亿美元)	1. 52	1. 16	3. 52	4. 54	6. 10
新批企业数(个)	103. 00	137. 00	117. 00	142. 00	164. 00

2. 工作特点

(1)经济开发区成为利用外资的集中地

近几年来,作为产业转移的集聚区、综合开发的先导区、机制创新的试验区,淮安市开发区沐浴着改革开放的春风,经济持续快速发展,综合实力显著增强,人民生活明显改善。吸引了来自美国、澳大利亚、日本、韩国、新西兰、比利时、新加坡和中国香港、中国台湾等 15 个国家和地区的客商在区内投资兴业。先后在东莞、深圳、香港等地区举办 6 场集中投资推介活动,成功签约外资项目 93 个,总投资 23. 11 亿美元,协议外资 8. 53 亿美元,加快推动了“珠三角”地区外资招商由“突破东莞”向“提升东莞、突破深圳”迈进。为更好、更有效地利用外资,组织了赴环渤海地区开展专题对接和考察活动,着手启动推进环渤海地区招商工作,寻求对韩日招商的突破点。

(2)外资项目多集中在传统加工制造业

近几年来,淮安市落户的外资项目多集中在传统的加工制造业。2003 年到 2007 年,从外商投资产业看,淮安市的外商投资的产业以二产为主。一、二、三产业实际到账外资,分别为 903 万美元、43605 万美元、12768 万美元,比例为: 1. 5: 76. 2: 22. 3。其中,二产主要以电子、纺织服装、机械、化工医药为主,分别占二产总额的 25. 9%、19. 2%、19. 0%、12. 5%。三产以房地产为主,房地产实际到账外资占三产总额的 66. 2%,其他为餐饮服务业和基础设施,分别为 30. 8%、3. 0%。

3. 淮安市利用外商直接投资存在的问题

(1)外资投向产业分布不均衡

外商投资在淮安市经济总量中所占比重很小,外资融入本地经济程度不深,对全市经济的带动作用弱,对促进本地经济的可持续发展包括提升区域竞争力、形成自主知识产权、构筑发达的现代服

务体系等的作用有限。当然,我们还可以单纯从规模经济角度分析 FDI 对淮安产业结构优化的促进作用。近年来,尽管外商投资的领域逐渐拓宽,呈现出多元化的发展态势,但是从近年联合年检的情况来看,淮安市的外商投资企业所投资的领域主要集中在制造业。

(2)外商直接投资总量少、发展慢

从 1986 年兴办第一家合资企业——淮安和高计时有限公司开始,到 2005 年底,全市累计共批准三资企业 877 家,合同外资 10.8 亿美元,实际投资 7.3 亿美元,而全省累计直接利用外资额已突破 1000 亿美元、达 1030 亿美元。受经济基础、竞争成本、政策利用等多方面因素的影响,淮安利用外资出现了与先进地区差距越拉越大的情况,以前与淮安利用外资水平相近的苏北其他城市甚至也已经普遍超过淮安。

(3)外商直接投资项目规模小、档次低

招商引资工作存在盲目性,调研欠充分,准备仓促,推出的招商项目缺乏系统性、连续性、集团性,项目的可开发性论证缺乏可行性,形不成产业链,规模效益上不了档次,招商工作往往事倍功半。

三、安徽四市利用外资基本情况

(一)马鞍山市利用外资情况

1.2005~2009 年马鞍山市利用外资基本情况

2005 年以来马鞍山市外资投资额总体呈上升趋势,但 2009 年相比于 2008 年有所回落。外商投资企业个数从 2008 年的 141 个减少到 2009 年的 132 个,下降 6.38%;2009 外商投资总额为 127506 万美元,与 2008 年相比减少 4.43%,下降幅度不大;2009 年外方注册资本为 74899 万美元,比 2008 年有小幅度的减少,与 2008 年的 77508 万美元相比下降 3.37%;外商直接投资合同金额总体呈上升趋势,但是 2009 年外商直接投资合同金额为 64773 万美元,比 2008 年减少了 4.0%。

表 4-118　　主要年份马鞍山市外资投资情况

项目	2005 年	2006 年	2007 年	2008 年	2009 年
企业数(个)	114	122	152	141	132
投资总额(万美元)	79209	93833	121855	133415	127506
外方注册资本(万美元)	45274	52107	69161	77508	74899
直接投资合同金额	34663	39929	57502	67474	64773

2. 外资投资特点

(1)第三产业引资向现代服务业拓展。2009 年,马鞍山市进一步拓宽招商引资领域,在引进现代服务业项目上取得新的进展。第三产业全年引进外资项目 8 家,占新批外资项目的近五成,其中现代服务业 6 家;合同利用外资 1.16 亿美元,占新批企业合同外资的 69.7%,其中现代服务业 1.04 亿美元,占 63.1%;实际利用外商直接投资 1 亿美元,占 16.7%,其中现代服务业 4631 万美元,占 8.1%。马鞍山市软件、动漫产业聚集度进一步提高,全年引进 5 家软件业项目,引进大型外商投资性公司取得突破,马鞍山首维特投资有限公司合同外资达 1 亿美元。

(2)第二产业引资向优势和新兴产业集中。围绕打造现代加工制造业、绿色食品基地,马鞍山市注重发挥产业聚集优势,以商引商、产业链招商取得新进展。全年制造业实际利用外商直接投资 4.45 亿美元,比 2008 年增长 46.4%,占外商直接投资的 77.8%。其中:钢铁及金属制品业 9353 万美元，占全市外商直接投资的16.3%；食品加工业2.26亿美元，占39.5%；汽车及零部件制造业1871万美元，占3.3%；医药、化工业5329万美元，占9.3%。

(3)招商引资区域向开发园区聚集。全市开发园区紧抓招商引资，强力推进园区建设，招商引资取得新的进展。2009年，全市新批17家外商投资企业中有15家落户在开发园区，实际利用外商直接投资4.19亿美元，比2008年增长32.8%，占全市73.2%。其中雨山工业园、花山开发区表现突出。雨山工业园引进4家外商投资企业，合同外资达1.11亿美元。2009年，经省政府批复筹建的安徽花山经济开发区，充分发挥后发优势，围绕大力发展软件研发、软件服务外包、机械设备、电子产品制造等产业，着重引进高新技术企业及现代服务业企业，全年引进5家外商投资企业，其中3家为软件企业，1家为电子信息产品制造企业。

(4)外商投资强度向规模化发展。2009年，全市在招大商上取得新的进展，一批大项目进展顺利，外商到资进度较快。新批外商投资企业中，合同外资在1000万美元以上的有5家，合同外资1.46亿美元，占新批企业合同外资的88.2%；全年到位500万美元以上的外资项目共31项，占到位项目的32.6%，实际到位4.87亿美元，占85.1%，其中1000万美元以上的项目有15个，共到位3.71亿美元，占全市外商实际直接投资的64.7%。为蒙牛提供饲料加工的外资企业马鞍山现代牧业有限公司实际投资达1.9亿美元，占全市实际利用外商直接投资的33.3%，雨润公司实际投资3567万美元，占6.2%。随着全市开门大招商、落地倍亲商的氛围日益浓厚，马鞍山市良好的区位优势、日趋完善的投资环境越来越受到关注和认同，外商投资企业对马鞍山市的信心进一步增强，2009年共有7家企业进行了增资，合同增资3794万美元。

(二)芜湖市利用外资情况

1. 2005~2009年芜湖市利用外资基本情况

2005年以来芜湖市外资投资额总体呈上升趋势，但2009年相比于2008年有所回落。外商投资企业个数从2008年的336个减少到2009年的329个，下降2.08%；2009外商投资总额为306181万美元，与2008年相比增加22.58%，上升幅度较大；2009年外方注册资本为176622万美元，比2008年有较大幅度的增加，与2008年的138917万美元相比上升27.14%；外商直接投资合同金额总体呈上升趋势，2009年外商直接投资合同金额为128861万美元，比2008年增加了26.85%。

表4-119　　主要年份芜湖市外资投资情况

项目	2005年	2006年	2007年	2008年	2009年
企业数(个)	266	306	345	336	329
投资总额(万美元)	154198	199464	241881	249786	306181
外方注册资本(万美元)	83099	107592	131329	138917	176622
直接投资合同金额	58503	78828	98081	101588	128861

2. 基本特点

(1)大项目支撑作用明显，引进世界500强及其他跨国公司投资取得新进展。无论是合同外资，还是实际利用外资，大项目对芜湖市利用外资支撑作用明显。

(2)合同外资大幅回升，利用外资初现回暖迹象。随着全球金融危机对实体经济影响进一步深化，芜湖市新批项目数量和合同外资额在年初延续2008年低迷走势。

(3)金融危机对外资企业的影响分化，企业呈现减资与增资潮。由于外资企业资金实力不同，金融危机对企业的影响进一步分化。

3. 政策建议

（1）高度重视利用外资工作，把招商引资工作作为经济工作的重中之重来抓。认真学习和全面贯彻落实中共十七大报告和中央经济工作会议精神，进一步提高新时期吸收外资意义和作用的认识，切实转变吸收外资发展方式，要更加注重节能减排、土地节约集约利用、自主创新，按照科学发展观引导外商投资。充分利用芜湖市的区位优势、交通优势、产业优势、资源等优势，广泛宣传芜湖市比照东北老工业基地城市扩大增值税抵扣范围试点政策和芜湖出口加工区所享受的优惠政策，宣传芜湖市鼓励发展总部经济及现代服务业政策等。把握宏观经济形势，把握国际国内资本流动的新动态，以适时制定芜湖市招商引资政策。采取行之有效的措施，做好芜湖市利用外资工作。

（2）加快园区基础设施建设。各载体单位要进一步加快县区工业园道路、管网、供水、供电、供气等基础设施建设，为招商引资项目打好基础。同时，要提高投资强度，按可持续发展的原则，将有限的土地、资源用于附加值高的产业，提高自主创新能力，促进本地产业结构升级，提高土地利用率。

（3）继续加大产业招商力度。根据芜湖市现有产业基础，围绕芜湖市三大支柱产业及未来重点培育的装备制造业、电子信息产业等，有针对性地选择一些关联度大、产业链条长的优势产业进行研究分析，锁定其上下游产品、配套产品等，实行产业招商，逐步形成产业集聚。

（4）明确招商的区域目标和对象。在招商地区的选择上，重点是浙江、上海、广东等沿海经济发达省份、民间资本较多且发展空间受到限制区域及东北等地区具有装备工业优势的地区；在招商的对象上主要是全球500强企业和跨国企业、国内行业100强企业。立足于招大商、引巨商，努力吸引其来芜湖市设立总部、制造业基地、产业配套基地和研发中心，做大做强芜湖市支柱产业，培育芜湖市新产业。

（5）要创新招商方式，拓宽利用外资渠道。要继续开展小分队招商，加强各小分队之间的招商经验交流和总结，并加以推广。同时，开展专题招商，以商招商等行之有效的招商方式；要推进聘用专人招商、委托代理招商，实行绩效考核等新的招商方式，扩大芜湖市招商引资成果。

（三）滁州市利用外资情况

1. 2005～2009年滁州市利用外资基本情况

2005年以来滁州市外资投资额总体呈上升趋势，但2009年相比于2008年有所回落。外商投资企业个数从2008年的180个减少到2009年的169个，下降6.1%；2009外商投资总额为86460万美元，与2008年相比有微小的减少，减少0.51%；2009年外方注册资本为42243万美元，比2008年有较大幅度的减少，与2008年的46174万美元相比下降8.51%；外商直接投资合同金额总体呈下降趋势，2009年外商直接投资合同金额为8092万美元，比2008年减少了11.8%。

表4-120　　主要年份滁州市外资投资情况

项目	2005年	2006年	2007年	2008年	2009年
企业数（个）	147	153	181	180	169
投资总额（万美元）	45852	54748	75595	86905	86460
外方注册资本（万美元）	18554	27806	39238	46174	42243
直接投资合同金额	5441	21336	13223	9175	8092

2. 主要特点

2009 年度滁州市吸引外资数量继续稳步增加，投资规模持续增大：截至本期末新增外商投资法人企业 13 户，新增投资总额 17279 万美元，注册资本 7793 万美元，外方认缴额为 6925 万美元；新设分支机构 14 户。

(1) 新增企业数与 2008 年同期相比出现回升趋势。继 2007 年滁州市外商投资企业登记数增幅出现较大程度增长以来，到 2008 年新登记数出现大幅下降，2009 年与 2008 年同期相比上升 18.2%。新登记外商投资企业投资总额与 2008 年同期相比增长 29.5%，注册资本下降 8.1%，外方认缴下降 19.9%。

(2) 企业平均投资规模比 2008 年有所上升。2009 年 1000 万美元以上规模的新登记企业有 6 户，占 2009 年新登记企业数的 46.2%；以投资总额计，平均每户规模 1329 万美元，比 2008 年增长 9.6%；以注册资本计，平均每户规模 599 万美元，比 2008 年同期下降 27.9%。

(3) 外商以及港台投资企业投资方向和来源还比较单一。2009 年滁州引进的外商以及港台投资表现出两个特点：一是来自香港、台湾地区的新开业户数 9 家，这种趋势仍然与以往一样占据第一，二是大部分来自于亚洲投资，从上述特点看反映出滁州引资的范围不够拓展，缺少来自欧洲、北美洲发达国家的投资，外商投资企业投资方向和来源还比较单一。

3. 政策措施

(1) 围绕承接转移，打响攻坚战役。紧紧抓住皖江城市带承接产业转移示范区建设历史性机遇，深入分析发达地区产业转移趋势，立足滁州市区位、资源、产业优势，谋划承接转移对策，夯实发展载体，加快现代产业园总体规划编制工作，形成总体规划、专项规划、详细规划相统一的规划体系，规划建设 40 平方公里滁州承接产业转移现代产业集中区、核心区，鼓励各级开发区与央企、沿海地区政府或开发区、大型骨干企业、战略投资者合作共建。组织实施《2010 年招大引强 1121 攻坚行动计划》，打响"春季攻势、夏季行动、秋季会战、冬季冲刺"系列攻坚战役，吹响攻坚集结号，主攻工业项目、大项目、科技含量高的项目。

(2) 加强园区建设，推进合作共建。积极实施工业园区"扩、提、谋、特、促"工程，加大基础设施投入，完善配套设施建设，着力提升承接能力。大力推动市经济技术开发区争创国家级开发区建设步伐，各地工业园区加大合作共建对接步伐，做到有一个建设规划，有一个工作方案，有一套互惠政策，有一批合作伙伴，主动对接上海等发达地区，务求实效；围绕"千企入滁、万户入驻"的目标，实施"双百"工程，即力争新引进亿元以上企业 100 个，建设标准化厂房 100 万平方米。

(3) 加大宣传推介，提高攻坚成效。围绕承接转移、重点产业、合作共建等主题，在上海、宁波、深圳、温州等重点区域举办 4 次以上专场推介活动。借力世博会、广交会、厦洽会等重大商务活动，举办滁州投资环境说明会。借助影响面广、权威性强的商会、专业协会的网络媒体平台全方位宣传滁州比较优势。以重点项目为纽带，组织开展 1 次以上境外招商推介活动，开展面向外商外资的宣传推介。同时，积极开展"请进来"活动，吸引更多的投资商走进滁州。

(4) 创新招商方式，拓宽项目来源。推动商会招商。加强与发达地区商会的联络，借助商会平台，开辟新的商情发布渠道，挖掘项目线索，指引会员企业来滁投资考察。发动协会招商。围绕滁州重点发展产业，重点与 3 个国家级行业协会（中国家电协会、中国建材协会、中国服装协会等）建立联系，利用协会平台，发掘项目信息，发挥行业协会的引领作用，招引国内知名企业落户滁州。强化以商招商。发挥已落户企业在招商中的主体作用，利用其拥有的人脉资源，寻找项目线索，推进产业链招商。积极聘请发达地区重点商会、行业协会的会长和开发区领导为滁州市招商顾问，促进以商招商。加快组建滁州外来投资者协会，服务招大引强。开展联动招商。树立招商引资全市"一盘棋"思想，对发现的重特大招商项目线索，以项目落户滁州为出发点，建立市内开发区之间"互招共享"的招商机制。

(5)突出重点产业,确立主攻方向。推进主导产业大提升。继续围绕滁州市家电信息、机械汽车、农副产品、资源深加工和新能源新材料等领域招大引强,以重大产业规划为指引,注重做大产业集群,千方百计引进一批投资规模大、带动能力强的标杆性项目。加强"飞地"和园中园建设力度,对接沿海发达地区企业群体转移。实现旅游市政大投入。围绕"131"组团式发展规划,加快同城化建设。以琅琊山风景区发展总体规划为龙头,引进世纪金源等企业整体开发琅琊山风景区旅游休闲产业。力争启动凤凰湖、龙尾山景区建设,开发南谯区红花湖、明光栖凤湖、全椒神山和来安莲花湖等旅游景区,打造旅游休闲基地。引进业内顶尖企业开发建设南谯新区,汉河新区。促进商贸物流大发展。依据市、区商贸物流发展规划和空间布局规划,以业态为核心编制支撑项目,大力推介招商。加快推进大雄华东农贸食品城、瑶海农机大市场、五州国际商城、南谯钢贸城等项目建设。积极引进一批大型商业卖场、星级酒店和大型物流企业。着力科教资源大整合。围绕科教兴滁发展规划,以市本级为重点,推进与名校、名院、名所的合作,以重大合作项目带动现有资源整合,加快科教园区建设。

(6)优化整合资源,聚集攻坚力量。建立由市领导牵头、分管相关单位参加的分片包干促进组,形成招商"拳头效应"。由市大滁城、工招园、旅游区、科教园区、"三农"工作、高铁站区、产业集中区等建设指挥部牵头,策划和编制一批园区建设支撑性项目,丰富和完善招商项目库。以市开发区发展重点产业为指向,加强家电信息、汽车及零部件、绿色照明、品牌服装、商贸物流等驻外产业招商分局建设,深入重点区域,致力招大引强。市直目标责任单位抽调精干人员充实招商小分队,力求招商实效。推动各县、市、区根据各自主导产业和发展重点,组建专业招商队伍主攻重大项目和重点项目。

(四)巢湖市利用外资情况

1. 2005~2009 年巢湖市利用外资基本情况

2005 年以来巢湖市外资投资额总体呈上升趋势,但 2009 年相比于 2008 年有所回落。外商投资企业个数从 2008 年的 108 个减少到 2009 年的 106 个;2009 外商投资总额为 118203 万美元,与 2008 年相比增加 52.9%,上升幅度较大;2009 年外方注册资本为 50153 万美元,比 2008 年有较大幅度的增加,与 2008 年的 45148 万美元相比上升 11.1%;外商直接投资合同金额总体呈上升趋势,2009 年外商直接投资合同金额为 36434 万美元,但是比 2008 年下降了 5.5%。

表 4-121　　主要年份巢湖市外资投资情况

项目	2005 年	2006 年	2007 年	2008 年	2009 年
企业数(个)	90	110	116	108	106
投资总额(万美元)	32941	48237	65262	77315	118203
外方注册资本(万美元)	16626	24989	37156	45148	50153
直接投资合同金额	11806	18266	29580	38562	36434

2. 对策建议

(1)完善招商任务分解办法。改变原有市直单位一律分配招商引资任务的做法,加大市直经济主管部门与经济关联度较大的部门招商引资任务;对经济关联度不大的部门不再下达招商引资任务,但鼓励主动参与招商引资工作;对于年终有招商引资实绩的单位和个人不论是否分配任务,均按照规定给予一定奖励。

(2)建立招商项目推进机制。成立招商项目推进领导组,市政府常务副市长任组长,各分管市长任副组长，下设工业、农业及农副产品深加工、旅游及商贸、基础设施及房地产、文教卫等五个招商项目推进协调组，各分管市长任协调组组长，相关市直部门主要负责人为成员。不论是哪个单位什么人招来的项目，都按归口管理原则，由各分管市长领导的招商项目推进协调组负责该招商项目的调度、协调和动态推进。

(3)修改落实招商引资引荐奖励政策。在全市倡导“招商致富”的理念，努力营造全民招商的氛围。修改完善《巢湖市引荐外来投资项目奖励办法》，对招商引资有功人员，不论是市内还是市外人士，不论是市领导干部还是普通群众，都要按照规定兑现奖励，并通过媒体公开宣传报道，鼓励人人关心招商、参与招商，把招商引资作为个人致富的途径之一。

(4)狠抓投资服务环境整治。一是建立招商小分队与行政服务中心协调对接机制，整合服务资源，进行“一站式”服务，形成项目手续办结快速通道。二是对重大招商引资项目，实行市领导重点项目负责制，全过程、全方位服务。三是市招商局与政法委、纪委等执法部门联手，对重点落户企业开展跟踪服务，针对乱检查、乱收费、强装强卸、吃拿卡要等突出问题重点打击。四是充分发挥外商投诉中心作用，对外商投诉反映的重要问题直接交分管领导处理。

四、南京都市圈利用外资的对策建议

(1)注重项目，提高质量，改进招商引资的策略与水平

结合世界跨国投资的变化特点及南京都市圈利用外资的发展趋势，注重项目筛选，提高引资质量。一是面向市场需求，注重引进国外的先进技术、管理经验和高素质人才，筛选一批产业化项目，作为今后招商活动的重点。二是加大对欧美国家的引资力度，改善引资结构。彻底从招商引资转变为招商选资，在搞好市场调研和分析的基础上，对外资的来源、投资规模、产业构成、引资方式、招商对象、项目的效益等多方面的因素进行综合评估和合理选择，对现代服务业发达的欧美国家进行有针对性的专题招商。

(2)完善外资行业准入政策，强化外资政策的产业导向

一个地区的经济发展往往是以某个产业或某几个产业的率先发展带动的，在这个产业或这些产业内部，是同类或相互关联的企业聚集在一起，形成产业集群，提升地区经济的竞争力。因此，一个地区的经济发展战略应是产业集群发展战略。而一个地方的产业能否形成集群或者集群的规模有多大，集群能维持多久，主要取决于产业的聚集效应，即这一地方产业吸引外来资本进一步投资的能力。与此同时，外商直接投资或外地投资在区域上的集中，以致形成以外资为主要特征的产业集群，地方政府及其政策因素在其中起到了重要的作用。

(3)改进招商方式，提高利用外资成效

要在巩固原有招商会、洽谈会和展销会等传统招商方式的基础上，加大产业招商、项目招商、技术招商、专业招商等力度，通过企业自主招商、委托招商、代理招商、中介招商、网上招商等形式和途径，努力实现利用外资特别是引进跨国公司工作的新突破。

(4)改善投资环境，加快园区基础设施建设

加快各工业园道路、管网、供水、供电、供气等基础设施建设，为招商引资项目打好基础；拓展服务领域，改进工作方式，形成跟踪、配套服务的良好制度；加强外商投诉中心的工作，赋予其更大的协调权，以尽快解决投诉案件，提高案件办结率和满意率；努力提高政策法规的稳定性、透明度，推进政府办事的公开度、诚信度和公平度，营造一个最适宜企业发展的环境。

二十　南京都市圈科技进步与创新

（一）南京都市圈基本情况

2009年，南京都市圈R&D投入总金额达229.15亿元，南京、镇江、扬州、淮安、马鞍山、滁州、芜湖、巢湖8个市，分别为126.9亿元、31.8亿元、27.08亿元、10.1亿元、10.78亿元、1.61亿元、18.75亿元、2.13亿元，所占南京都市圈比例分别为55%、14%、12%、4%、5%、1%、8%、1%。

表4-122　　南京都市圈各市R&D投入情况表

	R&D投入（亿元）	占比（%）
南京	126.90	55%
镇江	31.80	14%
扬州	27.08	12%
淮安	10.10	4%
马鞍山	10.78	5%
滁州	1.61	1%
芜湖	18.75	8%
巢湖	2.13	1%
合计	229.15	100%

数据来源：各市统计年鉴及国民经济和社会发展统计公报

2009年，南京都市圈专利申请总量达到40104件，南京、镇江、扬州、淮安、马鞍山、滁州、芜湖、巢湖8个市分别为14220件、8608件、7468件、3449件、685件、890件、4379件、405件，8个市所占南京都市圈比例分别为35%、21%、19%、9%、2%、2%、11%、1%。

表4-123　　南京都市圈各市专利申请量表

	专利申请量（件）	占比（%）
南京	14220	35%
镇江	8608	21%
扬州	7468	19%
淮安	3449	9%
马鞍山	685	2%
滁州	890	2%
芜湖	4379	11%
巢湖	405	1%
合计	40104	100%

数据来源：各市统计年鉴及国民经济和社会发展统计公报。

2009 年,南京都市圈专利授权量达到 17884 件,南京、镇江、扬州、淮安、马鞍山、滁州、芜湖、巢湖 8 个市分别为 6591 件、4064 件、2524 件、1011 件、372 件、410 件、2695 件、217 件,8 个市所占南京都市圈的比例分别为 37%、23%、14%、6%、2%、2%、15%、1%。

表 4-124　　南京都市圈各市专利授权量表

	专利授权量(件)	占比(%)
南京	6591	37%
镇江	4064	23%
扬州	2524	14%
淮安	1011	6%
马鞍山	372	2%
滁州	410	2%
芜湖	2695	15%
巢湖	217	1%
合计	17884	100%

数据来源:各市统计年鉴及国民经济和社会发展统计公报。

(二)南京市基本情况

1. 科技进步发展现状

2009 年南京市研究与发展活动经费(R&D)支出占全市生产总值的比重约为 3%。

全年全市共签订各类技术合同 7951 项。技术合同成交额为 63.78 亿元,增长 6.4%。2009 年度国家科学技术奖励南京地区共有 32 项成果上榜,比 2008 年增加 12 项。其中:国家自然科学奖二等奖 2 项;国家技术发明奖二等奖 4 项;国家科技进步奖一等奖 3 项,二等奖 23 项。

2009 年末全市共有各级工程技术研究中心数量 146 家,其中国家级 13 家、省级 96 家、市级 37 家。省市科技公共服务平台 78 家,省级以上重点实验室 48 家。

2009 年专利申请量达到 14220 件,比 2008 年增长 21.6%。其中,发明专利申请量 6461 件,比 2008 年增长 28.7%,占全年专利总申请量的 45.4%;专利授权量 6591 件,增长 36.9%。其中,发明专利授权量 2039 件,增长 36.2%,占全年专利授权量的 30.9%。

2009 年全市引进农业新品种 15 个。累计建成农业科技示范园区 6 个,其中 1 个现代农业示范园区通过省级认定。实施国际科技合作项目 37 个;其中,国家级 7 个,省级 11 个,市级 19 个。

2009 年末全市共有产品质量检验机构 242 个,国家检测中心 12 个;产品质量、体系认证机构 2 个;依法设立的计量技术机构 1 个,依法授权的计量技术机构 2 个。

2009 年对全市 15 大行业 43 类 164 种重点产品开展了质量监督检查,共计覆盖全市 2626 家企业的 3983 批次产品,抽查平均合格率为 92.0%。

2009 年全市制修订国际标准 4 项、国家和行业标准 54 项、地方标准 20 项。新建全国专业标准化技术委员会 3 个,新获"中国标准创新贡献奖"5 项。全市共有国家、省、市名牌产品 617 个(中国名牌产品 24 个,江苏名牌产品 181 个、南京名牌产品 412 个),国家、省质量奖获奖企业累计 29 个(全国质量奖 2 个,江苏省质量奖 27 个)。

2009年软件产业“两园多基地”建设快速推进，成功举办第五届中国（南京）国际软件产品博览会。南京成为全国首个“中国软件名城”创建试点城市。

2009年末全市拥有中国科学院院士48人；拥有中国工程院院士33人。

专栏　南京市以政府为主导的城市创新制度

一是营造支持自主创新的科技政策、法制和行政服务环境。制定自主创新的纲领性文件《南京市关于增强自主创新能力加快建设创新型城市的意见》，每年发布《南京市知识产权保护状况》白皮书。清除不利于加快发展的政策措施，政府搭台发展科技中介，搭建“南京技术市场”网络交易平台，启用“南京市科技成果转化服务中心”。

二是科技创新、创业的资金支持。南京市积极运用税收政策、政府采购、创新奖励等政策多角度地加大自主创新的资金支持力度。科技型中小企业技术创新基金用于对初创科技型中小企业的科技创新活动提供资金支持

三是开发区的提升和高新技术孵化器建设。各个孵化器按照“自筹资金、资源组合、自主经营、自负盈亏、自我约束、自我发展”原则运行。孵化器企业涉及新型能源、计算机软件和网络技术、生物工程和新型医药、环保技术等诸多高新技术领域。鼓励和支持开发区建立不同类型的创业投资机构，各个高新技术产业园区大都设立创业风险金。南京市还鼓励突破开发区范围吸引风险投资进入，特别是鼓励发达国家成熟的风险资本进入。

四是自主创新的产业引导。集中优势资源，特别是集中政府的行政力、协调力，使各类开发区成为南京市主导产业和高新技术产业的集聚区、密集区。南京市的主导产业，在开发区内高度集聚，开发区产业结构中，电子信息、石油化工、汽车制造、生物医药、新材料等的产值占总产值的80%以上。

2. 科技进步主要经验

一是科技体制机制创新。以启动国家科技体制综合改革试点城市为科技工作的主线，从科技资源集聚配置、企业自主创新能力培育、产学研合作机制创新、多元化科技投融资体系建立、科技人才激励机制完善、科技创新保障机制健全等方面推进科技体制机制的改革创新。

二是软件名城建设提速。实施“聚焦战略”。聚焦企业，培育超10亿元软件大企业，实施南瑞集团电力自动化技术中心、磐能高科技产业园、国电南自浦口科技园区、莱斯研发生产基地等一批重点项目建设，在电力自动化、通信、智能交通3个领域打造南京软件“龙头板块”。聚焦载体，重点扶持雨花软件产业基地发展，通过规划引导、政策扶持和协调服务，推进华为研发大楼、润和软件外包园、南京对日软件外包联络处、三江学院软件人才实训基地等项目建设，在通信软件、软件服务外包等领域形成明显的竞争优势，以雨花基地建设带动软件产业“两园多基地”大发展。聚焦人才，新增软件从业人员2万人以上，根据软件产业规模和需求不断优化软件人才的层次结构，构筑软件人才高地。开展“春雨行动”。从软件创业载体、创业种子资金、软件技术研发、软件测试评估、软件教育培训等方面建立服务制度，充分利用全市企业和科技创业服务中心的存量资源大力建设软件创业孵化载体，促进各类人才在宁创业，鼓励高校教师和学生结合教学、科研与产业进行创业尝试，形成“千军万马”的软件创业群体。扩大内需市场，启动、推进“数字南京”、无线宽带城市、中国无线谷等重大信息化工程建设，实施新一轮制造业信息化“5511”工程，为软件产业提供市场空间。拓展融资渠道。尽快形成软件产业创业投资政府促进机制和市场运行机制，成立软件企业贷款担保基金，鼓励金融机构创新融资模式，吸引风投资金、私募资金，开展非上市企业产权交易，缓解软件企业融资难题。

三是重大项目推进。争取一批国家重大专项支持，对接一批科技合作产业化项目。推进与中关村、北大、中科院的战略合作，争取中科院在南京设立研发中心或分支机构5家、两年对接重大科技

成果产业化项目20项、与南京企业开展科技合作项目100项以上。加强国际合作大项目、软博会签约大项目的跟踪落实。推进与启迪公司合作的清华科技园项目，与中科院合作的宽带无线通信研发中心项目、风电合作项目、高效能源动力产业技术中心项目，与北大、香港科技大学合作的北科产学研基地项目，与中关村合作的国际服务外包产业园项目，与央视合作的央视动画南方产业园等新签约项目建设。成立"中国科学院南京高技术研发与产业化中心"，每年促成不少于20项产学研合作项目，组织不少于2次"企业进院所"和"院所进企业"产学研对接活动。

四是载体平台建设。抓好高新技术产业"一区多园"和软件产业"两园多基地"建设，建设南京科技广场、中国无线谷、南京药谷、农业硅谷等一批国际水平的创新中心和产业化基地，形成特色明显、适度集中的产业化发展格局。拓展孵化空间，推动孵化器升级，支持现有综合孵化器建设成特色化专业服务平台，扶持科技型中小企业做大做强。引导、激励和促进创新资源集聚、共享，增强企业技术创新能力。

五是成果转化利用。充分利用"五长"合作平台，逐步推动"五长"联合由单一的项目对接，向共建中心转变，向技术入股转变，向资产重组转变，向市场融资转变，显著提升企业的技术创新能力，促进企业结构优化。

六是抓企业技术创新。促进企业建立创新和管理机制，加大研发投入，与高校、科研院所建立研发合作关系、共建研发机构。建立健全企业技术研究开发机构。组建南京工业技术研究院，向企业提供技术转移和技术升级服务。建立一批产学研技术创新战略联盟。建立军民合作技术创新体系。实施扶持自主创新的政府采购政策。

（三）镇江市基本情况

1. 科技进步发展现状

2009年，镇江市社会研究与发展（R&D）经费支出31.8亿元，比2008年增长25.2%，占GDP比重1.9%，比2008年提高0.2个百分点。年末从事科技活动人员2.4万人，其中研究与发展（R&D）人员1.02万人。拥有市级以上工程研究中心86家，其中省级以上40家。新建"东南大学—镇江工业技术研究院"、"东南大学—镇江智能电网研究中心"和"东南大学科技成果转化镇江工作站"。2009年末全市拥有10个省级科技孵化器基地，2009年新增2个，累计面积达25万平方米。

2009年，全市拥有省级以上高新技术企业145家，其中当年新认定75家；拥有省级以上高新技术产品1087项，其中当年新认定132项。新立项国家火炬计划26个，总投资5.6亿元。实现高新技术产业产值1063亿元，比2008年增长24.6%，占比重达33.1%，比2008年提高2.7个百分点。软件产业实现销售收入达65亿元，比2008年增长116.7%。

2009年，镇江市第7次荣获"全国科技进步先进市"荣誉称号。全年专利申请数8608件，比2008年增长17.3%。其中：发明专利1341件，增长18.3%；专利批准数4064件，比2008年增长56.8%，其中发明专利1341件，增长18.4%。在专利批准数中，荣获国家优秀奖2项，省金奖1项、优秀奖10项。百亿元GDP专利授权数242件，百亿元GDP发明专利申请数80件，比2008年分别增加69件和5件。

2. 科技进步主要经验

一是提升科技工作整体水平。建立符合科学发展观的科技进步考核评价体系，完善党政领导科技与人才工作目标责任制，努力提升各级领导干部推动自主创新的组织水平。把科技投入指标列为科技进步目标责任制"一票否决"指标，切实加大财政科技投入。市各有关部门落实企业技术开发费加计扣除等优惠政策，尤其是落实政府采购、自主创新产品首购的政策，创造市场需求，扶持创新型企业加快发展，通过积极的财税、金融政策引导全社会加大科技投入，确保大中型企业研发经费支出占销售收入比重达1.56%，全社会R&D投入占GDP的比重达到1.82%。全市组织开展新一轮"全国科技进步先进市"争创工作，实现"第七次争创全国科技进步先进市"。

二是提升高新技术产业发展水平。集中力量推进薄膜太阳能等项目的建设，重点实施绿色能源、交通载运、新型功能材料、生态农业、节能减排等5个重大科技专项，实施一批省、市科技成果转化项目。进一步做大新兴产业、做强优势产业，与省科技厅共同举办的"国际薄膜太阳能设备及其技术研讨会"。积极探索实施"中小企业创新应对计划"，本着"特事特办"的原则，迅速扶持一批科技型中小企业；探索建立重大科技项目担保资金，及时为科技型中小企业融资提供担保服务；积极发展风险投资，完善金融市场，开辟多种融资渠道，为企业技术创新提供有力的资金支持条件。组织实施省"841攀登计划"，大力发展和培育绿色能源、集成电路、平板显示组件材料、生物医药等高新技术新兴产业，引进转化一批相对成熟、市场前景好的科技成果，开发一批高新技术产品，全年高新技术产业产值突破1000亿元，高新技术产业的占比提高2个百分点。

三是提升科技创新载体建设水平。各类科技创新与产业化计划向"一园四基地"倾斜，提升基地骨干企业的自主创新能力及高新技术产业化水平，争取新认定"国家级镇江特种船舶及配套产业化基地"。进镇江新区科技园建设，创国家级大学科技园。推进各辖市(区)、各省级开发区科技孵化器建设，新增省级孵化器2家。加强与风险投资机构合作，积极构建科技型中小企业融资平台。按照"全市服务业三年翻番"的总体要求，重点扶持一批科技服务业骨干机构，打造科技服务业的品牌；推进创业孵化机构建设，形成科技服务业发展集聚功能区；加大对信息增值服务、工程勘测设计、检验检测、科技咨询、技术中介等知识密集型服务机构的政策引导，使其在做强常规业务的同时培育特色业务，满足广大中小企业创新创业的需求，确保到2010年实现全市科技服务业总收入达20亿元。

四是提升科技惠民工程建设水平。实施一批农业科技计划项目，培育常绿彩叶苗木、油脂饼粕功能多肽、多功能收获机、茶叶安全生产设备、秸秆科技自主创新能力。实施生态循环农业重大科技专项，提升农业可持续发展能力。加强农业科技示范园建设，以省级现代农业科技园、市级农业科技示范园为载体，推广应用先进适用农业新技术。扶持农村"三大合作组织"发展，推进建设现代农业。要围绕涉及民生和百姓关注的社会热点，继在资源环境、人口健康、公共安全等重点领域开展应用性研究，实施科技示范工程，为构建和谐社会提供科技支撑。建设节能减排科技示范工程，实现共性技术与关键技术的突破。突出抓好社会发展地方重大专项的实施，推进科研和示范工程建设。探索建设国家级可持续发展实验区，为建设资源节约型、环境友好型社会提供支撑。

五是大力提升科技人才队伍建设水平。实施"2009春风猎才"行动，建立科技创新人才专业数据库。全力引进培育创新创业领军人才，实施"331行动计划"、"江苏省科技创新创业双千人才工程"及"省高层次创新创业人才引进和培育计划"，大力引进培育创新创业领军人才。重奖科技人才。继续开展评选2009年度镇江市"自主创新重大成果奖"和"自主创新杰出人才奖"活动，进一步营造"尊重知识、尊重人才"的浓厚氛围。

（四）扬州市基本情况

1.科技进步发展情况

2009年，扬州市科技创新能力进一步提高，新认定国家高新技术企业60家。成功举办科技创新成果展暨洽谈会和上海、南京、长春"科技创新—产业合作"推介会，签订产学研合作项目227个。

2009年，扬州市新获批院士工作站8家、省级博士后工作站8家，引进博士以上创新型人才73名。

2009年，扬州市新获批国家重大科技专项2项，省重点新产品新技术项目100项，省以上高新技术产品108个，新获国家专利授权1831件。新增省级以上"两站两中心"29家，引进高层次领军人才153人、产业发展急需专业技术人才1384人。

2009年,国家光电重点实验室、国家洗漱用品检测中心投入运行。扬州被列为国家“十城万盏”半导体照明应用工程试点城市、绿色新能源特色产业基地。2009年,扬州市荣获“全国科技进步先进市”称号。

专栏　扬州市“百名院士专家兴百企工程”

根据扬州市“科技创新型经济”发展的总体要求,市科协打造了“百名院士专家兴百企工程”品牌。从2008年起,相继邀请了百余名院士专家来扬州开展科技创新与发展规划咨询、技术诊断和技术攻关等科技服务,指导企业突破技术瓶颈,寻求科技飞跃之路,探索“柔性引进”高端领军型人才服务扬州企业发展的有效途径。2008年,扬州市科协邀请了张锦秋院士、黄崇祺院士、陈金传教授、孙伟锋教授来到扬州,就扬州古城保护、电子电缆产业发展方向等问题到扬州相关企业进行实地调研指导,与扬州国宇电子、顺驰电气等企业签署技术合作协议。2009年,扬州市科协先后邀请郭应禄、许居衍、杨士中等近70名院士专家来扬州服务,指导3家企业成功申报了江苏省企业院士工作站,签订了60余个科技合作协议,促成50个科技成果转化和合作研究开发项目,取得了显著的经济效益和社会效益。

2. 科技进步主要经验

一是实施“百名院士专家兴百企工程”,科技服务创新型经济发展成效显著。围绕市委、市政府工作重点,以引进高端领军型人才为抓手,为扬州创新型经济发展服务。率先在省内实施“百名院士专家兴百企工程”以来,先后邀请32名两院院士、71名高层次专家来扬,为全市90余家高新技术企业开展科技服务;全面开展企业院士工作站载体建设,联合科技局在11家企业中建立市级院士工作站,争取市政府奖扶资金160万元;在10家企业建立了省级院士工作站咨询服务工作平台;建成“企业院士专家工作站服务中心”和“上海科技成果促进会邗江工作站”,搭建了企业与院士直接联系的畅通渠道,制定出台了《扬州市企业院士(专家)工作站建设与运行管理办法》和《扬州市企业院士(专家)工作站奖励扶持专项资金管理办法》,为院士工作站健康发展建立了长效机制。目前,院士专家与企业共签订70多项科技合作协议,帮助企业解决技术难题80多个,为扬州集聚高层次人才、提升自主创新能力发挥了积极作用。

二是推进“百名科技专家兴农富民工程”,科技服务新农村建设取得实效。以促进农业增效、农民增收、新农村建设为己任,不断探索科技服务三农的新途径。从2006年起,在全市实施了两轮“百名科技专家兴农富民工程”(每三年为一轮)。这项工程以农业专家为技术支撑,以技能培训、示范带动、上下联动、重点扶持为主要形式,五年来共对接农业科技专家380名,对接行政村230个,对接项目240个,农业科技“110”服务25万人次,实施农业实用技术培训27.1万人,直接带动农户15500户,奖励扶持了33个市级示范基地。目前,全市共有18个单位、6个项目、32名农技专家受到省、市两级表彰。积极实施“科普惠农兴村计划”,培育和推出了一批在“兴农富民工程”中示范效应强、工作贡献大的农村专业技术协会、示范基地和科普带头人典型。目前,有6个农技协、6个科普示范基地、6名农村科普带头人,分别受到国家和省级表彰,共获奖补资金163万元。全市建立科普惠农服务站25个,直接面向农户开展实用技术培训和新技术推广,带动农民依靠科技致富。

三是开展国内外学术交流,自主创新能力水平不断提升。围绕现代科技发展前沿和扬州市经济社会发展热点,广泛开展学术交流活动,共举办各类学术活动700余场次,交流论文5000多篇,参与科技工作者2万多人。先后举办以“加快自主创新,建设创新型城市”、“加快发展现代农业,推进新农村建设”、“信息技术与可持续发展”、“机电装备支柱产业发展”、“城市规划与可持续发展”等为主题的大型市级科技论坛和学术年会六次，先后邀请周光召、张锦秋、赵其国、贲德、潘云鹤等院士来扬作主题报告，学术成果直接为政府决策提供参考。大力拓展对外科技交流和合作的领域，先后成功举办了中英教育交流与合作恳谈会、英国连接中国广泛合作国际论坛、中日汽车技术交流会、科技咖啡馆等一系列活动，进一步加强了与20多个国家和地区的科技组织及团体的紧密联系。

四是构建产学研合作平台，技术创新活力不断增强。以"全面推进、重点突破"为原则，构建"厂会协作"、"金桥工程"和科技咨询等多种形式的产学研合作平台。五年来累计结成"厂会协作"对子100个，完成协作项目50项，其中《建设工程材料成本控制系统》、《大江风光带规划与建设工程》等17个项目获得省级表彰；实施"金桥工程"项目38项，被评为省级重点项目25项，年增利税2.25亿元；组织科技人员1.2万人次参与科技咨询服务活动，完成各类技术合同1300多项，实现合同额5600万元；全面拓展科技咨询服务领域，开展的保险理赔评估、司法鉴定等项目内容，正逐渐成为技术中介服务的新亮点。

（五）淮安市基本情况

1.科技进步发展情况

2009年，淮安市科技创新支撑作用不断凸显。成功举办2009淮安科技洽谈会活动，签约实施产学研合作项目448项。

2009年，淮安市新获批建设省级重大研发机构1家、省级企业院士工作站4家、省级工程技术研究中心3家、市级工程技术研究中心17家；新获批省级科技企业孵化器5个，市高新技术创新中心成功获得国家级创新中心认定。

2009年，全市组织实施国家级各类科技计划项目23项、省级各类科技计划项目99项，其中国家科技型中小企业创新基金项目11项、国家农业科技成果转化资金项目2项、省重大科技成果转化资金项目4项。

2009年，全市实现高新技术产业产值245.83亿元，比2008年增长74.83%，占规模以上工业总产值15.4%，比2008年提高4.2个百分点；新通过认定高新技术企业52家（其中国家重点高新技术企业2家、省高新技术企业10家），新通过认定高新技术产品69个（其中省级23个）。

2009年全年，完成专利申请3449件，比2008年增长26.5%，其中发明专利申请422件，增长27.9%；完成专利授权1011件，增长127.2%。

2009年，淮安市金湖石油机械产业正式获批国家火炬计划特色产业基地。

2.科技进步主要经验

一是积极推进高新技术产业发展。认真落实《淮安市高新技术产业"双倍增"计划实施纲要（2008～2010年）》，重点围绕IT、特钢、盐化工新材料三大千亿元优势产业和新能源、新材料、新装备、新医药等四大高新技术重点领域，进一步细化发展重点和特色方向，加快高新技术产业和产品群培育。推进传统产业高新技术化改造，做好电子信息、节能减排等先进技术的推广运用。具体做到三个着力：一是着力加快基地载体建设，重点抓好淮安经济开发区创建省级以上高新技术开发区，加快金湖石油机械仪表和盱眙凹土等高新技术特色产业基地，以及淮安软件园、淮安大学科技园和各类高新技术企业孵化器的建设。二是着力培植骨干企业和重大高新技术产品，着重做好316户"重点科技型企业"的分类指导和重点扶持。三是着力加大科技招商，对招引的高科技项目在用地、政策、服务等方面予以优先。

二是大力组织实施农村科技四大工程。第一，实施高效农业科技创新工程。围绕高效畜禽、特色水产、设施蔬菜、专用稻麦等现代农业重点领域，聚集和整合市内外农业科技资源，开展以蔬菜保鲜加工、特色水产高效养殖、农产品无公害标准化生产和质量安全快速检测等为主的10大关键技术

攻关,解决农业产业化、特色化过程中的技术瓶颈问题。第二,实施农业产业化科技示范工程。建设好现有的2个省级、8个市级现代农业科技园。围绕高效种养殖业及其相配套的农产品深加工企业和为农服务的种子种苗、农药、兽药、肥料、农机等研发,按照"两点三好"的标准(技术上有创新点、经济上有增长点以及好项目、好团队、好企业),切实抓好现有20家市级以上农业科技型企业的发展壮大工作。第三,启动实施品牌农业科技支撑工程。围绕盱眙龙虾、凌桥大米等具有淮安地方特色的知名品牌做大、做特、做优,着力提升品牌技术含量;围绕淮安出口量较大的鮰鱼、河蟹等水产品、盐渍胡萝卜、盐渍山芋梗、冻绿芦笋、盐渍黄瓜、盐渍牛蒡等蔬菜商品品牌,提升出口企业质量安全、生产安全、生态安全,提升出口农产品的抗风险能力;依靠科技创新着力培育好具有淮安地方特色的老侯野鸭、蒲菜、蒿茶、淮山药等十个农业小品种品牌,形成品牌效应。第四,实施农村科技服务工程,着力抓好全市科技特派员制度试点工作。

三是促进高端要素集聚。第一,推进产学研合作,加快高新技术成果集聚。重点完善科技洽谈会和产学研服务两大平台和企业需求跟踪、院校企业对接、院地联席会议、产学研合作激励四大机制。第二,实施人才工程,加快高层次创业创新人才集聚。按照《市政府关于实施高层次创业创新人才引进工程的实施意见》等政策,根据发展形势的需要进行不断充实和完善,为人才工作创造良好、宽松、诱人的政策环境;积极建立健全创新资助、创业投资、风险投资、种子基金等,为高层次人才的创新创业提供资金支持;大力宣传优秀创新、创业人才在淮安市科技进步、经济发展中发挥的巨大作用,宣传人才工作先进企业吸引人才、培养人才、发挥人才作用的先进做法,进一步在全社会营造尊重知识、尊重创造、尊重人才的浓烈氛围,不断优化人才工作环境;进一步充实、完善各类人才专家数据库,保持经常联系,加强跟踪服务。第三,加大科技招商,加快高新技术项目和资金集聚。完善招商引资考核激励政策,提出明确的科技项目招引要求,对招引高科技项目实绩突出的单位和个人予以特别奖励,对招引的高科技项目予以优先扶持,以迅速壮大高新产业规模。第四,着力强化国际交流,促进国际创新资源集聚。抓住全球经济危机中国外先进技术、成果、人才、科研机构等积极寻求发展空间的机遇,积极利用多种途径,开展多种形式的国家交流与合作。

(六)马鞍山市基本情况

1. 科技进步发展情况

2009年,全市高新技术产业增加值占规模以上工业增加值的比重为27.9%。

2009年,全市专利申请量685件,比2008年增长38.9%。中冶华天"一种合金化微调方法"发明专利在美国取得专利权,填补了市海外专利申请的空白。全市认定登记的技术合同196项,技术合同交易额1.23亿元。

2009年,马鞍山市被国家知识产权局正式批准为国家知识产权试点市,被省科技厅推荐申报全国科技进步先进市。当涂县、金家庄区和花山区被推荐申报全国科技进步先进县(区)。10项科技成果入围2009年度省科学技术奖,一等奖2项、二等奖2项、三等奖6项。

2009年,马鞍山市高新技术产业层次不断提升,高新技术产业产值为360亿元。共承担省级以上科技计划项目34个。华菱公司成功申报省国际科技合作项目,成为市首个获得省国际合作立项支持的企业。惊天液压、海狮织造2家企业被认定为国家火炬重点高新技术企业。

2009年,全市有高新技术企业83家,高新技术产品155个,民营科技企业增至228家,其中当年新认定26家。技工贸总收入48亿元。

2. 科技进步主要经验

一是加强自主创新体系建设。强化企业在自主创新中的主体地位,推进以企业为主体、市场为导向、产学研紧密结合的技术创新体系建设。开展创新型企业试点工作,引导企业建立自主创新的体制机制，增强自主创新能力。以马钢、华菱自主创新项目进入省部共建为契机，强力推进企业自主创新，争取更多的企业和项目进入省部共建，加快走出一条集成创新和消化吸收再创新的自主创新路子。支持马钢和星马博士后工作站建设，鼓励有条件的企业建立新的博士后工作站。充分发挥本市科技资源的潜力，整合本地科技资源，加强现有工程技术研究中心、重点实验室和企业技术中心建设。依托科研院所、高校和大型企业，新建2个国家级、4个省级工程技术研究中心和重点实验室。加强与长三角和国内知名高校、科研院所的科技合作与交流，建立稳定的科技合作关系，实现资源共享，形成高水平的产学研合作格局。

专栏　马鞍山市创建国家知识产权试点城市做法

马鞍山市委、市政府高度重视知识产权工作，把知识产权工作摆在经济和社会发展的重要位置。建立健全知识产权管理机构，制定了一系列知识产权政策，知识产权工作成效显著。

一是专利申请量逐年增加。申请量一直位居全省3~4位，发明专利和实用新型专利占专利总量的90%以上，高于全国平均水平；

二是知识产权宣传培训工作大力开展。利用各种形式展开宣传活动，近两年共举办各类培训班、讲座31次，培训人员3500多人；

三是专利执法力度进一步加大。建立了联合执法机制，定期开展执法活动，有力地维护和规范了市场经济秩序；

四是企业专利工作深入推进。现有高新技术企业88家，其中国家级火炬计划重点高新技术企业5家，2家企业被列入安徽省知识产权优势企业培育工程；

五是公共服务平台逐步完善。在全省首批开通了VPN专线，建立了本市重点发展领域和支柱产业的专利文献数据库，有力地促进了知识产权信息资源的开发利用。

二是研究开发具有重大带动作用的高新技术和产品。大力开发新材料技术及产品群，延伸产业链，加强终端产品的开发，形成以高速车轮、优质线材、高附加值板卷、稀土合金材料为代表的新型钢铁材料及产品；以电机用高性能永磁铁氧体、四氧化三锰、钕铁硼为代表的新型磁性材料及产品；以特殊炭黑、彩板涂料、钛酸钾晶须、空气弹簧为代表的新型化工材料及产品。大力发展电子信息技术及产品，加强应用软件的开发、应用与集成研究，形成以企业资产管理系统、钢铁企业生产协调与管理系统、选矿厂综合自动化系统、网络电脑为代表的电子信息技术与产品。加快机电一体化技术与产品的研究开发，形成以重型卡车、非接触（射线）在线测厚仪、全自动立式螺旋脱水机、环保型智能高效工业水过滤器、数控机床、精品回转支承、拆除机器人为代表的机电一体化技术与产品。加快研究开发与应用环保技术和产品，形成以转炉烟气干式净化、金属矿山无公害开采、垃圾渗沥液一体化处理装置、小区污水处理回用装置为代表的环保技术与产品，推动环保产业发展。加快农业高新技术与产品的研究开发，形成以农产品深加工、储运保鲜关键技术、优质水稻、棉花、油菜、蔬菜园艺、畜禽水产等新品种培育及新技术推广、蛋白功能肽制备为代表的农业高新技术与产品。

三是扶持促进新兴高新技术产业发展。发展新型材料产业。发展采用激光表面处理技术和工艺生产高耐磨、高强度和特殊功能的新型材料产业；发展壮大高性能磁性材料、纳米磁性材料、软磁材料产业；发展新型节能、环保新型墙体材料产业。加快发展先进制造业，形成以具有自主知识产权的整车设计和生产关键零部件为代表的星马专用汽车、华菱重卡和零部件产业；以矿山仪表、在线检测仪、拆除机器人为代表的智能化、数字化工业仪表和设备。发展循环技术和节约技术，实现资源回收和再利用，发展壮大环保产业；支持循环经济发展的重大项目及技术开发和产业化；发展新能源和高效节能产业。大力发展软件产业，加强应用软件的开发和推广应用，建立软件产业园，做大做强软件产业。发展生物工程、医药产业等其他新兴高新技术产业。

(七)滁州市基本情况

1. 科技进步发展现状

2009 年末,滁州市共有各类专业技术人员 5.14 万人。民营科技企业 389 家,比 2008 年末增加 33 家。

2009 年全年,滁州市专利申请数 890 件,比 2008 年增加 1.16 倍。全年鉴定科研成果 42 项,比 2008 年增加 23 项,获省部级科技成果奖 3 项。

2009 年,新认定国家高新技术企业 22 家。滁州市高新技术创业中心二期竣工,组建家电产业公共信息平台和重点实验室,与上海交大、合肥工大等签署了产学研合作协议。先后获批省级、国家级现代家电高新技术产业基地。

2009 年,大中型工业企业科技经费支出额 4.34 亿元,比 2008 年增长 2.2%。

2. 科技进步主要经验

一是市委市政府主要领导高度重视科技工作。市领导对加强科技工作多次作出重要批示,市政府多次召开科技工作专题会议,研究推进科技工作的思路和措施。加强各县市区科技机构建设,逐步健全 8 个县市区的科技部门机构;逐年增加科技经费,争取三年内全市研发经费投入比重在全省位次赶上财政收入在全省的位次。

二是市政府出台《关于加强专利工作促进技术创新的意见》,把专利工作作为推动滁州加快发展的重要切入点,充分发挥专利在促进技术创新中的重要作用,形成有利于技术创新和专利技术转化的体制和机制有效推进创新型滁州建设。

三是市政府制定《国家技术创新工程滁州市试点工作实施方案》,以皖江城市带承接产业转移示范区建设和国家技术创新工程安徽省试点工作为契机,重点实施好"369"创新工程,即突出企业主体、创新载体和产学研一体的"三体建设";构建产业技术研发、科技成果转化、科技中介服务、科技资源共享、科技产创业孵化、科技创新投融资"六大平台";主攻"九大产业",即改造提升家电信息、机械汽车、纺织服装、化工建材、非金属矿深加工、农副产品深加工等六大主导产业,培育壮大新能源、电子信息、新材料等三大新兴产业。到 2015 年,全市高新技术产业总产值实现 700 亿元,专利授权量突破 1200 件,省级以上创新型(试点)企业超过 15 家,市级创新型(试点)企业超出 80 家,高新技术企业不少于 60 家,全社会研发投入达 10 亿元。

四是市政府建立考评机制,出台《滁州市县域经济和社会发展目标管理责任考核奖惩暂行办法》,制定了《2009 年滁州市对县市区综合考核指标》和《2009 年滁州市专项工作任务考核指标》,将"科技创新和科技投入"列入对县市区政府专项目标任务考核,重点考核所在区域的研发经费占 GDP 比重、万人专利授权量、规模以上高新技术企业比重等三项内容。

(八)芜湖市基本情况

1. 科技进步发展现状

2009 年末,芜湖市拥有:省级及以上工程(技术)研究中心 12 个,其中国家级 2 个;省级及以上企业技术中心 46 个,其中国家级 3 个、省级重点实验室 10 个、国家工程实验室 1 个;博士后科研工作站 4 个。

2009 年末,拥有高新技术企业 197 家,其中当年新认定 52 家;拥有省级高新技术产品 204 个,其中当年新认定 90 个。

2009 年全年组织实施各类科技计划项目 404 项,其中省级及以上 99 项、国家"863"计划重大项目6项。全年共取得各类科技成果108项，其中省部级以上48项。获省级及以上科技进步奖12项，其中国家级1项。

2009年，芜湖市专利申请量4379件，其中发明专利1242件；专利授权2695件。中国驰名商标2个；省著名商标61个。中国名牌产品1个；省级名牌产品51个。

2009年，芜湖市国家级汽车节能环保工程实验室、现代显示技术研究中心、汽车电子及关键零部件企业孵化器建设进展顺利。被国家确定为节能环保汽车及零部件高新技术产业基地和全国科技进步先进市，繁昌县、芜湖县、弋江区成为全国科技进步先进县区。经济技术开发区成为国家级新型工业化示范基地。奇瑞公司成为国家国际科技合作基地、全国海外高层次人才创新创业基地、国家知识产权示范企业。

2. 科技进步主要经验

一是推进“全国技术创新工程示范城市”建设。深入实施“技术创新引导工程”，实施“节能减排科技行动”。全面实施《芜湖市科技发展规划纲要》确定的50个发展重点和12个重大专项。全面落实《市委、市政府关于实施科技规划纲要增强自主创新能力的决定》，在促进高新技术产业发展、推进科技创新研发平台和服务体系建设、知识产权保护和专利促进、科技进步奖励等激励创新创业政策的落实上取得突破性进展。

二是加强“全国制造业信息化工程重点城市”建设。开展三维CAD培训和管理类信息技术培训。抓好信息化项目、重点示范集群、重点示范行业以及电信ASP平台建设。筛选一批企业申报省制造业信息化“双甩”、“单甩”以及推广应用企业，培育不同层次的“两甩”示范和推广应用企业

三是推进农业和社会领域科技创新。大力推进科技富民强县工程、粮食丰产科技工程，推广袁隆平超级稻“种三产四”丰产工程。加大科普宣传、防震减灾力度，组织实施科技特派员试点县、科技创新示范乡镇、农业科技成果转化等示范推广项目，开展送科技下乡活动，农业科技短信服务户数扩大到5000户以上。实施“现代农业科技行动”和“可持续发展科技行动”，全面实施“国家科技富民强县专项行动计划”项目，启动省科技创新示范乡镇工程，做好科技特派员基层创业行动试点县和新农村建设示范村镇工作。

专栏　芜湖市构筑农业科技创新和服务体系做法

一是提升农业科技水平，开展农业科技专家大院建设。通过开展“选聘一位专家，建一处示范基地，办一所培训学校、带动一个产业”的大院建设，引导科技资源和农业产业对接，推进农业科技成果转化，加快农业新技术、新品种的推广应用。

二是推进农业产业化，开展科技特派员试点工作。围绕粮油、畜禽、水产、果蔬、苗木五大农业支柱产业发展壮大，整合科技、人才、资金、信息、市场等资源，将科技直接导入基层，推进农业品牌化、标准化和产业化发展。

三是提高农业组织化程度，大力发展农村专业技术协会。按照“一镇一业，一村一品”的发展目标，推动农业产业规模化、集约化发展，健全和规范农业生产产前、产中、产后的服务，全面提高农业的组织化程度，带领千家万户农民闯市场，提高应对市场竞争的能力。

四是提高农民科学文化素养，开展农村科普“三个一”建设。开展“一个科普活动站、一个科普宣传栏、一名科普宣传员”建设，逐步健全和完善新时期科普工作面向农村长期的长效机制。

四是加强产学研合作有新突破。继续推进华东光电所国家国际科技合作示范基地建设。完善连接全省和“长三角”地区的大型科学仪器设备共享服务平台，推进实施“芜马铜”区域科技发展规划。举办产学研合作项目对接会和科技成果展示会。

五是科技企业孵化器建设。打造留学人员芜湖创业园升级为国家级创业园。芜湖汽车电子及关键零部件企业孵化器一号中试厂房投入使用，建设汽车电子及关键零部件企业孵化大楼和二号中试厂房，芜湖高新技术创业服务中心新增入孵企业35家以上，孵化毕业企业10家以上，引进资金3500万元以上，在孵企业实现销售收入3.5亿元以上，实现税收2000万元以上。

六是加强科技部门自身建设。严格执行党风廉政责任制，加强科技宣传、电子政务、保密、档案工作。争创市级文明标兵单位。完成科技系统事业单位改革任务，进行机关干部轮岗、交流，坚持改革创新，推动科技进步。着力完善科技管理工作推进机制。加强与长三角和中西部地区的科技合作，进一步完善连接全省和“长三角”的大型科学仪器共享服务平台，促进科技资源的联合与共享。

（九）巢湖市基本情况

1. 科技进步发展现状

2009年，巢湖市规模以上高新技术产业实现产值261.8亿元，实现增加值71.7亿元。规模以上高新技术产业增加值占全市规模以上工业增加值比重42.5%，占全市GDP比重13.5%。总产值和增加值均仅次于合肥、芜湖、马鞍山之后，跃居全省第四。

2009年全年，巢湖市被认定为省级科技成果15项。主要科技成果有：高压大容量变频调速系统、5000D/T水泥熟料生产线优化研究及应用、河蟹反季节控温暂养保质增效新技术研究、纳米晶/非晶复合镀层在烧结钕铁硼磁体防腐中的应用研究等。

2009年全年受理专利申请405件，授权专利217件，分别比2008年增长93.4%和77.6%。全年共通过认定高新技术企业5家，全市累计高新技术企业数达到30家。

2009年末，全市共有各类专业技术人员6.05万人，比2008年增长5.6%。

2. 科技进步主要经验

一是围绕承接产业转移抓调整，抓住当前国家建设皖江城市产业承接示范区的契机，积极吸纳先进技术、资本、人才和品牌要素。上海华谊集团建设的二坝煤化工基地，规划总投资350亿元，建成国内一流、国际先进、具有自主知识产权的煤基多联产精细化工循环经济示范基地。

二是围绕新兴产业抓培育，瞄准国家鼓励的电子信息、新材料、节能环保、生物、新能源和公共安全等六大新兴产业，结合本地基础条件和产业发展趋势，制定出台多项优惠政策，优化产业发展环境，为招商引资和提升产业竞争力创造条件。目前，无为县特种电缆在全国地位突出，庐江县磁性材料产业初具规模，系列烧结钕铁硼稀土永磁体、铁氧体磁瓦等新型磁材产品，填补了国内空白。

三是围绕园区建设抓发展。以7个省级开发区和59个乡镇工业集中区作为推动产业结构调整的主要抓手，按照布局优化、特色突出、用地集约、产业集中的原则，强化管理，科学规划，打造强势产业的发展平台和对外开放的窗口。市及5个县区经济开发区坚持因地制宜、分类指导的原则，分别确定了建设高规模、高档次、高水平的新材料、机械轻纺、煤基多联产精细化工、汽车配件、环保设备和特种电缆等产业基地的主攻目标，积极开发和利用资源优势，努力形成产业特色。

二十一　南京都市圈城市化与现代化

城市化是指由农业为主的传统乡村社会向以工业和服务业为主的现代城市社会逐步转变的历史过程。城市化水平,或城市化率,是衡量城市化发展程度的数量指标,一般用一定地区内城市人口占总人口的比例来表示。城市现代化是城市素质的综合反映,体现在城市发展水平的各个方面,包括经济结构现代化、基础设施现代化、人的现代化。南京都市圈包括江苏省四市(南京市、扬州市、镇江市、淮安市)和安徽四市(马鞍山市、滁州市、芜湖市、巢湖市),该地区是我国经济发展较为发达的地区,一些测量城市化和城市现代化的指标已经实现,比如城市初中生入学率,我们把人口城市化、人均国内生产总值、城市第三产业占国内生产总值的比重、城市人均道路铺设长度、城市自来水普及率、城市人均住房面积、万人拥有医生数、人均公共绿地面积作为考量南京都市圈城市化水平的要素。

一、南京都市圈城市化指标

1. 人口城市化

据了解,世界平均的城市化水平为47%,发达国家和地区约为75%,发展中国家在38%左右,最不发达国家大约为22%。中国的城市化水平在这十年中以年均一个百分点的速度提高,引起世界瞩目,南京都市圈的人口变动如下表所示:

表4－125　　南京都市圈的常住人口

地区	2000年			2009年		
	总人口(万人)	城镇人口(万人)	城镇人口比重(%)	总人口(万人)	城镇人口(万人)	城镇人口比重(%)
南京	612.62	435.53	71.1	771.31	595.14	77.2
淮安	503.82	144.85	28.8	481.49	207.52	43.1
扬州	458.85	195.90	42.7	449.55	237.81	52.9
镇江	284.49	143.45	50.4	306.94	184.01	60.0
马鞍山				129.00	86.82	67.3
滁州	424.93	94.56	22.3	411.00	168.51	41.0
芜湖				230.00	151.80	66.0
巢湖				410.00	164.00	40.0

数据来源:历年《江苏统计年鉴》、《安徽统计年鉴》以及各市统计公报。

可见,随着城市化的不断推进,江苏四市和安徽4个市的人口城市化水平不断攀升,其中2009年南京市的人口城市化水平最高,达到77.2%,远远高于江苏省的平均水平,其次是镇江市,达到60%,扬州紧随其后,淮安最低。但是,与2000年相比,淮安的城市化率增长最快。安徽地区的马鞍山和芜湖市城镇人口较高,而巢湖的非农业人口所占比重只有15.6%,可见,加快安徽地区,尤其是巢湖和滁州的城市化与现代化建设是提升南京都市圈城市化水平的关键。

2. 地区生产总值、地区人均地区生产总值与第三产业占比

表4－126、4－127、4－128分别统计了南京都市圈八城市的地区生产总值、人均地区生产总值和第三产业所占比重的变化情况。

表 4－126　　南京都市圈地区生产总值　　单位：亿元

	2005 年	2006 年	2008 年	2009 年
南京市	2451.94	2822.80	3814.62	4230.26
扬州市	982.17	1125.23	1645.89	1856.39
镇江市	881.89	1044.83	1491.83	1672.08
淮安市	572.42	676.62	992.25	1121.75
马鞍山市	371.35	427.01	636.30	665.90
滁州市	328.08	327.30	512.00	576.18
芜湖市	400.65	479.70	744.95	902.00
巢湖市	301.87	344.40	482.86	529.36

数据来源：历年《江苏统计年鉴》、《安徽统计年鉴》以及各市统计公报。

表 4－127　　南京都市圈人均地区生产总值　　单位：元

	2005 年	2006 年	2008 年	2009 年
南京市	36112	40072	50855	55290
扬州市	21719	25102	36858	41406
镇江市	29881	35076	49235	54732
淮安市	11468	13671	20500	23277
马鞍山市	33561	38931	49824	51776
滁州市	10034	11809	12623	14002
芜湖市	29761	36843	33024	39142
巢湖市	10252	11031	11600	12880

数据来源：历年《江苏统计年鉴》、《安徽统计年鉴》以及各市统计公报。

表 4－128　　南京都市圈各市第三产业所占比重增长情况　　单位：%

	2005 年	2007 年	2008 年	2009 年
南京市	46.9	48.4	50.4	51.3
扬州市	35.0	35.4	35.7	36.1
镇江市	35.1	36.8	36.4	37.3
淮安市	33.3	35.7	36.3	36.5
马鞍山市	27.5	28.0	28.2	29.6
滁州市	28.2	30.2	33.4	31.2
芜湖市	27.8	30.4	34.1	32.7
巢湖市	31.2	32.6	35.1	34.0

数据来源：历年《江苏统计年鉴》、《安徽统计年鉴》以及各市统计公报。

自2005年以来，南京都市圈的城市地区生产总值和人均地区生产总值不断提高，第三产业有了较快发展，所占比重逐年增加。2009年，地区生产总值超过1000亿的城市有4个，其中南京市地区生产总值超过4000亿元；南京都市圈城市各城市的人均地区生产总值都在10000元以上，其中，5万元以上的城市有2个，4万元以上的城市有1个，另有2个城市的人均GDP在2万元～3万元之间；2009年以来，南京都市圈的工业基础进一步强化，南京都市圈紧紧抓住"长三角"制造业梯度转移的机遇，加大招商引资力度，加快与上游城市的产业对接，产业结构调整继续加快。随着工业化进程的不断深入，南京都市圈由二、三产业共同拉动区域经济增长的特征愈加明显，产业结构总体保持"二、三、一"的格局。2009年，8个市中有7个市第三产业占到地区生产总值的30%以上。三次产业结构从2007年的7.3∶52.6∶40.1，演变为2008年的6.9∶52.8∶40.3，第一产业所占比重下降0.4个百分点，二产、三产分别提升0.2个百分点。产业结构进一步优化。

3. 道路铺设长度（面积）、每万人拥有公共交通车辆、污水处理率

南京都市圈地区有着丰富的交通运输网络。城市道路的建设既为"长三角"各地之间的互动带来了便利，推进了"长三角"一体化的进程，也为人员的流动创造了良好的条件，加快了城市化的步伐。2005年以来，南京都市圈各市每年铺设的道路长度都在不断增加，为加快南京都市圈"一小时经济圈"的发展，同时更加密切联系起南京都市圈的各个城市起到非常大的作用。2009年安徽省城市人均城市道路面积为14.91平方米，除巢湖市低于平均水平外，其他3个市均高于15平方米。江苏4个市除淮安为14.9平方米外，其余3个市均在18平方米以上；2009年，南京市实有道路面积达到9314万平方米，遥遥领先于其他城市。由此可见，南京都市圈各市的道路铺设面积绝大部分已超过平均水平。

2009年，江苏省每万人拥有公共交通车辆平均为11.7台，除淮安市只有8.7台外，其余3个市均超过平均水平；2009年，安徽省每万人拥有公共交通车辆平均为7.95台，其中芜湖市和马鞍山市超出这一水平，尤其是芜湖市，达到12.04台，但是滁州市和巢湖市未达到全省平均水平，尤其市巢湖市，只有4.86台。可见安徽四市每万人拥有公共交通车辆总体来说低于江苏省四市，因此，加快发展安徽地区的交通车辆发展将会促使南京都市圈总体水平的提升。

在城市污水处理方面：2009年，江苏省污水处理率为83.8%，除淮安市为81.6%未到平均水平以外，其余3个市均超过平均的污水处理率，达到85%以上；2009年，安徽省的污水处理率平均为62.4%，其中滁州市和巢湖市均超出平均值，但马鞍山市和芜湖市均为达到全省的平均值，尤其是马鞍山市，污水处理率只有37.9%。

表4-129　　2009年江苏四城市市政工程情况

年份 地区	年末实有道路长度（公里）	年末实有道路面积（万平方米）	排水管道长度（公里）	城市污水日处理能力（万吨）	城市路灯盏数（千盏）	人均拥有道路面积（平方米）	建成区排水管道密度（公里/平方公里）	污水处理率（%）
南京市区	5467	9314	4747	426.5	198	18.9	7.9	87.5
淮安市区	849	1651	1045	29.0	86	14.9	9.5	81.6
扬州市区	986	1460	1414	29.7	106	19.0	18.0	88.1
镇江市区	1076	1715	1563	36.0	59	19.7	15.0	85.3
江苏省总计	34204	57981	48123	1501.6	2205	19.7	13.3	83.8

数据来源：历年《江苏统计年鉴》、《安徽统计年鉴》以及各市统计公报。

专题

表 4-130　城市公共汽(电)车、出租汽车情况(2009 年)

年份 地区	年末实有公共汽(电)车营运车辆(辆)	实有公共汽(电)车营运标准车台(标台)	公共汽(电)车营运线路长度(公里)	公共汽(电)车客运总量(万人次)	每万人拥有公共交通车辆(标台)	出租汽车营运车数(辆)
江苏省	30432	34335	18881	389293	11.7	52282
南京市区	6081	7491	3119	103847	16.1	10364
淮安市区	831	931	581	11500	8.4	913
扬州市区	1012	1176	550	13000	15.4	1838
镇江市区	990	1147	311	9301	13.2	1254

数据来源:历年《江苏统计年鉴》、《安徽统计年鉴》以及各市统计公报。

表 4-131　安徽四市城市设施水平(2009 年)

地区	城市用水普及率(%)	城市燃气普及率(%)	每万人拥有公共交通车辆(标台)	人均城市道路面积(平方米)	人均公园绿地面积(平方米)	生活垃圾无害化处理率(%)	污水处理厂集中处理率(%)
总计	95.25	88.62	7.95	14.91	10.23	60.91	62.40
滁州市	99.78	99.59	6.45	20.33	8.27	100.00	68.64
马鞍山市	100.00	100.00	8.40	15.50	13.27	100.00	37.90
巢湖市	77.57	96.33	4.86	8.95	8.45	100.00	83.85
芜湖市	99.21	99.00	12.04	18.62	9.11	100.00	57.11

数据来源:历年《江苏统计年鉴》、《安徽统计年鉴》以及各市统计公报。

4. 南京都市圈 2009 年人均住房面积:(单位:平方米)

2009 年,就人均住房面积而言,芜湖市的城市人均住房面积最小,只有 22 平方米,最大的是镇江市,达到 38.38 平方米。这里,我们可以和农村人均住房面积进行比较,可以发现南京市的农村住房面积最大,达到 48.8 平方米,最低的是巢湖市,人均只有 28.5 平方米。由于近年南京及周边城市的房价一直在增长,并居高不下,为进一步提升城市化水平,南京都市圈各主要城市需要在住房保障方面做好工作,以便容纳更多的城市人。

表 4-132　南京都市圈 2009 农村及城市人均住房面积(平方米)

	农村	城市
南京市	48.80	29.54
扬州市	42.00	35.14
镇江市	48.40	38.38
淮安市	33.80	31.93
马鞍山市	38.30	28.46
滁州市	30.20	29.44
芜湖市	37.06	22.00
巢湖市	28.50	28.18

数据来源:历年《江苏统计年鉴》、《安徽统计年鉴》以及各市统计公报。

5. 人均公共绿地

在《南京都市圈规划目标》中第八十六条，关于城市绿化的主题中，目标是：城市绿化覆盖率不低于40%，城市绿化应注重城市内部与外围区域环境质量协同保护与建设，结合自然地貌、道路、水系绿色廊道建设城市之间或重要城市的组团之间的生态隔离带，城市与外围生态开敞空间之间建设生态廊道。

2009 年，江苏省的人均公园绿地面积为 12.5 平方米，建成区的绿化覆盖面积达到 41.3%，其中除淮安市只有 39.5% 外，其他各市已到达城市绿化覆盖率不低于 40% 的目标，安徽省各市中，马鞍山市在 2009 年已实现建成区绿化覆盖率超过 40% 的目标，其余 3 个市的建成区绿化覆盖率平均在35% 以上，距离目标还有一定距离，尤其是滁州市和巢湖市，应加强这方面的建设。公共绿地面积是一个城市现代化的重要标志，对外来投资、高层次人才吸引有着重要影响，因此，在未来城市化水平的提升上，应注重这方面的工作。

表 4－133　江苏四市城市园林绿化情况

地区	园林绿地面积（公顷）	#公园绿地	建成区绿化覆盖面积（公顷）	公园个数（个）	公园面积（公顷）	人均公园绿地面积（平方米）	建成区绿化覆盖率（%）
江苏省总计	242718	36646	149625	693	15161	12.5	41.3
南京市区	77236	6699	26384	62	2790	13.6	44.1
淮安市区	4599	1174	4345	9	289	10.6	39.5
扬州市区	3419	1441	3420	9	250	18.7	43.5
镇江市区	6399	1360	4386	17	598	15.6	42.1

数据来源：历年《江苏统计年鉴》、《安徽统计年鉴》以及各市统计公报。

表 4－134　安徽四市城市绿地和园林（2009 年）

地区	园林绿地面积（公顷）	#公园绿地	公园（个）	公园面积（公顷）	建成区绿化覆盖率（%）
总计	67269	12338	219	7664	37.16
滁州市	2524	263	10	62	34.15
马鞍山市	4859	746	11	291	42.57
巢湖市	1440	235	9	171	35.33
芜湖市	4979	1019	14	602	38.10

数据来源：历年《江苏统计年鉴》、《安徽统计年鉴》以及各市统计公报。

6. 自来水、燃气普及率

2009 年，江苏省的自来水普及率已达到 99.2%，其中南京市、镇江市的城市人口用水普及率已达到 100%，尤其是南京市，日供水达到 596 万立方米；其他城市的人口用水普及率也均在 95% 以上。2009 年，安徽省的自来水普及率达到 95.25%，其中马鞍山市的城市人口用水普及率达到100%，滁州和芜湖也已道道 99% 以上，但是巢湖市只有 77.57%。大部分城市已解决了城市人口用

专题

水问题。

在煤气、液化石油气的使用方面，2009 年，江苏省的城市气化率达到 97.5%，除扬州市为 92.8% 外，其余 3 个市均超出平均值；2009 年，安徽省的燃气普及率为 88.62%，南京都市圈 4 个市均远超出平均水平，其中，马鞍山市达到 100%。可见，南京都市圈八城市在自来水普及率和燃气普及率方面成绩突出，基本解决了城市居民的用水、用电问题。

表 4－135　　江苏城市自来水情况（2009 年）

地区	综合生产能力（万立方米/日）	全年供水总量（万立方米）	#生产用水量	#生活用水量	用水人口（万人）	人均日生活用水量（升）	城市人口用水普及率（%）
江苏省总计	2702.4	488147	197914	203966	2920.5	192.7	99.2
南京市区	596.0	108735	41803	46999	492.6	262.4	100.0
淮安市区	33.5	11486	4078	5758	110.0	143.4	99.2
扬州市区	51.0	10959	3324	4122	73.8	153.1	95.9
镇江市区	62.2	16432	6824	6730	87.0	212.0	100.0

数据来源：历年《江苏统计年鉴》、《安徽统计年鉴》以及各市统计公报。

表 4－136　　江苏省城市煤气、液化石油气情况

年份 地区	全年供气总量		家庭用气量		用气人口（万人）		城市气化率（%）
	煤气（万立方米）	液化石油气（吨）	煤气（万立方米）	液化石油气（吨）	煤气	液化石油气	
江苏省总计	2075029	1033349	66157	664941	1209.8	1662.3	97.5
南京市区	1757470	154454	12357	83298	236.0	253.2	99.3
淮安市区	5411	26566	961	22826	29.0	79.4	97.7
扬州市区	5034	22760	1283	17380	40.0	31.4	92.8
镇江市区	15761	31635	2907	16985	49.2	36.2	98.2

数据来源：历年《江苏统计年鉴》、《安徽统计年鉴》以及各市统计公报。

表 4－137　　安徽四市城市设施水平（2009 年）

地区	城市用水普及率（%）	城市燃气普及率（%）	每万人拥有公共交通车辆（标台）	人均城市道路面积（平方米）	人均公园绿地面积（平方米）	生活垃圾无害化处理率（%）
总计	95.25	88.62	7.95	14.91	10.23	60.91
滁州市	99.78	99.59	6.45	20.33	8.27	100.00
马鞍山市	100.00	100.00	8.40	15.50	13.27	100.00
巢湖市	77.57	96.33	4.86	8.95	8.45	100.00
芜湖市	99.21	99.00	12.04	18.62	9.11	100.00

数据来源：历年《江苏统计年鉴》、《安徽统计年鉴》以及各市统计公报。

7. 万人拥有医院、卫生院床位数和万人医生数 2009 年

医疗卫生机构、床位数以及卫生技术人员的数量质量能否满足人口的看病需求，同样也是考量一个地区城市化水平的有力工具，南京都市圈自 2005 年以来，大力发展卫生事业，卫生机构床位数和卫生技术人员数量有了很大提高，这将更好的保障各地区人民看病保健需要。

2009 年末，南京市市拥有医疗卫生机构 1764 个。各类卫生机构拥有病床 2.99 万张，其中医院病床 2.6 万张。现有卫生技术人员 4.46 万人，拥有卫生防疫和防治人员 0.12 万人。全市每千人拥有卫生技术人员 7.08 人，每千人拥有医疗床位 4.75 张。全市共有 13 所惠民医院，接诊病人 5.94 万人次，收治住院病人 1700 多人次，减免费用 411.1 万元。新型农村合作医疗人均筹资标准提高到 180 元以上，合作医疗行政村覆盖率达 100%，全市镇(街)初级卫生保健合格率达 100%。

表 4－138　　江苏四市卫生机构情况

市县	卫生机构数(个)		卫生机构床位数(张)		卫生技术人员(人)		#执业(助理)医师	
	2005 年	2009 年	2005 年	2009 年	2005 年	2009 年	2005 年	2009 年
南京市	1612	1764	26100	29883	34000	44577	14300	16593
淮安市	603	603	10200	12071	13700	15086	5500	5620
扬州市	1208	1037	12400	15406	4100	18753	7000	7841
镇江市	920	501	8300	8726	13500	12335	5400	5079
泰州市	626	597	11700	14219	5000	17482	7700	7949

数据来源：历年《江苏统计年鉴》、《安徽统计年鉴》以及各市统计公报。

表 4－139　　安徽四市卫生机构、床位数(2009 年)

地区	机构合计(个)	医院、卫生院(个)	疾病预防控制中心(个)	妇幼保健所、站(个)	门诊部(个)	床位合计(张)	#医院、卫生院(个)
总计	7010	2426	124	118	122	176724	165435
滁州市	418	192	8	8	7	10453	9661
马鞍山市	332	56	6	5	7	4068	3894
巢湖市	434	185	6	6	2	12045	10504
芜湖市	489	127	8	7	14	9459	8768

数据来源：历年《江苏统计年鉴》、《安徽统计年鉴》以及各市统计公报。

表 4－140　　安徽四市卫生机构人员数(2009 年)　　单位：人

地区	合计	#卫生技术人员	#执业(助理)医师	#执业医师	#注册护士
总计	244477	202382	79230	61554	69291
滁州市	14296	11902	4915	3727	3729
马鞍山市	7872	6530	2508	2168	2731
巢湖市	14668	12469	4992	3399	3882
芜湖市	14268	11775	4746	4122	4511

数据来源：历年《江苏统计年鉴》、《安徽统计年鉴》以及各市统计公报。

专题

8. 城市环境卫生情况

城市环境卫生是衡量城市发展水平的一个重要指标，也是城市化和现代化建设的重要方面，这对于改善城市居民的生活环境，提高城市形象是至关重要的。2009 年，南京都市圈 8 个市中，南京市和芜湖市在城市卫生环境方面成绩突出，在清扫面积，生活垃圾清运量及公共厕所数量上均高于其他 6 个市。其余 6 个市在多数指标上表现突出，但在有些指标上仍需进一步的提升。

表 4 – 141　　江苏四城市环境卫生情况

年份 地区	清扫面积（万平方米）	生活垃圾清运量（万吨）	粪便清运量（万吨）	无害化处理厂日处理能力（吨）	垃圾粪便年处理量（万吨）	环卫机械（辆）	公共厕所（座）
江苏省	42070	1134	159. 6	35593	1238. 8	7574	11343
南京市区	7388	160	10. 5	4000	173. 4	968	1145
淮安市区	1680	23	5. 5	1250	28. 5	130	480
扬州市区	1200	23	3. 7	800	26. 7	130	350
镇江市区	1071	29	0. 8	750	29. 6	192	334

数据来源：历年《江苏统计年鉴》、《安徽统计年鉴》以及各市统计公报。

表 4 – 142　　安徽四市城市市容环境卫生情况（2009 年）

地区	清扫保洁面积（万平方米）	生活垃圾清运量（万吨）	粪便清运量（万吨）	市容环卫专用车辆设备总数（台）	公共厕所（座）	#三类以上
总计	14579	432. 78	55. 69	1327	2918	2392
滁州市	550	16. 40	2. 20	18	172	106
马鞍山市	718	16. 90	0. 60	60	122	122
巢湖市	384	10. 90	0. 70	27	83	62
芜湖市	1390	33. 20	28. 50	102	302	302

数据来源：历年《江苏统计年鉴》、《安徽统计年鉴》以及各市统计公报。

从上述 8 个指标来看，南京都市圈的各地城市化和现代化水平都达到了较高水平。其中，江苏地区南京市和安徽地区的芜湖市城市化和现代化水平最高。安徽部分城市在多数指标上表现突出，但在有些指标上仍需进一步的提升。

二、南京都市圈城市化和城市现代化的总体目标、构思及发展策略

1. 总体目标

在《南京都市圈规划（2002 ~ 2020）》第十条中提出了南京都市圈的城市化目标，即"做强、做优、做美、做特"各级城市，重点"做大"核心城市，择优培育重点中心镇，全面提高城镇发展质量，完善都市圈的城镇空间结构。强化核心城市的主导地位，加快都市圈沿江城市带规划和建设的整体协调，有序培育城镇发展轴和通道地区的特色中小城市，进一步提高都市圈城市化水平，将都市圈建成国内城市化和经济社会最发达的区域之一。形成一个核心、两个圈层的空间结构，重点发展一带一轴

三通道。一个核心：包括南京主城和以主城为核心、半径约30公里范围的城镇和潜在的城镇发展地区，即规划中的南京都市发展区。该区域是南京城市功能重组和集聚新兴城市功能的重点区域。两个圈层：包括核心圈层和紧密圈层。核心圈层：与核心城市联系紧密、接受核心城市强烈辐射，城市间相互作用最强、最广泛的区域。规划范围包括核心城市和距核心城市中心约50公里范围内的城市（镇）和区域，包括南京市、仪征市、句容市、马鞍山市、滁州市区、来安县、全椒县。

紧密圈层：与核心城市联系密切，接受核心城市的辐射，圈层地带节点城市具有相当的发展规模，且相互之间具有较强的经济社会联系的功能地域。规划范围为核心圈层外围、距核心城市中心约100公里范围内的城市（镇）和区域，包括扬州市、镇江市、芜湖市、滁州市的北部、巢湖市的北部、淮安市的南部地区。一带一轴三通道：沿江城市带：包括南京、扬州、镇江、马鞍山、芜湖等5个设区市以及仪征、江都、当涂、和县等县（市）。城镇发展轴：北从金湖、盱眙开始，经天长、南京、溧水至高淳。三条通道：南京至句容并延伸到苏锡常都市圈环太湖地区、宜（兴）溧（阳）金（坛）丘陵山区通道，南京至滁州、明光、凤阳通道，南京至全椒、合肥通道。

2. 南京都市圈的发展策略（第十三条）

空间发展策略："强化核心，提高沿江，带动纵深"。强化核心：进一步强化核心城市的辐射带动能力，引导核心圈层各项功能的合理扩散与集聚，建设充满发展活力、空间秩序优良的核心城市功能一体化地域。提高沿江：协调沿江地区各类用地的空间布局，建设符合沿江城市带整体发展要求、高效运行的基础设施网络，建成具有国际水平的整体协调发展的沿江城市带。带动纵深：培育都市圈城镇发展轴线，完善都市圈辐射通道，加强沿轴、沿通道地区与都市圈核心城市、节点城市的联系，提高核心城市、沿江城市带对纵深地带的辐射强度，带动都市圈南北两翼纵深地区的发展。

各地区发展策略（第十六条至十九条）。

沿江地区：空间利用以城镇布局为主，重点发展先进制造业和现代服务业。保障自然风景区、森林公园、防护绿带的合理布局，积极引导非农产业向沿江地区集聚，省内结合沪宁城镇发展轴、宁通城镇发展轴的建设，形成制造业、服务业高度集聚，经济发达，城市空间与生态空间有机结合的高度发达的城市化地区。综合考虑沿江地区城镇发展趋势和产业布局、环境协作、交通组织等的发展要求，加强镇江与扬州段、南京段、沿江上游区域等分段空间管治与协调。沿轴线地区：重点依托高速公路、铁路，引导非农产业、城镇沿轴线集聚发展，强化都市圈南北向经济联系；在加强核心城市南北向辐射通道建设的基础上，以多种交通方式来加强核心城市与轴线地区城镇以及沿线城镇之间快速、便捷的联系，增强核心城市对轴线地区的辐射带动作用。沿通道地区：保障沿线交通的高速、便捷、安全，重视通道地区的生态环境功能、旅游休闲功能和农业功能，选择适当区域作为城镇与非农产业的集聚发展点，严格限制规划城镇建设区域以外的建设活动。其他地区：都市圈主要的农业生产空间、生态开敞空间，承担都市圈农副产品生产和生态环境调节功能。要加强网络状的联系，提高这些区域的交通可达性和对外经济联系强度；集聚发展城镇和工业区，服务于广大农村地域。

三、南京都市圈行动纲领

为进一步贯彻科学发展观，整体提升南京都市圈综合实力和竞争力，促进区域协调发展和经济社会全面进步，经共同协商，特制定以下行动纲领：

第一加强交通设施建设

进一步发挥南京交通枢纽的带动作用，以规划衔接、项目建设时序和进度协同为重点，推进都市圈交通设施的合作建设。①加快构建都市圈铁路网络，共同推进宁杭铁路、宁芜铁路复线、宁汉铁路、宁淮连铁路、宁西铁路、淮扬镇铁路、宁启铁路复线及电气化改造、宁沪城际铁路、宁宜城际铁路等项目建设；②统一进行城市轨道工程规划的城际衔接，努力促进都市圈城际轻轨发展；③加快构建都市圈高速公路网，共同推进芜太高速、宁巢高速、宁通高速、宁宣高速、沿江高等级公路等项目建设；④加快京杭大运河、芜申运河等内河水道建设，发挥都市圈水网优势，构建水路运输体系。

第二打造物流优势区域

加快都市圈物流业的发展，以此促进都市圈区域经济的加速融合和外部要素的加快流入。①共同促进建设都市圈物流信息中心，建立健全包括基础设施、公共信息服务平台、数据交换平台、行业信息系统和企业信息系统在内的物流信息平台体系；②实现各市EDI中心及其与外部重点EDI中心的互联互通，营造有利于区域经济联运发展的口岸贸易环境；③针对都市圈范围内路桥费、劳动管理费等各类费用，共同研究优化政策，整体削减都市圈物流成本；④统一规划都市圈内大型的物流场站或物流中心的布局，形成与内外部交通相协调，高效的物流设施体系；⑤优化宁镇扬马芜等沿江港区的定位和分工协调，逐步促进组合港的发展；⑥共同推进南京禄口机场与各城市快速道路建设，提高禄口机场对都市圈城市的服务效率。

第三提高金融服务能力

依托南京作为央行区域分行所在地的优势，全方位推进都市圈金融服务业发展。①推进区域内金融机构交流合作，通过建立统计信息交流机制、联合调研机制、检查合作机制等，提高金融监管效率；②建立城市间支票支付、跨市电子支付和即时外汇兑付系统，推动都市圈支付系统一体化发展；③建立覆盖都市圈区域的企业和个人信用查询机制、企业资信评级制度、信用担保认定制度、失信惩戒制度，推进都市圈诚信系统一体化发展；④鼓励商业银行开展跨地区贷款、融资代理等业务，支持跨地区金融机构联合进行业务创新，以银团贷款、基金市场开放等为重点，积极探索都市圈共同融资的途径和模式。

第四促进市场共建

完善都市圈市场环境和竞争机制，促进区域资源优化配置和各种生产要素通过市场体系合理流动。①突破体制障碍，营造公平竞争、资源共享的市场环境，积极支持各市优势企业在区域内扩张发展；②以农产品、特色产品采购等为重点，形成动态协商机制，进一步顺畅各市之间的物资流通渠道；③以消费者权益保护为重点，建立都市圈统一的维权体系，整体优化消费环境；④统一规划，按照各市资源特点，结合都市圈物流的总体考虑，建设一系列有利于拉动各市地方经济发展的区域大市场；⑤选择共同发展目标，统一宣传、统一形象、统一品牌，优化旅游资源组合，共同推广都市圈旅游产品；⑥共同研究出台相应优惠政策，打造都市圈旅游无障碍区域，整体优化都市圈旅游环境；⑦构建都市圈一体化劳动力市场，建立劳动力需求网上发布制度，以及对职业技能、资质认定实行互认制度。

第五提高公共服务水平

加强在公共服务方面的协作与共享，共同提高都市圈城市公共服务水平，让市民更好地享受到一体化发展的实惠。①按照合理分配利益的原则，减少重复建设，积极促进各市在供电、供水、污水处理等方面开展合作；②建立并完善都市圈城市交通信息系统，实现异地地理信息查询、交通信息查询和购票；③在现有基础上，进一步扩大公交共享的力度，实现都市圈内城市公交卡通用；④推进城际客运公交化进程，并进一步优化客运站点与地铁等公交的衔接，提升都市圈客运水平；⑤积极促进形成合理的结算体系，推动都市圈内公园游园卡通用，以老年证通用等先行，逐步推进"同城市民待遇"。

第六加强产业合作

合理分工，优化布局，以产业集群建设为重点，提升都市圈产业整体实力。①促进南京化工园——扬州化工产业园区的联合协作，提高后加工、精练化工的程序，打造具有国际影响的石化产业群；②支持都市圈城市汽车生产企业积极开展产业合作，发展产业配套，形成轿车、卡车、改装车、零部件研发等门类齐全的汽车产业集群；③充分利用马鞍山的钢铁工业基础、淮安的特种钢生产基础和芜湖的建材工业基础，与南京合作共建具有全国影响的钢铁、建材产业群；④整合南京、镇江、芜湖、滁州等城市的优势家电产品生产企业，打造家电制造产业集群；⑤整合南京、镇江、扬州沿江地区船舶制造企业，共同打造船舶制造基础；⑥发挥南京研发产业优势，逐步建立都市圈内科技成果转化的协作机制，整体提高自主创新能力和高新技术产业发展水平。

第七加强社会事业合作

发挥政府主导作用，全面加强都市圈城市社会事业合作力度，提高社会和谐水平。①进一步发挥南京优势教育资源对都市圈城市的带动作用，推进教育创新和教育交流与合作；②开展广电网络互联协作，推进区域文化事业和文化产业交流与发展；③推进卫生交流与合作，建立区域性突发公共卫生事件应急处理机制和重大传染病联防联控合作机制，开展临床技术交流和联合技术攻关合作，扩大医疗卫生大型设备跨区域使用，开展卫生人力资源区域合作；④加强对社会事业热点、难点、焦点问题的研究与交流协作，共同提高社会和谐水平。摘自：第十条城市化目标（《南京都市圈规划（2002～2020）》

二十二　南京都市圈信息化发展

20世纪70年代，以微型计算机的出现为标志，信息技术、新材料技术、新能源技术、生物工程技术、空间开发技术、海洋工程技术等高技术群落崛起所引发的社会变革被称之为第四次科技革命。这场革命的深度、广度与力度都远远超过了历史上的任何一次科技革命，尤其是信息技术所带来的信息化浪潮，不仅在美国促成了"两高两低"的新经济，而且在世界各国都引发不同程度的变革，并且对全球化、工业化、民主化等其他潮流产生巨大的推动作用。目前，信息化已经成为经济增长、社会进步以及可持续发展的重要动力，信息化水平已成为衡量国家和地区现代化程度和综合竞争力的重要标志。就定义而言，信息化就是一个以信息资源为前提，以信息产业为依托，以信息设施为条件，以信息传播为关键，以信息消费为动力，以信息政策为保障的系统工程。信息化将直接推动工业经济向信息经济、知识经济转化，使得人类社会在经历了原始社会、农业社会、工业社会等社会形态之后，开始迈进更加辉煌的信息社会。

南京都市圈信息化就是在南京都市圈内，以信息基础设施为平台，开发、整合、利用各类信息资源和信息技术，大力发展信息产业，实现地区经济、社会、生态各个运行层面智能化、网络化、数字化的过程，它不是高新技术产品与设施的简单堆积，而是信息化的发展模式在南京都市圈的城市和乡村全方位的渗透与融合，因而，是一项集技术、管理、人文、经济、社会于一体的系统工程。

一、南京都市圈信息化的基本进程

南京都市圈的信息化发展经过十余年的努力，已经取得了丰硕的成果：信息产业飞速发展壮大、信息技术应用日趋深入，与信息化相适应的体制、机制也进一步健全，为南京都市圈信息化的未来发展营造了良好的环境。2005~2008年南京都市圈八个主要城市的信息化主要指标如表4-143所示。

表4-143　2005~2008年南京都市圈信息化的主要指标

2005年	南京都市圈	南京	镇江	扬州	淮安	滁州	马鞍山	巢湖	芜湖
邮电业务总量（亿元）	181.89	71.78	21.42	24.79	13.94	15.80	8.53	11.84	13.79
当地电话用户（万户）	1109.90	323.95	140.98	182.93	160.25	90.58	45.65	76.69	88.87
移动电话用户（万户）	1026.93	454.27	106.10	161.85	78.54	68.53	42.38	59.84	55.42
2006年	南京都市圈	南京	镇江	扬州	淮安	滁州	马鞍山	巢湖	芜湖
邮电业务总量（亿元）	221.61	93.55	25.03	26.69	15.45	19.71	10.11	14.59	16.48
当地电话用户（万户）	1176.71	344.23	144.05	190.93	162.27	104.63	50.03	97.11	83.46
移动电话用户（万户）	1146.24	488.31	147.18	162.86	94.70	78.24	47.35	58.59	69.01
2007年	南京都市圈	南京	镇江	扬州	淮安	滁州	马鞍山	巢湖	芜湖
邮电业务总量（亿元）	246.73	94.38	27.21	29.37	18.06	24.45	12.65	18.80	21.81
当地电话用户（万户）	1195.42	362.96	147.63	192.72	153.13	106.06	51.90	97.28	83.74
移动电话用户（万户）	1364.33	577.91	166.70	198.21	126.80	90.57	52.11	70.22	81.81

续表

2008 年	南京都市圈	南京	镇江	扬州	淮安	滁州	马鞍山	巢湖	芜湖
邮电业务总量(亿元)	279.34	104.60	28.77	33.21	19.23	29.06	14.86	23.02	26.59
当地电话用户(万户)	1090.72	319.01	143.11	191.36	133.24	94.00	48.00	88.00	74.00
移动电话用户(万户)	1578.19	665.09	186.07	237.22	133.81	110.00	61.00	88.00	97.00

数据来源:2006～2009《江苏省统计年鉴》、2006～2009《安徽省统计年鉴》。

二、南京都市圈信息化的总体概况

2009 年,南京都市圈以“共建、共享、同城化”为发展宗旨,积极利用人才优势与科技优势,进行信息产业的前沿技术研究,力图以技术与管理的创新带动产业升级。同时,公共服务领域信息化应用也逐步深化,电子政务、电子商务、电子医疗、远程教育、虚拟社区都取得很大成绩。信息化在提升南京都市圈经济实力的同时,也在促进南京都市圈的社会进步。

1. 南京市信息化

2009 年,南京市全年完成邮电通信业务总量 121.72 亿元,比 2008 年增长 16.4%。其中:电信业务总量 111.83 亿元,增长 17.2%;邮政业务总量 9.89 亿元,增长 7.9%。邮电业务收入 93.34 亿元,增长 5.4%。其中电信业务收入 87.26 亿元、邮政业务收入 6.08 亿元,分别增长 7.3% 和下降 16.4%。年末拥有移动电话用户 801.06 万户,新增 163.05 万户;全年固定电话用户为 300.1 万户,比 2008 年减少 18.95 万户;年末住宅电话用户 183.1 万户,比 2008 年减少 20.04 万户。电话交换机总容量达 557.05 万门。计算机互联网用户达 142.07 万户,比 2008 年增长 32.7%。其中,宽带用户达 138.86 万户,增长 33.6%。国际国内特快专递完成 608 万件,增长 20.6%。

2. 扬州市信息化

2009 年,扬州的邮电通讯业稳步发展。全年邮政业务收入 4.36 亿元,增长 11.9%;电信业务收入 31.42 亿元,增长 11%。年末电话用户 487.81 万户,其中移动电话用户 331.91 万户,增长 39.6%。互联网宽带接入用户 42.75 万户。有线电视用户 102.56 万户,有线电视入户率超过 90%,其中数字电视用户 30.5 万户。城区 50 平方公里主要区域实现无线宽带网络全覆盖。建成数字化城管二期工程。城市居民百户家庭电话、电脑拥有量分别达 300 部、80 台;农村居民百户家庭电话、电脑拥有量分别达 291 部、29 台。

3. 镇江市信息化

2009 年,镇江的邮电通信业平稳增长。全市实现邮电业务总量 30.3 亿元,比 2008 年增长 8.0%。其中邮政业务总量 3.7 亿元,电信业务总量 26.6 亿元,比 2008 年分别增长 12.0% 和 7.2%。邮电业务收入 24.1 亿元,比 2008 年增长 8.1%。其中邮政业务收入 2.9 亿元、电信业务收入 21.2 亿元,分别增长 19.4% 和 6.7%。年末拥有邮政局(所)127 处,邮政报刊图书销售亭(点)165 处,邮政线路总长度 5853 公里;年末固定电话用户 114.8 万户,其中城市电话用户 43.3 万户;年末移动电话用户 231.0 万户。年末互联网用户 37.1 万户,新增 8.1 万户。2009 年,广电事业构筑新平台,新广电中心竣工并交付使用,建筑面积 5.92 万平方米,为镇江广电事业发展拓展了新空间。年末全市拥有广播电台、电视台各 1 座,广播、电视覆盖率均达 100%,有线电视覆盖率达 70.1%,新开通有线电视自然村 100 个,完成市区数字电视整转工作。电视节目质量有新的提升,新闻综合频道、影视剧频道、生活娱乐频道进一步贴近时政、贴近生活、贴近百姓,努力打造品牌栏目。

4. 淮安市信息化

2009 年,淮安的邮电通信业稳定增长。全年邮电业务收入 19.26 亿元,比 2008 年增长 4.5%。

其中:电信业务收入 17.25 亿元,增长 3.7%;邮政业务收入 2.01 亿元,增长 12.1%。全市年末固定电话(含小灵通)用户 142.01 万户,比 2008 年增长 6.4%;年末移动电话用户 170.12 万户,比 2008 年增长 27.9%;年末互联网注册用户 28.56 万户,增长 36.2%,其中宽带网接入用户 27.83 万户,增长 37.6%。2009 年实现有线电视"村村通"工程,年末全市共有广播电台 7 座、电视台 7 座、转播发射台 6 座;广播综合人口覆盖率和电视综合人口覆盖率均达 100%;有线电视总户数达到 79 万户,比 2008 年增长 28.8%。

5. 滁州市信息化

2009 年,滁州的电信、移动、联通等电信运营商全年业务总量 35.81 亿元,比 2008 年增长 20.3%。邮政部门业务总量 1.50 亿元,比 2008 年增长 18.1%。年末,全市拥有电话 226.02 万户,比 2008 年末增加 10.2%。其中:固定电话用户数 77.70 万户,下降 17.1%;移动电话用户数 148.31 万户,增长 33.2%。年末国际互联网用户 12.67 万户,比 2008 年末增长 18.3%。广播、电视台 8 个,有线电视台 7 个。全市广播覆盖率 95.85%,电视覆盖率 97.57%,有线电视入户率 5.65%。广播全年播放时间 3.53 万小时,其中自办栏目播放时间 1.83 万小时;电视全年播放时间 4.30 万小时,其中自办栏目播放时间 1.21 万小时。有线电视用户 25.29 万户,比 2008 年增加 1.9%。

6. 马鞍山市信息化

2009 年,马鞍山的邮电通信能力不断提高。全年完成邮电业务收入 8.15 亿元,比 2008 年增长 9.5%。年末固定电话用户为 37.42 万户,其中,城市电话用户 25.46 万户。年末移动电话用户为 90.17 万户,比 2008 年增加 15.97 万户,据抽样调查,年末平均每百户城市居民家庭拥有移动电话 168 部,家用电脑 60 台。年末宽带用户为 11.11 万户,广播人口覆盖率、电视人口覆盖率均为 100%。

7. 巢湖市信息化

2009 年,巢湖的邮电业务总为 21.79 亿元,比 2008 年增长 29.0%。其中:电信业务总量 19.03 亿元,增长 28.9%;邮政业务总量 2.76 亿元,增长 30.2%。年末当地固定电话交换机总容量 83.98 万门,比 2008 年减少 7.02 万门。当地:固定电话用户 82.96 万户,减少 5.4 万户;移动电话用户 97.42 万户,增加 4.94 万户。每百人拥有电话(含移动)44 部。年末基础电信运营企业计算机互联网宽带接入用户 13.73 万户,增加 3.42 万户。有市级广播电台 1 座、电视台 1 座、县级广播电视台 4 座、中短波转播发射台 1 座,广播人口覆盖率为 99.37%。有线电视用户 24.8 万户,电视人口覆盖率为 97.1%。

8. 芜湖市信息化

2009 年,芜湖的邮电业稳步发展。全年邮电业务总量 34.58 亿元,比 2008 年增长 18.9%。其中:邮政业务总量 1.58 亿元,增长 1.9%;电信业务总量 33.00 亿元,增长 19.9%。全年发送信函 1633 万件。当地:固定电话用户 66.00 万户,减少 8.06 万户;移动电话 131.54 万户,新增 19.63 万户。电话普及率(含移动电话)85.85 部/百人。年末计算机互联网用户 24.58 万户,其中宽带用户 21.40 万户。2009 年芜湖市拥有市级广播电台 4 座、市级电视台 4 座、县级广播电视台 3 座,广播综合人口覆盖率和电视综合人口覆盖率分别达到 100% 和 99.4%。有线电视用户 24.99 万户,其中数字电视用户 2.81 万户。2009 年南京都市圈 8 个主要城市的信息化指标如下表所示。

表 4-144　　2009 年南京都市圈信息化的基本指标

	2009 年 1~10 月电子产品制造业增加值(亿元)	邮电业务收入(亿元)	当地电话用户(万户)	年末移动电话用户(万户)	国际互联网市区用户(万户)	城市居民人均交通和通信支出(元)
南京	1009.9	88.9	277.52	742.23	136.44	2158

续表

	2009年1~10月电子产品制造业增加值(亿元)	邮电业务收入(亿元)	当地电话用户(万户)	年末移动电话用户(万户)	国际互联网市区用户(万户)	城市居民人均交通和通信支出(元)
扬州	556.0	15.37	59.87	144.08	28.32	1333
镇江	207.3	11.24	54.25	85.57	18.22	900
淮安	134.6	11.25	82.63	103.27	18.93	1178
	移动电话用户(万户)	本地电话年末用户(万户)	公用电话(部)	接入网光缆线路长度(万芯公里)	长途电话交换机容量(路端)	本地固定电话局用交换机容量(门)
滁州	142.67	77.69	7.02	21.28	17887.00	804271
马鞍山	74.20	47.22	3.36	9.52	14610.00	397017
巢湖	106.40	82.66	3.87	17.31	24060.00	827134
芜湖	125.98	66.06	6.14	16.80	31263.00	710304

数据来源:《江苏省统计年鉴2010》、《安徽省统计年鉴2010》、江苏省经济和信息化委员会网站。

三、南京都市圈信息化的发展态势

目前,南京都市圈信息化发展态势主要表现为工业化与信息化的相互促进,共同繁荣,以信息化优化产业的供应链,降低产品的流通成本,增强政府的管理能力,提高南京都市圈的外联能力和开放程度,推动南京都市圈的一体化进程。

1.统筹信息设施,搭建都市圈的交流平台

信息网络是未来区域经济、社会联系的主要空间载体,在这个平台上,各种信息可以低廉、自由、高效地传递到四面八方,并在发布者和接受者之间形成双向、即时的交流,从而促进人才流、物质流、资金流的交汇,增加区域要素相互需求、取长补短以及最优配置的可能性。因此,南京都市圈信息化的首要任务是要以通信网络、电子计算机、数据库及日常电子产品为基本硬件,以统一规划、政策支持、法律保障为基本软件,建设一个信息传播网络、信息处理设施、信息资源储库三位一体的信息基础设施平台。目前,南京都市圈的信息基础设施已经初见规模,但是,在网络容量、用户规模、普及水平等方面还需要继续努力。今后要注重构建面向行业、区域的功能齐全、操作简便、开放共享的信息技术利用平台与信息资源服务平台。通过信息服务平台,整合区域、行业内的共性生产要素资源、人力资源、技术资源、管理资源、市场资源,为南京都市圈内的企业提供产品设计、网络化制造、工艺指导、产品检测、行业数据库共享、客户关系管理、供应链管理、电子商务、现代物流、人才培训等不同种类的信息服务与技术支持。

2.共享信息资源,促进都市圈的分工合作

加快信息资源开发和共享,能够有效地提高现有信息基础设施和技术设备的利用率,促进信息产业与网络建设相互协调,因而是南京都市圈信息化的主要任务。在南京都市圈行政区划问题短期难以协调的情况下,推动信息资源的共享,无疑是促进南京都市圈交流与合作的切实可行的选择。2009年,按照"统筹规划、分步实施、整合资源"的原则,南京都市圈八市的交通、人事、规划、环保、质量等行政部门进行积极协作,初步构建了都市圈政府信息共享平台,其中政府的门户网站正在成为政府政务公开的渠道、对外宣传的窗口、在线管理的平台、服务公众的桥梁。同时,南京都市圈也在推动公益性信息资源的利用,促进经营性信息资源的市场化开发,从而培育和繁荣信息内容市场,促进信息服务业发展。在第四届南京都市圈市长峰会,大家普遍认为,打造公共服务一体化,构建信息交流平台,实现资源优势互补是南京都市圈的关键任务。例如在医疗合作上,加快推进社保卡异地双向结算,推进大型公共医院纳入医保报销范围;逐步推进门急诊病历"一本通",推进都市圈医疗机构部分医学检验、影像检查结果在满足一定条件下的互认。在保障用血安全的前提下,探索推进稀有血型的跨区域供血合作;在文化合作上,推动公共图书馆文献等文化资源和大型体育场协作资源共建和服务协作,加快实现读者证互认;在环境保护上,建立边界断面水质、水量监测和信息通报机制等,这些都被写进了都市圈市长备忘录。可以说,南京都市圈信息资源的共享已经进入务实操作阶段。

3. 壮大信息产业,培养都市圈的主导产业

信息产业属于知识密集型产业,具有较高的产业关联度、较大的需求收入弹性和较强的产业创新能力,被普遍认为是区域产业结构调整的突破口。南京都市圈信息化就是要积极发展信息产业,包括信息制造业和信息服务业,逐步将其培育成为南京都市圈的主导产业,通过信息产业的壮大来推动南京都市圈产业结构的高级化。2009 年,南京都市圈信息产业平稳发展,单位总量迅速增加,数据处理及服务业、通信设备制造业、电子器件制造业、电信等行业单位数量增长较快。信息产业的发展,不仅增加国内生产总值,而且带动相关行业如石化、金属冶炼、机械制造以及商业、金融业、社会服务业的发展。南京是我国电子信息产业重要基地之一,2009 年南京以开发园区为载体,加快产业布局的调整,提高集中度。在高新技术开发区建设计算机及外设类产品制造基地、软件及系统集成类产品制造基地;在江宁经济技术开发区建设通信类产品制造基地、平板显示器类产品制造基地;在南京经济技术开发区建设平板显示器类产品制造基地、信息家电类产品制造基地;在珠江路和广州路两条街建设电子信息产业的孵化创业和市场开拓基地,成果显著。通信类、平板显示器、计算机及外设、软件及系统集成、信息家电成为电子信息产业的重点行业。

4. 推广信息技术,引领都市圈的管理革新

目前,信息技术已经在南京都市圈的经济领域和社会领域广泛渗透开来,通过信息化,经济形式越来越"直接"、管理形式越来越透明,生活形式越来越多样。2009 年,南京都市圈大力推进政务信息化,联合打造阳光政府,促进电子政务网络横向连接和纵向延伸,加强电子政务和社会公众的双向信息互动。积极推进"数字城市"信息化建设,在城市信息管理、应急服务系统、智能交通管理、环保信息化应用等领域推动信息技术的使用,为居民提供便捷、舒适的生活环境。南京都市圈的核心南京市,2009 年推行了信息化"四大促进"战略,此次战略合作以"政府主导、企业主体、行业推进、共同发展"为根本原则,以信息化带动工业化发展、信息化推动城市化进程为核心,涉及南京信息化战略规划、信息化基础设施建设、信息服务业发展等多个方面,并通过信息化"四大促进"确保双方战略合作在南京政治、经济、文化教育等各个领域的有效落地、科学发展。"四大促进"为:以信息化促进经济科学发展、促进产业调整升级、促进民生显著改善、促进社会和谐进步。2009 年,南京不仅注重提升自身的信息化水平,而且还积极拓展与周边城市的互联互通,加强信息化的技术交流与产业合作,取得良好效果。

四、南京都市圈信息化的未来任务

今后一段时期是南京都市圈抢抓新机遇,打造新优势,加快科学发展步伐的关键时期。做好信息化工作,对于全面提升南京都市圈综合竞争力,促进南京都市圈经济社会又好又快发展具有重要意义。今后南京都市圈信息化应紧紧围绕"保增长、促转型"这一中心任务,突出"求实效、惠民生"的工作取向,强化电子政务应用,提升为民办事能力,提高城市管理信息化水平;大力推进信息服务业发展，带动相关信息技术产业快速发展；加强信息化项目管理，落实信息安全责任制，进一步优化信息化发展环境。

1. 推动社会生活信息化，以实现全方位发展

信息化在发展层次上可以依次划分为产品信息化、企业信息化、产业信息化、国民经济信息化、社会生活信息化。在未来时段，南京都市圈信息化将逐步从经济领域向社会生活领域渗透与扩展，形成政府信息化、企业信息化、家庭信息化三者良性互动的态势，以实现信息化的全方位、多层次发展。电子社区是电子政务功能的延伸和拓展，也是电子商务走进百姓生活的重要接口，今后电子社区将成为南京都市圈社会信息化的重要组成部分。应统筹规划社区信息网络，逐步整合民政、计生、劳动、统计等各类信息，放入社区的信息系统，解决长期存在于社区信息化中的重复开发、信息孤岛等问题。在技术层面解决“基层干部烦、群众办事难”的问题，为实现政府各部门业务“一线接入、集约管理”，社区事务“一站受理、一网协同”，信息采集“一次产生、多方使用”打下坚实基础。为了适应社会信息化的需要，南京都市圈将逐步培养老百姓发现信息、辨别信息、使用信息、创造信息的能力，提高居民的信息素养。

2. 发展信息服务业，优化信息产业结构

南京都市圈应按照产业结构的演化规律，将信息产业重心转移到与现代服务业有关的信息内容服务业、信息安全服务业等信息服务行业，以培育消费热点，创造就业机会，增强生产性服务业的功效。应抓住3G和“无线宽带城市”网络建设机遇，推动电信、移动、联通等加强投入，创新服务，经营转型，加快发展，加快创新，抢占市场先机。建立公共服务平台，完善信息服务业发展配套环境。积极推进服务外包，提升南京都市圈信息服务业发展水平。以软件服务外包为重点，加快培育一批能够承接跨国信息服务外包的企业，鼓励企业承接国外公司的研发、设计，以及针对中国市场的各种服务，大力开展对欧美、日韩、东南亚等国家的信息外包业务。抓住“两化融合”等国家试点和相关重大战略合作协议签署的机遇，争取国家重大信息化项目落户南京都市圈。实施宽带战略，以信息通信技术一体化服务、固定移动融合业务为重点，加快传统通信服务向融合化、多媒体化、集成化信息服务转型。加快推进新一代移动通信、下一代互联网发展，以培育新的消费热点。促进物联网的研发和产业化，稳步推进“三网融合”试点工作。

3. 加强合作交流，推进信息一体化建设

为了提高南京都市圈资本、劳动力、技术的流动与扩散，必须进一步推进信息一体化建设。目前，南京都市圈八个城市的主管部门已经签署了一些信息技术应用与合作协议。希望今后可以建立更加稳定合作机制，加强南京都市圈规划调研、方案策划等基础工作，加强各市各有关部门的协调沟通，推进资源共享，减少重复建设。以信息化基础设施、公共服务平台、信息共享系统等为重点，建立影响南京都市圈全域的重点信息化项目库，集中财力，统筹资源，规范项目建设与管理。推动项目建设的社会化分工和专业化协作，畅通项目申报渠道，充分发挥各方面的优势和积极性，实现资源配置最优化。南京都市圈的信息产业在空间组织上要打破行政封锁，与外部大市场对接，逐步改变城市之间产业结构趋同、交流联系薄弱、市场封闭分割、地区保护主义的局面。提高南京都市圈信息公共服务水平，解决信息平台中存在的因行政壁垒带来的标准不一、资源流动不畅等问题。降低使用信息的成本和门槛，确保不同的领域和地域都能共享区域的信息资源。以“数字城市”作为区域信息化的增长极，进一步加强南京作为南京都市圈信息化中心的扩散和辐射作用。利用信息网络外向循环渠道，推动各级规模城市的分工合作，减少城市的对抗型竞争，形成优势互补、错位竞争的城市体系。

4. 完善信息安全体系，优化信息化环境

传统的信息网络安全主要是网络本身的安全，被关注的是网络可靠性、稳定性，检测对象是基础传输网和通信网等传统的通信基础设施。然而随着新型数据网络的推进，互联网网络安全概念不仅涵盖传统意义上的网络自身运行安全，还包含网络攻击、网络病毒、垃圾邮件、有害非法信息和其他突发事件，从网络层扩展到了应用层。互联网安全不再局限于运营商和用户的范畴，网络内容惊人的信息扩散速度使互联网安全涉及政治、经济、文化等领域，网络安全问题显得更加迫切，构建信息安全保障体系将成为与三网融合并重的战略要务。今后要进一步提高南京都市圈信息网络的安全意识，实行政府门户网站、重点部门网站及新闻网站网安工作实施责任到人、制度落实、有运行就有值守的特殊防范制度。全面开展网络安全防护体系建设，强化重要信息系统的等级保护工作；结合综合政务平台应用，开展重要政务信息系统应用数字认证的改造工作。按照《国家网络与信息安全事件应急预案》的要求，建立重点信息系统的应急安全机制，组织应急预案编制和演练。加强信息安全技术攻关，扶持发展信息安全产业，建立应急专家咨询和救援队伍，为信息化发展营造良好的发展环境。

二十三　南京都市圈教育发展

（一）南京都市圈地区教育发展总体情况

2009 年，南京都市圈地区在校学生总数为 543.84 万人。其中，南京市 145.57 万人，扬州市 61.48 万人，镇江市 39.78 万人，淮安市 83.03 万人，马鞍山市 24.45 万人，滁州市 73.86 万人，芜湖市 43.36 万人，巢湖市 72.31 万人。

表 4－145　2009 年南京都市圈地区在校学生总数　单位：万人

	2009 年
南京	145.57
扬州	61.48
镇江	39.78
淮安	83.03
马鞍山	24.45
滁州	73.86
芜湖	43.36
巢湖	72.31
南京都市圈合计	543.84

数据来源：历年《江苏统计年鉴》、《安徽统计年鉴》以及各市统计公报。

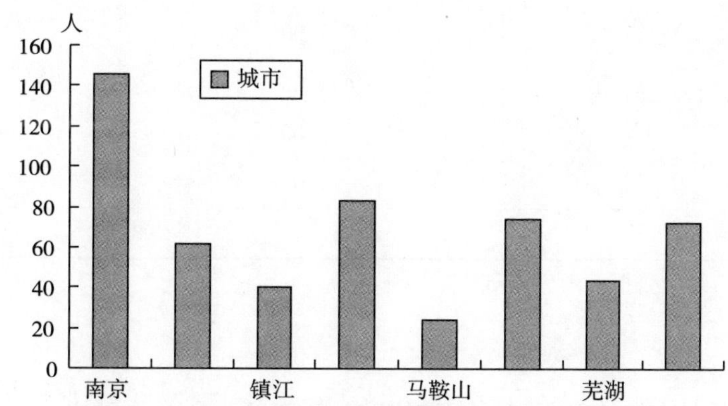

图 4－45　2009 年南京都市圈地区在校学生总数

数据来源：《江苏统计年鉴》和《安徽统计年鉴》

（二）南京都市圈各市的基本情况

1. 南京市

（1）2009 年南京市教育发展基本情况

2009 年末南京市拥有普通高等学校（不含部队院校）53 所，在校学生 77.34 万人（含研究生 8 万人），比 2008 年增加 4.84 万人。拥有普通中学 217 所，在校学生 26.11 万人，减少 1.16 万人。拥有小学 347 所，在校学生 28.32 万人，减少 0.24 万人。全市拥有小班化教育的中小学 130 所。拥有幼儿园 444 所，在园儿童 13.96 万人。中等职业学校在校学生 9.2 万人，减少 1.06 万人。

南京市优质教育资源不断扩大，三星以上普通高中和省级以上重点职业类学校招生比例达招生总数的 90%。2009 年，南京市初中毕业生升学率达 98.75%。2009 年南京市有 3.19 万人被各类高校录取，录取率为 85.2%。

南京市高等教育自学考试报名 20.04 万人，报考课次 45.49 万门；国家非学历证书考试报名 47.75 万人；成人高考报名 4.02 万人。全年完成各级各类社会培训 100 万人次。

南京市各类市属学校共有教职工 7.09 万人，其中专任教师 5.62 万人。

南京市构建了全覆盖的政府助学体系，全年 3.33 万名幼儿及中小学生享受了"助学券"，共计减免学习费用 1100 万元。在城乡一体全面实行义务教育免费政策的基础上，继续向"低保"家庭和低收入纯农户家庭义务教育阶段学生发放"助学券"，受益人数达到 2.37 万人。全年共为 4.05 万名学生发放职业教育助学金近 6000 万元。基本实现在南京外来务工人员子女九年义务教育"全接纳"，人数达 6.19 万人，其中在公办学校就读的外来务工人员子女达到 93.1%。义务教育阶段人口覆盖率继续保持在 100%。

表 4－146　　2009 年南京市教育基本情况

指标	学校数（所）	在校学生数（人）
普通高等学校（不含研究生数）	53.00	693384
中等职业学校（含成人中专）	45.00	91980
普通中学	217.00	261053
技工学校	30.00	63603
小学	347.00	283221
幼儿园	444.00	139603
特殊教育	15.00	2296
工读学校	1.00	110
初中毕业生升学率（%）	98.75	

数据来源：2009 年南京市统计公报。

（2）南京市著名学校

南京大学是一所历史悠久、声誉卓著的百年名校，教育部直属全国重点大学，国家"211 工程"和"985 工程"重点建设高校。其前身是创建于 1902 年的三江师范学堂，此后历经两江师范学堂、南京高等师范学校、国立东南大学、第四中山大学、国立中央大学、国立南京大学等历史时期，于 1950 年更名为南京大学。南京大学目前拥有鼓楼、浦口、仙林 3 个校区，设 25 个学院、71 个系，共有全日制学生 28000 余名。全校设本科专业 82 个、专业硕士学位授权点 12 个、硕士学位授权点 213 个、博士学位授权一级学科点 23 个，博士后流动站 28 个，并有一级学科国家重点学科 8 个、二级学科国家重点学科 13 个；共有国家实验室（筹）1 个、国家重点实验室 6 个、国家基础学科人才培养基地 12 个、国家生命科学与技术人才培养基地 1 个、教育部人文社会科学重点研究基地 4 个。学校拥有一支高素质的师资队伍，其中包括：中国科学院院士 28 人，中国工程院院士 3 人，第三世界科学院院士 4 人，俄罗斯科学院院士 1 人，国家级有突出贡献的中青年科学、技术、管理专家 17 人，国务院学位委员会学科评议组成员 19 人，“973 计划”和重大科学研究计划项目首席科学家 13 人，入选“中组部海外高层次人才引进计划（千人计划）”9 人，教育部“长江学者奖励计划”特聘教授、讲座教授 76 人，国家级教学名师 9 人，国家杰出青年基金获得者 79 人，海外和港澳学者合作研究基金获得者 28 人，教育部“新世纪优秀人才支持计划”获得者 96 人。

南京市金陵中学创建于 1888 年，原为美国基督教创办的汇文书院，后更名金陵大学附属中学，简称金陵中学。1951 年改名南京十中，1988 年恢复原名金陵中学。现为江苏省重点中学、模范学校、国家级示范高中。百余年来，学校培养了 4 万多名毕业生，陶行知、吕彦直、吴仲华、厉以宁等著名校友和他们创造的不朽的业绩为金陵中学的历史增添了无限的光彩。因此，金陵中学又被誉为“英才摇篮”。学校占地 5 万平方米，环境优美，师资优良，设施齐全，设备先进。许多著名高校教师和高级科研机构的院士在校担任兼职教师。金陵中学是一座面向国际的名校。目前，金陵中学与美国、英国、俄罗斯、日本、澳大利亚等 10 多个国家的知名中学建立了友好关系，并经常组织师生间的互访和交流活动。党的十一届三中全会以来，学校遵循邓小平“三个面向”指示和党的教育方针，继承和发扬优良办学传统，逐步深入教育改革。1996 年开始，先后实施了《以学分制为制约和激励机制的高中全面素质教育改革方案》，举办了高、初中实验班，增设研究性学习课程。学生在提高全面素质发展个性特长方面成绩显著。学生荣获国际中学生数学和信息学奥赛金牌 3 枚、银牌 2 枚，女篮和女排曾获得全国中学生比赛冠军和季军。学校重视教育教学科研工作，在学校教科研室的领导下，九五期间，学校开展了“高中素质教育中的考核评价及学分制研究”等十多项国际、国家、和省市级课题研究活动；十五期间，又开展了“完善学分制，构建多元化的高中课程体系的研究”等五项国家和省级科研课题，积累了丰富的教育教学科研经验。

2. 扬州市

（1）2009 年扬州市教育发展基本情况

2009 年，扬州市教育质量进一步提升。基础教育均衡推进有力，邗江、广陵通过区域教育现代化省级验收。职业教育服务发展能力增强。特殊教育成效明显。启动中小学校舍安全工程。义务教育阶段教师绩效工资稳妥实施。小学入学率、巩固率保持 100%，初中入学率保持 100%，高中阶段毛入学率达 99.5%，全市高考成绩连续 5 年大幅攀升，本二达线 12777 人，比 2008 年净增 1268 人，增幅达 10.6%。

2000 年以来，扬州市高校在校生人数不断增长，从 2000 年的 3.07 万人增长到 2008 年的 5.91 万人；普通中学在校生人数从 2000 年至 2004 年保持增长，随后逐步减少；小学在校生人数保持减少的趋势，从 2000 年的 37.51 万减少到 2008 年的 23.42 万人。

表 4－147　扬州市主要年份在校学生人数　单位：万人

年份	高校	普通中学	小学
2000	3.07	19.99	37.51
2001	3.41	22.43	36.08
2002	4.07	24.84	33.39
2003	4.74	26.61	30.76
2004	5.30	27.19	28.58
2005	5.91	26.41	26.57

专题

续表

年份	高校	普通中学	小学
2006	6.98	25.90	25.18
2007	7.61	25.22	24.05
2008	7.85	24.69	23.42

数据来源:《2009 年扬州市统计年鉴》。

表 4－148　2009 年扬州市在校学生情况　单位:万人

区县名称	普通中学在校学生	小学在校学生
全市	23.61	22.93
广陵区	3.51	3.31
邗江区	2.85	2.43
维扬区	0.55	1.41
宝应县	4.75	4.29
仪征市	2.94	2.54
高邮市	4.34	3.84
江都市	4.67	5.11

数据来源:《2010 年江苏统计年鉴》。

(2)扬州市著名学校

扬州大学是江苏省属重点综合性大学,是全国率先进行合并办学的高校,1992 年由扬州师范学院、江苏农学院、扬州工学院、扬州医学院、江苏水利工程专科学校、江苏商业专科学校等 6 所高校合并组建而成。校园占地面积 4300 多亩,校舍建筑面积 122 多万平方米;8 个校区位于市区中部,首尾相连。全校固定资产总值 18.12 亿元,教学科研仪器设备总值 4.57 亿元,图书馆藏书 325 万册。拥有实验工厂、实验农牧场、动物医院、附属中学等一批教学、科研、实习基地以及设备完善的临床医学院。学校建有 5 个国家级特色专业,拥有 2 个国家级教学团队、25 个省品牌特色专业、1 个国家级实验教学示范中心、15 个中央与地方共建实验室、2 个专业的人才培养创新模式被列入国家级实验区,11 个省级基础课实验教学示范中心,拥有 10 门国家精品课程。全校现有普通全日制本科生 33900 人,各类博、硕士研究生 7200 人。作为全国首批博士、硕士学位授予单位,学校现有博士后流动站 7 个,博士点 34 个,硕士点 135 个,博、硕士专业学位 10 种;拥有国家级重点学科 2 个,国家重点(培育)学科 1 个,部、省级重点学科 8 个,部、省级重点(建设)实验室 12 个,部、省工程技术研究中心、公共技术服务中心、省级研究院 8 个,1 项成果获国家级教学成果二等奖。优良的学术传统、浓郁的文化底蕴、雄厚的科研实力和充满活力的创新机制,推动扬州大学取得一大批具有重大影响的科研成果,社会效益显著,学术影响日益深远。在国家现代化建设的进程中,在实现全面小康社会的道路上,到处都留下了扬州大学人的身影和印记。

江苏省扬州中学始于 1902 年创立的仪董学堂,是一所有百年办学历史的名校。学校连续三年被江苏省人民政府命名为省级文明单位,是江苏省首批通过国家示范高中省级评估的学校、江苏省重点中学、江苏省模范学校、江苏省"四星级"普通高中。扬州中学素以办学立意高峻、校风优良、名师荟萃、人才辈出著称于世。校友中有江泽民同志,原中共中央政治局委员、著名理论家胡乔木,著名作家、学者朱自清，有“两弹一星”元勋黄纬禄等多位院士，更有大批专家、学者、各级干部及各行各业高素质的劳动者。在百年办学过程中，扬州中学始终坚持“突出树人宗旨，努力服务社会”的办学理念和“人格健全、学术健全、自治自动、体育兼重”的办学思想，形成了“正直向上，热于求知”的优良校风，“进德修业，教书育人”的教风和“慎思明辨，格物致知”的学风。学校坚持以人为本，广揽人才，礼聘名师，形成了一支结构合理、学养深厚、教导有方、安于久任的教师队伍。全校现有享受国务院特殊津贴的1人，特级教师、省市中青年专家、省“333”工程培养对象、省市学科带头人等30多名。学校办学特色是追求“科学与人文相融合”，并力求在学校管理、教育、教学等方面全面体现这一特色。课程设置体现能力本位和文理并重的思想，注重建设高品位的校园文化，保证学生自主发展的空间。近几年高考高分考生人数、重点大学达线率和本科达线率均居全省前列，各类全国、省学科竞赛成绩骄人。扬州中学校园面积12万多平方米，校舍建筑面积6万多平方米。校园布局合理，环境幽雅，设施齐全，为学生的读书成长和活动实践提供了一流的条件。

3. 镇江市

(1)2009年镇江市教育发展基本情况

2009年，镇江市教育事业取得新进展。2009年，全市教育事业支出33.04亿元，比2008年增长19.4%。提前实现“十一五”时期教育发展规划，全面完成基本教育现代化创建任务。2009年年末全市幼儿园在园人数6.09万人；中小学校在校学生人数26.33万人，其中：小学12.90万人、中学13.43万人；职业技工学校在校学生人数2.35万人；普通高等学校在校学生人数8.66万人，其中研究生0.67万人。幼儿园入园率达97%，九年义务教育普及率达和高中阶段毛入学率均达100.0%，高等教育毛入学率达42.6%，全市人均受教育年限达14.5年。全年义务教育减免学杂费5862万元，发放助学金3091万元，全面实行义务教育阶段教师绩效工资。

表4－149　2009年镇江市在校学生情况　单位：万人

区县名称	普通中学在校学生	小学在校学生
全市	13.44	12.90
京口区	—	—
润州区	—	—
丹徒区	1.45	1.10
丹阳市	4.61	4.42
扬中市	1.37	1.31
句容市	2.76	2.27

数据来源：《2010年江苏统计年鉴》。

(2)镇江市著名学校

江苏大学是江苏省省属、以工科为特色的教学研究型综合性全国重点大学，坐落在风景秀丽的国家历史文化名城江苏省镇江市。学校与南京大学、东南大学等学校同宗同源，办学历史可追溯到1902年刘坤一、张之洞等在南京创办的三江师范学堂，综合实力居国内高校百强之列。学校占地面积3045余亩。现有教职工4500余人，其中，特聘中国科学院院士2人，中国工程院院士5人，博士生导师160人，教授及其他正高职人员310余人，副教授及其他副高职人员970余人。全日制在校学生42000余人，其中研究生7200余人、留学生200余人。设有24个学院、77个本科专业，覆盖工学、理学、医学、文学、经济学、法学、管理学、教育学、历史学等9大学科门类。拥有8个博士后科研流动站,5个博士学位授权一级学科,33个博士点,100个硕士学位授权点,2个国家重点学科,1个国家重点培育学科,4个江苏省国家重点学科、国家重点实验室培育建设点,1个省部共建教育部重点实验室,10个江苏省重点学科,10个省级重点实验室、工程中心,拥有23个工程硕士授权领域和MBA专业学位授予权。图书馆藏书235万余册。投资1.6亿元、建筑面积4.3万平米的新图书馆已投入使用。建有电子文献检索中心、高速宽带校园教育科研网、多功能体育馆和教育部科技查新工作站。拥有一所集医疗、教育、科研、预防为一体的三级甲等附属医院。学校是江苏设有出版社的7所高校之一。

4. 淮安市

(1)2009年淮安市教育发展基本情况

淮安市教育工作正以科学发展观为指导,以办人民满意教育为宗旨,以推进教育现代化建设为中心,坚持基础教育、职业教育两手抓,进一步深化教育改革,扩大优质资源,全面实施素质教育,提高教育质量,朝着实现"苏北领先、全省进位、特色显著"的总体目标迈进。2009年,淮安市共有各级各类学校986所,在校生97.4万人,教职工6万人。其中:各类成规模幼儿园271所,在园幼儿15.2万人;小学455所,在校生30.6万人;初中160所,在校生20.7万人;普通高中44所,在校生11.4万人;中等职业学校43所,在校生11.3万人;特殊教育学校7所,在校生0.2万人;普通本科院校2所,高等职业技术学院4所,在校生共计7.9万人。初步形成了从低到高、相互衔接、门类齐全、较为完备的教育体系。全市学前教育毛人园率94.15%;九年义务教育巩固率99.99%;初中毕业生升学率97.26%。

表4-150　　2009年淮安市在校学生情况　　单位:万人

区县名称	普通中学在校学生	小学在校学生
全市	32.12	30.63
清河区	—	—
楚州区	6.98	6.05
淮阴区	4.88	5.25
清浦区	—	—
涟水县	6.95	6.95
洪泽县	1.78	1.92
盱眙县	4.94	4.44
金湖县	1.72	1.48

数据来源:《2010年江苏统计年鉴》。

(2)淮安市著名学校

淮阴工学院是一所以工科为主,工学、经济学、管理学、文学、农学、理学类相结合的多科性省属普通本科院校,坐落在敬爱的周恩来总理故乡——江苏省淮安市区,校园占地面积2217亩。学校现有在校普通本科学生近15000人,本科专业及方向48个,学校设有机械工程学院、电子与电气工程学院、计算机工程学院、建筑工程学院、生命科学与化学工程学院、交通工程学院、经济管理学院、数理学院、人文学院、外国语学院、设计艺术学院,以及公有民办的江淮学院和继续教育学院;拥有1个国家级特色专业建设点、1个省级品牌专业、1个省级特色专业、2个省级重点建设学科、1个省级重点实验室和1个省级重点建设实验室、3个省级实验教学示范中心。淮阴工学院计划在2014年打造出3~5个具备申请硕士点条件的一级学科,2015年末,争取取得硕士学位授予权,力争在"十二五"期末取得硕士学位授予权,力争在2020年前后建成特色鲜明的地方理工大学。学校坚持以恩来精神育人,走产学研结合之路,人才培养质量和办学水平不断提高,逐步形成了鲜明的办学特色。学校拥有一支热爱教育事业、政治素质高、业务能力强的师资队伍和管理队伍。现有教职工近1300人,其中专任教师800余人,具有高级职称200多人,教师中博士、硕士研究生400余人。

5. 马鞍山市

(1)2009年马鞍山市教育发展基本情况

2009年,马鞍山市教育事业健康发展。全年财政用于教育的支出为8.97亿元,比2008年增长33.5%。全市共有各类学校398所,其中,高等院校4所、中小学及其他各类学校394所。在中小学及其他各类学校中,幼儿园155所,小学158所,特殊教育学校2所,普通中学57所。全市省一类幼儿园6所,省示范高中6所,省特色初中1所,省特色小学2所,国家重点职业学校4所。全市中小学及其他各类学校共有在校学生24.45万人、教职工1.68万人。全市高中阶段在校学生5.12万人,高中阶段教育毛入学率为86.8%。

表4-151　　2009年马鞍山市教育基本情况

指标	学校数(所)	在校学生数(人)
普通高等学校	4	38955
中等专业学校	5	7313
职业中学	3	14432
普通中学	57	80527
小学	158	71865
幼儿园	155	23086
特殊教育	2	372

数据来源:《2010年安徽统计年鉴》。

(2)马鞍山市著名学校

安徽工业大学是一所中央与地方共建,安徽省重点建设大学;以工为主,工、经、管、文、理、法等六大学科协调发展、特色鲜明的多科性大学,具有博士、硕士、学士学位授予权和招收海外留学生资格,是教育部批准的试行招收高水平运动员的院校之一。学校前身是始建于1958年的马鞍山钢铁学校,1977年原冶金工业部在此上创建了华东地区唯一一所冶金行业本科院校——马鞍山钢铁学院,1985年更名为华东冶金学院,隶属于冶金工业部。1998年9月起实行"中央与地方共建、以安徽省管理为主"的管理体制,2000年10月经教育部和安徽省人民政府批准更名为安徽工业大学。学校是2004年教育部本科教学工作水平评估优秀高校,自2005年开始,该校专业陆续进入本科第一批次招生。目前,安徽工业大学所有57个本科专业整体进入本科第一批次招生,是安徽省5个全部专业一本招生的高校之一(分别为中国科学技术大学,合肥工业大学,安徽大学,安徽师范大学和安徽工业大学),并且在河北省和河南省进行一本批次招生。学校占地面积2850亩,校舍建筑面积近65万平方米,图书文献资料280万册。学校科研产业成绩显著,拥有安徽工业大学科技产业园(合肥国家大学科技园马鞍山分园），实力连续 10 年位居全国高校百强，为安徽省 4 所具有国家大学科技园的高校之一（分别为中国科学技术大学，合肥工业大学，安徽大学，安徽工业大学）。

6. 滁州市

（1）2009 年滁州市教育发展基本情况

2009 年，滁州市学龄儿童入学率达到 99.9%。幼儿园 276 所，比 2008 年末减少 3 所；小学 721 所，比 2008 年末减少 192 所，专任教师 1.57 万人，减少 1.6%，在校生 30.78 万人，减少 9.6%；普通中学校 287 所，专任教师 1.58 万人，增加 1.0%，在校生 27.21 万人，减少 5.0%；高等学校 3 所，专任教师 1610 人，在校学生 3.75 万人，比 2008 年增长 6.0%。

表 4－152　　2009 年滁州市教育基本情况

指标	学校数(所)	在校学生数(人)
普通高等学校	3	37419
中等专业学校	4	10792
职业中学	23	39847
普通中学	287	272138
小学	721	307805
幼儿园	276	69327
特殊教育	3	1281

数据来源：《2010 年安徽统计年鉴》。

（2）滁州市著名学校

安徽省滁州中学前身为“安徽省立第九师范学校”，于 1921 年由老同盟会员汪树德先生（现海协会长汪道涵先生父亲）所创办。学校总面积 100201 平方米，建筑面积（不含教师住房）18561 平方米，绿化面积 14547 平方米。有教学楼 2 座，教学综合楼 1 座，办公楼 1 座，学生公寓 2 座，校内设有卫星地面接收站、外语调频台、有线电视网、多媒体教室、微机房、多功能报告厅等较为齐全的教学办公设施。藏书 82000 余册，年订报刊 200 余种。有 300 米跑道运动场和足球场一块、篮球场 4 个、排球场 2 个、羽毛球场 2 个、乒乓球台 16 付、大型浮雕 2 块。滁州中学历来以重视学生品德教育和教育教学质量高而享誉皖东大地。在“文化大革命”前的 13 年中，学校本科升学率有 8 年在 80% 以上，其中 1953 年全校 100% 的毕业生升入本科院校。中共十一届三中全会以后，校园面貌得到改善，教育设施逐步配套，教学质量稳步上升，高考本科升学率保持在 75% 以上，近年来稳步上升，每年都有一批同学被清华等全国一流高校录取。滁州中学在高中会考、学科竞赛、文艺汇演和读书活动的成绩在滁州市名列前茅。1949 年以后共培养初中毕业生 12000 多人，高中毕业生 11000 多人，升入本科院校的达 8000 余人。其中在国内外获博士学位的达 200 余人。滁州中学是联合国教科文组织俱乐部成员单位、中国西部地区教育顾问单位、全国文教先进单位、安徽省“示范高中”、省社会主义建设先进单位、省中等学校先进集体、省教书育人先进集体、全国中小学职务聘任制试点单位、省体育卫生工作先进单位、南京军区招飞工作先进单位、省工会工作先进单位、安徽省文明单位等，多项工作在滁州市获得嘉奖。

7. 芜湖市

(1)2009 年芜湖市教育发展基本情况

2009 年末,芜湖市拥有普通高等院校 8 所,专任教师 0. 58 万人,在校学生 11. 12 万人,招生 3. 94 万人,毕业生 3. 65 万人;普通中学 122 所,专任教师 0. 74 万人,在校学生 13. 28 万人;小学 231 所,专任教师 0. 70 万人,在校学生 11. 87 万人;幼儿园 340 所,在园儿童 4. 30 万人。小学学龄儿童入学率 100%,初中阶段适龄人口入学率 100%。市一中新校区、安徽中加学校开工建设,南陵一中新校区建成使用;完成义务教育标准化学校建设 50 所。芜湖职业技术学院通过国家重点示范高职院校建设评估。

表 4 -153　　2009 年芜湖市教育基本情况

指标	学校数(所)	在校学生数(人)
普通高等学校	8	111177
中等专业学校	8	13458
职业中学	11	13976
普通中学	122	132781
小学	231	118688
幼儿园	340	43045
特殊教育	3	447

数据来源:《2010 年安徽统计年鉴》

(2)芜湖市著名学校

安徽师范大学是安徽建校最早的高等学府。学校坐落在具有“徽风皖韵、千湖之城”美誉的国家级开放城市——芜湖,濒临浩瀚长江,傍依灵秀赭山,是一所集江南自然之神秀、汇安徽人文之灵杰的省属重点大学。在 80 多年的办学历程中,刘文典、周建人、郁达夫、苏雪林、陈望道、朱湘、朱光潜等一大批知名的专家学者、社会贤达先后著书立说,弘文励教,他们都是国立安徽大学(现安徽师范大学)的先辈。学校现有学校已经形成了博士—硕士—学士教育等不同层次,全日制高等教育、成人高等教育、留学生教育等不同类型的完整的人才培养体系,已发展成为一所融文学、历史学、哲学、经济学、管理学、法学、理学、工学、教育学等学科门类于一体,师范与非师范并举,在安徽乃至全国有较大影响、被安徽省委、省政府确定为优先建设的综合性大学。学校现有:1 个教育部省部共建文科重点研究基地,3 个安徽省高校人文社会科学重点研究基地;1 个省部共建教育部重点实验室,5 个省级重点实验室(中心),18 个省级重点学科(含安徽省 A 类重中之重学科 1 个)。现有 8 个国家级特色专业建设点,2 个省级特色专业建设点,4 个省级教改示范专业;1 个国家级实验教学示范中心建设单位,5 个省级实验教学示范中心;6 门国家级精品课程,39 门省级精品课程。学校还编辑出版《安徽师范大学学报》、《高校辅导员学刊》、《学语文》、《中学生化学》、《安徽师大报》等多种公开发行的学术期刊和报纸。

8. 巢湖市

(1)2009 年巢湖市教育发展基本情况

2009 年末巢湖市有普通高校 2 所,在校生 1. 87 万人,比 2008 年下降 2. 6%。各类中等职业教育在校生 5. 17 万人。普通高中 66 所,在校生 8. 22 万人,高中阶段毛入学率 76. 15%。普通初中 194 所,在校生 20. 04 万人,初中学龄人口入学率为 99. 58%。小学 1087 所,在校生 30. 40 万人,小学入学率为 100. 00%。

表 4－154　**2009 年巢湖市各类教育发展情况**　单位：人

指标	招生数	在校生数	毕业生数
普通高等教育	5429	18697	5198
中等职业教育	18106	51668	14654
普通高中	25127	82168	30669
普通初中	66817	200394	60024
小学	47959	304020	66324

数据来源：《2010 年安徽统计年鉴》。

表 4－155　**2009 年巢湖市教育基本情况**

指标	学校数（所）	在校学生数（人）
普通高等学校	2	18697
中等专业学校	1	2847
职业中学	28	48459
普通中学	260	282562
小学	1087	304020
幼儿园	166	65718
特殊教育	3	822

数据来源：《2010 年安徽统计年鉴》。

（2）巢湖市著名学校

巢湖市第一中学创办于 1911 年，原校址北依卧牛山，南临烟波浩淼的 800 里巢湖。先贤杨欲仁先生曾用一楹联表达办学志向："凭山脊以为堂，士品宜从高处立；籍湖光而作鉴，文风须向上游争。"九十多年来，一代又一代的一中人，以立足巢湖、放眼世界的气概，以只争朝夕、力争上游的精神，将自己的青春和才华奉献给了巢湖的教育事业，为国家培养了数以万计的优秀人才，赢得了社会各界的广泛认同和一致好评。1959 年学校被确定为安徽省重点中学，2000 年被确定为安徽省示范高中。多年来，学校坚持全面贯彻党的教育方针，大力推进素质教育，学生的综合素质、创新精神和实践能力不断提高，实施"名师名校"工程和"科研兴校"战略，创新管理机制，深化教育改革，充分发挥党组织的领导核心作用和党员的先锋模范作用，建设一支高素质的教师队伍。多年的办学实践形成了"勤、恒、细、严"的学风和"勤奋、严谨、求实、创新"的校风，素质教育硕果累累，学科竞赛成绩、文体比赛成绩在省市均名列前茅，自 1997 年以来，学校高考成绩达线率均在 100%，本科升学率均在 90% 以上。为争创国家级示范高中，在巢湖市委市政府的关心和支持下，学校 2003 年暑期搬迁到新址，新校建设一期工程投资 7700 多万元，如今的校园占地 259 亩，建有教学楼、科教楼、图书办公楼、艺术楼、学生公寓、浴室、餐厅等教学设施，建筑面积 40391 平方米。

二十四 南京都市圈人力资源

人力资源是指一个国家或地区范围内人口总体所具有的劳动能力的总和。南京都市圈在人力资源方面享有得天独厚的优势。该地区历史文化底蕴深厚，社会经济基础较好，不但人口密集，而且人口素质相对较高，高科技人才资源丰富。南京都市圈地区拥有诸多科研机构、高等院校、中等专业学校，教学科研基础雄厚，科技人才密度高，高级人才比重大。此外，还拥有大批熟练的高素质技术工人。这些都对吸收、引进国外先进技术、改造传统产业、发展新兴产业十分有利。人力资源是地区经济发展的源泉。随着知识经济的到来，人力资源将成为“21 世纪第一资源”。

（一）南京都市圈人力资源概况

随着南京都市圈地区经济的快速发展、产业结构的优化升级，以及南京都市圈地区各政府部门不断加强人才工作南京都市圈地区人力资源在人才数量、结构、文化程度等方面都取得了显著的成绩。

1. 人口总量

在经济发展过程中，人口增长速度对人民生活水平的提高有着重要的影响。2000 年以来，南京都市圈地区经济快速持续发展，人口数量保持着低速稳定增长。2009 年南京都市圈地区户籍总人口为 3160.19 万人，比 2008 年增加 0.23%。

表 4－156　　2005～2009 年南京都市圈户籍人口情况　　单位：万人

	2005 年	2006 年	2007 年	2008 年	2009 年
南京	595.80	607.23	617.20	624.46	629.77
扬州	456.31	458.64	459.25	459.79	458.80
镇江	267.61	268.79	268.78	268.77	269.90
淮安	527.77	532.77	534.00	536.91	534.16
马鞍山	125.64	126.57	127.32	128.10	128.61
滁州	435.62	439.99	443.96	447.37	450.25
芜湖	226.88	229.03	230.46	230.79	230.10
巢湖	453.06	452.62	455.03	456.80	458.60
南京都市圈合计	3088.69	3115.64	3136.00	3152.99	3160.19

数据来源：历年各市统计公报。

2. 人口教育

2009 年，南京都市圈地区在校学生总数为 543.84 万人。其中，南京市 145.57 万人，扬州市 61.48 万人，镇江市 39.78 万人，马鞍山市 83.03 万人，滁州市 73.86 万人，芜湖市 43.36 万人，巢湖市 72.31 万人。

表 4 –157　**2009 年南京都市圈地区在校学生总数**　单位:万人

	2009 年
南京	145. 57
扬州	61. 48
镇江	39. 78
淮安	83. 03
马鞍山	24. 45
滁州	73. 86
芜湖	43. 36
巢湖	72. 31
南京都市圈合计	543. 84

数据来源:《江苏统计年鉴》和《安徽统计年鉴》。

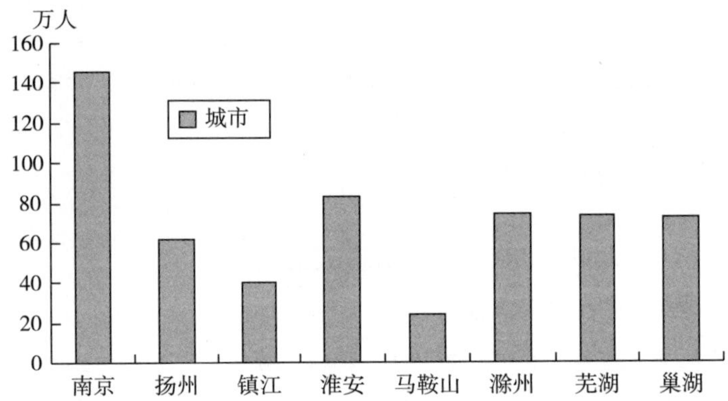

图 4 –46　2009 年南京都市圈地区在校学生总数

数据来源:《江苏统计年鉴》和《安徽统计年鉴》

(二)南京都市圈各市的基本情况

1. 南京市

2005 年末南京市拥有中国科学院和中国工程院院士分别为 48 人和 32 人。拥有在宁普通高等学校(不含部队院校)38 所。2005 年新招收本专科生 14. 44 万人,在校学生 50. 37 万人,分别比 2008 年增加 1. 5 万人和 6. 16 万人。在宁高校招收研究生 2. 04 万人,在校研究生 5. 75 万人,分别比 2008 年增加 0. 17 万人和 0. 81 万人。2005 年末全市常住人口 689. 80 万人,比 2008 年末增加 21. 62 万人;常住人口出生率和死亡率分别为 8. 35‰和 6. 36‰。年末全市户籍总人口为 595. 80 万人,比 2008 年末增加 12. 20 万人。其中市区 513. 38 万人,比 2008 年末增加 12. 15 万人。在全市户籍人口中,非农业人口 435. 30 万人,占全市人口数的 73. 06%;农业人口 160. 50 万人,占全市人口数的 26. 94%。按户籍人口计算,人口出生率为 7. 69‰,比 2008 年下降 0. 04 个千分点;死亡率为 5. 35‰,比 2008 年下降 0. 09 个千分点。全市计划生育率达 98. 5%。

2006 年末南京市拥有中国科学院院士和中国工程院院士分别为 45 人和 31 人。拥有在南京普通高等学校(不含部队院校)41 所。2006 年新招收本专科生 13. 83 万人,比 2008 年减少 0. 61 万人,在校学生 55.71 万人，比 2008 年增加 5.34 万人。在宁高校招收研究生 2.22 万人，比 2008 年增加 0.18 万人；在校研究生 6.37 万人，比 2008 年增加 0.62 万人。2006 年末全市常住人口 719.06 万人，比 2008 年末增加 29.26 万人；常住人口出生率和死亡率分别为 8.90‰和 6.19‰。年末全市户籍总人口为 607.23 万人，比 2008 年末增加 11.43 万人。其中市区 524.64 万人，增加 11.26 万人。

2007 年末南京市拥有中国科学院院士 47 人，比 2008 年增加 2 人；拥有中国工程院院士 32 人，比 2008 年增加 1 人。拥有在宁普通高等学校（不含部队院校）41 所，在校学生 67.79 万人，比 2008 年增加 5.71 万人；其中，研究生 6.78 万人，增加 0.41 万人。2007 年在宁高校新招收本专科生 15.40 万人，比 2008 年增加 1.57 万人，新招收研究生 2.34 万人，增加 0.12 万人。成人高等教育在校学生 17.40 万人，增加 1.78 万人。2007 年末全市常住人口 741.3 万人，比 2008 年末增加 22.2 万人；常住人口出生率和死亡率分别为 8.70‰和 6.22‰。年末全市户籍总人口为 617.2 万人，比 2008 年末增加 10.0 万人。其中市区 534.4 万人，增加 9.7 万人。

2008 年末南京市拥有中国科学院院士 46 人；拥有中国工程院院士 32 人。2008 年末拥有普通高校（不含部队院校）41 所，其中市属高校 5 所；全市高等教育自学考试报名 19.28 万人次，报考课次 44.22 万门；国家非学历证书考试报名 67.85 万人；成人高考报名 3.09 万人，其中 2.4 万人被各类成人高校录取。年末全市户籍总人口为 624.46 万人，比 2008 年末增加 7.29 万人。其中市区 541.24 万人，增加 6.85 万人。年末全市常住人口 758.89 万人，比 2008 年末增加 17.59 万人；常住人口出生率和死亡率分别为 8.75‰和 6.27‰。

2009 年末南京市拥有中国科学院院士 48 人；拥有中国工程院院士 33 人。2009 年末拥有普通高等学校（不含部队院校）53 所，在校学生 77.34 万人（含研究生 8 万人），比 2008 年增加 4.84 万人。拥有普通中学 217 所，在校学生 26.11 万人，减少 1.16 万人。拥有小学 347 所，在校学生 28.32 万人，减少 0.24 万人。全市拥有小班化教育的中小学 130 所。拥有幼儿园 444 所，在园儿童 13.96 万人。中等职业学校在校学生 9.2 万人，减少 1.06 万人。初中毕业生升学率达 98.75%。优质教育资源不断扩大，三星以上普通高中和省级以上重点职业类学校招生比例达招生总数的 90%。2009 年全市有 3.19 万人被各类高校录取，录取率为 85.2%。全市高等教育自学考试报名 20.04 万人，报考课次 45.49 万门；国家非学历证书考试报名 47.75 万人；成人高考报名 4.02 万人。全年完成各级各类社会培训 100 万人次。2009 年末南京市户籍总人口为 629.77 万人，比 2008 年末增加 5.31 万人；其中，市区 545.98 万人，增加 4.73 万人。2009 年末全市常住人口 771.31 万人，比 2008 年末增加 12.42 万人。

2. 扬州市

2005 年，刘秀梵、程顺和当选为中国工程院院士。人口保持低速增长，计划生育稳步推进。2005 年末，扬州市户籍总人口为 456.31 万人，比 2008 年末增加 2.02 万人，增长 0.44%。自然增长率为 3.8‰。全市登记出生人口 4.64 万人，出生率 10.8‰；死亡人口 2.91 万人，死亡率 6.4‰；全市人口迁移 12.34 万人，其中，省际迁移 2.36 万人。

2006 年，扬州市与南京大学签订了市校全面合作协议，全年引进各类人才 9500 人。人口保持低速增长，计划生育稳步推进。2006 年末，扬州市户籍总人口为 458.64 万人，比 2008 年末增加 23287 人，增长 0.51%。自然增长率为 1.37‰。全市登记出生人口 31638 人，出生率 6.92‰；死亡人口 25367 人，死亡率 5.55‰。

2007 年，扬州市职业教育进一步发展，中等职业学校招生占高中阶段招生总数的 52%。建成扬子津科教园区、扬州职大新校区和一批国家级重点职业学校，建立国家级技能型紧缺人才培养培训基地 4 个、省级 9 个。人口保持低速增长。2007 年末，扬州市户籍总人口为 459.25 万人，比 2008 年末增加 0.61 万人，增长 0.13%。全市登记出生人口 3.7 万人，出生率 8.07‰；死亡人口 4.1 万人，死亡率 8.92‰。人口自然增长率为 -0.85‰。

2008 年，扬州市启动“百千万人才强市双行动计划”，10 名高层次人才获得省专项资助。人口总量平稳增长。2008 年末，扬州市户籍总人口为 459.79 万人，比 2008 年末增加 5487 人，增长 0.12%。全市登记出生人口 3.48 万人，出生率 7.58‰；死亡人口 2.94 万人，死亡率 6.39‰。人口自然增长率为 1.19‰。

2009 年扬州市新获批院士工作站 8 家、省级博士后工作站 8 家，引进博士以上创新型人才 73 名。新增省级以上“两站两中心”29 家，引进高层次领军人才 153 人、产业发展急需专业技术人才 1384 人。人口总量基本稳定。2009 年末，扬州市户籍总人口为 458.8 万人，比 2008 年末减少 9980 人，下降 0.22%。全市登记出生人口 3.3 万人，出生率 7.18‰；死亡人口 4.07 万人，死亡率 8.86‰。人口自然增长率为 -1.68‰。

3. 镇江市

2005 年末镇江市拥有各类专业技术人员 12.35 万人，比 2008 年增长 4.9%，其中中高级职称人员 4.22 万人，增长 4.5%。全市共有普通高校 5 所，普通高等教育招生 1.82 人，在校生 6.41 万人，毕业生 1.06 人。研究生教育招生 1526 人，在校研究生 3593 人，毕业生 632 人。职业教育发展步伐加快，年末职业学校在校学生 1.56 万人；中等专业技术学校在校学生 3.72 万人，比 2008 年增加 0.78 万人；全年农村各类实用技术培训达 0.51 万人次，参加社会自学考试 6.08 万人次。人口总量略有增加。年末全市户籍人口 267.61 万人，比 2008 年末增加 0.4 万人，其中：男性人口 135.10 万人；女性人口 132.51 万人。其中市区总人口 102.01 万人，比 2008 年增加 0.65 万人。全年人口出生率 8.03‰，上升 0.43 个千分点；死亡率 5.95‰，下降 2.45 个千分点；人口自然增长率 2.08‰，上升 2.88 个千分点。

2006 年镇江市拥有各类专业技术人员 11.96 万人，比 2008 年增长 16.0%，其中中高级职称人员 0.76 万人，增长 4.0%。高等教育规模继续扩大，全市拥有普通高校 5 所，在校学生 6.79 万人。职业教育发展步伐加快，职业学校在校学生 1.94 万人，中等专业技术学校在校学生 4.75 万人，参加社会自学考试 7.72 万人次。全年农村劳动力技能培训达 3.82 万人次。全市人口继续保持“低出生、低死亡、低增长”的发展态势。全市户籍总人口 268.79 万人，比 2008 年增加 1.17 万人，其中：男性人口 133.92 万人；女性人口 134.87 万人。其中市区总人口 102.72 万人，比 2008 年增加 0.71 万人。全年人口出生率 7.81‰，比 2008 年下降 0.23 个千分点；人口死亡率 6.16‰，比 2008 年上升 0.21 个千分点；人口自然增长率 1.65‰，比 2008 年下降 0.44 个千分点。

2007 年，全市拥有各类专业技术人员 12.79 万人，比 2008 年增长 4.5%，其中中高级职称人员 4.48 万人，增长 5.3%。人口增长维持较低水平。2007 年，全市人口与 2008 年相比持平略减。年末户籍总人口 268.78 万人，比 2008 年减少 0.01 万人，其中：男性人口 135.22 万人；女性人口 133.56 万人。其中市区总人口 102.82 万人，比 2008 年增加 0.1 万人。全年人口出生率 7.42‰，比 2008 年下降 0.39 个千分点；人口死亡率 7.64‰，比 2008 年上升 1.48 个千分点；人口自然增长率 0.22‰，比 2008 年下降 1.43 个千分点。

2008 年，全市拥有各类专业技术人员 13.05 万人，比 2008 年增长 3.6%，其中中高级职称人员 4.41 万人，增长 5.4%。人口总量基本稳定。2008 年，年末户籍总人口 268.77 万人，比 2008 年减少 0.01 万人，其中：男性人口 134.69 万人；女性人口 134.08 万人。其中市区总人口 102.81 万人，比 2008 年减少 0.01 万人。全年人口出生率 7.45‰，比 2008 年上升 0.03 个千分点；人口死亡率 8.31‰，比 2008 年上升 0.67 个千分点；人口自然增长率为 -0.86‰

2009 年，镇江市 2009 年末从事科技活动人员 2.4 万人，其中研究与发展（R&D）人员 1.02 万人。人口总量小幅增长。2009 年末全市常住人口 306.9 万人，比 2008 年末增加 2.9 万人；户籍人口

269.9万人，比2008年增加1.1万人，其中：男性人口135.2万人；女性人口134.7万人。人口出生率7.6‰，人口死亡率6.7‰，人口自然增长率0.9‰。

4. 淮安市

2005年淮安市拥有普通高校6所，在校生4.67万人。年末全市户籍总人口527.77万人，比2008年末增加3.71万人，增长7.1‰；全年出生5.29万人，死亡1.81万人；人口出生率10.1‰，死亡率3.‰，人口自然增长率6.7‰。

2006年末淮安市户籍总人口532.77万人，比2008年增加5.00万人，增长9.0‰；全年出生6.01万人，死亡2.13万人；人口出生率11.3‰，死亡率4.0‰，人口自然增长率7.3‰。

2007年职业高中21所，在校生5.25万人；普通中等专业学校47所，在校生9.84万人；普通本科院校2所，高等职业技术学院4所，在校生6.22万人。末全市户籍总人口534.00万人，比2008年增加1.23万人，增长2.3‰；全年出生6.13万人，死亡5.43万人；人口出生率11.5‰，死亡率10.2‰，人口自然增长率1.3‰。

2008年淮安市共有普通本科院校2所、高等职业技术学院4所，在校生6.77万人。人口总量继续增长。2008年末全市户籍总人口536.91万人，比2008年增加2.91万人，增长0.5%；全年出生6.81万人，死亡3.30万人；人口出生率12.7‰，人口死亡率6.2‰，人口自然增长率6.6‰。

2009年淮安市共有普通本科院校2所，高等职业技术学院4所，在校生共计7.9万人。人口总量有所下降。2009年末全市户籍总人口534.16万人，比2008年减少2.75万人，下降0.5%；全年出生6.58万人，死亡5.44万人。

5. 马鞍山市

2005年马鞍山市全年财政用于教育方面的支出为3.97亿元，比2008年增长23.7%。全年全日制高等教育招生5927人，在校生20988人，毕业生4270人。全年中等职业教育招生5803人，在校生12703人，毕业生1896人。人口自然增长率稳中有降。2005年末全市户籍人口为125.64万人。其中：农业人口66.47万人；非农业人口59.17万人。据抽样调查，人口出生率为10.2‰，死亡率为4.5‰，自然增长率为5.7‰。

2006年马鞍山市全年财政用于教育的支出为4.6亿元，比2008年增长15.9%。全年全日制高等教育招生7713人，在校生25680人。全年中等职业教育招生7127人，在校生16695人。2006年末全市户籍人口为126.57万人。其中：农业人口66.49万人；非农业人口60.08万人。据抽样调查，人口出生率为10.1‰，死亡率为4.6‰，自然增长率为5.5‰。

2007年马鞍山市全年财政用于教育的支出为6.04亿元，比2008年增长29.4%。2007年末全市户籍人口为127.32万人。其中：农业人口66.23万人；非农业人口61.09万人。据抽样调查，人口出生率为10.1‰，死亡率为4.8‰，自然增长率为5.3‰。

2008年马鞍山市科创中心通过科技部2008年度国家税收政策审核，正式享受国家关于孵化器优惠政策；建立软件外包人才培养基地，成立全省首个大学生创业工作站。全年财政用于教育的支出为9.1亿元，比2008年增长18.8%。年末全市户籍人口为128.1万人。其中：农业人口65.04万人；非农业人口63.06万人。据抽样调查，人口出生率为10.2‰，死亡率为4.9‰，自然增长率为5.3‰。

2009年马鞍山市全年财政用于教育的支出为8.97亿元，比2008年增长33.5%。全市共有高等院校6所。人口总量增长。年末全市户籍人口为128.61万人。其中：农业人口64.52万人；非农业人口64.09万人。据抽样调查，人口出生率为10.2‰，死亡率为5‰，自然增长率为5.2‰。

6. 滁州市

2005年末，滁州市共有各类专业技术人员5万人，比2008年增加约0.1万人。高等教育取得积极进展。滁州师专升格为滁州学院，滁州职业技术学院正式设置，安徽技术师范学院更名为安徽科技学院，凤阳师范学校升专科已通过省级论证，上报教育部待批。“百名博士引进工程”取得良好反响。人口增长继续得到有效控制。全年人口出生率为11.0‰，死亡率为5.4‰，自然增长率5.6‰，其中人口自然增长率比2008年上升0.4个千分点。年末，全市户籍人口435.62万人，其中非农业人口93.62万人、农业人口342.0万人。

2006年末，滁州市市共有各类专业技术人员5万人。全年人口出生率为10.34‰，死亡率为4.76‰，自然增长率5.58‰，其中人口自然增长率比2008年下降0.02个千分点。2006年末，全市户籍人口439.99万人，比2008年增加4.37万人；其中非农业人口93.58万人、农业人口344.33万人。

2007年末，滁州市共有各类专业技术人员5.1万人。高等学校4所，专任教师1535人，比2008年增长11.0%，在校学生3.12万人，比2008年增长13.4%。全年人口出生率为9.66‰，死亡率为5.03‰，自然增长率4.63‰，其中人口自然增长率比2008年下降0.95个千分点。2007年末，全市户籍人口443.96万人，比2008年增加3.97万人，其中非农业人口96.11万人、农业人口347.85万人。全市常住人口411万人。

2008年末，滁州市共有各类专业技术人员5.13万人。高等学校4所，专任教师1540人，在校学生3.30万人，比2008年增长5.7%。全年人口出生率为10.23‰，死亡率为5.09‰，自然增长率5.14‰，其中人口自然增长率比2008年上升0.51个千分点。2008年末，全市户籍人口447.37万人，比2008年末增加3.42万人，其中非农业人口97.60万人、农业人口349.77万人。全市常住人口412万人。

2009年末，滁州市共有各类专业技术人员5.14万人。2009年滁州市有高等学校4所，专任教师1610人，在校学生3.50万人，比2008年增长6.0%。全年人口出生率为10.81‰，死亡率为5.24‰，自然增长率5.57‰，其中人口自然增长率比2008年上升0.43个千分点。2009年末，全市户籍人口450.25万人，比2008年增加2.88万人，其中非农业人口98.93万人、农业人口351.32万人。全市常住人口411万人。

7. 芜湖市

2005年末，芜湖市拥有普通高等院校9所，专任教师0.42万人，在校学生8.99万人，招生2.52万人，毕业生1.73万人。2005年末，全市户籍人口226.88万人，比2008年增加2.32万人，增长1.0%。全市人口中，男性人口117.48万人，女性人口109.40万人。据抽样调查，全年人口出生率为9.2‰，死亡率为4.5‰，自然增长率为4.7‰。

2006年末，芜湖市拥有普通高等院校11所、专任教师0.49万人、在校学生11.05万人，招生3.22万人，毕业生2.18万人。年末，全市户籍人口229.03万人，比2008年增加2.15万人；其中市区104.32万人。全市人口中，男性人口118.49万人，女性人口110.54万人。全年人口出生率为8.4‰，死亡率为4.5‰，自然增长率为3.9‰。

2007年末，芜湖市拥有普通高等院校11所、专任教师0.42万人、在校学生11.24万人，招生3.43万人，毕业生2.48万人；普通中学124所，专任教师0.71万人，在校学生14.34万人，中等职业学校21所，在校学生2.55万人。2007年末，全市户籍人口230.46万人，比2008年增加1.43万人；其中市区105.28万人。全市人口中，男性人口119.11万人，女性人口111.35万人。全年人口出生率为8.75‰，死亡率为4.18‰，自然增长率为4.57‰。

2008年末，芜湖市拥有普通高等院校11所、专任教师0.6万人、在校学生11.9万人，招生3.9万人，毕业生2.8万人。新设立芜湖机电学校和芜湖财经工业学校两所民办中等职业教育学校。2008年末，全市户籍人口230.79万人，比2008年增加0.32万人；其中市区105.58万人。全市人口中，男性人口119.20万人，女性人口111.58万人。全年人口出生率为8.1‰，死亡率为6.2‰，自然增长率为1.9‰。

2009年末，芜湖市拥有普通高等院校10所、专任教师0.58万人、在校学生12.42万人，招生3.94万人，毕业生3.65万人。年末，全市常住人口230.0万人，比2008年净增2.0万人。公安户籍人口230.10万人，比2008年减少0.69万人；其中市区104.92万人。全市人口中，男性人口118.67万人，女性人口111.43万人。全年人口出生率为8.0‰，死亡率为6.9‰，自然增长率为1.1‰。

8. 巢湖市

2005年末，巢湖市有：高等学校2所，当年招生4924人，比2008年下降2.3%，在校生13864人，比2008年增长9.9%；中等专业学校（不含技工学校）2所，当年招生895人，在校生2629人；职业高中21所，当年招生13330人，在校学生24296人；普通高中60所，招生29321人，在校生81830人，毕业生21097人。各级各类成人学校毕业生数3613人。全年共扫除文盲2639人。国有企事业单位共有各类专业技术人员49177人，其中，高级职称1929人，中级职称14633人。口自然增长率保持较低水平。2005年，全市人口出生率为8.5‰，比2008年下降0.76个千分点；死亡率为4.1‰，比2008年下降1.01个千分点；自然增长率4.4‰，上升0.25个千分点。年末全市户籍人口453.06万人。

2006年末巢湖市共有普通高校2所、在校生1.58万人。有：各类中等职业教育（不含技工学校）在校生3.76万人；普通高中65所，在校生8.73万人；各级各类成人学校毕业生数0.20万人。2006年末全市共有各类专业技术人员44539人。其中，高级职称2067人，中级职称15197人。2006年，全市人口出生率为9.2‰，比2008年上升0.7个千分点；死亡率为4.3‰，上升0.2个千分点；自然增长率为4.9‰，上升0.5个千分点。年末全市户籍人口452.62万人，比2008年减少4425人；常住人口413万人，减少2万人。

2007年末巢湖市有普通高校2所、在校生1.77万人，比2008年增长12.0%。有：各类中等职业教育（不含技工学校）在校生4.42万人；普通高中65所，在校生9.2万人。年末全市共有各类专业技术人员5.75万人，比2008年增长4.5%。其中女性1.79万人，比2008年增长2.3%。2007年，全市人口出生率为9.5‰，比2008年上升0.3个千分点；死亡率为4.7‰，上升0.4个千分点；自然增长率为4.7‰，下降0.2个千分点。年末全市户籍人口455.03万人，比2008年增加2.41万人；常住412万人，减少1万人。

2008年末巢湖市有普通高校2所、在校生1.92万人，比2008年增长8.3%。有：各类中等职业教育在校生5.1万人；普通高中66所，在校生8.98万人。年末全市共有各类专业技术人员5.73万人，与2007年持平。全年人口出生率为9.5‰，与上年持平；死亡率为5.8‰，上升1.1个千分点；自然增长率3.7‰，下降1.0个千分点。年末全市户籍人口456.8万人，比2008年增加1.77万人；常住人口412万人，与上年持平。

2009年末巢湖市市有普通高校2所、在校生1.87万人，比2008年下降2.6%。各类中等职业教育在校生5.17万人。2009年末全市共有各类专业技术人员6.05万人，比2008年增长5.6%。全年人口出生率为9.4‰，比2008年下降0.1个千分点；死亡率为4.9‰，下降0.9个千分点；自然增长率4.5‰，上升0.8个千分点。年末巢湖市户籍人口458.6万人，比2008年增加1.8万人；常住人口410万人，比2008年减少2万人。

（三）继续加快南京都市圈人才建设的对策建议

1. 进一步强化各地政府尤其是组织人事部门之间的对话、交流和考察机制。南京都市圈各地之间的交流对话方式，可以定期举行，也可以不定期举行，可以“请进来”，也可以“走出去”，可以是综合性的，也可以是单项的，要立足问题，取得实效。要进一步建立和完善市级领导出面、组织部门牵头、相关城市人事部门直接参加的政府合作组织形式—南京都市圈人才合作联盟或人才联席会议，发挥人才合作有关重大事项和重大问题的跨界协调和联动职能,研究、起草并推行南京都市圈人才开发一体化规划,确定中长期尤其是近期实施计划,制定共同遵守的协调规章、磋商机制和有关人才共享的重大制度和操作手段等,形成政府之间的跨界协调和联动机制。

2. 加大人才服务研究,办好人才服务的各类论坛。逐步建立和形成以专家学者、用人单位、社会知名人士等组成的非政府合作组织形式—南京都市圈人才服务和合作论坛,主要就人才服务和合作的国内外动态和区域内人才一体化建设的有关问题开展调研,定期或不定期地召开区域人才论坛和研讨会,就区域人才合作和人才共享的重大理论和实践问题展开研讨,为南京都市圈人才共享机制的形成摇旗呐喊,创造良好的人才共享的社会氛围,同时也为解决人才共享机制运作过程中的一些实际问题提供理论支撑和政策建议。

3. 建立统一人才评估体系。南京都市圈人才开发一体化的进程中,随着人才的大量涌入,有必要探索建立统一的“人才信用评估体系”,为人才建立信用档案,使南京都市圈地区的用人单位通过“信用档案”真实了解引进人才的实际水平,更好地做出选择。而人才也可以将评估体系评断的“信用等级”作为申报、申请相关激励、优惠政策的依据之一。

4. 着力构建南京都市圈区域内人才使用、人才流动和人才合作的市场配置和调控机制。随着市场经济的进一步发展,包括人才资源在内的各种生产要素的市场化配置将占据主导地位,因此,市场化配置和调控人才使用、人才流动、人才合作将在南京都市圈地区越来越重要。我们认为,构建南京都市圈人才共享机制的最终目标是,要在南京都市圈区域内形成一个统一的、人才自由流动、用人单位自由选择的人才市场。但目前离这一目标还相去甚远。因此,要发挥人才市场化配置的基础作用,构建区域人才使用、人才流动和人才合作的市场配置和调控机制,需要在深究这些深层次原因的基础上寻求良策。

5. 努力完善人才信息资源共建、人才网络互联、人才信息共享的信息化引领机制。要在长三角各地相互协商的基础上,加大信息化合作的力度,不断拓展信息资源的总量,努力构建多元化、综合性、专业型的区域人才信息资源库,在共建的基础上更好地满足区域市场对人才信息的多元化需要。

6. 建立健全由各地参与的跨界性的人才中介服务组织形式—南京都市圈人才中介行业协会,制定统一的章程和标准,规范服务程序,加强行业自律,推动区域内人才中介行业的规范化、制度化、诚信化和透明度,为南京都市圈人力资源共享机制的运作创造良好的市场环境。

二十五　南京都市圈社会保障

一、2009 年南京都市圈 8 个城市的社会保障总体情况

(一)南京都市圈 2009 年社会保障情况分城市介绍

1. 南京市

2009 年全市新增就业岗位 19.96 万个,农村劳动力转移就业人数 6.2 万人,援助困难人员再就业 1.29 万人。年末城镇登记失业率为 3.02%,比 2008 年下降 0.14 个百分点。2009 年全市城镇社会保险五大险种累计参保人数达到 958.2 万人次,其中养老、失业、医疗保险覆盖率均达到 98% 以上。养老、失业保险金发放标准分别提高到 1540 元、850 元。全市纳入各类养老保险总人数达到 409 万人,其中新型农村养老保险 120.33 万人、城镇基本养老保险参保人数为 188.32 万人;城镇失业保险参保人数为 180.23 万人,领取失业保险金人数为 2.57 万人;全市城镇职工基本医疗保险参保人数达到 250.18 万人。8.01 万名被征地农民进入社会保障。实施"慈善安居工程",筹资 240 万元,帮助全市 300 户农村无自救能力家庭进行危房改造。

2009 年末全市福利类收养性单位拥有床位 23037 张,收养人员达 16542 人;其中,11 个社会福利院拥有床位 2415 张,收养 1931 人。建立城镇各类社区服务设施 2154 处,区县街道级社区服务中心 53 个。全市城乡居民享受最低生活保障的有 14.64 万人。国家抚恤、补助各类优抚的对象 1.03 万人。

2. 扬州市

2009 年以来,民生工程深入实施。城镇新增就业 7.3 万人。培训农村实用人才和农技人员 29 万人次、劳动力 10.1 万人,新增转移 7.1 万人。期末城镇登记失业率 2.91%。城镇职工基本养老保险参保率 96.7%,城镇职工和居民基本医疗参保率分别达 97.1% 和 99%。市区被征地农民基本生活保障"即征即保"率 100%。农村五保集中供养率 80%。实施市区 70 岁以上"三无"老人生活补贴政策。新发市民卡 3 万张。市区新建和调剂廉租房 280 套,提供经济适用房 1095 套,发放购房政策性补贴 782.9 万元,公房解危 6.13 万平方米。新增住房公积金缴存职工 4.6 万人,归集住房公积金 20 亿元。

3. 镇江市

社会保障日臻完善。2009 年,全市企业职工基本养老保险、城镇基本医疗保险、失业保险参保人数分别为 62.7 万人、71.4 万人和 42.9 万人,比 2008 年分别增加 2.7 万人、1.5 万人和 0.8 万人;覆盖面分别达 98.4%、98.7% 和 98.3%。农村养老参保人数 8.62 万人,覆盖面达 66.0%。社会救助机制不断完善,弱势群体和低收入家庭实现"应保尽保",全市最低生活保障人数达 4.5 万人,其中城市 1.4 万人、农村 3.1 万人,发放最低生活保障经费 6143 万元,增长 25.4%。慈善资金总收入(含增值)4915 万元,救助总支出 1571 万元,救助 8754 人次。

4. 淮安市

社会保障体系不断完善。全市参加企业养老保险职工人数达 49.83 万人,比 2008 年增加 4.01 万人。其中,乡镇企业职工参保 4.39 万人,农民工参保 4.61 万人,个体灵活就业人员参保 20.87 万人。全市参加城镇职工基本医疗保险、工伤保险、生育保险、失业保险人数,分别达 59.56 万人、32.33 万人、26.66 万人、45.28 万人,比 2008 年同期分别增加 3.76 万人、3.31 万人、2.88 万人、2.17

万人。城镇居民基本医疗保险参保人数达 61.88 万人。全市共支付 12.93 万名企业离退休人员养老金 16.39 亿元,确保了企业离退休人员养老金按时足额 100% 社会化发放。全市共有 12.78 万名企业退休人员纳入社区管理,社区管理率达 99.8%。全市累计接收企业退休人员档案 12.74 万份,档案接收率为 99.6%。全市为纳入社区管理退休人员进行免费体检,免费体检率为 100%。突出民生改善,政府亲和力进一步增强。社会事业健康发展。新增 3 所三星级普通高中、4 所四星级中等职业学校,城乡学前三年幼儿入园率、义务教育阶段巩固率、初中毕业生升学率、残疾儿童接受义务教育率、高等教育毛入学率,分别达 94%、99.9%、97%、97% 和 38.8%。城市社区卫生机构标准化普及率达 96%,新型农村合作医疗覆盖率达 99.9%,建成百万农民"15 分钟健康就医圈",甲型 H1N1 流感和手足口病防控工作得到加强。中国南北地理分界线标志园、中国淮扬菜博物馆等建成开放,基本完成主城区有线数字电视整体转换;成功获得第十八届省运会承办权。"世代服务"体系建设实现城乡全覆盖,全市计划生育率达 94.15%。社保体系逐步健全。城镇新增就业 6.6 万人,下岗失业人员再就业 3 万人,发放助保贷款 3600 万元,城乡低保、廉租房补贴、农村五保对象供养全部实现提标扩面。投入 3.6 亿元帮助 16 万人脱贫,省定经济薄弱村村均收入达 4.6 万元。为 5731 名困难群众免费提供法律援助。民生实事全面完成。新建 23 个市级示范社区卫生服务中心、123 个标准化卫生服务站;发放尊老金 1896 万元;为 14.66 万名企业退休职工免费体检;6.6 万名市区 65 周岁以上老人免费乘坐公交车;建成廉租房 904 套,建设经济适用房 5268 套;解决 56 万农村居民饮水不安全问题;完成农村改厕 11.8 万座;市综合性社会福利中心、妇女儿童活动中心建设全面启动,乡镇文化站、农家书屋等工程均超额完成任务

5. 马鞍山市

社会保障体系逐步完善。2009 年全年累计新增就业 3.96 万人,其中下岗失业人员再就业 1.83 万人,"4005"人员等困难群体再就业 5049 人,城镇登记失业率为 3.2%。完成就业再就业技能培训 2.24 万人,创业培训 1200 人。建立城乡居民生育保险制度,加快完善城乡社会保障体系,巩固完善新农保、城乡一体化居民医疗保险制度,全市城镇职工基本养老保险参保人数达 29.23 万人,失业保险参保人数 18.66 万人,医疗保险参保人数 33.48 万人,工伤保险参保人数 23.57 万人,生育保险参保人数 43.54 万人。城镇居民医疗保险参保人数 38.55 万人。建立了被征地农民养老金正常调整机制,基础养老金从每人每月 120 元提高到 180 元,被征地农民参保人数 5.7 万人。完善城镇居民养老保险、事业单位养老保险、未参保集体企业职工基本生活保障等制度,促进城乡社会保障体系进一步健全。社会福利事业进展加快。困难群众救助制度逐步完善,社会救助体系建设成效凸显。市区城乡低保标准实现一体化,大幅提高城乡医疗救助年度封顶线标准。全市城乡最低生活保障救助 55.92 万人次,全年共支出低保金 9392.55 万元。全市社会收养性福利床位数 4548 张;抚恤、补助各类优抚对象 7769 人;慈善事业健康发展,接受社会捐赠 382 万元;全市福利彩票销售 8426 万元,比 2008 年增长 25.6%,筹集福利彩票公益金 2820 万元,比 2008 年增长 26.4%,其中市本级 1058 万元,比 2008 年增长 26.1%。

6. 滁州市

养老、失业、医疗、工伤保险、生育保险以及城乡居民最低生活保障工作稳步推进。2009 年末全市参加城镇基本养老、城镇基本医疗保险人数分别为 22.96 万人和 33.07 万人,分别比 2008 年末增长 7.8%、2.1%。参加失业保险人数为 20.10 万人,比 2008 年减少 6.0%。参加工伤保险人数为 17.43 万人,比 2008 年末增长 21.0%。生育保险人数为 15.81 万人,比 2008 年末增长 24.7%。参加农村养老保险人数 6.74 万人。参加城市最低生活保障人数 7.57 万人,比 2008 年末增长 2.4%。参加农村最低生活保障人数 14.28 万人,比 2008 年末增长 17.4%。基层工会总数 3928 个,比 2008 年增加 7.5%。全年送温暖工程筹集资金 1643 万元,发放 1466 万元。年末乡镇以上妇联组织 192 个,春蕾工程全年筹资

32.36 万元，比 2008 年增加 12.08 万元，救济失学女童 411 人，比 2008 年增加 41 人。2009 年末，全市各类福利收养性单位数 175 个，床位数 15248 张，分别比 2008 年末增长 2.3%、40.4%。农村五保供养人数 2.84 万人。2009 年末，城镇社区各种服务设施 878 个，比 2008 年增加 6.2%。

7. 芜湖市

就业和社会保障。2009 年末，拥有各类职业介绍机构 111 个。全年新增城镇就业人员 5.52 万人，其中安置下岗失业人员 1.97 万人。培训下岗失业人员 1.52 万人次。城镇登记失业率 3.8%。2009 年末，参加城镇基本养老保险职工 34.92 万人，增加 0.72 万人；参加城镇基本医疗保险职工 41.85 万人，增加 0.92 万人；参加失业保险职工 24.53 万人，增加 1.01 万人；参加工伤保险职工 21.33 万人，增加 1.53 万人；参加生育保险职工 20.19 万人，增加 4.99 万人。城镇居民参加基本医疗保险 74.02 万人，增加 5.78 万人；启动了新型农村社会养老保险，有 8.62 万人参保；农民参加新型农村合作医疗 100.57 万人，参合率达 97.3%。有 5.69 万城镇居民、4.52 万农村居民享受最低生活保障。全市拥有各类收养性单位 77 个，床位 6905 张，收养各类人员 0.56 万人。全年共销售社会福利彩票 1.43 亿元，筹集公益金 1784 万元。直接接收社会捐款 824 万元。

8. 巢湖市

2009 年末全市参加城镇基本养老、医疗保险人数分别为 16.99 万人和 23.26 万人。参加失业保险的人数为 17.11 万人。全市参加工伤、生育保险人数分别为 12.47 万人和 12.15 万人。2009 年末被征地农民参保人数 9.79 万人。全年农村低保人数 15.42 万人，城市低保人数 6.33 万人。2009 年末全市有各类收养性单位床位 14693 张，收养各类人员 12416 人。城镇建立各种社区服务设施 330 个。全年销售社会福利彩票 9500 万元，筹集社会福利资金 3325 万元。（均来自 2009 年各市统计公报）

表 4-158　　南京都市圈社会保险参保人数情况　　单位：万人

	养老保险	失业保险	医疗保险	工伤保险	生育保险
南京	188.32	180.23	250.18	—	—
镇江	62.70	42.90	71.14	—	—
马鞍山	29.23	18.66	33.48	23.57	43.54
滁州	22.96	20.10	33.07	17.43	15.81
芜湖	34.92	24.53	74.02	21.33	20.19
巢湖	16.99	17.11	23.26	12.47	12.15

数据来源：历年《江苏统计年鉴》和《安徽统计年鉴》。

表 4-159　　南京都市圈各市社会福利状况

	最低生活保障人数（万人）	收养单位（个）	床位数（张）	收养人数（人）
南京	14.64	—	23037	16500
马鞍山	55.92	—	4548	—
滁州	7.57	175	15248	—
芜湖	10.21	77	6905	5600
巢湖	21.75	—	14693	12416

数据来源：历年《江苏统计年鉴》和《安徽统计年鉴》。

2009年,南京都市圈的社会保险参保人数均处于上升状态,其中,南京市的各类社会保险参保人数最多,这也与城市的总人口有关,但是通过分析2009年部分城市主要社会保险看来,医疗保险覆盖范围最大,达到98%以上,其次是失业保险,达到97%以上,养老保险也已覆盖96%以上的人口,这说明,南京都市圈地区在经济发展的同时切实保护劳动者的基本权益,让全体人民共享改革开放的成果。

二、南京都市圈代表城市社会保障发展情况

(一)、南京市

表4-160 南京市社会保障发展情况 单位:万人

	2005年	2006年	2007年	2008年	2009年
养老保险	144.05	156.70	167.1	179.41	188.32
医疗保险	146.81	167.24	192.1	229.53	250.18
失业保险	129.36	138.34	149.3	170.82	180.23

数据来源:历年《南京市统计年鉴》。

可以看出,自2007年以来,南京市的城镇登记失业率逐年下降,说明政府在扩大就业方面的工作十分有效,三大保险的参保人数都有很大幅度的增长,特别是失业保险和医疗保险,人数增长十分迅速,这说明南京市在保障民生上进展较快。至2009年,2009年全市城镇社会保险五大险种累计参保人数达到958.2万人次,其中养老、失业、医疗保险覆盖率均达到98%以上。养老、失业保险金发放标准分别提高到1540元、850元。全市纳入各类养老保险总人数达到409万人,其中新型农村养老保险120.33万人、城镇基本养老保险参保人数为188.32万人;城镇失业保险参保人数为180.23万人,领取失业保险金人数为2.57万人;全市城镇职工基本医疗保险参保人数达到250.18万人。8.01万名被征地农民进入社会保障。实施"慈善安居工程",筹资240万元,帮助全市300户农村无自救能力家庭进行危房改造。

表4-161 南京市社会福利发展情况

	2005年	2006年	2007年	2008年	2009年
城市低保人数(万人)	13.05	13.51	14.23	—	—
收养性床位数(张)	12476.00	15572.00	18700.00	20640.00	23037.00
收养人数(人)	10039.00	12439.00	14443.00	16385.00	16542.00
服务设施(处)	1807.00	1820.00	1697.00	1937.00	2154.00
福利院(个)	12.00	11.00	12.00	12.00	12.00
福利院床位数(张)	2369.00	2188.00	2048.00	2552.00	2369.00
人数(人)	2047.00	1769.00	2256.00	2074.00	2047.00

数据来源:历年《南京市统计年鉴》。

2009年末全市福利类收养性单位拥有床位23037张,收养人员达16542人;其中,11个社会福利院拥有床位2415张,收养1931人。建立城镇各类社区服务设施2154处,区县街道级社区服务中

心53个。全市城乡居民享受最低生活保障的有14.64万人。国家抚恤、补助各类优抚的对象1.03万人。南京市自2008年以来,全市福利性单位拥有床位数额收养人数均有不同程度的增加。

(二)扬州市

表4-162　扬州市社会保险发展情况　单位:万人

	养老保险	医疗保险	保险失业
2006	61.20	66.37	48
2007	66.72	74.98	51
2008	84.16	84.08	54
2009	96.7%	97.10%	—

注:2009年的数据是保险的覆盖面积百分比。

从上表中可以看出,扬州市2007年到2009年之间社会保险各个保险项目的参保人数都有很大幅度的提高,特别是养老保险的参保人数增长很快,基本和医疗保险的参保人数持平,这反映了人们对这两项基本社会保险项目的刚性需求。

(三)镇江市

表4-163　镇江市社会保障发展情况　单位:万人

	2005年	2006年	2007年	2008年	2009年
养老保险	39.0	49.5	55.50	57.31	62.7
医疗保险	54.0	58.6	64.34	69.90	71.4
失业保险	39.5	40.4	41.70	42.08	42.9

数据来源:历年《镇江市统计年鉴》。

表4-164　镇江市社会福利发展情况

	2005年	2006年	2007年	2008年	2009年
最低保障人数(万人)	3.4	3.75	4.05	4.26	4.5
卫生机构数(个)	941.0	920.00	970.00	926.00	890.0
卫生技术人员数(人)	—	13519.00	13942.00	13868.00	14484.0
床位数(张)	8101.0	8393.00	8636.00	8636.00	8670.0

数据来源:历年《镇江市统计年鉴》。

可见,自2005年以来,镇江市在社会保障和社会福利方面取得了良好成绩,城市三大基本保险,即医疗保险、医疗保险和失业保险的参保人数逐年增长,至2009年,全市企业职工基本养老保险、城镇基本医疗保险、失业保险参保人数,分别为62.7万人、71.4万人和42.9万人,比2008年分别增加2.7万人、1.5万人和0.8万人;覆盖面分别达98.4%、98.7%和98.3%。农村养老参保人数8.62万人,覆盖面达66.0%。社会救助机制不断完善,弱势群体和低收入家庭实现"应保尽保",全市最低生活保障人数达4.5万人,其中城市1.4万人、农村3.1万人,发放最低生活保障经费6143万元,增长25.4%。慈善资金总收入(含增值)4915万元,救助总支出1571万元,救助8754人次。

(四)淮安市

表4-165　　淮安市社会保障发展情况　　单位:万人

	2005年	2006年	2007年	2008年	2009年
养老保险	34.76	37.25	40.68	45.82	49.83
医疗保险	27.04	30.75	47.90	55.81	59.56
失业保险	38.90	39.60	39.60	43.11	45.28
工伤保险	—	—	21.97	29.01	32.33
生育保险	—	—	20.16	23.78	26.66

数据来源:历年《淮安市统计年鉴》。

通过上表,可以看出淮安市参加三大基本保险的居民人数呈逐年上升的趋势,尤其是养老保险和医疗保险,人数已分别达到49.83万人和59.56万人,失业保险和工伤保险的参保人数也有很大幅度的提高。除此之外,至2009年,全市共支付12.93万名企业离退休人员养老金16.39亿元,确保了企业离退休人员养老金按时足额100%社会化发放。全市共有12.78万名企业退休人员纳入社区管理,社区管理率达99.8%。全市累计接收企业退休人员档案12.74万份,档案接收率为99.6%。全市为纳入社区管理退休人员进行免费体检,免费体检率为100%。

(五)马鞍山市

表4-166　　马鞍山市社会保险发展情况　　单位:万人

	2005年	2006年	2008年	2009年
养老保险	21.60	22.73	25.86	29.23
医疗保险	28.30	29.74	32.61	33.48
失业保险	20.52	21.66	18.01	18.66
工伤保险	14.50	16.22	22.30	23.57
生育保险	13.20	14.05	17.66	43.54

数据来源:历年《马鞍山市统计年鉴》。

表4-167　　马鞍山市社会福利发展情况

	2005年	2006年	2008年	2009年
最低生活保障人(人)	23555	38400	599800	559200
收养社会福利单(个)	32	45	56	65
床位数(张)	—	2204	4105	4548

数据来源:历年《马鞍山市统计年鉴》。

通过上表,可以看到马鞍山市除失业保险以外的各项社会保险的参保人数都有了不同幅度的增长,特别是生育保险,增长的幅度最大,相对而言,医疗保险的增长幅度较小。2005年以来,马鞍山市的最低生活保障人数激增，由2005年的2万多人，激增值2009年的55万人，同时2006年至2008年间，床位数也增长较快，这说明，马鞍山市的社会福利事业发展的水平在不断提高。

（六）滁州市

表4-168　　滁州市社会保险发展情况　　单位：万人

	2005年	2006年	2007年	2008年	2009年
养老保险	18.3	19.04	19.91	21.29	22.96
医疗保险	23.3	25.94	30.26	32.39	33.07
失业保险	22.6	22.48	22.60	21.37	20.10
工伤保险	—	—	12.09	14.41	17.43
生育保险	—	—	9.53	12.67	15.81

数据来源：历年《滁州市统计年鉴》。

通过上表可以看出，滁州市除了失业保险在2009年参保人数出现下降外，其余四种保险的参保人数均有所提高。至2009年末全市参加城镇基本养老、城镇基本医疗保险人数分别为22.96万人和33.07万人，分别比2008年末增长7.8%、2.1%。参加失业保险人数为20.10万人，比2008年减少6.0%。参加工伤保险人数为17.43万人，比2008年末增长21.0%。生育保险人数为15.81万人，比2008年末增长24.7%。参加农村养老保险人数6.74万人。参加城市最低生活保障人数7.57万人，比2008年末增长2.4%。

表4-169　　滁州市社会福利发展情况　　单位：万人

	2005年	2006年	2007年	2008年	2009年
城市最低保障人数（万人）	6.26	6.65	7.3	7.39	7.57
收养单位（个）	164.00	144.00	154.0	158.00	175.00
床位数（个）	4811.00	4819.00	6034.0	10265.00	15248.00
服务设施（个）	608.00	817.00	827.0	827.00	878.00

数据来源：历年《滁州市统计年鉴》。

由上表可以看出，滁州市的社会福利事业正逐年推进，城市低保人数逐年提高，收养单位数逐年增加，尤其是床位数，成大幅增长的趋势，至年2008末，全市各类福利院158个，福利院床位10265张，分别比2008年末增长2.6%、70.1%。农村传统救济人数3534人，比2008年增长4.4%。全年城乡医疗救助4727人次，比2008年增长31.9%。2008年末，城镇社区各种服务设施数827个。而到了2009年末，全市各类福利收养性单位数175个，床位数15248张，分别比2008年末增长2.3%、40.4%。农村五保供养人数2.84万人。2009年末，城镇社区各种服务设施878个，比2008年增加6.2%。

（七）芜湖市

表 4－170　芜湖市社会保险发展情况　单位：万人

	2005 年	2006 年	2007 年	2008 年	2009 年
养老保险	24.38	28.03	30.32	34.20	34.92
医疗保险	27.69	29.30	33.17	40.43	41.85
失业保险	22.02	22.02	22.02	23.52	24.53
最低保障人数	4.34	5.24	5.87	5.99	5.69

数据来源：历年《芜湖市统计年鉴》。

通过分析可见，芜湖市自 2005 年以来，城市养老、医疗和事业保险的参保人数逐年增加，其中城市医疗保险的参保人数的增幅最大。至 2009 年末，参加城镇基本养老保险职工 34.92 万人，增加 0.72 万人；参加城镇基本医疗保险职工 41.85 万人，增加 0.92 万人；参加失业保险职工 24.53 万人，增加 1.01 万人；参加工伤保险职工 21.33 万人，增加 1.53 万人；参加生育保险职工 20.19 万人，增加 4.99 万人。城镇居民参加基本医疗保险 74.02 万人，增加 5.78 万人；启动了新型农村社会养老保险，有 8.62 万人参保；农民参加新型农村合作医疗 100.57 万人，参合率达 97.3%。

表 4－171　芜湖市社会福利发展情况

收养型社会福利	2005 年	2006 年	2007 年	2008 年	2009 年
单位（个）	70.00	70.00	75.00	71.00	77.00
床位数（个）	2757.00	3880.00	4686.00	5150.00	6905.00
收养人数（万人）	0.26	0.29	0.38	0.39	0.56

数据来源：历年《芜湖市统计年鉴》。

芜湖市的社会福利事业做得较好，收养型社会福利单位的床位数增长较多，自 2005 年的 2757 张增加至 2009 年的 6905 张，并且收养的人数也在逐年增长，自 2005 年的 0.26 万人增长至 2009 年的 0.56 万人次。

（八）巢湖市

表 4－172　巢湖市社会保险参保情况　单位：万人

	2005 年	2006 年	2007 年	2008 年	2009 年
养老保险	15.16	19.75	21.06	15.82	16.99
医疗保险	16.29	17.53	19.90	22.04	23.26
失业保险	17.21	17.41	17.42	17.15	17.11
工伤保险	—	—	9.14	10.56	12.47
生育保险	—	—	9.10	10.84	12.15

数据来源：历年《巢湖市统计年鉴》。

由上表可以看出，巢湖市的医疗、工伤和生育保险的参保人数不断上升，但是养老保险及失业保险的参保人数在2008年出现下降趋势，总体来看，巢湖市的社会保险覆盖面相比其余七市较窄，覆盖的人数较少，因此，应加强相关方面的工作，让更多居民享受改革发展的成果。

表4－173　　　　巢湖市社会福利发展情况

	2005年	2006年	2007年	2008年	2009年
城市最低保障人数（万人）	—	—	7.11	7.1	6.33
收养人数（人）	3520	4312	5136.00	10023.0	12416.00
床位数（个）	4065	5363	6268.00	11148.0	14693.00
服务设施（个）	381	327	337.00	312.0	330.00

数据来源：历年《巢湖市统计年鉴》。

通过上表可以看出，自2005年以来，巢湖市的社会福利事业发展的比较迅速，收养性床位数逐年大幅增加，收养的人数逐年增长，尤其市2008年末，收养人数由2007年的6268人增加到11148人，可见，巢湖市在社会福利方面作出了一定的成绩。

三、发展政策分析

（一）发展目标

在《南京都市圈规划》中，已经提出了南京都市圈的发展目标，即建立与经济社会发展水平相适应、范围覆盖合理、资金来源多渠道、保障方式多层次、管理和服务社会化、统一规范、持续可靠的社会保障体系。实现基本养老保险的全覆盖，维护劳动力市场的统一性和劳动者的合理流动。建立和完善机关事业单位职工与企业职工统一的、社会统筹与个人账户相结合的城镇职工基本养老保险制度。医疗保险覆盖面，为企事业单位改制和劳动力流动创造宽松环境。不断完善社会统筹与个人账户相结合的城镇职工基本医疗保障制度，逐步形成满足不同需求的多层次医疗保险体系。健全失业保险制度，推动劳动力资源重新配置，促进所有制结构调整。重点推动事业单位和外商投资企业、私营企业参加保险，逐步覆盖到城镇全体劳动者，逐步把国有企业下岗职工基本生活保障纳入失业保险。完善城镇居民最低生活保障制度，采用多元化的保障手段，保证社会主义市场经济体制改革顺利进行和社会稳定发展。对最贫困群体在解决其基本生活的前提下，要努力在教育、就业等方面给予更多的扶持和帮助。逐步健全完善外来劳务人员养老、失业、医疗等保险制度，保障外来劳务人员的合法权益，促进形成城乡就业的平等竞争机制。在加快推进城镇社会保障体系建设的同时，组织引导和农民自愿相结合，稳步推进农村社会保障体系建设，探索建立农村养老、医疗保险和最低生活保障制度，近期逐步建立和完善个人缴费为主、集体补助为辅、国家政策扶持的农村养老保险制度。（摘自：第四十六条社会保障《南京都市圈规划2002～2020》）

（二）各地区社会保障发展政策分析

第一、江苏省的社会保障发展政策

以扩大社会保险覆盖面为重点，进一步完善社会保障体系。

1. 进一步完善各项社会保障制度。根据江苏省经济社会发展水平，综合考虑不同地区、不同人群之间收入水平差异以及用人单位和个人的实际承受能力，以保障人民群众基本生活和基本医疗需求为重点，进一步完善城镇基本养老和基本医疗、失业、工伤、生育保险制度，积极稳妥地推进新型农村社会养老保险，不断扩大社会保险覆盖面。

——养老保险。建立基本养老金正常调整机制，继续确保企业离退休人员基本养老金按时足额发放。扩大基本养老保险覆盖范围，重点推进非公有制企业、个体工商户和灵活就业人员参保。建立基本养老金水平与缴费基数和缴费年限更加紧密挂钩的基本养老金计发办法。积极推进做实养老保险个人账户，先在积累较多的原行业统筹单位和有条件的市县做实，鼓励其他地区创造条件、择时实施。按照"省级预算、分级负责，省级调剂、分级管理"的原则，加大省级调剂力度，完善省级调剂金制度，加快提高统筹层次。积极发展企业年金，完善多层次养老保险体系。开展机关事业单位养老保险制度改革试点工作，探索符合机关事业单位特点的养老保险制度。

——医疗保险。完善不同层次多形式的医疗保障制度，加强基本医疗保险制度、医药卫生体制和药品生产流通体制三项改革的配合协调，建立健全城镇医疗保障运行机制。完善城镇基本医疗保障政策和管理，加快城镇医疗救助制度建设，进一步规范补充医疗保险，构建以基本医疗保障为主体，以大病、住院统筹为重点，兼顾多层次医疗需求的医疗保障体系。全面推进城镇居民基本医疗保险制度，重点保障非职工城镇居民住院和大病医疗需求。加强基本医疗保险管理工作，积极探索建立全省统一的基本医疗保险费用结算、医疗服务支付的标准和管理办法，规范和统一医疗保险定点医疗机构、零售药店的资格和协议标准，实行信用分级管理办法。

——失业保险。进一步完善失业保险金申领办法，结合失业人员求职和参加职业培训的情况完善申领条件，建立失业保险与促进就业联动机制。开展扩大失业保险基金支出范围的试点，探索进一步发挥失业保险制度促进再就业功能的有效办法和途径。推进失业保险市级统筹。

——工伤保险。进一步完善工伤保险政策和标准体系，继续推进各类企业、有雇工的个体工商户参加工伤保险，实施事业单位、社会团体和民办非企业单位参加工伤保险的办法。完善工伤认定制度和劳动能力鉴定制度，积极探索工伤补偿与工伤预防、工伤康复相结合的有效途径。建立预防工伤事故的有效机制和适合江苏省实际的工伤康复制度，在统筹地区全部建立工伤保险储备金制度。

——生育保险。探索生育保险与医疗保险协同推进的方式，使生育保险与医疗保险实现统一参保、分项管理。

——农村社会养老保险。积极稳妥地推进农民个人缴费、集体补助、政府补贴三方筹资，苏南、苏中、苏北分类指导的新型农村社会养老保险制度，逐步建立与江苏省经济社会发展水平相适应的新型农村社会养老保险制度。

2. 认真解决特殊群体和困难群体的社会保障问题。以农民工、被征地农民、灵活就业人员、破产关闭国有集体企业职工和退休人员等对象为重点，进一步完善各项政策措施，妥善解决社会特殊群体和困难群体的社会保障问题。

——农民工社会保障。依法将农民工纳入工伤保险范围，加快推进农民工较为集中、工伤风险程度较高的建筑行业、煤炭等采掘行业参加工伤保险。根据农民工不同的就业状况和医疗需求，采取切实可行的办法，将农民工分别纳入城镇职工基本医疗保险、大病医疗保险或住院医疗保险。研究完善农民工城镇医疗保险与新型农村合作医疗的衔接政策和办法，确保参保农民工享受相应的医疗保险待遇。继续推进稳定就业的农民工参加城镇企业职工基本养老保险，探索研究不稳定就业的农民工参保办法。

——被征地农民社会保障。进一步完善被征地农民基本生活保障制度，做好被征地农民养老和医疗保障工作，有条件的地区可将被征地农民纳入城镇基本养老、医疗、失业等社会保险范围，通过现行城镇社会保障体系解决其基本生活保障问题。

——灵活就业人员社会保障。将灵活就业人员纳入统一的社会保险制度,统一缴费标准及比例,并按有关规定建立个人账户,计算缴费年限。制定适合灵活就业人员特点的社会保险管理及服务办法。

——困难群体医疗保障。建立困难群体医疗保险资金筹措机制,采取国有资产变现、企业出资部门和政府适当补助等措施,多渠道筹集破产、关闭国有集体企业职工和退休人员的医疗保险费。建立医疗保障社会救助制度,通过政府拨款、社会捐助等筹集社会救助资金,使现有医疗保障制度未能覆盖的无收入、低收入、处于特困状态的城镇居民得到相应的医疗救治。

3. 强化征收管理,加强基金监管。规范征收流程,统一征缴方式,建立征收激励制度,依法征收社会保险费,切实做到各项社会保险费应收尽收。规范社会保险待遇支付,严肃查处骗领社会保险待遇行为,严防社会保险基金流失。逐步健全行政监督、专门监督、社会监督、内部控制相结合的监督体系,实现对社会保险基金的全程监管,确保社会保险基金的安全与完整。

4. 完善社会保险关系转移、衔接办法。研究农村社会养老保险与被征地农民基本生活保障、城镇企业职工基本养老保险相衔接的政策措施,完善参保对象异地养老、异地就医相关办法,妥善解决包括农民工、灵活就业人员在内的参保对象在省内跨地区转移的社会保险关系转接问题。

第二、安徽省社会保障发展政策

加快完善社会保障体系,增强社会保障能力。

1. 完善各项社会保险制度。根据我国现阶段经济社会发展水平,综合考虑不同地区、不同人群之间收入水平差异以及用人单位和个人的实际承受能力,以保障人民群众基本生活和基本医疗需求为重点,进一步完善城镇基本养老和基本医疗、失业、工伤、生育保险制度,认真解决农民工和被征地农民的社会保障问题,研究探索并积极稳妥地推进农村社会养老保险工作。

养老保险。继续确保基本养老金按时足额发放。积极推广安徽省完善城镇社会保障体系试点经验,统一城镇个体工商户和灵活就业人员参保缴费政策,将非公有制企业、城镇个体工商户和灵活就业人员纳入城镇基本养老保险覆盖范围;逐步做实基本养老保险个人账户,改革基本养老金计发办法,建立基本养老金正常调整机制,缩小企业退休人员养老金水平与机关事业单位退休人员退休费水平的差距。鼓励有条件的企业建立企业年金,初步形成基本养老保险、企业年金和个人储蓄养老保险相结合的多层次养老保险体系。推进机关、事业单位养老保险制度改革,实现机关、事业单位与企业养老保险制度的合理衔接。

医疗保险。不断完善城镇基本医疗保障政策和管理,建立健全运行保障机制,加快城镇医疗救助制度建设,进一步规范补充医疗保险,构建以基本医疗保障为主体,以保障大病风险为重点,兼顾多层次需求的医疗保障体系,逐步扩大基本医疗保障覆盖范围。

失业保险。进一步完善失业保险金申领办法,结合失业人员求职和参加职业培训的情况完善申领条件,建立失业保险与促进就业联动机制。积极推动东部地区适当扩大失业保险基金支出范围试点,进一步发挥失业保险制度促进再就业功能。研究灵活就业人员的失业保险问题,做出相应的制度安排。

工伤保险。进一步完善工伤保险政策和标准体系,继续推进各类企业、有雇工的个体工商户参加工伤保险,组织实施事业单位、社会团体和民办非企业单位参加工伤保险,完善工伤认定制度和劳动能力鉴定制度,积极探索工伤补偿与工伤预防、工伤康复相结合的有效途径,建立起预防工伤事故的有效机制,逐步建立适合我国国情的工伤康复制度。

生育保险。进一步扩大生育保险覆盖范围,建立健全生育保险医疗服务管理体系和费用结算办法。

农村社会保险。按照城乡统筹发展的要求,探索建立与农村经济发展水平相适应、与其他保障措施相配套的农村社会养老保险制度。采取适合不同群体特点和需求的方式，着力推进被征地农民社会保险工作，优先解决农民工工伤保险和大病医疗保障问题，抓紧研究低费率、广覆盖、可转移，与现行养老保险制度衔接的农民工养老保险办法。基本建立新型农村合作医疗制度。

提高社会保险统筹层次，不断增强统筹调剂的能力。积极创造条件，基本实现基本养老保险省级统筹；逐步推进失业保险市(地)级统筹；建立和完善工伤保险储备金制度。

2. 多渠道筹措社会保险资金。规范征收流程，强化征收管理，实现各项社会保险费依法统一征收，建立征收激励机制，做到社会保险费应收尽收。建立健全社会保险基金预决算制度，积极探索开辟新的渠道筹措社会保障基金，建立规范的社会保障资金筹集和支出制度，形成稳定的资金来源，确保各项社会保险待遇的支付。妥善解决困难群体医疗保障费用来源问题，将困难企业职工、关闭破产企业退休人员、城镇居民中的困难家庭纳入医疗保障体系。

3. 积极稳妥地探索社会保障基金运营和监督管理机制。完善社会保障基金监管制度和预警监测机制，逐步健全行政监督、专门监督、社会监督、内部控制相结合的监督体系。进一步完善收支两条线办法，制定按基金性质进行分类投资的政策；在确保基金安全的前提下，研究制定养老保险个人账户基金、农村社会养老保险基金投资管理办法；加强全国社会保障基金和企业年金市场化投资运营的监管，实现规范运作和基金的保值增值。规范社会保险待遇支付，严防基金流失，加大对骗领社会保险待遇欺诈行为的查处力度，堵塞基金支付漏洞。

4. 完善参保人员社会保险关系转移、衔接的政策措施。研究解决城镇各类群体之间社会保险制度设计、政策衔接中存在的问题，实现不同群体之间社会保障制度政策的有效衔接，探索解决人员流动时社会保险关系接续问题的有效办法。

5. 建立健全社会化管理服务体系。从制订社会保险经办机构服务标准和规范服务设施建设入手，加强基础管理，整合服务资源，规范服务流程，推进社会保险经办机构服务规范化、信息化、专业化建设。建立激励和约束机制，全面提高社会化管理服务水平，将企业退休人员纳入社会化管理。加快公共老年服务设施和服务网络建设，鼓励有条件的地方兴建退休人员公寓，不断提高退休人员的生活质量。

二十六　南京都市圈医疗卫生

一、南京都市圈的医疗卫生

（一）南京都市圈医疗卫生事业总体情况

表 4－174　　南京都市圈医疗卫生事业概况（2009）

地区	卫生机构数（个）	其中#医院	卫生技术人员（万人）	其中#医生	卫生机构床位数（万张）	其中#医院
南京	1764	305	44600	16600	29900	26000
扬州	2046	57	22409	7874	15406	10335
镇江	890	30	13449	5230	8726	6111
淮安	603	47	21000	5817	12071	8406
马鞍山	332	56	7182	3100	4068	3780
滁州	418	192	14300	4915	10453	9661
芜湖	489	127	11775	4746	9459	8768
巢湖	479	185	12469	4992	11000	10504
南京都市圈合计	7021	999	147184	53274	101083	83585

数据来源：历年《江苏统计年鉴》和《安徽统计年鉴》以及各市统计公报。

2009 年南京都市圈卫生机构数共计 7021 个，较之 2008 年有所增加；其中医院 999 个；卫生技术人员 14.7 万人，其中医生 5.3 万人；卫生机构床位数 10.1 万张，其中医院病床数 8.3 万张。总体来看，南京都市圈卫生资源日益整合优化，特别是医院日益规模化和集中化，医生数量不断上升。对比卫生技术人员与医生数，南京居于首列，具有明显的医疗优势。其次是扬州。滁州、芜湖和巢湖的医疗卫生水平相差不大。马鞍山的各项指标相对较低。

（二）南京都市圈医疗卫生增长情况

表 4－175　　南京都市圈医疗机构和人员增长情况

年份	卫生机构数（个）	其中#医院	卫生技术人员（万人）	其中#医生	卫生机构床位数（万张）	其中#医院	每千人口卫生技术人员数（人）	每千人口医院床位数（张）
2005	6045	1169	116840	46393	83997	67990	3.49	2.69
2006	7847	1062	127164	48690	89932	70908	3.81	2.85
2007	8765	1071	136828	49167	88420	71480	3.93	2.70
2008	6325	882	129962	46244	85227	72067	4.21	2.97
2009	7021	999	147184	53274	101083	83585	4.29	3.18

数据来源：历年《江苏统计年鉴》和《安徽统计年鉴》以及各市统计公报。

通过上表,可以看到南京都市圈八个城市市 2005 年到 2009 年医院、卫生技术人员、医生以及病床位数的增长状况。通过对比数据,可以看到南京都市圈的医院的增长速度要慢于卫生机构数的增长速度,并且还有所下降。尤其是从 2007 年到 2008 年之间,南京都市圈医院总数下降了 18%,这与医院统计范围按照新的《2007 国家卫生统计调查制度》统计,不再包括社区卫生服务中心、妇幼保健院和专科防治院有关。可以看到近几年来南京都市圈更加注重医院的质量建设而非单纯的数量提升,南京都市圈医疗卫生资源更加优化和集中,更加方便群众看病。通过对比数据,可以看到南京都市圈医生数量的增长速度要慢于卫生技术人员的增长速度,说明医生数量仍然不足。医院床位的数量稳步增长,不断满足了人民群众的要求。

(三)南京都市圈医疗卫生比较情况

表 4-176　　南京都市圈医疗机构与人员占比情况

地区	卫生机构数(个)	其中 #医院	卫生技术人员(万人)	其中 #医生	卫生机构床位数(万张)	其中 #医院
南京都市圈合计	7021	999	147184	53274	101083	83585
南京	1764	305	44600	16600	29900	26000
南京占比	25%	31%	30%	31%	30%	31%
扬州	2046	57	22409	7874	15406	10335
扬州占比	29%	6%	15%	15%	15%	12%
镇江	890	30	13449	5230	8726	6111
镇江占比	13%	3%	9%	10%	9%	7%
淮安	603	47	21000	5817	12071	8406
淮安占比	9%	5%	14%	11%	12%	10%
马鞍山	332	56	7182	3100	4068	3780
马鞍山占比	5%	6%	5%	6%	4%	5%
滁州	418	192	14300	4915	10453	9661
滁州占比	6%	19%	10%	9%	10%	12%
芜湖	489	127	11775	4746	9459	8768
芜湖占比	7%	13%	8%	9%	9%	10%
巢湖	1479	185	12469	4992	11000	10504
巢湖占比	7%	19%	8%	9%	11%	13%

数据来源:历年《江苏统计年鉴》和《安徽统计年鉴》。

通过上表所反映的数据,可以看到在南京都市南京市的医疗卫生资源分布更加集中和集约,南京市卫生机构数占到都市圈卫生机构数的 25%,医院、医生、卫生专业人员以及床位数都占到了都市圈数量的 30%,这说明南京的卫生资源质量更高。南京、扬州、镇江、淮安江苏的 4 个城市比另外 4 个安徽的城市的医疗卫生资源更加丰富,但是分布不均匀,南京占有绝对优势。马鞍山、滁州、芜湖、巢湖四个城的医疗卫生发展比较平衡,差别不是特别大。马鞍山的医疗资源相对比较差,各项指标都偏低。

二、南京市的医疗卫生

（一）南京市医疗卫生事业总体情况

1. 医疗卫生机构

2009年末全市拥有医疗卫生机构1764个。其中，医院、卫生院及社区卫生服务中心305个，卫生防疫和防治机构27个，妇幼卫生保健机构14个。各类卫生机构拥有病床2.99万张，其中医院病床2.6万张，每千人拥有医疗床位4.75张。全年新改建社区卫生服务中心、服务站23个，全市累计建成社区卫生服务中心、服务站879个。2008年，南京有各级疾病预防控制中心20个（含厂矿卫生防疫站，不含驻宁部队系统）、床位120张，卫生监督所15个，防治专业机构7个、床位40张。

2. 医疗卫生人员

2009年有卫生技术人员4.46万人，其中执业医师（包括助理医师）1.66万人、注册护士1.77万人；拥有卫生防疫和防治人员0.12万人，全市每千人拥有卫生技术人员7.08人，疾控中心、所和专业机构，分别有专业技术人员1126人、496人和104人。全市卫生系统还先后引进了北京、上海等全国各地的优秀专家，引进和培养了5名能参与国内外科技竞争，在全国有较大影响力和知名度的高端医疗卫生人才，10名在全省医疗卫生领域代表最高水平的医疗卫生领军人才，20名市级医疗卫生领军人才，努力构筑高层次卫生人才队伍。目前，南京地区卫生系统有院士黎介寿、黎磊石、刘志红3人；全省30名医学领军人才中，南京市属医疗单位占了6名，他们分别是胡娅莉、邱勇、陈鑫、陈绍良、赵伟、郭锡熔。南京地区医疗机构还有正高职称905人，副高职称3340人，博士学历428人，硕士学历1680人。

3. 医疗卫生使用

2008年全市医院（含社区卫生服务中心、镇卫生院）年门诊量3243.02万人次，年急诊量283.48万人次，年出院量59.73万人次。2009年全市共有13所惠民医院，接诊病人5.94万人次，收治住院病人1700多人次，减免费用411.1万元。新型农村合作医疗人均筹资标准提高到180元以上，合作医疗行政村覆盖率达100%，全市镇（街）初级卫生保健合格率达100%。社区卫生服务城市人口覆盖率达100%。继续维持高水平免疫覆盖率，儿童免疫接种乙肝、脊灰、麻疹、百白破、乙脑、流脑等基础免疫接种率均在96%以上，新生儿乙肝疫苗首针及时接种率达90%以上，新生儿卡介苗24小时接种率达98%。全力防控甲型H1N1流感，有效控制疫情传播流行。

（二）南京市医疗卫生事业增长情况

表4－177　　南京市卫生机构与人员增长情况

年份	卫生机构数（个）	其中#医院卫生院及社区卫生服务中心	卫生技术人员（人）	其中#执业医师（含助理医师）	卫生机构床位数（张）	其中#医院	每千人口卫生技术人员数（人）	每千人口医院床位数（张）
2001	1257	284	34640	14948	23501	18152	6.30	3.80
2002	1335	294	32035	13313	23059	18945	5.69	4.09
2003	1329	326	32002	13599	24162	19458	5.70	3.37
2004	1513	237	32857	13931	25798	19104	5.63	4.42
2005	1612	230	34000	14292	26148	19344	5.60	4.20

专题

续表

年份	卫生机构数（个）	其中#医院卫生院及社区卫生服务中心	卫生技术人员（人）	其中#执业医师（含助理医师）	卫生机构床位数（张）	其中#医院	每千人口卫生技术人员数（人）	每千人口医院床位数（张）
2006	2085	288	36935	15169	26980	20100	6.08	4.44
2007	2241	301	40897	15705	26157	21031	5.60	3.58
2008	1769	301	42300	16100	28200	27500	6.78	4.52
2009	1764	305	44600	16600	29900	26000	7.08	4.75

数据来源：历年《南京市统计年鉴》。

从上表中，我们可以看到从2007年后，南京市的卫生机构总数在下降，医疗卫生资源实现优势互补、区域集中、合理布局的新局面。总体而言，南京市医疗机构通过职能的改革和重组，其定位更加明确，更加有利于发挥医疗卫生资源的效用，有利于满足人民群众日益增长的医疗卫生需求。卫生技术人员人数稳步增长，"每千人口医生数"开始出现了增长。卫生技术人员不断增长的同时，卫生机构中病床数量也在不断增长。

三、扬州市的医疗卫生

（一）扬州市医疗卫生事业总体情况

1. 医疗卫生机构

2009年末，全市卫生机构总数2046所（含诊所、医务室、卫生所、社区卫生服务站、村卫生室），比2008年增加3所（其中，医院新增4所，社区卫生服务中心（站）增加10所，卫生院减少6所，门诊部增加6所，诊所、卫生所、医务室增加7所，专科疾病防治院减少1所，村卫生室减少17所，医疗机构数基本与2008年持平）。医疗卫生机构中，医院57所，比2008年增加4所；疗养院1所，与2008年相比持平；卫生院136所，比2008年减少6所；门诊部82所，比2008年增加6所；专科疾病防治院（所、站）9所，比2008年减少1所；妇幼保健院（所、站）8所，较2008年持平；社区卫生服务中心（站）131所，较2008年增加10所；诊所、卫生所、医务室563所，比2008年增加7所；采供血机构2所，卫生监督机构7所，疾病预防控制机构36所，医药在职培训机构3所，均与2008年持平。医院按床位数分：100张床位以下医院35所，100张~199张的医院8所，200张~499张的医院9所，500张~799张的医院3所，800张及以上的医院2所。2009年末，全市疾病预防控制中心（预防保健中心、卫生防病机构）36所，其中，地市级1所、县（市、区）级9所，其他26所。2009年末，全市卫生监督所（中心）7所，其中：地市级1所、县（市、区）级6所。

2. 医疗卫生人员

2009年末，全市卫生人员总数26215人，乡村医生和卫生员数3585人。与2008年相比：卫生人员增加937人（增长3.71%）；乡村医生和卫生员较2008年减少65人。2009年卫生人员中，卫生技术人员22409人，其他技术人员806人，管理人员1266人，工勤技能人员1734人。与2008年比较，卫生技术人员增加876人（增长4.07%），其他技术人员增加76人，管理人员减少53人，工勤技能人员增加38人。2009年卫生技术人员中，执业（助理）医师7874人（其中执业医师6953人），注册护士6755人。每千人口卫生技术人员由2008年4.68人增加为2009年4.88人，每千人口执业（助理）医师由1.63人上升为1.72人，每千人口注册护士由1.34人增加到1.47人。

3. 医疗卫生使用

表 4 – 178　　扬州市医院诊疗次数和入院人数(2009 年)

类别	机构数(个)	诊疗人次数(万人次)	入院人数(万人)
医院合计	57	1932. 62	24. 59
综合医院	35	626. 02	20. 26
中医医院	6	113. 12	3. 10
专科医院	13	29. 89	1. 23
专科疾病防治院(所、站)	10	11. 23	0. 06
妇幼保健院	8	83. 91	1. 70
社区卫生服务中心	121	103. 01	0. 55
卫生院	142	427. 83	8. 23

数据来源:历年《扬州市统计年鉴》及统计公报。

2009 年,全市医疗机构(包括诊所、卫生所、医务室和村卫生室,下同)诊疗人次数为 1932. 62 万次。其中:医院 626. 02 万次,占 32. 39%;卫生院 427. 83 万次,占 22. 14%;社区卫生服务中心(站)103. 01 万人次,占 5. 33%;诊所、卫生所、医务室 139. 85 万人次,占 7. 24%;妇幼保健院(所)83. 91 万人次,占 4. 34%;专科疾病防治院(所、站)11. 23 万人次,占 0. 58%;村卫生室 500. 42 万人次,占 25. 89%。与 2008 年比较,医疗机构诊疗人次数增加 247. 55 万次,其中,医院增加 38. 61 万次,卫生院增加 25. 75 万次。2009 年全市医疗机构提供的平均每一居民全年诊疗次数为 4. 21 次,其中门急诊次数为 4. 14 次。2009 年,全市医疗机构入院人数 35. 13 万人,其中:医院 24. 59 万人,占 70%;卫生院 8. 23 万人,占 23. 43%;其他医疗机构 2. 31 万人,占 6. 57%。与 2008 年比较,医疗机构入院人数增加 4. 09 万人,其中,医院增加 2. 66 万人,卫生院增加 0. 96 万人。2009 年全市医疗机构提供的平均每千人口入院人数约为 76. 57 人次。

(二)医疗卫生事业增长情况

表 4 – 179　　扬州市医疗机构、人员增长情况

年份	卫生机构数(个)	其中医院	卫生技术人员(人)	其中医生	床位数(张)	其中医院	每千人口卫生技术人员数(人)	每千人口医院床位数(张)
2002	873	84	15043	6467	11323	—	3. 32	2. 50
2003	890	61	15247	6574	11226	7245	3. 33	2. 43
2004	1140	70	15660	7127	11721	6880	3. 45	2. 58
2005	1208	54	15782	7002	12385	7578	3. 45	2. 71
2006	1351	59	19603	7599	13714	8627	4. 27	2. 99
2007	2071	60	22076	7504	13588	8779	4. 81	2. 96
2008	2043	53	21533	7450	14017	9061	4. 68	3. 04
2009	2046	57	22409	7874	15406	10335	4. 88	3. 35

数据来源:历年《扬州市统计年鉴》及统计公报。

从上表中,可以看出从2002年至2009年,扬州市的卫生机构总数总体来看在增长,但2008年较之2007年出现下滑,医疗卫生资源布局合理,优势互补,并形成了多层次、多形式的医疗卫生服务机构,能够满足扬州市居民多层次的医疗卫生服务需求。卫生技术人员也在不断增长,其中执业医生人数也在稳步增长,卫生机构的床位数量也在逐年增长。说明扬州市卫生事业的硬件设施投入和人才建设方面都取得了一定的发展,进一步增强了医疗卫生服务的可及性。

四、镇江市的医疗卫生

(一)镇江市医疗卫生事业总体情况

1. 医疗卫生机构

全市各级各类卫生机构890个,其中医院30所、卫生院70所、妇幼保健院(站、所)6个、疾病控制中心7个、卫生监督(检验)机构7个、其他卫生单位15个;其他部门诊所、医务室、卫生所和社区卫生服务站739个。全市实有病床8726,比2008年增加82张,其中医院病床6111张,比2008年增加101张,占全市病床总数的70.03%。综合医院、中医院和卫生院分别有病床4230张、699张和2270张,分别占病床总数的48.48%、8.01%和26.01%。

2. 医疗卫生人员

2009年,全市有卫生人员16290人,比2008年减少841人,其中卫生技术人员13449人,比2008年减少804人,占人员总数的82.56%,全市每千人拥有卫生技术人员4.38人。全市有执业(助理)医师5137人,注册护士4445人,每千人拥有执业(助理)医师和注册护士分别为1.67和1.45人。隶属于卫生部门的146个卫生机构有卫生人员14231人,比2008年增加285人人,占人员总数的87.36%。其中卫生技术人员、其他技术人员、管理人员和工勤人员,分别为11489人、615人、930人、1197人,分别占人员总数的80.73%、4.32%、6.54%、8.41%。

3. 医疗卫生使用

全市总诊疗人次1298.07万人次,比2008年增长14.72%,人均诊疗次数4.23次,其中门、急诊人次为1252.46万人次,比2008年增长15.58%。综合医院、中医院和卫生院的门、急诊人次分别为497.49万人次、100.24万人次和378.06万人次,分别比2008年增长10.11%、19.11%和15.8%。全市住院人数22.16万人,比2008年增长11.86%,人均住院次数为0.07次。其中综合医院、中医院和卫生院的住院人数分别为13.56万人、1.58万人和3.87万人。全市病床使用率为75.07%,比2008年增长6.13个百分点。其中医院病床使用率为88.15%,综合医院、中医院和卫生院的病床使用率分别为90.3%、70.63%和40.00%。全市出院病人平均住院日9.9天,与2008年基本持平。其中医院10.5天,比2008年少0.2天;综合医院、中医院和卫生院平均住院日9.8天、11.4天和7.8天。卫生服务体系健全率达87.0%,社区卫生机构覆盖率达100%。新型农村合作医疗参保人数158.3万人,覆盖率达99.9%。全年医治入院人数22.2万人,治愈好转率达96.9%。孕产妇死亡率为零,婴儿死亡率3.07‰。积极开展甲型H1N1流感防控与救治,建立30支应急处置队伍,收治危重病人18例。推行公立医院改革试点,成立江滨、康复两大医疗集团。医卫设施条件不断改善,市一院内科医技楼、中医院门诊综合楼工程进展顺利,新二院工程开工建设,口腔医院完成改造搬迁,市三院结核病楼及负压病房建成并投入使用。

（二）医疗卫生事业增长情况

表 4－180　　　　镇江市医疗机构、人员增长情况

年份	卫生机构数（个）	其中医院	卫生技术人员（万人）	其中医生	床位数（张）	其中医院	每千人口卫生技术人员数（人）	每千人口医院床位数（张）
2002	797	32	11878	4794	7869	5222	0.44	2.00
2003	879	31	10504	4421	8088	5252	3.90	2.00
2004	940	33	13203	5163	8176	5517	4.94	3.02
2005	920	33	13485	5437	8320	5607	5.04	3.03
2006	968	33	13892	5506	8486	5779	5.17	3.07
2007	910	32	13738	5617	8566	5784	5.11	3.09
2008	911	31	14253	5121	8644	6010	5.30	3.08
2009	890	30	13449	5230	8726	6111	4.98	3.23

数据来源：历年《镇江市统计年鉴》及统计公报。

从表中可以看出，镇江市的卫生机构数目的变化，2002 年到 2006 年是逐年增加的趋势，但是 2007 年的数目下降了，并不是说明镇江市的医疗条件的下降，这与医院统计范围按照新的《2007 国家卫生统计调查制度》统计，不再包括社区卫生服务中心、妇幼保健院和专科防治院有关。医院的数目一直保持在一个水平，重在医疗服务质量的提高。总体而言，镇江市医疗机构通过职能的改革和重组，其定位更加明确，更加有利于发挥医疗卫生资源的效用，有利于满足人民群众日益增长的医疗卫生需求。卫生技术人员总体趋势是在增长，卫生机构中病床数量也在不断增长，镇江市的卫生硬件水平不断提高，满足了人民的要求。

五、淮安市的医疗卫生

（一）淮安市医疗卫生事业总体情况

1. 医疗卫生机构

2009 年，全市共有各类卫生机构（不含村卫生室）603 个，其中，疾病预防控制机构 9 个，卫生监督机构 9 个，综合医院 31 个，专科医院 8 个，中医院 7 个，中西医结合医院 1 个，妇幼卫生保健机构 6 个，卫生院 137 个。各类卫生机构实有病床 12071 张，其中医院 8406 张、卫生院 3406 张。

2. 医疗卫生人员

2009 年，全市有卫生技术人员（含村医生）2.1 万人，其中执业（助理）医师 5817 人、注册护士 5649 人；疾病预防控制机构卫生技术人员 315 人，卫生监督机构卫生技术人员 192 人，妇幼卫生保健机构卫生技术人员 226 人。

专题

3. 医疗卫生使用

表 4 –181 医院诊疗次数和入院人数(2008 年)

类别	机构数(个)	诊疗人次数(万人次)	入院人数(万人)
医院合计	47	493.33	23.98
综合医院	31	391.10	18.04
中医医院	7	52.76	3.30
专科医院	8	45.72	2.54
妇幼保健院	6	22.40	0.44
社区卫生服务中心	29	29.57	0.07
卫生院	137	446.42	10.29
专科疾病防治院(所、站)	4	10.23	0.07

数据来源:历年《淮安市统计年鉴》。

门诊和住院工作量继续增加。医疗机构运营高效。2008 年,全市医疗机构诊疗人次达 1126.58 万人次,其中:医院 493.33 万人次(公立医院 451.06 万人次,占医院总数的 91.43%),占 43.79%;乡镇卫生院 446.42 万人次,占 39.63%;城市社区卫生服务中心 13.8 万人次,占 1.22%;其他医疗机构 173.03 万次,占 15.36%。与 2008 年相比,医疗机构诊疗人次比 2008 年增加 52.56 万人次(增长 4.89%),其中,医院增加 49.49 万人次(增长 11.15%),卫生院增加 25.72 万人(增长 6.23%),城市社区卫生服务中心增加 2.96 万人(增长 27.36%)。社区卫生服务站诊疗人次 15.77 万人次,比 2008 年有所减少,原因在于江苏省为了规范管理城乡社区卫生服务机构,将农村的社区卫生服务站,恢复为村卫生室统计。2008 年全市居民到医疗机构就诊人均 2.09 次。市直医院门诊量由 2007 年 175.97 万人次增加到 2008 年 192.81 万人次。全市医疗机构入院人数达 34.86 万人,其中:医院 23.98 万人(公立医院 23.05 万人,占 96.12%),占%;卫生院 10.25 万人,占%;其他医疗机构万人,占%。与 2008 年比较,医疗机构入院人数增加 3.83 万人(增长 12.33%),其中:医院增加 1.36 万人(增长 6.02%),卫生院增加 2.37 万人(增长 30.15%)。市直医院入院人数由 9.47 万人增加到 9.76 万人。2008 年全市居民年住院率为%。通过上述数据显示,2008 年乡镇卫生院、城市社区卫生服务中心等基层医疗机构工作量呈高比例增长,反映患者目前更多地选择到基层医疗机构看病就医,与"小病进社区、大病进医院"的卫生发展模式相吻合。

(二)医疗卫生事业增长情况

表 4 –182 淮安市医疗机构、人员增长情况

年份	卫生机构数(个)	其中医院	卫生技术人员(人)	其中医生	床位数(万张)	其中医院	每千人口卫生技术人员数(人)	每千人口医院床位数(张)
2002	514	174	12100	4877	7868	7768	2.34	1.52
2003	468	182	12900	5041	8215	8091	2.48	1.58
2004	591	178	13254	5377	9278	8961	2.53	1.77

续表

年份	卫生机构数(个)	其中医院	卫生技术人员(人)	其中医生	床位数(万张)	其中医院	每千人口卫生技术人员数(人)	每千人口医院床位数(张)
2005	603	181	19400	5588	11253	10999	3.68	2.13
2006	645	43	19700	5843	11400	—	3.70	2.14
2007	646	44	20000	6044	11500	—	3.75	2.15
2008	600	46	23600	5805	11600	8042	4.39	2.16
2009	603	47	21000	5817	12071	8406	3.93	2.26

数据来源：历年《淮安市统计年鉴》及统计公报。

从上表中，可以看出从2002年至2009年，淮安市的卫生机构总数总体来看在增长，卫生人力总量持续增加，医疗机构床位持续增加，能够满足淮安市居民多层次的医疗卫生服务需求。卫生机构总数统计口径发生变化。2008年底，全市卫生机构总数（不含村卫生室）600个，比2008年减少46个（其中社区卫生服务中心、站减少45个），减少7.12%（全省减少比例为29.68%）。卫生机构数减少的原因主要是江苏省为了规范化管理城乡社区卫生服务机构，将农村的社区卫生服务中心（站），恢复为乡卫生院和村卫生室统计；而根据《国家卫生统计制度》，村卫生室单独统计，不计人卫生机构总数中。卫生事业的硬件设施投入和人才建设方面都取得了一定的发展，进一步增强了医疗卫生服务的可及性。

六、马鞍山市的医疗卫生

（一）马鞍山市医疗卫生事业总体情况

1. 医疗卫生机构

2009年末全市共有卫生机构332个。其中医院、卫生院56个；共有病床4068张。截至2009年年底，马鞍山市社区卫生服务机构总数已达到82家，提前一年完成省下达的目标任务。全市共建成标准化乡镇卫生院21所、标准化村卫生室203所，96%以上均为新建，质量优良，标准化乡镇卫生院和标准化村卫生室覆盖率达100%，彻底改变了过去脏、乱、差的落后面貌，改善了农村的诊疗环境，提高了农村医疗卫生服务机构的综合服务能力。

2. 医疗卫生人员

2009年，马鞍山市共有卫生技术人员7182人。市卫生局按照省卫生厅部署认真组织实施培训工作，共对53名医生和58名护士进行培训，目前培训工作已结束，并组织参加了全省统一的考试。

3. 医疗卫生概况

2008年全市年门诊量336万人次，年急诊量16万人次。120全市急救网络共接警12760起，实施救护10529人次。全市参加无偿献血有11798余人次，其中献400毫升以上的达4377人。市区卫生事业费财政拨款9540.11万元。

2009年全年突发公共卫生事件及时报告率100%，网络直报率100%。科学有序地开展防治手足口病、甲型H1N1流感防控工作。推进卫生民生工程建设，进一步完善新型农村合作医疗制度。全市农村居民新型合作医疗制度覆盖全市64.19万农民，乡村覆盖率100%，参合农民实现“持卡就医”；全市农村新型合作医疗参保率达99.57%，其中，当涂县农民参合率达99.63%，市辖区农民参合率达 99.3%。全市以乡镇为单位四苗和五苗接种率达 97.85%，乙肝疫苗首针接种率达 98%。通过执行国家基本药物制度，实行药品零差率销售，药品价格平均下降了 43.7%，均次门诊费用下降了近 40%，群众用药负担得到切实有效缓解，广大群众得到实实在在的改革实惠，得到 95% 被访问群众的拥护和欢迎。

（二）医疗卫生事业增长情况

表 4－183　　马鞍山医疗机构、人员增长情况

年份	卫生机构数(个)	其中医院	卫生技术人员(人)	其中医生	床位数(张)	每千人口卫生技术人员数(人)	每千人口医院床位数(张)
2002	246	50	5046	—	3342	—	—
2003	266	48	5293	2229	2983	1.80	2.40
2004	298	46	5933	2675	3208	2.20	2.58
2005	320	53	5988	2656	3395	2.10	2.70
2006	306	53	6071	2711	3657	2.10	2.90
2007	306	53	6403	2801	3354	2.21	2.64
2008	308	51	6690	2969	3568	2.33	2.79
2009	332	56	7182	3100	4068	2.41	3.16

数据来源：历年《马鞍山市统计年鉴》及统计公报。

完善的城乡卫生服务体系保障了马鞍山市基层医改工作的顺利实施。通过改革，马鞍山市初步建立了"维护公益性、调动积极性、保障可持续"的基层医药卫生新机制，取得了阶段性成效。从上表中，可以看出从 2002 年至 2009 年，马鞍山市的卫生机构总数总体来看在增长，医疗卫生资源实现优势互补、区域集中、合理布局的新局面，这更加有利于发挥医疗卫生资源的效用，有利于满足人民群众日益增长的医疗卫生需求。卫生技术人员人数稳步增长，卫生机构中病床数量也在不断增长，马鞍山市的医疗卫生条件不断提高，能够不断满足人民群众的需求。

七、滁州市的医疗卫生

（一）滁州市医疗卫生事业总体情况

1. 医疗卫生机构

2009 年末，全市共有卫生机构 418 个。其中，医院、卫生院 192 个，疾病控制中心 8 个，妇幼保健机构 8 个。全市卫生机构拥有床位 10453 张，比 2008 年增长 3.8%，其中医院、卫生院拥有床位 9661 张，比 2008 年减少 102 张。加强医疗卫生机构标准化建设。完成 27 个社区卫生服务机构、28 所乡镇卫生院和 205 个村卫生室建设任务。开工建设两个县级妇幼保健机构。市一院、市中西医结合医院、定远县总医院、明光市中医院、天长市人民医院门诊楼等重点工程建设进展顺利。全市参加新型农村合作医疗人数达到 331.54 万人，参合率 94.37%。

2. 医疗卫生人员

2009 年，全市共有卫生机构人员数 1.43 万人。其中，医院、卫生院技术人员 9981 人，执业医生 4915 人，注册护士 3729 人，卫生防疫人员 350 人。新招录卫技人员 570 人。

(二)医疗卫生事业增长情况

表 4－184　　滁州市医疗机构、人员增长情况

年份	卫生机构数(个)	其中医院、卫生院	卫生技术人员(人)	其中医生	床位数(张)	其中医院、卫生院	每千人口卫生技术人员数(人)	每千人口医院床位数(张)
2002	342	288	8777	4070	—	7942	2.03	—
2003	331	290	7883	3898	—	8463	1.82	—
2004	330	289	8612	3831	—	7637	1.99	—
2005	497	288	10900	4064	8190	7835	2.50	1.88
2006	307	273	10500	3613	8240	7975	2.38	1.87
2007	464	268	12100	3021	8443	8140	2.73	1.90
2008	423	267	10800	4506	10068	9763	2.41	2.25
2009	418	192	14300	4915	10453	9661	3.17	2.32

数据来源:历年《滁州市统计年鉴》及统计公报。

滁州市卫生机构设置趋于合理,服务能力不断增强。2005 年后医疗机构的数目在减少,全市原有乡镇卫生院 261 所,2000 年以后两次行政区划调整只有少部分卫生院进行了撤并,到 2009 年仍有 249 所,点多面广,服务能力弱,少数卫生院变成了“家庭店”、“夫妻店”。基层医改后,全市设置乡镇卫生院 94 所,为方便群众就医方便,设置了 78 所卫生分院。城市社区卫生服务中心从无到有,网络逐步完善,基层医改明确。人员结构得到进一步优化,基层医改前,,非医务人员占据医疗技术岗位相当普遍。改革中,卫生技术人员数目稳步增长,医生的数目也在增加,提高了医疗水平。同时,医院的床位也在增加,医院的硬件水平提高,提高了人民群众就医的可及性。

八、芜湖市的医疗卫生

(一)芜湖市医疗卫生事业总体情况

1. 医疗卫生机构

2009 年末,全市拥有各类卫生机构 489 个,其中,医院、卫生院 127 个,疾病控制中心 8 个,妇幼保健院、所、站 7 个,社区卫生服务中心 21 个,社区卫生服务站 94 个。卫生机构拥有床位 9459 张,其中医院、卫生院 8768 张。芜湖市近年来投入 1559 万元,完成了 12 所标准化镇卫生院和 120 个标准化村卫生室建设任务。2008 年以来,芜湖市在城东区新建市一院新院区,在城南新区投资新建市中医院新院区,在城中区投资新建市二院门诊住院大楼,在城西区新建弋矶山医院门诊住院大楼,进一步优化了市区优质医疗资源的布局。

2. 医疗卫生人员

2009 年,芜湖市共有卫生技术人员 11775 人,其中执业(助理)医生 4746 人、注册护士 4511 人。

（二）医疗卫生事业增长情况

表 4－185　　芜湖市医疗机构、人员增长情况

年份	卫生机构数（个）	其中医院、卫生院	卫生技术人员（人）	其中医生	床位数（张）	其中医院、卫生院	每千人口卫生技术人员数（人）	每千人口医院床位数（张）
2003	170	126	7458	3254	6611	6328	3.33	2.95
2004	175	131	7489	3328	7193	6762	3.33	3.20
2005	173	124	7750	3344	7406	6877	3.42	3.40
2006	332	133	8274	3506	7705	7277	4.05	3.43
2007	265	133	9325	3632	8312	7689	4.50	3.60
2008	271	133	10786	4293	9130	8491	4.70	3.90
2009	489	127	11775	4746	9459	8768	5.12	4.11

数据来源：历年《芜湖市统计年鉴》及统计公报。

从表中可以看出，芜湖的卫生机构数在 2009 年的数目比 2003 年增加了近两倍，卫生机构的数目明显增加。医院的数目变化不大。卫生技术人员和医生的数目逐年稳步增长，提高了整个的医疗队伍素质。医院床位也越来越多。这些都说明了，芜湖市的医疗卫生条件的提高，越来越能够满足人民的就医需求。

九、巢湖市的医疗卫生

（一）巢湖市医疗卫生事业总体情况

1. 医疗卫生机构

2009 年末全市共有卫生机构 479 个，其中，医院 48 个，卫生院 137 个，社区卫生服务中心（站）82 个，妇幼保健院（所、站）6 个，疾病预防控制中心 6 个，村卫生室 1081 个，医院、卫生院床位 10504 张。全年诊疗 702 万人次。农村有医疗点的村占总村数的 100%。

2. 医疗卫生人员

2009 年，巢湖市共有卫生技术人员 12469 人，其中执业（助理）医师 4992 人、注册护士 3882 人，乡村医生和卫生员 2658 人。

（二）医疗卫生事业增长情况

表 4－186　　巢湖市医疗机构、人员增长情况

年份	卫生机构数（个）	其中医院、卫生院	卫生技术人员（人）	其中医生	医院、卫生院床位数（张）	每千人口卫生技术人员数（人）	每千人口医院床位数（张）
2005	712	206	9535	4010	6705	2.10	1.48
2006	1853	180	12189	4743	8750	2.69	1.93

续表

年份	卫生机构数(个)	其中医院、卫生院	卫生技术人员(人)	其中医生	医院、卫生院床位数(张)	每千人口卫生技术人员数(人)	每千人口医院床位数(张)
2007	1862	180	12289	4843	7557	2.70	1.66
2008	1467	184	14189	5085	9329	3.11	2.04
2009	479	185	12469	4992	10504	2.72	2.29

数据来源:历年《巢湖市统计年鉴》及统计公报。

从上表中可以看出巢湖市的卫生医疗水平不断地提高,卫生技术人员、医生的数目都有所增加。医院的床位也逐年增加,不断地满足了人民群众的医疗需求。但是也能看出一个问题,2006 年卫生机构数比 2005 年多了 1000 多个,到 2009 年卫生机构数目比 2008 年少将近 1000 个。

十、发展政策分析

(一)南京市未来十年发展政策

建立健全覆盖城乡居民的基本医疗卫生制度,为群众提供安全、有效、方便、价廉的医疗卫生服务,努力使南京市医药卫生事业发展走在全国全省前列。到 2011 年,进一步完善全面覆盖城乡居民的基本医疗保障制度,进一步健全城乡基层医疗卫生服务体系,初步建立基本药物制度,广泛普及基本公共卫生服务,公立医院改革试点取得积极进展,明显提高基本医疗卫生服务可及性,基本建成全国一流的医疗卫生服务基地。到 2015 年,基本建立覆盖城乡居民的基本医疗卫生制度。建立比较完善的公共卫生服务体系和医疗服务体系,比较健全的医疗保障体系,比较规范的药品供应保障体系,比较科学的医疗卫生机构管理体制和运行机制,形成多元办医格局,实现人人享有基本医疗卫生服务,基本适应人民群众多层次的医疗卫生需求,进一步提高人民群众健康水平。到 2020 年,全面建成覆盖城乡居民的基本医疗卫生制度。建立完善的公共卫生服务体系和医疗服务体系,健全的医疗保障体系,规范的药品供应保障体系,科学的医疗卫生机构管理体制和运行机制,居民健康指标达到或超过中等发达国家水平。

(二)"十二五"期间扬州市的发展政策

2009 年,是医药卫生体制改革迈出重要步伐的一年。南京市市委市政府高度重视卫生工作,根据国家统一部署,围绕基本医疗保障制度建设、国家基本药物制度实施、基层医疗卫生服务体系健全、基本公共卫生服务均等化和公立医院改革试点五项重点工作,各地狠抓工作落实,医药卫生体制改革取得了良好开局。与此同时,统筹协调做好医疗卫生其他各项工作,如期完成了全年各项卫生目标任务,多项卫生工作取得新的进展和突破,为实现"两个率先"、构建"和谐扬州"、全市经济社会发展、保增长保民生保稳定作出了积极贡献。

2010 年,全市卫生系统要紧紧围绕五项改革,更加注重服务大局,更加注重保基本、强基层、打基础,更加注重机制创新,更加注重改善服务。总体要求是:以科学发展观为指导,围绕南京市市委市政府提出的"建设幸福扬州"的要求,坚持五项改革,着力转换机制,加快建立医疗卫生机构管理机制、补偿机制和运行机制;坚持统筹城乡卫生发展,着力加强基层基础,促进城乡社区卫生服务体系和医疗保障体系建设;坚持加强公共卫生服务与管理,着力推进均等化,提高人民群众健康水平;坚持改善和加强医疗服务,着力提升能力水平,提高群众对医疗卫生服务的满意度;坚持突出关注民生，着力发展卫生惠民，努力让群众看病就医多得实惠。要重点抓好十个方面工作：一是围绕统筹城乡卫生发展，进一步推进基层医疗卫生服务体系建设。加强社区卫生服务机构标准化建设，加强基层卫生人才培训培养，加强对口支援、专家社区坐诊工作。二是认真实施基本公共卫生服务与重大公共卫生服务项目，不断推进公共卫生服务逐步均等化。切实加强服务能力建设，扎实推进服务项目实施，严格服务项目绩效考核，大力推进爱国卫生工作。三是完善发展新型农村合作医疗制度，进一步提高农民健康保障水平。建立稳定筹资与增长机制，着力提高参保农民补偿比例，加大基金使用与管理力度，强化定点医疗机构监管，加快推进新农合信息化管理。四是积极抓好基本药物制度试点工作，努力控减群众医药费用负担。推进基本药物制度试点工作，规范基本药物采供管理，确保基本药物使用到位，加强宣传引导和绩效考核。五是积极稳妥推进公立医院改革，努力探索医院改革与发展新路径。深化改革实践探索，着力抓好改革试点。六是切实加强医疗机构科学管理，不断规范医疗服务行为。加强执业行为监管，全面改善医疗服务，规范采供血管理。七是加强中医药服务体系建设，持续振兴中医药事业。推进中医药进社区，强化中医药特色优势，加强中医药人才培养。八是大力推进卫生科技教育工作，不断提高医药卫生人才队伍能力和素质。着力加强重点专科建设，加强医学教育管理，加快卫生信息化进程。九是不断丰富卫生关注民生、惠及于民的新举措，努力让老百姓看病就医多得实惠。积极发展惠民医疗，大力推进便民快捷服务。十是进一步加强医德医风建设，积极打造医疗卫生人民满意工程。深入推进文明创建活动，突出加强医德医风考评，努力提高行政办事效率，切实加强勤政廉政建设。

到 2015 年，建成覆盖城乡居民的公共卫生服务体系、医疗服务体系、医疗保障体系、药品供应保障体系，形成“四位一体”的基本医疗卫生制度，卫生事业发展水平和居民健康主要指标高于全省平均水平。其中，基本公共卫生服务得到普及，重大公共卫生服务全面落实；建立健全以市级医院为龙头，县级医院为骨干，城乡社区卫生服务机构为基础的医疗卫生服务新格局。加强县级医院、乡镇卫生院、社区卫生服务机构标准化建设，优化和提升社区卫生服务功能，完善 15 分钟健康服务圈，形成较为完善的基层医疗卫生服务体系；基本医疗保障制度覆盖全民，城镇职工医保、居民医保和新农合参保率均稳定在 99% 以上，城乡医疗救助制度更趋完善；国家基本药物制度全面建立，政府举办的基层医疗卫生机构全部配备使用并零差率销售基本药物；公立医院改革取得积极进展，管理体制、运行机制和补偿机制逐步完善。医疗服务持续改善，诊疗能力明显提升，公益性质进一步彰显，多元化办医格局进一步巩固。人民群众多层次、多样化的医疗卫生服务需求逐步得到满足，适应卫生事业发展需要的财政保障机制基本建立，卫生发展与经济发展良性互动，使城乡居民普遍享有安全、有效、方便、价廉的医疗卫生服务。

（三）2010 年镇江市的发展政策

镇江市财政不断完善对医疗卫生事业的投入机制，至 2010 年将建立起比较完善的覆盖城乡居民的公共卫生服务体系、医疗服务体系、医疗保障体系及药品供应保障体系。

一是加大基本公共卫生服务经费投入。该市将免费为城乡居民提供省定的基本公共卫生服务。人均基本公共卫生服务经费标准，在 2009 年人均 15 元的基础上，2010 年提高到人均 20 元。建立重大公共卫生服务项目专项经费，要求各辖市区根据经济发展水平，逐年增加投入。对专业公共卫生机构的人员经费、发展建设和业务经费，由财政全额安排，按照规定取得的服务收入上缴财政专户或纳入预算管理。

二是改革基层医疗卫生机构补偿机制。基层医疗卫生机构运行成本通过服务收费和政府补助补偿。该市对由政府负责举办的乡镇卫生院、城市社区卫生服务中心和站等，按国家规定核定的基本建设、设备购置、人员经费及所承担公共卫生服务的业务经费，按定额定项和购买服务等方式补助。政府对乡村医生承担的公共卫生服务等任务给予合理补助，对社会力量举办基层医疗卫生机构提供的公共卫生服务和基本医疗服务，通过购买服务等方式给予补偿。

三是不断提高参保人员保障待遇水平。2010 年，该市各级财政对居民医保和新农合的补助标准不低于每人每年 120 元，医疗救助资金不低于每人每年 6 元。全面推行门诊统筹，居民医保对所有普通门诊均实行按比例补偿。职工医保和居民医保制度内报销比例分别达到 80% 和 60%，新农合实际住院补偿比率达 45% 以上。2010 年，全面取消职工医保大病统筹最高支付限额，居民医保（新农合）最高支付限额提高到当地居民（农民）人均纯收入的 8 倍以上。

四是大力支持公立医院可持续发展。财政将加大对公立医院的投入，投入主要用于公立医院基本建设和大型设备购置、重点学科发展、符合国家规定的离退休人员费用补偿等，对公立医院承担的公共卫生服务任务给予专项补助，保障政府指定的紧急救治、援外、支农、支边、惠民服务和政府指定的其他公共卫生服务经费。对传染病医院、精神卫生中心、妇幼保健院和急救医疗机构在投入上予以倾斜。对中医院提供的特色、价廉的中医药服务项目在政策补偿上体现优惠。逐步取消药品加成，医院由此减少的收入或形成的亏损通过增设药事服务费、调整部分技术服务收费标准和增加政府投入等途径解决。药事服务费纳入基本医疗保险报销范围。

（四）2010 年淮安市的发展政策

根据卫生事业在全面小康进程中所肩负的历史使命及卫生事业现有基础和发展条件，到 2010 年，在全市基本建立起适应社会主义市场经济体制要求和小康社会发展水平的卫生体系，率先实现卫生事业全面小康，部分医疗卫生机构实现基本现代化。一是加强城乡基层医疗卫生服务体系建设。健全以县级医院为龙头、乡镇卫生院和村卫生室为基础的农村医疗卫生服务网络；完善以社区卫生服务为基础的新型城市医疗卫生服务体系；完善基层医疗卫生机构补偿机制；建立城市医院与基层医疗卫生服务机构的分工协作机制，完善城市医院对口支援农村医疗卫生工作制度。二是明确政府举办公共卫生职责。加强公共卫生体系建设，逐步提高人均公共卫生经费水平。加大财政投入力度，健全公共卫生服务经费保障机制；扩大基本公共卫生服务覆盖面，落实 9 类 22 项基本公共卫生服务项目；继续实施艾滋病、结核病、血吸虫病等重大疾病预防控制和国家免疫规划等重大公共卫生服务项目。三是建立基本药物制度。逐步实施国家和省定基本药物制度，规范基本药物招标采购。四是推进公立医院改革。启动公立医院改革试点，选择市第四人民医院进行管理体制、运行机制、补偿机制、监管机制等重点和难点方面改革的探索，为公立医院改革积累经验。改革公立医院运行、补偿机制，深化医院人事分配制度改革，逐步将公立医院补偿由服务收费、药品加成收入和财政补助三个渠道改为服务收费和财政补助两个渠道，对公立医院承担的公共卫生任务给予专项补助，保障政府指定的紧急救治、援外、支农、支边等公共服务经费。五是加快形成多元办医格局。引导社会资本以多种方式参与包括国有企业所办医院在内的部分公立医院改制重组，按照区域卫生规划，鼓励社会资本依法兴办非营利性医疗机构。

（五）2010 年马鞍山市的发展政策

全面实施各项医药卫生体制改革。建立多渠道资金筹集机制，建成人民医院门诊大楼、传染病医院门诊大楼并投入使用，加快中医院南迁工程步伐，启动人民医院外科综合大楼、妇幼保健院综合住院楼建设工程。积极稳妥地推进公立医院管理体制、运行体制和补偿机制试点改革，提升医疗卫生服务能力。整合医疗资源，建立可持续发展的医药卫生科技创新机制和人才保障机制，建立实用共享的医药卫生信息系统，保障医药卫生体系有效规范运转。实现公立医疗机构基本药物和补充药品零差率销售，取消药品加成，建立科学合理的补偿机制。扎实推进基层医药卫生机构人事制度、分配制度、基本药物制度和保障制度等方面综合改革。马鞍山市2008年开始实施的“深化医疗服务体系改革、提升医疗服务水平”项目并入该项目中统一实施。

马鞍山医改《实施意见》带有浓厚的地方特色，主要表现为：一是基本医疗保障制度率先实现制度全覆盖和人群全覆盖，制度覆盖率达100%，人群覆盖率达98%以上；二是基本医疗保障制度率先实现城乡一体化发展，在总结市辖区城乡一体化基础上，2010年推动当涂县实现一体化发展，使医保制度由“三网变两网”；三是率先开展基本医疗保障异地结算服务，2009年在上海等集中地实现异地就医管理，由参保地向就医地转移；四是努力让城乡居民享有较高水平的基本医疗保障待遇，2010年职工医保、居民医保、新农合住院报销，分别提高至85%、65%和55%以上，最高支付限额达参保人员年收入8倍左右；五是医疗救助与医保实现统一的平台服务，使医疗救助与新农合、城镇居民（职工）医保实现统一平台服务、资源共享和高效管理；六是基本药物零差率率先覆盖所有的基层医疗卫生机构。2009年马鞍山市已在当涂县、花山区先行实施，占全市人口近70%，力争在2010年覆盖全市。七是城乡卫生服务体系建设率先完成目标任务，2010年全面完成各项建设任务；八是基本公共卫生均等化率先启动市级服务项目，2009年四项市级基本公共卫生服务项目启动，新增人均基本公共卫生服务经费5元；九是公立医院改革率先实施并深入推进，在2008年启动改革的基础上，马鞍山市不断深入推进公立医院管理体制、运行机制、监管机制和补偿机制改革，积极争创全国和全省公立改革试点城市；十是近期医改总体目标任务率先实现，比全省提前一年实现近期三年医改总体目标任务。马鞍山市医改《实施意见》力求通过五项重点改革任务的落实，使全市“看病难、看病贵”的问题得到切实有效缓解。

（六）2010年滁州市的发展政策

大力推进基层医疗卫生服务体系建设。通过抓好扩大内需及民生工程基层医疗卫生服务体系建设项目，年内所有建制乡镇卫生院和80%以上的行政村卫生室达到标准化建设要求。全面推进乡村卫生服务一体化管理，行政村覆盖率100%，探索建立乡镇卫生院评审制度，强化对乡镇卫生院的管理。继续加强社区卫生服务机构规范化建设，加强监督与管理，着力提高社区卫生服务机构服务能力。继续开展县级以上公办医疗机构业务骨干下乡挂职、对口支援乡镇卫生院等活动，提高农村基层医疗卫生机构诊疗、救治水平和服务能力。评选奖励优秀农村卫生工作者。制定分级诊疗标准，规范基层医疗卫生机构服务收费标准、提高城乡居民在基层医疗卫生机构就医报销比例，引导一般诊疗在基层。继续巩固新农合覆盖面，提高保障水平。稳定参合率在95%以上；各级财政补助标准提高到人均120元，个人缴费30元；政策范围内住院费用报销比例达到60%以上；以县（市、区）为单位基金当年结余率控制在15%以下，累计结余率控制在25%以下。

（七）2010年芜湖市的发展政策

扎实开展医药卫生体制改革，推进国家级公立医院试点城市建设，开展基层医疗卫生机构综合改革试点。整合医疗资源，发挥技术优势，支持医疗集团做大做强，积极探索政事分开、管办分开的有效运行机制。完善基本医疗保障制度，促进基本公共卫生服务均等化。建成市二院医疗综合楼、中医院新院区、市四院门诊综合楼，加快城东新区医院建设进度，开工建设市三院突发传染病救治中心，改善医疗条件。

（八）2010年巢湖市的发展政策

进一步加强基层医疗卫生机构建设，按照中央预算内投资项目管理有关规定，抓好居巢区人民医院、庐江县中医院等县级医院项目建设，建设5个中心乡镇卫生院、11个乡镇卫生院、396所村卫生室和 2 个社区卫生服务中心，确保项目地方配套资金及时足额到位，确保项目按时竣工投入使用。启动实施以全科医生为重点的基层医疗卫生队伍建设规划，加强全科医学师资培养，为乡镇卫生院订单定向免费培养医学本科生 35 人；落实国家全科医生制度相关政策，开展专科方向的住院医师规范化培训，启动首批全科方向的住院医师规范化培训，开展基层医疗卫生机构在岗人员全科医生转岗培训 47 人。加大农村在岗卫生技术人员成人大专学历教育工作力度。巩固和完善三级医院及按照三级医院管理的综合性医院与县级医院的长期对口协作关系。加强县级医院医疗卫生人才培养，完成县级医院骨干人员到三级医院进修学习项目人员选送任务。探索开展全科医生县乡联动试点。鼓励和引导医疗卫生人才到基层服务。继续组织公开招募医药卫生类专业大专以上毕业生和招聘执业医师到乡镇卫生院工作，为乡镇卫生院招聘执业医师 3 人。积极督促庐江县做好公开招募医学卫生类专业毕业生的相关工作。组织实施中央财政补助农村卫生人员和城市社区卫生人员培训项目，其中在岗培训乡镇卫生院公共卫生人员 137 人次、乡镇卫生院卫生技术人员 274 人次、一般卫生院管理人员 103 人次、村卫生室卫生人员 1111 人次、县卫生局长 4 人次，培训社区全科医师骨干 20 人次、全科医师 70 人次、社区护士及其他卫生技术人员 120 人次，并组织参加全省统一考试。加强村卫生室和乡村医生队伍建设，加大技术支持力度，落实乡村卫生服务一体化管理指导意见，深入推进乡村卫生服务一体化管理。探索并完善乡村医生保障机制，落实乡村医生实行基本药物零差率销售、承担公共卫生服务等任务的补助政策，保障乡村医生的合理收入。将实行一体化管理的村卫生室纳入新农合门诊统筹的定点医疗机构范围，门诊报销比例不低于 30%，并逐步提高。

二十七　南京都市圈生态建设与环境保护

一、南京都市圈生态建设与环境保护基本情况

(一)水环境

近年来,南京都市圈废水排放量总体上都在呈不断上升趋势。2005 年南京都市圈工业污水排放总量为 8.59 亿吨,到 2009 年上升到 8.82 亿吨,工业废水排放量上升趋势缓慢。2007 年工业污水排放量最高,达到 9.50 亿吨,2008 年工业污水排放量有所下降,只有 8.60 亿吨。2009 年工业污水排放量同比增加 2.6%。工业污水达标排放量也在不断呈上升趋势,2005 年工业污水达标排放量为 8.00 亿吨,2009 年上升到 8.52 亿吨,增长趋势不明显。2009 年比 2008 年达标排放量增加 0.36 亿吨,工业污水达标排放量增加 4.41%。工业污水达标排放率也在稳步上升,2009 年工业污水达标排放率为 96.58%,比 2008 年增加 1.8 个百分点。

表 4 - 187　　2005 年以来南京都市圈工业污水排放总量变化情况

	2005 年	2006 年	2007 年	2008 年	2009 年
工业污水排放量(亿吨)	8.59	8.20	9.50	8.60	8.82
工业污水达标排放量(亿吨)	8.00	7.79	8.59	8.16	8.52
工业污水达标排放率(%)	93.13%	94.93%	90.45%	94.81%	96.58%

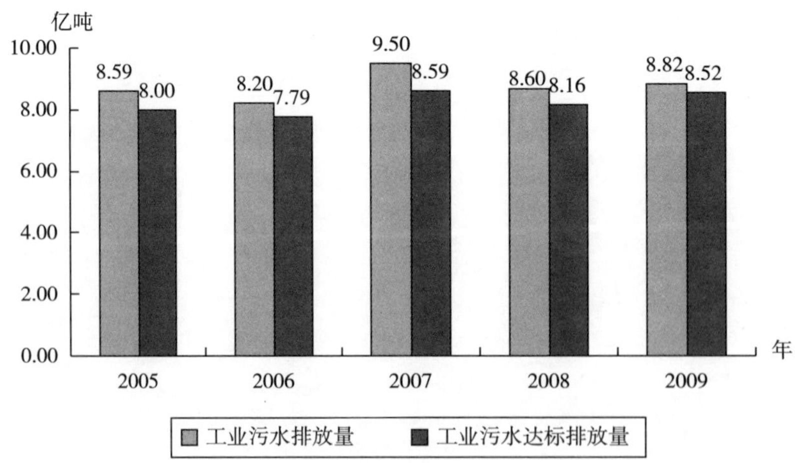

图 4 - 47　2005 年以来南京都市圈工业污水排放总量变化情况

2009 年南京都市圈各城市工业污水排放量占比相对于 2008 年变化不大,滁州市由于工业污水排放量大幅度增加,其占比也增加了近 6 个百分点。2009 年南京污工业污水排放量以 40.19% 的占比高居榜首,但比 2008 年减少了 3.76 个百分点。马鞍山市、巢湖市、镇江市、淮安市以及南京市 5 个城市 2009 年工业污水排放量占比相对于 2008 年都有所下降,滁州市、芜湖市、扬州市 3 个城市

2009 年年工业污水排放量占比相对于 2008 年都有所上升。安徽 4 市的工业污水排放总量占工业污水排放总量的 29.15%，江苏 4 市则占到 60.85%。

表 4－188　　南京都市圈各城市工业污水排放量及占比情况

		滁州市	马鞍山市	巢湖市	芜湖市	南京市	镇江市	扬州市	淮安市
2008 年	工业污水排放量（万吨）	3929	9487	3813	4164	37730	9281	8131	9513
	占比（%）	4.57%	11.03%	4.43%	4.84%	43.85%	10.79%	9.45%	11.06%
2009 年	工业污水排放量（万吨）	9145	8060	3789	4723	35452	8785	8959	9300
	占比（%）	10.37%	9.14%	4.30%	5.35%	40.19%	9.96%	10.16%	10.54%

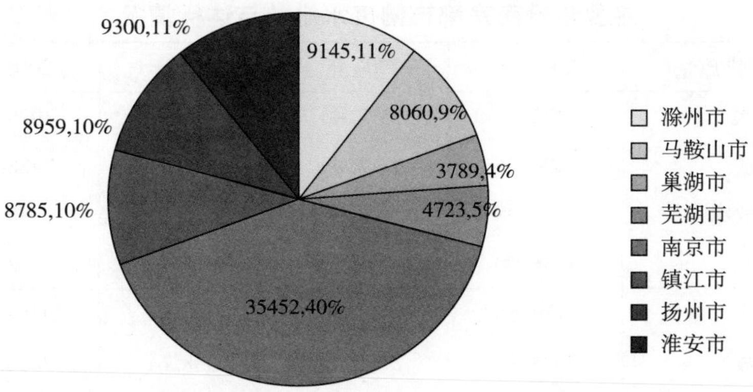

图 4－48　2009 年南京都市圈工业污水排放量各城市占比情况

滁州市废水排放总量增长迅速，2005 年至 2008 年工业污水排放量增长缓慢，但是在 2009 年发生突变。2009 年的工业污水排放总量是 2008 年的 2.3 倍，达 9145.21 万吨，虽然工业污水处理达标率达到 97.80%，但未达标排放的工业污水总量仍然较高。

马鞍山市废水排放总量在经历了一段时间的迅速增加后，于 2009 年有所回落。2005 年至 2008 年工业污水排放量从 2120.55 万吨增加到 9487.05 万吨，但是到 2009 年减少至 8060.23 万吨，相比 2008 年下降了 15%，下降幅度比较大，工业污水达标排放率也比 2008 年增加 2.19 个百分点。

巢湖市工业污水排放量从 2005 年开始增长，到 2007 年达到峰值，排放量达 3862.39 万吨，2008 年后开始呈下降趋势。2009 年工业污水排放量为 3789.43 万吨，比 2008 年减少 0.6%。虽然工业污水排放总量在减少，但污水排放达标率一直不高，2009 年只有 87.56%。

芜湖市污水排放总量总体呈上升趋势，2009 年工业污水排放总量达 4722.93 万吨，与 2008 年相比增加 13.4%，工业污水达标排放量保持较高水平，2009 年达标排放率为 99.25%，比 2008 年提高 0.15 个百分点。

南京市污水排放总量呈逐年下降趋势，2009 年废水排放总量为 80951.69 万吨，比 2008 年减少 0.2%。工业污水排放量近五年来稳步下降，由 2005 年的 47202.76 万吨下降到 2009 年的 35451.69 万吨，2009 年工业污水排放量比 2005 年下降 25%，下降速度较快。生活污水排放量近五年来则持续上升，由 2005 年的 39260.59 万吨增加到 2009 年的 45500 万吨，2009 年生活污水排放量比 2005 年上升了 16%，上升速度较快。2009 年工业污染达标排放率与 2008 年持平。

镇江市工业污水排放量近五年来持续下降,下降速度较快。由2005年的10313.96万吨下降到2009年的8784.66万吨,2009年工业污水排放量比2005年下降15%,下降速度较快。2009年工业污水排放达标率为96.50%,比2008年上升4.1个百分点。

扬州市工业污水排放量总体呈下降趋势,从2005年的12615万吨下降到8959.09万吨,下降了29%。2009年工业污水排放量与2007年相比,下降了2.2%,但与2008年相比,增加了10.2%,污水排放控制压力比较大。工业污水排放达标排放率一直保持较高水平,2009年的达标排放率为98.30%。

淮安市污水排放总量持续上升,上升速度较快,污水排放总量从2005年的20668.8万吨上升到2009年的24500万吨,2009年比2005年增加18.5%。2009年污水排放总量相对于2008年增幅不大。2009年工业污水排放量为9300万吨,比2008年下降2.2%,生活污水排放量为15200万吨,比2008年上升4.3%。工业污水排放达标率2007年以来一直保持100%,工业污水全部达标排放。

表4-189　主要年份南京都市圈废水排放与达标情况　单位:万吨,%

城市	污水排放量	2005年	2006年	2007年	2008年	2009年
滁州市	工业污水	3470.33	3617.00	3687.00	3929.00	9145.21
	达标排放	3400.06	3218.00	3509.00	3488.00	8943.91
	达标排放率	97.98%	88.97%	95.17%	88.78%	97.80%
	生活污水	8356.00	—	5605.00	5928.00	—
马鞍山市	工业污水	2120.55	2853.00	7538.61	9487.05	8060.23
	达标排放	2005.37	2781.00	7538.61	9026.93	7846.05
	达标率	94.57%	97.48%	100%	95.15%	97.34%
	生活污水	5366.00	—	—	4211.91	—
巢湖市	工业污水	1491.82	2722.00	3862.39	3813.25	3789.43
	达标排放	1491.82	2702.00	2479.00	2846.00	3318.12
	达标率	100%	99.27%	64.18%	74.63%	87.56%
	生活污水	7462.00	—	—	—	—
芜湖市	工业污水	1301.31	1434.00	13055.78	4164.00	4722.93
	达标排放	1265.08	1403.00	6909.00	4126.52	4687.32
	达标率	97.22%	97.84%	52.92%	99.10%	99.25%
	生活污水	3223.00	—	—	6215.00	—
南京市	工业污水	47202.76	43181.27	40399.58	37730.39	35451.69
	达标排放	43115.00	40162.90	38420.00	35994.79	33820.91
	达标率	91.34%	93.01%	95.10%	95.40%	95.40%
	生活污水	39260.59	41300.00	42563.12	43374.64	45500.00
	污水总量	86463.35	84481.27	82962.70	81105.03	80951.69

续表

城市	污水排放量	2005 年	2006 年	2007 年	2008 年	2009 年
镇江市	工业污水	10313.96	10319.82	9778.78	9281.23	8784.66
	达标排放	10151.00	10031.90	8996.48	8575.85	8477.19
	达标率	98.42%	97.21%	92.00%	92.40%	96.50%
	生活污水	—	—	—	—	—
扬州市	工业污水	12615.00	12594.00	9067.00	8130.73	8959.09
	达标排放	12367.00	12327.00	9006.00	8014.30	8806.79
	达标率	98.30%	97.88%	99.30%	98.57%	98.30%
	生活污水	—	—	—	—	—
淮安市	工业污水	7425.80	5295.65	7567.52	9512.93	9300.00
	达标排放	6244.00	5232.10	7567.52	9512.93	9300.00
	达标率	84.08%	98.80%	100.00%	100.00%	100.00%
	生活污水	13243.00	13802.80	14191.50	14575.91	15200.00
	污水总量	20668.80	19098.45	21759.02	24088.84	24500.00

（二）大气环境

近年来，南京都市圈工业废气排放量逐年上升，除南京外的其他7个城市工业废气总量从2005年的3831.51亿标立方米上升至2009年的10210.67亿标立方米，增长了1.7倍，增幅很快。2009年废气排放量比2008年增加10.4%，增幅较大。各城市废气排放量变化情况有所区别，滁州市、马鞍山市2009年废气排放量与2007年相比有小幅度的减少，巢湖市、芜湖市、镇江市、淮安市2009年废气排放量与2007年相比有较大幅度的增加。纵观近五年的数据，滁州市废气排放量逐年减少，马鞍山市、巢湖市、芜湖市、镇江市废气排放量增长较快，镇江市、淮安市废气排放量总体呈上升趋势，但趋势较缓。

表4-190　　南京都市圈各城市近5年废气排放量　　单位：亿标立方

城市	2005 年	2006 年	2007 年	2008 年	2009 年
滁州市	298.41	534.48	322.86	318.00	307.05
马鞍山市	203.87	228.26	3863.38	3927.76	3733.66
巢湖市	94.60	142.01	746.56	—	1271.55
芜湖市	64.97	106.18	789.39	1308.00	1486.62
南京市	—	—	—	—	—
镇江市	1260.90	1634.65	1525.57	1040.37	1893.87
扬州市	817.76	900.80	1000.52	1113.14	—
淮安市	1091.00	876.69	1104.54	1544.40	1517.92
小计	3831.51	4423.07	9352.82	9251.67	10210.67

注：未查到南京市2005～2009年、巢湖市2008年、扬州市2009年的数据。

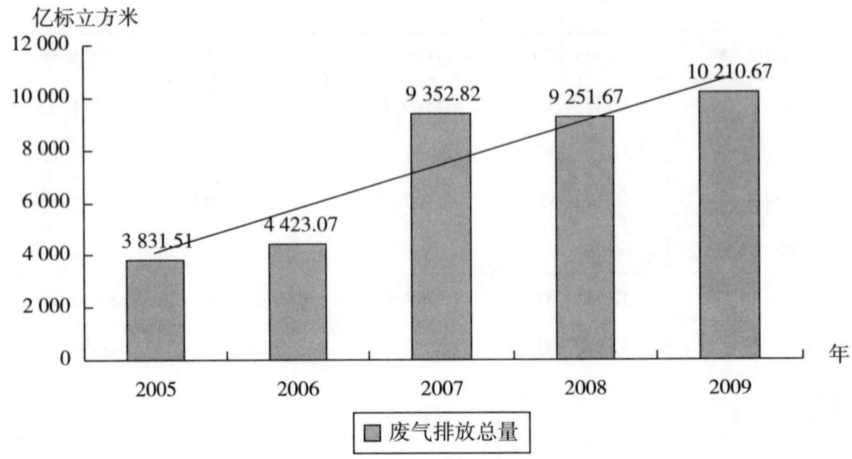

图 4－49　2005～2009 年南京都市圈工业废气排放量变化情况

2009 年，滁州市工业废气排放总量 307. 05 亿标立方米，比 2008 年增加 3. 4%。工业废气排放量峰值出现在 2006 年，达到 534. 48 亿标立方米，之后逐年下降；工业二氧化硫排放量从 2005 年开始逐年下降，排放量从 2005 年的 2. 96 万吨下降到 2009 年的 1. 51 万吨，减少近一倍，2009 年相比于 2008 年下降 14%，下降幅度较快；工业烟尘排放量总体呈下降趋势，排放量从 2005 年的 2. 55 万吨下降到 2009 年的 2. 05 万吨，5 年下降了 20%，2009 年相比于 2008 年下降 14. 2%，下降幅度较大；工业粉尘排放量总体呈下降趋势，趋势较为明显，2009 年工业粉尘排放量为 4. 00 万吨，比 2008 年下降 18. 5%，治理效果较为明显。

在废气去除方面，二氧化硫去除量总体呈下降趋势，2009 年二氧化硫排去除 0. 45 万吨，相对于 2007 年下降 47%，主要原因是二氧化硫产生量不断减少；烟尘去除量比较稳定，2009 年烟尘去除 4. 23 万吨。

表 4－191　　主要年份滁州市各类废气排放量和去除量

	2005 年	2006 年	2007 年	2008 年	2009 年
废气（亿立米）	298. 41	534. 48	322. 86	318. 00	307. 05
工业 SO_2（万吨）	2. 96	19. 80	1. 94	1. 76	1. 51
SO_2 去除量（万吨）	1. 83	0. 12	0. 85	—	0. 45
烟尘（万吨）	2. 55	1. 31	2. 28	2. 39	2. 05
烟尘去除量（万吨）	27. 60	0. 38	8. 69	—	4. 23
工业粉尘（万吨）	5. 98	3. 65	5. 73	4. 91	4. 00
粉尘去除量（万吨）	7. 66	3. 16	6. 84	—	—

2009 年，马鞍山市工业废气排放总量 3733. 66 亿标立方米，比 2008 年减少 5%。工业废气排放量在 2007 年剧增，之后居高不下；工业二氧化硫排放量总体呈上升趋势，排放量从 2005 年的 1. 66 万吨上升到 2009 年的 5. 20 万吨，增长了两倍多，2009 年相比于 2008 年上升了 4. 6%，增幅较小；工业烟尘排放量总体呈下降趋势，排放量从 2005 年的 1. 83 万吨下降到 2009 年的 0. 92 万吨，5 年下降了近一倍，2009 年相比于 2008 年下降 13. 2%，下降幅度较大；工业粉尘排放量在经历短暂的下降后又

呈上升趋势,2009 年工业粉尘排放量为 2.57 万吨,比 2008 年上升了 17.3%,治理压力较大。

在废气去除方面,二氧化硫去除量总体呈上升趋势,2009 年二氧化硫排去除 5.20 万吨,相对于 2008 年上升了 4.6%,相对于 2005 年增加了两倍多,治理力度较大;烟尘去除量逐年增加,增加幅度较大,2009 年烟尘去除 143.66 万吨,相比于 2007 年上升 42%。

表 4－192　　主要年份马鞍山市各类废气排放量和去除量

	2005 年	2006 年	2007 年	2008 年	2009 年
废气(亿立米)	203.87	228.26	3863.38	3927.76	3733.66
工业 SO_2(万吨)	1.66	—	5.07	4.97	5.20
SO_2 去除量(万吨)	0.51	1.81	2.28	—	4.88
烟尘(万吨)	1.83	0.28	0.90	1.06	0.92
烟尘去除量(万吨)	6.06	49.77	101.24	—	143.66
工业粉尘(万吨)	4.23	0.01	1.74	2.19	2.57
粉尘去除量(万吨)	7.44	2.43	156.82	—	150.46

2009 年,巢湖市工业废气排放总量 1271.55 亿标立方米,比 2007 年增加了 70%,增幅较大,工业废气排放总量整体呈上升趋势;工业烟尘排放量总体呈上升趋势,排放量从 2005 年的 0.22 万吨上升到 2007 年的 1.98 万吨,增加了近 8 倍,2009 年相比于 2007 年下降 10.6%,总量仍然较大;工业粉尘排放量呈上升趋势,2009 年工业粉尘排放量为 7.51 万吨,比 2007 年上升了 62.5%,治理压力较大。

在废气去除方面,二氧化硫去除量总体呈上升趋势,2009 年二氧化硫排去除 3.88 万吨,相对于 2006 年增加了一倍多,治理力度较大;烟尘去除量逐年增加,增加幅度较大,2009 年烟尘去除 73.68 万吨,相比于 2006 年上升 48%。粉尘去除量逐年增加,增加幅度较大,2009 年烟尘去除 47.42 万吨,相比于 2007 年增加 1.8 倍,治理效果较为明显。

表 4－193　　主要年份巢湖市各类废气排放量和去除量

	2005 年	2006 年	2007 年	2008 年	2009 年
废气(亿立米)	94.60	142.01	746.56	—	1271.55
工业 SO_2(万吨)	0.56	—	—	—	—
SO_2 去除量(万吨)	0.42	1.81	0.39	—	3.88
烟尘(万吨)	0.22	0.28	1.98	—	1.77
烟尘去除量(万吨)	1.93	49.77	8.57	—	73.68
工业粉尘(万吨)	0.00	0.01	4.62	—	7.51
粉尘去除量(万吨)	0.00	2.43	16.66	—	47.42

2009 年,芜湖市工业废气排放总量 1486.62 亿标立方米,比 2008 年增加了 13.66%,增幅较大,工业废气排放总量整体呈上升趋势;工业烟尘排放量总体呈上升趋势,2009 年相比于 2008 年上升 47%,增幅较大;工业粉尘排放量 2007 年以前呈上升趋势,2007 年以后呈下降趋势,2009 年工业粉

尘排放量为2.77万吨，比2007年下降了26.9%。

在废气去除方面，二氧化硫去除量总体呈上升趋势，2009年二氧化硫排去除2.79万吨，治理力度较大；烟尘去除量逐年增加，增加幅度较大，2009年烟尘去除量27.98万吨，相比于2006年上升48%；粉尘去除量逐年增加，增加幅度较大，2009年烟尘去除26.77万吨，治理效果较为明显。

表4－194　　主要年份芜湖市各类废气排放量和去除量

	2005年	2006年	2007年	2008年	2009年
废气（亿立米）	64.97	106.18	789.39	1308.00	1486.62
工业 SO_2（万吨）	0.73	—	—	4.58	—
SO_2 去除量（万吨）	0.24	0.25	0.15	—	2.79
烟尘（万吨）	0.91	1.08	0.97	0.83	1.22
烟尘去除量（万吨）	9.93	16.48	3.77	—	27.98
工业粉尘（万吨）	0.35	0.42	3.79	—	2.77
粉尘去除量（万吨）	0.07	0.89	2.52	—	26.77

2009年南京市工业废气中排放的二氧化硫、烟尘、工业粉尘的排放量分别为13.4万吨、3.12万吨和4.17万吨，分别同比2008年下降2.6%、8%和6.1%。工业废气中主要污染物二氧化硫和烟尘的去除量分别为49.51万吨、242.71万吨，分别比2008年上升17.6%和下降10.7%。

工业二氧化硫排放量逐年下降，从2005年的14.92万吨下降到13.40万吨，下降10.9%，降幅较小；工业烟尘排放量逐年下降，从2005年的4.76万吨下降到3.12万吨，下降34.5%，降幅较大；工业粉尘排放量逐年下降，从2005年的5.37万吨下降到4.17万吨，下降22.35%，降幅较大。

表4－195　　主要年份南京市各类废气排放量和去除量

	2005年	2006年	2007年	2008年	2009年
工业 SO_2（万吨）	14.92	14.56	13.95	13.76	13.40
SO_2 去除量（万吨）	31.56	34.50	42.41	42.03	49.51
烟尘（万吨）	4.76	4.26	3.71	3.39	3.12
烟尘去除量（万吨）	283.78	277.30	257.68	271.79	242.71
工业粉尘（万吨）	5.37	5.03	4.84	4.44	4.17

2009年，镇江市工业废气排放总量1893.87亿标立方米，比2008年增加了82%，增幅较大，工业废气排放总量整体呈上升趋势；工业二氧化硫排放量逐年减少，从2005年的9.14万吨减少到2009年的5.90万吨，降低了35.45%，2009年比2008年降低了5%；工业烟尘排放量逐年减少，从2005年的3.42万吨减少到2009年的1.22万吨，降低了64%，2009年比2008年降低了15.86%。

在废气去除方面，二氧化硫去除量总体呈上升趋势，2009年二氧化硫排去除12.00万吨，治理力度较大，但相对于2008年下降了7.68%；烟尘去除量变化幅度不大，2009年烟尘去除量154.92万吨，相比于2008年下降了6.34%。

表 4－196　　　　主要年份镇江市各类废气排放量和去除量

	2005 年	2006 年	2007 年	2008 年	2009 年
废气(亿立米)	1260.90	1634.65	1525.57	1040.37	1893.87
工业 SO_2(万吨)	9.14	8.64	7.65	6.21	5.90
SO_2 去除量(万吨)	2.67	3.52	11.30	13.00	12.00
烟尘(万吨)	3.42	3.14	1.65	1.45	1.22
烟尘去除量(万吨)	148.18	159.69	155.37	165.41	154.92
工业粉尘(万吨)	1.34	1.03	0.88	0.91	0.65

扬州市工业废气排放总量整体呈上升趋势;工业二氧化硫排放量逐年减少,工业烟尘排放量逐年减少;在废气去除方面,二氧化硫去除量呈明显上升趋势,烟尘去除量逐年上升,但上升幅度不大。

表 4－197　　　　主要年份扬州市各类废气排放量和去除量

	2005 年	2006 年	2007 年	2008 年	2009 年
废气(亿立米)	817.76	900.80	1000.52	1113.14	—
工业 SO_2(万吨)	9.57	8.94	8.80	7.48	—
SO_2 去除量(万吨)	1.86	3.70	7.40	8.42	9.58
烟尘(万吨)	1.85	1.60	1.48	1.21	—
烟尘去除量(万吨)	120.01	127.98	142.65	158.73	164.96
工业粉尘(万吨)	0.57	0.55	0.37	0.30	—

2009 年,淮安工业废气排放总量 1517.92 亿标立方米,比 2008 年减少了 1.71%,变幅不大,工业废气排放总量整体呈上升趋势;工业二氧化硫排放量呈减少趋势,但不够很明显,从 2005 年的 5.57 万吨减少到 2009 年的 5.11 万吨,降低了 8.26%,2009 年比 2008 年上升了 14.06%;工业烟尘排放量逐年减少,从 2005 年的 3.35 万吨减少到 2009 年的 1.66 万吨,降低了 50%,2009 年比 2008 年降低了 19.81%;近 5 年工业粉尘排放量变化趋势不明显,2009 年工业粉尘排放量 0.61 万吨,比 2006 年略有减少。

在废气去除方面,二氧化硫去除量总体呈上升趋势,2009 年二氧化硫去除量 3.56 万吨,相对于 2008 年下降了 9.18%;工业烟尘去除量总体呈上升趋势,2009 年烟尘去除量 157.94 万吨,相比于 2008 年下降了 7.96%。

表 4－198　　　　主要年份淮安市各类废气排放量和去除量

	2005 年	2006 年	2007 年	2008 年	2009 年
废气(亿立米)	1091.00	876.69	1104.54	1544.40	1517.92
工业 SO_2(万吨)	5.57	5.17	5.14	4.48	5.11
SO_2 去除量(万吨)	1.29	2.08	3.65	3.92	3.56
烟尘(万吨)	3.35	3.00	2.16	2.07	1.66
烟尘去除量(万吨)	101.54	79.33	36.02	146.29	157.94
工业粉尘(万吨)	0.71	0.64	0.97	0.91	0.61

(三)工业固体废物

近年来,南京都市圈固体废弃物产生量总体上都在呈不断上升趋势。2005 年南京都市圈固体废弃物产生量为 2296. 52 亿吨,到 2009 年上升到 5070. 77 亿吨,2009 年比 2005 年增加 1. 2 倍,增长速度较快,2009 年相比于 2008 年增长 13. 95%。固体废弃物综合利用量也在稳步上升,2009 年综合利用量为 4120. 99 万吨,与 2005 年的 2254. 64 相比增加了 82. 8%,增长速度较快,2009 年比 2008 年增加 13. 75%。综合利用率呈卒年下降趋势,2009 年综合利用率只有 81. 27%,比 2008 年下降 0. 14 个百分点,主要原因是固体废弃物生产量增长过快,而综合利用量增长缓慢,导致综合利用率逐年下降。

表 4 - 199　　南京都市圈近五年来固体废弃物排放及综合利用情况

	2005 年	2006 年	2007 年	2008 年	2009 年
生产量(万吨)	2296. 52	2906. 88	4078. 75	4449. 99	5070. 77
综合利用量(万吨)	2254. 64	2754. 99	3324. 63	3622. 90	4120. 99
综合利用率(%)	98. 18%	94. 77%	81. 51%	81. 41%	81. 27%

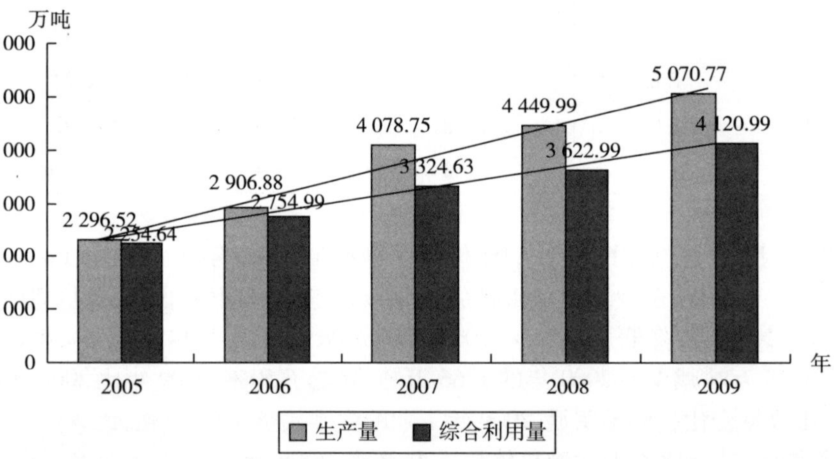

图 4 - 50　南京都市圈近五年来固体废弃物排放及综合利用情况

2009 年,南京都市圈 8 个城市中马鞍山、南京两个城市的固体废弃物排放量仍然占较高比例。南京市 2009 年占比为 32%,比 2008 年下降 4 个百分点;马鞍山市 2009 年占比为 27%,比 2008 年下降 10 个百分点;其他几个城市中滁州市、芜湖市、2009 年占比相对于 2008 年略有上升,但幅度很小,镇江市、淮安市、扬州市略有上升,巢湖市与 2008 年持平。

2009 年滁州市固体废弃物生产量比 2008 年增加了一倍多,达到了 145. 64 万吨,固体废弃物生产量呈急剧上升趋势;与此同时,固体废弃物综合利用量也迅速增加,2009 年综合利用量 142. 23 万吨,比 2008 年增加 1. 34 倍。2009 年固体废弃物贮存量与 2008 年相比有大幅度减少,从 2008 年的 6. 00 万吨下降到 3. 3 万吨。固体废弃物处置量近几年保持上升的势头,2009 年处理量为 0. 11 万吨,比 2008 年上升 22. 2%。固体废弃物排放量从 2007 年以来一直保持零排放。2009 年固体废弃物综合利用率为 97. 66%,比 2008 年上升 6. 8 个百分点。

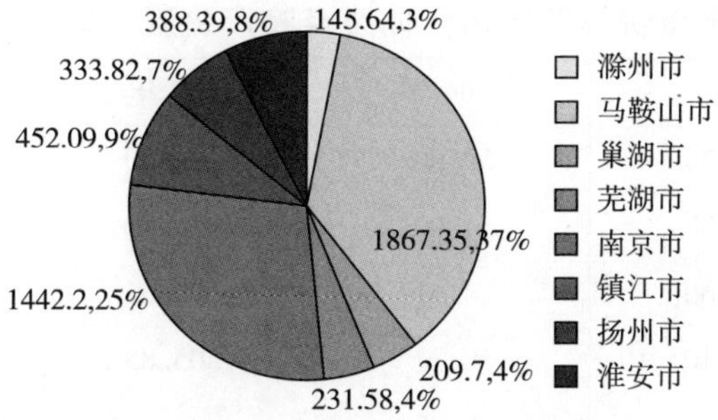

图 4－51　各城市固体废弃物排放量占比

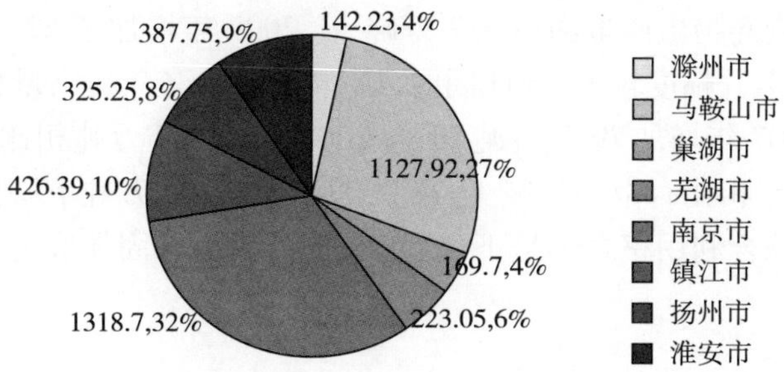

图 4－52　各城市固体废弃物综合利用量占比

表 4－200　　主要年份滁州市固体废弃物产生量及处置情况

	2005 年	2006 年	2007 年	2008 年	2009 年
产生量(万吨)	72.62	81.00	65.00	66.77	145.64
综合利用量(万吨)	62.82	81.00	59.00	60.67	142.23
贮存量(万吨)	9.52	1.81	5.30	6.00	3.30
处置量(万吨)	0.26	0.57	0.11	0.09	0.11
排放量(万吨)	0.02	400.00	0.00	0.00	0.00
综合利用率(%)	86.51%	100%	90.77%	90.86%	97.66%

2009 年马鞍山市固体废弃物生产量为 1867.35 万吨，比 2008 年增加了 10.54%，2007 年以来固体废弃物生产量呈急剧上升趋势；与此同时，固体废弃物综合利用量也迅速增加，2009 年综合利用量 1127.92 万吨，比 2008 年增加 8.84%，但增幅较小，导致 2009 年固体废弃物综合利用率比 2008 年低。2009 年固体废弃物贮存量与 2007 年相比有大幅度上升，从 2007 年的 94.61 万吨上升到 164.61 万吨，上升 74%，。固体废弃物处置量近几年保持上升的势头，2009 年处理量为 574.82 万吨，比 2007 年上升 13.43%。2005 年以来固体废弃物综合利用率为逐渐降低，主要原因是固体废弃物生产量急剧上升。

表 4－201　　主要年份马鞍山市固体废弃物产生量及处置情况

	2005 年	2006 年	2007 年	2008 年	2009 年
产生量（万吨）	52.73	59.00	1466.00	1689.24	1867.35
综合利用量（万吨）	48.03	54.00	866.00	1036.35	1127.92
贮存量（万吨）	4.60	4.61	94.61	—	164.61
处置量（万吨）	0.10	0.17	505.85	—	574.82
排放量（万吨）	—	0.00	—	—	—
综合利用率（%）	91.09%	91.53%	59.07%	61.35%	60.40%

2009 年巢湖市固体废弃物生产量为 209.7 万吨，比 2007 年增加了 62.56%，2007 年以来固体废弃物生产量呈上升趋势，上升幅度较大；与此同时，固体废弃物综合利用量也迅速增加，2009 年综合利用量 169.7 万吨，比 2007 年增加 79.7 万吨，但与 2006 年的 207 万吨相比少 37.3 万吨。2009 年固体废弃物贮存量与 2007 年相比有微小的减少，从 2007 年的 41.4 万吨下降到 40 万吨，下降 3.37%。2005 年以来固体废弃物综合利用率总体呈下降趋势，主要原因是固体废弃物生产量急剧上升，而综合利用量增长较慢。

表 4－202　　主要年份巢湖市固体废弃物产生量及处置情况

	2005 年	2006 年	2007 年	2008 年	2009 年
产生量（万吨）	117.96	217.00	129.00	—	209.70
综合利用量（万吨）	117.96	207.00	90.00	—	169.70
贮存量（万吨）	0.00	8.40	41.40	—	40.00
处置量（万吨）	0.00	1.92	0.00	—	0.01
排放量（万吨）	0.00	0.00	—	—	—
综合利用率（%）	100.00%	95.39%	69.77%	—	80.93%

2009 年芜湖市固体废弃物生产量为 231.58 万吨，比 2008 年增加了 34.4%，2005 年以来固体废弃物生产量呈上升趋势，上升幅度较大；与此同时，固体废弃物综合利用量也迅速增加，2009 年综合利用量 223.05 万吨，比 2008 年增加 36.9%。2007 年以来固体废弃物综合利用率总体呈上升趋势，主要原因是固体废弃物综合利用量上升幅度较快。

表 4－203　　主要年份芜湖市固体废弃物产生量及处置情况

	2005 年	2006 年	2007 年	2008 年	2009 年
产生量（万吨）	117.96	160.00	166.00	172.31	231.58
综合利用量（万吨）	117.96	160.00	157.00	162.95	223.05
综合利用率（%）	100.00%	100.00%	94.58%	94.57%	96.32%

2005 年以来南京市固体废弃物生产量呈上升趋势，上升幅度较大。2009 年固体废弃物生产量

为1442.2万吨，比2008年增加了4.20%，与此同时，固体废弃物综合利用量也有小幅度的增加，2009年综合利用量1318.7万吨，比2008年上升3.15%。固体废弃物贮存量呈逐年减少的趋势，2009年固体废弃物贮存量与2008年相比有所减少，从2008年90.30万吨下降到76.66万吨，下降15.11%。固体废弃物处置量总体呈上升趋势，2009年处置量为5.02万吨，比2006年有所增加，但是比2008年有所下降，下降8.23%。2005年以来固体废弃物综合利用率总体呈上升趋势，主要原因是综合利用量增长较快，但是2009年综合利用率比2008年下降1个百分点。

表4-204　　主要年份南京市固体废弃物产生量及处置情况

	2005年	2006年	2007年	2008年	2009年
产生量(万吨)	1159.10	1277.50	1340.10	1384.10	1442.20
综合利用量(万吨)	1051.61	1174.50	1222.31	1278.45	1318.70
贮存量(万吨)	126.43	139.28	108.85	90.30	76.66
处置量(万吨)	3.11	3.61	5.67	5.47	5.02
排放量(万吨)	0.00	0.00	0.00	0.00	0.00
综合利用率(%)	89.42%	88.47%	91.21%	92.40%	91.37%

2009年镇江市固体废弃物生产量为452.09万吨，比2008年减少了10.02%，2005年以来固体废弃物生产量呈下降趋势，下降幅度较大；与此同时，固体废弃物综合利用量也有所减少，2009年综合利用量426.39万吨，比2008年下降6.79%。2007年以来固体废弃物综合利用率总体呈上升趋势，2009年综合利用率为93.52%，比2008年上升2.4个百分点。

表4-205　　主要年份镇江市固体废弃物产生量及处置情况

	2005年	2006年	2007年	2008年	2009年
产生量(万吨)	371.43	634.88	538.58	502.43	452.09
综合利用量(万吨)	460.89	622.75	514.17	457.94	426.39
综合利用率(%)	91.16%	89.96%	95.47%	91.12%	93.52%

2005年以来扬州市固体废弃物生产量呈急剧上升趋势。2009年固体废弃物生产量为333.82万吨，比2008年增加了18.81%，与此同时，固体废弃物综合利用量也有较大幅度的增加，2009年综合利用量325.25万吨，比2008年上升19.07%。固体废弃物贮存量呈逐年减少的趋势，2009年固体废弃物贮存量与2008年相比有所减少，从2008年2.60万吨下降到1.74万吨，下降33.08%。2009年处置量为6.84万吨，比2006年有所增加，上升31.3%，但远不如2007年综合利用量。固体废弃物近几年来一直保持零排放。2005年以来固体废弃物综合利用率总体呈上升趋势，主要原因是综合利用量增长较快，2009年综合利用率比2008年上升0.21个百分点。

表4-206　　主要年份扬州市固体废弃物产生量及处置情况

	2005年	2006年	2007年	2008年	2009年
产生量(万吨)	187.00	218.90	217.99	280.97	333.82

专题

续表

	2005年	2006年	2007年	2008年	2009年
综合利用量(万吨)	182.00	194.50	190.82	273.17	325.25
贮存量(万吨)	7.55	18.00	16.38	2.60	1.74
处置量(万吨)	8.64	21.40	25.55	5.22	6.84
排放量(万吨)	0.00	0.01	0.00	0.00	0.00
综合利用率(%)	91.84%	82.00%	81.90%	97.22%	97.43%

2005年以来淮安市固体废弃物生产量呈急剧上升趋势。2009年固体废弃物生产量为388.39万吨,比2008年增加了9.66%,与此同时,固体废弃物综合利用量也有较大幅度的增加,2009年综合利用量387.75万吨,比2008年上升9.73%。固体废弃物贮存量一直保持在较低的水平,贮存量很小,2009年只有0.01万吨。固体废弃物处置量近几年呈上升趋势,2009年固体废弃物处置量为0.63万吨,比2007年上升31.25%,但是相比于2008年则下降20.25%。固体废弃物排放量一直保持零排放。2005年以来固体废弃物综合利用率总体呈上升趋势,主要原因是综合利用量增长较快,综合利用水平都比较高,2009年综合利用率为99.84%,比2008年上升0.06个百分点。

表4-207　主要年份淮安市固体废弃物产生量及处置情况

	2005年	2006年	2007年	2008年	2009年
产生量(万吨)	217.72	258.60	225.81	354.17	388.39
综合利用量(万吨)	213.37	258.24	225.33	353.37	387.75
贮存量(万吨)		0.00	0.00	0.10	0.01
处置量(万吨)		0.35	0.48	0.79	0.63
排放量(万吨)	0.00	0.00	0.00	0.00	0.00
综合利用率(%)	98.00%	99.86%	99.79%	99.78%	99.84%

(四)城市环境

2009年南京都市圈城市空气质量达到二级(可吸入颗粒物≤0.1毫克/立方米,二氧化硫≤0.06毫克/立方米,二氧化氮≤0.05毫克/立方米)的平均天数为350天,可吸入颗粒物平均浓度为0.083毫克/立方米,二氧化硫平均浓度为0.029毫克/立方米,二氧化氮平均浓度为0.028毫克/立方米,空气总体质量较好。

从下图可以看出,南京都市圈城市空气质量指标2008年最低,空气质量也比较好,2009年空气质量比2008年要差。2009年的3个空气质量指标值都比2008年要大,但比2007年要小,空气质量优于2007年。

2009年滁州市空气质量比2007年有所好转。可吸入颗粒物浓度从2007年的0.082毫克/立方米下降到2009年的0.071毫克/立方米,下降13.4%;二氧化硫浓度从2007年的0.028毫克/立方米下降到2009年的0.02毫克/立方米;二氧化氮浓度从2007年的0.031毫克/立方米下降到2009年的0.025毫克/立方米。

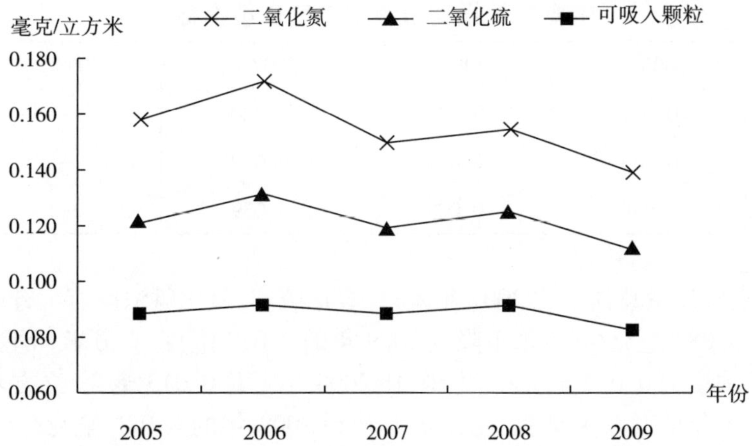

图 4－53　南京都市圈城市平均空气质量指标

表 4－208　　主要年份滁州市城市空气质量指标　　单位:毫克/立方米

	2005 年	2006 年	2007 年	2008 年	2009 年
可吸入颗粒物	0.073	0.069	0.082	—	0.071
二氧化硫	0.028	0.049	0.028	—	0.020
二氧化氮	0.045	0.040	0.031	—	0.025

2009 年马鞍山市空气质量总体上比 2007 年有所好转。可吸入颗粒物浓度从 2007 年的 0.086 毫克/立方米下降到 2009 年的 0.078 毫克/立方米,下降 9%;二氧化硫浓度变化不大,2009 年二氧化硫浓度为 0.021 毫克/立方米,比 2008 年下降 0.001 毫克/立方米;二氧化氮浓度有所上升,从 2008 年的 0.024 毫克/立方米上升到 2009 年的 0.026 毫克/立方米。

表 4－209　　主要年份马鞍山市城市空气质量指标　　单位:毫克/立方米

	2005 年	2006 年	2007 年	2008 年	2009 年
可吸入颗粒物	0.092	0.087	0.092	0.086	0.078
二氧化硫	0.022	0.031	0.020	0.022	0.021
二氧化氮	0.027	0.055	0.023	0.024	0.026

2009 年巢湖市空气质量总体上比 2007 年有所好转,但二氧化硫浓度持续升高。可吸入颗粒物浓度从 2007 年的 0.08 毫克/立方米下降到 2009 年的 0.071 毫克/立方米,下降 11.25%;2009 年二氧化硫浓度为 0.032 毫克/立方米,比 2007 年上升 0.003 毫克/立方米;二氧化氮浓度有所下降,从 2007 年的 0.039 毫克/立方米上升到 2009 年的 0.02 毫克/立方米。

表 4－210　　主要年份巢湖市城市空气质量指标　　单位:毫克/立方米

	2005 年	2006 年	2007 年	2008 年	2009 年
可吸入颗粒物	0.065	0.079	0.080	—	0.071
二氧化硫	0.026	0.028	0.029	—	0.032
二氧化氮	0.030	0.029	0.039	—	0.020

2009 年芜湖市空气质量总体上比 2007 年差,二氧化硫、二氧化氮浓度有上升趋势。可吸入颗粒物浓度从 2008 年的 0.084 毫克/立方米下降到 2009 年的 0.072 毫克/立方米,下降 0.012 毫克/立方米;2009 年二氧化硫浓度为 0.032 毫克/立方米,比 2008 年上升 0.013 毫克/立方米,上升幅度较大;二氧化氮浓度从 2008 年的 0.021 毫克/立方米上升到 2009 年的 0.024 毫克/立方米,有小幅度的上升。

表 4－211　　主要年份芜湖市城市空气质量指标　　单位:毫克/立方米

	2005 年	2006 年	2007 年	2008 年	2009 年
可吸入颗粒物	0.087	0.085	0.072	0.084	0.072
二氧化硫	0.020	0.038	0.022	0.019	0.032
二氧化氮	0.026	0.048	0.023	0.021	0.024

2009 年南京市空气质量总体上比 2008 年好,可吸入颗粒物浓度一直保持在较高水平,二氧化硫、二氧化氮浓度总体呈下降趋势。可吸入颗粒物浓度从 2008 年的 0.098 毫克/立方米上升到 2009 年的 0.1 毫克/立方米;2009 年二氧化硫浓度为 0.054 毫克/立方米,比 2008 年下降 0.019 毫克/立方米,下降幅度较大;二氧化氮浓度从 2008 年的 0.053 毫克/立方米下降到 2009 年的 0.048 毫克/立方米,有小幅度的下降。

表 4－212　　主要年份南京市城市空气质量指标　　单位:毫克/立方米

	2005 年	2006 年	2007 年	2008 年	2009 年
可吸入颗粒物	0.10	0.109	0.100	0.098	0.100
二氧化硫	0.06	0.063	0.048	0.054	0.035
二氧化氮	0.08	0.052	0.035	0.053	0.048

2009 年镇江市空气质量总体上比 2008 年好,可吸入颗粒物浓度一直保持在较高水平,二氧化硫、二氧化氮浓度总体呈下降趋势。可吸入颗粒物浓度从 2008 年的 0.096 毫克/立方米下降到 2009 年的 0.093 毫克/立方米;2009 年二氧化硫浓度为 0.037 毫克/立方米,比 2008 年下降 0.015 毫克/立方米,下降幅度较大;二氧化氮浓度从 2008 年的 0.035 毫克/立方米下降到 2009 年的 0.033 毫克/立方米,有小幅度的下降。

表 4-213　　主要年份镇江市城市空气质量指标　　单位:毫克/立方米

	2005 年	2006 年	2007 年	2008 年	2009 年
可吸入颗粒物	0.090	0.108	0.089	0.096	0.093
二氧化硫	0.033	0.040	0.034	0.037	0.022
二氧化氮	0.020	0.034	0.038	0.035	0.033

2009 年扬州市空气质量总体上比 2008 年好,可吸入颗粒物浓度一直保持在较高水平,二氧化硫、二氧化氮浓度总体呈下降趋势。可吸入颗粒物浓度从 2008 年的 0.102 毫克/立方米下降到 2009 年的 0.085 毫克/立方米,下降幅度较大;2009 年二氧化硫浓度为 0.03 毫克/立方米,比 2008 年下降 0.004 毫克/立方米,下降幅度较小;二氧化氮浓度从 2008 年的 0.015 毫克/立方米下降到 2009 年的 0.017 毫克/立方米,有小幅度的上升。

表 4-214　　主要年份扬州市城市空气质量指标　　单位:毫克/立方米

	2005 年	2006 年	2007 年	2008 年	2009 年
可吸入颗粒物	0.097	0.100	0.100	0.102	0.085
二氧化硫	0.042	0.033	0.034	0.034	0.030
二氧化氮	0.024	0.018	0.018	0.015	0.017

2009 年淮安市空气质量总体上比 2008 年差,可吸入颗粒物浓度一直保持在较高水平,呈上升趋势。可吸入颗粒物浓度从 2008 年的 0.082 毫克/立方米上升到 2009 年的 0.092 毫克/立方米,上升幅度较大;2009 年二氧化硫浓度为 0.038 毫克/立方米,比 2008 年上升了 0.001 毫克/立方米,上升幅度较小;二氧化氮浓度保持不变。

表 4-215　　主要年份淮安市城市空气质量指标　　单位:毫克/立方米

	2005 年	2006 年	2007 年	2008 年	2009 年
可吸入颗粒物	0.107	0.098	0.098	0.082	0.094
二氧化硫	—	—	—	0.037	0.038
二氧化氮	—	—	—	0.027	0.027

(五)环境保护建设

2009 年南京都市圈各大城市都加大了对生态环境保护和建设的力度。滁州市 2009 年投入 8018 万元用于环境保护建设,比 2008 年投入增加了 18%;马鞍山市 2009 年投入 19.91 亿元用于环境治理,比 2008 年投入增加了 80%;南京市近些年环境保护投入持续增加,从 2005 年的 72.5 亿元增加到 2009 年的 127 亿元,增幅较大,2009 年环境保护投入比 2008 年增加 12%。

安徽四市的造林面积也稳步上升,滁州市造林面积从 2009 年的 7889 公顷,比 2008 年增加近一倍;马鞍山市近几年植树造林面积有大幅度提升,2009 年造林面积 7555 公顷;巢湖市 2008 年以后造林面积比前几年有所减少,2009 年造林面积为 2954 公顷,比 2008 年增加 1181 公顷,增幅较大;芜湖市2008年以后造林面积比前几年有所减少,2009年造林面积为2926公顷,比2008年增加1734公顷,增幅较大。

表4－216　　南京都市圈部分城市造林面积　　单位:公顷

	2005年	2006年	2007年	2008年	2009年
滁州市	5230	3024	4199	4200	7889
马鞍山市	547	426	528		7555
巢湖市	4075	3401	4237	1775	2954
芜湖市	2113	3401	4059	1160	2826

二、主要政策措施

(一)滁州市生态建设与环境保护主要措施

1. 主要成绩

2009年,全市环保工作按照"坚持科学发展观,构建和谐滁州"的要求,以污染防控为中心,全力推进污染防治、生态环境保护、环境行政执法、建设项目环保审批、环境宣传教育等重点工作,全市环境质量基本稳定,部分指标有所改善,环保工作取得了新的突破,收到了明显效果。主要取得的成绩有:一是全力推进创建国家环保模范城工作。二是污染减排取得突破性进展。三是环评管理规范高效。四是全市环境质量有所改善。五是环境执法监督和环境安全监管不断加强。六是城乡环境保护深入推进。

2. 主要存在的问题

一是污染减排的力度还不够大,减排项目建设进展不快,完成污染减排目标困难多、难度大。二是环境监管需要进一步加强,特别是饮用水源、污水处理厂及国控、省控重点企业的监管有时还不够到位。三是城市环境管理任务艰巨。当前突出的问题是老城区布局先天不足,功能混杂,交通噪声、娱乐噪声很难从根本上得到解决。四是环境宣传工作有待于进一步提高,公众的环境意识不强,环境宣传教育工作有待进一步加强。五是环保部门能力建设水平与当前繁重的环保工作任务不相适应。

3. 主要对策

(1)严格执行规划,切实抓好生态市建设规划的实施。加强规划的前瞻性和权威性,增强规划的可操作性,保证规划的延续性,把"绿色GD"的理念真正贯穿到各项工作中,按照规划要求,认真处理好经济发展与环境容量的关系,根据实现路径和已确定的近期、中期、远期目标,有计划地按年度、分阶段实施。加大宣传力度,让人民群众充分了解规划,自觉地维护和实施规划,使生态滁州建设成为全社会的自觉行动。

(2)加快结构调整,着力构建生态经济体系。坚持以推进农业产业结构调整和增加农民收入为基本目标,全面整治农业生态环境,加强基本农田建设和保护,优化农业产业结构,突出农业优势产业基地和龙头企业建设,大力发展生态农业,提升农业产业化水平。大力发展有机食品、绿色食品和无公害农产品,为滁州市和长三角大中城市提供优质安全食品,打响滁州农产品品牌。立足于先进制造业基地建设,加大园区整合力度,加快培育优势产业集群。鼓励企业科技创新,积极推行清洁生产,培育一批科技含量高、经济效益好、资源消耗低、环境污染少的优势企业。加快清洁生产技术和循环经济技术的推广应用,大力推行环境管理体系认证和清洁生产认证。

(3)强化项目推动,进一步提升人居环境质量。加快生态环境基础设施建设,以项目为抓手,着力改善城乡人居环境。抓好主干道路和村村通工程建设,优化城乡交通环境。完善城市供排水、垃圾、污水处理、绿化等基础设施建设,特别是抓好城市污水处理、生活垃圾处理等项目建设,强化城市的环境支撑。加快生态公益林、江淮分水岭综合治理等项目建设,提高森林覆盖率,发挥森林生态效益。加强水土流失、废弃矿山治理和河道整治,当务之急是抓紧抓好滁河治理。严格管理自然资源,坚持生态优先,合理开发,永续利用。

(4)加强环境保护,不断增强环境对经济发展的承载力。一是严格控制工业污染。切实加强对新建项目的环境管理,大力发展循环经济,推行清洁生产,督促重点污染行业加快治污设施的规范化改造,严格控制污染物排放总量。二是加强城市环境综合整治。运作好清流污水处理厂,建设好生活垃圾填埋厂,提高城市污水和生活垃圾的减量化、资源化、无害化能力,切实把城市的污染源控制住。三是加强农业面源和农村污染防治。结合新农村建设,重点加强农村饮用水源附近的畜禽、水产养殖污染防治,保证农村的饮用水安全。四是加强环保执法,强化环境监管。对全市化工重污染企业的污染处理设施运转进行重点监管,严厉查处各种污染环境的违法行为。加强建设项目管理,严格执行"环评"及"三同时"制度。强化环保监督管理,着重解决群众反响强烈的水体污染、饮用水源保护、城区噪声油烟污染、农村面源污染整治等问题。

(二)马鞍山市生态建设与环境保护主要措施

1. 主要成果

(1)污染减排工程持续推进。继续将污染减排任务分解到相关企业、落实到具体工程。大力推进工程建设,全年安排环境保护项目65项,完成投资10亿元。大唐马鞍山三电厂1、2号机组脱硫工程、马钢烧结机脱硫工程、市经济技术开发区污水处理厂二期工程建成投运,当涂污水处理厂试运行,慈湖污水处理厂主体工程完工,东部污水处理厂开工建设。经省环保厅核查,全市化学需氧量排放量22188吨,二氧化硫排放量51962吨,顺利完成省政府下达的年度减排任务。

(2)慈湖河整治工程初见成效。全力实施慈湖河生态环境综合整治方案,化工和小选矿企业整治取得阶段性成果,岘山尾矿库环境综合整治工程基本完成,向山垃圾场酸水处理工程试运行、渗滤液处理设施改造工程开工建设,上游河道清淤工程全面完成。截至年底,各项工程累计投资近亿元。通过一年多的整治,慈湖河水质有一定程度改善,监测结果表明,与2008年同期相比,整条河流由复合型污染逐渐转变为有机污染特征。

(3)固废处理工程加快实施。危险废物集中处置中心项目完成环境影响报告书报批、可行性研究报告技术复核等工作,通过招标确定浙江曙光集团为项目建设单位,并签订合作建设运营协议。

(4)饮水安全工程取得积极进展。完成城市饮用水源环境保护方案编制工作,加强了一、二级水源保护区立牌保护,启动实施二水厂取水口保护区渔民搬迁安置工作。

2. 工作重点

(1)扎实推进污染减排,全面完成"十一五"期间减排任务

继续将主要污染物总量控制作为约束性指标列入政府及相关部门年度考核目标,加大考核力度,实行"一票否决"。进一步完善减排"三大体系建设",提升减排管理水平。大力推进减排工程建设,提高马钢烧结烟气脱硫效率,新建一台烧结烟气脱硫设施;加强电厂脱硫设施运行监管,提高综合脱硫效率;加强已建污水处理厂管网配套建设,东部污水处理厂建成投运。督促县区和马钢继续淘汰一批落后生产设备。全年二氧化硫和化学需氧量排放量控制在省政府下达的目标以内,确保完成年度减排任务。

(2)加大环境整治力度,进一步改善环境质量

继续推进慈湖河流域综合整治工作，全面完成年度各项整治任务，实现整治目标。开展雨山湖、雨山河、采石河水质检查评估工作，制定各条河流综合整治方案。大力实施饮用水安全保障方案，建立饮用水源状况月报告制度，严厉打击威胁饮用水源安全的违法排污行为，确保城市饮用水环境安全。继续扎实开展慈湖地区环境综合整治，切实改善这一地区环境质量。继续推进“禁燃区”建设，进一步扩大“禁燃区”范围。加大机动车尾气、餐饮行业油烟治理力度。积极推进污水处理厂污泥、垃圾填埋场渗滤液的无害化处理处置。

（3）加强环境监管，促进经济社会又好又快发展

严把环保审批质量关，加强环境污染源头控制，对不符合国家产业政策、危害环境的建设项目坚决予以否决。对节能减排、清洁生产等重点项目开辟“绿色通道”，提前介入，超前服务。强化建设项目“三同时”管理，加大验收力度。全面开展重点企业清洁生产评估和验收工作，深化企业环境行为评价工作，协同金融部门完善环境征信系统建设，加大对上市公司环保监管力度，以评价和核查促管理，不断提高全市企业环境管理水平。继续开展环保专项行动，重点开展慈湖地区、花山饮食集中区等区域性专项执法检查，严查超标排污和偷排行为，加大处罚力度。加强辐射环境、危险废物、机动车尾气监管，确保环境安全。加强在线监控设施的管理和使用，进一步发挥在线监测数据在环境管理中的作用。深化排污申报工作，市管企业排污申报率达100%，区县达70%以上。认真做好环境信访工作，着力解决群众投诉的环境热点问题，信访受理率100%，结案率98%以上。

（4）加强农村环境保护，推进城乡生态建设一体化

建立健全农村环保工作目标考核体系，进一步强化农村环保管理工作。继续加强农村干部群众环境保护知识、技术培训，提高他们的环保工作水平。积极引进新技术，解决农村环境整治中存在的技术问题。加强对县区环保部门的项目管理、资金落实和使用情况的跟踪监督，使其发挥应有的作用。全面完成乡镇一级环境污染防治规划编制工作。加强农村环境保护基础设施建设，重点抓好中心镇、人口较集中的大型村庄的生活污水处理设施建设。切实加强农村饮用水源地一级保护区的环境整治、立牌保护工作。进一步做好规模化畜禽养殖业污染治理和资源化再利用工作。重点做好受污染土壤的生态修复工作。

（三）巢湖市生态建设与环境保护主要措施

（1）狠抓服务质量，为全市新发展提供环境保障

围绕全市新发展的工作大局，牢固树立加快发展是第一要务，又好又快发展是第一要求，做好环保服务是我们的第一责任的强烈意识。坚持优质高效勤政廉洁，巩固和完善优质服务的各项举措，深化行政审批改革，为加快“四大建设”，实现巢湖新发展提供信息、项目、技术、审批等环保服务，努力提升服务新水平。

（2）狠抓污染减排工作，确保减排任务的完成

认真考核兑现2009年度各县区污染减排工作，分解和落实《2010年污染减排计划和任务》，将减排指标分解落实到具体项目和工程，明确责任单位、责任人、时间要求。

（3）狠抓环境安全，确保环境信访稳定

开展经常性的环境安全大检查和环境信访大排查，发现安全隐患及时排除，发现环境矛盾纠纷及时化解，消除在萌芽状态。切实加强饮用水保护措施落实，加强巢湖蓝藻的防控，加强重点企业的环境安全防范和全市安全应急工作，成立应急办公室，适时组织应急演练，提高应急水平。加强危险废物和辐射安全的监管，完成辐射安全许可证换发工作，努力实现辐射源动态管理，实施好医疗废物集中处置，确保全市环境安全。

（4）狠抓农村环境保护，促进生态市建设

认真实施全市农村环境污染防治规划,积极争取和实施好国家“以奖促治”和“以奖代补”资金项目建设。继续开展“百镇千村万户”生态示范工程,会同有关部门积极推进农村垃圾“户分类、村收集、镇转运、县处理”的新机制,深入开展生态创建活动,力争创建1个国家环境优美乡镇,5个省级环境优美乡镇和一批生态村。突出抓好54个乡镇所在地的村的环境整治和生活污水、垃圾处理工作。继续抓好规模化畜禽养殖场污染治理任务,做到达标排放。继续抓好新农村建设帮扶工作和旅游景区生态保护等旅游工作任务。

(四)芜湖市生态建设与环境保护主要措施

1. 芜湖市环境保护主要成果

进一步落实节能减排目标责任制,建立了能耗和主要污染物减排考核办法。加大重点节能减排工程推进力度,启动了省节能装备制造(芜湖)基地建设,加快了海螺水泥生产线余热发电、新兴铸管节能减排技术改造等一批重大节能工程建设进度。朱家桥污水处理厂二期、城南污水处理厂、天门山污水处理厂及配套管网建设加快,三县污水处理厂开工建设。国家级生态示范区建设工程和“百镇千村万户生态示范工程”顺利实施。万元地区生产总值综合能耗下降5%,超过年度计划1个百分点。二氧化硫、化学需氧量排放量分别比2008年减少1.5%和1%,完成年度计划目标。

2. 主要措施

(1)加强环境保护工作,落实节能减排工作责任制,完善市环境自动监控系统,强化对重点行业和重点企业的环境保护监管。深入开展整治违法排污企业和油烟、烟尘、噪声污染环保专项行动,严查环境违法行为,保障群众身体健康。

(2)继续实施一批节能减排项目,做好新兴铸管余热发电、海螺水泥熟料生产线余热发电等重大节能项目建设,努力降低工业能耗。建成朱家桥污水处理厂二期、城南污水处理厂一期、天门山污水处理厂一期工程,基本建成三县污水处理厂和配套管网,提高污水处理率。继续淘汰落后产能、工艺、产品、技术和设备,坚决关停不符合产业政策的“五小”企业。推进“百镇千村万户生态示范工程”建设,争取国家级生态示范区建设试点通过验收。

(3)加强土地资源管理,切实保护耕地。做好集约节约用地考核,严格执行投资强度标准,提高土地投资强度,提高单位面积的产出率。加大土地开发复垦整理力度,实现占补平衡。做好村庄整理,拓展用地空间,盘活存量土地。

(五)南京市生态建设与环境保护主要措施

1. 南京市2009年环境保护主要工作成果

(1)2009年,全市继续推进工业大气污染治理工程的建设与改造,全年完成工业废气治理投资2.5亿元,实施工业废气治理工程43个,当年竣工项目42个,新增废气治理能力694.01万标立方米/小时。

(2)2009年,全市进一步加大工业废水治理力度,完成投资1.68亿元,新建工业废水治理工程42个,当年竣工并投入运行40个,金陵石化、南钢集团、南化公司等一批重点废水治理改造工程等先后建成投运,新增污水处理能力1.54万吨/日。全市城镇污水处理设施建设继续稳步推进。

(3)2009年,全市继续推进“绿色南京”工程,加快建设聚宝山公园二期、宁南森林公园、三桥滨江生态公园等郊野公园,新增绿化造林面积10万亩。完成20块老城绿地建设,全年新增绿地面积919万平方米,人均公共绿地面积达到13.6平方米。

2. 工作重点

一是突出生态功能,着力改善城市生态环境。包括大型企业的防污隔离、新城区的生态隔离、城市周边的郊野公园建设及沿路、沿水的景观防护林等关系民生的生态环境建设。

二是突出建设重点，集中力量做大项目。各区县结合城市建设规划及产业发展规划，引导“绿色南京”建设在结构布局上更加完善，集中力量建设大项目，充分发挥森林的生态、社会、经济效益。

三是加快村庄绿化，改善农村环境。村庄绿化是省明年“绿色江苏”建设的重点工程，要结合新农村建设，抓好村庄绿化工作，切实改善农民生活、居住环境。同时充分挖掘资源潜力，进一步调整农业产业结构，开发丘陵岗地资源，发展经济林果，增加农民收入。

四是造、管并重。在不断增加资源总量的同时，要把幼林抚育管理工作摆上重要议事日程，尤其要做好“绿色南京”工程实施以来新增公益林的抚育管理，切实保护好“绿色南京”建设成果。

（六）镇江市生态建设与环境保护主要措施

1. 主要成果

（1）推进太湖流域水污染治理工作。对全市太湖流域排污企业进行跟踪执法检查，以环委会文件下发了《关于我市太湖流域提标改造工作专项执法检查情况的通报》，对 37 家企业责令关闭，对 42 家企业责令停产整治，对 17 家企业要求及时办理验收手续。

（2）开展城市黑臭河流专项治理。全面排查监测主要市区河流，确定 7 条河流为黑臭河流、2 条河流为季节性黑臭河流，查清了 122 个工业和生活排污口。在调查的基础上，制定了黑臭河流整治具体实施方案并上报省环委会。

（3）强化机动车尾气治理，环保与公安部门密切配合，制定了尾气检测场站建设规划，草拟了《镇江市机动车排气污染防治管理办法》，目前已建 1 条简易工况法尾气检测线。环保、公安组织联合路检 3 次。

（4）严格保障饮用水水源地安全，对全市 55 个集中式饮用水水源地进行全面排查。

2. 主要存在问题

一是基础相对薄弱，目前，辖市（区）均未达到生态县标准，全国环境优美乡镇仅有 3 家。二是农业面源污染较重，农村生活污水、垃圾处理设施不足，公共设施和绿化造林还存在差距。三是产业结构不尽合理，第三产业比重偏低，第二产业以大耗水、大耗能、污染重的工业为主，结构污染问题突出。

3. 主要工作重点

一是生态林业系统工程，包括长江生态防护林体系建设；城市景观生态林带建设；绿色通道建设和林业产业基地建设等。二是生态工业系统工程，包括企业清洁能源推广；生态工业园建设；清洁生产技术推广等。三是环境综合整治系统工程，包括污水处理厂建设；城镇污水管网建设与改造；城市内河综合整治等。四是自然资源保护系统工程，包括江河整治工程；河道生态清淤疏浚工程；水资源监控系统建设；饮用水源地保护等。

（七）扬州市生态建设与环境保护主要措施

1. 存在问题

（1）多元化的投入机制未形成，生态市建设的投入不足。目前，生态市建设的投入主要依赖于政府，投资渠道单一，市场化、多元化的投融资体制尚未形成。而扬州市财政仅仅是吃饭财政，无力加大对生态市建设的资金投入，有的县（市）连编制生态建设规划的费用都难以保证。

（2）环保监管难，生态市建设的执法力度不够到位。经济社会的发展，对环境提出了更高的要求，老百姓的环境意识也在逐渐增强。因此，环保投诉也就越来越多，大量的环境问题需要环保工作者去解释去处理或帮助解决。

2. 主要对策

（1）加强行政推动。以落实行政首长环保目标责任状为抓手，将小康社会环境质量、治污减排、饮用水源整治、生态创建、农村环境综合整治等重要工作事项分解到各乡镇(园区)和有关职能部门,进一步明确各乡镇和有关职能部门的环保目标任务和工作责任,加强工作的督促检查,形成乡镇、部门联动工作机制,加强环保工作目标的考核和问责,将环保目标完成情况作为“评先评优”和领导干部政绩考核的重要内容,实行“一票否决”。对区域内因环境污染造成人民生命财产损失事故的,要依法追究有关乡镇、部门主要负责人和责任人以及企业负责人的责任。

(2)加大环保投入。针对生态市建设重点工程,创新工作思路,探索和建立多元化社会投入机制。按照“谁投资、谁受益”的原则,采取 BT、BOT 等模式多渠道筹措生态高邮建设资金,推动生态高邮项目建设社会化运作。同时,发挥政府资金投入的引导作用,逐年加大投入力度,重点支持生态市建设重点项目。加大向上争取政策支持和专项资金的力度;围绕生态市建设项目,认真做好项目包装申报工作,争取国家和省各类专项资金更多地投入扬州市国家生态市建设。

(3)强化政策引导。对城镇污水处理厂等环境基础设施建设和运营,落实有关行政事业性收费减免等优惠政策,鼓励社会资本投资经营环保基础设施,鼓励和引导金融机构加大对环境基础设施建设项目信贷的支持。积极探索经济激励和生态补偿措施,争取税收、金融信贷、电力等政策支持,形成有利建设资源节约型、环境友好型社会的工作机制。

(4)加强环境监管。认真执行建设项目环境影响评价和“三同时”制度,严格环境准入门槛,从源头上控制新的污染源产生;以开展化工企业专项整治行动和整治违法排污企业保障群众健康环保专项行动为抓手,加强对水、空气、噪声、土壤、核与辐射等环境要素和污染源的环境监管,进一步加大环境执法力度,严厉打击威胁生态环境安全和危害群众身体健康的环境违法行为。

(八)淮安市生态建设与环境保护主要措施

(1)做好清洁生产审核,为企业献计献策

深入开展“我为清洁生产出点子”专项合理化建议活动,采用设立专项基金、物质鼓励等手段进行专项合理化建议征集活动。组织淮安市清洁生产审核企业领导、环保人员参加座谈会,围绕企业在清洁生产审核节能减排效果方面展开讨论,探讨节能、减排、增效新举措。邀请南京大学教授、高级研究员赵玉明老师给淮安市企业领导、环保人员授课。

(2)开展农村环境综合整治,不断改善农村环境质量

市环保局负责统一监管和指导协调,重点抓好土壤污染状况调查、工业污染防治、秸秆禁烧、环境监测等具体工作。市发改委、市财政局负责制定有关政策措施,加大农村环境保护奖金投入,市规划局负责农村相关水利设施建设、农村开展河道、塘坝清淤整治,继续抓好安全饮水和水土保持工程建设。市城管局负责指导农村垃圾处理。农业、农机、畜牧部门负责农业面源污染防治,重点要研究解决秸秆综合利用和畜禽养殖污染防治的问题。市林业局负责植树绿化和湿地保护。市卫生局负责农村改厕、医疗垃圾安全监管等工作。

(3)保证全市供水安全,确保市民喝上放心水

进一步加强饮用水源取水口规范化整治。饮用水源取水口建设护栏、护网,安装监控摄像头,实行 24 小时监控,各饮用水源保护区要树立标志牌。加快推进饮用水源地安全隐患企业专项整治,对列入市经贸委、环保局印发的《关于对全市饮用水源地安全隐患问题进行专项整治的通知》企业,加大督查力度。

(4)加强全市减排和淮河流域水污染防治项目的监管

污染物减排工作是一项重点环保工作。2009 年初已明确工作重点。重点放在推进减排项目的进度,顺利通过上级部门对淮安市污染物减排工作的考核。明年重点抓好城市环境基础设施建设,加大重点企业治理力度,严格环境监管,继续加大环保投入等四项工作。

二十八　南京都市圈一体化进程

区域一体化是指要素突破区划与行政的限制，根据科学的价值链原则或集群原则进行空间布局，从而实现要素配置效益最大化的过程。由于区域一体化可以带来规模经济利益，引发竞争效应、交易成本效应、资源配置效应，因而，成为区域共同发展的追求目标。在经济增长方式转变的主旋律中，科学的区域空间结构已经成为内涵式发展的重要基础，南京都市圈一体化就是要跨越地区间的行政壁垒，以资源、价格、利润为纽带，在南京都市圈内实现设施合理布局、资源充分共享、政策规范接轨、产业有序竞争、投资互为通融、技术相互渗透、人才自由流动的发展格局。

一、南京都市圈一体化的现状分析

南京都市圈包含南京、镇江、扬州、淮安、马鞍山、滁州、芜湖、巢湖 8 市。为了分析南京都市圈的一体化程度，本年鉴收集了一系列可以描述 8 个市基本发展状况的数据，如表 4－217 所示。按照表中数据绘制图 4－54 至图 4－61 的内容。

表 4－217　　南京都市圈城市发展的指标数据

因素	城市规模	经济水平	产业结构	财政收入	城市化	居民生活			基础设施	教育资源
指标	年末常住人口（万人）	人均生产总值（元/人）	第三产业份额（%）	地方财政一般预算收入（亿元）	城镇化率（%）	城镇居民人均可支配收入	农村居民人均纯收入（元）	居民收入（元）	公路里程（公里）	普通高校数量（个）
南京	771	67455	51.3	434.51	72.2	24678	9858	20558.0	10509	42
扬州	449	40418	36.1	310.09	52.9	17332	8295	13075.6	10060	5
镇江	307	62084	37.3	101.57	60.0	21041	9642	16481.4	6732	5
淮安	481	20946	36.5	213.55	43.1	14050	6308	9644.8	11220	6
滁州	411	14002	31.2	37.07	41.0	13368	5889	8955.4	14539	2
马鞍山	129	51927	29.6	63.73	67.3	20390	9262	16751.1	4811	6
巢湖	410	12885	33.8	30.94	40.0	14434	5668	9174.4	16177	0
芜湖	230	38553	32.8	69.41	66.0	16747	7636	13649.3	2229	10

数据来源：《江苏省统计年鉴 2010》、《安徽省统计年鉴 2010》。居民收入＝城市收入×城市化率＋农村收入×（1－城市化率）。

由于原始数据具有量纲，不同类别的数据不具备可比性，因此，本年鉴根据各因素数据的作用性质及表现形式，采用标准化模型消去量纲的限制，进行原始数据的标准化处理。由于本指标体系中全部数据都属于规模越大越好的类型，因而，采用极大值标准化法计算：$S_{iy}=\frac{X_{iy}}{\max X_y}100$。公式中：$S_{iy}$ 为 I 城市 y 因素的标准化分值；X_{iy} 是 i 城市 y 指标的原始数值；$\max X_y$ 是 y 指标中最大的原始数值。表 4－218 是经过处理的各项因素的标准化值。将标准化数据绘画成为图表，如图 4－62 所示。

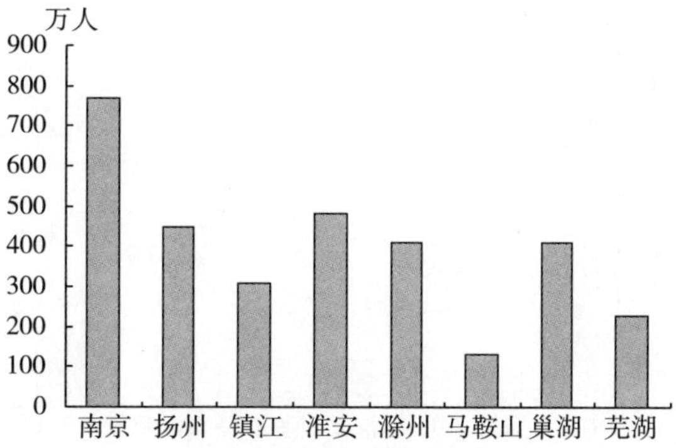

图 4－54　城市规模

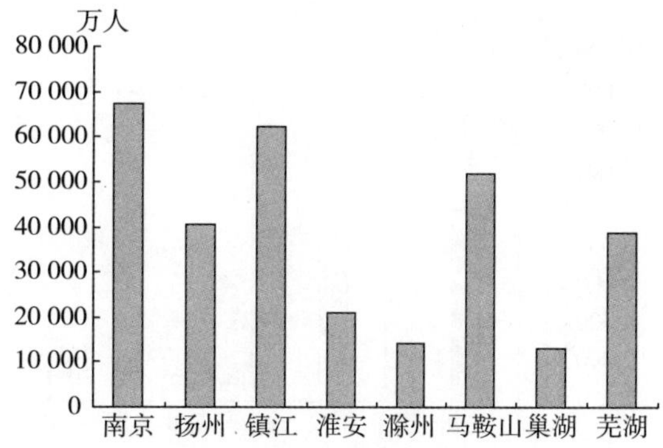

图 4－55　经济水平

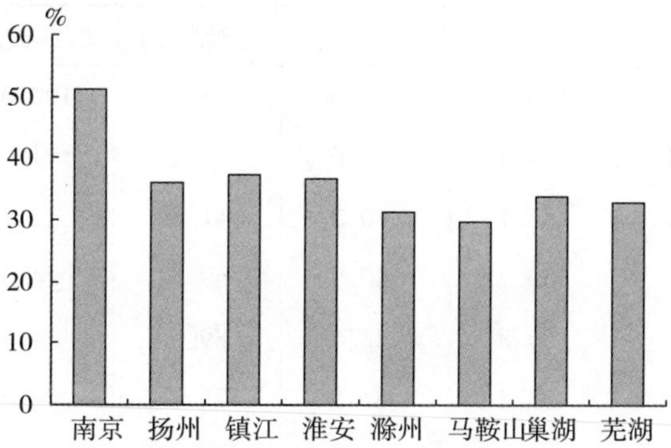

图 4－56　产业结构

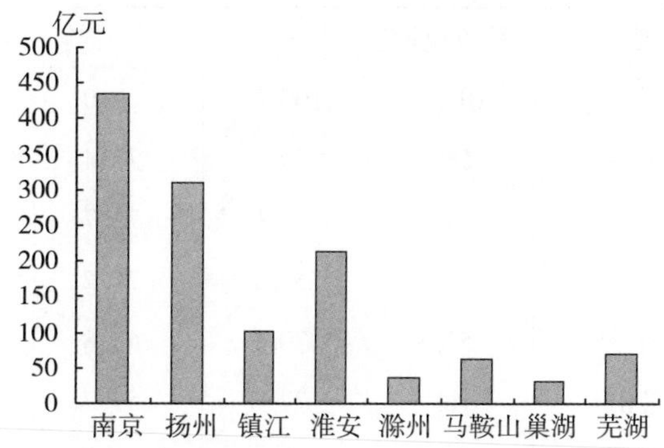

图 4－57　财政收入

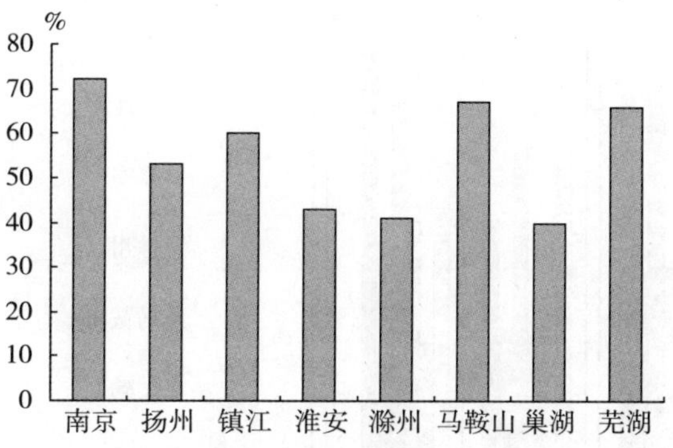

图 4－58　城市化

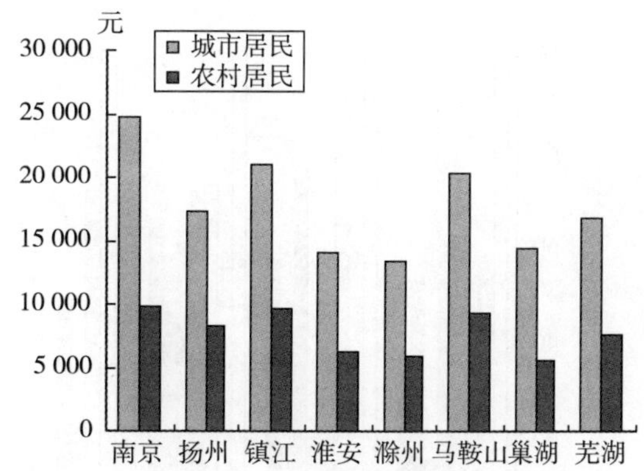

图 4－59　居民生活

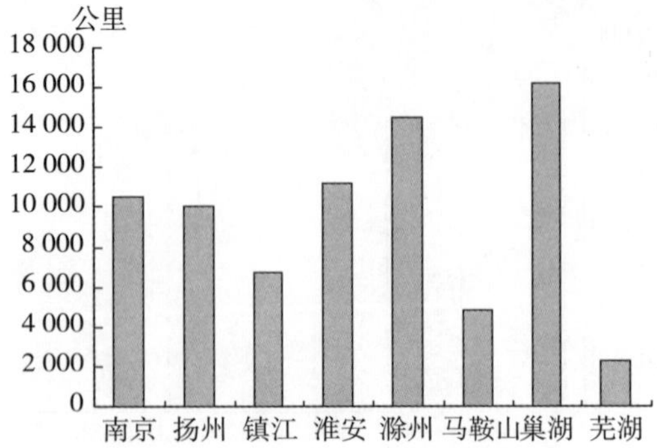

图 4－60　基础设施条件

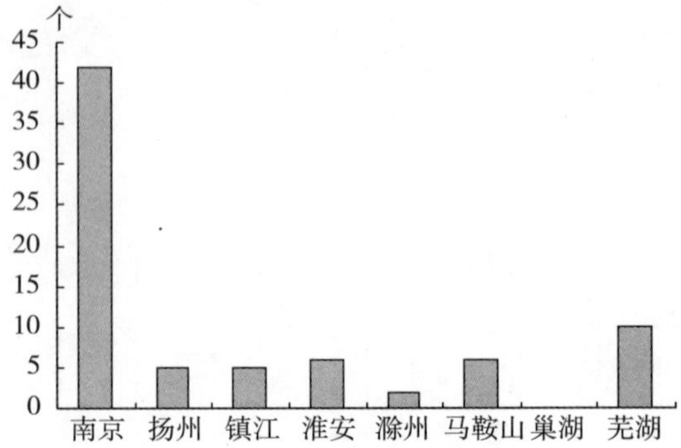

图 4－61　高等教育资源

表 4－218　　南京都市圈城市发展的标准化值

因素	城市规模	经济水平	产业结构	财政收入	城市化	生活水平	基础设施	教育资源
南京	100.0	100.0	100.0	100.0	100.0	100.0	65.0	100.0
扬州	58.2	59.9	70.4	71.4	73.3	63.6	62.2	11.9
镇江	39.8	92.0	72.7	23.4	83.1	80.2	41.6	11.9
淮安	62.4	31.1	71.2	49.1	59.7	46.9	69.4	14.3
滁州	53.3	20.8	60.8	8.5	56.8	43.6	89.9	4.8
马鞍山	16.7	77.0	57.7	14.7	93.2	81.5	29.7	14.3
巢湖	53.2	19.1	65.9	7.1	55.4	44.6	100.0	0.0
芜湖	29.8	57.2	63.9	16.0	91.4	66.4	13.8	23.8

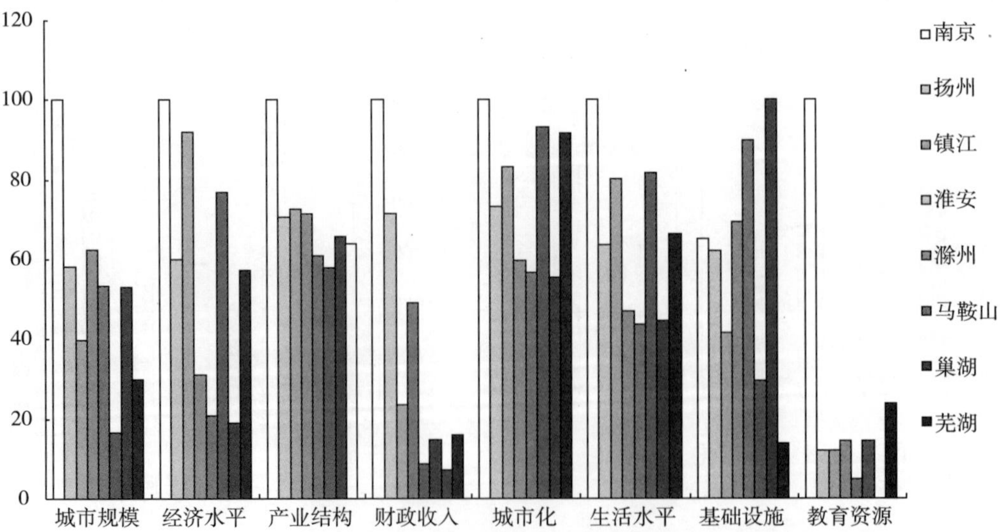

图 4－62　南京都市圈城市发展水平

由于南京都市圈内各城市资源禀赋、人口状况、环境条件存在较大差异，因而，经济社会发展水平也非常不平衡。正如图 9 显示，南京都市圈各项因素中都存在不同程度的差异，其中南京在城市规模、产业结构、财政收入、教育资源上占有绝对优势，而 8 个城市生活水平、基础设施上的差距较小，但是其发展的协同度与平衡性还远不能满足区域一体化的要求，迫切需要推进与统筹。

二、南京都市圈一体化的主要进展

1. 南京都市圈五年规划实施

2006 年，南京都市圈的 8 个城市自主发起、共同编制了《南京都市圈 2006～2010 五年建设规划纲要》，此规划对未来 5 年内南京都市圈内由城际铁路、航空港、高速公路、航运港口群构成的立体交通体系建设，以及公交、供水、供气、生态、文化等方面的建设均作出统一的部署与安排，南京都市圈一体化建设正式进入规划层面。

2. 南京都市圈交通规划出炉

2008 年《南京都市圈综合交通发展规划》出台，规划提出，到 2010 年，南京都市圈将形成以超特大城市南京为核心，以沿江、淮扬镇、合巢芜三大综合运输通道为骨架，以交通通道重要结点、空港为枢纽，多种运输方式高效运转的一体化综合交通运输体系。强调环保优先以及轨道交通优先发展的理念，实现都市圈城际之间客运"零距离换乘"，货运"无缝衔接"。由南京外围城市轨道交通站点向外延伸，建设都市圈轻轨，辐射紧密圈层的通勤出行。根据规划，将建设地铁三号线与滁州之间、八号线板桥站与马鞍山之间、二号线仙林东至镇江和扬州以及禄口国际机场到高淳的 4 条轻轨。2010 年，南京都市圈 8 座城市以及周边的徐州、蚌埠、泰州，将有望实现 IC 卡一卡通，市民持有 IC 卡，可以在以上的 11 座城市刷卡乘坐公交、购物等。

3. 共同打造都市圈旅游品牌

2009 年，第三届南京都市圈市长峰会在宁召开，会议就加快推进旅游一体化进行认真讨论。峰会提出希望八个城市整体联动，共同打造都市圈旅游品牌，争取将南京都市圈整体纳入上海世博会旅游推介计划，重点做好与上海世博会相衔接的精品旅游线路的策划和营销工作，使都市圈更多的景区入选上海世博之旅。循序渐进，分层分类地推进都市圈旅游一体化发展，力争 2012 年前在各城市推广交通旅游"一卡通"。力争 2012 年前在南京与各市和各市之间相互开通"南京都市圈旅游直通车"。都市圈各城市参会的市领导共同签署了《第三届南京都市圈市长峰会备忘录》，成立了南京都市圈旅游发展协调委员会，负责旅游一体化的衔接协调，细化目标任务，制定具体举措，协调推进落实。

4. 策划都市圈未来发展主题

2010 年 4 月以"共建 · 共享 · 同城化"为主题的第四届南京都市圈市长峰会在宁举行，南京都市圈城市希望在更高的平台谋划发展。

首先，以交通为纽带，拓展都市圈发展空间，建设一体化综合交通体系。作为都市圈交通的重大枢纽，禄口国际机场第二跑道、T2 航站楼建设和 T1 航站楼改造，苏中江都机场、淮安机场、京沪高铁南京南站、京沪高铁滁州站等重大战略枢纽工程建设将进一步加快推进。在公路建设上，宁合高速、江六、江海高速、合巢马常高速、仪宁高速、安徽北沿江高速、溧芜高速、滁扬高速、马滁扬高速、滁马高速、南京绕城高速公路等过境和对外公路大通道都在加紧规划建设中。宁镇、宁句、宁杭、宁宣、宁巢、宁合、宁滁、浦泗、淮江、溧马与马濮路等城际快速公路的规划建设，将一张完整的都市圈城际快速公路网呈现于眼前。在轨道交通建设上，各市市长在签署的合作备忘录上再次达成共识：将加快建设淮扬镇铁路，实施宁启线、皖赣线扩能工程，加快宁芜线扩能改造工程前期工作，加快推进南京至扬州、滁州快速轨道和安徽北沿江铁路、宁马线、宁句线、宁淮线等前期工作。推动都市圈快速轨道镇江宝华至南京仙林段轨道交通建设。做好都市圈快速轨道宁马线、宁句线、宁淮线的规划和前期工作。

其次,构建信息交流平台,实现资源优势互补。打造公共服务一体化,构建信息交流平台,实现资源优势互补在峰会上也有了多个明确点,而这也正是都市圈合作成果实现"共享"的重要体现。例如在医疗合作上,加快推进社保卡异地双向结算,推进大型公共医院纳入医保报销范围;逐步推进门急诊病历"一本通",推进都市圈医疗机构部分医学检验、影像检查结果在满足一定条件下的互认。在保障用血安全的前提下,探索推进稀有血型的跨区域供血合作;在文化合作上,推动公共图书馆文献等文化资源和大型体育场协作资源共建和服务协作,加快实现读者证互认;在环境保护上,建立边界断面水质、水量监测和信息通报机制等。

第三,城市相邻地区合作,打造多个核心示范区。宁镇扬是南京都市圈的重要核心,宁镇扬同城化建设,对整个都市圈协调发展具有示范和带动作用,要在区域一体化发展和城乡一体化、加速城市化大背景下,谋划同城化建设的现实路径。推进宁镇扬三市在城市基础建设、生态环境、产业、市场、信息化等方面的深度合作,实现资源共享、良性互动发展,使宁镇扬板块成为引领南京都市圈发展的重要力量。8 市市长也在都市圈的版图上"圈出"了重点示范区域,如镇江句容宝华、下蜀地区与南京栖霞龙潭、靖安,镇江句容郭庄与南京江宁湖熟,扬州仪征与南京六合,南京六合区与滁州天长、来安,南京浦口与滁州南谯、来安,巢湖和县等地区合作。

三、南京都市圈一体化的发展建议

南京都市圈一体化的作用是不言而喻的。首先,多方参与,共享资源,有利于降低各自建设设施与开发资源的成本,能够有效提高系统的使用效率,获得规模效益。其次,共享市场,各施其长,有利于完善南京都市圈产业链,提升产业竞争力。第三,共谋发展,合作交流,有利于创造良好的创新环境。目前,由于南京都市圈 8 市的政府在行政管理体制上不存在上下级的隶属关系,作为独立的行政管理主体,部门之间、地区之间协调性较差,政策往往难以衔接,甚至产生冲突,一些市场的人为分割及行业性垄断也降低了一体化的程度,因而,迫切需要推进南京都市圈的一体化建设。

南京都市圈一体化的基本路径应是在市场配置、自主开放、互惠共享、优势互补的基础上,建立共享机制、促进机制、互认机制和协调机制,通过组织制度建设和区域经济合作,推动不同城市之间经济体制环境的统一、资源要素市场的互通与各种产业个体的合作。

1. 健全管理的协调机制

南京都市圈的行政区划隶属于两省,一体化需要克服行政职权与地方考核对资源要素流动的限制,建立起行之有效的协调机制,以减少阻隔。南京都市圈一体化不仅需要政府之间的斡旋,城市之间的联动、城乡之间的互动、企业之间的协作,还需要协会、商会等民间社会组织和中介机构的参与,建立起一种多层面、多领域的城市管理协调机制。建议成立具有权威性、专门性的省级协调机构,并赋予一定的法律效力,因为,在中国"至上而下"的推动是最为有效的。继续推动南京都市圈市长峰会制度,开展丰富多彩的南京都市圈定期例会,将其作为兼具倡导式合作与制度化协调的结合点。在都市圈市长联席会议制度框架下,拓宽合作领域,深化合作内容,促进都市圈范围内双边和多边要素资源自由流动,共同开展宁镇、宁扬、宁马、宁滁、镇扬、马芜等重要战略区域的同城化研究。建立政策统一、功能健全的南京都市圈政策管理体系,加快规划、政策、交通、旅游、人才培养等方面的制度整合。

积极培育多种形式的市场联盟、合作论坛,组织各地区、各部门广泛参与区域一体化建设。在南京都市圈合作的初期,适宜以政府主导,行政色彩可以比较浓厚,而随着合作成熟度的提高,适宜以企业主导,政府不再直接参与跨地区的一般经济活动,而是通过公布信息、编制规划、建章立制、塑造环境等手段,来调节企业的行为。

2. 协调基础设施的建设

基础设施建设一体化是区域一体化的物质保障。南京都市圈要进一步加强以高速铁路网、高速公路网、航空网络和巨型港口为骨干的基础设施网络建设，以减少城市之间的距离摩擦作用。特别要加强南京都市圈的信息基础设施建设，建成技术领先、容量充足、功能完善、运行高效、安全可靠的信息网络，为都市圈城市的信息共享与技术扩散提供平台。由于基础设施具有一定的非排他性和公益性，因此，建设必须按照“共建共享”、“互利互赢”的原则，合理布局区域的交通基础设施，提高交通的综合服务能力。建议在南京都市圈内部建立基础设施建设的公共基金，用于内部的转移支付，同时统筹各地的资金投入、监管资金动向，减少因各自为政，互相封锁和低水平重复建设所造成的浪费。以明确的工作主体推进项目建设，可以采取省市参股、合资建设等多种形式，对跨区域运营的特别重大项目可以探索组建都市圈综合交通建设实体，尽快推进项目落实。加快建设南京都市圈轨道交通系统，高架轻轨可以直接介入城市的交通主干线。突破地域阻碍，推动南京都市圈相邻城市油、气、水、电的同建、同享、同价，加快推动南京都市圈的 8 个城市实现公交‘联网’，实现交通“同城化”，将跨省长途客运转变为区域公交运输。

3. 形成互补的产业体系

南京都市圈合作不但要有广度、深度，还要有热度、力度，特别是要推进产业、市场等方面合作。实施区域内产业优势互补的错位性发展战略，进行垂直分工与水平分工的产业整合，形成布局合理的规模型、集约型、外向型区域一体化产业链。根据南京都市圈的发展阶段和产业层次，应选择发展五大产业集群：即以南京、淮安、马鞍山为主的能源、钢铁产业集群；以南京、芜湖、镇江、滁州等为主的机械、装备制造产业集群；以南京、扬州等为主的电子信息产业集群；以南京、巢湖等为主的石化、纺织产业集群和以扬州、芜湖等为主的食品药品产业集群。立足南京都市圈的区域高度，建立有机的联系，进行全区域的产业运动，推动在核心城市已经不具备优势的制造业与服务业向外围地区转移，以缩小产业的地区差距。鼓励企业实行跨区兼并，组建跨地区企业集团。通过企业的自主行为，合理有效地规避和突破现存的行政区划间存在的壁垒和障碍，从微观层面推进区域经济一体化。产业的区域合作必须遵循利益分配与补偿机制原则，在合作中竞争，在竞争中合作，制定统一的市场准入标准，共同开拓市场，建立起彼此衔接、互惠互荣的产业共同体，以群体优势竞争国际市场。

南京都市圈是泛长三角地区重要的城市集群，也是承接长三角地区产业转移的“桥头堡”，因而，要注重南京都市圈与长三角都市圈的互动发展，突出各自的优势，在更大范围内构筑产业互补发展的生产体系。此外，南京都市圈还要处理好与皖江城市产业的协同发展问题，以避免过度的同业竞争。

4. 构建“数字城市”体系

南京都市圈一体化建设应以物理空间与虚拟空间相结合的方式，拓展城市之间的内联与外散渠道，使“数字城市”体系与实体城市体系交相辉映。推动南京都市圈城市交通、人事、规划、环保、质量等行政部门的协同作业，采用统一的数据传输标准和技术规范，实现互联互通和数据共享。按照“一数一源、共建共用”原则，构建南京都市圈基础性大型数据库，加快都市圈人口、企业、地理空间与自然资源、宏观经济四大基础数据库的开发建设与共享利用。提倡都市圈城市数据互为备份，强化互联网的交换能力，提升城市之间超级计算、存贮中心、灾情备份等信息资源的共享水平。继续完善都市圈交通、社会保险、医疗卫生的“一卡通”工程，为广大百姓搭建覆盖全区域的功能齐全、操作简便、费用低廉的信息服务平台。南京是南京都市圈的“核心增长极”，今后应进一步提升资源、技术与服务汇聚与扩散的能力，为南京成为大都会集聚能量。利用快捷的网络层和丰富的数据层，将都市圈城市的优势“一网打尽”，进行再创新，形成城市内涵发展的合力。以“数字城市”体系的虚拟扩张与蔓延来弥补城市扩张物理空间的局限性。通过信息网络灵敏的传导机制，拓展南京都市圈城市的腹地，将更多的城市纳入经济发展圈。

第五篇

2010

南京都市圈各政府相关文件

Nanjing MCR Related Government Documents

一　南京市政府文件

南京市关于加快推进全域统筹建设城乡一体化发展的新南京行动纲要

宁委发〔2010〕29 号

为深入贯彻落实中共十七大和十七届三中、四中全会精神，加大我市统筹城乡发展工作力度，推进转型发展、创新发展和跨越发展，奋力走在新一轮科学发展前列，建设城乡一体发展的大南京新南京，特制定本行动纲要。

一、总体要求

1. 指导思想。以科学发展观为统领，按照“三个发展”总体部署，树立“大南京、新南京”理念，推进“全域统筹、一体发展”，逐步实现城乡规划一体化、产业发展一体化、要素配置一体化、基础设施一体化、公共服务一体化。以“农地重整、村镇重建、要素重组”为基本路径，完善“多予少取、重在放活”制度设计，激发郊县发展内生动力，促进城乡生产要素有序流动，公共资源均衡配置，基本公共服务均等覆盖，城乡发展空间集约利用。坚持科教兴农、人才强农，提高农业现代化水平，转变农村发展方式，着力提高郊县新型工业化程度、城镇化程度、市场化程度、农村文明程度和农民富裕程度，加快缩小城乡差距，改变二元结构，形成城乡融合互动、经济社会一体化发展新格局。

2. 实现路径。充分发挥南京大城市优势和带动作用，以土地综合整治为切入点，大力推进“三个集中”即工业向园区集中、居住向社区集中、农业向规模经营集中，努力提高农村集体建设用地和农民承包经营土地的集中度、流动性和财富性。大力推进新城、新市镇和新社区载体建设，通过“三个置换”实现“三个转变”，即以土地承包经营权置换城镇社会保障，以分散的农村宅基地和农民住房置换城镇产权住房，以集体资产所有权置换股份合作社股权，转变农业生产方式、农民生活方式和农民身份。把有效减少农民作为城乡统筹的重要任务，统筹推进农业现代化和新型工业化进程，统筹推进城市化进程和新农村建设。

3. 基本原则。一是坚持富民优先。把增加农民财富积累、提高民生保障水平作为统筹城乡的出发点，努力创造更多的创业就业机会、投资发展机会，让农民更多分享改革发展成果。二是坚持规划引领。以全域南京的新思路新举措推进“三个集中”，优化生产、生活、生态功能布局。三是坚持以城带乡。发挥南京城市产业、市场需求、资源要素、辐射功能等方面的优势，在城乡融合中带动农村发展。四是坚持放权搞活。最大程度下放市级管理权限，放活农村资源利用，着力优化生产要素配置，激发郊县发展内生活力。五是坚持改革创新。在重要领域和关键环节打破城乡二元结构，构建城乡发展一体化的体制机制。六是坚持调整提升。加快推进产业结构转型升级，把集约节约利用资源、保护生态环境和历史文化放在突出位置，实现可持续发展。

4. 目标要求。到 2015 年，全市综合实力实现新跨越，城乡经济社会发展一体化体制机制基本建立，城乡居民收入差距逐步缩小，城乡基本公共服务均等化全省领先，村镇合理布局、产业有序发展局面初步形成，资源利用效率大幅提高，人居环境明显改善，现代文明显著提升。

——城乡规划一体化。按照现代化国际性人文绿都定位，做到"城乡一张图、全市一盘棋"，结合制定实施"十二五"规划，将市域6582平方公里内的产业结构、城镇布局、人口居住及基础设施等整体考虑，合理规划各类功能区，形成以国家级开发区、省市开发区、各类先进制造业和现代服务业专业园区和区域性专业化都市型农业园区为支撑的新型产业体系，形成以新城、新市镇和新社区为重点的现代化村镇体系。各功能区之间快速通道相连，生态保护区相隔。

——产业发展一体化。明确主体功能区划分，着力培育产业集群，推动产业结构优化转型，实现区域化、一体化、差异化发展。城区重点发展现代服务业，郊县重点发展先进制造业和都市型现代农业，建设生态涵养区、重点发展生态产业，形成主导功能明确、产业特色彰显、城乡经济融合的发展格局。到2015年，郊县地区生产总值占全市比重超过60%，地方一般预算收入占比超过55%，全社会固定资产投资占比超过75%，工业投入占比超过95%。农民人均纯收入超过2万元，城乡居民收入差距扩大的趋势得到扭转，力争缩小到2.5∶1以内。

——基础设施一体化。坚持基础设施先行，推进城市基础设施向郊县延伸，重点加强高等级公路、市域干线公路环线、轻轨、电力、燃气、区域供水、信息网络等重大基础设施建设，提高城乡公共交通便捷度，实现城乡基础设施均衡化。着力完善新城、新市镇、新社区和工业集中区、农业园区配套服务功能，提升承载能力、管理水平和环境质量。到2015年，实现高等级公路双环跨江、镇镇通达，所有镇街15分钟上高速公路；农村安全饮用水覆盖率达到100%。

——要素配置一体化。充分发挥市场在资源配置中的基础作用，重点加强集体建设用地、农民承包地、资本、技术等生产要素市场建设。加大财政支农力度，更多地把公共资源投向农村，为各类要素市场化流向"三农"发挥杠杆作用。加大"招商选资"和"招才引智"力度，鼓励引导资金、技术、人才等要素向农村集聚。通过土地综合整治，破解土地制约瓶颈，让城市得空间、农民得利益。到2015年，通过集中集约利用土地，盘活农村集体建设用地10万亩以上。

——公共服务一体化。建立健全功能完善、覆盖面广、城乡差距逐步缩小、基本满足城乡居民需要的公共服务体系。健全城乡统一的就业创业扶持制度，加快发展农村社会事业，着力提高农村义务教育、基本医疗、公共文化、社会保障水平。加强城乡社会管理，完善农村治理结构，着力改善和保障民生。到2015年，城乡就业、低保、养老保险、医疗保障、住房保障等制度并轨覆盖到郊县所有镇街，在全国同类城市中率先实现城乡基本公共服务均等化目标。

二、重点工作

（一）实施新城新市镇新社区建设工程，强化全域规划建设管理

1. 编制城乡规划和专项规划。以新一轮南京城市总体规划为基础，按照"1个主城—3个副城—8个新城—60个新市镇—1300个新社区"的新型城镇结构形态和"开发区（专业园区）—产业集中区—农业园区—生态保护区"的新型产业布局形态，分步骤制定各功能单元的总体规划，落实发展定位、空间布局和功能分区。以"三个集中"为导向，加快编制城乡产业发展、土地利用、农业"1115"工程、村镇建设、生态环境等空间布局规划，科学安排产业、居住、基础设施建设等各类用地结构，突破区域行政界限，合理划分功能区，提高各类用地集约利用水平，促进产业发展、人口集聚、功能配套、生态优化。加强规划实施的监督管理，确保规划的导向性、权威性和强制性。

2. 强化村镇规划的实施管理。严格实行规划审批控制，从今年起，各地不得再审批新的零星宅基地，对非规划保留的自然村落中农民要求自建住房的，本着"只出不进、只拆不建"的原则，引导居住向新市镇、新社区集中，防止造成过程性资源浪费。绕越公路以内，整合撤并现有农村居民点，除

规划保留特色村庄外，不再审批农民住宅建设，按照城市化标准完善公共基础设施配套，建设新城、新市镇，全面融入主城。绕越公路以外，因地制宜、分类引导，确定工业型、商贸型、综合型小城镇和保留村庄的数量和规模，提高农民居住集中度，加快就地城镇化进程。

3. 推动新市镇和新社区建设。实施新市镇发展战略，加快培育一批具备城市功能的新市镇，承接大城市辐射、带动新农村发展。市和各区县要将新市镇、新社区建设列入年度城乡建设计划，按照人口容量及功能需要，适度扩大新市镇、新社区土地利用规模。新市镇镇区人口规模应达到2万人以上，新社区人口规模应达到1000人以上。以规划保留村为基础，遵循"先规划、后整理，先建设、后搬迁"的原则，采取"统拆统建"、"自拆统建"或"统规自建"等方式建设农民集中居住区。按照产业社区型、集中宜居型、生态田园型、古村保护型等多种形态，因地制宜制定规划导则，提高公共设施配套标准，完善新市镇功能。新社区建设要靠近新市镇、靠近产业集中区、靠近规模耕作区，注重地域文化特色和建筑风格，防止千村一面。到2012年，郊县减少自然村落1500个，新建改建农民集中居住区200个，农民进入新市镇、新社区集中居住率达到30%以上；力争用6～8年时间，全市减少农民100万人。

4. 加强生态环境建设。以"迎接青奥会、建设新南京"为契机，高标准提速生态建设，加大保护力度。继续推进"绿色南京"建设，构建城乡一体、多层次的森林生态网络体系，加快建设森林城市，提高全市生态建设和环境保障能力。在青龙山、牛首山、将军山、老山等近郊山区和高淳、溧水、六合等远郊山区划定并建设一批生态涵养区，着力打造市域南北两极"生态特区"，大力发展生态产业。加快秦淮新河—土城头百里风光带建设，构建并保护好环城绿色生态圈。加快重化工集中区和生态脆弱地区森林隔离带建设，实施村庄绿化工程，建设一批镇村片林和集中绿地。加强农村环境治理，确保每个工业集中区和新市镇、新社区都建有污水处理配套管网设施。大力推进户用沼气、规模畜禽养殖沼气工程建设，发展秸秆气化等农村清洁能源。到2015年，农村生活垃圾基本实现集中无害化处理，规划保留村庄环境综合整治面达到80%以上，新市镇、新社区生活污水处理覆盖率力争达到100%。

（二）实施土地综合整治工程，集约利用盘活土地资源

5. 土地集约整治。土地综合整治必须遵循"三坚持两保障"的原则，即坚持农村土地集体所有不变、坚持农村土地承包经营制度不变、坚持耕地保护总量不变，保障农业综合生产能力、保障农民合法权益。以新城建设、开发区扩容、现代农业园区建设、重大基础设施建设等为平台，及时调整土地利用规划，整镇推进土地整治和村庄整理，在村镇重建中促进集约用地。下大力气推进省级万顷良田建设工程，扩大市级万顷良田建设试点，大力开展农用地、集体建设用地、宅基地、河道综合整治。今年每个郊县都要选择1～2个镇街开展万顷良田建设工程试点，两年内基本建成增减挂钩复垦项目库并有计划地组织实施。

6. 盘活集体建设用地资源。市级年度建设用地指标主要用于全市重点产业发展和重大基础设施建设。土地整理和村庄整治要综合考虑农民居住用地和经济社会发展用地，兼顾当前建设和长远发展需要。整理形成的农地优先补划为基本农田，整理置换的建设用地在保证农民安置房建设和农村基础设施建设的基础上，优先用于经营性出让，农地重整、村镇重建所需资金主要依靠土地级差收益。坚持村为单元、镇街运作、区县平衡、市级调剂，新增建设用地指标可由镇街成立投资建设平台运作，也可由土地储备中心或相关平台收储，在区县乃至更大范围内有偿调剂使用，实现土地资源在全市优化配置，尽可能放大土地级差收益。两年内全面完成农村建设用地、宅基地使用权和农民房屋所有权登记发证工作。探索建立各类产权交易市场，逐步完善产权交易制度，增强农村土地、农民住房的流动性。

7. 让农民更多分享土地收益。土地综合整治要尊重和保护农民权益，对农民的补偿必须及时足

额到位。要采取多种方式让农民分享土地级差收益盈余,确保参与农地重整、村镇重建的农民在住房、就业、收入、保障等方面的利益更多更好更稳定。试行以镇街为单位成立农用地收转中心,完善农地流转和交易制度,对整理和流转出来的土地实行集中管理、统一运作,确保农民承包地收益逐步递增。探索建立农民承包地、宅基地退出补偿机制,有序推进"三个置换",使进入新居的农民既能改善生活条件,又能获得就业机会、持有资产股份、增加财富积累、提高保障水平,真正做到"转移出得来、进城留得住、生活过得好"。

(三)实施重大基础设施通达工程,改善城乡交通水利供水条件

8. 完善城乡综合交通体系。以完善配套、保障发展为导向,着力推进高等级公路和干线公路、城镇公路有机衔接,构建通达便捷的交通网络体系。加大非经营性交通基础设施建设投资力度,提高干线公路、村镇公路建设补助标准,加快农村公路向农民集中居住点及农业园区延伸。积极发展郊县轨道交通,尽快开工建设主城至禄口机场、主城至浦口、主城至六合、禄口机场至溧水和高淳的轨道交通工程。两年内建设江宁至溧水、高淳跨石臼湖交通新干线公路工程;确保2014年前建成长江四桥并实现绕越高速跨江成环,力争纬三路过江通道贯通。加快推进市域轨道交通、干线公路等与都市圈及长三角周边地区连接配套。到2015年,规划新建高速公路320公里、力争建成190公里,新改建国省道及地方干线公路450公里,新改建城镇公路1000公里,建成市域干线公路环线,完成公路危桥改造100座以上。加快农村干线航道整治,提高内河水运通行能力。优化调整干线公路收费站布局,通过撤并、回购、年次票等方式,取消或外移部分市域收费站。在交通基础设施建设管养等方面对栖霞、雨花台两区执行与主城区同等的财政政策。

9. 推动城乡区域供水供气。整合现有供水资源,打破行政界限,统筹城乡供水设施建设,逐步实现城乡供水同质同价。大力实施"引长江水工程",力争到2012年,全线贯通溧水县、高淳县长江供水工程,实现全域共饮长江水目标。加强农村饮用水源地保护和监管,重点是固城湖、石臼湖、金牛湖等30个集中式饮用水源和备用水源地;继续实施农村安全饮水工程,今年解决8.5万农村人口的不安全饮水问题。统筹城乡燃气供应和管理,加快推进郊县天然气供应系统建设,促进城区管网有计划地向镇街延伸。

10. 加强水利基础设施建设。加快城乡重点水利工程建设,提高水利服务保障经济社会发展能力。加强防洪减灾工程建设,进一步提高长江、滁河、水阳江、秦淮河流域及通江河道防洪能力,两年内完成重点病险水库除险加固。加大农田水利建设力度,持续开展县乡河道疏浚和村庄河塘整治,每年完成土方量2000万方以上。到2012年,完成中型灌区改造2个,建成节水灌溉示范园区6个,实施小流域生态治理9个,新增改造农村中小泵站200个以上、小农桥600座以上。

(四)实施产业振兴工程,加快郊县新型工业化进程

11. 加快推动先进制造业集群发展。深入实施工业"第一方略",紧紧围绕全市"4+8+8"产业布局,大力推进国家、省级开发区、专业园区、重点镇街工业集中区开发建设,促进特色产业集群集约发展,形成园区产业特色。市区产业"退二进三"项目优先转移到郊县,鼓励市区重点企业、高新技术企业转移到郊县发展,着力打造全市先进制造业基地。提升园区公共服务平台建设水平,在融资担保、市场信息、人才技术等方面为园区提供优质高效服务。扩大招商引资,拓展项目来源。今后凡重大招商项目一律进入经批准的市级及市级以上重点工业园区,总投资3000万元以下的项目一律进入标准厂房,不再单独供地。现有工业集中区(配套区)建成区面积在2平方公里以下、发展空间不足的,原则上不再扩大,有计划分阶段搬迁并入市级以上开发区。加快培育郊县产业集群,促进中小企业集聚发展,到2012年,形成14个郊县特色产业集群,销售总额突破1500亿元;郊县工业经济总量占全市比重力争达到75%以上。

12. 拓展提升郊县服务业。统筹优惠政策,以高新区、雨花软件园、徐庄软件园、江宁吉山软件研

发基地等为基础，完善载体认定，创建中国软件名城和服务外包示范基地。依托港口建设化工园、新生圩—龙潭、滨江、桥林物流基地；依托机场建设禄口、六合空港物流基地；依托公路建设板桥、湖熟、永阳、淳溪综合性物流基地和东山、新集农副产品基地。全力打造南部新城商业中心和东山、浦口、仙林商业副中心，组织大中型商贸企业开拓农村市场。继续推进“万村千乡市场工程”，加快新农村现代流通服务网络工程建设，每年新增网点 200 个，三年内所有村都要建有为农服务社或消费合作社。整合城乡旅游资源，深入实施“百万市民郊县游”行动计划，加大旅游开发和宣传促销力度，大力培育乡村旅游度假区，发展特色旅游专业村，扶持建设“农家旅馆”，促进郊县旅游业大发展。到 2012 年，郊县第三产业增加值占比达到 40% 左右。

13. 大力推进农村金融改革。放宽金融机构准入条件，鼓励支持城市各商业银行到郊县开展信贷业务，确保每个镇街至少设有 2 ~ 3 家银行业分支机构。积极开发和推广“农贷直通车”等适合“三农”的金融产品，增加对农户、农民专业合作社、农业龙头企业等经营主体的信贷投放。制定农村金融发展考核奖励办法，确保郊县金融机构新增存款的 80% 以上用于当地贷款发放。积极扶持郊县符合条件的企业上市融资。建立健全政府扶持、多方参与、市场运作的农村信用担保机制。进一步扩大政策性农业保险险种，提高农业保险覆盖面。大力推进农村金融创新，三年内争取成立 20 家以上小额贷款公司、3 ~ 5 家村镇银行、60 家以上农民资金专业合作社。

（五）实施现代农业发展工程，提高农业综合生产能力

14. 全面落实“1115”农业布局。按照“分区布局、集中投入、连片推进、规模经营”的要求，制定完善农业“1115”产业规划，通过园区化建设，着力打造 100 万亩优质粮油、100 万亩经济林果、100 万亩高效养殖和 50 万亩标准菜地。对纳入“1115”工程的农田和水面划定红线，实行永久保护。按照优质、高效、生态、安全、特色的要求，大力发展高效农业、设施农业、有机农业、市场农业，制定高标准农田建设标准，整合各种要素资源，集成土地整理、农业开发、水利投入等支持政策，逐年开发建设。着力推进土地集中型、合作经营型、统一服务型农业适度规模经营，加快培育特色产业，打造“一镇一品”。到 2012 年，全市农村土地流转面积达到 120 万亩，高效农业面积达到 140 万亩，其中设施农业亩均效益超过 5000 元。

15. 加快推进农业园区建设。突出规划引导，完善公共服务，吸引多元投入，建设一批产业特色明显、科技水平领先、规模效益好、示范带动强的农业园区。做大做强溧水白马现代农业高新技术产业园区、江宁横溪台湾农民创业园、高淳龙墩湖现代农业示范园、浦口林大现代农业园、六合竹镇高效农业试验示范区等重点园区。借鉴工业开发区建设经验和模式，遵循政府推动、企业主导、市场运作的原则，建立完善农业开发区建设和运营管理机制，大力开展产业链招商和特色农业专业招商，引进培植农业关联企业、专业合作社、农民大户入驻，建设一批农业开发区。到 2012 年，每个郊县建设一个现代农业开发区，每个镇街至少建有一个特色农业基地；建成省级以上农业园区 3 个以上，市级以上园区达到 50 个，总产值 100 亿元。深入开展“送科技下乡、促农民增收”活动，选派农业科技特派员到农村一线开展工作，积极发展多元化、社会化农技推广服务组织。大力实施农业新品种、新技术、新模式工程，提高物质技术装备水平，促进农业科技创新成果就地转化。全面启动职业农民持证经营工作，鼓励扶持专业合作社、家庭农场和专业大户扩大经营规模。

16. 拓展延伸农业综合功能。以服务城市、致富农民、优化生态、保障发展为导向，不断拓展都市型农业功能。大力扶持重点龙头企业，做大做强农产品精深加工业，实现贸工农、产供销一体化，推动农产品经营网络化、信息化，延伸农产品产业链，增加农业综合收益。到 2012 年，全市农业龙头企业总数达到 180 家，销售收入突破 800 亿元，其中国家和省级龙头企业力争达到 40 家。整合农业旅游资源，培育“农业嘉年华”、“金陵农庄”等旅游农业品牌，大力开发农业生态休闲功能，到 2012 年，休闲农业年接待人次超过 600 万，旅游农业总收入超过 30 亿元。

17. 发展农村合作经济。组织农民成立各类合作社，把农民合作经济组织打造成发挥能人作用、汇集生产要素、推动产业发展、带动农民增收的微观主体和重要平台。支持农民专业合作社创办农产品加工流通企业，让农民在生产、加工、流通过程中得到更多收益。稳定完善农村土地承包政策，深化集体林权制度改革，加快推进确权确股，鼓励成立土地（林地）股份合作社。加快村集体经济股份合作制改革，大力发展社区股份合作社。加大财政对合作社发展的支持力度，提高合作社规范程度，努力扩大合作社覆盖面和带动作用。到2012年，农民专业合作社社员超过15万人，年销售农产品50亿元，带动农户45万户。土地股份合作社超过500家，入社土地面积达到50万亩以上。社区股份合作社600家，社员力争达到120万人。

（六）实施富民惠民工程，提高农民财富积累和保障水平

18. 构建农民增收长效机制。大力实施"农民收入倍增计划"，通过"抓两头、促中间"，确保到2015年农民人均纯收入在2009年基础上翻一番。建立对城乡劳动者政策统一、服务共享、机会均等的就业创业体系。鼓励农民自主创业、联合创业，每年新增成功创业农民1万人以上，带动农民就业3万人左右。加强农村劳动力转移培训，每年培训农村劳动力4万人，新增转移5万人次，鼓励用工单位开展岗位技能培训，不断提高农民工资性收入。加大低收入农户增收项目区建设力度，确保低收入农户年均收入增幅超过全市平均增幅5个百分点。认真落实农业补贴政策，进一步提高补贴标准。大力发展富民合作、资金合作、劳务合作、消费合作等多种形式的新型合作社，不断增加农民股份收入。力争到2012年，转移性和财产性收入占农民人均纯收入20%以上，到2015年达到30%以上。

19. 提高农村医疗卫生水平。建立城乡一体的公共卫生、基本医疗和药品供应服务保障体系。提高农村基本公共卫生服务项目补助标准，逐步实现城乡均等化。鼓励引导市区优质医疗卫生资源向郊县布局，城市医生晋升中高级职称前原则上都要有郊县基层医疗卫生机构服务经历。完善农村医疗卫生服务网络，全面推进农村医疗卫生机构信息化建设。农村社区卫生机构人员编制配备，按照常住人口每万人编配15～18人。到2012年，90%以上农村社区卫生服务中心达到省示范标准，基本公共卫生服务项目完成率达到95%以上。统筹城乡人口管理，稳定农村低生育水平，深入推进"和谐家园"工程，加快实现世代服务体系全覆盖，不断提高出生人口素质。

20. 促进农村教育事业发展。加强农村中小学校长和教师培训，每年选派一批城区优秀校长、教师到农村开展支教工作，有农村任教经历的教师评定中高级职称时优先。建立学校公用经费正常增长机制，做到高于省定标准、统一城乡标准、尽快达到长三角地区平均水平。进一步完善15年基础教育政府扶困助学"绿色通道"，免除低保家庭和低收入农户家庭子女上中等职业教育学校学费。提升农村幼儿园办学水平，到2012年，农村公办幼儿园全部达到市级合格标准。稳步推进农村中等职业教育免费进程，创建农村职业教育品牌学校5所、品牌专业20个。

21. 加强农村文化建设。大力建设农村文化阵地和人才队伍，繁荣农村文化事业，提高农民文明素养。到2012年，所有区县文化馆、图书馆达到国家二级馆标准；90%镇街文化站达到市五星级文化站标准，60%村（社区）文化活动室达到市级文化活动室示范点标准；加快农家书屋向农村新社区延伸，公共图书馆信息共享工程覆盖到所有镇街。加快推进农村有线电视入户工程，2012年实现农村优质广播电视信号全覆盖，有线电视入户率达到95%以上。深入开展全民体育健身活动，两年内浦口区、六合区、溧水县和高淳县全部建有"新四个一"体育中心。

22. 提高农村社会保障水平。统筹考虑城乡社会保障机制和网络建设，逐步缩小城乡差距。完善农村养老保险、医疗保险、低保、五保和被征地农民基本生活保障"五道保障线"，建立健全合理增长机制，稳步提高农村老年居民养老补贴水平。提高新型农村合作医疗人均筹资标准，明年"一区两县"不低于280元，其他区县不低于350元，到2015年，力争实现新农合筹资标准、保障水平与城镇

居民医疗保障基本持平。加快建立全市统一的医疗保险信息管理系统,实现城乡参保居民异地就医结算。完善城乡统一的最低生活保障制度和社会救助体系,同一区县范围内,要尽快实现城乡低保标准相同、保障范围相同。

三、政策措施

坚持放活扩权、调整优化、改革创新、加大投入、保障民生五策并举,制定刚性政策,形成倒逼机制,对郊县实施政策、资金、人才三个倾斜,确保城乡统筹发展取得更大更好实效。

1. 坚持用规划引领城乡统筹。统筹城乡规划编制,实现城乡总体规划、产业发展规划、土地利用规划、生态环境保护与建设规划"四规融合"。力争两年内做到区县总体规划、控制性详细规划、新农村建设规划全覆盖,今年首先完成绕越公路以内区域发展控制性详细规划。设立村镇规划补助资金,市、区县、镇街按照4∶3∶3的比例,对新市镇、新社区(农民集中居住点)规划编制进行全额补助。

2. 支持新市镇开发建设。通过财政投入、土地收益提成、银行贷款、社会资本参与等多种渠道筹集资金用于支持新市镇建设。逐年增加财政对村镇建设的投入。积极引导支持民间资本投入基础设施、土地整理和新市镇建设。对老五县范围内规划的新市镇建设,城市建设维护税全部用于村镇基础设施建设。对规划批准建设的新市镇范围内的行政事业性收费、政府基金,除按规定上缴省以上之外,市和区县留成部分全额返还。新市镇建设用地可以在符合土地利用规划的前提下优先调整。

3. 整合优化现有工业园区。结合郊县园区发展现状和产业升级要求,对现有工业园区进行区域整合认定,在用地指标、规费减免、项目统筹、专项资金等方面对市级以上重点工业园区倾斜扶持。郊县镇街工业集中区可与邻近省级以上开发区整合,原有税基税户不变。打破行政区域界限,镇村新招商项目异地落户市级和市级以上开发区(集中区)的,其税收区县及以下留成三年内按不低于60%的比例分成;园区外现有企业搬迁到工业集中区的,参照原有城区企业搬迁政策,在三年内保留原税收基数,促进引荐地、搬迁地与园区共同发展。

4. 鼓励农业开发区发展。参照工业开发区做法,在土地利用、用水用电、金融财税、招商引资、项目扶持、干部配备、人才引进培养等方面,出台农业开发区扶持政策。加强农业开发区管理体制、投入机制、经营方式和公共服务建设创新,打造服务平台、改善发展条件。完善农业开发区认定考核办法,对发展成效显著、排在全市前列的农业开发区给予奖励。

5. 支持土地综合整治。综合运用集体建设用地整理、城乡建设用地增减挂钩、万顷良田建设、宅基地置换等政策,全力推进土地整治。市里建立土地整治专项资金10亿元,市和区县以注资入股、银行贷款等形式,扶持郊县和有条件的镇街成立土地整治和新市镇投资开发公司,负责土地增减挂钩、万顷良田建设、村庄整理、农地收转等市场化运作。对省市级万顷良田建设新增耕地、城乡建设用地增减挂钩新增耕地,市财政分别预支每亩5万元和每亩1万元用于复垦,待经营性用地出让后归还50%用于再周转,实行滚动开发。今年确定10个左右试点镇街,分别由市领导挂钩,整镇推进土地综合整治工程,在农地重整、村镇重建、要素重组上先行先试。市和区县年度建设用地指标向试点镇街倾斜。试点镇街可按照不超过建设用地复垦面积30%的比例,在区县增减挂钩形成的指标中滚动安排,作为挂钩周转指标,先行用于农民集中居住区建设。试点镇街土地出让收益市及区县留成部分全额返还,优先用于农民安置和社会保障。

6. 完善集体建设用地流转制度。积极筹办农村产权交易市场,开展建设用地指标(地票)市场交易,交易标的包括农村宅基地及其附属设施用地、乡镇企业用地、农村公共设施和农村公益事业用地等,重点是经复垦验收后产生的城乡建设用地增减挂钩指标。通过招拍挂流转,努力推动农村集体建设用地和国有土地"同地同市同权"。

7. 实施集体土地留用制度。郊县征地时必须落实2%的村发展留用地政策,也可以采取物业补偿、参股经营、等价置换等多种形式,促进村集体经济发展。对高效农业管理、仓储用房及附属设施配套用地,按照农村集体建设用地管理,面积控制在农业项目用地规模3%以内。

8. 建立农业支持补偿机制。成立市级现代农业发展投资公司,主要负责现代农业发展重大项目投资运作,引导集聚金融资本及民间资金,参与土地规模经营、农业园区建设和农业产业化发展等。逐步提高农业支持补偿标准,市和区县财政对有效保护“1115”工程耕地和水面的主体给予适当补助;对新发展有机农业的,在三年转换期内给予补贴;从今年起,对市级生态公益林按每年每亩20元给予补助。对符合市域规划的粮食主产区、生态涵养区,其经济结构及功能调整后影响镇街财力和村集体收入的,从市级财政转移支付中统筹适当补助。

9. 实施全方位多层次挂钩帮促。深入推进六合、溧水、高淳“一区两县”和8个欠发达镇帮促工作,组织市级机关、高校院所、城区街道、在宁企事业单位携手支持郊县发展,大力推进村企挂钩,实现合作共赢,其中对8个欠发达镇每年帮促资金实际到位不少于1亿元。组织发动全市党员干部及有能力的家庭与困难群众开展“进户认亲、牵手同行”的“牵手行动”,促进挂钩帮促工作向纵深发展。

10. 加强村级发展能力建设。市级重点扶持189个年可支配收入低于50万元的经济薄弱村,两年内支持每个村在区县以上认定的工业园区建设标准厂房5000平方米用于出租,每年租金收入不低于50万元。各区县对50万元以上村也要制定政策措施,通过发展园区经济、股份经济和特色产业,盘活集体资产,增加集体收益,确保村集体经济每年都有新增长,全市力争村级集体经济三年翻一番。

11. 鼓励农民进入新市镇新社区集中居住。推进户籍制度改革,鼓励农民落户新城、新市镇(小城镇)。迁入新城新市镇新社区、退出承包地的农民可以转成城镇户口;可以按拆迁补偿政策得到有产权的住房;可以优先扶持就业;有创业能力的可以免费办理工商执照、获得创业贷款;办理社会保险时可以参加城镇社会保障;可以同时持有合作社股权。农民搬迁补偿时可以选择现房安置,可以实施货币补偿,也可以通过股权量化等方式置换标准厂房、物业用房或合作社资产。对涉及搬迁的低收入农户要给予基本的住房保障。

12. 下放行政审批管理权限。在新一轮市区财政体制调整中进一步强化城乡统筹。按照“审批权、执法权下放,监督权上收”的思路,梳理现有审批事项,制定放权扩权目录和配套细则。江宁、浦口、六合三区享受县级管理权限延长到2015年。用好用活“省直管县”相关政策,形成支持郊县发展的合力。

13. 调整优化镇村建制。适应经济社会发展和新市镇建设进程,对3万人以下的建制镇街和2000人以下的建制村(社区)进行适当撤并。积极探索园区、镇街合一的行政管理体制,加快推进撤镇建街道和撤村建社区工作,整合发展要素,提高行政效能。对8万人以上、经济发展快、综合服务功能强的中心镇(街道),经审核认定后赋予部分县级经济社会管理权限,主要领导可以高配。

14. 完善干部激励机制。经组织程序考核后,省级以上工业开发区和农业开发区达到一定规模水平的,其主要负责人可以享受正区县级待遇。在统筹城乡发展中成绩突出、担任镇街党政主要领导五年以上的,可以享受副区县级待遇。着力培养一批带头创业致富、带领群众致富、带动集体致富的“三带”型农村党组织带头人,注重从优秀的村(社区)支部书记中选拔任用干部。对新农村建设中成绩突出的村(社区)书记,退休后可以享受副镇街级经济待遇。

15. 支持农民创业增收。设立农民创业专项资金5000万元,将有创业潜力的农民全部建档,采取创业辅导、创业直补和创业示范“三位一体”的扶持方式,重点推进农民初始创业。通过创业带动就业,增加农民财富积累,努力做到“个个有技能、户户有就业、家家有股份、人人有保障”。

16. 发展农村教育事业。市本级转移支付用于农村教育发展每年不低于 2 亿元，全市教育费附加新增部分向郊县倾斜。实行教师“有序换岗、同域同酬”，同一区县范围内试行统一职业聘任、统一人事工资、统一委派师资，努力促进教育公平。

17. 提高医疗卫生服务水平。基本药物制度改革实施后，市、区县财政要认真落实多渠道补偿政策，市对困难区县适当补助。组织开展市属三级医疗卫生机构结对帮扶郊县医院，分别援建 2 ~ 3 个重点专科，每年选送 60 名农村医务人员免费到市属卫生机构进修，每年选派 60 名城区医务人员脱产到郊县服务。

18. 推进城乡养老保险并轨。实行城乡“一套体系、多个档次、自主选择、可续转移”，参保居民可根据需要和条件自主选择养老保险投保类别和档次，逐步做到各级财政给予城乡同比例补助。制定被征地人员参加社会保障办法，将其纳入城镇职工社会保险范围，逐步提高社会保障待遇，确保被征地人员生活水平不降低、长远生计有保障。

四、组织保障

1. 加强统筹城乡发展组织领导。成立全市统筹城乡发展工作委员会，由市委、市政府主要领导担任主任、分管领导担任副主任，市级机关综合部门和涉农部门为成员单位，市统筹委办公室设在市委农工委。各郊县也要成立相应的领导和工作机构，负责城乡统筹工作的组织协调和推进实施。市级机关各部门都要确定负责统筹城乡发展工作的分管领导和业务处室；综合部门都要设立统筹城乡职能处室。市各有关部门都要根据部门职能，明确推进城乡统筹发展的目标任务，制定实施细则。按照“精简、整合、规范、效能”的原则，突出统筹城乡发展导向，2010 年全面完成区县、镇街机构改革。

2. 加强基层组织和干部队伍建设。统筹城乡党建工作，采取培养、引进、使用、激励等综合措施，积极调优配强郊县各级领导班子，加强勤政廉政制度建设，关心爱护基层干部。全面推行村（社区）领导班子公推直选，积极推进镇街领导班子公推直选。深入推进政务公开，完善村民自治民主管理制度，创新农村社区管理和服务模式，培育发展服务“三农”的新型社会组织。探索农村基层组织建设新模式，积极推广在合作社、专业协会和产业链上建立党组织。加大农村基层干部教育培训力度，大力开发农村人才资源，充实农村后备干部队伍。加快实施“一村两名大学生”计划，分期分批从市区机关、高校院所和企事业单位选派优秀人才到郊县镇村服务。

3. 加强统筹城乡发展督查考核。市统筹城乡发展工作委员会承担全市城乡一体化发展的组织领导、责任分解、综合协调、目标考核等工作。各区县各部门都要围绕“全域统筹、一体发展”总目标，排出年度实施计划，精心组织，全力推进。整合城乡优质资源，鼓励引导中央、省属在宁企事业单位积极参与推进统筹城乡发展。衔接基本现代化指标体系，适应市域主体功能区划分，建立健全以统筹城乡发展为导向的科学的工作实绩和干部政绩考评体系。市设立统筹城乡发展奖励资金，对取得显著进展的重大工程实行以奖代拨，对成效突出的区县、镇街、部门和企事业单位给予奖励。

南京市镇街机构改革指导意见

根据《江苏省人民政府关于深化农村综合改革的意见》(苏政发〔2007〕35 号)和《中共江苏省委办公厅、江苏省人民政府办公厅印发〈关于深化全省乡镇机构改革的意见〉的通知》(苏办发〔2009〕32 号)精神,结合南京实际,对全市镇和涉农街道机构改革提出如下指导意见。

一、指导思想和基本原则

(一)指导思想

高举中国特色社会主义伟大旗帜,以邓小平理论和"三个代表"重要思想为指导,深入贯彻落实科学发展观,坚持以人为本、执政为民,按照建设社会主义新农村和构建社会主义和谐社会的要求,以转变政府职能为核心,理顺职责关系,创新体制机制,优化机构和岗位设置,精简机构人员,提高行政效能,加快建立行为规范、运转协调、公正透明、廉洁高效的基层行政管理体制和运行机制,促进农村经济社会又好又快发展,促进城乡统筹发展。

(二)基本原则

转变职能,强化基础。注重营造良好的经济发展环境,着力增强社会管理和公共服务职能,加强基层政权建设,巩固党在农村的执政基础。

整合资源,提高效能。在精简机构、编制、人员的同时,优化机构设置和人员结构,提高机关运转效率。

理顺关系,权责一致。进一步理顺县和镇、区和涉农街道的关系,合理划分事权、财权。正确处理镇政府与村民委员会的关系。

因地制宜,突出重点。从各县、区镇街经济社会发展和城镇化水平的实际出发,分类推进改革。以人为本,稳步推进。正确处理改革、发展、稳定的关系,坚持规范改革、有情操作,妥善安置分流人员。

二、改革的范围

除已先行试点的高淳县所属各镇外,全市所有建制镇纳入此次镇街机构改革范围。2001 年机构改革以来,由乡镇改为街道、且其行政和事业机构设置尚未执行《中共南京市委、南京市人民政府关于印发〈南京市区县乡党政机构改革指导意见〉的通知》(宁委发〔2001〕43 号)关于街道机构设置规定的街道一并实施机构改革。

三、改革的主要任务

(一)转变镇街党政机构职能,创新农村工作机制和城乡统筹发展机制

适应社会主义市场经济条件下建立公共行政管理体制的要求,进一步规范和配置镇街党委(工委)、政府(办事处)职能,使镇街党委(工委)、政府(办事处)职能与经济发展水平、城市化发展进程相适应,与镇街财政供给能力相协调。重点强化以下职能:

促进经济发展,增加农民收入。统筹改善城乡经济发展环境,稳定农村基本经营制度,实施严格

的耕地保护和节约用地制度，落实强农惠农措施，维护农民的合法权益，培育发展农民合作组织，加强城乡基础设施建设，完善社会化服务体系，发展地方特色经济。

加强社会管理，维护社会稳定。开展农村扶贫和社会救助等工作，统筹推进城乡平安创建，强化城乡社会治安综合治理，化解各种社会矛盾。

加强公共服务，着力改善民生。为农民提供更多的科学技术、市场信息、劳动就业等方面的服务，统筹发展城乡公益事业，做好养老、医疗等社会保障工作。

加强民主法治，促进城乡和谐。推进农村民主政治建设和村民自治，促进社会组织健康发展，提高农民的民主法治意识，保障农（居）民合法权益，促进城乡和谐社会建设。

加强基层党建，强化党的领导。增强党的基层组织生机活力，充分发挥其推动发展、服务群众、凝聚人心、促进和谐的作用，实现新农村建设和农村经济全面发展。

以镇街机构改革为契机，创新农村工作机制和城乡统筹发展机制。拓宽服务渠道，改革服务方式，通过“一站式”服务、办事代理制等多种方式，方便群众办事。推进依法行政，严格按照法律法规的规定履行职责。综合发挥人民调解、行政调解和司法调解的作用，及时化解矛盾，确保社会稳定。理顺县与镇、区与街的关系。县、区承担的工作任务，不得转嫁给镇街；需要县、区和镇街共同完成的工作，县、区要提供相应的经费保证，并赋予必要的权力。上级部门派驻或设在镇街的机构，要接受镇街党委（工委）、政府（办事处）的统一指导和协调。理顺镇政府与村民委员会的关系。镇政府要指导村民自治，不得把属于镇政府的行政职能交给村民委员会，也不能包办代替村民委员会的事务。

（二）优化整合镇街党政机构，减少领导职数

镇党政机关按照职能，归口设置综合办公室或综合性岗位。设置综合办公室的镇，综合办公室一般控制在5个以内（含财政所）。县城镇、省重点中心镇以及其他10万人口以上的镇确需增加的，需报省编办审批，最多不得超过7个。综合办公室不作为镇的中间层次，负责人由镇分管领导兼任。设置综合性岗位的镇，提倡一人多岗、交叉兼职，职位数量也要有所限制。涉农街道党政机构统一设置“一办三科”，同时暂保留财政所。根据本地实际和城乡统筹发展需要，可以在镇综合办公室或街道科室加挂适量牌子。

完善镇党委会（街道工委）的组成结构，适当扩大党政领导成员交叉任职、一人多职，减少领导职数，解决分工重叠问题。减少镇党委（街道工委）副书记职数，实行党委（工委）委员分工负责，充分发挥集体领导作用。镇党委、人大、政府领导职数一般控制在7～9名（县城镇、省重点中心镇以及其他10万人口以上的镇确需增加的，需报省编办审批，最多不得超过11名），其中党委书记1名，副书记2名（县城镇、省重点中心镇以及其他10万人口以上的镇确需增加的，需报省编办审批，最多不超过3名）；镇长1名，副镇长3～5名。原则上党委书记兼任人大主席或镇长，1名党委副书记兼任镇长或人大主席。由党委书记或副书记兼任人大主席的，要配备1名专职人大副主席。同时按规定配备专职或兼职纪委书记、组织委员、宣传委员、统战委员、政法委员、人武部长。纪委书记是兼职的，可配1名专职纪委副书记。街道工委、办事处领导职数一般控制在7～9名。因乡镇合并造成现有镇街领导干部超职数配备的，要通过改革逐步消化，只减不增，逐步符合规定职数。

（三）深化镇街事业单位改革，发展农村公益事业

镇街所属事业单位要坚持分类改革，将行政管理职能划归政府机关；将生产经营性业务分离出来，转企改制，实行市场化运作；将公益性职能重新整合，综合设置事业单位，与镇街党政机构不交叉、不重叠，原则上实行以镇街管理为主，上级主管部门业务指导的领导体制。镇街所属事业单位，一般控制在5个以内，10万人口以上的镇确需增加的，需报省编办审批，但最多不超过7个；其正常运转经费由财政予以保障。镇街不再设立自收自支事业单位。

要加大对社会公益事业的财政投入，引入竞争机制，鼓励社会力量兴办公益事业，探索政府购买

服务等办法，促进农村公益事业发展。按照国家、省市有关规定，规范镇街水利、畜牧兽医事业机构设置，由县、区有关行政主管部门负责其人、财、物的管理，经费支出由财政统一安排，不计入镇街事业单位机构个数。

（四）重新核定镇街编制，妥善分流安置富余人员

各县、区所属镇街行政编制，以 2001 年机构改革后核定数为基数，在保证基层政权正常运转的前提下，总数精简 10%。镇街事业单位编制以 2001 年机构改革前的总数为基数（不含国土资源所、水利站编制数），按不低于 44% 的比例精简。各县、区在精简后的总编制数内，根据镇街人口、面积、财政收入等具体情况逐一核定各镇街行政、事业编制。不再核定镇街行政附属编制，现有的行政附属岗位人员，实行合同用工制。各县、区所属镇行政编制和事业编制报省编办重新核定，并由省编办实行总量控制，5 年内不得突破。采取多种途径妥善分流安置机关、事业单位富余人员。

对镇党政机关公务员，可以按照国家有关政策规定提前退休，鼓励自主创业、自谋职业，也可以采用县、区区域内余缺调配等途径分流安置。镇事业单位工作人员，可以通过提前退休、鼓励辞职创业等途径进行分流安置。工龄满 30 年的，或男年满 55 周岁、女年满 50 周岁且工龄满 20 年的，经本人书面申请、单位同意、组织人事部门批准，可提前退休。对事业单位分流人员中与原用人单位终止劳动关系进行身份置换的，要发放一次性补偿金，按规定补缴养老保险费，纳入当地城镇企业职工养老保险范围，同时补发应当补发的欠发工资。根据实际情况做好临时人员清理清退工作。分流人员所需经费，由县、区政府负责筹措解决。具体的分流安置政策由各县、区根据实际情况提出方案，报市委、市政府审批。按照省里有关要求，全市镇街机构改革时点统一确定在 2006 年 12 月 31 日。

四、相关配套措施

（一）加大镇街干部人事制度改革力度。按照“公开、平等、竞争、择优”的原则，在镇街党政机关、事业单位积极推行竞争上岗。对镇街党政机关工作人员，要严格按照《中华人民共和国公务员法》实行管理。镇街事业单位要全面建立人员聘用制度和岗位管理制度，实行科学设岗、按岗聘用、以岗定薪、合同管理，逐步实现事业单位用人由身份管理向岗位管理、固定用人向合同用人转变。

（二）完善镇街社会保障制度。做好镇机关事业单位的养老和医疗保险工作，逐步建立健全社会保障制度。对镇机关事业单位编制内的在职人员，应按规定参加机关事业养老保险，并足额缴纳养老保险费。上述人员应全部纳入当地城镇职工医疗保险范围，享受医疗保险待遇，未参保的应尽快参保。在这次镇街机构改革中分流并置换身份的原编制内国家正式职工、聘用制干部和合同制工人，分流后应参加当地企业职工养老保险。分流前已参加当地机关事业单位养老保险的，应办理养老保险关系转移手续；分流前应参加而未参加当地机关事业单位养老保险或欠缴养老保险费的，应按规定补缴养老保险费。单位欠缴的部分由当地政府负责补缴。对一次性补缴有困难的地区，可订立分期补缴计划，但原则上不得超过 3 年；个人欠缴部分由个人负责补缴，可以在发放给本人身份置换费用中一次性扣除。

（三）健全镇街机构编制长效管理机制。坚持机构编制集中统一管理制度。镇街机构职能配置、机构编制和领导职数的增减，要严格按照规定程序审批。各级各部门要积极支持镇街机构改革，不得要求镇街“对口”设立机构或单独配备人员。严格控制对镇街党政领导的“一票否决”事项，坚决清理和规范各种评比达标表彰活动。对镇街的考核由县、区党委、政府统一组织，不属于镇街职能的事项，不得列入考核范围。全面推行镇街人员编制实名制管理，加快推进机构编制公开化，县、区机构编制部门定期公布镇街机构编制和人员情况，接受舆论和社会公众监督。建立健全组织、机构编制、人社、财政等部门的协调管理机制，坚决制止超编进人和违规进人，不得通过借用人员等名义变相增加工作人员。加强对机构编制管理工作情况监督检查和目标考核，对不按规定设置机构、超职

数配备领导干部、超编制招聘人员的，要严肃处理。

五、有关工作要求

（一）严格工作程序。本次镇街机构改革自6月中旬开始，至6月底基本完成，分以下三个步骤进行：

1. 方案报批。各县、区按程序将本县、区所属镇街机构改革方案上报市委、市政府审批，将镇街机构改革精简后的行政和事业编制总数报市编办，由市编办上报省编办审批。

2. 组织实施。方案批准后，各县、区对照有关政策规定，有计划、有步骤地组织实施。

3. 检查验收。各县、区进行自查总结，边查边改，进一步完善改革措施，巩固和提高改革成效。在各县、区自查基础上，市有关部门组织检查验收。

（二）落实改革责任。镇街机构改革直接关系农村基层政权建设，关系巩固发展农村税费改革成果，关系社会主义新农村建设和城乡统筹发展大局，各县、区党委、政府要高度重视，落实改革的主体责任，明确党政一把手负责制，认真制定实施方案和具体政策，组织专门工作班子和驻镇街工作指导组，确保改革积极、稳妥、有序推进。镇街党委（工委）、政府（办事处）要落实改革的具体责任，扎实细致地做好改革的具体实施工作。

南京市历史文化名城保护条例

（2010年6月30日南京市第十四届人民代表大会常务委员会第十七次会议制定
2010年7月28日江苏省第十一届人民代表大会常务委员会第十六次会议批准）

第一章 总 则

第一条 为了加强历史文化名城的保护，继承和弘扬优秀传统文化，促进经济和社会协调发展，根据《中华人民共和国城乡规划法》、《中华人民共和国文物保护法》、国务院《历史文化名城名镇名村保护条例》和《江苏省历史文化名城名镇保护条例》等法律、法规，结合本市实际，制定本条例。

第二条 本市行政区域内历史文化名城的规划、保护、利用和管理，适用本条例。

历史文化名城保护的对象包括老城格局和城市风貌、历史文化名镇名村、历史文化街区、历史风貌区、历史街巷、历史建筑、古镇古村、地下文物重点保护区、非物质文化遗产等。

第三条 历史文化名城的保护应当遵循政府主导、统筹规划、整体保护、合理利用的原则，正确处理经济社会发展和历史文化遗产保护的关系，维护历史文化遗产的真实性和完整性，保持、延续历史文化名城的传统格局和风貌。

第四条 市、区、县人民政府应当加强对历史文化名城保护工作的领导，将历史文化名城保护工作纳入国民经济和社会发展规划，建立保护机制，保障经费投入。

第五条 市人民政府设立历史文化名城保护委员会，负责规划、协调、审议、指导历史文化名城保护工作的重大事项。

市城乡规划行政主管部门会同文物行政主管部门负责组织实施本条例。

建设、房产、国土、财政、文化、旅游、城市管理、公安等行政主管部门，应当按照各自职责做好历史文化名城的保护工作。

区、县人民政府负责组织实施本辖区内历史文化名城保护的具体工作。

第六条 本市设立历史文化名城专家委员会。专家委员会由规划、文物、文化、建筑、园林、旅游、宗教、历史、民俗和法律等方面的专家组成，负责对保护规划、保护名录等事项进行论证和评审。

第七条 任何单位和个人都有保护历史文化名城的义务，有权对破坏历史文化名城的行为进行劝阻、举报和控告。

在历史文化名城保护工作中做出突出贡献的单位和个人，由市、区、县人民政府予以表彰奖励。

第八条 市、区、县人民政府应当把历史文化名城保护资金列入同级财政预算。

鼓励企事业单位、社会团体和个人以捐赠等形式参与历史文化名城的保护。

历史文化名城保护资金和受赠款项，应当专项用于历史文化名城保护，不得挪作他用。

第九条 在保护历史文化遗产、历史风貌特色的前提下，鼓励、引导合理利用历史文化街区、历史风貌区等进行文化、旅游活动。

第二章 保护规划和保护名录

第十条 南京市历史文化名城保护规划由市人民政府组织编制。

依据历史文化名城保护规划，编制各类保护对象的保护规划。其中，市区范围内的，由市城乡规划行政主管部门会同市、区有关部门组织编制；高淳县、溧水县范围内的，由县人民政府组织编制。

第十一条　保护规划应当包含下列内容：

（一）基础资料；

（二）历史文化价值和现状评估；

（三）传统格局和历史风貌保护要求；

（四）历史文化街区、名镇、名村的核心保护范围和建设控制地带；

（五）保护的原则、内容、范围、要求和措施；

（六）开发强度、利用方式和实施方案。

具体保护对象的保护规划应当包括保护文本、图则和相关附件。

第十二条　保护规划的编制，应当经专家委员会论证，并征求有关部门和社会公众的意见。涉及重大公共利益的，应当组织听证。

第十三条　历史文化名城保护规划经市人民代表大会常务委员会审议后，依法报经批准。保护规划除法律、法规规定必须报省以上人民政府或者部门批准的，由市人民政府批准。经批准的保护规划，任何单位和个人不得违反。保护规划需要修改的，按照原审批程序报送审批。

第十四条　在保护范围内进行建设活动，应当符合保护规划的要求，不得有下列行为：

（一）损坏、擅自拆除具有保护价值的建筑物、构筑物；

（二）破坏自然环境、传统风貌、建筑格局、街巷格局、空间尺度；

（三）超出建筑高度、体量等控制指标，或者不符合建筑风格、外观形象和色彩等要求；

（四）损害历史文化遗产的真实性和完整性；

（五）其他违反保护规划的行为。

第十五条　城乡规划行政主管部门在核发保护范围内建设项目选址意见书以及审定建设工程设计方案前，应当经专家委员会论证并向社会公示。

重要历史文化保护项目的设计单位和施工单位应当具有国家规定的资质等级。

第十六条　保护范围内新建、改建、扩建建筑物、构筑物以及各类基础设施的，其退让、间距、日照、节能、抗震以及道路路幅宽度等，应当符合现行规范标准。因现有条件限制，无法达到现行规范标准的，应当按照保护要求，确定建设工程设计方案，经批准后执行。其中，市政基础设施无法达到现行规范标准的，建设行政主管部门应当会同城乡规划行政主管部门确定市政基础设施建设方案；消防设施和消防通道无法达到现行规范标准的，公安消防机构应当会同城乡规划行政主管部门确定防火安全保障方案。

第十七条　本市实行历史文化名城保护名录制度。保护名录包括国务院和省人民政府批准公布以及市人民政府已经确定的保护对象。

具备下列条件的保护对象，由市城乡规划行政主管部门会同文物行政主管部门，组织专家委员会论证并向社会公示，经历史文化名城保护委员会审议，由市人民政府批准后公布，并纳入保护名录：

（一）具有一定规模，保存文物较为丰富，能够反映一定历史时期传统风貌或者地方特色的历史风貌区；

（二）具有特定历史时期传统风貌的古镇古村；

（三）保存比较完整、内涵较为丰富、特色明显，体现名城风貌特征的历史街巷；

（四）反映历史风貌和地方特色，未公布为文物保护单位，未登记为不可移动文物，但是具有一定保护价值的历史建筑；

（五）地下文物重点保护区；

（六）其他应当列入保护名录的保护对象。

调整保护名录应当按照原审批程序报送审批并公布。

第十八条 城乡规划、文物、房产等行政主管部门应当定期普查本市的历史文化资源。发现具有保护价值的对象，应当及时提出将其列入保护名录的意见。

文物行政主管部门负责收集、整理保护对象的历史资料信息和挖掘、评价其历史价值。

城乡规划行政主管部门负责建立和维护保护对象的历史文化地理信息系统。

第十九条 任何单位和个人都可以向市城乡规划行政主管部门提出将具有保护价值的对象列入保护名录的建议。

第三章 老城格局和城市风貌的保护

第二十条 市人民政府应当制定老城保护方案，严格保护老城历史风貌、整体格局和自然环境，控制老城开发总量、建筑体量、空间尺度，减轻人口压力。

保护历史街巷体系，保护文物古迹、古树名木，保护传统建筑风貌，保护非物质文化形态。

保护老城历史肌理风貌和人文脉络，推进老城历史文化资源的保护、利用、改造、复兴，提升城市品质内涵。

第二十一条 老城内新建建筑高度应当符合保护规划确定的高度分区控制要求。其中：

（一）集庆路和长乐路以南区域新建建筑高度不得超过十二米，集庆路和长乐路以北至建康路、升州路区域新建建筑高度不得超过十八米；

（二）建康路、升州路以北的历史文化街区、历史风貌区内，新建建筑高度应当符合保护规划确定的控制要求。该区域周边新建建筑的，应当通过视线分析确定其建筑高度和体量。

老城内应当按照保护规划要求严格控制新建高层建筑。

第二十二条 严格保护老城城南、明故宫、鼓楼至清凉山三片历史城区。

历史城区内不得新建高架等大流量机动车通行道路，不得建设影响城市景观的大型市政基础设施，市政、电力、通讯等管线应当地下敷设。

城南历史城区内的新建建筑物、构筑物应当与历史风貌相协调，既有建筑物、构筑物与历史风貌不相协调的应当逐步改造。

保护明故宫历史城区内的皇城和宫城格局、护城河水系以及坛庙、衙署等遗址。明宫城遗址及周边一百米范围内，不得从事新的建设。

鼓楼至清凉山历史城区内应当保持原有的山水环境和以高绿地率为主的空间格局。

第二十三条 严格保护中华路南唐轴线、御道街明代轴线和中山北路、中山路、中山东路民国轴线。保护各历史轴线现有尺度、线形和断面形式。道路两侧新建建筑物、构筑物的高度、体量、风格、色彩等应当与该轴线的传统建筑风貌相协调。

保护中华路的建康路路口至中华门段沿街传统建筑风貌特色和现有街道尺度，逐步整治建康路路口至内桥段街道界面，延续南段的风貌特色。

御道街两侧各保留十米绿化带。午朝门至外五龙桥段，道路两侧不得从事新的建设；外五龙桥至光华门段，新建建筑退让绿线不小于十米。

保持中山北路、中山路、中山东路三板四带的道路断面和行道树以悬铃木为主的特色，道路两侧应当以公共建筑为主。

第二十四条 严格保护六朝建康城、南唐金陵宫城、明代南京宫城和民国南京城的遗迹遗址。任何单位和个人不得破坏保护范围内的遗迹遗址。考古、施工中发现的重要遗迹遗址应当原址保护，并作为城市公共空间向公众展示。

严格保护南唐、明代都城城墙和护城河。任何单位和个人不得破坏明代外郭城墙现存段落及整体走向，墙基两侧各划定三十米至五十米的公共绿地。经文物行政主管部门确定的明代都城城墙遗址上的建筑物、构筑物应当拆除。

明代都城城墙、城墙遗迹三十米范围内，不得新建建筑；三十米至五十米范围内新建建筑高度不得超过十二米。

第二十五条　鼓楼至北极阁、九华山，狮子山南至石头城、北至长江大桥，中华门南至雨花台、北至内桥，午朝门南至光华门、北至富贵山，神策门南至北极阁、东至小红山，玄武湖至紫金山等重要景观走廊内，应当按照保护规划要求控制新建建筑的高度和体量。

第二十六条　严格保护本市的自然山水环境风貌。保护宁镇山脉的三支余脉，即北支的栖霞山、乌龙山、幕府山和狮子山，中支的钟山、富贵山、九华山、鸡笼山、鼓楼岗、五台山和清凉山，南支的青龙山、黄龙山、牛首山和祖堂山等山体；保护秦淮河、金川河、历代护城河和玄武湖、莫愁湖等水体。不得随意开挖山体、砍伐树木，不得随意填埋、覆盖水体。

自然山水保护范围内的用地应当主要用于建设绿地，确需新建公共服务设施的，其高度、体量、风格、色彩等应当与自然、人文环境相协调，不符合保护规划的建筑物、构筑物和设施应当依法改造或者拆除。

第四章　历史建筑的保护

第二十七条　历史建筑的建筑立面、平面布局、院落、牌坊、树木等不得破坏，经批准改建、扩建的历史建筑，在高度、体量、风格、材料、色彩等方面应当与原有建筑相协调。

第二十八条　历史建筑应当原址保护。因公共利益需要无法实施原址保护，需要拆除或者迁移的，应当事先经专家委员会论证，由市、县城乡规划行政主管部门会同同级文物行政主管部门审核后，依法报省有关行政主管部门批准。

历史建筑拆除后，有条件的应当择地重建，或者在原址立碑，保留和传递历史信息。

第二十九条　历史建筑经有相应资质的鉴定单位鉴定为危房确需翻建的，应当按照原地、原高度、原外观的要求编制建设方案，需要利用地下空间的，应当与原历史建筑风貌保持一致，由所有人、使用人、管理人向市、县城乡规划行政主管部门提出书面申请。市、县城乡规划行政主管部门接到当事人申请后，应当组织专家委员会进行论证，并在受理之日起二十日内做出是否批准的决定。

第三十条　历史建筑的所有人应当按照保护要求使用、维护、修缮建筑。所有人、使用人、管理人对维护、修缮义务另有约定的，从其约定。转让、出租历史建筑，转让人、出租人应当将有关保护要求告知受让人、承租人。

对历史建筑进行外部修缮装饰、添加设施以及改变历史建筑的结构或者使用性质的，应当将维护、修缮等方案报市、县城乡规划行政主管部门会同同级文物、房产行政主管部门审核，再依法办理相关手续。

第三十一条　历史建筑的维护、修缮费用由所有人承担，所有人、使用人、管理人另有约定的，从其约定。

承担历史建筑维护、修缮费用确有困难的，所有人、使用人、管理人可以向所在的区、县房产行政主管部门申请补贴，由区、县房产行政主管部门报市房产行政主管部门批准。补贴费用从保护资金中列支。

所有权不明或者被政府代管的历史建筑，由市房产行政主管部门负责修缮。

第三十二条　历史建筑需要拆除、迁移、修缮并经批准，原有资料不全或者缺失的，建设单位应当委托有关单位对历史建筑进行测绘,测绘资料移交市、县房产行政主管部门保存。

第三十三条 禁止在历史建筑上设置户外广告。设置店招、标志等设施的,应当符合保护规划要求,不得损坏、破坏建筑本体,并与环境、景观相协调。

第三十四条 市、县房产行政主管部门应当建立历史建筑保护档案;尚未设置历史建筑保护标志牌的,应当统一设置;对历史建筑的使用和保护状况应当定期组织检查,其所有人、使用人、管理人应当配合检查并得到检查结果的书面通知。

任何单位和个人不得擅自设置、移动、涂改或者损毁历史建筑保护标志牌。

第三十五条 具有一定保护价值但尚未列入保护名录的建筑物、构筑物,由市、县城乡规划行政主管部门公布为规划控制建筑。规划控制建筑不得擅自拆除,确需拆除的,应当制定方案,经专家委员会论证后,由市城乡规划行政主管部门审核同意。

第五章　其他对象的保护

第三十六条 历史文化名镇名村、历史文化街区、历史风貌区、古镇古村应当实行整体保护,保持其传统格局、历史风貌和空间尺度,保护与其相互依存的自然景观和环境。

第三十七条 历史文化名镇名村、历史文化街区、历史风貌区、古镇古村的保护性更新改造应当按照经批准的建设工程设计方案有序组织实施。因保护性更新改造需要搬迁住户的,应当依照有关法律、法规的规定实施并予以补偿。

第三十八条 历史文化街区的核心保护范围内不得从事新建、扩建活动,但是新建、扩建必要的基础设施和公共服务设施除外。新建、扩建必要的基础设施和公共服务设施,应当符合保护规划确定的建设控制要求。

第三十九条 严格保护历史街巷的历史环境要素、传统格局和街巷的走向、名称。保持现存历史街巷的界面、空间尺度、传统风貌和环境特色。

历史街巷拓宽取直或者改向的,应当将原分段的街巷名称予以标示。

第四十条 汤山、薛城、石头城、长干里及越城等十五片地下文物重点保护区内,实施国有土地使用权出让或者划拨的,国土行政主管部门应当事先委托文物行政主管部门对出让或者划拨地块进行考古调查、勘探。发现重要遗迹遗址的,文物行政主管部门应当出具书面意见并告知国土行政主管部门。

第四十一条 工业企业或者工业遗产所有人、使用人或者管理人应当加强对工业遗产的保护和利用,配合工业遗产的调查、评估、认定、建档工作。在企业转产、改制或者拍卖、置换资产等过程中,应当保护工业遗产的式样、结构等历史特征。

第四十二条 对列入世界、国家、省、市非物质文化遗产名录的南京云锦、南京剪纸、南京金箔、金陵刻经印刷技艺、秦淮灯会等项目,市、区、县人民政府应当明确保护责任单位,落实保护责任,安排财政专项资金,用于非物质文化遗产的普查、征集、抢救、研究、传播、宣传教育等。

保护责任单位应当按照非物质文化遗产保护的相关规定履行保护义务。

第四十三条 对本市非物质文化遗产的代表性传承人,市、区、县人民政府应当通过提供必要的场所、资金等方式,鼓励、支持代表性传承人开展传承活动。

非物质文化遗产代表性传承人,应当发掘、收集、整理非物质文化遗产的珍贵资料,培养传承人,积极组织和参与相关展示、展演活动。

第六章　法律责任

第四十四条 违反本条例规定,国家机关及其工作人员有下列情形之一的,由市、区、县人民政府或者有关行政主管部门责令其改正，对直接负责的主管人员和其他直接责任人员，依法追究行政责任：

（一）未按照法定程序组织编制、修改保护规划和确定、调整保护名录的；

（二）未按照法定程序或者未按照保护规划的要求履行审批职责的；

（三）未依法对保护对象的保护状况实施监督检查，或者对经批准的保护对象的改造、利用情况监管不力的；

（四）未依法受理举报、控告和查处违法行为的；

（五）滥用职权、玩忽职守、徇私舞弊的；

（六）法律、法规规定的其他违法行为。

第四十五条　违反本条例规定，在城市建设和房地产开发中，破坏历史街巷的格局、违法拓宽历史街巷的，由市、县城乡规划行政主管部门责令其限期恢复原状或者采取其他补救措施；逾期不恢复原状或者不采取其他补救措施的，市、县城乡规划行政主管部门可以指定有能力的单位代为恢复原状或者采取其他补救措施，所需费用由违法者承担；造成严重后果的，对单位处以十万元以上五十万元以下的罚款，对个人处以一万元以上五万元以下的罚款；造成损失的，依法承担赔偿责任。

第四十六条　违反本条例规定，擅自设置、移动、涂改或者损毁历史建筑保护标志牌的，由市、县房产行政主管部门责令限期改正；逾期不改正的，处以二百元以上二千元以下的罚款。

第四十七条　违反本条例规定，在历史建筑上设置户外广告，设置店招、标志等外部设施不符合保护规划要求的，由城市管理行政执法部门责令限期改正或者恢复原状；逾期不改正的，对单位处以五千元以上五万元以下的罚款，对个人处以二百元以上二千元以下的罚款。

第七章　附　则

第四十八条　本条例自2010年12月1日起施行。

南京市传统产业升级计划

（市经信委2010年9月）

改革开放三十年来特别是“十五”以来，我市传统产业通过改革改制和兼并重组，特别是通过技术进步和技术改造，取得稳步较快发展。据统计，2009年冶金、纺织、建材、食品四大传统产业累计完成主营业务收入1475亿元，占全市规模以上工业总量的21.5%；拥有规模以上企业877家，占全市规模企业总数的24.92%；吸纳从业人员19.57万人，占全市规模以上企业从业人员总数的26.68%，在促进我市工业经济稳定发展、保障社会充分就业等方面发挥了重要作用。但从总体情况来看，我市传统产业企业规模偏小、技术创新能力薄弱、装备水平偏低、发展后劲不足。因此，加快传统产业的改造升级，提升市场竞争力已是刻不容缓。为贯彻落实省、市委加快转变经济发展方式工作会议精神，加快推进传统产业转型升级，增强产业核心竞争能力，在新一轮发展格局中把握主动权，现制订南京市传统产业升级计划。计划期是从现在起到2012年。

一、总体要求和升级思路

总体要求是：坚持以邓小平理论和“三个代表”重要思想为指导，深入贯彻落实科学发展观，围绕市委、市政府关于加快转变经济发展方式、推进经济转型升级的总体要求，坚持走新型工业化道路，以“调高调优调强”为基本取向，以优化结构、提档升级、实现可持续发展为基本目标，以“两化融合”、“千企升级”、技术改造、品牌战略、节能减排等为工作抓手，立足“三个发展”，突出创新驱动，促进我市传统产业实现产业结构向高端化转变、增长动力向创新化转变、发展模式向内涵集约化转变、产品竞争向品牌化转变，不断提高经济运行的质量和效益，努力构建南京传统产业竞争发展新优势。

升级思路是：冶金行业大力推进技术改造和技术升级项目，通过“两化融合”项目推动原始创新、集成创新和引进消化吸收再创新，促进关键工艺水平的大幅提升，围绕汽车、高铁、高层建筑、风电、船舶、家电、石化、机械、海洋工程等行业用钢，突出发展专用宽厚板、热（冷）轧薄板、镀锌板及超薄热带钢，打造船用板、管线板、汽车用棒线材等拳头产品。纺织行业重在提高工艺、技术和装备水平，提升高附加值产品比重。重点发展粘胶短纤、品牌服装、高档家纺产品以及汽车、造纸、环保等产业用纺织品。建材行业进一步优化资源配置，淘汰落后产能，着力引导重点企业向大型化、集团化、现代化发展。重点发展节能、环保、附加值高的新型建材产品。食品工业通过提升技术装备水平，加快产品升级换代进程，由一般食品加工向高端知名品牌发展，重点发展深加工、精加工和“名、优、特、新”产品。

二、发展目标

到2012年，冶金、纺织、建材、食品四大传统产业通过升级应达到以下五个目标：

（一）经济总量：四大传统产业累计主营收入达2400亿元，年均增长15%以上，比2009年净增925亿元。四大传统产业新增规模以上企业300家，规模以上企业数达1200家。

（二）发展后劲：实施一批重点技改项目，三年累计完成技术改造投入1000亿元以上。重点骨干企业主要装备达到国内先进水平，关键装备达到国际先进水平。

（三）自主创新：企业研发经费投入占工业销售收入的比重达2%以上。工业企业新产品产值率达13%以上。新增企业技术中心20家，其中省级3家。

（四）品牌建设：创成市级以上品牌企业100家，其中，省级以上名牌产品达到12个，中国驰名商标达到10个。

（五）节能减排：冶金、建材等重点行业节能降耗达国内同行业先进水平，建成一批循环经济示范园区和企业，资源节约、清洁生产水平进一步提高。

三、重点任务

围绕市委、市政府提出的“四个转变”、“六个提速”的总体要求，以“五个强化”为工作抓手，全力推进我市传统产业改造提升、转型发展。

（一）强化“两化融合”，以信息技术促进传统产业改造升级。以南京作为国家级工业化和信息化融合实验区为契机，加快以信息技术改造和提升传统产业的步伐。重点围绕产品数字化、设计智能化、过程自动化、系统集成化、管理信息化、商务电子化等企业信息化建设6大关键环节，每年组织实施100个企业重点信息化项目，同时加快推进一批关键龙头项目，对传统产业进行改造升级，推进产业向高端化、品牌化发展。一是加快信息技术推广应用。推进企业重点运用信息化技术，针对传统优势产业发展中的薄弱环节，进行改造升级。推广应用协同管理设计、工业服务分离、安全节能监测、商务电子交易、数据开发共享等6类综合信息化服务模式。推进企业实施财务管理、PLM产品生命周期管理、计算机辅助设计（CAD）、计算机辅助制造（CAM）、计算机辅助工艺（CAPP）、产品数据管理（PDM）、供应链管理（SCM）、客户关系管理（CRM）、企业资源计划管理（ERP）、制造执行系统（MES）、能源管控系统（EMS）、物流管理系统（LES）、电子商务、商业智能（BI）、质量分析等重点信息化项目建设，并采取资金补助等措施，强力推进100～200家企业实施ERP信息化。二是着力发展工业软件，培育一批为传统产业服务的软件开发商。推广供应链管理，加快传统产业与物流业对接，实现互动发展。加快第三方信息化服务平台建设，力争三年内建成“中小企业ERP服务平台”、“能源消费在线管理平台”等4大服务平台，为传统产业企业提供精细化管理、软件、信息、专业咨询等服务。

（二）强化“千企升级”，以科技创新促进传统产业改造升级。从2010年起，用三年时间，在全市启动实施“千企升级”创新计划，围绕“上规模、上速度、上水平、铸品牌”，加快培育创新型龙头骨干企业集群，支撑传统产业的转型发展，确保三年内千家企业实现规模升级、技术升级、管理升级和绿色升级。一是要着力搭建企业创新平台。以企业研究生工作站、企业博士工作站、企业院士工作站和企业技术中心“三站一中心”载体建设为重点，引导高层次创新创业人才走进企业开展自主创新、转化科技成果。全市力争三年内新增市级及以上企业技术中心100家，其中传统产业领域力争新增20家。二是培育成长型科技企业。着力培育一批包含传统产业领域在内的规模成长快、经济效益优、科技含量高、体制机制新、发展后劲足的成长型科技企业。每年评选表彰100家成长型科技企业，给予奖励。三是鼓励企业技术开发。以“千企升级”计划为抓手，推进企业不断提高研究开发经费投入占企业销售规模的比例，保证持续、充足的科技研发费的投入。全面实施自主知识产权战略。支持企业大力开发自主知识产权新产品和新技术，针对全市经济发展具有重大带动作用的技术瓶颈问题，以及符合产业导向的关键性、战略性技术与产品，集中攻关，重点突破。鼓励企业成为技术标准制定的牵头单位，引导、扶持企业积极参与国际标准、国家标准、行业标准的制定。2012年，企业研究与发展活动经费支出占生产总值的比重提高0.3个百分点以上。

（三）强化技术改造，以增量投入促进传统产业改造升级。未来三年，全市将调动各方面的积极因素，大力推进企业技术改造。一是支持和鼓励企业加大增量投入。充分发挥财政资金导向作用，引导社会资金围绕创新能力建设、技术装备升级、品牌质量提升、降低资源能源消耗、减少污染排放、提高规模效益等重点，实施大规模技术改造，推动冶金、纺织、建材、食品等传统产业向制造业高端攀升，向研发设计、营销服务等高附加值环节延伸，形成“微笑曲线”，促进传统产业技术上台阶、产品创品牌、制造绿色化、规模增效益。二是推进和突破一批高端化项目。以专用宽厚板、冷轧宽带、再生纤维素、环锭纺、新型建材等重点技改项目以及溧水食品特色园区建设为龙头，带动传统产业向特色集群化发展，推动产业能级的明显提升。要结合“十二五”规划的实施，储备和实施一批传统产业升级技术改造项目，培育传统产业新的经济增长点。加强项目动态跟踪管理，实现前期储备一批、建设实施一批、竣工达产一批的良性循环。未来三年，全市工业投入累计要突破 5800 亿元，年均增长 20% 以上，其中冶金、纺织、建材、食品四大传统产业累计投入要突破 1000 亿元，以增量投入和高端项目，带动和推进传统产业的改造和升级。

（四）强化品牌经营，以品牌战略促进传统产业改造升级。以推进传统产业向品牌化方向发展为目标，鼓励企业进一步强化品牌意识和商标意识，不断提高品牌产品市场占有率，增强品牌经济在传统产业中的比重。一是组织实施质量攻关项目。围绕国家和省重点名牌产品，鼓励引导企业运用先进工艺技术装备提高产品性能和质量稳定性，运用信息技术促进产品智能化、数字化和网络化，提升产品技术附加值，培育知名品牌。深入实施质量振兴和标准化战略，引导企业开展 QC（质量管理）小组活动，不断完善质量管理、标准化、计量检测和质量信用体系，大力推广国内外先进管理模式和国际标准、国家标准。二是加大知识产权保护力度。支持企业积极注册国内外商标，加强对承接定牌加工业务和贴牌经营企业商标知识产权的跟踪服务。开展纺织、食品等行业诚信企业创建活动，大力提升企业信用水平。三是强化品牌经营。支持和鼓励南钢、新一棉、海尔曼斯、雨润、卫岗等品牌企业，建立现代营销体系，着力提高知名品牌国内外市场占有率和知名度、美誉度，促进企业由生产制造向营销服务延伸，从产品经营向品牌经营扩展。支持企业积极运用电子商务等新型商业模式，鼓励有条件的企业收购、兼并、参股国际品牌和营销网络。组织知名企业、知名品牌产品参加国际国内大型展览展销会，增强传统产业品牌产品在国际国内两个市场的影响力。未来三年，全市要创成市级以上品牌企业 500 家，其中传统产业领域达 100 家以上；创成省级以上名牌产品 60 个，其中传统产业领域达 12 个以上；创成中国驰名商标 50 个，其中传统产业领域达 10 个以上，由市政府予以奖励。

（五）强化绿色制造，以节能减排促进传统产业改造升级。以节能减排和淘汰落后生产能力作为传统产业改造升级的重要环节，加大刚性调控力度，推进传统产业绿色化发展。一是加快推进节能减排改造。围绕锅炉（窑炉）改造、余热余压利用、电机系统节能、节约和替代石油、能量系统优化等重点环节，在传统产业领域加快实施一批节能减排重点工程。推动大型钢铁、水泥企业建设集能源生产、输配和消耗管控一体化的动态监控和管理中心，提高二次能源利用率。二是积极发展循环经济。冶金行业要全面推行高炉转炉焦炉煤气综合利用、高炉炉顶压差发电、干法熄焦、熔融还原炼铁和废水零排放技术；建材行业要大力发展综合利用建筑渣土、生活污染和工业固体废物的水泥、新型墙体材料，构建绿色建材产业体系；纺织和食品行业要着力运用清洁生产工艺和技术，推进废水、废液、废渣的资源化和循环利用。全面推行清洁生产审核和达标创建工作，树立一批示范园区和企业。三是加快淘汰落后产能。充分发挥市场约束和资源约束倒逼机制作用，促使企业加快淘汰落后产能，带动传统产业升级。结合南京实际，重点抓好小水泥、小化工、印染、皮革、酿造等行业的专项整治行动，依法坚决关停能耗高、污染重、安全隐患多的企业，加快淘汰落后技术装备和产品。同时严把投资项目节能审查和环评关，未按相关规定进行节能审查、环评的项目，一律不得审批，不得动工兴建。

四、保障措施

（一）加强组织引导。市政府建立推进传统产业升级工作联席会议制度，对产业升级工作进行统筹协调，研究制订年度目标，协调解决重大事项，推进落实重大项目，组织开展督查考核，确保关键措施落实和目标任务完成。联席会议由分管副市长牵头，市发改委、经信委、投促委、科委、统计局、国土局、规划局、环保局等部门领导参与。联席会议办公室设在市经济和信息化委员会。

（二）落实配套政策。认真落实国家、省和市促进产业升级的各项优惠政策。加大增值税转型、引进进口设备减免关税、企业研究开发费用加计扣除、节能减排和高新技术企业税收优惠等政策的落实力度。统筹安排使用市级相关专项引导资金，加大对传统产业技术创新、技术改造、品牌创建、“两化融合”、节能减排等重点项目的支持力度。对列入市传统产业升级计划的重点项目，积极帮助申报争取省及国家各类相关专项资金支持。

（三）实施人才战略。确立人才优先理念，制订切实可行的政策措施，着力建设适应传统产业升级需要的人才队伍，以各级各类高素质人才引领、支撑传统产业转型升级。面向国内外两种资源，重点引进一批掌握行业核心技术、具有世界前沿水平的科技型领军人物和高层次经营管理人才；利用现有产业基础与研发平台，培养集聚一批科技骨干力量；完善职业教育体系和在岗技能培训制度，造就一批重点工种、重点工艺的高技能一线员工；充分发挥我市科教资源优势和行业协会作用，建立行业专家库，整合、调动方方面面智力技能为传统产业升级服务。

（四）优化服务环境。加强传统产业升级的监测分析，及时发布产业升级指导信息。进一步深化银企合作机制，鼓励企业吸引风险投资（VC）、私募基金（PF）参与战略投资，对吸纳VC/PE投资的项目，凡符合我市传统产业改造升级方向的，在项目核准、土地供给、优惠政策等方面给予优先支持，以优质的转型升级重点项目吸引现有各类基金和社会资金投向传统产业，扩大优势企业、品牌产品的融资规模。鼓励优质企业上市直接融资。进一步规范涉企收费和行政执法行为，切实减轻企业负担。加强煤电油运科学调度，为传统产业升级创造良好条件。发挥行业协会作用，为传统产业升级提供便利、高效的服务。

南京市政府关于扶持中小企业发展的若干意见

宁政发〔2009〕9号

一、减负让利、扶忧帮困

1.减免相关行政事业性收费。对失业人员、大中专毕业生创立的中小企业、当年吸纳下岗失业人员或者安置残疾人员达到国家规定比例的中小企业、符合国家支持和鼓励发展政策的高新技术中小企业,减免有关行政事业性收费,对初创中小企业减免登记注册费用。

2.落实商贸和工业企业水、电、气价格并轨的政策。为进一步支持商贸企业的发展,有效降低经营成本,要抓紧落实市政府已经出台的工商企业水、电、气价格并轨的政策。

3.落实中小企业所得税优惠税率。对符合下列条件的中小企业从事国家非限制和禁止行业,一律减按20%的税率征收企业所得税:工业企业,年度应纳税所得额不超过30万元,从业人员不超过100人,资产总额不超过3000万元;其他企业,年度应纳税所得额不超过30万元,从业人员不超过80人,资产总额不超过1000万元。

4.落实小规模纳税人增值税征收率降低政策。自2009年1月1日起,将原小规模工业企业6%、小规模商业企业4%的增值税征收率统一降为3%。

5.落实缓缴税款政策。对按期缴纳税款确有困难的中小企业,符合税法规定条件的,可由纳税人提出申请,经税务机关审核批准,可以延期缴纳税款,但延期缴纳期限最长不得超过3个月。缓缴期间免收滞纳金。

6.鼓励为安置就业创办中小企业。对符合条件的商贸企业、服务型企业等,在新增加的岗位中,当年新招用持《再就业优惠证》人员,与其签订1年以上期限劳动合同并依法缴纳社会保险费的,在2006年1月1日至2008年12月31日期间,经税务部门审核批准,在3年内按实际招用人数每人每年定额依次减免营业税、城市维护建设税、教育费附加和企业所得税4800元,到2008年12月31日前执行未到期的,可继续享受至3年期满为止。

7.为扩大就业提供融资支持。鼓励银行对吸收下岗失业人员的小企业加大信贷支持,对经劳动保障部门认定的下岗失业人员合伙经营和组织起来就业的小企业,可按贷款最高50万元给予财政贴息;当年新招用下岗失业人员达到企业现有在职职工总数30%以上,并与其签订1年以上期限劳动合同的劳动密集型小企业,吸纳符合就业政策小额担保贷款申请条件人员,并与其签订1年以上期限劳动合同的劳动密集型小企业,可按贷款最高100万元给予财政贴息。上述两类企业须在按期还本付息后,由财政部门按最高不超过上述规定的贷款额的50%贴息。

8.适度降低新增退休人员社会化管理服务费标准。中小企业新增退休人员,社会化管理服务费标准由每人1500元降至1000元,期限延续到2009年底。

9.指导企业合理制定工时制度。根据企业实际情况,指导企业因企制宜制定工时制度,在符合基本条件、方案切实可行、劳动者权益又能得到充分维护的前提下,简化审批程序,按照企业注册地,实施属地化审批,为企业提供就近便捷的服务。

二、开拓市场、扩大需求

10. 鼓励中小企业开展和参加各种有针对性的市场推介活动。对在南京组织举办有影响力的制造业展会企业，按《南京市会展发展专项资金使用管理暂行办法》的有关规定，给予一定的补助或奖励；对企业参加国内外有影响力的专业展及品牌会、省市政府组织参加的重要展会等，按不重复享受的原则，对参展企业按展位费的一定比例给予补助。

11. 鼓励和支持企业开拓国内市场。一是在技术、服务等指标均满足采购需求的前提下，各级政府采购单位要优先采购我市列入国家、省《政府采购清单（目录）》的节能环保、自主创新和无线局域网产品，在采购招标中给予一定幅度的价格扣除或技术加分。二是建立激励自主创新的政府首购、订购制度。凡我市列入国家《政府采购自主创新产品目录》的首购产品，可逐步实行政府首购；由政府出资或立项研究开发的重大创新产品、技术和软科学研究课题，可逐步实行政府订购。三是大力扶持我市首次投放市场的自主创新产品。对我市企业生产或研发的首次投放市场、具有较大市场潜力、需要重点扶持的自主创新产品，在市重大建设项目和企业重点技术改造项目招投标中，以及示范工程应用推广中要给予大力支持。

12. 鼓励和支持企业开拓国际市场。一是积极争取国内外知名展会展位，开展扶持外贸企业发展系列活动，举办外贸产品展销会。二是鼓励企业加入“江苏省国际电子商务平台”，对首次加入的企业实际承担的费用给予适当资助。三是开展出口退税质押贷款业务。按照出口企业已申报退税额，由国税部门提供证明，银行提供不低于90%的贷款。对实际发生的贷款利息给予20%的资助。四是开展出口信用保险保单质押贷款业务。按照出口企业出口保单数额，由信保公司出具证明，银行提供不低于90%的贷款，对企业实际发生的利息给予20%的资助。

13. 强化出口退税支持。贯彻国家出口退税政策，促进企业扩大出口。贯彻落实国家提高纺织品、服装等产品出口退税率的政策，并结合南京外贸出口的实际情况，将各项支持出口的有关政策尤其是国家发展循环经济和保护资源、能源的出口退税政策及时兑现到出口企业。配合国家“走出去”战略和产业结构调整方向，落实对外承包工程出口、援外物资出口、境外投资出口、对外修理修配货物出口、中标机电产品退税等专项出口退税政策。

14. 加强农村市场开拓。“家电下乡”的中标流通企业及其授权的网点可销售指定的家电产品。对符合条件的承办“千村百镇商业网点便利工程”（原万村千乡市场工程）的企业和经销网点，给予财政补贴。

三、扶持创业、放宽准入

15. 完善服务体系。各区县要建立中小企业服务中心，抓紧培育核心骨干服务机构，动员和整合社会资源，为中小企业发展提供服务，形成功能健全的中小企业社会化服务体系。

16. 支持创办中小软件企业。新办中小型软件生产企业经认定后，自开始获利年度起，第一年和第二年免征企业所得税，第三年至第五年减半征收企业所得税。对国家规划布局内的重点软件生产企业，如当年未享受免税优惠的，减按10%的税率征收企业所得税。

17. 扶持创办中小高新技术企业。对新办的国家需重点扶持的中小型高新技术企业，减按15%的税率征收企业所得税。

18. 鼓励为安置残疾人创办中小企业。对安置残疾人的单位，按单位实际安置残疾人的人数，给予每人每年最高3.5万元即征即退增值税或减征营业税的照顾。单位支付给残疾人的实际工资可在企业所得税前据实扣除，并可按支付给残疾人实际工资的100%加计扣除。

19. 加强创业载体建设。各区县要把工业园区建设和中小企业创业基地建设结合起来，为初创期的中小企业发展提供载体和空间。除积极盘活土地存量，通过改造利用闲置场地、厂房建设创业基地外，各园区要安排一定的区域，建设标准厂房，作为中小企业的创业孵化基地，并鼓励金融和担保机构以及社会资本参与园区的基础设施建设。各区县政府和市有关部门，做好提升园区和创业基地建设发展水平的各项服务工作。

20. 进一步放宽放开经营领域。一是按照“非禁即入”原则办理市场主体准入登记，凡法律、行政法规和国务院决定未禁止或限制的行业，均允许企业平等进入。对不需要取得前置许可的经营项目，只要符合国家规定的企业设立法定条件的，均允许登记。任何部门不得超越法律、行政法规之外，另行设立前置审批条件。二是支持自然人与企业法人出资设立产业投资公司和创业风险投资公司等投资公司。三是支持企业以独资、参股、控股、合作等方式，进行旅游资源开发建设。有关部门可将投资权、建设权和经营权一并授予符合特许经营资格的企业。四是支持企业投资参股兴办影视制作发行放映、演艺、娱乐、体育经营等文化体育企业，符合国家税收规定的，享受相关税收优惠政策。五是支持服务外包、综合商社、国际物流、非金融租赁等新兴产业、新兴业态发展。六是支持企业兴办医疗机构，多渠道发展医疗卫生事业，扩大医疗卫生服务供给。

21. 进一步放宽市场准入条件。一是放宽投资限制，允许投资人以其持有的其他公司的股权，向有限公司和股份公司出资。二是放宽非货币财产出资方式。允许以股权等可以用货币估价并可以依法转让的非货币资产作价出资；放宽非货币出资比例限制，非货币财产出资比例最高可达公司注册资本的70%。公司增加注册资本时，新增注册资本中的非货币财产出资比例可以不受限制。三是积极探索土地使用权入股的改革。支持发展专业大户、家庭农场、农民专业合作社等规模经营主体，培育农民新型合作组织，发展各种农业社会化服务组织，允许农民以土地承包经营权作为对合作社的投资，着力提高组织化程度。

四、强化融资、加大投入

22. 加大对中小企业的有效信贷投入。加大金融支持中小企业发展的力度，引导商业银行用足用活金融支持中小企业发展的各项优惠政策；综合运用再贴现、准备金管理等多种货币政策工具引导金融机构增加对中小企业的信贷投放。

23. 加强中小企业金融服务机构建设。各金融机构要建立专门为中小企业提供金融服务的部门和机构；要进一步增加为中小企业服务的基层网点，下放权限；要进一步加强激励机制，将开拓中小企业客户情况纳入客户经理、分支行的绩效考核体系；要进一步完善信贷人员尽职免责制度，适度提高对中小企业信贷风险的许可度。

24. 推进中小企业金融产品创新。金融机构要大力推进金融创新，努力为中小企业量身定做信贷新品，要大力推广“速贷通”、“成长之路”等信贷产品，大力发展保理、保函、保兑、信托理财、贸易融资等表外融资业务；要积极试办股权质押、知识产权质押、水域使用权抵押、集体土地抵押等新型贷款业务，进一步扩大仓单质押、存货抵质押、林权抵质押、应收账款抵质押等贷款业务的应用范围；要鼓励和支持中小企业依托大型企业的产业链，有效运用贸易融资、产业链融资、商业承兑汇票等多种融资方式。

25. 积极试办中小企业联保贷款业务。依托行业协会、企业共同体、农村经济合作组织，组织一定数量的中小企业按照“自愿组合、风险共担”的方式组成联保体，约定联保责任，明确分保额度，由金融机构对联保体实行综合授信；积极探索小企业法人代表或大股东个人资产连带责任担保、联户担保、经济联合体担保等多种新型保证方式。

26. 加大中小企业信用担保的政策扶持力度。2009年，对担保机构保费补贴标准提高到1.5%，对新增和创新型企业担保业务保费补贴提高到2%。对担保机构通过创新为中小企业提供融资服务的业务全部纳入政策扶持范围，并予以相应比例的补贴。加大对担保机构的代偿损失补偿，担保机构为中小企业融资担保发生代偿损失的，对其实际损失额给予20%的补偿，对创新类项目代偿损失给予30%的补偿。引导各区县设立股份多元化的担保公司，市级担保资金给予最高20%比例的配套补助。组建再担保公司，为中小企业担保公司进行联保和分保，分担风险。抓紧组织实施全省"百亿元中小企业担保贷款项目"。

27. 加快农民专业合作组织担保体系建设。市政府每年安排1000万元专项资金，对为农民专业合作组织提供担保服务的担保机构予以4%的保费补贴，并对符合市"五有"规范要求的农民专业合作组织扩大再生产贷款予以80%的贴息，积极缓解农民专业合作社融资和发展瓶颈。

28. 加快设立私募股权投资基金。按照国家发改委产业投资基金和即将出台的股权投资基金管理办法要求，积极推动私募基金的设立，加快设立股权投资基金，为全市中小企业提供直接股权融资。

29. 稳步扩大小额贷款公司试点。在涉农区县开展农村小额贷款组织试点的基础上，逐步将中心城区纳入试点范围，形成小额贷款公司对各区县的全覆盖。适时增加各区县小额贷款公司数量，积极稳妥地推进村镇、社区银行和农村资金互助社等新型金融机构的设立。

30. 拓宽信贷担保渠道。积极支持各金融机构尝试开办以自有动产、有价证券、专利权、注册商标等资产作抵（质）押的贷款业务。国土、工商、房产、评估、公证等部门和机构对在以各种物权进行抵押的资产评估中，要降低收费标准，提供便捷高效的登记服务。

31. 加大金融支持中小企业发展奖励力度。进一步完善金融对经济社会发展的考核激励机制，重点突出对金融机构中小企业信贷业务的考核，并加大奖励力度。

32. 加强财税金融的配合。符合备案管理条件且经过备案的创业投资企业，采取股权投资方式投资于未上市的中小高新技术企业2年以上的，经相关部门核准后，可以按照其投资额的70%抵扣该创业投资企业的应纳税所得额，当年不足抵扣的，可以在以后纳税年度结转抵扣；农村小额贷款组织在试点期间提供金融保险业劳务的营业税税率，参照农村信用社改革试点期间的政策执行；对拟进入代办股份转让试点的中小型高新技术企业，做好税收政策辅导工作，妥善解决试点工作中的问题。

33. 加大资金扶持力度。各区县从2009年起，均应按照《中华人民共和国中小企业促进法》和《江苏省中小企业促进条例》的规定，建立扶持中小企业发展的专项资金，主要用于支持中小企业技术创新、产业集群、信用担保、创业基地和公共服务平台建设等。

34. 鼓励中小企业加大对重点产品和重点技术、工艺上取得重大突破的建设项目投入。对经核准备案并新增投资超过5000万元以上的项目，予以优先申报国家和省级各类专项资金的项目资助；对没有获得国家和省级项目资助的，由市财政按其项目实施情况和实施进度，给予10%～30%的项目贷款贴息补助，最高补助额不超过200万元。

35. 鼓励有条件的中小企业通过行业内并购方式，提高经营规模和盘活区内其他企业的闲置生产能力。对并购规模超过5000万元的，并购期间所用的流动资金贷款，给予不超过1年的贷款贴息支持，贷款贴息额最多不超过200万元。

五、激励创新、优化发展

36. 组织实施"南京市软件企业上市培育专项计划"。积极培育软件企业上市后备资源，鼓励、引导和支持软件企业通过上市融资，实现品牌化、规模化发展，促进软件企业提升发展质量、发展规模和品牌效应。对培育的企业在列入上市重点培育计划、进入尽职调查并制定出发行上市方案、发行上市申请被证监会正式受理、上市企业并购中小软件企业等四个阶段分别给予30万元、80万元、80

万元和不高于 30 万元的资助和奖励。

37. 扶持科技孵化器的发展。国家及省认定的高新技术创业服务中心、大学科技园、软件园、留学生创业园等科技企业孵化器，自认定之日起，暂免征营业税、房产税和城镇土地使用税。

38. 鼓励中小企业技术开发。对单位和个人从事技术开发业务和与之相关的技术咨询、技术服务业务取得的收入，免征营业税。企业为开发新技术、新产品、新工艺发生的研究开发费用，未形成无形资产计入当期损益的，在按照规定据实扣除的基础上，按照研究开发费用的 50% 加计扣除；形成无形资产的，按照无形资产成本的 150% 摊销。

39. 鼓励中小企业技术转让。对单位和个人从事技术转让和与之相关的技术咨询、技术服务取得的收入，免征营业税。中小企业进行技术转让所得，一个纳税年度内，其技术转让所得不超过 500 万元的部分，免征企业所得税；超过 500 万元的部分，减半征收企业所得税。

40. 鼓励中小企业更新改造。凡在我国境内投资于符合国家产业政策的技术改造项目的企业，企业购置并实际使用《环境保护专用设备企业所得税优惠目录》、《节能节水专用设备企业所得税优惠目录》和《安全生产专用设备企业所得税优惠目录》规定的环境保护、节能节水、安全生产等专用设备的，该专用设备的投资额的 10% 可以从企业当年的应纳税额中抵免；当年不足抵免的，可以在以后 5 个纳税年度结转抵免。

41. 落实高新技术企业税收优惠政策。对已认定的高新技术企业，及时按 15% 的税率办理税款预缴。

42. 抢抓扩大内需机遇，积极争取中央和省投资。按照抓机遇、促转型的要求，重点支持自主创新和结构调整类项目，积极申报和争取中央和省专项扶持资金的支持，加快科技型中小企业的发展。

南京市政府关于贯彻住建部等部委宏观调控政策促进我市房地产市场持续健康发展的意见

宁政发〔2010〕196 号

为坚决贯彻落实《国务院关于坚决遏制部分城市房价过快上涨的通知》（国发〔2010〕10 号）精神，深化房地产市场调控，遏制房价过快上涨，促进我市房地产市场持续健康发展，根据近期住建部、国土部、财政部、税务总局、人民银行等有关部委文件规定，结合我市房地产市场发展实际，提出以下贯彻意见。

一、加快保障房、普通商品住房建设

强化住房用地和住房建设管理，确保保障性住房、危旧房改造和中小套型普通商品住房用地，市国土、规划、住建等部门要加快保障性住房、普通商品住房等项目行政审批，加快住房项目的供地、建设、上市。制定出台公共租赁住房（含人才公寓）建设管理办法，保质保量完成今年保障性住房开、竣工任务；继续推进旧住宅区整治出新、危旧房片区（工矿区、棚户区）改造，多渠道改善人民群众居住条件。

二、严格执行差别化住房信贷政策

各商业银行暂停发放居民家庭购买第三套及以上住房贷款；对不能提供一年以上当地纳税证明或社会保险缴纳证明的非本地居民暂停发放贷款。对贷款购买商品住房，首付款比例调整到 30% 及以上；对贷款购买第二套住房的家庭，严格执行首付款比例不低于 50%、贷款利率不低于基准利率 1.1 倍的规定。各商业银行要加强对消费性贷款的管理，禁止用于购买住房。

三、调整房地产交易环节契税、个人所得税有关优惠政策

自 2010 年 10 月 1 日起，对个人购买普通住房，且该住房属于家庭（包括购房人、配偶以及未成年子女）唯一住房的，减半征收契税；对个人购买 90 平方米及以下普通住房，且该住房属于家庭唯一住房的，减按 1% 税率征收契税；个人购买的普通住房，凡不符合上述规定的，不得享受上述优惠政策，一律按 3% 税率征收契税。对出售自有住房并在 1 年内重新购房的纳税人不再减免个人所得税。自 2010 年 10 月 20 日起停止执行我市的自住改善型购房补贴政策。

四、保障居民自住改善型需求，严控投机炒房

保障本市居民自住改善型和外地来宁工作需要购房。暂时限制购买第三套住房。严控投机炒房，对违反上述规定、不能提供相关证明的，银行不予贷款，房地产登记机构不予办理权属登记。

五、进一步明确责任，加强房地产市场监管

继续加强商品住房预售许可管理，进一步完善预售资金监管办法。新建商品住房上市必须明码标价、“一套一标”；申领预售许可证必须申报价格，申报价格3个月内不得调高，3个月后需要调高的必须重新申报。对定价明显高于周边房价水平的房地产开发项目要加强土地增值税清算和稽查。市宣传、发改、住建、国土、规划、财政、税收、物价等部门要进一步明确调控职责，加强市场监管，切实落实房地产市场调控政策。

江宁区、浦口区、六合区政府按上述意见做好辖区内调控政策的贯彻落实工作。溧水县、高淳县参照本意见执行。

南京市政府关于盘活存量土地资源促进土地开发利用的意见

宁政发〔2010〕80号

近年来，随着我市经济社会快速发展，建设用地的供需矛盾日益突出，可利用土地尤其是土地后备资源不足，但同时全市范围内仍不同程度地存在土地闲置浪费和低效利用现象。为充分盘活全市存量土地资源，提高土地利用效率，保障“三个发展”用地需求，根据国家有关文件精神，结合实际，现提出我市盘活存量土地资源意见如下：

一、统一思想，提高认识，充分重视盘活存量土地的重要性和必要性

自2004年以来，国家不断加大土地宏观调控力度，严格控制新增建设用地规模，下达的新增建设用地指标逐年减少，并加强建设用地的批后监管；同时，随着我市新型工业化和城市化的加速推进，建设用地量不足已成为制约我市经济社会发展的瓶颈。全市各级政府、各有关部门要充分认识盘活存量土地资源的重要性和紧迫性，切实增强责任感和紧迫感，立足于内涵挖潜、节约集约用地，大力提高土地利用效率，为全市经济社会全面协调可持续发展提供长久的用地保障。

二、摸清情况，明确措施，加快土地批后各项手续推进工作

（一）各区县、各开发区要精心组织开展存量土地调查；国土部门要加大建设项目批后跟踪管理力度，在各区县、各开发区调查摸底的基础上，建立全市存量土地调查统计制度，全面摸清全市批而未征、征而未供、供而未用、低效利用的存量土地数量、分布情况。

（二）各区县、各开发区要认真分析土地闲置、低效利用的原因，研究制定具有针对性的处理办法，并积极落实各项盘活措施，确保盘活存量土地工作取得实效。

（三）各区县、各开发区要根据国土管理的规定和要求，加快项目推进，加大征地批后实施力度，确保在征地批准后六个月内完成批后实施，在批后实施完成后三个月内完成供地手续。发改、规划、环保、国土等部门要进一步精简审批程序，加快项目用地相关审批手续的办理速度。对已建成的道路等基础设施项目及征地报批前已完成补偿的项目，各区县、各开发区要加快完善批后实施和供地手续。

（四）建立全市存量土地处置通报制度。市国土部门要定期将存量土地的分布及处置进展情况通报各区县、各开发区，督促相关区县、开发区加快存量土地盘活，促进土地早日利用。

三、规范操作，分类推进，切实调整盘活存量土地资源

（一）加大批而未用土地调整盘活力度。对依法批准的农用地转用和土地征收因城市建设规划调整或其他原因造成原批准地块不能使用、原地类状况未发生改变的土地，各区县、各开发区要尽快申请调整盘活，按照省国土资源厅《关于印发〈关于调整盘活批而未用土地的意见〉的通知》（苏国土资发〔2005〕242号）要求具体执行。

（二）适当放宽存量工业用地转让条件。因项目调整等原因确需转让工业用地的，在取得开发区管委会书面同意后，可不受土地出让合同约定转让条件的限制进行转让，开发区管委会或其经营实体享有优先回购权。

（三）鼓励工业企业在符合城市规划且不改变工业用地性质的前提下，利用自有土地重建、改建、扩建厂房，涉及容积率提高的，除生产研发用地外，不需补交土地出让金。生产研发用地如提高容积率，应按市场评估价补交相应的土地出让金。

（四）已出让的工业用地，因项目调整、企业无力开发等企业自身原因不再使用土地的，在履行审批手续后由政府（开发区）协议收回，可不再作为闲置土地进行处置。

（五）对认定为闲置土地的地块，严格按规定进行处置。其中：闲置满一年以上未满二年的，按出让地价的20%征收土地闲置费，并限期开工建设；闲置满二年以上的，原则上无偿收回，如用地单位确有继续开发意向，并已落实开发资金的，可在按出让地价的20%征收土地闲置费的前提下，限期开工建设，逾期仍未开工建设的，依法无偿收回。

四、加大宣传，加强监管，全力营造良好的用地环境

（一）各级政府、各开发区及国土部门要加大政策宣传力度，让全社会了解土地管理相关政策和规定，充分认识盘活存量土地的重要性，关心、支持和参与存量土地盘活工作。

（二）各级政府、各开发区要加大协调力度，对非用地单位自身原因造成闲置的土地，主动帮助用地单位解决影响项目开工的矛盾，协调解决规划、拆迁、抵押、招商等环节中存在的问题，加快土地开发利用。

（三）加大信息公示力度。国土部门要按规定将建设用地批准信息及时在相关媒体进行公示，加强社会监督。对一些长期闲置没有处理的闲置土地，要公开挂牌督办，限期处理。

五、加强领导，明确任务，强化目标责任考核

（一）工作步骤。

第一阶段：调查摸底阶段（2010 年 5 月 31 日前），各区县、各开发区完成存量土地资源的清查工作，摸清存量土地的总量、分布，闲置原因等。

第二阶段：盘活处置阶段（6 月 1 日～11 月 30 日），各区县、各开发区根据本意见有关措施，完成存量土地盘活和闲置土地处置工作。

第三阶段：检查考核阶段（12 月 1 日～12 月 31 日），市政府将对各区县、开发区存量土地盘活工作进行责任考核。

（二）各区县、各开发区对本辖区内存量土地盘活工作负总责，市、区各相关部门要在职责范围内各负其责，恪尽职守，共同做好全市盘活存量土地资源工作。

今后，各类新建项目要优先使用存量土地。各级政府、开发区内的存量土地利用率不得低于60%，上年度征转用地报批项目批后实施完成率不低于80%，所有完成批后实施的土地供地率（储备土地除外）不低于85%，闲置土地处置率不低于80%。对达不到上述标准的区县、开发区，国土部门可暂停办理征地报批及供地手续。

（三）建立闲置土地处置联动机制。对认定为闲置土地的地块，发改、住建、规划、国土等部门要停止办理各项手续审批，待闲置土地处置完毕后方可按规定办理各项审批手续。被认定有闲置土地的土地使用权人，在闲置土地未依法处置完毕前，不得再申请新建项目用地，也不得再参与土地“招拍挂”出让活动。

（四）建立新增建设用地指标和闲置土地处置适度挂钩机制，对批而未供土地（储备土地除外）的数量以及工业用地闲置土地数量较多的区县、开发区，要适量扣减新增建设用地指标，用于奖励土地利用效率较高的区县或开发区。

南京市关于改善农民工居住条件的指导意见

为改善农民工在城市务工期间的居住条件，进一步扩大内需、推进保障性安居工程建设，根据《国务院关于解决城市低收入家庭住房困难的若干意见》（国发〔2007〕24 号）、《建设部、发展改革委、财政部、劳动保障部关于印发〈关于改善农民工居住条件的指导意见〉的通知》（建住发〔2007〕276 号）、《江苏省人民政府关于解决城市低收入家庭住房困难的实施意见》（苏政发〔2008〕44 号）文件精神，结合我市实际，提出指导意见如下：

一、基本原则

（一）政府引导，明确职责。各区政府和市有关部门要通过规划、土地、税收等政策支持，积极引导各有关单位采取多种方式改善农民工的居住条件。各用工单位是改善农民工居住条件的责任主体，要向农民工提供符合基本安全、卫生的居住场所。各行业主管部门要加强行业指导，加大检查力度，督促各有关单位妥善解决农民工居住困难。

（二）突出重点，分类指导。改善农民工居住条件的重点是农民工相对集中的开发区和工业园区，以及在我市工作一定年限的农民工环卫保洁员的居住问题。各区政府和有关部门应根据农民工的不同行业特点和解决住房程度的难易情况进行分类指导。

（三）加强规划，统筹安排。各开发区、工业园区和有关单位应根据农民工总量、分布状况和居住现状等，制定好相应规划，结合本单位的发展和维护农民工的其他合法权益，统筹解决好农民工居住问题。

（四）规范标准，加强管理。用工单位向农民工提供的宿舍必须符合住宅安全标准和基本卫生要求，远离危险源和污染源。同时，要加强对集中建设农民工宿舍的管理工作。

二、多渠道、多形式改善农民工居住条件

（五）农民工集中的开发区和工业园区，应按照集约用地的原则，统筹规划、集中建设农民工宿舍，并实行统一管理，供园区企业租用。

（六）各区政府应有计划地建设一批公寓式宿舍，逐年解决农民工环卫保洁员的居住问题。

（七）建筑施工、工业制造、商业、餐饮等其他用工企业应因地制宜、多形式地改善农民工居住条件。

（八）享受政府优惠政策集中建设的农民工宿舍，只能面向农民工出租，不得按商品住房出售，不得改变使用用途。

（九）建筑施工企业向农民工提供的宿舍，应符合《建筑施工现场环境与卫生标准》（JBJ146－2004）中的有关规定；其他行业用工单位提供的宿舍应符合《宿舍建筑设计规范》中有关规定，并加强专业化管理。

三、相关保障措施和优惠政策

（十）引导开发区、工业园区和有关单位等农民工集中的单位制定好农民工宿舍建设规划，统筹考虑并安排好农民工居住问题。

（十一）各开发区、工业园区对集中建设的农民工宿舍收取房租的，应不高于廉租住房租金的标准。

（十二）对开发区、工业园区和有关单位集中建设的农民工宿舍，参照经济适用住房建设有关规定，实行土地划拨和税费减免。向农民工出租宿舍的单位，减免租赁收入的相关税收。

（十三）鼓励房地产开发企业和社会其他机构投资建设符合农民工特点的宿舍，以优惠租金向农民工出租。

（十四）各区政府要切实加强对本区域改善农民工居住条件工作的监督和管理，提供必要条件，营造良好环境，督促各有关单位做好此项工作。

四、其他

（十五）溧水县、高淳县以及江宁区、浦口区、六合区，可参照本意见，制定相应的管理办法，报市房产管理局备案。

（十六）本意见自公布之日起执行。

南京市农民专业合作社贷款贴息和担保扶持专项资金暂行管理办法

第一章　总　则

第一条　为进一步推动我市农民专业合作社的发展，市政府设立农民专业合作社贷款贴息和担保扶持专项资金，以提高我市担保机构为农民专业合作社贷款担保的积极性，缓解农民专业合作社融资难的矛盾。

第二条　农民专业合作社贷款贴息和担保扶持专项资金(以下简称专项资金)，主要用于支持本市担保机构为本市农民专业合作社提供贷款担保，并对可能产生风险给予政策性补助，以及为被担保的农民专业合作社的发展提供贷款贴息补助。

第三条　市农办、发改委和财政局共同负责专项资金的申报、审核、下达和资金使用监督检查工作。

第二章　申报资格

第四条　申报专项资金扶持的担保机构必须在南京市境内注册，具备独立企业法人资格、并为农民专业合作社提供担保服务，且按照有关规定为农民专业合作社担保提取风险准备金、责任准备金。

第五条　申报专项资金扶持的被担保农民专业合作社必须符合《农民专业合作社法》要求，在我市工商行政部门登记注册，取得法人资格，并符合市“五有”农民专业合作社规范要求。

第三章　补贴标准和扶持政策

第六条　为鼓励担保机构为农民专业合作社提供贷款担保，减轻农民合作社融资成本，对担保机构给予业务补贴。申请补贴的担保机构对农民专业合作社的担保业务年综合收费率不得高于同期银行贷款基准利率的20%，补贴标准为年累计担保额(担保金额×担保月份数÷12)的4%。

第七条　农民专业合作社为扩大生产、完善生产储运设施、兴办农产品加工企业、农业生产基础设施建设及市场营销必要的周转等向相关金融机构贷款，以一年为限根据银行结息单给予80%贴息。

第八条　2008年，市政府设立1000万元、各郊县设立不低于300万元的专项资金用于农民专业合作社贷款贴息和担保扶持的启动工作。从2009年开始，市政府每年安排1000万元~2000万元专项资金，各郊县也要安排相应的专项资金，按照五五分担的原则，市、区县共同落实对担保机构和农业专业合作社的资金扶持。

第四章　申请程序和资金拨付

第九条　已履行对农民专业合作社担保责任的担保机构、被担保的农民专业合作社，在每年7

月和次年 1 月向专业合作社所在郊县农办、发改局和财政局提出补贴申请。

第十条 郊县发改局负责审核担保机构补贴申请材料。担保机构的申请材料包括:

(一)书面申请文件和申请表;

(二)担保机构基本情况表;

(三)营业执照复印件、章程复印件;

(四)注册会计师审计后的年度会计报表;

(五)与有关银行及批准设立的农村小额贷款公司签署的合作协议;

(六)担保合同和履约情况说明,必须提供每笔业务的贷款合同、担保合同、代偿损失认定资料、代偿支付凭证等相关附件;

(七)其他有关材料。

第十一条 郊县农办负责审核农民专业合作社贷款贴息申请材料。农民专业合作社的申请材料包括:

(一)书面申请文件和申请表;

(二)工商登记证书复印件;

(三)合作社基本情况表;

(四)银行或信用社贷款合同、资金拨付与到账证明文件,担保机构的担保文件、利息支出凭据等相关附件,必须提供符合补贴范围的合作社业务的有关材料;

(五)其他有关材料。

第十二条 郊县农办负责汇总有关担保机构和农民专业合作社的补贴申请材料,由郊县农办、发改局和财政局联合发文上报市农办、发改局和财政局。上报材料包括:

(一)申请文件;

(二)担保机构申请补贴的汇总表;

(三)农民专业合作社申请贴息的汇总表;

(四)其他有关文件。

第十三条 由中介机构审计,市农办、发改委和财政局审定后共同发文,市财政局通过郊县财政局将补贴及贴息资金及时拨付到农民专业合作社和为合作社业务提供担保的相应担保机构。

第五章 财务处理和监督

第十四条 担保机构收到业务补助计入担保机构的补贴收入。

第十五条 农民专业合作社收到的贷款贴息资金冲减财务费用。

第十六条 对弄虚作假,骗取、套取专项补助资金的单位,取消三年扶持资格,并责令退回全部补助资金。财政主管部门按照《财政违法行为处罚处分条例》等法律法规规定,追究有关单位和人员的责任。对审计机构出具严重失实审计报告的,由财政部门依据《中华人民共和国注册会计师法》的有关规定,依法追究审计机构和相关人员的责任。

第六章 附 则

第十七条 本办法自发布之日起施行。

二　扬州市政府文件

关于《扬州市利用外资考核考评奖励办法》的补充规定

为更好地鼓励外贸出口，推动全市开放型经济发展，现对《扬州市利用外资考核考评奖励办法》（扬府发〔2009〕52 号）作以下补充规定：

一、在综合考评奖的奖励范围中增加外贸出口项目。

1. 完成外贸出口额比 2008 年实绩增长，但不到 15% 的，加 5 分；
2. 完成外贸出口额在 2008 年实绩基础上增长 15% 至 20%（不含 20%）的，加 8 分；
3. 完成外贸出口额在 2008 年实绩基础上增长 20% 及以上的，加 10 分。

二、市政府对完成今年外贸出口任务的给予奖励。

1. 完成外贸出口额在 2008 年实绩基础上增长 15% 至 20%（不含 20%）的，奖励 8 万元；
2. 完成外贸出口额在 2008 年实绩基础上增长 20% 及以上的，奖励 10 万元。

三、市政府对各区超额完成今年外贸任务而承担的地方出口退税补贴新增部分，按财力分成比例给予政策支持。

1. 对完成外贸出口额在 2008 年实绩基础上新增 15% 以内的部分，给予地方出口退税补贴 25% 的奖励（市、区）；
2. 对完成外贸出口额在 2008 年实绩基础上新增超过 15% 以上的部分，给予地方出口退税补贴 50% 的奖励（市、区）。

四、对参加省组织的境内外重点展会的，补足省补贴之外的摊位费。

关于促进台商投资与台资企业发展的意见

台资企业是扬州开放型经济的重要组成部分，对促进我市经济社会发展发挥了积极作用。为吸引更多台资企业来扬投资，加快台资企业在扬发展，在继续贯彻落实《关于优化投资环境、促进各类投资商来扬投资的六项措施》（扬发〔2009〕26 号）的基础上，提出如下意见：

1. 强化政策扶持。凡外商投资企业享受的各项政策，台资企业优先享受；凡台资企业申报符合《关于发展科技创新型经济奖励扶持的意见》（扬府发〔2009〕80 号）的项目，同等条件下优先予以奖励扶持。

2. 加强信用评价。积极引导台资企业进行信用等级评价，由中国人民银行扬州市支行辅导并帮助企业提升信用等级，便于企业向商业银行融资。

3. 鼓励企业上市。加强台资企业上市融资的组织、指导、协调、服务以及相关扶持政策的落实工作。

4. 加强担保支持。由市外商投资企业协会牵头，组织台资企业联合成立担保公司，为台资企业贷款提供担保；同时市级担保资金优先用于台资企业贷款担保。

5. 减轻税费负担。保证各项税收优惠政策落实到位，对于台商投资我市主导产业及太阳能光伏、半导体照明等新兴产业，在扬设立研发中心及经认定的高新技术企业，行政事业性收费予以一定程度的减免，并在水电气配套等方面给予优惠。对台资太阳能光伏和半导体照明企业的城镇土地使用税和房产税实行应免尽免、应减尽减政策。允许符合条件的困难台资企业延长阶段性降低社会保险费率的期限，使用符合相关条件劳动者的台资企业可享受岗位社保补贴等优惠政策。

6. 鼓励设立总部。对台资企业在扬设立总部，进行全局运营布局，达到一定规模且具有明显经济效益的企业，根据其当年贡献的地方财力给予一定的奖励。

7. 强化人才支持。市政府《关于进一步加快引进并用好优秀人才的若干规定（试行）》（扬府发［2008］111 号）中的相关鼓励措施同样适用于来扬投资的台资企业。

8. 奖励企业高管。对驻扬台企高管和骨干科研人员除薪酬、奖励以外的安家费或租房补贴、子女入学补助等收入按有关规定暂免征收个人所得税。对企业高管和骨干科研人员个人所得税当年增量部分予以 30% 奖励。

9. 建立联系机制。完善各级领导联系台资企业的制度，定期走访台资企业，建立台资企业座谈会制度，及时帮助解决台资企业生产经营中的困难和问题。

10. 完善劳动关系。加强贯彻《劳动合同法》的宣传与指导，满足台资企业用工需求。加强劳动法律法规和政策的宣传、培训、咨询服务，规范企业用工制度，指导企业申报和实行非标准工时制，妥善处理台资企业遗留问题，创建和谐劳动关系。

本意见有关政策的具体实施办法（细则）由相关单位另行制定。

本意见实施期限为 2009 年至 2011 年。

扬州市关于提升商贸业典型发展水平的实施意见

为进一步促进我市商贸业示范典型做大规模、做响品牌、做出特色、做优服务，并带动全市商贸业又好又快发展，决定在我市继续深入开展培育商贸业"典型示范工程"，现提出如下实施意见：

一、推动商贸业典型提升的重要意义和指导思想

商贸业是国民经济的重要组成部分，其发展水平是衡量现代社会经济发达程度的重要标志。加快发展扬州商贸业，提高其在三次产业结构中的比重，是推进扬州经济结构调整，加快转变经济增长方式的重要内容，是应对国际金融危机的冲击，适应对外开放新形势，实现扬州整体经济水平新跃升的有效途径。重点培育并着力提升商贸业示范典型，充分发挥龙头企业、专业市场、重点项目、特色品牌的引领和带动作用，对于推动扬州商贸业提升现代化水平，实现跨越式发展，并使之真正成为"扩内需、保增长、调结构"的先导力量，具有十分重要的意义。

指导思想：全面贯彻落实科学发展观，围绕全市经济社会发展的总任务，按照加快建设区域性商业中心城市的总要求，以建设现代商业强市为目标，以发展大商贸、大市场、大流通为方向，以增强商贸业竞争力为核心，着力培育壮大重点行业和龙头企业，大力推行现代流通方式和经营业态，提高现代商贸业市场化、产业化、社会化和国际化水平，全面提升商业城市品质、增强综合竞争力。

二、推动商贸服务业典型提升的总体目标

将2008年确定的示范典型中的"商业副中心"调整为"商业示范街"，"商业新业态"调整为"现代超市"。全面提升典型的规模、质态、品牌、服务，以点带面，促使本土典型、新兴典型、规模典型、特色典型、品牌典型不断涌现。进一步完善典型的评比办法，对典型实行动态管理，打破终身制，优晋劣汰，促进商贸龙头企业始终保持旺盛的竞争活力，激励企业不断做大规模、做响品牌、做出特色、做优服务，带动全市商贸业不断提升运营质态，改善商业环境，实现跨越发展。

三、推动商贸业典型提升的重点工作

1. 着力推动示范典型进一步做大规模。大力支持商贸流通企业通过资本运作、资源整合等方式，实现低成本快速扩张。引导具有品牌、技术和市场等优势的商贸企业，通过优势互补、强强联合，做大规模，共赢发展。重视"三把刀"和"老字号"振兴工作，重点扶持历史悠久和具有一定发展前景的著名传统商贸服务企业，在体制创新、知识产权保护、发展环境等方面予以政策倾斜。加快培育一批拥有知名品牌和自主知识产权，具有示范带头作用，在国内外市场具有较强竞争力的大型商贸服务业企业（集团）。力争用2～3年时间，培育年交易额100亿元以上的市场企业2～3家，50亿元以上的市场企业和物流企业5～8家，年营业额超10亿元的大型零售、连锁企业3～4家，年营业额亿元以上的大型餐饮住宿企业、老字号企业10家，上市公司1～2家。

2. 着力推动示范典型进一步做响品牌。"品牌"是提升商贸服务业层次的重要载体。2009年，

全市商贸业争取获得市以上区域品牌、企业品牌和产品品牌10个以上。围绕“三品”创建，进一步加大典型示范培育工程的力度，提升一批现有品牌，创建一批新的品牌。通过整体包装宣传，扩大1912、教场、东关街、瘦西湖新天地和望月路等一批商业街区的品牌影响力，放大辐射力，努力打造一批名街名区；通过“示范典型授牌”、“名品进名店”、“万村千乡市场工程”、“家电下乡”、“百城万店无假货”等活动，进一步提升扬州商贸企业的品牌档次，精心打造一批名店名企；通过社区商业“双进工程”建设，打造一批国家级、省级、市级商业示范社区，构建社区商业文化，方便城市居民消费；通过政策扶持、宣传推介，培育本土型商贸产品品牌，引进外来型产品品牌，真正打造一批名品名牌。

3. 着力推动示范典型进一步做出特色。继续壮大扬州“三把刀”、老字号等传统特色，推动商贸业向连锁化、一体化、信息化等现代特色发展。在传统特色方面，利用淮扬菜享誉世界，扬州修脚闻名全国，“老字号”数量全国前列的优势，推动“三把刀”企业、“老字号”企业进一步解放思想、放宽眼界和胸怀，加快引进战略投资者，引入现代企业管理模式和经营理念，通过“强强”联手、资源整合等途径，加快企业做大做强、做名做久，通过“商旅结合战略”，充分利用扬州的旅游资源，培育商旅结合的特色化发展模式，让来扬游客将品尝淮扬美味、享受沐浴文化、购买“老字号”产品作为必然选择。在连锁化特色方面，通过有效整合，提高零售网点组织化程度，加快建设各种行业和各种业态的连锁系统，特别是在糖酒板块、医药板块、家电板块、便利店板块等优势板块加大投入力度。在推进一体化方面，鼓励京华城全生活广场、文昌百汇商业广场等载体，加强策划宣传，引进不同业态进驻，交叉互助，形成集购物、餐饮、休闲、娱乐为一体的商业模式，为消费者提供一站式服务。在信息化方面，鼓励电子商务、数字交易等现代技术的应用，加快商贸业信息化、网络化、智能化的进程，鼓励有条件的企业、专业市场建设“网上商城”、“网上市场”。在物流方面，鼓励企业大力发展物流配送体系建设，形成统一促销与管理、大批量采购和及时快速配货的经营优势，降低企业运营成本和商品零售终端价格，鼓励物流企业借助于仓储管理系统、存货管理系统、订货管理系统与交付系统的创新技术，降低管理成本和交易费用。

4. 着力推动示范典型进一步提升服务水平。在全市商贸服务行业积极开展服务创新创优创牌活动，进一步建立和完善商贸服务规范（标准），强化不同行业、不同岗位的服务技能培训，推动服务达标。形成质量管理长效机制，着力打造一批商贸业服务明星企业和示范标兵，使全市商贸服务重点行业和龙头企业的服务质量和水平明显提升，服务环境明显改善，服务效率明显提高，消费者投诉率明显降低，公众满意度明显上升，商贸服务行业整体形象明显变化，以崭新的面貌迎接建国60周年。

四、推动商贸业示范典型提升的保障措施

1. 进一步加强组织领导。市政府成立商贸业典型提升工作协调小组，由市政府分管领导任组长，市政府分管秘书长和市经贸委、商贸局主要负责人任副组长，市商贸局、发改委、财政局、工商局、国税局、地税局、质监局、统计局等部门分管负责人为成员。协调小组下设办公室，办公室设在市商贸局，负责开展日常工作，示范典型的申报、审定、培育和提升工作由协调小组办公室具体组织实施。各县（市、区）政府要将此项工作纳入政府的工作目标，制订具体实施意见和工作方案，明确工作重点和目标任务，建立目标监管体系。全市各级商贸主管部门要强化综合协调职能，集中力量协调帮助重点企业解决发展中存在的困难和问题，集中力量突出抓好重点行业运营质态的提升。市各有关部门要加强沟通与协调，根据各部门的工作职责，紧密协作，形成合力，全力推进典型示范工程再上新台阶。各地要认真选择培育对象和目标，全程跟踪，加强培育，引导发展。

2. 进一步实施规划引导。要依照《扬州市商业网点发展规划》，尽快制定落实规划的相关措施，加大政府对商业区网点设置和商贸业行业发展的指导力度，引导企业按照规划要求合理布点，避免

低水平重复建设造成恶性竞争和社会资源的浪费。各县(市)商业网点规划要进一步完善,并通过政府审批出台。同时,制定和完善市场集群规划、商业中心规划和商业街区的具体规划。要加大市场集聚区和商业中心基础设施、配套设施建设,打造优质载体,努力提高承载能力和集聚力。要重点建设一批文化底蕴深厚、建筑风格鲜明、基础设施完善、拉动消费作用明显的商业街,使其成为促进商贸企业发展,弘扬商业文明,构建和谐社会的重要载体。

3. 进一步完善激励机制。调整和完善"示范典型"评选办法和评价标准,坚持公平公正公开原则,于年底开展评比工作。按照企业申报、主管单位审核推荐、协调小组办公室初评、专家评审、协调小组审定、媒体公示、报政府批准等程序进行。"示范典型"产生后,由市政府进行命名表彰,并授牌。市政府每年从财政预算中安排200万元商贸业专项奖励资金,按照"突出重点、择优扶持"的原则,主要对商贸业品牌创建、商业示范社区建设、"家电下乡"、"万村千乡市场工程"、生猪手工屠宰场(点)关闭、商贸龙头企业上市融资和完成年度目标任务成绩显著的单位和个人进行表彰奖励。县(市、区)政府也要安排商贸服务业专项奖励资金,同市级专项资金配套使用,加大政府资金扶持力度。

4. 进一步优化发展环境。各地各部门要实现工作重心下移,组织开展干部进企业服务活动,深入商贸流通企业调查研究,梳理和协调解决有关问题,帮助企业解难脱困。要坚持扶优扶强扶特色,对带动力强、影响力大、特色鲜明的企业,进行重点服务和分类指导。要加大宣传,落实中央、省、市的一系列对企业减负和促进发展的有关政策,加大政策的培训工作力度,帮助企业理解掌握政策内容,指导企业充分利用政策资源,用好用足政策。要分别组织示范典型企业进行现场观摩、经验交流和业务培训等,努力实现相互学习、相互促进、共同提高的目的,促使企业的主体作用得以充分发挥,积极性、主动性、创造性显著增强。

5. 进一步抓好宣传引导。努力营造商贸业典型提升的舆论环境,采用印制发行示范典型宣传手册以及与电视、电台、报纸、网站合作等多种方式,对重点行业和龙头企业的发展动态、先进管理经验、主导产品、商标品牌等进行一系列正面宣传推介,宣传企业的产品形象、企业家形象、环境形象、职工形象、社会形象,提高各类典型的社会知晓度和美誉度,使示范典型得到社会各界的广泛认同,真正在全市商贸服务行业中起到先进示范、典型引路的作用。

附:2009年度商贸业典型示范工程提升评价标准

附：

2009年度商贸业典型示范工程提升评价标准

一、扬州市零批旗舰企业示范典型提升评选评分细则

序号	评审要求	满分
一	规模效益	60
1	当年度营业额在行业内处于前列	30
2	当年度利税在行业内处于前列	15
3	企业营业面积在行业内处于前列	15
二	安全	11
1	促销活动严格执行《零售商促销行为管理办法》，保障消费者安全	3
2	店内合理设置警示标志、告知性标志，对顾客给予引导、提示	3
3	执行《中华人民共和国消防法》的有关规定，消防制度健全，设备完好。有完备的消防预案，对员工进行定期培训和演练	3
4	治安管理部门健全，有专职安保负责人员，安全防范制度完善，有突发事件应急预案	2
三	服务与环境	15
1	有完善的商品、财务、营运、人事等管理制度，明确的商品退换货、保修等售后服务制度，保证卖场维持良好的运营状态	4
2	有完善的服务体系和保证服务质量的规章制度，并正确执行	3
3	工作人员均经过服务培训，行为规范，顾客服务有明确负责人	3
4	能够提供给消费者舒适、便捷的购物环境；有与营业面积及客流相适应的，能保证正常经营必备的设施设备	3
5	设有顾客服务中心（服务台）、广播室、卫生间、停车场及无障碍设施	2
四	信息	9
1	作为国家商务部重点流通企业监测系统样本企业，及时、保质保量地报送企业经营数据	6
2	作为市商贸局重点监测企业，及时、保质保量地报送有关企业经营数据	3
五	诚信	5
1	执行《零售商供应商公平交易管理办法》、《中华人民共和国消费者权益保护法》和《中华人民共和国劳动法》，维护公平交易秩序、消费者合法权益和员工合法权益	3
2	工商、质检、卫生、税务等监督部门记录良好	2

二、扬州市物流企业示范典型提升评选评分细则

序号	评审要求	满分
一	规模效益	60
1	项目总投资额(1 亿元以上的得 30 分,5000 万元以上的得 15 分,5000 千万元以下的得 10 分)	30
2	项目建设进度情况良好,已建成并正式营业的得满分(已完成总投资并营业的得 17 分,已完成总投资 70% 的得 13 分,已完成总额 40% 的得 9 分)	17
3	自有/租用仓储面积较大(10 万 m^2 以上的得 10 分,5 万 m^2 以上的得 7 分,5 万 m^2 以下的得 4 分)	10
4	拥有足够的自有/租用货运车辆	3
二	管理及服务	20
1	有健全的经营、财务、统计、安全、技术等机构和相应的管理制度	7
2	通过 ISO 90001－2000 质量管理体系认证	7
3	提供物流规划、资源整合、方案设计、业务流程重组,供应链优化、物流信息化等方面服务	6
三	中高层管理人员具有大专以上的学历或行业技术职称	10
1	组织物流师认证的比例较高(比例由高到低排列,前 5 名的企业得 5 分,6～10 名得 4 分,11～20 分名得 3 分)	5
2	业务人员具有中专以上学历或专业资格的比例较高(比例由高到低排列,前 5 名的企业得 5 分,6～10 名得 4 分,11～20 分名得 3 分)	5
四	信息化水平	10
1	物流经营业务网络化管理水平较高(比例由高到低排列,前 5 名的企业得 4 分,6～10 名得 3 分,11～20 分名得 2 分)	4
2	实行电子单位管理比例较高(比例由高到低排列,前 5 名的企业得 2 分,6～10 名得 1.5 分,11～20 分名得 1 分)	3
3	货物跟踪比例较高(比例由高到低排列,前 5 名的企业得 3 分,6～10 名得 2 分,11～20 分名得 1 分)	3

三、扬州市“三把刀”名店名企示范典型提升评选评分细则

序号	评审要求	满分
一	规模效益	60
1	当年度营业额在行业内处于前列(1~5名得25分,6~10名得20分,11~20名得15分)	25
2	当年度利税在行业内处于前列(1~5名得15分,6~10名得10分,11~20名得5分)	15
3	企业营业面积在行业内处于前列(1~5名得10分,6~10名得7分,11~20名得4分)	10
4	企业用工人数在行业内处于前列(1~5名得10分,6~10名得7分,11~20名得4分)	10
二	经营管理	15
1	严格执行政府有关法律法规和行业中有关规定组织经营管理	4
2	有完善的财务制度和营业结算制度	4
3	明示本企业的服务项目、收费标准、卫生标准、营业时间、安全须知和有关的注意事项	4
4	经营场所每日定期清扫、对地面、墙面、桌椅、茶几等顾客经常使用或触摸的物体表面按有关规定定期清洗消毒	3
三	人员管理	10
1	在员工招聘对执行《中华人民共和国劳动法》规定,签订用工合同,并按合同约定的双方权利和义务执行	4
2	从业人员的配置应与经营项目和接待能力相适应,上岗人员着工装,佩戴标志	2
3	定期对员工进行培训,主要岗位管理人员和技术人员均具有国家认可的资格证书	2
4	经营管理人员掌握企业管理、经营项目的有关专业知识和专业技术,掌握本企业经营项目的有关知识,能够及时解决服务过程中的具体问题	2
四	安全	15
1	消防设施齐备完好,公共图形标志明显,安全通道畅通,易燃、易爆物品及明火管理符合安全规定	8
2	不提供消费者贵重物品保管的,在醒目位置有明显提示妥善保管标志	3
3	经营场所设施、设备安装牢固,并定期检查,并在必要位置设置警示标志	4

四、扬州市“老字号”企业示范典型提升评选评分细则

序号	评审要求	满分
1	已经商务部确认的“中华老字号”企业	10
2	“老字号”企业成立连续字号龄在200年以上	5
	“老字号”企业成立连续字号龄在100年～199年以上	3
	“老字号”企业成立连续字号龄在52年～99年以上	2
3	年销售增幅达20%以上	10
	年销售增幅达15%～19%	5
	年销售增幅达10%～14%	3
	年销售增幅达5%～9%	2
4	“老字号”企业开设连锁店数，每店1分，10分封顶	10
5	企业内技术人员数占职工总人数的比例，每一个百分点1分，13分封顶	10
6	获驰名商标（获著名商标8分，获知名商标5分）	10
7	产品获得部优质产品奖（获省优质产品奖8分，获市优质产品奖5分）	10
8	列入国家级非物质文化遗产名录（列入省级3分，列入市级2分）	10
9	企业有产品质量保证体系，产品质量无事故。企业有服务质量管理规范，无服务质量投诉	5
10	企业有安全管理体系和安全设施，全年安全无事故．企业出现重大安全事故不参加评选。老字号企业报表报送及时、准确	5

五、扬州市农产品批发市场示范典型提升评选评分细则

序号	评审要求	满分
1	市场成交额数,在全市重点农产品批发市场中的排位(1~5名得25分,6~10名得15分,11~20名得10分)	25
2	市场固定资产数,在全市重点农产品批发市场中的排位(1~5名得20分,6~10名得10分,11~20名得5分)	20
3	市场实现利税数,在全市重点农产品批发市场中的排位(1~5名得15分,6~10名得10分,11~20名得5分)	15
4	市场环境整洁、优美;各种标识规范、清晰;人流、物流、车流应保持畅通;市场按农产品大类进行分区,同类型农产品应在同一交易区内经营	3
5	市场应有交易结算、信息交流、交易统计等服务设施	4
6	市场交易应使用检定合格、未超过检定周期的计量器具,设置符合要求的公平秤	3
7	市场应有与鲜活商品经营相符合的交易棚,应建有商品保鲜、贮存的相应设施	4
8	市场应建有卫生、消毒等与经营规模相匹配的房屋用于市场用水与防疫	4
9	从事蔬菜、水果交易的批发市场应配备农药残留的快速检测设备和相关辅助设施设备;从事水产品交易的批发市场应配备检测甲醛、水质的检测设备;从事畜禽产品交易的批发市场应配备检测肉内注水含量和兽药残留的设备及相关辅助设备	4
10	市场应配备用于消防安全的消防栓、灭火器等设施,用于监控的电子设备	3
11	农产品批发市场应建立商品准入管理制度和体系,负责农产品入场的查证、登记、抽检、清退等监督管理	3
12	市场应建立经销商准入管理制度和体系,负责入场经销商的资格审查,签订合同、建立档案、商品追溯等管理	2
13	市场应建立交易服务管理制度包括投诉管理、计量管理、食品检测、公平交易和结算等管理制度,并有工作记录与台账	2
14	市场应建立消防和治安安全、从业人员管理、信用管理等管理制度,并有工作记录与台账	3
15	当地政府出台的扶持农产品批发市场的政策	3
16	农产品批发市场信息报送准时准确	2

六、扬州市商品交易市场示范典型提升评选评分细则

序号	评审要求	满分
1	市场成交额数，在全市重点商品交易市场中的排位（1～5名得25分，6～10名得15分，11～20名得10分）	25
2	市场经营面积数，在全市重点商品批发市场中的排位（1～5名得20分，6～10名得10分，11～20名得5分）	20
3	市场实现利税数，在全市重点商品批发市场中的排位（1～5名得15分，6～10名得10分，11～20名得5分）	15
4	市场应具有符合市场的建筑设施、场地面积，市场内外环境整洁、通道畅通、售货台（框架）应整齐划一，应设立营业区位分布图或导购图，公示栏，有广播、电子显示屏等，上市商品应当划行归市，陈列有序，明码标价	4
5	服务：市场应有服务台、举报电话、消费者投诉站点，需计量交易的市场设立公平秤、复秤处	3
6	安全：市场建筑设施设备设置符合安全要求，市场内部应设置电子监控系统，应有符合规范要求的消防设施，配备灭火器等常规灭火设备，本年度如发生重大安全事故，不得参评	4
7	市场应建立经营者准入制度，对入场经营者进行资格审查，并建立管理档案	3
8	经营者应持有营业执照，按规定从事经营活动，做到亮（照）证经营，销售国家实行专卖、专营和实行许可证管理的商品，持有相关许可证	3
9	上市交易的商品应符合国家有关质量、计量、环保、卫生、安全等方面的规定和要求	3
10	有商品质量检测制度，市场内建立检测室，配有检测设施，专职工兼职的质量检测人员对上市商品按规定进行检验、检测，严禁未经检验、检测的不合格商品以及国家明令淘汰的商品上市销售	3
11	有索票索证制度，市场开办者和经营者严格执行进货索证索票和查票制度，重要商品索证索票率达80%以上，一般商品达40%以上	3
12	市场开办者有上市商品检测、不合格商品退市（招回）、消费者投诉等台账，并建立电子台账	3
13	有先行赔偿制度，有与经营者签订的先行赔偿协议书	3
14	建立市场销售台账，记录汇总数据，并以此为依据完成主管部门市场统计报表	3
15	获国家级各类市场建设荣誉（5分）、省级（3分）、市级（2分）	5

七、扬州市商业示范社区提升评选评分细则

序号	评审要求	满分
1	示范社区应有根据城市发展总体规划和商业网点专项规划结合社区实际制定的社区商业建设规划	10
2	10000 人以上的大中型社区每千人拥有商业面积应不低于 $1000m^2$,10000 人以下的小型社区每千人拥有商业面积应不低于 $700m^2$	10
3	社区内商业网点布局合理,外观与社区整体风格协调。网点的设置应包括全部基本型业态和60%以上提升型业态。网点的品牌连锁店设置应不低于40%	10
4	大中型社区应至少拥有一个营业面积在 $3000m^2$ 以上的超市,小型社区为 $200m^2$ 以上,经营品种 1000 种以上,营业时间 12 小时以上	6
5	社区内便利店的单店营业面积 $50m^2$ 左右,营业时间 16 小时以上,品种 500 种以上,社区内应至少有一家 24 小时营业的门店	6
6	大中型社区农贸市场营业面积应在 $3000m^2$ 以上,小型社区 $1000m^2$ 以上,营业时间 12 小时以上,经营品种 500 种以上,具有相应检验、检测设备	6
7	餐饮店的单店面积在 $100m^2$ 以上,大型社区应有多种风味的餐饮店	6
8	美容美发店营业面积每千人在 $10m^2$ 以上,营业时间 10 小时以上,具备必要的经营设备和专业从业人员	6
9	浴室、洗衣店单店营业面积 $50m^2$ 以上,营业时间 12 小时以上,且符合国家相关安全、卫生标准	6
10	废旧物资回收店的营业面积每千人在 $6m^2$ 左右,营业时间 8 小时以上,并提供上门服务	6
11	副食品店营业面积 $100m^2$ 以上,营业时间 12 小时以上,有健全的食品安全保障体系	6
12	医药店营业面积 $50m^2$ 以上,营业时间 12 小时以上,配备职业药剂师和质量管理人员	6
13	示范社区还应根据社区特点设置家政服务店、照相馆、图书报刊(音像)店、维修店等提升型业态,有条件的社区还可设立健身房、钟表眼镜店、五金建材店、服装鞋帽店等等	10
14	示范社区应当利用现代信息技术开设网上交易、网上服务等便民服务中心或便民服务热线	6

八、扬州市“万村千乡市场工程”示范乡镇提升评选评分细则

序号	评审要求	满分
1	示范乡镇镇政府所在地至少拥有1个镇级农家店	10
2	示范乡镇镇级农家店营业面积500m^{2}以上，经营品种在2000种以上	8
3	示范乡镇所属60%以上的行政村每村应至少拥有1个以上的村级农家店	10
4	示范乡镇村级农家店营业面积60m^{2}以上，经营品种在800种以上	8
5	示范乡镇镇村级农家店门面应装玻璃门窗，店内通风、明亮	4
6	示范乡镇镇村级农家店应有计算机与总部联网进行管理和远程监控	4
7	示范乡镇镇村级农家店应使用经过定期检测合格的计量器具查检测单	4
8	示范乡镇镇村级农家店应有安全管理制度，配备消防安全设备	4
9	示范乡镇镇村级农家店除特殊商品外，应全部实行开架销售	3
10	示范乡镇镇级店配送率应达70%以上，村级店配送率应达60%以上。应有配送台账	8
11	示范乡镇镇村级农家店均应实行统一标签的明码标价，同一字号企业的同一种商品，应实行同一价格	4
12	示范乡镇镇村级农家店商品应符合承办企业统一的准入和可追溯制度。有进货登记台账	4
13	示范乡镇镇村级农家店应有不向顾客出售假冒伪劣商品的承诺。承诺书应悬挂在店堂醒目处	5
14	所有村级农家店都应有满足日常生活需要的必需品、食品、副食品、调味品、洗涤用品等	4
15	示范乡镇农家店的从业人员应具有初中以上文化程度，有教育部门颁发的毕业文凭。应无传染性疾病，有卫生部门发放的健康证明。应经过岗前培训，应熟悉所经营商品的性能和使用方法及相关知识。有培训机构出具的结业证明	6
16	示范乡镇农家店均应有商业服务规范和职业道德守则。规范守则应悬挂在店堂醒目处	4
17	示范乡镇加盟农家店的营业执照和税务登记证必须变更为承办企业的加盟店营业执照和税务登记证。两证应悬挂于店堂醒目处	4
18	示范乡镇加盟农家店特许加盟期限不得少于5年。有加盟合同	6

九、扬州市商业示范街评选评分细则

序号	评审要求	满分
一	集聚效应	25
1	商业街规模(m)(1~5名得10分,6~10名得7分,11~20名得4分)	10
2	商业街店铺总数(1~5名得10分,6~10名得7分,11~20名得4分)	10
3	商业街经营特色鲜明,具有较高的知名度和发展潜力,是市民和国内外游客在本地特色消费的首选	5
二	文化底蕴	10
1	商业街中老字号企业店铺数(1~5名得6分,6~10名得4分,11~20名得2分)	6
2	商业街充分挖掘历史文化,弘扬特色文化,使历史文化传统与现代商业发展有机结合	4
三	建筑风格	10
1	商业街的建筑设计要有统一的风格,与城市风貌、周边环境、城市交通、行业特点相协调,商业与文化、景观与建筑、特色与环境有机融合	10
四	基础设施	10
1	商业街的停车场、公厕、休闲座椅、公用电话、垃圾桶等基础设施齐全,购物环境舒适,能为消费者提供完善的服务	10
五	街区管理	20
1	商业街有管理机构,经营管理有序,符合城市管理、环保、卫生、交通、治安和消防等规定要求	8
2	商业街获得上年度国家级“百城万店无假货”示范街称号,并开展规范服务,诚信经营活动的,得8分	8
3	商业街获得上年度省级“百城万店无假货”示范街称号,并开展规范服务,诚信经营活动的,得4分	4
六	拉动消费	25
1	商业街年营业额(1~5名得15分,6~10名得12分,11~20名得9分)	15
2	商业街年客流量(1~5名得10分,6~10名得7分,11~20名得4分)	10

十、扬州市现代超市示范典型提升评选评分细则

序号	评审要求	满分
一	规模效益	60
1	当年度营业额在行业内处于前列(1~5名得25分,6~10名得20分,11~20名得15分)	25
2	当年度利税在行业内处于前列(1~5名得20分,6~10名得15分,11~20名得10分)	20
3	企业营业面积在行业内处于前列(1~5名得15分,6~10名得12分,11~20名得9分)	15
二	管理	18
1	执行《中华人民共和国食品卫生法》及其他与食品安全相关的政策法规,有健全的食品安全管理制度,设立相应的管理机构和专门人员负责	2
2	食品运输、加工、储存、销售及垃圾处理流程,以及与食品经营工作相关的员工培训、操作、服务流程,符合《超市食品安全操作规范》的有关规定	2
3	促销活动严格执行《零售商促销行为管理办法》,保障消费者安全	2
4	执行《消防法》的有关规定,消防制度健全,设备完好有完备的消防预案,对员工进行定期培训和演练	3
5	建筑、设备设施安全可靠,电力系统安全运行,没有意外事故发生;店内合理设置警示标志、告知性标志,对顾客给予引导、提示;地面、墙壁、货架、通道根据不同商品区域特点选择材料和布局,保证安全	5
6	治安管理部门健全,安全防范制度完善.有突发事件应急预案,并对员工进行定期培训和演练并保存记录;有专职安保负责人员;配备防盗设施,保证卖场商品和现金的安全	4
三	服务	8
1	有完善的商品、财务、营运、人事等管理制度,保证卖场维持良好的运营状态;有完善的服务体系和保证服务质量的规章制度,并正确执行	2
3	商品品类丰富,执行《中华人民共和国产品质量法》、《中华人民共和国价格法》等法律、法规;有明确的商品退换货、保修等售后服务制度	4
5	能够提供给消费者真实有效的商品价格信息、促销信息和服务信息;工作人员均经过服务培训,行为规范,顾客服务有明确负责人	2
四	环境	6
1	能够提供给消费者舒适、便捷的购物环境;设有顾客服务中心(服务台)、广播室、客用卫生间及停车场	3
2	有与营业面积及客流相适应的POS机、购物筐、手推车等保证正常经营必备的设施设备;无障碍设施符合《城市道路和建筑物无障碍设计规范》的要求	3
五	诚信	8
1	执行《中华人民共和国消费者权益保护法》,维护消费者合法权益,定期进行消费者满意度测评;执行《中华人民共和国劳动法》,维护员工合法权益,定期进行员工满意度测评	4
2	执行《零售商供应商公平交易管理办法》,维护公平交易秩序,定期进行供应商满意度测评;工商、质检、卫生、税务等监督部门记录良好	4

扬州市关于推进乡镇工业集中区加快转型升级的实施意见

乡镇工业集中区是农民创业就业的主阵地，是吸引社会资本、技术、人才、管理等要素资源的集聚地，是推进以城带乡、以工促农，实现城乡统筹的动力源。我市乡镇工业集中区建设已经有了一个良好的开端，为深入贯彻落实科学发展观，促进加快转型升级，为建设社会主义新农村作出新贡献，现提出以下实施意见：

一、指导思想

促进乡镇工业集中区加快转型升级是贯彻落实党的十七届三中全会精神，加快统筹城乡一体化建设的重要举措；是社会主义新农村建设的重要支撑；是推进乡镇企业结构调整、自主创新、转型升级，加快转变发展方式，实现新型工业化的重要抓手；是扬州"抓住新机遇，实现新跨越"的迫切需要。各地要坚持以科学发展观和《中共中央关于推进农村改革发展若干重大问题的决定》为指导，以富民强镇为目标，推动乡镇工业集中区规模化、集群化、高新化、品牌化、绿色化发展，不断提高乡镇工业集中区的开放开发水平和运行质量。

二、总体目标

力争到2010年，全市乡镇工业集中区经济总量达2700亿元，民资和外资利用年增幅分别达30%，10%的集中区建设成为科技创新园区，打造4个过百亿元、6个过50亿元的工业集中区。到2012年，集中区经济总量达4200亿元，"双资"利用年增幅分别达25%，20%的集中区建设成为科技创新园区，打造10个过百亿元、10个过50亿元的工业集中区。

三、工作重点

1. 进一步完善集中区规划。突出完善集中区功能性规划，要围绕建设区位优势明显、功能配套齐全、生态环境优美、集中集约开发的目标，编制好集中区产业布局、基础设施和公共配套设施建设规划。原则上每100km^{2}或10万人口规划一个乡镇工业集中区，对现有集中区要进行整治整合，控制镇镇办集中区、杜绝村村办集中区的现象。各县（市、区）要结合当地实际制定相应的财税分成、统计管理和利益补偿等办法，推动乡镇联合开发集中区，全市乡镇工业集中区控制在40个以内。突出完善集中区产业提升规划，要结合扬州市《市域环路产业带发展规划》和《扬州市工业万亿战略规划》，围绕"一镇一业"、"一区一品"，做好集中区产业定位、产业选择和产业提升规划，加大对现有集中区产业整合力度，在2010年前完成集中区产业规划的编制，努力彰显地方产业特色。

2. 加大集中区开发建设力度。要加快基础设施配套建设，按照适度超前原则，做好"五通一平"基础设施建设，继续推进集中供气、供热、给排水及污水集中治理排放等公共配套设施的建设，每个集中区2年内必须建好污水处理装置。要积极推进创业园（创业基地）建设，创业园（创业基地）建设应遵循规模适度、集约高效、产业集聚、功能配套、管理科学的原则，创业园占地面积应在50亩以上。要加大力度推进创业园(创业基地)标准厂房建设,构筑中小企业投资创业和承接外来投资项目的有效载体,创业园标准厂房面积应在5万平方米以上,标准厂房层级在二层以上。要加快公共配套设施建设,为企业和职工提供方便快捷、优质价廉的商务服务、仓储物流、餐饮住宿、休闲娱乐等设施。

3. 着力提升项目质量。要扩大有效投入,集中区项目投入年增幅不低于30%,充分发挥集中区的集聚功能,增强持续发展能力。要引导和鼓励企业加大技术改造力度,通过技术改造提高装备工艺水平,提升产品质量和档次,扩大产业规模。要强化招商引资,吸引外资和域外民资到区内投资办厂,"双资"利用增幅每年不低于30%。要确立"共赢"理念,优化招商方式,围绕优势特色产业的关键环节和产业链的缺失环节,开展产业链招商。要提高项目质量,减少"低产"项目,杜绝"烂尾"和"圈地"项目,杜绝高能耗、高污染、低效益项目。集中区每年实施亿元以上项目不少于2个,5000万元以上项目不少于5个。要强化项目的"前"、"中"、"后"服务,推动项目加快实施,当年开工建设的项目要力求当年投产见效。

4. 积极提升产业集聚度。要推动企业集中发展,结合中心村建设,将现有分散在各村各组的工业企业有序地向集中区搬迁集中,做大集中区;引进的外资和域外民资项目向集中区集中布局,原则上乡镇不在集中区以外布局新的项目。要推动产业集聚发展,依托现有地方特色产业,在企业集中的基础上通过自身裂变,放大特色产业规模;通过产业招商,产业链前延后伸,不断增粗接长产业链;通过产业合理布局形成上下游产业配套密切、分工明确、链条衔接的特色产业集群。到2012年,江都大桥和邗江李典船舶产业集群、高邮天山光伏产业集群、郭集灯具产业集群、菱塘电线电缆产业集群规模达100亿元;宝应曹甸教玩具产业集群、宝应柳堡电工电器产业集群、江都丁伙水泥机械装备产业集群、邗江头桥医疗器械和电子接插件产业集群规模达50亿元。

5. 加快发展科技创新型集中区。加快科技创新创业载体建设,建设一批创新创业的孵化器、加速器,用3~5年的时间建成一批科技创新型园区。要积极创造条件,加快包括研究开发、技术推广、检验测试、信息咨询、人才培训等在内的公共服务平台建设,3~5年内每个集中区都要至少建成一个公共服务平台,五分之一的集中区建成省级创新创业服务中心。要突出企业为主体,积极引导和扶持集中区企业加大技术研发投入,加快技术创新体系建设,加强科技攻关和成果转化,加速人才的引进和培养,力争通过3~5年努力,集中区内30%的企业达到成长型科技型企业标准,20%以上企业建成紧密型产学研联合体,30%的企业都要有专利申请,技术开发的费用不低于当年销售额的2%,建成200家以上市以上研发机构,高新技术产业产值增长5个百分点,每个集中区都有10名以上硕士以上的高级人才或创新创业领军型人才。

6. 大力实施品牌战略。要积极培育区域性品牌,围绕特色产业加快集聚,做大扩张力、做强竞争力、做出影响力,争取相关协会、商会、联合会、总会等产业机构命名、授牌,创建区域性品牌。3~5年内,1/5的集中区要争取创成省级或国家级"基地"、"名镇"等。要积极培育企业品牌,鼓励企业加强自主创新,提高产品档次,扩大产品覆盖面,提升市场占有率,提高品牌认知度,打造企业品牌。3~5年内,每个集中区都要拥有5~10个市知名商标,2~3个省著名商标、国家驰名商标。要积极培育产品品牌,推动企业强化质量意识,加强产品创新,扩大产品宣传,积极争创名牌产品。3~5年内,每个集中区都要拥有10~20个市品牌,5~10个省以上品牌。要加强品牌宣传和利用,不断放大品牌效应,以品牌宣传为手段开拓市场,不断提高市场份额;以品牌价值为资本,吸纳各种资源要素,加快低成本扩张,做大做强企业;以品牌运作为目的,通过品牌运作,实现品牌增值,促进优势特色产业的集聚和发展,壮大特色产业规模。

7. 建设资源节约型、环境友好型集中区。要优化整合项目、土地等要素资源,使资源利用效率最优化,产业集聚效应最大化。要把好项目进口关,禁止高耗能、高污染项目进入集中区。严格执行国家产业政策,项目建设严格执行环评、能评、安评等政策规定。严格控制单位面积土地投资强度,每亩投入不得小于120万元,鼓励闲置土地和低产地块"二次招商",尽可能地盘活存量土地资源。要推动企业加强节能技术改造,实行清洁生产,开展资源综合利用,发展循环经济,保护生态环境,努力建设资源节约型、环境友好型集中区。

四、保障措施

1. 健全领导体系。为切实加强对乡镇工业集中区的组织领导,市成立由分管领导为组长,市委农工办、市乡镇局、国土局、财政局、规划局、建设局、环保局、工商局、质监局、劳动保障局及金融机构等部门为成员单位的乡镇工业集中区建设领导小组,办公室设在市乡镇企业管理局,具体负责乡镇工业集中区建设的规划、指导、协调、督查和考核等项工作,研究解决发展中的新情况、新问题。各县(市、区)也要成立相应组织,由党委、政府明确专人抓,相关职能部门共同抓,切实做好乡镇工业集中区规划、建设、管理、协调和服务工作。

2. 加大政策扶持。小康村建设中节约的土地、土地整理中新增的耕地和闲置土地优先置换为集中区建设用地,保障集中区项目建设用地,重点保证创业园(创业基地)建设的土地供给;省返还给地方新增建设用地有偿使用费60%返还给乡镇用于集中区基础设施建设。金融业要全力支持企业到集中区投资创业,把金融服务延伸到乡镇工业集中区,积极主动向企业投放贷款。中小企业担保机构担保业务要向乡镇工业集中区内企业倾斜。对承担公共基础设施建设(含用于出租和出售的标准厂房的建设)投资者免收、减收或收后返还不低于50%的建设规费和建筑营业税。集中区相关规费征收享受省级开发区同等优惠待遇。

3. 强化考核管理。市乡镇企业管理局要根据本意见精神制定《扬州市乡镇工业集中区转型升级考核评价办法》,在总量控制的基础上,继续实行动态管理、优胜劣汰,推动市级乡镇工业集中区加快转型升级。各县(市、区)也要根据本意见的要求,深化集中区建设目标的管理和考核。

4. 改善服务环境。加大软环境建设力度,对进区企业和项目需办理的各项审批手续,按省级开发区的审批方式和流程进行。各级政府部门,要根据本部门工作职责,落实相关鼓励扶持政策,杜绝乱收费、乱罚款和乱摊派现象。除必要的安全生产和环保检查外,不得对乡镇工业集中区进行无序地、突然袭击式地检查,确需检查的,必须按法律规定和有关程序进行。

以上意见,希认真贯彻执行。

附:《扬州市乡镇工业集中区转型升级考核评价办法》

附：

扬州市乡镇工业集中区转型升级考核评价办法

为全面贯彻落实科学发展观，推动乡镇工业集中区加快转型升级，特制定本办法。

一、评价条件和对象

具备以下基本条件的乡镇工业集中区，均可列入参评对象。

1. 具有乡镇工业集中区中长期发展建设规划和产业规划。集中区建设规划应聘请有资质的专业机构编制，规划应与所在地土地利用总体规划、城镇建设规划等衔接，并经县以上人民政府批准；产业规划应与《扬州市市域环路产业带发展规划》和《扬州市工业万亿战略规划》等产业规划相衔接。

2. 具有较好的基础设施。集中区内至少实现五通一平（即给水、排水、通路、通电、通讯及土地平整）。并已建设不少于5000平方米标准厂房。

3. 具有高效运作的管理服务机构。能承担开发、建设、管理等职能，为进区企业提供优质服务，启动建设为产业、企业配套的融资、商务、物流、科技等公共服务平台。

4. 具有一定的规模。区内工业企业营业总收入10亿元以上，规模工业企业20家以上；产业特色较为明显，主导产业占有40%以上的份额，龙头企业产销规模占特色产业50%以上。

5. 具有持续发展的竞争能力。具有一定数量的高新技术企业和品牌企业或产品。

6. 具有良好生态环境。工业集中区注重环境保护，有必要的环保基础设施，无重特大环境污染事故；实行污染集中治理，达标排放；主要生产企业实行了清洁生产；认真贯彻落实安全生产责任制，年内无重大安全生产事故。

二、评价内容及计分办法

（一）基本分考核

类别	项 目	评价内容	基准分	计分方法
产出	经济效益	规模以上工业产值、利税总额、利润增幅达全市平均	30分	每项各10分，每增减1个百分点加减0.5分
投入	基础设施投入	当年基础设施投入同比增长20%以上	10分	每增减1个百分点加减0.5分
	项目投入	当年工业投入增幅达全市平均	10分	每增减个1百分点加减0.5分
	“双资”利用	当年注册外资500万美元，民资注册5亿元人民币以上	20分	每项10分，分别每增减一成加减1分
	标准厂房建设	建成面积5000平方米	10分	每增减一成加减2分
产业集聚	产业集聚度	特色产业营业收入占集中区营业收入比重达40%	10分	每增减1个百分点加减0.5分
	新增企业	当年新增规模以上企业5个	10分	每增减一个加减0.5分

（二）加分

1. 当年建成污水处理设施并正常运行的加5分；

2. 当年新增一件省和国家级品牌的分别加2分、5分；

3. 当年新增1家高新技术企业的加5分；

4. 当年新获一家市、省、国家级研发机构认定的分别加1分、3分、5分；

5. 当年新建并获批一个公共服务平台的加5分；

6. 当年被列入省重点培育产业集群的加3分。

（三）扣分

1. 当年发生重大安全责任事故的扣5分；

2. 当年发生重大环保责任事故的扣5分；

3. 当年发生制假售假，受到查处或媒体曝光的扣5分；

4. 当年发生重大群体性事件或重大治安事故的扣5分。

被扣分的集中区不得参与当年先进评选。

（四）综合得分和排名

综合得分＝基本分考核分＋加分－扣分。

依照综合得分，由高到低排列名次。

三、评价程序

1. 申报：当年12月初，工业集中区管理服务机构对照本评价办法进行自我打分，经所在县（市）区乡镇企业局初审，于12月10日前报市乡镇企业管理局。

2. 综合评价：12月下旬，由市乡镇企业管理局牵头召集市相关部门及有关专家，根据跟踪统计情况，对照评价办法，对上报材料进行审核、打分、评价。

四、评价成果运用

评价结果全部向社会公布，对综合得分列前10名的报市政府研究批准作为市级示范集中区给予表彰奖励；对综合得分排名在40名以内的作为市级集中区，列入统计监测范围，建立数据库，进行月度统计监测，同时，进行重点跟踪服务、指导、扶持和协调。对于综合得分排名40名以外的，不再作为市级集中区培育，列入被整治整合对象。

五、组织领导

在市乡镇工业集中区开发建设领导小组统一领导下，由市乡镇企业管理局牵头负责，组成考核评价小组进行考核评价。

扬州市深入推进家电下乡市场体系建设的意见

根据国务院办公厅《关于搞活流通扩大消费的意见》和省政府办公厅《江苏省家电下乡工作实施意见》(下简称《实施意见》)的精神,我市家电下乡工作稳步推进,取得了阶段性的成果。为夯实家电下乡工作基础,确保我市家电下乡工作扎实推进,根据对家电下乡备案核准销售网点实施“回头看”检查中发现的情况与问题,现对我市深入推进家电下乡市场体系建设提出如下意见。

一、充分认识建设家电下乡市场体系的重要意义

实施家电下乡政策是国务院统筹城乡发展,促进农村消费增长,提高农民生活质量,推进社会主义新农村建设的重要举措,通过家电下乡的政策推进,可进一步开拓农村市场,加快农村消费升级。深入推进家电下乡市场体系建设,引导大中型流通企业把经营网络建设到镇、村,形成适合农村消费特点的商品流通体系和市场服务体系,确保家电下乡政策有效实施,从而实现扩大内需拉动国民经济发展的目标。

二、指导思想和工作目标

指导思想:以中共十七大精神和“三个代表”重要思想为指导,全面贯彻落实科学发展观,围绕扩大内需,拉动消费,拓展农村市场,推动农民消费升级,加快建立适合我市农村家电市场消费特点,保证家电下乡政策有效实施的市场体系,提高农民生活质量,促进社会主义新农村建设再上新台阶。

工作目标:按照政府引导、企业运作、市场调节、规范管理的要求,结合我市农村家电市场实际,以家电下乡销售网点备案核准为切入点,加快构建家电下乡销售网络系统,商品流通系统和市场监督管理系统,通过三大系统合力运行,共同构建全面覆盖规范运作、运转高效机制灵活,监管有力考核严格的科学完善的家电下乡市场体系,为家电下乡工作的深入推进夯实雄厚的基础。

三、深入推进家电下乡销售网络系统建设

家电下乡销售网络系统建设,主要是实施对销售网点的备案核准与管理,加快该系统的建设,对于规范各销售网点的经营行为,扩大销售,确保家电下乡政策落在实处不走样,具有十分重要的作用。

1. 建设全面覆盖的零售网络系统

根据《实施意见》的精神,按照“方便购买,适度竞争”的要求,加快在全市各乡镇(含涉农街办、下同)备案核准一批家电销售网点。在数量上,一般乡镇备案核准综合性家电销售网点数在 2 个左右,对撤乡并镇后,范围较大乡镇可适当增加备案核准 1 ~ 2 个,总体实现全面覆盖。申请备案网点要符合《实施意见》规定的备案标准,同时综合性家电销售网点营业面积要在 50 平方米以上。三大通讯运营商销售网点不得小于 40 平方米。

2. 建设规范运作的网点经营系统

规范的零售网点是实施家电下乡政策的基础,要认真抓好备案核准网点达标工作。经过备案核准的销售网点要在商店醒目处悬挂"家电下乡指定店"牌子,以方便农民消费者识别;要在店内设置家电下乡产品销售专区、专柜,并有明显的导购标志,以方便农民消费者选购;要主动借助各种形式,宣传家电下乡的政策与操作办法,以方便农民消费者掌握;要切实做好售前、售中和售后服务工作,通过商品介绍、现场示范、售后送货上门、帮助安装调试、指导其正确使用和落实"三包"服务措施等,让农民消费者愉快选购,舒心使用。要及时为农民消费者出具销售发票,并在规定时间内将相关销售信息录入家电下乡信息管理系统,以保证农民消费者能及时领取财政补贴。

3. 建设优胜劣汰的网点调节系统

销售网点备案核准不搞"终身制",要通过严格的监督考核,建立能进能出优胜劣汰的调节机制。对不能严格执行家电下乡政策,不能很好地组织经营活动,不能切实为广大农民消费者提供良好服务,农民消费者普遍反映不满意或投诉较多的销售网点,经限期整改仍达不到要求的,要撤销其备案核准网点的资格。要吸收一批符合《实施意见》规定的标准、经营服务实绩较好、农民消费者满意的销售网点加入到家电下乡工作中来,始终保持家电下乡销售网络系统的健康与活力。

四、深入推进家电下乡商品流通系统建设

家电下乡商品流通系统是保证销售网络系统正常运行的重要支撑。各地要抓住各中标流通企业驻当地经营机构(下简称流通企业),加快商品流通系统的建设与提高,切实保障家电市场供给,扩大销售。

1. 建立运转高效的家电流通系统

各地要加强督促各流通企业积极组织家电下乡产品货源,及时供应并配送到全市各家电下乡销售网点,做到货畅其流;指导流通企业加快与各销售网点建立联系制度,及时掌握市场动态和商品供求情况,搞好市场分析,制定要货计划,及时向生产商落实供货协议;协调流通企业通过采购、调度、配送、专供等经营手段,调节地区间市场供需平衡,保证市场供应不断档,不脱销。督促各流通企业按照《扬州市〈零售商促销行为管理办法〉实施细则》积极组织促销活动,进一步活跃农村家电市场。会同流通企业加强对销售网点的管理和业务培训,指导各销售网点严格执行家电下乡价格、销售政策,约束销售网点不得擅自提高价格,不得搭售或变相搭售非家电下乡产品。各流通企业不得向非备案网点供应家电下乡商品,扰乱家电下乡市场秩序。

2. 建设配套周到的售后服务系统

各流通企业要切实履行中标承诺,建立和完善分布均衡、服务快捷的售后服务机构,形成运行可靠的售后服务网络;要严格执行"三包"规定,认真做好退、换、修等方面工作,切实解除农民消费者的后顾之忧。要建立定期回访制度,开展不定期巡回服务维修活动,及时帮助农民消费者排除困扰;要适时在镇、村举行售后服务专场活动,通过现场演示,现场服务,扩大家电下乡售后服务系统的覆盖面。

3. 建设机制灵活的家电代理系统

当前家电流通普遍实行划区域代理体制。在家电下乡的新情况下,各地要帮助、协调各流通企业顺应形势变化,及时调整流通代理模式,积极研究制定支持家电下乡工作的新型代理机制,采取专项代理或专供、特供模式,保证各种品牌的家电下乡商品在同一个销售网点里均有供应,扩大农民消费者的挑选空间。

4. 大力实施品牌战略,发展连锁经营

针对当前对家电下乡销售网点管理比较松散的情况,各流通企业要切实承担起推荐责任,充分

发挥自身品牌的优势，根据连锁经营的要求，制定统一的经营服务规范，统一策划与组织家电下乡经营活动，增强核心企业的向心力与凝聚力，逐步实现对销售网点连锁经营管理，努力培育一批大型的家电流通龙头企业，使家电下乡工作在连锁化经营的轨道上又好又快发展。

五、深入推进家电下乡监督管理系统建设

充分运用行政和市场双重力量，加快建设完善的多层面市场监管系统，是家电下乡工作规范运行的重要保证。

1. 建设监管有力的行政监督系统

要切实加强对家电下乡市场体系建设的领导。市家电下乡工作推进组是我市实施家电下乡工作的领导机构，全面指导协调家电下乡各项工作，督促全市家电下乡市场体系建设工作。各县（市、区）家电下乡推进组，要切实担负起本地区家电下乡市场体系建设的任务。各级推进组成员单位要加强沟通与协作，根据工作职能分工，切实加强对建设家电下乡市场体系的指导与监督。

商贸部门要严把网点备案关，加强对核准销售网点和中标流通企业的指导、监督与检查，重点抓好网点规范、市场购销、信息登录和售后服务的监管，要与中标流通企业和销售网点签订三方责任书，明确责任和义务，并定期组织检查，保证家电下乡市场体系规范有序运行。财政部门要严把财政补贴政策执行关，加强对备案网点登录销售信息审查，对不符合条件的购买人，除不予通过外，还应会同相关部门，采取追溯措施，坚决打击采取欺骗手段套取国家补贴的违规行为。工商部门要加强对市场的监管，维持正常的家电下乡市场秩序，对非备案核准网点打着家电下乡的幌子，欺骗农民消费者的行为要严肃查处坚持打击。质监部门要加强对家电下乡产品的检查与监督，严防假冒伪劣商品流入家电下乡流通系统，让广大农民消费者买得放心。国税部门要加强指导家电下乡流通企业和销售网点执行国家相关法律与政策，并依据相关政策提供税票服务。公安部门要积极指导、帮助销售网点做好户籍确认工作，维护正常的治安秩序。宣传部门要加强对家电下乡政策宣传，指导流通企业和新闻媒体通过专栏、专访、专题和专项活动等形式，让广大农民消费者了解政策，认识规范的家电下乡市场体系，采取正确的购买行动。

各乡镇政府要建立家电下乡市场监管员制度，指定专人负责，对辖区内家电下乡销售网点实施常态化监管，重点监督销售网点的政策执行和规范经营情况，保证家电下乡工作有序运行。

2. 建立严密靠实的目标管理系统

市政府将把家电下乡工作目标，列入对各县（市、区）政府工作目标考核范围，实施目标管理。各地、各单位也要将目标逐级分解落实到基层，考核到一线。各级家电下乡工作推进组办公室要实施对流通企业和销售网点的目标管理与考核，重点考核政策执行、销售业绩、优质服务、信息登录和门店规范等项目，建立销售网点经营服务档案，并进行常年跟踪监控，作为年度优胜劣汰的重要依据。

3. 建立公众监督的投诉处理系统

建立自上而下的投诉系统。市和各县（市、区）家电下乡推进组办公室都要设立并向社会公布投诉电话和投诉信箱，受理广大农民消费者的投诉。各流通企业也要设立服务热线、投诉电话与投诉信箱，接受社会监督，为消费者排忧解难。对来自社会方方面面的投诉，各地、各部门和各流通企业要认真对待，积极受理，属于家电下乡方面的问题，要及时调查处理，能及时解决的要迅速解决到位，对暂时不能解决或不能解决的问题要提出处理方案或作出说明，让广大农民消费者消除疑虑。对不属于家电下乡方面的问题，要做好政策宣传和相关解释工作，让整个家电下乡工作在公开、透明、规范、健康的环境中深入推进。

三 淮安市政府文件

淮安市关于大力推进知识产权战略的实施意见

为贯彻落实省政府《江苏省知识产权战略纲要》精神，大力推进全市知识产权战略，增强我市知识产权创造、运用、保护和管理能力，加快创新型淮安建设，现提出如下实施意见。

一、进一步推动知识产权创造

1. 强化企业知识产权创造作用。积极支持和引导创新要素向我市企业集聚，建立以企业为主体、市场为导向、产学研相结合的自主知识产权创造体系，支持企业通过原始创新、集成创新和引进消化吸收再创新，形成自主知识产权。进一步提高企业把创新成果转变为知识产权的能力。推动企业知识产权信息平台建设，鼓励支持企业建立专业化专利、商标信息数据库，充分利用专利文献和商标资源，在科技创新、产业升级、提升企业核心竞争力等方面的作用。提高知识产权创造水平和质量，促进企业技术创新与知识产权和实现市场价值有机结合。将知识产权创造拥有情况作为科技项目立项、科技奖励的重要指标和条件，纳入科技计划实施评价体系和国有企业绩效考核体系。把知识产权的创造和拥有情况作为认定高新技术企业、企业技术中心和工程中心的重要内容。在全市实施知识产权优势企业培育工程，重点培育具有自主知识产权关键技术、核心技术、竞争力强的优势企业，具有较高国内外知名度的自主商标和名牌产品。

2. 积极鼓励群众性发明创造。大力弘扬创业创新创优精神，在全市深入开展以小发明、小革新、小改造、小设计和小建议为内容的"五小"活动，组织开展优秀专利发明企业、优秀专利发明人、技术革新能手、"巾帼发明家"评选活动，进一步激发全社会发明创造热情，推动群众性发明创造活动的广泛开展。在学校大力推进创新教育，开展中小学生发明创新竞赛和青少年发明家评选活动，提高学生创新技能和实践能力。

3. 推进地方产业自主知识产权创造。围绕加快培育特钢、电子信息、盐化工新材料三大主导产业，创造一批关键核心技术的自主知识产权，增强主导产业发展支撑能力；围绕引导发展新能源、新医药二个高新技术产业，创造一批形成跨越式发展优势的核心知识产权，引领高新技术产业的高起点发展；围绕改造提升机械、纺织、食品、建材四个传统产业，创造一批改进技术的自主知识产权，增强传统产业发展后劲；实施农业新品种培育创新工程，加快农业品种改良和新品种培育，获取一批植物新品种权。加强工业品设计创新，创造一批消费者青睐、具有市场竞争力的外观设计专利。推动文学艺术作品创作，增强文化产业核心竞争力。以主导产业、传统产业和高新技术产业为重点，培育一批以核心专利为支撑、具有较高国内外知名度的商标。

二、进一步促进知识产权运用

1. 促进专利技术产业化。完善促进知识产权转移的政策措施，进一步强化市科技项目资金的知识产权导向，对核心技术或关键技术取得重大突破、具有自主知识产权的创新成果转化给予重点支持。加大对专利技术转化的扶持力度，市本级“专利转化专项资金”形成逐年增长的机制。各县（区）都要设立“专利转化专项资金”。对中小企业、民营科技企业以及发明人创业的专利技术实施给予重点支持，促进一批具有良好市场前景和竞争优势的专利技术产业化。

2. 促进企业商标应用。进一步提高企业应用商标的意识，支持企业大力发展品牌连锁经营、专卖经营，建立符合现代流通发展趋势的自主品牌销售模式，扩大自主商标的市场覆盖面。强化企业合资、合作中的自主商标导向，支持企业应用自主商标参与合资、合作，引导定牌加工企业逐步向使用自主商标转变。加强高新技术领域自主商标培育，提高高新技术领域自主商标的比重。推进产业集群商标和区域品牌集群建设，促进地方特色产业发展。大力培育具有地理标志特征的农副产品商标，不断提高优良品种、无公害农产品、绿色食品和有机食品注册商标使用率。鼓励企业利用国内外知名展会对出口品牌进行重点宣传，加大对自主商标出口的扶持力度，提高自主商标国际知名度和影响力。

3. 促进版权产业发展。加快发展新闻出版、广播影视、音像制品等文学艺术、文化娱乐、广告设计、工艺美术、计算机软件、信息网路特色版权产业，培育拥有自主版权、多元化投资以版权为主体的企业，逐步形成版权产业优势。加快发展软件产业，加强软件园区建设，大力发展具有自主知识产权的软件产品。完善制度，促进版权市场化，进一步完善版权质押。作品登记和转让合同备案制度，拓展版权利用方式，降低版权交易成本和风险。充分发挥版权集体管理组织。行业协会、代理机构等中介组织在版权市场化中的重要作用。

4. 促进植物育种成果转化为新品种权。认真落实国家品种权利用政策，协调资源提供者、育种者和生产者之人间的利益关系，加强新品种推广应用和对农民合法权益的保护，形成有利于新品种推广的品种权益分享机制。围绕建设“高产、优质、高效、生态、安全”农业，形成促进品种权转化的政策导向和激励机制。加快地理标志规范体系建设和地理标志资源开发利用，大力发展具有地理标志特征的特色农副产品产业，促进农业生产和经营规模化、集约化、产业化，实现农业增效、农民增收。

5. 促进知识产权综合运用。积极引导和推动企业运用各类知识产权，加强专利、商标、版权以及特定领域知识产权的协调运作。实施专利和商标双轮驱动战略，充分发挥专利技术支撑和商标市场价值作用，以加强专利保护推动技术创新，以培育知名商标提升产品附加值，实现技术创新专利化，专利成果品牌化。

三、进一步强化知识产权保护

1. 完善知识产权保护机制。加强知识产权行政执法体系建设，规范执法行为。完善举报制度，简化举报程序，方便群众投诉。推行案件限期审结制、办案责任追究制，提高执法效率和质量。推行行政执法阳光办案，严格依法行政。加强知识产权行政执法以及司法审判和执行能力建设，提高执法、司法专业技术水平。完善司法鉴定、人民陪审员制度，建立技术鉴定、技术调查、专家证人、专家顾问制度。加强行政执法、司法保护部门合作，建立健全重大案件会商通报制度、行政执法与刑事司法之间的案件移送制度。建设全市执法协作信息平台。建立统一受理知识产权民事、行政和刑事案件三审合一的知识产权法庭，探索建立集中统一的知识产权执法机制，提高执法效率和水平。

2. 依法惩治和遏制知识产权违法犯罪及侵权行为。加大刑事、行政执法力度，严厉打击盗版、假冒、冒充等知识产权违法犯罪行为。有计划、有重点地开展知识产权执法专项行动，对知识产权违法犯罪案件高发的重点行业、领域和地区，以及反复侵权、群体性侵权和大规模假冒、盗版等行为，开展集中整治，涉嫌犯罪的移送刑事执法机关处理。加强知识产权海关保护，加大海关执法力度，提高海关查获侵权货物的能力，支持企业办理知识产权海关备案，有效利用海关知识产权备案和执法系统制止侵权货物进出境，提高我市出口商品和企业的声誉。完善展会监管机制，加强对各类展会的知识产权监管。加大司法保护力度，发挥诉前禁令、财产保全、证据保全、先予执行、强制执行等措施在打击知识产权侵权方面的积极作用，对恶意侵权、重复侵权以及情节严重、影响恶劣的案件加大惩处力度，降低维权成本，提高侵权代价。积极研究和完善网络域名、生物技术、地理标志产品、民间文艺、非物质文化遗产等特殊知识产权保护措施。

3. 加强知识产权保护监督。推进知识产权执法公开，公开办案程序、案件审理、处理结果。完善重大案件披露制度，及时向社会发布案件投诉及处理情况，接受社会监督。加强人民检察院对涉及知识产权的民事、行政及刑事审判活动的监督。建立知识产权违法侵权企业档案，将故意侵权、反复侵权者纳入企业信用信息系统。推进知识产权“正版正货”服务承诺活动，引导商贸流通企业加强知识产权保护，承诺销售正版正货，主动接受消费者监督。加强知识产权执法机关与行业协会、新闻媒体的沟通与交流，充分发挥社团监督、舆论监督作用，形成政府主导、行业自律、社会各界广泛参与的知识产权保护监督机制。

4. 建立知识产权预警与维权援助机制。建立知识产权预警应急机制，建设专利分析数据库，制定专利预警指标体系，定期发布重点技术领域、行业知识产权发展态势报告和商标保护报告，对可能发生的知识产权侵权提出预警，及时控制和组织应对。建立健全维权援助工作机制，帮助市场主体依法应对知识产权侵权纠纷，对维权确有困难的知识产权权利人给予法律援助和经费补助。加强对国际知识产权制度及规则的研究，建立科学决策、快速反应、协同运作的涉外知识产权纠纷应对机制，重点对中小企业和涉外知识产权纠纷给予援助。鼓励企业、行业和地区建立知识产权维权联盟，形成多元化的维权援助机制。

四、加强知识产权管理

1. 加强知识产权宏观管理。加强各级政府知识产权联席会议制度与工作机制建设，有效发挥统筹规划全市知识产权事业发展、协调解决重大事项的作用。根据经济社会发展需要，县级以上人民政府要设立知识产权管理机构。建立知识产权统计指标体系，定期发布知识产权发展指数，加强对区域知识产权工作的考核评价，促进区域知识产权管理能力不断提升。加强对知识产权中介服务机构和从业人员管理，建立中介机构信用评价和失信惩戒等诚信管理制度，促进知识产权服务业健康发展。

2. 加强企事业单位知识产权管理。制定企业知识产权管理标准，实施企业知识产权管理标准化工程，引导企业全面加强专利、商标、版权、商业秘密等知识产权管理。加强服务外包企业在业务流程、网络传输以及人员变动等环节的知识产权和信息安全保护。制定外贸企业知识产权管理工作指导意见，促进外贸企业加强研发、生产、销售和服务等环节的知识产权管理，引导和推动重点外贸企业实施知识产权战略，合理运用知识产权制度参与国际市场竞争。加强高校、科研机构知识产权管理，推进高校、科研机构知识产权管理制度建设和能力建设。

3. 加强对经济科技及文化等活动的知识产权管理。强化知识产权在经济、科技、文化政策中的导向作用，对各级政府投资或支持的重大技术和装备引进、技术改造等项目实施知识产权审议，防范和降低知识产权风险；对涉及国家利益并具有重要自主知识产权的企业并购、改制、合资以及技术出口等活动，进行相关知识产权监督，避免知识产权流失和危害国家安全。建立重大科技项目知识产权工作机制，对重大科技研究、重大科技成果转化项目进行知识产权检索、分析和论证，以知识产权获取和保护为重点开展全程跟踪服务，避免无效研究和侵权。加强文化、教育、科研、卫生等政策与知识产权政策的协调衔接，保障公众在文化、教育、科研、卫生等活动中依法合理使用创新成果和信息的权利。

五、健全知识产权服务体系

1. 提高知识产权公共服务能力。加强专利受理、审查机构和版权登记机构建设，满足日益增长的服务需求。加强知识产权信息服务能力建设，构建集成专利、商标、版权、标准、植物新品种、集成电路布图设计等信息的知识产权公共信息服务平台。鼓励社会资金投资知识产权信息化建设，开发满足行业和企业需求的专业信息数据库，为企业自主创新、产品出口、技术引进、应对纠纷等提供服务。

2. 发展知识产权服务机构。支持知识产权代理、交易、咨询、评估、法律服务等服务机构发展。推动知识产权服务机构经营方式和管理制度建设，加强人才培养和引进，完善服务功能，培育服务品牌，开展专业化、特色化经营。规范知识产权服务执业行为，取缔非法代理，发挥知识产权法律服务在知识产权运用和管理中的保障促进作用。引导和扶持企业知识产权联盟、行业协会、知识产权社团开展知识产权服务。

3. 推进知识产权市场建设。充分发挥技术市场作用，开展面向国内外的知识产权交易活动。积极运用现代网络技术，重点建设市、县联动、覆盖全市、面向国内外的知识产权展示交易平台，推进知识产权交易信息集成和交易服务集成。加快资源整合，建设网上交易与现场交易相结合的知识产权贸易市场，吸引国内外知识产权成果向我市转移。加强知识产权市场与金融市场、产权市场的衔接，促进知识产权成果转化。

4. 抓好知识产权区域试点示范工作。以县（区）、经济开发区为主体，实施知识产权区域试点示范推进计划。支持各县（区）、开发区争创国家、省知识产权示范城市、县（区）和示范园区，引导和支持有条件的县（区）参与国家知识产权强县培育工程。推进试点示范区域全面加强知识产权管理、服务体系建设，成为自主知识产权产出密集区、转化集聚区、管理与保护示范区。提升承接知识产权转移和引进消化吸收再创新能力，促进经济跨越发展。

六、保障措施

1. 加强组织领导。各县（区）各部门要将知识产权战略实施工作纳入重要议事日程，制定并实施地区和行业知识产权战略。各级政府要保证知识产权工作必需经费，引导企事业单位加大知识产权工作经费投入，保障知识产权工作有效开展。市县、（区）设立知识产权联席会议制度。知识产权联席会议具体承担战略实施组织工作，制定专项行动计划，及时研究解决战略实施过程中出现的新情况、新问题。建立知识产权战略实施绩效评估指标体系，督促指导各地各部门认真实施知识产权战略，确保各项任务落到实处。

2. 加大政策支持力度。加强产业、区域、科技、贸易、人才等政策与知识产权政策的衔接。允许企事业单位将当年实际发生的知识产权经费全额计入管理费用。知识产权中介服务机构从事技术转让、技术开发和与之相关的技术咨询、技术服务业务所取得的收入，其技术交易合同经登记后可免征营业税和教育费附加。知识产权中介服务机构在代理业务中代收代缴的各类国家规费，在计算营业税基数时予以扣除。对企业开发的具有自主知识产权的重要装备和产品以及获得驰名商标、著名商标、中国名牌、江苏名牌认定的商品和服务，符合政府采购规定的，予以优先采购。对关系国计民生与重大公益性专利采用政府购买的方式予以鼓励和支持。加大专利申请资助力度，市、县（区）财政设立专利申请专项补助资金，对企事业单位和个人的专利申请费、实审费给予补贴。制定知识产权质押、融资等配套政策，支持金融机构开展知识产权质押贷款业务，鼓励和引导各类金融机构、风险投资、创业投资基金及社会资金加大对知识产权成果转化、知识产权信息开发利用、知识产权服务的投入力度。

3. 建立奖励机制。对获得优秀专利奖项目单位、优秀专利发明人以及获得著名商标、江苏名牌、江苏质量奖的企业、通过企业知识产权管理标准认证的企业给予奖励。加大职务发明奖励力度，专利权所有单位对外转让专利权取得的税后收益，可提取不低于20%的比例奖励发明人或设计人。自行实施的发明、实用新型专利实施后可每年从税后收益中提取不低于5%、外观设计专利实施后可每年从税后收益中提取不低于1%作为发明人或设计人的报酬。

4. 加快人才队伍建设。将知识产权高端人才培养纳入省、市高层次人才培养工程。大力培养或引进具有较高素质的知识产权服务人才，具有较高知识产权专业知识的管理人才，具有较强知识产权管理运用能力的企业知识产权工程师，以适应知识产权管理与服务需求。建立长效培训机制，对知识产权管理、服务及企事业单位工作人员实施分类培训。加快知识产权后备人才培养，建立知识产权人才引进机制，将知识产权高端人才引进纳入我市创新创业人才引进计划，积极吸引海内外知识产权高端人才。

5. 培育知识产权文化。将知识产权宣传纳入五年普法、科普宣传计划，在精神文明创建活动中增加有关知识产权的内容。在中小学开展知识产权基础知识教育，在各级党校和行政学院开设知识产权课程，推进面向企业、科研院所的知识产权普及教育，增强全社会知识产权意识，培育尊重知识、崇尚创新、诚信守法的知识产权文化，形成有利于知识产权创造保护的良好社会氛围。

淮安市关于建立新型农村社会养老保险制度的实施意见

建立健全农村社会养老保险制度，对于统筹城乡发展，构建和谐社会，逐步解决农村居民老有所养问题，促进农村经济发展，维护农村社会稳定，具有重要而深远的意义。近年来，我市部分县区积极开展新型农村社会养老保险制度试点，取得了初步成效。为进一步完善农村社会保障体系，更好地解决农村居民老有所养问题，根据省委、省政府《关于切实加强民生工作若干问题的决定》（苏发〔2008〕14 号）和省政府《关于建立新型农村社会养老保险制度的指导意见》（苏政发〔2008〕105 号）精神，现就建立我市新型农村社会养老保险制度（以下简称新农保）提出以下意见。

一、指导思想

以邓小平理论和“三个代表”重要思想为指导，坚持科学发展，深入贯彻落实中共十七大和十七届三中全会精神，按照统筹推进城乡社会保障制度建设，完善农村社会保障体系和构筑农村四条保障线的要求，坚持因地制宜、分类指导、由点到面、分步推进，用四年左右的时间，在全市逐步建立起与经济社会发展水平相适应，与城乡社会保险制度相衔接的新农保制度，切实保障农村老年居民的基本生活。

二、总体目标和部署安排

（一）目标定位

从今年开始到 2012 年，用 4 年左右的时间在全市基本建立起与农村经济发展水平相适应，与其他社会保障措施相衔接，农民个人缴费、集体补助、政府补贴多元筹资的新农保制度，确保农村老年居民基本生活有保障。

（二）步骤安排

1. 2009 年各县区（不含市经济开发区、清河区，下同）按照本意见的要求制定和完善新农保办法，及时启动新农保试点，新启动试点的县区（乡、镇）覆盖率年内不低于 20%。已完成试点工作的金湖、盱眙、清浦等县区面上要全面推进。

2. 2010 年县区在完成试点工作的基础上要全面推进制度覆盖面，努力实现参保率达到 40% 的目标。

3. 2011 ~2012 两年的时间实现基本覆盖，使应保人的参保率达 60% 左右。各县区要进一步完善新农保各项配套制度，逐步解决新农保与老农保、新农保与被征地农民基本生活保障、新农保与农村居民最低生活保障、新农保与企业职工基本养老保险等制度衔接问题。

三、基本原则

（一）坚持政府主导，权利和义务相对应的原则，建立农村居民个人缴费、集体补助、政府补贴相结合的筹资机制，多渠道筹集新农保基金。

（二）坚持保障基本生活的原则，确保参保人员进入老年后享有与当地经济发展水平相适应的养老保险待遇。

（三）坚持新农保基金收支平衡的原则，规范基金征缴、管理和发放工作，确保可持续发展。

（四）坚持城乡社会保障制度统筹安排的原则，逐步形成新农保与现行农村社会养老保险，被征地农民基本生活保障，企业职工基本养老保险等制度相衔接的制度框架。

四、覆盖范围和参保对象

凡本市户籍农村居民男16周岁至未满60周岁、女16周岁至未满55周岁的以务农为主（包括农林牧渔业）人员，以及暂不具备条件参加企业职工基本养老保险的农村其他各类经济组织和人员（全日制学校在校生除外），均应参加新农保。

五、制度模式

新农保主要采取社会统筹和个人账户结合的“统账结合”模式。个人缴费部分全部划入个人账户；政府补贴、集体补助按一定比例划入个人账户，划入个人账户的比例由地方政府确定，其余部分全部纳入社会统筹基金。统筹基金按实计息，个人账户储存额按照不低于人民银行公布的城乡居民1年期定期存款利率的利息计息（具体计息利率按省政府规定执行）。

六、基金筹集

新农保基金的筹集，采取个人缴费、集体补助、政府补贴的筹集机制。根据我市实际，现阶段一般按照个人承担缴费总额80%，县、区级财政补贴不低于10%，乡镇财政补贴10%，随着经济发展逐步调整。乡镇财政不足的由县区财政支付。具体筹资分担比例由各县、区政府确定。鼓励村级农村集体经济组织给予适当补助，村级集体补助进入个人账户。

新农保缴费基数一般以当地上一年农民人均纯收入为基数。（具体缴费基数由各县、区政府确定）。参保人员应按不低于缴费基数15%的比例按年缴纳新农保保费。

七、待遇享受

（一）按规定足额缴纳养老保险费，累计缴费年满15年以上（含15年）的男满60周岁、女满55周岁的参保人员按月享受基本养老金。

（二）参保人员达到领取养老金年龄，但不足规定缴费年限的，可以继续缴纳养老保险费，推迟享受基本养老待遇的时间；也可以采取向前补缴养老保险费的办法，补足规定的缴费年限（补缴年限最多为5年）后，再享受基本养老保险待遇。已参加过老农保的，个人账户基金余额可按新农保缴费标准折算成交费年限，不足部分可以自行补缴（补缴时间和补缴标准由各县区政府确定），待到达领取年龄时，按照新农保计发办法计发待遇。

（三）新农保养老金实行社会化发放，领取人按月到指定机构领取。参保人在缴费期间死亡的，其个人账户储存额一次性支付给其法定继承人或指定受益人；参保人员在领取期间死亡的，其个人账户余额一次性支付给其法定继承人或指定受益人。

（四）建立健全养老保险待遇正常调整机制。根据各地经济社会发展状况，农村最低生活保障标准调整和农村居民基本生活费用价格指数的变动等因数，正常调整新农保待遇水平。具体调整方案由各县区政府确定。对参加老农保已领取养老金的，政府应筹措资金，适度提高待遇。具体办法由各县（区）政府确定。

（五）结合新农保制度的建立和实施，探索试行对农村无社会保障老年居民的养老补贴。有条件的地区可对新农保制度实施前男年满 60 周岁、女年满 55 周岁，且家庭直系亲属已按规定参加新农保或企业职工基本养老保险的农村无社会保障老年居民给予养老补贴。具体办法由县（区）政府制定。

八、计发办法

参保人员按月领取的养老金由基础养老金和个人账户养老金组成。其中，基础养老金可按当地上一年农民人均月纯收入的 10% 计发，（缴费年限须满 15 年，以后每满一年加发 0.5%），有条件的地区可适当提高比例标准，个人账户养老金的计发参照《国务院关于完善城镇企业职工基本养老保险制度的决定》（国发〔2005〕38 号）有关规定执行。

九、基金管理

（一）新农保基金纳入同级社会保障基金财政专户，实行收支两条线管理。新农保基金必须专款专用，不得列支管理费、银行手续费等支出，任何部门不得挤占、挪用或平调。基金除按规定预留必要的支出外，全部存入银行或购买国债，所得收益全部纳入基金。

（二）新农保基金以县级为统筹单位，实行预决算制度。县级劳动保障部门要会同同级财政部门编制新农保基金年度收支预算，报同级人民政府批准后执行，并将年度决算表报上级主管部门审核。财政部门要根据新农保基金用款计划，定期将资金划拨到农保经办机构在银行开设的“新农保基金支出户”，确保基本养老金按时足额发放。“新农保基金支出户”的开设，须经财政、劳动保障部门共同批准。

（三）各县区农保经办机构要严格执行新农保基金财务、会计、统计、稽核等管理制度，定期向劳动保障行政部门、财政部门报送财务、统计报表，及时向社会公布基金收支运行情况，接受财政监督、审计监督和社会监督。

（四）建立健全新农保管理信息系统，参保人员的参保登记、缴费申报、业务核算、待遇支付、账户查询等管理服务项目全部纳入信息系统管理，实现业务流程和经办服务的规范化，为参保人员提供方便、快捷的服务。

（五）各地要按照社保基金的监管要求，切实做好新农保基金监管工作，确保基金的安全完整。对贪污、挪用基金或由于渎职造成基金损失的责任者，按有关规定严肃处理，触犯刑律的移送司法机关处理。对多领、冒领养老金的，追缴有关当事人的非法所得，涉嫌犯罪的移交司法机关依法处理。

十、组织领导

（一）加大统筹协调力度。各级政府要按照深入贯彻落实科学发展观的要求，把建立新农保制度作为统筹城乡发展、促进社会主义新农村建设的重要内容，列入当地经济社会发展规划，制定完善具体实施办法，采取有力措施扎实推进。劳动保障部门要会同财政等部门做好新农保政策制定工作。劳动保障部门负责新农保制度的组织实施和基金征缴发放管理，财政部门负责新农保基金的监督管理，审计部门负责对农保基金的审计监督，监察、农林、税务、统计等部门要按照各自职责共同做好工作，努力形成齐抓共管的合力。

（二）加快推进制度覆盖。尚未建立新农保制度的县区应积极进行试点，在试点基础上加大制度建设和组织实施力度，逐步扩大覆盖范围。已建立新农保制度的地区要进一步完善政策、规范管理，不断提高制度建设水平。各地在推行新农保制度过程中，可采取折算、补差等办法，妥善处理农村社会养老保险新老办法及与其他社会保险制度的衔接问题。

（三）加强经办机构能力建设。充分利用现有资源，建立健全新农保经办机构和基层服务平台。

开展新农保的地区要将经办机构的人员和工作经费纳入同级财政预算，确保新农保工作规范开展。加强农保工作人员队伍建设，不断提高政治业务素质。完善各级农保经办机构设备设施，健全各项内部管理制度，切实增强管理能力和服务效能。

（四）做好新农保宣传工作。各地要通过多种形式，广泛宣传建立新农保制度的目的意义和政策规定，引导广大农村居民确立互助共济的观念，了解、支持并积极参加新农保。采取政策引导、优化服务等综合措施，提高农村居民参保的积极性。认真总结推广新农保制度建设经验，及时研究解决工作中出现的新情况新问题，积极稳妥地推进新农保事业健康发展。

淮安市关于进一步加强教师队伍建设的意见

教师是教育事业的第一资源和核心要素。切实加强教师队伍建设，对于实现教育事业科学发展、跨越发展，对于实施科教兴市和人才强市战略都具有重大而深远的意义。基于我市中小学教师队伍结构和整体素质与促进教育均衡发展、基本实现教育现代化的目标要求不相适应，与人民群众日益增长的教育需求还存在差距的实际状况，现就2009~2011年间进一步加强我市中小学教师队伍建设提出如下意见：

一、进一步明确教师队伍建设的指导思想和目标任务

（一）指导思想

以科学发展观为指导，贯彻落实中共十七大、十七届三中全会以及《省政府关于进一步加强师资队伍建设的意见》（苏政发〔2007〕125号）精神，以激发广大教师教书育人的积极性为出发点，以加强教师教育和岗位培训为重点，创新机制，优化结构，提高质量，努力建设一支结构合理、师德高尚、学识底蕴较为深厚、具有现代教育教学素养的师资队伍，为推动我市教育事业又好又快发展，促进教育公平与均衡，办好人民满意的教育提供智力支持和人才保障。

（二）总体目标

1. 教师队伍结构合理。幼儿园、小学、初中、高中教育的师资队伍学段、区域、学科结构趋于合理，中等职业教育专业课教师中“双师型”教师的比例达50%以上。

2. 教师学历层次普遍提高。幼儿园、小学教师中具有专科及以上学历的比例分别达50%、70%以上，初中教师中具有本科及以上学历的比例达60%以上，高中、中等职业学校教师中具有研究生学历或硕士学位的比例达5%以上。

3. 教师队伍素质明显增强。广大教师具有高尚的师德品行、先进的教育思想、较高的教学水平，适应教育基本现代化的需要。

4. 名师队伍建设成果显著。实施“百千万名师培养工程”，培养100名左右特级教师，1000名左右学科带头人和10000名左右骨干教师后备人才，名师的引领、示范、辐射作用凸显。

5. 教师的合法权益得到有效保障，教书育人的积极性、主动性普遍提高。

二、健全师德激励机制，进一步提高教师职业道德水平

（一）加强师德师风教育。深入贯彻《中小学教师职业道德规范》（以下简称《师德规范》），紧密围绕全面实施素质教育、全面加强未成年人思想道德建设的目标要求，以爱国守法、爱岗敬业、关爱学生、教书育人、为人师表、终身学习为重点，持续开展形式多样的师德教育活动，积极引导广大教师树立崇高的职业理想，全面提高师德素养，做人民满意的教师。健全师德激励机制，定期开展师德模范评选活动，树立师德典型，发挥模范教师的榜样作用，营造师德师风建设的良好氛围。引导和鼓励广大教师到农村、偏远地区为教育事业发展建功立业，对长期在农村任教并做出突出贡献的教师，由政府给予表彰。

（二）规范教师从教行为。坚持依法治教、从严治教，严格按照《中华人民共和国教育法》、《中华人民共和国教师法》、《师德规范》要求，规范教师思想行为和职业行为。对违反《师德规范》的教师，予以批评教育，情节严重的，予以严肃处理。

（三）完善师德监督考评制度。建立学生、家长和社会参与的监督体系，市、县（区）教育行政部门和学校要设立"师德师风举报电话"，严格执行教师职业道德"一票否决制"，把师德表现作为教师工作业绩考核、职务评聘和评先评优的重要依据，将师德建设作为学校办学水平的重要指标。

三、建立教师招聘和交流机制，促进义务教育师资均衡配置

（一）建立教师公开招聘制度。坚持凡进必考、择优聘用原则，全面推行中小学新任教师公开招聘制度。县（区）教育行政部门负责编制本辖区所属中小学新教师招聘计划和方案，报同级人事行政部门核准。公开招考新教师的考试科目、内容和方法要符合教育教学规律与教师职业特点，把热爱教育事业的优秀人才选拔到教师队伍中来。严禁录用未取得相应教师资格的人员担任教师。

（二）建立义务教育师资校际交流制度。各县（区）要结合义务教育学校实施绩效工资政策，积极探索并逐步完善县（区）域内义务教育师资校际交流制度，合理配置教师资源，推进义务教育均衡发展。县（区）教育行政部门要根据本地实际，组织教师在城镇学校和农村学校、优质学校和薄弱学校之间合理流动。原则上在同一所学校工作满 10 年的教师都要进行交流，每年交流人数要达到应交流人数的 10% 以上。建立义务教育阶段公办学校校长任期制度，5 年为一个任期。在同一所学校任校长满两个任期的必须交流。非义务教育阶段学校参照执行。加强对县（区）域内义务教育师资校际交流工作的管理。县级教育行政部门要根据"政策引导、因地制宜、城乡互动、优弱相济、稳步推进"的原则，制订具体的教师校际交流实施意见，明确校际交流的基本原则、条件、程序和办法等。教师校际交流实施意见要向社会公开，保障广大教师的知情权和监督权；加大宣传力度，积极引导广大教师参与校际交流工作。

（三）完善"以县为主"的教师管理体制。根据《中华人民共和国义务教育法》关于义务教育"以县为主"管理的要求，进一步完善教师管理体制，推动义务教育教师资源均衡配置。各县（区）教育行政部门负责本地区教师资源配置、培养培训、资格认定、职务评聘和考核等工作，促进教育均衡发展。县（区）人事行政部门对本地公办学校教师队伍建设实施宏观指导和监督。

（四）建立健全教育人才市场。继续采取切实措施，大力推进全员聘任制。为了与社会人才大市场接轨，促进教育系统各类人才的人尽其才、合理有序地流动，市、县（区）要建立健全教育人才市场，起到教育人才蓄水池的作用，以缓解和调节师资供求矛盾。教育人才市场要形成纵横相连的网络，互通信息，为教育人才的储备、流动、使用提供便捷的渠道，充分发挥出"学校补充师资、毕业生寻求就业"的平台作用。

四、完善农村教师补充机制，优化农村教师队伍结构

（一）科学合理核定农村中小学教职工编制。根据高中、初中、小学不同教育层次和不同地域的情况，按照学生数额的一定比例核定农村中小学教职工编制。鉴于农村中小学学生数骤减，小班化教学势在必行的实际，各县（区）在核定编制时还应考虑班级数等因素。对年老体弱、不能胜任正常教学的教师，经本人申请，所在单位同意，主管部门批准，安排提前离岗退养，享受同类在职人员的基本工资待遇。完善编制管理，坚决清理并归还被占用的教职工编制，对各类在编在册不在岗人员要限期归队或解除其与学校的关系。

（二）积极引进优秀大学毕业生到农村任教。根据我市农村学校师资队伍年龄、学科结构不合理，每年因到龄退休等原因自然减员的比例达 4% 的实际，要本着优化结构、提升素质的原则，每年按

照一定的比例补充新任教师，积极引进优秀大学毕业生到农村任教。一是根据农村教育发展需要，对紧缺学科师资的补充实行灵活、特殊的政策。二是积极实施农村学校教育硕士培养工程，充分利用国家农村教育硕士项目的优惠政策，积极鼓励引进的优秀应届师范毕业生报考农村教育硕士。

（三）推进城镇教师支援农村教育工作

1. 实施对口交流，抓好结对帮扶工作。积极实施“三百工程”和“千校万师支教工程”，百所薄弱学校得到优质学校的帮扶，每年选派200名左右城镇优秀教师赴农村支教，100名左右农村教师到优质学校挂职进修。把城镇中小学教师具备1年以上的支教经历作为教师中、高级职务评聘的必备条件。

2. 广泛开展多种形式的短期支教活动。在做好长期稳定的对口支援工作的同时，各地要因地制宜地拓宽支教渠道，发动各方面力量积极参与，开展形式多样、灵活有效的短期支教活动。积极挖掘优质资源开展智力支教。市、县（区）教育行政部门要牵头组织“特级教师巡回讲学”、“学科带头人送教下乡”等系列活动，发挥专家学者、学科带头人和骨干教师的引领辐射作用；要健全和完善支援学校与受援学校之间的校际教研和联片教研制度，加强农村中小学的校本教研、校本培训和校本课程资源的开发，提高农村教师的业务素质和教学水平；要结合农村中小学现代远程教育工程的实施，积极开发优秀教师示范课课件和教学光盘，将城镇优质教育资源送到农村中小学，实现优质教育资源共享。

五、完善教师培训机制，全面提升教师教育教学能力

（一）大力开展教师培训，提高培训的针对性和实效性。加强教育教学研究工作，围绕当前基础教育课程改革存在的重难点问题，对课程与教学管理、课堂教学改革、评价与考试改革、学生学习质量分析与指导、农村学校教育教学质量提升等带有全局性的教育教学问题进行深入研究，将研究成果引入培训课程，使培训课程和内容更加符合中小学需求和教师专业发展需要，增强培训的针对性和实效性。

1. 新任教师岗前培训。新任教师的培训不少于100课时，以促进新任教师巩固专业思想，掌握教学常规，尽快胜任教育教学工作。考核合格后，从下一年度起参加岗位培训。

2. 在职教师岗位培训。全市教师按类别、学科、职称层次等有针对性地参加专业培训，以进一步提高教育教学能力。创新培训模式，坚持因地制宜、以校为本、注重实效的原则，大力开展校本培训；建立教师校本培训考核检查制度，切实落实学校在承担校本培训中的责任；充分发挥教师继续教育远程培训网络等远程教育平台的作用，促进集中培训、远程培训和校本培训的有机结合，提高培训效益。到2011年，每位在岗教师要完成180课时的学习任务。实行班主任、少先队辅导员岗位培训，增强其责任感和使命感。开展现代教育技术能力培训。结合“校校通工程”组织全市中小学教师参加以信息技术与学科教学有效整合为主要内容的现代教育技术技能培训。培训时间不少于50学时。

3. 完善校长任职培训、提高培训和校长高级研修制度。新任校长任职培训时间不少于50学时，在职校长每4年应接受不少于200学时的提高培训，定期举办中小学校长高级研修班。结合我市教育工作实际，切实贯彻理论联系实际、学以致用和讲究实效的原则，积极进行校长培训工作的改革，全面推进我市中小学校长培训工作，培养和造就一批具有现代教育理论素养、先进办学思想、较强组织管理能力的学校管理专家。

4. 学历培训。要激励教师通过自学考试、成人高考等途径进一步提高学历层次，增加必要的知识储备。积极鼓励在职教师攻读教育硕士。

（二）加强培训体系与基地建设，统筹协调培训力量。进一步优化教师培训机构的资源配置，明

确任务职责,加强培训能力建设,提高为广大教师学习进修服务的水平。积极参与省级教师教育网络联盟计划,构建覆盖全市的中小学教师继续教育远程培训网络。不断完善省、市、县三级培训网络。整合县(区)级教师培训、教育科研、电化教育等力量,加强县(区)域内教师和校长培训的组织管理和协调服务。

(三)完善继续教育制度,加大教师继续教育管理和经费投入力度。健全中小学教师继续教育工作体系,建立教师终身学习与职业发展的激励机制,继续实施教师继续教育证书制度,促进教师自觉学习。把接受继续教育情况作为教师年度考核、职务评聘的一项重要内容。各级财政部门要切实按农村中小学校年度公用经费预算总额的5%安排教师培训经费,其他各级各类学校按照不低于教职工年度工资总额1.5%的标准安排教师继续教育经费,并列入财政预算。民办学校举办者也要按不低于本校教职工年度工资总额的1.5%安排教师继续教育经费。加强教师培训经费的管理,实行专款专用,提高经费使用效益。

六、建立教师专业成长培养机制,大力实施“百千万名师培养工程”

(一)制定教师专业成长培养方案。市、县(区)两级教育师资管理部门要制定与国家、省级教育部门接轨的、系统而有层次的教师专业成长培养方案。学校要积极帮助教师制定职业生涯规划,促进教师专业化发展。

(二)大力实施“百千万名师培养工程”。在全市范围内选拔培养100名左右特级教师,1000名左右学科带头人和10000左右骨干教师后备人才,采取集中培训、挂职学习、高级研修等灵活多样的方式加以培养,努力培养和打造一批师德高尚、理念先进、成果显著、深受广大师生拥护的国家和省、市级名师,充分发挥名师在师资队伍建设和提高教育教学质量等方面的引领和示范作用。各县(区)也要积极实施名师、名校长培养工程,促进全市中小学教师和校长队伍整体素质的提升。

(三)建立名师、名校长工作室。鼓励名师和名校长建立网上工作室,并及时更新、管理。特级教师和享受市政府特殊津贴的优秀教师须在市级教育网站上建立工作室,县(区)名师须在县级教育网站上建立工作室。名师、名校长工作室的建立、管理和功能发挥情况作为对其进行考核的重要条件。

七、建立教师合法权益保障机制,充分调动教师工作积极性

(一)落实教师工资福利待遇。健全公办中小学教师工资县级财政统发机制,将义务教育阶段公办学校在编教职工工资经费纳入政府财政预算,按时足额发放,确保教师的平均工资水平不低于当地公务员的平均工资水平。进一步落实医疗、住房等社会保障政策,定期为教师体检,各县(区)应按规定的比例和标准为中小学教师足额缴纳基本医疗保险费和住房公积金。市教育行政部门要会同劳动保障、住房、财政等部门对中小学教师基本医疗保险费和住房公积金落实情况进行督查。在落实义务教育阶段公办学校教师绩效工资的同时,市、县(区)财政部门要考虑平衡其与非义务教育阶段教师工资收入的政策,以维护教师队伍的稳定。

(二)建立优秀教师激励机制。要定期开展优秀教师的评比表彰活动,在评选各级劳动模范时应充分考虑教师群体所占的比例。市、县(区)教育行政部门要制定关于奖励优秀教师的政策,把他们的报酬与他们的实际贡献挂起钩来。要强化分配制度的激励功能,在奖励性绩效工资分配上要拉开优秀教师与普通教师、一线教师与后勤人员之间的分配档次,以稳定优秀教师队伍。

(三)改善农村教师待遇。县(区)域内义务教育阶段农村教师待遇不低于城镇教师。适当提高农村学校(含教学点)中、高级教师岗位的结构比例和农村教师在各级各类评先表彰中的比例。各县(区)要对农村公办学校在编教师通过在职学习取得高一层次学历的给予一定的资金奖励。充分发挥奖励性绩效工资分配的激励与导向作用,向骨干教师倾斜的同时,应该向偏远的农村学校教师

倾斜。

（四）保障民办学校教师合法权益。贯彻落实《中华人民共和国民办教育促进法》，依法保障民办学校教师在业务培训、职务聘任等方面享有与公办学校教师同等权利。民办学校应依照《中华人民共和国劳动合同法》的有关规定，与聘用的教职工订立书面合同，明确双方的权利义务，并按合同规定及时兑现教职工的工资、福利待遇，为教职工足额缴纳养老、失业、工伤、医疗等保险费用。民办学校应参照同类公办学校专业技术职务岗位结构标准，对具备相应专业技术职务任职资格的教师实施聘任。民办学校应当按照《住房公积金管理条例》的规定，为在职教职工足额缴存住房公积金。教育行政部门要会同有关部门加强对民办学校教师合法权益落实情况的督查。

（五）完善教师参与学校民主管理制度。进一步健全学校教职工代表大会制度，保障教职工参与学校民主管理、民主监督的权利和对学校重大事项决策的知情权、参与权。切实推行校务公开制度，执行重大问题议事规则，学校改革与发展的重大决策、学校的财务收支情况、福利待遇以及涉及教职工权益的其他事项，要及时向教职工公布。

八、强化责任落实机制，确保教师队伍建设取得实效

要将教师队伍建设作为教育工作的重点来抓。要根据本意见的要求，结合本地实际，在深入调查研究的基础上，制定加强教师队伍建设规划和相关工作措施，大力营造教师队伍建设的政策环境和社会环境，扎实推进教师队伍建设。教育行政部门要把教师队伍建设放在重中之重的地位，切实抓好各项工作措施的落实。要坚持依法治校、从严治教，切实建立教师管理责任体系，健全教师管理规章制度，明晰职责，落实责任。财政部门要充分发挥公共财政的保障职能，按照教育法律和国家有关规定，为教师队伍建设提供必要的资金支持。编制、人事等部门要在编制和人事政策上给予保障，形成政府统筹、部门分工协作、齐抓共管的工作格局。

校长是学校管理的第一责任人，要全面承担起教师队伍建设管理的职责，进一步建立健全教师管理制度，加强教师职业道德建设，不断规范教师从教行为。市教育督导室要把落实本意见纳入对各县（区）政府、市直属中小学校年度教育工作督导评估的重要内容，督导结果作为领导干部政绩考核、年度考核的重要依据。宣传部门、新闻媒体要大力宣传教育工作所取得的新成绩，宣传优秀教师、优秀教育工作者、师德模范的先进事迹，进一步提高教师的社会地位，在全社会营造更加理解教育、支持教育、尊重教师、关心教师的良好氛围。

淮安市关于进一步促进科技创新创业孵化载体建设与发展的意见

为进一步促进科技创新创业孵化载体建设，大力加快淮安留学人员创业园（淮安市高新技术创新中心）、淮安大学科技园、淮安软件园、南大淮安高新技术研究院等四个科技孵化载体（以下简称“四大科技孵化载体”）的健康发展，更好地发挥其在促进淮安又好又快发展中的积极作用，特提出以下意见。

一、建立统筹协调机制

1. 成立市科技孵化载体建设工作协调小组，统筹各类科技孵化载体的规划、管理、协调、政策制订与落实等。

二、加大对科技孵化载体的扶持力度

2. 对符合条件的科技孵化载体，按有关规定免征营业税、房产税和城镇土地使用税；对符合非营利组织条件的科技孵化载体的收入，按照税法及其有关规定享受企业所得税优惠政策。

3. “四大科技孵化载体”的日常运行费用由原渠道解决，市财政根据财力情况给予适当补贴。

三、优化对科技孵化载体内企业的政策扶持

4. 对“四大科技孵化载体”引进高层次创新创业人才，按照市政府《关于实施高层次创新创业人才引进工程的意见》（淮政发〔2008〕149 号）的规定，由市财政根据不同情况给予资金扶持。

5. 设立市科技创业种子资金，由市财政每年预算安排，重点用于对“四大科技孵化载体”内孵化的处于种子期和起步期的、拥有自主知识产权、符合产业技术政策、创新性较强、技术水平领先、具备一定成熟性、有较好的潜在经济和社会效益并具有较好产业化前景的项目给予资助。

6. 推进科技风险投资机制，重点支持“四大科技孵化载体”内引进的高技术含量、高风险项目，具体由市政府常务会采取一事一议的办法确定。条件成熟时设立科技风险投资资金。

7. 各金融机构对科技创新创业孵化载体内孵化的科技型企业和项目优先给予贷款支持。国有担保机构优先为科技创新创业孵化载体内的孵化企业提供担保服务，针对孵化企业的特征，最大限度降低担保条件和要求，简化担保手续。

8. 市内现有各公共技术服务平台重点面向科技孵化载体内企业提供服务。

9. 各科技孵化载体对入驻企业的注册条件、财税扶持、服务环境等，需根据各自权限和财政体制，自行制订相关政策，进一步优化孵化环境。

市各有关部门和单位应根据本意见精神制订实施细则。各县（区）人民政府可参照本意见制订各自促进科技创新创业孵化载体建设与发展的政策意见。

淮安市关于进一步加快全市开发区建设发展的意见

为贯彻落实省政府《关于进一步提升开发区发展水平的意见》(苏政发〔2008〕12 号),更好地发挥开发区在招商引资、经济发展、体制创新、产业集聚中的示范、辐射和带动作用,全面提升开发区综合实力和竞争能力,特提出如下意见。

一、总体要求与基本原则

(一)总体要求。以中共十七大精神为指导,全面落实科学发展观,以促进经济建设与资源环境协调发展为主线,以发展先进制造业和现代服务业为重点,以体制创新和科技创新为动力,努力实现开发区布局集中、用地集约、产业集聚、结构优化、环境优美、生态良好的发展目标。到 2012 年,全市各省级开发区要努力实现"苏北争先、全省进位"的奋斗目标,经济总量、财政收入、利用外资、固定资产投入等主要经济指标年均增幅要达到 30% 以上,占县(区)比重力争达到 50% 以上,产业集中度达到 70% 以上。市经济开发区要尽快建成国家级经济技术开发区,投资强度达到 180 万元/亩以上、税收贡献达到年 10 万元/亩以上。各县(区)开发区要努力形成 1 ~ 2 个百亿元级的主导产业,投资强度达到 120 万元/亩以上、税收贡献达到年 8 万元/亩以上。

(二)基本原则。一是高水平规划原则。要高起点、高标准编制开发区总体发展规划和产业规划,明确开发区产业定位和功能分区。二是高标准建设原则。加大基础设施投入,完善功能配套,增强招商引资的承载力、吸引力。三是产业集聚升级原则。要根据地区资源特点和现有产业基础,发挥比较优势,优化区域产业结构,形成产业特色。四是体制机制创新原则。各开发区要实行独立的管理体制,进一步完善精简、高效的管理体制和市场化、多元化的运行机制。

二、启动新一轮规划修编工作

(三)坚持城区开发区统一规划。各开发区规划必须符合城市建设总体规划和土地利用总体规划,并实行统一规划管理。要按照新一轮高标准建设新城区的要求,在总体规划指导下进行开发区规划修编工作。

(四)做好环保和生态规划。要着手开展区域环评工作,并及时报省批准。要以生态环境建设为重点,建设资源节约型、生态型园区,保持经济与资源环境的协调发展。

(五)做好产业发展规划。围绕产业集聚目标,对产业布局、产业规模、产业重点等进行科学规划。制定完善服务业发展规划,充分体现生产、生活、生态统筹兼顾。

(六)节约利用土地。要优化土地利用结构和布局,充分挖掘潜力,促进土地节约和集约利用,建设多层、合理的标准化厂房,提高土地利用效益。

三、进一步提升开发区的承载能力

(七)加快基础设施建设。要继续加大对开发区建设发展的投入,2009 年底前完成开发区污水处理厂、集中供热中心、自来水及其配套管网建设,2010 年前要实现“九通一平”。

(八)完善功能配套。市经济开发区要加快出口加工区、保税仓库、物流园、留学生创业园、软件园、大学科技园、高新技术研究院等功能园区及科技孵化载体建设和设施配套。县(区)开发区要大力发展现代物流、商贸商务、中介服务等现代服务业,积极创造条件设立海关直通点、商检报检点等特殊功能区,为企业提供高质量、低成本的社会化服务。

四、重点培育特色产业

(九)培育主导产业。各开发区要突出 2 ~3 个重点发展的主导产业,构建以主导产业为核心,配套合理的产业集群。要制定—3—出产业发展规划,明确产业选择,结合比较优势,科学规划产业链及上下游产品。

(十)创办特色园区。要坚持重点领域形成特色,重点产业形成规模,体现工业发展的规模效益和聚集效应,形成特色产业链,建设特色产业基地。各开发区都要在 2010 年前创建 1 ~2 家省级特色产业园。积极创立中小型科技企业孵化中心,构建中小型科技企业的孵化服务体系。

(十一)推动南北共建。积极策应省委、省政府南北园区合作共建的战略部署,按照“自由结对,共建双赢”的原则,主动对接,做优环境,搞好服务,力争 2009 年全部完成结对工作。

五、切实强化招商引资工作

(十二)加强专业招商队伍建设。各县(区)要整合招商队伍,壮大开发区招商力量。成立主导产业招商队伍、服务业招商队伍、外资招商队伍。加大培训力度,提高招商人员的业务素质。

(十三)突出利用外资。一是要主攻台资。每个开发区都要开展高频次赴台湾本岛招商,持续不断地赴“珠三角”、“长三角”等台资密集区招商。各开发区都要设立一个台资集中区,全力打造台资新高地。二是拓展日韩,兼顾欧美。继续强化对韩国、日本的招商,着重在引进重点企业龙头项目上求突破。努力加强对欧美的招商,着重在特色产业配套项目上求突破。三是要突破大项目,每年都要引进一批内资 10 亿元和外资 3000 万美元以上的大项目。

(十四)突出产业招商。各开发区要根据产业特色,组织开展专业招商活动,大力引进高新技术产业、先进制造业等技术含量高、经济效益好、资源消耗少、无污染的项目。围绕开发区内的现有大企业,开展产业链配套招商,提高区内配套能力。

六、创新管理体制和开发机制

(十五)实行独立的管理体制。各县(区)开发区管委会要充分发挥管理职能,不得与所在行政区域合并管理,确保开发区的各项经济管理权限落实到位,确保国家、省、市赋予开发区的各项政策落到实处。

(十六)推进财政单独运作。要在 2010 年设立金库,实现财政规范化运作,单独进行核算和管理。

(十七)创新开发机制。成立开发区建设发展总公司和担保公司,拓宽融资渠道,加快市场化开发、多元化投资,引导外资、民资参与开发区基础设施建设经营,鼓励运用债券、上市融资等方式筹集开发资金。积极争取省有关扶持政策。

(十八)设立开发区发展奖励专项资金。市财政每年安排一定数额专项资金,用于开发区综合考评和人才培训工作。

七、加强对开发区工作的组织领导

（十九）成立市开发区建设发展领导小组。由市政府主要领导任组长，分管领导任副组长，市外经贸、发改、经贸、规划、建设、国土、环保、统计、科技、劳动保障、财政、人事（编办）、海关、商检、国税、地税、人行等部门主要负责人任成员，统一负责开发区的规划、管理、协调、政策制订与落实等工作，并形成正常化的工作机制。领导小组下设办公室，地点在市外经贸局，负责领导小组的日常工作。

（二十）建立开发区考评制度。制定出台《全市开发区建设发展考评办法》，实行月通报、季检查、年考核制度。年度考核结果纳入市委、市政府对县（区）年度目标管理。

本意见自下发之日起实施。

淮安市廉租住房保障办法

第一章　总　则

第一条　为保障城市低收入住房困难家庭的基本住房需要，根据《国务院关于解决城市低收入家庭住房困难的若干意见》(国发〔2007〕24 号)、《廉租住房保障办法》(建设部第 162 号令)和《江苏省廉租住房保障办法》(省政府令第 50 号)，结合本市实际，制定本办法。

第二条　本市建成区范围内城市低收入住房困难家庭的廉租住房保障及其监督管理，适用本办法。本办法所称城市低收入住房困难家庭，是指家庭收入、住房状况等符合市政府规定条件的家庭。

第三条　解决城市低收入家庭住房困难发展规划是住房建设规划的重要组成部分，是调控和指导城市廉租住房保障工作的法定依据。要根据解决城市低收入家庭住房困难的发展规划制定年度计划，明确廉租住房保障工作的年度目标和措施，并纳入全市经济社会发展规划，每年向社会公布一次。

第四条　市政府成立市住房保障工作领导小组，作为市政府的议事协调机构，负责协调指导包括廉租住房制度实施工作在内的全市住房保障工作。市住房保障主管部门负责本行政区域内廉租住房保障管理工作，具体工作由市保障性住房建设管理中心(以下简称“市住房保障中心”)承担。市发展和改革、监察、民政、财政、国土资源、建设、规划、金融管理、税务、物价、统计等部门按照职责分工，负责廉租住房保障的相关工作。

第二章　保障对象和保障标准

第五条　廉租住房的保障对象为本市建成区范围内城市低收入住房困难家庭，优先保障民政部门认定的享受最低生活保障的住房困难家庭。

第六条　保障对象的家庭收入标准和住房困难标准，按照市统计部门公布的家庭人均可支配收入和人均住房水平的一定比例，结合本市经济发展水平和住房价格水平确定。原则上，低收入家庭的收入标准，要覆盖 20% 的城市家庭；住房困难标准控制在本市人均建筑面积的 60% 以下，15 平方米 ~18 平方米之间。

第七条　廉租住房保障面积标准，按照满足基本居住需要的原则，由市政府根据本市家庭平均住房水平、财政承受能力、廉租住房房源供应情况以及城市低收入住房困难家庭人口数量、结构等因素统筹研究，以户为单位确定。

第八条　城市低收入住房困难家庭的收入标准、住房困难标准以及住房保障面积标准，实行动态管理，由市住房保障工作领导小组适时向社会公布。

第三章　保障方式与补贴标准

第九条　廉租住房保障方式实行货币补贴与实物配租相结合。货币补贴是指由政府向申请廉租住房保障的城市低收入住房困难家庭发放租赁补贴，由其在市场上自行承租住房。实物配租是指由政府向申请廉租住房保障的城市低收入住房困难家庭提供住房，并按照规定标准收取租金。

第十条　实施廉租住房保障，主要通过发放租赁补贴，增强城市低收入住房困难家庭承租住房的能力。根据实际情况，政府将通过新建、收购和改造适量住房的方式，增加廉租住房的房源，提高实物配租的比例。实物配租的廉租住房为非毛坯房，具备基本居住功能。实物配租主要解决已经登记为廉租住房保障对象的列入城市居民最低生活保障的无房家庭和其他急需救助的家庭，优先面向已经登记为廉租住房保障对象的孤、老、病、残等特殊困难的无房家庭。实物配租对象的具体条件，由市住房保障工作领导小组适时向社会公布。

第十一条　采取货币补贴方式的，补贴额度按照城市低收入住房困难家庭现住房面积与保障面积标准的差额、每平方米租赁住房补贴标准确定。每平方米租赁住房补贴标准应根据经济发展水平、市场平均租金、城市低收入住房困难家庭的经济承受能力等因素确定。对列入最低生活保障家庭，可以按照市场平均租金确定租赁住房补贴标准；对其他低收入住房困难家庭，可以根据其收入情况分类确定租赁住房补贴标准。租赁住房补贴标准，由市住房保障工作领导小组适时向社会公布。

第十二条　采取实物配租方式的，配租面积为城市低收入住房困难家庭现住房面积与保障面积标准的差额。实物配租住房的租金，按照配租面积和市住房保障工作领导小组公布的租金标准确定。对最低生活保障家庭可减免住房保障面积标准内的租金，对其他城市低收入住房困难家庭，可以根据其收入情况等确定租金标准。采用实物配租保障，超出应保障面积标准的部分，在综合考虑保障对象支付能力的基础上，可按照略低于市场租金的标准收取房屋租金。实物配租的廉租住房的租金收取、维护和管理，由市住房保障中心负责，具体办法由市住房保障工作领导小组制定。

第四章　保障资金与房屋来源

第十三条　市政府将建立长期、稳定的廉租住房保障资金筹措渠道，廉租住房保障资金来源渠道包括：

（一）市级年度财政预算安排的廉租住房保障资金；

（二）提取贷款风险准备金和管理费用后的住房公积金增值收益余额；

（三）按规定计提的土地出让净收益；

（四）政府的廉租住房租金收入；

（五）政府的廉租住房拆迁补偿应得收入；

（六）社会捐赠的资金；

（七）上级补助的廉租住房保障资金；

（八）公有住房售房款中提取10%；

（九）其他渠道筹集的资金。

第十四条　提取贷款风险准备金和管理费用后的住房公积金增值收益余额，应当用于廉租住房建设。要对市、县住房公积金增值收益用于廉租住房建设的资金分别核算，属各县和淮阴区、楚州区的资金每年应及时结算并核拨给县、区。土地出让净收益用于廉租住房保障资金的比例，不得低于10%，土地出让净收益按宗地进行核算提取。不能保证及时计提的，应比照从土地出让金中计提农业土地开发资金的办法执行。上述二项资金到位后仍不足的，由市财政予以安排。政府的廉租住房租金收入实行收支两条线管理，专项用于廉租住房的维护和管理，不足部分由同级财政从廉租住房保障资金中安排。

第十五条　廉租住房保障资金实行财政专户管理，严格专款专用，专账核算。主要用于：

（一）收购、改建和新建廉租住房（包括共用部位、共用设—6—施设备专项维修资金）；

（二）廉租住房的维修和物业管理费用；

（三）发放廉租住房租赁补贴；

（四）实施廉租住房制度中宣传、公示、档案建设等专项经费开支；

（五）廉租住房保障实施机构事业经费。

第十六条 实物配租的廉租住房来源主要包括：

（一）政府新建、收购的住房；

（二）腾退的公有住房；

（三）社会捐赠的住房；

（四）单位投资并按照政府规定租金出租的住房；

（五）其他渠道筹集的住房。向城市低收入住房困难家庭提供的廉租住房，应当符合国家质量安全标准。

第十七条 新建廉租住房，主要在经济适用住房、限价商品住房项目中配套建设。新建廉租住房，原则上应当将单套建筑面积控制在50平方米以内，并根据城市低收入住房困难家庭的居住要求，合理确定套型结构。在经济适用住房、限价商品住房项目中配套建设廉租住房的，应在用地规划、国有土地使用权划拨批准文件或者国有土地使用权出让合同中，明确配套建设的廉租住房数量、布局、套型、建设标准以及建成后的移交或回购等事项。廉租住房应按规定建立共用部位、共用设施设备专项维修资金，纳入市区维修资金专户管理。

第十八条 廉租住房建设用地应在土地供应计划中优先安排，并在申报年度用地指标时单独列出，采取划拨方式，保证供应。廉租住房建设用地的规划布局，应考虑城市低收入住房困难家庭居住和就业的便利，尽可能安排在近期重点发展区域、产业集中区域和公共交通便利的区域。

第十九条 鼓励社会投资建设廉租住房或者捐赠廉租住房、资金等。投资建设廉租住房，免征行政事业性收费和政府性基金，并给予金融支持。投资建设廉租住房、购买住房作为廉租住房或者捐赠廉租住房、资金等，按照国家规定的有关税收政策执行。

第五章 申请和核准

第二十条 申请廉租住房保障，应当提供下列材料：

（一）家庭成员身份证和户口簿；

（二）家庭收入情况的证明材料；

（三）家庭住房状况的证明材料；

（四）反映家庭财产状况的有关材料；

（五）需要提交的其他材料。

第二十一条 申请廉租住房保障，按照下列程序办理：

（一）申请廉租住房保障的家庭，应由户主向户口所在地街道办事处提出书面申请，填写廉租住房保障申请表，按照要求提供申报材料。

（二）街道办事处应当自受理之日起30日内，就申请人的家庭收入、住房、财产状况等进行核查，对是否符合规定条件提出初审意见，并在辖区内进行公示，公示期限为10日；公示后由街道办事处将申请材料、初审意见和公示情况一并报送区住房保障主管部门。

（三）区住房保障主管部门应当自收到申请材料之日起15日内，对申请人的家庭住房状况是否符合规定条件提出审核意见，并将符合条件的申请人的申请材料转同级民政部门。

（四）区民政部门应当自收到申请材料之日起15日内，对申请人的家庭收入是否符合规定条件提出审核意见，并反馈给同级住房保障主管部门。

（五）经审核，家庭收入、家庭住房状况等符合规定条件的，由区住房保障主管部门报送市住房保障主管部门予以公示，公示期限为 15 日；经公示无异议或者异议不成立的，由区住房保障主管部门作为廉租住房保障对象予以登记，书面通知申请人，并向社会公布登记结果。经审核，不符合规定条件的，区住房保障主管部门应当书面通知申请人，说明理由。申请人对审核结果有异议的，可以向区住房保障主管部门申诉或提请行政复议。

第二十二条　区住房保障主管部门、民政等有关部门以及街道办事处，可以通过入户调查、邻里访问、信函索证及公示等方式对申请人的家庭收入和住房状况等进行核实。申请人及有关单位和个人应当予以配合，如实提供有关情况。

第二十三条　市住房保障主管部门应当根据登记的城市低收入住房困难家庭的收入水平、住房困难程度和申请审批顺序等，具体确定相应的保障方式及轮候顺序，并向社会公布。对已经登记为廉租住房保障对象的城市低收入住房困难家庭，凡申请租赁补贴的，要及时按标准发放租金补贴，并做到应保尽保。实施廉租住房实物配租保障的，应严格执行已经确定的轮候顺序，不得违反规定随意改变。

第二十四条　对轮候到位可以享受廉租住房租赁补贴的城市低收入住房困难家庭，由区住房保障主管部门与其签订租赁住房补贴协议，予以发放租赁住房补贴。租赁住房补贴协议一式三份，经市住房保障主管部门鉴证后生效。对轮候到位可以享受廉租住房实物配租的城市低收入住房困难家庭，由市住房保障中心与其签订廉租住房租赁合同，予以配租廉租住房。廉租住房租赁合同一式四份，经市住房保障主管部门鉴证后生效。租赁住房补贴协议应当明确租赁住房补贴额度、停止发放租赁住房补贴的情形等内容。廉租住房租赁合同应当明确廉租住房基本情况，租金及其支付方式，房屋使用要求，租赁期限，房屋维修责任，停止实物配租的情形，违约责任及解决办法等内容。发放租赁住房补贴和配租廉租住房的结果，应当予以公布。

第六章　监督管理

第二十五条　市住房保障主管部门和市财政、民政等其他有关部门，应当加强对廉租住房保障工作的指导和监督检查。对检查中发现问题要及时向市政府和相关主管部门通报，并督促改正。

第二十六条　市、区住房保障主管部门应当按户建立廉租住房保障档案，并采取定期走访、抽查等方式，及时掌握城市低收入住房困难家庭的人口、收入及住房变动等有关情况。

第二十七条　已享受住房保障的城市低收入住房困难家庭，应当按年度向所在地街道办事处如实申报家庭人口、收入及住房等变动情况。街道办事处可以根据申报情况，进行调查核实、张榜公布，并将申报情况及核实结果报区住房保障主管部门。区住房保障主管部门每年应当对已享受廉租住房的家庭进行年度审查，审查的主要内容包括家庭人口、收入及住房等变动情况。市住房保障主管部门应当根据区住房保障主管部门核实上报的城市低收入住房困难家庭人口、收入、住房等变化情况，调整租赁住房补贴额度或实物配租租金等；对不再符合规定条件的，应当停止发放租赁住房补贴，或者由承租人按照合同约定退回廉租住房。

第二十八条　政府实物配租保障的城市低收入住房困难家庭有下列行为之一的，应当按照合同约定退回廉租住房：

（一）将所承租的廉租住房转借、转租或者改变用途的；

（二）无正当理由连续 6 个月以上未在所承租的廉租住房居住的；

（三）无正当理由累计 6 个月以上未交纳廉租住房租金的。

第二十九条　政府实物配租保障的承租人未按照合同约定退回廉租住房的，区住房保障主管部门应当责令承租人限期退回；逾期未退回的，市住房保障中心可以按照合同约定，采取提高租金等方式处理。政府实物配租保障的承租人拒绝接受前款所列处理方式的，由市住房保障中心向人民法院提起诉讼。

第三十条 任何单位和个人有权对违反本办法规定的行为进行检举和控告。

第七章 法律责任

第三十一条 城市低收入住房困难家庭隐瞒有关情况或者—12—提供虚假材料申请廉租住房保障的,区住房保障主管部门不予受理,并给予警告,申请人在2年内不得再次申请廉租住房保障。

第三十二条 以欺骗等不正当手段取得审核同意或者获得廉租住房保障的,由区住房保障主管部门给予警告;对已经登记但尚未获得廉租住房保障的,取消其登记;对已经获得廉租住房保障的,责令其退还已领取的租赁住房补贴,或者退出实物配租的住房并按市场价格补缴以前房租;2年内不得再次申请廉租住房保障;情节严重的,5年内不得再次申请廉租住房保障。

第三十三条 市住房保障中心违反本办法规定,不执行政府规定的廉租住房租金标准的,由市价格主管部门依法查处。

第三十四条 违反本办法规定,市、区住房保障主管部门及有关部门的工作人员或者市住房保障中心的工作人员,在廉租住房保障工作中玩忽职守、徇私舞弊、滥用职权的,依法给予处分,构成犯罪的,依法追究刑事责任。

第八章 附 则

第三十五条 对承租公有住房的城市低收入家庭,可以参照本办法有关规定,对住房保障面积标准范围内的租金予以适当减免。

第三十六条 本办法由市住房保障主管部门负责解释。本办法适用于清河区、清浦区、淮安经济开发区、工业园区;各县和淮阴区、楚州区可以参照本办法制定当地廉租住房保障实施办法,并报市住房保障主管部门备案。

第三十七条 本办法自发布之日起施行。2002年3月8日印发的《市政府关于印发淮安市城镇廉租住房管理暂行办法的通知》(淮政发〔2002〕58号)同时废止。

淮安市推进光伏产业发展政策实施办法

为加快推进我市光伏产业发展步伐，培育光伏产业集群，推进产业结构优化升级，提升产业竞争力，根据国家和省有关政策规划，制订本实施办法。

一、建立扶持太阳能光伏产业发展专项基金市政府设立扶持太阳能光伏产业发展专项基金，总规模3000万元，由市财政分两年到位，可以跨年度结转使用。在光伏产业形成财政贡献后，每年从全市光伏企业产业税收的地方留成部分中，集中50%的资金转入专项基金。各县（区）相应建立光伏产业发展专项资金。专项基金主要用于支持光伏产品制造业的发展。

1. 实行重大项目贷款贴息。对投资5亿元以上的太阳能光伏产品制造业项目，包括多晶硅提纯、多晶硅（单晶硅片）、电池片、电池组件及太阳能装备制造等，在项目主体设备到位后，按项目贷款当年利息实际发生额的50%进行贴息，项目的技术设备投资可视同贷款予以贴息。项目贴息由市财政和受益财政各承担50%。

2. 实行电费优惠。对年产1000吨以上的硅料、硅片生产企业，自投产之日起1年内，给予0.05元/kwh的奖励。对100MW以上的电池片及组件生产企业，自投产之日起1年内，由受益财政给予0.1元/kwh的奖励。奖励由市财政和受益财政各承担50%。

3. 实行土地优惠。对固定资产投资5亿元以上的光伏产品生产项目，在通过出让方式取得土地使用权所缴纳的土地出让金，待项目竣工后，扣除按国家和省规定提留或上缴的部分，其余净收益全部用于支持企业发展。

4. 鼓励引进高级技术人才。企业引进的光伏产业高级专业技术人才工作满1年后，由政府给予补贴。标准为：博士学位的，每人每月1000元；正高职称的，每人每月800元；硕士或副高职称的，每人每月600元。

5. 对经过省级以上认定的高新技术成果的光伏产业项目来我市实施转化的，一次性奖励100万元创业资助资金。

6. 鼓励发展太阳能发电。按照国家关于实施金太阳示范工程的通知精神，制定金太阳示范工程实施方案，对装机容量在300kWp以上的项目，争取国家和省资金支持。实施“太阳能屋顶计划”，引导利用厂房、民用建筑、医院、学校屋顶，配套建设太阳能发电系统。对属政府所有的大型建筑物屋顶，免费提供给在我市投资光伏产品生产企业配套建设屋顶太阳能发电。

7. 加大太阳能光伏产业示范县（区）的奖励。调动各县（区）加快光伏产业发展的积极性，建设一批光伏产业示范工程。由市光伏产业发展领导小组办公室牵头，对各县（区）光伏产业链发展情况进行专项考评，对成效显著，有典型示范作用的县（区），授予“光伏产业应用示范县（区）”称号，并根据产业规模进行奖励。对首次光伏产业销售规模超10亿元的县（区），市政府奖励100万元，超30亿元的奖励200万元，超50亿元的奖励300万元。

8. 对首个引进投资超10亿元的光伏产业项目，经市光伏产业发展领导小组办公室审核认定后，除享受招商引资奖励政策外，另外奖励100万元。

二、落实税费优惠政策

9. 对新引进的光伏制造业项目，从项目投产之日起，企业上缴的所得税地方留成部分由受益财政第一年、第二年按 100%，第三年至第八年按 50% 奖励给企业。上缴的增值税地方留成部分，第一年、第二年按 50%，第三年至第五年按 25% 奖励给企业。其奖励资金全部用于企业项目建设。

10. 光伏产业链企业为开发新技术、新产品、新工艺发生的研究开发费用，未形成无形资产计入当期损益的，在按照规定据实扣除的基础上，按照研究开发费用的 50% 加计扣除；形成无形资产的，按照无形资产成本的 150% 摊销。

11. 对光伏企业中，由于技术进步，产品更新换代较快的固定资产和常年处于强震动、高腐蚀状态的固定资产可以缩短折旧年限或者采取加速折旧。

12. 凡经有权部门认定属于国家需要重点扶持的高新技术企业按 15% 税率征收企业所得税。

13. 经依法审批设立的光伏产业研发机构，其从事技术开发、技术转让以及与之相关的技术咨询、技术服务业务，经省技术市场管理机构认定，可向当地主管税务机关申请暂免营业税。

14. 减免项目规费。对光伏产业项目建设中涉及的市权范围内行政性收费全部免收，服务性收费按不高于收费标准的 20% 收取。

三、建立风险投资机制

15. 市经贸委牵头，市财政局等部门研究支持，组建市工业风险投资公司，对光伏产业的项目，经市光伏产业发展领导小组办公室组织调研论证后，进行股权投资。

16. 投资于太阳能光伏企业的创业风险投资公司，符合条件的，实行投资收益税收减免或投资额比例抵扣应纳税所得额等税收优惠政策。

17. 对自带项目，拥有核心技术的创业创新型人才（团队），市工业风险投资公司积极参与风险投资，市各项扶持政策予以倾斜。

四、优化服务环境

18. 积极向上争取政策支持。市光伏产业发展领导小组办公室牵头，市各有关部门全力协作支持，积极帮助光伏企业完善项目条件，向国家和省争取高新技术产业化项目、科技成果转化及技术改造、技术创新、节能及发展循环经济等专项资金。

19. 加大信贷、担保支持。引导金融机构的资金投向，对光伏产业的项目银行优先支持，贷款利率不超过国家规定的基准利率。在资金配套授信及结算费用等方面给予一定的优惠。市各级国有或国有控股担保公司对需要贷款担保的光伏企业进行担保，免收担保费。

20. 放宽注册资本限制。鼓励企业以专有技术、无形资产作价出资，其最高出资额可放宽至占注册资本总额的 70%，允许股份制公司注册资本分期到位。

21. 在土地、电力、环境容量等资源要素的投放计划上，重点倾斜和优先安排光伏产业项目。对投资规模达到省规定指标的，积极向上争取省点供项目用地计划。

22. 政府采购中鼓励使用太阳能光伏产品。市域范围内所有城镇建设和改造工程项目在经专家认定综合性价比合理的前提下，优先选用太阳能光伏产品。支持本地光伏企业和房地产开发商兴建太阳能住宅、太阳能小区，支持有条件的市政道路、广场等使用太阳能产品。

五、附则

23. 光伏产业发展专项资金的使用由市光伏产业发展领导小组办公室审核，领导小组研究审定，市财政局负责资金调拨。

24. 本办法由市光伏产业发展领导小组办公室负责解释。

25. 本办法自发布之日起执行。

四　镇江市政府文件

镇江市关于加快软件业发展的意见

各辖市、区人民政府，镇江新区管委会，市各委办局，各直属单位、企事业单位：

为全面贯彻落实《江苏省软件产业促进条例》和《关于促进本市产业调整和优化的实施意见》（镇政发〔2009〕39 号）精神，进一步加快本市软件及软件外包产业的发展，现提出以下意见。

一、指导思想

以创建国家软件产业基地和国家服务外包基地城市为目标，加快实施软件业“双十”工程（即到 2012 年软件业营业收入在 2008 年基础上增长 10 倍，软件出口和外包服务收入增长 20 倍），迅速提升软件园区载体功能，加速扩张软件业总量，壮大软件人才队伍，大力培植骨干软件企业，提高企业创新能力和核心竞争力，实现本市软件产业跨越式发展。

二、发展目标

到 2012 年，实现软件产业发展“432”目标，即软件类企业总数达到 400 家，营业收入 300 亿元，软件外包和出口超 2 亿美元。具体年度目标：

2009 年，软件类企业总数达到 150 家，其中，通过省级认定的软件企业和软件产品分别达到 40 家、120 个，营业收入 60 亿元，其中亿元以上企业 6 家，软件外包和出口超 2000 万美元。

2010 年，软件类企业总数达到 200 家，其中，通过省级认定的软件企业和软件产品分别达到 70 家、180 个，营业收入 100 亿元，其中，亿元以上企业 13 家，软件外包和出口超 5000 万美元。

2011 年，软件类企业总数达到 300 家，其中，通过省级认定的软件企业和软件产品分别达到 120 家、280 个，营业收入 180 亿元，其中，亿元以上企业 21 家，软件外包和出口超 1 亿美元。

2012 年，软件类企业总数达到 400 家，其中，通过省级认定的软件企业和软件产品分别达到 200 家、400 个，营业收入 300 亿元，达到 2009 年的 5 倍，亿元以上企业 30 家，软件外包和出口超 2 亿美元。

三、发展重点

1. 着力打造应用软件产业链。主攻装备制造业优势领域的应用软件研发。依托本市船舶制造领域教育、科研、生产等方面的优势，建设船舶制造业应用软件研发中心，2009 年申报省级研发中心，争取 2012 年升格为国家级研发中心。形成以研发中心为支撑，覆盖船舶设计、船舶生产管理、船舶控制、船舶装备保障等具有完整体系和较强核心竞争力的船舶制造行业应用软件产业链；整合电力电气设备制造企业的研发资源，加快自主知识产权技术的研发，建成全国一流的电力电气行业应用软件示范基地;加快新能源产业发电系统控制部分应用软件开发和利用;建设具有国内先进水平的国家数字化制造技术中心丹徒中心,加快提升数字化制造技术水平。到2012年,全市装备制造业应用软件营业收入超150亿元。

2.加快建设技术支撑平台。加快集成电路设计、研发、封装、应用、测试和产业化平台建设。积极引进国家集成电路设计平台,在镇江软件园内建成省内一流的集成电路设计园。到2012年,全市集成电路设计、生产的营业收入超过20亿元。

3.大力发展嵌入式软件。加快推进汽车电子、医疗器械、数字家电、数字化仪器仪表、现代装备、工程电器等领域嵌入式软件的研发和应用。到2012年,嵌入式软件实现营业收入30亿元。

4.积极推动通信、企业管理、金融、信息安全、动漫游戏等应用软件的研发生产。到2012年,实现营业收入超100亿元。

5.扩大软件出口和外包规模。重点发展以软件技术为支撑的ITO(信息技术外包)、BPO(业务流程外包)、KPO(知识流程外包)、BTO(业务转型外包),形成软件外包产业体系和软件外包企业集群。按照国际标准建设园区硬件基础设施,将镇江软件园打造成国际服务外包的示范基地。

四、主要措施

1.加快载体建设。以镇江软件园为核心,整合辖区软件园区资源,实行税收分成体制下的统一规划、统一管理,增强园区资源配置功能。加快园区基础实施建设,完善园区载体功能,做强镇江软件产业基地。2009年,镇江软件园建成面积达到12万平方米,2010年,建成规模超30万平方米,可容纳软件企业200家以上。积极依托南京软件产业的强大辐射力和仙林大学城的人才优势,加强与部、省合作和宁镇两市互动,加快打造句容宝华软件板块。

2.开展产业招商。每年要开展多形式、多频次的境内外招商引资、招才引智活动,推动软件产业规模和质量的提升。鼓励各机关、企事业单位和个人引进软件企业落户镇江发展,对引进软件企业的单位和个人给予实到资本金1%的奖励。

3.强化人才支撑。一是加大人才培训力度。联合江苏大学、江苏科技大学等有关高校、培训机构和企业,建立实训基地,积极开展针对企业实际需求的人才培训,实现人才与企业的"零距离"对接。推进市信息产业局、镇江新区、江苏科技大学签订的软件人才培训框架协议的履行实施,分期分批开展面向软件企业领导及管理人才、在校学生、应届毕业生、企业技术员工的专业培训。根据企业需求,开展专项培训。非软件企业正式员工经培训合格,被软件企业正式录用,并签订一年以上劳动合同的,分别一次性给予企业和个人3000元和1000元补贴。二是大力引进软件人才。凡来镇创新创业或就业的优秀软件人才,政府和企业要为其提供创业、生活条件。全面落实市引进培育创新创业领军人才三年行动计划("331计划"),积极推荐软件创业领军人才申报省引进计划和国家千人计划。软件企业所聘大专以上学历的实用性人才所缴纳的个人所得税,按缴纳部分的30%由同级政府连续奖励5年。

4.建设研发平台。积极引进国内外著名科研院所来镇设立研发中心。软件企业建立院士工作站、博士后科研工作站的,同级政府一次性给予10万元的资助;园区或企业建设省级以上公共技术服务平台,同级政府一次性给予50万元的资助;软件企业使用公共技术平台资源的,除积极帮助企业争取上级专项补贴资金外,同级政府每年给予租费10%的补贴。

5.鼓励企业做强。对新获得认定的软件企业和软件产品以及新通过CMMI、ISO 27001资质认证的软件企业,其有关认定、认证费用由同级政府承担。对软件企业从业人员常年达到200人,同时软件年营业收入达到1.5亿元的软件企业,同级政府给予100万元的一次性奖励;对软件企业从业人员常年达到500人,同时软件年营业收入达到3亿元的企业,同级政府给予200万元的一次性奖励;

对软件企业从业人员常年达到1000人,同时软件年营业收入达到5亿元的企业,同级政府给予500万元的一次性奖励。

6. 建立市场化融资平台。以镇江软件园为基础,引进多元投资主体,适时组建软件产业发展投资公司,作为软件科技地产综合运营商与软件产业发展平台。政府的科技创新资金、服务业引导资金、企业技改资金向软件企业倾斜。专门设立市级软件业发展专项资金,2009年多渠道筹集各类扶持资金规模不低于3000万元。

7. 加强指导服务。成立市级软件专家咨询指导委员会,完善专家咨询制度,提高产业规划水平和智力支持能力;建立健全软件产业统计体系、统计报表制度;扶持和促进软件行业协会的发展,发挥软件行业协会的组织协调作用;由协会牵头,联合软件外包企业,成立软件外包联盟;帮助软件企业积极开拓国际市场,为企业搭建国际化合作交流平台。

镇江市新能源产业发展规划

为落实党中央、国务院保增长、扩内需、调结构的总体要求，积极主动对接国家、省新能源产业调整和振兴规划，把镇江打造为长三角重要的新能源产业研发、制造和应用基地，现制订镇江市新能源产业发展规划。重点规划太阳能光伏产业、风能核能装备制造业及生物质能产业，同时在智能电网、新能源汽车等领域开展研究与应用试点。规划期为2009～2012年，展望期到2015年。

一、指导思想和规划目标

目前，全球经济正趋向低碳化，低碳经济是未来的发展方向，其实质是清洁能源开发和能源的高效利用，新能源产业是低碳经济的重要组成部分和核心内容。我市新能源产业具备加快发展的区位优势、产业基础和技术条件，必须抓住历史机遇，采取切实有效措施，推动我市新能源产业快速健康发展。

（一）指导思想

以邓小平理论和“三个代表”重要思想为指导，深入贯彻落实科学发展观。以企业为主体，以科技创新为先导，围绕促进产业升级、壮大产业规模和优化产业布局。重点推进太阳能光伏产业、风能装备制造产业规模化发展；积极发展核能装备制造和生物质能产业；开展智能电网、新能源汽车等领域关键技术和产品的研发。使新能源产业成为我市新一轮经济发展的战略先导产业和未来经济发展的支柱产业之一。

（二）规划目标

1. 产业规模进一步壮大。2010年实现销售收入300亿元，2011年实现500亿元，2012年争取超过700亿元。其中：光伏产业400亿元，风能装备制造业200亿元，核能装备制造业和生物质能100亿元。到2015年，全市新能源产业销售收入争取超过1200亿元。

2. 产业结构进一步优化。加快培育一批拥有自主知识产权和自主品牌、核心竞争力强、行业领先的大企业。到2012年，培育1～2家年销售收入超100亿元、2～3家超50亿元的企业。到2015年，培育3～4家年销售收入超100亿元的企业。

3. 自主创新能力进一步增强。基本建成以企业为主体的技术创新体系，通过原始创新、集成创新和引进消化吸收再创新，加强新能源技术研发，强化国内外技术合作，在重要关键技术和高端产品开发上取得突破。到2012年，全市建成3～5个国家、省级科技创新和技术服务平台。

4. 产业布局进一步完善。鼓励和引导新能源产业向园区集聚，推进产业合理布局，促进产业集群发展，形成一批在全国、全省具有特色和影响力的产业集聚区。太阳能光伏产业集聚区主要在扬中、镇江新区和京口；风能装备制造业集聚区主要在丹徒、润州；核能装备制造和生物质能产业集聚区主要在丹阳、丹徒、镇江新区；句容加快特色发展。

二、主要任务和重点工程

（一）太阳能光伏产业

以"江苏（镇江）太阳能光伏产业园"和镇江新区—京口光伏产业园为载体，以光伏垂直一体化产品和集成系统为重点，培育骨干企业，发展配套企业，建成结构合理、技术先进、具有特色的太阳能光伏产业研发、制造、示范基地，提升行业整体技术水平和产业竞争力。

1. 硅材料。重点发展高纯多晶硅提纯工艺技术与关键装置。在引进国际先进高纯硅生产工艺和设备基础上，开发新技术、新工艺，实现规模化、产业化。重点支持大全集团电子级多晶硅项目建设。

2. 硅片。重点发展大面积超薄硅片和浆料回收利用技术，加强对熔铸、剖锭及切割等关键技术创新，提高熔锭容量，降低硅片厚度，减少硅料损耗。重点支持辉煌硅能源二、三期工程等项目建设。

3. 太阳能电池与组件。重点发展高效低成本晶硅电池和薄膜太阳能电池等关键技术和产品，支持组件封装工艺关键技术和新材料研发与产业化，鼓励发电光电转化率国际领先的单晶硅电池、多晶硅电池和薄膜太阳电池研制和生产。加快推进尚昆光伏及辉煌硅能源的电池和组件、绿洲新能源薄膜太阳能电池、西科太阳能薄膜 TCO 玻璃等一批项目建设。到 2012 年薄膜太阳能电池年产能达 1000 兆瓦。

4. 集成系统与设备。重点发展太阳能并网发电系统集成、生产和检测设备设计制造技术和产品。重点支持江苏兆伏、南自通华等企业开发大功率光伏发电平衡部件、逆变器、控制器等集成系统设备研发和产业化项目。

5. 太阳能应用示范工程。重点实施"屋顶并网发电站"、"建筑一体化并网发电站"和"地面并网电站"三大工程。重点支持尚德环太新能源、万丰光伏、圣睿太阳能、镇江新农、江苏富丽华、镇江城投等推进实施一批"金太阳"示范工程。全市光伏并网发电装机容量 2009 年争取达到 30 兆瓦，2012 年争取超过 100 兆瓦。

（二）风能装备制造业

以风能成套装备和关键零部件生产为重点，加快技术创新，提高技术水平和制造水平，促进企业整合与集聚，不断壮大规模，将我市建成全省风能装备制造特色产业基地。

1. 风电机组。以兆瓦级以上成套机组为重点，加快 3～5 兆瓦级风电机组的研制和产业化，扩大规模化生产能力。重点支持二重集团重型装备、江苏文德风电机组制造项目建设。

2. 关键零部件。重点发展高速齿轮箱、发电机、叶片、塔筒、法兰、轮毂、底盘、主轴、回转支承和变桨系统等关键配套件。加快推进江苏飞达、大全集团、上海万德、镇江江骐风电装备及恒神碳纤维等项目建设。

3. 加快打造产业链。支持行业内中小配套企业向"专、精、特、新"方向发展，打通整个产业链，扶持、培育产业链薄弱环节，加大与大项目配套的专业化中小企业的引进培育力度。引导风能行业核心企业差异竞争，错位发展，促进企业由单一设备供应向提供成套设备、安装工程和售后服务转变。

（三）核能装备制造业和生物质能利用产业

1. 核能装备业。加强核电用泵、压力容器、管材、铸锻件等关键配件及材料的研发与生产。重点支持二重集团、山特维克、江苏巍华、华阳管件、国泉泵业、镇江格瑞特泵业等企业发展壮大。

2. 生物质能利用产业。大力开发生物质固体燃料至密加工成型、高效燃烧及供热、气化和液化等关键技术，建设一批生物质、农林废弃物直燃与气化发电供热供气示范工程。积极推广"秸秆—捡拾成型—工业燃料"和"秸秆—气化—热气电"等生态循环技术。到 2012 年，全市秸秆燃料化率由目前的 1.3% 提高到 4.3%。重点支持市区垃圾焚烧发电、华晟生物质发电、蓝天新能源等生物质能利用项目建设。

（四）智能电网、新能源汽车等领域

1. 智能电网建设。在智能电网发电、线路、变电、配电、用电服务、调度等诸多环节，加快开展关键性、基础性、共用性技术研究和应用试点。重点支持电力运行控制、并网、功率预测、储能装置集成、智能电网示范园区、用户管理与服务互动智能系统、需求侧智能化管理系统等方面的项目建设。

2. 新能源汽车。以配套油电混合动力汽车和高性能纯电动汽车为方向，积极开展电池、电机、电控等关键零部件研发和生产，重点发展磷酸铁锂等动力电池、大功率车用永磁电机及其控制系统等，鼓励和推进特种专用车辆的新能源应用工程。

三、政策措施

（一）加大政策扶持力度

首先，用足用好国家、省、市已有扶持新能源产业发展的政策。一是鼓励各类投资主体研发、投资新能源产业项目，加快新能源产业项目核准、备案，为符合产业政策的环境友好型项目开辟“绿色通道”。二是将技术先进、规模大、带动性强的新能源项目纳入全市重点项目年度计划，优先给予土地、信贷支持。三是落实用好《镇江市引进培育创新创业领军人才行动计划》及《镇江市“创新创业领军人才集聚工程”实施细则》中的相关政策。四是对符合条件的新能源企业要及时认定为高新技术企业，用好用足国家相关减免税政策。

其次，研究制定进一步促进我市新能源产业发展的新政策。一是加大新能源产品政府采购力度。在公共基础设施建设和运行的采购招投标中明确提出使用新能源产品的要求。市及辖市（区）政府投资项目，强制使用新能源、新光源产品，由市及辖市（区）发改委在项目审批文件中予以明确，对不使用新能源、新光源产品的政府投资项目不予竣工验收。二是鼓励社会投资项目使用新能源产品。对使用新能源产品的企业，在国家、省补贴的基础上，参照国家、省标准，追加30%～50%的补贴。三是各级政府要加强整合科技、财政相关扶持资金，设立新能源暨光伏产业发展专项扶持资金，多渠道、多形式为新能源产业发展提供扶持平台。

（二）加强产业创新驱动

一是着力引进和培养新能源领军人才。各地、各部门、高校及重点企业要加大“引智”力度，加快培养本土新能源技术创新带头人，尤其要加大“原创型”创新人才的引进、培养。二是加强创新平台建设。重点围绕新能源产业关键技术，建设国家级和省级企业技术中心、工程中心和工程实验室等科技创新支撑平台。三是加强合作。加大与国内外新能源高技术企业及研发机构的融合互动，鼓励国内外研发机构来我市建立研发中心。四是加强人才培训和新能源知识普及。发挥我市教育资源优势，在大学和职业技术院校开设新能源应用等相关课程，培育专业人才。支持企业、科研院所和社会力量开展多形式、多层次的新能源技术培训。组织编制新能源知识普及读本。

（三）拓展新能源产品的市场运用

一是加大新能源产品宣传推广工作。利用新闻发布会、功能推介会、广告等宣传新能源产品，增加社会接受度。二是增加新能源产品营销力度，强化企业产品销售工作。三是从财政、环境保护、节能降耗等多方面支持新能源产品的推广和运用。四是建设一批新能源利用示范项目。

（四）拓宽新能源产业发展融资渠道

一是搭建银企对接合作平台，对市重点发展的新能源产业项目，加大金融机构信贷支持力度。二是优先支持符合新能源产业发展方向的企业在境内外上市，发行企业债券、短期融资券等。三是鼓励创业投资、风险投资机构对新能源产业的投资。

四、规划实施

（一）加强组织领导。由市政府牵头，市相关部门和辖市（区）政府为成员，成立市新能源暨光伏产业推进协调小组，建立统一的协调管理机制，研究确定全市新能源暨光伏产业重大战略问题和主要任务。协调小组办公室设在市发改委。

（二）严格目标考核。各辖市区、市有关部门要围绕新能源产业发展规划提出的主要目标和重点任务，制定年度工作计划，进一步提高新能源产业发展目标在全市工业考核中的权重，确保规划主要目标的实现和重点任务的完成。

（三）优化服务环境。一是加强新能源产业统计和运行形势分析工作，把握运行规律，研究新情况、新问题，进一步加快新能源产业调整精准化步伐。二是强化服务项目、服务企业的意识。优化工作流程，加快重大项目报批、建设进程，使重大项目早日投产达产。大力发展技术评估、咨询、专业代理、科技信息、投融资、法律服务等各类中介机构，为新能源企业、项目提供优质、高效的服务。

镇江市关于进一步促进中小企业发展的实施意见

为贯彻落实国务院《关于进一步促进中小企业发展的若干意见》(国发〔2009〕36 号)文件精神,进一步促进中小企业持续健康发展,现结合我市实际,提出如下实施意见。

一、明确目标

以 2008 年为基数,力争到 2012 年,实现以下主要目标:

1. 全市中小企业数量达到 50000 家左右,年均增长 8.5%;

2. 全市中小企业吸纳就业人数达到 85 万人左右,增长 10%,占全部就业人员总数的 90% 以上;

3. 全市中小企业实现税收 250 亿元以上,占全市企业税收总额的 80% 以上;

4. "千百亿工程"五大产业中,中小企业实现销售、利税分别占总量的 75% 和 70% 以上;

5. 全市有 15 ~ 20 家中小企业上市融资;

6. 中小企业拥有省级以上品牌产品数量达到 400 个左右,比 2008 年增加 120 个左右;

7. 全市中小企业单位国内生产总值能源消耗、主要污染排放指标降幅超过全市平均水平 3 个百分点左右;

8. 认定以中小企业为主体的市级产业集群 20 个以上,其中省以上产业集群 8 个以上。

二、调整结构

1. 加强产业政策引导。鼓励和支持中小企业发展新能源、新材料、新医药、海工装备、智能能源网、智能传感网和信息产业等高新技术产业;大力发展物联网、现代物流、软件业、金融媒介、创意和产品设计、批发零售、餐饮以及文化、体育和娱乐业、公共管理、社会组织等现代服务业;引导发展科技型、规模型、生态型、观光型等现代农业。鼓励和引导中小企业加强与大企业的配套协作,主动融入产业链和产业集群建设。

2. 继续推进千企技改。深入实施"千企技改"工程,指导帮助企业通过采用新技术、新工艺、新设备和新材料进行技术改造,每年推进一、二、三产中小企业实施技术改造的中小企业总数 3000 家左右。鼓励和引导中小企业通过获取自主知识产权、核心技术等,大力发展自主品牌,支持企业将自主知识产权和专利转化为行业技术标准。中小企业的固定资产由于技术进步原因需要加速折旧的,可按规定缩短折旧年限或采取加速折旧的办法。

3. 促进企业做大做强。支持中小企业通过资产重组、兼并联合等方式做强做优,鼓励中小企业通过服务外包、订单生产等形式加强与大企业的配套协作,引导中小企业通过产业链协作配套、建立产业联盟等方式提升集群发展水平。对工业集中区、产业集聚区的规划编制、公共服务平台建设给予适当补助。每年安排一定的用地指标,优先用于工业集中区、产业集聚区标准厂房的建设。鼓励现代物流企业做大做强,凡被评为省级以上的重点物流基地(企业)的,企业土地使用税及房产税按原税率 50% 计征。鼓励品牌商贸企业,依托连锁方式,向农村市场延伸;支持农超、农校对接,提高农商协作水平。

4. 扶持科技型企业发展。鼓励和支持加快发展创业投资基金，积极推进创业投资公司的市场化运作，进一步壮大各级风险创业投资公司实力，为科技型、成长性中小企业加快发展提供资金支持。

5. 强力推进节能减排。积极开展高耗能、高污染行业节能减排信息化应用试点和示范推广，利用信息技术提升中小企业的清洁生产、节能降耗水平，加快淘汰落后产能。积极帮助中小企业争取国家、省节能减排、清洁生产和循环经济发展专项资金。市节能减排专项资金优先支持中小企业发展低碳经济，实施节能减排项目，推动循环经济发展，提高资源综合利用率。引导和鼓励符合条件的中小企业节能减排项目参与国际碳交易。

6. 鼓励企业管理创新。建立完善企业管理创新推进工作机制，加大对中小企业各类人员的培训力度，切实提高中小企业规范管理、战略管理和创新管理水平；鼓励和支持中小企业优化法人治理结构，对中小企业以优化法人治理结构为目的的股权调整、资产划转，在不变更实际控制者的情况下，公安、财政、国土、房管、工商、税务、海关等部门对土地、房产、车船、设备等权证过户手续按非交易过户处理。

三、优化服务

（一）优化行政服务

1. 清理不利于中小企业发展的各项政策及规章制度；放宽中小企业工商登记注册企业名称、注册资本分期到位、货币出资比例、经营场所等限制，进一步降低市场准入门槛。

2. 通过网上审批平台，实现企业注册后涉及的组织机构代码、税务登记、社保登记等“一表制”审批。

3. 建立统一的政府采购信息发布平台，同等条件下，政府采购向中小企业倾斜。

4. 健全完善以市中小企业服务中心为核心的市、辖市（区）和乡镇（街道、园区）三级中小企业服务体系，到2010年底，乡镇（街道、园区）建立服务中心的面达到85%以上。

5. 鼓励中小企业实施二、三产业剥离，将属于第三产业范畴的业务从企业经营范围中剥离出来，成立独立法人，从事专门经营。对从二产中剥离出来的服务型企业，按实际纳税额的一定比例给予奖励。其中，第一年度形成的新增营业税地方留成部分的100%奖励给企业，第二年度按50%奖励，第三年度按30%奖励。奖励资金按财政体制结算兑现。

6. 鼓励创办创业基地。鼓励利用闲置的厂房、楼宇、仓库、学校等，改造为适合小企业发展的创业基地。对初始创业的大中专毕业生、下岗失业人员进基地创业的，除按规定给予一定资金补贴外，政府在租金上给予支持。

7. 加强创业指导。由市经贸委（中小企业局）牵头，整合社会创业服务资源，建设创业辅导师队伍，针对新创企业开展从创业咨询、创业者培训、创业商业计划书指导、代理申办手续等一条龙服务，并为中小企业提供管理咨询、法律咨询、技术、人才支持等服务，帮助中小企业成长，提高社会创业的成功率。

8. 积极帮助中小企业争取国家“中小企业国际市场开拓资金”和各种展会补贴。充分发挥各有关职能部门的优势，加强对中小企业开展境外商务活动的指导和服务，为中小企业“走出去”参与国际市场竞争提供支持和帮助。

9. 加大财政扶持力度。各级政府要整合财政用于扶持企业发展的专项资金，设立中小企业发展专项引导资金，以贴息、奖励等形式，引导中小企业加大技改投入、加强产学研合作、加快企业信息化建设，提高中小企业服务机构、担保机构对中小企业的服务、担保能力。

10. 落实税收优惠政策。自2010年1月1日至2010年12月31日，对年应纳税所得额低于3万元（含3万元）的小型微利企业，其所得减按50%计入应纳税所得额，按20%的税率缴纳企业所得税。中小企业投资国家鼓励类项目,除《国内投资项目不予免税的进口商品目录》所列商品外,所需的进口自用设备以及按照合同随设备进口的技术及配套件、备件,免征进口关税。中小企业缴纳城镇土地使用税确有困难的,按照有关规定向省级财税部门或省级人民政府提出减免税申请。中小企业因特殊困难不能按期缴纳的,可依法申请在三个月内延期缴纳。

11. 建立中小企业税外负担状况督查制度。各级优化经济发展环境投诉监察中心、民营经济投诉督查中心、行政效能监察中心每季度联合开展一次抽样检查,发挥新闻舆论和社会监督作用,坚决杜绝"三乱",切实维护中小企业合法权益。

12. 构建和谐劳动关系。市劳动保障部门对中小企业吸纳困难人员就业、签定劳动合同并缴纳社会保险的,在相应期限内给予基本养老保险补贴、基本医疗保险补贴、失业保险补贴。对受金融危机影响较大的困难中小企业,将阶段性缓交社会保险费或降低费率政策执行期限延长至2010年底,并按规定给予一定期限的社会保险补贴或岗位补贴、在岗培训补贴等。中小企业可与职工就工资、工时、劳动定额进行协商,符合条件的,可向当地人力资源社会保障部门申请实行综合计算工时和不定时工作制。

(二)强化信息服务

1. 建立中小企业信息化公共服务平台。加快政务公开步伐,进一步完善政府门户网站功能;推动各级、各部门实现网络信息的整合和共享。强化中小企业公共服务平台功能,确保政企沟通渠道畅通,使政府及各部门发布的产业发展动态及会展、培训、产业政策、扶持政策、市场开拓、产品价格等信息及时传递到企业,同时,及时反映企业运行状况和企业提交的管理咨询、技术攻关等需求。全市各级、各部门的电子政务平台并网运行,行政审批事项100%网上办理。

2. 推进"两化融合",全面提升中小企业信息化水平。深入开展中小企业信息化试点、示范和普及推广工作,从整体上提高中小企业在产品研发设计、生产流程、企业管理、产品流通等方面的信息化应用水平,提高工业产品和服务业产品的信息技术含量和附加值。鼓励中小企业建立企业网站,并与市级信息网络服务平台链接,形成全市信息网络群,放大信息资源的集聚效应。加快中小企业建立网站速度,到2012年,全市中小企业上网率达到100%。

3. 加快发展企业电子商务。支持信用、支付、物流、认证等电子商务支撑体系建设。鼓励中小企业通过加盟知名中小企业网站及综合性网站发展电子商务。通过开展培训、举办讲座等形式,不断提高企业发展电子商务的能力和水平,推动中小企业实现覆盖生产、商贸全过程的电子商务高级应用。到2012年,力争全市中小企业利用电子商务开展产、供、销业务的比例超过30%。

(三)完善融资服务

1. 已经设立中小企业金融服务专营机构的各商业银行要进一步完善中小企业风险定价、独立核算、高效审批、信用激励、专门培训、违约信息通报等六项机制,加强营销队伍建设,对中小企业业务单列指标、单独考核。未设专营机构的要尽快设立。

2. 完善推广建行——淡马锡中小企业融资新模式,学习推广"包商银行中小企业业务模式",全力推行"无抵押、无担保"信贷方式,大力推广应收账款质押融资、专利权质押贷款和股权质押贷款业务,积极采用经营业主联户担保、经济联合体担保、出口信用保险代替担保等新型贷款担保形式。

3. 鼓励和支持符合条件的农村合作金融机构改制为农村商业银行。加快组建面向市区的城市商业银行。2012年底前,丹阳、句容、扬中各建立一家村镇银行。积极发展小额贷款公司及其他新型农村金融组织。

4. 积极推动担保机构之间开展分保、联保、再担保业务,多渠道引进资金,不断壮大中小企业信用担保机构实力。对符合条件的中小企业信用担保机构实行免征营业税、准备金提取和代偿损失税前扣除政策。鼓励和支持各金融机构与担保机构之间建立银保风险共担机制。到2010年底,全市注册资本超亿元的担保机构由增加到12家以上，到2012年超15家。

5. 充分发挥各典当机构在中小企业融资中的作用，进一步扩大中小企业融资渠道。市经贸、金融办、商务主管部门要进一步加大对担保再担保机构、典当机构的信用评价和监管力度，进一步规范服务行为，提高服务企业融资的能力。

6、加大金融机构服务中小企业工作的检查考核力度，确保每年对中小企业信贷投放增速高于全部贷款增速，增量高于上年水平。

四、强化领导

1. 各级政府要把鼓励支持中小企业发展纳入经济社会发展的总体规划，每年制定下发促进中小企业发展的工作目标，层层分解任务，并纳入年度目标责任考核内容；进一步明确部门分工，规范行政行为，强化部门协调，形成工作合力，为中小企业发展提供全方位的优质服务。

2. 完善中小企业产学研合作机制，建立健全中小企业统计评价分析制度，及时掌握企业运行动态，切实帮助企业解决发展过程中存在的各种矛盾和问题。

3. 充分发挥市中小企业协会、企业家协会和各专业行业协会的桥梁纽带作用，进一步强化各行业协会在信息、技术、投资、管理、培训等方面的服务功能，努力为中小企业提供更加完善的专业服务。

文件

镇江市关于公立医院改革试点工作的实施意见

为顺利开展和完成我市公立医院改革试点工作，根据《中共镇江市委市人民政府关于深化医药卫生体制改革的实施意见》(镇发〔2009〕27号)，制定本实施意见。

一、总体要求

坚持公益性原则，实行政事分开、管办分开、医药分开、营利性与非营利性分开。鼓励社会资本参与公立医院改革，探索公立医院多种实现形式。通过改革公立医院管理体制、运行机制、补偿机制和监管机制等，切实提高医疗服务质量和水平、提高医务人员积极性、提高社会满意度、降低医疗服务成本和费用，促进公立医院可持续发展。2009年10月起，在全市全面展开改革试点工作，到2010年底，基本完成我市公立医院改革试点工作。

二、主要任务

(一)优化配置公立医院资源。市政府重点举办承担疑难危重病症诊治、医学科研和教学功能的三级综合医院，承担专科疾病防治职能的传染病院、精神病院及妇幼保健院，具有传统医学特色的中医院。优化配置市区精神卫生、妇幼保健医疗卫生资源。市口腔医院实行股份制改革。市中医院坚持中医特色，向中西医结合、中医医疗、保健、康复、老年病诊治和老年护理等方向发展。坚持以自愿为主、资产和技术为纽带、紧密型和松散型相结合的原则，组建以江苏大学附属医院、镇江市第一人民医院为核心，以专科医院、社区医疗服务机构为成员的两大医疗集团。各辖市政府重点举办好人民医院和中医院。

(二)改革公立医院管理体制

1. 建立公立医院出资人制度。市政府委托卫生行政部门履行出资人职责，负责建立公立医院法人治理结构，确定公立医院规划和发展方向，监督公立医院资产和运营，保证社会公益性目标的实现。

2. 成立公立医院理事会。成立由出资人代表、医院法人代表、医院职工代表及其他代表组成的医院理事会，理事会对出资人负责。理事会对医院运营中的重大问题、重要人事任免、重大项目投资、大额资金使用等事项进行决策。理事会决定和任命医院院长、财务总监、药品总监，确定医院绩效管理目标和职工工资总额。

3. 实行院长负责制。取消医疗机构行政级别，推行职员制，医院原有领导干部的行政级别和工资标准实行档案管理。实行理事会领导下的院长负责制，院长对理事会负责。医院行政管理层由院长提名并提请理事会讨论通过后由院长任命，院长拥有医院的经营管理和人事管理权限。院长通过民主程序决定医院内设业务机构，自主招聘员工、设置专业技术岗位、确定薪酬分配办法、决定非资产性的经费支出。院长按维护公益性的要求行使职权，确保医院严格执行国家医疗管理法律、法规、规章、制度、规范和标准，承担社会责任。

4. 加强医院民主监督。建立医院监事组织，充分发挥医院党委的政治核心和职工代表大会的民主管理与监督作用。实施院务公开，推进医院民主管理。

（三）改革公立医院运行机制

1. 完善医院财务管理制度。全面推行医院全成本核算，强化医院风险经营意识，加强医院财务监管，严格预算和收支管理。落实和完善财务内控制度、内部和外部审计制度。继续实施医院会计委派管理制度。

2. 深化医院人事分配制度改革。严格人员准入，完善公开招聘、公平竞争的择优用人机制。健全和完善全员聘用制和岗位管理制，科学合理地设置岗位，按事设岗，以岗定人，以岗定薪，岗变薪变，完善岗位责任制。对原有职工身份及工资实行档案管理，新老员工统一实行以岗位绩效工资制度为核心的分配机制，有效调动医务人员积极性。完善以专业技术能力、工作业绩和医德医风等为主要评价标准的绩效考核体系。

（四）改革公立医院补偿机制

1. 明确政府投入责任。加大政府对公立医院的财政投入，在确定原有财政投入基数的基础上，确保每年增长幅度高于经常性财政预算支出增长幅度。政府投入主要用于公立医院基本建设、大型设备购置、领军人才引进、重点学科发展和符合国家规定的离退休人员费用补偿等。对传染病医院、精神病院、妇幼保健院、中医院和急救医疗机构在投入政策上予以倾斜。对公立医院承担的公共卫生服务任务给予专项补助，保障政府指定的紧急救治、援外、支农、支边、惠民服务和其他公共服务经费。改革财政投入方式，采取财政购买服务的方式，对政府必须支出的特殊人群的疾病防治、国家和省市政府规定的免费检查治疗的疾病以及体检、普查、防疫、健康咨询等，公开向各类符合条件的医疗机构招标，建立科学评估办法，保证政府投资公共卫生服务效率和效益的最大化。

2. 逐步推进医药分开改革。实行医药收支分开，逐步将医院补偿由服务收费、药品加成收入和财政补助三个渠道改为服务收费和财政补助两个渠道，降低医院收入中药品所占比例，通过增加医疗服务收入和政府投入等途径补偿医院由此减少的收入。

3. 完善医疗保障支付制度。进一步完善按病种付费、按人头付费、总额预付等支付方式，建立医疗保险支付方式对医疗服务行为的激励和约束机制。逐步扩大医疗保障范围，提高支付比例，合理控制医院医药总费用、均次费用。探索医院与医疗保险经办机构的谈判机制。落实医疗救助、慈善助医的项目管理和支付制度，解决低收入人群的医疗费用。对基本医疗保险支付范围外的诊疗费用，鼓励商业保险公司举办补充医疗保险。

（五）改革公立医院监管机制。建立健全医疗服务监管机制，依法实行全行业管理。加强对公立医院的等级评审、要素准入、执业行为的管理，完善机构、人员、技术、设备的准入和退出机制。建立公立医院绩效评估管理体系和医疗质量安全评价管理体系，完善各级各类医院管理评价制度，继续做好医院管理评审评价工作。逐步建立医院医疗质量和安全监管制度，医疗技术风险的监测、报告和预警管理制度。建立注册医师多点执业制度。

（六）加强基层医疗机构能力建设

1. 加强县级医院能力建设。各辖市加强人民医院的能力建设，增强其在农村医疗服务体系中的辐射作用。加大对人民医院的投入，建立健全县乡合作、乡村一体、分级诊疗、双向转诊的城乡一体化的医疗服务体系。

2. 加大对口支援力度。完善三级综合医院对辖市人民医院的对口支援及市区二级及以上医院对辖区社区卫生服务中心、辖市二级医院对乡镇卫生院的对口支援，通过多种形式加强基层医疗机构的卫生队伍和业务技术建设。全市二级及以上医院的医务人员晋升高级职称前，必须到基层医疗机构服务一年以上。

（七）加强公立医院内部管理

1. 提高医疗服务质量和水平。建立完善的医疗质量、医疗安全体系，加强省市两级重点专科和人才队伍建设，建立住院医师规范化培训制度，提高医疗技术水平。推广适宜技术和基本药物，实行同级医疗机构检查检验结果互认。实施疾病诊疗路径，推动病种规范化诊治。坚持以病人为中心，开展全面改善医疗服务，大力推广专科预约挂号、一站式服务等一系列便民措施。坚持把深化改革与加强医德医风建设紧密结合起来，维护医疗卫生行业的良好形象，不断提高人民群众的满意度。进一步完善医疗纠纷预防和处理机制。

2. 提高医疗信息化水平。以医院管理和电子病历为重点推进医院信息化建设。建立健全市级卫生信息平台，实现医院之间、医院与其他医疗卫生机构之间、医疗机构与医保经办机构之间的互联互通。在此基础上，推行覆盖全区域人口的健康“一卡通”，实现人口健康信息的全过程、全方位联系与共享。

（八）鼓励社会资本办医

1. 鼓励社会资本参与公立医院改革。鼓励和引导国内外医疗机构、管理集团、科研院所及其它社会资本以合作、托管、改制等形式参与公立医院改革，改善医院的管理服务能力和水平。

2. 落实民营医院扶持政策。鼓励发展上规模、有特色的民营医院，民营医院在税收减免、医保定点、承担公共卫生服务、专业职称评定、科研立项、继续教育、大型设备配置等方面与公立医院享有同等待遇。鼓励社会资本举办非营利性医院，执行与公立医院同样的财务、会计、价格等政策。

三、保障措施

（一）加强组织领导。市政府深化医药卫生体制改革联席会议统筹协调、指导公立医院改革。卫生行政部门要切实履行职责、负责实施公立医院改革试点的各项具体工作。发改、财政、人事、编制、劳动保障、物价等部门认真履行好职责，密切配合，形成合力，确保公立医院改革试点顺利完成。

（二）加强舆论引导。采取多种有效形式加强宣传，妥善处理好改革过程中出现的问题与矛盾，为公立医院改革营造良好的社会环境和舆论氛围。

五　芜湖市政府文件

芜湖市关于加快推进粮食产业化发展的实施意见

为贯彻落实中共中央、国务院《关于2009年促进农业稳定发展农民持续增收的若干意见》(中发〔2009〕1号)和安徽省人民政府办公厅《关于加快推进粮食产业化发展的意见》(皖政办〔2009〕74号)精神，以科学发展观为指导，加快推进粮食产业化发展，经市政府同意，现就加快推进全市粮食产业化发展提出如下实施意见：

一、目标任务

全面实施芜湖粮食产业化“452提升工程”，即用5年时间，全市建立4个粮食产业园区或产业集群，5家粮油类年销售收入超2亿元省级以上农业产业化龙头企业，粮油加工总产值达到20亿元。加快粮食现代物流体系建设，重点建设长江芜湖段粮食物流通道和芜湖粮食现代物流中心，逐步实现“散装、散卸、散储、散运”为主要标志的粮食流通方式。加快粮食批发市场体系建设，形成以安徽粮食批发市场为龙头，以城乡粮食集贸市场为支撑的芜湖区域性专业粮油批发市场体系。

二、具体措施

(一)鼓励强强联合，着力提升粮食产业化龙头企业规模和实力。充分利用和发挥我市粮食产业化两个“国家级”龙头企业，进行资源整合，积极推动企业间战略性合作与重组，加快组建大型粮食企业集团。对年销售收入超2亿元省级以上农业产业化龙头企业，在资金、信息、用地、技术研发、项目争取等政策优惠方面予以倾斜和重点扶持。对年销售收入在5亿元以上的大型骨干龙头企业实行“一企一策”，全力扶持。充分发挥各粮食产业园区的牵引带动作用，通过内引外联、靠大联强，积极寻求战略合作伙伴进园区，壮大企业规模和实力。引导和鼓励金丰油脂等一批发展潜力较大、生产管理和市场经营相对成熟的粮油加工型企业尽快上市，增强企业融资能力，加快企业发展。大力实施农业企业“小巨人”培育计划，培育壮大一批起点高、规模大、带动能力强的粮食加工型龙头企业，增强我市粮油加工型龙头企业的规模和实力。

(二)加强示范引导，着力提高优质粮油生产基地规模化、标准化水平。以实施“水稻产业提升行动计划”为契机，加大超级稻推广力度，加快建立覆盖全市的水稻产业提升示范辐射区。进一步落实良种推广、高产栽培技术成果转化、完善技术服务等综合配套措施，推动我市水稻整体生产技术水平全面升级。逐步建立起以龙头企业为牵动、种粮大户为主体、先进适用农业科技为支撑的现代粮油生产模式。积极引导农民以转包、出租、互换、转让、股份合作等形式流转土地承包经营权，让更多的耕地资源通过政策引导和市场化配置，向有能力、会经营的种粮大户、能手、企业集中，发展适度规模经营。进一步规范和扶持东源、华园、双丰公司等20余家龙头企业核心示范基地建设，力争在5

年内全市建立粮食订单示范基地达到60万亩,订单收购总量突破30万吨。

(三)强化科技创新,着力提升粮油精深加工转化增值水平。引导和支持粮油加工型龙头企业与科研院所开展合作,加强对粮食、油料产品精深加工关键技术的专题攻关,努力发展高附加值、高科技含量的深加工项目,实现粮油初加工向深加工转化、粗级产品向食品与生物制品开发转化的跨越式突破。广泛利用省内外高校和科研院所等科技资源平台,参与合作和研发,力求在设备、加工工艺、新产品开发、管理技术创新等领域取得突破,为我市粮食产业化龙头企业抢占市场先机、全面提升精深加工转化增值能力、保持企业持续竞争力奠定坚实基础。大力扶持源生、秦氏糖业、南陵白塔、三惠食品等一批初具规模的深加工龙头企业,加快推动双丰、宏顺等粮油企业深加工项目立项开工,多方位、多角度引导企业错位竞争、优势互补。立足资源优势,发展精深加工,延长产业链条,不断拓展粮油加工的转化增值空间。

(四)加大品牌创建,着力增强粮油产品"精品、名牌"效应。大力实施品牌战略,构建粮油品牌体系。以优势企业和名牌产品为核心,充分利用和发扬"芜湖米市"传统优势,整合商标资源,实行统一品牌、统一质量、统一包装、统一经营,打造强势品牌。加大贯彻落实《中华人民共和国农产品质量安全法》力度,开展标准化生产,严格粮油产品从产地环境、投入品使用、生产过程到收储、加工及销售等各个环节的的质量全程监控,逐步建立以基地为基础、企业为主导的粮油产品质量检验检测中心,切实落实企业质量安全监管责任,杜绝不合格产品进入市场。继续抓好"放心粮油"进城入村活动,提高市场覆盖率。进一步鼓励和支持优势企业争创省级和国家级名牌产品。通过参加展销会、推介会、建立直销网点等形式,强化宣传,努力提高产品和企业的知名度,扩大市场占有率,全面增强我市名牌产品的核心竞争力。

(五)拓展合作方式,着力完善粮油产业利益联结机制。运用政策扶持的引导作用,重点加快发展粮油专业合作社,提高产业发展的组织化程度。采取"公司+基地+农户"、"公司+合作经济组织+农户"等方式,应用入股、股利分红、利益返还等形式,建立更为完善的利益分配结构;应用合作社平台,加强沟通、提供信息交流、推进共同参与等方式,构建上下联动、信息灵活、运转协调的产加销一体化经营体系。继续加大对兴农、新泰优质稻种植等粮食生产专业合作社支持力度,增强合作社的吸引力和凝聚力,积极引导和调动农民参与粮油合作经济组织建设的积极性,真正把农民专业合作社发展成为引领农民参与现代粮食生产、流通的新型组织。力争5年内建立起运行规范、协调高效的粮油合作经济组织20个、吸纳会员10万户。

(六)加快园区建设,着力发挥粮食产业园区牵引辐射功能。抓住国家实施粮食增产工程、拉动内需和省政府实施"861"计划的政策机遇,高标准、高起点、高效率地加快推进粮食产业园区建设。要在统一制定全市粮食产业园区建设发展规划的基础上,紧紧围绕产业带动、服务配套、功能完善目标,加大粮食基础设施投入,不断完善园区功能,逐步形成集粮食收购、储备、仓储、加工、配送、运输、质检、信息等"八位一体"的粮食产业集群。通过招商引资、内引外联,积极寻求战略合作伙伴落户园区,真正使之成为我市粮食产业化发展的重要载体,成为我省沿江粮食物流通道的重要节点。

(七)完善体系规划,着力加快粮食市场和现代物流建设速度。加快芜湖区域性专业粮油批发市场体系建设,积极培育和发展城乡粮食集贸市场。重点建设以芜湖稻米交易中心为核心的、能辐射皖东南的粮食现货交易网络。根据国家粮食现代物流体系建设战略布局和省粮食现代物流规划,充分利用我市基础设施和政策环境优势,精心制定,抓紧实施《芜湖市粮食现代物流规划(2009~2015)》,结合粮食园区和产业集群建设,加快粮食现代物流体系建设,完善重要的粮食物流节点,形成产销信息一体化、节点无缝化、物流网络化、运作市场化的现代物流体系。加强与泛长三角地区的粮食产销衔接,争取泛长三角地区粮食经贸洽谈会在芜湖举办。

三、扶持政策

（一）财政扶持政策。在落实好国家、省、市对粮食产业化各项政策的同时，积极扶持粮食产业化龙头企业，市级支农资金安排对粮食加工企业给予适当倾斜。鼓励粮食经营企业对农田基础设施和现代农业设施进行投入，优先安排土地开发整理、农业综合开发、特色农产品基地建设等项目。同时积极落实国家种粮大户补贴政策，引导推进农村土地经营权流转工作，实施土地向种粮能手、种粮大户集中，提高粮食种植产业化水平。引导粮食产业化企业加快自主创新步伐，改善产品质量，提升服务水平，创造经营品牌，获得国家和省认定的驰名商标、地理标志、证明商标、名牌称号的粮油加工企业，除省级政府奖励外，按照我市推进自主创新政策及质量兴市政策给予相应奖励。要将加快各级粮食产业园区建设作为推进粮食产业化发展的重点来抓，进一步落实项目建设资金，加快项目建设进度，创新粮食产业园区管理体制。

（二）税收优惠政策。根据财政部、国家税务总局《关于发布享受企业所得税优惠政策的农产品初加工范围（试行）的通知》（财税〔2008〕149 号）精神，落实粮油初加工免征企业所得税政策。对农民粮食专业合作社销售本社成员生产的粮食免征增值税。增值税一般纳税人从农民粮食专业合作社购进的免税粮食，可按 13% 的扣除率计算抵扣增值税进项税额。对农民粮食专业合作社向本社成员销售的农膜、种子、种苗、化肥、农药、农机，免征增值税。对农民粮食专业合作社与本社成员签订的粮食和农资购销合同，免征印花税。对国有和国有控股粮食购销企业的生产经营性用房和土地，其房产税、城镇土地使用税减免政策延长至 2010 年 12 月 31 日。国有粮食购销企业收购粮食经纪人粮食，可简化程序、免征增值税。鼓励企业加大对自主创新成果产业化的研发投入，对新技术、新产品、新工艺等研发费用，按照有关税收法律和政策规定，在计算应纳税所得额时加计扣除。

（三）金融支持政策。加大对"三农"的信贷投放力度，从 2009 年起银行业金融机构对"三农"贷款增幅不低于全市贷款增幅平均水平。人民银行要加大支农再贷款力度，对金融机构所持粮食产业等涉农票据优先予以办理再贴现。农业发展银行要积极支持具有粮食收购资质的各类粮食企业入市收购，加大对粮食产业贷款支持力度，积极支持国有粮食企业产权制度改革。农村金融机构要加大粮食经营企业和农户产品及服务创新力度，丰富抵押物种类和方式，在做好房地产、机器、设备等传统抵押贷款外，积极探索存货、土地承包权等抵押贷款，将流转土地 100 亩以上、流转期限 3 年以上的粮食经营企业作为信贷支农的重点。控制粮食产业相关企业贷款利率水平，对基本面较好、有市场的粮食经营企业和农户合理确定贷款利率；对信用及经营状况良好的粮食经营企业和农户给予利率优惠。积极开展"信贷 + 保险"试点工作，引导农村金融机构在向农户发放粮食生产贷款的同时，同步提供责任保险的金融服务。继续开展银农对接活动，在县区举办专题信贷需求金融产品创新推介会、银企对接会，构建金融机构与粮食经营企业、种粮大户信息沟通和需求对接的平台。改善金融服务方式，简化业务流程，缩短决策链条，为粮食经营企业开辟贷款"绿色通道"。

（四）土地优惠政策。积极支持粮食产业园区建设，国土资源部门要支持粮食企业退出城区，原划拨土地使用权转让应交纳的土地出让金全额留给企业；划拨土地需要转为有偿使用土地的，其市场增值部分，可作为增加国有资本金，用于粮食产业园区建设。市、县在安排建设用地计划指标时，优先考虑粮食产业园区和产业集聚区建设用地需要。对流转土地规模在万亩以上的各类主体，在争取国家、省级投资的土地开发整理项目时，给予优先安排。

（五）项目扶持政策。按照新增粮食生产能力建设规划，制定并实施粮食流通配套项目建设。发展改革部门要支持符合条件的粮食产业园区、粮食物流中心、粮食产业化龙头企业建设项目列入省、市"861"行动计划和扩大内需重点项目。对符合条件的粮油精深加工项目，纳入有关部门技术改造"百千工程"项目投资计划。农业部门在安排农产品加工项目投资时优先考虑粮油精深加工项目。

科技部门加强粮食科技创新平台建设,突出核心技术与配套技术集成与创新,支持企业和科研院所围绕粮食生产共性和关键技术联合组织开展攻关,加快先进科技成果的转化与推广,积极争取我市更多的县(区)和企业列入科技增粮示范工程。

四、组织保障

加快推进粮食产业化发展,是全省农业产业化“532”提升行动和全省实施粮食产业化“518 提升工程”的重要内容,对于稳定和提高粮食生产能力、保障国家粮食安全、促进农民增收具有重要意义。各级政府、各有关部门要进一步提高认识,把发展粮食产业化工作纳入当地经济社会发展规划,统筹安排,精心部署,积极推进。建立发展粮食产业化的领导体制和工作机制,各级政府主要领导亲自抓,分管领导具体抓,建立健全有效的粮食安全监督检查和绩效考核机制,及时协调解决粮食产业化工作中出现的困难和问题。在各级政府农业产业化工作指导委员会的统一指导下,各级粮食行政管理部门要切实担负起牵头责任,要与发改、财政、农业、科技、金融、国土、商务、交通、税务、工商、质监等部门加强协调,密切配合,形成合力,确保全市粮食产业化快速、持续、健康发展。

芜湖市关于加快物流业发展的政策

为加快芜湖市物流业发展，根据《中共芜湖市委、芜湖市人民政府关于大力推进三产兴市战略的实施意见》，制定如下政策：

一、对新建投资额（不含土地款，下同）在1亿元以上的第三方物流项目（指2010年1月1日后出让地块，下同），城市基础设施配套费按50%收取，并自项目开工建设之日起，三年内按固定资产累计投资额给予分档奖励：1亿元以上不满2亿元的，给予1%奖励；2亿元以上不满3亿元的，给予2%奖励；3亿元以上的，给予3%奖励。每户企业奖励最高不超过1000万元。

二、对于年营业收入首次达到5000万元以上且入库税金达300万元以上的第三方物流企业，按当年较上年新增营业税和企业所得税地方实得部分的50%给予一次性奖励；对年营业收入首次达到1亿元以上且入库税金达500万元以上的第三方物流企业，按当年较上年新增营业税和企业所得税地方实得部分的60%给予一次性奖励；对年营业收入首次达到5亿元以上且入库税金达1500万元以上的第三方物流企业，按当年较上年新增营业税和企业所得税地方实得部分的70%给予一次性奖励。物流企业应如实核算企业营业收入、依法缴纳各项税收。有关部门应加强物流企业经营业绩考核，自物流企业符合上述奖励条件年度起连续考核两年，符合上述奖励条件的次年营业收入及纳税业绩保持合理稳定增长的，考核期满奖励兑现。

三、合理确定物流企业的营业税计征基数。对试点物流企业将承揽的运输业务、仓储业务分给其他单位并由其统一收取价款的，应以该企业取得的全部收入减去付给其他运输企业、仓储合作方的运费、仓储费后的余额为营业额计算征收营业税。

四、对于符合物流业发展规划且属于芜湖市鼓励发展方向物流业的投资，其出让土地可整体规划，分宗建设，分宗办理土地使用权证等相关手续。

五、对投资额在5亿元以上的现代物流业项目，可实行“一事一议”。已享受“一事一议”政策及2010年1月1日前通过土地招拍挂按土地出让合同约定开发建设的企业、项目，不重复享受本政策规定的其他扶持政策。

六、市政府设立三产兴市发展引导资金，单列物流业发展专项资金，专项用于本政策规定中市级承担的奖励或补助项目支出。

七、本政策规定的税收奖励支出按现行市与区财政体制实行分级负担；其他奖励补助支出由市与区各承担50%。

八、本政策所称的“以上”、“以下”，均包括本数；所称的“不满”，不包括本数。

九、本政策自2010年1月1日起执行，有效期至2012年12月31日止。

十、本政策由市发展改革委、市财政局负责解释。各县人民政府可参照执行。

关于加快中介业发展的政策

为加快芜湖市中介服务业发展,根据《中共芜湖市委、芜湖市人民政府关于大力推进三产兴市战略的实施意见》,制定如下政策:

一、对新引进设立的省内外知名律师事务所、会计师事务所、咨询公司、科研开发、科技成果交易、产权交易、人才中介等专业服务机构,其所缴纳营业税、企业所得税地方实得部分,三年内给予50%奖励。

二、对上述知名中介服务机构购买自用办公用房的,按其实缴契税给予等额奖励;租赁自用办公用房的,三年内按房屋租金的15%给予补助,补助金额不超过企业当年所缴纳营业税、企业所得税的地方实得部分。

实行房租奖励的,奖励资金在企业正常运行满一年后兑现,若实际房租价格高于同期房租市场平均价格的,按市场平均价格计算房租奖励。

三、本政策所称的"知名",是指全国行业100强企业或省内行业排名前10强企业,以行业主管部门认定或行业协会发布的权威排序为准。

四、市政府设立三产兴市发展引导资金,单列中介服务业发展专项资金,专项用于本政策规定中市级承担的奖励或补助项目支出。

五、本政策规定的税收奖励支出按现行市与区财政体制实行分级负担;其他奖励补助支出由市与区各承担50%。

六、对企业同一事项涉及本政策措施多项补助或奖励的,按就高不就低、不重复享受的原则执行。

七、本政策自2010年1月1日起执行,有效期至2012年12月31日止。

八、本政策由市发展改革委、市财政局负责解释。各县人民政府可参照执行。

关于加快商贸业发展的政策

为促进商贸业与制造业互动并进,进一步加强城市商贸辐射功能,根据《中共芜湖市委、芜湖市人民政府关于大力推进三产兴市战略的实施意见》,制定如下政策:

一、新建专业市场、商业综合体和商贸物流中心项目(指2010年1月1日后出让地块,下同),符合商贸业发展规划,按土地招拍挂合同约定建成开业的,享受下列促进政策:固定资产投资总额(不含土地款,下同)在2亿元以上的,可以带项目整体出让土地,一次规划、分宗建设、分宗办理土地使用权证等相关手续。对急需发展的专业市场、商贸物流中心,其用地出让价格可以按不低于最低标准作为起始价予以挂牌。固定资产投资总额在1亿元以上的,且70%建筑面积不分割销售的,其城市基础设施配套费按50%收取。

二、新建镇级商品配送中心单体建筑面积5000平方米以上且数量达10家的,其用地价格参照工业用地标准确定起始价予以挂牌。

三、对年营业收入首次达到1亿元以上且入库税金达200万元以上的商贸企业,按当年增值税和企业所得税较上年新增地方实得部分的50%给予一次性奖励;对年营业收入首次达到5亿元以上且入库税金达1000万元以上的商贸企业,按当年增值税和企业所得税较上年新增地方实得部分的 60% 给予一次性奖励；对年营业收入首次达到 10 亿元以上且入库税金达 2000 万元以上的商贸企业，按当年增值税和企业所得税较上年新增地方实得部分的 70% 给予一次性奖励。

四、新建、改建或者扩建室内菜场单体建筑面积 1000 平方米以上（不含房地产开发中约定的配建项目），经验收符合菜场营业标准的，免收城市基础设施配套费；建成营业一年后，按 100 元/平方米给予一次性补助。

五、在社区新设社区便民超市，单体营业面积 100 平方米以上且数量达 20 家的，自符合条件的当年起，对企业当年较上年新增增值税和企业所得税的地方实得部分，前两年给予 100% 奖励，后三年给予 50% 奖励。

六、建设"早餐工程"，主食加工车间达到3000 平方米以上、专用机动餐车 8 辆以上，自符合条件当年起，对企业所缴纳营业税、企业所得税的地方实得部分，前两年给予 100% 奖励，后三年给予 50% 奖励。

七、国内外知名商贸企业（含购物中心、百货店、大型超市、家居建材店、省级以上区域批发总代理）在芜新设网点的，五年内按当年较上年新增营业税、增值税和企业所得税地方实得部分，前两年给予 100% 奖励，后三年给予 50% 奖励。

八、承办单位通过市场化运作，在芜湖举办展会，规模达 200 个以上标准展位的，按 5 万元/次给予补助；达 300 个以上标准展位的，按 10 万元/次给予补助；达 500 个以上标准展位的，按 20 万元/次给予补助。

九、对固定资产投资总额 5 亿元以上的商贸业项目，可以实行"一事一议"。已享受"一事一议"政策且 2010 年 1 月 1 日前通过土地招拍挂按土地出让合同约定开发建设的项目、企业，不重复享受本政策规定的其他扶持政策。

十、市政府设立三产兴市发展引导资金，单列商贸业发展专项资金，专项用于本政策规定中市级承担的奖励或补助项目支出。

十一、对于企业或项目的同一事项涉及本政策多项或多次奖励、补助的，按就高不就低、不重复享受的原则执行。

十二、本政策规定的税收奖励支出，按现行市与区财政体制实行分级承担；除第八条会展展位补助支出由市财政负担外，其他补助支出由市与区财政各按 50% 比例承担。

十三、本政策所称的"知名"，是指全球 500 强、全国 500 强或者行业 100 强企业，以行业主管部门或相关全国性行业协会发布的权威排序为准。

本政策所称的"以上"，包括本数；所称的"不满"，不包括本数。

十四、本政策自 2010 年 1 月 1 日起执行，有效期至 2012 年 12 月 31 日止。

十五、本政策由市商务局、市财政局负责解释。各县人民政府可参照执行。

关于促进服务外包产业发展的政策

为加快发展服务外包产业，促进经济增长方式转变和产业结构升级，根据《中共芜湖市委、芜湖市人民政府关于大力推进三产兴市战略的实施意见》，制定如下政策：

一、对新落户我市的省内外知名服务外包企业、研发机构，按企业实缴营业税、增值税和企业所得税地方实得部分，前五年按 100% 给予奖励，第六年至十年按 80% 给予奖励。

二、对新落户我市的省内外知名服务外包企业、研发机构自建办公用房的，城市基础设施配套费按 20% 收取；购买自用办公用房的，按其实缴契税地方实得部分给予 100% 奖励；租赁自用办公用房的，自租赁当年起，三年内按 20% 给予租金补贴。补助数额不超过企业当年实缴营业税、增值税和企业所得税的地方实得部分。

实行房租补助的，补助资金在企业正常运行满一年后兑现，若实际房租价格高于同期房租市场平均价格的，按市场平均价格计算房租补助。

三、支持我市服务外包企业申请相关国际资质认证。对取得开发能力成熟模型集成（CMMI）认证、人力资源成熟度模型（PCMM）认证、信息安全管理（ISO 27001/BS7799）认证、IT 服务管理（ISO 20000）认证、服务提供商环境安全性（SAS70）认证及其它相关国际认证的服务外包企业，给予认证费的 50% 奖励，单个项目不超过 50 万元，累计不超过 200 万元的资金支持。

四、凡新落户我市的知名服务外包企业法人代表、高管人员的个人所得税地方实得部分，前三年按 100% 给予奖励，后两年按 90% 给予奖励。

五、鼓励我市园区争创国家、省级服务外包示范区（或示范基地）。凡获得国家、省级服务外包示范区（或示范基地），按照省奖励标准给予 1:1 配套奖励。

六、对新引进国际知名服务外包企业或重大项目的，可实行“一事一议”。已享受“一事一议”政策及 2010 年 1 月 1 日前通过土地招拍挂按土地出让合同约定开发建设的项目、企业，不重复享受本政策规定的其他扶持政策。

七、服务外包企业引进创新人才等方面的支持政策，按《中共芜湖市委办公室、芜湖市人民政府办公室关于加强创新创业人才队伍建设的若干意见》（芜市办〔2009〕11 号）相关文件规定执行。

八、服务外包企业建立高校学生实训基地，促进大学生就业等方面的支持政策按《芜湖市人民政府关于进一步加强当前就业工作的通知》（芜政〔2009〕29 号）相关文件规定执行。

九、服务外包企业科技自主创新方面的支持政策按《芜湖市推进自主创新综合配套改革工作的若干政策措施（试行）》（芜政办〔2008〕79 号）相关文件规定执行。

十、对于企业或项目的同一事项涉及本政策多项或多次奖励补助的，按就高不就低、不重复享受的原则执行。

十一、市政府设立三产兴市发展引导资金，单列服务外包产业发展专项资金，专项用于本政策中市级承担的奖励或补助项目支出以及服务外包基地建设。基地设在弋江区。

十二、本政策所规定的税收奖励支出，按现行市与区财政体制实行分级负担；其它奖励补助支出由市与区各承担 50%。

十三、本政策所称的省内外“知名”，是全国行业 200 强企业或省内行业排名前 10 强企业，以行业主管部门认定或行业协会发布的权威排序为准。

十四、享受以上政策的企业，须承诺企业永久性落户芜湖发展，否则由相关主管部门收回政策奖励补助资金。

十五、本政策自 2010 年 1 月 1 日起执行，有效期至 2012 年 12 月 31 日止。

十六、本政策由市商务局、市财政局负责解释。各县人民政府可参照执行。

关于加快旅游业发展的政策

为加快芜湖市旅游业发展，根据《中共芜湖市委、芜湖市人民政府关于大力推进三产兴市战略的实施意见》，制定如下政策：

一、对新建投资额（不含土地款，下同）2000 万元以上旅游景区开发及 3A 以上景区追加投入建设项目（指 2010 年 1 月 1 日后出让地块，下同），城市基础设施配套费按 20% 收取；建成开业后，其所缴纳的营业税、企业所得税较上年新增地方实得部分，前两年给予100%奖励，后三年给予50%奖励。

二、对于年旅游业务收入500万元以上不满1500万元的旅行社，当年营业税、企业所得税较上年新增地方实得部分，一次性给予50%奖励；对于年旅游业务收入1500万元以上不满3000万元的旅行社，当年营业税、企业所得税较上年新增地方实得部分，一次性给予80%奖励；对于年旅游业务收入3000万元以上的旅行社，当年营业税、企业所得税较上年新增地方实得部分，一次性给予100%奖励，并对旅行社的法定代表人或总经理的个人所得税较上年新增地方实得部分前两年给予80%奖励，后三年给予50%奖励。

三、对新评定为国家3A、4A、5A级旅游风景区，一次性分别奖励10万元、20万元、50万元。

四、对新进入年度全省“十强”的旅行社一次性奖励5万元；对新进入年度全国“百强”的旅行社一次性奖励20万元。

五、已享受“一事一议”政策及2010年1月1日前通过土地招拍挂按土地出让合同约定开发建设的项目、企业，不重复享受享受本政策规定的其他扶持政策。

六、本政策所规定的税收奖励支出按现行市与区财政体制实行分级承担；其他奖励补助支出由市与区各承担50%。

七、本政策所称的“以上”、“以下”，均包括本数；所称的“不满”，不包括本数。

八、市政府设立三产兴市发展引导资金，单列旅游业发展专项资金，专项用于本政策规定中市级承担的奖励或补助项目支出。

九、本政策自2010年1月1日起执行，有效期至2012年12月31日止。

十、本政策由市旅游局、市财政局负责解释。各县人民政府可参照执行。

关于加快总部经济发展的政策

为加快芜湖市总部经济发展，根据《中共芜湖市委、芜湖市人民政府关于大力推进三产兴市战略的实施意见》，制定如下政策：

一、本政策所称总部企业是指：具有独立法人资格，在本市注册登记，总部或核心运营机构设在本市的企业；国内外大型企业设立研发中心、销售中心、采购中心、信息中心等及具有法人资格的分支机构，符合总部财务管理等有关规定及运作方式的企业。

二、总部企业资格认定条件

（一）总部企业

1. 符合本办法第一条规定；

2. 注册资本金5000万人民币以上；

3. 主营业务收入10亿元人民币以上；

4. 前三年平均纳税额3000万元人民币以上；

5. 本市外下属企业三个以上。

（二）总部企业设立的区域性总部

1. 符合本办法第一条规定；

2. 注册资本或净资产1000万人民币以上；

3. 主营业务收入2亿元人民币以上；

4. 前三年平均纳税额500万元人民币以上。

重点引进世界500强企业、中国500强企业、中国民营100强企业，中央、省属及民营大企业（集团）区域性管理总部，国内行业排名前5位的龙头企业，上市企业。

三、对新引进的企业总部或区域性总部可享受：

1. 自建自用办公用房，城市基础设施配套费按50%收取；

2. 购买自用办公用房，按所缴纳的契税给予等额补助；

3. 租赁自用办公用房，三年内按房租租金的20%给予补助；

租赁经认定的区域总部楼宇，三年内给予房租租金的30%补助；

4. 所缴纳的营业税、增值税和企业所得税地方实得部分，三年内给予50%奖励。

四、市外总部企业在我市新设立具有独立法人资格的销售公司、结算中心等，年实际纳税额达200万元以上，但达不到上述总部企业认定条件的，租赁自用办公用房的，三年内按房租租金的20%给予补助；对企业所缴纳的营业税、增值税和企业所得税地方实得部分，三年内给予30%奖励。

五、对新引进的总部企业高层管理人员交纳的个人所得税地方实得部分，前两年给予100%奖励，后三年给予90%奖励。

六、总部楼宇或总部基地在综合验收合格后一年内，引进两家以上总部企业入驻，实现税收合计1000万元以上，一次性给予业主或运营商50万元的奖励。

七、建立发展总部经济的绿色通道制度，对引进的总部企业在办理登记、注册、项目审批及人才引进、培训、职称、户籍迁入、子女入学、社会保障、工作调动等方面实行优先支持保障。

八、以上享受奖励、补贴金额最高不超过企业当年所缴税额的地方实得部分。实行房租奖励的，奖励资金在企业正常运行满一年后兑现，若实际房租价格高于同期房租市场平均价格的，按市场平均价格计算房租奖励。

九、对需要重点扶持的总部企业，可以实行“一事一议”。已享受“一事一议”政策及2010年1月1日前通过土地招拍挂按土地出让合同约定开发建设的企业、项目，不重复享受本政策规定的其他扶持政策。

十、市政府设立三产兴市发展引导资金，单列总部经济发展专项资金，用于本政策规定中市级承担的奖励或补助项目支出。

十一、本政策规定的税收奖励支出按现行市与区财政体制实行分级负担；其他奖励补助支出由市与区各承担50%。

十二、本政策所称“以上”、“以下”均包括本数。

十三、本政策自2010年1月1日起执行，有效期至2012年12月31日止。

十四、本政策由市发展改革委、市财政局负责解释。各县人民政府可参照执行。

关于加快文化产业发展的政策

为加快芜湖市文化产业发展，推进合芜蚌自主创新综合配套改革试验区建设，根据《中共芜湖市委、芜湖市人民政府关于大力推进三产兴市战略的实施意见》，制定如下政策：

一、凡在我市工商注册和税务登记，在市文化体制改革和文化产业发展领导小组办公室或市文化委员会备案，符合条件的创意设计、数字动漫、影视传媒、出版发行、网络游戏、演艺演出、艺术品生产等文化产业项目，可享受本政策。

二、符合上述条件的文化企业新建投产后，其所缴纳的营业税、企业所得税地方实得部分，前二年给予100%奖励，后三年给予50%奖励，其中对制作动漫影视片、拍摄电影和电视剧的企业，其缴纳税款地方实得部分前五年给予 100% 奖励，后五年给予 50% 奖励；对年收入 10 万元以上的动漫主创人员和年收入 50 万元以上的影视知名导演、主要演员，其所缴纳的个人所得税地方实得部分，前二年给予 100% 奖励，后三年给予 90% 奖励。

三、对动漫企业创作的原创影视动画作品，在国家、省、市级电视台播出的，二维动画片按每分钟 2000 元、1000 元、500 元标准给予原创企业一次性补助，三维动画片按每分钟 3000 元、2000 元、1000 元标准，给予原创企业一次性补助，但每部作品原则上最高不超过 80 万元、40 万元、10 万元（在多个台播出的从高但不重复补助）；在全国院线播放的原创动画电影补助 50 万元；对经国家有关部门批准正式上线运行的原创网络游戏产品，每款给予 15 万元的补助；对获国家有关部门推荐的原创网络游戏产品，每款给予 20 万元的补助。

对上述作品，获得国际级奖项和国家级、省级奖项，按所获奖励标准给予 1∶1 配套奖励。

四、对芜湖生产的原创作品，在中央电视台第一频道黄金时段首播，按 10000 元/20 分钟的标准，给予一次性补助；在中央电视台第一频道非黄金时段首播及其他相应定位的主频道首播的，按 8000 元/20 分钟的标准，给予一次性补助；在电影频道首播的电影按每部 50 万元标准，给予一次性补助；广播剧在中央人民广播电台、中国国际广播电台相应定位的主频率首播的，按 10000 元/20 分钟的标准，给予一次性补助。

对上述作品，获得国际级奖项的，给予获奖单位一次性 100 万元的奖励；获得国家级奖项的，给予获奖单位一次性 50 万元的奖励。

五、对新认定为国家级文化创意产业园或文化创意中心的企业，一次性给予 50 万元奖励；对新认定为省级文化创意产业园或文化创意中心的企业，一次性给予 30 万元奖励。

六、对从事创意设计，且当年实际设计开票收入达 50 万元以上的创意单位，每项一次性给予开票收入 10% 的补助，但奖励数额以不超过该企业当年新增税收地方实得部分为限，其奖励总额最高不超过 20 万元。

七、对年销售额首次达到 2000 万元以上不满 5000 万元的企业，按当年较上年新增营业税和企业所得税地方实得部分的 50% 给予一次性奖励；对年销售额首次达到 5000 万元以上不满 1 亿元的企业，按当年较上年新增营业税和企业所得税地方实得部分的 60% 给予一次性奖励；对年销售额首次达到 1 亿元以上的企业，按当年较上年新增营业税和企业所得税地方实得部分的 70% 给予一次性奖励。

八、对投资额在 5000 万元以上的文化产业项目，可实行“一事一议”。已享受“一事一议”政策及 2010 年 1 月 1 日前通过土地招拍挂按土地出让合同约定开发建设的项目、企业，不重复享受本政策规定的其他扶持政策。

九、市政府设立三产兴市发展引导资金，单列文化产业发展专项资金，专项用于本政策规定中市级承担的奖励或补助项目支出以及文化创意产业基地建设。基地设在鸠江区。

十、本政策规定的税收奖励支出，按现行市与区财政体制实行分级负担；其他奖励补助支出由市与区各承担 50% 。

十一、本政策所称的“以上”、“以下”，均包括本数；所称的“不满”，不包括本数。

十二、本政策自 2010 年 1 月 1 日起执行，有效期至 2012 年 12 月 31 日止。

十三、本政策由市文化体制改革和文化产业发展领导小组办公室、市文化委和市财政局负责解释。各县人民政府可参照执行。

关于加快民办教育发展的政策

为吸引民办学历教育和国内外知名培训机构（以下统称“民办学校”）来我市办学，进一步促进我市民办教育事业快速健康发展，根据《中华人民共和国民办教育促进法》、《中共芜湖市委、芜湖市政府关于大力推进三产兴市战略的实施意见》，制定如下政策：

一、对按国家标准在我市新建的民办学历教育学校，在土地、税收和规费上给予公办学校同等待遇。

二、对在我市新举办的国内外知名非学历教育培训机构，规模达2000平方米以上的，凡自建自用教学用房，土地按出让方式取得的，免收城市基础设施配套费；购买教学用房的，按所缴纳契税给予等额补助。

三、民办学校自主聘任有任职资格的教职员工。对具有大专以上学历或中级以上职称的外地人员及其配偶和未成年子女，一经正式签订聘任协议，由公安部门办理户口迁入手续。

四、推进民办学校教师与公办学校教师之间的合理流动。公办学校应当支持民办学校教师和管理人员来校培训；公办学校教师自愿到民办学校任教的，由个人申请，学校同意，经教育行政部门批准后，其人事关系可在原单位保留3年。期限内要求回原校的，由学校重新安排工作，期满后仍愿继续留在民办学校任教的，其档案可转入市人才交流中心。

五、民办学校收费项目和标准可由其根据办学成本自行制定，报本市审批机关和物价部门备案并公示后执行。票据管理部门应当为民办学校提供合法票据。

六、民办学校可在当地教育行政部门的指导下，自主确定招生范围、标准和方式。中等职业学校可自主确定招生专业。

七、对举办义务教育的民办学校，按公办学校生均公用经费标准给予资助。民办职业学校接受学历教育的农村、县镇及城市困难家庭学生，享受国家规定的资助。

八、民办学校按不低于年度净资产增加额或净收益25%的比例提取发展基金后，其余部分举办者（出资方）可自主确定回报比例。

九、国有及国有控股担保机构可以为民办学校提供其净资产总额70%以内的贷款担保。

十、市政府设立三产兴市发展引导资金，单列民办教育发展专项资金，专门用于本政策规定中市级承担的奖励或补助项目支出。

十一、本政策规定的税收奖励支出，按现行市与区财政体制实行分级负担；其他奖励补助支出（除第七条由同级财政负担外），由市级财政负担。

十二、本政策自2010年1月1日起执行，有效期至2012年12月31日止。

十三、本政策由市教育局、市财政局负责解释。各县人民政府可参照执行。

芜湖市关于进一步加快全市水利建设和改革的实施意见

为深入贯彻落实科学发展观，推进水利事业可持续发展，为经济社会发展提供综合保障，根据《中共安徽省委、安徽省人民政府关于进一步加快全省水利建设和改革的意见》(皖发〔2008〕10 号)精神，现结合我市实际，提出以下意见：

一、加快水利发展与改革面临的形势、总体要求和目标任务

(一)面临的形势。1998 年以来，我市抢抓机遇，积极争取中央及省级资金的投入，不断加大水利基础设施建设的力度，持续推进了水利改革、发展和稳定。但是，全市防汛抗洪“重在长江，难在内河，急在山洪，险在水库”的格局还未得到根本改观，还存在一些亟待解决的问题，主要表现在：一是洪涝灾害依然威胁着我市经济社会的发展；二是农村水利管理体系不完善，部分水利设施老化失修；三是治水观念和管理与运行机制还不完全适应社会主义市场经济和可持续发展的需要。随着人民物质文化生活水平的不断提高，防御洪涝旱灾害和改善水环境的形势将更加严峻，实现人水和谐相处的重要性将更加突出。

(二)总体要求。以中共十七大和胡锦涛总书记视察安徽重要讲话精神为指导，深入贯彻落实科学发展观，遵循新时期中央及省水利工作方针和可持续发展的治水思路，以实现人水和谐相处为理念，以支撑经济社会可持续发展和水生态环境持续改善为目标，以加快水利基础设施建设为重点，以水管体制改革为契机，坚持全面规划、统筹兼顾、标本兼治、综合治理的原则，统筹考虑城市水利与农村水利、防洪与排涝抗旱水生态、水资源开发利用与节约保护、水利建设与水工程管理，为实现我市“两个率先”、构建和谐芜湖提供强有力的支撑和保障。各级政府务必要从全局和战略的高度，把水利建设摆在基础设施建设的重要位置，进一步完善治水思路，抢抓发展机遇，采取有力措施，切实加快水利建设与改革步伐。

(三)目标任务。加快建设工程水利、民生水利、生态水利、资源水利、水利项目储备和水利信息化“六大工程”。着力构建和完善防洪减灾、水资源保护与改善、城乡水利一体化发展、涉水事务管理与公共服务“四大体系”。主城区城市防洪达到安全防御“五四型”洪水标准，其它地方达到防洪规划的要求；三县县城和 5 万亩以上圩口防洪基本达到 20 年一遇标准；1 万亩 ~5 万亩圩口基本达到 15 年一遇标准。全市万亩以上圩区排涝标准达到 10 年一遇标准。山丘区抗旱保证率达到 95% 以上。完成现有水库除险加固任务；解决农村人口饮水安全问题；着力推进农田水利建设，完成全市农村主要沟渠湖塘清淤疏浚任务；稳步推进水土保持、水利血防和中小河流治理，完善全市防汛抗旱决策指挥和预警预报系统。到 2020 年，基本建成与小康社会相适应的“碧水环绕、水景相连、山水相映、特色鲜明、人水和谐”的城乡一体化生态城市。

二、抢抓机遇，全面加强水利工作

(四)加快防洪保安工程建设，提高防洪保障能力。积极推进城市防洪排涝设施和三县城关防洪

工程建设，完善城市防洪排涝体系。完成扁担河上段和龙窝湖水系综合整治工程，争取尽快实施长江芜裕河段小洲头、东梁山下的长江崩岸治理工程，基本完成列入国家大型排涝泵站更新改造的泵站建设任务，继续争取实施沿江圩区排涝泵站建设，积极推进青弋江分洪道等长江主要支流治理项目前期工作。

（五）加快民生水利工程建设，提高为民服务能力。到 2010 年，解决全市农村 50.13 万人饮水安全问题，完成 43 座病险水库除险加固任务。加快南陵县柏山渠灌区续建配套与节水改造。加强新农村水利建设，对全市主要沟渠湖塘全面进行疏浚，加快圩堤加固治理、泵站技术改造和小型农田设施建设步伐，对上世纪 80 年代初期以前建造的尚未实施技改的 2.3 万千瓦泵站进行规划改造，提高引、灌、排、蓄水能力；以丘陵山区水源工程建设为重点，促进水土流失治理和生态修复；积极开展水土保持和水利血防。

（六）加快城乡水环境治理，建设生态文明。加强饮用水源地保护，保障城乡居民供水安全。提高水资源利用率，城市新区水面率控制在 10% 左右，农村水面率控制在不低于现状水平。积极争取青弋江、漳河入江口建闸控制项目，提高内河在枯水期及灌溉期的蓄水量，提高水网区的供水能力和城市应急水源保障能力，着力改善水网圩区水环境。

（七）认真执行取水许可和水资源有偿使用两项制度，加强水资源管理与保护工作。各级、各有关部门要加强对水资源的统一管理，坚持建设项目水资源论证制度，完善取水计量工作；做好主要江河湖泊供水水源地及入河排污口的水质监测与报告。加强水域规划与管理，出台芜湖市地表水体蓝线保护办法，制定地表水体保护相关政策。

（八）加大水利项目储备，确保前期工作经费。进一步建立和完善水利规划体系，加快重点水源、病险水库、城乡供排水、防洪、排涝、抗旱、水资源保护、水土保持、节约用水、水利血防等重点项目的前期工作。完成芜湖市城市防洪规划修编，开展重要河段及河流节点断面测量、农村水利规划、抗旱规划、水域保护规划、漳河中上游流域综合治理规划、青弋江、漳河入江口建闸控制可行性研究等前期工作。建立重点水利项目前期工作资金保障机制，各级政府要千方百计加大本地区水利工程前期工作经费投入，切实做到“开工一批、推进一批、论证一批、储备一批”。

（九）加快水利信息化建设步伐，促进水利科技进步。按照水利现代化的要求，依据“芜湖数字水利规划”要求，积极推进水利信息化建设。进一步完善防汛抗旱指挥决策支持系统和预警预报系统建设，建立健全水库实时水位测报系统，实现对重点水利工程堤、闸、站的视频实时监视监测及远程控制。编制完成水利工程建设和管理软件，加快水利电子政务和办公自动化建设。利用现代信息技术，逐步实现防汛决策信息化、调度指挥科学化、工程管理规范化的目标。加大水利科技培训和资金投入力度，促进水利科技成果的转化与应用，发挥先进技术在水利现代化建设中的引领和带动作用。

三、重视非工程措施建设，构建现代水利体系

（十）建立和完善防洪保安体系。在完成防洪减灾工程措施的同时，要进一步加强非工程措施建设。一是加强防汛抢险应急队伍建设，各县区都要建立一支专业抢险队伍；二是进一步修订完善各类抢险应急预案，增强应对各类水事危机和突发事件的能力；三是加强防汛抗旱物资储备和县镇防汛器材仓库建设。

（十一）建立和完善城乡水利一体化发展体系。要从科学发展的理念、路径、机制和体制上寻找新突破，大力推进城乡水利一体化发展。市、县（区）、镇三级联动，统筹水利发展思路，防止工程建设低级循环和重复建设。对重点河道全面实施水生态环境综合整治，按照“水系畅通、水质达标、管理有序、责任落实”的水环境综合整治思路，实行统一规划、统一部署、区域负责、限期完成。

（十二）建立和完善涉水事务管理与公共服务体系。要进一步转变水行政管理职能，推进水利工作从“管理型”向“服务型”转变。建立并推广用水者协会等农民用水合作组织，让农民直接参与农业生产用水的管理和监督。切实加强河道巡查，建立健全各类水工程管理制度，全面提升我市水利工程管理水平。进一步提高长江、内河黄砂管理监管水平，确保河势稳定、防洪安全。认真贯彻执行水利部《关于加强小型水库安全管理工作的意见》（水建管〔2002〕188 号）精神，小（一）型水库要做到“五有”，即有管理组织和专职管理人员（不少于 3 人），有管理设施，有管理运行规章制度，有必要的交通、通讯设施，有管理人员报酬和工程维修经费来源；小（二）型水库要做到“三有”，即有管理组织或专职管理人员（重点小（二）型不少于 2 人，一般小（二）型水库不少于 1 人），有管理运行规章制度，有管理人员报酬和工程维修经费来源。

四、加大投入，促进农村水利健康发展

（十三）加大水利建设资金投入。要进一步加大公共财政对水利的投入，并随地方财政的增长同步增加。各级政府要切实用好用活中央和省有关水利发展的各项政策，最大限度争取国家相关部委和省在饮水安全、病险水库除险加固、泵站建设和水土保持等方面的项目支持和资金投入。要加大水利工程管理的投入，各级要从征收的水利建设基金中，安排适当资金用于水利工程的维修养护。

（十四）深入持久地开展农田水利基本建设。农田水利基本建设是增强农业综合生产能力、改善农村生态环境的基础和推进农村小康建设的重大举措，必须常抓不懈。要建立政府规划、政策引导、财政扶持及集体、农户和社会力量广泛参与的农田水利基本建设的投入机制。市县两级财政要设立小型农田水利设施建设补助专项资金，实行“民办公助”。农民是农田水利基本建设的主体，要按照“谁受益，谁负担”的原则，动员和组织群众出资出劳，卓有成效地搞好农田水利基本建设。

五、切实加强领导，加快水利建设和改革步伐

（十五）建立行政领导任期水利工作目标责任制。各级政府要按照科学发展观的要求，高度重视水利建设，切实加强组织领导，建立行政领导任期水利工作目标责任制，实行以县、区长为第一责任人，县、区政府分管领导为牵头责任人，县、区水行政主管部门主要负责人为具体责任人，各相关职能部门主要负责人为配合责任人的任期目标责任制。明确落实领导责任和部门责任。要把水利发展实绩纳入各级政府任期目标，加强督查和考核。

（十六）各相关部门和单位要积极支持水利建设和改革。发展改革、财政、国土资源、公安、交通、审计、环保、电力、宣传等有关部门和单位要结合自身职能，加大支持力度，落实相应政策措施，积极解决水利发展中的各种困难和问题，确保全市水利事业健康发展。

各县、区政府要依据本意见，结合本地实际，制定具体的实施细则，认真落实相关政策措施，确保全市水利事业又好又快发展。

六　马鞍山市政府文件

马鞍山市关于扎实推进基层医药卫生体制综合改革试点工作的通知

为了认真贯彻落实全市深化医药卫生体制改革工作会议精神，切实做好我市基层医药卫生体制改革（以下简称“基层医改”）综合试点工作，经市政府同意，现将有关事项通知如下：

一、加快健全基层医改综合试点工作推进机制

基层医改综合试点工作是加快建立国家基本药物制度和深化医药卫生体制改革的一项重大制度创新，对于医改工作有序快速推进具有十分重要意义。当涂县政府和花山区政府要切实承担试点责任，将其作为当前贯彻落实全市深化医改会议的中心任务来抓，建立组织领导机构，主要领导要亲自抓，分管领导具体抓，落实专人集中办公，加快健全政府领导、发展改革部门牵头、卫生部门为主、相关部门配合的基层医改试点工作推进机制。

二、按进度推进基层医改试点各项工作

当涂县政府和花山区政府要统筹安排，在按规定时间完成基层医疗机构编制核定和上报备案的基础上，依照后续时间节点要求努力推进各项工作。一是在 2009 年 12 月 30 日前出台基层医疗机构岗位设置等各项实施方案；二是在 2010 年 1 月 1 日全面开展国家基本药物与省补充药物的零差率销售，并落实各项财政补助政策；三是在 2010 年 1 月 1 日起组织开展人员竞聘上岗工作；四是在 2010 年春节前完成基层医疗卫生机构全员聘用并签定聘用合同，确保基层医疗机构按新机制正常运行；五是在 2010 年 4 月 30 日前完成分流人员安置工作。

三、强化基层医改试点工作的检查和指导

为了加强对我市基层医改试点工作的统筹和协调工作，成立两个市基层医改综合试点工作督导组，第一督导组由市发展改革委牵头，负责检查指导当涂县基层医改试点工作；第二督导组由市卫生局牵头，负责检查指导花山区基层医改试点工作。督导组要定期进行政策指导，协调、解决各种困难与问题，督促检查各项工作进度，确保基层医改工作稳步推进。

四、及时报送基层医改综合试点工作进展信息

当涂县和花山区在积极推进各项工作的同时，要强化基层医改综合试点进展信息的报送，建立健全信息周报制度，每周要定时向省、市医改办同步报送工作进展信息（省医改办：shc4@ ah. gov. cn；市医改办：masfgwshk@ 126. com）。市医改办要做好基层医改综合试点的综合协调，主动与县区加强工作沟通和交流，及时了解工作动态，把握工作进度，协同有关部门共同推进当涂县、花山区基层医

改试点工作。

五、认真总结、及时推开基层医改试点

当涂县政府和花山区政府要按照省基层医改试点文件精神，努力结合县区工作实际，创造性地开展工作，认真把握好综合试点的组织、协调、宣传、培训、实施等五个重点环节，科学制定方案，周密细化措施，着力抓好落实。

市医改办要在推进基层医改试点实践中，及时总结经验，推动各项医改措施的落实。金家庄区、雨山区要全面做好各项准备工作，为随时启动改革提供技术、资金和政策保障。

马鞍山市
关于优先发展城市公共交通的若干意见

为认真贯彻落实《国务院办公厅转发建设部等部门关于优先发展城市公共交通意见的通知》(国办发〔2005〕46号)和建设部、国家发展改革委、财政部、劳动保障部《关于优先发展城市公共交通若干经济政策的意见》(建城〔2006〕288号)精神,切实解决好城市公共交通问题,现就我市优先发展城市公共交通提出以下意见。

一、指导思想

坚持以中共十七大精神为指导,牢固树立科学发展观,深入贯彻落实公共交通优先发展战略,确立城市公共交通在城市交通中的主导地位,建设节约型社会。以城市公共交通专项规划为指导,以满足市民出行为目的,以改善公共服务质量为核心,以完善线网布局和公共交通设施为基础,以科技进步为动力,加快我市城市公共交通发展步伐,提升城市公共交通形象和服务水平,促进城市经济社会和谐健康发展。

二、主要任务和目标

通过5年的努力,建立起与我市经济社会发展相适应的通达快捷、安全环保、优质舒适的城市公共交通体系。到2013年,基本确立城市公共交通在我市城市交通中的主导地位,公共交通线路达到64条,总长度达到670公里,车辆总数增加到650台,每万人拥有车辆数达到10标台,公共交通出行分担率达到30%,车辆平均运行速度超过25公里/小时,城市公共交通发展达到省内先进水平。

三、认真组织实施城市公共交通专项规划

《马鞍山市城市公共交通专项规划》是我市城市总体规划的重要组成部分。市规划、国土资源、交通运输、住房和建设等部门要结合城市建设和社会发展,按照统筹协调、公共交通优先的原则,优先保证综合停车保养场、交通枢纽(换乘中心)、首末站、站台等公共交通设施的建设需要。防止和纠正违反规划、侵占公共交通基础设施及其建设用地的行为,采取切实有力措施,保障公共交通专项规划的组织实施。

四、加快城市公共交通基础设施建设

按照"政府主导,统一规划,共同建设"的原则,充分发挥公共财政的作用,加快建设和优先保障城市公共交通基础设施。

(一)对专项规划中的大型停车保养场、交通枢纽(换乘中心)、城市建成区内需完善配套的首末站等建设,给予必要的资金和政策扶持。

(二)大型公共基础设施,较大规模的新建居住小区、开发园区、大型公共活动场所等建设项目和公路、铁路、水路等客运交通枢纽建设,要依据《马鞍山市城市公共交通专项规划》,配套规划建设公

共交通调车场，建设费用纳入工程投资，实行“三同时”，即同时设计、同时建设、同时验收交付使用。对未按规定配套建设公共交通场站设施的项目，一律不予审批、验收。

（三）结合城市道路新建和改造，同步建设公共交通站台、站亭等设施。主要干道应建设港湾式停靠站，并对不合理的公共交通停靠站进行调整，建设费用纳入道路建设和改造工程投资；公交站亭由城市公共交通企业负责投资建设。

（四）对目前在用的公共交通场站，不得随意搬迁，对确实需要调整的，应先建后搬。其中，对临近主干道的公共交通场站，应开展交通影响评价分析；对占用道路资源设置的公共交通首末站，要进行搬迁；对已有线路缺少的公共交通首末站，由市住房和城乡建设委员会牵头，市国土资源、规划等部门积极支持、协调解决。

（五）市住房和建设、交通运输、规划、公安交警部门应结合城市道路的拓宽改造，在车辆比较密集、公共交通线路集中的道路，合理设置高峰公共交通专用道，并配套设置完善的标志、标识隔离等设施。同时，运用交通管理科技手段，设置公共交通优先信号控制系统，保障公共交通车辆在路口优先通行；设置电子监控系统，控制占用公共交通专用道行为，提高公共交通的运营速度和效率。

五、对公共交通企业承担的社会公益性服务和政府指令性任务给予补贴

（一）实行优惠政策补贴

1. 扩大学生月票适用和使用范围，对公共交通企业减少收入的部分实行补贴。

自2010年1月1日起，扩大学生月票适用范围和使用范围，将学生月票适用范围扩大到职业高中、技校、中专学校学生，将月票由现在使用的16条公共交通线路扩大到所有线路。对由于扩大学生月票适用范围和使用范围使公共交通企业减少的收入，由市财政按月给予补贴。

2. 70岁以上老年人等特殊群体免费乘车补贴。

自2009年10月1日起，对我市70岁以上老年人等法律法规规定的特殊群体免费乘车，由现行16条公共交通线路扩大到所有线路，由此增加的支出，市财政给予公共交通企业补贴。同时，为享受免费乘车的70岁以上老年人及二级以上肢体残疾人办理意外伤害保险，保险费每人每年20元（其中个人承担10元；70岁以上老年人保险费由市财政补贴10元，二级以上肢体残疾人保险费由市残联补助10元），公共交通企业代办。自2010年4月1日起，70岁以上老年人等特殊群体实行公共交通IC卡乘车。

公共交通企业建立基础信息数据资料库，对乘客刷卡出行实行信息化管理，按刷卡次数，实行计次补贴。公共交通企业每月15日前将上月学生月票乘车和特殊群体免费乘车信息上报市建设投资公司、市财政局审核，市财政局不定期对相关数据信息进行抽查。市财政局依据上年度经审计的每人次成本，分类计次按月支付补贴。补贴费用作为一项长期的民生工程，列入市财政年度预算。相关部门定期对城市公共交通企业的成本和费用进行年度审计与评价，结果向社会公开。

（二）车辆更新提档补贴

鼓励公共交通企业购置较高档次（国Ⅲ标准高档配置）的公共交通车辆，提高车辆的环保性和舒适性，提升文明城市形象。今后新购公共交通车辆应全部达到国Ⅲ及以上标准，在未来5年，公共交通车辆每年更新提档原则上不少于70辆，使较高档次车辆比例达50%以上。在新购车辆的同时，新增智能化电子设备，提高车辆整体档次水平。公共交通车辆购置要通过政府采购进行，对于所购车辆超过普通配置车辆（每辆26万元）以上的差价，市财政给予一定的补贴。公共交通企业每年第四季度向主管部门提交包括数量、型号、价格的采购方案，报市政府批准。公共交通企业应建立合理的公共交通车辆投入、更新及积累机制，以财政补贴资金和自身投入建立车辆更新专项基金，作为今后公共交通车辆更新的主要来源。

（三）新开园区专线补贴

为方便偏远地区（开发园区）企业职工的出行，为开发园区创造良好的投资环境，按照政府主导、企业承办、县区（开发园区）积极参与的原则，开通园区专线。

对公共交通企业新开园区线路因票价和客流等因素形成的亏损，由市财政和其所服务的园区给予补贴。公共交通企业建立专线成本测算考核体系和相关管理制度，每年底经市财政、审计等部门审核、审计后，由市、县区（开发园区）财政对线路运营亏损的部分按 5∶5 比例分担补贴，多退少补。3 年运营期满，该项补贴措施取消。

六、优化公共交通线路

城市公共交通线路应根据城市的发展战略、城市道路网不断完善、市民居住区域的变化等经济社会发展和市民出行的需求，不断调整和优化线路，按照方便、快捷、减少重复的原则，科学合理地设置公共交通营运线路、站点，优化公共交通线网结构。逐步推进城乡公共交通一体化，扩大公共交通营运的覆盖区域。

七、提高行业管理水平和公共交通的服务质量

公共交通企业应突出“以人为本”的管理理念，从强化服务意识入手，加强职工教育培训，提高员工的服务技能和服务水平。加强城市公共交通行业文明建设，大力开展“创文明行业、树文明新风”活动。加强企业内部管理，深化内部挖潜和内部改革，降本增效。努力提高城市公共交通队伍的整体素质和服务水平，为乘客提供安全、方便、舒适、快捷、经济的乘车环境。

八、加强监督管理

（一）按照优先发展城市公共交通的战略部署，加强对优先发展城市公共交通的组织领导，结合我市实际，切实将优先发展城市公共交通的若干经济政策和措施真正落到实处。

（二）相关部门要严厉查处各种侵占、破坏城市公共交通设施和危害城市公共交通运营安全的行为，切实保障城市公共交通的安全。

（三）相关部门要加强对公共交通行业的监督和管理，对公共交通服务质量进行监督和考核。

马鞍山市关于大力推进职业教育现代化建设的若干实施意见

根据省政府《关于促进职业教育发展的若干政策意见》（皖政〔2006〕118 号）精神，结合我市实际，现就进一步大力发展职业教育，加速推进全市职业教育现代化建设，提出以下实施意见：

一、按照科学发展观要求，把发展职业教育作为经济社会发展的重要基础和教育工作的重点

（一）充分认识大力发展职业教育的意义。大力发展职业教育，是贯彻落实中共十七大精神，落实科学发展观，实施“科教兴市”和“人才强市”战略，推进我市走新型工业化道路，解决“三农”问题的重大举措；是全面提高国民素质，提升我市综合实力，促进就业再就业，构建和谐社会的重要途径；是贯彻党的教育方针，遵循教育规律，实现教育事业全面协调可持续发展的必然要求。全市各级政府和有关部门，要进一步增强紧迫感和使命感，把发展职业教育作为教育工作的重点，与繁荣经济、促进就业、构建和谐社会紧密结合起来，采取有效措施强力推进。

（二）明确职业教育改革发展的目标。到“十一五”末，在全省率先基本实现职业教育现代化，把我市建成区域性、服务全省的现代加工制造业人才培养基地，面向“长三角”地区现代加工制造业高技能人才培养培训与输出基地。保持中等职业教育与普通高中教育招生规模大体相当，基本形成符合我市实际的现代职业教育体系。

二、优化教育资源，大力推进职业教育集约化规模化办学

（一）科学优化职业教育资源配置。市发展改革委、教育局、劳动保障局、经委等部门要加强协调，制定有关政策，对全市职业教育进行统筹专业设置、统筹招生就业、统筹实训实习基地建设；优化全市职业教育资源，切实避免重复建设、重复投资，提高职业教育资源的办学效益。

（二）着力推进职业教育集团建设。以重点（示范）学校、重点（示范）专业和重点（示范）实训基地为龙头，资源整合为纽带，吸收相关行业、企业参加和融入社会资金，到“十一五”末，逐步组建三大区域性职教集团。一是以中等职业学校为主体，拥有 4 个以上品牌专业、规模达万人以上的中等职业教育集团。二是以马鞍山职业技术学院为主体，与马鞍山网络大学和马鞍山技师学院进行紧密型合作，以校区、院系、骨干专业为纽带，形成拥有若干品牌和示范专业、规模达 8000 人以上的高等职业教育集团。三是要充分发挥企业教育资源优势，以安徽冶金科技职业学院与马钢技师学院的企业教育资源为依托，形成有较强竞争力和办学特色、规模达 6000 人以上的企业办学实体。到“十一五”末，全市高技能人才总量达到 4 万人，高级工（职业资格三级）水平以上的高技能人才占技能劳动者的比例达到 25% 以上。

（三）实施高水平示范性职业院校和专业建设计划。重点支持中职集团学校进入全国 100 所重点中等职业学校行列；支持马鞍山职业技术学院争创全省示范性职业技术学院；支持马鞍山技师学院和马钢技师学院争创全省一流技师学院。根据我市实际和市场需求，创设新型专业，逐步做到专

业建设规范化和集约化，到“十一五”期末，全市每所职业院校有1～2个专业达到省级以上示范性专业标准。

（四）大力发展农村职业教育。加大当涂县职教中心建设力度，确保该校二期工程于2008年底完成。发挥当涂县职教中心区域内的辐射、带动作用，使其逐步发展成为县域内职成教中心、农科教结合中心、劳动力转移培训中心、现代农业和现代服务业培训中心和终身教育的学习中心。鼓励行业、企业和个人举办面向农民的职业培训，鼓励有条件的职业院校在乡镇企业较为发达的地区兴办分校或教学点。

三、创新办学体制和机制，运用市场手段推进职业教育发展

（一）积极运用市场手段推进职业教育基础建设。根据我市实际和统筹规划，依托行业、企业和相关重点职业院校，利用市场手段，到“十一五”末，基本建成数控技术实习实训基地、汽车维修技术实习实训基地、电工电子与自动化技术实习实训基地、计算机应用与软件技术实习实训基地、现代农业与服务业实习实训基地。

（二）坚持把民办职业教育作为职业教育发展新的增长点。积极鼓励民间资本办学，充分调动民资、外资、行业、企业兴办职业教育的积极性，大力推进职业教育办学主体多元化，积极探索民办、民办公助、股份制办学、集团化办学、多种利益成分合作办学等办学形式。制定鼓励民办职业教育发展的政策，在用地、融资、税费减免、投资回报、办学等方面享受与公办职业院校同等待遇。对办学业绩优异、社会反响突出的民办职业院校和培训机构，予以表彰和奖励。每年设立1000万元民办教育奖励扶持基金，对来我市投资发展民办教育特别是民办职业教育的按总投资额的10%给予奖励。

（三）大力推进校企合作办学。鼓励有条件的企业和行业组织举办职业教育或专门化培训，对本企业、行业的员工进行岗前、在职、转岗等各类培训。鼓励企业和行业组织与职业院校开展多种形式的合作办学，为学生提供实习实训场所，并选派优秀技术管理人员到学校兼课；支持企业与职业院校开展“订单”式、半工半读等多种形式培养所需人才。对企业投资举办职业院校达到一定规模的，可按一定比例返还其上缴的教育费附加，返还的经费与学校专业建设项目挂钩，专项用于职业学校建设与发展。

四、创新人才培养模式，提高职业学校毕业生就业创业能力

（一）推进以“学分制”为重点的学制改革。进一步扩大学分制改革实施范围，建立健全以学分制为统领的选课、专业调整、学分互认和学生综合素质评价等制度。积极开展“半工半读”试点工作，探索建立与之相适应的课程设置、教学管理、工学结合、校企合作等制度。加强高中后一年制职业教育培训工作。根据不同专业、不同培训项目和不同学习者的需要，探索建立弹性学制和灵活的学习方式，使职业教育更加适应经济发展、社会进步和学习者个人的需要。

（二）深化职业教育课程改革。加强专业课程和专业教材建设，努力构建以能力为本位、以职业实践为主线、以项目课程为主体的模块化课程体系。加强职业教育信息化建设，推进现代教育技术在教育教学中的应用，积极探索网络条件下的职业教育新模式。坚持育人为本、德育为首的办学思想，把学做人和学技能结合起来。发挥学校教育、家庭教育和社会教育的整体作用，为学生健康成长创造良好的社会环境。

（三）建立和完善职业院校学生实习制度。以培养学生实践能力和创新能力为着力点，大力推行校企合作、订单培养、工学结合、“教学做合一”的培养模式，中等职业学校学生要有一年时间，高等职业院校学生要有半年时间到企业等用人单位顶岗实习。职业院校要建立健全、完善并落实学生顶岗实习计划、管理办法、信息通报、实习报酬、劳动安全保护等方面的制度和措施，探索建立学生顶岗实

习期间的工伤保险制度。劳动保障等有关部门要进一步推进就业准入制度和职业资格证书制度，不断提高职业院校毕业生高技能等级的比例。

五、加大投入，建立健全职业教育发展保障机制

（一）加大公共财政投入。各级政府要加大对职业教育的支持力度，逐步增加公共财政对职业教育的投入，重点支持示范性院校、技能型紧缺人才专业、实习实训基地建设和师资培训工作。进一步落实城镇教育费附加按比例用于职业教育政策，从2008年起城镇教育费附加用于职业教育的比例不低于30%。市、县财政要建立并逐步增加职业教育专项经费，整合各类资金，加大投入和支持力度，专项用于职业院校购置更新实习实训设备、实训基地建设和师资培训。有关部门要积极争取国债项目和中央、省专项建设资金，为职业院校建设提供资金支持。支持和发展地方高等教育，市财政每年多渠道筹措1000万元专项经费用于扶持地方高等教育的发展。市政府将建立市级信用担保平台，为全市职业院校建设贷款提供信贷担保，并积极协调有关金融机构为职业院校建设提供资金支持。

（二）坚持多渠道筹措经费。对举办职业教育的企业，应依法督促其及时、足额拨付职业教育和培训经费。对不按规定实施职工教育和培训的企业，市、县区要按该企业职工工资总额的2%全额收取其应承担的职业教育经费，用于本地区的职业教育。鼓励社会各界和公民个人捐资助学。纳税人通过中国境内非盈利的社会团体、国家机关向职业教育捐赠，可按规定在企业所得税和个人所得税前扣除。进一步加大税费扶持力度，落实省政府《关于促进职业教育发展的若干政策意见》（皖政〔2006〕118号）中的税收优惠政策。

（三）建立健全学生资助体系。落实、完善国家助学金政策。其中，高等职业院校国家助学金按省政府《关于建立健全普通本科学校高等和中等职业学院家庭经济困难学生资助政策体系的实施意见》（皖政〔2007〕74号）执行。中等职业学校（包括公办和民办普通中专、成人中专、职业高中、技工学校、职业技术学院附属中专部和中等职业学校）国家助学金，除中央、省按比例承担外，其余由市级财政全额承担，资助标准为每生每年1500元，资助期限为两年。2007年中等职业学校在校生享受范围按省政府《关于建立健全普通本科学校高等和中等职业学院家庭经济困难学生资助政策体系的实施意见》（皖政〔2007〕74号）执行，从2008年秋季起将助学金资助面覆盖到全市所有中等职业学校在校生。

高校要按国家有关规定从事业收入中提取4%～6%，中等职业学校要从事业收入中足额提取5%的经费，用于学费减免、国家助学贷款风险补偿、勤工俭学、校内无息借款、校内奖助学金和特困生困难补助等。进一步完善鼓励捐资助学的相关优惠政策，积极鼓励各级政府、企事业单位和社会团体面向各级各类学校设立奖学金、助学金等资助项目。

（四）推进职业教育服务体系建设。完善地方高等教育管理机制。加快市职业类学校毕业生就业服务中心、学生助学管理中心、教科研中心、教材服务中心和学校专业建设委员会、职教职称评审委员会和办学评价委员会等服务机构建设，强化其专项业务职能。将市职业教育研究室更名为市职业与成人教育研究室，并独立设置。规范建设全市职业教育工作研究网、信息网和服务网，切实为职业教育发展提供技术和服务支撑。

六、深化人事制度改革，大力推进“双师型”教师队伍建设

（一）积极推进职业院校人事制度改革。根据职业院校办学特点，积极探索有别于普通中小学的人事管理办法。根据学校规模及时核定学校编制，按编制数核定学校办学经费。按照财政“以事定费”和经费“养事不养人”的原则，在职业院校实行人员聘用制、管理岗位制和分配绩效制。制定和

完善职业院校兼职教师聘用政策，支持职业类院校面向社会聘用工程技术人员和高技能人才担任专业课教师或实习指导教师。

（二）实施职业院校教师素质提高计划。大力开展以骨干教师为重点的全员培训，全面提高教师的实践能力、教学水平和相关学历层次，到"十一五"末，专任教师学历合格率达到95%，教师队伍结构得到明显改善。加快"双师型"教师培养，职业院校教师每年不少于两个月到企业实践；到"十一五"末，全市"双师型"教师占专业教师总数的比例达到60%。积极开展职业院校市级骨干教师、学科带头人、首席教师（技师）的评选工作，并参照有关规定落实其相关待遇。

七、切实加强统筹领导，为大力发展职业教育营造良好的社会氛围

（一）加大对职业教育的统筹力度。县区政府，各部门、各单位要切实把发展职业教育摆上全局工作的重要位置，统筹发展规划、资源配置、条件保障和政策措施，为职业教育提供强有力的公共服务和良好的发展环境。进一步发挥职业教育联席会议制度的作用，加强部门之间的沟通与协调，定期研究协调解决职业教育工作的重大问题。

（二）严格目标考核责任制和督导检查制度。落实责任，将职业教育工作作为考核领导干部政绩的重要指标，纳入县区及政府有关部门目标考核管理，并接受监督。把职业教育督导作为教育督导的重要内容，加强对职业教育的评估检查，促进职业教育健康发展。

（三）加大舆论宣传力度。倡导形成尊重人才、尊重技术、尊重劳动、尊重创造的良好风尚。逐步提高生产一线技能人才特别是高技能人才的社会地位和经济收入，对优秀技能人才实行特殊奖励政策和激励办法。定期开展职业院校学生职业技能竞赛活动，大力表彰职业教育工作先进单位与先进个人。加大媒体宣传力度，在全社会真正形成正确的教育观、人才观和择业观。

马鞍山市廉租住房建设实施方案

为了进一步完善住房保障制度，加快解决城市低收入家庭住房困难问题，根据省政府《关于加快实施住房保障制度的通知》（皖政〔2009〕61 号）和省下达的廉租住房建设任务，现结合实际，就扎实抓好我市廉租住房建设工作制定本实施方案。

一、基本思路

把国家和省有关廉租住房建设的政策规定与我市解决城市低收入家庭住房困难的实际情况相结合，按照“一个集中，三个结合”的原则组织实施，在集中统建的同时，与整体搬迁和危旧房改造相结合，与解决开发区低收入务工人员住房问题相结合，与住房困难户集中的大单位住房解困工作相结合，充分发挥各方面积极性，整合各方面有效资源，因地制宜，分类施策，加快廉租住房建设步伐，努力解决低收入困难家庭的住房问题。

二、目标任务

2009 年到 2011 年，全市共建设廉租住房 7084 套，面积 348573 平方米。2009 年全面开工建设并竣工 661 套，2010 年竣工 3675 套，2011 年竣工 2748 套。

三、实施计划和建设责任单位

（一）当涂县廉租住房项目。

当涂县建设廉租住房 504 套，面积 23899 平方米，建设责任单位为当涂县政府。一期 249 套（含收购的 45 套），2009 年底前竣工交付使用；二期 255 套，2009 年 6 月底前开工建设，2010 年底前竣工交付使用。

（二）向山片区廉租住房项目。

向山片区廉租住房 412 套，建设责任单位为市房地产局。其中，向硫矿 312 套廉租住房上半年竣工交付使用，南山矿配建的 100 套廉租住房年底前竣工交付使用。

（三）花山区廉租住房项目。

花山区建设廉租住房 800 套，面积 39360 平方米，建设责任单位为花山区政府。2009 年 4 月开工建设，2010 年底前竣工 300 套，2011 年竣工 500 套。

（四）雨山区廉租住房项目。

雨山区建设廉租住房 800 套，面积 39060 平方米，建设责任单位为雨山区政府。其中映翠花园配建廉租住房 300 套，面积 14460 平方米；阳湖花园配建廉租住房 500 套，面积 24600 平方米。映翠花园配建廉租住房项目 2009 年 4 月开工建设，2010 年底前竣工；阳湖花园配建廉租住房项目 2009 年 6 月底前开工建设，2011 年底前竣工。

（五）金家庄区廉租住房项目。

金家庄区建设廉租住房 800 套，面积 39690 平方米，建设责任单位为金家庄区政府。其中，前进村、闸上村、朝阳村、交通村棚户区改造项目中配建廉租住房 300 套，面积 14968 平方米；另采取集中建设或在其它整体搬迁和棚户区改造项目配建形式建设廉租住房500套,24722平方米。前进村、闸上村、朝阳村、交通村棚户区改造项目中配建廉租住房项目2009年4月开工建设,2010年底前竣工;另外建设的500套,2009年9月底前开工建设,2011年底前竣工。

(六)马鞍山经济开发区廉租住房项目。

在马鞍山经济开发区集中建设廉租住房600套,面积29700平方米,建设责任单位为马鞍山经济开发区管委会。2009年6月底前开工建设,2010年底前全部竣工。

(七)马钢公司廉租住房项目。

马钢公司建设廉租住房672套,面积31768平方米,建设责任单位为马钢集团公司。2009年9月底前开工建设,2010年底前全部竣工。

(八)十七冶公司廉租住房项目。

十七冶公司建设廉租住房2496套,面积124702平方米,建设责任单位为十七冶建设公司。2009年9月底前开工建设,2010年底前竣工一半,2011年底前全部竣工。

四、建设资金

全市7084套廉租住房建筑面积共348573平方米,计划总投资5.98亿元。建设资金采取市和县区财政投资、中央和省财政补助以及相关单位筹集相结合的方式解决。

(一)向山片区廉租住房建设资金。

向山片区412套廉租住房中,向硫矿312套廉租住房计划投资2400万元,由市政府安排解决;南山矿配建的100套廉租住房,建设资金由马钢南山矿业公司筹集解决。

(二)三个区政府廉租住房建设资金。

花山、雨山和金家庄三个区政府建设的廉租住房,建设资金除中央和省投资补助外,市政府按每平方米给予200元补助,其余资金分别由三个区政府通过区财政安排、与企业联建、与拆迁安置结合以及出售廉租住房等方式解决。

(三)当涂县、马钢公司、十七冶公司以及马鞍山经济开发区廉租住房建设资金。

当涂县、马钢公司、十七冶公司以及马鞍山经济开发区廉租住房建设资金,除中央和省投资补助外,其余由各建设责任单位自筹解决。

五、相关政策

(一)土地供应及税费政策。

廉租住房建设用地实行划拨方式解决。市国土资源局在每年的土地供应计划中优先安排廉租住房建设用地,并在申报年度用地指标时单独列出,切实保证廉租住房建设用地供应。

廉租住房建设免征城镇土地使用税和印花税,免收各种行政事业性收费和政府性基金。

(二)廉租住房面积标准。

廉租住房套型建筑面积控制在50平方米以内。企业自建、当涂县和三个区政府在安置房或危旧房改造项目配建以及与企业联建的廉租住房,用于安置符合住房保障条件的拆迁户的,可根据拆迁户原住房面积和家庭人口等情况,面积可适当浮动,具体由建设责任单位提出方案报市政府审批。

(三)廉租住房安置政策。

廉租住房的安置对象主要是符合住房保障条件的城市低收入住房困难家庭。对符合住房保障条件的孤老病残等城市低保家庭优先安排,并免收廉租住房保障面积内租金。其中,马鞍山经济开发区廉租住房在安置本辖区符合住房保障条件的低收入住房困难家庭后,可向低收入务工人员出租。

廉租住房安置符合住房保障条件的城市低收入住房困难家庭时,可实行租售并举。出租廉租住房的租金收入专项用于廉租住房的维修和管理,出售廉租住房回收的资金专项用于廉租住房建设。

廉租住房的安置办法、租金标准、出售价格等,由各建设责任单位根据国家和省市有关规定制定实施方案,向山片区廉租住房由雨山区政府制定实施方案,报市政府批准后实施。

(四)加强建设资金的筹集和管理。

廉租住房建设资金实行专户管理。市财政局及时将中央和省以及市财政的补助资金拨付到各建设责任单位的廉租住房建设资金专户。各建设责任单位自筹的配套资金必须全部纳入专户管理。市监察局、市财政局、市审计局、市建委、市房地产局要加强对建设资金筹集和使用的监管,确保资金专款专用。

(五)加强对廉租住房建设的监管。

严格执行工程招投标、施工许可、质量监督、工程监理、竣工验收备案等建设程序,严格执行国家有关住房建设的强制性标准,推广省地节能环保的新技术、新材料和新工艺,确保工程质量。

六、加强对廉租住房建设工作的领导

建设廉租住房,是解决城市低收入家庭住房困难问题的有效途径,是一项重要的民生工程,是中央扩大内需保持经济平稳增长的一项重要举措。成立市廉租住房建设工作领导小组,及时研究、协调解决廉租住房建设的重大问题。领导小组办公室设在市房地产局,负责全市住房保障政策制定和实施管理工作,对廉租住房建设项目进行监督管理,对项目实施情况进行考核验收。

市政府对各区县及相关单位廉租住房建设工作实行目标责任制管理,进行专项考核。市监察局、市政务督查和目标办、市建委、市房地产局负责具体考核工作;市发展改革委负责会同有关部门指导开展廉租住房建设项目前期工作,争取中央和省预算内投资补助资金,编制和下达相关项目投资计划;市财政局负责将廉租住房保障资金纳入年度预算安排,会同税务部门落实廉租住房建设的各项税费支持政策,会同有关部门积极争取中央补助资金,管理项目资金专户;市国土资源局负责落实廉租住房建设用地;市审计局负责对廉租住房保障资金筹措和使用进行审计监督。市规划、民政、价格和统计等部门根据各自职责,做好相关工作。

各廉租住房建设责任单位应成立廉租住房建设工作领导小组,主要负责同志任组长,设立相关工作机构,明确工作责任,制定具体实施方案,加强管理,规范运作,确保廉租住房建设任务按期完成。

七　滁州市政府文件

滁州市建设农村学校和卫生院职工公寓的指导意见

各县、市、区人民政府,市政府有关部门、直属机构:

为切实解决农村教师和医护人员住房困难,鼓励他们长期安心在农村从事教育和医疗卫生工作,促进我市教育事业均衡发展和提高农村人口的医疗卫生水平,现就建设农村教师和医护人员公寓提出如下意见:

一、允许县城以下(不含县城)的农村学校、卫生院建设职工公寓。

二、职工公寓由地方政府统一规划,用地由政府负责解决,土地使用权归单位。提倡教师和医护人员公寓统一建设,集中居住,以便于降低成本、设施配套和日常管理。

三、建设职工公寓本着单位和职工个人自愿的原则,建房费用由职工按成本价承担。单套建筑面积控制在60平方米~90平方米;可酌情建设部分一卧一厨一卫的单身公寓作为周转房,面积不超过30平方米。

四、职工公寓参建者须是农村学校、卫生院在编在岗无私房、无宅基地的工作人员;在本单位离退休的人员如符合上述条件也可以参加建设。单位与参建者须签订建房协议,参建者参建房屋不得出租、转让。

五、建设职工公寓免除一切行政收费。

六、职工公寓可先办理集体房产证,暂不办理个人房产证。职工在学校、卫生院退休时按规定由个人缴纳法定税费后可办理个人房产证;在本单位离退休的人员参加建房者享受同等待遇。如果职工调离,单位收回房产,退回其建房费用,不支付利息。

七、职工公寓建设管理须有职工代表参加,须在一定范围内公示,接受社会监督。

八、建设农村学校、卫生院职工公寓具体政策由各县、市、区政府制定。条件成熟的地方可以先行。

九、本意见由市政府法制办负责解释。

滁州市关于促进我市房地产市场持续健康发展的若干意见

为进一步促进我市房地产市场持续健康发展，根据国家近期出台的相关政策，现结合我市实际，提出如下意见：

一、建立经常性会议制度

市政府建立由市房地产管理、建设、国土资源、规划、财政、税务、公安、住房公积金管理中心等相关部门参加的经常性会议制度，针对我市房地产市场发展情况，适时召开会议，及时调整出台相应政策，解决房地产市场中存在的困难与问题。

二、促进房地产市场良性发展

合理确定保障性住房保障范围，把握保障性住房投放规模和节奏，促使商品房市场和保障性住房市场良性互动。

在节约用地的原则下，按市场需求，确定合理的套型面积、建筑标准等供应比例，调整市场供应结构。

引导居民养成节约资源、健康文明的消费习惯，形成适度、理性的住房消费理念。

严格收费管理制度，各相关部门一律严格按国家规定的收费项目和收费标准执行，不得擅自增加收费项目或提高收费标准。

三、调整住房公积金贷款有关政策

凡符合申请住房公积金贷款条件的职工，在滁城规划区内购买商品住房（含二手房）的，均可按规定申请住房公积金贷款，由市住房公积金管理中心在防范风险的前提下审核发放。降低公积金贷款首付比例，购买商品住房首付比例可下调为20%。提高贷款额度，借款人夫妻双方均符合贷款条件的，贷款最高额度由20万元调整为30万元；只有一方符合贷款条件的，贷款最高额度由14万元调整为20万元。

四、鼓励购房消费

凡在滁城规划区内购买手续完善、合法建设的商品住房（含二手房），所缴纳的契税由市财政按缴纳的一半予以补贴；非滁城户口在滁城购房的，能够办理户口迁出手续且愿意迁入，准予办理迁入手续，入户后享受城镇居民同等待遇。

农村户口在滁城购房自愿转为非农业户口的，在承包期内全家迁入的，应当将家庭承包的耕地、草地和林地交回发包方。承包方不交回的，发包方应依法收回承包权。

五、加大对开发企业扶持力度

(一)分期交纳土地出让金。凡出让土地面积大于 100 亩的,在确定建设用地出让条件时,可以明确规定实行分期付款、分期开发、分批办证。

(二)调整房地产开发项目资本金缴存比例和时间。房地产开发项目资本金缴存比例由 20% 调整为 10%,办理施工许可证时交纳 5%,办理房屋预售证时交纳 5%。

(三)分期缴纳城市建设配套费等行政事业性收费。由原来在办理施工许可证时一次性缴纳,调整为在办理施工许可证前缴纳 50%,项目竣工验收前缴纳剩余 50%。

(四)放宽办理商品房预售许可证条件。开发的商品房,多层建到一层,小高层和高层建到规划层数的四分之一即可办理商品房预售许可证。

本意见自 2009 年 3 月 28 日起施行,至 2009 年 12 月 31 日止。意见施行期间,如上级出台新政策,按新政策执行。意见施行前,开发企业与相关部门已签订协议的,按原协议执行。

本意见各县市区可参照执行。

滁州市关于加快农民工创业园建设的意见

为认真落实党中央、国务院、省实施的更加积极的就业政策，加快农民工创业园建设，促进返乡农民工创业并以创业带动就业，根据省委、省政府《关于切实做好当前就业工作的意见》（皖发〔2009〕7 号）等有关文件精神，结合我市实际，现就我市农民工创业园建设提出如下意见：

一、明确目标任务

今年年底前，全市建设农民工创业园 20 个，其中辖区人口 50 万人以下的县、市、区建设农民工创业园不得少于 2 个，超过 50 万人的县、市建设农民工创业园不得少于 3 个，2008 年省批准建立的 8 个农民工创业园务必在今年 6 月底前全部建成并投入使用。每个农民工创业园建筑面积要达到 3000 平方米以上，进驻企业要达到 10 户以上，吸纳就业人数要达到 200 人以上。

农民工创业园要选择在人口和企业比较集中、农民工返乡创业人员较多的地方。可规划一块土地集中使用，筹集资金建设厂房后租赁给农民工创业者，或由农民工创业者自行建厂经营；也可对闲置厂房、仓库和撤并乡镇腾出的乡镇政府大院进行改造修缮，租赁给农民工创业者；还可对现有农民工创业企业比较集中的区域进行整合扩容，形成农民工创业园。要尽量引导同业集中创业，形成产业集群。

二、落实扶持政策

（一）对各类创业企业或经济实体自进园之日起，按规定 3 年内免收属于登记类、证照类和管理类等各项行政事业性收费。

（二）对各类创业企业或经济实体自进园之日起，3 年内免缴物管费、卫生费等管理性费用，减免场地费。

（三）对符合条件领取《安徽省就业和失业登记证》登记失业的农民工自愿组织起来合伙经营或创办企业的，按照每人 2000 元的标准给予一次性补助；对吸纳劳动合同期限在 1 年以上的登记失业人员和就业困难人员的，分别按每人 1500 元、2000 元的标准给予一次性补助。

（四）对进入农民工创业园的企业或经济实体招用城镇就业困难人员，签订劳动合同并缴纳社会保险费的，在相应期限内给予基本养老保险、基本医疗保险、失业保险、工伤保险和生育保险补贴以及适当的岗位补贴，对招用城市零就业家庭成员就业的给予一次性就业奖励。

（五）符合条件领取安徽省就业和失业登记证登记失业的农民工从事个体经营自筹资金不足的，可申请不超过 5 万元的小额担保贷款；对困难人员合伙经营和组织起来就业的，适当扩大贷款规模；对属微利项目的，享受财政全额贴息；对当年新招用登记失业人员达到一定比例，并与其订 1 年以上期限劳动合同的劳动密集型小企业，可给予 200 万元以内、期限不超过 2 年的小额担保贷款，并由财政部门按照基准利率的 50% 给予贴息；微型企业在 3 年孵化期满后出园，符合劳动密集型小企业条件的，可提供第二次小额担保贷款扶持。

三、强化工作措施

（一）加强组织领导。为确保完成农民工创业园建设目标任务，今年市将把农民工创业园建设列入对县、市、区政府就业工作考核内容。各地要高度重视，把农民工创业园建设作为重要任务，摆上政府工作议事日程，要建立农民工创业园建设工作小组，并制定具体的实施意见和配套措施。要安排专项资金，保障建设需要。各级劳动、发展改革、工业、农业、城建、国土、教育、财政、工商、税务、物价、金融等相关部门要按照职能分工，制定工作计划，落实好相关政策，形成工作合力，确保农民工创业园建设如期完成并发挥作用。

（二）加强创业培训。加强培训体系建设，提高创业培训质量。各地要积极组织各类职业培训机构、职业学校、大中专院校和有条件的社会团体开展创业培训，将有创业愿望和培训要求的回乡创业农民工、退役军人、残疾人等农村劳动者和高校毕业生纳入创业培训范围，对符合条件的培训机构和人员提供创业培训补贴。规范培训标准，完善培训模式，根据农村劳动者自身特点和创业不同阶段的需要，有针对性地实施创业意识培训、创业综合培训、提升创业培训和创业加技能培训。采取案例剖析、知识讲座、企业家现身说法等多种方式，提高创业培训水平和质量。

（三）完善服务体系。各地要进一步清理和规范涉及农民工创业的行政审批事项，简化立项、审批和办证手续，降低创业门槛。积极推行联合审批、一站式服务和限时办结制、服务承诺制等，开辟农民工创业的“绿色通道”。健全创业指导服务组织。各级公共就业服务机构要根据农民工创业者的需求，组织开展项目开发、方案设计、风险评估、开业指导、融资服务、跟踪扶持等服务。要指导农民工创业企业结合生产经营需要对职工进行岗前培训和在职培训，组织各类培训机构按照企业用工需求开展定向培训和订单培训，通过上门服务、集中服务、电话服务等多种形式，及时帮助农民创业者和创业企业提供就业和劳动保障服务，解决相关问题。

（四）健全孵化机制。加强创业园管理服务。农民工创业园要成立专门的管理服务机构，根据农民工创业者和企业的要求，提供会计、税务、法律、外贸、劳动保障等方面的代理服务。建立有进有出的良性孵化机制。租赁创业园厂房的各类企业或经济实体在园内的期限一般不得超过3年。对3年后出园的中小企业，各地要继续支持，协调解决生产经营场地等问题。

关于进一步调整滁州市城镇居民基本医疗保险部分政策的通知

为进一步完善滁州市城镇居民基本医疗保险政策，逐步提高城镇居民医疗保险待遇，经研究，决定对我市城镇居民基本医疗保险部分政策进行调整，现将有关事项通知如下：

一、提高城镇居民基本医疗保险基金最高支付限额

全日制在校学生和18周岁以下非在校居民由原来的每人每年10万元调整为每人每年12万元；“三无”人员及重度残疾人由原来每人每年6万元调整为8万元；其他城镇居民由原来的每人每年5万元调整为每人每年7万元。

二、调整慢性病病种，提高慢性病报销比例

比照城镇职工基本医疗保险慢性病病种执行，今后随城镇职工基本医疗保险慢性病病种同步调整。慢性病居民发生属于基本医疗保险支付范围的门诊医疗费，年度累计超过500元以上的部分，报销比例由原来的50%调整为60%，每年限额由原来的2500元提高至3000元。

三、提高门诊特大病报销比例

提高恶性肿瘤、器官移植后抗排异和长期进行血液透析3种门诊特大病的报销比例，其属于基本医疗保险支付范围诊治费用年度累计超过500元的部分，医疗保险基金由原来的按60%支付调整为按70%支付。

四、其他事项

未涉及的政策部分仍按《关于印发滁州市城镇居民基本医疗保险制度暂行办法的通知》（滁政〔2007〕49号）和《关于调整城镇居民基本医疗保险部分政策的通知》（滁政〔2008〕54号）执行。

本通知自2009年9月1日起执行。

滁州市关于进一步加强小企业个体工商户和农户金融服务的实施意见

为充分发挥金融促进经济增长的作用，切实解决小企业、个体工商户和农户融资难问题，结合我市实际，现就深入贯彻落实安徽省人民政府《关于进一步加强对小企业个体工商户和农户金融服务的意见》（皖政〔2009〕59 号）和安徽省人民政府办公厅《关于印发加强对小企业个体工商户和农户金融服务意见七个实施办法的通知》（皖政办〔2009〕49 号）精神，提出如下实施意见。

一、增强服务意识，明确职责分工

进一步加强和改进对小企业、个体工商户和农户的金融服务工作，有针对性地破解融资难题，是积极应对金融危机，努力促进我市经济平稳较快发展，实现“三保”目标的重要举措。金融机构特别是银行业金融机构要充分认识加强小企业、个体工商户和农户（以下简称“三小”）金融服务的重要性，牢固树立金融服务经济、支持地方发展的意识，把做好“三小”金融服务工作摆在重要位置，加快推进金融产品和服务方式创新，力争我市“三小”金融服务工作进入全省前列。各级政府和有关部门要认真学习皖政〔2009〕59 号和皖政办〔2009〕49 号文件精神，结合本地本部门实际，创新思路，扎实推动各项工作的落实，要加强与省相关主管部门的衔接，确保各项支持资金及时、足额兑现到位，要密切与金融机构的衔接，加强与小企业、个体工商户和农户的沟通联系，着力帮助解决融资条件等问题。

二、推进金融创新，提升服务水平

（一）简化贷款审批程序，提高工作效率。各银行业金融机构要适当扩大对县（市）支行及基层网点的转授权限，改进信贷业务的评级、授信、审批流程，开辟“三小”贷款“绿色通道”，进一步简化贷款审批手续，缩短审批时间。

（二）鼓励各类金融机构创新金融产品。各银行业金融机构要积极创新，分类开发各具特色、适应小企业发展特点和个体工商户、农户需求的信贷产品。市政府将适时开展金融产品创新评选活动，表彰、奖励先进单位和个人。

（三）进一步降低“三小”融资成本。市人行、市银监局、市金融办要加强对“三小”贷款利率以及融资担保费率的指导，进一步完善定价机制。对信用良好的“三小”以及信用担保机构承担连带责任的“三小”贷款，要在现行实际利率的基础上再下浮 10%；对基本面较好、有市场、有订单、但暂时出现经营困难或财务困难的小企业，要按照贷款利率浮动区间内的最低档次执行。

（四）切实做好融资中介服务。各级国土、房产、工商等部门要按照关于简化小企业融资抵押登记手续实施办法的要求，为“三小”办理融资抵押登记手续提供简便快捷的服务。市物价局要加强对贷款抵（质）押登记、评估、公证、担保等中介收费的监管，实行收费许可证管理制度，各项收费要严格按照核定的标准执行；对超标准收费的，要予以查处。税务部门要认真落实关于税收支持小企业个体工商户和农户发展实施办法中各项税收优惠政策，优化纳税服务，帮助困难小企业渡过难关。

（五）积极组建专营服务机构。各银行业金融机构要加快组建小企业金融服务专营机构，完善机制，与小企业签订常年财务顾问协议，配备专职客户经理，为小企业财务管理、资本运作等提供一揽子服务。

三、完善组织体系，畅通融资渠道

（一）支持各银行业金融机构在县域增设分支机构或网点，积极引进股份制银行进驻，鼓励设立村镇银行等新型农村金融机构。对今明两年在县域新设的机构和网点，信贷投放达到一定规模的，当地政府适当给予补助。

（二）充分发挥信用担保机构的融资担保作用。市金融办、各地金融主管机构要加强对各级信用担保机构的工作指导，不断创新担保方式，降低担保门槛。要健全和完善融资性担保公司业务监管和风险防控制度。对信用担保机构资金不足的，要鼓励和引导担保机构增资扩股，不断提高担保能力。

（三）全面推进小额贷款公司试点工作。市金融办要加强对全市小额贷款公司的监督管理，积极帮助和指导小额贷款公司创新信贷管理方式，明确经营方向。已开业的小额贷款公司要规范经营，要通过融资、增资扩股等方式不断扩大资本金规模，已经获准筹建的小额贷款公司要加快筹建进度，尽快开业，还没有上报筹建小额贷款公司的县、市政府要采取有效措施，加快组建。争取年内全市小额贷款公司实现全覆盖。

（四）支持小企业上市融资。要认真贯彻皖政〔2009〕59 号文件精神，对今明两年拟上市企业因上市准备而补缴的企业所得税地方留成部分，全额返还给企业；对上市成功的，当地财政给予上市费用 10% 的补贴；支持小企业实施债券融资，对成功发行企业债券的小企业，当地财政给予发行费用 10% 的补贴。

四、优化激励政策，营造良好环境

（一）修订完善银行业金融机构支持经济发展考核办法。将各银行业金融机构对“三小”的信贷纳入年度考核奖励范畴，对当年“三小”贷款增幅超过全省平均水平的银行业金融机构，给予一定的资金奖励。

（二）加强对小企业贷款风险补偿。将对“三小”的信贷纳入到市小企业贷款风险补偿基金的补偿范围。支持各银行业金融机构向“三小”发放小额信用贷款、联保贷款、微小贷款等无担保或无抵押类贷款。进一步完善中小企业贷款风险补偿基金补充机制，在争取省级财政支持的同时，市、县两级财政每年安排一定资金补充基金。

（三）建立小企业融资信息共享平台。市经委要会同金融办等相关部门，对全市规模以下小企业进行调查摸底，尽快列出第一批重点扶持的企业和项目表，及时向金融机构发布信息，帮助金融机构掌握更多的企业资金需求情况。市金融办、经委和各银行业金融机构要认真研究制定统一的信息采集、更新、发布、采用反馈等管理系统，形成有效的小企业融资信息交流长效机制。各银行业金融机构要根据市经委提供的项目表等信息，主动开展工作，定期确定帮扶项目，并不断辅导一批、贷款一批。各银行业金融机构重点辅导和服务的小企业名单要及时报市经委和市金融办备案。

（四）加大银政企合作力度。组织举办金融服务月活动，活动分银企对接、金融知识培训、“百家小企业进银行”和“金融服务进园区”等分项活动。活动由市经委、市金融办、市工商联、市人行、市银监局根据活动的主题确定牵头和配合部门，以“三小”企业为重点服务对象。服务月活动要注重实效，市经委、市人行、市银监局、市金融办要认真总结分析银政企集中对接活动经验，加大跟踪督促力度，定期通报服务月活动银企对接合同履约情况，提高履约率。

（五）建立健全“三小”企业金融知识培训机制。市经委、农业、工商、财政、劳动保障、教育等部门要将金融知识培训列为职业培训、就业培训、创业培训和农民工培训的重要内容，开展经常性的培训教育。各金融机构要积极组织开展送金融知识到企业、到个体工商户、到农户等活动，多渠道、多形式宣传金融知识和业务。

（六）加强金融生态环境建设。要积极开展金融生态县试点创建工作，加大对逃废债行为的打击力度，提高案件的执结率与金融涉诉案件的受偿率。市人行要牵头推动中小企业征信体系建设，加强中小企业信用档案的信息采集和更新，构建全方位、多渠道的中小企业信息交流平台，同时要积极推进企业外部资信等级评定工作，打造中小企业通行全国的“信用名片”。

滁州市促进农村土地承包经营权流转发展农业适度规模经营实施意见

为认真贯彻落实党的十七届三中全会精神，适应新形势下发展农村经济、建设现代农业的要求，根据《中华人民共和国农村土地承包法》、农业部《关于做好当前农村土地承包经营权流转管理和服务工作的通知》（农经发〔2008〕10号）和《安徽省人民政府关于农村土地承包经营权流转若干问题的意见》（皖政〔2009〕13号），结合我市实际，现就促进农村土地承包经营权流转（以下简称农村土地流转）、发展农业适度规模经营提出如下意见。

一、充分认识农村土地流转和规模经营的重要意义

在家庭承包经营基础上，加快推进农村土地流转，是发展现代农业的客观要求，是实现农业规模效益，促进农业增效、农民增收的有效途径，也是适应加快农村劳动力转移，引导各类市场主体投资效益农业，推进新农村建设的必然选择。近年来，在各级党委、政府的重视和业务部门指导下，我市农村土地流转工作取得了一定成效。但是，目前我市农村土地流转的进展、规模和规范程度，与农业产业化经营、现代农业发展的要求仍然不相适应。流转行为不规范，流转合同管理不严，服务体系尚未建立。各级政府和有关部门对土地流转面临的新情况、新问题要引起足够重视，进一步统一思想，提高认识，积极引导，规范管理，促进我市农村土地流转工作步入制度化、规范化的轨道。

二、农村土地流转和规模经营的指导思想、总体目标

（一）指导思想。以党的十七届三中全会精神为指导，坚持科学发展观，以稳定和完善农村基本经营制度为基础，不断完善推进土地流转与规模经营的制度保障体系、政策支持体系和组织领导体系，围绕建设百亿粮仓，加速土地流转进程，提高农业生产集约化、规模化和标准化水平，加快我市现代农业发展。

（二）总体目标。以优化农业要素配置、提高农业生产效率、增加农民收入为目标，建立“农民自愿、政府引导、市场调节、规范有序”的土地流转机制。力争到2012年，全市农村土地流转面积100万亩；农村土地规模经营60万亩；规模经营主体4000户。

三、农村土地流转的基本原则和规模经营标准

（三）基本原则。一是坚持稳定承包权、放活经营权的原则。在稳定农村土地家庭承包经营制度和土地承包关系的前提下，实行土地所有权、承包权和经营权分离，鼓励农户采取转包、出租、入股、转让、互换等多种方式流转土地，促进土地合理配置、有效使用。

二是坚持尊重民意、积极引导的原则。土地流转不得强迫或阻碍农民意愿，要充分尊重市场规律，切实保障农民经济利益。通过政策宣传和典型示范等形式，积极引导，提高农户参与土地流转的积极性和主动性。

三是坚持保护耕地、有偿流转的原则。土地流转不得改变土地所有权的性质和土地的农业用

途，不得破坏耕作层，切实保护耕地质量；流转收益归承包方所有，任何组织和个人不得侵占、截留、扣缴，切实维护农户的承包权益。

四是坚持集中连片、集约经营的原则。土地流转要与农业区域布局、产业基地建设、土地整理开发结合起来，与培育土地规模经营主体结合起来，实现土地集中连片经营和生产要素优化配置。

五是坚持因地制宜、分类推进的原则。以工业化、城镇化发展水平和农村劳动力转移状况、农业产业发展规划为基础，与当地二、三产业发展水平相适应，要不失时机积极做好农村土地流转的指导和服务工作。

六是坚持依法、规范、公开的原则。土地流转必须遵循现行法律、法规和政策规定，做到公开、公平和公正，依法规范操作。

（四）规模经营标准。鼓励农村专业大户、农业产业化龙头企业、农民专业合作社、外出务工经商回乡创业者等经营主体受让农户流转的土地，围绕当地主导产业和特色产品，建立生产基地，开展适度规模经营。规模经营标准是：水稻、小麦 60 亩以上；经济作物类（瓜、菜、茶、棉、药材等）40 亩以上；水面特种养殖（河蟹、虾类、鳜鱼、甲鱼、黄鳝、泥鳅等）50 亩以上；水面一般养殖（鲫鱼、青鱼、草鱼、鲢鱼、鳙鱼、鳊鱼、鲤鱼等）150 亩以上；生猪常年出栏 400 头以上（不含仔猪）；肉牛出栏 60 头以上，奶牛存栏 20 头以上；肉羊出栏 400 只以上；蛋禽常年存栏 2000 只以上，肉禽年出栏 30000 只以上。

四、加大农村土地流转的扶持力度

（五）加大财政扶持力度。从 2009 年起，市、县（市、区）财政预算要安排一定资金，专项用于支持农村土地流转指导、流转信息平台搭建、土地流转服务组织培训和仲裁机构建设等。今年起，市财政连续三年对受让连片耕地 500 亩以上、流转期限 3 年以上、流转合同规范的农业生产规模经营主体，每亩给予一次性奖励 100 元，县级财政可参照执行。国家各项惠农补贴按中央和省有关文件规定由土地流转双方协商确定，并在流转合同中加以明确。

（六）加大项目和用地支持。鼓励规模经营主体对农田基础设施和现代农业设施进行投入。对受让面积较大、流转期限较长的经营主体，符合相关条件的，优先安排农田基本建设、土地整理、农业综合开发、特色农产品基地建设和农机补贴等项目。对规模经营主体，并签订规范流转合同的，在符合土地利用总体规划，不破坏耕作层的前提下，为辅助生产管理建造简易仓库、晒场等农业生产配套用房的用地，可作为农业结构调整用地进行管理。

（七）加强技术对口扶持。对流转土地，农机、农技机构应当加强技术指导、技术服务，对规模经营主体，市、县、乡农业部门可选派专业对口的农业技术人员，一对一的提供科技指导服务，并优先推介上报财政扶持项目。

（八）实行信贷保险倾斜。积极探索政府扶持、多方参与、市场运作的农村信用担保机制。要把农业规模经营主体作为信贷支农的重点，对实力强、资信好的农业规模经营主体，在充分抵押、担保的基础上，给予一定授信额度；对普通规模主体，比照小额农户贷款管理办法，予以适度信贷支持。积极探索规模经营主体以联合担保等形式办理贷款手续。各地应当支持金融机构对土地流转规模经营的受让主体以受让经营权担保贷款。政策性农业保险要把规模经营主体作为重点参保对象，县级财政可对其保费在原有补贴比例的基础上，适当提高。

（九）建立健全土地承包经营权转出农户的就业和社会保障制度。对土地承包经营权全部转让出去的农户家庭成员，要优先安排为受让主体从事生产经营。在劳动年龄段内，可参加农民工培训（含创业培训），享受农民工培训补贴政策。对进城务工的人员，可参加人力资源市场招聘洽谈会，可享受免费职业介绍、职业指导。对有创业项目、创业条件的人员，需场地支持的，可向当地乡镇建设的农民工创业园申请,创办企业招用符合享受优惠政策的就业困难人员,可享受创业园相关扶持政策。土地承包经营权全部转让出去的农户,可享受被征地农户同等待遇,具体规定待省有关部门政策出台后执行。

五、加强农村土地流转的管理和服务

(十)规范流转合同和档案管理。除承包方将土地交由他人代耕不超过一年可以不签订书面流转合同外,流转双方应当在协商一致的基础上签订统一文本格式的书面流转合同。承包农户委托发包方或土地流转服务组织统一流转的,必须签订书面的委托流转协议。对目前已流转的土地,县(市、区)、乡(镇)要组织开展一次全面清理,对流转手续不健全、未登记或备案的,要尽快完善;对合同条款不清、标的显失公平的流转合同,要通过说服引导、利益平衡的办法引导双方依法变更或解除。

(十一)构建土地流转服务平台。各地要根据条件和需要,依托农经管理机构,逐步建立县、乡、村三级农村土地流转服务组织,为土地流转提供政策法律咨询、流转信息发布、合同签订鉴证、土地收益评估、建立流转档案等服务。县、乡、村要明确专人负责,将流转的服务内容纳入县、乡便民行政服务中心,为流转双方提供"一站式"便捷服务。

(十二)建立备案登记制度。县、乡两级农经管理机构要建立土地流转情况登记册,及时准确记载土地流转情况,落实专人负责流转情况的登记、流转资料的收集、整理、立卷、归档和管理工作,建立一户一表、一村一册、一乡一柜的土地流转登记制度。

(十三)加强农村土地流转风险防范。农村土地流转的受让方应当具有农业经营能力。农村土地承包经营权流转给集体经济组织以外农业经营实体的,在土地流转合同签订前,出让方可申请发包方和农村土地流转服务机构提供协助,对受让方的农业经营能力、资信情况、履约能力进行核查,加强土地承包流转的风险防范。

(十四)建立纠纷调处机制。县、乡两级政府要尽快设立土地流转仲裁机构和调解机构,负责调解和仲裁农村土地流转过程中发生的争议或纠纷,逐步形成民间协商、乡村调解、县级仲裁、司法保障的农村土地承包纠纷调处机制。

六、加强对土地流转工作的领导

(十五)各级各部门要高度重视,切实加强领导。农村土地流转工作政策性强,涉及面广,事关广大农民的切身利益和农村改革发展稳定的大局,各级政府要认真研究制定促进农村土地流转的政策保障措施,国土、财政、工商、劳动保障等部门和农村金融、政策保险机构要各司其职,加强配合,合力推动农村土地流转工作有序开展。农业部门是农村土地流转的行政主管部门,要切实承担起农村土地流转的指导、协调、管理和服务职责,加强调查研究,注重典型示范,加大宣传力度,进一步强化农村经营管理队伍建设。要保证编制,充实人员,给足经费,认真做好乡镇农经站恢复和完善工作,确保各项政策措施落实到位。

(十六)本意见自印发之日起执行。今后,中央和省如有新的政策,从其规定。

八　巢湖市政府文件

关于促进巢湖市融资性担保机构健康发展的通知

近年来，我市融资性担保机构发展较快，担保资金不断增加，业务水平和运行质量稳步提高，为解决中小企业融资难、担保难等问题发挥了重要作用，但因规模普遍偏小，不少担保机构与金融机构合作不畅，不规范操作现象比较突出，尤其是相当一部分民办融资性担保机构偏离了主营业务方向，对外从事直接放贷业务，加上监管职责不明确，容易滋生非法集资等非法金融行为，金融风险防范难度加大。为进一步规范对融资性担保机构的监管，促进融资性担保业务健康较快发展，维护金融环境和金融秩序的稳定，根据《国务院办公厅关于进一步明确融资性担保业务监管职责的通知》（国办发〔2009〕7号）精神，经市政府同意，现就促进融资性担保机构健康发展的有关事项通知如下。

一、严格准入

融资性担保机构是指向工商企业和自然人等在银行业机构融资提供第三方担保保证业务的机构。在我市设立融资性担保机构必须经市政府授权的部门审批。

（一）机构准入条件

1. 资本金。设立融资性担保机构注册资本不得低于人民币2000万元，其中互助会员制融资性担保机构注册资本不得低于人民币500万元。融资性担保机构的注册资本来源必须真实合法，全部为货币资本，由股东（股份有限公司的发起人、有限责任公司的出资人，均统称为“股东”）一次性足额到位。

2. 股东资格要求。股东应有较强的经济实力，非自然人股东应有三年以上的盈利记录，信用良好，无犯罪记录，自然人股东还应具有完全民事行为能力。

3. 高管任职资格要求。总经理须有2年以上金融从业或5年以上的融资服务从业经验，熟悉《担保法》等法律法规和相关专业知识。

4. 机构名称由“行政区划”+“行业或字号”+“融资担保”+“企业组织形式”构成，“行政区划”系市、县（区）行政区划名称，如“巢湖市农业融资担保股份有限公司”。互助会员制融资性担保机构的名称，还应加“互助”。

5. 业务范围为融资性担保业务。

6. 市外融资性担保机构在我市设立分支机构，其注册资本不低于人民币5000万元，拨入分支机构的营运资金不少于1000万元。

（二）设立融资性担保机构审批程序

1. 筹建审批程序。设立融资性担保机构，应由其股东组成融资性担保机构筹备组，向县区政府提出筹建申请。由县区金融办组织相关部门对融资性担保机构申请材料进行初审把关，提出初审意见报县区政府同意后报市政府核准。市金融办负责组织联席会议相关部门审核拟组建的融资性担保机构注册资本来源的真实性和合法性，核查融资性担保机构各股东的信用状况，提出审核意见报市政府同意后出具批复意见。县区金融办自收到完整申请材料之日起10个工作日内作出同意或不同意的初审意见，市金融办自收到县区政府转报的完整申请材料之日起5个工作日内作出书面批复意见。

经市金融办批准后，融资性担保机构筹备组凭市金融办出具的筹建批复文件开展筹建工作。筹建期为市金融办批准筹建之日起45个工作日内，规定之日内未完成筹建的即取消筹建资格。具体筹建申报材料见附件2。

2. 开业审批程序。筹备工作到位及注册资本到账经验资后，由融资性担保机构筹备组向当地县区政府提出开业申请，由市金融办组织验收合格并批准。申请人应自市金融办批复同意开业之日起30个工作日内，凭开业批复文件向当地工商行政管理部门办理登记并领取营业执照。无市金融办的批复文件，各地工商行政管理部门不予办理工商登记手续。

融资性担保机构在领取营业执照后，应在10个工作日内向当地公安机关、中国银行业监督管理委员会派出机构和中国人民银行分支机构报送相关资料，属政府出资的机构还应向同级财政部门报送相关资料。

融资性担保机构下列重大变更事项，须经市金融办审批：1. 增减注册资本、变更股东；2. 变更机构名称、住所及经营范围；3. 修改机构章程；4. 变更法定代表人、总经理；5. 设立分支机构；6. 需审批的其他变更事项。

市外融资性担保机构来我市设立分支机构，报送申请材料应包括设立申请书、法人机构的营业执照、拨付营运资金的验资证明、营业场所所有权或使用权及安全防范措施等证明材料，由所在县区金融办负责审批并报市金融办、人行、巢湖银监分局备案。

二、加强监管

（一）明确融资性担保机构的监管主体和监管责任。建立市融资性担保业务监管联席会议制度，联席会议由市发改委、经委、财政局、商务局、人行、工商局、公安局、法制办、巢湖银监分局、金融办组成，负责全市融资性担保机构的设立审批、关闭和监管工作。市金融办为联席会议的牵头单位，履行日常审批、监管职责，并会同市工商局、人行和巢湖银监分局等部门指导、督促县区政府加强对融资性担保机构的监管和风险控制。

县区政府是融资性担保机构监管和风险防范的第一责任人，承担对融资性担保机构日常监督管理和风险处置责任，要建立日常监管和风险处置制度。县区金融办作为融资性担保机构的监管部门，负责对本县区范围内的融资性担保机构的风险管理、内部控制、资产质量、准备金提取等情况实施持续动态监管。

（二）融资性担保机构不得兼营非融资性担保业务及对外直接投资、放贷、委托放贷等其他业务，非融资性担保机构和其他机构不得经营融资性担保业务。融资性担保机构必须在指定银行开设基本账户，并向监管机构备案，开户银行应承担资金监管责任，如发现资金进出有异常迹象，应及时报告当地监管机构。融资性担保机构资本金应存入指定银行账户，由银行业机构进行全额托管，其托管的资本金除用于委托银行业机构开展风险可控的资金运作外，不得挪作他用。

（三）融资性担保机构应坚持风险分散的经营原则。对单一客户及其关联方提供的担保责任余额不得超过担保机构实收资本的10%，防止风险集中在少数行业和个别客户；担保机构担保责任余额最高不超过担保机构实收资本的10倍。

（四）融资性担保机构要依法合规开展业务，自觉接受监管。融资性担保机构应每月向所在地监管机构报送经营及财务报表。市金融办每年都要会同相关部门，对各地融资性担保机构的合规经营和风险状况不定期组织现场检查,检查结果及时通报各协调配合部门。县区政府要加强对融资性担保机构的日常监管和风险控制工作,对融资性担保机构的违规行为,应及时纠正;对未经审批擅自开展融资性担保业务的,应予以取缔;对以担保机构名义,从事非法集资、诈骗企业钱财等危害金融稳定的犯罪行为,要依法打击并追究相关责任人责任。

三、规范发展

(一)建立健全银企保合作机制。支持融资性担保机构按照平等、自愿、公平的原则,加强与金融机构的互利合作。金融机构和融资性担保机构应根据双方的风险控制能力合理确定风险分担比例和担保放大倍数。市人行应为融资性担保机构进入征信系统积极创造条件。切实落实各项扶持政策,支持融资性担保机构做强做大,改善中小企业融资环境。

(二)推动政府出资的担保机构与商业性担保机构形成相互促进、各有侧重的发展格局。积极鼓励社会各类资本出资设立商业性融资担保机构,鼓励发展各类互助式融资担保机构,支持在我市重点发展产业设立行业性融资担保机构。政府出资的融资担保机构应侧重于农业、就业、创业、科技成果转化和小企业等融资担保业务,承担政策性融资担保职能,积极开展再担保业务。加强政府出资融资性担保机构的财务监管和风险管理,各级财政部门要配合主办单位做好政府出资设立融资性担保机构的审核工作,研究制定政府出资的融资性担保机构的经营定位、对高管人员的激励和约束机制、财政扶持政策和风险处置机制,充分发挥其在担保体系建设中的应有作用。

(三)融资性担保机构要完善法人治理结构和内部管理,建立严格的担保评估制度、科学的业务决策程序、持续的风险监控机制和事后追偿与处置制度。要根据当地经济发展水平、行业发展要求和资金需求的性质,设计产品方案和风险控制要求。要严格按照国家有关规定提取各项准备金和保证金,用于代偿和坏账处理。有关内控制度要报监管部门备案。

(四)建立融资性担保机构的信用评级制度。人行、银监和金融办要加强配合,建立全市融资性担保体系信用评级机制,市金融办应及时向社会公布评级结果。应把评级结果作为授信规模、放大倍数、调低利率以及政策扶持的依据。相关银行业机构对信用等级较高的融资担保机构提供担保的贷款,应给予适当的利率优惠。

(五)建立融资性担保行业协会。发挥协会强化行业的自我管理及沟通政府和金融机构的桥梁、纽带作用,加强行业自律,指导担保机构依法合规开展业务,鼓励担保机构之间开展合法、公平、有序的行业竞争,维护担保机构的合法权益,促进担保行业持续健康发展。

(六)全市融资性担保机构的清理规范工作由市金融办、工商局、公安局牵头负责,联席会议其他成员单位参加,依法规范现有融资性担保机构及其业务,研究处置现有融资性担保机构存在的问题。清理规范工作方案另行制定。

关于调整巢湖市本级医疗保险有关政策的通知

各县、区人民政府，市政府各部门、各直属机构，中央、省属驻巢各单位，市开发区管委会：

为进一步完善我市基本医疗保险制度，加快推进医药卫生体制改革，维护广大参保人员的切身利益，经市政府第55次常务会议研究，决定将市本级医疗保险有关政策调整如下：

一、参保人员转往外地就医发生的医疗费结算

因统筹地区诊疗技术和医用设备所限，须转往外地定点医疗机构治疗的参保人员，符合医保制度规定的费用，个人不再先支付10%的费用，直接按医保政策规定予以结算。

二、参保人员体内置放材料及人工器官等诊疗项目

个人先负担由30%调整为10%，再纳入医保报销范围，按规定的比例报销。

三、公务员医疗补助个人账户划入比例

45周岁以下人员的个人账户划入由工资总额的1.2%增加到1.5%；45周岁以上人员（包括退休人员）的个人账户划入由工资总额（退休金）的1.5%增加到2%。

四、改制企业一次性缴费人员的个人账户比例

一次性缴费人员个人账户每年七月份调整一次，以上年本统筹地区年平均工资的60%为基数，按3.6%划入个人账户。

五、城镇职工、城镇居民及灵活就业人员医保关系转换

（一）医保关系转换时缴费年限的计算：城镇居民向城镇职工（或灵活就业人员）转换医保关系，医保缴费满三年的方可计算为城镇职工（或灵活就业人员）缴费一年。城镇职工（或灵活就业人员）向城镇居民转换医保关系，缴费满一年的，可计算为城镇居民医保缴费一年。

（二）医保关系转换后医保待遇：城镇居民向城镇职工（或灵活就业人员）转换医保关系，自办理转移手续之日起，连续参保6个月后方可享受城镇职工（或灵活就业人员）医疗保险待遇，在此期间所发生的医疗费用仍按城镇居民医保政策报销。城镇职工（或灵活就业人员）向城镇居民转换医保关系，自办理转换手续之日起，即可享受城镇居民医疗保险待遇。

六、城镇居民生育医疗费

城镇居民医疗保险参保人员，符合国家和我市计划生育有关政策及《巢湖市城镇职工生育保险试行办法》规定，在定点医疗机构生育所发生的医疗费，按市医保中心与定点医疗机构签订协议规定限额的60%报销。城镇居民参保人员因生育所发生的并发症及合并症医疗费，按城镇居民医疗保险政策报销。

七、扩大药品目录报销范围

将国家新医改方案确定的307种基本药物全部纳入我市基本医疗保障药品报销目录。

八、政策执行时间

调整后的政策自2009年10月1日起执行。

关于公布第二批市级非物质文化遗产名录的通知

市政府批准巢湖白牡丹传说等四类 7 项为第二批市级非物质文化遗产，现将名录予以公布。

我市历史悠久，人文荟萃，不仅拥有丰富的物质文化遗产，也拥有大量珍贵的非物质文化遗产，这些非物质文化遗产凝聚着巢湖人民宝贵的精神财富和智慧结晶。保护和利用好非物质文化遗产，对于弘扬民族精神，促进科学发展，建设和谐巢湖，实现我市经济社会全面协调可持续发展具有重要意义。各地、各有关部门要按照国务院关于加强非物质文化遗产保护的有关文件精神，进一步提高做好非物质文化遗产保护工作重要性和紧迫性的认识，认真贯彻“保护为主、抢救第一、合理利用、传承发展”的工作方针，切实做好我市非物质文化遗产的保护、管理和合理利用工作，为推动我市文化事业发展、构建和谐社会做出积极贡献。

巢湖市第二批非物质文化遗产名录

一、民间文学

巢湖白牡丹传说（居巢区）
陷巢州传说（居巢区）

二、民间舞蹈

虾子灯（居巢区）

三、传统戏剧

无为庐剧（无为县）

四、传统手工技艺

一品玉带糕（居巢区）
庐江小红头制作技艺（庐江县）
无为板鸭制作技艺（无为县）

文件

关于加快巢湖市推进农村土地承包经营权流转促进规模经营的意见

为认真贯彻落实党的十七届三中全会精神，进一步深化完善农村基本经营制度，加快农业经营方式转变，大力发展现代农业，根据《中华人民共和国农村土地承包法》和《安徽省人民政府关于加快农村土地承包经营权流转若干问题的意见》（皖政〔2009〕13 号）等要求，结合我市实际，现就加快推进全市农村土地承包经营权流转，促进规模经营，提出如下意见。

一、推进土地流转和规模经营的总体要求和目标任务

（一）总体要求。坚持以党的十七届三中全会精神为指导，以科学发展观为统领，以稳定农村土地承包关系为基础，以农业增效、农民增收和促进现代农业发展为目标，建立和完善加快土地流转促进规模经营的制度保障、政策扶持和组织领导以及管理服务体系，建立健全"农民自愿、依法有偿、政府引导、市场调节"的土地承包经营权流转机制，探索土地流转多种有效形式，积极稳妥地推进土地流转，培育多元化的农村土地流转市场，促进农村土地流转规范、有序、健康发展。

（二）目标任务。力争用 3 年时间，使我市土地流转面积达 200 万亩，其中流转耕地面积 100 万亩以上。

二、土地流转和规模经营基本原则

（三）坚持依法、自愿、有偿的原则。农村土地流转要按照有关法律法规及政策规定进行，不改变土地集体所有权性质、不改变土地的农业用途；要充分尊重农民的意愿，不得强迫或阻碍农民流转土地；流转必须等价有偿，保障农民的利益。

（四）坚持集中、规模、增效的原则。农村土地流转应立足于土地资源的高效利用，实行相对集中、适度规模经营，注重土地与其它生产要素的优化配置，提高土地利用率、产出率，促进农业增效和农民增收。

（五）坚持管理、规范、有序的原则。在推进土地流转过程中，要加强管理和指导，建立健全土地流转的各项制度，强化土地流转服务，规范土地流转合同管理，及时调解土地流转纠纷，维护各方利益，确保土地流转和规模经营规范有序。

三、探索创新土地流转和规模经营的有效形式

（六）鼓励多种形式流转土地。允许农民以转包、出租、互换、转让、股份合作等形式流转土地承包经营权。农户也可以将土地承包经营权委托村集体经济组织或土地流转中介服务组织集中流转。土地承包经营权流转的受让方可以是农户，也可以是法律法规允许的组织和个人，同等条件下本集体经济组织成员优先。

（七）推广农村土地股份合作制。鼓励农户以土地承包经营权入股的方式，组建土地股份合作社或参与农民专业合作社的生产经营，年终土地收益按股保底分红。有条件的地方也可以将集体土地

与村(组)集体资产统一量化,实行股份合作经营,股份合作终止时入股土地退还原承包农户。

(八)促进土地规模经营。把土地流转与发展土地规模经营紧密结合起来,积极鼓励发展专业大户、家庭农场、农民专业合作社等规模经营主体。通过农业社会化服务组织(如农机租赁、植保服务组织等)为农户提供机耕、机播、机插、植保、机收等主要生产环节或全程的服务,促进土地规模经营。支持和引导社会资本参与农村土地流转,领办或联办农业企业,进行土地整理整村推进、农业综合开发、农产品生产基地和农业科技示范园区建设等,着力打造一批千亩以上的、集中成片的标准化、规模化生产基地,促进农业的规模化、集约化经营。对受让面积较大、流转期限较长的经营主体,符合相关条件的,优先安排农田基本建设、土地整治、农业综合开发、特色农产品基地等建设项目和农机补贴项目。鼓励集中连片流转土地,对单个业主受让流转土地在500亩以上、且流转期限满3年以上的,给予一次性奖励。

(九)鼓励规模经营主体从事农业特色产业。鼓励农业产业化龙头企业、种植能手、专业大户等各类经营主体通过土地流转建立农产品生产基地,发展土地规模经营;结合主导产业和特色产业及龙头企业发展,引导土地向优势产业集中、产业向优势区域集中。发挥种养大户、龙头企业和农技服务机构的作用,围绕优势或特色产品,把农民组织起来,通过统一生产布局、统一质量标准、统一技术培训、统一产品品牌、统一市场销售,达到规模经营的目的。每年对从事畜禽和水产规模养殖以及特色种植的企业或大户各奖励10家,每家分别一次性奖励2万元。

四、加大农村土地流转和规模经营的扶持力度

(十)落实规模经营主体农业用地政策。各类规模经营主体进行农业结构调整,发展优势特色产业,在不违背有关法律法规和政策规定、不破坏土地耕作条件下,其农作物种植、畜禽饲养、水产养殖、农业科学实验设施等视为农业用地。在符合土地利用总体规划的前提下,对规模经营主体因生产必需建造简易仓库、晒场等农业生产配套用房的用地,作为农业结构调整用地管理。

(十一)加强对规模经营主体的信贷支持。农村金融机构要把规模经营主体作为信贷支持的重点,对实力强、资信好的,要优先给予贷款支持,并给予利率优惠。要积极探索农户土地承包经营权、农业生产管理设施经营权等抵押贷款的办法。担保机构要积极为规模经营主体提供融资担保,对各地的土地流转交易市场、土地信托中心建设所需信贷资金予以重点支持。政策性农业保险应把规模经营主体作为重点参保对象。

五、加强农村土地流转管理与服务

(十二)建立健全农村土地流转服务体系。各县区要以农业行政主管部门为依托,建立农村土地流转服务中心,中心主任由县区农业行政主管部门分管负责人兼任;各乡镇以土地承包管理机构为依托,建立农村土地流转服务中心,中心主任由乡镇分管负责人兼任;各村设立土地流转服务站,村民委员会主任为服务站负责人,委派一名村干部作为土地流转信息报送员。各地要把农村土地流转服务平台纳入为民服务全程代理服务大厅。及时提供有关法律政策宣传、流转信息、流转咨询、价格评估、合同签订指导、利益关系协调、纠纷调处等服务。对开展土地流转中介服务成效显著的土地承包管理机构给予适当奖励。

(十三)规范农村土地流转合同管理。除承包方将土地交由他人代耕不超过1年可以不签订书面流转合同外,农村土地流转,应在协商一致的基础上签订书面流转合同,并使用全省统一的流转合同规范文本,流转合同应报发包方备案,需要公证的,应到公证机关依法办理公证手续。委托发包方或中介组织流转的,必须由承包方出具土地流转委托书,注明委托的事项、权限和期限等,并有委托人的签名或盖章。除原流转合同另有规定外,通过流转取得的土地承包经营权,可以依法再流转。

受让方将承包方以转包、出租方式流转的土地实行再流转，应当取得原承包方的同意。国家各项惠农补贴原则上由原承包农户享受，亦可由流转双方协商决定，协商结果在流转合同中加以明确。土地流转的转包费、租金、转让费等支付，流转期限较短（一年以内）的可以是现金或货物，流转期限较长的提倡“实物计价、货币兑现”。各级农村土地承包管理机构要加强对流转合同签订的指导，健全土地流转登记备案制度，建立土地流转档案资料，及时办理相关备案手续，确保土地流转档案信息完整、齐全和真实有效。

（十四）妥善处置土地流转纠纷。农村土地流转合同经双方签订后，当事人不履行合同义务或者履行义务不符合约定的，应当依法承担违约责任。对已签订的土地流转合同，凡条款不清、标的显失公平的要依法变更或解除；因经济形势变化产生流转价格争议的，应当依法协商解决；合同期内，因不可抗力导致受让方无法继续经营的，土地应归还原承包方耕种。各县区要按照《中华人民共和国农村土地承包经营纠纷调解仲裁法》规定，成立农村土地承包仲裁委员会，其日常工作由县区农业行政主管部门承担，仲裁工作经费纳入财政预算予以保障。乡镇人民政府、村民委员会要加强农村土地承包经营纠纷的调解工作，妥善解决农村土地流转中的各种矛盾和纠纷。当事人不愿协商、调解或者协商、调解不成的，可以向农村土地承包仲裁机构申请仲裁，也可以直接向人民法院起诉。

六、加强对农村土地流转工作的组织领导

（十五）加强组织领导。农村土地流转关系到广大农民群众和各经营主体的切身利益，事关我市经济社会发展和农村改革、发展、稳定大局，各级党委、政府必须高度重视，把这项工作作为当前深化农村改革的一项重要内容摆上议事日程，切实加强领导，并确定专人负责，明确工作责任，强化工作手段，保障工作经费。

（十六）强化协调指导。农业行政主管部门要加强农村经营管理队伍建设和农村土地流转服务体系建设，着力解决好有人办事、有钱办事、有地方办事和有章办事问题，切实承担起土地流转指导、协调、服务和管理的职责。财政、国土、工商、金融等部门要根据各自职责，研究制订相关工作具体实施办法，互相配合，形成合力，确保各项政策落实到位。

关于巢湖市农村小额人身保险试点工作实施方案的通知

巢湖市农村小额人身保险试点工作实施方案

为贯彻落实《安徽省人民政府办公厅关于印发安徽省农村小额人身保险试点工作实施方案的通知》(皖政办〔2009〕44号)文件精神,切实做好我市农村小额人身保险试点工作,结合我市实际情况,特制定本实施方案。

一、工作思路

试点工作以“自愿投保、鼓励创新、适度竞争、审慎监管、适当保护、持续发展”为原则,坚持高标准、严要求,采取先试点、再推广的方式,支持承担试点工作任务的保险公司开展试点工作,待条件成熟后再全面推广。

二、试点保险公司和试点地区

根据《安徽省农村小额人身保险试点工作实施方案》的要求,我市四县一区、巢湖经济开发区全面开展试点工作,并确定由中国人寿保险股份有限公司巢湖分公司承担试点任务,其所辖分支机构承担所在县(区)的具体试点工作。

三、试点产品

我市试点产品为农村小额意外伤害保险、农村小额团体意外伤害保险和小额贷款借款人意外伤害保险。试点产品具有以下特点:一是保险金额在10000元至50000元之间;二是价格低廉;三是保险期限在1到5年之间;四是保险条款简单明了,除外责任少;五是核保理赔手续简便;六是主要服务于低收入群体。

承担试点工作任务的保险公司可根据试点区域农村家庭的需求,结合自身风险管控能力,在以上试点产品的基础上,开发和推广贴近农民需求、核保理赔简便的健康保险、养老保险等各类农村小额人身保险产品。

四、时间安排

试点工作分三个阶段进行:

(一)动员部署阶段(2009年6~7月)。由市政府金融办会同有关部门组织开展调研活动,指导中国人寿保险股份有限公司巢湖分公司开展试点工作。中国人寿保险股份有限公司巢湖分公司各分支机构积极向试点县(区)政府进行沟通汇报,在农村开展各种宣传活动,全面推进试点工作开展。

(二)深入推进阶段(2009年7~12月)。中国人寿保险股份有限公司巢湖分公司总结第一阶段试点经验,将试点工作向纵深方向推动,做好风险管理和保全、理赔等服务工作。

(三)工作总结阶段(2009年12月)。中国人寿保险股份有限公司巢湖分公司认真总结前两个阶段工作经验。巢湖市政府金融办对试点工作进行综合评估,研究我市进一步扩大农村小额人身保险承保人数覆盖面的指导意见。

五、试点模式

根据外地试点工作成功经验,结合我市实际情况,推荐以下几点试点工作模式:

(一)在基础较好的乡村,采用"全村统保"模式推广农村小额保险。"全村统保"模式主要是由基层政府及村居自治组织及其成员(村支书和村委会主任等)牵头,试点公司积极配合,做好宣传服务工作,以广泛宣传为基础,以点带面,重点突破,将符合投保条件的村民全部纳入小额保险保障范畴。

(二)利用新农合网络平台,采用"联动合作模式"推广农村小额保险。该模式主要是发挥基层政府组织的影响力,基于新农合现有的服务网络,将小额保险作为新农合的配套产品推出。"联动合作模式"的优势是,利用新农合在农村地区的良好口碑和相对健全而完善的服务网络,在短期内迅速扩大小额保险覆盖面。

(三)在条件不成熟的乡村,采用传统"小型团单模式"拓展小额保险业务。一是基层政府及组织推荐,试点公司委托乡村拥有一定专业技能的人员如村两委干部、村医、电工等代理小额保险业务推广和服务工作。二是由试点公司指定专人(包括驻村服务员)推广小额保险。三是由政府出面推荐地方经济能人,以第三方个人出资方式,资助符合条件的村民购买小额保险。

(四)以农村贫困人口为承保对象,财政适当补贴,实行统保。以县(区)为承保单位,市、县(区)两级财政给予一定补贴或返还试点保险公司相关税收,试点保险公司在规定的范围内以优惠的保险费率为农村贫困人口办理农村小额人身意外伤害保险。

六、有关要求

(一)加强领导,形成工作合力。开展农村小额人身保险试点工作是落实党中央、国务院关于做好农村金融服务的政策措施,着力解决农村地区保险不足的问题,是对农村社会保障体系建设的有力补充。各级政府要高度重视,切实加强对试点工作的指导和支持。市政府成立由市金融办、市保险行业协会、试点保险公司参加的试点工作联席会议,市金融办为联席会议召集单位。各县(区)也要成立相应的协调机构,加强协调和指导,确保试点工作顺利推进。

(二)广泛宣传,营造良好氛围。承担试点工作任务的中国人寿保险股份有限公司巢湖分公司各分支机构要切实加大宣传力度,密切与新闻媒体的沟通和联系,做好试点宣传工作。要充分利用电视、报刊等媒体,通过图文并茂、深入浅出的方式,宣传小额保险"互助共济、团结友爱"的精神,突出小额保险的风险保障功能,不得宣传产品的收益率,不得与银行、证券等金融产品比较收益。

(三)因地制宜,推动产品创新。试点保险公司要以《安徽省人民政府关于进一步加强小企业个体工商户和农户金融服务的意见》(皖政〔2009〕59号)为指导,切实把开展试点作为创新农村金融服务的机遇,紧密结合试点区域经济文化特点和民俗乡情,在销售、理赔、服务和管理等方面积极开展技术创新和模式创新,努力使更多低收入群体买得起、买得到适合自身需求的保险产品。

(四)防范风险,稳步推进试点。农村小额人身保险试点涉及广大农民的切身利益,必须加强各种风险防范。要坚持自愿投保原则,严禁强制投保或变相强制投保。坚持可持续发展,避免运动式推广,造成对低收入农民和农村市场的伤害。试点保险公司要密切关注损害消费者利益事件,及时报告,果断处理,切实维护消费者的合法权益。

(五)强化管理,提升服务水平。中国人寿保险股份有限公司巢湖分公司要切实加强管理,简化手续,适当下放权限,为广大农民提供便捷高效的承保和理赔服务。要认真总结经验,注意发现工作中的困难与问题,及时提出解决意见和建议,确保试点工作持续健康发展。

巢湖市关于支持农村土地综合整治和新农村建设资金整合的意见

为充分发挥财政支农资金的引导集聚作用，以农村土地整理、建设用地置换项目为平台，整合财政支农资金，配套跟进，集中投入，形成合力，促进农村土地综合整治和新农村建设整体推进，特制定本意见。

一、资金整合原则

（一）市级财政支农资金整合，按照“预算不变、渠道不乱、用途不改、形成合力”原则，通过整合，使市级支农资金围绕农村土地综合整治和新农村建设项目集中投入，不改变各部门预算安排、资金分配渠道及资金用途。

（二）中央和省惠农支农资金整合，按照“渠道不变、用途不乱、各负其责、各记其功”原则，今后中央和省对农业农村基础设施建设和公益事业建设项目，原则上优先安排到农村土地综合整治和新农村建设项目上。

二、资金整合内容

（三）农村公路村村通工程：对列入计划的按每公里 2 万元标准给予补助。（责任单位：市交通局）

（四）农村沼气建设工程：已申报国债项目的，由中央和地方财政按每口 2000 元标准给予补助。（责任单位：市农委）

（五）农村饮水安全工程：涉及安全饮水工程项目的，按国家有关政策标准给予补助，每解决 1 人安全饮水，由中央和省、市财政补助 255 元。（责任单位：市水务局）

（六）土地开发复垦整理项目：对列入项目的，由中央和地方财政给予专项补助。（责任单位：市国土局）

（七）农业综合开发土地治理项目：对列入计划的，由中央和地方财政按每亩 700 元标准给予补助。（责任单位：市财政局）

（八）农业综合开发高标准农田建设项目：对列入计划的，由中央和地方财政按每亩 1200 元标准给予补助。（责任单位：市财政局）

（九）农业综合开发产业化补贴项目：项目区内成立专业合作组织，符合标准的，由中央和地方财政按每个 45 万元标准给予补助。（责任单位：市财政局）

（十）百村万户绿色家园示范工程：对列入项目的，由中央财政给予专项补助。（责任单位：市环保局）

（十一）农村中小学校舍维修改造项目：对列入计划的，由中央和省财政给予补助。（责任单位：市教育局）

（十二）广播电视村村通工程：对列入“盲村”建设计划的，由中央和省财政按 1 万元标准给予补

助。(责任单位:市广电局)

(十三)农家书屋工程:对列入计划的农家书屋建设,由中央和地方财政对每个书屋补助2万元。(责任单位:市文化局)

(十四)农民体育健身工程:对列入计划的工程,由中央和地方财政对每个村补助3万元。(责任单位:市体育局)

(十五)农村敬老院建设项目:对列入计划的,按新增床位每张2500元标准补助。(责任单位:市民政局)

(十六)农村卫生室建设:对列入计划的,所需资金由中央和省、市、县区按比例承担。(责任单位:市卫生局)

三、整合资金拨付与管理

(十七)市级整合资金按部门预算安排和有关规定,拨付到项目所在县区财政,由县区财政纳入专户统一核算管理,实行专账核算、专款专用。

(十八)市级整合资金围绕农村土地综合整治和新农村建设项目集中投入,不改变各部门预算安排、资金分配渠道及资金用途。

(十九)市级补助资金按工程进展情况,由各责任单位及时拨付资金。

(二十)中央和省有关专项资金,按照上级有关规定拨付与管理。

(二十一)实行市、县区联动,县区要同步整合发改、财政、国土、建委、农委、交通、水务、环保、林业、民政、教育、卫生、计生、文化、广电、体育、商务、旅游、供销、扶贫等部门的支农资金,加大对农村土地综合整治和新农村建设项目配套资金的投入。凡未同步进行资金整合的县区,市财政不予拨付补助资金。

(二十二)各类整合的资金,必须按规定的用途使用,严禁挪作他用,不得开支项目工作经费或其它管理性费用。

关于进一步促进巢湖市市区房地产市场健康发展的意见

为贯彻落实党中央、国务院和省委、省政府关于保增长、保稳定、保民生的决策部署，加快推进我市城镇化进程，进一步促进房地产市场健康发展，根据《国务院办公厅关于促进房地产市场健康发展的若干意见》（国办发〔2008〕131号）和《安徽省人民政府办公厅关于促进房地产市场健康发展的意见》（皖政办〔2009〕33号）精神，结合我市实际，提出以下意见：

一、进一步鼓励普通商品住房消费

（一）减轻购房及交易税费负担

1. 对购房实行财政补贴。城乡居民在市规划区范围内购买普通商品住房（含二手房）144平方米（含144平方米）以下的，可享受购房财政补贴，即在2009年7月1日至2009年12月31日期间签订商品房买卖合同、完成合同备案并在2010年12月31日前办理房屋登记并缴纳契税，属于首次购买的，由市财政按所缴纳契税给予90%的一次性补贴，非首次购买的，由市财政按所缴纳契税给予50%的一次性补贴；二手房在2009年7月1日至2009年12月31日前签订转让合同，完成权属转移（登记）手续并缴纳契税，属于首次购买的，由市财政按所缴纳契税给予90%的一次性补贴，非首次购买的，由市财政按所缴纳契税给予50%的一次性补贴。鼓励在旧城改造中推进房屋拆迁货币化安置，被拆迁人货币补偿后在市区异地购买普通住房的，享受等额契税补贴优惠政策。

2. 对个人住房交易实行税收优惠。自2009年1月1日至12月31日，个人将购买不足2年的非普通住房对外销售的，全额征收营业税；个人将购买超过2年（含2年）的非普通住房或者不足2年的普通住房对外销售的，按照其销售收入减去购买住房的价款的差额征收营业税；个人将购买超过2年（含2年）的普通住房对外销售的，免征营业税。

3. 降低房屋登记等相关收费。自2009年4月20日至2010年12月31日，住房所有权登记费下调为每套50元，存量住房交易手续费下调为每平方米4元。对半年以上18个月以下未入住的新建普通商品房，减半收取物业综合服务费。

（二）加大对自住型和改善型住房消费的信贷支持力度

按国家政策，居民首次贷款购买普通自住房，贷款利率的下限可扩大为贷款基准利率的0.7倍，最低首付款比例调整为20%。自2009年7月1日至12月31日，对已贷款购买一套住房，但人均住房面积低于当地平均水平，再申请贷款购买第二套用于改善居住条件的普通自住房的居民，可比照执行首次贷款购买普通自住房的优惠政策。对其他贷款购买第二套及以上住房的，贷款利率等由商业银行在基准利率基础上按风险合理确定。

（三）适当调整住房公积金贷款政策

自2009年7月1日至2010年12月31日，在市规划区内购买144m^2以下自住房，可不受价格和二次购房贷款限制；购买新建商品房住房公积金贷款首付比例为20%，购买二手房的住房公积金贷款首付比例为30%；取消单、双职工的住房公积金贷款额度限制，只要购房人一方符合住房公积金贷款条件的，贷款最高限额上调为 20 万元，鼓励商业银行为使用住房公积金贷款的职工提供组合贷款。

对于首次使用住房公积金贷款的，购买超过 $144m^2$ 的自住住房，可享受住房公积金贷款政策；购房时，住房公积金提取额与贷款额之和不超过购房总价。

（四）放宽购房落户政策

鼓励农村人口向城市集聚，凡在市规划区内购买成套商品住房或一间以上商业用房的农村居民，其本人、配偶及未成年子女可登记为城市常住户口，并与城市居民在子女义务教育、社会保障、就业就医等方面同等享受待遇。

（五）调整顶跃层房屋享受普通住房优惠政策

自 2009 年 7 月 1 日至 2009 年 12 月 31 日，在市规划区内购买多层房屋顶跃层住房的，标准层建筑面积在 $144m^2$（含 $144m^2$）以下、跃层层高符合规定的，由市房产局认定为普通住房，享受普通住房优惠政策。

二、进一步加大房地产开发企业应对市场变化的支持力度

（一）缓缴开发项目有关税费

1. 对房地产开发项目完工前的预售收入，按国家税收政策规定的预计利润下限标准预征企业所得税，实行按季预缴、项目完工后清算。对纳税确有特殊困难、不能按期缴纳税款的房地产企业，按规定经批准，可以延期缴纳，但最长不得超过 3 个月。

2. 对在 2009 年 7 月 1 日至 2009 年 12 月 31 日期间领取建设工程规划许可证开工建设的房地产开发项目单体建筑，企业应交的城市基础设施配套费、人防易地建设费、新型墙体材料专项基金和散装水泥专项资金，可按时申报计算，延缓至办理规划验收前征收。

3. 对在 2009 年 7 月 1 日至 2009 年 12 月 31 日期间新出让的旧城改造项目拆迁安置房，企业应交的城市基础设施配套费、人防易地建设费、新型墙体材料专项基金和散装水泥专项资金在开工前全额缴纳后，城市基础设施配套费、人防易地建设费由市财政按 1∶1拆迁房屋的同等回迁面积征收额予以一次性奖励，即征即奖。新型墙体材料专项基金和散装水泥专项资金由市财政按预缴额的 90% 予以返退，即征即返。

（二）进一步优化土地供应方式

根据市场需求，科学合理地确定土地推出的节奏、数量、结构和价格，在坚持“净地”出让的基础上，对危旧房改造、企业搬迁改造、城中村改造等项目，允许采用“毛挂净交”的方式出让。对“净地”出让的房地产开发项目，可实行“大块规划、小块供应”的土地供应方式。对新出让地块，适当降低竞买保证金比例；出让方和受让方可通过土地合同约定，适当降低土地出让金首付比例、延长支付期限。受让人支付土地出让价款达到总地价款的 70% 后，市国土部门可以下达国有建设用地批准文件，市直相关部门可以为竞买人办理项目开工建设的其他手续。

（三）支持房地产开发企业进行合理的规划调整

在满足整体规划的条件下，经批准允许房地产开发企业适应市场需要，调整开发房屋的套型结构。房地产开发企业要严格按照批准的规划方案组织实施，规划管理部门要加强开发项目建设工程规划批后管理，维护规划的严肃性。

（四）支持房地产开发企业合理的融资需求

各银行业金融机构要根据信贷原则和监管要求，加大对中低价位、中小套型普通商品住房建设特别是在建项目的信贷支持力度。对资金困难的在建项目，在保障资金安全的前提下，适当给予支持，促进项目按期建成。

(五)进一步优化开发建设环境

1. 进一步规范涉及房地产行业的各类收费。在市规划区范围内对房地产开发项目审批过程中涉及的行政事业性和经营服务性收费及基(资)金,实行“一表制”管理。新建商品房水、电“一户一表”建设安装费用一律按工程定额计费,供气、有线电视等入户配套,应按章合理收费,不得强制服务,强行收费。

2. 加快房地产项目周边区域的市政基础设施和公共服务设施的完善配套。建立多元化投资渠道,加快城市中小学、医院、市场、商业服务、金融网点、公交站点、社区服务、文化体育以及项目外围水、电等基础设施的建设。在城市建设年度计划或政府性投资计划中优先安排。

3. 加强市区经营性土地市场管理,规范土地供应,禁止在集体土地上以拆迁安置,农民居民点建设等名义变相进行房地产开发。土地使用者依法取得国有建设用地使用权后,未经市人民政府同意,超过规定的期限未动工开发造成土地闲置的,满 1 年不足 2 年的,由市国土管理部门按出让土地价款的 20% 征收土地闲置费;土地闲置满 2 年的,由市国土管理部门依法无偿收回,重新安排使用;不符合法定收回条件的,采取改变用途、等价置换、安排临时使用、纳入政府储备等途径及时处置。

三、进一步加强房地产市场监督、协调、指导

(一)加强保障性住房建设

根据国务院办公厅国办发〔2008〕131 号和省政府办公厅皖政办〔2009〕33 号文件精神,结合我市保障性住房建设实际,尽快研究制定促进保障性住房建设的相关政策,切实加大我市保障性住房建设力度,提高住房保障体系覆盖面,有效解决住房困难群体的住房需求。

(二)继续加强房地产市场监测分析

建立健全房地产市场信息系统和统计制度,完善市场监测分析机制,准确把握房地产市场走势,及时发现市场运行中的新情况、新问题,提高调控措施的预见性、针对性和有效性。

(三)进一步加强房地产市场监管

规范房地产企业经营行为,强化房地产价格监管,严格执行商品住房预(销)售价格备案、“一价清”和明码标价制度,切实保障消费者合法权益。加强对房地产开发项目建设全过程的动态监管,切实加强城市房屋拆迁管理工作,维护被拆迁人的合法权益。健全相应预案,防止可能出现的抽逃预售款、延期交房等突发事件,促进住房和城市建设的稳定健康发展。

(四)努力营造和谐房地产的舆论导向

以加快保障性住房建设、鼓励合理住房消费、促进房地产市场健康发展为基调,加强房地产政策宣传,使广大购房户了解政策、熟悉政策,营造和谐的房地产市场氛围。着力稳定市场信心,严肃查处各种散布虚假信息、扰乱市场秩序的行为,加强市场经济条件下风险意识的宣传和教育工作。

本《意见》在巢湖市城市规划区内自 2009 年 7 月 1 日起实施,2008 年 11 月 21 日巢湖市人民政府发布的《关于印发促进房地产市场平稳健康发展若干意见的通知》(巢政〔2008〕50 号)同时废止。

第六篇

2010

南京都市圈经济社会发展指标

Nanjing MCR Economic and Social Development Indicators

表 6－1　　**南京都市圈主要年份地区生产总值(按当年价格计算)**　　单位:亿元

年份	南京都市圈	南京	淮安	扬州	镇江	滁州	马鞍山	巢湖	芜湖
2000	3009.21	1021.30	291.05	472.12	452.03	255.73	126.17	190.23	200.58
2001	3315.01	1150.30	329.02	505.46	502.66	265.40	138.15	205.25	218.77
2002	3696.08	1297.57	375.02	558.93	560.90	280.83	154.59	222.73	245.51
2003	4310.25	1576.33	420.64	647.22	641.05	299.37	192.52	248.27	284.85
2004	5240.68	1910.00	500.97	788.13	781.16	355.64	265.09	294.62	345.07
2005	6168.56	2411.11	561.81	922.02	871.67	324.35	349.54	299.18	401.16
2006	7171.76	2773.78	651.06	1100.16	1021.52	372.29	428.87	344.36	479.72
2007	8530.31	3283.73	765.23	1311.89	1206.69	443.93	532.10	404.62	582.12
2008	10057.64	3775.00	915.83	1573.29	1408.14	520.11	636.30	479.33	749.65
2009	11541.18	4230.26	1121.75	1856.39	1672.08	576.18	666.49	529.59	888.42

数据来源:历年《江苏统计年鉴》、《安徽统计年鉴》以及各市统计公报。

表 6－2　　**南京都市圈主要年份第一产业生产总值(按当年价格计算)**　　单位:亿元

年份	南京都市圈	南京	淮安	扬州	镇江	滁州	马鞍山	巢湖	芜湖
2000	399.83	55.01	88.23	63.02	32.20	71.36	12.56	54.61	22.84
2001	411.76	59.00	94.23	67.25	33.44	64.88	12.85	56.45	23.66
2002	435.24	62.40	100.51	70.83	34.66	71.18	13.18	58.81	23.67
2003	428.32	65.12	97.03	69.92	32.46	62.68	13.57	63.09	24.45
2004	506.15	70.00	111.88	79.79	34.11	90.44	18.13	73.50	28.30
2005	540.51	80.04	119.90	89.29	38.69	90.12	17.36	75.08	30.03
2006	568.91	82.02	123.78	94.52	41.54	98.03	18.81	79.87	30.34
2007	621.94	86.44	130.63	100.94	45.86	114.95	21.23	89.89	32.00
2008	691.63	93.00	142.01	117.47	51.08	123.33	24.53	100.77	39.44
2009	828.59	129.18	170.97	144.88	75.05	134.51	25.70	106.47	41.83

数据来源:历年《江苏统计年鉴》、《安徽统计年鉴》以及各市统计公报。

表 6－3　　**南京都市圈主要年份第一产业比重(按当年价格计算)**　　单位:%

年份	南京都市圈	南京	淮安	扬州	镇江	滁州	马鞍山	巢湖	芜湖
2000	13.29	5.39	30.31	13.35	7.12	27.90	9.95	28.71	11.39
2001	12.42	5.13	28.64	13.30	6.65	24.45	9.30	27.50	10.82
2002	11.78	4.81	26.80	12.67	6.18	25.35	8.53	26.40	9.64

指标

续表

年份	南京都市圈	南京	淮安	扬州	镇江	滁州	马鞍山	巢湖	芜湖
2003	9.94	4.13	23.07	10.80	5.06	20.94	7.05	25.41	8.58
2004	9.66	3.66	22.33	10.12	4.37	25.43	6.84	24.95	8.20
2005	8.76	3.32	21.34	9.68	4.44	27.78	4.97	25.10	7.49
2006	7.93	2.96	19.01	8.59	4.07	26.33	4.39	23.19	6.32
2007	7.29	2.63	17.07	7.69	3.80	25.89	3.99	22.22	5.50
2008	6.88	2.46	15.51	7.47	3.63	23.71	3.86	21.02	5.26
2009	7.18	3.05	15.24	7.80	4.49	23.35	3.86	20.10	4.71

数据来源：历年《江苏统计年鉴》、《安徽统计年鉴》以及各市统计公报。

表 6－4　　南京都市圈第一产业分行业在全国的地位（2005～2009）

年份	农林牧渔业		农业		林业		牧业		渔业		农林牧渔服务业	
	总产值（亿元）	占全国的比重（%）	总产值（亿元）	占全国的比重（%）	总产值（亿元）	占全国的比重（%）	总产值（亿元）	占全国的比重（%）	总产值（亿元）	占全国的比重（%）	总产值（亿元）	占全国的比重（%）
2005	987.58	2.50	517.94	2.64	25.96	1.82	234.60	1.76	181.32	4.51	27.77	2.56
2006	1037.47	2.54	561.18	2.61	27.14	1.69	221.72	1.83	197.77	4.98	29.63	1.83
2007	1119.26	2.29	582.89	2.36	29.23	1.57	249.62	1.55	210.07	4.71	47.44	2.65
2008	1303.39	2.25	672.71	2.40	32.90	1.53	310.89	1.51	234.45	4.51	52.45	2.60
2009	1450.35	2.40	752.69	2.46	36.69	1.56	322.60	1.66	261.25	4.64	77.12	3.36

数据来源：历年《江苏统计年鉴》、《安徽统计年鉴》以及各市统计公报。

表 6－5　　南京都市圈第一产业总产值结构（2005～2009）

年份	农业比重（%）	林业比重（%）	牧业比重（%）	渔业比重（%）	农林牧渔服务业比重（%）	农林牧渔业总产值（亿元）
2005	52.44	2.63	23.75	18.36	2.81	987.58
2006	54.09	2.62	21.37	19.06	2.86	1037.47
2007	52.08	2.61	22.30	18.77	4.24	1119.26
2008	51.61	2.52	23.85	17.99	4.02	1303.39
2009	51.90	2.53	22.24	18.01	5.32	1450.35

数据来源：历年《江苏统计年鉴》、《安徽统计年鉴》以及各市统计公报。

表 6－6　　南京都市圈分城市第一产业总产值结构（2009）

类别	南京	淮安	扬州	镇江	滁州	马鞍山	巢湖	芜湖	南京都市圈
农业比重（%）	54.91	58.71	44.73	51.78	50.25	37.21	53.49	47.40	51.90

续表

类别	南京	淮安	扬州	镇江	滁州	马鞍山	巢湖	芜湖	南京都市圈
林业比重(%)	1.36	2.05	3.01	4.06	1.59	1.23	2.68	7.19	2.53
牧业比重(%)	17.30	27.10	18.78	16.41	32.44	16.66	17.48	21.83	22.24
渔业比重(%)	21.33	10.24	28.71	12.98	13.92	42.64	15.45	18.16	18.01
农林牧渔服务业比重(%)	5.09	1.89	4.76	14.76	1.79	2.26	10.89	5.42	5.32
农林牧渔业总产值(亿元)	223.66	314.63	256.42	113.22	228.02	39.14	200.36	74.89	1450.35

数据来源:历年《江苏统计年鉴》、《安徽统计年鉴》以及各市统计公报。

表6-7　南京都市圈主要年份第二产业比重(按当年价格计算)　单位:%

年份	南京都市圈	南京	淮安	扬州	镇江	滁州	马鞍山	巢湖	芜湖
2000	48.13	48.38	39.95	49.00	55.38	40.46	58.90	38.62	52.36
2001	48.03	47.54	41.24	48.68	55.27	41.28	59.24	38.80	52.41
2002	48.44	47.31	42.99	48.77	55.83	40.83	60.13	39.40	54.57
2003	51.45	51.04	46.51	51.36	57.24	43.75	64.90	40.15	57.12
2004	52.92	52.62	47.07	53.27	58.96	40.52	69.29	41.62	58.49
2005	51.77	49.78	45.52	56.31	60.59	38.41	68.86	37.41	53.14
2006	52.00	49.03	46.88	56.41	60.56	38.65	64.19	39.34	56.36
2007	52.55	48.94	48.14	57.02	59.81	40.22	66.15	41.67	58.06
2008	52.79	47.55	49.49	57.06	59.89	42.86	67.96	43.87	60.61
2009	51.91	45.64	48.27	56.13	58.20	45.49	66.47	46.08	62.47

数据来源:历年《江苏统计年鉴》、《安徽统计年鉴》以及各市统计公报。

表6-8　南京都市圈主要年份第二产业生产总值(按当年价格计算)　单位:亿元

年份	南京都市圈	南京	淮安	扬州	镇江	滁州	马鞍山	巢湖	芜湖
2000	1448.34	494.08	116.28	231.36	250.33	103.48	74.32	73.47	105.02
2001	1592.16	546.86	135.70	246.08	277.82	109.56	81.84	79.64	114.66
2002	1790.21	613.90	161.22	272.60	313.13	114.67	92.95	87.76	133.98
2003	2217.83	804.49	195.66	332.42	366.95	130.98	124.95	99.67	162.71
2004	2773.46	1005.00	235.79	419.87	460.56	144.12	183.68	122.61	201.83
2005	3193.70	1200.28	255.75	519.17	528.16	124.58	240.69	111.91	213.16
2006	3729.44	1359.94	305.23	620.59	618.64	143.89	275.29	135.47	270.39
2007	4482.51	1607.22	368.39	748.08	721.70	178.57	351.98	168.60	337.97
2008	5309.42	1795.00	453.25	897.71	843.40	222.94	432.46	210.30	454.36
2009	5991.43	1930.66	541.48	1042.03	973.08	262.09	443.02	244.04	555.03

数据来源:历年《江苏统计年鉴》、《安徽统计年鉴》以及各市统计公报。

表 6 –9　　南京都市圈第二产业在全国的地位(2005 ~2009)

年份	第二产业		工业		建筑业	
	增加值（亿元）	占全国的比重（%）	增加值(亿元)	占全国的比重（%）	增加值（亿元）	占全国的比重（%）
2005	3193. 70	3. 65	2780. 83	3. 60	412. 87	3. 98
2006	3729. 44	3. 60	3274. 96	3. 59	454. 48	3. 66
2007	4482. 51	3. 56	3979. 82	3. 60	502. 69	3. 29
2008	5309. 42	3. 56	4692. 26	3. 60	617. 16	3. 29
2009	5991. 43	3. 80	5234. 68	3. 87	756. 75	3. 38

数据来源:历年《江苏统计年鉴》、《安徽统计年鉴》以及各市统计公报。

表 6 –10　　各市工业占南京都市圈的比重(2005 ~2009)

		2005 年	2006 年	2007 年	2008 年	2009 年
南京	工业增加值(亿元)	1043. 18	1181. 94	1412. 22	1555. 00	1640. 53
	占都市圈的比重(%)	37. 51	36. 09	35. 48	33. 14	31. 34
淮安	工业增加值(亿元)	213. 59	252. 61	310. 60	381. 75	450. 33
	占都市圈的比重(%)	7. 68	7. 71	7. 80	8. 14	8. 60
扬州	工业增加值(亿元)	451. 45	545. 90	666. 01	795. 88	913. 61
	占都市圈的比重(%)	16. 23	16. 67	16. 73	16. 96	17. 45
镇江	工业增加值(亿元)	476. 85	567. 02	666. 02	774. 67	896. 63
	占都市圈的比重(%)	17. 15	17. 31	16. 73	16. 51	17. 13
滁州	工业增加值(亿元)	104. 81	124. 39	156. 12	196. 44	227. 59
	占都市圈的比重(%)	3. 77	3. 80	3. 92	4. 19	4. 35
马鞍山	工业增加值(亿元)	221. 08	253. 84	327. 88	403. 56	407. 02
	占都市圈的比重(%)	7. 95	7. 75	8. 24	8. 60	7. 78
巢湖	工业增加值(亿元)	86. 14	108. 52	137. 80	174. 10	202. 94
	占都市圈的比重(%)	3. 10	3. 31	3. 46	3. 71	3. 88
芜湖	工业增加值(亿元)	183. 73	240. 74	303. 17	410. 86	496. 03
	占都市圈的比重(%)	6. 61	7. 35	7. 62	8. 76	9. 48

数据来源:历年《江苏统计年鉴》、《安徽统计年鉴》以及各市统计公报。

表 6－11　　南京都市圈分城市第二产业内部结构(2005～2009)

年份		2005	2006	2007	2008	2009
南京	工业比重(%)	86.91	86.91	87.87	86.63	84.97
	建筑业比重(%)	13.09	13.09	12.13	13.37	15.03
	第二产业增加值(亿元)	1200.28	1359.94	1607.22	1795.00	1930.66
淮安	工业比重(%)	83.52	82.76	84.31	84.23	83.17
	建筑业比重(%)	16.48	17.24	15.69	15.77	16.83
	第二产业增加值(亿元)	255.75	305.23	368.39	453.25	541.48
扬州	工业比重(%)	86.96	87.96	89.03	88.66	87.68
	建筑业比重(%)	13.04	12.04	10.97	11.34	12.32
	第二产业增加值(亿元)	519.17	620.59	748.08	897.71	1042.03
镇江	工业比重(%)	90.29	91.66	92.28	91.85	92.14
	建筑业比重(%)	9.71	8.34	7.72	8.15	7.86
	第二产业增加值(亿元)	528.16	618.64	721.70	843.40	973.08
滁州	工业比重(%)	84.13	86.45	87.43	88.11	86.84
	建筑业比重(%)	15.87	13.55	12.57	11.89	13.16
	第二产业增加值(亿元)	124.58	143.89	178.57	222.94	262.09
马鞍山	工业比重(%)	91.85	92.21	93.15	93.32	91.87
	建筑业比重(%)	8.15	7.79	6.85	6.68	8.13
	第二产业增加值(亿元)	240.69	275.29	351.98	432.46	443.02
巢湖	工业比重(%)	76.97	80.11	81.73	82.79	83.16
	建筑业比重(%)	23.03	19.89	18.27	17.21	16.84
	第二产业增加值(亿元)	111.91	135.47	168.60	210.30	244.04
芜湖	工业比重(%)	86.19	89.03	89.70	90.43	89.37
	建筑业比重(%)	13.81	10.97	10.30	9.57	10.63
	第二产业增加值(亿元)	213.16	270.39	337.97	454.36	555.03
南京都市圈	工业比重(%)	87.07	87.81	88.79	88.38	87.37
	建筑业比重(%)	12.93	12.19	11.21	11.62	12.63
	第二产业增加值(亿元)	3193.70	3729.44	4482.51	5309.42	5991.43

数据来源:历年《江苏统计年鉴》、《安徽统计年鉴》以及各市统计公报。

表 6－12　　各市建筑业占南京都市圈的比重(2005～2009)

年份		2005	2006	2007	2008	2009
南京	建筑业增加值(亿元)	157.10	178.00	195.00	240.00	290.13
	占都市圈的比重(%)	38.05	39.17	38.79	38.89	38.34
淮安	建筑业增加值(亿元)	42.16	52.62	57.79	71.50	91.15
	占都市圈的比重(%)	10.21	11.58	11.50	11.59	12.04
扬州	建筑业增加值(亿元)	67.72	74.69	82.07	101.83	128.42
	占都市圈的比重(%)	16.40	16.43	16.33	16.50	16.97
镇江	建筑业增加值(亿元)	51.31	51.62	55.68	68.73	76.45
	占都市圈的比重(%)	12.43	11.36	11.08	11.14	10.10
滁州	建筑业增加值(亿元)	19.77	19.50	22.45	26.50	34.50
	占都市圈的比重(%)	4.79	4.29	4.47	4.29	4.56
马鞍山	建筑业增加值(亿元)	19.61	21.45	24.10	28.90	36.00
	占都市圈的比重(%)	4.75	4.72	4.79	4.68	4.76
巢湖	建筑业增加值(亿元)	25.77	26.95	30.80	36.20	41.10
	占都市圈的比重(%)	6.24	5.93	6.13	5.87	5.43
芜湖	建筑业增加值(亿元)	29.43	29.65	34.80	43.50	59.00
	占都市圈的比重(%)	7.13	6.52	6.92	7.05	7.80

数据来源:历年《江苏统计年鉴》、《安徽统计年鉴》以及各市统计公报。

表 6－13　　南京都市圈轻重工业结构(2005～2009)

年份		2005	2006	2007	2008	2009
南京	轻工业比重	14.71	14.93	15.22	16.22	17.56
	重工业比重	85.29	85.07	84.78	83.78	82.44
	工业总产值	4063.48	4692.81	5788.16	6472.23	6799.77
淮安	轻工业比重	41.01	39.09	36.55	34.67	37.64
	重工业比重	58.99	60.91	63.45	65.33	62.36
	工业总产值	568.61	794.07	1044.34	1254.88	1621.90
扬州	轻工业比重	39.82	38.22	34.82	25.92	27.43
	重工业比重	60.18	61.78	65.18	74.08	72.57
	工业总产值	1448.82	1891.88	2590.91	3517.56	4459.68
镇江	轻工业比重	30.72	27.01	26.01	22.93	21.78
	重工业比重	69.28	72.99	73.99	77.07	78.22
	工业总产值	1331.41	1628.78	2144.71	2780.32	3240.06

续表

年份		2005	2006	2007	2008	2009
滁州	轻工业比重	43.32	42.32	41.16	40.63	43.38
	重工业比重	56.68	57.68	58.84	59.37	56.62
	工业总产值	259.78	327.07	436.94	584.06	690.43
马鞍山	轻工业比重	6.10	8.23	7.18	7.03	8.60
	重工业比重	93.90	91.77	92.82	92.97	91.40
	工业总产值	537.65	589.08	854.49	1162.15	1130.52
巢湖	轻工业比重	35.96	31.14	30.33	28.43	28.14
	重工业比重	64.04	68.86	69.67	71.57	71.86
	工业总产值	194.94	263.32	378.07	508.00	593.86
芜湖	轻工业比重	28.09	23.94	18.82	21.03	18.08
	重工业比重	71.91	76.06	81.17	78.97	81.92
	工业总产值	539.66	744.55	930.60	1284.78	1554.41
南京都市圈	轻工业比重	24.42	23.98	22.97	21.45	22.79
	重工业比重	75.58	76.02	77.03	78.55	77.21
	工业总产值	8944.35	10931.55	14168.23	17563.98	20090.62

数据来源：历年《江苏统计年鉴》、《安徽统计年鉴》以及各市统计公报。

表6－14　南京都市圈主要年份第三产业生产总值（按当年价格计算） 单位：亿元

年份	南京都市圈	南京	淮安	扬州	镇江	滁州	马鞍山	巢湖	芜湖
2000	1161.04	472.21	86.54	177.74	169.50	80.89	39.29	62.15	72.72
2001	1311.09	544.45	99.08	192.13	191.40	90.96	43.46	69.16	80.45
2002	1470.62	621.27	113.29	215.50	213.11	94.97	48.46	76.16	87.86
2003	1664.10	706.72	127.95	244.88	241.64	105.71	54.00	85.51	97.69
2004	1961.07	835.00	153.30	288.47	286.49	121.08	63.28	98.51	114.94
2005	2434.35	1130.79	186.16	313.56	304.82	113.38	113.30	114.88	157.46
2006	2873.41	1331.82	222.05	385.05	361.34	130.38	134.76	129.02	178.99
2007	3425.85	1590.07	266.21	462.87	439.12	150.41	158.89	146.13	212.15
2008	4056.59	1887.00	320.57	558.11	513.66	173.84	179.30	168.26	255.85
2009	4721.16	2170.42	409.30	669.48	623.95	179.59	197.77	179.08	291.57

数据来源：历年《江苏统计年鉴》、《安徽统计年鉴》以及各市统计公报。

表 6－15　　南京都市圈三次产业在全国的地位（2005～2009）

年份	地区生产总值		第一产业		第二产业		第三产业	
	数额（亿元）	占全国的比重（%）	数额（亿元）	占全国的比重（%）	数额（亿元）	占全国的比重（%）	数额（亿元）	占全国的比重（%）
2005	6168.56	3.34	540.51	2.41	3193.70	3.65	2434.35	3.25
2006	7171.76	3.32	568.91	2.37	3729.44	3.60	2873.41	3.24
2007	8530.31	3.21	621.94	2.17	4482.51	3.56	3425.85	3.08
2008	10057.64	3.20	691.63	2.05	5309.42	3.56	4056.59	3.09
2009	11541.18	3.39	828.59	2.35	5991.43	3.80	4721.16	3.20

数据来源：历年《江苏统计年鉴》、《安徽统计年鉴》以及各市统计公报。

表 6－16　　南京都市圈主要年份第三产业比重（按当年价格计算）　　单位：%

年份	南京都市圈	南京	淮安	扬州	镇江	滁州	马鞍山	巢湖	芜湖
2000	38.58	46.24	29.73	37.65	37.50	31.63	31.14	32.67	36.25
2001	39.55	47.33	30.11	38.01	38.08	34.27	31.46	33.70	36.77
2002	39.79	47.88	30.21	38.56	37.99	33.82	31.35	34.19	35.79
2003	38.61	44.83	30.42	37.84	37.69	35.31	28.05	34.44	34.30
2004	37.42	43.72	30.60	36.60	36.67	34.05	23.87	33.44	33.31
2005	39.46	46.90	33.14	34.01	34.97	34.96	32.41	38.40	39.25
2006	40.07	48.01	34.11	35.00	35.37	35.02	31.42	37.47	37.31
2007	40.16	48.42	34.79	35.28	36.39	33.88	29.86	36.12	36.44
2008	40.33	49.99	35.00	35.47	36.48	33.42	28.18	35.10	34.13
2009	40.91	51.31	36.49	36.06	37.32	31.17	29.67	33.81	32.82

数据来源：历年《江苏统计年鉴》、《安徽统计年鉴》以及各市统计公报。

表 6－17　　各市三次产业占全国和南京都市圈的比重（2009）　　单位：%

南京都市圈		南京	淮安	扬州	镇江	滁州	马鞍山	巢湖	芜湖
国内生产总值	占都市圈的比重	37.0	9.72	16.08	14.49	4.99	5.77	4.59	7.70
	占全国的比重	1.2	0.33	0.55	0.49	0.17	0.20	0.16	0.26
第一产业	占都市圈的比重	16.0	20.63	17.49	9.06	16.23	3.10	12.85	5.05
	占全国的比重	0.4	0.49	0.41	0.21	0.38	0.07	0.30	0.12
第二产业	占都市圈的比重	32.0	9.04	17.39	16.24	4.37	7.39	4.07	9.26
	占全国的比重	1.2	0.34	0.66	0.62	0.17	0.28	0.15	0.35
第三产业	占都市圈的比重	46.0	8.67	14.18	13.22	3.80	4.19	3.79	6.18
	占全国的比重	1.5	0.28	0.45	0.42	0.12	0.13	0.12	0.20

数据来源：历年《江苏统计年鉴》、《安徽统计年鉴》以及各市统计公报。

表 6－18　　各市第三产业占南京都市圈的比重(2005～2009)

南京都市圈		2005 年	2006 年	2007 年	2008 年	2009 年
南京	第三产业增加值(亿元)	1130.79	1331.82	1590.07	1887.00	2170.42
	占都市圈的比重(%)	46.45	46.35	46.41	46.52	45.97
淮安	第三产业增加值(亿元)	186.16	222.05	266.21	320.57	409.30
	占都市圈的比重(%)	7.65	7.73	7.77	7.90	8.67
扬州	第三产业增加值(亿元)	313.56	385.05	462.87	558.11	669.48
	占都市圈的比重(%)	12.88	13.40	13.51	13.76	14.18
镇江	第三产业增加值(亿元)	304.82	361.34	439.12	513.66	623.95
	占都市圈的比重(%)	12.52	12.58	12.82	12.66	13.22
滁州	第三产业增加值(亿元)	113.38	130.38	150.41	173.84	179.59
	占都市圈的比重(%)	4.66	4.54	4.39	4.29	3.80
马鞍山	第三产业增加值(亿元)	113.30	134.76	158.89	179.30	197.77
	占都市圈的比重(%)	4.65	4.69	4.64	4.42	4.19
巢湖	第三产业增加值(亿元)	114.88	129.02	146.13	168.26	179.08
	占都市圈的比重(%)	4.72	4.49	4.27	4.15	3.79
芜湖	第三产业增加值(亿元)	157.46	178.99	212.15	255.85	291.57
	占都市圈的比重(%)	6.47	6.23	6.19	6.31	6.18

数据来源:历年《江苏统计年鉴》、《安徽统计年鉴》以及各市统计公报。

表 6－19　　南京都市圈三次产业产值结构(2005～2009)

南京都市圈		2005 年	2006 年	2007 年	2008 年	2009 年
南京	第一产业产值比重(%)	4.16	3.88	3.45	3.13	3.05
	第二产业产值比重(%)	48.92	48.18	48.12	46.43	45.64
	第三产业产值比重(%)	46.92	47.94	48.43	50.44	51.31
	地区生产总值(亿元)	2411.11	2773.78	3283.73	3775.00	4230.26
淮安	第一产业产值比重(%)	21.56	19.39	17.54	16.07	15.24
	第二产业产值比重(%)	45.14	46.04	46.77	47.61	48.27
	第三产业产值比重(%)	33.30	34.57	35.69	36.32	36.49
	地区生产总值(亿元)	561.81	651.06	765.23	915.83	1121.75
扬州	第一产业产值比重(%)	9.65	8.98	8.21	8.15	7.80
	第二产业产值比重(%)	55.34	55.97	56.36	56.18	56.13
	第三产业产值比重(%)	35.01	35.05	35.43	35.67	36.06
	地区生产总值(亿元)	922.02	1100.16	1311.89	1573.29	1856.39

（续表）

南京都市圈		2005 年	2006 年	2007 年	2008 年	2009 年
镇江	第一产业产值比重(%)	4.39	3.85	4.07	4.71	4.49
	第二产业产值比重(%)	60.50	60.44	59.15	58.92	58.20
	第三产业产值比重(%)	35.11	35.71	36.78	36.37	37.32
	地区生产总值(亿元)	871.67	1021.52	1206.69	1408.14	1672.08
滁州	第一产业产值比重(%)	27.47	26.33	25.91	23.71	23.35
	第二产业产值比重(%)	37.97	38.65	40.23	42.86	45.49
	第三产业产值比重(%)	34.56	35.02	33.86	33.42	31.17
	地区生产总值(亿元)	324.35	372.29	443.93	520.11	576.18
马鞍山	第一产业产值比重(%)	4.67	4.39	3.98	3.86	3.86
	第二产业产值比重(%)	64.81	64.19	66.16	67.96	66.47
	第三产业产值比重(%)	30.51	31.42	29.86	28.18	29.67
	地区生产总值(亿元)	349.54	428.87	532.1	636.3	666.49
巢湖	第一产业产值比重(%)	24.87	23.19	22.22	21.02	20.10
	第二产业产值比重(%)	37.07	39.35	41.67	43.87	46.08
	第三产业产值比重(%)	38.06	37.46	36.11	35.10	33.81
	地区生产总值(亿元)	299.18	344.36	404.62	479.33	529.59
芜湖	第一产业产值比重(%)	7.50	6.32	5.50	5.26	4.71
	第二产业产值比重(%)	53.20	56.37	58.05	60.61	62.47
	第三产业产值比重(%)	39.30	37.31	36.45	34.13	32.82
	地区生产总值(亿元)	401.16	479.72	582.12	749.65	888.42
南京都市圈	第一产业产值比重(%)	8.76	7.93	7.29	6.88	7.18
	第二产业产值比重(%)	51.77	52.00	52.55	52.79	51.91
	第三产业产值比重(%)	39.46	40.07	40.16	40.33	40.91
	地区生产总值(亿元)	6168.56	7171.76	8530.31	10057.64	11541.18

数据来源：历年《江苏统计年鉴》、《安徽统计年鉴》以及各市统计公报。

表 6－20　　南京都市圈分城市第三产业内部结构(2009)

南京都市圈	南京	淮安	扬州	镇江	滁州	马鞍山	巢湖	芜湖	合计
交通运输、仓储和邮政业比重(%)	10.05	11.55	—	—	15.06	10.92	13.59	17.00	—
批发和零售业比重(%)	20.61	16.73	—	—	16.93	21.19	19.77	12.66	—
住宿和餐饮业比重(%)	3.77	5.77	—	—	6.26	6.27	6.56	7.53	—
金融业比重(%)	15.76	7.57	—	—	8.00	7.58	6.13	9.18	—

续表

南京都市圈	南京	淮安	扬州	镇江	滁州	马鞍山	巢湖	芜湖	合计
房地产业比重(%)	14.64	16.22	—	—	15.01	11.14	11.46	9.44	—
其他服务业比重(%)	35.17	42.16	—	—	38.73	42.90	42.49	44.19	—
第三产业增加值(亿元)	2170.42	409.30	669.48	623.95	179.59	197.77	179.08	291.57	4721.16

数据来源:历年《江苏统计年鉴》、《安徽统计年鉴》以及各市统计公报。

表 6-21　　南京都市圈三次产业就业结构(2005~2009)

南京都市圈		2005 年	2006 年	2007 年	2008 年	2009 年
南京	第一产业就业比重(%)	13.46	11.42	12.28	12.05	11.23
	第二产业就业比重(%)	41.54	42.38	41.67	40.29	41.40
	第三产业就业比重(%)	45.00	46.21	46.06	47.66	47.37
	从业人员数(万人)	316.69	327.41	367.81	380.37	407.70
淮安	第一产业就业比重(%)	40.79	35.86	33.72	31.02	28.26
	第二产业就业比重(%)	20.07	24.25	27.72	30.19	31.81
	第三产业就业比重(%)	39.15	39.89	38.56	38.80	39.93
	从业人员数(万人)	273.70	281.68	294.31	313.04	347.20
扬州	第一产业就业比重(%)	21.21	19.44	17.36	15.63	13.86
	第二产业就业比重(%)	44.50	46.12	49.55	49.92	50.78
	第三产业就业比重(%)	34.29	34.43	33.09	34.45	35.36
	从业人员数(万人)	236.45	243.89	259.27	273.40	286.13
镇江	第一产业就业比重(%)	23.82	21.27	19.36	19.29	18.40
	第二产业就业比重(%)	46.08	48.94	51.60	51.01	50.60
	第三产业就业比重(%)	30.10	29.79	29.04	29.70	31.00
	从业人员数(万人)	148.46	153.18	157.00	165.39	173.11
滁州	第一产业就业比重(%)	55.88	55.25	52.68	51.63	48.95
	第二产业就业比重(%)	21.57	22.50	23.93	26.10	26.59
	第三产业就业比重(%)	22.55	22.25	23.39	22.27	24.46
	从业人员数(万人)	235.50	239.10	240.70	245.20	252.70
马鞍山	第一产业就业比重(%)	30.30	29.43	27.95	25.39	24.04
	第二产业就业比重(%)	39.90	39.67	39.74	38.08	41.29
	第三产业就业比重(%)	29.80	30.89	32.31	36.53	34.67
	从业人员数(万人)	60.40	61.50	61.90	64.60	64.90

指标

续表

南京都市圈		2005 年	2006 年	2007 年	2008 年	2009 年
巢湖	第一产业就业比重(%)	46.35	46.27	45.98	45.21	44.67
	第二产业就业比重(%)	29.77	29.03	29.81	30.07	30.00
	第三产业就业比重(%)	23.91	24.69	24.22	24.75	25.34
	从业人员数(万人)	286.50	285.90	288.20	291.30	289.70
芜湖	第一产业就业比重(%)	30.65	31.22	29.96	24.13	22.18
	第二产业就业比重(%)	27.73	27.10	28.37	32.60	34.12
	第三产业就业比重(%)	41.63	41.68	41.67	43.27	43.69
	从业人员数(万人)	130.20	131.00	131.50	132.20	134.80
南京都市圈	第一产业就业比重(%)	33.32	31.43	29.76	28.10	26.28
	第二产业就业比重(%)	32.96	34.30	36.08	36.87	37.78
	第三产业就业比重(%)	33.72	34.27	34.16	35.03	35.95
	从业人员数(万人)	1688.00	1723.65	1800.69	1865.60	1956.25

数据来源:历年《江苏统计年鉴》、《安徽统计年鉴》以及各市统计公报。

表 6-22　　南京都市圈服务业发展情况(2005~2009)

		2005 年	2006 年	2007 年	2008 年	2009 年
南京	生产总值(亿元)	2411.00	2774.00	3284.00	3775.00	4230.26
	服务业增加值(亿元)	1118.00	1318.00	1584.00	1887.00	2170.42
	服务业占比(%)	46.30	47.50	48.40	50.50	51.30
	服务业增速(%)	13.10	15.20	16.00	15.30	13.50
镇江	生产总值(亿元)	871.67	1025.30	1213.00	1408.10	1672.10
	服务业增加值(亿元)	304.82	363.83	442.00	513.66	623.95
	服务业占比(%)	35.00	35.50	36.40	36.50	37.30
	服务业增速(%)	16.60	15.40	16.50	14.50	17.70
扬州	生产总值(亿元)	922.00	1100.00	1311.00	1573.29	1856.39
	服务业增加值(亿元)	318.00	385.00	462.00	558.11	669.48
	服务业占比(%)	34.50	35.00	35.50	35.47	36.10
	服务业增速(%)	14.30	15.30	16.10	14.50	15.00
淮安	生产总值(亿元)	561.81	651.06	756.23	915.83	1121.75
	服务业增加值(亿元)	188.22	222.05	266.21	320.57	409.30
	服务业占比(%)	33.50	34.10	34.80	36.30	36.50
	服务业增速(%)	14.40	15.50	16.00	15.60	15.80

续表

		2005 年	2006 年	2007 年	2008 年	2009 年
马鞍山	生产总值(亿元)	371.35	428.90	540.00	636.30	665.90
	服务业增加值(亿元)	113.20	134.80	157.50	179.30	197.20
	服务业占比(%)	30.50	31.40	29.20	28.20	29.60
	服务业增速(%)	13.50	13.30	13.50	8.10	10.80
滁州	生产总值(亿元)	328.08	372.29	443.93	520.11	576.18
	服务业增加值(亿元)	113.38	130.37	150.41	173.84	179.59
	服务业占比(%)	34.60	35.10	33.90	33.40	31.20
	服务业增速(%)	12.60	10.80	11.80	9.70	11.30
芜湖	生产总值(亿元)	400.65	479.72	581.12	749.65	902.00
	服务业增加值(亿元)	157.46	178.99	211.55	255.85	295.15
	服务业占比(%)	39.30	37.30	36.30	34.10	32.70
	服务业增速(%)	10.50	10.10	13.30	13.10	12.00
巢湖	生产总值(亿元)	301.87	344.40	404.62	479.33	529.36
	服务业增加值(亿元)	114.88	129.00	146.13	168.26	179.86
	服务业占比(%)	38.00	37.50	36.10	35.10	34.00
	服务业增速(%)	11.20	10.30	10.10	10.00	9.90

数据来源:各市统计年鉴及国民经济和社会发展统计公报。

表 6-23　　南京都市圈的常住人口　　单位:万人

地区		南京	淮安	扬州	镇江	马鞍山	滁州	芜湖	巢湖
2000 年	总人口(万人)	612.62	503.82	458.85	284.49	—	424.93	—	—
	城镇人口(万人)	435.53	144.85	195.90	143.45	—	94.56	—	—
	城镇人口比重(%)	71.10	28.80	42.70	50.40	—	22.30	—	—
2009 年	总人口(万人)	771.31	481.49	449.55	306.94	129.00	411.00	230.00	410.00
	城镇人口(万人)	595.14	207.52	237.81	184.01	86.82	168.51	151.80	164.00
	城镇人口比重(%)	77.20	43.10	52.90	60.00	67.30	41.00	66.00	40.00

数据来源:历年《江苏统计年鉴》、《安徽统计年鉴》以及各市统计公报。

表 6-24　　2005~2009 年南京都市圈户籍人口情况　　单位:万人

年份	南京	扬州	镇江	淮安	马鞍山	滁州	芜湖	巢湖	南京都市圈合计
2005	595.80	456.31	267.61	527.77	125.64	435.62	226.88	453.06	3088.69
2006	607.23	458.64	268.79	532.77	126.57	439.99	229.03	452.62	3115.64

续表

年份	南京	扬州	镇江	淮安	马鞍山	滁州	芜湖	巢湖	南京都市圈合计
2007	617.20	459.25	268.78	534.00	127.32	443.96	230.46	455.03	3136.00
2008	624.46	459.79	268.77	536.91	128.10	447.37	230.79	456.80	3152.99
2009	629.77	458.80	269.90	534.16	128.61	450.25	230.10	458.60	3160.19

数据来源：历年各市统计公报。

表 6－25　　2005～2009 年南京都市圈基础设施建设情况

年份	城镇固定资产投资（亿元）	公路里程（公）里	城市年末实有公共汽车营运车辆（辆）	城市全年供水总量（万吨）	城市园林绿地面积（公顷）
2005	2362.38	39199	9178	236982	91993
2006	2840.81	68791	8626	231021	93984
2007	3609.36	70693	9659	227038	98600
2008	4539.62	72420	10330	216780	102350
2009	6415.75	76277	11751	193467	105455

数据来源：历年《江苏统计年鉴》、《安徽统计年鉴》以及各市统计公报。

表 6－26　　2005～2009 年南京都市圈基础设施增长情况　　单位：%

年份	城镇固定资产投资	公路里程	城市年末实有公共汽车营运车辆	城市全年供水总量	城市园林绿地面积
2005	16.08	6.01	7.47	6.88	－3.50
2006	20.25	75.49	－6.01	－2.52	2.16
2007	27.05	2.76	11.98	－1.72	4.91
2008	25.77	2.44	6.95	－4.52	3.80
2009	41.33	5.33	13.76	－10.75	3.03

数据来源：历年《江苏统计年鉴》、《安徽统计年鉴》以及各市统计公报。

表 6－27　　2005～2009 年南京都市圈全社会固定资产投资　　单位：亿元

年份	南京	扬州	镇江	淮安	马鞍山	滁州	芜湖	巢湖	合计
2005	1402.72	410.00	404.75	330.73	191.38	114.20	220.93	137.11	3211.82
2006	1613.55	533.30	501.18	450.20	262.25	160.53	287.22	164.29*	3972.52
2007	1867.96	533.30	501.18	450.20	262.25	160.53	287.22	164.29*	4226.93
2008	2154.17	950.00	718.50	563.25*	404.50	360.96	614.95	346.79	6113.12
2009	2668.03	1063.90	1010.57	745.58*	546.14	524.85	900.69	444.03	7903.79

数据来源：历年《江苏统计年鉴》、《安徽统计年鉴》以及各市统计公报。

* 为规模以上固定资产投资。

表 6－28　　2009 年南京都市圈 8 个城市对外贸易情况

南京都市圈	南京	镇江	扬州	淮安	芜湖	马鞍山	滁州	巢湖	合计
外贸进出口总额（亿美元）	337.45	60.4	54.33	21.4	14.28	17.33	6.88	4.42	516.49
增（降）幅（%）	－17%	－19%	－12%	20%	－30%	－49%	－2%	－2%	—

数据来源：历年《江苏统计年鉴》、《安徽统计年鉴》以及各市统计公报。

表 6－29　　2005～2009 年南京都市圈外贸进出口总额占比情况　　单位：亿美元

南京都市圈	南京都市圈进出口总额合计	全国对外贸易合计	南京都市圈占比
2005 年	368.22	14221	2.59%
2006 年	442.10	17607	2.51%
2007 年	531.84	21738	2.45%
2008 年	670.48	25616	2.62%
2009 年	516.49	22072	2.34%

数据来源：历年《江苏统计年鉴》、《安徽统计年鉴》以及各市统计公报。

表 6－30　　南京都市圈各城市近五年外资直接投资实际利用金额　　单位：万美元

年份	滁州市	马鞍山市	巢湖市	芜湖市	南京市	镇江市	扬州市	淮安市	小计
2005	2433	4798	10586	1427	141800	59600	52580	6800	280024
2006	5161	8638	17320	5755	151911	73044	76515	11569	349913
2007	10642	33288	44043	13127	196253	106354	114538	28637	546882
2008	9113	41669	50685	19894	226098	120176	150960	36041	654636
2009	9331	57238	59214	24983	228200	144080	151900	54700	729646

数据来源：历年《江苏统计年鉴》、《安徽统计年鉴》以及各市统计公报。

表 6－31　　2009 年南京都市圈住宿餐饮业零售总额

南京都市圈	南京	镇江	扬州	淮安	马鞍山	滁州	芜湖	巢湖	合计
总额（亿元）	231.41	67.40	89.70	55.89	17.04	29.90	27.92	26.21	545.47
占比（%）	42.42	12.36	16.44	10.25	3.12	5.48	5.12	4.81	100.00
增长（%）	18.60	34.50	19.40	22.40	18.40	22.90	22.40	26.20	—

数据来源：2009 年南京都市圈各市国民经济与社会发展统计公报。

表 6－32　　2009 年南京都市圈批发零售业零售总额

南京都市圈	南京	镇江	扬州	淮安	马鞍山	滁州	芜湖	巢湖	合计
总额（亿元）	1704.08	418.30	522.90	338.86	107.08	150.60	212.81	147.90	3602.53
占比（%）	47.30	11.61	14.51	9.41	2.97	4.18	5.91	4.11	100.00
增长（%）	22.30	19.10	17.80	14.00	20.00	18.40	22.10	19.30	—

数据来源：2009 年南京都市圈各市国民经济与社会发展统计公报。

指标

表 6－33　**2009 年南京都市圈消费品零售总额**

南京都市圈	南京	镇江	扬州	淮安	马鞍山	滁州	芜湖	巢湖	合计
总额(亿元)	1961.58	488.50	619.00	399.89	125.75	183.60	241.51	179.69	4199.52
占比(%)	46.71	11.63	14.74	9.52	2.99	4.37	5.75	4.28	100.00
增长(%)	18.80	19.10	18.70	19.10	18.70	18.90	18.90	18.90	—

数据来源:2009 年南京都市圈各市国民经济与社会发展统计公报。

表 6－34　**2009 年南京都市圈城市消费品零售额**

南京都市圈	南京	镇江	扬州	淮安	马鞍山	滁州	芜湖	巢湖	合计
总额(亿元)	1253.97	407.80	454.20	254.35	96.45	71.20	171.95	32.27	2742.19
占比(%)	45.73	14.87	16.56	9.28	3.52	2.60	6.27	1.18	100.00
增长(%)	16.80	19.10	19.10	19.10	18.30	20.10	17.60	16.90	—

数据来源:2009 年南京都市圈各市国民经济与社会发展统计公报。

表 6－35　**2009 年南京都市圈县及县以下消费品零售额**

南京都市圈	南京	镇江	扬州	淮安	马鞍山	滁州	芜湖	巢湖	合计
总额(亿元)	707.61	80.70	164.80	145.54	29.30	112.40	69.56	147.42	1457.33
占比(%)	48.56	5.54	11.31	9.99	2.01	7.71	4.77	10.12	100.00
增长(%)	22.30	19.10	17.80	14.00	20.00	18.40	22.10	19.30	—

数据来源:2009 年南京都市圈各市国民经济与社会发展统计公报。

表 6－36　**南京都市圈房地产业发展情况(2005～2009)**

年份	房地产开发投资		房屋施工面积		房屋竣工面积		商品房销售面积	
	数额(亿元)	增速(%)	数额(万平方米)	增速(%)	数额(万平方米)	增速(%)	数额(万平方米)	增速(%)
2005	615.53	21.61	5545.69	—	1660.15	—	2123.57	50.94
2006	701.61	13.98	7276.50	31.21	1952.65	17.62	2429.12	14.39
2007	924.38	31.75	8422.06	15.74	3238.39	65.85	2909.47	19.77
2008	1192.21	28.97	10140.29	20.40	2670.06	－17.55	2050.80	－29.51
2009	1399.04	17.35	11747.15	15.85	3448.73	29.16	3523.28	71.80

数据来源:历年《江苏统计年鉴》、《安徽统计年鉴》以及各市统计公报。

表 6－37　**2009 年南京都市圈 2009 农村及城市人均住房面积**　单位:平方米

南京都市圈	南京	扬州	镇江	淮安	马鞍山	滁州	芜湖	巢湖
农村	48.80	42.00	48.40	33.80	38.30	30.20	37.06	28.50
城市	29.54	35.14	38.38	31.93	28.46	29.44	22.00	28.18

数据来源:历年《江苏统计年鉴》、《安徽统计年鉴》以及各市统计公报。

表 6-38　　2009 年南京都市圈各市社会福利状况

南京都市圈	南京	马鞍山	滁州	芜湖	巢湖
最低生活保障人数(万人)	14.64	55.92	7.57	10.21	21.75
收养单位(个)	—	—	175.00	77.00	—
床位数(张)	23037.00	4548.00	15248.00	6905.00	14693.00
收养人数(人)	16500.00	—	—	5600.00	12416.00

数据来源:历年《江苏统计年鉴》、《安徽统计年鉴》以及各市统计公报。

表 6-39　　2009 年南京都市圈社会保险参保人数情况　　单位:万人

南京都市圈	南京	镇江	马鞍山	滁州	芜湖	巢湖
养老保险	188.32	62.70	29.23	22.96	34.92	16.99
失业保险	180.23	42.90	18.66	20.10	24.53	17.11
医疗保险	250.18	71.14	33.48	33.07	74.02	23.26
工伤保险	—	—	23.57	17.43	21.33	12.47
生育保险	—	—	43.54	15.81	20.19	12.15

数据来源:历年《江苏统计年鉴》、《安徽统计年鉴》以及各市统计公报。

表 6-40　　2009 年南京都市圈信息化的基本指标

江苏四市	2009 年 1~10 月电子产品制造业增加值(亿元)	邮电业务收入(亿元)	当地电话用户(万户)	年末移动电话用户(万户)	国际互联网市区用户(万户)	城市居民人均交通和通信支出(元)
南京	1009.90	88.90	277.52	742.23	136.44	2158
扬州	556.00	15.37	59.87	144.08	28.32	1333
镇江	207.30	11.24	54.25	85.57	18.22	900
淮安	134.60	11.25	82.63	103.27	18.93	1178
安徽四市	移动电话用户(万户)	本地电话年末用户(万户)	公用电话(部)	接入网光缆线路长度(万芯公里)	长途电话交换机容量(路端)	本地固定电话局用交换机容量(门)
滁州	142.67	77.69	7.02	21.28	17887.00	804271
马鞍山	74.20	47.22	3.36	9.52	14610.00	397017
巢湖	106.40	82.66	3.87	17.31	24060.00	827134
芜湖	125.98	66.06	6.14	16.80	31263.00	710304

数据来源:《江苏省统计年鉴 2010》、《安徽省统计年鉴 2010》、江苏省经济和信息化委员会网站。

表 6 - 41　　南京都市圈城市发展的标准化值

因素	南京	扬州	镇江	淮安	滁州	马鞍山	巢湖	芜湖
城市规模	100	58.2	39.8	62.4	53.3	16.7	53.2	29.8
经济水平	100	59.9	92.0	31.1	20.8	77.0	19.1	57.2
产业结构	100	70.4	72.7	71.2	60.8	57.7	65.9	63.9
财政收入	100	71.4	23.4	49.1	8.5	14.7	7.1	16.0
城市化	100	73.3	83.1	59.7	56.8	93.2	55.4	91.4
生活水平	100	63.6	80.2	46.9	43.6	81.5	44.6	66.4
基础设施	65	62.2	41.6	69.4	89.9	29.7	100.0	13.8
教育资源	100	11.9	11.9	14.3	4.8	14.3	0.0	23.8

数据来源：历年《江苏统计年鉴》、《安徽统计年鉴》以及各市统计公报。

表 6 - 42　　南京都市圈城市发展的指标数据

因素	指标	南京	扬州	镇江	淮安	滁州	马鞍山	巢湖	芜湖
城市规模	年末常住人口(万人)	771.00	449.00	307.00	481.00	411.00	129.00	410.00	230.00
经济水平	人均生产总值(元/人)	67455.00	40418.00	62084.00	20946.00	14002.00	51927.00	12885.00	38553.00
产业结构	第三产业份额(%)	51.30	36.10	37.30	36.50	31.20	29.60	33.80	32.80
财政收入	地方财政一般预算收入(亿元)	434.51	310.09	101.57	213.55	37.07	63.73	30.94	69.41
城市化	城镇化率(%)	72.20	52.90	60.00	43.10	41.00	67.30	40.00	66.00
居民生活	城镇居民人均可支配收入	24678.00	17332.00	21041.00	14050.00	13368.00	20390.00	14434.00	16747.00
	农村居民人均纯收入(元)	9858.00	8295.00	9642.00	6308.00	5889.00	9262.00	5668.00	7636.00
	居民收入(元)	20558.00	13075.60	16481.40	9644.80	8955.40	16751.10	9174.40	13649.30
基础设施	公路里程(公里)	10509.00	10060.00	6732.00	11220.00	14539.00	4811.00	16177.00	2229.00
教育资源	普通高校数量(个)	42.00	5.00	5.00	6.00	2.00	6.00	0.00	10.00

数据来源：《江苏省统计年鉴 2010》、《安徽省统计年鉴 2010》。居民收入 = 城市收入 × 城市化率 + 农村收入 × (1 - 城市化率)

表 6－43　　各市农、林、牧、渔及其服务业占南京都市圈的比重(2009)　　单位:%

南京都市圈	南京	淮安	扬州	镇江	滁州	马鞍山	巢湖	芜湖
农业	16.32	24.54	15.24	7.79	15.22	1.93	14.24	4.72
林业	8.30	17.60	21.04	12.52	9.91	1.31	14.64	14.68
牧业	12.00	26.43	14.93	5.76	22.93	2.02	10.86	5.07
渔业	18.26	12.34	28.18	5.63	12.15	6.39	11.85	5.21
农林牧渔服务业	14.77	7.70	15.84	21.67	5.30	1.15	28.30	5.26

数据来源:历年《江苏统计年鉴》、《安徽统计年鉴》以及各市统计公报。

表 6－44　　南京都市圈近五年来固体废弃物排放及综合利用情况

年份	生产量(万吨)	综合利用量(万吨)	综合利用率(%)
2005	2296.52	2254.64	98.18%
2006	2906.88	2754.99	94.77%
2007	4078.75	3324.63	81.51%
2008	4449.99	3622.90	81.41%
2009	5070.77	4120.99	81.27%

数据来源:历年《江苏统计年鉴》、《安徽统计年鉴》以及各市统计公报。

表 6－45　　南京都市圈各城市近 5 年废气排放量　　单位:亿标立方

年份	滁州	马鞍山	巢湖	芜湖	南京	镇江	扬州	淮安	小计
2005	298.41	203.87	94.60	64.97	—	1260.90	817.76	1091.00	3831.51
2006	534.48	228.26	142.01	106.18	—	1634.65	900.80	876.69	4423.07
2007	322.86	3863.38	746.56	789.39	—	1525.57	1000.52	1104.54	9352.82
2008	318.00	3927.76	—	1308.00	—	1040.37	1113.14	1544.40	9251.67
2009	307.05	3733.66	1271.55	1486.62	—	1893.87	—	1517.92	10210.67

注:数据来源:历年《江苏统计年鉴》、《安徽统计年鉴》以及各市统计公报。

表 6－46　　2005 年以来南京都市圈工业污水排放总量变化情况

年份	工业污水排放量(亿吨)	工业污水达标排放量(亿吨)	工业污水达标排放率(%)
2005	8.59	8.00	93.13%
2006	8.20	7.79	94.93%
2007	9.50	8.59	90.45%
2008	8.60	8.16	94.81%
2009	8.82	8.52	96.58%

数据来源:历年《江苏统计年鉴》、《安徽统计年鉴》以及各市统计公报。

表 6－47　　主要年份南京都市圈废水排放与达标情况

城市	污水排放量	2005 年	2006 年	2007 年	2008 年	2009 年
滁州市	工业污水(万吨)	3470.33	3617.00	3687.00	3929.00	9145.21
	达标排放(万吨)	3400.06	3218.00	3509.00	3488.00	8943.91
	达标排放率(%)	97.98%	88.97%	95.17%	88.78%	97.80%
	生活污水(万吨)	8356.00	—	5605.00	5928.00	—
马鞍山市	工业污水(万吨)	2120.55	2853.00	7538.61	9487.05	8060.23
	达标排放(万吨)	2005.37	2781.00	7538.61	9026.93	7846.05
	达标率(%)	94.57%	97.48%	100.00%	95.15%	97.34%
	生活污水(万吨)	5366.00	—	—	4211.91	—
巢湖市	工业污水(万吨)	1491.82	2722.00	3862.39	3813.25	3789.43
	达标排放(万吨)	1491.82	2702.00	2479.00	2846.00	3318.12
	达标率(%)	100.00%	99.27%	64.18%	74.63%	87.56%
	生活污水(万吨)	7462.00	—	—	—	—
芜湖市	工业污水(万吨)	1301.31	1434.00	13055.78	4164.00	4722.93
	达标排放(万吨)	1265.08	1403.00	6909.00	4126.52	4687.32
	达标率(%)	97.22%	97.84%	52.92%	99.10%	99.25%
	生活污水(万吨)	3223.00	—	—	6215.00	—
南京市	工业污水(万吨)	47202.76	43181.27	40399.58	37730.39	35451.69
	达标排放(万吨)	43115.00	40162.90	38420.00	35994.79	33820.91
	达标率(%)	91.34%	93.01%	95.10%	95.40%	95.40%
	生活污水(万吨)	39260.59	41300.00	42563.12	43374.64	45500.00
	污水总量	86463.35	84481.27	82962.70	81105.03	80951.69
镇江市	工业污水(万吨)	10313.96	10319.82	9778.78	9281.23	8784.66
	达标排放(万吨)	10151.00	10031.90	8996.48	8575.854	8477.194
	达标率(%)	98.42%	97.21%	92.00%	92.40%	96.50%
	生活污水(万吨)	—	—	—	—	—
扬州市	工业污水(万吨)	12615.00	12594.00	9067.00	8130.73	8959.09
	达标排放(万吨)	12367.00	12327.00	9006.00	8014.30	8806.79
	达标率(%)	98.30%	97.88%	99.30%	98.57%	98.30%
	生活污水(万吨)	—	—	—	—	—
淮安市	工业污水(万吨)	7425.80	5295.65	7567.5207	9512.93	9300.00
	达标排放(万吨)	6244.00	5232.10	7567.52	9512.93	9300.00
	达标率(%)	84.08%	98.80%	100.00%	100.00%	100.00%
	生活污水(万吨)	13243.00	13802.80	14191.50	14575.91	15200.00
	污水总量(万吨)	20668.80	19098.45	21759.02	24088.84	24500.00

数据来源：历年《江苏统计年鉴》、《安徽统计年鉴》以及各市统计公报。

表 6－48　　南京都市圈各城市工业污水排放量及占比情况

城市		滁州市	马鞍山市	巢湖市	芜湖市	南京市	镇江市	扬州市	淮安市
2008 年	工业污水排放量(万吨)	3929.00	9487.00	3813.00	4164.00	37730.00	9281.00	8131.00	9513.00
	占比(%)	4.57%	11.03%	4.43%	4.84%	43.85%	10.79%	9.45%	11.06%
2009 年	工业污水排放量(万吨)	9145.00	8060.00	3789.00	4723.00	35452.00	8785.00	8959.00	9300.00
	占比(%)	10.37%	9.14%	4.30%	5.35%	40.19%	9.96%	10.16%	10.54%

数据来源:历年《江苏统计年鉴》、《安徽统计年鉴》以及各市统计公报。

表 6－49　　南京都市圈各市 R&D 投入情况表

南京都市圈	南京	镇江	扬州	淮安	马鞍山	滁州	芜湖	巢湖	合计
R&D 投入(亿元)	126.90	31.80	27.08	10.10	10.78	1.61	18.75	2.13	229.15
占比(%)	55.00%	14.00%	12.00%	4.00%	5.00%	1.00%	8.00%	1.00%	100.00%

数据来源:各市统计年鉴及国民经济和社会发展统计公报。

表 6－50　　2009 年南京都市圈各市专利授权量表　　单位:件

南京都市圈	南京	镇江	扬州	淮安	马鞍山	滁州	芜湖	巢湖	合计
专利授权量	6591	4064	2524	1011	372	410	2695	217	17884
占比(%)	37%	23%	14%	6%	2%	2%	15%	1%	100%

数据来源:各市统计年鉴及国民经济和社会发展统计公报。

表 6－51　　2009 年南京都市圈各市专利申请量表　　单位:件

南京都市圈	南京	镇江	扬州	淮安	马鞍山	滁州	芜湖	巢湖	合计
专利申请量	14220	8608	7468	3449	685	890	4379	405	40104
占比(%)	35%	21%	19%	9%	2%	2%	11%	1%	100%

数据来源:各市统计年鉴及国民经济和社会发展统计公报。

表 6－52　　2005～2008 年南京都市圈信息化的主要指标

2005 年	南京都市圈	南京	镇江	扬州	淮安	滁州	马鞍山	巢湖	芜湖
邮电业务总量(亿元)	181.89	71.78	21.42	24.79	13.94	15.80	8.53	11.84	13.79
当地电话用户(万户)	1109.90	323.95	140.98	182.93	160.25	90.58	45.65	76.69	88.87
移动电话用户(万户)	1026.93	454.27	106.10	161.85	78.54	68.53	42.38	59.84	55.42

续表

2006 年	南京都市圈	南京	镇江	扬州	淮安	滁州	马鞍山	巢湖	芜湖
邮电业务总量(亿元)	221.61	93.55	25.03	26.69	15.45	19.71	10.11	14.59	16.48
当地电话用户(万户)	1176.71	344.23	144.05	190.93	162.27	104.63	50.03	97.11	83.46
移动电话用户(万户)	1146.24	488.31	147.18	162.86	94.70	78.24	47.35	58.59	69.01
2007 年	南京都市圈	南京	镇江	扬州	淮安	滁州	马鞍山	巢湖	芜湖
邮电业务总量(亿元)	246.73	94.38	27.21	29.37	18.06	24.45	12.65	18.80	21.81
当地电话用户(万户)	1195.42	362.96	147.63	192.72	153.13	106.06	51.90	97.28	83.74
移动电话用户(万户)	1364.33	577.91	166.70	198.21	126.80	90.57	52.11	70.22	81.81
2008 年	南京都市圈	南京	镇江	扬州	淮安	滁州	马鞍山	巢湖	芜湖
邮电业务总量(亿元)	279.34	104.60	28.77	33.21	19.23	29.06	14.86	23.02	26.59
当地电话用户(万户)	1090.72	319.01	143.11	191.36	133.24	94.00	48.00	88.00	74.00
移动电话用户(万户)	1578.19	665.09	186.07	237.22	133.81	110.00	61.00	88.00	97.00

数据来源:2006 ~ 2009《江苏省统计年鉴》、2006 ~ 2009《安徽省统计年鉴》

表 6 – 53　　2005 ~ 2009 年南京都市圈地区接待入境游客人数　　单位:人次

年份	南京	扬州	镇江	淮安	马鞍山	滁州	芜湖	巢湖	合计
2005	876279	238649	306482	21634	12084	8133	18200	5970	1487431
2006	1009166	300711	363806	24918	15215	10984	28500	8140	1761440
2007	1160863	374789	464112	27592	19630	18392	44400	10200	2119978
2008	1191813	463557	535508	26422	24752	26558	59000	12400	2340010
2009	1134515	500251	588935	26264	29124	38230	59800	14200	2391319

数据来源:历年《江苏统计年鉴》、《安徽统计年鉴》以及各市统计公报。

表 6 – 54　　2005 ~ 2009 年南京都市圈地区国际旅游外汇收入　　单位:万美元

年份	南京	扬州	镇江	淮安	马鞍山	滁州	芜湖	巢湖	南京都市圈合计
2005	57557	15177	17988	1322	990	315	2460	240	96049
2006	67711	20819	25108	1812	1361	358	8538	208	125915
2007	80764	28163	36340	2230	1891	579	849	240	151056
2008	87174	35942	42070	2076	2633	876	1800	314	172885
2009	83728	40131	45435	2090	4091	1236	1842	355	178908

数据来源:历年《江苏统计年鉴》、《安徽统计年鉴》以及各市统计公报。

表 6－55　　**2005～2009 年南京都市圈地区接待国内游客人数**　　单位:万人次

年份	南京	扬州	镇江	淮安	马鞍山	滁州	芜湖	巢湖	合计
2005	3189.66	1113.05	1166.97	549.85	216.09	226.97	548.00	208.00	7218.99
2006	3700.01	1316.10	1380.60	635.15	269.41	265.61	351.18	305.69	8223.75
2007	4488.88	1522.42	1589.88	733.29	339.39	333.13	431.81	341.00	9779.80
2008	4970.16	1844.24	1904.23	854.74	—	414.00	541.60	431.00	—
2009	5519.91	2265.50	2242.37	1010.03	538.61	502.97	657.70	446.00	13183.09

数据来源:历年《江苏统计年鉴》、《安徽统计年鉴》以及各市统计公报。

表 6－56　　**2005～2009 年南京都市圈地区国内旅游收入**　　单位:亿元

年份	南京	扬州	镇江	淮安	马鞍山	滁州	芜湖	巢湖	南京都市圈合计
2005	328.20	92.36	103.48	34.55	11.24	11.48	23.59	6.23	611.13
2006	405.48	115.10	127.61	44.15	13.60	14.66	29.12	11.90	761.62
2007	526.03	144.00	153.91	60.04	17.54	22.41	37.52	18.30	979.75
2008	620.58	176.26	185.07	77.52	22.07	28.16	48.81	24.91	1183.38
2009	720.24	225.93	234.30	99.52	26.03	30.71	59.58	29.66	1425.97

数据来源:历年《江苏统计年鉴》、《安徽统计年鉴》以及各市统计公报。

表 6－57　　**2009 年南京都市圈地区在校学生总数**　　单位: 万人

南京都市圈	南京	扬州	镇江	淮安	马鞍山	滁州	芜湖	巢湖	南京都市圈合计
2009 年	145.57	61.48	39.78	83.03	24.45	73.86	43.36	72.31	543.84

数据来源:《江苏统计年鉴》和《安徽统计年鉴》

表 6－58　　**2009 年南京都市圈文化机构情况表**　　单位:个

南京都市圈	南京	镇江	扬州	淮安	马鞍山	滁州	芜湖	巢湖
公共图书馆	18	8	7	8	5	7	4	5
群艺馆和文化馆	16	6	8	—	5	—	8	6
博物馆	38	9	14	10	—	—	0	2
艺术表演团体	14	17	—	—	3	9	4	3

数据来源:各市统计年鉴及国民经济和社会发展统计公报。

表 6 – 59　　南京都市圈医疗卫生事业概况(2009)

地区	南京	扬州	镇江	淮安	马鞍山	滁州	芜湖	巢湖	南京都市圈合计
卫生机构数(个)	1764	2046	890	603	332	418	489	479	7021
其中　#医院	305	57	30	47	56	192	127	185	999
卫生技术人员(万人)	44600	22409	13449	21000	7182	14300	11775	12469	147184
其中　#医生	16600	7874	5230	5817	3100	4915	4746	4992	53274
卫生机构床位数(万张)	29900	15406	8726	12071	4068	10453	9459	11000	101083
其中　#医院	26000	10335	6111	8406	3780	9661	8768	10504	83585

数据来源:历年《江苏统计年鉴》、《安徽统计年鉴》以及各市统计公报。

表 6 – 60　　南京都市圈医疗机构与人员占比情况

地区	卫生机构数(个)	其中#医院	卫生技术人员(万人)	其中#医生	卫生机构床位数(万张)	其中#医院
南京都市圈合计	7021	999	147184	53274	101083	83585
南京	1764	305	44600	16600	29900	26000
南京占比	25%	31%	30%	31%	30%	31%
扬州	2046	57	22409	7874	15406	10335
扬州占比	29%	6%	15%	15%	15%	12%
镇江	890	30	13449	5230	8726	6111
镇江占比	13%	3%	9%	10%	9%	7%
淮安	603	47	21000	5817	12071	8406
淮安占比	9%	5%	14%	11%	12%	10%
马鞍山	332	56	7182	3100	4068	3780
马鞍山占比	5%	6%	5%	6%	4%	5%
滁州	418	192	14300	4915	10453	9661
滁州占比	6%	19%	10%	9%	10%	12%
芜湖	489	127	11775	4746	9459	8768
芜湖占比	7%	13%	8%	9%	9%	10%
巢湖	1479	185	12469	4992	11000	10504
巢湖占比	7%	19%	8%	9%	11%	13%

数据来源:历年《江苏统计年鉴》、《安徽统计年鉴》以及各市统计公报。

表 6－61　　南京都市圈医疗机构和人员增长情况

年份	卫生机构数（个）	其中#医院	卫生技术人员（万人）	其中#医生	卫生机构床位数（万张）	其中#医院	每千人口卫生技术人员数(人)	每千人口医院床位数（张）
2005	6045	1169	116840	46393	83997	67990	3.49	2.69
2006	7847	1062	127164	48690	89932	70908	3.81	2.85
2007	8765	1071	136828	49167	88420	71480	3.93	2.70
2008	6325	882	129962	46244	85227	72067	4.21	2.97
2009	7021	999	147184	53274	101083	83585	4.29	3.18

数据来源：历年《江苏统计年鉴》、《安徽统计年鉴》以及各市统计公报。

表 6－62　　南京都市圈各市专利申请量表　　单位：件

	专利申请量	占比（%）
南京	14220	35%
镇江	8608	21%
扬州	7468	19%
淮安	3449	9%
马鞍山	685	2%
滁州	890	2%
芜湖	4379	11%
巢湖	405	1%
合计	40104	100%

数据来源：各市统计年鉴及国民经济和社会发展统计公报。

图书在版编目(CIP)数据

南京都市圈年鉴.2010/《南京都市圈年鉴》编辑委员会编.—北京:方志出版社,2011.5

ISBN 978-7-5144-0103-5

Ⅰ.①南… Ⅱ.①南… Ⅲ.①城市经济-经济发展-华东地区-2010-年鉴 Ⅳ.①F299.275

中国版本图书馆CIP数据核字(2011)第074069号

南京都市圈年鉴(2010)

编　　者:《南京都市圈年鉴》编辑委员会
责任编辑:李　沛

出 版 者:方 志 出 版 社
(北京市建国门内大街5号中国社会科学院科研大楼12层)
邮编　100732
网址　http://www.fzph.org
发　　行:方志出版社发行部
(010)85195814　85196281
经　　销:新华书店总店北京发行所
法律顾问:北京市大禹律师事务所
印　　刷:江苏省地质测绘院

开　　本:889×1194　　1/16
印　　张:46.25
字　　数:1399千
版　　次:2011年5月第1版　2011年5月第1次印刷
印　　数:0001—2000册

ISBN 978-7-5144-0103-5/F·18　　定　价:380.00元